CB127053

CURSO DE
DIREITO PROCESSUAL ELEITORAL

DANIEL CASTRO GOMES DA COSTA

Prefácio
Tarcisio Vieira de Carvalho Neto

Apresentação
Reynaldo Soares da Fonseca

CURSO DE DIREITO PROCESSUAL ELEITORAL

3ª edição revista, ampliada e atualizada

Belo Horizonte
FÓRUM
CONHECIMENTO JURÍDICO
2022

2020 2ª edição
2022 3ª edição

FÓRUM
CONHECIMENTO JURÍDICO

Luís Cláudio Rodrigues Ferreira
Presidente e Editor

Coordenação editorial: Leonardo Eustáquio Siqueira Araújo
Aline Sobreira de Oliveira

Rua Paulo Ribeiro Bastos, 211 – Jardim Atlântico – CEP 31710-430
Belo Horizonte – Minas Gerais – Tel.: (31) 2121.4900
www.editoraforum.com.br – editoraforum@editoraforum.com.br

Técnica. Empenho. Zelo. Esses foram alguns dos cuidados aplicados na edição desta obra. No entanto, podem ocorrer erros de impressão, digitação ou mesmo restar alguma dúvida conceitual. Caso se constate algo assim, solicitamos a gentileza de nos comunicar através do *e-mail* editorial@editoraforum.com.br para que possamos esclarecer, no que couber. A sua contribuição é muito importante para mantermos a excelência editorial. A Editora Fórum agradece a sua contribuição.

Dados Internacionais de Catalogação na Publicação (CIP) de acordo com ISBD

C887c Costa, Daniel Castro Gomes da

Curso de Direito Processual Eleitoral / Daniel Castro Gomes da Costa. 3ª edição. Belo Horizonte : Fórum, 2022.
928p. ; 17cm x 24cm.
ISBN: 978-65-5518-351-1

1. Direito. 2. Direito Eleitoral. 3. Direito processual. 4. Ações Eleitorais. 5. Recursos Eleitorais. I. Título.

CDD 324.63
CDU 342.8

Elaborado por Vagner Rodolfo da Silva - CRB-8/9410

Informação bibliográfica deste livro, conforme a NBR 6023:2018 da Associação Brasileira de Normas Técnicas (ABNT):

COSTA, Daniel Castro Gomes da. *Curso de Direito Processual Eleitoral*. 3. ed. Belo Horizonte: Fórum, 2022. 928p. ISBN 978-65-5518-351-1.

LISTA DE ABREVIATURAS E SIGLAS

ADI	Ação Direta de Inconstitucionalidade
AG	Agravo de instrumento
AIDI	Ação de Impugnação da Diplomação
AIJE	Ação de Investigação Judicial Eleitoral
AIME	Ação de Impugnação de Mandato Eletivo
AIRC	Ação de Impugnação de Registro de Candidatura
ARAGI	Ação de Reclamação por Arrecadação e Gastos Ilícitos
ARCIS	Ação de Reclamação por Captação Ilícita de Sufrágio
ARCONVE	Ação de Reclamação das Condutas Vedadas aos Agentes Públicos em Campanhas Eleitorais
ARPI	Ação de Reclamação por Propaganda Irregular
CC	Código Civil Brasileiro
CF	Constituição Federal Brasileira
CNBB	Confederação Nacional dos Bispos do Brasil
CPC	Código de Processo Civil Brasileiro
CPP	Código de Processo Penal Brasileiro
CUT	Central Única dos Trabalhadores
DJ	Diário da Justiça
EC	Emenda Constitucional
ED	Embargos de Declaração
IDEA	*International Institute for Democracy and Electoral Assistance*
LC	Lei Complementar
LOMAN	Lei Orgânica da Magistratura Nacional
OAB	Ordem dos Advogados do Brasil
OMS	Organização Mundial da Saúde
RE	Recurso Extraordinário

RESE	Recurso Especial Eleitoral
REsp	Recurso Especial
ROC	Recurso Ordinário Constitucional
STF	Supremo Tribunal Federal
STJ	Superior Tribunal de Justiça
TJ	Tribunal de Justiça
TER	Tribunal Regional Eleitoral
TRF	Tribunal Regional Federal
TSE	Tribunal Superior Eleitoral

SUMÁRIO

CAPÍTULO 6

ANEXOS

PREFÁCIO DA PRIMEIRA EDIÇÃO

Impossível traduzir em palavras a honra e a emoção de prefaciar a obra que tenho em mãos, da lavra do em. Professor Doutor Daniel Castro Gomes da Costa.

A missão de edificação de prefácios sempre inocula prazeres em profusão. Ter acesso quase exclusivo a materiais inéditos e abordagens novidadeiras, potencialmente vocacionados à benfazeja reversão do incipiente quadro jurídico-dogmático nacional, mormente em matéria eleitoral, é um privilégio de poucos.

A emoção é ainda maior quando se trata de analisar a primeira obra individual de fôlego, nas sendas do Direito Eleitoral, deste que é, certamente, um dos mais promissores juristas do cenário brasileiro. Promissor não. Daniel é realidade. É inquestionável, por exemplo, a qualidade do trabalho por ele desenvolvido à testa da Escola Judiciária Eleitoral do Tribunal Regional Eleitoral do Mato Grosso do Sul, não bastasse a sua sólida contribuição para as letras jurídicas, especialmente no campo do Direito Público, com ênfase no Direito Constitucional Tributário.

Conheci o autor do *Curso de Direito Processual Eleitoral* nas difíceis lidas da advocacia. E já me chamava atenção, para além de uma atuação operosa e ética, a sua vocação para o magistério. Se não me falha a memória, sua aproximação da EJE-TRE/MS se deu naturalmente, mas me permito acreditar que tive alguma participação, diminuta que seja, na indicação do bem pavimentado caminho que hoje Daniel percorre em velocidade invulgar.

Entendi por bem fazer a introdução *supra*, sobre o perfil do autor, correndo o verdadeiro risco de invadir o território da apresentação, a cargo do em. Ministro Reynaldo Fonseca, outro virtuose do Direito e da vida, a quem peço perdão, apenas para remarcar, com a máxima sinceridade, que, para mim, não foi surpresa alguma receber a notícia de mais uma vultosa realização do competente Daniel.

O *Curso de Direito Processual Eleitoral* cerra fileiras com o elogiável compromisso de bem-intencionados doutrinadores com a colmatação de lacunas normativas, ontológicas e axiológicas do próprio Direito Eleitoral. A matéria processual eleitoral, em especial, é ainda mais sequiosa de sistematização científica maior e mais verticalizada. E a obra ora disponibilizada à comunidade jurídica especializada em Direito Eleitoral comunga esforços notáveis para reversão deste quadro por vezes desesperador.

Não é favor nem exagero dizer, sem maiores delongas, que a contribuição de Daniel é das mais expressivas dentre as expressivas.

Mercê de texto fluido, magnético, muito didático e escorreito, o leitor poderá encontrar, no manual, valioso apoio na decifração de um dos setores do Direito Público que mais crescem não só em importância e sofisticação, mas também em extensão e complexidade.

A linguagem de manuais, aliás, parece-me muito adequada para a "realização" da doutrina eleitoral do futuro, pela maior agilidade que confere às necessárias e contínuas atualizações e pela apresentação visual bem mais moderna e eficiente em termos de desejáveis resultados imediatos.

O Curso de Daniel tem, ainda pelo prisma formal, virtudes adicionais. Estão à disposição do atento pesquisador: (i) farta indicação jurisprudencial, no corpo do texto e em destaque, inclusive com as chamadas visuais "delimitando o tema" e "para sedimentar"; (ii) bibliografia coerente e bem recortada; (iii) os novos (71) enunciados da Súmula do Tribunal Superior Eleitoral e os (3) verbetes sumulares do Supremo Tribunal Federal sobre a matéria eleitoral, especialmente no momento em que o CPC/2015 dá enorme destaque à força normativa da jurisprudência; (iv) Regimento Interno do Tribunal Superior Eleitoral; e (v) Resoluções do TSE para o pleito de 2018.

Quanto ao conteúdo material do trabalho, destacam-se abordagens bem talhadas sobre temas clássicos e contemporâneos do Direito Processual Eleitoral, revigorado para dar cabo dos crescentes e portentosos desafios da contemporaneidade jurídica.

O Capítulo 1, de nítido perfil clássico, brinda o leitor com a denominada "Teoria Geral do Direito Eleitoral". Perfilham-se temas como direitos políticos e modelos de organização eleitoral, e são feitas necessárias incursões propedêuticas acerca dos conceitos, dos objetos e das fontes do Direito Eleitoral, (bem) bifurcado em material e eleitoral.

No Capítulo 2, o autor anuncia a sua respeitável visão conceitual de princípio, remarcando a sua importância no cenário do denominado neoconstitucionalismo, mormente diante do quadro de baixa cientificidade da legislação eleitoral, para, ao empós, formatar o conteúdo jurídico tanto dos princípios do Direito Material Eleitoral quanto do Direito Processual Eleitoral. São abordados, com rigor e método, os seguintes princípios: a) democrático; b) representatividade; c) Estado democrático de direito; d) soberania popular; e) republicano; f) federativo; g) sufrágio universal; h) legitimidade; i) moralidade; e j) probidade. E ainda: k) devido processo legal; l) contraditório; m) ampla defesa; n) igualdade; o) juízo natural; p) vedação da prova ilícita; q) duração razoável do processo; r) duplo grau de jurisdição; s) preclusão instantânea; e t) irrecorribilidade das decisões do Tribunal Superior Eleitoral.

Os Capítulos 3 e 4, respectivamente, tratam a tempo e a modo do sistema eleitoral brasileiro e da legislação aplicável no desiderato da distribuição de justiça material, desde a Constituição da República às diversas leis eleitorais que, ao sabor de casuísmos e impasses políticos, ditados por interesses às vezes inconfessáveis, revelam para o operador do Direito Eleitoral um universo de grande complexidade técnica, pleno de armadilhas hermenêuticas.

No Capítulo 5, o autor sistematiza a organização e as competências da Justiça Eleitoral e do Ministério Público Eleitoral, no Brasil, com destaque para as dificuldades consectárias de modelos institucionais que cultuam tarefas múltiplas, jurisdicionais, administrativas, consultivas e normativas, de dificílima harmonização fora do mundo jurídico "de papel".

Os Capítulos 6, 7, 8 e 9 compõem, por assim dizer, o núcleo essencial da obra. Sua razão de ser. Sua alma original. Neles, o autor desfila todo o seu cabedal de conhecimentos processuais eleitorais. Com alto poder de sedução. São destrinchados, um a um, os recursos e as ações eleitorais, cíveis e criminais.

Com nítido conhecimento de causa, da intimidade com a matéria haurida na advocacia e na academia eleitorais, o autor esquadrinha, pelos múltiplos ângulos científicos disponíveis de observação (conceito, fundamento legal, natureza jurídica, legitimidade, competência, prazos, ritos, efeitos etc.), as seguintes ações eleitorais, algumas em boa hora rebatizadas: a) ação de investigação judicial eleitoral (AIJE); b) ação de impugnação de mandato eletivo (AIME); c) ação de impugnação de registro de candidatura (AIRC); d) ação de impugnação da diplomação (AIDI); e) ação de reclamação por propaganda irregular (ARPI); f) ação de reclamação por arrecadação e gastos ilícitos (ARAGI); g) ação de reclamação por captação ilícita de sufrágio; h) ação de reclamação das condutas vedadas aos agentes públicos em campanhas eleitorais; i) ação rescisória eleitoral. São ainda tratadas, na perspectiva de utilização nos domínios do Direito Eleitoral, as ações constitucionais do *habeas data* e do mandado de segurança. Igualmente, são revisitados, com autoridade, os recursos de embargos de declaração, agravo interno, agravo de instrumento, ordinário, especial, extraordinário, reclamação e inominados. No campo do chamado Direito Eleitoral Criminal, o autor, finalmente, volta a sua erudita atenção para o recurso em sentido estrito, o *habeas corpus* e a revisão criminal eleitoral.

De se ver, assim, sem maiores esforços intelectivos, que o prodigioso autor deu azo a um excelente *Curso de Direito Processual Eleitoral*, trazendo à luz do sol, generosamente, obra de doutrina que reúne, com folgas, características positivas que a elevam ao grau máximo da indispensabilidade.

Agradeço ao autor e à prestigiosa Editora Fórum (fábrica de concretização de sonhos!) a oportunidade que me deram de prefaciar o novo manual, associando-me, perenemente, ao excelente material editorial que, de certo, ocupará lugar de irrecusável destaque nas mentes e reflexões mais balizadas dos velhos e novos amigos do Direito Eleitoral.

Brasília, maio de 2018.

Tarcisio Vieira de Carvalho Neto

Ministro do Tribunal Superior Eleitoral. Professor Adjunto – FD/UnB. Doutor e mestre em Direito do Estado – FD/USP. Subprocurador-Geral do Distrito Federal. Advogado especialista em Direito Público.

APRESENTAÇÃO DA PRIMEIRA EDIÇÃO

Tenho a honrosa missão de tecer, à guisa de abertura, breves, porém dedicadas, considerações acerca da obra *Curso de Direito Processual Eleitoral*, escrita pelo brilhante sul-mato-grossense, Dr. Daniel Castro Gomes da Costa.

Não poderia incursionar pelo conteúdo deste vigoroso trabalho sem antes realçar um pouco da destacada trajetória profissional e acadêmica que vem traçando seu artificie.

Daniel Castro é jovem, mas já possui currículo de invejar.

Além de ser respeitado advogado militante e professor, já foi membro efetivo do Tribunal Administrativo Tributário do Estado do Mato Grosso do Sul.

Também não passa despercebido o trabalho revolucionário que vem imprimindo na condição de Diretor da Escola Judiciária do Tribunal Regional Eleitoral do Estado do Mato Grosso do Sul, não só em relação ao eixo vocacional precípuo do órgão, qual seja, a formação e atualização de magistrados e servidores da Justiça Eleitoral, como também ao desenvolvimento e fomento da cidadania política resgatadora do princípio da fraternidade e ao imprescindível incentivo ao estudo, à discussão, à pesquisa e à produção científica em matéria eleitoral.

Mestre e Doutor em Direito de Estado pela Universidade Autónoma de Lisboa – Portugal, o autor já despertava a atenção dos estudiosos do Direito Tributário, mormente após a publicação de seu valioso livro intitulado "Segurança Jurídica e as Alterações na Jurisprudência", e agora envereda pelo caminho da seara do Direito Eleitoral/Processual Eleitoral, exatamente o ramo talvez mais carecedor de densidade e sistematização científico-doutrinária no amplo campo do Direito Público pátrio.

Pois bem.

Quanto ao aspecto substancial da obra, impressiona, de pronto, o notável enfoque constitucional nela empreendido.

Ora, se vivemos mesmo em uma fase dita *Neoconstitucionalista* em que todo tecido normativo emana da Lei Fundamental, a primeira preocupação do jurista, notadamente sob o ângulo científico, deve ser a aposição de luzes constitucionais sobre seu específico objeto de estudo, isto é, da disciplina a que se dedica.

Nessa senda, é preciso sublinhar que este esforço jurídico cumpre tal desiderato com maestria, devendo, destarte, ser verdadeiramente categorizado, podemos assim dizer, como *Neoeleitoralista*.

Ademais, calha relembrar que o quadro político brasileiro é bastante renitente a qualquer medida que implique grau mais ambicioso de mudança estrutural da regulação do processo eleitoral nos seus mais variados campos e matizes. Na verdade, o que se percebe é a preferência pela manutenção de *status*, posições e modelos que menos servem a uma lógica republicana, altiva e democraticamente mais saudável, e muito mais a interesses particularizados individuais e/ou coletivo-partidários.

Essa constatação sempre colaborou para gerar enormes incertezas jurídicas, pois tradicionalmente acarretou instabilidade considerável na forma de regência normativa eleitoral, com a edição de praticamente toda uma nova legislação para ordenação de cada eleição.

Por outro lado, o espectro representativo, até para fins de sobrevivência, deve proceder ao atendimento mínimo de certas expectativas emergidas do tecido social, hodiernamente reveladas de maneira mais solar pela facilidade de comunicação e de acesso à informação, sobretudo advindos de avanços tecnológicos recentes.

Por essa exata razão, o clamor de vários setores da comunidade jurídica e social por um instrumental legislativo mais técnico e sistematizado resultou na chamada Lei das Eleições (9.504/97).

De fato, esta alvissareira novidade de então foi trazida ao ordenamento jurídico com o claro escopo de permitir, ao lado da Lei dos Partidos Políticos – que houvera sido promulgada dois anos antes – a formação de moldura normativa mais permanente, inovadora e modernizada de regência dos pleitos eleitorais, inclusive com alguma atualização e complementação do vetusto Código Eleitoral.

Em que pese não se possa negar a evolução do quadro em análise, o estado de tensão exteriorizado pelo já referido paradoxo atendimento de anseios populares x dificuldade de promoção de câmbios estruturais por parte do setor político-representativo resultou na continuidade da formulação de novas reformas eleitorais para cada ciclo eleitoral, muitas vezes com a concessão de tratamento substancialmente diverso entre cada uma delas no contexto de certas matérias.

Sendo assim, na área eleitoral o retrato do direito positivo continua muito errático, lacunoso, oscilante e sequioso de suplementação teórica.

Os riscos ainda são consideravelmente incrementados pelo desenho institucional que a Justiça Eleitoral assume no Brasil, que conta com um corpo de magistrados temporários, com mandatos curtos e constitucionalmente estabelecidos, e de origem sempre emprestada de outros ramos da Justiça ou da advocacia, o que acaba por provocar maior nível de flexibilidade jurisprudencial, em detrimento, muitas vezes, da segurança jurídica.

A partir dessa realidade, constata-se que o doutrinador eleitoralista deve ter ainda mais acuidade e precisão no trato de sua disciplina para efeito de colmatação dos espaços nebulosos deixados pelo legislador e de municiamento científico do intérprete julgador, sobretudo com perspectiva crítica. É exatamente o que autor faz aqui.

Ainda merece especial saliência o fato de estar no âmago deste vultoso trabalho a temática do Processo Jurisdicional Eleitoral, na dimensão das ações constitucionais, cíveis, criminais, inclusive recursal.

Se o desenvolvimento teórico do Direito Eleitoral se mostra em estágio muito incipiente, embora já dotado de valorosas contribuições, a faceta processual se recente ainda mais de evolução. No ponto, chama atenção o desafio imposto pelo novel Código de Processo Civil de efetivação de sua aplicabilidade aos processos eleitorais, sempre observada a compatibilidade sistêmica, não só da já conhecida forma subsidiária, no caso de omissão, mas também supletiva, a título de complementação, notadamente em face de normas antigas, mofadas facilmente identificadas na ambiência da legislação eleitoral.

Por isso a obra acerta em cheio não só na escolha de seu objeto principal de ferimento, mas também na forma em que ela o realiza, vale dizer, didática, densa, prática e certeira, ancorada na melhor coleção bibliográfica e constantemente associada à jurisprudência mais atualizada, inclusive sumulada do TSE, e ás Resoluções emanadas desta Corte de Cúpula para o prélio de 2018.

Consequentemente, tenho certeza de que este esforço acadêmico se constituirá como símbolo de referência da literatura jurídica nacional de indispensável consulta para todos os operadores do direito interessados pelo tema.

Isso posto, é bem fácil recomendar vivamente esta obra na certeza de que representará mais uma etapa vitoriosa dentre outras várias que se prosseguirão na carreira acadêmica e profissional do brilhante Daniel.

Boa leitura a todos!

Reynaldo Soares da Fonseca

Ministro do Superior Tribunal de Justiça. Professor Assistente – FD/UFMA. Mestre em Direito Público – PUC-SP. Doutor em Direito Constitucional – FADISP/SP.

CAPÍTULO 1

TEORIA GERAL DO DIREITO ELEITORAL

1.1 Direitos Políticos

Para melhor entender os *direitos políticos*, é fundamental assimilar o conceito de política, que é, por natureza, multifacetado, apresentando-se nas mais variadas formas, de acordo com o ângulo pelo qual é observado.

Nos tempos da Antiguidade grega, a política era tida como vida pública, em contrapartida à vida privada e íntima do cidadão. Nesse sentido, englobava os espaços públicos onde eram discutidas ideias e tomadas decisões coletivas. Não por menos, à vida política era dado o maior grau de relevância pelos gregos, que não a concebiam fora da *polis*.

Desse modo, temos que a política adquire dois significados fundamentais, alicerçados, sobretudo, pela filosofia aristotélica. Em primeiro lugar, por política, compreende-se a forma de estabelecer o que se deve e o que não se deve fazer, objetivando alcançar a felicidade do homem. Aqui, o termo "política" aproxima-se das ideias de "moral" e "ética" e, por vezes, com elas se confunde. Em segundo plano, para a conceituação do termo, parte-se do pressuposto do homem como animal social, condicionado e influenciado por tudo ao seu redor, que se organiza em sociedade e carece de um sistema político de regimento. Nessa acepção, verifica-se que a política busca descrever a melhor forma de organização do Estado, do sistema e do regime de governo, das Constituições, das instituições, e de tudo aquilo que atrele formalmente o homem à sociedade em que vive.

Nota-se assim que as duas concepções do mesmo termo, ainda que não se confundam, completam-se, de modo que ambas se valem de caminhos distintos para alcançar o mesmo fim: o bem-estar do homem.

Nos tempos modernos, o termo "política" é imediatamente ligado à ideia de governo. Mais especificamente, relaciona-se a todos os processos e tomadas de decisões que afetam o Estado, o governo, a *res* pública, sua administração e atribuição de poderes. Nesse espírito, o filósofo inglês Giddens asseverou que "política é o meio pelo qual o poder é utilizado e contestado para influenciar a natureza e o conteúdo das atividades governamentais".[1] Desse modo, afirma que a "esfera 'política' inclui, além das atividades dos governantes, as ações e interesses concorrentes de outros grupos de indivíduos".[2]

Logo, é possível salientar que os direitos políticos, também conhecidos por cívicos, são prerrogativas e deveres de íntima ligação com a noção de cidadania. Por conseguinte, abarcam o direito de participação – direta e indireta – no governo, na organização e no funcionamento do Estado. Assim, não é de se estranhar que seu núcleo esteja previsto, em regra, constitucionalmente.

A exemplo, é possível citar o Capítulo IV do Título II da Constituição Federal brasileira, que prevê, logo em seu art. 14, *caput*, que "a soberania popular será exercida pelo sufrágio universal e pelo voto direto e secreto, com valor igual para todos, e, nos termos da lei, mediante: I – plebiscito; II – referendo; III – iniciativa popular".[3]

Considerando os direitos políticos aqueles pelos quais certas pessoas, de forma individual ou coletiva, direta ou indiretamente, participam do governo, cabe ressaltar que eles não são cedidos a toda população. Desse modo, os direitos são restritos aos nacionais, natos ou naturalizados, a depender do caso concreto, nos termos previsto pela própria Constituição.

Em sua relação com os direitos humanos, os direitos políticos fazem parte da primeira dimensão de direitos, atrelados à noção de liberdade. Veja-se, assim, o art. 6º da Declaração de Direitos do Bom Povo da Virgínia, de 12 de junho de 1776:

> Art. 6º As eleições de representantes do povo em assembleia devem ser livres, e todos aqueles que tenham dedicação à comunidade e consciência bastante do interesse comum permanente têm direito de voto, e não podem ser tributados ou expropriados por utilidade pública, sem o seu consentimento ou o de seus representantes eleitos, nem podem ser submetidos a nenhuma lei à qual não tenham dado, da mesma forma, o seu consentimento para o bem público.

Na mesma toada, a Declaração Francesa dos Direitos do Homem e do Cidadão, de 1789, em seu art. 6º, aduz que "a lei é a expressão da vontade geral. Todos os cidadãos têm o direito de concorrer, pessoalmente ou através de mandatários, para sua formação".

Já a célebre Declaração Universal dos Direitos do Homem, de 1948, sobre o tema, assim dispôs:

---

1 GIDDEANS, 2005, p. 342 e 573 *apud* GOMES, José Jairo. Direitos políticos. *Revista Brasileira de Estudos Políticos*, v. 100, p. 105, 2010.

2 GIDDEANS, 2005, p. 342 e 573 *apud* GOMES, José Jairo. Direitos políticos. *Revista Brasileira de Estudos Políticos*, v. 100, p. 105, 2010.

3 MANDADO DE SEGURANÇA. ELEIÇÕES SUPLEMENTARES. SOBERANIA POPULAR. SEGURANÇA DENEGADA. 1. A Lei Orgânica Municipal não pode desbordar de sua competência legislativa e abandonar o critério constitucional de eleição para a hipótese de dupla vacância na Chefia do Executivo local. 2. Na espécie, o art. 64 da Lei Orgânica do Município de Magé/RJ abandona o critério constitucional de eleição ao estabelecer que, "em caso de impedimento do Prefeito e do Vice-Prefeito, ou vacância dos respectivos cargos, será chamado ao exercício do cargo de Prefeito, o Presidente da Câmara Municipal". 3. Deve-se conferir máxima efetividade ao princípio da soberania popular por meio do sufrágio universal e pelo voto direto e secreto, de acordo com o art. 14, *caput*, da Constituição. 4. Segurança denegada. (TSE – MS: 118147 RJ, Relator: Min. FÁTIMA NANCY ANDRIGHI, Data de Julgamento: 25/10/2011, Data de Publicação: DJe – Diário da Justiça Eletrônico, Tomo 226, Data 01/12/2011, Página 24).

1. Todo homem tem o direito de tomar posse no governo de seu país, diretamente ou por intermédio de representantes livremente escolhidos.

2. Todo homem tem igual direito de acesso ao serviço público de seu país.

3. A vontade do povo será a base da autoridade do governo; esta vontade será expressa em eleições periódicas e legítimas, por sufrágio universal, por voto secreto ou processo equivalente que assegure a liberdade do voto.

Ainda nesse sentido, o Pacto Internacional sobre os Direitos Civis e Políticos, de 1966, ratificado, no Brasil, pelo Decreto-Legislativo n. 226, de 1991, em seu art. 25, prevê:

> Todo cidadão terá o direito e a possibilidade, sem qualquer das formas de discriminação mencionadas no art. 2º e sem restrições infundadas: a) de participar da condução dos assuntos públicos, diretamente ou por meio de representantes livremente escolhidos; b) de votar e de ser eleito em eleições periódicas, autênticas, realizadas por sufrágio universal e igualitário e por voto secreto, que garantam a manifestação da vontade dos eleitores; c) de ter acesso, em condições gerais de igualdade, às funções públicas de seu país.[4]

Em suma, resta cristalino que a importância dada aos direitos políticos, conquista jurídica de primeira dimensão, reflete-se nas legislações pátrias e nos mais diversos diplomas internacionais. De tal modo, não se pode, hodiernamente, conceber-se um Estado de Direito dissociado da afirmação e da garantia dos direitos políticos a seus cidadãos, o que está em plena consonância com os ideais de justiça e de democracia.

1.2 Direito Eleitoral

1.2.1 Conceitos, Fundamentos e Importância

Parte integrante do Direito Público, o Direito Eleitoral constitui-se por normas, institutos e procedimentos que regulam o exercício do direito fundamental de sufrágio, a fim de garantir a *soberania popular*, a validação da ocupação de cargos políticos, dando legitimidade ao exercício do poder estatal. Nesse sentido, vale frisar os ensinamentos de José Jairo Gomes:

> Segundo Maligner (2007, p. 11), o Eleitoral é o ramo do Direito que permite conferir conteúdo concreto ao princípio da soberania popular ("C'est donc la branche du droit qui permet de donner un contenu concret à l'affirmation de principe suivant laquelle 'la souveraineté nationale appartient au peuple'"). Para os professores Jean-Yves Vincent e Michel de Villiers (citados por Maligner, 2007, p. 17), trata-se do conjunto de regras que definem o poder de sufrágio e organizam o seu exercício ("par droit électoral, il faut entendre l'ensemble des règles qui d'finissent le pouvoir de suffrage et en amènagent l'exercice").[5]

---

4 OAS (1966). *Pacto Internacional dos Direitos Civis e Políticos*. Disponível em: https://www.oas.org/dil/port/1966%20Pacto%20Internacional%20sobre%20Direitos%20Civis%20e%20Pol%C3%ADticos.pdf. Acesso em: 12 fev. 2022.

5 GOMES, José Jairo. *Direito eleitoral*. 12. ed. São Paulo: Atlas, 2016. p. 25.

Para Pedicone de Valls, o objetivo basilar da legislação eleitoral é conferir *autenticidade a toda eleição*. De tal modo, aponta que o Direito Eleitoral é o conjunto de normas reguladoras da titularidade e do exercício do direito de sufrágio, ativo e passivo, de organização da eleição, do sistema eleitoral, das instituições e dos organismos que têm a seu cargo o desenvolvimento do processo eleitoral e o controle da regularidade desse processo e da veracidade de seus resultados.[6]

As eleições, por seu turno, estão intimamente ligadas à ideia de democracia, ressaltando-se o caráter basilar do Direito Eleitoral. Nas palavras de Jorge Miranda:

> aquilo que caracteriza o Estado constitucional representativo é o papel central, decisivo, privilegiado, que nele desempenha a eleição. Pode haver eleição sem representação política [...]. Porém, em contrapartida, a representação política não pode conceber-se sem eleição [...]", haja vista que "o Estado representativo é um Estado que assenta na eleição política.[7]

Em consonância a esse pensamento, Dieter Nohlan asseverou que:

> las elecciones pueden ser utilizadas en lugar de otras técnicas (designación de representantes mediante sucesión, por ofício o por nombramiento), sin tener contenido democrático alguno".[8] Além disso, segue Nohlan, "recuérdese que en las democracias existentes, las elecciones se celebraron mucho antes do que se impusiera el sufragio universal, es decir, el uso de las elecciones como técnica precedió la evolución de las democracias.[9]

Nesse sentido, temos que o Direito Eleitoral possui papel fundamental para a garantia da legitimidade não só das eleições, mas também de plebiscitos e referendos, a fim de não haver prejuízo na validade dos institutos que possibilitam a representação popular, nomeadamente os mandatos eletivos, e de que o exercício do poder político se dê de forma pacífica, nos moldes expressos nas Constituições dos países democráticos e na ideia central do Estado Democrático de Direito.

Sobre o tema, são válidos os ensinamentos de José Jairo Gomes:

> Deveras, uma apreciação crítica revela que o Direito Eleitoral, como ciência, ainda se encontra empenhado no desenvolvimento de seu método e conteúdo. Como se sabe, o método científico é sempre o racional, fundado na razão – logos –, sendo essa a base fundamental para a explicação de fenômenos e resolução de conflitos. É imprescindível, portanto, o emprego de argumentação lógica, a apresentação de motivação racional e a demonstração de causas e efeitos. Isso, porém, nem sempre se apresenta nessa seara, onde não é incomum que a argumentação lógico-jurídica seja substituída por meros inconformismos ou evidentes sofismas. Isso contribui para o decisionismo eleitoral, bem como para a insegurança que grassa nessa seara. Por outro lado, no que concerne

---

6 PEDICONE DE VALLS, María Gilda. *Derecho eleitoral*. Buenos Aires: La Rocca, 2001. p. 94 e 95.

7 MIRANDA, Jorge. Sobre o direito eleitoral. Intervenção no I Fórum Eleitoral, promovido pela Comissão Nacional de Eleições de Portugal, em 17.6.1992. *In*: MIRANDA, Jorge. *Estudos de direito eleitoral*. Lisboa: Lex, 1995. p. 147.

8 NOHLEN, Dieter. *Sistemas electorales y partidos políticos*. 3. ed. Cidade do México: Fondo de Cultura Económica, 2004. p. 11.

9 NOHLEN, Dieter. *Sistemas electorales y partidos políticos*. 3. ed. Cidade do México: Fondo de Cultura Económica, 2004. p. 11.

ao conteúdo, ainda pairam algumas incertezas como a de saber se a matéria atinente a partidos políticos (o chamado Direito Partidário) integra ou não o Direito Eleitoral, e há também muitas lacunas, o que é particularmente grave nos âmbitos processual e da responsabilidade eleitoral.[10]

É imprescindível, portanto, que, à luz dos rumos da ciência jurídica contemporânea, ao Direito Eleitoral seja dada eficácia social, de modo a garantir respostas rápidas e efetivas às questões sociopolíticas a ele atinentes. Para isso, é preciso lançar um novo olhar ao Direito Eleitoral, prestando atenção a seus princípios e regras, não só por meros procedimentos, mas de forma a maximizar o princípio democrático.

1.2.2 Fontes do Direito Eleitoral

O vocábulo "fonte" refere-se ao local de *origem*, do nascimento ou do surgimento de alguma *coisa*, indicando-lhe, por conseguinte, a procedência. Na linguagem codificada, faz referência à origem de certa teoria, princípio, instituto ou de determinado ordenamento jurídico, político, social ou cultural.

Ao mesmo tempo, por *fonte do Direito* entende-se a gênese das normas jurídicas. Assim, pode ser todo fato que enseje o surgimento de tal norma. Para Kelsen, todavia, a expressão *fonte do Direito* está ligada ao fundamento de validade jurídico-positiva das normas de Direito.[11] Tem-se, portanto, que fontes do Direito são todas as formas por meio das quais são criadas, modificadas ou aperfeiçoadas as normas de um ordenamento jurídico.

Nesse ponto, cabe apontar o ensinamento de Gomes Canotilho sobre o papel da Constituição nas das fontes do direito:

> Na qualidade de norma primária sobre a produção jurídica a Constituição tem três importantes funções: (1) identifica as fontes de direito do ordenamento jurídico português; (2) estabelece os critérios de validade e eficácia de cada uma das fontes; (3) determina a competência das entidades que revelam normas de direito positivo. A primeira função – identificação das fontes – encontra refracção no texto constitucional em vários momentos: art. 8º (direito internacional e direito comunitário), art. 56º (convenções colectivas de trabalho), art. 112º (actos normativos), art. 115º (referendo), arts. 161º, 164º e 165º (leis da Assembleia da República), art. 227º (actos normativos das regiões autónomas), art. 241º (regulamentos das autarquias locais). A segunda função – determinação dos critérios de validade, eficácia e hierarquia das normas produzidas pelas várias fontes de direito – encontra também suporte normativo em várias disposições constitucionais. É a Constituição que determina o igual valor entre leis e decretos-leis (art. 112º/2), mas é também a própria Constituição a estabelecer excepcões a esta regra considerando certas leis dotadas de valor reforçado (art. 112º/3), Pertence ainda à Constituição determinar as relações entre o direito geral da República e o direito autonómico, ou seja, entre normas 'postas' pelos órgãos de soberania e normas 'postas' pelos órgãos das Regiões Autónomas (arts. 112º/4 e 5, 227º).

---

[10] GOMES, José Jairo. *Direito eleitoral*. 12. ed. São Paulo: Atlas, 2016. p. 26.

[11] KELSEN, Hans. *Teoria pura do direito*. Tradução J. Batista Machado. 6. ed. São Paulo: Martins Fontes, 1998. p. 162-163.

> Na lei constitucional encontram-se os parâmetros básico relativos aos esquemas referenciais entre actos normativos legislativos e actos normativos da administração (cfr., sobretudo, arts. 112º/7 e 8 e 241º). Finalmente, a Constituição revela a forma e valor das directivas comunitárias transpostas para a ordem jurídica interna (art. 112º/9). A terceira função – individualização das competências normativas – está associada ao importante princípio da tipicidade de competências normativas. A ideia pode ver-se contextualizada nos arts. 161º, 164º, 165º (competência legislativa da Assembleia da República), art. 198º (competência legislativa do governo), art. 227º (competência normativa das Regiões Autónomas), art. 241º (competência regulamentar das autarquias locais). Finalmente, o sistema das fontes de direito constitucionalmente consagrado ganha um relevo jurisprudencial muito importante em face do regime de fiscalização da constitucionalidade e da legalidade de actos normativos recortados na Constituição. Como já se salientou, o "regime das fontes condiciona a jurisprudência constitucional e é, por sua vez, condicionado por esta".[12]

Destarte, em um primeiro momento, cumpre distinguir as duas formas de fontes: material e formal.

1.2.2.1 Fontes Materiais

Por *fontes materiais* entende-se uma variedade de fatores que acabam induzindo o legislador na sua função criadora de normas jurídicas. Referidos fatores podem consistir em "diversas tendências psicológicas, fenômenos e dados presentes no ambiente social, envolvendo pesquisas de ordem histórica, econômica, religiosa, axiológica, moral, política, psicológica, sociológica, entre outras".[13] A isso é possível adicionar os famigerados *lobbys*, ou seja, grupos que exercem pressão no parlamento, influenciando o rumo da atividade legislativa.

Para Paulo Nader:

> O Direito não é um produto arbitrário da vontade do legislador, mas uma criação que se lastreia no querer social. É a sociedade, como centro de relações de vida, como sede de acontecimentos que envolvem o homem, quem fornece ao legislador os elementos necessários à formação dos estatutos jurídicos. Como causa produtora do Direito, as fontes materiais são constituídas pelos fatos sociais, pelos problemas que emergem na sociedade e que são condicionados pelos chamados *fatores do Direito*, como a Moral, a Economia, a Geografia, entre outros.[14]

É fácil perceber, destarte, que a ideia positivista clássica de que a lei origina-se de um processo impessoal é improcedente, já que, sobretudo, ela resulta de uma convergência de poderes e interesses. Dito isso, é imperioso concluir que lei e direito não se equivalem, sendo este de maior amplitude e com aspirações de aproximação à ideia abstrata de justiça.

---

[12] CANOTILHO, José Joaquim Gomes. *Direito constitucional e teoria da constituição*. 7. ed. Coimbra: Almedina, 2003. p. 693-694.

[13] GOMES, José Jairo. *Direito eleitoral*. 12. ed. São Paulo: Atlas, 2016. p. 29.

[14] NADER, Paulo. *Introdução ao estudo do direito*. 38. ed. Rio de Janeiro: Forense, 2016. p. 142.

1.2.2.2 Fontes Formais

Por sua vez, as fontes formais são, nas palavras de Miguel Reale, "Os processos ou meios em virtude dos quais as regras jurídicas se positivam com legítima força obrigatória, isto é, com vigência e eficácia no contexto de uma estrutura normativa".[15]

Além disso, dividem-se em formais estatais e não estatais.

As fontes formais não estatais são referentes ao negócio jurídico, por exemplo, o estatuto de partido político, e a princípios não positivados. As fontes formais estatais, por sua vez, são as normas jurídicas provenientes do Estado, em regra, decorrentes de um processo legislativo regular, que se desenvolve tanto constitucional quanto infraconstitucionalmente.

Para exemplificar, têm-se os seguintes exemplos:

- Constituição Federal – na Constituição é que se encontram os princípios fundamentais do Direito Eleitoral, as prescrições atinentes a sistemas de governo (art. 1º), a nacionalidade (art. 12), direitos políticos (art. 14), partidos políticos (art. 17), competência legislativa em matéria eleitoral (art. 23, I), organização da Justiça Eleitoral (art. 118 ss). Tantas e tão relevantes são as normas eleitorais emanadas da Constituição que para se designá-las já se tem empregado a expressão Constituição Eleitoral.
- Código Eleitoral (Lei n. 4.737/65) – as normas desse diploma organizam o exercício de direitos políticos, definindo também a competência dos órgãos da Justiça Eleitoral. Apesar de ser, originariamente, lei ordinária, foi, quanto "à organização e competência" dos órgãos eleitorais, recepcionado pela Constituição como lei complementar, nos termos do artigo 121, *caput*. Assim, em parte, o CE goza do *status* de lei complementar.
- Lei de Inelegibilidades – LC n. 64/90 – institui as inelegibilidades infraconstitucionais, nos termos do artigo 14, §9º, da Constituição Federal.
- Lei Orgânica dos Partidos Políticos – LOPP (Lei n. 9.096/95) – dispõe sobre os partidos políticos.
- Lei das Eleições – LE (Lei n. 9.504/97) – estabelece normas para eleições;
- Resolução do TSE – trata-se de ato normativo emanado do Órgão Pleno do Tribunal. Sua natureza é de ato-regra, pois cria situações gerais e abstratas; por isso se diz que apresenta força de lei, embora não possa contrariá-la. O artigo 105 da LE fixa os limites a serem observados nessa espécie normativa. Dado seu caráter regulamentar, não pode restringir direitos nem estabelecer sanções distintas das previstas em lei. As Resoluções pertinentes às eleições devem ser publicadas até o dia 5 de março do ano do pleito.
- Consulta – quando respondida, a consulta dirigida a tribunal apresenta natureza peculiar. Malgrado não detenha natureza puramente jurisdicional, trata-se de "ato normativo em tese, sem efeitos concretos, por se tratar de orientação sem força executiva com referência a situação jurídica de qualquer pessoa em particular" (STF – RMS n. 21.185/DF, de 14-12-1990 – Rel. Min. Moreira Alves).

[15] REALE, Miguel. *Lições preliminares de direito*. 21. ed. São Paulo: Saraiva, 1994. p. 140.

- Decisões da Justiça Eleitoral, especialmente do Tribunal Superior Eleitoral – porém, sem a nota da generalidade.[16]

Conforme já sopesado, o Direito Eleitoral está situado na seara do Direito Público interno, motivo pelo qual suas normas possuem natureza cogente ou imperativa. Isso significa que não estão sujeitas a alterações de acordo com a vontade dos particulares ou das partes envolvidas no processo eleitoral.

Portanto, considerando que tais normas têm o condão de tutelar uma série de bens e interesses indisponíveis, não pode, por exemplo, candidato ou partido, mediante composição, abrir mão de direitos ou prerrogativas que lhe sejam assegurados. Tanto é que o próprio art. 105-A da Lei das Eleições dispõe que não são aplicáveis, em matéria eleitoral, os procedimentos previstos na Lei nº 7.347, de 24 de julho de 1985, que trata da Ação Civil Pública. Dessa forma, o termo ou compromisso de ajustamento de conduta, previsto no art. 5º, §6º, da Lei nº 7.347 de 1985, não é instrumento idôneo para limitar direitos ou prerrogativas em matéria eleitoral.[17]

Neste ponto cabe frisar que os procedimentos preparatórios realizados pelo Ministério Público em matéria eleitoral, ainda que decorram da Lei nº 7.347/1985, não acarretam nulidade das provas ali colhidas, conforme novo entendimento do TSE a partir de 2015, calcado no art. 127 da Constituição Federal – no qual se atribui ao Ministério Público prerrogativa de defesa da ordem jurídica, do regime democrático e de interesses sociais individuais indisponíveis – e no art. 129, III, que prevê inquérito civil e ação civil pública para proteger interesses difusos e coletivos.[18]

---

16 GOMES, José Jairo. *Direito eleitoral*. 12. ed. São Paulo: Atlas, 2016. p. 29-30.

17 "Art. 5º Têm legitimidade para propor a ação principal e a ação cautelar: [...] §6º Os órgãos públicos legitimados poderão tomar dos interessados compromisso de ajustamento de sua conduta às exigências legais, mediante cominações, que terá eficácia de título executivo extrajudicial. (Incluído pela Lei nº 8.078, de 11.9.1990)". BRASIL. *Lei nº 7.347, de 24 de julho de 1985*. Disponível em: http://www.planalto.gov.br/ccivil_03/leis/l7347orig.htm. Acesso em: 8 mar. 2022.

18 AGRAVO REGIMENTAL NO AGRAVO REGIMENTAL. RECURSO ORDINÁRIO. APLICAÇÃO DO ART. 105-A DA LEI nº 9504/1997. ENTENDIMENTO DO TRIBUNAL SUPERIOR ELEITORAL NAS ELEIÇÕES DE 2010. PRINCÍPIO DA SEGURANÇA JURÍDICA. MÉRITO. ASSISTÊNCIA MÉDICA GRATUITA. AUSÊNCIA DE PROVAS ROBUSTAS. ABUSO NÃO CONFIGURADO. DESPROVIMENTO.1. O entendimento desta Corte quanto à aplicabilidade do art. 105-A da Lei nº 9.504/97 e, consequentemente, à inviabilidade do manejo de inquérito civil público pelo Ministério Público Eleitoral nas ações eleitorais aplica-se aos processos eleitorais relativos às Eleições de 2010, em homenagem ao princípio da segurança jurídica. 2. A revisão da jurisprudência do Tribunal Superior Eleitoral deu-se no julgamento do REspe nº 545-88/MG, da relatoria do Min. João Otávio de Noronha (DJe de 4.11.2015), referente às eleições de 2012, prevalecendo o entendimento de que a vedação do art. 105-A da Lei nº 9.504/97 não acarreta a ilicitude das provas colhidas em inquérito civil público pelo Ministério Público Eleitoral. 3. *In casu*, a) assentei na decisão agravada a ilicitude das provas colhidas em Inquérito Civil Público, à luz do entendimento jurisprudencial firmado pelo Tribunal Superior Eleitoral para o pleito de 2010. b) no mérito, os fatos apurados, embora indiciários de ilícito eleitoral, não revelam a gravidade necessária a ensejar a condenação do Agravado, porquanto é preciso prudência quando da aplicação das sanções previstas nas ações eleitorais, sob pena de amesquinhar a higidez do processo democrático, máxime porque se pode perpetuar um indesejável cenário de insegurança jurídica. 4. Agravo regimental desprovido. (TSE – Agravo Regimental em Recurso Especial Eleitoral nº 488409, Acórdão de 10/11/2016, Relator (a) Min. LUIZ FUX, Publicação: DJe – Diário da Justiça eletrônico, Tomo 57, Data 23/03/2017, Página 27-28).
ELEIÇÃO 2014. RECURSOS ORDINÁRIOS. GOVERNADOR. VICE-GOVERNADOR. DEPUTADO FEDERAL. CAPTAÇÃO ILÍCITA DE RECURSOS FINANCEIROS DESTINADOS A CAMPANHA. ART. 30-A DA LEI nº 9.504/97. CAIXA DOIS. CONJUNTO PROBATÓRIO APTO A COMPROVAR A PRÁTICA DO ILÍCITO. GRAVIDADE CONFIGURADA. RECURSOS ORDINÁRIOS DA COLIGAÇÃO REAGE TOCANTINS E DE SANDOVAL LOBO CARDOSO. NÃO CONHECIDOS. RECURSO ORDINÁRIO DO MPE. PROVIMENTO. RECURSO ORDINÁRIO DA COLIGAÇÃO A MUDANÇA QUE A GENTE VÊ. PARCIAL PROVIMENTO. [...] 18. A prova produzida por meio de Procedimento Preparatório Eleitoral (PPE) e confirmada em juízo com

1.3 Modelos de Organização Eleitoral

John Dalberg-Acton, em carta enviada ao bispo Mandell Creighton, utilizou expressão que se tornou um marco na ciência política, notadamente na relação entre poder e desmoralização do homem: "power tends to corrupt, and absolute power corrupts absolutely".[19] A referida ideia traduz que os detentores do poder – principalmente do político –, em regra, tendem a cometer abusos para mantê-lo.

Nesse cenário, é patente que as eleições não raramente se transformem em disputas de poder, podendo sofrer máculas em sua higidez e ceifar a legitimidade do pleito. Destarte, como resultado desses entraves, surgem diversas lides eleitorais a serem dirimidas e, para isso, naturalmente, depende-se do Estado para cumprir o papel de controlar a limpidez eleitoral.

Historicamente, Maurice Duverger apontou os modelos político e jurisdicional, a depender do órgão ao qual o controle do pleito é atribuído – a assembleia ou um órgão judicial. Sobre o tema, asseverou Leoncio Lara Saénz:

> La clasificación de los sistemas de justicia electoral en el ámbito doctrinal y comparado tiene un magnifico arranque taxonómico con Maurice Duverger, al distinguir este autor entre el contencioso político, que constituye la misma asamblea que surge de la elección,

---

oportunização do contraditório e da ampla defesa é lícita, não havendo se falar em afronta ao art. 105-A da Lei nº 9.504/97. (TSE – RO nº 1220-86/TO, Rel. designado Min. Luiz Fux, DJe de 27.3.2018)
AGRAVO REGIMENTAL. RECURSO ESPECIAL. ELEIÇÕES 2014. [...] 1. O art. 105-A da Lei nº 9.504/97 que veda na seara eleitoral adoção de procedimentos contidos na Lei nº 7.347/85 deve ser interpretado conforme o art. 127 da CF/88, no qual se atribui ao Ministério Público prerrogativa de defesa da ordem jurídica, do regime democrático e de interesses sociais individuais indisponíveis, e o art. 129, III, que prevê inquérito civil e ação civil pública para proteger interesses difusos e coletivos. Precedentes. 2. Consequentemente, admite-se instauração de inquérito civil pelo Parquet para apurar prática de ilícitos eleitorais e, com maior razão, Procedimento Preparatório Eleitoral (PPE), iniciado no caso dos autos mediante portaria ministerial. [...] (TSE – AgR-REspe nº 1318-23/PI, Rel. Min. Jorge Mussi, DJe de 26.3.2018).
ELEIÇÕES 2016. AGRAVO REGIMENTAL. RECURSO ESPECIAL. AÇÃO DE INVESTIGAÇÃO JUDICIAL ELEITORAL. PREFEITO E VICE–PREFEITO. PROCEDÊNCIA. [...] PROCEDIMENTO PREPARATÓRIO ELEITORAL (PPE). ART. 105–A DA LEI 9.504/97. INTERPRETAÇÃO CONFORME A CONSTITUIÇÃO. BUSCA E APREENSÃO. LEGALIDADE. ABUSO DE PODER POLÍTICO E ECONÔMICO. CONFIGURAÇÃO. PROVA ROBUSTA. DISTRIBUIÇÃO DE COTAS DE MEDICAMENTOS A ALIADOS POLÍTICOS COM USO DE RECURSOS PÚBLICOS. DESVIO DE FINALIDADE. GRAVIDADE. INCIDÊNCIA DA SÚMULA 24/TSE. DESPROVIMENTO. [...] 4. O procedimento de busca e apreensão foi proposto anteriormente à Ação de Investigação Judicial Eleitoral (Aije).Tal circunstância, considerada a natureza civil do procedimento, não faz incidir o foro por prerrogativa de função da Prefeita, pois restrito a processos de natureza penal, e torna legítima sua proposição pelo Promotor de Justiça e a apreciação pelo Juízo Zonal (art. 24 da LC 64/1990), ainda que os elementos de convicção provenientes da medida sejam, posteriormente, utilizados para lastrear procedimentos penais. Precedentes do SUPREMO TRIBUNAL FEDERAL.5. Uma vez necessária para o prosseguimento das investigações, revela–se plenamente legítima a busca e apreensão deferida a partir de fatos e elementos de convicção concretos que demonstrem a existência de fundadas razões.6. A prova colhida por meio de PPE, segundo jurisprudência do TRIBUNAL SUPERIOR ELEITORAL, não afronta o disposto no art. 105–A da Lei 9.504/1997, que deve ser interpretado em conformidade com os arts. 127 da CF/88, que atribui ao Ministério Público prerrogativa de defesa da ordem jurídica, do regime democrático e de interesses sociais individuais indisponíveis, e 129, III, que prevê o inquérito civil e a ação civil pública para a tutela de interesses difusos e coletivos. [...] 8. Fatos apontados pelas instâncias ordinárias, considerado o desvio de finalidade de serviços vinculados à saúde, que se revestem de gravidade suficiente para comprometer a legitimidade e normalidade do pleito.9. Agravo Regimental desprovido. (TSE – RECURSO ESPECIAL ELEITORAL nº 22027, Acórdão, Relator(a) Min. Alexandre de Moraes, Publicação: DJE – Diário da justiça eletrônica, Tomo 189, Data 14/10/2021)

[19] DALBERG-ACTON, John Emerich Edward. *Historical essays and studies*. FIGGIS, John Neville; LAURENCE, Reginald Vere (edit.). Londres: Macmillan, 1907. p. 294. Disponível em: https://oll.libertyfund.org/titles/2201. Acesso em: 23 jul. 2020.

y el contencioso jurisdicional, que se encomienda a un órgano judicial, en cuanto a los mecanismos y órganos de resolución de las impugnaciones en los resultados de las elecciones, mecanismo establecido por el orden jurídico de un estado, que comprenden todas las impugnaciones que se interpongan no sólo contra los resultados de las elecciones sino respecto a todos los actos y procedimientos electorales.[20]

Aos dois modelos ventilados por Duverger, acrescentam-se o modelo administrativo, pelo qual o controle das eleições cabe a um órgão eleitoral de natureza administrativa – em regra, o responsável pela organização do pleito –, e o modelo misto, no qual o controle é feito por órgãos políticos, jurisdicionais e/ou administrativos.

Portanto, em síntese, com base no órgão competente para analisar a regularidade dos atos e procedimentos eleitorais, os sistemas de controle de eleições podem ser classificados em *político, jurisdicional, administrativo* ou *misto.*

Antes de pormenorizar cada um dos modelos, cabe ressaltar a existência de outros tipos de classificação doutrinária, por exemplo, a que se fundamenta não na natureza do órgão que exerce o controle, mas na do objeto tratado. Encabeçando esse viés doutrinário, frise-se a posição de Jorge Miranda, que, ao tratar do sistema português – de caráter jurisdicional, se consolidada a classificação com base na natureza do órgão –, considera-o como administrativo:

> O contencioso eleitoral político é, por isso, um contencioso constitucional e, por isso, também se compreende a opção por o confiar ao Tribunal Constitucional. A sua estrutura, no entanto, não deixa de ser a de um contencioso administrativo, porque tem por objeto conflitos decorrentes de uma actividade administrativa, mesmo se sui generis, e porque os chamados recursos eleitorais seguem, no essencial, o processo das acções contenciosas administrativas. Uma coisa é a competência jurisdicional, outra coisa a natureza em si das questões e dos meios processuais correspondentes.[21]

Outra classificação baseia-se no momento em que o controle é realizado, notadamente em seu caráter contencioso, podendo ser: *controle pré-eleitoral* – antes das eleições, da manifestação do voto, de caráter eminentemente preventivo; *controle concomitante* – que ocorre durante o pleito; *controle pós-eleitoral* – de caráter repressivo, incidindo sobre a manifestação da vontade popular.[22] [23]

---

20 SAÉNZ, Leoncio Lara. Estudio de derecho comparado sobre lo contencioso y la jurisprudencia electoral de Itália. *In*: MÉXICO. Tribunal Electoral del Poder Judicial de la Federación. *El contencioso y la jurisprudencia electorales en derecho comparado: un estudio sobre ventiún países de América y Europa.* 2006. p. 306.

21 MIRANDA, Jorge. *Direito constitucional III*: direito eleitoral e direito parlamentar. Lisboa: Associação Académica da Faculdade de Direito de Lisboa, 2003. p. 192.

22 PEREIRA, Rodolfo Viana, *Tutela coletiva do direito eleitoral*: controle social e fiscalização das eleições. Rio de Janeiro: Lumen Juris, 2008. p. 27.

23 RECURSO ELEITORAL. REPRESENTAÇÃO. PROPAGANDA ANTECIPADA. MULTA. VOTO VENCEDOR. PERÍODO PRÉ-ELEITORAL. ATIPICIDADE DA CONDUTA. EXTINÇÃO DO PROCESSO SEM RESOLUÇÃO DE MÉRITO. 1- A legislação eleitoral não assina um marco a partir do qual se pode considerar iniciado o período pré-eleitoral, entretanto, esta Corte Eleitoral, em casos análogos, tem entendido que o período eleitoral tem início um ano antes do pleito (período macro-eleitoral). 2 – Tendo a conduta imputada ao recorrente sido praticada na primeira quinzena do mês de setembro de 2009, configurada esta sua atipicidade. 3 – Extinção do processo sem resolução de mérito, nos termos do art. 267, VI, do Código de Processo Civil. (TRE-PA – R-Rp 26035 PA, Relatora MARIA DO CÉO MACIEL COUTINHO, Data de Julgamento: 29/06/2010, Data de Publicação DJe – Diário da Justiça eletrônico, Volume –, Tomo 114, Data 5/7/2010, Página 3).

Embora haja essa gama de classificações, a doutrina majoritária tende a adotar aquela com base na natureza do órgão controlador, a qual também será utilizada neste estudo. Por conseguinte, cumpre tecer breves comentários sobre cada um dos referidos modelos.

O sistema político, também conhecido por sistema clássico ou tradicional, caracteriza-se pela atribuição a uma assembleia política, ou a parte dela, do dever de verificar a regularidade das eleições de seus membros (autoqualificação).[24] Por exemplo histórico, cite-se o art. 1º, seção V, n. 1, da Constituição dos Estados Unidos da América: "Each House shall be the judge of the elections, return and qualifications of its own members".[25] Com efeito, esse sistema parte da ideia de separação dos poderes, assumindo que a atribuição a cada Casa legislativa da fiscalização de suas eleições impediria o Poder Judiciário, teoricamente imparcial, de se envolver politicamente.

Atualmente, contudo, afirma Orozco Henríquez, não há mais países que adotam o sistema político de forma pura, à exceção da Suíça e, até certo ponto, da Itália, "ya que en aquellos países que conservan un control político para los comícios legislativos o, en su caso, presidenciales, lo hacen coexistir con un control jurisdicional previo o posterior, lo que les convierte en sistemas contenciosos mistos".[26] Em outras palavras, os países que ainda conservam a intervenção das assembleias políticas são, via de regra, classificados como mistos, adotando o controle político-jurisdicional (EUA e Itália) ou político-jurisdicional (Argentina).

Doutro vértice, no sistema jurisdicional, atribui-se a um juiz ou a um tribunal, que deve agir como um terceiro imparcial e de acordo com os critérios normativos, o controle das eleições. Essa forma de controle eleitoral apareceu, inicialmente, na Espanha (1907), Grécia (1911) e na Alemanha de Weimar (1919).[27] Essa tendência espalhou-se no

---

PRINCÍPIO CONSTITUCIONAL DA ANTERIORIDADE ELEITORAL: SIGNIFICADO DA LOCUÇÃO "PROCESSO ELEITORAL" (CF, ART. 16). – A norma consubstanciada no art. 16 da Constituição da República, que consagra o postulado da anterioridade eleitoral (cujo precípuo destinatário é o Poder Legislativo), vincula-se, em seu sentido teleológico, à finalidade ético-jurídica de obstar a deformação do processo eleitoral mediante modificações que, casuisticamente introduzidas pelo Parlamento, culminem por romper a necessária igualdade de participação dos que nele atuam como protagonistas relevantes (partidos políticos e candidatos), vulnerando-lhes, com inovações abruptamente estabelecidas, a garantia básica de igual competitividade que deve sempre prevalecer nas disputas eleitorais. Precedentes. – O processo eleitoral, que constitui sucessão ordenada de atos e estágios causalmente vinculados entre si, supõe, em função dos objetivos que lhe são inerentes, a sua integral submissão a uma disciplina jurídica que, ao discriminar os momentos que o compõem, indica as fases em que ele se desenvolve: (a) fase pré-eleitoral, que, iniciando-se com a realização das convenções partidárias e a escolha de candidaturas, estende-se até a propaganda eleitoral respectiva; (b) fase eleitoral propriamente dita, que compreende o início, a realização e o encerramento da votação e (c) fase pós-eleitoral, que principia com a apuração e contagem de votos e termina com a diplomação dos candidatos eleitos, bem assim dos seus respectivos suplentes. Magistério da doutrina (José Afonso da Silva e Antonio Tito Costa). (ADI nº 3345 DF, Rel. Min. Celso de Mello, Tribunal Pleno, DJe de 20.8.2010).

24 HENRÍQUEZ, Jesús Orozco. El contencioso electoral, la calificación electoral. *In*: NOHLEN, Dieter et al. (comp.). *Tratado de derecho electoral comparado de América Latina*. 2. ed. Cidade do México: FCE, Instituto Interamericano de Derechos Humanos, 2007. p. 1156.

25 ESTADOS UNIDOS DA AMÉRICA. (1789) *Constitution of the United States*. Disponível em: https://www.senate.gov/civics/constitution_item/constitution.htm#a1_sec5. Acesso em: 9 fev. 2020.

26 HENRÍQUEZ, Jesús Orozco. El contencioso electoral, la calificación electoral. *In*: NOHLEN, Dieter et al. (comp.). *Tratado de derecho electoral comparado de América Latina*. 2. ed. Cidade do México: FCE, Instituto Interamericano de Derechos Humanos, 2007. p. 27.

27 NOHLEN, Dieter. La califación electoral en Alemanha Federal. *In*: MÉXICO. Tribunal Electoral del Poder Judicial de la Federación. *El contencioso y la jurisprudéncia electorales en derecho comparado: un estudio sobre ventiún países de América y Europa*. 2006. p. 3-18.

cenário europeu pós-guerra, influenciando, por exemplo, a Constituição austríaca de 1920. Sobre o movimento, assevera Jorge Miranda:

> Assim como o progresso do Estado de Direito tem vindo a manifestar-se, em quase todos os países europeus, nos últimos anos, na criação dos Tribunais Constitucionais, também no domínio da apreciação da validade e da regularidade das eleições é uma verdadeira e própria justiça eleitoral (utilize-se ou não esse nome) que tem vindo a emergir, ultrapassando, de vez, os controlos administrativos e o sentido constitutivo de verificação de poderes pelos Parlamentos.[28]

Ultimamente, a judicialização do sistema de controle eleitoral é tida como um dos baluartes do Estado Democrático de Direito e do chamado Direito Eleitoral transnacional:

> Sobre la base de esas consideraciones se ha desarollado hoy el derecho electoral en todos los países democráticos, de manera que se ha formado una especie de derecho electoral común (o transnacional) que obedece a unos mismos principios generales y que, por ello, se proyectan en todos los ordenamientos pertencientes a la forma de Estado constitucional democrático de derecho. Tales principios son, esencialmente, la primacia del sistema representativo, la neutralidad de las oportunidades de los candidatos, la universalidad, igualdad, libertad y secreto del sufragio y, en fin, la judicialización del sistema de controles y de verificación de la regularidad de la elección.[29]

Ao mesmo tempo, temos que o sistema jurisdicional subdivide-se em *jurisdição ordinária*, na qual o controle é feito pelos juízes comuns; *jurisdição especializada*, em que há um ramo específico do Poder Judiciário para esse determinado fim, como ocorre no Brasil;[30] *jurisdição constitucional*, em que cabe a um tribunal constitucional a decisão sobre os meios de impugnação eleitoral.

Com relação à jurisdição especializada, frise-se que o órgão controlador poderá pertencer ao Judiciário ou ser dotado de autonomia. Nesse sentido, atribuir o controle do processo eleitoral a órgãos judiciários autônomos tem o condão de resguardar a imparcialidade do Poder Judiciário, mantendo a Justiça Comum distante de decisões político-partidárias.

Em alguns países, tal qual o Brasil, é possível notar uma combinação de jurisdições, de modo que impugnações eleitorais, ainda que realizadas em órgãos da justiça comum ou especializada, não afastam eventual apreciação por órgão de jurisdição constitucional. Desse modo, embora haja uma regra de irrecorribilidade das decisões proferidas pelo

---

[28] MIRANDA, Jorge. *Direito constitucional III*: direito eleitoral e direito parlamentar. Lisboa: Associação Académica da Faculdade de Direito de Lisboa, 2003. p. 186.

[29] ARAGÓN, Manuel. Derecho electoral: sufragio activo y pasivo. *In*: NOHLEN, Dieter. *El contencioso y la jurisprudencia electorales en derecho comparado*: un estudio sobre ventiún países de América y Europa. México: Tribunal Electoral del Poder Judicial de la Federación, 2006. p. 178-197.

[30] "[...] A missão constitucional confiada à Justiça Eleitoral é a de garantir que a soberania popular se manifeste de forma mais livre e democrática possível. Para isso, o constituinte de 1988 fixou a atribuição exclusiva dessa Justiça para administrar as eleições, sob a direção do TSE, uma Corte eminentemente constitucional que, por essa razão, é presidida e integrada por membros do Supremo Tribunal Federal [...]". PROCESSO ADMINISTRATIVO nº 2533-74.2010.6.00.0000 – CLASSE 26 –BRASÍLIA – DISTRITO FEDERAL. Relator: Ministro Ricardo Lewandowski. Interessado: Tribunal Regional Eleitoral do Rio Grande do Sul. SESSÃO DE 26.8.2010".

Tribunal Superior Eleitoral, admite-se recurso extraordinário ao Supremo Tribunal Federal quando as questões apontadas afrontarem a Constituição Federal.[31]

No sistema administrativo, por seu turno, o controle do pleito é atribuído a órgãos eleitorais executivos, aos quais cabe dirigir, organizar, administrar e vigiar os procedimentos eleitorais. O referido modelo não tem ganhado muito destaque, principalmente em face da forte tendência ao sistema jurisdicional ou ao misto. Como exemplo de sistema administrativo cite-se a Nicarágua, em que cabe ao *Consejo Supremo Electoral* a decisão, em última instância, de controvérsias atinentes às eleições.[32]

---

[31] LEI COMPLEMENTAR 135/2010, DENOMINADA LEI DA FICHA LIMPA. INAPLICABILIDADE ÀS ELEIÇÕES GERAIS 2010. PRINCÍPIO DA ANTERIORIDADE ELEITORAL (ART. 16 DA CONSTITUIÇÃO DA REPÚBLICA). I. O PRINCÍPIO DA ANTERIORIDADE ELEITORAL COMO GARANTIA DO DEVIDO PROCESSO LEGAL ELEITORAL. O pleno exercício de direitos políticos por seus titulares (eleitores, candidatos e partidos) é assegurado pela Constituição por meio de um sistema de normas que conformam o que se poderia denominar de devido processo legal eleitoral. Na medida em que estabelecem as garantias fundamentais para a efetividade dos direitos políticos, essas regras também compõem o rol das normas denominadas cláusulas pétreas e, por isso, estão imunes a qualquer reforma que vise a aboli-las. O art. 16 da Constituição, ao submeter a alteração legal do processo eleitoral à regra da anualidade, constitui uma garantia fundamental para o pleno exercício de direitos políticos. Precedente: ADI 3.685, Rel. Min. Ellen Gracie, julg. em 22.3.2006. A LC 135/2010 interferiu numa fase específica do processo eleitoral, qualificada na jurisprudência como a fase pré-eleitoral, que se inicia com a escolha e a apresentação das candidaturas pelos partidos políticos e vai até o registro das candidaturas na Justiça Eleitoral. Essa fase não pode ser delimitada temporalmente entre os dias 10 e 30 de junho, no qual ocorrem as convenções partidárias, pois o processo político de escolha de candidaturas é muito mais complexo e tem início com a própria filiação partidária do candidato, em outubro do ano anterior. A fase pré-eleitoral de que trata a jurisprudência desta Corte não coincide com as datas de realização das convenções partidárias. Ela começa muito antes, com a própria filiação partidária e a fixação de domicílio eleitoral dos candidatos, assim como o registro dos partidos no Tribunal Superior Eleitoral. A competição eleitoral se inicia exatamente um ano antes da data das eleições e, nesse interregno, o art. 16 da Constituição exige que qualquer modificação nas regras do jogo não terá eficácia imediata para o pleito em curso. II. O PRINCÍPIO DA ANTERIORIDADE ELEITORAL COMO GARANTIA CONSTITUCIONAL DA IGUALDADE DE CHANCES. Toda limitação legal ao direito de sufrágio passivo, isto é, qualquer restrição legal à elegibilidade do cidadão constitui uma limitação da igualdade de oportunidades na competição eleitoral. Não há como conceber causa de inelegibilidade que não restrinja a liberdade de acesso aos cargos públicos, por parte dos candidatos, assim como a liberdade para escolher e apresentar candidaturas por parte dos partidos políticos. E um dos fundamentos teleológicos do art. 16 da Constituição é impedir alterações no sistema eleitoral que venham a atingir a igualdade de participação no prélio eleitoral. III. O PRINCÍPIO DA ANTERIORIDADE ELEITORAL COMO GARANTIA CONSTITUCIONAL DAS MINORIAS E O PAPEL DA JURISDIÇÃO CONSTITUCIONAL NA DEMOCRACIA. O princípio da anterioridade eleitoral constitui uma garantia fundamental também destinada a assegurar o próprio exercício do direito de minoria parlamentar em situações nas quais, por razões de conveniência da maioria, o Poder Legislativo pretenda modificar, a qualquer tempo, as regras e critérios que regerão o processo eleitoral. A aplicação do princípio da anterioridade não depende de considerações sobre a moralidade da legislação. O art. 16 é uma barreira objetiva contra abusos e desvios da maioria, e dessa forma deve ser aplicado por esta Corte. A proteção das minorias parlamentares exige reflexão acerca do papel da Jurisdição Constitucional nessa tarefa. A Jurisdição Constitucional cumpre a sua função quando aplica rigorosamente, sem subterfúgios calcados em considerações subjetivas de moralidade, o princípio da anterioridade eleitoral previsto no art. 16 da Constituição, pois essa norma constitui uma garantia da minoria, portanto, uma barreira contra a atuação sempre ameaçadora da maioria. IV. RECURSO EXTRAORDINÁRIO CONHECIDO E PROVIDO. Recurso extraordinário conhecido para: a) reconhecer a repercussão geral da questão constitucional atinente à aplicabilidade da LC 135/2010 às eleições de 2010, em face do princípio da anterioridade eleitoral (art. 16 da Constituição), de modo a permitir aos Tribunais e Turmas Recursais do país a adoção dos procedimentos relacionados ao exercício de retratação ou declaração de inadmissibilidade dos recursos repetitivos, sempre que as decisões recorridas contrariarem ou se pautarem pela orientação ora firmada. b) dar provimento ao recurso, fixando a não aplicabilidade da Lei Complementar nº 135/2010 às eleições gerais de 2010. (STF – RE: 633703 MG, Relator: Min. GILMAR MENDES, Data de Julgamento: 23/03/2011, Tribunal Pleno, Data de Publicação: REPERCUSSÃO GERAL – MÉRITO)".

[32] HENRÍQUEZ, Jesús Orozco. El contencioso electoral, la calificación electoral. *In*: NOHLEN, Dieter et al. (comp.). *Tratado de derecho electoral comparado de América Latina*. 2. ed. Cidade do México: FCE, Instituto Interamericano de Derechos Humanos, 2007. p. 1175.

Ainda, o sistema misto combina, sucessivamente, impugnações em órgãos administrativos, jurisdicionais ou políticos. Caracteriza-se, diante disso, pela existência de uma dualidade de órgãos especializados, autônomos, para qualificar e fiscalizar as eleições. Na modalidade administrativo-jurisdicional, por exemplo, um dos órgãos exercerá as funções administrativas, notadamente a execução e a qualificação do pleito, cabendo ao outro a resolução das impugnações contra os atos daquele primeiro órgão.

A exemplo de países que adotam o modelo misto, especificamente o administrativo-jurisdicional, citem-se Colômbia, Chile, México, Peru e Venezuela. Com relação ao modelo político-jurisdicional, tem-se a Argentina, onde as eleições legislativas e presidenciais são controladas pelas juntas nacionais eleitorais, de caráter eminentemente jurisdicional, que decidem sobre as impugnações e protestos, cabendo, no entanto, a um órgão de natureza política a decisão sobre a validade da eleição. No sistema misto político-jurisdicional, ganha relevo o modelo estadunidense, já que, nas palavras de Orozco Henríquez:

> La intervención sucesiva de un órgano jurisdiccional y otro político en la resolución de las impugnaciones contra los resultados electorales, así como la participación de ciertas autoridades administrativas y finalmente también un órgano político en elecciones no impugnadas.[33]

Dessa forma, observa-se que, atualmente, a maioria dos países opta por um sistema misto, seja político-administrativo, seja político-jurisdicional, entre outros, de modo que não se atribui a um único poder a responsabilidade de controle do pleito. Com isso, busca-se obter mais imparcialidade nas soluções dos entraves eleitorais, com vistas à manutenção da integridade do processo eleitoral.

1.4 Direito Processual Eleitoral

O processo eleitoral é a concretização do desejo político do cidadão traduzido pelo voto, resultando na eleição de representantes a cargos eletivos governamentais (presidente e vice-presidente da República, senadores, deputados etc.) ou, na forma direta, na apreciação de temas relevantes para a sociedade, mediante plebiscitos e referendos. Por tal motivo, o voto é conhecido como forma de externar a vontade política dos cidadãos, dando sentido ao princípio democrático.

Não obstante, no contexto do presente manual, é fundamental superar a ideia de que o processo eleitoral se resume ao ato de votar nos dias das eleições. Este é, no máximo, a expressão concreta da democracia representativa.

Está claro que a opção do legislador constituinte foi por um sistema democrático composto não só pela representatividade, mas pela participação. Assim, o processo eleitoral compreende, ainda, todos os atos jurídicos capazes de produzir efeitos na seara do Direito Eleitoral.

---

[33] HENRÍQUEZ, Jesús Orozco. El contencioso electoral, la calificación electoral. *In*: NOHLEN, Dieter et al. (comp.). *Tratado de derecho electoral comparado de América Latina*. 2. ed. Cidade do México: FCE, Instituto Interamericano de Derechos Humanos, 2007. p. 373.

O *processo eleitoral*, entendido em seu sentido *lato*, pode ser dividido em três fases: *pré-eleitoral*, *eleitoral* e *pós-eleitoral*. Na primeira, há o recenseamento, os debates políticos, as propagandas eleitorais, a prestação prévia de contas etc. A segunda fase caracteriza-se pela eleição em si, ou seja, o dia em que o cidadão vai até as urnas manifestar o desejo de escolher um representante. A fase pós-eleitoral, por sua vez, abrange desde a contagem dos votos, passando pela prestação definitiva de contas, pela apuração de eventuais irregularidades no pleito, até a diplomação e a posse dos candidatos eleitos. Durante as três fases[34] do processo eleitoral, ganha relevo uma parte específica do Direito Eleitoral: o *contencioso eleitoral*.

Desse modo, tem-se que o contencioso eleitoral é o conjunto de instrumentos utilizados para solucionar as demandas que se relacionam com o processo eleitoral. Nesse ponto, Gomes Neto assevera que cabe ao Direito Eleitoral, valendo-se também das vias do contencioso eleitoral, harmonizar, o quanto possível, as divergências sociais, trazendo esperança e conforto às minorias políticas e às maiorias exploradas de toda nação.[35]

> No mesmo sentido, Fávila Ribeiro aduz que o contencioso eleitoral é o conjunto de normas que organizam e disciplinam o funcionamento do sufrágio popular, de modo que se estabeleça a precisa adequação entre a vontade do povo e a atividade governamental.[36]

Por seu turno, Erick Pereira descreve o contencioso eleitoral como o meio apto a assegurar a eficácia das normas e garantias eleitorais, atuando especialmente para coibir fraudes, tendo em vista, sempre, a lisura do pleito.[37]

Já Jorge Miranda sopesa que o contencioso eleitoral e a democracia estão alicerçados em três pontos fundamentais: (i) a garantia dos direitos fundamentais de eleger e de ser eleito; (ii) a garantia da periodicidade da eleição e renovação dos titulares dos órgãos nos prazos constitucionais; (iii) a garantia da legitimação dos resultados eleitorais.[38]

Doutro vértice, imperioso verificar que o contencioso eleitoral, em sentido material, pode ser entendido tal qual o conjunto de litígios relacionados com o processo eleitoral que deve ser solucionado pelo órgão designado para o controle dos atos eleitorais.

---

34 "A norma consubstanciada no art. 16 da Constituição da República, que consagra o postulado da anterioridade eleitoral (cujo precípuo destinatário é o Poder Legislativo), vincula-se, em seu sentido teleológico, à finalidade ético-jurídica de obstar a deformação do processo eleitoral mediante modificações que, casuisticamente introduzidas pelo Parlamento, culminem por romper a necessária igualdade de participação dos que nele atuam como protagonistas relevantes (partidos políticos e candidatos), vulnerando-lhes, com inovações abruptamente estabelecidas, a garantia básica de igual competitividade que deve sempre prevalecer nas disputas eleitorais. Precedentes. O processo eleitoral, que constitui sucessão ordenada de atos e estágios causalmente vinculados entre si, supõe, em função dos objetivos que lhe são inerentes, a sua integral submissão a uma disciplina jurídica que, ao discriminar os momentos que o compõem, indica as fases em que ele se desenvolve: (a) fase pré-eleitoral, que, iniciando-se com a realização das convenções partidárias e a escolha de candidaturas, estende-se até a propaganda eleitoral respectiva; (b) fase eleitoral propriamente dita, que compreende o início, a realização e o encerramento da votação e (c) fase pós-eleitoral, que principia com a apuração e contagem de votos e termina com a diplomação dos candidatos eleitos, bem assim dos seus respectivos suplentes. Magistério da doutrina (José Afonso da Silva e Antonio Tito Costa). [...] [ADI 3.345, rel. min. Celso de Mello, j. 25/8/2005, DJe de 20/8/2010.]". Disponível em: http://www.stf.jus.br/portal/constituicao/artigoBd.asp?item=254. Acesso em: 12 fev. 2022.

35 GOMES NETO, Antônio Francisco. *O direito eleitoral e a realidade democrática*. Rio de Janeiro: José Konfino, 1953. p. 12.

36 RIBEIRO Fávila *apud* BUGALHO, Gustavo Russignoli. *Direito eleitoral*. Leme: J.H. Mizuno, 2008. p. 13.

37 PEREIRA, Erick Wilson, *Controle jurisdicional do abuso de poder no processo eleitoral*. São Paulo: LTr, 2004. p. 132.

38 MIRANDA, Jorge. *Manual de direito constitucional*: estrutura constitucional da democracia. Coimbra: Coimbra, 2007. t. VII. p. 299.

Diante disso, levando em conta tanto a visão doutrinária quanto a jurisprudencial, é possível concluir que o contencioso eleitoral tem o escopo de regular os atos concernentes à realização das eleições, independentemente de qual fase do processo eleitoral ele seja proveniente.

Portanto, em linhas gerais, é possível entender que o direito processual eleitoral busca, precipuamente, garantir o direito de eleger e de ser eleito e o pleno exercício da cidadania. Com isso, atribui-se-lhe a função de zelar pelo Estado Democrático, nos moldes estabelecidos pela Constituição Federal de 1988, dando efetividade aos princípios e postulados, peças fundamentais do sistema jurídico eleitoral.

É basilar, portanto, discorrer mais detidamente sobre esses importantes princípios, sob a ótica da teoria geral do Direito Eleitoral e, em especial, do contencioso eleitoral.

PRINCÍPIOS GERAIS DE DIREITO ELEITORAL

2.1 Conceito

Na linguagem corrente, o vocábulo "princípio" remete à ideia de "início, causa primeira, raiz, razão", ou seja, tanto abrange a definição "o primeiro momento da existência de algo ou de uma ação ou processo" quanto alcança o sentido de "proposição elementar e fundamental que serve de base a uma ordem de conhecimentos" e "proposição lógica fundamental sobre a qual se apoia o raciocínio".[39]

Pode-se dizer, de tal modo, que *princípio* traduz:

> De maneira geral, a noção de proposições fundamentais que se formam na consciência das pessoas e grupos sociais, a partir de certa realidade, e que, após formadas, direcionam-se à compreensão, reprodução ou recriação dessa realidade.[40]

Ao adentrar na seara científica, a palavra *princípio* mantém uma acepção muito similar à da língua corrente. Melhor dizendo, os princípios funcionam para a ciência como instrumento iluminador e direcionador do processo de construção do conhecimento.

Ainda que certas áreas do conhecimento, principalmente das ciências físicas e biológicas, tendam a afastar a importância principiológica, a ciência jurídica contemporânea, com ênfase na corrente pós-positivista, dá aos princípios posição de destaque, senão basilar, no processo epistemológico. Diante isso, é possível afirmar que, no Direito, os princípios possuem diversas e importantes funções, atuando tanto na fase política (pré-jurídica) quanto na fase jurídica em si.

Vale relembrar nossas palavras sobre o tema na obra "Segurança Jurídica e as Alterações na Jurisprudência Tributária":

> Na ciência do direito, os princípios são, portanto, os valores a partir dos quais se delineia todo um sistema jurídico de normas e com base nos quais devem ser interpretadas as demais regras jurídicas no ordenamento, e podem estar inseridos na Constituição ou nas leis que lhe são inferiores. Muitos sentidos diversos estão vinculados à palavra 'princípio' e

[39] HOUAISS, Antônio *et al. Dicionário Houaiss da língua portuguesa.* Rio de Janeiro: Objetiva, 2001. p. 2299.

[40] DELGADO, Maurício Godinho. *Curso de direito do trabalho.* 9. ed. São Paulo: LTr, 2009. p. 171.

podem ser atribuídos o significado ao ponto de começo de algo, ou seja, o início – princípio (caráter normativo): 'significa norma que contém o início ou esquema de um órgão, entidade de programa, como são as normas que chamamos de 'princípio institutivo' e de 'princípio programático'. Contudo, quando a palavra princípio é utilizada, por exemplo, no Título I da Constituição Federal do Brasil, traz o significado de "mandamento nuclear de um sistema".[41]

Na fase *pré-jurídica* (antes e durante o processo de produção normativo), os princípios aparecem por meio de proposições fundamentais direcionadoras da atividade legislativa, tanto no que se refere a regras quanto à criação de institutos jurídicos. Diante disso, tem-se que eles atuam como fonte material do Direito, na medida em que orientam a atuação do legislador, condicionando, assim, a elaboração da norma.

Na *fase jurídica* propriamente dita, três são as funções assumidas pelos princípios, quais sejam: (i) descritiva; (ii) normativa subsidiária; (iii) normativa concorrente.

Em primeiro plano, na *fase descritiva*, os princípios ganham caráter informativo, no sentido de direcionar, de forma coerente, a interpretação da regra jurídica. Essa é, portanto, a função clássica, que ilumina o texto jurídico, servindo não de fonte formal do Direito, mas de instrumento de auxílio para a multifacetada atividade hermenêutica.

Ao mesmo tempo, ressalta-se o papel do princípio como fonte formal supletiva do Direito, qual seja: deparando-se com uma lacuna jurídica, o operador do Direito poderá aplicar o princípio normativo subsidiário como norma jurídica no caso concreto. Ainda que de forma não tão corriqueira como a função descritiva, a função normativa subsidiária é peça basilar do sistema jurídico, sendo até prevista pelo art. 4º da Lei de Introdução às Normas do Direito Brasileiro, que assim prevê: "quando a lei for omissa, o juiz decidirá o caso de acordo com a analogia, os costumes e os princípios gerais do direito".[42]

Por fim, a função normativa concorrente possui respaldo em parte da doutrina que se mostra descontente com a canonização do positivismo. Cite-se, por exemplo, uma série de juristas, expoentes da segunda metade do Século XX: na Itália, Norberto Bobbio; na França, Jean Boulanger; na Espanha, Federico de Castro, Joaquín Arce, Flórez-Valdez; na Alemanha, Robert Alexy; nos EUA, Ronald Dworkin; em Portugal, José Joaquim Gomes Canotilho; e, no Brasil, Paulo Bonavides.

Essa corrente entende que o caráter normativo contido nas regras jurídicas (leis, constituições etc.) também está presente nos princípios gerais do Direito. Em outras palavras, os princípios e as regras são espécies do gênero *norma*. Em síntese, conforme aclara Alexy, "a distinção entre regras e princípios é pois uma distinção entre dois tipos de normas".[43]

Nesse sentido, continua o jurista alemão, ao aduzir que os princípios são normas que ordenam que algo seja realizado na maior medida possível nas possibilidades jurídicas e fáticas existentes. Assim, são considerados "mandamentos de optimização"

---

[41] COSTA, Daniel Castro Gomes da. *Segurança jurídica e as alterações na jurisprudência tributária*. São Paulo: Pillares, 2016. p. 31.

[42] BRASIL, *Decreto-Lei nº 4.657, de 4 de setembro de 1942*. Disponível em: http://www.planalto.gov.br/ccivil_03/decreto-lei/del4657compilado.htm. Acesso em: 30 abr. 2020.

[43] ALEXY, Robert. *Teoría de los derechos fundamentales*. Madrid: Centro de Estudios Constitucionales, 1997. p. 83.

porque podem ser concretizados em graus variados, de modo que a sua medida satisfativa depende não só das possibilidades fáticas, mas também das jurídicas. Por isso, ainda que não prevejam deveres bem definidos e pormenorizados, os princípios impõem que suas medidas sejam realizadas tanto quanto possível, aproximando-se, portanto, da sua mensagem jurídica abstrata.[44]

Nesse mesmo sentido, afirma Dworkin:

> The difference between legal principles and legal rules is a logical decision. Both sets of standards point to particular decisions about legal obligation in particular circumstances, but they differ in the character of the direction they give. Rules are applicable in all-or-nothing fashion. If the facts a rule stipulates are given, then either the rule is valid, in which case the answer it supplies must be accepted, or it is not, in which case it contributes nothing to the decision [...]. Principles have a dimension that rules do not – the dimension of weight or importance".[45]

Ante a ideia acima alinhavada, é possível caracterizar os princípios como "mandamentos de otimização" da ordem jurídica (Robert Alexy),[46] "normas-chave de todo o sistema jurídico" (Paulo Bonavides),[47] "fundamento da ordem jurídica" (Federico de Castro)[48] e "superfonte" (Flórez-Valdez).[49]

Constata-se que os princípios são, por natureza, imprecisos, porquanto carregam consigo uma mensagem que se aproxima do ideal abstrato de justiça. Validamente, nesse espírito, para Gomes Canotilho, os princípios são objetivados historicamente, e progressivamente introduzidos na consciência jurídica.[50]

Por isso mesmo, é comum o entendimento de que a afronta a um princípio é essencialmente mais grave do que a afronta a uma norma. Isso porque não está se descumprindo um mandamento legal específico, mas todo um sistema de comandos fundamentais basilares no ordenamento jurídico.

Na seara eleitoral, a importância dos princípios é enorme, tanto na sua aplicabilidade no direito material quanto no processual. De tal modo, mister sopesarmos e refletirmos acerca dos principais princípios em Direito Eleitoral albergados no nosso ordenamento jurídico (constitucional e infraconstitucional), alinhavando-lhes a importância para a interpretação do direito processual eleitoral.

---

44 ALEXY, Robert. *Teoría de los derechos fundamentales*. Madrid: Centro de Estudios Constitucionales, 1997. p. 83.

45 DWORKIN, Ronald. *Taking rights seriously*. Cambridge: Harvard University Press, 1977. p. 24-26.

46 ALEXY, Robert. *Teoría de los derechos fundamentales*. Madrid: Centro de Estudios Constitucionales, 1997. p. 86.

47 BONAVIDES, Paulo. *Curso de direito constitucional*. 10. ed. São Paulo: Malheiros, 2000. p. 257.

48 FLÓREZ-VALDEZ, Joaquin Arce y. *Los princípios generales del derecho y formulación constitucional*. Madrid: Civitas, 1990. p. 53 e 56.

49 FLÓREZ-VALDEZ, Joaquin Arce y. *Los princípios generales del derecho y formulación constitucional*. Madrid: Civitas, 1990. p. 55.

50 CANOTILHO, José Joaquim Gomes. *Direito constitucional e teoria da constituição*. 7. ed. Coimbra: Almedina, 2003. p. 171.

2.2 Princípio Democrático

Em uma digressão até as civilizações mais antigas, não é difícil encontrar uma série de práticas democráticas nos diversos períodos da história. Contudo é inegável que foi na Grécia Antiga que a democracia, então, *demokratia*, veio à luz. O vocábulo compõe-se de *demos*, povo, e de *kratos*, poder, ou seja, o poder do povo. É imperioso ressaltar, como era de se esperar, que a democracia sofreu constantes mutações ao longo do tempo até se encontrar no atual estágio, isso tudo, é claro, tendo em vista a evolução da sociedade e do Estado, e, vale dizer, ainda está em processo evolutivo.

Verifica-se, ao mesmo tempo, que, depois de perpassar por inúmeros momentos conturbados, principalmente relacionados a disputas de poder e trocas de regime, a sociedade ocidental deu à democracia um valor de destaque. Destarte, antes de adentrar no mérito das constituições ocidentais, é preciso analisar dois diplomas internacionais de alto relevo: a Declaração Universal dos Direitos do Homem, de 1948, e o Pacto Internacional sobre os Direitos Civis e Políticos, de 1966, que alocaram a democracia no rol de direitos humanos. Veja-se:

> Artigo XXI (DUDH)
>
> 1. Todo ser humano tem o direito de fazer parte no governo de seu país diretamente ou por intermédio de representantes livremente escolhidos.
>
> 2. Todo ser humano tem igual direito de acesso ao serviço público do seu país.
>
> 3. A vontade do povo será a base da autoridade do governo; esta vontade será expressa em eleições periódicas e legítimas, por sufrágio universal, por voto secreto ou processo equivalente que assegure a liberdade de voto.[51]
>
> Artigo 25 (PIDCP)
>
> Todo cidadão terá o direito e a possibilidade, sem qualquer das formas de discriminação mencionadas no artigo 2 e sem restrições infundadas:
>
> a) de participar da condução dos assuntos políticos, diretamente ou por meio de representantes livremente escolhidos;
>
> b) de votar e de ser votado em eleições periódicas, autênticas, realizadas por sufrágio universal e igualitário e por voto secreto, que garantam a manifestação da vontade dos eleitores;
>
> c) de ter acesso, em condições gerais de igualdade, às funções públicas de seu país.[52]

É preciso salientar, contudo, que a democracia está longe de ser uma pedra lapidada. Ela deve ser entendida como um eterno trabalho em formação, um ideal a ser alcançado, um valor que deve ser construído e fomentado diariamente. Por isso, cada região, cada país, cada continente, de acordo com a própria realidade, deve buscar o próprio processo de amadurecimento democrático e de lutas, para que suas instituições democráticas sejam constantemente aperfeiçoadas. Só assim é possível que o princípio seja maximizado com atenção às necessidades e às particularidades de cada sociedade.

---

51 ONU. *Declaração Universal dos Direitos Humanos*. Disponível em: http://www.onu.org.br/img/2014/09/DUDH.pdf. Acesso em: 11 jan. 2020.

52 BRASIL. *Pacto Internacional sobre os Direitos Civis e Políticos*. Disponível em: http://direitoshumanos.gddc.pt/3_1/IIIPAG3_1_6.htm. Acesso em: 20 mar. 2020.

De acordo com Manoel Gonçalves Ferreira Filho, a democracia não prospera em todo solo, exigindo alguns pressupostos para ser alcançada.[53] É necessário um grau de desenvolvimento social, a fim de que o povo tenha atingido nível razoável de independência e amadurecimento, de modo que as decisões possam ser tomadas livre e conscientemente. Esse desenvolvimento social, além disso, deve ser entendido em sentido amplo, ou seja, acompanhado de um desenvolvimento econômico, visto que:

> não pode existir onde a economia somente forneça o indispensável para a sobrevivência com o máximo de esforço individual. Só pode ele ter lugar onde a economia se desenvolveu a ponto de dar ao povo o lazer de se instruir, a ponto de deixarem os homens de se preocupar apenas com o pão de todos os dias.[54]

Na contramão desse pensamento, José Afonso da Silva considera aludida tese um tanto quanto elitista.[55] De acordo com o constitucionalista brasileiro, o entendimento esposado por Ferreira Filho arrola como pressupostos da democracia itens que deveriam ser tidos por seus objetivos, quais sejam: a melhoria da educação, da cultura, o desenvolvimento, o aumento da qualidade de vida, entre outros requisitos que, não raramente, se confundem com direitos sociais que se realizam, em regra, mediante regimes democráticos.

Nessa toada, Friedrich Müller aproxima o núcleo fundamental democrático da "determinação normativa do tipo de convívio de um povo pelo mesmo povo".[56] Com efeito, o avanço democrático, na visão de Müller, não se traduz apenas no desenvolvimento de textos normativos que versem sobre democracia, mas também em:

> um nível de exigências, aquém do qual não se pode ficar – e isso tendo em consideração a maneira pela qual as pessoas devem ser genericamente tratadas nesse sistema de poder-violência (Gewalt) organizados (denominado "Estado"): não como subpessoas (Untermenschen), não como súditos (Untertanen), também não no caso de grupos isolados de pessoas, mas como membros do Soberano, do "povo" que legitima no sentido mais profundo a totalidade desse Estado.[57]

Por conseguinte, vale destacar a célebre frase atribuída ao *pai da democracia*, o estadunidense Abraham Lincoln, na qual asseverou que a democracia é "the government of the people, by the people, for the people",[58] em discurso realizado em Gettysburg, Pensilvânia, em 19 de novembro de 1863.[59]

De tal modo, em todo sistema democrático que busque autenticidade, é fundamental que se preste atenção em valores como igualdade e liberdade. Sendo que,

---

[53] FERREIRA FILHO, Manoel Gonçalves. *Curso de direito constitucional*. 31. ed. São Paulo: Saraiva, 2005. p. 102-103.

[54] FERREIRA FILHO, Manoel Gonçalves. *Curso de direito constitucional*. 31. ed. São Paulo: Saraiva, 2005.

[55] SILVA, José Afonso da. *Curso de direito constitucional positivo*. 26. ed. São Paulo: Malheiros, 2006. p. 128.

[56] MÜLLER, Friedrich. 2000. p. 57 e 115 *apud* GOMES, José Jairo. *Direito eleitoral*. 12. ed. São Paulo: Atlas, 2016. p. 48.

[57] MÜLLER, Friedrich. 2000. p. 57 e 115 *apud* GOMES, José Jairo. *Direito eleitoral*. 12. ed. São Paulo: Atlas, 2016. p. 48.

[58] Tradução livre: o governo do povo, pelo povo, para o povo.

[59] EPSTEIN, Richard A. Direct democracy: government of the people, by the people, and for the people?. *Harvard Journal of Law and Public Policy*, v. 34, nº 3, p. 819-826, 2011. Disponível em: http://chicagounbound.uchicago.edu/cgi/viewcontent.cgi?article=2260&context=journal_articles. Acesso em: 12 fev. 2022.

conforme já sopesado, a liberdade reflete o amadurecimento social que pode direcionar seu destino e seus anseios e, logo, ser passível das consequências de suas escolhas.

A igualdade, por sua vez, vem bem representada nos supracitados diplomas internacionais (DUDH e PIDCP), no sentido de que um regime democrático deve dar a todos os cidadãos oportunidades iguais de votar e de ser votado, de participar, de ser representado, sem que haja discriminações infundadas de toda espécie. Aqui, é possível notar uma grande diferença entre as democracias contemporâneas e a da Grécia Antiga, na qual nem todo ser humano era digno de ser chamado de cidadão, tal qual os escravos, por exemplo.

Em um espectro mais alargado, pode-se dizer que o princípio democrático demanda a atenção a outro famigerado princípio geral do Direito: o da dignidade da pessoa humana. Não é possível falar em democracia autêntica e plena quando não estão respeitados e garantidos os *standards* mínimos para uma vida digna de todos os cidadãos. A fim de evitar o caráter elitista dado por Ferreira Filho, impende frisar que, nos países em que esse patamar civilizatório mínimo não é garantido, não se pode dizer que não há democracia, mas que a democracia ainda é prematura e deve evoluir na direção da conquista progressiva dos direitos sociais.

Democracia requer confronto de ideias. O debate político, que se dá desde os chãos de fábrica, passando pelos bancos escolares e universitários, até chegar ao processo eleitoral é condição *sine qua non* do regime democrático. Ademais, para dizer-se que o povo é verdadeiramente livre para exercer diretamente seu poder ou para eleger seus representantes, é imperioso assegurar-lhe o direito e o acesso às informações. Tudo isso é essencial para construção da dialética democrática, reforçada pelas liberdades públicas, que abrangem, ainda, outros direitos, tal qual o de associação, de liberdade sindical, de crença, de opinião, de expressão, de imprensa, entre outros.

Mergulhando mais a fundo no tema dessa tese, temos que a democracia inexiste sem a implantação de um sistema eleitoral hígido, confiável, seguro e eficaz, pois dessa maneira dar-se-á legitimidade aos pleitos eleitorais, a fim de que eles transpareçam, de forma límpida, a real vontade popular.

Diante disso, é possível encarar o princípio democrático como pedra angular do Direito Eleitoral. Não por outro motivo, o ordenamento jurídico eleitoral é esquematizado para garantir a liberdade e a igualdade entre os cidadãos, nutrindo a semente da dialeticidade e buscando garantir um processo eleitoral justo, confiável e eficaz.

No Brasil, os reflexos do referido princípio podem ser observados em diversos dispositivos constitucionais, destacando-se o art. 1º:

> Art. 1º A República Federativa do Brasil, formada pela união indissolúvel dos Estados e Municípios e do Distrito Federal, constitui-se em Estado Democrático de Direito e tem como fundamentos: I – a soberania; II – a cidadania III – a dignidade da pessoa humana; IV – os valores sociais do trabalho e da livre iniciativa; V – o pluralismo político. Parágrafo único. Todo o poder emana do povo, que o exerce por meio de representantes eleitos ou diretamente, nos termos desta Constituição.[60]

[60] BRASIL (1988). *Constituição da República Federativa do Brasil*. Disponível em: http://www.planalto.gov.br/ccivil_03/constituicao/constituicao.htm. Acesso em: 30 abr. 2020.

PARA SEDIMENTAR

"ELEIÇÕES 2020. AGRAVO REGIMENTAL. AGRAVO EM RECURSO ESPECIAL. PROPAGANDA ELEITORAL ANTECIPADA NEGATIVA. ENTREVISTA EM PROGRAMA DE RÁDIO. NÃO CONFIGURAÇÃO. DESPROVIMENTO. [...] O direito fundamental à livre manifestação de pensamento, consagrado constitucionalmente, deve ser exercido dentro do binômio LIBERDADE com RESPONSABILIDADE. A Democracia não existirá e a livre participação política não florescerá onde a liberdade de expressão for ceifada, pois esta constitui condição essencial ao pluralismo de ideias, que por sua vez é um valor estruturante para o salutar funcionamento do sistema democrático, como ressaltado pelo SUPREMO TRIBUNAL FEDERAL, na ADI 4451, de minha relatoria (DJe de 6/3/2019).3. No caso, a fala do Representado está amparada em inúmeras matérias jornalísticas. Além disso, no contexto em que inserida a entrevista, o então Vereador deixa evidente que os atos de corrupção, crimes de falsificação, estão todos sendo apurados em denúncias ou investigação dos órgãos competentes. A todo instante o entrevistado informa que se trata de denúncias por ele realizadas, que os fatos estão sendo investigados pela autoridade policial ou até que houve pedido de instalação de CPI.4. Tal situação encontra amparo na ampla participação política e no princípio democrático, preceitos interligados à liberdade de expressão e que aqui não foram subvertidos.5. Agravo Regimental desprovido. (TSE – AGRAVO EM RECURSO ESPECIAL ELEITORAL nº 060002102, Acórdão, Relator(a) Min. Alexandre de Moraes, Publicação: DJE – Diário da justiça eletrônica, Tomo 169, Data 14/09/2021)".

"Direito eleitoral. Registro de partido político. Partido da mulher brasileira – PMB. Anotação de alteração estatutária. Deferimento parcial. Hipótese [...] VII. Sujeição de pré-candidaturas à deliberação do conselho gestor nacional 14. O estatuto partidário prevê a submissão dos nomes dos filiados que pretendam se candidatar a cargos eletivos à deliberação do Conselho Gestor Nacional. O dispositivo permite que um órgão partidário composto por apenas 5 (cinco) membros faça uma seleção prévia dos filiados aptos a serem escolhidos em convenção, sem estabelecer, de forma clara, como se dará essa análise por parte do Conselho Gestor Nacional. Desse modo, o dispositivo viola os princípios democrático e da isonomia, que devem garantir a todos os filiados do partido a possibilidade de acesso à disputa eleitoral. Precedente. [...] (STF – RPP nº 155473, rel. Min. Luís Roberto Barroso, *j.* 04/04/2019)".

"PRESTAÇÃO DE CONTAS. PARTIDO PROGRESSISTA. PP. EXERCÍCIO FINANCEIRO DE 2011. RAZOABILIDADE E PROPORCIONALIDADE. APROVAÇÃO COM RESSALVAS. DETERMINAÇÃO DE RESSARCIMENTO AO ERÁRIO. RECURSOS PRÓPRIOS. [...] 11. A omissão e o descaso da agremiação em investir verbas em políticas públicas afirmativas impostas por lei são considerados irregularidades na aplicação do Fundo Partidário. Os recursos oriundos do fundo devem ser aplicados na criação e manutenção de programas de promoção e difusão da participação política das mulheres, sendo grave a sua inobservância por dois exercícios consecutivos (2010 e 2011). *A igualdade de gênero na política é um tema muito caro para a Justiça Eleitoral e fundamental para o fortalecimento da democracia, que tem a igualdade entre homens e mulheres como um dos pilares do Estado democrático de direito na linha do que preceitua o art. 5º, I, da Constituição Federal.* [...] (TSE – Prestação de Contas nº 26746, Acórdão, Relator(a) Min. LUCIANA LÓSSIO, Publicação: DJE – Diário de justiça eletrônico, Tomo 111, Data 08/06/2017, Página 37-39)".

"AGRAVO REGIMENTAL NO AGRAVO EM RECURSO ESPECIAL ELEITORAL. PROPAGANDA ELEITORAL NEGATIVA. CRÍTICA A ATOS DE GOVERNO. POSIÇÃO PREFERENCIAL DA LIBERDADE DE EXPRESSÃO E SEUS COROLÁRIOS NA SEARA ELEITORAL. REEXAME DE FATOS E PROVAS. IMPOSSIBILIDADE. MANUTENÇÃO DOS FUNDAMENTOS DA DECISÃO ATACADA. DESPROVIMENTO. 1. *A liberdade de expressão reclama proteção reforçada, não apenas por encerrar direito moral do indivíduo, mas também por consubstanciar valor fundamental e requisito de funcionamento em um Estado Democrático de Direito, motivo por que o direito de expressar-se e suas exteriorizações (informação e de imprensa) ostenta uma posição preferencial (preferred position) dentro do arquétipo constitucional das liberdades.* 2. A proeminência da liberdade de expressão deve ser trasladada para o processo político-eleitoral, mormente porque os cidadãos devem ser informados da variedade e riqueza de assuntos respeitantes a eventuais candidatos, bem como das ações parlamentares praticadas pelos detentores de mandato eletivo (FUX, Luiz; FRAZÃO, Carlos Eduardo. Novos Paradigmas do Direito Eleitoral. Belo Horizonte: Fórum, 2016). 3. A exteriorização de opiniões, por meio da imprensa de radiodifusão sonora, de sons e imagens, sejam elas favoráveis ou desfavoráveis, faz parte do processo democrático, não podendo, bem por isso, ser afastada, sob pena de amesquinhá-lo e, no limite, comprometer a liberdade de expressão, legitimada e legitimadora do ideário de democracia. [...] (TSE – Recurso Especial Eleitoral nº 198793, Acórdão, Relator(a) Min. Luiz Fux, Publicação: DJE – Diário de justiça eletrônico, Data 27/10/2017, Página 66-67)".

"AGRAVO REGIMENTAL. RECURSO ESPECIAL. ELEIÇÕES 2016. PREFEITO. REPRESENTAÇÃO. PROPAGANDA ELEITORAL IRREGULAR EM RÁDIO. ART. 45, IV, DA LEI 9.504/97. TRATAMENTO DIFERENCIADO. CANDIDATO. CONFIGURAÇÃO. DESPROVIMENTO. 1. Consoante o art. 45, IV, da Lei 9.504/97, veda-se a emissoras de rádio e televisão, após as convenções, conferir tratamento diferenciado a candidatos, partidos e coligações. 2. A liberdade de imprensa não constitui direito ou garantia de caráter absoluto, punindo-se eventuais excessos em hipótese de ofensa ao princípio democrático e à isonomia entre candidatos. Precedentes. 3. Na espécie, é incontroverso que em programa da agravante Rádio Comunitária Criativa FM, no dia 1º.8.2016, após a convenção, houve propaganda política favorável a Rildo José Peloso e contrária a seu adversário, Leonir Antunes dos Santos, ambos candidatos ao cargo de prefeito de Boa Vista da Aparecida/PR em 2016.4. Segundo o TRE/PR, configurou-se o tratamento privilegiado, "seja porque o convite ao candidato recorrido não foi comprovado, seja porque na entrevista são enaltecidas as figuras dos candidatos apoiados pelo Prefeito, a quem é dada livremente a palavra e é feita uma crítica de cunho eleitoral ao [...] recorrido" (fl. 313).5. Conclusão em sentido diverso demandaria reexame de fatos e provas, providência inviável em sede extraordinária, a teor da Súmula 24/TSE.6. Agravo regimental desprovido. (TSE – Recurso Especial Eleitoral nº 18094, Acórdão, Relator(a) Min. Jorge Mussi, Publicação: DJE – Diário de justiça eletrônico, Tomo 40, Data 27/02/2018, Página 123/124)".

2.3 Princípio da Representatividade

Como já visto, o regime democrático pressupõe a participação ativa da população. De outra forma não poderia ser, uma vez que o poder emana do povo, que gere o Estado, cujo objetivo final é, sobretudo, o bem comum de seus cidadãos. Essa participação, em linhas gerais, pode se dar de forma direta ou indireta.

A democracia direta está intimamente ligada à ideia de democracia ateniense dos séculos V e IV a.C., em que os cidadãos se reuniam na *ágora* para, erguendo as mãos, decidir o rumo das políticas estatais (autogoverno). Essa forma de democracia, pelo menos ao modo ateniense, é impraticável nos dias de hoje, por uma série de motivos, por exemplo, o aumento populacional e a existência de países de dimensões continentais. Pode-se dizer, portanto, que a democracia direta só foi possível em Atenas, porque à época não havia o sufrágio universal, sendo digna de voto somente uma parcela reduzida da população.

Doutro vértice, não se pode dizer que a democracia direta não existe nos dias de hoje. Mesmo que não nos moldes acima alinhavados, ainda há resquícios de democracia direta até no sistema brasileiro. A prova disso são os plebiscitos e referendos, pelos quais os próprios cidadãos vão às urnas manifestar vontade contra ou a favor de certa opção legislativa.

O *princípio da representatividade*, então, versa sobre a representatividade que, em linhas gerais, é a forma indireta de democracia, ou seja, aquela pela qual o povo elege representantes para compor o governo e, revestidos de tal poder, defender-lhes os interesses na construção e no direcionamento das ações estatais. Nesse caso, a participação das pessoas no processo político ocorre mediante a escolha dos mandatários. Estes, por sua vez, tomam decisões político-administrativas de acordo com as próprias convicções.

Citado princípio pode ser observado no art. 45 da Constituição de 1988:

> Art. 45. A Câmara dos Deputados compõe-se de representantes do povo, eleitos, pelo sistema proporcional, em cada Estado, em cada Território e no Distrito Federal. §1º O número total de Deputados, bem como a representação por Estado e pelo Distrito Federal, será estabelecido por lei complementar, proporcionalmente à população, procedendo-se aos ajustes necessários, no ano anterior às eleições, para que nenhuma daquelas unidades da Federação tenha menos de oito ou mais de setenta Deputados. §2º Cada Território elegerá quatro Deputados.

Sobre o tema, assevera Ferreira Filho:

> A eleição, a escolha do representante, é, portanto, uma atribuição de competência. Nada o vincula, juridicamente, à vontade dos eleitores. No máximo, reconhece-se que a moral e o seu próprio interesse o impedem a atender os desejos do eleitorado. A moral porque a eleição não se obtém sem promessas. O próprio interesse porque o tempo trará nova eleição [...].[61]

Além disso, verifica-se, segundo os ensinamentos de Gomes Canotilho, que o princípio da representatividade tem suas raízes fixadas nos seguintes postulados:

> (1) exercício jurídico, constitucionalmente autorizado, de 'funções de domínio', feito em nome do povo, por órgãos de soberania do Estado; (2) derivação directa ou indirecta da legitimação de domínio do princípio da soberania popular; (3) exercício do poder com vista a prosseguir os fins ou interesses do povo.[62]

Assim, segue o constitucionalista português, a ideia de representatividade em uma democracia deriva, primordialmente, da autorização popular a um órgão soberano, que busca sua legitimidade no texto constitucional para agir de forma autônoma, mas sempre em nome do povo e para o povo.

Nos moldes atuais, a representação ocorre por meio de partidos políticos – associações que transformam determinada parcela da opinião pública em bandeiras de luta política. Desse modo, em tese, tanto o candidato quanto o eleitor serão guiados nas escolhas por aqueles partidos políticos cujas ideias mais se assemelhem aos seus interesses.

Na Constituição Federal brasileira, a obrigatoriedade de filiação a um partido político é prevista no art. 14, §3º, V,[63] que considera a filiação partidária uma condição de elegibilidade. Pode-se dizer, por isso, que os partidos políticos possuem o monopólio das candidaturas, inexistindo, no sistema brasileiro, candidaturas avulsas.

O próprio Tribunal Superior Eleitoral brasileiro posicionou-se no sentido de que o mandato público-eletivo pertence à agremiação política, e não ao eleito. Por isso, se o mandatário se desfiliar do partido, não terá direito a continuar no cargo.[64]

Tal sistema, contudo, não está isento de críticas. Isso porque, na prática, nem o candidato nem o partido são obrigados a manter seus posicionamentos alinhados com as promessas de campanha e com a cartilha partidária. Aliás, não raramente se nota a presença de candidatos com ideários totalmente opostos aos do partido a que está filiado,

---

61 FERREIRA FILHO, Manoel Gonçalves. *Curso de direito constitucional*. 31. ed. São Paulo: Saraiva, 2005. p. 85.

62 CANOTILHO, José Joaquim Gomes. *Direito constitucional e teoria da constituição*. 7. ed. Coimbra: Almedina, 2003. p. 293.

63 Constituição Federal de 1988 – "Art. 14. A soberania popular será exercida pelo sufrágio universal e pelo voto direto e secreto, com valor igual para todos, e, nos termos da lei, mediante: [...] §3º São condições de elegibilidade, na forma da lei: [...] V – a filiação partidária; [...]". BRASIL (1988). *Constituição da República Federativa do Brasil*. Disponível em: http://www.planalto.gov.br/ccivil_03/constituicao/constituicao.htm. Acesso em: 30 abr. 2020.

64 Vale mencionar que essa posição do Tribunal Superior Eleitoral brasileiro tem aplicação somente em relação aos mandatos eletivos do Poder Legislativo, havendo, inclusive, uma série de exceções previstas na nova legislação e nos julgados da própria Corte superior.

por exemplo, candidatos eminentemente conservadores filiados a partidos progressistas por uma mera questão de *jogo eleitoral*.

Esse descaso com a ideologia partidária afronta, de maneira indubitável, a noção de representatividade e o próprio princípio democrático em si. Com efeito, os cidadãos eleitores não podem pautar seus votos nas já citadas bandeiras de lutas partidárias, pois prejudicam a ideia de dialeticidade e, por conseguinte, destroem a legitimidade democrática.

Por isso, entre outros motivos, há certas vozes dissonantes que pugnam pela implementação de uma real democracia representativa no Brasil, que passaria a conter, por exemplo, institutos como o *recall*. Nela, o mandato está constantemente sob controle popular, de modo que o candidato eleito não pode conduzir as decisões político-administrativas a seu bel prazer, correndo o risco até de perder o mandato se optar por caminhos que se distanciem da vontade popular.

PARA SEDIMENTAR

"AGRAVO REGIMENTAL. MANDADO DE SEGURANÇA. CONDIÇÃO DE ELEGIBILIDADE. ART. 14, §3º, DA CONSTITUIÇÃO FEDERAL. CANDIDATURA AVULSA. IMPOSSIBILIDADE. TESES SUBMETIDAS. SIMPLES REITERAÇÃO. SÚMULA N. 26/TSE. INCIDÊNCIA. NEGATIVA DE PROVIMENTO.1. É inadmissível formalizar candidatura avulsa a cargo eletivo, dado que a filiação partidária é condição de elegibilidade com assento no texto constitucional (art. 14, §3º, da CF). Precedentes desta Corte Superior.2. É deficiente o agravo interno que deixa de impugnar especificamente os fundamentos da decisão agravada, limitando-se a reiterar teses anteriormente examinadas com reforço pontual. Incidência da Súmula n. 26/TSE.3. Agravo regimental ao qual se nega provimento.
(TSE – MANDADO DE SEGURANÇA CÍVEL nº 060021668, Acórdão, Relator(a) Min. Carlos Horbach, Publicação: DJE – Diário da justiça eletrônica, Tomo 146, Data 09/08/2021)

"ELEIÇÕES SUPLEMENTARES DE 2018. RECURSO ESPECIAL. REGISTRO DE CANDIDATURA. PREFEITO. CONDIÇÃO DE ELEGIBILIDADE. FILIAÇÃO PARTIDÁRIA. ART. 14, §3º, V, DA CF E ART. 9º DA LEI Nº 9.504/97. FATO SUPERVENIENTE. PROCESSAMENTO DA LISTA OFICIAL DE FILIADOS ENVIADA PELO PARTIDO À JUSTIÇA ELEITORAL. ART. 19 DA LEI Nº 9.096/95. CERTIDÃO EMITIDA PELO FILIAWEB. CONHECIMENTO PELA CORTE REGIONAL. POSSIBILIDADE. PRAZO MÍNIMO DE 6 MESES ANTERIORES AO PLEITO. COMPROVAÇÃO. DEFERIMENTO DO REGISTRO. ACÓRDÃO REGIONAL EM CONSONÂNCIA COM O ENTENDIMENTO DO TSE. SÚMULA Nº 30/TSE. NEGATIVA DE SEGUIMENTO. (TSE – RESPE: 479020186090128 Turvelândia/GO 73262018, Relator: Min. Tarcisio Vieira De Carvalho Neto, Data de Julgamento: 01/02/2019, Data de Publicação: DJE – Diário de justiça eletrônico – 05/02/2019 – Página 44-48)"

"REGISTRO DE CANDIDATURA. ELEIÇÃO SUPLEMENTAR. VICE-PREFEITO – FILIAÇÃO PARTIDÁRIA – CERTIDÃO LAVRADA PELA JUSTIÇA ELEITORAL (TSE) – FÉ PÚBLICA (SÚM. 20/TSE)- COMPROVAÇÃO DE TEMPO DE FILIAÇÃO DE 6 MESES – RECURSOS ESPECIAIS PROVIDOS. (TSE – RESPE: 161520186200015 São José De Campestre/ RN 49982018, Relator: Min. Luiz Edson Fachin, Data de Julgamento: 02/10/2019, Data de Publicação: DJE – Diário de justiça eletrônico – 07/10/2019 – Página 30-34)"

"Eleições 2018. Requerimento de registro de candidatura (RRCI). Cargo de presidente da república. Candidatura avulsa. Indeferimento. 1. A Lei nº 13.488/2017, ao introduzir o §14 no artigo 11 da Lei 9.504/97, segundo o qual 'é vedado o registro de candidatura avulsa, ainda que o requerente tenha filiação partidária', disciplinou expressamente a questão da candidatura avulsa, vedando-a.[...]" (TSE – Ac de 6.9.2018 na PET nº 060092171, rel. Min. Og Fernandes.)"

"AGRAVO REGIMENTAL. RECURSO ESPECIAL. ELEIÇÕES 2016. VEREADOR. REGISTRO DE CANDIDATURA. FILIAÇÃO PARTIDÁRIA. PRAZO MÍNIMO. SEIS MESES. ART. 9º DA LEI 9.504/97. CERTIDÕES. NÃO COMPROVAÇÃO. PROVIMENTO. 1. Autos recebidos no gabinete em 27.3.2017.2. A teor do art. 9º da Lei 9.504/97, "para concorrer às eleições, o candidato deverá [...] estar com a filiação deferida pelo partido no mínimo seis meses antes da data da eleição".3. No caso, a parte agravada juntou duas certidões oriundas da Justiça Eleitoral visando comprovar sua filiação ao Partido da Social Democracia Brasileira (PSDB) no prazo previsto em lei.4. A primeira certidão, examinada pelo TRE/CE, noticia que a candidata elegeu-se membro do Diretório Municipal no período de 19.6.2016 a 19.6.2018. Não se preencheu, assim, o lapso temporal a que alude o art. 9º da Lei 9.504/97. 5. O segundo documento, admitido em sede extraordinária, informa que a candidata estaria filiada ao PSDB desde 22.2.2016. Contudo, o espelho do sistema Filiaweb revela que a grei registrou a filiação apenas em 7.7.2016, em lista interna do sistema, oportunidade em que fez constar data retroativa. 6. Descabe aferir filiação partidária com base em lista interna extraída do sistema Filiaweb. Precedentes: AgR-REspe 204-84/SP, de minha relatoria, sessão de 8.11.2016; AgR-REspe 144-55/PI, Rel. Min. Henrique Neves, sessão de 13.10.2016 e AgR-REspe 1131-85/ RJ, Rel. Min. Luiz Fux, sessão de 23.10.2014.7. Desse modo, tanto a primeira como a segunda certidões não demonstram filiação da candidata, aos quadros do PSDB, no prazo mínimo de seis meses que antecederam as Eleições 2016.8. Agravo regimental provido para desprover o recurso especial e manter indeferida a candidatura de Patrícia Rodrigues de Brito ao cargo de vereador de Graça/CE nas Eleições 2016. (TSE – Recurso Especial Eleitoral nº 16110, Acórdão, Relator(a) Min. HERMAN BENJAMIN, Publicação: DJE – Diário de justiça eletrônico, Data 22/11/2017)".

"ELEIÇÕES 2014. REGISTRO DE CANDIDATURA. DEPUTADA DISTRITAL. COLIGAÇÃO RESPEITO POR BRASÍLIA PT-PP. AUSÊNCIA DE FILIAÇÃO PARTIDÁRIA. INFORMAÇÃO EXTRAÍDA DO CADASTRO ELEITORAL. INTIMAÇÃO NOS TERMOS DA SÚMULA 20 DO TSE. APRESENTAÇÃO DE FICHA PARTIDÁRIA. DOCUMENTO UNILATERAL. INAPTIDÃO PARA COMPROVAR A FILIAÇÃO PARTIDÁRIA. AUSÊNCIA DE CONDIÇÃO

DE ELEGIBILIDADE. REGISTRO INDEFERIDO. 1. A filiação partidária é condição de elegibilidade prevista nos arts. 14, §3º, V, da CF/88, 9º da Lei 9.504/97 e 18 da Lei 9.096/95 que, se não comprovada, inviabiliza o registro de candidatura. 2. Na instrução dos requerimentos de registro de candidatura, a informação alusiva à filiação partidária é extraída do próprio cadastro da Justiça Eleitoral. 3. Diante da informação de ausência de filiação à agremiação, pela qual pretende concorrer, os candidatos devem ser instados a se manifestar, nos termos do enunciando da Súmula nº. 20 do Tribunal Superior Eleitoral. 4. A ficha de filiação partidária é documento unilateral que não apresenta aptidão para comprovar a referida condição de elegibilidade. 5. Pedido indeferido. (TRE-DF – REGC 120138 DF, Relatora MARIA DE FÁTIMA RAFAEL DE AGUIAR, Data de Publicação PSESS – Publicado em Sessão, Volume 23:40, Data 12/08/2014)".

"ELEIÇÃO 2012. REGISTRO DE CANDIDATURA. CONDIÇÃO DE ELEGIBILIDADE. FILIAÇÃO PARTIDÁRIA. NÃO COMPROVAÇÃO. RECURSO ESPECIAL. APLICAÇÃO DAS SÚMULAS 284 DO STF E 13 DO STJ. AGRAVO REGIMENTAL. FUNDAMENTO NÃO ATACADOS. INCIDÊNCIA DA SÚMULA 182 DO STJ. DESPROVIMENTO. 1. Segundo o entendimento deste Tribunal Superior que veio a ser adotado, a prova da filiação partidária dá-se pelo cadastro eleitoral, não se sobrepondo a este ato unilateral da parte interessada, como a ficha de filiação e a declaração do partido político (REspe nº 3153-63/SP, Rel. Ministro MARÇO AURÉLIO, publicado na sessão de 3.11.2010). 2. "É inadmissível o recurso extraordinário, quando a deficiência na sua fundamentação não permitir a exata compreensão da controvérsia" (Súmula 284 do Supremo Tribunal Federal) 3. "A divergência entre julgados do mesmo Tribunal não enseja recurso especial". (Súmula 13 do Superior Tribunal de Justiça) 4. Na hipótese, o agravo regimental não ataca os fundamentos da decisão agravada, atraindo a incidência da Súmula 182 do Superior Tribunal de Justiça: "É inviável o agravo do art. 545 do CPC que deixa de atacar especificamente os fundamentos da decisão agravada".5. Agravo regimental desprovido. (TSE – AgR-REspe: 157048 BA, Relator: Min. LAURITA HILÁRIO VAZ, Data de Publicação: PSESS – Publicado em Sessão, Data 25/10/2012)".

"AGRAVO REGIMENTAL. RECURSO ESPECIAL ELEITORAL. ELEIÇÕES 2012. VEREADOR. REGISTRO DE CANDIDATURA. FILIAÇÃO PARTIDÁRIA. DOCUMENTOS PRODUZIDOS UNILATERALMENTE. DESPROVIMENTO. 1. Consoante a jurisprudência do TSE, a ficha de filiação partidária, as atas de reunião realizadas pelo partido político e a lista interna de filiados extraída do sistema Filiaweb, documentos produzidos unilateralmente, não se revestem de fé pública. Portanto, não têm aptidão para demonstrar o preenchimento da condição de elegibilidade disposta nos arts. 14, §3º, V, da CF/88, 9º da Lei 9.504/97 e 18 da Lei 9.096/95. 2. Agravo regimental não provido. (TSE – Agravo Regimental em Recurso Especial Eleitoral nº 7488, Acórdão de 29/11/2012, Relator (a) Min. FÁTIMA NANCY ANDRIGHI, Publicação: PSESS – Publicado em Sessão, Data 29/11/2012)".

Neste ponto, cumpre destacar que, em 2018, o Supremo Tribunal Federal reconheceu a repercussão geral do tema "candidatura avulsa" por meio do Agravo em Recurso Extraordinário nº 1054490. Nessa consecução, em 04.10.2019, houve a reautuação do processo ARE n. 1054490 para RE n. 1238853. Veja-se:

> Direito Eleitoral. Agravo em Recurso Extraordinário. Candidatura avulsa. Questão de ordem. Perda do objeto do caso concreto. Viabilidade da repercussão geral. 1. A discussão acerca da admissibilidade ou não de candidaturas avulsas em eleições majoritárias, por sua inequívoca relevância política, reveste-se de repercussão geral. Invocação plausível do Pacto de São José da Costa Rica e do padrão democrático predominante no mundo. 2. Eventual prejuízo parcial do caso concreto subjacente ao recurso extraordinário não é impeditivo do reconhecimento de repercussão geral. 3. Repercussão geral reconhecida. (STF – ARE 1054490 QO, Relator(a): Min. ROBERTO BARROSO, Tribunal Pleno, julgado em 05/10/2017, PROCESSO ELETRÔNICO DJe-045 DIVULG 08-03-2018 PUBLIC 09-03-2018).

Determinou-se, ademais, a designação de audiência pública para discussão do tema:

> DIREITO ELEITORAL. RECURSO EXTRAORDINÁRIO COM REPERCUSSÃO GERAL. CANDIDATURA AVULSA. CONSTITUIÇÃO FEDERAL. PACTO DE SÃO JOSÉ DA COSTA RICA. CONVOCAÇÃO DE AUDIÊNCIA PÚBLICA. 1. A candidatura avulsa constitui matéria que extrapola os limites do estritamente jurídico, demandando conhecimento interdisciplinar a respeito de aspectos políticos, eleitorais e administrativos relacionados à matéria. 2. Importância de dar voz à sociedade civil, às instituições políticas e aos partidos políticos, entre outros, a fim de que possam aportar ao Supremo Tribunal Federal informação e pontos de vista diferenciados sobre a questão. Inteligência do art. 1.038, II, CPC/2015. 3. Determino a convocação de audiência pública a se realizar em 09.12.2019, com prazo para manifestação de interesse na participação até 01.11.2019 (candidaturaavulsa@stf.jus.br).

Contudo, o acima mencionado recurso extraordinário, que tem repercussão geral reconhecida, na data de revisão desta obra, ainda pendia de apreciação pelo plenário do Supremo Tribunal Federal, tendo havido sua redistribuição ao Ministro Luís Roberto Barroso em 17.01.2022.

2.4 Estado Democrático de Direito

Ainda que se tenha conhecimento de que a conceituação clássica de Estado já está superada por parte da doutrina, para este trabalho, entender-se-á por elementos do Estado o tradicional tripé: povo, território e Estado Soberano. Em outras palavras: Estado é uma associação de pessoas que vivem em certo território sob o comando de uma autoridade.

É importante entender que as expressões "Estado de Direito" e "Estado Democrático", por si sós, são insuficientes para representar a grandeza dessa classificação.

Desse modo, *Estado de Direito* significa que toda a organização estatal, suas estruturas, instituições, atuação, fundamentos e objetivos não são escolhidos arbitrariamente, mas pautados naquilo que o ordenamento jurídico estabeleceu de base fundamental. Sobre o tema vale repisar o nosso entendimento já esposado na obra "Segurança Jurídica e as Alterações na Jurisprudência Tributária":

> O Estado, como firmado no item pretérito, contém três elementos: povo, território e soberania. Para manifestar a soberania, o Estado possui uma pluralidade de órgãos representados por três poderes harmônicos e independentes, com o intuito precípuo de atingir o interesse público. Antes de se definir estado democrático de direito, forçoso se faz entender o estado de direito. O estado de direito é um modo de organização que surgiu para contrapor o modo de organização absolutista, marcado por uma postura passiva do Estado, que se contentava com o respeito à lei, refletindo o espírito liberal que se ansiava uma prestação negativa. A expressão estado de direito foi cunhada pelo jurista alemão Robert Von Mohl, no século XIX, ao procurar sintetizar a relação estreita que deve haver entre Estado e direito ou entre política e lei. Segundo Canotilho, o estado de direito é o Estado propenso ao direito, ou seja: 'Estado de direito é um Estado ou uma forma de organização político-estatal cuja atividade é determinada e limitada pelo direito. 'Estado de não direito' será, pelo contrário, aquele em que o poder político se proclama desvinculado de limites jurídicos e não reconhece aos indivíduos uma esfera de liberdade ante o poder protegida pelo direito.[65]

Validamente, nosso pensamento implica dizer que o Estado se sujeita a uma Constituição, independentemente de quais características tenha, se escrita, não escrita, rígida, semirrígida etc. O que importa, em verdade, é que há uma ordem constitucional suprema que dita a formação e a atuação do Estado.

Por sua vez, a expressão "Estado Democrático" remete à ideia de que o poder estatal advém do povo e de mais ninguém. Afasta-se, assim, o ultrapassado conceito de déspotas esclarecidos, de teocracia, de força pela força, aproximando-se, por outro lado, da constituição de um governo formado pelos próprios governados. Estes, ainda, são escolhidos livremente pelos seus pares, pelo voto direto e universal. Com isso, o rumo das políticas públicas, em geral, fica a cargo dos próprios beneficiados, os cidadãos eleitores.

Por fim, vale sopesar que a característica que entendemos mais importante do *Estado Democrático de Direito* – a valoração máxima dos direitos fundamentais, sociais e políticos, que tendem a ganhar destaque nos ordenamentos jurídicos de diversos Estados – é, ao mesmo tempo, causa e efeito da democracia.

PARA SEDIMENTAR

"ELEIÇÕES 2014. RECURSO ORDINÁRIO. JULGAMENTO CONJUNTO. AÇÃO DE INVESTIGAÇÃO JUDICIAL ELEITORAL. ABUSO DE PODER LIGADO AO USO INDEVIDO DE MEIOS DE COMUNICAÇÃO SOCIAL. CANAIS DE RÁDIO, TV E JORNAIS IMPRESSOS. INOCORRÊNCIA. PROVIMENTO.

[65] COSTA, Daniel Castro Gomes da. *Segurança jurídica e as alterações na jurisprudência tributária.* São Paulo: Pillares, 2016. p. 89.

[...] 4. A livre circulação de pensamentos, opiniões e críticas visam fortalecer o Estado Democrático de Direito e a democratização do debate no ambiente eleitoral, de modo que a intervenção desta JUSTIÇA ESPECIALIZADA deve ser mínima em preponderância ao direito à liberdade de expressão. Ou seja, a sua atuação deve coibir práticas abusivas ou divulgação de notícias falsas, de modo a proteger a honra dos candidatos e garantir o livre exercício do voto. [...] 8. Recursos ordinários providos. (TSE – RECURSO ORDINÁRIO ELEITORAL nº 224773, Acórdão, Relator(a) Min. Edson Fachin, Relator(a) designado(a) Min. Alexandre de Moraes, Publicação: DJE – Diário da justiça eletrônica, Tomo 206, Data 09/11/2021)".

"LIBERDADE DE EXPRESSÃO E PLURALISMO DE IDEIAS. VALORES ESTRUTURANTES DO SISTEMA DEMOCRÁTICO. INCONSTITUCIONALIDADE DE DISPOSITIVOS NORMATIVOS QUE ESTABELECEM PRÉVIA INGERÊNCIA ESTATAL NO DIREITO DE CRITICAR DURANTE O PROCESSO ELEITORAL. PROTEÇÃO CONSTITUCIONAL ÀS MANIFESTAÇÕES DE OPINIÕES DOS MEIOS DE COMUNICAÇÃO E À LIBERDADE DE CRIAÇÃO HUMORÍSTICA. 1. A Democracia não existirá e a livre participação política não florescerá onde a liberdade de expressão for ceifada, pois esta constitui condição essencial ao pluralismo de ideias, que por sua vez é um valor estruturante para o salutar funcionamento do sistema democrático. 2. A livre discussão, a ampla participação política e o princípio democrático estão interligados com a liberdade de expressão, tendo por objeto não somente a proteção de pensamentos e ideias, mas também opiniões, crenças, realização de juízo de valor e críticas a agentes públicos, no sentido de garantir a real participação dos cidadãos na vida coletiva. 3. São inconstitucionais os dispositivos legais que tenham a nítida finalidade de controlar ou mesmo aniquilar a força do pensamento crítico, indispensável ao regime democrático. Impossibilidade de restrição, subordinação ou forçosa adequação programática da liberdade de expressão a mandamentos normativos cerceadores durante o período eleitoral. 4. Tanto a liberdade de expressão quanto a participação política em uma Democracia representativa somente se fortalecem em um ambiente de total visibilidade e possibilidade de exposição crítica das mais variadas opiniões sobre os governantes. 5. O direito fundamental à liberdade de expressão não se direciona somente a proteger as opiniões supostamente verdadeiras, admiráveis ou convencionais, mas também aquelas que são duvidosas, exageradas, condenáveis, satíricas, humorísticas, bem como as não compartilhadas pelas maiorias. Ressalte-se que, mesmo as declarações errôneas, estão sob a guarda dessa garantia constitucional. 6. Ação procedente para declarar a inconstitucionalidade dos incisos II e III (na parte impugnada) do artigo 45 da Lei 9.504/1997, bem como, por arrastamento, dos parágrafos 4º e 5º do referido artigo. (STF – ADI 4.451, rel. Min. Alexandre de Moraes, DJE de 6.3.2019.)".

"ELEIÇÕES 2016. REGISTRO DE CANDIDATURA. CARGO DE VEREADOR. AGRAVO REGIMENTAL. RECURSO ESPECIAL. PROVIMENTO. ATA RETIFICADORA DE CONVENÇÃO. INDICAÇÃO DO CANDIDATO. PRAZO ANTERIOR AO REGISTRO DE CANDIDATURA. JUNTADA. INSTÂNCIA ORDINÁRIA. VÍCIO SANADO. DESPROVIMENTO. [...] 6. Não se pode inibir a participação do cidadão no processo político tendo por alicerce tão somente circunstâncias meramente formais. O direito ao sufrágio, no qual se inclui a capacidade eleitoral passiva, em se tratando de direito fundamental garantido pela Lei Maior, participa da essência do Estado Democrático de Direito, operando como diretriz para a ação de todos os poderes constituídos, sem exceção. [...] (TSE – Recurso Especial Eleitoral nº 13781, Acórdão, Relator(a) Min. Luciana Christina Guimarães Lóssio, Publicação: PSESS – Publicado em Sessão, Data 22/11/2016)".

"ELEIÇÕES 2016. REGISTRO DE CANDIDATURA. DRAP. MAJORITÁRIA E PROPORCIONAL. RRC. VEREADOR. RECURSOS ESPECIAIS. COLIGAÇÃO PARTIDÁRIA E TERCEIRO PREJUDICADO. REFORMA DA SENTENÇA E ALTERAÇÃO DA SITUAÇÃO DOS DRAPS APÓS A ELEIÇÃO. CONSEQUÊNCIA DIRETA NA ELEIÇÃO DE VEREADOR. RETOTALIZAÇÃO. REENQUADRAMENTO JURÍDICO. REALIZAÇÃO DE DUAS CONVENÇÕES PARTIDÁRIAS CONFLITANTES PELO MESMO PARTIDO. COMISSÃO PROVISÓRIA MUNICIPAL SUMARIAMENTE DESCONSTITUÍDA. INOBSERVÂNCIA ÀS NORMAS ESTATUTÁRIAS. IMPACTOS INEQUÍVOCOS E IMEDIATOS NO PRÉLIO ELEITORAL. NECESSIDADE DE REVISITAR A JURISPRUDÊNCIA DA CORTE. DIVERGÊNCIAS INTERNAS PARTIDÁRIAS, SE OCORRIDAS NO PERÍODO ELEITORAL, COMPREENDIDO EM SENTIDO AMPLO (I.E., UM ANO ANTES DO PLEITO), ESCAPAM À COMPETÊNCIA DA JUSTIÇA COMUM, ANTE O ATINGIMENTO NA ESFERA JURÍDICA DOS PLAYERS DA COMPETIÇÃO ELEITORAL. ATO DE DISSOLUÇÃO PRATICADO SEM A OBSERVÂNCIA DOS CÂNONES JUSFUNDAMENTAIS DO PROCESSO. EFICÁCIA HORIZONTAL DOS DIREITOS FUNDAMENTAIS (DRITTWIRKUNG). INCIDÊNCIA DIRETA E IMEDIATA DAS GARANTIAS FUNDAMENTAIS DO DEVIDO PROCESSO LEGAL, AMPLA DEFESA E DO CONTRADITÓRIO (CRFB/88, ART. 5º, LIV E LV). CENTRALIDADE E PROEMINÊNCIA DOS PARTIDOS POLÍTICOS EM NOSSO REGIME DEMOCRÁTICO. ESTATUTO CONSTITUCIONAL DOS PARTIDOS POLÍTICOS DISTINTO DAS ASSOCIAÇÕES CIVIS. GREIS PARTIDÁRIAS COMO INTEGRANTES DO ESPAÇO PÚBLICO, AINDA QUE NÃO ESTATAL, À SEMELHANÇA DA UBC. SISTEMA DE GERENCIAMENTO DE INFORMAÇÕES PARTIDÁRIAS. POSSIBILIDADE DE REGISTROS DE ALTERAÇÕES DOS ÓRGÃOS PARTIDÁRIOS COM DATAS RETROATIVAS. INDEFERIMENTO DE MANDADO DE SEGURANÇA, NO ÂMBITO DA JUSTIÇA COMUM, POR AUSÊNCIA DE PROVA PRÉ-CONSTITUÍDA DO DIREITO LÍQUIDO E CERTO. INEXISTÊNCIA DE COISA JULGADA MATERIAL. PROVIMENTO DOS RECURSOS ESPECIAIS. AÇÃO CAUTELAR PREJUDICADA.1. A Justiça Eleitoral possui competência para apreciar as controvérsias internas de partido político, sempre que delas advierem reflexos no processo eleitoral, circunstância que mitiga o postulado fundamental da autonomia partidária, ex vi do art. 17, §1º, da Constituição da República – cânone normativo invocado para censurar intervenções externas nas deliberações da entidade –, o qual cede terreno para maior controle jurisdicional.2. Ante os potenciais riscos ao processo democrático e os interesses subjetivos envolvidos (suposto ultraje a princípios fundamentais do processo), qualificar juridicamente referido debate dessa natureza como matéria interna corporis, considerando-o imune ao controle da Justiça Eleitoral, se revela concepção atávica, inadequada e ultrapassada: em um Estado Democrático de Direito, como o é a República Federativa do Brasil (CRFB/88, art. 1º, caput), é paradoxal conceber a existência de campos que estejam blindados contra a revisão jurisdicional, adstritos tão somente à alçada exclusiva da respectiva grei partidária. Insulamento de tal monta é capaz de comprometer a própria higidez do processo político-eleitoral, e, no limite, o adequado funcionamento das instituições democráticas. 3. O processo eleitoral, punctum saliens do art. 16 da Lei Fundamental de 1988, em sua exegese constitucionalmente adequada, deve ser compreendido em seu sentido mais elástico, iniciando-se um ano antes da data do pleito, razão pela qual qualquer divergência partidária interna tem, presumidamente, o condão de impactar na competição eleitoral.4. A mens legis do art. 16 da Constituição de 1988 proscreve a edição de normas eleitorais ad hoc ou de exceção, sejam elas de cariz material ou procedimental, com o propósito de obstar a deturpação casuística do cognominado devido processo legal eleitoral, capaz de vilipendiar a igualdade de participação e de chances dos partidos políticos e seus candidatos. 5. À proeminência dispensada, em nosso arquétipo constitucional, não se seguira uma imunidade aos partidos políticos para, a seu talante, praticarem barbáries e arbítrios entre seus Diretórios, máxime porque referidas entidades gozam de elevada proeminência e envergadura institucional, essenciais que são para a tomada de decisões e na própria conformação do regime democrático.6. O postulado fundamental da autonomia partidária, insculpido no art. 17, §1º, da Lei Fundamental de 1988, manto normativo protetor contra ingerências estatais canhestras em domínios específicos dessas entidades (e.g., estrutura, organização e funcionamento interno), não imuniza os partidos políticos do controle jurisdicional, criando uma barreira intransponível à prerrogativa do Poder Judiciário de imiscuir-se no equacionamento das divergências internas partidárias, uma vez que as disposições regimentais (ou estatutárias) consubstanciam, em tese, autênticas normas jurídicas e, como tais, são dotadas de imperatividade e de caráter vinculante. 7. A fixação de tal regramento denota autolimitação voluntária por parte do próprio partido, enquanto produção normativa endógena, que traduz um pré-compromisso com a disciplina interna de suas atividades, de modo que sua violação habilita a pronta e imediata resposta do ordenamento jurídico. 8. A postura judicial mais incisiva se justifica nas hipóteses em que a disposição estatutária, supostamente transgredida, densificar/concretizar diretamente um comando constitucional. Do contrário, quanto menos a regra estatutária materializar uma norma constitucional, menor deve ser a intensidade da intervenção judicial. 9. Os direitos fundamentais exteriorizam os valores nucleares de uma ordem jurídica democrática, aos quais se reconhece, para além da dimensão subjetiva, da qual se podem extrair pretensões deduzíveis em juízo, uma faceta objetiva, em que tais comandos se irradiam por todo o ordenamento jurídico e agregam uma espécie de "mais-valia" (ANDRADE, José Carlos Vieira. Os Direitos Fundamentais na Constituição Portuguesa de 1976. Coimbra: Almedina, 1987, p. 165), mediante a adoção de deveres de proteção, que impõe a implementação de medidas comissivas para sua concretização.10. A vinculação direta e imediata dos particulares aos direitos fundamentais consubstancia a teoria que atende de forma mais satisfatória, segundo penso, a problemática concernente à eficácia horizontal (Drittwirkung), conclusão lastreada (i) na aplicação imediata prevista no art. 5º, §1º, da CRFB/88 (argumento de direito positivo), (ii) no reconhecimento da acentuada assimetria fática na sociedade brasileira (argumento sociológico) e (iii) no fato de que a Lei Fundamental é pródiga em normas de conteúdo substantivo, o que se comprova com a positivação da Dignidade da Pessoa Humana como um dos fundamentos de nossa República (argumento axiológico).11. Sob o ângulo do direito positivo, os direitos fundamentais possuem aplicação imediata, ex vi do art. 5º, §1º, que não excepciona as relações entre particulares de seu âmbito de incidência, motivo por que não se infere que os direitos fundamentais vinculem apenas e tão somente os poderes públicos. Pensamento oposto implicaria injustificável retrocesso dogmático na pacificada compreensão acerca da normatividade inerente das disposições constitucionais, em geral, e daquelas consagradoras de direitos fundamentais, em especial, a qual dispensa a colmatação por parte do legislador para a produção de efeitos jurídicos, ainda que apenas negativos ou interpretativos.12. Sob o prisma sociológico, ninguém ousaria discordar que a sociedade brasileira é profundamente injusta e desigual, com milhões de pessoas vivendo abaixo da linha da pobreza e da miséria. E é exatamente no campo das relações sociais que se verificam, com maior intensidade, os abusos e violações a direitos humanos, os quais podem – e devem – ser remediados mediante o reconhecimento da incidência direta e imediata dos direitos fundamentais. Sem essa possibilidade, reduz-se em muito as chances de alteração dos status quo, de promoção de justiça social e distributiva e da redução das desigualdades sociais e regionais, diretrizes fundamentais de nossa República (CRFB/88, art. 3º, III e IV).13. Sob a vertente valorativa, do reconhecimento da Dignidade da Pessoa Humana como epicentro axiológico do ordenamento jurídico pátrio exsurgem relevantes consequências práticas: em primeiro lugar, tem-se a legitimação moral de todas as emanações estatais, as quais não podem distanciar-se do conteúdo da Dignidade Humana, e, em segundo lugar, ela atua como vetor interpretativo, por meio do qual o intérprete/aplicador do direito deve se guiar quando do equacionamento dos conflitos contra os quais se defronta. Em terceiro lugar, referida cláusula fundamenta materialmente a existência de todos os direitos e garantias, atuando como uma espécie de manancial inesgotável de valores de uma ordem jurídica. 14. Ainda que sob a ótica da state action, sobressai a vinculação das entidades partidárias aos direitos jusfundamentais, mediante o reconhecimento da cognominada public function theory, desenvolvida pioneiramente nas Whites Primaries, um conjunto de casos julgados pela Suprema Corte americana, em que se discutia a compatibilidade de discriminações motivadas em critérios raciais, levadas a efeito em diversas eleições primárias realizadas no Estado do Texas, com os direitos insculpidos na Décima Quarta e Décima Quinta Emendas [Precedentes da Suprema Corte americana: Nixon v. Herndon (273 U.S. 536 (1927), Nixon v. Concon (286 U.S. 73 (1932), Smith v. Allwright (321 U.S. 649 (1944) e Terry v. Adams (345 U.S. 461 (1953)]. 15. As greis partidárias, à semelhança da União Brasileira de Compositores (UBC), podem ser qualificadas juridicamente como entidades integrantes do denominado espaço público, ainda que não estatal, o que se extrai da centralidade dispensada em nosso regime democrático aos partidos, essenciais que são ao processo decisório e à legitimidade na conformação do poder político.16. O estatuto jurídico-constitucional dos partidos políticos ostenta peculiaridades e especificidades conferidas pela Carta de 1988 (e.g., filiação partidária como condição de elegibilidade, acesso ao fundo partidário e ao direito de antena, exigência de registro no TSE para perfectibilizar o ato constitutivo etc.) que o aparta do regime jurídico das associações civis (CRFB/88, art. 5º, XVII ao XXI), aplicado em caso de lacuna e subsidiariamente. Doutrina nacional e do direito comparado.17. A destituição de Convenção Partidária de nível inferior (i.e., estaduais e municipais) somente se afigura possível nas estritas hipóteses de inobservância das diretrizes legitimamente estabelecidas pelo órgão de direção nacional, que é o único órgão revestido de competência legal para proceder à anulação da deliberação e dos atos dela decorrentes, ex vi do art. 7º, §2º, da Lei das Eleições. 18. No caso sub examine, a) Desde 30.7.2015, o PCdoB possuía uma Comissão Provisória no Município de Senador Georgino Avelino/RN, com anotação regular perante a Justiça Eleitoral, cujo Presidente era José Rogério Menino Bonfim. b) Em 22.7.2016, o Órgão de Direção Regional da grei partidária destituiu aludida Comissão Provisória e, ato contínuo, instituiu nova Comissão, presidida por Roseli Maria da Costa. c) Em 24.7.2016, a nova Comissão Provisória realizou Convenções, deliberando para integrar a Coligação COMPROMISSO COM O POVO. d) Em 31.7.2016, a antiga Comissão, destituída pelo Diretório Regional, realizou outra Convenção, em que restou assentado que o PCdoB integraria a Coligação TRANSPARÊNCIA E HONESTIDADE PARA VENCER. e) O Tribunal Regional Eleitoral do Rio Grande do Norte reputou válida a Convenção Partidária realizada no dia 24.7.2016, levada a efeito pela Nova Comissão Provisória do Partido Comunista do Brasil no Município de Senador Georgino Avelino/RN, em detrimento daquela ocorrida em 31.7.2016 pela Comissão Provisória primeva, sumariamente desconstituída pelo Diretório Regional do PCdoB. f) Contudo, a destituição de Comissões Provisórias somente se afigura legítima se e somente se atender às diretrizes e aos imperativos normativos, constitucionais e legais, notadamente a observância das garantias fundamentais do contraditório e da ampla defesa. g) A autonomia partidária, postulado fundamental insculpido no art. 17, §1º, da Lei Fundamental de 1988, manto normativo protetor contra ingerências estatais canhestras em domínios específicos dessas entidades (e.g., estrutura, organização e funcionamento interno), não imuniza os partidos políticos do controle jurisdicional, a ponto de erigir uma barreira intransponível à prerrogativa do Poder Judiciário de imiscuir-se no equacionamento das divergências internas partidárias, uma vez que as disposições regimentais (ou estatutárias) consubstanciam, em tese, autênticas normas jurídicas e, como tais, são dotadas de imperatividade e de caráter vinculante. h) Os arts. 45 e 46 do Estatuto do PCdoB, que franqueiam o amplo exercício do direito de defesa na hipótese de intervenção de um órgão superior naqueles que lhes são subordinados e estabelece requisitos para a excepcional intervenção preventiva, restou flagrantemente vilipendiado pelo Órgão de Direção Regional, responsável pela destituição da Comissão Provisória original e que tinha anotação regular perante a Justiça Eleitoral. i) Além disso, consta da moldura fática do aresto hostilizado que a destituição da Comissão Provisória fora levada a cabo pelo Órgão de Direção Regional, em franco desatendimento ao art. 7, §2º, da Lei das Eleições, circunstância que desautoriza as conclusões a que chegou o Regional

Eleitoral potiguar.19. O terceiro prejudicado tem legitimidade para interpor recurso se demonstrar que a decisão sobre a relação jurídica submetida à apreciação judicial possui aptidão para atingir direito de que se afirme titular.20. Ex positis, dou provimento aos recursos especiais interpostos pela Coligação Transparência e Honestidade para Vencer e por Jorge Motta da Rocha, de forma a determinar que seja feita a retotalização dos votos da eleição proporcional do Município de Senador Georgino Avelino/RN, considerando o Partido Comunista do Brasil PCdoB como integrante da Coligação Transparência e Honestidade para Vencer (DRAP nº 70-90. 2016.6.20.0066), e julgo prejudicada a AC nº 0600515-84.2017.6.00. 0000/RN (PJE), proposta com o objetivo de atribuir eficácia suspensiva aos recursos especiais ora julgados. (TSE – Recurso Especial Eleitoral nº 7090, Acórdão, Relator(a) Min. Luiz Fux, Publicação: DJE – Diário de justiça eletrônico, Tomo 232, Data 30/11/2017, Página 22/25)".

2.5 Princípio da Soberania Popular

Historicamente, o *princípio da soberania popular* abarca várias dimensões. Em primeiro lugar, aparece o *domínio público*, representado pelo "domínio do homem pelo homem". Essa ideia, apesar de aparentemente bem aceita, não é natural e carece, por isso, de legitimação. Em segundo lugar, a noção de que esse domínio público, uma vez aceito, só pode advir do próprio povo. Por isso, afasta-se toda tentativa de poder oriundo de divindades, de ordem natural ou hereditária. Além disso, a dimensão de que o povo é, ele mesmo, o titular da soberania, o que significa, nas palavras de Gomes Canotilho:

> (i) de forma negativa, o poder do povo distingue-se de outras formas de domínio 'não populares' (monarca, classe, casta); (ii) de forma positiva, a necessidade de uma legitimação democrática efectiva para o exercício do poder (o poder e o exercício do poder derivam concretamente do povo), pois o povo é o titular e o ponto de referência dessa mesma legitimação – ela vem do povo e a este se deve reconduzir. A soberania popular – o povo, a vontade do povo e a formação da vontade política do povo – existe, é eficaz e vinculativa no âmbito de uma ordem constitucional materialmente informada pelos princípios da liberdade política, da igualdade dos cidadãos, de organização plural de interesses politicamente relevantes, e procedimentalmente dotada de instrumentos garantidores da operacionalidade prática deste princípio (cfr. CRP, art. 2º e 10º); a constituição, material, formal e procedimentalmente legitimada, fornece o plano da construção organizatória da democracia, pois é ela que determina os pressupostos e os procedimentos segundo os quais 'decisões' e as 'manifestações de vontade do povo' são jurídica e politicamente relevantes.[66]

[66] CANOTILHO, José Joaquim Gomes. *Direito constitucional e teoria da constituição*. 7. ed. Coimbra: Almedina, 2003. p. 292.

Nesse contexto, o *poder* pode ser entendido como uma das expressões dinâmicas do Estado, por meio da qual ele desenvolve suas atividades e as políticas públicas que deseja implementar. Assim, a palavra "soberania" aparece como forma de caracterizar um superpoder, ou seja, um poder que controla outros poderes e, em tese, não é controlado. Pode dizer-se, por isso, que a soberania é um elemento adjetivo do poder, dando-lhe o caráter de destaque.

Ser soberano, por si só, não concede garantia alguma às pessoas que compõem o Estado. É preciso, por isso, que, aliado à ideia de poder soberano, apareça o segundo adjetivo: *popular*. Isso significa dizer que esse poder, além de supremo, é, democrático, advém do povo e não é, pois, arbitrário. Não por outro motivo, a soberania popular é elemento essencial de manutenção de direitos, garantias e deveres fundamentais de uma sociedade.

Na Constituição Federal brasileira, o princípio da soberania popular está consagrado na célebre expressão "todo poder emana do povo".[67] Daí se depreende que o princípio da soberania popular é, sobretudo, multifacetado, uma vez que seu exercício se dá por meio de uma série de institutos consagrados no ordenamento jurídico. Desse modo, é inconcebível a ideia de soberania popular dissociada do voto direto, universal e secreto, aliando-se, assim, ao respeito ao princípio da igualdade.

PARA SEDIMENTAR

"Ementa: Direito constitucional e eleitoral. Ação direta de inconstitucionalidade. Previsão, por lei federal, de hipóteses de vacância de cargos majoritários por causas eleitorais, com realização de novas eleições. Aplicabilidade da norma às eleições para Prefeitos de Municípios com menos de duzentos mil eleitores e para o cargo de Senador da República. [...] 3. Não ofende os princípios da soberania popular, da proporcionalidade, da economicidade e a legitimidade e normalidade dos pleitos eleitorais a aplicação de dispositivo que determina a realização de novas eleições no caso de decisão da Justiça Eleitoral que importe o indeferimento do registo, a cassação do diploma ou a perda do mandato de candidatos eleitos, independentemente do número de votos anulados, para cargos majoritários simples – Senador da República e Prefeito de Municípios com menos de duzentos mil eleitores. 4. Ação direta de inconstitucionalidade cujo pedido se julga improcedente. Fixação da seguinte tese: "É constitucional legislação federal que estabeleça novas eleições para os cargos majoritários simples – isto é, Prefeitos de Municípios com

[67] Constituição Federal de 1988 – "Art. 1º A República Federativa do Brasil, formada pela união indissolúvel dos Estados e Municípios e do Distrito Federal, constitui-se em Estado Democrático de Direito e tem como fundamentos: I – a soberania; II – a cidadania; III – a dignidade da pessoa humana; IV – os valores sociais do trabalho e da livre iniciativa; V – o pluralismo político. Parágrafo único. Todo o poder emana do povo, que o exerce por meio de representantes eleitos ou diretamente, nos termos desta Constituição". BRASIL (1988). *Constituição da República Federativa do Brasil*. Disponível em: http://www.planalto.gov.br/ccivil_03/constituicao/constituicao.htm. Acesso em: 30 abr. 2020.

menos de duzentos mil eleitores e Senadores da República – em casos de vacância por causas eleitorais (STF – ADI 5619, Rel. Min. LUIS ROBERTO BARROSO, DJe 07/08/2018)".

"ELEIÇÕES 2012. AGRAVO REGIMENTAL. RECURSO ESPECIAL ELEITORAL. AÇÃO DE IMPUGNAÇÃO DE MANDATO ELETIVO. FRAUDE. PREFEITO E VICE-PREFEITO. SUBSTITUIÇÃO DE CANDIDATO INELEGÍVEL ÀS VÉSPERAS DO PLEITO. INDUZIMENTO DO ELEITOR A ERRO. ABUSO DE DIREITO. MORALIDADE DAS ELEIÇÕES. COMPROMETIMENTO. VEDAÇÃO DE REEXAME DE FATOS E PROVAS. DISSENSO PRETORIANO. SÚMULA Nº 30/TSE. NÃO PROVIMENTO. Histórico da demanda 1. O Tribunal Regional Eleitoral de São Paulo (TRE/SP), reformada a sentença, julgou procedente a ação de impugnação de mandato eletivo ajuizada em desfavor de Lucilene Cabreira Garcia Marsola e Dionísio Ferreira da Cruz, eleitos Prefeito e Vice- Prefeito do Município de Macedônia/SP nas Eleições 2012, por entender configurada fraude eleitoral na substituição, há quatro dias do pleito, da candidatura de Moacyr José Marsola pela de sua esposa a primeira representada. 2. Neguei seguimento, monocraticamente, ao recurso especial, por aplicação das Súmulas nos 24 e 30 do TSE. Do agravo regimental 3. Inadmissível a inovação de tese em sede de agravo regimental não veiculadas nas razões do recurso especial a violação dos arts. 10, §11º, e 16 da CRFB; 17 da LC nº 64/1990; 187 do Código Civil; 13, caput, §3º, e 16, §1º, da Lei nº 9.504/1997; e 45, 50, parágrafo único, e 56 da Res.-TSE nº 23.373/2011, ante a regra da preclusão consumativa. Precedentes. 4. O Tribunal de origem lastreou-se na prova produzida para firmar seu convencimento de que evidenciado "o abuso do direito perpetrado pelas partes envolvidas", pois o "candidato substituído, sabedor da sua flagrante inelegibilidade preexistente, tentou por todos os meios procrastinar o encerramento do processo que indeferiu o seu registro de candidatura para, há poucos dias do pleito, renunciar e permitir que sua esposa fosse eleita", ressaltado que tal manobra, além de frustrar a finalidade da norma, "teve robusta aptidão para distorcer a vontade popular, influenciando diretamente o resultado do pleito" (fls. 391-2). 5. No tocante à difusão ao eleitorado da alteração da chapa majoritária, muito embora registrado no voto vencido prolatado no TRE/SP "que substituição em comento foi divulgada por meio de santinhos, panfletos, adesivos, placas" etc (fl. 411), assinalado no voto condutor do acórdão que "um fato incomum chama a atenção nas propagandas acostadas às fls. 166/169: a foto, do candidato substituído, juntamente com a da recorrida com o mesmo tamanho e no mesmo plano da foto do candidato permanecerá à frente da administração municipal, pode confundir o eleitor" (fl. 390). 6. Conclusão diversa demandaria o revolvimento de matéria fática, o que é inviável em sede de recurso especial, a teor da Súmula nº 24/TSE. 7. Assim, sob o pretexto de cumprir o requisito da ampla divulgação da substituição das candidaturas, os agravantes inobservaram o dever de boa-fé objetiva que se espera dos candidatos a cargo político eletivo, ante o emprego de artifícios maliciosos com o objetivo de ludibriar o eleitorado, comprometida a lisura do pleito eleitoral. 8. Alinhada a decisão regional à exegese deste Tribunal Superior de que a faculdade legal atribuída a Partidos e coligações consistente na substituição de candidato majoritário às vésperas do pleito, deve ser examinada sob a ótica do princípio da soberania popular, de forma que o eleitor tenha total clareza acerca dos candidatos que irão concorrer ao cargo (garantia da não surpresa do eleitor), sob pena de configurar abuso de direito e fraude eleitoral. Precedentes. Conclusão Agravo regimental conhecido e não provido. (TSE – RESPE: 97540 MACEDÔNIA – SP, Relator: Min. ROSA WEBER, Data de Julgamento: 01/03/2018, Data de Publicação: DJE – Diário de justiça eletrônico, Data 11/04/2018, Página 32-33)".

"ELEIÇÕES 2016. AGRAVOS REGIMENTAIS. PROVIMENTO LIMINAR. CARÁTER INCIDENTAL. RECURSO ESPECIAL. REGISTRO DE CANDIDATURA. VEREADOR. INDEFERIMENTO PELO TRE. INELEGIBILIDADE. ART. 1º, I, G, DA LC Nº 64/90. TEORIA DA CAUSA MADURA. SUPRESSÃO DE INSTÂNCIA RECONHECIDA PELO TSE. ANULAÇÃO DO ACÓRDÃO REGIONAL. DETERMINAÇÃO DE RETORNO DOS AUTOS AO JUIZ ELEITORAL. DETERMINAÇÃO DE CÔMPUTO DOS VOTOS ATÉ JULGAMENTO DE MÉRITO DO REGISTRO DE CANDIDATURA. HOMENAGEM À SOBERANIA POPULAR MANIFESTADA NAS URNAS. DESPROVIMENTO.1. Em razão de o Tribunal Superior Eleitoral ter anulado o acórdão regional com determinação de remessa dos autos ao juiz eleitoral, para exame de documentação juntada a título de notícia de inelegibilidade, o candidato requereu, liminarmente, que os votos a ele atribuídos fossem provisoriamente computados, até o exame do seu registro de candidatura, o que foi deferido pela então relatora do recurso especial. Contra essa decisão, tanto o assistente, quanto o MPE, interpuseram agravo regimental. Logo, presente a legitimidade do assistente, cuja atuação foi subsidiária à do assistido.2. Em relação ao agravo do assistente simples, nota-se que é inviável o agravo regimental que não infirma os fundamentos da decisão atacada, incidindo, na espécie, a Súmula nº 26/TSE.3. No que toca ao agravo regimental do Parquet, o mesmo não comporta êxito, haja vista a presença da fumaça do bom direito e do perigo da demora, devendo-se assegurar a continuidade do exercício do mandato pelo vereador eleito, ora agravado, até novo julgamento do registro de candidatura pelo juiz eleitoral.4. Com a anulação do acórdão regional, não mais subsiste a situação de indeferimento do registro, de modo que os votos recebidos pelo ora agravado devem ser considerados válidos, nos termos do art. 146, caput, da Res.-TSE nº 23.456/2015, o que também prestigia os princípios eleitorais do aproveitamento do voto, da soberania popular e da democracia representativa.5. Determinação de formação de autos suplementares, para o processamento dos recursos eventualmente interpostos.6. Agravos regimentais desprovidos (TSE – Recurso Especial Eleitoral nº 15828, Acórdão, Relator(a) Min. Tarcisio Vieira De Carvalho Neto, Publicação: DJE – Diário de justiça eletrônico, Tomo 173, Data 06/09/2017, Página 50/51)".

"ELEIÇÕES 2016. REGISTRO. COLIGAÇÃO. DEMONSTRATIVO DE REGULARIDADE DE ATOS PARTIDÁRIOS (DRAP). EXTEMPORANEIDADE. 1. Consideradas as circunstâncias do caso, não há como ser reconhecida relevância jurídica ao atraso, na espécie insignificante, de dez minutos no protocolo do DRAP. Devem prevalecer os valores constitucionais relativos à soberania popular e ao direito dos eleitores de escolher seus representantes, em detrimento da regra formal, à míngua da ausência de demonstração de efetivo prejuízo para o processo eleitoral. [...] (TSE

– Recurso Especial Eleitoral nº 22129, Acórdão, Relator(a) Min. Henrique Neves da Silva, Publicação: PSESS – Publicado em Sessão, Data 15/12/2016)".

"AGRAVO REGIMENTAL. AGRAVO DE INSTRUMENTO. REPRESENTAÇÃO. PROPAGANDA ELEITORAL EXTEMPORÂNEA. IMPRENSA ESCRITA. 1. Para que o agravo lançado contra a decisão denegatória do recurso especial, que assentou a impossibilidade de reexame de provas em sede de recurso especial (Súmulas 279/STF e 7/STJ), tenha êxito, é necessário que tal fundamento seja infirmado. Incidência, na espécie, da Súmula 182 do Superior Tribunal de Justiça, em face da ausência de irresignação objetiva, nas razões do agravo em recurso especial, contra o principal fundamento da decisão proferida pela Presidência do Tribunal a quo. 2. Na linha da jurisprudência desta Corte Superior, "as restrições impostas à propaganda eleitoral não causam prejuízo aos direitos constitucionais de livre manifestação do pensamento e de liberdade de comunicação e informação (artigo 220 da Constituição Federal), os quais devem ser interpretados em conformidade com os preceitos da soberania popular e da garantia do sufrágio" (AgR-REspe nº 163-94, rel. Min. Laurita Vaz, DJe de 4.2.2014). Agravo regimental a que se nega provimento. (TSE – AgR-AI: 13145 SP, Relator: Min. HENRIQUE NEVES DA SILVA, Data de Julgamento: 09/06/2015, Data de Publicação: DJE – Diário de justiça eletrônico, Tomo 187, Data 01/10/2015, Página 95)".

"MANDADO DE SEGURANÇA. CANDIDATO ORIGINALMENTE REGISTRADO PARA CONCORRER À ELEIÇÃO SUPLEMENTAR NA MODALIDADE DIRETA. LEGITIMIDADE ATIVA. ART. 81, §1º, CF/88. OBSERVÂNCIA NÃO OBRIGATÓRIA. AUSÊNCIA DE MENÇÃO EXPRESSA À MODALIDADE DO PLEITO NA LEI ORGÂNICA MUNICIPAL. PRINCÍPIO DA SOBERANIA POPULAR. ALTERAÇÃO CASUÍSTICA NA NORMA MUNICIPAL. AFASTAMENTO. PRESUNÇÃO DE ELEIÇÕES INDIRETAS. IMPOSSIBILIDADE. ORDEM CONCEDIDA. I – É parte legítima para impetrar mandado de segurança que visa garantir eleições diretas em determinado município o cidadão que tempestivamente se registrou como candidato no pleito cancelado. II – O entendimento do Supremo Tribunal Federal é no sentido de que o art. 81, §1º, da CF/88 não encerra disposição de reprodução obrigatória pelos municípios, sendo possível à Lei Orgânica desses entes dispor acerca da modalidade de eleição no caso de dupla vacância na chefia do Poder Executivo Municipal. III – Não devem ser consideradas alterações casuísticas na lei orgânica municipal, mormente em favor de eleições indiretas. IV – É assente na jurisprudência do Tribunal Superior Eleitoral a impossibilidade de se presumir eleições indiretas, em observância ao princípio da soberania popular. V – Mandado de segurança concedido para que haja a realização de eleições na modalidade direta. (TSE – MS 127677 RO, Relator: Min. MARCO AURÉLIO MENDES DE FARIAS MELLO, Data de Julgamento: 01/11/2011, Data de Publicação: DJE – Diário da Justiça Eletrônico, Tomo 055, Data 21/03/2012, Página 51-52)".

"A missão fundamental que a Constituição Republicana confia à Justiça Eleitoral é a de garantir que a vontade popular possa expressar-se da forma mais livre e democrática possível. O art. 14, caput, da Constituição assevera que a soberania popular será exercida pelo sufrágio universal e pelo voto direto e secreto, com valor igual para todos. Sobre o tema, Fávila Ribeiro assentou que a soberania popular é o ponto fundamental da concepção do regime democrático. Nessa linha,

Dalmo de Abreu Dallari assenta que a conquista do sufrágio universal foi um dos objetivos precípuos da Revolução Francesa e "constou dos programas de todos os movimentos políticos do XIX, que se desencadearam em busca da democratização do Estado. (TSE – MS 180970 SE, Relator: Min. MARCELO HENRIQUES RIBEIRO DE OLIVEIRA, Data de Julgamento: 15/07/2010, Data de Publicação: DJE – Diário da Justiça Eletrônico, Data 02/08/2010, Página 210-211)".

2.6 Princípio Republicano

O princípio em tela faz alusão a uma *forma de governo*. Pode-se afirmar que, na atualidade, há duas formas de governo predominantes no mundo: a república e a monarquia. Esta carrega consigo as características da hereditariedade e da vitaliciedade. Não há falar, pois, em alternância periódica de poder. A república, por sua vez, tem por base a eletividade, a temporalidade e a rotatividade de exercício de poder.

Dessa forma, em um governo republicano, os chefes dos poderes Executivo e Legislativo, eleitos diretamente pelo povo, por regra, têm seus poderes vinculados ao período de exercício de seus mandatos. Encaixa-se aqui, então, a ideia de representatividade traduzida em eleições diretas, gerais e periódicas.

No Brasil, a título exemplificativo, há uma série de dispositivos constitucionais[68] que refletem a adoção do princípio republicano, veja-se:

> Art. 27. [...]. §1º Será de quatro anos o mandato dos Deputados Estaduais, aplicando-lhes as regras desta Constituição sobre sistema eleitoral, inviolabilidade, imunidades, remuneração, perda de mandato, licença, impedimentos e incorporação às forças armadas.
>
> Art. 28. A eleição do Governador e do Vice-Governador de Estado, para mandato de 4 (quatro) anos, realizar-se-á no primeiro domingo de outubro, em primeiro turno, e no último domingo de outubro, em segundo turno, se houver, do ano anterior ao do término do mandato de seus antecessores, e a posse ocorrerá em 6 de janeiro do ano subsequente, observado, quanto ao mais, o disposto no art. 77 desta Constituição.
>
> Art. 29. [...]. I – eleição do Prefeito, do Vice-Prefeito e dos Vereadores, para mandato de quatro anos, mediante pleito direto e simultâneo realizado em todo o País.
>
> Art. 82. O mandato do Presidente da República é de quatro anos e terá início em primeiro de janeiro do ano seguinte ao da eleição.

Nota-se, portanto, dada a sua relevância constitucional, que o *princípio republicano* tem um papel fundamental na oxigenação do Estado Democrático de Direito, impedindo a perpetuação do poder nas mãos de um presidente ou de um deputado. A rotatividade dos representantes do povo é peça basilar para que a democracia seja realmente plena, refletindo, com isso, a vontade popular e suas mutações naturais.

---

[68] BRASIL (1988). *Constituição da República Federativa do Brasil.* Disponível em: http://www.planalto.gov.br/ccivil_03/constituicao/constituicao.htm. Acesso em: 12 fev. 2022.

PARA SEDIMENTAR

"DIREITO CONSTITUCIONAL E ELEITORAL. RECURSO ESPECIAL ELEITORAL. ELEIÇÕES 2016. REGISTRO DE CANDIDATURA. CÔNJUGE DE PREFEITO REELEITO EM MUNICÍPIO VIZINHO. CAUSA DE INELEGIBILIDADE REFLEXA POR PARENTESCO PREVISTA NO ART. 14, §7º, DA CONSTITUIÇÃO. NÃO INCIDÊNCIA. DESPROVIMENTO. 1. Recurso especial eleitoral interposto contra acórdão do TRE/AL que deferiu o pedido de registro de candidatura de Emanuella Corado Acioli de Moura ao cargo de Prefeita do Município de Barra de Santo Antônio/AL nas eleições de 2016. 2. No caso, a recorrida, Prefeita eleita em 2016, é cônjuge do Prefeito de Paripueira (município vizinho de Barra de Santo Antônio), que foi eleito em 2008 e reeleito em 2012. 3. A controvérsia consiste em saber se a inelegibilidade reflexa por parentesco, prevista no art. 14, §7º, da Constituição Federal, proíbe que cônjuge e parentes consanguíneos ou afins do chefe do Poder Executivo candidatem-se não apenas no "território de jurisdição do titular", mas também em municípios vizinhos onde o titular exerça "influência política". 4. O STF, sob o regime da repercussão geral, firmou o entendimento de que o art. 14, §5º, da Constituição deve ser interpretado no sentido de que a proibição da segunda reeleição torna inelegível para o cargo de chefe do Poder Executivo o cidadão que já exerceu dois mandatos consecutivos em cargo da mesma natureza, ainda que em ente da federação diverso (RE nº 637485, Rel. Min. Gilmar Mendes, j. em 01.08.2012). Conforme o entendimento da Corte, tal interpretação seria necessária, à luz do princípio republicano, para impedir a perpetuação de uma mesma pessoa no poder, criando a figura do "prefeito itinerante". 5. Todavia, o entendimento do STF a respeito da inelegibilidade do "prefeito itinerante" não pode ser aplicado, automaticamente, ao caso de inelegibilidade reflexa. Em primeiro lugar, o precedente do STF conferiu interpretação ao art. 14, §5º, da CF/88, enquanto que o caso em análise se fundamenta no art. 14, §7º, da CF/88. Desse modo, não é possível aplicar, por simples analogia, as conclusões daquele precedente ao caso dos autos. 6. Em segundo lugar, o direito à elegibilidade é direito fundamental. Como resultado, de um lado, o intérprete deverá, sempre que possível, privilegiar a linha interpretativa que amplie o gozo de tal direito. De outro lado, as inelegibilidades devem ser interpretadas restritivamente, a fim de que não alcancem situações não expressamente previstas pela norma. Precedentes. 7. Ademais, em relação à presente hipótese, a jurisprudência do Tribunal Superior Eleitoral é no sentido de que o cônjuge e os parentes de prefeito reeleito não são inelegíveis para o mesmo cargo em outra circunscrição eleitoral, ainda que em município vizinho, desde que este não resulte de desmembramento, incorporação ou fusão realizada na legislatura imediatamente anterior ao pleito. Essa compreensão foi reafirmada para as eleições de 2016 no AgR-REspe nº 220-71/SE, Rel. Min. Luciana Lóssio, j. em 08.03.2017. Portanto, eventual revisão de jurisprudência não poderia ser aplicada ao caso em análise. 8. Como forma de privilegiar o direito à elegibilidade e em linha com a jurisprudência do TSE, entendo que, em regra, a vedação ao terceiro mandato consecutivo familiar, prevista no art. 14, §7º, da CF/88, limita-se ao território de jurisdição do titular. Não cabe aplicar, por analogia, o entendimento do STF relativo à inelegibilidade do "prefeito itinerante" para impedir a candidatura, em outro município da federação, do cônjuge e dos parentes consanguíneos ou afins de chefe do Poder Executivo. 9. Recurso especial eleitoral a que se nega provimento. (TSE – RESPE: 00001925720166020017 BARRA DE SANTO ANTÔNIO – AL, Relator: Min. Luís Roberto Barroso, Data de Julgamento: 13/06/2019, Data de Publicação: DJE – Diário de justiça eletrônico, Data 12/08/2019)"

"ELEIÇÕES 2016. RECURSO ESPECIAL ELEITORAL. ART. 14, §§5º, 6º E 7º, DA CONSTITUIÇÃO FEDERAL. INELEGIBILIDADE CONSTITUCIONAL. PRESIDENTE DA CÂMARA DE VEREADORES. TITULAR. SUBSTITUIÇÃO. ALCANCE. DESPROIVIDO. 1. O instituto da reeleição tem fundamento não somente no postulado da continuidade administrativa, mas também no princípio republicano, que impede a perpetuação de uma mesma pessoa na condução do Executivo, razão pela qual a reeleição é permitida por apenas uma única vez. Portanto, ambos os princípios – continuidade administrativa e republicanismo – condicionam a interpretação e a aplicação teleológica do art. 14, §5º, da Constituição. A reeleição, como condição de elegibilidade, somente estará presente nas hipóteses em que esses princípios forem igualmente contemplados e concretizados. Não se verificando as hipóteses de incidência desses princípios, fica proibida a reeleição. O §6º do mesmo artigo dispõe que, "para concorrerem a outros cargos, o Presidente da República, os Governadores de Estado e do Distrito Federal e os Prefeitos devem renunciar aos respectivos mandatos até seis meses antes do pleito". Portanto, a Constituição Federal de 1988, ao permitir a reeleição do chefe do Executivo, manteve, sem nenhuma alteração redacional, a disposição de que, para concorrer a outro cargo, ele deve renunciar pelo menos seis meses antes do pleito, o que revela a preocupação em evitar possível utilização da máquina administrativa em benefício da sua nova disputa eleitoral – proteção à igualdade de chances. O art. 14, §7º, da Constituição Federal de 1988, segundo o qual "são inelegíveis, no território de jurisdição do titular, o cônjuge e os parentes consanguíneos ou afins, até o segundo grau ou por adoção, do Presidente da República, de Governador de Estado ou Território, do Distrito Federal, de Prefeito ou de quem os haja substituído dentro dos seis meses anteriores ao pleito", resguarda não somente o princípio republicano, ao evitar que grupos familiares se apoderem do poder local, mas também o princípio da igualdade de chances – enquanto decorrência da normalidade e legitimidade do pleito –, pois impede a interferência da campanha do parente, candidato ao Executivo, na disputa pela vereança, "salvo se já titular de mandato eletivo e candidato à reeleição". [...] (TSE – Recurso Especial Eleitoral nº 10975, Acórdão, Relator(a) Min. Luciana Christina Guimarães Lóssio, Publicação: PSESS – Publicado em Sessão, Data 14/12/2016)".

"[...] A finalidade dessa norma consiste em impedir que uma mesma pessoa exerça mais de dois mandatos sucessivos, evitando-se, assim, a perpetuação de membros de uma mesma família no poder. Enquanto a reeleição busca a continuidade administrativa, a limitação atinente à sucessividade indeterminada de mandatos pauta-se no princípio republicano que homenageia a rotatividade no exercício do poder público [...] (TSE – RESPE 623020126130105 Elói Mendes/MG 176392012, Relator: Min. Gilson Langaro Dipp, Data de Julgamento: 20/08/2012, Data de Publicação: PSESS – Publicado em Sessão – 21/08/2012)".

"RECURSO ESPECIAL ELEITORAL. MUDANÇA DE DOMICÍLIO ELEITORAL. "PREFEITO ITINERANTE". EXERCÍCIO CONSECUTIVO DE MAIS DE DOIS MANDATOS DE CHEFIA DO EXECUTIVO EM MUNICÍPIOS DIFERENTES. IMPOSSIBILIDADE. INDEVIDA PERPETUAÇÃO NO PODER. OFENSA AOS §§E DO ART. DA CONSTITUIÇÃO DA REPÚBLICA. NOVA JURISPRUDÊNCIA DO TSE. Não se pode, mediante a prática de ato formalmente lícito (mudança de domicílio eleitoral), alcançar finalidades incompatíveis com a Constituição: a perpetuação no poder e o apoderamento de unidades federadas para a formação de clãs políticos ou hegemonias familiares. O princípio republicano está a inspirar a seguinte interpretação basilar dos §§5º e 6º do art. 14 da Carta Política: somente é possível eleger-se para o cargo de "prefeito municipal" por duas vezes consecutivas. Após isso, apenas permite-se, respeitado o prazo de desincompatibilização de 6 meses, a candidatura a "outro cargo", ou seja, a mandato legislativo, ou aos cargos de Governador de Estado ou de Presidente da República; não mais de Prefeito Municipal, portanto. (TSE – REspe 32539 AL, Relator: MARCELO HENRIQUES RIBEIRO DE OLIVEIRA, Data de Julgamento: 17/12/2008, Data de Publicação: PSESS – Publicado em Sessão, Data 17/12/2008)".

2.7 Princípio Federativo

Enquanto o princípio republicano faz referência a uma forma de governo, o *princípio federativo* possui relação com a forma de Estado. Federação nada mais é que a união de Estados, dotados de autonomia, sob a égide de uma mesma Constituição Política. Desde o momento em que se proclamou a República no Brasil, o Decreto n. 1º, de 15 de novembro de 1889, converteu as províncias imperiais em estados federados. Daí em diante, todas as Constituições seguintes mantiveram o princípio incólume.

Vale dizer, o art. 1º da Constituição Federal[69] prevê a união indissolúvel dos Estados, Municípios e do Distrito Federal. Aqui surge o chamado *federalismo cooperativo*. Esse modelo adota uma divisão vertical de competências legislativas, realizada pela Constituição Federal, de modo que a cada ente da Federação é atribuído um nível de

[69] Constituição Federal de 1988 – "Art. 1º A República Federativa do Brasil, formada pela união indissolúvel dos Estados e Municípios e do Distrito Federal, constitui-se em Estado Democrático de Direito e tem como fundamentos: I – a soberania; II – a cidadania; III – a dignidade da pessoa humana; IV – os valores sociais do trabalho e da livre iniciativa; V – o pluralismo político. Parágrafo único. Todo o poder emana do povo, que o exerce por meio de representantes eleitos ou diretamente, nos termos desta Constituição". BRASIL (1988). *Constituição da República Federativa do Brasil*. Disponível em: http://www.planalto.gov.br/ccivil_03/constituicao/constituicao.htm. Acesso em: 12 fev. 2022.

competência sobre determinada matéria. Em muitos casos, aparecem as figuras das competências concorrentes ou comuns. Sobre esta última, cite-se o art. 23 da Carta Magna:

> Art. 23. É competência comum da União, dos Estados, do Distrito Federal e dos Municípios:
>
> I – zelar pela guarda da Constituição, das leis e das instituições democráticas e conservar o patrimônio público;
>
> II – cuidar da saúde e assistência pública, de proteção e garantia das pessoas portadoras de deficiência;
>
> III – proteger os documentos, as obras e outros bens de valor histórico, artístico e cultural, os monumentos, as paisagens naturais notáveis e os sítios arqueológicos;
>
> IV – impedir a evasão, a destruição e a descaracterização de obras de arte e de outros bens de valor histórico, artístico e cultural.
>
> V – proporcionar os meios de acesso à cultura, à educação, à ciência, à tecnologia, à pesquisa e à inovação;
>
> VI – proteger o meio ambiente e combater a poluição em qualquer de suas formas;
>
> VII – preservar as florestas, a fauna e a flora;
>
> VIII – fomentar a produção agropecuária e organizar o abastecimento; IX – promover programas de construção de moradias e a melhoria das condições habitacionais e de saneamento básico;
>
> X – combater as causas da pobreza e os fatores de marginalização, promovendo a integração social dos setores desfavorecidos;
>
> XI – registrar, acompanhar e fiscalizar as concessões de direitos de pesquisa e exploração de recursos hídricos e minerais em seus territórios;
>
> XII – estabelecer e implantar política de educação para a segurança do trânsito".[70]

A Justiça Eleitoral brasileira fornece um exemplo bastante elucidativo de como a federação cooperativa funciona. Por natureza, pertence à esfera federal. Contudo, tratando-se da primeira e da segunda instâncias, os Estados são seus grandes contribuintes. Os próprios juízes eleitorais, *v.g.*, são funções exercidas pelos juízes de direito. Ao mesmo tempo, a composição dos Tribunais Regionais Eleitorais é assim derivada: dois desembargadores do Tribunal de Justiça, dois juízes de direito, um juiz do Tribunal Regional Federal ou um juiz federal – se não houver sede do Tribunal Regional Federal naquela capital – e dois membros da advocacia, indicados pelo Tribunal de Justiça e nomeados pelo Presidente da República (art. 120, §1º, da Constituição Federal).

Nesse sentido, vale observar o dispositivo constitucional que trata do tema:

> Seção VI. DOS TRIBUNAIS E JUÍZES ELEITORAIS – Art. 118. São órgãos da Justiça Eleitoral: I – o Tribunal Superior Eleitoral; II – os Tribunais Regionais Eleitorais; III – os Juízes Eleitorais; IV – as Juntas Eleitorais.[71]

---

[70] BRASIL (1988). *Constituição da República Federativa do Brasil.* Disponível em: http://www.planalto.gov.br/ccivil_03/constituicao/constituicao.htm. Acesso em: 30 abr. 2020.

[71] BRASIL (1988). *Constituição da República Federativa do Brasil.* Disponível em: http://www.planalto.gov.br/ccivil_03/constituicao/constituicao.htm. Acesso em: 12 fev. 2022.

NA JURISPRUDÊNCIA

"ELEIÇÕES 2018. PROCESSO ADMINISTRATIVO. REQUISIÇÃO DE FORÇA FEDERAL. TRE/AC. GARANTIA DA SEGURANÇA DO PROCESSO ELEITORAL ANTE A PREVISÃO DE CONFLITOS LOCAIS. ATUAÇÃO DECISIVA DO TSE. AUTONOMIA POLÍTICA. PRINCÍPIO FEDERATIVO. CARÁTER EXCEPCIONAL DA MEDIDA. MANIFESTAÇÃO DO EXECUTIVO. DEFERIMENTO. 1. O princípio da autonomia política, corolário do postulado federativo, impõe que a requisição de força federal deve ocorrer apenas em caráter excepcional, como no caso sub examine, no qual as justificativas apresentadas revelaram a necessidade do deslocamento de tropas federais às localidades constantes da solicitação. 2. A Resolução-TSE nº 21.843/2004, que dispõe sobre a requisição de força federal de que trata o art. 23, XIV, do Código Eleitoral, estabelece, em seu art. 1º, que compete ao Tribunal Superior Eleitoral requisitar força federal visando garantir a normalidade da votação e da apuração dos resultados. 3. A requisição de força federal constitui exemplo de atuação decisiva desta Corte, a qual não se limita à homologação de decisões dos tribunais regionais eleitorais. 4. Pedido deferido, a fim de proceder-se à requisição de força federal para atuar nos seguintes Municípios do Estado do Acre: Rio Branco, Bujari, Porto Acre, Sena Madureira, Cruzeiro do Sul, Tarauacá, Brasiléia, Epitaciolândia, Assis Brasil, Feijó e Senador Guiomard, por ocasião das Eleições 2018.

(TSE – Processo Administrativo nº 060057268, Acórdão, Relator(a) Min. Luiz Fux, Publicação: DJE – Diário da justiça eletrônica, Tomo 163, Data 15/08/2018).

2.8 Sufrágio Universal

O sufrágio universal é, por excelência, a expressão da soberania popular. A palavra "sufrágio" deve ser entendida por apoio, aclamação, concordância. No sentido aqui estudado, deve-se entendê-la por manifestação da vontade popular para escolher os representantes políticos, demonstrando, assim, o caráter representativo da democracia.

O direito público subjetivo democrático, na lição de José Jairo Gomes, é aquele "pelo qual um conjunto de pessoas – o povo – é admitido a participar da vida política da sociedade, escolhendo os governantes ou sendo escolhido para governar e, assim, conduzir o Estado".[72]

Em outras palavras, continua o jurista:

> O sufrágio traduz o direito de votar e de ser votado, encontrando-se entrelaçado ao exercício da soberania popular. Trata-se do poder de decidir sobre o destino da comunidade, os rumos do governo, a condução da Administração Pública".[73]

[72] GOMES, José Jairo. *Direito eleitoral*. 12. ed. São Paulo: Atlas, 2016. p. 57.

[73] GOMES, José Jairo. *Direito eleitoral*. 12. ed. São Paulo: Atlas, 2016. p. 57.

Nesse contexto, o sufrágio pode ser encarado como o coração dos direitos políticos, tendo em vista que possibilita a participação popular na condução do Estado. Para isso, é composto de duas vertentes: a passiva e a ativa. A capacidade eleitoral ativa, também conhecida de cidadania ativa, é simplesmente o direito de votar, de escolher um candidato para representar sua vontade no governo. Por outro lado, a capacidade eleitoral passiva (*jus honorum* ou cidadania passiva) caracteriza-se pelo direito de ser votado, eleito; ou seja, de ser o representante popular.

Ainda que se trate de sufrágio universal, não se pode cair na ilusão de que o direito a votar e a ser votado é estendido a todos, mas somente àqueles que se encaixam nos parâmetros estabelecidos pelo respectivo ordenamento jurídico.

No caso do direito brasileiro, por exemplo, esses requisitos são previstos na própria Constituição Federal, em seu art. 14, §1º e 2º.[74]

Em suma, pode dizer-se que o sufrágio é atribuído a brasileiros natos ou naturalizados, maiores de 16 anos, que não estejam no período de regime militar obrigatório (conscritos). Quanto aos naturalizados, há notar que certos cargos são privativos de brasileiros natos, por exemplo, os de Presidente e Vice-Presidente da República.

De tal modo, ainda que os naturalizados possam ocupar os cargos de Senador e de Deputado Federal, a própria Constituição, em seu art.12, veda-lhes a ocupação da presidência da Câmara Federal e do Senado.[75]

Nesse sentido, é necessário analisar que, por *cidadão* entende-se todo aquele que detém direitos políticos. Melhor dizendo, é o nacional, nato ou naturalizado, que pode

---

[74] Constituição Federal de 1988 – "Art. 14. A soberania popular será exercida pelo sufrágio universal e pelo voto direto e secreto, com valor igual para todos e, nos termos da lei, mediante: [...] §1º O alistamento eleitoral e o voto são: I – obrigatórios para os maiores de dezoito anos; II – facultativos para: a) os analfabetos; b) os maiores de setenta anos; c) os maiores de dezesseis e menores de dezoito anos §2º Não podem alistar-se como eleitores os estrangeiros e, durante o período do serviço militar obrigatório, os conscritos. §3º São condições de elegibilidade, na forma da lei: I – a nacionalidade brasileira; II – o pleno exercício dos direitos políticos; III – o alistamento eleitoral; IV – o domicílio eleitoral na circunscrição; V – a filiação partidária; VI – a idade mínima de: a) trinta e cinco anos para Presidente e Vice-Presidente da República e Senador; b) trinta anos para Governador e Vice-Governador de Estado e do Distrito Federal; c) vinte e um anos para Deputado Federal, Deputado Estadual ou Distrital, Prefeito, Vice-Prefeito e juiz de paz; d) dezoito anos para Vereador. §4º São inelegíveis os inalistáveis e os analfabetos. [...]. §8º O militar alistável é elegível, atendidas as seguintes condições: I – se contar menos de dez anos de serviço, deverá afastar-se da atividade; II – se contar mais de dez anos de serviço, será agregado pela autoridade superior e, se eleito, passará automaticamente, no ato da diplomação, para a inatividade. [...]". BRASIL (1988). *Constituição da República Federativa do Brasil*. Disponível em: http://www.planalto.gov.br/ccivil_03/constituicao/constituicao.htm. Acesso em: 12 fev. 2022.

[75] Constituição Federal de 1988 – "Art. 12. São brasileiros: I – natos: a) os nascidos na República Federativa do Brasil, ainda que de pais estrangeiros, desde que estes não estejam a serviço de seu país; b) os nascidos no estrangeiro, de pai brasileiro ou mãe brasileira, desde que qualquer deles esteja a serviço da República Federativa do Brasil; c) os nascidos no estrangeiro de pai brasileiro ou de mãe brasileira, desde que sejam registrados em repartição brasileira competente ou venham a residir na República Federativa do Brasil e optem, em qualquer tempo, depois de atingida a maioridade, pela nacionalidade brasileira; (Redação dada pela Emenda Constitucional nº 54, de 2007) II – naturalizados :a) os que, na forma da lei, adquiram a nacionalidade brasileira, exigidas aos originários de países de língua portuguesa apenas residência por um ano ininterrupto e idoneidade moral; b) os estrangeiros de qualquer nacionalidade, residentes na República Federativa do Brasil há mais de quinze anos ininterruptos e sem condenação penal, desde que requeiram a nacionalidade brasileira. (Redação dada pela Emenda Constitucional de Revisão nº 3, de 1994) [...]. §3º São privativos de brasileiro nato os cargos I – de Presidente e Vice-Presidente da República; II – de Presidente da Câmara dos Deputados; III – de Presidente do Senado Federal; IV – de Ministro do Supremo Tribunal Federal; V – da carreira diplomática; VI – de oficial das Forças Armadas. VII – de Ministro de Estado da Defesa (Incluído pela Emenda Constitucional nº 23, de 1999) [...]". BRASIL (1988). *Constituição da República Federativa do Brasil*. Disponível em: http://www.planalto.gov.br/ccivil_03/constituicao/constituicao.htm. Acesso em: 12 fev. 2022.

participar da vida política do país, mediante o exercício da cidadania ativa ou passiva, a fim de escolher e de ocupar os cargos eletivos cujo acesso dá-se por meio de eleição

Ainda é importante ressaltar que o sufrágio, em tese, pode ser restrito ou universal. Como esclarece José Jairo Gomes:

> Sufrágio universal é aquele em que o direito de votar é atribuído ao maior número possível de nacionais. As eventuais restrições só devem fundar-se em circunstâncias que naturalmente impedem os indivíduos de participar do processo político. A esse respeito pondera Salvetti Netto (1987, p. 102) que a universalidade do sufrágio não significa concessão genérica dos direitos políticos. "Há, com evidência, aqueles que, por situações facilmente compreensíveis, não apresentam condições para exercerem a cidadania. Assim, os menores, os mentalmente incapazes, e, para algumas legislações, os estrangeiros e analfabetos, como entre nós vigente". Caracteriza-se, pois, o sufrágio universal pela concessão genérica de cidadania, a qual só é limitada excepcionalmente. Nele não se admitem restrições ou exclusões por motivos étnicos, de riqueza, de nascimento ou capacidade intelectual. Imperam os princípios da igualdade e da razoabilidade, de sorte que a todos devem ser atribuídos direitos políticos. As exceções devem ocorrer somente quanto àqueles que, por motivos razoáveis, não puderem participar do processo político-eleitoral. Restrito, diferentemente, é o sufrágio concedido tão só a alguns quantos nacionais, a uma minoria. A doutrina aponta três espécies de sufrágio restrito: censitário, cultural ou capacitário e masculino.[76]

Dito isso, é interessante debruçar-se sobre os tipos de sufrágio restrito suscitados pelo referido jurista.

Por primeiro, o sufrágio censitário é aquele que atribui, ou não, o direito a voto, em sentido *lato*, com base na capacidade econômica do indivíduo. Assim, a cidadania é resguardada somente àquelas pessoas que pagarem certa quantia a título de tributo, possuírem uma quantidade determinada de imóveis ou aferirem o equivalente ou mais do que a renda estipulada.

Esse tipo de sufrágio é pautado na ideia elitista e excludente de que somente aqueles com melhores condições financeiras se preocupariam verdadeiramente com os negócios públicos e seriam, por isso, capacitados tanto para serem eleitos e geri-los quanto para elegerem aqueles que o farão. Ainda que a ideia, nos dias de hoje, pareça absurda, é imperioso lembrar que o Brasil já adotou por três vezes o sufrágio censitário. A saber:

Na Constituição Imperial de 1824:

> Art. 45. Para ser Senador requer-se: I. Que seja Cidadão Brazileiro, e que esteja no gozo dos seus Direitos Politicos. II. Que tenha de idade quarenta annos para cima. III. Que seja pessoa de saber, capacidade, e virtudes, com preferencia os que tivirem feito serviços á Patria. IV. Que tenha de rendimento annual por bens, industria, commercio, ou Empregos, a somma de oitocentos mil réis.[77]

[76] GOMES, José Jairo. *Direito eleitoral*. 12. ed. São Paulo: Atlas, 2016. p. 58-59.

[77] BRASIL. (1824) *Constituição Politica do Imperio do Brazil*. Disponível em: http://www.planalto.gov.br/ccivil_03/constituicao/constituicao24.htm. Acesso em: 12 fev. 2022.

Na Constituição Republicana de 1891:

> Art 70 – São eleitores os cidadãos maiores de 21 anos que se alistarem na forma da lei. §1º – Não podem alistar-se eleitores para as eleições federais ou para as dos Estados: 1º) os mendigos; [...].[78]

Na Constituição de 1934:

> Art 108 – São eleitores os brasileiros de um e de outro sexo, maiores de 18 anos, que se alistarem na forma da lei. Parágrafo único – Não se podem alistar eleitores: a) os que não saibam ler e escrever; b) as praças-de-pré, salvo os sargentos, do Exército e da Armada e das forças auxiliares do Exército, bem como os alunos das escolas militares de ensino superior e os aspirantes a oficial; c) os mendigos; [...].[79]

O voto censitário é, em verdade, uma forma de manutenção aristocrática do poder. Uma vez excluídos os pobres do processo eleitoral, alia-se o poder econômico dos ricos à totalidade do controle político do país. Distancia-se da ideia de democracia para aproximar-se da plutocracia, o governo dos ricos. A falácia de que somente aqueles com mais condições financeiras se preocupariam com as necessidades políticas do Estado é claramente desmascarada, já que é patente que a classe aristocrática tende a manter seus privilégios e olvidar-se das necessidades das classes menos privilegiadas.

Doutro vértice, por sufrágio cultural, ou capacitário, entende-se aquele que se baseia na capacidade intelectual do indivíduo. Nesse caso, a cidadania só é garantida àqueles que assumirem posições intelectuais, traduzidas, por exemplo, na obtenção de certo grau escolar. Em verdade, é possível assumir a *mea culpa* da Constituição brasileira, que excluiu parcialmente os analfabetos da participação política, sem lhes conceder o direito a ser votado, ou seja, a capacidade eleitoral passiva; possibilita-lhes, contudo, a capacidade eleitoral ativa facultativa. Isto é, se quiserem, poderão votar, mas não serão obrigados.

Tal posição é duramente criticada, sob o fundamento de que afronta o princípio da dignidade da pessoa humana e os ideais democráticos. Entretanto, não se fecham os olhos ao fato de que a atual forma de organização do Estado e a adoção de um sistema público altamente burocratizado, ainda com grande dependência da palavra escrita, torna praticamente inviável a concepção de um analfabeto assumindo um cargo público de gerência estatal. Há argumentos, no entanto, para defender ambas as posições, sempre sem se esquecer de que a educação é um direito social fundamental garantido pela Constituição a todo povo nacional.

Em seguida, aparece a figura do sufrágio masculino. Nesse caso, exclui-se do processo político toda a participação das mulheres, ou seja, é uma restrição de caráter eminentemente sexual. Desnecessário despender muitas linhas para explicar a origem

---

78 BRASIL. (1891) *Constituição da República dos Estados Unidos do Brasil*. Disponível em: http://www.planalto.gov.br/ccivil_03/constituicao/constituicao91.htm. Acesso em: 12 fev. 2022.

79 BRASIL. (1934) *Constituição da República dos Estados Unidos do Brasil*. Disponível em: http://www.planalto.gov.br/ccivil_03/Constituicao/Constituicao34.htm. Acesso em: 12 fev. 2022.

desse instituto repreensível, claramente pautado na realidade preconceituosa e machista prevalecente na sociedade.

Ao tratar do constitucionalismo republicano, Gomes Canotilho asseverou o seguinte:

> O sufrágio universal é considerado quase como a *ratio essendi* da República: "Le suffrage universal est donc la démocratie elle mème: La République démocratique ou le suffrage universel, une seule le même chose" (Lamartine). Era esta também a posição das alas mais radicais do vintismo e do setembrismo. Não admirará muito que, logo no Programa do Partido Republicano Português (1981), nos apareça, na sequência do radicalismo liberal, a defesa do sufrágio universal e da eleição directa das assembleias legislativas.[80]

Com isso, conclui-se o estudo dos tipos de sufrágio restrito e passa-se à análise do sufrágio igual e do desigual.

Nas palavras de José Jairo Gomes:

> O sufrágio igual decorre do princípio da isonomia. Os cidadãos são equiparados, igualados, colocados no mesmo plano. O voto de todos apresenta idêntico peso político, independentemente de riquezas, idade, grau de instrução, naturalidade ou sexo. Significa dizer que todas as pessoas têm o mesmo valor no processo político-eleitoral: one man, one vote. Todavia, no que pertine à cidadania passiva, esse princípio sofre exceções. É que a Constituição Federal adotou o critério etário como condição de elegibilidade para determinados cargos. Assim, candidatos aos cargos de Presidente e Vice-Presidente da República e Senador devem contar com 35 anos de idade; aos cargos de Governador e Vice-Governador, 30 anos de idade; aos de Deputado, Prefeito e Vice-Prefeito, 21 anos de idade; ao cargo de Vereador, 18 anos de idade (CF, art. 14, §3º, VI). Diferentemente – assinala Ferreira (1989, p. 292) –, no sufrágio desigual, admite-se 'a superioridade de determinados votantes, pessoas qualificadas a quem se confere maior número de votos'. Claro está que esse tipo de voto 'espelha princípios elitistas, oligárquicos e aristocráticos, de prevalência de classes ou grupos sociais'. São exemplos de sufrágio desigual: o voto familiar, o voto plural ou plúrimo, em que o eleitor pode votar mais de uma vez na mesma eleição, desde que o faça na mesma circunscrição eleitoral; o voto múltiplo, em que o eleitor pode votar mais de uma vez na mesma eleição em várias circunscrições eleitorais. Desnecessário dizer que os tipos de sufrágio desigual apontados não têm mais sentido nas democracias contemporâneas, se é que já o tiveram algum dia. São expressões lídimas da desfaçatez da elite político-econômica.[81]

Assim, para concluir a análise dos tipos de sufrágio, ainda nas palavras elucidativas do jurista brasileiro, tem-se que:

> A difusão do sufrágio universal e igual tem contribuído decisivamente para mudar o perfil de Estados e sociedades contemporâneos. Na América do Sul, esse fenômeno é particularmente interessante. No final do século XX, os países dessa região se libertaram dos hediondos regimes ditatoriais que as subjugavam e mergulharam na onda democratizante.

---

80 CANOTILHO, José Joaquim Gomes. *Direito constitucional e teoria da constituição*. 7. ed. Coimbra: Almedina, 2003. p. 163-164.

81 GOMES, José Jairo. *Direito eleitoral*. 12. ed. São Paulo: Atlas, 2016. p. 60-61.

Com isso, as expressivas parcelas da população antes excluídas e desprezadas pelas elites passaram a participar ativamente da vida política de seus países, conquanto ainda permanecessem excluídas no aspecto econômico-social. Para além disso, a globalização, a massificação do consumo, o alto grau de desenvolvimento científico-tecnológico, a atuação da mídia e o amplo acesso à informação fizeram com que as classes média-baixa e baixa abandonassem o servilismo intelectual que sempre tiveram em relação às classes média-alta e alta, passando a defender suas próprias ideias, seus próprios interesses, que, em geral, residem na melhoria das condições em que vivem.[82]

Comumente mal interpretados, é importante rememorar que os conceitos de sufrágio e de voto não se confundem. Objetivamente, pode-se dizer que o sufrágio é o direito, e o voto, seu exercício. Ou seja: *o voto é o exercício do sufrágio.*

Por voto, destarte, entende-se o ato do cidadão que expressa sua escolha para ocupar um dos cargos políticos, cujo provimento dá-se por eleição. Desse modo, ele é, por essência, o meio mais cristalino de percepção da vontade popular em um Estado Democrático.

Dada essa importância, o voto é considerado muito mais que um direito político. É, sobretudo, um dever cívico. Isso porque é obrigatório para todos aqueles maiores de 18 anos e menores de 70 anos, nos termos do art. 14, §1º, I, da Constituição Federal do Brasil.[83]

De acordo com Ferreira, sua natureza jurídica é:

> Essencialmente um direito público subjetivo, é uma função da soberania popular na democracia representativa e na democracia mista como um instrumento deste, e tal função social justifica e legitima a sua imposição como um dever, posto que o cidadão tem o dever de manifestar a sua vontade na democracia.[84]

A obrigatoriedade do voto não é prática comum nas sociedades ocidentais. Há diversos países onde o voto não é obrigatório, mas facultativo. Nesses casos, por exemplo, na Alemanha, nos Estados Unidos e na França, cabe ao cidadão decidir se vale a pena ou não exercer o sufrágio. Na França, ainda que o voto seja facultativo, cerca de 90% dos eleitores foram às urnas nos dois turnos do pleito presidencial de 2007.[85]

Não obstante, a justificativa é que, por ser um dever, a população se dedicaria mais intensamente a entender e tomar as rédeas da política nacional. Em outras palavras, significa aduzir que a população, em geral, não está civicamente desenvolvida ao ponto de, voluntariamente, debater e interessar-se por política.

---

82 GOMES, José Jairo. *Direito eleitoral*. 12. ed. São Paulo: Atlas, 2016. p. 60-61.

83 Constituição Federal de 1988 – "Art. 14. A soberania popular será exercida pelo sufrágio universal e pelo voto direto e secreto, com valor igual para todos, e, nos termos da lei, mediante: [...] §1º O alistamento eleitoral e o voto são: I – obrigatórios para os maiores de dezoito anos; II – facultativos para: a) os analfabetos; b) os maiores de setenta anos; c) os maiores de dezesseis e menores de dezoito anos". BRASIL (1988). *Constituição da República Federativa do Brasil*. Disponível em: http://www.planalto.gov.br/ccivil_03/constituicao/constituicao.htm. Acesso em: 12 fev. 2022.

84 FERREIRA, Pinto Luiz. *Comentários à Constituição brasileira*. São Paulo: Saraiva, 1989. v. I. p. 295.

85 MARTHALER, Sally. The French Presidential Election of 22 April and 6 May 2007. *Election Briefing nº 33*, European Parties Elections and Referendums Network. Disponível em: https://www.sussex.ac.uk/webteam/gateway/file.php?name=epern-election-briefing-no-33.pdf&site=266. Acesso em: 12 fev. 2022.

Considerando que o voto é um direito, isso gera automaticamente um dever ao Estado para que proporcione ao cidadão todos os meios para exercer seu direito. Caso isso não ocorra, a jurisprudência brasileira entende que é devida indenização ao titular.[86]

Conforme alinhavado, no sistema jurídico brasileiro é possível citar pelo menos sete características do voto: pessoal, obrigatório, livre, secreto, direto, periódico e igual.

Dizer que o voto é pessoal significa que não é possível exercer o sufrágio a não ser por meio da presença do titular do direito. Ou seja, não é possível votar por procuração, por representante ou por correspondência. Somente o cidadão, pessoalmente, pode fazê-lo.

No que se refere à obrigatoriedade, ainda que já tenhamos mencionado *en passant* o tema, vale fazer algumas pontuações. Como já citado, no Brasil, o voto é obrigatório para aqueles maiores de 18 e menores de 70 anos. Todos os cidadãos que estejam em plena capacidade de exercer o direito e se enquadrarem nessa faixa etária devem comparecer à seção eleitoral no dia da eleição. Caso não o façam, há o prazo de *60 dias* para justificar, na Justiça Eleitoral, a ausência, sob pena de multa. Caso o eleitor esteja no exterior à época do pleito, possui *30 dias* para justificar-se, contados a partir da data do regresso ao país.[87]

Ao mesmo tempo, caso o eleitor não vote por três eleições consecutivas, e deixe de justificar a ausência, terá a inscrição eleitoral cancelada, perdendo, assim, o *status* de cidadão, conforme prevê o §3º do art. 7º do Código Eleitoral.[88]

Quando se diz que o voto é livre, implica afirmar que o cidadão tem plena liberdade para escolher o partido político e o candidato em quem deseja votar; ou, ainda,

---

86 Indenização. Danos morais. Direito de votar. Impedimento. Falha da administração. Art. 37, §6º, CF-88. Responsabilidade objetiva. Quantificação. Limites razoáveis. 1. Havendo falha da Administração, através da Justiça Eleitoral, é indenizável o dano moral causado ao autor pelo fato de ser impedido de votar em pleito municipal, corolário do princípio da responsabilidade objetiva do Estado. 2. A quantificação do dano moral deve ser feita dentro dos limites de razoabilidade, de modo a impedir que o ato novamente se repita, sem, contudo, gerar o enriquecimento indevido da parte autora. Indenização arbitrada em 25 (vinte e cinco) salários-mínimos. 3. Remessa oficial e apelação da União Federal parcialmente providas. Apelação do autor improvida. (TRF 4, EIAC nº 1998.04.01.088121-1/ RS – Segunda Seção – DJ 13.9.2000).

87 Código Eleitoral brasileiro – "Art. 7º O eleitor que deixar de votar e não se justificar perante o juiz eleitoral até 30 (trinta) dias após a realização da eleição, incorrerá na multa de 3 (três) a 10 (dez) por cento sobre o salário-mínimo da região, imposta pelo juiz eleitoral e cobrada na forma prevista no art. 367. §1º Sem a prova de que votou na última eleição, pagou a respectiva multa ou de que se justificou devidamente, não poderá o eleitor: I – inscrever-se em concurso ou prova para cargo ou função pública, investir-se ou empossar-se neles; II – receber vencimentos, remuneração, salário ou proventos de função ou emprego público, autárquico ou para estatal, bem como fundações governamentais, empresas, institutos e sociedades de qualquer natureza, mantidas ou subvencionadas pelo governo ou que exerçam serviço público delegado, correspondentes ao segundo mês subsequente ao da eleição; III – participar de concorrência pública ou administrativa da União, dos Estados, dos Territórios, do Distrito Federal ou dos Municípios, ou das respectivas autarquias; IV – obter empréstimos nas autarquias, sociedades de economia mista, caixas econômicas federais ou estaduais, nos institutos e caixas de previdência social, bem como em qualquer estabelecimento de crédito mantido pelo governo, ou de cuja administração este participe, e com essas entidades celebrar contratos; V – obter passaporte ou carteira de identidade; VI – renovar matrícula em estabelecimento de ensino oficial ou fiscalizado pelo governo; VII – praticar qualquer ato para o qual se exija quitação do serviço militar ou imposto de renda". BRASIL. *Lei nº 4.737, de 15 de julho de 1965*. Disponível em: http://www.planalto.gov.br/ccivil_03/LEIS/L4737.htm. Acesso em: 12 fev. 2022.

88 Código Eleitoral brasileiro – "Art. 7º [...]. §3º Realizado o alistamento eleitoral pelo processo eletrônico de dados, será cancelada a inscrição do eleitor que não votar em 3 (três) eleições consecutivas, não pagar a multa ou não se justificar no prazo de 6 (seis) meses, a contar da data da última eleição a que deveria ter comparecido". BRASIL. *Lei nº 4.737, de 15 de julho de 1965*. Disponível em: http://www.planalto.gov.br/ccivil_03/LEIS/L4737.htm. Acesso em: 12 fev. 2022.

se assim desejar, terá as opções de votar em branco ou de anular o voto. Novamente, o direito ao voto livre gera um dever para o Estado, qual seja, o de garantir que, uma vez que o cidadão compareça à seção eleitoral, nada o influenciará ou coagirá a votar em certo partido ou candidato.

Uma forma de garantir essa liberdade dá-se mediante a certeza de que o voto é, também, sigiloso. O segredo, por sua vez, é um direito público subjetivo do eleitor. Somente ele, se assim desejar, poderá revelar em quem votou.[89]

Validamente, por voto direto entende-se que aos cidadãos é dado o direito de escolher seus governantes diretamente, sem haver eleitores intermediários, o que enseja mais legitimidade ao processo eleitoral.

Ainda que o voto direto seja a regra, há certos casos em que o ordenamento jurídico brasileiro admite o voto indireto. Como exemplo, cite-se a eleição de Presidente e Vice-Presidente da República que ocorre em razão de vacância durante os dois últimos anos do mandato presidencial. Nesse caso, deve obedecer-se ao art. 81, §1º, da Constituição Federal, que assim prevê:

> Art. 81. Vagando os cargos de Presidente e Vice-Presidente da República, far-se-á eleição noventa dias depois de aberta a última vaga.
>
> §1º Ocorrendo a vacância nos últimos dois anos do período presidencial, a eleição para ambos os cargos será feita trinta dias depois da última vaga, pelo Congresso Nacional, na forma da lei. §2º Em qualquer dos casos, os eleitos deverão completar o período de seus antecessores.[90]

Além disso, é importante anotar que o voto é periódico. Isso quer dizer que o sufrágio deve ser exercido de tempos em tempos. Tal característica está em plena consonância com o ideal do princípio republicano, que garante ao povo a rotatividade do poder.

Já por voto igual entende-se que todos os votos têm o mesmo valor no processo eleitoral.

Somente para fazer um contraponto ao sistema eleitoral brasileiro, que tem por base o voto direto, cabe descrever, em linhas gerais, o sistema eleitoral estadunidense, pelo qual o presidente e o vice-presidente da República não são eleitos diretamente. Em verdade, os eleitores escolhem um *colégio eleitoral*, composto por 538 delegados advindos de todos os Estados federativos e da capital, Washington D.C.

O número de delegados não é distribuído igualmente entre os Estados, mas possui relação com a população e com o número de parlamentares que a representam.

---

[89] Código Eleitoral brasileiro – "Art. 220. É nula a votação: I – quando feita perante mesa não nomeada pelo juiz eleitoral, ou constituída com ofensa à letra da lei; II – quando efetuada em folhas de votação falsas; III – quando realizada em dia, hora, ou local diferentes do designado ou encerrada antes das 17 horas; IV – quando preterida formalidade essencial do sigilo dos sufrágios. V – quando a seção eleitoral tiver sido localizada com infração do disposto nos §§4º e 5º do art. 135. Parágrafo único. A nulidade será pronunciada quando o órgão apurador conhecer do ato ou dos seus efeitos e o encontrar provada, não lhe sendo lícito supri-la, ainda que haja consenso das partes". BRASIL. *Lei nº 4.737, de 15 de julho de 1965*. Disponível em: http://www.planalto.gov.br/ccivil_03/LEIS/L4737.htm. Acesso em: 12 fev. 2022.

[90] BRASIL (1988). *Constituição da República Federativa do Brasil*. Disponível em: http://www.planalto.gov.br/ccivil_03/constituicao/constituicao.htm. Acesso em: 12 fev. 2022.

Por exemplo, a Califórnia, estado mais populoso do país, possui 55 delegados, enquanto outros entes federativos chegam a possuir apenas 3.

De acordo com a Constituição dos EUA, os delegados não são obrigados a votar em conformidade com a vontade dos cidadãos. Contudo, em alguns Estados, há normas que os obrigam a votar no candidato que prometeram apoiar. Tradicionalmente, vale dizer, a vontade do povo tem sido respeitada.

Sendo assim, para ser eleito, o candidato precisa obter 270 votos no colégio eleitoral. Esse sistema de votos indiretos sofre diversas críticas, notadamente por possibilitar situações em que a vontade do povo, numericamente falando, não reflete o resultado das eleições. Prova disso é a eleição presidencial de 2016, em que a candidata democrata, Hillary Clinton, recebeu um número considerável de votos a mais do que o republicano, Donald Trump, que acabou eleito pelo colégio eleitoral. Isso acontece porque, em muitos Estados, o candidato que possui a maioria dos votos populares leva todos os votos correspondentes no colégio eleitoral.[91]

O exemplo de não utilização do voto direto leva à compreensão de que, embora passível de falhas, o sistema brasileiro apresenta mais confiabilidade e maior segurança ao cidadão que vai às urnas para manifestar sua posição política.

PARA SEDIMENTAR

"PROCESSO ADMINISTRATIVO. PLEBISCITO MUNICIPAL. ALTERAÇÃO DO NOME DA CIDADE. FORTALEZA DO TABOCÃO PARA TABOCÃO. RESULTADO FINAL. CONCORDÂNCIA COM A MUDANÇA DO TOPÔNIMO. RESULTADO DEFINITIVO. HOMOLOGAÇÃO. PRESSUPOSTOS ATENDIDOS.1. Ao TSE compete verificar o cumprimento dos requisitos exigidos pela Lei nº 9.709/1998 e pela Res.-TSE nº 23.385/2012 para fins de homologação de resultado de consulta plebiscitária. 2. A consulta popular, gênero que encerra tanto o plebiscito como o referendo, deverá ser realizada por sufrágio universal e voto direto e secreto, em concomitância com o primeiro turno das eleições ordinárias subsequentes à edição do ato convocatório, sendo a proposta considerada aprovada ou rejeitada por maioria simples (arts. 4º e 35 da Res.-TSE nº 23.385/2012 e 10 da Lei nº 9.709/1998).3. Deve ser homologado o resultado definitivo do plebiscito realizado em 7.10.2018 no Município de Fortaleza do Tabocão, em que foi aprovada a alteração do topônimo da cidade para Tabocão, visto que cumpridas as exigências legais.4. Resultado definitivo da consulta plebiscitária homologado. (TSE – Processo Administrativo nº 060192291, Acórdão, Relator(a) Min. Og Fernandes, Publicação: DJE – Diário de justiça eletrônico, Tomo 114, Data 17/06/2019)"

---

[91] POR QUE nos EUA o voto é indireto e como funciona o colégio eleitoral? *Jornal Globo.com*, Caderno Mundo, 8 de novembro de 2016 Disponível em: http://g1.globo.com/mundo/eleicoes-nos-eua/2016/noticia/2016/11/por-que-nos-eua-o-voto-e-indireto-e-como-funciona-o-colegio-eleitoral.html. Acesso em: 12 fev. 2022.

"ELEIÇÕES 2016. RECURSO ORDINÁRIO EM HABEAS CORPUS. AÇÃO PENAL. CRIMES DE FALSIFICAÇÃO E USO DE DOCUMENTO FALSO PARA FINS ELEITORAIS. ARTS. 348 E 353 DO CÓDIGO ELEITORAL. CRIME DE VOTAÇÃO OU TENTATIVA DE VOTAÇÃO EM LUGAR DE OUTREM. ART. 309 DO CÓDIGO ELEITORAL. CRIME DE ASSOCIAÇÃO CRIMINOSA. ART. 288 DO CÓDIGO PENAL. CRIME DE FALSA IDENTIDADE. ART. 307 DO CÓDIGO PENAL. CONCURSO MATERIAL. CONCURSO DE PESSOAS. RÉU. INSTRUÇÃO CRIMINAL. NÃO ENCERRAMENTO. EXCESSO NA DURAÇÃO DA AÇÃO PENAL. MEDIDA CAUTELAR DECRETADA COM FUNDAMENTO NO ART. 319, VI, DO CPP. SUSPENSÃO DO EXERCÍCIO DE MANDATO ELETIVO DE VEREADOR. AUSÊNCIA DE REQUISITOS. ILEGALIDADE. REVOGAÇÃO. RECURSO ORDINÁRIO PARCIALMENTE PROVIDO. [...]19. A suspensão, por meio de medida cautelar, do exercício de mandato conquistado nas urnas equivale à supressão da vontade do eleitor, titular do poder soberano e ator principal do processo democrático, cuja essência repousa no exercício do sufrágio universal por meio do voto direto, consoante o disposto nos arts. 1º, parágrafo único, e 14 da Constituição Federal. Precedente do TSE. 20. Na linha da jurisprudência desta Corte Superior, "a constrição cautelar, por ser medida extraordinária e excepcional, deve estar subordinada a parâmetros de legalidade estrita e aos princípios da presunção da inocência, do devido processo legal e da proporcionalidade, sendo inviável sua adoção como punição antecipada" (RHC nº 74276, Rel. originário Min. Marco Aurélio, Rel. designado(a) Min. Dias Toffoli, DJe de 6.9.2013). Dispositivo. 21. Recurso em habeas corpus parcialmente provido para conceder a ordem que revoga a medida cautelar de afastamento da função pública. (TSE – Recurso em Habeas Corpus nº 060760581, Acórdão, Relator(a) Min. Tarcisio Vieira De Carvalho Neto, Publicação: DJE – Diário de justiça eletrônico, Tomo 34, Data 18/02/2019)

"ELEIÇÕES 2018. RECURSO ESPECIAL. REGISTRO DE CANDIDATURA. INDEFERIMENTO PARCIAL DO DRAP DA COLIGAÇÃO. EXCLUSÃO DO PARTIDO DO CANDIDATO A VICE-GOVERNADOR. ART. 47, §2º, DA RES.-TSE Nº 23.432/2014. PEDIDO DE SUBSTITUIÇÃO DO DRAP NA VÉSPERA DO PLEITO. ART. 13, CAPUT, DA LEI Nº 9.504/1997. LIMITE TEMPORAL. INDEFERIMENTO TARDIO. INDIVISIBILIDADE DA CHAPA. AFASTAMENTO EXCEPCIONAL. PECULIARIDADES DO CASO CONCRETO. PRECEDENTES. RECURSO PROVIDO EM PARTE. 8. A soberania popular, cujo titular é o povo e a qual é exercida por meio do sufrágio universal (arts. 1º e 14 da CF), constitui o fundamento de validade e legitimidade do processo eleitoral, já que a finalidade última do certame é identificar a vontade popular. Trata-se de reflexo imediato do princípio democrático que alicerça a Justiça Eleitoral. 9. A solução para o caso concreto passa por garantir que sejam submetidos ao voto popular uma chapa que possua um candidato a governador e um candidato ao cargo de vice-governador. 10. A recorrente apresentou candidata substituta ao cargo de vice-governador, pertencente ao mesmo partido que o titular, que já havia tido registro de candidatura deferido em processo próprio porque iria concorrer ao posto de deputado estadual. Não há nos autos informação superveniente que infirme sua capacidade eleitoral passiva. 11. A candidata substituta preenche a idade mínima para ocupação do cargo, nos termos do art. 14, VI, b, da CF. Também apresentou termo de renúncia à candidatura ao cargo deputada estadual, no mesmo dia em que foi formulado o pedido de substituição do DRAP da chapa majoritária e anteriormente ao pleito. 12. Recurso especial provido. (TSE – Recurso Especial Eleitoral nº 060161993, Acórdão, Relator(a) Min. Og Fernandes, Publicação: PSESS – Publicado em Sessão, Data 16/10/2018)

"AGRAVO REGIMENTAL. RECURSO ESPECIAL. MINISTÉRIO PÚBLICO. ILEGITIMIDADE RECURSAL. EXCEPCIONALIDADE. DECISÃO REGIONAL. NÃO CONHECIMENTO. RECURSO ELEITORAL. DEVEDORA. MULTA. DECISÃO. JUIÍZO ELEITORAL. REVOGAÇÃO. PARCELAMENTO. 1. O Ministério Público Eleitoral visa discutir, como fiscal da lei, a (in)correção da revogação de parcelamento de multa eleitoral, por inadimplemento, decidida pelo Juízo Eleitoral, contra a qual a devedora, segundo decidido pela Corte paraibana, erroneamente interpôs recurso eleitoral. 2. Trata-se de direito absolutamente disponível, que, por óbvio, excede o âmbito de atuação do Parquet, não se discutindo valores ligados à ordem democrática nem ao regular exercício do sufrágio universal.3. Ainda que superado tal fundamento, o ato judicial de revogação do parcelamento espontâneo tem natureza interlocutória, razão pela qual se afigura correta a decisão do Tribunal a quo, que concluiu cabíveis a interposição de agravo de instrumento na fase de cumprimento da decisão condenatória e o respectivo pagamento espontâneo da multa parcelada, nos termos da jurisprudência aplicável ao executivo fiscal. Agravo regimental desprovido. (TSE – Recurso Especial Eleitoral nº 3704, Acórdão, Relator(a) Min. ADMAR GONZAGA, Publicação: DJE – Diário de justiça eletrônico, Tomo 160, Data 18/08/2017, Página 137)".

"MANDADO DE SEGURANÇA. ELEIÇÕES SUPLEMENTARES. SOBERANIA POPULAR. SEGURANÇA DENEGADA.1. A Lei Orgânica Municipal não pode desbordar de sua competência legislativa e abandonar o critério constitucional de eleição para a hipótese de dupla vacância na Chefia do Executivo local.2. Na espécie, o art. 64 da Lei Orgânica do Município de Magé/RJ abandona o critério constitucional de eleição ao estabelecer que, "em caso de impedimento do Prefeito e do Vice-Prefeito, ou vacância dos respectivos cargos, será chamado ao exercício do cargo de Prefeito, o Presidente da Câmara Municipal".3. Deve-se conferir máxima efetividade ao princípio da soberania popular por meio do sufrágio universal e pelo voto direto e secreto, de acordo com o art. 14, caput, da Constituição.4. Segurança denegada. (TSE – Mandado de Segurança nº 118147, Acórdão, Relator(a) Min. Fátima Nancy Andrighi, Publicação: DJE – Diário de justiça eletrônico, Data 01/12/2011, Página 24)".

2.9 Princípio da Legitimidade

A ideia de legitimidade das eleições está prevista no art. 14, §9º, da Constituição Federal, que assim prevê:

> §9º Lei complementar estabelecerá outros casos de inelegibilidade e os prazos de sua cessação, a fim de proteger a probidade administrativa, a moralidade para exercício de mandato considerada vida pregressa do candidato, e a normalidade e legitimidade das eleições contra a influência do poder econômico ou o abuso do exercício de função, cargo ou emprego na administração direta ou indireta.[92]

Nos dias de hoje, é razoável a compreensão de que a legitimidade dos governantes provém exatamente do fato de que houve um processo eleitoral democrático e justo que os elegeu. Desse modo, eles estão ali para representar, em última expressão, a vontade do povo, a soberania popular.

Sendo assim, a existência de um processo eleitoral transparente e a obediência estrita aos procedimentos legais previstos são peças fundamentais para a manutenção da legitimidade.

Não obstante, nem por isso se pode confundir *legitimidade* com *legalidade.* Esta é, em linhas gerais, a obediência ao direito positivado. Aquela, por sua vez, possui um grau de abstração mais elevado, ou seja, é um sentimento de que a autoridade pública está ali porque representa, direta ou indiretamente, a vontade do povo, que detém todo o poder.

PARA SEDIMENTAR

ELEIÇÕES 2016. AGRAVO REGIMENTAL. AGRAVO DE INSTRUMENTO. RECURSO ESPECIAL ELEITORAL. AÇÃO DE IMPUGNAÇÃO DE MANDATO ELEITIVO (AIME) CUMULADA COM REPRESENTAÇÃO POR INFRAÇÃO AO ART. 30-A DA LEI Nº 9.504/97. VEREADOR. GASTOS ILÍCITOS DE CAMPANHA. ABUSO DO PODER ECONÔMICO. REEXAME DO CONJUNTO FÁTICO-PROBATÓRIO. IMPOSSIBILIDADE. SÚMULA Nº 24/TSE. DESPROVIMENTO. [...] 5. O entendimento da Corte Regional está alinhado à jurisprudência deste Tribunal no sentido de ser "imprescindível a demonstração da gravidade das condutas reputadas ilegais, de modo que sejam capazes de abalar a normalidade e a legitimidade das eleições e gerar desequilíbrio na disputa. Ademais, a condenação exige prova robusta, não podendo se fundar em frágeis ilações ou em presunções quanto ao encadeamento dos fatos, especialmente em razão da gravidade das sanções impostas" (REspe nº 469-96/SP, Rel. Min. Napoleão Nunes Maia Filho, redator para acórdão o Min. Luís Roberto Barroso, DJe de 29.8.2019). 6. Agravo regimental desprovido. (TSE – Agravo de Instrumento nº 102, Acórdão, Relator(a) Min. Tarcisio Vieira De Carvalho Neto, Publicação: DJE – Diário de justiça eletrônico, Tomo 240, Data 13/12/2019, Página 38-39)

AGRAVO REGIMENTAL. RECURSO ESPECIAL. ELEIÇÕES 2016. PREFEITO. AÇÃO DE INVESTIGAÇÃO JUDICIAL ELEITORAL (AIJE). ABUSO DE PODER ECONÔMICO. ART. 22 DA LC 64/90. REPRESENTAÇÃO. ARRECADAÇÃO E GASTOS ILÍCITOS DE RECURSOS

[92] BRASIL (1988). *Constituição da República Federativa do Brasil.* Disponível em: http://www.planalto.gov.br/ccivil_03/constituicao/constituicao.htm. Acesso em: 12 fev. 2022.

DE CAMPANHA. ART. 30-A DA LEI 9.504/97. CONEXÃO. REUNIÃO DE PROCESSOS. JULGAMENTO CONJUNTO. NULIDADE. AUSÊNCIA. INVERSÃO INDEVIDA DO ÔNUS PROBATÓRIO. NÃO CONFIGURAÇÃO. MÉRITO. CONFIGURAÇÃO DOS ILÍCITOS. DESPROVIMENTO. [...] 5. Consoante a jurisprudência desta Corte Superior, o abuso de poder econômico ocorre pelo uso exorbitante de recursos patrimoniais, sejam eles públicos ou privados, de forma a comprometer a isonomia da disputa eleitoral e a legitimidade do pleito em benefício de determinada candidatura. Precedentes. [...] 11. A apreensão, às vésperas do pleito, de elevado valor em espécie, após denúncias do crime de corrupção eleitoral (art. 299 do Código Eleitoral), com anotações de campanha e recibos de transferências bancárias, sem que os agravantes tenham apresentado justificativas e provas consistentes quanto à origem e ao destino desses recursos, leva ao abuso de poder econômico e ao "caixa dois", com gravidade suficiente para macular a legitimidade do pleito, ainda mais em se tratando de município pequeno, que nas Eleições 2016 teve 1.710 votos válidos e diferença de apenas 148 em favor dos vencedores da disputa. 12. Conclusão diversa demandaria reexame de fatos e provas, providência inviável em sede extraordinária (Súmula 24/TSE). (TSE – Recurso Especial Eleitoral nº 105717, Acórdão, Relator(a) Min. Jorge Mussi, Publicação: DJE – Diário de justiça eletrônico, Tomo 240, Data 13/12/2019, Página 41-42)

"ELEIÇÕES 2012. RECURSOS ESPECIAIS ELEITORAIS. PRELIMINAR. NECESSIDADE DE RACIONALIZAÇÃO DOS FEITOS ELEITORAIS. AÇÃO DE IMPUGNAÇÃO DE MANDATO ELETIVO. REPRESENTAÇÃO. ART. 30-A DA LEI DAS ELEIÇÕES. AÇÃO DE INVESTIGAÇÃO JUDICIAL ELEITORAL. RECURSO CONTRA EXPEDIÇÃO DE DIPLOMA. PREFEITO MUNICIPAL. PROCEDÊNCIA DOS PEDIDOS NA ORIGEM. SENTENÇAS MANTIDAS PELO TRIBUNAL REGIONAL ELEITORAL DO RIO GRANDE DO NORTE. IDENTIDADE DE PARTES E QUANTO ÀS PREMISSAS FÁTICAS SUBJACENTES EM TODAS AS AÇÕES. IMPOSIÇÃO DE APRECIAÇÃO CONJUNTA, A QUAL DEVE SER CONDUZIDA PELA AÇÃO DE IMPUGNAÇÃO DE MANDATO ELETIVO. PREFERRED POSITION DA AIME DENTRO DA SISTEMÁTICA PROCESSUAL ELEITORAL. AUSÊNCIA DE PREJUÍZO DAS DEMAIS AÇÕES EM RAZÃO DAS DIFERENTES CONSEQUÊNCIAS JURÍDICAS NELAS PREVISTAS. PRECEDENTE: RESPES NO 1392-48, NO 1546-66 E NO 1528-45, MUNICÍPIO DE BIRIGUI/SP, TODOS DE MINHA RELATORIA. MÉRITO. REENQUADRAMENTO JURÍDICO DOS FATOS. NÃO INCIDÊNCIA DA SÚMULA Nº 24 DO TSE. REQUISITO DA GRAVIDADE DAS CIRCUNSTÂNCIAS QUE ENSEJARAM A PRÁTICA DOS ATOS REPUTADOS COMO ABUSIVOS. RELEVÂNCIA JURÍDICA OU ILEGALIDADE QUALIFICADA COMO REQUISITOS CARACTERIZADORES DA CAPTAÇÃO OU GASTOS ILÍCITOS DE RECURSOS ELEITORAIS EM CAMPANHAS (LE, ART. 30-A). ANÁLISE QUANTITATIVA E QUALITATIVA DA LESÃO AOS BENS JURÍDICOS TUTELADOS. PRINCÍPIO DA PROPORCIONALIDADE COMO PARÂMETRO NORMATIVO ADEQUADO PARA AFERIR O APERFEIÇOAMENTO DOS DELITOS. RECURSO CONTRA EXPEDIÇÃO DE DIPLOMA. ART. 262, IV, DO CÓDIGO ELEITORAL. NÃO RECEPÇÃO. INCOMPATIBILIDADE. CONSTITUIÇÃO DA REPÚBLICA. PRECEDENTE: RCED NO 8-84/PI, REL. MIN. DIAS TOFFOLI, DJE DE 12.11.2013. EXTINÇÃO DO PROCESSO. PRECEDENTE: RESPE NO 3-48/MS, REL. MIN. HENRIQUE NEVES, DJE de 10.12.2015. [...]6. A legitimidade e a normalidade das eleições se afiguram pressupostos materiais para a investidura idônea e legítima do cidadão eleito, bem como para a consequente fruição de seu mandato eletivo. [...] (TSE – Recurso Especial Eleitoral nº 1175, Acórdão, Relator(a) Min. Luiz Fux, Publicação: DJE – Diário de justiça eletrônico, Tomo 126, Data 30/06/2017, Página 99/102)".

2.10 Princípio da Moralidade

O *princípio da moralidade* traduz a inteligência de que o administrador público não pode afastar sua conduta dos consagrados preceitos éticos. Para isso, é seu dever não só levar em conta os critérios de conveniência, oportunidade e justiça em seus atos, mas possuir discernimento capaz de separar o honesto do desonesto. É necessário frisar, sobre o tema, que essa conduta hígida deve se aplicar tanto nas relações entre a Administração Pública e a população em geral quanto na relação entre Administração Pública e os agentes públicos que dela fazem parte.

O princípio da moralidade é previsto no art. 37 da Constituição Federal brasileira, que, em seu *caput*, assim prevê:

> Art. 37. A administração pública direta e indireta de qualquer dos Poderes da União, dos Estados, do Distrito Federal e dos Municípios obedecerá aos princípios de legalidade, impessoalidade, moralidade, publicidade e eficiência e, também, ao seguinte: [...].[93]

A inclusão expressa do princípio da moralidade no texto constitucional reflete os anseios de uma população que já sofreu por séculos com os desmandos de administradores, que buscaram, e ainda buscam, sobretudo dirigir a máquina estatal com o único fito de atender aos próprios interesses, descartando toda alusão aos ideais de moralidade.

Mais uma vez cumpre anotar que o conteúdo do princípio da moralidade, ainda que possua muitos pontos de apoio comuns, não se confunde com o do princípio da legalidade. Em certos casos, um ato será considerado imoral quando violar a lei, o que obviamente implica uma afronta ao princípio da legalidade.

Há, contudo, situações em que a imoralidade apresenta-se de forma mais sutil ou não tão explícita, como se observa nos casos de tratamentos discriminatórios, positivos ou negativos, dispensado ao administrador. Nesses casos, não será atingida necessariamente a legalidade, mas precipuamente os princípios da moralidade e da impessoalidade.

Na lição de Carvalho Filho:

> A falta de moralidade administrativa pode afetar vários aspectos da atividade da Administração. Quando a imoralidade consiste em atos de improbidade, que, como regra, causam prejuízos ao erário, o diploma regulador é a Lei n. 8.429, de 2.6.1992, que prevê as hipóteses configuradoras da falta de probidade na Administração, bem como estabelece

[93] BRASIL (1988). *Constituição da República Federativa do Brasil*. Disponível em: http://www.planalto.gov.br/ccivil_03/constituicao/constituicao.htm. Acesso em: 12 fev. 2022.

as sanções aplicáveis a agentes públicos e a terceiros, quando responsáveis por esse tipo ilegítimo de conduta. Ao mesmo tempo, contempla os instrumentos processuais adequados à proteção dos cofres públicos, admitindo, entre outras, ações de natureza cautelar de sequestro e arresto de bens e o bloqueio de contas bancária e aplicações financeiras, sem contar, logicamente, a ação principal de perdimento de bens, ajuizada pelo Ministério Público ou pela pessoa de direito público interessada na reconstituição de seu patrimônio lesado.[94]

De tal modo, vale ressaltar, como relembra José Jairo Gomes, que o vocábulo "ética" é, comum e erroneamente, confundido com o termo "moral". A palavra "ética" advém do grego *ethiké*, traduzida, em primeiro lugar, para o latim como *mos* (plural, *mores*), e carregava consigo um significado de conjunto de princípios e valores orientadores da ação humana em geral, mas configurava a dimensão prática das ações individuais.[95]

Portanto, por ética entende-se a ciência que trata da problemática do comportamento humano, analisando, para isso, o que se deve abranger, em certo lugar e tempo, por bem e mal, certo e incerto, correto e incorreto. Assim suas assertivas constituem o chamado dever-ser social, descrevendo valores e princípios que guiam a ação humana, tanto individual quanto socialmente.

Hodiernamente, é comum que se exija ética nos sistemas políticos e nas demais relações da vida social. Toda ação que seja imoral ou antiética tende a ser bastante reprimida pela sociedade. Por esse motivo, o art. 37 da Constituição Federal do Brasil elevou o princípio da moralidade administrativa ao patamar constitucional.[96] É discutível, todavia, o nível de eficácia que essa norma reflete na sociedade, principalmente no meio político, já que, dificilmente, por ela, os governantes se sentem compelidos a praticarem seus atos em harmonia com tal mister.

Ressalte-se, ademais, que o art. 14, em seu §9º, trouxe essa notável necessidade ética para dentro da seara eleitoral. Isso porque, de acordo com esse dispositivo, todo mandato obtido por meio de práticas ilícitas, antiéticas ou imorais carece de legitimidade. *Vide* o art. 14, §9º, da CF:

> Art. 14. A soberania popular será exercida pelo sufrágio universal e pelo voto direto e secreto, com valor igual para todos, e, nos termos da lei, mediante: [...] §9º Lei complementar estabelecerá outros casos de inelegibilidade e os prazos de sua cessação, a fim de proteger a probidade administrativa, a moralidade para exercício de mandato considerada vida pregressa do candidato, e a normalidade e legitimidade das eleições contra a influência do poder econômico ou o abuso do exercício de função, cargo ou emprego na administração direta ou indireta.[97]

---

94 CARVALHO FILHO, José dos Santos. *Manual de direito administrativo.* 30. ed. São Paulo: Atlas, 2016. p. 22.

95 GOMES, José Jairo. *Direito eleitoral.* 12. ed. São Paulo: Atlas, 2016. p. 71.

96 Constituição Federal de 1988 – "Art. 37. A administração pública direta e indireta de qualquer dos Poderes da União, dos Estados, do Distrito Federal e dos Municípios obedecerá aos princípios de legalidade, impessoalidade, moralidade, publicidade e eficiência e, também, ao seguinte: [...]". BRASIL (1988). *Constituição da República Federativa do Brasil.* Disponível em: http://www.planalto.gov.br/ccivil_03/constituicao/constituicao.htm. Acesso em: 12 fev. 2022.

97 BRASIL (1988). *Constituição da República Federativa do Brasil.* Disponível em: http://www.planalto.gov.br/ccivil_03/constituicao/constituicao.htm. Acesso em: 12 fev. 2022.

PARA SEDIMENTAR

"ELEIÇÕES 2018. AGRAVO INTERNO EM RECURSO ESPECIAL. PRESTAÇÃO DE CONTAS. CANDIDATO. DEPUTADO ESTADUAL. CONTAS DESAPROVADAS NA ORIGEM. CONTRATAÇÃO DE FAMILIARES COM RECURSOS PÚBLICOS. INCOMPATIBILIDADE COM OS PRINCÍPIOS DA RAZOABILIDADE, DA IMPESSOALIDADE, DA MORALIDADE E DA ECONOMIA. AUSÊNCIA DE COMPROVAÇÃO DAS DESPESAS. ACÓRDÃO REGIONAL EM CONSONÂNCIA COM A JURISPRUDÊNCIA DESTA CORTE SUPERIOR. NEGADO PROVIMENTO AO AGRAVO INTERNO. 1. Na espécie, trata-se de prestação de contas que foram julgadas desaprovadas em razão da irregular contratação de parentes do candidato com recursos públicos oriundos do FEFC para a prestação de serviços de campanha, os quais, ainda, não foram comprovados pelo prestador. 2. A decisão agravada negou seguimento ao recurso especial em razão da incidência dos Enunciados nºs 28, 30 e 72 da Súmula do TSE. 3. Nas razões do agravo interno, a parte tão somente renova as mesmas alegações outrora rechaçadas, não infirmando as razões empregadas na decisão monocrática, quadro que desafia o princípio da dialeticidade recursal. Precedente. 4. O argumento de que a falta de comprovação das despesas atinentes à contratação de parentes de candidato não se confunde com a não comprovação das atividades realizadas pelos contratados não é capaz de reformar a conclusão adotada pela decisão ora atacada, haja vista que a utilização da totalidade dos recursos oriundos do FEFC para contratação de parentes denota, por si só, o caráter antieconômico dos gastos, desbordando dos princípios da moralidade e da impessoalidade. Precedente. 5. À míngua de razões para alterar a conclusão da decisão agravada, sua manutenção é medida que se impõe.6. Negado provimento ao agravo interno.

(RECURSO ESPECIAL ELEITORAL nº 060116564, Acórdão, Relator(a) Min. Mauro Campbell Marques, Publicação: DJE – Diário da justiça eletrônica, Tomo 143, Data 04/08/2021)"

"ELEIÇÕES 2018. RECURSO ESPECIAL. PRESTAÇÃO DE CONTAS DE CAMPANHA. DESAPROVAÇÃO. CANDIDATA. DEPUTADO ESTADUAL. CONTRATAÇÃO. PRESTADOR DE SERVIÇO. PERÍODO EXÍGUO. VALOR EXPRESSIVO. RECURSOS. FUNDO ESPECIAL DE FINANCIAMENTO DE CAMPANHA (FEFC). PRINCÍPIOS NORTEADORES DAS DESPESAS COM RECURSOS PÚBLICOS. RAZOABILIDADE. ECONOMICIDADE. MORALIDADE. IMPESSOALIDADE. TRANSPARÊNCIA. INOBSERVÂNCIA. VERBETES SUMULARES 24 E 27 DO TSE. INCIDÊNCIA. APROVAÇÃO DAS CONTAS COM RESSALVAS. IMPOSSIBILIDADE. PRINCÍPIOS DA RAZOABILIDADE E DA PROPORCIONALIDADE. INAPLICABILIDADE. SÍNTESE DO CASO 1. Trata-se de recurso especial interposto em face de acórdão de Tribunal Regional Eleitoral que desaprovou as contas de campanha da recorrente referentes às Eleições de 2018, quando concorreu ao cargo de deputado estadual, determinando a devolução da quantia de R$30.000,00 ao Tesouro Nacional, com fundamento no art. 82, §1º, da Res. TSE 23.553, atinente a recursos do Fundo Especial de Financiamento de

Campanha (FEFC), utilizados indevidamente na contratação de namorada/noiva do filho da candidata, para prestação de serviço na campanha. 2. De acordo com a Corte de origem, a contratação em evidência, para a função de coordenadora de campanha, se deu pelo prazo de apenas dez dias e pela quantia de R$30.000,00, equivalente a cerca de 46% do total das receitas da campanha (R$65.860,00), em desacordo com os princípios da moralidade e da impessoalidade na utilização de recursos públicos, revelando-se gasto de valor expressivo e desproporcional. ANÁLISE DO RECURSO ESPECIAL 3. Incide na espécie o verbete sumular 27 do TSE, na medida em que a recorrente não demonstrou de que forma o acórdão regional teria violado os arts. 37, VII, e 40, I, da Res.-TSE 23.553 e 26 da Lei 9.504/97, pois tais preceitos normativos – referentes ao rol de gastos eleitorais e às formas admitidas de pagamento de despesas de natureza financeira – não dizem respeito ao fundamento adotado pelo Tribunal de origem para a desaprovação das contas, qual seja, a inobservância de princípios norteadores da realização de despesas com recursos públicos. 4. A hipótese dos autos versa sobre a aplicação de recursos do Fundo Especial de Financiamento de Campanha, os quais, por ostentarem caráter público, devem ter a sua utilização fundada, dentre outros, nos princípios da moralidade, da impessoalidade, da transparência, da razoabilidade e da economicidade, os quais são postulados norteadores da realização de despesas com dinheiro público, conforme já se decidiu no julgamento de contas anuais de partidos e a respeito de verba do Fundo Partidário. Nesse sentido: PC 247-55, rel. Min. Luiz Fux, DJE de 1º.3.2018, e ED-PC 267-46, rel. Min. Tarcisio Vieira de Carvalho Neto, DJE de 22.9.2017. 5. Firmou-se nesta Corte Superior a compreensão de que a observância do princípio da economicidade na aplicação de recursos públicos pode ser objeto de controle em processo de prestação de contas, assim como se assentou que é possível considerar irregular a despesa que tenha caráter antieconômico. Nesse sentido, confiram-se os seguintes precedentes alusivos ao emprego de verbas do Fundo Partidário por partidos políticos: PC 305-87, rel. Min. Luís Roberto Barroso, DJE de 12.8.2019; PC 290-21, rel. Min. Luís Roberto Barroso, DJE de 21.6.2019; e PC 268-60, rel. Min. Admar Gonzaga, DJE de 6.6.2019. 6. Inexiste óbice a que, na análise das prestações de contas, a Justiça Eleitoral exerça o controle da observância dos princípios norteadores da realização de despesas com recursos públicos, sejam eles provenientes do Fundo Partidário ou do Fundo Especial de Financiamento de Campanha. 7. Quanto aos argumentos recursais de que a análise da prestação de contas deveria se limitar à escrituração contábil e de que eventual indício da irregularidade versada nos autos deveria ser apurado em procedimento autônomo, cumpre observar que a aplicação antieconômica de recursos públicos pode ser objeto de controle da Justiça Eleitoral no processo de prestação de contas, o que igualmente ocorre quanto aos gastos efetuados com inobservância aos princípios da transparência, da moralidade e da razoabilidade. 8. Na espécie, a Corte de origem, soberana no exame do conjunto fático-probatório dos autos, afirmou a irregularidade da despesa realizada, pelos seguintes fundamentos: a) a prestadora das contas contratou a namorada/noiva de seu filho para prestar serviços como coordenadora-geral de campanha, pelo período de apenas dez dias e pela expressiva quantia de R$30.000,00, equivalente a cerca de 46% do total das receitas da campanha (R$65.860,00), com a utilização de recursos do Fundo Especial de Financiamento de Campanha; b) a referida contratação, realizada mediante pagamento com recursos públicos, embora não seja objeto de restrição legal expressa, configurou a sobreposição de interesses privados em detrimento de interesses públicos e afrontou os princípios da moralidade e da impessoalidade, assim como revelou gasto expressivo e exageradamente desproporcional, de modo a comprometer a higidez das contas; c) a alegação de que a pessoa contratada para prestar serviço na campanha teria se casado com o filho da candidata após a prestação dos serviços não afasta a irregularidade, pois, embora a relação de namoro ou noivado não configure parentesco, a contratação de pessoas nessas circunstâncias não se conforma ao significado nem ao alcance dos princípios constitucionais da impessoalidade, da moralidade e da isonomia; d) a prestadora das contas confirmou ser sua nora a pessoa contratada como coordenadora-geral de campanha; e) a candidata não comprovou devidamente os gastos realizados com a aludida contratação. 9. Para alterar as conclusões às quais chegou o Tribunal de origem, a fim de acolher as alegações recursais, seria necessário o revolvimento do acervo fático-probatório dos autos, o que não se admite em recurso especial eleitoral, nos termos do verbete sumular 24 do TSE. 10. Embora não haja vedação expressa à contratação de futuros parentes (ou até mesmo de parentes) para prestação de serviços de campanha, é necessário que haja razoabilidade em tal prática e que sejam observados os preceitos éticos e morais que devem nortear a conduta dos candidatos e dos partidos políticos, notadamente quanto ao uso de recursos públicos, evitando-se o favorecimento pessoal de qualquer natureza e o prejuízo à economicidade que pode decorrer de tais contratações. Nesse sentido, destaca-se que é dever do candidato ou do partido político garantir o bom uso dos recursos públicos, buscando obter o melhor resultado pelo menor custo possível, em atenção ao princípio da economicidade. 11. A contratação de parente do candidato – ou mesmo de pessoa que mantenha relação de noivado ou namoro com o candidato ou com parente do candidato – para a prestação de serviço na campanha enseja atenção da Justiça Eleitoral, dada a possibilidade de conflito de interesses e de desvio de finalidade na aplicação de recursos públicos, com vistas a, eventualmente, favorecer financeiramente a pessoa contratada. Assim, tal contratação, caso seja realizada, deve observar rigorosamente os princípios constitucionais da razoabilidade, da moralidade e da economicidade, assim como deve evidenciar elevado grau de transparência, a fim de que sejam, de forma satisfatória, demonstradas as peculiaridades da transação, as atividades efetivamente desenvolvidas e a compatibilidade dos custos com valores de mercado. Cumpre à Justiça Eleitoral atuar com maior rigor em tais situações. 12. No caso sob exame, é induvidosa a falta de transparência na contratação da coordenadora-geral de campanha, pois, conforme consignado no acórdão regional, a prestadora das contas não comprovou devidamente os gastos realizados com a contratação por exíguo intervalo de tempo e por quantia expressiva de recursos públicos, de modo a comprometer a higidez das contas. 13. A ausência de comprovação de despesas de campanha é, em regra, motivo suficiente para ensejar a desaprovação das contas. Nesse sentido: AgR-AI 0606203-67, rel. Min. Tarcisio Vieira de Carvalho Neto, DJE de 7.5.2020, AgR-PC 218-97, da rel. Min. Sérgio Banhos, DJE de 28.4.2020, PC 1008-18, rel. Min. Luís Roberto Barroso, DJE de 29.8.2019, e AgR-AI 174-43, rel. Min. Admar Gonzaga, DJE de 22.3.2018. 14. A Corte de origem agiu com acerto ao assentar que a contratação, no caso dos autos, ocorreu em desacordo com os princípios da moralidade e da impessoalidade na aplicação dos recursos do Fundo Especial de Financiamento de Campanha. Ademais, os fundamentos do acórdão recorrido realçam também o caráter antieconômico da despesa efetuada com recursos públicos do FEFC, na medida em que a candidata pagou a uma única pessoa contratada, por serviços supostamente prestados no período de apenas dez dias, a quantia de R$30.000,00, equivalente a cerca de 46% do total das receitas da campanha (R$65.860,00), revelando-se tal gasto "exageradamente desproporcional" e "efetivamente expressivo", nas palavras do Tribunal de origem. 15. Na espécie, não é possível a aplicação dos princípios da razoabilidade e da proporcionalidade para aprovar as contas com ressalvas, tendo em vista que a irregularidade constatada corresponde a quantia expressiva, em valor absoluto e em termos percentuais, em relação ao total de recursos arrecadados. Nesse sentido: AgR-AI 181-42, rel. Min. Luís Roberto Barroso, DJE de 3.12.2018. CONCLUSÃO Recurso especial eleitoral a que se nega provimento.

(RECURSO ESPECIAL ELEITORAL nº 060116394, Acórdão, Relator(a) Min. Sergio Silveira Banhos, Publicação: DJE – Diário da justiça eletrônica, Tomo 216, Data 27/10/2020)"

"AGRAVO REGIMENTAL. RECURSO ESPECIAL. ELEIÇÕES 2016. VEREADOR. CAPTAÇÃO GASTOS ILÍCITOS DE RECURSOS DE CAMPANHA. ART. 30-A DA LEI 9.504/97. PRELIMINARES. REJEIÇÃO. TEMA DE FUNDO. DOAÇÃO ILÍCITA. PESSOA JURÍDICA. FRAUDE. GRAVIDADE. REEXAME. SÚMULA 24/TSE. DESPROVIMENTO. [...] 8. A relevância jurídica da conduta é inequívoca e autoriza manter a perda do diploma. Conforme se decidiu recentemente em caso similar, "a triangulação de recursos financeiros – os quais, in casu, são originários de pessoa jurídica e perpassaram, a título de empréstimo pessoal, contas bancárias de sócios e empregados da empresa (pessoas físicas) para, então, abastecer campanha – se amolda ao escopo do art. 30-A da Lei nº 9.504/97, pois, além de ultrajar o efetivo controle da Justiça Eleitoral no exame da prestação de contas, macula a lisura e a moralidade do pleito" (REspe 605-07/MG, Rel. Min. Tarcisio Vieira de Carvalho Neto, de 6/8/2019), não constituindo o valor ou o percentual das irregularidades critério único para impor a sanção. 9. Agravo regimental desprovido. (TSE – Recurso Especial Eleitoral nº 40410, Acórdão, Relator(a) Min. Jorge Mussi, Publicação: DJE – Diário de justiça eletrônico, Tomo 203, Data 18/10/2019, Página 62-63)

"DIREITO ELEITORAL E PROCESSUAL CIVIL. RECURSOS ESPECIAIS ELEITORAIS COM AGRAVO. ELEIÇÕES 2016. REPRESENTAÇÃO POR CAPTAÇÃO OU GASTO ILÍCITO DE RECURSOS DE CAMPANHA. ART. 30-A DA LEI Nº 9.504/1997. DESVIRTUAMENTO NA APLICAÇÃO DOS RECURSOS DO FUNDO PARTIDÁRIO DESTINADOS À PROMOÇÃO DA PARTICIPAÇÃO FEMININA NA POLÍTICA. DOAÇÃO DE

PARTE DA VERBA A CANDIDATOS DO GÊNERO MASCULINO. DESVIO DE FINALIDADE. ILÍCITO CONFIGURADO. CONHECIMENTO DOS AGRAVOS. DESPROVIMENTO DOS RECURSOS ESPECIAIS ELEITORAIS. [...] 6. A representação fundada no art. 30-A da Lei nº 9.504/1997 tem como objeto sancionar a captação e os gastos ilícitos de recursos para fins eleitorais, de modo a tutelar a transparência das campanhas eleitorais, a higidez e a moralidade da eleição e a igualdade de oportunidades entre os candidatos. A fixação da abrangência do dispositivo não pode desconsiderar implicações de outras previsões legais que, descumpridas, afetem a higidez das eleições. Embora o esquema nuclear do financiamento das campanhas eleitorais se encontre na Lei nº 9.504/1997, o detalhamento e o adensamento desse esquema dependem de interpretação sistêmica de toda a legislação eleitoral. Portanto não há impedimento a que outros diplomas normativos estabeleçam regras sobre financiamento de campanhas. [...]26. Agravos conhecidos para permitir o exame dos recursos especiais eleitorais. Recursos especiais a que se nega provimento. Prejudicados os agravos internos nas ações cautelares e o requerimento de concessão de tutela provisória, em razão da perda superveniente do objeto". (TSE – Agravo de Instrumento nº 33986, Acórdão, Relator(a) Min. Luís Roberto Barroso, Publicação: DJE – Diário de justiça eletrônico, Data 20/09/2019).

"ELEIÇÕES 2016. RECURSO ESPECIAL. REGISTRO DE CANDIDATURA. CANDIDATO A VEREADOR. CONDENAÇÃO POR IMPROBIDADE ADMINISTRATIVA (ALÍNEA L). ENRIQUECIMENTO ILÍCITO. NÃO DEMONSTRAÇÃO. PROVIMENTO. 1. Não há decisão surpresa quando o Tribunal, afastando o fundamento da sentença, examina os requisitos necessários à caracterização da inelegibilidade cuja incidência foi arguida na impugnação ao registro. 2. De acordo com a jurisprudência desta Corte, reafirmada para as Eleições de 2016, a incidência da causa de inelegibilidade descrita no art. 1º, I, l, da Lei Complementar 64/90 demanda, entre outros requisitos, a condenação pela prática de ato que importe, cumulativamente, dano ao erário e enriquecimento ilícito. 3. A possibilidade de caracterização da inelegibilidade por condenação em ação de improbidade em razão de sentença proferida com base apenas nas hipóteses do art. 9º ou do art. 10 da Lei 8.429/92 não exclui a necessidade de o enriquecimento ilícito e o dano ao erário terem sido reconhecidos pela Justiça Comum, ainda que não constem expressamente do dispositivo da sentença. 4. Não cabe à Justiça Eleitoral considerar como caracterizado o dano ao erário ou o enriquecimento ilícito quando eles não foram afirmados pela Justiça Comum. No julgamento do registro de candidatura, não se pode avaliar o acerto ou o desacerto das decisões proferidas pelas Cortes de Contas ou por outros órgãos do Poder Judiciário (Súmula 41 do TSE) nem acrescentar ou suprimir fundamento da decisão proferida em ação cível pública para, por método de compreensão, alargar a hipótese efetivamente considerada pelo órgão competente para apreciar a improbidade administrativa. 5. No caso dos autos: a. O Juiz Eleitoral, no processo de registro de candidatura, analisou a sentença por ele mesmo prolatada no processo de improbidade administrativa e deferiu o registro de candidatura em razão da ausência do requisito relativo ao enriquecimento ilícito. b. No julgamento do recurso ordinário, o Tribunal Regional Eleitoral entendeu presente o enriquecimento ilícito, em razão da "malversação do dinheiro público e vários aspectos questionáveis sob a ótica da legalidade e da moralidade, como despesas realizadas apenas ao final do prazo dos convênios, como forma de justificar todo o dinheiro que foi repassado. 6. A presença do enriquecimento ilícito como elemento essencial à caracterização da inelegibilidade por condenação por improbidade administrativa pressupõe ser possível perceber, na decisão proferida pela Justiça Comum, à primeira vista, a existência e a individualização de acréscimo patrimonial indevido, ainda que em favor de terceiro. Para esse fim, não basta indicar a existência de malversação de dinheiro público ou a gravidade das irregularidades que causaram dano ao erário. 7. Conforme reiterados pronunciamentos deste Tribunal, as regras de inelegibilidade são de interpretação estrita, revelando-se inadmissível o uso de presunções ou de termos genéricos para fins de atrair o óbice à candidatura. Recurso especial a que se dá provimento para restabelecer a sentença e deferir o registro de candidatura. (TSE – Recurso Especial Eleitoral nº 13493, Acórdão, Relator(a) Min. Henrique Neves da Silva, Publicação: DJE – Diário de justiça eletrônico, Tomo 61, Data 28/03/2017, Página 59)".

"ELEIÇÕES 2016. AGRAVO REGIMENTAL EM RECURSO ESPECIAL. REGISTRO DE CANDIDATURA AO CARGO DE PREFEITO. INDEFERIMENTO DA CHAPA MAJORITÁRIA, POR TER O SEU TITULAR INCIDIDO NA CAUSA DE INELEGIBILIDADE DA ALÍNEA E DO INCISO I DO ART. 1º DA LC 64/90. CONDENAÇÃO CRIMINAL POR ÓRGÃO COLEGIADO. INTELECÇÃO DO ART. 49 DA RES.-TSE 23.455/15. IRRELEVÂNCIA DO TRÂNSITO EM JULGADO. A DECISÃO PROFERIDA PELO STF EM ÂMBITO DE CONTROLE CONCENTRADO (ADCS 29 E 30 E ADI 4.578) POSSUI EFICÁCIA CONTRA TODOS EEFEITO VINCULANTE, NOS TERMOS DO §2º DO ART. 102 DA CF, INCLUSIVE NO QUE SE REFERE À INELEGIBILIDADE PREVISTA NA ALÍNEA E DO INCISO I DO ART. 1º DA LC 64/90. DECISÃO REGIONAL EM CONFORMIDADE, NO TOCANTE AO PONTO, COM A JURISPRUDÊNCIA DESTA CORTE SUPERIOR. APLICAÇÃO DOS ENUNCIADOS 30 DO TSE E 83 DO STJ. A ALEGAÇÃO DE NULIDADE NOS PROCESSOS EM CURSO PERANTE O TJ DO PARANÁ NÃO É PASSÍVEL DE SER ANALISADA POR ESTA JUSTIÇA ESPECIALIZADA, POR FORÇA DO ENUNCIADO SUMULAR 41 DO TSE. EXISTÊNCIA DE DECISÃO QUE SUSPENDE A INELEGIBILIDADE EM APENAS UM DOS PROCESSOS CRIMINAIS QUE EMBASARAM O DECRETO DE INELEGIBILIDADE DO AGRAVANTE. AUSÊNCIA DE ARGUMENTOS HÁBEIS PARA MODIFICAR A DECISÃO AGRAVADA. AGRAVO REGIMENTAL DESPROVIDO. 1. Visto que as hipóteses de inelegibilidade da LC 64/90 têm fundamento constitucional no §9º do art. 14 da CF, cujo fim é, entre outros, a proteção da probidade administrativa e da moralidade para o exercício do mandato, considerada a vida pregressa do candidato, não há falar em colisão da inelegibilidade estabelecida na alínea e do inciso I do art. 1º da LC 64/90 com o princípio da presunção de inocência. 2. O STF, no julgamento das ADCs 29 e 30 e da ADI 4.578, concluiu que as hipóteses de inelegibilidade descritas na LC 64/90, com as alterações da LC 135/10, não violam a Constituição, tendo, no ponto, especificamente em relação à hipótese de inelegibilidade da alínea e do inciso I do art. 1º da LC 64/90, assentado que ela é constitucional e não macula a presunção de inocência. Precedentes: AgR-RO 440-87/RO, Rel. Min. LUIZ FUX, publicado na sessão de 13.11.2014; AgR-Respe 173-58/MG, Rel. Min. NANCY ANDRIGHI, publicado na sessão de 4.10.2012. 3. Não se conhece de Recurso Especial por dissídio pretoriano quando a decisão recorrida estiver em conformidade com a jurisprudência do Tribunal Superior Eleitoral (Súmula 30 do TSE). 4. Hipótese em que, tendo sido o candidato condenado pelo TJ/PR por duas vezes – 1) em 9.6.2016, quando foi julgado e condenado nos autos da Apelação Crime 1.383.018-5, pela prática de crimes de responsabilidade e crime previsto na Lei de Licitações (art. 1º, II e XI do Decreto-Lei 201/67 e art. 89 da Lei 8.666/93); e 2) em 21.7.2016, quando foi julgado e condenado nos autos da Apelação Crime 1.439.975-6, pela prática do crime previsto no art. 89 da Lei 8.666/93 –, e existindo nos autos notícia de provimento judicial que suspende ou anula apenas uma das condenações, a manutenção da incidência da causa de inelegibilidade da alínea e do inciso I do art. 1º da LC 64/90 é medida que se impõe. 5. Permanece íntegro o decreto de inelegibilidade em decorrência da condenação imposta ao agravante nos autos do Processo Crime 1.383.018-5, não sendo motivo para o afastamento da pecha de inelegibilidade a alegada insustentabilidade, ilegalidade e teratologia da decisão do TJ Paranaense. 6. Eventuais nulidades ocorridas nos processos em curso no TJ Paranaense devem ser arguidas perante aquela Justiça Comum, ou, ainda, em eventuais Recursos Especial e Extraordinário, não sendo possível a esta Justiça Especializada intervir no feito. Incidência da Súmula 41 do TSE. 7. Merece ser desprovido o Agravo Interno, tendo em vista a inexistência de argumentos hábeis para modificar a decisão agravada. 8. Agravo Regimental a que se nega provimento. (TSE – Recurso Especial Eleitoral nº 10412, Acórdão, Relator(a) Min. Napoleão Nunes Maia Filho, Publicação: PSESS – Publicado em Sessão, Data 19/12/2016)".

"AGRAVO REGIMENTAL. RECURSO ESPECIAL. ELEIÇÕES 2016. PREFEITO. REGISTRO DE CANDIDATURA. INELEGIBILIDADE. ART. 1º, I, L, DA LC 64/90. ATO DOLOSO DE IMPROBIDADE ADMINISTRATIVA. DANO AO ERÁRIO E ENRIQUECIMENTO ILÍCITO. CUMULATIVIDADE. RESSALVA DE POSIÇÃO. CASO DOS AUTOS. REQUISITOS NÃO PREENCHIDOS. DESPROVIMENTO. 1. Autos recebidos no gabinete em 13.11.2016. 2. São inelegíveis, para qualquer cargo, "os que forem condenados à suspensão dos direitos políticos, em decisão transitada em julgado ou proferida por órgão judicial colegiado, por ato doloso de improbidade administrativa que importe lesão ao patrimônio público e enriquecimento ilícito, desde a condenação ou o trânsito em julgado até o transcurso do prazo de 8 (oito) anos após o cumprimento da pena" (art. 1º, I, l, da LC 64/90). 3. Para incidência da inelegibilidade, enriquecimento ilícito e dano ao erário – arts. 9º e 10 da Lei 8.429/92 – devem ser cumulativos, a teor do que firmado por maioria, por esta Corte, no REspe 49-32/SP, Rel. Min. Luciana Lóssio, sessão de 18.10.2016, em que fiquei vencido neste ponto com os e. Ministros Napoleão Nunes Maia Filho e Rosa Weber. 4. No caso, o candidato teve direitos políticos suspensos por prática de ato doloso de improbidade administrativa que importou dano ao erário, pois, enquanto Prefeito, contratou, sem licitação, advogado para desempenhar as mesmas atribuições afeitas à Procuradoria do

Município. 5. Extrai-se do decreto condenatório: "a administração pública tem como um dos seus princípios basilares a impessoalidade. Assim, contratar diretamente apenas com amparo na confiança e experiência reveste o contrato de inconteste natureza pessoal, ferindo o referido princípio, além de alcançar outros dois, os princípios da legalidade e moralidade". 6. Todavia, da leitura do aresto recorrido, inexiste evidência, ainda que indiciária, de que o causídico tenha sido remunerado sem a respectiva contraprestação. Assim, não há como se reconhecer enriquecimento ilícito.7. Agravo regimental desprovido. Prejudicados os embargos de declaração do candidato. (TSE – Recurso Especial Eleitoral nº 6024, Acórdão, Relator(a) Min. Antonio Herman De Vasconcellos E Benjamin, Publicação: PSESS – Publicado em Sessão, Data 22/11/2016)".

2.11 Princípio da Probidade

A ideia de probidade, oriunda do latim "probitate", tem suas raízes incrustadas nas noções de moral e de ética. Isso quer dizer que, para aproximar-se do conceito ideal, é necessário não somente se atentar a certas qualidades morais, mas agir nos moldes impostos por preceitos ético-morais.

Partindo-se desse pressuposto, ganham relevo a integridade de caráter, a honradez, a hombridade e o pundonor. De tal modo, *probo* pode adjetivar tudo aquilo que é honesto, justo, íntegro e reto. Em outras palavras, é todo aquele que cumpre atentamente seus deveres, agindo de maneira honrada.

Ante o exposto, pode-se concluir que a probidade é o dever mais importante dentre aqueles atribuídos ao administrador público. São inaceitáveis, por conseguinte, práticas como o nepotismo ou o favorecimento, devendo agir-se sempre com vistas a maximizar o bem da Administração Pública. É por isso que o administrador probo, por exemplo, tem a obrigação de escolher o particular que oferece melhores condições para toda contratação.

Entendido esse conceito, é possível analisar, de forma breve, o outro lado: a improbidade. Esta aparece sempre que uma ação é desprovida de honestidade, de boa-fé, de justiça ou de legalidade.

No Brasil, a declaração da condição de ímprobo implica uma série de efeitos negativos para o administrador, quais sejam, a suspensão dos direitos políticos, a perda da função pública, a indisponibilidade de seus bens e a obrigação de ressarcir o erário pelos danos que cometeu. Isso tudo independentemente da ação no campo penal.

A aludida previsão está albergada no art. 37, §4º, da Constituição Federal, regulamentado pela Lei nº 8.429, de 2 de junho de 1992, a qual trata unicamente da improbidade administrativa nas suas três formas: (i) ato que dê ensejo a enriquecimento ilícito; (ii) ato que cause prejuízo ao erário; (iii) ato que ofenda os princípios da Administração Pública.

Sobre o tema, Carvalho Filho elucida:

> A lei abrange todo e qualquer agente público, seja qual for a situação que o vincule ao Poder Público, bem como aqueles que, não sendo agentes, concorram para as condutas de improbidade ou delas se beneficiem. Tomando conhecimento de ato de improbidade praticado na Administração, qualquer pessoa poderá representar à autoridade administrativa ou ao Ministério Público para o fim de providenciar a apuração do fato denunciado. Várias são as sanções aplicáveis nas hipóteses de improbidade, perda da função pública, proibição de contratar com o Poder Público, ressarcimento integral do dano, perda dos bens ilicitamente acrescidos ao patrimônio, pagamento de multa civil e vedação ao recebimento de benefícios fiscais. No que concerne à hipótese em que o ato de improbidade provoque danos ao erário, é competente a pessoa jurídica interessada ou o Ministério Público para ajuizar ação cautelar de sequestro (rectius: arresto) dos bens do agente ou do terceiro para garantir o ressarcimento aos cofres públicos, como também para promover a ação principal, de rito ordinário, com o objetivo de recompor o erário lesado pela conduta ímproba. Sujeita-se a conduta inquinada de imoralidade, por outro lado, à ação popular (art. 5º, LCCIII, CF, e Lei n. 4.717/1965), proposta por qualquer cidadão, já que titular do direito a uma administração legítima e adequada. Os estatutos funcionais também preveem deveres e obrigações dos administradores, relativos ao dever de probidade. De tal relevo é esse dever que a conduta do Presidente da República, quando o afronte, configura crime de responsabilidade (art. 85, V, CF).[98]

Adentrando especificamente na seara eleitoral, o art. 14, §9º, da Constituição Federal[99] determina expressamente que a probidade administrativa deve ser protegida, o que ocorre por meio da instituição de hipóteses de inelegibilidades para o agente ímprobo. A inelegibilidade obsta o exercício dos direitos políticos; a improbidade implica a suspensão desses direitos, como se observa do art. 15, V, c.c. art. 37, §4º, da CF.[100]

---

98 CARVALHO FILHO, José dos Santos. *Manual de direito administrativo*. 30. ed. São Paulo: Atlas, 2016. p. 69.

99 Constituição Federal de 1988 – "Art. 14. A soberania popular será exercida pelo sufrágio universal e pelo voto direto e secreto, com valor igual para todos, e, nos termos da lei, mediante: [...]§9º Lei complementar estabelecerá outros casos de inelegibilidade e os prazos de sua cessação, a fim de proteger a probidade administrativa, a moralidade para exercício de mandato considerada vida pregressa do candidato, e a normalidade e legitimidade das eleições contra a influência do poder econômico ou o abuso do exercício de função, cargo ou emprego na administração direta ou indireta". BRASIL (1988). *Constituição da República Federativa do Brasil*. Disponível em: http://www.planalto.gov.br/ccivil_03/constituicao/constituicao.htm. Acesso em: 13 fev. 2022.

100 Constituição Federal de 1988 – "Art. 15. É vedada a cassação de direitos políticos, cuja perda ou suspensão só se dará nos casos de: [...]V – improbidade administrativa, nos termos do art. 37, §4º". "Art. 37. A administração pública direta e indireta de qualquer dos Poderes da União, dos Estados, do Distrito Federal e dos Municípios obedecerá aos princípios de legalidade, impessoalidade, moralidade, publicidade e eficiência e, também, ao seguinte: [...]§4º – Os atos de improbidade administrativa importarão a suspensão dos direitos políticos, a perda da função pública, a indisponibilidade dos bens e o ressarcimento ao erário, na forma e gradação previstas em lei, sem prejuízo da ação penal cabível". BRASIL (1988). *Constituição da República Federativa do Brasil*. Disponível em: http://www.planalto.gov.br/ccivil_03/constituicao/constituicao.htm. Acesso em: 13 fev. 2022.

PARA SEDIMENTAR

"ELEIÇÕES 2020. RECURSO ESPECIAL COM PEDIDO DE TUTELA DE URGÊNCIA. REQUERIMENTO DE REGISTRO DE CANDIDATURA (RRC). CANDIDATA ELEITA AO CARGO DE PREFEITO. PEDIDO DE INGRESSO COMO ASSISTENTE SIMPLES APRESENTADO PELO SEGUNDO COLOCADO. INTERESSE MERAMENTE FÁTICO. INDEFERIMENTO. CAUSA DE INELEGIBILIDADE. ART. 1º, I, G, DA LC Nº 64/1990. SUPERVENIÊNCIA DE DECISÃO LIMINAR DA JUSTIÇA COMUM, NOTICIADA NO PRAZO FINAL DA DIPLOMAÇÃO, QUE SUSPENDEU OS EFEITOS DA REJEIÇÃO DAS CONTAS DA CANDIDATA. CONCESSÃO DA TUTELA DE URGÊNCIA COM VISTAS A ASSEGURAR A DIPLOMAÇÃO DA RECORRENTE. DEFERIMENTO DO REGISTRO DE CANDIDATURA EM ÂMBITO DE TUTELA DE URGÊNCIA. PEDIDO DE REVOGAÇÃO DA TUTELA DE URGÊNCIA FORMULADO PELO MPE. INDEFERIMENTO. RECURSO. DESISTÊNCIA. POSSIBILIDADE. NATUREZA PRECÁRIA DO PROVIMENTO CAUTELAR. VIGÊNCIA DOS EFEITOS DA LIMINAR QUE SUBSIDIOU A CONCESSÃO DA TUTELA DE URGÊNCIA POR EXÍGUO LAPSO TEMPORAL (UM DIA). DECISÃO DA JUSTIÇA COMUM, PROLATADA NO DIA SEGUINTE AO TERMO FINAL DA DIPLOMAÇÃO, QUE RECONHECEU FRAUDE PROCESSUAL NA OBTENÇÃO DA MEDIDA. NATUREZA PRECÁRIA DO PROVIMENTO CAUTELAR. INSUBSISTÊNCIA DOS EFEITOS DA TUTELA DE URGÊNCIA. RESTAURAÇÃO DO STATUS QUO EXISTENTE NO MOMENTO ANTERIOR AO DEFERIMENTO DA MEDIDA. RESTABELECIMENTO DO PATRIMÔNIO JURÍDICO EXISTENTE À ÉPOCA. ANÁLISE MERITÓRIA DO REGISTRO DE CANDIDATURA. CONSIDERAÇÃO DO ARCABOUÇO FÁTICO-JURÍDICO EXISTENTE NO MOMENTO DA FORMALIZAÇÃO DO PEDIDO DE REGISTRO. PREENCHIDOS TODOS OS REQUISITOS PARA A INCIDÊNCIA DA ALÍNEA G DO INCISO I DO ART. 1º DA LC Nº 64/1990. ACÓRDÃO REGIONAL EM CONFORMIDADE COM A JURISPRUDÊNCIA DO TSE. REVOGAÇÃO, A POSTERIORI, PELO PRÓPRIO ÓRGÃO LEGISLATIVO, DA DELIBERAÇÃO QUE CULMINOU NA REJEIÇÃO DAS CONTAS DA CANDIDATA. CASUÍSMO. CONVENIÊNCIA POLÍTICA. IMPRESTABILIDADE. PRECEDENTES. NEGADO PROVIMENTO AO RECURSO ESPECIAL. DETERMINAÇÕES. [...] Assistência simples 2. O segundo colocado no pleito majoritário requereu o seu ingresso como assistente simples. A jurisprudência do TSE é firme no sentido de que, nessa condição, o interesse do pretenso assistente é meramente fático, e não o exigido interesse jurídico, haja vista que a "[...] eventual manutenção do indeferimento do registro do recorrente acarretará novo pleito por força do art. 224 do Código Eleitoral" (REspEl nº 0600758-53/RJ, rel. Min. Luis Felipe Salomão, PSESS de 18.12.2020). Pedido indeferido. [...] 9. O ordenamento jurídico conferiu a esta Corte Superior a competência para, em última instância – à exceção das questões passíveis de apreciação pelo STF –, chancelar os pedidos de registro de candidatura apresentados pelos candidatos em quaisquer dos pleitos, conforme prevê o art. 16-A da Lei nº 9.504/1997, sendo certo que a competência para deliberação dos comandos normativos lá previstos é "[...] privativa e exclusiva do Tribunal Superior Eleitoral [...]" (PetCiv nº 0601747-29/AL, rel. Min. Edson Fachin, PSESS de 12.11.2020). [...] 12. As singularidades do caso denotam a necessidade de compatibilização do entendimento segundo o qual a posterior revogação da tutela de urgência pelo Juízo que a concedeu implica na necessária restauração do status quo anterior à concessão da medida não apenas com o princípio da segurança jurídica – corolário da estabilidade do exercício do mandato e da continuidade administrativa –, como também com aqueles que dizem respeito à probidade administrativa, à moralidade para o exercício do mandato e à normalidade e legitimidade das eleições. [...] 27. Não subsistem os efeitos da tutela de urgência. Recurso especial a que se nega provimento, com as seguintes determinações: (a) nova eleição para o cargo de prefeito do Município de Carapebus/RJ; (b) exercício, em caráter provisório, pelo presidente da Câmara de Vereadores do município, do cargo de prefeito da referida localidade até ultimada a diplomação daquele que lograr êxito na futura eleição suplementar; (c) encaminhamento de cópia integral dos autos digitais ao Conselho Seccional da OAB/RJ e à Corregedoria do TJ/RJ, a fim de que procedam como entenderem de direito, tendo em vista a afirmação do desembargador Celso Silva Filho, do TJ/RJ, nos autos do AI nº 0297423-70.2020.8.19.0001/RJ, de que "[...] houve tentativa de fraude processual, com o objetivo de obtenção de decisão judicial que pudesse suspender a inelegibilidade da Prefeita Christiane Cordeiro [...]" (ID 67614738, fl. 4).

(TSE – RECURSO ESPECIAL ELEITORAL nº 060049134, Acórdão, Relator(a) Min. Mauro Campbell Marques, Publicação: DJE – Diário da justiça eletrônica, Tomo 165, Data 08/09/2021)"

"ELEIÇÕES 2016. AGRAVO REGIMENTAL EM RECURSO ESPECIAL. REGISTRO DE CANDIDATURA AO CARGO DE VEREADOR. INDEFERIMENTO NAS INSTÂNCIAS ORDINÁRIAS. CONDENAÇÃO CRIMINAL EM 2ª INSTÂNCIA POR CRIME CONTRA A FÉ PÚBLICA. INCIDÊNCIA DA CAUSA DE INELEGIBILIDADE DO ART. 1º, INCISO I, ALÍNEA E, ITEM 1 DA LC 64/90. A MERA OPOSIÇÃO DE EMBARGOS DECLARATÓRIOS À DECISÃO COLEGIADA DA JUSTIÇA COMUM NÃO É APTA A AFASTAR O IMPEDIMENTO PARA O REGISTRO DE CANDIDATURA. DECISÃO REGIONAL EM CONFORMIDADE, NO TOCANTE AO PONTO, COM A JURISPRUDÊNCIA DESTA CORTE SUPERIOR. APLICAÇÃO DOS ENUNCIADOS SUMULARES 30 DO TSE E 83 DO STJ. A ALEGAÇÃO DE NULIDADE NO PROCESSO DO TJ/PR NÃO É PASSÍVEL DE SER ANALISADA POR ESTA JUSTIÇA ESPECIALIZADA, POR FORÇA DO ENUNCIADO 41 DA SÚMULA DO TSE. DELITO DE MENOR POTENCIAL OFENSIVO NÃO CARACTERIZADO. AUSÊNCIA DE ARGUMENTOS HÁBEIS A MODIFICAR A DECISÃO AGRAVADA. AGRAVO REGIMENTAL DESPROVIDO. 1. Quando o órgão julgador soluciona, de maneira clara e coerente, a questão posta a julgamento, apresentando todas as razões que firmaram seu convencimento, não há falar em ofensa ao art. 275 do CE. 2. Não há falar em ausência de fundamentação quando o Julgador, diante do livre convencimento motivado, está convicto quanto a determinado ponto, em especial quando a argumentação exposta é acompanhada de remissão a entendimento deste Tribunal Superior que, por si só, afasta a pretensão recursal.3. O reconhecimento da causa de inelegibilidade descrita na alínea e não viola a presunção de inocência, porquanto não consubstancia sanção penal, mas apenas situação objetiva que o Legislador erigiu como apta a gerar inelegibilidade.4. O STF, no julgamento das ADCs 29 e 30 e da ADI 4.578, concluiu que as hipóteses de inelegibilidade descritas na LC 64/90, com as alterações da LC 135/10, não violam a Constituição e reconheceu a possibilidade de sua incidência a fatos pretéritos.5. O reconhecimento da inelegibilidade derivada da alínea e do inciso I do art. 1º da LC 64/90 não acarreta considerar alguém culpado antes do trânsito em julgado da sentença penal condenatória, mas apenas estar ausente o requisito objetivamente fixado pelo Legislador para o exercício regular do jus honorum.6. Ao julgar o AgR-RO 471-53/SC, Rel. Min. LUIZ FUX, o TSE firmou o entendimento de que as hipóteses de inelegibilidade no ordenamento jurídico pátrio são fixadas de acordo com os parâmetros constitucionais de probidade, moralidade e de ética, veiculadas por meio de reserva de lei formal (Lei Complementar), nos termos do art. 14, §9º da Constituição da República, razão por que, prevalecendo a tese segundo a qual a restrição ao direito de ser votado se submete às normas convencionais, haveria a subversão da hierarquia das fontes, de maneira a outorgar o status supraconstitucional à Convenção Americana, o que, como se sabe, não encontra esteio na jurisprudência remansosa do STF, que atribui o caráter supralegal a tratados internacionais que versem sobre direitos humanos (ver por todos RE 466.343/SP, Rel. Min. CEZAR PELUSO, DJe 5.6.2009).7. Segundo a jurisprudência do TSE, para que incida a causa de inelegibilidade prevista na alínea e do inciso I do art. 1º da LC 64/90, basta que haja condenação criminal emanada de órgão judicial colegiado, não suspendendo a inelegibilidade a oposição de Embargos Declaratórios àquela decisão, ainda que pendentes de julgamento.8. Agravo Regimental a que se nega provimento. (TSE – Recurso Especial Eleitoral nº 5217, Acórdão, Relator(a) Min. Napoleão Nunes Maia Filho, Publicação: DJE – Diário de justiça eletrônico, Tomo 116, Data 16/06/2017, Página 22)".

[...] Visto que as hipóteses de inelegibilidade da LC 64/90 têm fundamento constitucional no §9º do art. 14 da CF, cujo fim é, entre outros, a proteção da probidade administrativa e da moralidade para o exercício do mandato, considerada a vida pregressa do candidato, não há falar em colisão da inelegibilidade estabelecida na alínea e do inciso I do art. 1º da LC 64/90 com o princípio da presunção de inocência" [...] (TSE – Recurso Especial Eleitoral nº 10412, Acórdão, Relator(a) Min. Napoleão Nunes Maia Filho, Publicação: PSESS – Publicado em Sessão, Data 19/12/2016)".

"PROCESSO ADMINISTRATIVO. QUESTIONAMENTOS. APLICABILIDADE. LEI COMPLEMENTAR Nº 64, de 1990. ANOTAÇÃO. CÓDIGO DE ASE. CONTAGEM. PRAZO. INELEGIBILIDADE. CADASTRO ELEITORAL. DECISÃO. ÓRGÃO COLEGIADO. ANTERIORIDADE. VIGÊNCIA. LEI COMPLEMENTAR Nº 135, de 2010. IMPEDIMENTO. QUITAÇÃO ELEITORAL. EXTRAPOLAÇÃO. EFEITOS. CONDENAÇÃO CRIMINAL. EXTINÇÃO DA PENA. REGISTRO. SUBSÍDIO. EXAME. PEDIDO DE REGISTRO. CANDIDATO. 1. A Lei Complementar nº 135, de 2010, que modificou a Lei Complementar nº 64, de 1990, ao aumentar o rol de crimes geradores de inelegibilidade e o período da referida restrição, trouxe diversos reflexos no âmbito desta Justiça especializada, particularmente no funcionamento do cadastro eleitoral, cujos gerenciamento, fiscalização e regulamentação estão confiados à Corregedoria-Geral. 2. A inelegibilidade atinge somente um dos núcleos da capacidade eleitoral do cidadão – o passivo (jus honorum), tendo em vista sua função constitucional precípua de proteger a probidade administrativa e a moralidade para o exercício de cargos eletivos. 3. Consoante a reiterada jurisprudência deste Tribunal, as causas de inelegibilidade são aferidas apenas no exame de pedido de registro de candidatura pela autoridade judiciária eleitoral competente. 4. O impedimento à quitação eleitoral daqueles que tenham somente registro de inelegibilidade em seu histórico no cadastro de eleitores consiste em indevida extrapolação dos efeitos da condenação criminal, ultrapassada a extinção da pena. 5. A inelegibilidade não deve ser considerada causa restritiva à quitação eleitoral, servindo o eventual registro da circunstância apenas como subsídio para o exame do pedido do registro de candidatura, a título de "ocorrência de inelegibilidade". 6. Considerada a momentânea desatualização do cadastro eleitoral, necessária a expedição de ofício aos tribunais do País para que comuniquem a esta Justiça especializada as condenações proferidas relativamente aos crimes previstos na alínea e do inciso I do art. 1º da Lei Complementar nº 64, de 1990, bem como a realização de estudos para que as instruções sobre o registro de candidaturas passem também a exigir a apresentação de certidões de tribunais. 7. Necessidade de promoção no cadastro eleitoral, sob a supervisão da Corregedoria-Geral, das alterações deliberadas, com a expedição das orientações necessárias às corregedorias regionais eleitorais. (TSE – Processo Administrativo nº 31398, Acórdão, Relator(a) Min. João Otávio de Noronha, Publicação: DJE – Diário de justiça eletrônico, Data 29/09/2015)".

"ELEIÇÕES 2012. RECURSO ESPECIAL ELEITORAL. CARGO DE VEREADOR. REGISTRO DE CANDIDATURA. INDEFERIMENTO. CANDIDATO CONDENADO PELA PRÁTICA DE CAPTAÇÃO ILÍCITA DE SUFRÁGIO (ART. 41-A DA LEI Nº 9.504/97). INCIDÊNCIA DO ART. 1º, I, j, DO ESTATUTO DAS INELEGIBILIDADES (LC Nº 64/90), ACRESCENTADO PELA LEI COMPLEMENTAR Nº 135/2010 (LEI DOS "FICHAS LIMPAS"). APLICAÇÃO DA NOVEL DISCIPLINA LEGISLATIVA A FATOS ANTERIORES À SUA VIGÊNCIA. HIPÓTESE DE RETROSPECTIVIDADE, E NÃO DE RETROATIVIDADE. DECISÃO DO PLENÁRIO DO SUPREMO TRIBUNAL FEDERAL NAS ADCS Nº 29 E 30 E NA ADI Nº 4578 ASSENTANDO A CONSTITUCIONALIDADE DE TAL APLICAÇÃO A FATOS PRETÉRITOS, BEM COMO DO PRAZO DE 8 (OITO) ANOS. RECURSO A QUE SE NEGA PROVIMENTO. [...] 7. Deveras, a cidadania, fundamental à República, erigiu a probidade como condição inafastável para a boa administração pública. 8. Recurso Especial Eleitoral a que nega provimento. (TSE – Recurso Especial Eleitoral nº 29135, Acórdão, Relator(a) Min. Marco Aurélio Mendes de Farias Mello, Publicação: PSESS – Publicado em Sessão, Data 23/10/2012)".

2.12 Princípios Processuais aplicáveis ao Direito Eleitoral

Assim como todo ramo processual, o contencioso eleitoral deve obediência aos princípios gerais previstos na Constituição. Isso porque tais normas abstratas têm o condão de servir de guias na interpretação dos demais campos da ciência jurídica.

Nesse sentido, verifica-se que a Constituição de 1988 caminha lado a lado com a tendência global das constituições modernas, adotando princípios processuais de forma expressa em seus textos. Por esse motivo, é impossível analisar os princípios específicos do contencioso eleitoral sem antes apreciar os princípios constitucionais processuais gerais aplicáveis a todos os sistemas processuais.

2.12.1 Princípio do Devido Processo Legal

O *princípio do devido processo legal* pode ser considerado como a rocha fundamental de todos os princípios e regras processuais presentes em todos os ordenamentos jurídicos. Fato é que todas essas normas, à sua maneira, compõem o referido princípio.

Nelson Nery Jr. afiançou que a mera adoção constitucional do *due process of law* já implicaria todas as consequências processuais que garantiriam às partes o direito a um processo e a uma sentença justos. Não é equivocado afirmar, por isso, que o devido processo legal é um gênero, do qual são espécies o direito e a oportunidade de produzir provas lícitas, a regular publicidade de todos os atos processuais, o contraditório, a ampla defesa, o direito a um juiz imparcial e que profira decisões sob o manto de uma fundamentação idônea e específica.[101]

Destarte, cabe analisar, então, o desenvolvimento histórico desse princípio, cuja primeira menção expressa data da lei inglesa chamada *Statute of Westminster of the Liberties of London*, de 1354[102] (se consideradas menções não expressas, o primeiro diploma legal que tratou do princípio foi a Magna Carta de João Sem Terra, em 1215, quando tratou da *law of the land)*.[103] A redação da lei previa que ninguém seria condenado sem um julgamento e que nenhum homem, independentemente de seu estado ou condição, seria deposto de suas terras, preso, declarado herdeiro indigno ou condenado à morte sem que fosse respeitado o devido processo legal.

Seguindo a onda capitaneada por Londres, ainda antes da edição da Constituição estadunidense, algumas colônias, como Maryland, Pensilvânia e Massachussetts, adotaram também a cláusula do devido processo legal.

Em terras tupiniquins, esse princípio já demonstrava sinais de fortalecimento na Constituição Imperial de 1824, que previa que nenhum brasileiro seria privado de

---

[101] NERY JUNIOR, Nelson. *Princípios do processo civil na Constituição federal*. 6. ed. São Paulo: Revista dos Tribunais, 2000. p. 31.

[102] "Item, That no man of what estate or condition that he be, shall be put out of land or tenement, nor taken, nor imprisoned, nor disinherited, nor put to death, without being brought in answer by due process of the law". BISHOP, Keith Paul. Could This Really Be The Origin Of Due Process?, 5 de junho de 2015. *Allen Matkins – California corporate & securities law*. Disponível em: http://www.calcorporatelaw.com/2015/06/could-this-really-be-the-origin-of-due-process/. Acesso em: 13 fev. 2022.

[103] "Nullus liber homo capiatur, vel imprisonetur, aut disseisiatur, aut utlagetur, aut exuletur, aut aliquo modo destruatur, nec super cum ibimus, nec super cum mittemus, nisi per legale judicium parium suorum vel per legem terre. No free man may be seized, or imprisoned, or dispossessed, or outlawed, or exiled, or in any way ruined, nor will we go against him, nor will we send upon him, except through lawful judgment of his equals or through the law of the land". BISHOP, Keith Paul. Could This Really Be The Origin Of Due Process?, 5 de junho de 2015. *Allen Matkins – California corporate & securities law*. Disponível em: http://www.calcorporatelaw.com/2015/06/could-this-really-be-the-origin-of-due-process/. Acesso em: 13 fev. 2022.

sua liberdade sem a expedição de ordem judicial, salvo se preso em flagrante delito.[104] Nessa esteira, temos que a proclamação da República e as constituições seguintes mantiveram, ao menos teoricamente, esse dispositivo de respeito às liberdades individuais e ao adequado processo.

Percebe-se, assim, que a necessidade de haver um princípio constitucional do devido processo legal mostrou-se quase unânime com o passar dos anos. Isso não significa, contudo, que seu conceito não tenha passado por um processo evolutivo.

Em linhas gerais, é possível notar que a doutrina e a jurisprudência trataram de majorar a abrangência do princípio, na medida em que se alargava o rol de direitos fundamentais. Ainda, hodiernamente, é preciso dizer que o devido processo legal está constantemente em processo de metamorfose ampliativa; e assim deve seguir, concomitantemente com a evolução da sociedade.

Com as referidas ampliações da noção de devido processo legal, é possível afirmar que este princípio atua em dois âmbitos de proteção. Em primeiro lugar, em sua vertente material, na proteção ao direito de liberdade do indivíduo; em segundo lugar, em seu aspecto formal, buscando garantir a *paridade de armas* entre o Estado e o indivíduo, a fim de maximizar os direitos à ampla defesa, à isonomia, ao contraditório, à motivação das decisões judiciais, à não autoincriminação, à presunção de inocência, de se fazer presente, pessoalmente ou por representação, em todos os atos processuais, da duração razoável do processo, de um Judiciário imparcial e independente, entre outros. Ou seja, incluem-se aqui todos aqueles direitos, existentes e a serem conquistados, que buscam o equilíbrio da balança processual, aproximando-se da ideia abstrata de justiça nessa sede.

Portanto, respeitar o princípio do devido processo legal é, à sua maneira, contribuir para a formação de uma sociedade mais democrática. Em outras palavras, é caminhar em consonância aos valores adotados por todo Estado Democrático de Direito, porquanto não há falar em Estado democrático sem a democratização do processo.

PARA SEDIMENTAR

"RECURSO ORDINÁRIO. ELEIÇÕES 2018. DEPUTADO ESTADUAL. AÇÃO DE DECLARAÇÃO DE EXISTÊNCIA DE JUSTA CAUSA PARA DESFILIAÇÃO PARTIDÁRIA. GRAVE DISCRIMINAÇÃO PESSOAL. ART. 22-A, PARÁGRAFO ÚNICO, II, DA LEI 9.096/95. INEXISTÊNCIA. PROVIMENTO.1. Recurso ordinário interposto pelo Diretório Estadual do Partido Democrático Trabalhista (PDT) contra aresto do TRE/ES, que, por maioria

[104] Constituição Política do Império do Brasil de 1824 – "Art. 179. A inviolabilidade dos Direitos Civis, e Politicos dos Cidadãos Brazileiros, que tem por base a liberdade, a segurança individual, e a propriedade, é garantida pela Constituição do Imperio, pela maneira seguinte. [...] X. A' excepção de flagrante delicto, a prisão não póde ser executada, senão por ordem escripta da Autoridade legitima. Se esta fôr arbitraria, o Juiz, que a deu, e quem a tiver requerido serão punidos com as penas, que a Lei determinar". BRASIL, (1824). *Constituição Politica do Imperio do Brazil*. Disponível em: http://www.planalto.gov.br/ccivil_03/constituicao/constituicao24.htm. Acesso em: 13 fev. 2022.

de votos, declarou justa causa para a desfiliação do recorrido, Deputado Estadual eleito em 2018. Segundo a Corte de origem, configurou-se grave discriminação pessoal ao fundamento de que o parlamentar fora destituído da presidência de comissão provisória municipal sem observância do devido processo legal disposto no estatuto partidário, e, ainda, pela suposta falta de apoio à sua candidatura nas Eleições 2020.2. Meras divergências partidárias, incluindo eventual falta de apoio político para candidatura em pleito vindouro, não evidenciam por si só grave discriminação pessoal, sendo necessária efetiva prova de claro desprestígio ou de afastamento do mandatário do convívio interno da grei. Precedentes. [...] 8. Recurso ordinário provido para julgar improcedente o pedido na ação de declaração de justa causa para desfiliação partidária.

(TSE – RECURSO ORDINÁRIO ELEITORAL nº 060003494, Acórdão, Relator(a) Min. Luis Felipe Salomão, Publicação: DJE – Diário da justiça eletrônica, Tomo 229, Data 13/12/2021)".

"Direito Eleitoral e Processual Civil. Agravo Interno no Recurso Extraordinário no Recurso Especial Eleitoral. Eleições 2020. Representação. Propaganda eleitoral antecipada. Tema nº 660. Inobservância do ônus da impugnação especificada e do princípio da dialeticidade. Desprovimento. 1. Agravo interno contra decisão monocrática que negou seguimento a recurso extraordinário com fundamento no art. 1.030, I, a, do CPC, por enquadramento no Tema no 660. 2. Hipótese em que se aplicou o entendimento do Supremo Tribunal Federal, fixado em análise de repercussão geral no Tema nº 660, pois, no caso, a apreciação da alegada afronta ao art. 5º, LV, da Constituição Federal depende do prévio exame da legislação infraconstitucional, qual seja, dos arts. 36, §3º, e 57-B, §5º, da Lei nº 9.504/1997. 3. Conforme assentado na decisão agravada, o Plenário do STF já reconheceu a ausência de repercussão geral da alegação de ofensa aos princípios do contraditório, da ampla defesa, dos limites da coisa julgada e do devido processo legal, quando necessário o prévio exame da legislação infraconstitucional (Tema nº 660). 4. As razões do recurso, na forma como apresentadas, são insuficientes para modificar a decisão recorrida. Nos termos da jurisprudência deste Tribunal Superior Eleitoral, o princípio da dialeticidade recursal impõe ao Recorrente o ônus de evidenciar os motivos de fato e de direito capazes de infirmar todos os fundamentos do decisum que se pretende modificar, sob pena de vê-lo mantido por seus próprios fundamentos. 5. Agravo interno a que se nega provimento.

(TSE – RECURSO ESPECIAL ELEITORAL nº 060006681, Acórdão, Relator(a) Min. Luís Roberto Barroso, Publicação: DJE – Diário da justiça eletrônica, Tomo 193, Data 20/10/2021)".

"AGRAVO REGIMENTAL. RECURSO ESPECIAL. PRESTAÇÃO DE CONTAS. PARTIDO POLÍTICO. DIRETÓRIO ESTADUAL. EXERCÍCIO FINANCEIRO. DECISÃO REGIONAL. DESAPROVAÇÃO. Preliminar. Nulidade. Citação de responsáveis pelas contas. 1. No caso, não houve ofensa ao exercício do devido processo legal, da ampla defesa e do contraditório, porquanto, conforme assentado na decisão regional, teve o diretório estadual a oportunidade de se manifestar sobre o parecer conclusivo no prazo regulamentar previsto. Ademais as contas foram julgadas tão somente em relação à legenda. 2. Esta Corte Superior já rejeitou alegação de nulidade em caso similar, por ausência de citação de responsáveis, uma vez que "a alegada ausência de citação dos dirigentes partidários não ensejaria a nulidade do julgamento das contas, porquanto, no caso concreto, o julgamento pela desaprovação das contas partidárias somente acarretou responsabilização ao Partido, sem produzir nenhum reflexo na esfera jurídica dos dirigentes" (Prestação de Contas 256-17, rel. Min. Admar Gonzaga, DJE de 7.5.2018). Mérito. 3. Na linha da jurisprudência do Tribunal, as despesas com alimentação, incluindo restaurantes e lanchonetes, realizadas no exercício financeiro de 2013, não podem ser arcadas com recursos advindos do Fundo Partidário, porquanto constituem gastos inalcançáveis pela Lei 13.165/2015, pretéritos à própria edição do citado diploma que legitimou o seu custeio com receitas públicas. A esse respeito, assentou-se que "as alterações da Lei nº 9.096/1995, introduzidas pela Lei nº 13.165/2015, não se aplicam às prestações de contas anteriores ao ano de 2016" (AgR-REspe 52-78, rel. Min. Luís Roberto Barroso, DJE de 25.2.2019). 4. Tendo a Corte Regional Eleitoral consignado a existência de recursos com aplicação indevida do Fundo Partidário, bem como receitas de origem não identificada, as irregularidades constatadas configuram falhas graves, nos termos de firme jurisprudência. Precedentes. (TSE – Recurso Especial Eleitoral nº 14939, Acórdão, Relator(a) Min. Sergio Silveira Banhos, Publicação: DJE – Diário de justiça eletrônico, Data 11/09/2019)

"ELEIÇÕES 2016. AGRAVO REGIMENTAL. AGRAVO DE INSTRUMENTO. RECURSO ESPECIAL. VEREADOR. REPRESENTAÇÃO. ART. 41-A DA LEI Nº 9.504/97. CAPTAÇÃO ILÍCITA DE SUFRÁGIO. PROCEDÊNCIA. MANUTENÇÃO. TRIBUNAL REGIONAL ELEITORAL. APELO NOBRE. INADMISSÃO. PODER INSTRUTÓRIO DO JUIZ. REINQUIRIÇÃO DE TESTEMUNHAS. PARTES REGULARMENTE INTIMADAS. NULIDADE PROCESSUAL. AUSÊNCIA. ILÍCITO. PROVA SUFICIENTE. REVOLVIMENTO FÁTICO. IMPOSSIBILIDADE. SÚMULA Nº 24/TSE. INCIDÊNCIA. DISSÍDIO JURISPRUDENCIAL. NÃO CONFIGURAÇÃO. FUNDAMENTOS NÃO INFIRMADOS. SÚMULA Nº 26/TSE. DESPROVIMENTO. 1. Na linha da remansosa jurisprudência desta Corte Superior, "a simples reiteração de argumentos já analisados na decisão agravada e o reforço de alguns pontos, sem que haja no agravo regimental qualquer elemento novo apto a infirmá-la, atraem a incidência do Enunciado da Súmula nº 26 do TSE" (AgR-REspe nº 1669-13/DF, Rel. Min. Luiz Fux, DJe de 27.10.2016). 2. Consoante assentado na decisão agravada, inexiste violação aos princípios da não surpresa, do contraditório e ampla defesa e do devido processo legal quando o representado foi previamente intimado e participou, acompanhado de advogado, de todas as audiências instrutórias designadas pelo juiz para deslinde da causa. 3. De acordo com o disposto no art. 28 da Res.-TSE nº 23.462/2015, o juiz eleitoral procederá a todas as diligências que determinar, inclusive de ofício, e poderá, na presença das partes e do Ministério Público, ouvir testemunhas, como conhecedoras dos fatos e das circunstâncias que possam influir na decisão do feito. 4. Na espécie, o Tribunal Regional, a partir dos depoimentos testemunhais e das demais evidências carreadas aos autos, reconheceu a prática de captação ilícita de sufrágio (art. 41-A da Lei nº 9.504/97), mediante distribuição generalizada de vales-combustível a eleitores. Alterar tal conclusão demandaria reexame do contexto fático-probatório, providência vedada pela Súmula nº 24/TSE. 5. Não cabe recurso especial eleitoral, mesmo com base na alegação de dissídio pretoriano, quando a decisão objurgada estiver calcada no revolvimento do conjunto fático-probatório constante dos autos. Precedentes do TSE. 6. Agravo regimental ao qual se nega provimento. (TSE – Agravo de Instrumento nº 29614, Acórdão, Relator(a) Min. Tarcisio Vieira De Carvalho Neto, Publicação: DJE – Diário de justiça eletrônico, Data 24/04/2019)".

"ELEIÇÕES 2014. AGRAVO REGIMENTAL EM AGRAVO. PRESTAÇÃO DE CONTAS DE CAMPANHA. REPROVAÇÃO NO TRIBUNAL DE ORIGEM. JUÍZO DE ADMISSIBILIDADE. USURPAÇÃO DE COMPETÊNCIA. NÃO OCORRÊNCIA. JUNTADA DE DOCUMENTOS. PRECLUSÃO. AFRONTA AO ART. 275, §4º, DO CE E AO PRINCÍPIO DO DEVIDO PROCESSO LEGAL. NÃO VERIFICAÇÃO. DISSÍDIO JURISPRUDENCIAL NÃO DEMONSTRADO. AUSÊNCIA DE SIMILITUDE FÁTICA. ARGUMENTOS INAPTOS PARA REFORMAR A DECISÃO AGRAVADA. AGRAVO REGIMENTAL A QUE SE NEGA PROVIMENTO. 1. É pacífico o entendimento desta Corte de que é possível ao Tribunal a quo adentrar no mérito recursal sem que haja usurpação de competência, uma vez que o TSE não está vinculado ao juízo de admissibilidade realizado na instância de origem. Nessa linha: AgR-AI 96-66/SP, Rel. Min. LUCIANA LÓSSIO, publicado na sessão de 27.2.2014. 2. São protelatórios os segundos Embargos de Declaração cujos argumentos são mera repetição do que alegado nos Aclaratórios anteriormente opostos e devidamente enfrentados pela Corte, o que atrai a ressalva do §4º do art. 275 do CE (ED-ED-REspe 139-77/MG, Rel. Min. LUCIANA LÓSSIO, DJe 8.10.2013). 3. É assente nesta Corte Superior o entendimento de que, concedida à parte oportunidade para se manifestar nos autos e deixando ela de fazê-lo no momento oportuno, opera-se o instituto da preclusão, não ocorrendo ofensa ao princípio do devido processo legal. Precedente: AgR-REspe 773-55/SE, Rel. Min. HENRIQUE NEVES DA SILVA, DJe 28.4.2016. 4. Para que os princípios da proporcionalidade e da razoabilidade fossem aplicados à Prestação de Contas, seria necessário que os documentos apresentados na origem possibilitassem a análise dos valores para a verificação de enquadramento nos percentuais acolhidos pela jurisprudência, o que não ocorreu. 5. Agravo Regimental a que se nega provimento. (TSE – Agravo de Instrumento nº 71807, Acórdão, Relator(a) Min. Napoleão Nunes Maia Filho, Publicação: DJE – Diário de justiça eletrônico, Tomo 84, Data 02/05/2017, Página 108)".

"AGRAVO REGIMENTAL. RECURSO ESPECIAL ELEITORAL. AGR MANEJADO EM 25.5.2016. REPRESENTAÇÃO. CONDUTA VEDADA. ART. 73, V, "A", DA LEI Nº 9.504/97. JULGAMENTO ANTECIPADO DA LIDE. EXONERAÇÃO DE CARGO EM COMISSÃO. PERÍODO VEDADO. POSSIBILIDADE. RESSALVA LEGAL. DISPENSA SEM JUSTA CAUSA DE CONTRATADA PELA PREFEITURA MUNICIPAL. OITIVA DE TESTEMUNHA. NECESSIDADE. INSTRUÇÃO PROBATÓRIA. VIOLAÇÃO. DEVIDO PROCESSO LEGAL E CONTRADITÓRIO. PROVIMENTO DO AGRAVO REGIMENTAL E PROVIDO EM PARTE O RECURSO ESPECIAL ELEITORAL. 1. A ressalva da alínea a do inciso V do art. 73 da Lei das Eleições permite a exoneração de cargos em comissão nos três meses que antecedem o pleito. Precedente. 2. Afronta o devido processo legal e o contraditório o julgamento antecipado da lide, na hipótese em que necessária a dilação probatória, com a oitiva das testemunhas arroladas, a esclarecer a matéria controvertida. Agravo regimental provido. (TSE – Recurso Especial Eleitoral nº 229693, Acórdão, Relator(a) Min. Rosa Maria Weber Candiota da Rosa, Publicação: DJE – Diário de justiça eletrônico, Tomo 217, Data 16/11/2016, Página 28-29)".

"ELEIÇÕES 2014. AGRAVO REGIMENTAL. RECURSO ESPECIAL. PARCIAL PROVIMENTO. DEPUTADO FEDERAL. PRESTAÇÃO DE CONTAS. CAMPANHA. IRREGULARIDADES. DOADOR ORIGINÁRIO. AUSÊNCIA DE INDICAÇÃO. FONTE NÃO IDENTIFICADA. DESAPROVAÇÃO. PARTIDO POLÍTICO. SANÇÃO. SUSPENSÃO. QUOTAS DO FUNDO PARTIDÁRIO. INAPLICÁVEL. CANDIDATA. LEGITIMIDADE E INTERESSE RECURSAL. PARTIDO POLÍTICO. NÃO PARTICIPAÇÃO. PARÁGRAFO ÚNICO DO ART. 25 DA LEI Nº 9.504/97. ACÓRDÃO REGIONAL. INTERPRETAÇÃO DIVERSA. DEVIDO PROCESSO LEGAL. CONTRADITÓRIO. AMPLA DEFESA. AUSÊNCIA. DESPROVIMENTO. 1. A legitimidade e o interesse recursal da candidata estão intrínsecos ao alcance e aos efeitos que poderão advir da decisão de origem, ao passo em que estão diretamente vinculados a uma deficiência na sua prestação de contas. 2. É assente no ordenamento jurídico e na jurisprudência do TSE, que a arrecadação de receitas, os gastos e a prestação de contas do candidato e do partido político são autônomas. 3. A interpretação dada ao art. 25 da Lei nº 9.504/97 é restritiva, na medida em que é aplicável somente se o partido político, por ato próprio, der causa às irregularidades apontadas na prestação de contas do candidato. 4. A orientação do TSE é no sentido de que "nos processos de prestação de contas de candidato, não se aplica a sanção de suspensão de quotas de fundo partidário, se a desaprovação da conta não tem, como causa, irregularidade decorrente de ato do partido. Interpretação do parágrafo único do art. 25 da Lei nº 9.504/97". (REspe nº 5881-33/RJ, Rel. Min. Maria Thereza de Assis Moura, DJe de 27.10.2015). 5. O acórdão regional deu interpretação diversa ao parágrafo único do art. 25 da Lei nº 9.504/97 e puniu equivocadamente o Partido Político. O desacerto na aplicação do direito ao caso concreto constitui error in judicando. 6. Evidente violação ao devido processo legal. Não foi oportunizado ao partido sancionado o contraditório e a ampla defesa, alicerces de envergadura constitucional. 7. Agravo regimental desprovido. (TSE – Recurso Especial Eleitoral nº 72681, Acórdão, Relator(a) Min. Luciana Christina Guimarães Lóssio, Publicação: DJE – Diário de justiça eletrônico, Tomo 218, Data 17/11/2016, Página 21)".

2.12.2 Princípio do Contraditório

O *princípio do contraditório* é composto por um imperativo de ação dupla, constituindo-se o binômio ciência-resposta. Com base em tal postulado, origina-se o direito de ambas as partes tomarem ciência dos atos processuais, participando destes e, se cabível for, de respondê-los. Em outras palavras, é poder de conhecer e influenciar os atos processuais.

Nesse diapasão, o contraditório é um dos princípios processuais mais importantes de todo ordenamento jurídico, uma vez que garante aos litigantes a efetiva faculdade de participação no processo, contribuindo para a formação do convencimento do magistrado.

Com efeito, no ordenamento jurídico brasileiro, o contraditório é uma garantia fundamental passível de aplicação em todos os processos, judiciais ou administrativos, com exceção do inquérito policial. Portanto, não há falar em processo judicial sem a observância do princípio do contraditório, sob pena de afronta não só a esse direito fundamental, mas à própria democracia, considerando-se esse princípio como basilar do Estado de Democrático Direito.

Essa previsão está no art. 5º, LV, da Constituição Federal brasileira de 1988, que assevera: "LV – aos litigantes, em processo judicial ou administrativo, e aos acusados em geral são assegurados o contraditório e ampla defesa, com os meios e recursos a ela inerentes".[105]

Súmula nº 45 do TSE

Nos processos de registro de candidatura, o Juiz Eleitoral pode conhecer de ofício da existência de causas de inelegibilidade ou da ausência de condição de elegibilidade, desde que resguardados o contraditório e a ampla defesa.

Súmula nº 63 do TSE

A execução fiscal de multa eleitoral só pode atingir os sócios se preenchidos os requisitos para a desconsideração da personalidade jurídica previstos no art. 50 do Código Civil, tendo em vista a natureza não tributária da dívida, observados, ainda, o contraditório e a ampla defesa.

Súmula nº 66 do TSE

A incidência do §2º do art. 26-C da LC nº 64/90 não acarreta o imediato indeferimento do registro ou o cancelamento do diploma, sendo necessário o exame da presença de todos os requisitos essenciais à configuração da inelegibilidade, observados os princípios do contraditório e da ampla defesa.

105 BRASIL (1988). *Constituição da República Federativa do Brasil*. Disponível em: http://www.planalto.gov.br/ccivil_03/constituicao/constituicao.htm. Acesso em: 13 fev. 2022.

PARA SEDIMENTAR

"ELEIÇÕES 2020. AGRAVO INTERNO. RECURSO ESPECIAL ELEITORAL. AÇÃO DE INVESTIGAÇÃO JUDICIAL ELEITORAL. CAPTAÇÃO ILÍCITA DE SUFRÁGIO. PROVA EM VÍDEO. PEDIDO DE PERÍCIA À POLÍCIA FEDERAL. INDEFERIDO. DECISÃO DE NATUREZA INTERLOCUTÓRIA. AUSÊNCIA DE IMPUGNAÇÃO AOS FUNDAMENTOS DA DECISÃO AGRAVADA. INCIDÊNCIA DA SÚMULA Nº 26 DESTE TRIBUNAL. AGRAVO DESPROVIDO. 1. A decisão da Corte regional que indefere pedido de perícia de vídeo pela Polícia Federal, franqueando à parte a via particular, tem natureza interlocutória, não gozando, portanto, de recorribilidade imediata. 2. A irrecorribilidade das decisões interlocutórias não implica prejuízo aos princípios do contraditório e da ampla defesa, porquanto, em caso de inconformismo, podem ser impugnadas mediante o recurso respectivo da decisão definitiva de mérito. 3. A utilização no agravo interno de fundamento jurídico ausente nas razões do recurso especial eleitoral caracteriza inovação recursal que acarreta a impossibilidade de seu conhecimento, ante a ocorrência da preclusão. Precedentes. 4. O art. 19 da Res.-TSE nº 23.478/2016 não opera a redução do campo de incidência do art. 265 do Código Eleitoral ao vedar o recurso contra decisões interlocutórias, mas, sim, retrata apenas o tempo e o modo do manejo desse específico tipo de irresignação. Para tanto, escora-se na jurisprudência já consolidada da Corte antes mesmo de edição da norma regulamentar, sendo adotada para interpretação do dispositivo legal referido, à luz do princípio da celeridade eleitoral. 5. Nos termos da jurisprudência deste Tribunal, o óbice para conhecimento de recurso especial enunciado na Súmula nº 30/TSE, que consigna o não conhecimento do apelo nobre nos casos de consonância do aresto regional com o entendimento do TSE, é igualmente aplicável para recursos aviados por afronta a lei, nas hipóteses em que a interpretação dessa seja harmônica com o posicionamento deste Tribunal. Precedentes. 6. Agravo interno a que se nega provimento. (TSE – RECURSO ESPECIAL ELEITORAL nº 060060857, Acórdão, Relator(a) Min. Edson Fachin, Publicação: DJE – Diário da justiça eletrônica, Tomo 13, Data 03/02/2022)".

"ELEIÇÕES 2016. AGRAVOS REGIMENTAIS. RECURSO ESPECIAL ELEITORAL. REGISTRO DE CANDIDATURA. PREFEITO ELEITO (COLIGAÇÃO IACANGA – PP/ PT/ PMDB/ PR/ DEM/ PSB/ PV/ PSDB). INDEFERIDO. INELEGIBILIDADE. ART. 1º, I, G, DA LEI COMPLEMENTAR Nº 64/1990. AUSÊNCIA. INTIMAÇÃO. PARECER DO TRIBUNAL DE CONTAS DO ESTADO. CERCEAMENTO DE DEFESA CONFIGURADO. 1. À luz do art. 282, §2º, do CPC/2015, se absterá o juiz de declarar a nulidade, quando puder decidir a favor da parte a quem aproveite. Nesse contexto, o reconhecimento do cerceamento de defesa pela decisão agravada não prejudicou o exame da agitada afronta ao princípio da dialeticidade – por suposta dissociação entre as razões do apelo no âmbito da instância ordinária e a sentença recorrida –, cujo acolhimento importaria, desde já, o provimento do recurso para restabelecer a decisão que havia deferido o registro de candidatura em apreço, ante a incognoscibilidade do apelo aviado. 2. O novo julgamento do recurso eleitoral, decorrente da nulidade decretada, pressupõe o reexame, pela Corte Regional, tão somente das questões que vieram a lume a partir da documentação acostada, posteriormente ao manejo do apelo perante a instância de origem, sobre as quais não facultado prévio pronunciamento à parte – em franca violação das garantias do contraditório e da ampla defesa –, o que não importa, em absoluto, reabrir nova discussão quanto a óbices processuais já agitados oportunamente pelo ora agravante, em notória rediscussão da causa. 3. A despeito de inaugurada a divergência no âmbito da Corte Regional no que pertine à cognoscibilidade do recurso eleitoral manejado, a maioria daquele Colegiado entendeu suficientemente fundamentado o apelo, premissa que não pode ser afastada sem proceder-se à comparação de peças processuais – com análise da sentença e do recurso contra ela interposto, em confronto com as conclusões do acórdão recorrido –, providência inviável na via estreita dos recursos excepcionais, cristalizada a Súmula nº 24/TSE. 4. O prévio conhecimento do candidato acerca da existência do parecer exarado pelo Tribunal de Contas – em razão de ter subsidiado o ajuizamento de ação anulatória no âmbito da Justiça Comum –, não afasta, por si só, a nulidade por cerceamento de defesa. O contraditório significa o direito de influir no resultado do julgamento, evidente o "dever de debate, consulta, de diálogo, de consideração" com as partes (MARINONI. Luiz Guilherme. Curso de Processo Civil. Vol. 1. 2015. Editora RT, pg. 445). 5. "A vedação à decisão surpresa no processo – corolário do princípio constitucional do contraditório –, impõe ao magistrado o poder-dever de ouvir as partes sobre todos os pontos do processo, inclusive aqueles sobre os quais deva conhecer de ofício". (NERY JR. Nelson Nery. Código de Processo Civil Comentado. Ed. RT. 2015, pg. 215). A propósito, o disposto no art. 437, §1º, do CPC/2015: "sempre que uma das partes requerer a juntada de documento aos autos, o juiz ouvirá, a seu respeito, a outra parte, que disporá do prazo de 15 (quinze) dias para adotar qualquer das posturas indicadas no art. 436". Agravos regimentais conhecidos e não providos. (TSE – Recurso Especial Eleitoral nº 25092, Acórdão, Relator(a) Min. Rosa Maria Weber Candiota Da Rosa, Publicação: DJE – Diário de justiça eletrônico, Data 05/04/2017, Página 19)".

2.12.3 Princípio da Ampla Defesa

A *ampla defesa* dá ao réu a chance de trazer ao processo tudo aquilo que possa contribuir para a elucidação da verdade, desde que nos ditames legais, além de garantir o direito de omitir-se ou de silenciar-se, se assim desejar.

Na Constituição de 1988, o princípio da ampla defesa está anotado no art. 5º, LV, que aduz: "aos litigantes, em processo judicial ou administrativo, e aos acusados em geral são assegurados o contraditório e a ampla defesa, com os meios e recursos a ela inerentes".[106]

[106] BRASIL (1988). *Constituição da República Federativa do Brasil.* Disponível em: http://www.planalto.gov.br/ccivil_03/constituicao/constituicao.htm. Acesso em: 13 fev. 2022.

Validamente, o contencioso eleitoral exige uma progressividade dos atos legais. Isso serve, vale dizer, para garantir às partes, considerando a celeridade inerente ao processo eleitoral, que saibam exatamente em que caminho se direciona o processo e, com isso, possam defender-se de maneira mais eficiente, podendo, assim, apresentar nos autos as alegações e produzir as provas que entender necessárias e úteis para a devida instrução processual.

Não é possível, desse modo, imaginar um processo justo quando qualquer parte não possuir acesso a todos os meios legais que possibilitem a explanação de suas razões no processo. Nesse aspecto, o princípio da ampla defesa aparece, sobretudo, como ferramenta de legitimação processual. Por conseguinte, afrontar a ampla defesa é, a seu modo, cercear a defesa.

Nesse sentido, é imperioso dizer que os princípios jurídicos podem eventualmente se confrontar. Por isso, é admissível a mitigação de um princípio quando em choque com outro que se mostra mais adequado para o caso concreto. Por exemplo, mais vale respeitar o contraditório e a ampla defesa a ter um processo célere a todo custo.

O Tribunal Superior Eleitoral é recorrente em enfatizar a necessidade de obediência ao princípio da ampla defesa, ainda que, em geral, as alegações de afronta ao princípio mostrem-se genéricas e frágeis.

Por conseguinte, para a legitimação do contencioso eleitoral, nisso inclusa a manutenção de seu caráter hialino, é necessário preservar os princípios constitucionais que lhe atinem. Por isso, sendo o direito à ampla defesa uma das pedras angulares do processo justo e da garantia das liberdades individuais, a não atenção ao princípio macularia não só o contencioso, mas todo processo eleitoral.

Súmula nº 45 do TSE

Nos processos de registro de candidatura, o Juiz Eleitoral pode conhecer de ofício da existência de causas de inelegibilidade ou da ausência de condição de elegibilidade, desde que resguardados o contraditório e a ampla defesa.

Súmula nº 63 do TSE

A execução fiscal de multa eleitoral só pode atingir os sócios se preenchidos os requisitos para a desconsideração da personalidade jurídica previstos no art. 50 do Código Civil, tendo em vista a natureza não tributária da dívida, observados, ainda, o contraditório e a ampla defesa.

Súmula nº 66 do TSE

A incidência do §2º do art. 26-C da LC nº 64/90 não acarreta o imediato indeferimento do registro ou o cancelamento do diploma, sendo necessário o exame da presença de todos os requisitos essenciais à configuração da inelegibilidade, observados os princípios do contraditório e da ampla defesa.

PARA SEDIMENTAR

"AGRAVO INTERNO EM RECURSO ESPECIAL. PRESTAÇÃO DE CONTAS. EXERCÍCIO FINANCEIRO DE 2015. DIRETÓRIO REGIONAL. CONTAS DESAPROVADAS. FALHAS GRAVES E INSANÁVEIS. IMPOSSIBILIDADE DE APLICAÇÃO DOS PRINCÍPIOS DA PROPORCIONALIDADE E DA RAZOABILIDADE PARA A APROVAÇÃO DAS CONTAS, AINDA QUE COM RESSALVAS. DEVOLUÇÃO AO ERÁRIO. SUSPENSÃO DO REPASSE DE COTAS DO FUNDO PARTIDÁRIO PELO PERÍODO DE 6 MESES. REEXAME. ÓBICES SUMULARES. NEGADO PROVIMENTO AO AGRAVO INTERNO.1. A Corte Regional desaprovou as contas anuais apresentadas pelo Diretório Estadual do Partido dos Trabalhadores (PT) referente ao exercício financeiro de 2015 e determinou o recolhimento ao Tesouro Nacional do valor de R$74.647,63 – referente a gastos irregulares efetuados com recursos do Fundo Partidário – e do valor de R$189.739,40 – a título de recursos de origem não identificada – bem como a suspensão do repasse de cotas do referido fundo público pelo período de 6 meses.2. Consoante consignado na decisão agravada, nas hipóteses em que oportunizada ao prestador de contas a apresentação de documentos e esclarecimentos por ele julgados pertinentes para sanar as irregularidades, tal como ocorrido na espécie, não há falar em violação ao contraditório e à ampla defesa. Precedente AgR-AI nº 0606753-62/SP, rel. Min. Edson Fachin, julgado em 16.6.2020, DJe de 24.6.2020.3. "Não há falar em nulidade do acórdão dos embargos de declaração se todas as questões necessárias para o deslinde da controvérsia foram apreciadas adequadamente pela Corte regional, sendo inexistentes vícios consistentes em omissão, contradição, obscuridade ou erro material. A solução contrária ao interesse da parte não configura negativa de prestação jurisdicional" (AgR-REspe nº 0000115-35/RJ, da relatoria do Ministro Og Fernandes, julgado em 27.4.2020, DJe de 20.5.2020).4. É pacífico o entendimento desta Corte Superior de que as alterações promovidas pela Lei nº 13.165/2015 – incluído o art. 37 da Lei nº 9.096/1995 – terão aplicabilidade apenas a partir das contas referentes ao exercício de 2016 (AgR-AI nº 226-82/MG, rel. Min. Luís Roberto Barroso, julgado em 28.6.2018, DJe de 10.8.2018).5. Não é possível a apreciação da matéria referente à alteração legislativa promovida pela Lei nº 13.877/2019, visto que a matéria nem sequer foi suscitada nas razões do apelo nobre, o qual foi interposto, inclusive, após a entrada em vigor da referida lei, o que configura inadmissível inovação recursal em âmbito de agravo interno. Precedente: AgR-AI nº 38-94/MG, rel. Min. Sérgio Banhos, julgado em 28.4.2020, DJe de 14.8.2020.6. A conclusão do acórdão recorrido pela desaprovação das contas decorreu da existência de inúmeras irregularidades – e não apenas a atinente à violação ao art. 44, V, da Lei dos Partidos Políticos –, o que, por si só, obsta a aplicação do art. 55-C da Lei nº 9.096/1995 ao caso em tela. Precedentes: AgR-REspe nº 0602727-06/BA, rel. Min. Tarcisio Vieira de Carvalho Neto, julgado em 12.5.2020, DJe de 1º.6.2020; AgR-AI nº 98-94/SP, rel. Min. Edson Fachin, julgado em 10.6.2021, DJe de 21.6.2021.7. Recursos do Fundo Partidário indicados pela agremiação como aplicados no programa de fomento à participação feminina na política cuja documentação, além de não comprovar essa específica finalidade, é insuficiente para atestar a regularidade do gasto devem ser devolvidos ao erário. Precedentes: PC nº 185-73/DF, rel. Min. Edson Fachin, julgada em 29.4.2021, DJe de 11.5.2021; PC-PP nº 159-75/DF, rel. Min. Alexandre de Moraes, julgada em 6.5.2021, DJe de 18.5.2021; PC nº 0601850-41, de minha relatoria, julgada em 23.9.2021.7.1. No caso, a Corte regional assentou que a destinação dos recursos pretensamente aplicados no fomento da participação das mulheres na política restou desconhecida, conclusão que não pode ser revista, ante o óbice do Enunciado Sumular nº 24 do TSE.8. A Corte regional entendeu que, por não terem sido apresentados documentos bancários válidos, não foi identificada a sua origem, tratando-se, pois, de RONI, conclusão que não pode ser revista por este Tribunal Superior sem que haja o reexame das provas, procedimento vedado nesta instância superior, consoante o óbice do Enunciado Sumular nº 24 do TSE. Precedente: AgR-AI nº 0604046-84/MG, de minha relatoria, julgado em 24.9.2020, DJe de 15.10.20208.1. Nos termos da jurisprudência desta Corte, "fica prejudicada a tese de dissídio jurisprudencial na hipótese em que, de acordo com a tese propugnada nas razões recursais, houver a necessidade de revisão do contexto fático-probatório" (AgR-REspe nº 660-04/SE, rel. Min. Og Fernandes, julgado em 10.10.2019, DJe de 22.11.2019).9. O acórdão regional concluiu pela suspensão, por 6 meses, do recebimento de novas cotas do Fundo Partidário diante do conjunto das impropriedades e irregularidades identificadas na espécie, isto é, em virtude da quantidade de falhas, da gravidade destas, dos respectivos valores e do potencial de afetar a higidez e a transparência da prestação de contas.9.1. É inviável a minoração do período pelo qual suspenso o repasse de cotas do Fundo Partidário, conforme pretendido pelo agravante, pois, para tanto, seria necessário o reexame de fatos e provas, providência inviável em âmbito extraordinário, nos termos do Enunciado nº 24 da Súmula do TSE. Precedentes.10. Negado provimento ao agravo interno. (TSE – RECURSO ESPECIAL ELEITORAL nº 13584, Acórdão, Relator(a) Min. Mauro Campbell Marques, Publicação: DJE – Diário da justiça eletrônica, Tomo 216, Data 23/11/2021)".

"CONFLITO NEGATIVO DE COMPETÊNCIA. JUÍZOS ELEITORAIS VINCULADOS A TRIBUNAIS REGIONAIS ELEITORAIS DISTINTOS. REPRESENTAÇÃO ELEITORAL. DOAÇÃO ACIMA DO LIMITE LEGAL. PESSOA FÍSICA. PROCESSAMENTO E JULGAMENTO. COMPETÊNCIA. CRITÉRIO PARA FIXAÇÃO. JUÍZO ELEITORAL DO DOMICÍLIO CIVIL DO DOADOR. 1. É firme a orientação desta Corte Superior quanto a ser competência do Juízo Eleitoral do local do domicílio civil do doador nos casos de Representação Eleitoral por doação acima do limite legal realizada por pessoa física. É esse o lugar onde a pessoa natural estabelece residência com ânimo definitivo (art. 70 do Código Civil). Precedentes. 2. A utilização do local do domicílio civil do doador, nos casos das Representações Eleitorais, com fundamento no descumprimento do art. 23 da Lei 9.504/97, como critério definidor da competência tem por premissa assegurar a ampla defesa e o acesso à Justiça. 3. Hipótese em que, consoante as informações prestadas pelo MPE, o endereço civil do representado é no Município de Alto Santo, no Ceará. 4. Conflito de Competência conhecido para fixar a competência do Juízo da 86ª Zona Eleitoral, com jurisdição no Município de Alto Santo/CE, por ser o do domicílio civil do doador (pessoa física) de recursos financeiros além do limite legal a campanha eleitoral. (TSE – Conflito de Competência nº 53124, Acórdão, Relator(a) Min. Napoleão Nunes Maia Filho, Publicação: DJE – Diário de justiça eletrônico, Data 15/08/2017)".

"AGRAVO REGIMENTAL NO AGRAVO DE INSTRUMENTO. PRESTAÇÃO DE CONTAS. PARTIDO DOS TRABALHADORES. DIRETÓRIO ESTADUAL. EXERCÍCIO FINANCEIRO DE 2010. PEDIDO DE SUSTENTAÇÃO ORAL EM AGRAVO REGIMENTAL. AUSÊNCIA DE PREVISÃO. INOCORRÊNCIA DE ULTRAJE AO PRINCÍPIO DA AMPLA DEFESA. PEDIDO DE INTIMAÇÃO DA UNIÃO PARA CONTRARRAZOAR. INTERESSE NÃO DEMONSTRADO. MÉRITO. APLICAÇÃO IRREGULAR DE RECURSOS DO FUNDO PARTIDÁRIO. RECEBIMENTO DE RECURSOS DE ORIGEM NÃO IDENTIFICADA. DECISÃO MANTIDA PELOS PRÓPRIOS FUNDAMENTOS. AUSÊNCIA DE OMISSÃO. IRREGULARIDADES GRAVES. COMPROMETIMENTO DA FISCALIZAÇÃO POR PARTE DA JUSTIÇA ELEITORAL. NECESSIDADE DO REVOLVIMENTO DO ARCABOUÇO FÁTICO-PROBATÓRIO. IMPOSSIBILIDADE. SÚMULAS Nº 279 DO STF E Nº 7 DO STJ. PRINCÍPIOS DA PROPORCIONALIDADE E DA RAZOABILIDADE. INAPLICABILIDADE. RECOLHIMENTO DE VALORES AO TESOURO NACIONAL. BOA-FÉ. IMPOSSIBILIDADE DE AFASTAMENTO DAS IRREGULARIDADES APURADAS. IMPOSSIBILIDADE DE APLICAÇÃO DA NOVA REDAÇÃO DO ART. 37, CAPUT, DA LEI Nº 9.096/95. INOVAÇÃO RECURSAL. DESPROVIMENTO DO AGRAVO. 1. Sustentação oral em agravo regimental. a) O postulado jusfundamental da ampla defesa não é ultrajado quando há norma vedando a realização de sustentação oral em sede de agravo interno. Precedentes (ED-AgR-AI nº 7327/AP, Rel. Min. Francisco Cesar Asfor Rocha, DJ de 20.4.2007 e ED-AgR-AI nº 2170/BA, Rel. Min. Gilmar Mendes, DJ de 23.9.2005). Uma vez tendo sido garantida às partes, na defesa de seus direitos, a prática de todos os atos legalmente previstos, não há que se falar em inconstitucionalidade pelo simples fato de se pretender, contra legem, mais uma forma de manifestação no processo. [...].(TSE – Agravo de Instrumento nº 214174, Acórdão, Relator(a) Min. Luiz Fux, Publicação: DJE – Diário de justiça eletrônico, Volume , Tomo 235, Data 13/12/2016, Página 28/29).

"ELEIÇÕES 2008. VEREADOR. AIJE. CAPTAÇÃO ILÍCITA DE SUFRÁGIO E ABUSO DO PODER ECONÔMICO. 1. A Segunda Turma do STF, no julgamento do MS nº 27.945/DF, rei. Mm. Cármen Lúcia, decidiu que "a configuração de afronta ao princípio da isonomia pressupõe identidade de situações com tratamento diverso", o que não ficou demonstrado nos autos. 2. Não procede a alegação de afronta ao princípio da ampla defesa, pois, "embora o princípio da ampla defesa assegure a produção de provas, a necessidade de sua realização fica submetida ao livre convencimento do julgador, em face das peculiaridades do caso concreto" (Ag no 4.I7OIMG, rei.

Mm. Peçanha Martins, julgado em 28.8.2003). 3. Presentes nos autos provas suficientes para o convencimento do juiz, é incabível dilação probatória. 4. Rejeita-se a alegação de utilização de prova emprestada não jurisdicionalizada, quando a moldura fática delineada no acórdão regional noticia a juntada da prova emprestada e a abertura de prazo para apresentação de alegações finais. 5. Não se acolhe a afirmação de que o julgamento do recurso eleitoral se teria fundado em prova testemunhal "duvidosa e imprecisa", pois a maioria dos depoimentos convergiu em que houve a captação ilícita de sufrágio. 6. A Corte Regional analisou detidamente as provas dos autos e concluiu pela violação ao art. 41-A da Lei das Eleições e pela configuração do abuso do poder econômico, e é. inviável o reenquadramento jurídico dos fatos. 7. Agravo provido. Recurso especial desprovido (TSE – Agravo Regimental em Agravo de Instrumento nº 5423, Rel. Min. Gilmar Ferreira Mendes, em 28/4/2015)".

2.12.4 Princípio da Igualdade

O *princípio da igualdade* é, indubitavelmente, uma das mais multifacetadas normas jurídicas. Pela sua importância, foi consagrado no *caput* do art. 5º da Constituição Federal, a saber:

> Todos são iguais perante a lei, sem distinção de qualquer natureza, garantindo-se aos brasileiros e aos estrangeiros residentes no país a inviolabilidade do direito à vida, à liberdade, à igualdade, à segurança e à propriedade, nos termos seguintes [...]".[107]

Precipuamente, em sua acepção formal, o princípio da igualdade revela-se uma norma fundamental nas relações processuais. Por ele, é de responsabilidade do juiz garantir que, durante todo o processo, os litigantes estejam em pé de igualdade, dando-lhes as mesmas oportunidades para sustentar as alegações.

Na seara eleitoral, a legislação brasileira vale-se constantemente desse princípio, por exemplo, quanto ao gozo do direito de propaganda eleitoral, previsto no art. 51, I, da Lei nº 9.504 de 1997,[108] no acesso aos cargos públicos por ambos os gêneros, descrito no

[107] BRASIL (1988). *Constituição da República Federativa do Brasil*. Disponível em: http://www.planalto.gov.br/ccivil_03/constituicao/constituicao.htm. Acesso em: 13 fev. 2022.

[108] Lei nº 9.504 de 1997 – "Art. 51. Durante o período previsto no art. 47 desta Lei, as emissoras de rádio e televisão e os canais por assinatura mencionados no art. 57 desta Lei reservarão setenta minutos diários para a propaganda eleitoral gratuita, a serem usados em inserções de trinta e de sessenta segundos, a critério do respectivo partido ou coligação, assinadas obrigatoriamente pelo partido ou coligação, e distribuídas, ao longo da programação veiculada entre as cinco e as vinte quatro horas, nos termos do § 2o do art. 47 desta Lei, obedecido o seguinte: (Redação dada pela Lei nº 13.488, de 2017) I – o tempo será dividido em partes iguais para a utilização nas campanhas dos candidatos às eleições majoritárias e proporcionais, bem como de suas legendas partidárias ou das que componham a coligação, quando for o caso; [...]". BRASIL. *Lei nº 9.504, de 30 de setembro de 1997*. Disponível em: http://www.planalto.gov.br/ccivil_03/leis/l9504.htm. Acesso em: 13 fev. 2022.

art. 93-A da Lei nº 9.504 de 1997,[109] e no tratamento dos agentes públicos aos candidatos, disposto no art. 73 do mesmo diploma legal.[110]

---

[109] Lei nº 9.504 de 1997 – "Art. 93-A. O Tribunal Superior Eleitoral, no período compreendido entre 1o de abril e 30 de julho dos anos eleitorais, promoverá, em até cinco minutos diários, contínuos ou não, requisitados às emissoras de rádio e televisão, propaganda institucional, em rádio e televisão, destinada a incentivar a participação feminina, dos jovens e da comunidade negra na política, bem como a esclarecer os cidadãos sobre as regras e o funcionamento do sistema eleitoral brasileiro. (Redação dada pela Lei nº 13.488, de 2017)". BRASIL. *Lei nº 9.504, de 30 de setembro de 1997*. Disponível em: http://www.planalto.gov.br/ccivil_03/leis/l9504.htm. Acesso em: 13 fev. 2022.

[110] Lei nº 9.504 de 1997 – "Art. 73. São proibidas aos agentes públicos, servidores ou não, as seguintes condutas tendentes a afetar a igualdade de oportunidades entre candidatos nos pleitos eleitorais: I – ceder ou usar, em benefício de candidato, partido político ou coligação, bens móveis ou imóveis pertencentes à administração direta ou indireta da União, dos Estados, do Distrito Federal, dos Territórios e dos Municípios, ressalvada a realização de convenção partidária; II – usar materiais ou serviços, custeados pelos Governos ou Casas Legislativas, que excedam as prerrogativas consignadas nos regimentos e normas dos órgãos que integram; III – ceder servidor público ou empregado da administração direta ou indireta federal, estadual ou municipal do Poder Executivo, ou usar de seus serviços, para comitês de campanha eleitoral de candidato, partido político ou coligação, durante o horário de expediente normal, salvo se o servidor ou empregado estiver licenciado; IV – fazer ou permitir uso promocional em favor de candidato, partido político ou coligação, de distribuição gratuita de bens e serviços de caráter social custeados ou subvencionados pelo Poder Público; V – nomear, contratar ou de qualquer forma admitir, demitir sem justa causa, suprimir ou readaptar vantagens ou por outros meios dificultar ou impedir o exercício funcional e, ainda, ex officio, remover, transferir ou exonerar servidor público, na circunscrição do pleito, nos três meses que o antecedem e até a posse dos eleitos, sob pena de nulidade de pleno direito, ressalvados: a) a nomeação ou exoneração de cargos em comissão e designação ou dispensa de funções de confiança; b) a nomeação para cargos do Poder Judiciário, do Ministério Público, dos Tribunais ou Conselhos de Contas e dos órgãos da Presidência da República; c) a nomeação dos aprovados em concursos públicos homologados até o início daquele prazo; d) a nomeação ou contratação necessária à instalação ou ao funcionamento inadiável de serviços públicos essenciais, com prévia e expressa autorização do Chefe do Poder Executivo; e) a transferência ou remoção ex officio de militares, policiais civis e de agentes penitenciários; VI – nos três meses que antecedem o pleito: a) realizar transferência voluntária de recursos da União aos Estados e Municípios, e dos Estados aos Municípios, sob pena de nulidade de pleno direito, ressalvados os recursos destinados a cumprir obrigação formal preexistente para execução de obra ou serviço em andamento e com cronograma prefixado, e os destinados a atender situações de emergência e de calamidade pública; b) com exceção da propaganda de produtos e serviços que tenham concorrência no mercado, autorizar publicidade institucional dos atos, programas, obras, serviços e campanhas dos órgãos públicos federais, estaduais ou municipais, ou das respectivas entidades da administração indireta, salvo em caso de grave e urgente necessidade pública, assim reconhecida pela Justiça Eleitoral; c) fazer pronunciamento em cadeia de rádio e televisão, fora do horário eleitoral gratuito, salvo quando, a critério da Justiça Eleitoral, tratar-se de matéria urgente, relevante e característica das funções de governo; VII – realizar, no primeiro semestre do ano de eleição, despesas com publicidade dos órgãos públicos federais, estaduais ou municipais, ou das respectivas entidades da administração indireta, que excedam a média dos gastos no primeiro semestre dos três últimos anos que antecedem o pleito; VIII – fazer, na circunscrição do pleito, revisão geral da remuneração dos servidores públicos que exceda a recomposição da perda de seu poder aquisitivo ao longo do ano da eleição, a partir do início do prazo estabelecido no art. 7º desta Lei e até a posse dos eleitos. §1º Reputa-se agente público, para os efeitos deste artigo, quem exerce, ainda que transitoriamente ou sem remuneração, por eleição, nomeação, designação, contratação ou qualquer outra forma de investidura ou vínculo, mandato, cargo, emprego ou função nos órgãos ou entidades da administração pública direta, indireta, ou fundacional. §2º A vedação do inciso I do *caput* não se aplica ao uso, em campanha, de transporte oficial pelo Presidente da República, obedecido o disposto no art. 76, nem ao uso, em campanha, pelos candidatos a reeleição de Presidente e Vice-Presidente da República, Governador e Vice-Governador de Estado e do Distrito Federal, Prefeito e Vice-Prefeito, de suas residências oficiais para realização de contatos, encontros e reuniões pertinentes à própria campanha, desde que não tenham caráter de ato público. §3º As vedações do inciso VI do *caput*, alíneas *b* e *c*, aplicam-se apenas aos agentes públicos das esferas administrativas cujos cargos estejam em disputa na eleição. §4º O descumprimento do disposto neste artigo acarretará a suspensão imediata da conduta vedada, quando for o caso, e sujeitará os responsáveis a multa no valor de cinco a cem mil UFIR.§5º Nos casos de descumprimento do disposto nos incisos do *caput* e no §10, sem prejuízo do disposto no §4º, o candidato beneficiado, agente público ou não, ficará sujeito à cassação do registro ou do diploma.§6º As multas de que trata este artigo serão duplicadas a cada reincidência. §7º As condutas enumeradas no *caput* caracterizam, ainda, atos de improbidade administrativa, a que se refere o art. 11, inciso I, da Lei nº 8.429, de 2 de junho de 1992, e sujeitam-se às disposições daquele diploma legal, em especial às cominações do art. 12, inciso III. §8º Aplicam-se as sanções do §4º aos agentes públicos responsáveis pelas condutas vedadas e aos partidos, coligações e candidatos que delas se beneficiarem. §9º Na distribuição dos

Ao mesmo tempo, Jorge Miranda afiança que a igualdade eleitoral abarca tudo que tange às eleições, desde o momento anterior ao início do processo eleitoral. É por isso que seus efeitos são visíveis até na formação dos sujeitos proponentes de candidaturas, na obtenção de elementos necessários à formalização das candidaturas, na fiscalização e na apuração das votações, nos direitos das candidaturas e dos candidatos e, naturalmente, no contencioso eleitoral.[111]

Diante disso, é patente que o Direito Eleitoral deve garantir a todos um tratamento igualitário, sob pena de afrontar a própria Constituição. Igualmente, volta-se à máxima aristotélica, consagrada por Rui Barbosa, de "tratar igualmente os iguais e desigualmente os desiguais, na medida de suas desigualdades,"[112] o que possibilita que a norma enxergue as distinções existentes sem que haja uma afronta ao princípio da igualdade.

Isso quer dizer, sob ótica oposta, que não se admite que o Direito Eleitoral conceda tratamento diferenciado sem que haja razões determinantes para tanto, a fim de manter-se a lisura eleitoral. Se o Estado-juiz, de alguma forma e sem justificativa, trata desigualmente partes iguais, não há somente uma afronta ao contencioso eleitoral, mas às eleições e, consequentemente, à democracia.

PARA SEDIMENTAR

"ELEIÇÕES 2020. AGRAVO REGIMENTAL. RECURSO ESPECIAL PROVIDO. PROPAGANDA ELEITORAL ANTECIPADA. DIVULGAÇÃO DE CONTEÚDO EM REDE SOCIAL. FACEBOOK. IMPULSIONAMENTO PAGO. PEDIDO EXPLÍCITO DE VOTO. NÃO CONFIGURAÇÃO. DESPROVIMENTO. SÍNTESE DO CASO 1. A Corte de origem, por unanimidade, deu provimento ao recurso do Ministério Público e reformou a sentença proferida pelo Juízo da 199ª Zona Eleitoral daquele Estado, a fim de julgar procedente representação ajuizada em desfavor de pré-candidato ao cargo de vereador nas Eleições de 2020, pela prática de suposta propaganda eleitoral antecipada consistente no impulsionamento patrocinado de conteúdo no Facebook, impondo-lhe a sanção de multa no seu patamar mínimo previsto no art. 36, §3º,

recursos do Fundo Partidário (Lei nº 9.096, de 19 de setembro de 1995) oriundos da aplicação do disposto no §4º, deverão ser excluídos os partidos beneficiados pelos atos que originaram as multas. §10. No ano em que se realizar eleição, fica proibida a distribuição gratuita de bens, valores ou benefícios por parte da Administração Pública, exceto nos casos de calamidade pública, de estado de emergência ou de programas sociais autorizados em lei e já em execução orçamentária no exercício anterior, casos em que o Ministério Público poderá promover o acompanhamento de sua execução financeira e administrativa. §11. Nos anos eleitorais, os programas sociais de que trata o §10 não poderão ser executados por entidade nominalmente vinculada a candidato ou por esse mantida. §12. A representação contra a não observância do disposto neste artigo observará o rito do art. 22 da Lei Complementar nº 64, de 18 de maio de 1990, e poderá ser ajuizada até a data da diplomação. §13. O prazo de recurso contra decisões proferidas com base neste artigo será de 3 (três) dias, a contar da data da publicação do julgamento no Diário Oficial". BRASIL. *Lei nº 9.504, de 30 de setembro de 1997*. Disponível em: http://www.planalto.gov.br/ccivil_03/leis/l9504.htm. Acesso em: 13 fev. 2022.

[111] MIRANDA, Jorge. *Direito Constitucional III*: direito eleitoral e direito parlamentar. Lisboa: Associação Académica da Faculdade de Direito de Lisboa, 2003. p. 241.

[112] LENZA, Pedro. *Juiz de direito cego*. Disponível em: http://pedrolenza.blogspot.com.br/2011/05/juiz-de-direito-cego.html. Acesso em: 13 fev. 2022.

da Lei 9.504/97. 2. Por meio da decisão agravada, dei provimento ao recurso especial para afastar a pena de multa e julgar improcedente a representação, o que ensejou a interposição do presente agravo regimental pelo Ministério Público Eleitoral. ANÁLISE DO AGRAVO REGIMENTAL 3. Embora o agravante tenha infirmado os fundamentos da decisão impugnada, não logrou êxito em apresentar elementos hábeis para a reforma do decisum, que se pautou na jurisprudência desta Corte mais recente sobre o tema. 4. Consoante destacado na decisão agravada, este Tribunal, no julgamento do AgR-AI 0600091-24, rel. Min. Luís Roberto Barroso, DJE de 5.2.2020, que também tratou de impulsionamento de propaganda em rede social, concluiu que, "na ausência de conteúdo eleitoral, ou, ainda, de pedido explícito de votos, de uso de formas proscritas durante o período oficial de propaganda e de qualquer mácula ao princípio da igualdade de oportunidades, deve-se afastar a configuração de propaganda eleitoral antecipada ilícita, nos termos do art. 36-A da Lei nº 9.504/1997". 5. Ainda que a legislação estabeleça limites para a veiculação de conteúdo impulsionado, o art. 57-C da Lei 9.504/97 permite expressamente a candidatos, partidos e coligações se utilizarem desse tipo de publicidade, o que afasta a alegação de que o meio seria totalmente vedado pela legislação, tal como ocorre com os outdoors, cuja proibição de uso é expressa no art. 39, §8º, da Lei 9.504/97. 6. Partindo do pressuposto de que o meio de divulgação adotado não é proscrito, mas, sim, objeto de controle normativo, diante do permissivo contido no art. 57-C da Lei das Eleições, é necessário que seja aferido se a publicação incorreu em ofensa ao disposto no art. 36 da Lei 9.504/97, objeto da representação proposta. 7. Para que o impulsionamento de publicidade com aparente conotação eleitoral seja objeto da sanção descrita no §3º do art. 36 da Lei 9.504/97, exige-se que a divulgação contenha os elementos característicos da propaganda eleitoral, cuja configuração, segundo a jurisprudência assente desta Corte, pressupõe pedido explícitos de votos, a teor do art. 36-A da Lei 9.504/97, o qual estabelece que "não configuram propaganda eleitoral antecipada, desde que não envolvam pedido explícito de voto, a menção à pretensa candidatura, a exaltação das qualidades pessoais dos pré-candidatos e os seguintes atos, que poderão ter cobertura dos meios de comunicação social, inclusive via internet". 8. O entendimento desta Corte é de que, "ante a ausência de: (i) pedido explícito de votos; (ii) utilização de meios proscritos; e (iii) mácula ao princípio da igualdade de oportunidades, não se verifica a configuração de propaganda eleitoral antecipada nos termos do art. 36-A da Lei nº 9.504/1997" (AI 0600805-86, rel. Min. Luís Roberto Barroso, DJE de 10.5.2021). 9. Na linha da jurisprudência deste Tribunal Superior, "o pedido explícito de votos pode ser identificado pelo uso de determinadas "palavras mágicas", como, por exemplo, "apoiem" e "elejam", que nos levem a concluir que o emissor está defendendo publicamente a sua vitória" (AgR-AI 29-31, rel. Min. Luís Roberto Barroso, DJE de 3.12.2018). 10. Não se desconhece o entendimento firmado no julgamento do AgR-REspEl 0600097-91, de relatoria do Min. Tarcisio Vieira de Carvalho Neto, DJE de 26.5.2021, em sentido contrário. No entanto, no julgamento dos Agravos Regimentais no AREspEl 0600079-64 e no REspEl 0600034-77, ambos da relatoria do Min. Alexandre de Moraes, julgados em 9 e 11 de agosto de 2021, respectivamente, este Tribunal reafirmou a jurisprudência anterior, citada na decisão agravada, no sentido de que o impulsionamento eletrônico de conteúdos em rede social é admitido pela legislação, observadas as regras previstas no art. 57-C da Lei 9.504/97, não configurando propaganda eleitoral antecipada a veiculação de conteúdo sem pedido explícito de votos. 11. No caso em tela, a Corte Regional Eleitoral consignou que "as postagens feitas pelo recorrido em sua rede social, com a inserção de informações que fazem alusão a feitos exitosos, realizados no curso do seu mandato de vereador, ajuda a construir, em seu favor, a imagem de agente público eficiente e competente, e, portanto, mais apto para exercer o cargo em disputa" (ID 97627038, p. 2). 12. A partir das premissas fáticas consignadas no acórdão regional, constata-se que as mensagens veiculadas fazem menção às realizações do pré-candidato como vereador, mas sem constar pedido expresso de votos, seja de forma contundente, seja por meio das aludidas "palavras mágicas", como "apoie" e "elejam". 13. Diante da ausência dos elementos exigidos para a configuração de propaganda eleitoral e considerados os permissivos legais contidos nos arts. 57-C e 36-A da Lei 9.504/97, a multa aplicada pelo Tribunal Regional Eleitoral do Rio de Janeiro no caso dos autos, com base no §3º do art. 36 da Lei das Eleições, não se coaduna com o teor normativo em comento nem com a assente jurisprudência desta Corte firmada sobre a matéria, o que impõe a manutenção da decisão agravada por meio da qual o recurso especial foi provido para afastar a sanção imposta. CONCLUSÃO Agravo regimental a que se nega provimento. (TSE – RECURSO ESPECIAL ELEITORAL nº 060006586, Acórdão, Relator(a) Min. Sergio Silveira Banhos, Publicação: DJE – Diário da justiça eletrônica, Tomo 171, Data 16/09/2021)".

"ELEIÇÕES 2016. RECURSO ESPECIAL. AIME. IMPROCEDÊNCIA NA ORIGEM. PRELIMINARES. LITISCONSÓRCIO PASSIVO NECESSÁRIO. AUTOR DO ATO ABUSIVO E BENEFICIÁRIOS. DESNECESSIDADE. LEGITIMIDADE PASSIVA EXCLUSIVA DOS CANDIDATOS ELEITOS E DIPLOMADOS. INADEQUAÇÃO DA VIA ELEITA. INEXISTÊNCIA. ABUSO DO PODER POLÍTICO ENTRELAÇADO COM O ECONÔMICO. CONTRATAÇÃO MACIÇA DE SERVIDORES TEMPORÁRIOS NA VÉSPERA DO PERÍODO ELEITORAL. COMPROVAÇÃO. CONTEXTO FÁTICO-PROBATÓRIO DELINEADO NO ACÓRDÃO RECORRIDO. REEXAME. INOCORRÊNCIA. PROVA DA PARTICIPAÇÃO, CIÊNCIA OU ANUÊNCIA DOS BENEFICIÁRIOS. DESNECESSIDADE. GRAVIDADE. COMPROVAÇÃO. PROVIMENTO. CASSAÇÃO DOS DIPLOMAS DOS ELEITOS. [...] 9. Para a configuração do abuso do poder econômico em sede de AIME, devem ser observadas as diretrizes estabelecidas pelo art. 22, XVI, da LC nº 64/90, de modo a ser exigível, também na ação constitucional, a demonstração do requisito da gravidade do ato, o qual deve ser suficiente para comprometer a igualdade de chances entre os concorrentes. [...] 24. A moldura fática delimitada pelo acórdão regional demonstra que o abuso do poder econômico entrelaçado ao abuso do poder político, praticado pelo ex-prefeito de Pilão Arcado/BA, ostentou gravidade suficiente para afetar a normalidade e a legitimidade do pleito de 2016, no qual os recorridos lograram resultado favorável, impondo-se, portanto, a procedência da AIME, com a cassação dos diplomas do prefeito e do vice-prefeito eleitos. III. Conclusão. Recurso especial eleitoral provido, a fim de reformar o acórdão regional e julgar procedente a AIME, com a cassação dos diplomas de Manoel Afonso Mangueira e Daltro Silva de Albuquerque Melo, prefeito e vice-prefeito eleitos no Município de Pilão Arcado/BA, no pleito de 2016, e determinação de imediato cumprimento do acórdão, após a respectiva publicação. (TSE – Recurso Especial Eleitoral nº 142, Acórdão, Relator(a) Min. Tarcisio Vieira De Carvalho Neto, Publicação: DJE – Diário de justiça eletrônico, Tomo 242, Data 17/12/2019, Página 20/22)

"ELEIÇÕES 2018. RECURSO INOMINADO. REPRESENTAÇÃO. FAKE NEWS. FACEBOOK. TWITTER. YOUTUBE. REMOÇÃO DE CONTEÚDO. LIMINAR. PERDA DA EFICÁCIA. DESPROVIMENTO. 1. Nos termos do art. 33, caput e §1º da Res.-TSE 23.551, a atuação da Justiça Eleitoral em relação a conteúdos divulgados na internet deve ser realizada com a menor interferência possível no debate democrático, a fim de assegurar a liberdade de expressão e impedir a censura, limitando-se às hipóteses em que, mediante decisão fundamentada, sejam constatadas violações às regras eleitorais ou ofensas a direitos de pessoas que participam do processo eleitoral. 2. Na linha da jurisprudência desta Corte, as ordens de remoção de propaganda irregular, como restrições ao direito à liberdade de expressão, somente se legitimam quando visam à preservação da higidez do processo eleitoral, à igualdade de chances entre candidatos e à proteção da honra e da imagem dos envolvidos na disputa. Assim, eventual ofensa à honra, sem repercussão eleitoral, deve ser apurada pelos meios próprios perante a Justiça Comum. 3. Ultimado o período de propaganda eleitoral, a competência para a remoção de conteúdos da internet passa a ser da Justiça Comum, deixando as ordens judiciais proferidas por este Tribunal de produzir efeitos, nos termos do §6º do art. 33 da Res.-TSE 23.551. Recurso a que se nega provimento. (TSE – Representação nº 060176521, Acórdão, Relator(a) Min. Admar Gonzaga, Publicação: DJE – Diário de justiça eletrônico, Tomo 207, Data 24/10/2019, Página 39-40).

"ELEIÇÕES 2010. AGRAVOS REGIMENTAIS. RECURSO ORDINÁRIO. AIJE. ABUSO DE PODER. CONFIGURAÇÃO. DECLARAÇÃO DE INELEGIBILIDADE. AÇÃO CAUTELAR. PREJUÍZO. LIMINAR. ASSISTÊNCIA LITISCONSORCIAL. AUSÊNCIA. INTERESSE JURÍDICO. 1. Com base na compreensão da reserva legal proporcional, compete à Justiça Eleitoral verificar, baseada em provas robustas admitidas em direito, a ocorrência de abuso de poder, suficiente para ensejar as severas sanções previstas na LC nº 64/1990. Essa compreensão jurídica, com a edição da LC nº 135/2010, merece maior atenção e reflexão por todos os órgãos da Justiça Eleitoral, pois o reconhecimento desse ilícito poderá afastar o político das disputas eleitorais pelo longo prazo de oito anos (art. 1º, inciso I, alíneas d, h e j, da LC nº 64/1990). 2. Segundo a jurisprudência do TSE, "o abuso do poder político ocorre quando agentes públicos se valem da condição funcional para beneficiar candidaturas (desvio de finalidade), violando a normalidade e a legitimidade das eleições" (AgR-REspe nº 36.357/PA, rel. Min. Aldir Passarinho Junior, julgado em 27.4.2010). 3. Abuso de poder político. Configura grave abuso de poder político a realização de comício eleitoral por candidato ao qual grande número de estudantes compareceram, durante o horário letivo, em razão de terem sido informados de que, no evento, seriam tratados temas de interesse da classe estudantil, além de terem sido submetidos a constrangimentos e humilhações, ferindo-lhes a dignidade. 4. A normalidade e a legitimidade do pleito, previstas no art. 14, §9º, da Constituição Federal, decorrem da ideia de igualdade de chances entre os competidores, entendida como a necessária concorrência livre e equilibrada entre os partícipes da vida política, sem a qual se compromete a própria essência do processo democrático. 5. Assistência litisconsorcial. Inexistência de interesse jurídico de suplente de candidato, pois, em homenagem ao princípio da segurança jurídica, a revogação dos efeitos da liminar que eventualmente tenha dado suporte à decisão de deferimento do registro de candidato eleito, nos termos do art. 26-C, §2º, da LC nº 64/1990, somente pode produzir consequências, na seara eleitoral, se, ocorrida ainda no prazo das ações eleitorais, desvelar uma das hipóteses de incidência. Precedente. 6. Não se conhece do regimental de fls. 895-913, por preclusão consumativa, nega-se provimento aos demais agravos regimentais e indefere-se o pedido de assistência litisconsorcial. (TSE – Recurso Ordinário nº 288787, Acórdão, Relator(a) Min. Gilmar Ferreira Mendes, Publicação: DJE – Diário de justiça eletrônico, Tomo 31, Data 13/02/2017, Página 30-31)".

"PRESTAÇÃO DE CONTAS. PARTIDO PROGRESSISTA. PP. EXERCÍCIO FINANCEIRO DE 2011. RAZOABILIDADE E PROPORCIONALIDADE. APROVAÇÃO COM RESSALVAS. DETERMINAÇÃO DE RESSARCIMENTO AO ERÁRIO. RECURSOS PRÓPRIOS. [...] 11. A omissão e o descaso da agremiação em investir verbas em políticas públicas afirmativas impostas por lei são considerados irregularidades na aplicação do Fundo Partidário. Os recursos oriundos do fundo devem ser aplicados na criação e manutenção de programas de promoção e difusão da participação política das mulheres, sendo grave a sua inobservância por dois exercícios consecutivos (2010 e 2011). A igualdade de gênero na política é um tema muito caro para a Justiça Eleitoral e fundamental para o fortalecimento da democracia, que tem a igualdade entre homens e mulheres como um dos pilares do Estado democrático de direito na linha do que preceitua o art. 5º, I, da Constituição Federal. [...].(TSE – Prestação de Contas nº 26746, Acórdão, Relator(a) Min. LUCIANA LÓSSIO, Publicação: DJE – Diário de justiça eletrônico, Tomo 111, Data 08/06/2017, Página 37-39)".

"REPRESENTAÇÃO. PROPAGANDA PARTIDÁRIA. INSERÇÕES NACIONAIS. PRIMEIRO SEMESTRE DE 2016. PARTIDO COMUNISTA DO BRASIL (PC do B). TEMPO DESTINADO À PROMOÇÃO E À DIVULGAÇÃO DA PARTICIPAÇÃO POLÍTICA FEMININA. INOBSERVÂNCIA. PROCEDÊNCIA. CASSAÇÃO. PROPAGANDA SEGUINTE. REVERSÃO DO TEMPO CASSADO À JUSTIÇA ELEITORAL. PROPAGANDA INSTITUCIONAL. ATENDIMENTO À FINALIDADE LEGAL. [...] PARTICIPAÇÃO FEMININA NA POLÍTICA. 3. O incentivo à presença feminina constitui necessária, legítima e urgente ação afirmativa que visa promover e integrar as mulheres na vida político-partidária brasileira, de modo a garantir-se observância, sincera e plena, não apenas retórica ou formal, ao princípio da igualdade de gênero (art. 5º, caput e I, da CF/88). [...].(TSE – Representação nº 29657, Acórdão, Relator(a) Min. Antonio Herman De Vasconcellos E Benjamin, Publicação: DJE – Diário de justiça eletrônico, Tomo 53, Data 17/03/2017, Página 133-135)".

"ELEIÇÕES 2014. REPRESENTAÇÃO. DOAÇÃO. PESSOA JURÍDICA. DECISÃO REGIONAL. MANUTENÇÃO. PROCEDÊNCIA. IMPOSIÇÃO. MULTA NO MÍNIMO LEGAL.

[...].7. O Direito Eleitoral tem como princípio fundamental a igualdade de chances, para assegurar que os direitos e os deveres sejam respeitados e aplicados de forma igualitária nos pleitos eleitorais. [...].(TSE – Recurso Especial Eleitoral nº 1675, Acórdão, Relator(a) Min. Henrique Neves Silva, Publicação: DJE – Diário de justiça eletrônico, Volume , Tomo 212, Data 07/11/2016, Página 38/39)".

Neste ponto, cabe consignar que o Tribunal Superior Eleitoral entendeu ser possível a apuração de eventual fraude ao processo eleitoral em razão de candidaturas "laranjas" para preenchimento de cota mínima de gênero, o que importa, quando configurada, em cassação de todo o Partido ou Federação, incluindo-se titulares e suplentes, homens e mulheres, culminando em retotalização do resultado das eleições proporcionais e, consequentemente, nova composição parlamentar.

PARA SEDIMENTAR

"ELEIÇÕES 2016. AGRAVO REGIMENTAL NO RECURSO ESPECIAL. AÇÃO DE IMPUGNAÇÃO DE MANDATO ELETIVO (AIME). FRAUDE NA COTA DE GÊNERO. PROVAS ROBUSTAS. COMPROVAÇÃO. DESPROVIMENTO.1. É firme a Jurisprudência desta CORTE SUPERIOR ELEITORAL no sentido de admitir a propositura de Ação de Impugnação de Mandato Eletivo para apurar violação à cota de gênero.2. A fraude à cota de gênero de candidaturas femininas representa afronta aos princípios da igualdade, da cidadania e do pluralismo político, na medida em que a ratio do art. 10, §3º, da Lei 9.504/1997 é ampliar a participação das mulheres no processo político-eleitoral.3. No caso, a moldura fática do acórdão Regional, delineada a partir de conteúdo probatório contundente (documentos, oitiva de testemunhas e o depoimento pessoal das requeridas), é incontroverso que: (i) 4 (quatro) das cinco candidatas não obtiveram nenhum voto (percentual que corresponde a 80% das candidaturas femininas registradas); (ii) não realizaram nenhum ato de campanha; (iii) apresentaram prestações de contas zeradas; (iv) não tiveram os nomes mencionados nos atos de propaganda eleitoral dos candidatos da coligação e (v) há parentesco entre uma delas e candidato da Coligação. Diante do quadro retratado, está bastante claro que as candidatas foram cooptadas para compor a cota mínima legal. 4. Caracterizada a fraude e, por conseguinte, comprometida a disputa, a consequência jurídica é: (i) a cassação dos candidatos vinculados ao DRAP, independentemente de prova da sua participação, ciência ou anuência; (ii) a inelegibilidade àqueles que efetivamente praticaram ou anuíram com a conduta; e (iii) a nulidade dos votos obtidos pela Coligação, com a recontagem do cálculo dos quocientes eleitoral e partidários, nos termos do art. 222 do Código Eleitoral. 5. Agravo Regimental desprovido. (TSE – RECURSO ESPECIAL ELEITORAL nº 190,

Acórdão, Relator(a) Min. Alexandre de Moraes, Publicação: DJE – Diário da justiça eletrônica, Tomo 15, Data 04/02/2022)"

"ELEIÇÕES 2016. RECURSOS ESPECIAIS ELEITORAIS. AIJE. AIME. VEREADOR. FRAUDE À COTA DE GÊNERO. INOCORRÊNCIA. FINALIDADE DE BURLAR A NORMA. AUSÊNCIA DE PROVA ROBUSTA. ART. 10, §3º, DA LEI Nº 9.504/97. CANDIDATURAS FEMININAS FICTÍCIAS. PRECEDENTE. RESPE Nº 193-92 (VALENÇA/PI). ACÓRDÃO REGIONAL EM CONSONÂNCIA COM A JURISPRUDÊNCIA DO TSE. SÚMULA Nº 30/ TSE. DESPROVIMENTO.I – Das premissas extraídas do acórdão recorrido e da conclusão da Corte Regional1. Na origem, trata-se de AIJE e AIME, julgadas em conjunto, para apuração de fraude à cota de gênero consubstanciada no lançamento das candidaturas supostamente fictícias.2. A Coligação A Força do Povo apresentou lista para candidatura à eleição proporcional no pleito de 2016 formada por 9 (nove) homens e 4 (quatro) mulheres, proporção condizente com o percentual mínimo de 30% da cota de gênero exigido pelo art. 10, §3º, da Lei nº 9.504/97. Todavia 3 (três) postulantes do sexo feminino teriam se candidatado somente para preencher o requisito formal da mencionada legislação, sem que pretendessem exercer o mandato eletivo em disputa.3. O Tribunal a quo, em análise soberana do arcabouço fático-probatório dos autos, reformou a sentença e julgou improcedente a AIJE ao fundamento de que "inexistem provas robustas e indene de dúvidas de que se trata de candidaturas 'laranja' e/ou fictícias, lançadas apenas para compor a cota de gênero exigida por lei". II – Necessidade de prova robusta a ensejar a procedência da AIJE em virtude de fraude à cota de gênero – incidência do princípio in dubio pro sufrágio 4. Na linha da orientação firmada por este Tribunal no paradigmático caso do Município de Valença/PI (REspe nº 193-92, Rel. Min. Jorge Mussi, DJe de 4.10.2019) acerca da caracterização da fraude à cota de gênero, "a prova de sua ocorrência deve ser robusta e levar em conta a soma das circunstâncias fáticas do caso", como a disputa de mulheres com familiares próximos, sem notícia de animosidade política entre eles; atuação daquelas em prol da campanha dos parentes ou de candidatos do sexo masculino; ausência de despesas com material de propaganda; votação pífia ou zerada; reincidência em disputar cargo eletivo apenas para preencher a cota; e fruição de licença remunerada do serviço público – fatores que não foram cabalmente demonstrados na espécie.5. Para a configuração da fraude a ensejar a desconstituição dos mandatos dos eleitos e a invalidação dos votos atribuídos a todos os integrantes da chapa proporcional, imprescindível prova robusta a demonstrar que os registros de candidaturas femininas tiveram o objetivo precípuo de burlar o telos subjacente ao §3º do art. 10 da Lei nº 9.504/97, que consiste em fomentar e ampliar a participação feminina na política, um dos grandes desafios da democracia brasileira.6. Fundamental é perquirir, para além das evidências reconhecidas no aresto regional – votação zerada, movimentação financeira e material de campanha inexistentes e desistências posteriores –, se o lançamento da candidatura realizou-se com o fim exclusivo de preenchimento ficto da reserva de gênero ou se houve intenção, mesmo que tímida, de efetiva participação na disputa eleitoral, a exemplo do que ocorreu nestes autos, em que foi constatada presença das candidatas em palestras e na convenção partidária, realização de atos de campanha "corpo a corpo", pedido de voto a eleitores do município e da zona rural e inocorrência de apoio político a outros candidatos. 7. Os elementos delineados no acórdão regional não revelam que as desistências tenham ocorrido mediante pressão ou motivadas por total desinteresse na disputa, mas devido à falta de perspectiva de êxito das candidatas diante dos demais concorrentes.8. "É admissível e até mesmo corriqueira a desistência tácita de disputar o pleito por motivos íntimos e pessoais, não controláveis pelo Poder Judiciário, sendo descabido e exagerado deduzir o ardil sem que se comprove má-fé ou prévio ajuste de vontades no propósito de burlar a ação afirmativa" (AgR-REspe nº 2-64/BA, Rel. Min. Jorge Mussi, acórdão pendente de publicação). Incidência da Súmula nº 30/TSE.9. No caso vertente, a Corte Regional concluiu que nem dos depoimentos pessoais nem da prova testemunhal ou documental – seja isoladamente, seja em conjunto com os demais elementos – se poderia extrair juízo de certeza da alegada fraude. Conquanto tenham sido reconhecidos indícios do ilícito imputado nestes autos, há dúvida razoável a atrair o postulado in dubio pro sufragio, segundo o qual a expressão do voto e da soberania popular merece ser preservada pelo Poder Judiciário.III – Conclusão10. Recursos especiais desprovidos. (TSE – Recurso Especial Eleitoral nº 060201638, Acórdão, Relator(a) Min. Tarcisio Vieira De Carvalho Neto, Publicação: DJE – Diário da justiça eletrônica, Tomo 175, Data 01/09/2020)".

"RECURSOS ESPECIAIS. ELEIÇÕES 2016. VEREADORES. PREFEITO. VICE-PREFEITO. AÇÃO DE INVESTIGAÇÃO JUDICIAL ELEITORAL (AIJE). ART. 22 DA LC 64/90. FRAUDE. COTA DE GÊNERO. ART. 10, §3º, DA LEI 9.504/97. 1. O TRE/PI, na linha da sentença, reconheceu fraude na quota de gênero de 30% quanto às candidaturas das coligações Compromisso com Valença I e II ao cargo de vereador nas Eleições 2016, fixando as seguintes sanções: a) cassação dos registros das cinco candidatas que incorreram no ilícito, além de sua inelegibilidade por oito anos; b) cassação dos demais candidatos registrados por ambas as chapas, na qualidade de beneficiários. 2. Ambas as partes recorreram. A coligação autora pugna pela inelegibilidade de todos os candidatos e por se estender a perda dos registros aos vencedores do pleito majoritário, ao passo que os candidatos pugnam pelo afastamento da fraude e, alternativamente, por se preservarem os registros de quem não anuiu com o ilícito. [...] CASSAÇÃO. TOTALIDADE DAS CANDIDATURAS DAS DUAS COLIGAÇÕES. LEGISLAÇÃO. DOUTRINA. JURISPRUDÊNCIA.8. Caracterizada a fraude e, por conseguinte, comprometida a disputa, não se requer, para fim de perda de diploma de todos os candidatos beneficiários que compuseram as coligações, prova inconteste de sua participação ou anuência, aspecto subjetivo que se revela imprescindível apenas para impor a eles inelegibilidade para eleições futuras. Precedentes.9. Indeferir apenas as candidaturas fraudulentas e as menos votadas (feito o recálculo da cota), preservando-se as que obtiveram maior número de votos, ensejaria inadmissível brecha para o registro de "laranjas", com verdadeiro incentivo a se "correr o risco", por inexistir efeito prático desfavorável.10. O registro das candidaturas fraudulentas possibilitou maior número de homens na disputa, cuja soma de votos, por sua vez, contabilizou-se para as respectivas alianças, culminando em quociente partidário favorável a elas (art. 107 do Código Eleitoral), que puderam então registrar e eleger mais candidatos.11. O círculo vicioso não se afasta com a glosa apenas parcial, pois a negativa dos registros após a data do pleito implica o aproveitamento dos votos em favor das legendas (art. 175, §§3º e 4º, do Código Eleitoral), evidenciando-se, mais uma vez, o inquestionável benefício auferido com a fraude.12. A adoção de critérios diversos ocasionaria casuísmo incompatível com o regime democrático.13. Embora o objetivo prático do art. 10, §3º, da Lei 9.504/97 seja incentivar a presença feminina na política, a cota de 30% é de gênero. Manter o registro apenas das candidatas também afrontaria a norma, em sentido contrário ao que usualmente ocorre.INELEGIBILIDADE. NATUREZA PERSONALÍSSIMA. PARCIAL PROVIMENTO.14. Inelegibilidade constitui sanção personalíssima que incide apenas perante quem cometeu, participou ou anuiu com a prática ilícita, e não ao mero beneficiário. Precedentes.15. Embora incabível aplicá-la indistintamente a todos os candidatos, constata-se a anuência de Leonardo Nogueira (filho de Ivaltânia Nogueira) e de Antônio Gomes da Rocha (esposo de Maria Eugênia de Sousa), os quais, repita-se, disputaram o mesmo pleito pela mesma coligação, sem notícia de animosidade familiar ou política, e com ambas atuando na candidatura daqueles em detrimento das suas. CASSAÇÃO. DIPLOMAS. PREFEITA E VICE-PREFEITO. AUSÊNCIA. REPERCUSSÃO. SÚMULA 24/TSE. 16. Não se vislumbra de que forma a fraude nas candidaturas proporcionais teria comprometido a higidez do pleito majoritário, direta ou indiretamente, ou mesmo de que seria de responsabilidade dos candidatos aos cargos de prefeito e vice-prefeito. Conclusão diversa esbarra na Súmula 24/TSE. CONCLUSÃO. MANUTENÇÃO. PERDA. REGISTROS. VEREADORES. EXTENSÃO. INELEGIBILIDADE. IMPROCEDÊNCIA. CHAPA MAJORITÁRIA. 17. Recursos especiais dos candidatos ao cargo de vereador pelas coligações Compromisso com Valença I e II desprovidos, mantendo-se cassados os seus registros, e recurso da Coligação Nossa União É com o Povo parcialmente provido para impor inelegibilidade a Leonardo Nogueira e Antônio Gomes da Rocha, subsistindo a improcedência quanto aos vencedores do pleito majoritário, revogando-se a liminar e executando-se o aresto logo após a publicação (precedentes). (TSE – Recurso Especial Eleitoral nº 19392, Acórdão, Relator(a) Min. Jorge Mussi, Publicação: DJE – Diário de justiça eletrônico, Tomo 193, Data 04/10/2019, Página 105/107).

"RECURSO ESPECIAL. AÇÃO DE INVESTIGAÇÃO JUDICIAL ELEITORAL. FRAUDE. PERCENTUAIS DE GÊNERO. CAPTAÇÃO ILÍCITA DE SUFRÁGIO. Não houve ofensa ao art. 275 do Código Eleitoral, pois o Tribunal de origem entendeu incabível o exame da fraude em sede de ação de investigação judicial eleitoral e, portanto, não estava obrigado a avançar no exame do mérito da causa. "É pacífico o entendimento jurisprudencial desta Corte no sentido de que o partido político não detém a condição de litisconsorte passivo necessário nos processos nos quais esteja em jogo a perda de diploma ou de mandato pela prática de ilícito eleitoral" (AgR-AI nº 1307-34, rel. Mm. Marcelo Ribeiro, DJEde 25.4.2011). Para modificar a conclusão da Corte de origem e assentar a existência de oferta de benesse condicionada ao voto ou de ato abusivo com repercussão econômica, seria necessário o reexame do conjunto probatório dos autos, providência inviável em sede de recurso especial (Súmulas 7 do STJ e 279 do STF). É possível verificar, por meio da ação de investigação judicial eleitoral, se o partido político efetivamente respeita a normalidade das eleições prevista no ordenamento jurídico – tanto no momento do registro como no curso das campanhas eleitorais, no que tange à efetiva observância da regra prevista no art. 10, §30, da Lei das Eleições – ou se há o lançamento de candidaturas apenas para que se preencha, em fraude à lei o número mínimo de vagas previsto para cada gênero, sem o efetivo desenvolvimento das candidaturas. 5. Ainda que os partidos políticos possuam autonomia para escolher seus candidatos e estabelecer quais candidaturas merecem maior apoio ou destaque na propaganda eleitoral, é necessário que sejam assegurados, nos termos da lei e dos critérios definidos pelos partidos políticos, os recursos financeiros e meios para que as candidaturas de cada gênero sejam efetivas e não traduzam mero estado de aparências. Recurso especial parcialmente provido. (TSE – Respe n. 243-42, de 16.8.2016, rel. Ministro HENRIQUE NEVES)".

"Conceito de fraude e propositura de AIME. O Plenário do Tribunal Superior Eleitoral, por unanimidade, assentou que se enquadra no conceito de fraude, para fins de cabimento da ação de impugnação de mandato eletivo (art. 14, §10, da Constituição Federal), a violação do percentual de candidaturas exigido no §3º, art. 10, da Lei nº 9.504/1997, que dispõe: §3º Do número de vagas resultante das regras previstas neste artigo, cada partido ou coligação preencherá o mínimo de 30% (trinta por cento) e o máximo de 70% (setenta por cento) para candidaturas de cada sexo. Na hipótese, o juízo da 24ª Zona Eleitoral/PI extinguiu, sem resolução do mérito, ação de impugnação de mandato eletivo ajuizada em desfavor de candidatos eleitos ao cargo de vereador, no pleito de 2012, sob a acusação de suposta fraude eleitoral caracterizada pela adulteração de documento e falsificação de assinaturas para o preenchimento do percentual mínimo de candidaturas previsto em lei. Em concordância, o Tribunal Regional Eleitoral manteve a decisão de piso ao argumento de que o conceito de fraude, para os fins de cabimento da ação de impugnação de mandato eletivo (AIME), é restritivo alcançando somente atos tendentes a afetar a vontade do eleitor. O Ministro Henrique Neves (relator) ressaltou inicialmente que o Tribunal de origem proferiu acórdão em consonância com o posicionamento até então adotado por esta Corte, no sentido de que a fraude que enseja a AIME diz respeito ao processo de votação, nela não se inserindo questões alusivas à inelegibilidade ou a outros vícios passíveis de atingir, de forma fraudulenta, o processo eleitoral. Entretanto, o relator salientou a necessidade de superar esse entendimento, passando-se a interpretar o termo fraude, estampado no art. 14, §10, da Constituição Federal, de forma ampla, a englobar todas as situações de fraude – inclusive a de fraude à lei – que possam afetar a normalidade das eleições e a legitimidade do mandato obtido. Ressaltou ainda que a AIME deve ser admitida como instrumento processual para preservar a legitimidade e a normalidade das eleições contra toda sorte de abuso, corrupção ou fraude, não cabendo impor limitações ao texto constitucional que não estejam previstas na própria Constituição Federal. Prosseguiu afirmando que a norma constitucional supracitada deve ser considerada com as demais regras e princípios contidos na Lei Maior, de forma a permitir a harmonização das hipóteses de cabimento da AIME com os fins legítimos das eleições que reflitam a vontade popular, livres de influências ilegítimas, tal como consta do §9º do art. 14 da Constituição Federal.

Dessa forma, concluiu que, na espécie, a extinção da ação de impugnação de mandato sem julgamento de mérito, ao fundamento de que a suposta violação do percentual mínimo de candidaturas não se enquadraria no conceito de fraude, deve ser reformada, possibilitando o devido prosseguimento da ação proposta. O Tribunal, por unanimidade, deu provimento ao recurso especial, determinando o retorno dos autos ao TRE do Piauí para, afastando o argumento de inviabilidade da via eleita, permitir que a ação de impugnação de mandato eletivo siga seu curso normal e legal, nos termos do voto do relator". (TSE – Recurso Especial Eleitoral nº 149, José Freitas/PI, rel. Min. Henrique Neves da Silva, em 4.8.2015)".

2.12.5 Princípio do Juiz Natural

Para entender o *princípio do juiz natural,* é preciso, de início, perceber que ele possui duas vertentes: a primeira ligada ao juízo, ou seja, ao órgão jurisdicional de forma impessoal; e outra ligada à pessoa do juiz e a sua (im)parcialidade.

No que tange ao primeiro aspecto, o princípio do juiz natural obsta à existência de tribunais de exceção e determina que o processo, independentemente do nível, tramite no juízo competente. O segundo aspecto, por seu turno, busca garantir que o magistrado será plenamente imparcial, não tendo, por isso, nenhum interesse pessoal no resultado da demanda por ele julgada.

Portanto, por juiz imparcial deve-se entender aquele que busca, mediante todos os meios processuais cabíveis, a verdade dos fatos, distanciando-se de favoritismos e preconceitos.

Com efeito, o princípio do juiz natural tem o condão de garantir um julgamento em que o magistrado se encontre equidistante das partes. Essa isenção é, sem dúvida, uma das grandes preocupações dos ordenamentos jurídicos atuais, pois a independência do juiz tem por base o livre convencimento, que deve ser fundado em preceitos jurídicos e nas provas produzidas nos autos, livremente apreciadas.

No texto constitucional brasileiro, é possível vislumbrar o princípio do juiz natural no art. 5º, XXXVII e LIII, nos seguintes termos: "Art. 5º [...] XXXVII – não haverá juízo ou tribunal de exceção; LIII – ninguém será processado nem sentenciado senão pela autoridade competente".[113]

Além disso, no âmbito eleitoral, todos os agentes responsáveis por decisões e tramitação processual têm de manter um comportamento isento com relação a atividades político-partidárias. Nesse contexto, a imparcialidade no contencioso eleitoral recai fortemente sobre o Poder Judiciário, a fim de ressalvar a garantia de um processo eleitoral igualitário, fugindo de decisões discricionárias que tenham interesses em dissonância com o que está previsto na Constituição e nas leis.

---

113 BRASIL (1988). *Constituição da República Federativa do Brasil.* Disponível em: http://www.planalto.gov.br/ccivil_03/constituicao/constituicao.htm. Acesso em: 14 fev. 2022.

A Constituição brasileira, influenciada por esse pensamento, estatui em seus arts. 95, Parágrafo único, III,[114] e 128, §5º, II,[115] a vedação da candidatura de membros da magistratura e do Ministério Público. Na mesma toada, o Código Eleitoral brasileiro, em seu art. 366, não admite a eleição de servidores da Justiça Eleitoral.

Cogente destacar que a previsão do art.14, §3º do Código Eleitoral e do art. 95 da Lei das Eleições.

Art. 14, §3º do Código Eleitoral

Art. 14. Os juizes dos Tribunais Eleitorais, salvo motivo justificado, servirão obrigatoriamente por dois anos, e nunca por mais de dois biênios consecutivos. [...] §3º Da homologação da respectiva convenção partidária até a diplomação e nos feitos decorrentes do processo eleitoral, não poderão servir como juízes nos Tribunais Eleitorais, ou como juiz eleitoral, o cônjuge ou o parente consanguíneo ou afim, até o segundo grau, de candidato a cargo eletivo registrado na circunscrição.

Art. 95 da Lei 9.504, de 1997

Art. 95. Ao Juiz Eleitoral que seja parte em ações judiciais que envolvam determinado candidato é defeso exercer suas funções em processo eleitoral no qual o mesmo candidato seja interessado.

[114] Constituição Federal de 1988 – "Art. 95. Os juízes gozam das seguintes garantias: I – vitaliciedade, que, no primeiro grau, só será adquirida após dois anos de exercício, dependendo a perda do cargo, nesse período, de deliberação do tribunal a que o juiz estiver vinculado, e, nos demais casos, de sentença judicial transitada em julgado; II – inamovibilidade, salvo por motivo de interesse público, na forma do art. 93, VIII; III – irredutibilidade de subsídio, ressalvado o disposto nos arts. 37, X e XI, 39, §4º, 150, II, 153, III, e 153, §2º, I. (Redação dada pela Emenda Constitucional nº 19, de 1998) Parágrafo único. Aos juízes é vedado: I – exercer, ainda que em disponibilidade, outro cargo ou função, salvo uma de magistério; II – receber, a qualquer título ou pretexto, custas ou participação em processo; III – dedicar-se à atividade político-partidária. IV receber, a qualquer título ou pretexto, auxílios ou contribuições de pessoas físicas, entidades públicas ou privadas, ressalvadas as exceções previstas em lei; (Incluído pela Emenda Constitucional nº 45, de 2004) V exercer a advocacia no juízo ou tribunal do qual se afastou, antes de decorridos três anos do afastamento do cargo por aposentadoria ou exoneração. (Incluído pela Emenda Constitucional nº 45, de 2004)". BRASIL (1988). *Constituição da República Federativa do Brasil*. Disponível em: http://www.planalto.gov.br/ccivil_03/constituicao/constituicao.htm. Acesso em: 14 fev. 2022.

[115] Constituição Federal de 1988 – "Art. 128. O Ministério Público abrange: [...] §5º Leis complementares da União e dos Estados, cuja iniciativa é facultada aos respectivos Procuradores-Gerais, estabelecerão a organização, as atribuições e o estatuto de cada Ministério Público, observadas, relativamente a seus membros: [...]II – as seguintes vedações: [...] e) exercer atividade político-partidária; [...]".BRASIL (1988). *Constituição da República Federativa do Brasil*. Disponível em: http://www.planalto.gov.br/ccivil_03/constituicao/constituicao.htm. Acesso em: 14 fev. 2022.

De forma clarividente, o princípio do juiz natural exerce uma grande influência nos ordenamentos jurídicos brasileiro e português, colimando a perpetuação do caráter hígido do contencioso eleitoral, das eleições e da democracia em si.

PARA SEDIMENTAR

"ELEIÇÕES 2018. EMBARGOS DE DECLARAÇÃO EM AGRAVO INTERNO EM AGRAVO. PRESTAÇÃO DE CONTAS. DEPUTADO FEDERAL. DESAPROVAÇÃO PELO TRE. AUSÊNCIA DO VÍCIO ALEGADO. ESCLARECIMENTOS QUANTO À REALIZAÇÃO DE SESSÃO VIRTUAL POR MEIO ELETRÔNICO. EMBARGOS PROVIDOS PARCIALMENTE, SEM EFEITOS MODIFICATIVOS.1. Esta Corte Superior manteve desaprovadas as contas da candidata ante a existência de irregularidades graves – não comprovação da regularidade dos gastos com recursos do Fundo Especial de Financiamento de Campanha (FEFC) –, que representam, aproximadamente, 63% dos gastos totais. Na ocasião, assentou-se, ainda, a inexistência de cerceamento de defesa e a necessidade de reexame de fatos e provas para afastar a irregularidade concernente às despesas realizadas com recursos do FEFC.2. Os embargos constituem modalidade recursal de integração e objetivam esclarecer obscuridade, eliminar contradição, suprir omissão ou corrigir erro material, consoante estabelece o art. 275 do CE, com a redação dada pelo art. 1.067 do CPC, não sendo meio adequado para veicular mero inconformismo com a decisão embargada.3. Na espécie, em que pese a alegação de haver "[...] inúmeros erros, omissões, contradições e obscuridades [...]" (ID 63300288, fl. 1) no acórdão embargado, a embargante apenas reitera os mesmos argumentos expostos em seus recursos anteriores, sem demonstrar nenhum dos vícios alegados. O que se verifica, em verdade, é apenas o intuito de obter novo julgamento do feito, pretensão incabível na via eleita. Precedente.4. A decisão embargada está devidamente fundamentada nas premissas fático-jurídicas dos autos, tendo sido expostas, de forma clara, as razões pelas quais o TSE negou provimento ao agravo interno.5. Esta Corte já assentou que, nos termos do art. 489, §1º, IV, do CPC/2015, o órgão julgador não está obrigado a enfrentar todos os argumentos deduzidos no processo, mas apenas aqueles capazes de, em tese, infirmar a conclusão da decisão. Precedente.6. Apenas para fins de esclarecimento, todo o procedimento de julgamento do agravo interno, o qual ocorreu em sessão por meio eletrônico, deu-se conforme determina a Res.-TSE nº 23.598/2019. A recorrente foi devidamente intimada acerca da referida sessão eletrônica, de modo que não há falar em violação ao contraditório, à ampla defesa, ao princípio do devido processo legal e ao princípio do juiz natural.7. Embargos de declaração acolhidos parcialmente, sem efeitos modificativos, apenas para esclarecer ponto referente ao julgamento em sessão por meio eletrônico.

(TSE – Agravo de Instrumento nº 060335825, Acórdão, Relator(a) Min. Mauro Campbell Marques, Publicação: DJE – Diário da justiça eletrônica, Tomo 46, Data 15/03/2021)".

"AGRAVO REGIMENTAL. RECURSO ESPECIAL. ELEIÇÕES 2016. VEREADOR. REPRESENTAÇÃO. ARRECADAÇÃO E CAPTAÇÃO ILÍCITA DE RECURSOS.1. No decisum monocrático, manteve-se sentença e acórdão unânime do TRE/RJ no sentido da perda do diploma de vereador do agravante por arrecadação e gastos ilícitos de recursos de campanha (art. 30-A da Lei 9.504/97). PRELIMINARES. JUIZ NATURAL. QUEBRA DE SIGILO FISCAL. LITISCONSÓRCIO PASSIVO NECESSÁRIO. OMISSÃO PELA CORTE REGIONAL. REJEIÇÃO.2. Não ofende os princípios do juiz natural e da identidade física a hipótese em que, por motivo de férias, a sentença for proferida por autoridade judiciária que não conduziu a instrução, sobretudo diante da ausência de prejuízo concreto. Precedentes.3. A quebra de sigilo fiscal é procedimento no qual o exercício do contraditório sobre as provas obtidas é diferido. Precedentes.4. Inexiste litisconsórcio passivo necessário entre o candidato e os doadores de campanha, pois estes não se sujeitam à cassação do diploma, única pena do art. 30-A da Lei 9.504/97.5. Constam do aresto regional tabela em que se indicam data de depósito, valores e respectiva doação, além de referência aos salários e saldo das contas dos supostos doadores, a revelar que os extratos bancários e depoimentos foram analisados. TEMA DE FUNDO. DOAÇÕES FRAUDULENTAS. USO DE "LARANJAS". PERCENTUAL RELEVANTE. REEXAME. IMPOSSIBILIDADE. SÚMULA 24/TSE.6. O uso de "laranjas" para encobrir os verdadeiros doadores de campanha configura inequívoca arrecadação de recursos de origem não identificada, a ensejar a perda do diploma (art. 30-A da Lei 9.504/97). Precedentes.7. Na espécie, o TRE/RJ assentou que as doações feitas entre agosto e outubro de 2016 ao agravante – eleito Vereador de Angra dos Reis/RJ – foram simuladas, empregando-se engenhosa sistemática em que servidores da Câmara Municipal, após receberem depósitos não identificados em suas contas correntes, repassaram esses valores para a campanha.8. O ilícito, sobejamente comprovado, evidencia-se pelas seguintes circunstâncias: a) identidade entre datas dos depósitos e valores recebidos; b) contribuição feita em valor superior à renda mensal do doador; c) apesar de saldo anterior em conta, o montante só foi doado após confirmação do depósito; d) nenhuma das testemunhas indicou a fonte dos recursos.9. Os valores envolvidos não são módicos (R$10.280,00) e, segundo o TRE/RJ, correspondem a 22,15% do total de receitas da campanha (R$45.429,86).10. Conclusão em sentido diverso demandaria reexame de fatos e provas, providência inviável em sede extraordinária, a teor da Súmula 24/TSE. CONCLUSÃO. DESPROVIMENTO.11. Agravo regimental desprovido. (TSE – Recurso Especial Eleitoral nº 44650, Acórdão, Relator(a) Min. Jorge Mussi, Publicação: DJE – Diário de justiça eletrônico, Data 21/02/2019)

"ELEIÇÕES 2014. QUESTÃO DE ORDEM. REPRESENTAÇÃO. APURAÇÃO. ART. 35 DA LEI Nº 9.096/95. VIOLAÇÃO NORMAS LEGAIS OU ESTATUTÁRIAS. ARRECADAÇÃO E GASTOS DE RECURSOS. ESCRITURAÇÃO. PARTIDO POLÍTICO. COMPETÊNCIA. REFLEXOS. LIVRE DISTRIBUIÇÃO. 1. Questão de ordem. Competência para processar representação que apure atos que violem as prescrições legais a que, em matéria financeira, estão sujeitos os partidos políticos e seus filiados (art. 35 da Lei nº 9.096/95). 2. O art. 35 da Lei dos Partidos Políticos ao indicar o Corregedor como um dos propulsores da representação – que determina "o exame de escrituração do partido e a apuração de qualquer ato que viole as prescrições legais ou estatutárias a que, em matéria financeira, aquele ou seus filiados estejam sujeitos" – não fixa a sua competência para o processamento e tampouco implica em regra de distribuição a fim de que seja sempre o relator em tais ações, a teor de precedentes já existentes nesta Corte. 3. A norma em análise prescreve como legitimados para a instauração do procedimento: filiado ou delegado de partido, mediante denúncia fundamentada; Procurador-Geral ou Regional, por meio de representação, ou o Corregedor, por ato de sua iniciativa. 4. O Princípio Constitucional do Juiz Natural, trazido ao nosso ordenamento jurídico como direito fundamental, exige que o órgão julgador seja definido por regra de conteúdo geral e abstrato, sendo tal previsão anterior à ocorrência do fato sob julgamento. Não havendo previsão expressa na Constituição, na lei ou no regimento acerca da competência de determinado órgão julgador, a regra é a da livre distribuição. [...].(TSE – Representação nº 36322, Acórdão, Relator(a) Min. Maria Thereza Rocha De Assis Moura, Publicação: DJE – Diário de justiça eletrônico, Tomo 56, Data 22/03/2017, Página 101)".

"Recurso especial. Agravo regimental. Ação de impugnação de mandato eletivo. Alegação. Ofensa. Princípio do Juiz natural. Inocorrência. Captação ilícita de sufrágio. Caracterização. Reexame. Fatos e provas. Impossibilidade. Decisão agravada. Fundamentos não afastados. 1. O fato de o processo ter sido conduzido por diversos magistrados não implica ofensa ao Princípio do Juiz Natural se, no caso, isso ocorreu por força de declaração de suspeição ou mesmo em decorrência de sucessão. [...].(TSE – Recurso Especial Eleitoral nº 27734, Acórdão, Relator(a) Min. Carlos Eduardo Caputo Bastos, Publicação: DJ – Diário de justiça, Data 06/03/2007, Página 151)".

"Embargos de declaração. Omissões. Não-ocorrência. 1 – Não ocorre deficiência de fundamentação quando na retificação do voto adota o entendimento lançado em voto-vista, devidamente fundamentado. 2 – Não existe omissão quando esta Corte entende ser a Justiça Comum (Estadual ou Federal) a competente para apreciar ação desconstitutiva ou anulatória de decisão de corte de contas. 3 – Não há usurpação de competência do Poder Legislativo quando este Tribunal der interpretação aos dispositivos legais eleitorais. 4 – O pleno exercício dos direitos políticos não se apresenta de forma absoluta sobre o princípio da moralidade. A própria Constituição traz exceções, bem como autoriza a edição de leis com outras hipóteses. 5 – Não ocorre cerceamento de defesa ou violação ao princípio do juiz natural, havendo confirmação dos integrantes da Corte no julgamento quanto a estarem aptos a proferir voto sobre o caso. 6 – Embargos Declaratórios conhecidos, mas desprovidos. (TSE – Recurso Ordinário nº 965, Acórdão, Relator(a) Min. José Gerardo Grossi, Publicação: PSESS – Publicado em Sessão, Data 31/10/2006)".

Ac.-TSE, de 14.2.2017, no AgR-REspe nº 684: impedimento do juiz eleitoral que tenha parentesco com candidato na circunscrição do pleito de atuar em ações ou recursos que envolvam perda de registro ou de diploma: AIME, RCED, AIJE e representações decorrentes dos arts. 30-A, 41-A e 73 da Lei nº 9.504/1997.

2.12.6 Princípio da Vedação à Prova Ilícita

A principal razão de existir do processo é a própria busca pela verdade. Esse objetivo, porém, não pode ser obtido a todo custo. Há de haver respeito à dignidade da pessoa humana e aos princípios fundamentais que regem o Estado Democrático de Direito. Daí se pode afirmar que o processo não admite a utilização de meios que maculem os direitos fundamentais e, nesse contexto, está a obtenção das provas ilícitas.

No ordenamento jurídico brasileiro, prova ilícita é aquela obtida em detrimento das normas jurídicas, tanto constitucionais quanto infraconstitucionais, com ofensa às liberdades individuais alinhavadas pela Constituição de 1988, como se observa no inciso LVI do art. 5º e nas legislações infraconstitucionais processuais: art. 380 do Código de Processo Civil (CPC)[116] e art. 157 do Código de Processo Penal (CPP).[117]

Na prática, a aludida *vedação à prova ilícita* possui dois efeitos primordiais: a prova obtida ilegalmente não pode ser acostada aos autos; todavia, se for, não pode ser considerada pelo julgador e deve ser imediatamente desentranhada do processo.

Importante questão a ser considerada é que a condição de princípio faz com essa norma seja passível de ponderação. Ou seja, em caso de confronto com outro princípio, pode-se mitigar a aplicação da vedação à prova ilícita. Para exemplificar, cite-se a situação em que um acusado, no afã de provar a própria inocência, grava uma conversa telefônica entre duas pessoas. Nesse caso, é possível considerar que o acusado agiu em legítima defesa e, por isso, a prova, que outrora seria ilícita, torna-se aceitável.

Longe de ser uma tarefa simples, o conflito entre princípios deve ser objeto de uma detida análise no caso concreto, realizando-se a ponderação mediante os critérios de proporcionalidade e de outros direitos e garantias previstos na Constituição e nas normas infraconstitucionais.

Esse mesmo raciocínio deve ser aplicado àquelas provas obtidas de outras provas ilícitas. Conceitualmente conhecida como *"the fruits of the poisonous tree"* (os frutos da árvore envenenada), esta doutrina determina que todas as provas obtidas por derivação de provas ilícitas são, por conseguinte, também ilícitas. Ainda assim, nesses casos, é razoável realizar a ponderação entre os princípios conflitantes para saber se se deve, ou não, mitigar a aplicabilidade da vedação à prova ilícita.

---

116 Lei nº 13.105 de 16 de março de 2015 – "Art. 369. As partes têm o direito de empregar todos os meios legais, bem como os moralmente legítimos, ainda que não especificados neste Código, para provar a verdade dos fatos em que se funda o pedido ou a defesa e influir eficazmente na convicção do juiz". BRASIL. *Lei nº 13.105, de 16 de março de 2015*. Disponível em: http://www.planalto.gov.br/ccivil_03/_ato2015-2018/2015/lei/l13105.htm. Acesso em: 14 fev. 2022.

117 Decreto-Lei nº 3.689 de 3 de outubro de 1941 – "Art. 157. São inadmissíveis, devendo ser desentranhadas do processo, as provas ilícitas, assim entendidas as obtidas em violação a normas constitucionais ou legais. (Redação dada pela Lei nº 11.690, de 2008) §1º São também inadmissíveis as provas derivadas das ilícitas, salvo quando não evidenciado o nexo de causalidade entre umas e outras, ou quando as derivadas puderem ser obtidas por uma fonte independente das primeiras. (Incluído pela Lei nº 11.690, de 2008) §2º Considera-se fonte independente aquela que por si só, seguindo os trâmites típicos e de praxe, próprios da investigação ou instrução criminal, seria capaz de conduzir ao fato objeto da prova. (Incluído pela Lei nº 11.690, de 2008) §3º Preclusa a decisão de desentranhamento da prova declarada inadmissível, esta será inutilizada por decisão judicial, facultado às partes acompanhar o incidente. (Incluído pela Lei nº 11.690, de 2008)". BRASIL, *Decreto-Lei nº 3.689, de 3 de outubro de 1941*. Disponível em: http://www.planalto.gov.br/ccivil_03/decreto-lei/del3689compilado.htm. Acesso em: 14 fev. 2022.

Na seara eleitoral, parece acertado dizer que a utilização de provas ilícitas deve ser vista ainda com mais cautela. Isso porque o contencioso eleitoral, por natureza, requer um grau de pureza maior e tutela não só o interesse das partes, mas de toda a coletividade. Em verdade, na busca pela transparência e pela lisura do processo eleitoral, o princípio da vedação às provas ilícitas ganha força e pode ser flexibilizado somente em raríssimas situações.

PARA SEDIMENTAR

"AGRAVO REGIMENTAL. AGRAVO DE INSTRUMENTO. RECURSO ESPECIAL ELEITORAL. DOAÇÃO DE RECURSOS ACIMA DO LIMITE LEGAL. REPRESENTAÇÃO PROPOSTA TEMPESTIVAMENTE, AINDA QUE EM JUÍZO INCOMPETENTE. AUSÊNCIA DE DECADÊNCIA. REVOGAÇÃO DA NORMA INSTITUIDORA DE MULTA POR DOAÇÃO IRREGULAR. APLICAÇÃO DO PRINCÍPIO TEMPUS REGIT ACTUM. INEXISTÊNCIA DE LITISCONSÓRIO ENTRE A EMPRESA DOADORA E SEU REPRESENTANTE LEGAL. PRINCÍPIOS DA PROPORCIONALIDADE E RAZOABILIDADE NA DOSIMETRIA DA PENA. OBSERVÂNCIA. NÃO PROVIMENTO. [...]Quebra do sigilo fiscal. 7. "Em virtude do convênio firmado entre a Secretaria da Receita Federal do Brasil e este Tribunal Superior (Portaria Conjunta SRF/TSE 74/2006), o acesso, pelo órgão ministerial, tão somente à relação dos doadores que excederam os limites legais não consubstancia quebra ilícita de sigilo fiscal" (AgR-AI nº 4881/PR, Rel. Min. Napoleão Nunes Maia Filho, DJe de 19.12.2017). 8. A quebra do sigilo fiscal propriamente dita foi devidamente requerida pelo Ministério Público Eleitoral e autorizada pela autoridade judicial competente, pelo que não há que se falar em prova ilícita. "É lícita a quebra do sigilo fiscal autorizada pela autoridade judiciária competente" (REspe nº 21-30/PE, Rel. Min. Luciana Lóssio, DJe de 27.10.2015). [...] (TSE – Agravo de Instrumento nº 15950, Acórdão, Relator(a) Min. Rosa Weber, Publicação: DJE – Diário de justiça eletrônico, Data 02/08/2018)".

"ELEIÇÕES 2008. AGRAVO DE INSTRUMENTO. RECURSO ESPECIAL ELEITORAL. CRIME ELEITORAL. ART. 299 DO CÓDIGO ELEITORAL. GRAVAÇÃO AMBIENTAL. CONDUTA INDUZIDA. ILICITUDE. DEPOIMENTO TESTEMUNHAL DE COAUTOR. INADMISSIBILIDADE. CONFISSÃO INSUFICIENTE PARA CONDENAÇÃO.1. Não há violação ao art. 275 do Código Eleitoral quando o Tribunal enfrentou todos os argumentos levantados pela parte, ainda que de forma contrária aos seus interesses.2. Alegação de ilicitude de provas (gravação ambiental e depoimento de coautor do delito) que confirmam fatos confessados pelo réu em seu interrogatório.3. A confissão do réu é uma prova independente, não contaminada por eventual ilicitude da gravação ou do depoimento das testemunhas (art. 157, §2º, do CPP).4. A parte não pode alegar a ilicitude de provas que confirmam a própria versão dos fatos. Mesmo que ilicitude houvesse, não haveria prejuízo, na medida em que a parte optou validamente por produzir prova contra si mesma, confessando os fatos corroborados pelas provas supostamente ilícitas. Se a prova ilícita confirma a versão da parte, a ilicitude não lhe causa prejuízo. Na forma do art. 563 do CPP, à mingua de prejuízo, não se pronuncia invalidade.5. A jurisprudência do Tribunal Superior Eleitoral faz uma distinção, em relação à gravação de conversas ocorridas no período eleitoral, para a prova de crimes eleitorais. Admite-se a prova, se utilizada para a demonstração de conversas em ambientes públicos, ou para as quais não há expectativa de privacidade. Pelo contrário, rejeita-se a utilização de gravações de conversas privadas, tendo em vista que a disputa eleitoral é propícia para a indução à prática de crimes. Precedentes.6. Há uma conexão da distinção com o direito penal material subjacente. O fundamento da distinguishing é justamente o ambiente de disputa eleitoral, propício ao induzimento da prática de crimes. A situação se assemelha ao chamado flagrante preparado, em que a atividade criminosa é planejada e induzida por agentes alheios com o fim de surpreender o indivíduo em prática criminosa. Isso representa, aliás, o teor da Súmula nº 145/STF, segundo a qual "não há crime, quando a preparação do flagrante torna impossível a sua consumação".7. O caso deve ser avaliado à luz do art. 17 do Código Penal, que trata do crime impossível. A conduta de membros de campanha eleitoral que, induzidos por partidários de campo político diverso, praticam conduta formalmente típica, mas sem possibilidade de atingir o bem jurídico protegido pela norma, é atípica.8. Eleitor que admitiu ter solicitado vantagem ilícita ao candidato e efetuado a respectiva gravação mediante paga, por adversários políticos do réu.9. Tendo em vista o induzimento, a conduta não colocou o bem jurídico protegido em risco, nem ao menos em tese. Via de regra, a reserva mental, por parte do eleitor, não impede a consumação do crime do art. 299 do Código Eleitoral – crime formal. O relevante é que a própria negociação do voto é insincera. O eleitor policitante tem por objetivo principal obter uma prova incriminatória contra o candidato.10. Do ponto de vista do direito penal, a conduta é atípica, porque o crime é impossível, por absoluta impropriedade do objeto, na forma do art. 17 do Código Penal.11. Ainda que tenha caído em emboscada, o candidato oblato agiu de forma moralmente reprovável, ao aceitar a proposta ilícita e pagar a vantagem indevida.12. Agravo de instrumento provido. Recurso especial eleitoral provido, para absolver o recorrente. (TSE – Agravo de Instrumento nº 153370, Acórdão, Relator(a) Min. Gilmar Mendes, Publicação: DJE – Diário de justiça eletrônico, Tomo 110, Data 06/06/2018, Página 60/61)".

O tema é bastante importante na prática do Direito Eleitoral. Perante a Justiça Eleitoral é comum que adversários políticos façam uso das gravações ambientais como meio de obter provas, por exemplo, para fins de cassação de mandato do oponente eleito. A admissão desse tipo de prova comportou divergências entre Tribunais Regionais Eleitorais.

Com efeito, a aceitação dessa espécie de prova ainda não resta sedimentada pelo Tribunal Superior Eleitoral, pois, para as eleições de 2012 e 2014, a gravação ambiental realizada sem autorização judicial é considerada prova ilícita e, portanto, não pode ser utilizada como meio de arguição probatória.

De outro vértice, os julgamentos referentes às eleições de 2016 adotaram o conceito de que gravação ambiental, em local privado e sem o conhecimento da outra parte e, além disso, sem autorização judicial, é lícita, devendo o julgador analisar o caso concreto, com o fito de observar possíveis óbices à utilização da prova, como, *v.g.*, o caso de flagrante preparado, que é vedado pelo ordenamento jurídico brasileiro.

Porém, em 2021, nova reviravolta ocorreu no âmbito do TSE. Em 07.10.2021, por apertada maioria, (4 votos a 3), com fundamento no art. 8º-A da Lei nº 9.296/96, com a redação dada pela Lei nº 13.964/2019 (Pacote Anticrime), em um processo das eleições 2016, foi entendido que a gravação ambiental realizada por um dos interlocutores sem autorização judicial prévia somente poderá ser utilizada em matéria de defesa, em processos criminais e desde que comprovada a integridade de seu conteúdo.

PARA SEDIMENTAR

"ELEIÇÕES 2016. AGRAVO REGIMENTAL. AGRAVO DE INSTRUMENTO. RECURSO ESPECIAL ELEITORAL REPRESENTAÇÃO. CAPTAÇÃO ILÍCITA DE SUFRÁGIO. CANDIDATOS A PREFEITO E A VEREADOR. GRAVAÇÃO AMBIENTAL EM AMBIENTE PRIVADO. ILICITUDE DA PROVA. PROVIMENTO.1. Nos termos do artigo 8º-A da Lei nº 9.296/96, introduzido pela Lei nº 13.964/2019. a gravação ambiental é possível para fins de investigação ou instrução criminal, por determinação judicial mediante requerimento da autoridade policial ou do Ministério Público, demonstrando que por outro meio a prova não poderia ser realizada e houver elementos probatórios razoáveis do cometimento de crime cuja pena máxima supere quatro anos.2. Nos termos do §4º, do artigo 8º-A da Lei nº 9.296/96, introduzido pela Lei nº 13.964/2019, a gravação ambiental realizada por um dos interlocutores sem o prévio conhecimento das autoridades legitimadas no caput do mesmo artigo somente poderá ser utilizada em matéria de defesa, no âmbito de processo criminal e desde que comprovada a integridade de seu conteúdo.3. Num ambiente caracterizado pela disputa, como é o político, notadamente acirrado pelo período eleitoral o desestímulo a subterfúgios espúrios voltados a tumultuar o enlace eleitoral resguardando assim a privacidade e intimidade constitucionalmente asseguradas, deve ser intensificado, de modo que reuniões políticas privadas travadas em ambientes residenciais ou inequivocamente reservados não se aprazem com gravações ambientais plantadas e clandestinas, pois vocacionadas tão só ao uso espúrio em jogo político ilegítimo, recrudescendo a possibilidade de manipulações.4. São clandestinas e, portanto, ilícitas as gravações ambientais feitas em ambiente privado, ainda que por um dos interlocutores ou terceiros a seu rogo ou com seu consentimento, mas sem o consentimento ou ciência inequívoca dos demais, dada inequívoca afronta ao inciso X, do art 5º, da Constituição Federal Ilícitas, do mesmo modo, as provas delas derivadas, não se prestando a fundamentar condenação em representação eleitoral.5. A compreensão aqui firmada não se afigura incompatível com a tese firmada pelo E. STF no RE nº 583.937 (QO-RG/RJ, Rel. Min. Cezar Peluso, j. em 19.11.2009 –Tema 237), que teve como perspectiva o prisma da instrução criminal sobremodo distinto do aqui tratado por força de expressa norma constitucional (art. 5º, XII, parte final) e legal.6. E tanto há distinção de enfoques que o próprio STF, no RE 1040515 (Rel. Ministro Dias Toffoli – Tema 979), afetou a discussão da necessidade de autorização judicial para legitimar gravação ambiental realizada por um dos interlocutores ou por terceiro presente à conversa, para fins de instrução de ação de impugnação de mandato eletivo, à luz do art. 5º, incs. II e XII da Constituição da República.7. Agravo Interno provido para julgar improcedente a Representação proposta com base no art. 41-A da Lei 9.504/1997. (TSE – Agravo de Instrumento nº 29364, Acórdão, Relator(a) Min. Alexandre de Moraes, Publicação: DJE – Diário da justiça eletrônica, Tomo 206, Data 09/11/2021)"

"ELEIÇÕES 2016. AGRAVO REGIMENTAL. RECURSO ESPECIAL. CAPTAÇÃO ILÍCITA DE SUGRÁGIO. PROVA ROBUSTA. AUSÊNCIA. GRAVAÇÃO AMBIENTAL. INDUZIMENTO. ADVERSÁRIO POLÍTICO. ILEGALIDADE. DEPOIMENTO DA TESTEMUNHA QUE PRODUZIU O VÍDEO. ILICITUDE POR DERIVAÇÃO. DESPROVIMENTO.1. O Supremo Tribunal Federal, em recurso extraordinário submetido ao regime de repercussão geral, firmou ser lícita a prova consistente em gravação ambiental feita por um dos interlocutores sem conhecimento do outro, desde que não haja causa legal de sigilo, tampouco de reserva da conversação, e, sobretudo, quando usada para defesa própria em procedimento criminal (RE nº 583937 QO-RG/RJ, Rel. Min. Cezar Peluso, DJe de 18.12.2009).2. A jurisprudência do TSE, inicialmente, firmou-se no sentido de que a gravação ambiental, ainda que feita por um dos interlocutores, somente seria considerada lícita se precedida de autorização judicial e quando utilizada para viabilizar a defesa em feitos criminais.3. Posteriormente, esta Corte, relativizando a regra da ilicitude das gravações ambientais na seara eleitoral, passou a considerar válida a gravação audiovisual feita em ambiente aberto, justamente por não haver mácula ao direito à privacidade.4. Prevaleceu, para as eleições de 2012 e 2014, a tese de que é prova ilícita a gravação ambiental feita de forma clandestina, sem autorização judicial, em ambiente fechado ou sujeito à expectativa de privacidade.5. Para o pleito de 2016 e seguintes, este Tribunal sinalizou a necessidade de amoldar seu entendimento ao raciocínio firmado, embora no âmbito penal, pelo Supremo Tribunal Federal. O assunto começou a ser tratado no julgamento do REspe nº 2-35/RN, relativo às eleições de 2012, iniciado em 9.2.2017. Conquanto não tenha sido fixada tese, os e. Ministros Herman Benjamin e Gilmar Mendes registraram, respectivamente, que "o peso que essa prova adquirirá – pelas circunstâncias que envolvem o processo eleitoral – é questão a ser aferida no caso concreto. Sendo certa ou muito provável a sua fragilidade, pelos ânimos e meios dirigidos à sua produção, deve ser avaliada com cuidado pelo julgador e preferencialmente acompanhar outras provas" e "é preciso perscrutar os motivos do autor da gravação, sua necessidade, adequação e ponderar os interesses envolvidos".6. A valoração da prova, especialmente consideradas as circunstâncias em que produzida, deve ocorrer sob a ótica das nuances que envolvem o processo eleitoral, no qual as acirradas disputas pelo poder dão ensejo a condutas apaixonadas que, às vezes, extrapolam o limite da ética e da legalidade.7. Na espécie, a gravação ambiental foi produzida pela eleitora testemunha Cláudia Heidmann da Silva, em sua própria residência, ou seja, em ambiente cujos direitos à privacidade e à intimidade, se necessário, devem ser sopesados.8. O TRE/RS relatou, de forma bastante evidente, a rivalidade entre os "lados" "Cezar" e "Aldi", os quais, ainda segundo o acórdão, em determinadas situações, agiam, nitidamente, de maneira reprovável.9. A eleitora testemunha não produziu a gravação ambiental espontaneamente, mas induzida pelo "lado Cezar": "promoveu a gravação autorizada por 'Valdori' (que era com quem contava a respeito do 'negócio da gravação', e, inclusive, motivava a realização do ato)" (fl. 268v); "Disse que Valdori orientou no sentido de que se o 'lado' de Aldi ligasse era pra aceitar as propostas e gravar" (fl. 268v); "Observou possuir o gravador há três ou quatro dias, o qual lhe foi entregue por um dos auxiliares de campanha de Cézar (Edson), vinculado ao PT" (fl. 268v); "a alegada pressão da candidatura adversária em relação à Cláudia, para gravar a realização da proposta" (fl. 269v). Cláudia Heidmann da Silva agiu também motivada pela sensação de débito/agradecimento assumidamente pressionada pela sensação de débito para com o lado de "Cezar"" (fl. 268v) , visto que seu marido recebeu auxílio do Município de Vitória das Missões/RS na época em que Cezar Coleto, candidato vencido, era prefeito e que o "lado de Cezar" havia "prometido uma função profissional acaso não passasse no já citado concurso municipal prometido pelos candidatos adversários, Aldi Minetto e Luciano Lutzer" (fl. 268v).10. Conquanto os interlocutores gravados tenham ido voluntariamente ao encontro da eleitora e não tenham agido de maneira induzida, Cláudia Heidmann da Silva, tendo em vista o motivo pelo qual confeccionou a gravação, não detém legitimidade para tal, porquanto atuou, ainda que inadvertida e indiretamente, como longa manus do candidato adversário vencido.11. O ato de o ora agravante Cezar Coleto se utilizar de uma gravação ambiental produzida antes das eleições (11.9.2016) somente em 7.10.2016, quando já proclamado o resultado a ele desfavorável, fere o princípio da proporcionalidade, pois, ciente da gravação, deveria ter adotado medidas imediatas.12. O reconhecimento da ilegalidade da gravação ambiental, no caso dos autos, gizadas as suas peculiaridades, é medida que se impõe.13. Quanto ao depoimento da testemunha Cláudia Heidmann da Silva, por se tratar da autora da gravação aqui tida como ilícita, reputa-se ilícito por derivação. Precedente.14. Ausente prova robusta da prática de captação ilícita de sufrágio, a AIJE deve ser julgada improcedente, afastando-se a condenação confirmada pela Corte Regional.15. Agravo regimental desprovido. (TSE – Recurso Especial Eleitoral nº 39941, Acórdão, Relator(a) Min. Tarcisio Vieira De Carvalho Neto, Publicação: DJE – Diário de justiça eletrônico, Tomo 59, Data 27/03/2019, Página 62/63)"

"EMBARGOS DE DECLARAÇÃO. CONVERSÃO EM AGRAVO REGIMENTAL. RECURSO ESPECIAL. ELEIÇÕES 2016. VEREADOR. AÇÃO DE INVESTIGAÇÃO JUDICIAL ELEITORAL. ABUSO DE PODER ECONÔMICO. PRELIMINARES. MULTA. EMBARGOS PROTELATÓRIOS. MANUTENÇÃO. GRAVAÇÃO AMBIENTAL. LICITUDE. LITISCONSÓRCIO PASSIVO NECESSÁRIO. DISPENSABILIDADE. MÉRITO. COMPRA DE APOIO POLÍTICO EM TROCA DE VANTAGEM PECUNIÁRIA. CONJUNTO PROBATÓRIO ROBUSTO. GRAVIDADE. SÚMULA 24/TSE. DESPROVIMENTO. 1. Embargos opostos contra decisum monocrático e com pretensão infringente são recebidos como agravo regimental. Precedentes. 2. No decisum monocrático, proveu-se em parte o recurso especial do agravante, Vereador de Hidrolândia/GO eleito em 2016, apenas para suspender a exigência de prévio depósito do valor da multa fixada nos quartos embargos (protelatórios) para o manejo dos recursos subsequentes, bem como para afastar a condenação por captação ilícita de sufrágio, mantendo-se, contudo, a perda do diploma e a inelegibilidade por abuso de poder econômico devido à compra de apoio político de candidata adversária. 3. Inexiste ofensa ao art. 275 do Código Eleitoral, pois a Corte a quo se manifestou de modo expresso sobre: a) a licitude do áudio que instruiu os autos; b) a desnecessidade de litisconsórcio passivo entre os autores da conduta e o candidato beneficiado; c) o conjunto probatório sólido acerca da prática do abuso de poder; d) o intuito protelatório dos terceiros e quartos embargos. 4. A repetição de quatros sucessivos aclaratórios em que se sustentaram teses exaustivamente apreciadas, com o nítido propósito de rediscutir a matéria, evidencia o caráter protelatório e impõe preservar a multa de dez salários mínimos fixada pela Corte a quo com base no art. 275, §7º, do Código Eleitoral.5. A teor da jurisprudência firmada por esta Corte para feitos relativos às Eleições 2016, em regra afigura-se lícita a gravação ambiental realizada por um dos interlocutores, sem o conhecimento dos demais, ainda que em ambiente privado, cabendo ao órgão julgador aquilatar as circunstâncias do caso concreto. 6. No caso dos autos, a partir da moldura fática do aresto a quo, constata-se a licitude da prova, na medida em que a gravação foi realizada pela própria candidata cooptada, inexistindo, ademais, notícias de induzimento ou coação.7. É dispensável a formação de litisconsórcio passivo quando o agente pratica o ato abusivo na condição de mero mandatário do beneficiário que integra a demanda, conforme decidiu este Tribunal no REspe 323-72/RS, Rel. Min. Admar Gonzaga, DJE de 4/4/2019. 8. Quanto ao tema de fundo, esta Corte entende que a hipótese de oferecimento de vantagem pecuniária em troca da desistência de candidatura adversária configura abuso de poder econômico. 9. Na espécie, o ilícito é inequívoco, pois, consoante a moldura fática regional, o agravante, por intermédio de dois prepostos, ofereceu R$3.800,00 para que candidata oponente desistisse da disputa e lhe prestasse apoio político. 10. Os termos dos diálogos transcritos no aresto a quo não deixam dúvida de que os cabos eleitorais agiram como verdadeiros longa manus do agravante, o que se constata de forma segura dos seguintes trechos: "Fábio: Tamo Firme [...] Nikson, respeito"; b) "Rildo: [...]. Você vai ajudar a gente com o Nikson?". 11. Conforme o TRE/GO, as provas testemunhais reforçaram essa convicção, pois elas "foram unânimes em afirmar que quando estavam no escritório político do então candidato majoritário Bruno, viram os R$3.800,00 [...] em cima de uma mesa, e que tal quantia se referiria à compra da candidatura de Marcilene, feita por Fábio e Rildo, em benefício do recorrente Nickson". 12. O desenrolar da conversa evidencia que a manobra voltava-se a negociar suporte político a fim de robustecer e potencializar a corrida ao cargo de vereador do agravante, tanto que os prepostos assinalaram o intuito de que a candidata adversária investisse nos projetos eleitorais dele em detrimento de seus próprios. Nesse sentido, as seguintes assertivas: "Fábio: o que seriam os seus projetos? Às vezes são os projetos.... Rildo: igual do Nikson. Fábio: você pode trabalhar em conjunto com o Nikson". 13. A gravidade do ilícito é notória, porquanto a busca de apoio político de candidata oponente baseada em troca financeira visa dizimar concorrente em ofensa irreversível à legitimidade e à lisura do pleito e, em última análise, ao próprio sistema democrático. 14. Conclusão em sentido diverso demandaria reexame de fatos e provas, providência inviável em sede extraordinária, nos termos da Súmula 24/TSE. 15. Agravo regimental desprovido. (TSE – Recurso Especial Eleitoral nº 20098, Acórdão, Relator(a) Min. Jorge Mussi, Publicação: DJE – Diário de justiça eletrônico, Tomo 239, Data 12/12/2019, Página 34-35)"

"ELEIÇÕES 2016. AGRAVO INTERNO EM RECURSO ESPECIAL. AIME. CAPTAÇÃO ILÍCITA DE SUFRÁGIO. ART. 41-A DA LEI Nº 9.504/1997. LICITUDE DA PROVA. GRAVAÇÃO AMBIENTAL EFETUADA DURANTE REUNIÃO. DOAÇÃO DE BENS A DIVERSOS ELEITORES, VISANDO À OBTENÇÃO DE VOTOS. MANUTENÇÃO DA CONDENAÇÃO IMPOSTA PELA CORTE REGIONAL DEVIDO A PRÁTICA ILÍCITA. REEXAME DE PROVAS. IMPOSSIBILIDADE. NEGADO PROVIMENTO AO AGRAVO INTERNO.1. O TRE/MG afastou a preliminar de ilicitude da prova relacionada à gravação ambiental, reformou a sentença e condenou o recorrido às sanções previstas no art. 41-A da Lei nº 9.504/1997, cassando o seu diploma e condenando-o ao pagamento de multa no valor mínimo legal.2. Não se sustenta a alegação do agravante de afronta aos arts. 11, 489 e 1.022 do CPC/2015 e 5º, LIV e LV, e 93, IX, da CF, porquanto a Corte regional se manifestou sobre todos os temas relevantes à solução da causa.3. Conforme a jurisprudência desta Corte, afigura-se lícita a gravação ambiental realizada por um dos interlocutores sem o consentimento dos demais e sem autorização judicial, em ambiente público ou privado, ficando as excepcionalidades submetidas à apreciação do julgador no caso concreto (REspe nº 408-98/SC, rel. Min. Edson Fachin, julgado em 9.5.2019, DJe de 6.8.2019). 4. Afastar os fundamentos apresentados pelo Tribunal a quo a respeito da robustez das provas dos autos acerca da efetiva prática da captação ilícita de sufrágio demandaria o revolvimento da matéria fático-probatória, providência inadmissível nesta instância extraordinária, nos termos do Enunciando nº 24 da Súmula do TSE.5. Negado provimento ao agravo interno no recurso especial eleitoral.ELEIÇÕES 2016. AGRAVO INTERNO. AÇÃO CAUTELAR. EFEITO SUSPENSIVO. PEDIDO DE LIMINAR INDEFERIDO. PROCESSO PRINCIPAL JULGADO. PERDA SUPERVENIENTE DO OBJETO. AÇÃO CAUTELAR E AGRAVO INTERNO PREJUDICADOS.1. O exame do agravo em recurso especial ao qual se pretende agregar efeito suspensivo prejudica o agravo interno pelo qual impugnada a decisão em que se indeferiu o pedido liminar na ação cautelar.2. Análise da ação cautelar e do agravo interno nela interposto prejudicada pela perda superveniente do objeto. (TSE – Recurso Especial Eleitoral nº 245, Acórdão, Relator(a) Min. Og Fernandes, Publicação: DJE – Diário de justiça eletrônico, Tomo 225, Data 22/11/2019, Página 41-42)"

"ELEIÇÕES 2016. AGRAVO INTERNO EM AGRAVO EM RECURSO ESPECIAL. AÇÃO DE INVESTIGAÇÃO JUDICIAL ELEITORAL. CAPTAÇÃO ILÍCITA DE SUFRÁGIO. PREFEITO. VICE. ELEIÇÕES MUNICIPAIS. CABÍVEL RECURSO ESPECIAL ELEITORAL. PRESSUPOSTOS PROCESSUAIS PREENCHIDOS. FUNGIBILIDADE RECURSAL. GRAVAÇÃO AMBIENTAL. ESPAÇO PRIVADO. AUSÊNCIA DE AUTORIZAÇÃO JUDICIAL.

PROVA CONSIDERADA ILÍCITA PELO TRE/RN. HODIERNO ENTENDIMENTO DO TSE: LICITUDE, EM REGRA, DA GRAVAÇÃO AMBIENTAL. AMBIENTE PÚBLICO OU PRIVADO. EXCEPCIONALIDADES QUE OBSTAM A ADMISSIBILIDADE DESSE MEIO DE PROVA ANALISADAS CASO A CASO. DETERMINAÇÃO DE RETORNO DOS AUTOS AO TRIBUNAL DE ORIGEM. AGRAVO REGIMENTAL DESPROVIDO.1. A aplicação do princípio da fungibilidade para receber o recurso ordinário como especial é possível quando forem atendidos os pressupostos específicos de recorribilidade.2. O entendimento desta Corte firmado para os processos referentes ao pleito de 2016 é no seguinte sentido: a gravação ambiental é, a princípio, admissível como prova lícita, visto que o ambiente em que efetivada não se afigura determinante para reconhecer a sua (i)licitude, devendo-se analisar as excepcionalidades de cada caso a fim de se aferir a existência de óbices à utilização do conteúdo da gravação, tal como a constatação de flagrante preparado.3. No caso, o TRE/RN acolheu a preliminar de ilicitude da prova, considerando as circunstâncias de ter sido realizada em ambiente privado e sem autorização judicial, não se debruçando sobre a análise da existência de flagrante preparado, de modo que o retorno dos autos ao tribunal de origem é medida cabível para que não haja supressão de instância e violação ao duplo grau de jurisdição.4. Agravo interno a que se nega provimento. (TSE – Recurso Especial Eleitoral nº 15329, Acórdão, Relator(a) Min. Edson Fachin, Publicação: DJE – Diário de justiça eletrônico, Data 15/10/2019)".

Em fevereiro de 2022, momento de revisão desta obra, o assunto ainda pendia de deliberação no Supremo Tribunal Federal. Isso porque, em 2017, foi reconhecida a Repercussão Geral do tema no Recurso Extraordinário nº 1040515. Veja-se:

> Direito Constitucional. Direito Eleitoral. Ação de Impugnação de Mandato Eletivo – AIME. Prova. Gravação ambiental. Realização por um dos interlocutores sem conhecimento do outro. Jurisprudência do Tribunal Superior Eleitoral no sentido da ilicitude dessa prova, sob o fundamento de que há a necessidade de proteção da privacidade e da honra. Gravação ambiental que somente seria legítima se utilizada em defesa do candidato, nunca para o acusar da prática de um ilícito eleitoral. *Suportes jurídicos e fáticos diversos que afastariam a aplicação da tese de repercussão geral fixada, para as ações penais, no RE n. 583.937*. A temática controvertida é apta a replicar-se em diversos processos, atingindo candidatos em todas as fases das eleições e até mesmo aqueles já eleitos. Implicações para a normalidade institucional, política e administrativa de todas as unidades da Federação. Repercussão geral reconhecida. (RE 1040515 RG, Relator(a): Min. DIAS TOFFOLI, julgado em 30/11/2017, ACÓRDÃO ELETRÔNICO DJe-283 DIVULG 07-12-2017 PUBLIC 11-12-2017).

Ademais, em 18.06.2021, o relator, Ministro Dias Toffoli, proferiu seu voto e propôs a seguinte tese, a ser aplicada a partir das eleições 2022, *in verbis*:

> No processo eleitoral, é ilícita a prova colhida por meio de gravação ambiental clandestina, sem autorização judicial e com violação à privacidade e à intimidade dos interlocutores, ainda que realizada por um dos participantes, sem o conhecimento dos demais.

– A exceção à regra da ilicitude da gravação ambiental feita sem o conhecimento de um dos interlocutores e sem autorização judicial ocorre na hipótese de registro de fato ocorrido em local público desprovido de qualquer controle de acesso, pois, nesse caso, não há violação à intimidade ou quebra da expectativa de privacidade.

Porém, o julgamento não foi concluído, pois houve pedido de vista do Ministro Gilmar Mendes e, até o fechamento desta edição, não há previsão de data para continuação do julgamento do Recurso Extraordinário nº 1040515, o que torna imperativo, por ora, seguir-se o novo entendimento fixado em 2021 pela maioria dos integrantes do TSE.

PARA SEDIMENTAR

"Direito Constitucional. Direito Eleitoral. Ação de Impugnação de Mandato Eletivo - AIME. Prova. Gravação ambiental. Realização por um dos interlocutores sem conhecimento do outro. Jurisprudência do Tribunal Superior Eleitoral no sentido da ilicitude dessa prova, sob o fundamento de que há a necessidade de proteção da privacidade e da honra. Gravação ambiental que somente seria legítima se utilizada em defesa do candidato, nunca para o acusar da prática de um ilícito eleitoral. Suportes jurídicos e fáticos diversos que afastariam a aplicação da tese de repercussão geral fixada, para as ações penais, no RE nº 583.937. A temática controvertida é apta a replicar-se em diversos processos, atingindo candidatos em todas as fases das eleições e até mesmo aqueles já eleitos. Implicações para a normalidade institucional, política e administrativa de todas as unidades da Federação. Repercussão geral reconhecida. (STF – RE 1040515 RG, Relator(a): Min. DIAS TOFFOLI, julgado em 30/11/2017, ACÓRDÃO ELETRÔNICO DJe-283 DIVULG 07-12-2017 PUBLIC 11-12-2017)".

2.12.7 Princípio da Duração Razoável do Processo

A idealização de um processo cuja duração seja razoável passa basicamente por três aspectos: num primeiro plano, o comportamento das partes e de seus representantes; em segundo, a atuação do órgão jurisdicional; e, por fim, a complexidade processual. Portanto, para decidir se um processo atende ao critério da *duração razoável*, devem ser observadas não só a rapidez das partes e a efetividade do Judiciário, mas, também, o grau de complexidade do caso concreto, que, por sua natureza, pode demandar mais ou menos tempo.

Trazendo o tema para o ramo-alvo do presente estudo, sabe-se que o contencioso eleitoral, essencialmente, requer um processamento mais célere, tendo em vista o próprio calendário eleitoral. Há, vale dizer, um sem-número de questões que, se decididas somente depois do pleito, prejudicam não só o processo eleitoral, mas todo o processo democrático.

O princípio em comento foi inserido expressamente somente com o advento da Emenda Constitucional n. 45, de 2004, que trouxe em seu bojo a reforma do Poder Judiciário. Observa-se que o referido princípio está previsto no inciso LXXVIII do art. 5º da Constituição, que prevê "a todos, no âmbito judicial e administrativo, são assegurados a razoável duração do processo e os meios que garantem a celeridade de sua tramitação".

No plano infraconstitucional, destaca-se o disposto no art. 1º da Lei nº 4.410, de 1964, que instituiu prioridade para os feitos eleitorais:

> Art. 1º Os feitos eleitorais terão prioridade na participação do Ministério Público e na dos juízes de todas as Justiças e instâncias, ressalvados os processos de habeas corpus e mandado de segurança.[118]

No mesmo passo, a Lei nº 12.034, de 2009, incluiu o art. 97-A na Lei nº 9.504 de 1997:

> Art. 97-A. Nos termos do inciso LXXVIII do art. 5º da Constituição Federal, considera-se duração razoável do processo que possa resultar em perda de mandato eletivo o período máximo de 1 (um) ano, contado da sua apresentação à Justiça Eleitoral. §1º A duração do processo de que trata o *caput* abrange a tramitação em todas as instâncias da Justiça Eleitoral.§2º Vencido o prazo de que trata o *caput*, será aplicável o disposto no art. 97, sem prejuízo de representação ao Conselho Nacional de Justiça.[119]

A mudança acima sopesada, Lei nº 12.034, de 2009, foi assaz significativa para o contencioso eleitoral. Só para ilustrar a magnitude dessa alteração, antes de a referida Lei incluir o art. 97-A, um processo que tratava da perda de mandato eletivo não raramente durava mais tempo para ser julgado do que a própria duração do mandato do candidato eleito, o que se mostrava bastante lesivo para a lisura do pleito eleitoral.

Vale dizer, contudo, que esse dispositivo não se aplica a todas as ações eleitorais, excetuando-se, destarte, a impugnação ao requerimento de registro de candidatos, representações por propaganda irregular, prestação de contas, entre outros. Para esses outros, aplica-se o princípio constitucional de forma genérica, sem que haja um *quantum* predefinido.

No entanto, a legislação expressa que, até *20 dias antes do pleito*, todos os processos de registro de candidatura deverão estar julgados pela instância ordinária (art. 16, §2º, da Lei nº 9.504/1997). Do mesmo modo, as prestações de contas de candidatos eleitos deverão estar julgadas e publicadas até *3 dias antes do ato de diplomação* (art. 30, §1º, da mesma Lei de Eleições).

Frise-se, ademais, que essa necessidade de celeridade do contencioso eleitoral não se resume, por óbvio, à duração do processo em si, mas ao tempo necessário para o cumprimento das decisões, pois é inócua uma decisão cujos efeitos sejam tardios.

---

118 BRASIL. *Lei nº 4.410, de 24 de setembro de 1964*. Disponível em: http://www.planalto.gov.br/ccivil_03/leis/1950-1969/L4410htm.htm. Acesso em: 14 fev. 2022.

119 BRASIL. *Lei nº 9.504, de 30 de setembro de 1997*. Disponível em: http://www.planalto.gov.br/ccivil_03/leis/l9504.htm. Acesso em: 14 fev. 2022.

PARA SEDIMENTAR

"ELEIÇÕES 2016. AGRAVO EM RECURSO ESPECIAL ELEITORAL. PRESTAÇÃO DE CONTAS. CONTAS JULGADAS NÃO PRESTADAS. RECURSO INTERPOSTO APÓS O TRÂNSITO EM JULGADO. MULTA POR LITIGÂNCIA DE MÁ-FÉ. DESPROVIMENTO.1.Os argumentos apresentados pelo Agravante não conduzem à reforma da decisão.2. O TRE/BA aplicou a multa por litigância de má-fé pela interposição de recurso após três anos do trânsito em julgado da decisão recorrida, pela qual julgadas não prestadas as contas de campanha. Registrou a prática de incidentes manifestamente descabidos com a finalidade modificar, por vias transversas, a decisão impugnada.3. Nesse contexto, para alterar as conclusões da Corte Regional relacionadas ao enquadramento, a gravidade e a intenção por trás dos atos praticados no curso da marcha processual, seria necessário revolver o conjunto fático-probatório dos autos, providência vedada em sede especial (Súmula 24 do TSE).4. Nos termos da jurisprudência desta Corte, "a interposição de recursos após o trânsito em julgado constitui erro grosseiro. [...] Caracterizada a intenção da parte de protelar a execução da decisão, configurando-se o abuso do direito de recorrer ou demandar. [...] Imposição de multa, nos termos dos arts. 80, VII, e 81 do CPC/2015 a fim de preservar o postulado da duração razoável do processo". (AI 10883, Rel. Min. OG FERNANDES, DJe de 23/06/2020).5. A incidência da multa por litigância de má-fé teve substrato no abuso do direito, efetivamente caracterizado no caso dos autos.6. Agravo Regimental improvido. (TSE – Agravo em Recurso Especial Eleitoral nº 22718, Acórdão, Relator(a) Min. Alexandre de Moraes, Publicação: DJE – Diário da justiça eletrônica, Tomo 142, Data 03/08/2021)"

"ELEIÇÕES 2020. RECURSO ESPECIAL. REGISTRO DE CANDIDATURA. VEREADOR. INDEFERIMENTO. INELEGIBILIDADE DO ART. 1º, I, L, DA LC Nº 64/90. CONDENAÇÃO POR IMPROBIDADE ADMINISTRATIVA POR ÓRGÃO COLEGIADO. ACÓRDÃO PUBLICADO APÓS O REGISTRO. DATA ANTERIOR À REALIZAÇÃO DO PLEITO. FATOS QUE MOTIVARAM O INDEFERIMENTO DO REGISTRO DESDE O PRIMEIRO GRAU. CONTRADITÓRIO E AMPLA DEFESA ASSEGURADOS. POSSIBILIDADE DE AFERIÇÃO PELA INSTÂNCIA ORDINÁRIA EM SEDE DE IMPUGNAÇÃO DE REGISTRO. RECURSO DESPROVIMENTO.1. Para a configuração da inelegibilidade prevista no art. 1º, I, "l", da LC 64/90 é indispensável a presença cumulativa dos seguintes requisitos: a) decisão transitada em julgado ou proferida por órgão judicial colegiado; b) por ato doloso de improbidade administrativa; c) que importe lesão ao patrimônio público; d) e enriquecimento ilícito; e) condenação à suspensão dos direitos políticos.2. A incidência da causa de inelegibilidade prevista no art. 1º, I, "l", da LC 64/90 não prescinde da publicação do acordão condenatório. Contudo, fundada a impugnação do registro nos fatos que ensejaram a condenação por improbidade e tendo a publicação, embora posterior ao prazo de registro, ocorrido antes do dia das eleições, nada obsta seja considerada pela Corte Regional Eleitoral, instância ordinária, especialmente porque desde o início o impugnado teve plenamente assegurada a ampla defesa e o contraditório, sem surpresas ou reviravoltas de última hora.3. Tal interpretação se amolda às peculiaridades do período eleitoral, que reclamam celeridade e necessidade de estabilização das relações políticas e, sem afastar-se do imperativo do devido processo legal, atende a um só tempo ao imperativo constitucional da razoável duração do processo (art. 5º LXXVIII), os princípios da inafastabilidade da jurisdição e da efetividade, e preserva probidade administrativa, a moralidade para exercício de mandato, a normalidade e a legitimidade das eleições.4. Na presente hipótese, todos os requisitos da inelegibilidade estão preenchidos, de modo que alterar a conclusão do TRE/SP, seria necessário o reexame de fatos e provas, providência vedada pela Súmula 24 do TSE.5. Recurso Especial desprovido. (TSE – RECURSO ESPECIAL ELEITORAL nº 060027279, Acórdão, Relator(a) Min. Tarcisio Vieira De Carvalho Neto, Relator(a) designado(a) Min. Alexandre de Moraes, Publicação: DJE – Diário da justiça eletrônica, Tomo 153, Data 19/08/2021)"

AGRAVO REGIMENTAL. RECURSO EM MANDADO DE SEGURANÇA. ATO JUDICIAL. SUCEDÂNEO RECURSAL. DESCABIMENTO. TERATOLOGIA NÃO CONFIGURADA. SÚMULA Nº 22/TSE. DESPROVIMENTO. 1. Nos termos da Súmula nº 22 do Tribunal Superior Eleitoral, "não cabe mandado de segurança contra decisão judicial recorrível, salvo situações de teratologia ou manifestamente ilegais". 2. A sentença prolatada em ação declaratória de nulidade (querela nullitatis) ajuizada com vistas a desconstituir decisão transitada em julgado em processo de DRAP comporta recurso próprio, situação que impossibilita a impetração do presente remédio heroico. 3. A insurgência limita-se, basicamente, ao cabimento de querela nullitatis ajuizada com vistas a desconstituir sentença transitada em julgado em processo de DRAP, o qual, ante a ausência de impugnação e porque preenchidos os requisitos legais, foi regularmente deferido. 4. As ilegalidades que supostamente inviabilizariam a coligação deveriam ter sido apontadas mediante impugnação ofertada no processo em que se julgou o DRAP, providência que não foi adotada a tempo e modo. 5. Aplicável na espécie o brocardo dormientibus non sucurrit ius (o direito não socorre aos que dormem), que se desdobra nos princípios da celeridade, da preclusão e da duração razoável do processo (art. 5º, LXXVIII, da CF), os quais informam o processo eleitoral. 6. Na espécie, o entendimento perfilhado no acórdão regional está em harmonia com a jurisprudência deste Tribunal: "não é admissível a querela nullitatis quando o provimento judicial que se pretende anular foi prolatado em processo que tramitou dentro da normalidade, sem qualquer afronta aos pressupostos processuais, ao devido processo legal ou a outro direito fundamental (AgR-AI nº 79-75/SC, Rel. Min. Maria Thereza de Assis Moura, DJe de 4.12.2014)" (AgR-AI nº 309-55/MT, Rel. Min. Henrique Neves, DJe de 9.12.2015). 7. Não há falar em ilegalidade ou teratologia do ato nem em direito líquido e certo amparável na via mandamental. 8. Agravo regimental desprovido. (TSE – Recurso em Mandado de Segurança nº 060025118, Acórdão, Relator(a) Min. Tarcisio Vieira De Carvalho Neto, Publicação: DJE – Diário de justiça eletrônico, Tomo 243, Data 18/12/2019)"

"ELEIÇÕES 2016. EMBARGOS DE DECLARAÇÃO. AGRAVO REGIMENTAL. AGRAVO. RECURSO ESPECIAL. AIME. VEREADOR. FRAUDE. ABUSO DO PODER

ECONÔMICO. DOAÇÕES DE CAMPANHA. SUPOSTO AUTOFINANCIAMENTO. TESE NÃO ACOLHIDA. BURLA RECONHECIDA. PROCEDÊNCIA. IMPROPRIEDADE DA VIA ELEITA. FRAUDE. CONCEITO ABERTO. POSSIBILIDADE DE SINDICÂNCIA DO FATO. JURISPRUDÊNCIA CONSOLIDADA. PRESTAÇÃO DE CONTAS. APROVAÇÃO. DESVINCULAÇÃO DOS JUÍZOS. PRECEDENTES. ACERVO PROBATÓRIO. CONJUNTO. INDÍCIOS. OFENSA AO POSTULADO DA SEGURANÇA JURÍDICA E AO PRINCÍPIO DA ANUALIDADE. INOCORRÊNCIA. SUFICIENTE HARMONIA E CONVERGÊNCIA. REEXAME. IMPOSSIBILIDADE. SÚMULA Nº 24/TSE. DISSÍDIO JURISPRUDENCIAL. NÃO CONFIGURAÇÃO. SÚMULA Nº 30/TSE. REITERAÇÃO DE ARGUMENTOS NO AGRAVO INTERNO. SÚMULA Nº 26/TSE. OMISSÃO. CONTRADIÇÃO. VÍCIOS INEXISTENTES. MERO INTUITO DE REJULGAMENTO DA CAUSA. INVIABILIDADE. DEVER DE COOPERAÇÃO. SUJEITOS DO PROCESSO. DURAÇÃO RAZOÁVEL. PRINCÍPIO NORTEADOR. RESGUARDO. CÉLERE PRESTAÇÃO JURISDICIONAL. INTUITO PROTELATÓRIO. MULTA. NÃO CONHECIMENTO. 1. Nos termos do art. 275 do Código Eleitoral, são admissíveis embargos de declaração nas hipóteses estritas do art. 1.022 do Código de Processo Civil, de modo que a sua oposição desmesurada e a eventual adoção de pressupostos distendidos de cabimento dessa importante e nobre via processual deflagrariam inapropriado rejulgamento da causa pelo órgão prolator do decisum embargado, providência incabível, sobremodo na Justiça Eleitoral, cujo norte iluminativo da prestação jurisdicional é o da celeridade, em atenção ao postulado da duração razoável do processo. 2. Na espécie, constam do acórdão embargado todos os fundamentos suficientes à conclusão deste Tribunal, revestindo-se a atuação da parte embargante de intuito protelatório, porquanto buscou o rejulgamento da causa, o que atrai a reprimenda do art. 275, §6º, do Código Eleitoral. 3. Embargos de declaração não conhecidos. Assentado o seu caráter protelatório com a imposição de multa no valor de 1 (um) salário mínimo, conforme previsão legal. (TSE – Agravo de Instrumento nº 251, Acórdão, Relator(a) Min. Tarcisio Vieira De Carvalho Neto, Publicação: DJE – Diário de justiça eletrônico, Tomo 193, Data 04/10/2019, Página 103-104)"

"DIREITO ELEITORAL E PROCESSUAL CIVIL. RECURSO ESPECIAL ELEITORAL. ELEIÇÕES 2016. RECURSO CONTRA EXPEDIÇÃO DE DIPLOMA. SUSPENSÃO DE DIREITOS POLÍTICOS EM AÇÃO DE IMPROBIDADE ADMINISTRATIVA TRANSITADA EM JULGADO. CONDIÇÃO DE ELEGIBILIDADE. DESPROVIMENTO. [...] 6. A regra do art. 218, §4º, do CPC, no sentido de considerar tempestivo o ato praticado antes do termo inicial do prazo, prestigia os princípios da duração razoável do processo e da cooperação, deixando de prejudicar a parte que, agindo de boa-fé, pratica um ato de forma mais célere. Apesar de se referir aos prazos de natureza processual, o mesmo raciocínio deve ser aplicado ao recurso contra expedição de diploma protocolizado no mesmo dia da diplomação, mas após a realização do ato impugnado, qual seja, a diplomação dos recorrentes. [...]14. Recursos especiais eleitorais desprovidos. 15. A cassação da chapa majoritária eleita implica a renovação do pleito municipal (art. 224, §3º, do Código Eleitoral). Mantida a decisão de cassação dos diplomas dos recorrentes, deve haver a convocação imediata de novas eleições diretas para os cargos de prefeito e vice-prefeito no Município de

Castelo/ES, a partir da publicação deste acórdão, independentemente do trânsito em julgado da decisão. Precedentes. (TSE – Recurso Especial Eleitoral nº 49803, Acórdão, Relator(a) Min. Luís Roberto Barroso, Publicação: DJE – Diário de justiça eletrônico, Data 22/08/2019, Página 35-36)"

"ELEIÇÕES 2016. RECURSO ESPECIAL. AÇÃO DE INVESTIGAÇÃO JUDICIAL ELEITORAL (AIJE). CONDUTA VEDADA. ART. 73, §10, DA LEI Nº 9.504/97. ABUSO DOS PODERES ECÔNOMICO E POLÍTICO. ART. 22 DA LC Nº 64/90. CARGOS DE PREFEITO E VICE-PREFEITO. PROCEDÊNCIA EM PRIMEIRO GRAU. MANUTENÇÃO PELA CORTE REGIONAL. FESTIVIDADES TRADICIONAIS. ANIVERSÁRIO DA CIDADE E DIA DO TRABALHADOR. PRIMEIRO SEMESTRE. ANO DO PLEITO. DISTRIBUIÇÃO E SORTEIO DE BENESSES. CESTAS BÁSICAS. FERRAMENTAS AGRÍCOLAS. ELETRODOMÉSTICOS. DINHEIRO. SANÇÕES DE CASSAÇÃO E INELEGIBILIDADE. PRELIMINARES DE NULIDADE PROCESSUAL. 1) LITISCONSÓRCIO PASSIVO NECESSÁRIO. MEROS EXECUTORES DE ORDENS. DESNECESSIDADE DE CITAÇÃO. 2) CERCEAMENTO DE DEFESA. DESENTRANHAMENTO DE DOCUMENTOS. JUNTADA. FASE RECURSAL. ARTS. 266, 268 E 270 DO CE. PRECLUSÃO. JUSTO MOTIVO. AUSÊNCIA. ESTABILIZAÇÃO. DURAÇÃO RAZOÁVEL DO PROCESSO. IMPOSSIBILIDADE. 3) VÍCIOS DE OMISSÃO E CONTRADIÇÃO. INEXISTÊNCIA. FLAGRANTE TENTATIVA DE REDISCUSSÃO PERANTE O TRIBUNAL A QUO. MÉRITO RECURSAL. CONSIDERAÇÕES INICIAIS. DELIMITAÇÃO FÁTICA À LUZ DA CORRENTE MAJORITÁRIA (SÚMULA Nº 24/TSE). ALCANCE DA LEI ELEITORAL A EVENTOS OCORRIDOS ANTES DA CONVENÇÃO PARTIDÁRIA. LIAME COM AS ELEIÇÕES VINDOURAS. ACERVO PROBATÓRIO. SUBSTRATO HARMÔNICO E CONVERGENTE. CONVICÇÃO SEGURA DO JULGADOR. CONFIGURAÇÃO DOS ILÍCITOS ELEITORAIS. REEDIÇÃO DE CELEBRAÇÕES ANUAIS. CUSTEIO PÚBLICO NA AQUISIÇÃO DOS BENS. AUMENTO DISCREPANTE NO ANO DO PLEITO. DISTRIBUIÇÃO GRATUITA. EXCLUDENTES LEGAIS. NÃO INCIDÊNCIA. PRESENÇA E PARTICIPAÇÃO ATIVA DO PREFEITO. ENALTECIMENTO DA GESTÃO. UTILIZAÇÃO DE BONÉS E ADESIVOS COM A ESTAMPA DO NÚMERO E DO SÍMBOLO DE CAMPANHA QUE SE CONFIRMOU NO SEGUNDO SEMESTRE ANTE A PRETENSÃO DE REELEIÇÃO AO CARGO. GRAVIDADE DEMONSTRADA. POPULAÇÃO CARENTE. LIBERDADE DO VOTO CONSPURCADA. ELEMENTO DE REFORÇO. RESULTADO DO PLEITO. FRANZINA DIFERENÇA DE VOTOS. ELEMENTOS DE FATO E DE PROVA. REVISITAÇÃO. IMPOSSIBILIDADE. SÚMULA Nº 24/TSE. DIVERGÊNCIA JURISPRUDENCIAL. NÃO OCORRÊNCIA. DESPROVIMENTO. [...] 4. Os arts. 266, 268 e 270 do Código Eleitoral não comportam leitura isolada e dissociada do texto constitucional. A exegese a ser empregada há de contemplar a imperiosa necessidade de estabilização de cada uma das fases do processo, inclusive aquela atinente à sua instrução, momento adequado para a produção da prova. O postulado da duração razoável do processo somente é alcançável por força do sistema preclusivo. Distinguishing no tocante aos precedentes citados, inaplicáveis, porquanto marcados por peculiaridades. Rejeição. [...] 17. Recurso especial ao qual se nega provimento. (TSE – Recurso Especial Eleitoral nº 57611, Acórdão, Relator(a) Min. Tarcisio Vieira De Carvalho Neto, Publicação: DJE – Diário de justiça eletrônico, Tomo 073, Data 16/04/2019, Página 40/42)"

2.12.8 Princípio do Duplo Grau de Jurisdição

O *duplo grau de jurisdição* é a garantia de que a decisão judicial passará por um controle realizado por instância superior, a fim de reconhecer-se a possibilidade de falha de interpretação do juízo *ad quem*, o que está em plena harmonia com os novos ideais de Estado de Direito, os quais buscam maximizar a eficácia da tutela jurisdicional.

Na Constituição brasileira, segundo boa parte da doutrina, esse princípio não aparece explicitamente. Não obstante, depreende-se de uma interpretação sistemática dos dispositivos, incluindo-se, aqui, diversas normas constitucionais que tratam da competência dos tribunais para revisar decisões tomadas por magistrados de primeira instância.

Levando-se em conta esse raciocínio, pode-se afirmar que essa garantia revisional não se limita a dois graus de jurisdição, porquanto presentes os diversos pressupostos de admissibilidade, o objeto litigioso poderá ser apreciado por maior número de instâncias.

Há dizer, contudo, que tal norma não é absoluta. No próprio texto constitucional há situações em que a incidência do princípio de duplo grau de jurisdição é afastada, por exemplo, nos casos em que se reconhece o exercício da tutela jurisdicional em grau único.

PARA SEDIMENTAR

"ELEIÇÕES 2018. AGRAVO REGIMENTAL EM AGRAVO EM RECURSO ESPECIAL ELEITORAL. PRESTAÇÃO DE CONTAS. CANDIDATA. DEPUTADA. DESAPROVAÇÃO. INTERPOSIÇÃO DE AGRAVO EM RECURSO ESPECIAL DIRETAMENTE NO TSE. IMPOSSIBILIDADE. PRETENSÃO DE DEVOLUÇÃO AMPLA DA MÁTERIA. RECURSO ESPECIAL. INCIDÊNCIA DO VERBETE SUMULAR 24.SÍNTESE DO CASO1. O Tribunal Regional Eleitoral de São Paulo, por unanimidade, desaprovou as contas de campanha da agravante referentes às Eleições de 2018, quando concorreu ao cargo de deputado estadual, determinando o recolhimento da quantia de R$84.611,70.2. Por meio da decisão agravada, foi negado seguimento ao agravo em recurso especial, em razão da interposição do recurso diretamente perante o TSE e da incidência do verbete sumular 24.ANÁLISE DO AGRAVO REGIMENTAL3. A agravante alega que o reexame da decisão é um princípio constitucional, decorrente do princípio do duplo grau de jurisdição, implicando o direito ao reexame judicial da forma mais plena e ampla.4. Ao interpor o agravo diretamente perante o TSE, inviabilizou-se a análise da admissibilidade recursal pelo órgão responsável na origem. Portanto, a não observância do rito processual viola o disposto nos arts. 279 do Código Eleitoral e 36 do Regimento Interno do TSE, maculando o agravo com a carência de pressuposto de regularidade formal (AgR-AI 483-75, rel. Min. Arnaldo Versiani, DJE de 25.5.2010).5. Não é possível o revolvimento de matéria fática por esta Corte em sede de recurso especial, conforme entendimento do verbete sumular 24.6. O duplo grau de jurisdição não é absoluto, tendo em vista ser reiterado pela jurisprudência desta Corte que: "A garantia do duplo grau de jurisdição não é absoluta e não modifica a natureza extraordinária do recurso especial, uma vez que a competência recursal ordinária desta Corte ocorre apenas nas hipóteses constitucionalmente previstas". (AI 427-42, rel. Min. Gilmar Mendes, DJE de 27.10.2017). CONCLUSÃO Agravo regimental a que se nega provimento. (TSE – AGRAVO EM RECURSO ESPECIAL ELEITORAL nº 060009018, Acórdão, Relator(a) Min. Sergio Silveira Banhos, Publicação: DJE – Diário da justiça eletrônica, Tomo 219, Data 26/11/2021)

"ELEIÇÕES 2016. AGRAVO INTERNO EM AGRAVO EM RECURSO ESPECIAL. AÇÃO DE INVESTIGAÇÃO JUDICIAL ELEITORAL. CAPTAÇÃO ILÍCITA DE SUFRÁGIO. PREFEITO. VICE. ELEIÇÕES MUNICIPAIS. CABÍVEL RECURSO ESPECIAL ELEITORAL. PRESSUPOSTOS PROCESSUAIS PREENCHIDOS. FUNGIBILIDADE RECURSAL. GRAVAÇÃO AMBIENTAL. ESPAÇO PRIVADO. AUSÊNCIA DE AUTORIZAÇÃO JUDICIAL. PROVA CONSIDERADA ILÍCITA PELO TRE/RN. HODIERNO ENTENDIMENTO DO TSE: LICITUDE, EM REGRA, DA GRAVAÇÃO AMBIENTAL. AMBIENTE PÚBLICO OU PRIVADO. EXCEPCIONALIDADES QUE OBSTAM A ADMISSIBILIDADE DESSE MEIO DE PROVA ANALISADAS CASO A CASO. DETERMINAÇÃO DE RETORNO DOS AUTOS AO TRIBUNAL DE ORIGEM. AGRAVO REGIMENTAL DESPROVIDO.1. A aplicação do princípio da fungibilidade para receber o recurso ordinário como especial é possível quando forem atendidos os pressupostos específicos de recorribilidade. 2. O entendimento desta Corte firmado para os processos referentes ao pleito de 2016 é no seguinte sentido: a gravação ambiental é, a princípio, admissível como prova lícita, visto que o ambiente em que efetivada não se afigura determinante para reconhecer a sua (i)licitude, devendo-se analisar as excepcionalidades de cada caso a fim de se aferir a existência de óbices à utilização do conteúdo da gravação, tal como a constatação de flagrante preparado.3. No caso, o TRE/RN acolheu a preliminar de ilicitude da prova, considerando as circunstâncias de ter sido realizada em ambiente privado e sem autorização judicial, não se debruçando sobre a análise da existência de flagrante preparado, de modo que o retorno dos autos ao tribunal de origem é medida cabível para que não haja supressão de instância e violação ao duplo grau de jurisdição.4. Agravo interno a que se nega provimento. (TSE – Recurso Especial Eleitoral nº 15329, Acórdão, Relator(a) Min. Edson Fachin, Publicação: DJE – Diário de justiça eletrônico, Data 15/10/2019)"

"DIREITO ADMINISTRATIVO. AGRAVO INTERNO EM RECURSO EM MANDADO DE SEGURANÇA. DECISÃO IRRECORRÍVEL DA PRESIDÊNCIA DO TRE/RJ. AUTONOMIA ADMINISTRATIVA. INEXISTÊNCIA DE DUPLO GRAU DE JURISDIÇÃO NA ESFERA ADMINISTRATIVA. NÃO OBSERVÂNCIA DO ÔNUS DA IMPUGNAÇÃO ESPECÍFICA E DO PRINCÍPIO DA DIALETICIDADE. DESPROVIMENTO.1. Agravo interno interposto contra decisão monocrática que negou seguimento a recurso em mandado de segurança.2. A decisão recorrida assentou que a irrecorribilidade das decisões administrativas da Presidência do TRE/RJ, tal como fixada no Regimento Interno daquele Tribunal, é compatível com a jurisprudência do STF e do STJ, que se fixou no sentido de que não há garantia de duplo grau na esfera administrativa.3. A petição de agravo interno se limita a sustentar que decorre do art. 56 da Lei nº 9.784/1999 a garantia ao duplo grau de jurisdição em matéria administrativa e que, portanto, o Pleno do TRE/RJ seria autoridade superior para fins de revisão das decisões da Presidência do Tribunal, mesmo em matéria administrativa. 4. Assim, o recorrente, embora se insurgindo contra a decisão, o fez sem enfrentar especificadamente as razões que levaram à conclusão de que a irrecorribilidade das decisões administrativas da Presidência do TRE/RJ, tal como fixada no Regimento Interno daquele Tribunal, é compatível com a jurisprudência do TSE. Desse modo, não se desincumbiu do ônus imposto pelo art. 1.021 do CPC, segundo o qual, "na petição de agravo interno, o recorrente impugnará especificadamente os fundamentos da decisão agravada".5. As razões do recurso, na forma como apresentadas, são insuficientes para modificar a decisão recorrida. Nos termos da jurisprudência deste Tribunal Superior Eleitoral, o princípio da dialeticidade recursal impõe ao Recorrente o ônus de evidenciar os motivos de fato e de direito capazes de infirmar todos os fundamentos do em decisum em que se pretende modificar, sob pena de vê-lo mantido por seus próprios fundamentos.6. Agravo interno a que se nega provimento. (TSE – Recurso em Mandado de Segurança nº 060007004, Acórdão, Relator(a) Min. Luís Roberto Barroso, Publicação: DJE – Diário de justiça eletrônico, Tomo 190, Data 01/10/2019)"

"ELEIÇÕES 2018. REGISTRO DE CANDIDATURA. DEPUTADO ESTADUAL. DECISÃO REGIONAL. INDEFERIMENTO. CONDENAÇÃO CRIMINAL. INELEGIBILIDADE. 1. O Tribunal *a quo* indeferiu o registro do candidato ao cargo de deputado estadual, em razão da inelegibilidade prevista no art. 1º, I, *e*, da Lei Complementar 64/90, decorrente de condenação pela prática de crime contra a administração pública, consistente no delito de concussão previsto no art. 316 do Código Penal, feito esse de competência originária daquela Corte em razão do foro por prerrogativa de função de deputado estadual. 2. A decisão criminal condenatória proferida por órgão judicial colegiado, no exercício de sua competência originária, atrai a incidência da causa de inelegibilidade prevista no art. 1º, I, *e*, da Lei Complementar 64/90, não havendo falar em ofensa à ampla defesa, com os meios e os recursos a ela inerentes, pois não há confundir colegialidade com duplo grau de jurisdição. 3. "A condenação do candidato, por órgão colegiado do Poder Judiciário, por crime contra a Administração Pública é apta a atrair a incidência da causa de inelegibilidade objeto do art. 1º, inciso I, alínea *e*, da Lei Complementar nº 135/2010" (AgR-REspe 466-13, rel. Min. Laurita Vaz, DJE de 22.2.2013). 4. Nos termos do verbete sumular 41 do TSE, não cabe à Justiça Eleitoral avaliar o acerto ou o desacerto das condenações proferidas por outros órgãos do Poder Judiciário que possam dar ensejo ao reconhecimento a causa de inelegibilidade. 5. Conforme julgados do Tribunal Superior Eleitoral, é inviável o sobrestamento de processo de registro de candidatura, considerados os preceitos da duração razoável do processo e da celeridade. Agravo regimental a que se nega provimento. (Recurso Ordinário nº 060095391, Acórdão, Relator(a) Min. Admar Gonzaga, Publicação: DJE – Diário de justiça eletrônico, Tomo 67, Data 08/04/2019)"

"ELEIÇÕES 2016. AGRAVO REGIMENTAL EM RECURSO ESPECIAL. PRESTAÇÃO DE CONTAS DE CANDIDATO. VEREADOR. CONTAS JULGADAS NÃO PRESTADAS NAS INSTÂNCIAS ORDINÁRIAS. APRESENTAÇÃO DE DOCUMENTOS MÍNIMOS.

HIPÓTESE DE SE CONSIDERAR AS CONTAS APRESENTADAS, MAS DESAPROVÁ-LAS. SUBSISTÊNCIA DE IRREGULARIDADES GRAVES E INSANÁVEIS. NEGADO SEGUIMENTO AO AGRAVO INTERNO. 1. Não há afronta ao art. 36, §6º, do RITSE ou ao duplo grau de jurisdição quando a decisão monocrática está alicerçada em copiosa jurisprudência dominante desta Corte Superior. 2. Deve ser mantida a decisão agravada, que reformou parcialmente o acórdão regional para considerar as contas apresentadas, pois foram apresentados documentos mínimos, mas desaprová-las, tendo em vista a subsistência de irregularidades graves e insanáveis. 3. Somente mediante o reexame de provas seria possível acolher a alegação do agravante de que teria apresentado os documentos suficientes para a devida fiscalização das contas pela Justiça Eleitoral. Óbice do Verbete Sumular nº 24 do TSE. 4. Negado seguimento ao agravo regimental. (Recurso Especial Eleitoral nº 44995, Acórdão, Relator(a) Min. Og Fernandes, Publicação: DJE – Diário de justiça eletrônico, Data 20/03/2019)"

"AGRAVO REGIMENTAL. RECURSO ORDINÁRIO. ELEIÇÕES 2014. DEPUTADO ESTADUAL. SUPLENTE. REPRESENTAÇÃO. CAPTAÇÃO ILÍCITA DE SUFRÁGIO. ART. 41-A DA LEI 9.504/97. CABIMENTO. RECURSO ORDINÁRIO. ARTS. 121, §4º, IV, DA CF/88 e 257, §2º, DO CÓDIGO ELEITORAL. DESPROVIMENTO. 1. Na decisão monocrática, proveu-se o recurso ordinário do ora agravado – primeiro suplente do cargo de deputado estadual pelo Pará nas Eleições 2014 – para julgar improcedentes os pedidos, afastando-se a perda do registro ante a fragilidade do conjunto probatório da suposta compra de votos (art. 41-A da Lei 9.504/97). 2. O agravante volta-se apenas contra a admissão do apelo como ordinário, ao argumento de que o recurso é cabível somente quando envolver cassação de diploma ou mandato em eleições federais ou estaduais, o que não se faz presente, pois o candidato não foi eleito. 3. A teor do art. 215 do Código Eleitoral, os suplentes também são diplomados, mormente no caso, em que o agravado alcançou a primeira suplência. Assim, é indene de dúvida que a cassação do registro maculou o diploma recebido, circunstância que desafia, a teor do art. 121, §4º, IV, da CF/88, recurso ordinário. No mesmo sentido, precedentes desta Corte Superior. 4. A ratio essendi da previsão constitucional é permitir o reexame da causa pela instância superior, prestigiando-se o duplo grau de jurisdição, considerando que a Corte a quo atua, nessa hipótese, em sua competência originária. 5. De todo modo, o §2º do art. 257 do Código Eleitoral, introduzido pela Lei 13.165/2015, criou duas novas hipóteses de cabimento de recurso ordinário: quando houver cassação de registro ou afastamento do titular em pleitos estaduais e federais. 6. Considerando que o TRE/PA cassou o registro, é forçoso reconhecer que o recurso cabível é, de fato, o ordinário. 7. Agravo regimental desprovido. (TSE – Recurso Ordinário nº 318647, Acórdão, Relator(a) Min. Jorge Mussi, Publicação: DJE – Diário de justiça eletrônico, Tomo 239, Data 04/12/2018, Página 67-68)".

2.12.9 Preclusão Instantânea

Em linhas gerais, a regra da *preclusão* parte da ideia de que toda faculdade processual tem de ser exercida em sua fase legalmente estabelecida, sob pena de não se poder mais praticar o ato. Desse modo, ao dizer que o ato está precluso, atesta-se que não há mais a possibilidade de ele ser praticado, seja porque já foi praticado, ainda que de maneira insuficiente, ou porque a parte deixou de fazê-lo no momento processual adequado.

Justamente por demandar uma natureza mais célere, o contencioso eleitoral requer que seu sistema processual seja construído com instrumentos hábeis a contribuir com essa agilidade, sem que o devido processo legal saia prejudicado. Nesse contexto, a regra da preclusão instantânea ganha importante destaque.

Anota-se que uma leitura apressada do instituto pode levar à conclusão errônea de que a preclusão instantânea confunde-se com a aquisição progressiva dos atos. No entanto, em vez de ser enxergada da mesma maneira, a preclusão instantânea deve ser tratada numa regra que concretiza o princípio da aquisição progressiva.

É possível afirmar, assim, que o referido princípio traduz a ideia de que o contencioso eleitoral requer essencialmente um trâmite mais célere, tendo em vista a sua calendarização rígida, não podendo suportar a morosidade tão comum a outras áreas jurídicas. O efeito (ou o instrumento) resultante desse pensamento é justamente a regra da preclusão instantânea.

Conforme alinhavado, o contencioso eleitoral é composto por um plexo ordenado de atos processuais que, de forma lógica, observa o tempo e o prazo previstos em lei. Assim, eventual desídia ou prática insatisfatória de ato processual pode levar à preclusão lógica, sempre que houver um descumprimento da forma, à preclusão temporal ou à preclusão consumativa – que ocorre nos casos em que o ato ferir a própria racionalidade do conjunto de atos concatenados.

No Código Eleitoral brasileiro, há alguns artigos que podem ilustrar esse instituto, por exemplo os arts. 149 e 223:

> Art. 149. Não será admitido recurso contra a votação, se não tiver havido impugnação perante a Mesa Receptora, no ato da votação, contra as nulidades arguidas.[120]
>
> Art. 223. A nulidade de qualquer ato, não decretada pela Junta, só poderá ser arguida quando da sua prática, não mais podendo ser alegada, salvo se a arguição se basear em motivo superveniente ou de ordem constitucional.
>
> §1º Se a nulidade ocorrer em fase na qual não possa ser alegada no ato, poderá ser arguida na primeira oportunidade que para tanto se apresente.
>
> §2º Se se basear em motivo superveniente deverá ser alegada imediatamente, assim que se tornar conhecida, podendo as razões do recurso ser aditadas no prazo de 2 (dois) dias.
>
> §3º A nulidade de qualquer ato, baseada em motivo de ordem constitucional, não poderá ser conhecida em recurso interposto fora do prazo. Perdido o prazo numa fase própria, só em outra que se apresentar poderá ser arguida.[121]

---

[120] BRASIL. *Lei nº 4.737, de 15 de julho de 1965*. Disponível em: http://www.planalto.gov.br/ccivil_03/LEIS/L4737.htm. Acesso em: 15 fev. 2022.

[121] BRASIL. *Lei nº 4.737, de 15 de julho de 1965*. Disponível em: http://www.planalto.gov.br/ccivil_03/LEIS/L4737.htm. Acesso em: 15 fev. 2022.

PARA SEDIMENTAR

"ELEIÇÕES 2018. EMBARGOS DE DECLARAÇÃO. AGRAVO. RECURSO ESPECIAL. PRESTAÇÃO DE CONTAS. CANDIDATO. DESAPROVAÇÃO. PRETENSÃO INFRINGENTE. RECEBIMENTO COMO AGRAVO REGIMENTAL. ERRO GROSSEIRO. JUNTADA EXTEMPORÂNEA DE DOCUMENTOS. IMPOSSIBILIDADE. DESPROVIMENTO. 1. Embargos de Declaração recebidos como Agravo Regimental, consideradas a nítida pretensão infringente e a fungibilidade recursal. 2. Não restou configurada qualquer omissão no acórdão regional, tendo em vista assentada a preclusão mediante a análise específica dos motivos ensejadores da suposta apresentação tardia dos documentos. 3. O acórdão recorrido está alinhado ao entendimento consolidado nesta CORTE SUPERIOR, segundo o qual, em sede de prestação de contas, é inadmissível a juntada extemporânea de documentos retificadores quando a parte, devidamente intimada para cumprir diligência, deixa transcorrer in albis o prazo concedido, atraindo a incidência de preclusão. 4. Agravo Regimental desprovido. (TSE – Agravo de Instrumento nº 060225468, Acórdão, Relator(a) Min. Alexandre de Moraes, Publicação: DJE – Diário da justiça eletrônica, Tomo 226, Data 06/11/2020)"

"PRESTAÇÃO DE CONTAS. DIRETÓRIO NACIONAL. PARTIDO COMUNISTA BRASILEIRO (PCB). EXERCÍCIO FINANCEIRO DE 2013. DESAPROVAÇÃO.1. Na linha da jurisprudência desta Corte, a não comprovação de gastos custeados com recursos do Fundo Partidário e o reiterado descumprimento do disposto no art. 44, V, da Lei 9.096/95 são irregularidades graves que, em tese, justificam a desaprovação das contas.2. Para as prestações de contas do exercício financeiro de 2013, a apresentação de nota fiscal, com detalhada descrição do produto ou do serviço, acompanhada de documentação complementar, é suficiente para atestar a regularidade da despesa e a respectiva vinculação com as atividades partidárias. Inexigibilidade de relatórios circunstanciados de atividades, apresentação de claquetes e afins.3. "A jurisprudência do Tribunal Superior Eleitoral é no sentido de que, em virtude da natureza jurisdicional do processo de prestação de contas, ocorre preclusão para a juntada de documentos quando o partido político foi anteriormente intimado para sanar as falhas e não o fez tempestivamente" (AgR-AI 175-77, rel. Min. Admar Gonzaga, DJe de 20.11.2018).4. A juntada de documentos fiscais é medida que deve ser tomada na apresentação das contas e/ou nas diligências alusivas ao exame preliminar, de modo que, em regra, é incabível pedido de dilação de prazo em sede de defesa, quando já se aproxima o prazo de que trata o art. 37, §3º, in fine, da Lei 9.096/95.5. O total de irregularidades com recursos do Fundo Partidário (R$274.315,68) corresponde a aproximadamente 34,62% do montante recebido desse fundo (R$792.304,62), o que, associado ao reiterado descumprimento do preceito estampado no art. 44, V, da Lei 9.096/95, justifica a desaprovação das contas, com: (i) suspensão do recebimento de novas quotas do Fundo Partidário pelo prazo de 3 meses, a ser cumprida ao longo de 6 parcelas mensais; (ii) devolução de valores ao erário; e (iii) aplicação de recursos na promoção de participação feminina na política, com o acréscimo de 2,5%, sem prejuízo do valor a ser destinado a esse fim no ano respectivo. Prestação de contas desaprovada. (Prestação de Contas nº 31449, Acórdão, Relator(a) Min. Admar Gonzaga, Publicação: DJE – Diário de justiça eletrônico, Data 29/05/2019).

ELEIÇÃO SUPLEMENTAR 2018. EMBARGOS DE DECLARAÇÃO. AGRAVOS REGIMENTAIS. RECURSOS ESPECIAIS. PEDIDO DE REGISTRO DE CANDIDATURA. PREFEITO. CONDENAÇÃO SUPERVENIENTE POR ABUSO DO PODER ECONÔMICO. INELEGIBILIDADE. ART. 1º, I, D, DA LC Nº 64/90. ART. 11, §10, DA LC Nº 9.504/97. INSTÂNCIA ORDINÁRIA. EXAME NO PRÓPRIO PROCESSO DE REGISTRO. POSSIBILIDADE. RETORNO DOS AUTOS AO TRIBUNAL DE ORIGEM. OMISSÕES INEXISTENTES. MERO INCONFORMISMO. ERRO MATERIAL. CARACTERIZADO. ACLARATÓRIOS PARCIALMENTE ACOLHIDOS SEM EFEITO MODIFICATIVO. 1. Embargos de declaração opostos contra acórdão proferido por este Tribunal no qual, desprovidos os agravos regimentais, manteve-se o provimento do recurso especial interposto pela coligação ora embargada, a fim de que os autos regressem ao Tribunal de origem para, oportunizados o contraditório e a ampla defesa, nos termos do art. 4º da LC nº 64/90, o TRE/CE conhecer do fato superveniente e decidir, exclusivamente, a respeito do disposto no art. 1º, I, d, da LC nº 64/90. 2. A defesa não comprovou nenhum prejuízo pela falta do exame do pedido de vista, na medida em que a procuradora Janine Adeodato Accioly, integrante da banca de advogados de José Jaydson Saraiva de Aguiar e Mardes Ramos de Oliveira até a presente data, nomeada por meio de substabelecimento datado do dia 29.5.2018 (fl. 388), conhecedora de todo o conteúdo dos autos – é totalmente irrelevante a forma como os advogados distribuíram internamente as tarefas, pois todos detêm poderes para atuar individualmente em qualquer momento processual –, além de ter protocolizado as contrarrazões aos recursos eleitorais e o recurso especial adesivo – os quais, de acordo com o instituto da preclusão consumativa, não comportam complementação –, poderia, sem nenhuma dificuldade, ter apresentado as manifestações que a defesa achasse apropriadas. 3. Segundo a técnica da fundamentação suficiente, o julgador não está obrigado a responder a todas as questões suscitadas pelas partes quando já tiver encontrado motivo suficiente para proferir a decisão. Em razão disso, não cabem aclaratórios contra a decisão que não se pronunciou sobre determinado argumento que era incapaz de infirmar a conclusão adotada. Precedente. 4. Quanto à suposta violação ao art. 133 da Constituição Federal, verifica-se que constitui inadmissível inovação em sede de embargos de declaração. Precedente. 5. Deve-se reconhecer o erro material apontado – incapaz de modificar a decisão colegiada atacada, pois a todo tempo os ora embargantes estavam assistidos por advogada conhecedora do processo e apta a se manifestar, como já dito –, porquanto os presentes autos realmente permaneceram com vista ao Ministério Público Eleitoral entre os dias 3.8.2018 e 25.8.2018, ficando à disposição a partir dessa data até o dia 4.9.2018. 6. No que diz respeito à intempestividade do recurso eleitoral, a matéria foi motivadamente rejeitada por este Tribunal, o qual já assentou que "não se prestam os embargos de declaração, não obstante sua vocação democrática e a finalidade precípua de aperfeiçoamento da prestação jurisdicional, para o reexame das premissas fáticas e jurídicas já apreciadas no acórdão embargado" (ED-AgR-REspe nº 2572-80/GO, Rel. Min. Rosa Weber, DJe de 21.10.2016). Precedentes. 7. Aclaratórios parcialmente acolhidos, sem efeito modificativo, para tão somente corrigir erro material. 8. Determina-se a baixa imediata dos presentes autos ao TRE/CE para cumprimento do acórdão embargado, bem como a formação de autos suplementares para processamento em separado de eventuais recursos. (Recurso Especial Eleitoral nº 2997, Acórdão, Relator(a) Min. Tarcisio Vieira De Carvalho Neto, Publicação: DJE – Diário de justiça eletrônico, Data 24/04/2019).

ELEIÇÕES 2018. AGRAVO REGIMENTAL. RECURSO ESPECIAL RECEBIDO COMO ORDINÁRIO. SÚMULA Nº 64/TSE. REGISTRO DE CANDIDATO. INDEFERIMENTO. DEPUTADO ESTADUAL. ATO DOLOSO DE IMPROBIDADE ADMINISTRATIVA. CONDENAÇÃO. TRÂNSITO EM JULGADO. SUSPENSÃO DOS DIREITOS POLÍTICOS. ANTINOMIA ENTRE O CÓDIGO ELEITORAL E A LEI Nº 9.096/95. INEXISTÊNCIA. CONDIÇÃO DE ELEGIBILIDADE. ART. 9º DA LEI Nº 9.504/97. FILIAÇÃO PARTIDÁRIA. PRAZO. 6 (SEIS) MESES. NÃO COMPROVAÇÃO. ART. 1º, I, I, DA LC nº 64/90. INELEGIBILIDADE. TEMA PREJUDICADO. DESPROVIMENTO. [...] 3. Incabível a inovação de teses recursais nas razões do agravo, devendo a matéria impugnada constar anteriormente do recurso especial (precedentes). Suscitada, pela vez primeira, a tese de que a anotação relativa à suspensão dos seus direitos políticos não fora registrada no cadastro eleitoral, não há como conhecer da tese ante a incidência da preclusão consumativa. [...] 5. Mantido o indeferimento do registro com base na ausência da condição de elegibilidade prevista no art. 14, §3º, V, da CF, fica prejudicada a tese veiculada pelo MPE na contraminuta do agravo regimental, relativa à incidência da cláusula de inelegibilidade prevista no art. 1º, I, I, da LC nº 64/90. (Recurso Ordinário nº 060023248, Acórdão, Relator(a) Min. Tarcisio Vieira De Carvalho Neto, Publicação: PSESS – Publicado em Sessão, Data 11/12/2018).

"ELEIÇÕES 2016. RECURSO ESPECIAL. REGISTRO DE CANDIDATURA. PREFEITO. DEFERIMENTO. INELEGIBILIDADE. Art. 1º, I, G, DA LEI Nº 64/90. REJEIÇÃO. CONTAS ANUAIS DE 2009. ACÓRDÃO DO TCE/PB. ANULAÇÃO POSTERIOR. DECRETO LEGISLATIVO. PREVALÊNCIA. CÂMARA MUNICIPAL. ÓRGÃO COMPETENTE. ANULAÇÃO POSTERIOR DO ACÓRDÃO DA CORTE DE CONTAS. NOVO DECRETO LEGISLATIVO EDITADO APÓS A DIPLOMAÇÃO. ALTERAÇÃO SUPERVENIENTE. INAPLICABILIDADE. DATA LIMITE. DIPLOMAÇÃO. PARCIAL PROVIMENTO.O CASO: [...] 9. No julgamento do RO nº 96-71/GO (Rel. Min. Luciana Lóssio, PSESS de 23.11.2016), este Tribunal passou a admitir o exame de documento novo, nos processos de registro de candidatura, atinentes às alterações fáticas ou jurídicas que afastem a inelegibilidade, nos termos do art. 11, §10, da Lei nº 9.504/97, mesmo quando já inaugurada a instância especial, até a data da diplomação. 10. No caso vertente, o recorrido apresentou, quando já instaurada a jurisdição especial, os seguintes documentos: a) Em 18.11.2016: certidão emitida pelo Secretário do Tribunal Pleno do TCE/PB, na qual foi certificado que, em 16.11.2016, que a Corte de Contas julgou o recurso de reconsideração interposto no processo TC-05257/2010 e emitiu parecer favorável à aprovação das contas. Tal documento, contudo, não afasta a higidez do decreto legislativo o qual reprovou as contas anuais de 2009, haja vista que, na linha da jurisprudência do STF e do TSE, a

Câmara Municipal é o órgão competente para o julgamento das contas de prefeito, ex vi do disposto no art. 31, §§1º e 2º, da CF. b) Em 9.12.2016: certidão emitida por servidora da Câmara Municipal na qual atesta o fato de 5 (cinco) dos 9 (nove) vereadores terem votado a favor da anulação da decisão anterior que rejeitava as contas. Tal documento não diz respeito a fato superveniente, pois visa a corroborar circunstâncias pretéritas já discutidas pelo Tribunal a quo, o que acarreta sua inadmissibilidade em virtude da preclusão. Ainda que superado o óbice processual, há indícios de falsidade documental a qual está sendo averiguada pelo Parquet, com adoção das medidas cabíveis à apuração de eventual prática do crime previsto no art. 348 do Código Eleitoral. III. Documentos juntados após a interposição do recurso especial e após a diplomação (março de 2017): inadmissibilidade. 11. Na linha da remansosa jurisprudência desta Corte, a alteração jurídica advinda após a diplomação dos eleitos, portanto, tardiamente, não tem o condão de elidir a inelegibilidade no processo de registro de candidatura. A barreira temporal tem como objetivo conferir estabilidade e segurança jurídica às fases e etapas já concluídas do processo eleitoral, fortemente orientado pelo princípio da preclusão. Por esses fundamentos, conclui-se que as declarações e certidões juntadas após a diplomação, bem como o Decreto Legislativo nº 001/2017 (publicado em 26.1.2017), por meio do qual foram aprovadas as contas anuais do exercício de 2009, não têm o condão de interferir no presente julgamento. IV. Conclusão: 12. Tendo em vista que a Corte Regional limitou-se a assentar a insubsistência do decreto legislativo que desaprovou as contas do ora recorrido, não seria possível a este Tribunal avançar sobre os demais elementos constitutivos da norma, o que implicaria indevida supressão de instância e, caso reconhecida a inelegibilidade em questão, violação ao princípio da non reformatio in pejus.13. Recurso especial a que se dá parcial provimento, para determinar o retorno dos autos ao TRE/PB, a fim de que seja analisada a existência, ou não, dos demais requisitos previstos na alínea g do inciso I do art. 1º da LC nº 64/90, para fins da verificação de eventual incidência de causa de inelegibilidade. (TSE – Recurso Especial Eleitoral nº 50784, Acórdão, Relator(a) Min. Tarcisio Vieira De Carvalho Neto, Publicação: DJE – Diário de justiça eletrônico, Data 02/02/2018)".

"ELEIÇÕES 2016. AGRAVO REGIMENTAL EM RECURSO ESPECIAL. REGISTRO DE CANDIDATURA AO CARGO DE PREFEITO DEFERIDO PELO TRIBUNAL REGIONAL. INELEGIBILIDADE PREVISTA NA ALÍNEA G DO INCISO I DO ART. 1º DA LC 64/90 AFASTADA. ILEGITIMIDADE DO MPE PARA RECORRER DE DECISÃO QUE NEGOU SEGUIMENTO A RECURSO ESPECIAL INTERPOSTO POR PARTE DIVERSA. PRECLUSÃO LÓGICA. NÃO CONHECIMENTO DO AGRAVO REGIMENTAL. 1. Embora o MPE tenha ajuizado Ação de Impugnação ao Registro de Candidatura, conformou-se com o acórdão pelo qual o TRE da Bahia, ao dar provimento ao Recurso Eleitoral do candidato, reformou a sentença para deferir o pedido de registro. 2. Não cabe, assim, ao MPE recorrer da decisão que negou seguimento ao Recurso Especial interposto por parte diversa, porquanto, ao deixar de impugnar o acórdão regional, conformou-se com o que decidido naquela instância, operando-se, assim, a preclusão lógica. 3. Agravo Regimental não conhecido.(TSE – Recurso Especial

Eleitoral nº 11593, Acórdão, Relator(a) Min. Napoleão Nunes Maia Filho, Publicação: DJE – Diário de justiça eletrônico, Tomo 116, Data 16/06/2017, Página 21-22)".

"ELEIÇÕES 2014. AGRAVO REGIMENTAL EM AGRAVO. PRESTAÇÃO DE CONTAS DE CAMPANHA. REPROVAÇÃO NO TRIBUNAL DE ORIGEM. JUÍZO DE ADMISSIBILIDADE. USURPAÇÃO DE COMPETÊNCIA. NÃO OCORRÊNCIA. JUNTADA DE DOCUMENTOS. PRECLUSÃO. AFRONTA AO ART. 275, §4º, DO CE E AO PRINCÍPIO DO DEVIDO PROCESSO LEGAL. NÃO VERIFICAÇÃO. DISSÍDIO JURISPRUDENCIAL NÃO DEMONSTRADO. AUSÊNCIA DE SIMILITUDE FÁTICA. ARGUMENTOS INAPTOS PARA REFORMAR A DECISÃO AGRAVADA. AGRAVO REGIMENTAL A QUE SE NEGA PROVIMENTO.1.É pacífico o entendimento desta Corte de que é possível ao Tribunal a quo adentrar no mérito recursal sem que haja usurpação de competência, uma vez que o TSE não está vinculado ao juízo de admissibilidade realizado na instância de origem. Nessa linha: AgR-AI 96-66/SP, Rel. Min. LUCIANA LÓSSIO, publicado na sessão de 27.2.2014.2.São protelatórios os segundos Embargos de Declaração cujos argumentos são mera repetição do que alegado nos Aclaratórios anteriormente opostos e devidamente enfrentados pela Corte, o que atrai a ressalva do §4º do art. 275 do CE (ED-ED-REspe 139-77/MG, Rel. Min. LUCIANA LÓSSIO, DJe 8.10.2013).3. É assente nesta Corte Superior o entendimento de que, concedida à parte oportunidade para se manifestar nos autos e deixando ela de fazê-lo no momento oportuno, opera-se o instituto da preclusão, não ocorrendo ofensa ao princípio do devido processo legal. Precedente: AgR-REspe 773-55/SE, Rel. Min. HENRIQUE NEVES DA SILVA, DJe 28.4.2016.4. Para que os princípios da proporcionalidade e da razoabilidade fossem aplicados à Prestação de Contas, seria necessário que os documentos apresentados na origem possibilitassem a análise dos valores para a verificação de enquadramento nos percentuais acolhidos pela jurisprudência, o que não ocorreu. 5. Agravo Regimental a que se nega provimento. (TSE – Agravo de Instrumento nº 71807, Acórdão, Relator(a) Min. Napoleão Nunes Maia Filho, Publicação: DJE – Diário de justiça eletrônico, Tomo 84, Data 02/05/2017, Página 108)".

Ac.-TSE, de 8.11.2016, no AgR-REspe nº 126692: nulidade processual deve ser suscitada na primeira oportunidade que couber ao interessado se manifestar nos autos, sob pena de preclusão.

2.12.10 Irrecorribilidade das decisões do Tribunal Superior Eleitoral

No ordenamento brasileiro, a legislação ordinária determina, de forma expressa, a aplicabilidade da regra referente à *irrecorribilidade das decisões de tribunais em último grau de jurisdição.* A jurisprudência, por sua vez, extrai da regra legal outros desdobramentos atinentes ao citado princípio.

A esse respeito, veja-se o art. 281 do Código Eleitoral:

> Art. 281. São irrecorríveis as decisões do Tribunal Superior, salvo as que declararem a invalidade de lei ou ato contrário à Constituição Federal e as denegatórias de *habeas corpus* ou mandado de segurança, das quais caberá recurso ordinário para o Supremo Tribunal Federal, interposto no prazo de 3 (três) dias. §1º Juntada a petição nas 48 (quarenta e oito) horas seguintes, os autos serão conclusos ao Presidente do Tribunal, que, no mesmo prazo, proferirá despacho fundamentado, admitindo ou não o recurso. §2º Admitido o recurso, será aberta vista dos autos ao recorrido para que, dentro de 3 (três) dias, apresente as suas razões. §3º Findo esse prazo, os autos serão remetidos ao Supremo Tribunal Federal.[122]

Nesse mesmo sentido, vale observar a Súmula n. 728 do Supremo Tribunal Federal:

> Súmula n. 728 STF – Prazo para interposição de Recurso Extraordinário contra decisão do Tribunal Superior Eleitoral – É de três dias o prazo para a interposição de recurso extraordinário contra decisão do Tribunal Superior Eleitoral, contado, quando for o caso, a partir da publicação do acórdão, na própria sessão de julgamento, nos termos do art. 12 da Lei 6.055/74, que não foi revogado pela Lei 8.950/94.[123]

Assim, é possível considerar a irrecorribilidade das decisões do Tribunal Superior Eleitoral brasileiro uma regra processual, comportando, por isso mesmo, exceções, com o fito de dar ao contencioso eleitoral o balanço entre segurança jurídica e celeridade, peças fundamentais da referida seara.

PARA SEDIMENTAR

"RECURSO EXTRAORDINÁRIO EM MANDADO DE SEGURANÇA. ACÓRDÃO DO TRIBUNAL SUPERIOR ELEITORAL. WRIT DENEGADO. SÚMULA 22/TSE. INTERPOSIÇÃO DE RECURSO EXTRAORDINÁRIO AO INVÉS DE RECURSO ORDINÁRIO. INADMISSIBILIDADE. ERRO GROSSEIRO. ART. 102, II, "A" DA CONSTITUIÇÃO DA REPÚBLICA. IMPOSSIBILIDADE DE APLICAÇÃO DO PRINCÍPIO DA FUNGIBILIDADE. RECURSO EXTRAORDINÁRIO NÃO CONHECIDO. [...] Com efeito, tratando-se de decisão denegatória em mandado de segurança, proferida originariamente pelo Tribunal Superior Eleitoral, o recurso cabível seria o recurso ordinário – e não o recurso extraordinário – nos termos do art. 102, II, "a", da Constituição da República, bem como do art. 281 do Código Eleitoral. As normas possuem o seguinte teor, in verbis: CRFB/88 Art. 102. Compete ao Supremo Tribunal Federal, precipuamente, a guarda da Constituição, cabendo-lhe: [...] II – julgar, em recurso

---

122 BRASIL. *Lei nº 4.737, de 15 de julho de 1965*. Disponível em: http://www.planalto.gov.br/ccivil_03/LEIS/L4737.htm. Acesso em: 15 fev. 2022.

123 STF. *Súmula 728*. Disponível em: http://www.stf.jus.br/portal/jurisprudencia/listarJurisprudencia.asp?s1=728.NUME.%20NAO%20S.FLSV.&base=baseSumulas. Acesso em: 15 fev. 2022.

ordinário: a) o habeas corpus, o mandado de segurança, o habeas data e o mandado de injunção decididos em única instância pelos Tribunais Superiores, se denegatória a decisão; Código Eleitoral Art. 281. São irrecorríveis as decisões do Tribunal Superior, salvo as que declararem a invalidade de lei ou ato contrário à Constituição Federal e as denegatórias de habeas corpus ou mandado de segurança, das quais caberá recurso ordinário para o Supremo Tribunal Federal, interposto no prazo de 3 (três) dias. (Grifo próprio). Destarte, evidencia-se, no presente feito, a recorribilidade por intermédio de recurso ordinário, e, além disso, a flagrante impropriedade do cabimento do recurso extraordinário, que possui a seguinte previsão constitucional, in verbis: CRFB/88 Art. 102. Compete ao Supremo Tribunal Federal, precipuamente, a guarda da Constituição, cabendo-lhe: [...] III – julgar, mediante recurso extraordinário, as causas decididas em única ou última instância, quando a decisão recorrida: (Grifo próprio). Deveras, a análise das normas constitucionais aplicáveis resulta na circunstância do acesso ao Supremo Tribunal Federal só ser permitido pela via do recurso extraordinário após o esgotamento das vias ordinárias. In casu, a decisão denegatória de mandado de segurança prolatada pelo TSE não foi tomada em única ou última instância. Deveras, muito embora o então Presidente do Tribunal Superior Eleitoral, Ministro Gilmar Mendes, tenha realizado um exame preliminar positivo de admissibilidade do recurso, entendo que (i) o recurso extraordinário interposto é manifestamente incabível, e (ii) é inaplicável o princípio da fungibilidade. A uma porque as decisões denegatórias de mandado de segurança, quando proferidas em instância originária pelos Tribunais Superiores admitem, exclusivamente, impugnação por intermédio de recurso ordinário (art. 102, II, "a", da CRFB/88), que ativará a inafastável competência recursal ordinária desta Corte Constitucional. A duas porque, configurada a ocorrência de erro grosseiro pela interposição de recurso manifestamente incabível, resta inadmissível a aplicação à espécie do princípio da fungibilidade. Nesse sentido, aliás, é o verbete da Súmula 272 desta Corte, que dispõe, in verbis: Súmula 272 Não se admite como ordinário recurso extraordinário de decisão denegatória de mandado de segurança. No mesmo sentido firmou-se a jurisprudência desta Corte, conforme se extrai dos seguintes precedentes, in verbis: [...] Consectariamente, a decisão denegatória de mandado de segurança julgado originariamente pelo Tribunal Superior Eleitoral admite, exclusivamente, a impugnação por intermédio de recurso ordinário constitucional, que não pode ser substituído pelo apelo extremo, ainda que o mérito do recurso trate de matéria de índole constitucional. Ex positis, NÃO CONHEÇO do recurso extraordinário interposto, ante a manifesta inadmissibilidade, nos termos do art. 21, §1º do Regimento Interno do Supremo Tribunal Federal. Publique-se. Int.. Brasília, 17 de abril de 2018. Ministro Luiz Fux Relator Documento assinado digitalmente. (STF – RMS: 35628 MS – MATO GROSSO DO SUL, Relator: Min. LUIZ FUX, Data de Julgamento: 17/04/2018"

"ELEIÇÕES 2016. EMBARGOS DE DECLARAÇÃO EM AGRAVO INTERNO EM RECURSO ESPECIAL. REGISTRO DE CANDIDATURA AO CARGO DE PREFEITO. INDEFERIMENTO DA CHAPA MAJORITÁRIA, POR TER O TITULAR INCIDIDO NA CAUSA DE INELEGIBILIDADE DA ALÍNEA "E" DO INCISO I DO ART. 1º DA LC 64/90. CONDENAÇÃO CRIMINAL POR ÓRGÃO COLEGIADO. ACOLHIMENTO DO

RECURSO INTEGRATIVO AVIADO PELO MPE TÃO SOMENTE PARA PRESTAR ESCLARECIMENTOS. REJEIÇÃO DOS EMBARGOS DE DECLARAÇÃO OPOSTOS PELO CANDIDATO EFRAIM BUENO DE MORAES. DOS EMBARGOS OPOSTOS PELO MPE. PEDIDO DE DECLARAÇÃO, INCIDENTER TANTUM, DA INCONSTITUCIONALIDADE DO §3º DO ART. 224 DO CE. MATÉRIA JÁ DEVIDAMENTE ENFRENTADA POR ESTA CORTE SUPERIOR. ACOLHIMENTO PARA PRESTAR ESCLARECIMENTOS, SEM ATRIBUIÇÃO DE EFEITOS MODIFIDICATIVOS. 1. Este Tribunal Superior, no julgamento dos Embargos de Declaração no Recurso Especial 139-25/RS, concluído e publicado na sessão de 28.11.2016, assentou, por unanimidade, nos termos do voto do eminente Ministro Relator, HENRIQUE NEVES DA SILVA, que a arguição de inconstitucionalidade da integralidade do §3º do art. 224 do CE, conforme a redação dada pela Lei 13.165/15, não procede, senão em relação à expressão após o trânsito em julgado, cuja inconstitucionalidade material reside na afronta direta ao princípio da soberania (CF, art. 1º, I), à determinação de que todo o poder emana do povo e deve ser exercido por seus representantes (CF, art. 1º, parág. único), legitimamente eleitos (CF, art. 14, caput e §9º), ao princípio da separação dos poderes (CF, art. 2º) e à irrecorribilidade das decisões do Tribunal Superior Eleitoral (CF, art. 121, §3º). 2. Portanto, ao menos até que se ultimem os julgamentos, pelo STF, das Ações Diretas de Inconstitucionalidade 5.525 e 5.619, versando sobre a constitucionalidade dos §§3º e 4º do art. 224 do CE, deve ser mantido o entendimento acima perfilhado por esta Corte. 3. Embargos de Declaração acolhidos tão somente para prestar esclarecimentos, sem atribuição de efeitos modificativos. DOS EMBARGOS OPOSTOS POR EFRAIM BUENO DE MORAES. PRETENSÃO ÚNICA DE PREQUESTIONAR MATÉRIA JÁ SUFICIENTEMENTE DECIDIDA. INVIABILIDADE. AUSÊNCIA DE VÍCIOS. REJEIÇÃO DOS EMBARGOS DECLARATÓRIOS. 1. Hipótese em que, embora justifique a oposição dos Embargos Declaratórios na necessidade de prequestionamento da norma contida no art. 5º, LVII da CF, imprescindível ao cabimento do extraordinário, não aponta nem sustenta o embargante, em verdade, a ocorrência de omissão, obscuridade ou contradição. Limita-se a requerer a revisitação de matéria já suficientemente decidida, o que não se revela possível em âmbito de Aclaratórios. 2. Mesmo para fins de prequestionamento, os Embargos de Declaração somente são cabíveis quando houver no julgado algum dos vícios descritos no art. 275 do CE. 3. Embargos de Declaração rejeitados. (TSE – Recurso Especial Eleitoral nº 10412, Acórdão, Relator(a) Min. Napoleão Nunes Maia Filho, Publicação: DJE – Diário de justiça eletrônico, Data 05/04/2017, Página 16)".

SISTEMA ELEITORAL BRASILEIRO

Sistema eleitoral é o conjunto de regras aplicadas na realização das eleições com escopo de sistematizar a apuração dos votos dos cidadãos na representação política. Segundo Dieter Nohlen "[...] o eleitor manifesta por meio do voto o partido e o candidato de sua preferência, convertendo-os em mandatos".[124]

No Brasil existem dois sistemas de eleição: o majoritário e o proporcional.

PARA SEDIMENTAR	
Cargos do Poder Executivo	Presidente da República, Governador de Estado, Governador do Distrito Federal e Prefeito.
Cargos do Poder Legislativo	Senador da República, Deputados Federais, Deputados Estaduais, Deputados Distritais e Vereadores.

PARA SEDIMENTAR	
Voto em Branco	É caracterizado quando o eleitor não demonstra a preferência de voto.
Voto Nulo	É caracterizado quando o eleitor decide livremente anular o voto.
Voto de Legenda	É caracterizado quando o eleitor não vota em um determinado candidato, mas vota em um determinado partido ou determinada federação.
Votos Válidos	São os votos nominais e de legenda efetuados pelos eleitores. Não se incluem votos nulos e votos em branco.

124 *Apud* KIMURA, Alexandre Issa. *Manual de direito eleitoral*. 2. ed. rev. e atual. Rio de Janeiro: Forense. p. 65.

3.1 Sistema Eleitoral Majoritário

É empregado para as eleições dos cargos do Poder Executivo e para o cargo de Senador da República. Nesta regra, para serem eleitos, os candidatos devem atingir a maioria dos votos válidos do pleito, descontados os votos em brancos e nulos, sendo certo, ainda, que, em se tratando dos cargos do Poder Executivo federal e estadual, caso este quociente não seja alcançado no primeiro turno,[125] haverá um segundo turno[126] entre os dois candidatos que obtiveram mais votos válidos no primeiro turno.

Ainda sobre o sistema eleitoral majoritário, é importante registrar duas situações excepcionais em que não há realização de segundo turno, sendo eleito, então, o candidato mais votado em turno único.

PARA SEDIMENTAR

Nas eleições para o cargo de Senador da República;

Nas eleições para o cargo de chefe do executivo municipal (Prefeito), em municípios com menos de duzentos mil eleitores, consoante as regras previstas no art. 2º, §§1º e 3º, e art.3º, §2º, ambos da Lei nº 9.504, de 30 de setembro de 1997.

3.2 Sistema Eleitoral Proporcional

É utilizado nas eleições para os cargos do Poder Legislativo, exceto para o cargo de Senador da República. O sistema proporcional "não leva consideração apenas o voto obtido pelo candidato, sendo o mandato distribuído em função da votação recebida pelo partido ou coligação".[127]

Com efeito, para se compreender como funciona o sistema proporcional, é preciso se atentar primeiramente às regras do quociente eleitoral e do quociente partidário, quais sejam:

125 Lei de Eleições – "Art. 1º: As eleições para Presidente e Vice-Presidente da República, Governador e Vice-Governador de Estado e do Distrito Federal, Prefeito e Vice-Prefeito, Senador, Deputado Federal, Deputado Estadual, Deputado Distrital e Vereador dar-se-ão, em todo o País, no primeiro domingo de outubro do ano respectivo". BRASIL. *Lei nº 9.504, de 30 de setembro de 1997*. Disponível em: http://www.planalto.gov.br/ccivil_03/leis/l9504compilado.htm. Acesso em: 16 fev. 2022.

126 Lei de Eleições – "Art. 2º: Será considerado eleito o candidato a Presidente ou a Governador que obtiver a maioria absoluta de votos, não computados os em branco e os nulos. §1º Se nenhum candidato alcançar maioria absoluta na primeira votação, far-se-á nova eleição no último domingo de outubro, concorrendo os dois candidatos mais votados, e considerando-se eleito o que obtiver a maioria dos votos válidos". BRASIL. *Lei nº 9.504, de 30 de setembro de 1997*. Disponível em: http://www.planalto.gov.br/ccivil_03/leis/l9504compilado.htm. Acesso em: 16 fev. 2022.

127 ZILIO, Rodrigo López. *Direito eleitoral*. 5. ed. Porto Alegre: Verbo Jurídico, 2016. p. 61.

PARA SEDIMENTAR

Quociente eleitoral: é determinado, na forma do art. 106 do Código Eleitoral, pela divisão do "número de votos válidos apurados pelo de lugares a preencher em cada circunscrição eleitoral, desprezada a fração se igual ou inferior a meio, equivalente a um, se superior". Em síntese, o quociente eleitoral é a divisão do total de votos válidos pelo número de cadeiras a serem preenchidas.

Quociente partidário: é determinado pelo número de votos válidos obtidos pelo partido dividido pelo quociente eleitoral, descontada a fração, consoante dicção do art.107[128] do Código Eleitoral.

Entendidos os quocientes, vejamos um exemplo de como é feito o cálculo:

Vamos supor que o município "X" possui 40 mil eleitores aptos a votar. Desses 40 mil, temos 30 mil votos válidos e estão em disputa 30 cadeiras na Câmara dos Vereadores. No mais, existem 4 partidos disputando as referidas vagas.

QE: 30 mil votos divididos por 30 cadeiras = 1000

QP: Supondo que os partidos obtiveram os seguintes votos:

PARTIDO	VOTOS VÁLIDOS OBTIDOS	QP
Alfa	6.000	6
Beta	15.000	15
Charlie	200	0
Delta	8.000	8
Gama	800	0

Em nosso exemplo, o partido Alfa terá direito a 6 cadeiras, o partido Beta a 15, o partido Delta a 8, e os partidos Charlie e Gama, por não terem alcançado o quociente partidário (votos válidos/QE), não terão direito a nenhuma cadeira. Por conseguinte, sobra uma cadeira a ser preenchida.

Um problema recorrente no sistema eleitoral proporcional até 2015 eram os chamados puxadores de votos. Isso porque as vagas remanescentes eram distribuídas

[128] Código Eleitoral Brasileiro – "Art. 107: Determina-se para cada partido o quociente partidário dividindo-se pelo quociente eleitoral o número de votos válidos dados sob a mesma legenda, desprezada a fração". BRASIL. *Lei nº 4.737, de 15 de julho de 1965*. Disponível em: http://www.planalto.gov.br/ccivil_03/LEIS/L4737.htm. Acesso em: 16 fev. 2022.

entre os candidatos mais bem votados. Para exemplificar, vamos supor que João, candidato do partido Alfa, recebeu sozinho 5 mil votos, sendo o mais votado do município. Ora, João teria direito à vaga remanescente e elegeria alguém de seu partido, não importando o número de votos desse novo eleito.

Com o advento da Lei nº 13.165, de 2015, a redação do art. 108 do Código Eleitoral foi alterada, passando a exigir que os candidatos, para serem eleitos às vagas diretas ou remanescentes, precisam obter pelo menos 10% do quociente eleitoral. Veja-se:

> Art. 108. Estarão eleitos, entre os candidatos registrados por um partido ou coligação que tenham obtido votos em número igual ou superior a 10% (dez por cento) do quociente eleitoral, tantos quantos o respectivo quociente partidário indicar, na ordem da votação nominal que cada um tenha recebido.[129]

O referido artigo sofreu nova modificação, com o advento da Lei nº 14.211/2021, que, ao suprimir a palavra coligação, adequou o texto para a impossibilidade de coligações participarem de eleições proporcionais, por força do que dispôs a Emenda Constitucional nº 97/2017.

Ocorre que, ainda assim, o novo texto se mostra, mais uma vez, desatualizado, uma vez que a Lei nº 14.208/2021 instituiu a figura da federação partidária no ordenamento jurídico brasileiro e sua atuação nas eleições proporcionais foi validada em julgado do Supremo Tribunal Federal, na ADI nº 7.021, ocorrido em 9 de fevereiro de 2022.

Voltemos ao nosso exemplo. Como ficará a distribuição da vaga remanescente?

Para responder a essa questão, devemos observar, inicialmente, a redação do art. 109 do Código Eleitoral, que foi substancialmente modificada pela Lei nº 14.211/2021:

> Art. 109. Os lugares não preenchidos com a aplicação dos quocientes partidários e em razão da exigência de votação nominal mínima a que se refere o art. 108 serão distribuídos de acordo com as seguintes regras: I – dividir-se-á o número de votos válidos atribuídos a cada partido pelo número de lugares por ele obtido mais 1 (um), cabendo ao partido que apresentar a maior média um dos lugares a preencher, desde que tenha candidato que atenda à exigência de votação nominal mínima; II – repetir-se-á a operação para cada um dos lugares a preencher; III – quando não houver mais partidos com candidatos que atendam às duas exigências do inciso I deste caput, as cadeiras serão distribuídas aos partidos que apresentem as maiores médias; §1º O preenchimento dos lugares com que cada partido for contemplado far-se-á segundo a ordem de votação recebida por seus candidatos; §2º Poderão concorrer à distribuição dos lugares todos os partidos que participaram do pleito, desde que tenham óbito pelo menos 80% (oitenta por cento) do quociente eleitoral, e os candidatos que tenham obtido votos em número igual ou superior a 20% (vinte por cento) desse quociente.[130]

Como se vê, a norma de regência sofreu nova alteração, dessa vez para ajustar a distribuição de sobras partidárias, adicionando a necessidade que participarão dessa

---

[129] BRASIL. *Lei nº 4.737, de 15 de julho de 1965*. Disponível em: http://www.planalto.gov.br/ccivil_03/LEIS/L4737.htm. Acesso em: 16 fev. 2022.

[130] BRASIL. *Lei nº 4.737, de 15 de julho de 1965*. Disponível em: http://www.planalto.gov.br/ccivil_03/LEIS/L4737.htm. Acesso em: 16 fev. 2022.

fase apenas os partidos que tenham obtido valor igual ou acima de 80% do quociente eleitoral e candidatos que tenham obtido pelo menos 20% desse quociente.

Ademais, com escopo de preencher todas as vagas, o cálculo outrora descrito deverá ser repetido sucessivamente até que todas as cadeiras sejam ocupadas. Caso haja empate de médias entre dois ou mais partidos, será considerado o mais votado e, havendo empate de média e de número de votos, ficará com a vaga o partido que recebeu o maior número de votos. No mesmo sentido, havendo empate de candidatos de um mesmo partido, o candidato mais idoso preencherá a cadeira.

Utilizando nosso exemplo, temos que:

PARTIDO	VOTOS VÁLIDOS OBTIDOS	QE + 1	MÉDIA OBTIDA
Alfa	6.000	7	857.1
Beta	15.000	16	937.5
Delta	8.000	9	888.8

Nota-se que o partido Beta obteve a melhor média. Dessa maneira, ficará com a vaga remanescente. Por fim, na hipótese de nenhum partido atingir o quociente eleitoral, "considerar-se-ão eleitos, até serem preenchidos todos os lugares, os candidatos mais votados", consoante dicção do art. 111 do Código Eleitoral.

3.3 Sistema Eleitoral – Eleições 2022

A Emenda Constitucional n. 97, de 2017, deu nova redação ao §1º do art. 17 da Constituição Federal, determinando o fim das coligações para as eleições proporcionais a partir das eleições de 2020.

Nesse sentido, cumpre destacar que, em atenção à redação do §2º[131] do aludido art.17, a eficácia da alteração do §1º do art. 17 da CF só ocorreu a partir das eleições de 2020, por essa razão, as eleições de 2018 permaneceram com a possibilidade de coligações proporcionais.

Para melhor compreensão, observemos a redação pretérita:

> Art.17 [...] §1º É assegurada aos partidos políticos autonomia para definir sua estrutura interna, organização e funcionamento e para adotar os critérios de escolha e o regime de suas coligações eleitorais, sem obrigatoriedade de vinculação entre as candidaturas

[131] Constituição Federal de 1988 – "Art. 2º A vedação à celebração de coligações nas eleições proporcionais, prevista no §1º do art. 17 da Constituição Federal, aplicar-se-á a partir das eleições de 2020". BRASIL (1988). *Constituição da República Federativa do Brasil.* Disponível em: http://www.planalto.gov.br/ccivil_03/constituicao/constituicao.htm. Acesso em: 18 fev. 2022.

em âmbito nacional, estadual, distrital ou municipal, devendo seus estatutos estabelecer normas de disciplina e fidelidade partidária. (Redação dada pela Emenda Constitucional n. 52, de 2006).

Em tempo, tem-se a atual redação do art. 17:

Art. 17 da Constituição Federal

"Art. 17. [...]. §1º É assegurada aos partidos políticos autonomia para definir sua estrutura interna e estabelecer regras sobre escolha, formação e duração de seus órgãos permanentes e provisórios e sobre sua organização e funcionamento e para *adotar os critérios de escolha e o regime de suas coligações nas eleições majoritárias, vedada a sua celebração nas eleições proporcionais,* sem obrigatoriedade de vinculação entre as candidaturas em âmbito nacional, estadual, distrital ou municipal, devendo seus estatutos estabelecer normas de disciplina e fidelidade partidária". (grifos nossos).

Com efeito, da redação dada pela Emenda Constitucional nº 97, de 2017, verifica-se que restaram vedadas as coligações para as eleições proporcionais, ou seja, as coligações só poderiam ser feitas para as eleições referentes aos cargos de Presidente, Vice-Presidente, Governador, Prefeito e Senador.

A regra valeu para as eleições municipais de 2020, mas, em relação às eleições gerais de 2022, foi atingida pela criação das já mencionadas federações partidárias, advindas com a Lei nº 14.208/2021 e que poderão atuar não só nas eleições majoritárias, como também nas eleições proporcionais, conforme já decidido na ADI nº 7.021.

Ainda sobre as eleições municipais de 2020, faz-se necessário ponderar uma situação no procedimento eleitoral que o Brasil nunca experimentou e que mudou completamente a dinâmica eleitoral brasileira.

Em janeiro de 2020 a China identificou um novo vírus circulando em seu território, adiante, a Organização Mundial da Saúde (OMS) declarou que tal situação deveria ser enquadrada como Emergência de Saúde Pública de Importância Internacional, e em 11 de março de 2020, a OMS caracterizou a doença – COVID-19 – causada por este novo vírus – SARS-CoV-2 – como uma pandemia (quando a circulação da doença ultrapassa as barreiras continentais).[132]

É sabido que o vírus, transmitido pelas vias aéreas, espalhou-se rapidamente pelo mundo causando diversas mortes (650.805 mil até o dia 28.07.2020)[133] e acarretando

---

[132] OPAS, *Folha informativa – COVID-19 (doença causada pelo novo coronavírus).* Disponível em: https://www.paho.org/bra/index.php?option=com_content&view=article&id=6101:covid19&Itemid=875. Acesso em: 18 fev. 2022.

[133] OPAS, *Folha informativa – COVID-19 (doença causada pelo novo coronavírus).* Disponível em: https://www.paho.org/bra/index.php?option=com_content&view=article&id=6101:covid19&Itemid=875. Acesso em: 18 fev. 2022.

prejuízos econômicos em todo o mundo. Especificadamente no Brasil, *v.g.*, as escolas e os comércios foram fechados, além disso, várias outras medidas de isolamento social foram determinadas.

O impacto causado pelo vírus não foi exclusivamente sanitário e econômico, mas, também, democrático. Segundo a *International Institute for Democracy and Electoral Assistance* (*International IDEA*), organização internacional que visa a valorização do Estado de Direito, dos direitos humanos, do pluralismo democrático e do fortalecimento da democracia[134], cujo Brasil é membro desde 2016, como consequência da pandemia:

> Pelo menos 68 países e territórios em todo o mundo decidiram adiar as eleições nacionais e subnacionais devido ao COVID-19, dos quais pelo menos 24 países e territórios decidiram adiar as eleições e referendos nacionais;
>
> Pelo menos 49 países e territórios decidiram realizar eleições nacionais ou subnacionais conforme planejado originalmente, apesar das preocupações relacionadas ao COVID-19, das quais pelo menos 31 realizaram eleições ou referendos nacionais.
>
> Pelo menos, 14 países e territórios realizaram eleições inicialmente adiadas devido a preocupações relacionadas ao COVID-19, das quais pelo menos 10 realizaram eleições ou referendos nacionais.[135]

Nessa consecução, observando a inviabilidade de se realizar as eleições municipais de 2020 em outubro, conforme afiança a Constituição Federal de 1988, o Congresso Nacional aprovou em julho a Emenda Constitucional n. 107, que dentre outras medidas, adiou as eleições para os dias 15 e 29 de novembro, ensejando a adequação de todo o calendário eleitoral.

---

[134] IDEA, *About Us*. Disponível em: https://www.idea.int/about-us. Acesso em: 18 fev. 2022.

[135] IDEA, *Global Overview of Covid-19 Impact on Elections*. Disponível em: https://www.idea.int/news-media/multimedia-reports/global-overview-covid-19-impact-elections. Acesso em: 18 fev. 2022.

LEGISLAÇÃO APLICÁVEL

A base do Direito Eleitoral brasileiro está alicerçada na Constituição Federal de 1988, que traz em seu bojo as regras e os princípios norteadores do sistema político e eleitoral. Ao mesmo tempo, distintas legislações infraconstitucionais integram o conjunto normativo eleitoral brasileiro, em especial, a Lei nº 4.737, de 15 de julho de 1965 (Código Eleitoral); Lei nº 6.091, de 15 de agosto de 1974 (dispõe sobre o fornecimento gratuito de transporte, em dias de eleição, a eleitores residentes nas zonas rurais, e dá outras providências); Lei nº 9.096, de 19 de setembro de 1995 (Lei dos Partidos Políticos); Lei nº 9.504, de 30 de setembro de 1997 (Lei das Eleições), Lei Complementar nº 64, de 18 de maio de 1990 (Lei das Inelegibilidades).

4.1 Competência Legislativa

No Brasil, a competência para legislar sobre Direito Eleitoral é privativa da União. Tal entendimento é extraído da própria Constituição Federal, em seu art. 22, I, a saber: "Art. 22. Compete privativamente à União legislar sobre: I – direito civil, comercial, penal, processual, eleitoral, agrário, marítimo, espacial e do trabalho; [...]".[136]

Nesse contexto, é necessário frisar que, embora à primeira vista pareçam semelhantes, a competência *privativa* difere da *exclusiva*. Tanto é que a Constituição Federal tratou da competência exclusiva da União no art. 21 e da privativa no art. 22.

Na prática, a principal diferença é que a competência *exclusiva* não pode ser delegada; por sua vez, a competência *privativa* pode ser delegada para outros entes federativos em casos específicos, por exemplo, em questões específicas de Direito Eleitoral, quando houver autorização por lei complementar editada pelo Congresso Nacional.

[136] BRASIL (1988). *Constituição da República Federativa do Brasil.* Disponível em: http://www.planalto.gov.br/ccivil_03/constituicao/constituicao.htm. Acesso em: 18 fev. 2022.

4.2 Constituição Federal

Como não poderia deixar de ser, na ordem jurídica brasileira, a Constituição Federal possui papel fundamental quando o assunto é a matéria eleitoral. Dela é retirada toda a base para produção, interpretação e aplicação das normas eleitorais. Assim, em linhas gerais, é possível citar mais especificamente os arts. 14 a 17[137], que tratam dos direitos políticos e dos próprios partidos políticos.

Nesse sentido, os direitos políticos são um conjunto de normas que possibilitam aos cidadãos a participação na vida política do Estado. Embora não seja o objetivo principal deste manual discorrer acerca de cada um dos direitos políticos, vale ao menos transcrever os respectivos artigos para clarear a ideia a ser passada:

Arts. 14, 15, 16 e 17 da Constituição Federal

Art. 14. A soberania popular será exercida pelo sufrágio universal e pelo voto direto e secreto, com valor igual para todos, e, nos termos da lei, mediante: I – plebiscito; II – referendo; III – iniciativa popular; §1º O alistamento eleitoral e o voto são: I – obrigatórios para os maiores de dezoito anos; II – facultativos para: a) os analfabetos; b) os maiores de setenta anos; c) os maiores de dezesseis e menores de dezoito anos. §2º Não podem alistar-se como eleitores os estrangeiros e, durante o período de serviço militar obrigatório, os conscritos. §3º São condições de elegibilidade, na forma da lei: I – a nacionalidade brasileira; II – o pleno exercício dos direitos políticos; III – o alistamento eleitoral; IV – o domicílio eleitoral na circunscrição; V – a filiação partidária; VI – a idade mínima de: a) trinta e cinco anos para Presidente e Vice-Presidente da República e Senador; b) trinta anos para Governador e Vice-Governador de Estado e do Distrito Federal; c) vinte e um anos para Deputado Federal, Deputado Estadual ou Distrital, Prefeito, Vice-Prefeito e juiz de paz; d) dezoito anos para Vereador.§4º São inelegíveis os inalistáveis e os analfabetos. §5º O Presidente da República, os Governadores de Estado e do Distrito Federal, os Prefeitos e quem os houver sucedido, ou substituído no curso dos mandatos poderão ser reeleitos para um único período subseqüente. (Redação dada pela Emenda Constitucional n. 16, de 1997) §6º Para concorrerem a outros cargos, o Presidente da República, os Governadores de Estado e do Distrito Federal e os Prefeitos devem renunciar aos respectivos mandatos até seis meses antes do pleito. §7º São inelegíveis, no território de jurisdição do titular, o cônjuge e os parentes consangüíneos ou afins, até o segundo grau ou por adoção, do Presidente da República, de Governador de Estado ou Território, do Distrito Federal, de Prefeito ou de quem os haja substituído dentro dos seis meses anteriores ao pleito, salvo se já titular de mandato eletivo e candidato à reeleição. §8º O militar alistável é

[137] BRASIL (1988). *Constituição da República Federativa do Brasil.* Disponível em: http://www.planalto.gov.br/ccivil_03/constituicao/constituicao.htm. Acesso em: 18 fev. 2022.

elegível, atendidas as seguintes condições: I – se contar menos de dez anos de serviço, deverá afastar-se da atividade; II – se contar mais de dez anos de serviço, será agregado pela autoridade superior e, se eleito, passará automaticamente, no ato da diplomação, para a inatividade. §9º Lei complementar estabelecerá outros casos de inelegibilidade e os prazos de sua cessação, a fim de proteger a probidade administrativa, a moralidade para exercício de mandato considerada vida pregressa do candidato, e a normalidade e legitimidade das eleições contra a influência do poder econômico ou o abuso do exercício de função, cargo ou emprego na administração direta ou indireta. (Redação dada pela Emenda Constitucional de Revisão n. 4, de 1994) §10. O mandato eletivo poderá ser impugnado ante a Justiça Eleitoral no prazo de *quinze dias* contados da diplomação, instruída a ação com provas de abuso do poder econômico, corrupção ou fraude. §11. A ação de impugnação de mandato tramitará em segredo de justiça, respondendo o autor, na forma da lei, se temerária ou de manifesta má-fé. §12. Serão realizadas concomitantemente às eleições municipais as consultas populares sobre questões locais aprovadas pelas Câmaras Municipais e encaminhadas à Justiça Eleitoral até 90 (noventa) dias antes da data das eleições, observados os limites operacionais relativos ao número de quesitos. (Incluído pela Emenda Constitucional nº 111, de 2021). §13. As manifestações favoráveis e contrárias às questões submetidas às consultas populares nos termos do §12 ocorrerão durante as campanhas eleitorais, sem a utilização de propaganda gratuita no rádio e na televisão (Incluído pela Emenda Constitucional nº 111, de 2021)".

Art. 15. É vedada a cassação de direitos políticos, cuja perda ou suspensão só se dará nos casos de: I – cancelamento da naturalização por sentença transitada em julgado; II – incapacidade civil absoluta; III – condenação criminal transitada em julgado, enquanto durarem seus efeitos; IV – recusa de cumprir obrigação a todos imposta ou prestação alternativa, nos termos do art. 5º, VIII; V – improbidade administrativa, nos termos do art. 37, §4º".

Art. 16. A lei que alterar o processo eleitoral entrará em vigor na data de sua publicação, não se aplicando à eleição que ocorra até um ano da data de sua vigência. (Redação dada pela Emenda Constitucional n. 4, de 1993)".

Art. 17. É livre a criação, fusão, incorporação e extinção de partidos políticos, resguardados a soberania nacional, o regime democrático, o pluripartidarismo, os direitos fundamentais da pessoa humana e observados os seguintes preceitos: I – caráter nacional; II – proibição de recebimento de recursos financeiros de entidade ou governo estrangeiros ou de subordinação a estes; III – prestação de contas à Justiça Eleitoral; IV – funcionamento parlamentar de acordo com a lei. §1º É assegurada aos partidos políticos autonomia para definir sua estrutura interna e estabelecer regras sobre escolha, formação e duração de seus órgãos permanentes e provisórios e sobre sua organização e funcionamento e para adotar os critérios de escolha e o regime de suas coligações nas eleições majoritárias, vedada a sua celebração nas eleições proporcionais, sem obrigatoriedade de vinculação entre as candidaturas em âmbito nacional, estadual, distrital ou municipal, devendo seus estatutos estabelecer normas de disciplina e fidelidade partidária. (Redação dada pela Emenda Constitucional nº 97, de 2017) §2º Os partidos políticos, após adquirirem personalidade jurídica, na forma da lei civil, registrarão seus estatutos no Tribunal Superior Eleitoral. §3º Os partidos políticos têm direito a recursos do fundo partidário e acesso gratuito ao rádio e à televisão, na forma da lei. §3º Somente terão direito a recursos do fundo partidário e acesso gratuito ao rádio e à televisão, na forma da lei, os partidos políticos que alternativamente: (Redação dada pela Emenda Constitucional nº 97, de 2017) I – obtiverem, nas eleições para a Câmara dos Deputados, no mínimo, 3% (três por cento) dos votos válidos, distribuídos em pelo menos um terço das unidades da Federação, com um mínimo de 2% (dois por cento) dos votos válidos em cada uma delas; ou (Incluído pela Emenda Constitucional nº 97, de 2017) II – tiverem elegido pelo menos quinze Deputados Federais distribuídos em pelo menos um terço das unidades da Federação. (Incluído pela Emenda Constitucional nº 97, de 2017) §4º É vedada a utilização pelos partidos políticos de organização paramilitar. §5º Ao eleito por partido que não preencher os requisitos previstos no §3º deste artigo é assegurado o mandato e facultada a filiação, sem perda do mandato, a outro partido que os tenha atingido, não sendo essa filiação considerada para fins de distribuição dos recursos do fundo partidário e de acesso gratuito ao tempo de rádio e de televisão. (Incluído pela Emenda Constitucional nº 97, de 2017).

Ao mesmo tempo, está positivada na Constituição brasileira toda a organização e competência da Justiça Eleitoral, conforme se verifica da análise dos seus arts. 118, 119, 120 e 121. Desse modo, é facilmente perceptível que a Carta Magna brasileira alicerça uma série de institutos basilares para o Direito Eleitoral, não apenas prevendo, por si só, regras eleitorais, mas traçando, também, os princípios[138] que servem de norte para a interpretação da legislação infraconstitucional.

4.3 Código Eleitoral

O primeiro Código Eleitoral brasileiro – obra conjunta de Assis Brasil, João Crisóstomo da Rocha Cabral e Mário Pinto Leiva – data de 24 de fevereiro de 1932, tendo criado a Justiça Eleitoral e adotado o voto direto, obrigatório, secreto e o sufrágio universal. Em 4 de maio de 1935, a 2ª versão do Código Eleitoral trouxe o alistamento e o voto obrigatório para as mulheres que exercessem atividade remunerada e regulamentou, pela primeira vez, a atuação do Ministério Público eleitoral.

Adiante, em 28 de maio de 1945, tendo por pedra fundamental o anteprojeto criado por Vicente Piragibe, Lafayette de Andrade, Haneman Guimarães e

[138] Princípios eleitorais expressos na Constituição Federal: "o Princípio Federativo (art.1º); Princípio Estado Democrático (art.1º,); Princípio da Democracia Partidária (art.1º, Parágrafo único)". BRASIL (1988). *Constituição da República Federativa do Brasil.* Disponível em: http://www.planalto.gov.br/ccivil_03/constituicao/constituicao.htm. Acesso em: 18 fev. 2022.

José Miranda Valverde, o 3º Código Eleitoral ficou conhecido como "Lei Agamenon Magalhães".[139]

Em julho de 1950, foi promulgada a Lei nº 1.164, já à luz da Constituição de 1946. Em relação aos diplomas anteriores, o 4º Código Eleitoral inovou por trazer um capítulo especial para a propaganda partidária.

Por fim, em 15 de julho de 1965, veio à luz o 5º Código Eleitoral, concebido durante o regime militar, que ainda possui parte significativa de seu texto em vigor. O Código Eleitoral de 1965 passou por uma série de reformas durante esses mais de 50 anos de existência, visando adequar a legislação eleitoral à realidade contemporânea.

As reformas mais recentes ocorreram em 2015 – tendo por escopo primordial a redução dos custos das campanhas eleitorais, a simplificação da administração das agremiações partidárias e o incentivo à participação feminina na política, para dar mais isonomia e transparência aos candidatos durante o pleito eleitoral –; em 2017 – quando restou alterada a redação do §2º do art. 109 foi incluído o art. 354-A; em 2019 – quando foi alterado o conceito de inelegibilidade superveniente pela nova redação dos três parágrafos do art. 262, bem como foi incluído o art. 326-A; e em 2021 – quando foram acrescidos o art. 23-A e o §3º do art. 107, bem como alterados os textos dos arts. 108, 109 e 111. Ainda em 2021, novas hipóteses criminais foram inseridas no Código Eleitoral, tais quais o inciso X do art. 243, os arts. 323, 327, bem como o art. 326-B.

De toda sorte, embora seja uma lei editada no seio do regime militar e, por isso, com diversos institutos antidemocráticos, o Código Eleitoral segue em vigor e com uma participação fundamental no ordenamento jurídico eleitoral brasileiro. Para tanto, é imperioso atentar-se para suas reformas e interpretá-lo à luz da Constituição vigente e das demais legislações infraconstitucionais de matéria eleitoral.

ALTERAÇÕES LEGISLATIVAS

É importante destacar que o Código Eleitoral restou modificado pelas seguintes leis:

- Lei nº 4.961, de 4 de maio de 1966;
- Lei nº 5.337, de 16 de outubro de 1967;
- Decreto-Lei nº 1.064, de 24 de outubro de 1969;
- Lei nº 5.780, de 5 de junho de 1972;
- Lei nº 6.055, de 17 junho de 1974;
- Lei nº 6.319, de 2 de janeiro de 1976;
- Lei nº 6.336, de 1º de junho de 1976;
- Lei nº 6.534, de 26 de maio de 1978;

[139] BRASIL. Tribunal Superior Eleitoral. Justiça Eleitoral e primeiro Código Eleitoral completam 82 anos. *Imprensa*. Disponível em: http://www.tse.jus.br/imprensa/noticias-tse/2014/Fevereiro/justica-eleitoral-e-primeiro-codigo-eleitoral-completam-82-anos-nesta-segunda-feira-24. Acesso em: 18 fev. 2022.

- Lei nº 6.553, de 19 de agosto de 1978;
- Lei nº 6.978, de 19 de janeiro de 1982;
- Lei nº 6.989, de 5 de maio de 1982;
- Lei nº 7.015, de 16 de julho de 1982;
- Lei nº 7.191, de 4 de junho de 1984;
- Lei nº 7.332, de 1º de julho de 1985;
- Lei nº 7.373, de 25 de setembro de 1985;
- Lei nº 7.454, de 30 de dezembro de 1985;
- Lei nº 7.663, de 27 de junho de 1988;
- Lei nº 7.914, de 7 de dezembro de 1989;
- Lei nº 7.977, de 27 de dezembro de 1989;
- Lei nº 8.037, de 25 de maio de 1990;
- Lei nº 9.041, de 9 de maio de 1995;
- Lei Complementar nº 86, de 14 de maio de 1996;
- Lei nº 10.226, de 15 de maio de 2001;
- Lei nº 10.732, de 5 de setembro de 2003;
- Lei nº 12.891, de 11 de dezembro de 2013;
- Lei nº 13.165, de 29 de setembro de 2015;[140]
- Lei nº 13.488, de 6 de outubro de 2017;[141]
- Lei nº 13.834, de 4 de junho de 2019;
- Lei nº 13.877, de 27 de setembro de 2019;[142]
- Lei nº 14.192, de 4 de agosto de 2021;
- Lei nº 14.211, de 1º de outubro de 2021.

---

[140] "Altera as Leis nºs 9.504, de 30 de setembro de 1997; 9.096, de 19 de setembro de 1995; e 4.737, de 15 de julho de 1965 – Código Eleitoral, para reduzir os custos das campanhas eleitorais, simplificar a administração dos Partidos Políticos e incentivar a participação feminina". *BRASIL. Lei nº 13.165 de 29 de setembro de 2015.* Disponível em: http://www.planalto.gov.br/ccivil_03/_Ato2015-2018/2015/Lei/L13165.htm#art2. Acesso em: 19 fev. 2022.

[141] "Altera as Leis nºs 9.504, de 30 de setembro de 1997 (Lei das Eleições), 9.096, de 19 de setembro de 1995, e 4.737, de 15 de julho de 1965 (Código Eleitoral), e revoga dispositivos da Lei nº 13.165, de 29 de setembro de 2015 (Minirreforma Eleitoral de 2015), com o fim de promover reforma no ordenamento político-eleitoral". BRASIL. *Lei nº 13.488, de 06 de outubro de 2017.* Disponível em: http://www.planalto.gov.br/ccivil_03/_ato2015-2018/2017/lei/L13488.htm?. Acesso em: 19 fev. 2022.

142 "Altera as Leis nos 9.096, de 19 de setembro de 1995, 9.504, de 30 setembro de 1997, 4.737, de 15 de julho de 1965 (Código Eleitoral), 13.831, de 17 de maio de 2019, e a Consolidação das Leis do Trabalho, aprovada pelo Decreto-Lei nº 5.452, de 1º de maio de 1943, para dispor sobre regras aplicadas às eleições; revoga dispositivo da Lei nº 13.488, de 6 de outubro de 2017; e dá outras providências." BRASIL. *Lei nº 13.877, de 27 de setembro de 2019.* Disponível em: http://www.planalto.gov.br/ccivil_03/_Ato2019-2022/2019/Lei/L13877.htm. Acesso em: 19 fev. 2022.

4.4 Lei das Eleições – Lei nº 9.504, de 1997

A Lei nº 9.504, de 1997, nasceu no ímpeto de se criar um regime permanente para as eleições e, assim, acabar com o regime de "leis eleitorais tópicas". Estas, por sua vez, eram criadas e renovadas sempre que havia eleições, obedecendo, assim, aos interesses preponderantes naquele momento específico, o que acabava por desestabilizar todo o regime democrático e a harmonia social.

A Lei das Eleições dispõe sobre uma série de questões eleitorais, como datas de realização do primeiro e segundo turnos, periodicidade, regras de coligação, convenções partidárias para a escolha de candidatos, registro de candidaturas, arrecadação e aplicação de recursos nas campanhas eleitorais, pesquisas e testes pré-eleitorais, propaganda eleitoral, sistema eletrônico de votação e totalização dos votos, fiscalização das eleições, entre outras.

ALTERAÇÕES LEGISLATIVAS

É importante destacar que a Lei das Eleições restou modificada pelas seguintes leis:

- Lei nº 9.840 de, 28 de setembro de 1999;
- Lei nº 11.300, de 10 de maio de 2006;
- Lei nº 12.034, de 29 de setembro de 2009;
- Lei nº 12.891, de 11 de dezembro de 2013;
- Lei nº 13.165, de 29 de setembro de 2015;[143]
- Lei nº 13.487, de 06 de outubro de 2017;
- Lei nº 13.488 de 06 de outubro de 2017;[144]
- Lei nº 13.877, de 27 de setembro de 2019;
- Lei nº 13.878, de 3 de outubro de 2019;[145]
- Lei nº 14.192, de 04 de agosto de 2021;
- Lei nº 14.208, de 28 de setembro de 2021;
- Lei nº 14.211, de 1º de outubro de 2021.

[143] "Altera as Leis nºs 9.504, de 30 de setembro de 1997, 9.096, de 19 de setembro de 1995, e 4.737, de 15 de julho de 1965 – Código Eleitoral, para reduzir os custos das campanhas eleitorais, simplificar a administração dos Partidos Políticos e incentivar a participação feminina". BRASIL. *Lei nº 13.165 de 29 de setembro de 2015*. Disponível em: http://www.planalto.gov.br/ccivil_03/_Ato2015-2018/2015/Lei/L13165.htm#art2. Acesso em: 19 fev. 2022.

[144] "Altera as Leis nºs 9.504, de 30 de setembro de 1997 (Lei das Eleições), 9.096, de 19 de setembro de 1995, e 4.737, de 15 de julho de 1965 (Código Eleitoral), e revoga dispositivos da Lei nº 13.165, de 29 de setembro de 2015 (Minirreforma Eleitoral de 2015), com o fim de promover reforma no ordenamento político-eleitoral". BRASIL. *Lei nº 13.488, de 06 de outubro de 2017*. Disponível em: http://www.planalto.gov.br/ccivil_03/_ato2015-2018/2017/lei/L13488.htm?. Acesso em: 19 fev. 2022.

[145] "Altera a Lei nº 9.504, de 30 de setembro de 1997, a fim de estabelecer os limites de gastos de campanha para as eleições municipais." *BRASIL. Lei nº 13.878, de 3 de outubro de 2019*. Disponível em: http://www.planalto.gov.br/ccivil_03/_ato2019-2022/2019/lei/L13878.htm. Acesso em: 19 fev. 2022.

4.5 Lei dos Partidos Políticos – Lei nº 9.096, de 1995

Sancionada em 19 de setembro de 1995, a Lei nº 9.096, também conhecida como "Lei dos Partidos Políticos", dispõe sobre grupos partidários brasileiros – a organização, o programa, o estatuto e outros tópicos.

Antes do advento dessa lei, os partidos políticos não possuíam a devida autonomia, essencial e típica dos regimes democráticos, já que eram dependentes de uma norma geral dirigida a todas as legendas, a revogada Lei Orgânica dos Partidos Políticos (Lei nº 5.682, de 1971). Por isso, a Lei dos Partidos Políticos tornou-se peça fundamental para assegurar a representatividade e garantir a autonomia dos partidos, características tão caras à própria Constituição Federal de 1988.[146]

O aludido diploma legal estabelece a liberdade de criação, fusão, incorporação e extinção dos partidos políticos, resguardados a soberania nacional, o regime democrático, o pluripartidarismo e os direitos fundamentais da pessoa humana.

Estão delimitados, ainda, importantes pontos, como a estipulação de que todos os partidos políticos têm caráter nacional e devem prestar contas à Justiça Eleitoral; de que não podem se subordinar a entidades ou a governos estrangeiros e de que os filiados possuem igualdade em seus direitos e deveres.

Por fim, convém destacar as principais normas que alteraram a referida lei, quais sejam: Lei nº 9.259, de 9 de janeiro de 1996; Lei nº 9.693, de 27 de julho de 1998; Lei nº 12.034, de 29 de setembro de 2009; Lei nº 13.107, de 24 de março 2015; Lei nº 12.891, de 11 de dezembro de 2013; Lei nº 13.165, de 29 de setembro de 2015; Lei nº 13.487, de 6 de outubro de 2017; Lei nº 13.488, de 6 de outubro de 2017.[147]

ALTERAÇÕES LEGISLATIVAS

É importante destacar que a Lei dos Partidos Políticos restou modificada pelas seguintes leis:

- Lei nº 9.259, de 09 de janeiro de 1996;
- Lei nº 9.693, de 27 de julho de 1998;
- Lei nº 12.034, de 29 de setembro de 2009;
- Lei nº 13.107, de 24 de março 2015;
- Lei nº 12.891, de 11 de dezembro de 2013;
- Lei nº 13.165, de 29 de setembro de 2015;

---

146 FUNDAÇÃO IVETE VARGAS. Pesquisa e Educação Política. *Lei dos Partidos Políticos completa 21 anos*. Disponível em: http://fiv.org.br/index.php/noticias/item/202-lei-dos-partidos-politicos-completa-21-anos. Acesso em: 18 fev. 2020.

147 "Altera as Leis n.ºs 9.504, de 30 de setembro de 1997 (Lei das Eleições), 9.096, de 19 de setembro de 1995, e 4.737, de 15 de julho de 1965 (Código Eleitoral), e revoga dispositivos da Lei nº 13.165, de 29 de setembro de 2015 (Minirreforma Eleitoral de 2015), com o fim de promover reforma no ordenamento político-eleitoral". BRASIL. *Lei nº 13.488, de 6 de outubro de 2017*. Disponível em: http://www.planalto.gov.br/ccivil_03/_ato2015-2018/2017/lei/L13488.htm?. Acesso em: 19 fev. 2022.

- Lei nº 13.487, de 06 de outubro de 2017.
- Lei nº 13.488 de 06 de outubro de 2017;[148]
- Lei nº 13.831, de 17 de maio de 2019;
- Lei nº 13.877, de 27 de setembro de 2019;[149]
- Lei nº 14.063, de 23 de setembro de 2020;
- Lei nº 14.192, de 04 de agosto de 2021;
- Lei nº 14.208, de 28 de setembro de 2021.

4.6 Lei das Inelegibilidades – Lei Complementar nº 64, de 1990

Por definição, inelegibilidade é o termo que representa a situação em que um candidato não possui condições de concorrer a cargo eletivo, ou seja, o estado jurídico negativo de quem não é elegível. Para regular esse instituto, a Lei Complementar nº 64, de 1990 nasceu no ímpeto de se regulamentar o art. 14, §9º, da Constituição Federal, que assim prevê:

Art. 14 da Constituição Federal

"Art. 14. A soberania popular será exercida pelo sufrágio universal e pelo voto direto e secreto, com valor igual para todos, e, nos termos da lei, mediante: I – plebiscito; II – referendo; III – iniciativa popular. §9º. Lei complementar estabelecerá outros casos de inelegibilidade e os prazos de sua cessação, a fim de proteger a probidade administrativa, a moralidade para exercício de mandato considerada vida pregressa do candidato, e a normalidade e legitimidade das eleições contra a influência do poder econômico ou o abuso do exercício de função, cargo ou emprego na administração direta ou indireta. (Redação dada pela Emenda Constitucional de Revisão n. 4, de 1994)".

[148] "Altera as Leis nºs 9.504, de 30 de setembro de 1997 (Lei das Eleições), 9.096, de 19 de setembro de 1995, e 4.737, de 15 de julho de 1965 (Código Eleitoral), e revoga dispositivos da Lei nº 13.165, de 29 de setembro de 2015 (Minirreforma Eleitoral de 2015), com o fim de promover reforma no ordenamento político-eleitoral". BRASIL. *Lei nº 13.488, de 06 de outubro de 2017*. Disponível em: http://www.planalto.gov.br/ccivil_03/_ato2015-2018/2017/lei/L13488.htm?. Acesso em: 19 fev. 2022.

[149] "Altera as Leis nos 9.096, de 19 de setembro de 1995, 9.504, de 30 setembro de 1997, 4.737, de 15 de julho de 1965 (Código Eleitoral), 13.831, de 17 de maio de 2019, e a Consolidação das Leis do Trabalho, aprovada pelo Decreto-Lei nº 5.452, de 1º de maio de 1943, para dispor sobre regras aplicadas às eleições; revoga dispositivo da Lei nº 13.488, de 6 de outubro de 2017; e dá outras providências." BRASIL. *Lei nº 13.877, de 27 de setembro de 2019*. Disponível em: http://www.planalto.gov.br/ccivil_03/_Ato2019-2022/2019/Lei/L13877.htm. Acesso em: 19 fev. 2022.

ALTERAÇÕES LEGISLATIVAS

Mister anotar que a Lei Complementar nº 64 de 1990 foi alterada em 2010, cerca de vinte anos depois de sua promulgação, pela Lei Complementar nº 135 de 2010. Referida alteração, também conhecida por "Lei da Ficha Limpa", ganhou destaque em todo o Brasil e trouxe várias alterações no rol de inelegibilidades no ordenamento jurídico brasileiro. Além disso, em 2021, houve pontual alteração pela Lei Complementar nº 184/2021, atingindo as regras de inelegibilidade previstas na alínea "g" do inciso I do art. 1º da Lei Complementar nº 64/90.

ORGANIZAÇÃO E COMPETÊNCIA DA JUSTIÇA ELEITORAL

Consoante o disposto no art. 118 da Constituição Federal, são órgãos da Justiça Eleitoral o Tribunal Superior Eleitoral, os Tribunais Regionais Eleitorais, os juízes eleitorais e as juntas eleitorais.

PARA SEDIMENTAR

O *Tribunal Superior Eleitoral*, o qual possui jurisdição em todo território nacional; os *Tribunais Regionais Eleitorais*, cuja competência está limitada ao Estado da federação que se encontra, sendo que cada Estado da federação possui um Tribunal Eleitoral; os *Juízes Eleitorais*, os quais possuem jurisdição na zona em que estiverem alocados; e as *Juntas Eleitorais*, que são compostas por um juiz de direito (investido na qualidade de juiz eleitoral) e dois ou quatro[150] cidadãos de notória idoneidade, e possuem competência para atuar somente no município que se encontram.

Ademais, apesar de não haver dispositivo expresso, é cediço que o *Supremo Tribunal Federal*, quando houver discussão de matéria constitucional, também atua na hermenêutica eleitoral.

[150] Código Eleitoral Brasileiro – "Art. 36. Compor-se-ão as juntas eleitorais de um juiz de direito, que será o presidente, e de 2 (dois) ou 4 (quatro) cidadãos de notória idoneidade". BRASIL. *Lei nº 4.737, de 15 de julho de 1965*. Disponível em: http://www.planalto.gov.br/ccivil_03/LEIS/L4737.htm. Acesso em: 19 fev. 2022.

5.1 Juntas Eleitorais

A *junta eleitoral* é composta por um juiz eleitoral, que sempre a presidirá, e por mais dois ou quatro cidadãos de notória idoneidade, nomeados pelo presidente do Tribunal Regional Eleitoral, após a aprovação da Corte. Com efeito, as juntas eleitorais estão previstas no art. 121 da Constituição Federal, que assim dispõe: "Lei complementar disporá sobre a organização e competência dos tribunais, dos juízes de direito e das juntas eleitorais".

Vale frisar, contudo, que as juntas possuem um caráter provisório, já que só existem durante as eleições, sendo extintas depois da apuração de votos, salvo nas eleições municipais, em que perduram até a diplomação.

Acerca das competências das juntas eleitorais, José Jairo Gomes afirma:

> A competência desse órgão liga-se à apuração das eleições realizadas nas zonas eleitorais sob sua jurisdição. Nos termos do art. 40 do Código Eleitoral, compete-lhe, ainda: resolver as impugnações e demais incidentes verificados durante os trabalhos de contagem e de apuração dos votos; expedir boletins de apuração; expedir diploma aos eleitos para cargos municipais. Com a implantação das urnas eletrônicas pela Lei n. 9.504/97 (art. 59 ss), as funções das Juntas Eleitorais ficaram esvaziadas. No novo sistema, a contagem, a apuração e a totalização de votos são feitas automaticamente pela própria máquina. Por isso, pode-se saber dos resultados das eleições pouco tempo após o encerramento da votação. Todavia, foi cauteloso o legislador na implementação do novo sistema porquanto o artigo 59 da Lei n. 9.504/97 prevê a possibilidade de o TSE autorizar, em caráter excepcional, a votação pelo método convencional, no qual são empregadas as tradicionais cédulas. Embora até hoje essa hipótese tenha ocorrido pouquíssimas vezes – o que depõe a favor da confiabilidade das urnas eletrônicas –, não se podem descartar ocorrências de falhas técnicas em algumas urnas, em situações de impossível substituição. Nesse caso, a votação deve ser feita pelo sistema convencional, empregando-se cédulas, sendo a apuração e a totalização dos votos realizadas pela Junta Eleitoral. Mas ainda assim as suas atividades ficaram bastante reduzidas porquanto o TSE recomenda o procedimento denominado 'voto cantado', pelo qual a cédula de votação é lida e digitada em uma urna eletrônica substituta. De qualquer sorte, nas eleições municipais, a diplomação dos eleitos permanece sob a competência da Junta.[151]

Art. 40 do Código Eleitoral

"Art. 40. Compete à Junta Eleitoral: I – apurar, no prazo de 10 (dez) dias, as eleições realizadas nas zonas eleitorais sob a sua jurisdição; II – resolver as impugnações e demais incidentes verificados durante os trabalhos da contagem e da apuração; III – expedir os boletins de apuração mencionados no Art. 178;

[151] GOMES, José Jairo. *Direito eleitoral*. 12. ed. São Paulo: Atlas, 2016. p. 94.

IV – expedir diploma aos eleitos para cargos municipais. Parágrafo único. Nos municípios onde houver mais de uma junta eleitoral a expedição dos diplomas será feita pelo que for presidida pelo juiz eleitoral mais antigo, à qual as demais enviarão os documentos da eleição".

5.2 Juízes Eleitorais

Os *juízes eleitorais* são togados, de carreira, com gozo das prerrogativas constitucionais (vitaliciedade, inamovibilidade e irredutibilidade de subsídios). Na prática, contudo, não raramente juízes substitutos – ainda não vitalícios – são designados para o ofício eleitoral. A previsão normativa dos juízes eleitorais vem não só do supracitado art. 121 da Constituição Federal, mas também do art. 11 da Lei Orgânica da Magistratura Nacional (LOMAN – Lei Complementar nº 35, de 1979).

Compete ao Tribunal Regional Eleitoral de cada Estado da Federação brasileira designar quais juízes de direito exercerão a função eleitoral. Naturalmente, havendo somente um único juiz na comarca, ele também acumulará as funções eleitorais. Se houver mais de um, o Tribunal Regional Eleitoral designará aquele que ficará responsável por esse ofício naquela zona. Nesse caso, haverá um rodízio entre os magistrados, que se alternarão na função a cada dois anos.

A competência dos juízes eleitorais está prevista no art. 35 do Código Eleitoral, a saber:

Art. 35 do Código Eleitoral

"Art. 35. Compete aos juízes: I – cumprir e fazer cumprir as decisões e determinações do Tribunal Superior e do Regional; II – processar e julgar os crimes eleitorais e os comuns que lhe forem conexos, ressalvada a competência originária do Tribunal Superior e dos Tribunais Regionais; III – decidir habeas corpus e mandado de segurança, em matéria eleitoral, desde que essa competência não esteja atribuída privativamente a instância superior. IV – fazer as diligências que julgar necessárias a ordem e presteza do serviço eleitoral; V – tomar conhecimento das reclamações que lhe forem feitas verbalmente ou por escrito, reduzindo-as a termo, e determinando as providências que cada caso exigir; VI – indicar, para aprovação do Tribunal Regional, a serventia de justiça que deve ter o anexo da escrivania eleitoral; VIII – dirigir os processos eleitorais e determinar a inscrição e a exclusão de eleitores; IX- expedir títulos eleitorais e conceder transferência de eleitor; X – dividir a zona em seções eleitorais; XI mandar organizar, em ordem alfabética, relação dos eleitores de cada seção, para remessa a mesa receptora, juntamente com a pasta das folhas individuais de votação; XII – ordenar o registro e cassação do registro dos candidatos aos cargos eletivos municiais e comunicá-los ao Tribunal Regional; XIII – designar, até 60 (sessenta) dias antes das eleições os locais das seções; XIV – nomear, 60 (sessenta) dias antes da eleição, em audiência pública anunciada com pelo menos 5 (cinco) dias de antecedência, os membros das mesas receptoras; XV – instruir os membros das mesas receptoras sobre as suas funções; XVI – providenciar para a solução das ocorrências que se verificarem nas mesas receptoras; XVII – tomar todas as providências ao seu alcance para evitar os atos viciosos das eleições; XVIII –fornecer aos que não votaram por motivo justificado e aos não alistados, por dispensados do alistamento, um certificado que os isente das sanções legais; XIX – comunicar, até às 12 horas do dia seguinte a realização da eleição, ao Tribunal Regional e aos delegados de partidos credenciados, o número de eleitores que votarem em cada uma das seções da zona sob sua jurisdição, bem como o total de *votantes da zona".*

PARA SEDIMENTAR

Ac.-STF, de 27.3.2018, na Pet n. 7.319: a existência de crimes conexos de competência da Justiça Comum não afasta a competência da Justiça Eleitoral por força deste inciso e do art. 78, IV, do Código de Processo Penal.

5.3 Tribunais Regionais Eleitorais

Os *Tribunais Regionais Eleitorais* realizam, em regra, a função da *segunda instância da Justiça Eleitoral brasileira*. Além disso, também há sua competência originária, conforme se verificará adiante. No Brasil, há um TRE instalado em cada Estado e no Distrito Federal, totalizando 27 Cortes Eleitorais.

5.3.1 Composição

Para tratar da composição dos Tribunais Regionais Eleitorais, é imperioso voltar os olhos à Constituição Federal brasileira, especificadamente ao seu art. 120, §1º.

Art. 120, §1º, da Constituição Federal

"Art. 120. Haverá um Tribunal Regional Eleitoral na Capital de cada Estado e no Distrito Federal. §1º – Os Tribunais Regionais Eleitorais compor-se-ão: I – mediante eleição, pelo voto secreto: a) de dois juízes dentre os desembargadores do Tribunal de Justiça; b) de dois juízes, dentre os juízes de direito, escolhidos pelo Tribunal de Justiça; II – de um juiz do Tribunal Regional Federal com sede na capital do Estado ou do Distrito Federal, ou, não havendo, de juiz federal, escolhido, em qualquer caso, pelo Tribunal Regional Federal respectivo; III – por nomeação, do Presidente da República, de dois juízes dentre seis advogados de notável saber jurídico e idoneidade moral, indicados pelo Tribunal de Justiça".

Os juízes dos Tribunais Regionais Eleitorais gozam de garantias no exercício de suas funções, por exemplo a inamovibilidade. A exceção, por lógica, é a vitaliciedade, visto que a função eleitoral é sempre temporária, tendo alternância de cargos a cada dois anos, vedada a permanência por mais de dois biênios consecutivos como titular e o mesmo período para o substituto.

Da análise do artigo supracitado, verifica-se que os Tribunais Regionais Eleitorais são compostos por dois desembargadores do Tribunal de Justiça do Estado, dois juízes de direito (carreira) do respectivo Tribunal de Justiça e um juiz federal do Tribunal Regional Federal que atue no Estado. Nesse ponto, nota-se que todos os membros de TREs fazem parte do Poder Judiciário local e/ou federal.

Em razão de o Direito Eleitoral ser baseado na vontade e no respeito ao povo, a própria Constituição Federal acrescentou que, além dos magistrados de carreira, como representantes do Poder Judiciário, também farão parte da composição do Tribunal Regional Eleitoral dois representantes do povo, escolhidos dentre seis advogados de notório saber jurídico e idoneidade moral, os quais serão nomeados pelo Presidente da República.

RESUMINDO
Presidente Desembargador do Tribunal de Justiça Estadual
Vice-presidente Desembargador do Tribunal de Justiça Estadual
Demais membros 2 juízes de direito 1 juiz federal 2 advogados de notório saber e idoneidade moral

PARA SEDIMENTAR

Ac.-TSE, de 10.4.2012, no PA nº 409351: "[...] a eleição de determinado desembargador para o cargo de presidente de TRE, durante o seu primeiro biênio, não o reconduz, automaticamente, para um segundo biênio, sendo imprescindível a sua escolha pelo Tribunal de Justiça".

Ac.-STF, de 17.5.2006, na ADI nº 1127: "A incompatibilidade com o exercício da advocacia não alcança os juízes eleitorais e seus suplentes, em face da composição da Justiça eleitoral estabelecida na Constituição".

Ac.-TSE, de 11.6.2019, na LT nº 060001632: interpretação conforme a Constituição para assentar que a posse no cargo de juiz membro do TRE, na classe dos advogados, estará condicionada à comprovação, pelo candidato nomeado, da exoneração de cargo público demissível *ad nutum*.

Ac.-TSE, de 17.11.2015, no PA nº 48217: a função exercida pelos membros da classe dos advogados nos tribunais eleitorais não se enquadra no conceito de magistratura de carreira.

Res.-TSE nº 23517/2017, art. 6º, e Ac.-TSE, de 11.2.2014, na LT nº 80068: "O advogado não poderá figurar em mais de uma lista simultaneamente, salvo se for referente ao cargo de titular e outra de substituto".

Ac.-TSE, de 23.10.2018, na LT nº 060104202: mudança prospectiva de entendimento, pela adoção de critérios objetivos de nepotismo, em face de parentes de membros do Tribunal de Justiça que figurem em listas tríplices dos tribunais regionais eleitorais.

Ac.-TSE, de 27.6.2017, na LT nº 060207476: irregularidades no procedimento administrativo de escolha e formação da lista tríplice devem ser arguidas na própria Corte estadual.

5.3.2 Competência

Diferentemente do que ocorre com os demais tribunais de segunda instância no Brasil (Tribunal Regional Federal, Tribunal Regional do Trabalho, Tribunal de Justiça e Superior Tribunal Militar – caso específico), os Tribunais Regionais Eleitorais possuem, além da *competência jurisdicional* para julgar processos de matéria eleitoral, a *competência administrativa*, por meio da qual organizam e fiscalizam o processo eleitoral, e a *normativa*, para emitir Resoluções para a organização das eleições.

5.3.2.1 Competência Jurisdicional

Sobre a competência dos Tribunais Regionais Eleitorais, à luz do art. 121 da Constituição Federal, o Código Eleitoral, em seu art. 29, prevê o seguinte:

Art. 29 do Código Eleitoral

"Art. 29. Compete aos Tribunais Regionais: I – processar e julgar originariamente: a) o registro e o cancelamento do registro dos diretórios estaduais e municipais de partidos políticos, bem como de candidatos a Governador, Vice-Governadores, e membro do Congresso Nacional e das Assembleias Legislativas; b) os conflitos de jurisdição entre juízes eleitorais do respectivo Estado; c) a suspeição ou impedimentos aos seus membros ao Procurador Regional e aos funcionários da sua Secretaria assim como aos juízes e escrivães eleitorais; d) os crimes eleitorais cometidos pelos juízes eleitorais; e) o habeas corpus ou mandado de segurança, em matéria eleitoral, contra ato de autoridades que respondam perante os Tribunais de Justiça por crime de responsabilidade e, em grau de recurso, os denegados ou concedidos pelos juízes eleitorais; ou, ainda, o habeas corpus quando houver perigo de se consumar a violência antes que o juiz competente possa prover sobre a impetração; f) as reclamações relativas a obrigações impostas por lei aos partidos políticos, quanto a sua contabilidade e à apuração da origem dos seus recursos; g) os pedidos de desaforamento dos feitos não decididos pelos juízes eleitorais em trinta dias da sua conclusão para julgamento, formulados por partido candidato Ministério Público ou parte legitimamente interessada sem prejuízo das sanções decorrentes do excesso de prazo. (Redação dada pela Lei nº 4.961, de 1966) II – julgar os recursos interpostos: a) dos atos e das decisões proferidas pelos juízes e juntas eleitorais. b) das decisões dos juízes eleitorais que concederem ou denegarem habeas corpus ou mandado de segurança. Parágrafo único. As decisões dos Tribunais Regionais são irrecorríveis, salvo nos casos do Art. 276".

PARA SEDIMENTAR

"COMPETÊNCIA – JUSTIÇA ELEITORAL – CRIMES CONEXOS. Compete à Justiça Eleitoral julgar os crimes eleitorais e os comuns que lhe forem conexos – inteligência dos artigos 109, inciso IV, e 121 da Constituição Federal, 35, inciso II, do Código Eleitoral e 78, inciso IV, do Código de Processo Penal.

(STF – Inq 4435 AgR-quarto, Relator(a): MARCO AURÉLIO, Tribunal Pleno, julgado em 14/03/2019, ACÓRDÃO ELETRÔNICO DJe-182 DIVULG 20-08-2019 PUBLIC 21-08-2019)"

"Agravo regimental. Representação. Propaganda eleitoral antecipada. Programa político-partidário. Âmbito estadual. Tribunal Regional Eleitoral. Competência. 1. No julgamento da Representação nº 1.245, relator Ministro José Delgado, o Tribunal decidiu que, em caso de representação por propaganda eleitoral extemporânea durante transmissão de programa partidário de âmbito estadual, autorizado por Tribunal Regional Eleitoral e sob responsabilidade do diretório regional, não há como se atribuir competência a esta Corte Superior para apreciação do feito. 2. De igual modo, esta Corte já assentou (Agravo Regimental no Recurso Especial Eleitoral nº 26.183, de minha relatoria, de 5.12.2006) que o TRE é competente para julgar representação proposta contra diretório regional, em face de realização de propaganda eleitoral extemporânea, ainda que os representados façam alusão a pré-candidato a presidente. Agravo regimental a que se nega provimento. (TSE – REPRESENTAÇÃO nº 971, Acórdão, Relator(a) Min. Carlos Eduardo Caputo Bastos, Publicação: DJ – Diário de justiça, Data 15/05/2008, Página 6)".

5.3.2.2 Competência Administrativa

Além da competência jurisdicional, os Tribunais Regionais Eleitorais possuem uma ampla competência administrativa, conforme previsão do art. 30 do Código Eleitoral.

Art. 30 do Código Eleitoral

"Art. 30. Compete, ainda, privativamente, aos Tribunais Regionais: I – elaborar o seu regimento interno; II – organizar a sua Secretaria e a Corregedoria Regional provendo-lhes os cargos na forma da lei, e propor ao Congresso Nacional, por intermédio do Tribunal Superior a criação ou supressão de cargos e a fixação dos respectivos vencimentos; III – conceder aos seus membros e aos juízes eleitorais licença e férias, assim como afastamento do exercício dos cargos efetivos submetendo, quanto aqueles, a decisão à aprovação do Tribunal Superior Eleitoral; IV – fixar a data das eleições de Governador e Vice-Governador, deputados estaduais, prefeitos, vice-prefeitos , vereadores e juízes de paz, quando não determinada por disposição constitucional ou legal; V – constituir as juntas eleitorais e designar a respectiva sede e jurisdição; VI – indicar ao tribunal Superior as zonas eleitorais ou seções em que a contagem dos votos deva ser feita pela mesa receptora; VII – apurar com os resultados parciais enviados pelas juntas eleitorais, os resultados finais das eleições de Governador e Vice-Governador de membros do Congresso Nacional e expedir os respectivos diplomas, remetendo dentro do prazo de 10 (dez) dias após a diplomação, ao Tribunal Superior, cópia das atas de seus trabalhos; VIII – responder, sobre matéria eleitoral, às consultas que lhe forem feitas, em tese, por autoridade pública ou partido político; IX – dividir a respectiva circunscrição em zonas eleitorais, submetendo essa divisão, assim como a criação de novas zonas, à aprovação do Tribunal Superior; X – aprovar a designação do Ofício de Justiça que deva responder pela escrivania eleitoral durante o biênio; XII – requisitar a força necessária ao cumprimento de suas decisões solicitar ao Tribunal Superior a requisição de força federal; XIII – autorizar, no Distrito Federal e nas capitais dos Estados, ao seu presidente e, no interior, aos juízes eleitorais, a requisição de funcionários federais, estaduais ou municipais para auxiliarem os escrivães eleitorais, quando o exigir o acúmulo ocasional do serviço; XIV – requisitar funcionários da União e, ainda, no Distrito Federal e em cada Estado ou Território, funcionários dos respectivos quadros administrativos, no caso de acúmulo ocasional de serviço de suas Secretarias; XV – aplicar as penas disciplinares de advertência e de suspensão até 30 (trinta) dias aos juízes eleitorais; XVI – cumprir e fazer cumprir as decisões e instruções do Tribunal Superior; XVII – determinar, em caso de urgência, providências para a execução da lei na respectiva circunscrição; XVIII – organizar o fichário dos eleitores do Estado. XIX – suprimir os mapas parciais de apuração mandando utilizar apenas os boletins e os mapas totalizadores, desde que o menor número de candidatos às eleições proporcionais justifique a supressão, observadas as seguintes normas: (Incluído pela Lei nº 4.961, de 1966)

a) qualquer candidato ou partido poderá requerer ao Tribunal Regional que suprima a exigência dos mapas parciais de apuração; (Incluído pela Lei nº 4.961, de 1966) b) da decisão do Tribunal Regional qualquer candidato ou partido poderá, no prazo de três dias, recorrer para o Tribunal Superior, que decidirá em cinco dias; (Incluído pela Lei nº 4.961, de 1966) c) a supressão dos mapas parciais de apuração só será admitida até seis meses antes da data da eleição; (Incluído pela Lei nº 4.961, de 1966) d) os boletins e mapas de apuração serão impressos pelos Tribunais Regionais, depois de aprovados pelo Tribunal Superior; (Incluído pela Lei nº 4.961, de 1966) e) o Tribunal Regional ouvira os partidos na elaboração dos modelos dos boletins e mapas de apuração a fim de que estes atendam às peculiaridade locais, encaminhando os modelos que aprovar, acompanhados das sugestões ou impugnações formuladas pelos partidos, à decisão do Tribunal Superior. (Incluído pela Lei nº 4.961, de 1966)".

PARA SEDIMENTAR

AGRAVO REGIMENTAL. PRESIDENTE DO TRIBUNAL. COMPETÊNCIA EMINENTEMENTE ADMINISTRATIVA. DIVERSOS PATRONOS. INTIMAÇÃO EM NOME DE APENAS UM MANDATÁRIO. VALIDADE. 1. O Presidente desta corte possui competência essencialmente administrativa, nos termos do Regimento Interno. 2. Não compete ao Presidente deste Tribunal, salvo de forma residual, decidir acerca de feitos já distribuídos a relatores, mesmo após seu transitado em julgado. 3. Estando a parte representada por mais de um advogado e não havendo pedido expresso de que a intimação seja realizada exclusivamente em nome de determinado procurador, é válida a publicação em nome de qualquer deles.4. Agravo regimental não provido. (TRE-AM – Prestação de Contas n 10018, ACÓRDÃO n 05 de 20/01/2016, Relator JOÃO MAURO BESSA, Publicação: DJEAM – Diário de Justiça Eletrônico, Data 26/1/2016)

Estabelece as atribuições e competências administrativas e jurisdicionais da Corregedoria Regional Eleitoral de Santa Catarina. (TRE-SC – MATERIA ADMINISTRATIVA n 9975, RESOLUÇÃO n 7966 de 08/05/2017, Relator CESAR AUGUSTO MIMOSO RUIZ ABREU, Publicação: DJE – Diário de JE, Tomo 73, Data 16/05/2017, Página 5-6)

5.4 Tribunal Superior Eleitoral (TSE)

O Tribunal Superior Eleitoral é o órgão de cúpula da Justiça Eleitoral brasileira, de modo que sua jurisdição se aplica a todo território nacional, e é o último tribunal a apreciar recursos e ações originárias de matéria unicamente eleitoral.

5.4.1 Composição

A composição do Tribunal Superior Eleitoral está prevista na Constituição Federal brasileira, em seu art. 119:

Art. 119 da Constituição Federal

"Art. 119. O Tribunal Superior Eleitoral compor-se-á, no mínimo, de sete membros, escolhidos: I – mediante eleição, por voto secreto: a) três juízes dentre os Ministros do Supremo Tribunal Federal; b) dois juízes dentre os Ministros do Superior Tribunal de Justiça; II – por nomeação do Presidente da República, de dois juízes dentre seis advogados de notável saber jurídico e idoneidade moral, indicados pelo Supremo Tribunal Federal. Parágrafo único. O Tribunal Superior Eleitoral elegerá seu Presidente e o Vice-Presidente dentre os Ministros do Supremo Tribunal Federal, e o Corregedor Eleitoral dentre os Ministros do Superior Tribunal de Justiça".

Ao analisar as composições do Tribunal Superior Eleitoral e dos Tribunais Regionais Eleitorais, nota-se a ausência do Ministério Público. Isso se deve, em grande parte, a uma falha na elaboração do texto constitucional, que deixou os membros do *Parquet* de fora das Cortes Eleitorais. Essa regra, vale dizer, contraria a lógica do "quinto constitucional", a qual prevê que 1/5 das vagas dos tribunais deve ser preenchido por membros da advocacia e do Ministério Público, para que haja uma oxigenação do Judiciário.

PARA SEDIMENTAR
Presidente Ministro do STF
Vice-presidente Ministro STF
Membro Ministro STF
Corregedor Ministro STJ
Membro Ministro STJ
Membro Jurista
Membro Jurista

É válido registrar que, consoante o Regimento Interno do Tribunal Superior Eleitoral, o processo de votação dos processos se dá do seguinte modo: primeiro vota o relator, depois os membros oriundos do Supremo Tribunal Federal, depois os advindos do Superior Tribunal de Justiça e, por fim, os ministros da classe dos advogados.[152]

Além disso, o Código Eleitoral prevê, no Parágrafo único do art. 19, a obrigatoriedade do *quorum* completo do TSE em determinados julgamentos e, caso algum julgador esteja impedido, deverá ser convocado o respectivo suplente. No mesmo sentido devem perpetrar os Tribunais Regionais Eleitorais.

Art. 19, Parágrafo único, do Código Eleitoral

Art. 19. O Tribunal Superior delibera por maioria de votos, em sessão pública, com a presença da maioria de seus membros. Parágrafo único. As decisões do Tribunal Superior, assim na interpretação do Código Eleitoral em face da Constituição e cassação de registro de partidos políticos, como sobre quaisquer recursos que importem anulação geral de eleições ou perda de diplomas, só poderão ser tomadas com a presença de todos os seus membros. Se ocorrer impedimento de algum juiz, será convocado o substituto ou o respectivo suplente.

[152] Regimento Interno TSE – "Art. 24. Encerrada a discussão, o presidente tomará os votos, em primeiro lugar do relator e, a seguir, dos demais membros do Tribunal, na ordem da precedência regimental, a partir do relator, votando em último lugar em todas as matérias". TSE, *Regimento Interno*. Disponível em: http://www.tse.jus.br/legislacao/regimento-interno-tse/resolucao-nb0-4.510-de-29-de-setembro-de-1952. Acesso em: 19 fev. 2022.

Ademais, faz-se necessário ponderar que o fato de o julgador não ter participado da sessão que iniciou o julgamento não o impede de votar, caso compreenda estar apto para tanto[153]. Além disso, até o final do julgamento, os votos podem ser reajustados[154].

Por fim, o Tribunal Superior Eleitoral possui entendimento que admite o julgamento com o *quorum* incompleto em razão de suspeição ou impedimento de ministro titular da classe de advogado e impossibilidade jurídica de convocação de juiz substituto.[155]

5.4.2 Competência

Na linha contrária aos demais tribunais superiores, o Tribunal Superior Eleitoral, além da competência jurisdicional positivada na Constituição brasileira e no Código Eleitoral, possui competência administrativa, que se consubstancia na administração do próprio tribunal, na edição de Resoluções com caráter normativo e na regulamentação das eleições nacionais.

5.4.2.1 Competência Jurisdicional

O art. 22 do Código Eleitoral, em harmonia com o art. 121 da Constituição Federal, define a competência jurisdicional do Tribunal Superior Eleitoral.

Art. 22 do Código Eleitoral

"Art. 22. Compete ao Tribunal Superior: I – Processar e julgar originariamente: a) o registro e a cassação de registro de partidos políticos, dos seus diretórios nacionais e de candidatos à Presidência e vice-presidência da República; b) os conflitos de jurisdição entre Tribunais Regionais e juízes eleitorais de Estados diferentes; c) a suspeição ou impedimento aos seus membros, ao Procurador-Geral e aos funcionários da sua Secretaria; d) os crimes eleitorais e os comuns que lhes forem conexos cometidos pelos seus próprios juízes e pelos juízes dos Tribunais Regionais; e) o habeas corpus ou mandado de segurança, em matéria eleitoral, relativos a atos do Presidente da República, dos Ministros de Estado e dos Tribunais Regionais; ou, ainda, o habeas corpus, quando houver perigo de se consumar a violência antes que o juiz competente possa prover sobre a impetração; (Vide suspensão de execução pela RSF nº 132, de 1984) f) as reclamações relativas a obrigações impostas por lei aos partidos políticos, quanto à sua contabilidade

[153] Acórdão TSE, de 27.2.2014, no RO nº 489016 e, de 24.11.2011, no AgR-AI nº 69477.

[154] Acórdão TSE, de 15.10.2013, no REspe nº 7679

[155] Acórdão TSE, de 5.12.2013, nos ED-AgR-REspe nº 159389 e, de 17.12.2012, nos ED-AgR-REspe nº 8197.

e à apuração da origem dos seus recursos; g) as impugnações à apuração do resultado geral, proclamação dos eleitos e expedição de diploma na eleição de Presidente e Vice-Presidente da República; h) os pedidos de desaforamento dos feitos não decididos nos Tribunais Regionais dentro de trinta dias da conclusão ao relator, formulados por partido, candidato, Ministério Público ou parte legitimamente interessada. (Redação dada pela Lei nº 4.961, de 1966) i) as reclamações contra os seus próprios juízes que, no prazo de trinta dias a contar da conclusão, não houverem julgado os feitos a eles distribuídos. (Incluído pela Lei nº 4.961, de 1966) j) a ação rescisória, nos casos de inelegibilidade, desde que intentada dentro de cento e vinte dias de decisão irrecorrível, possibilitando-se o exercício do mandato eletivo até o seu trânsito em julgado. (Incluído pela LCP nº 86, de 1996) (Produção de efeito) II – julgar os recursos interpostos das decisões dos Tribunais Regionais nos termos do Art. 276 inclusive os que versarem matéria administrativa. Parágrafo único. As decisões do Tribunal Superior são irrecorríveis, salvo nos casos do Art. 281".

Nesse aspecto, merece destaque que, nos termos do Parágrafo único do citado art. 22, as decisões do Tribunal Superior Eleitoral são irrecorríveis, salvo as que contrariarem a Constituição Federal, as denegatórias de mandado de segurança e de *habeas corpus*.

Sendo assim, pode-se afirmar que o Tribunal Superior Eleitoral tem a palavra final em matéria infraconstitucional eleitoral ou, nas palavras do próprio Supremo Tribunal Federal, que suas decisões são "manifestações revestidas de definitividade, insuscetíveis, em consequência, de revisão pelo Supremo Tribunal Federal na via recursal extraordinária, cuja instauração pressupõe, sempre, a ocorrência de conflito direto, imediato e frontal com o texto da Constituição [...]"[156].

5.4.2.1.1 Competência Administrativa

Na mesma toada dos Tribunais Regionais Eleitorais, o Tribunal Superior Eleitoral também possui um vasto rol de competências administrativas, previstas no art.23 do Código Eleitoral:

[156] BRASIL. Supremo Tribunal Federal. *RE nº 160432/SP*. Primeira Turma. Rel. Min. Celso de Mello. DJ 6/5/1994. p. 10.494. Disponível em: http://www.stf.jus.br/portal/jurisprudencia/visualizarEmenta.asp?s1=000248293&base=baseMonocraticas. Acesso em: 10 jun 2017.

Art. 23 do Código Eleitoral

"Art. 23 – Compete, ainda, privativamente, ao Tribunal Superior, I – elaborar o seu regimento interno; II – organizar a sua Secretaria e a Corregedoria Geral, propondo ao Congresso Nacional a criação ou extinção dos cargos administrativos e a fixação dos respectivos vencimentos, provendo-os na forma da lei; III – conceder aos seus membros licença e férias assim como afastamento do exercício dos cargos efetivos; IV – aprovar o afastamento do exercício dos cargos efetivos dos juízes dos Tribunais Regionais Eleitorais; V – propor a criação de Tribunal Regional na sede de qualquer dos Territórios; VI – propor ao Poder Legislativo o aumento do número dos juízes de qualquer Tribunal Eleitoral, indicando a forma desse aumento; VII – fixar as datas para as eleições de Presidente e Vice-Presidente da República, senadores e deputados federais, quando não o tiverem sido por lei: VIII – aprovar a divisão dos Estados em zonas eleitorais ou a criação de novas zonas; IX – expedir as instruções que julgar convenientes à execução deste Código; X – fixar a diária do Corregedor Geral, dos Corregedores Regionais e auxiliares em diligência fora da sede; XI – enviar ao Presidente da República a lista tríplice organizada pelos Tribunais de Justiça nos termos do ar. 25; XII – responder, sobre matéria eleitoral, às consultas que lhe forem feitas em tese por autoridade com jurisdição, federal ou órgão nacional de partido político; XIII – autorizar a contagem dos votos pelas mesas receptoras nos Estados em que essa providência for solicitada pelo Tribunal Regional respectivo; XIV – requisitar a força federal necessária ao cumprimento da lei, de suas próprias decisões ou das decisões dos Tribunais Regionais que o solicitarem, e para garantir a votação e a apuração; (Redação dada pela Lei nº 4.961, de 1966) XV – organizar e divulgar a Súmula de sua jurisprudência; XVI – requisitar funcionários da União e do Distrito Federal quando o exigir o acúmulo ocasional do serviço de sua Secretaria; XVII – publicar um boletim eleitoral; XVIII – tomar quaisquer outras providências que julgar convenientes à execução da legislação eleitoral".

PARA SEDIMENTAR

"AGRAVO REGIMENTAL. AGRAVO DE INSTRUMENTO. ELEIÇÕES DIVULGAÇÃO. PESQUISA ELEITORAL. IRREGULARIDADE. RESOLUÇÃO-TSE N. ART. DO CÓDIGO ELEITORAL. VIOLAÇÃO AFASTADA. MULTA. APLICAÇÃO. 1. O magistrado não está obrigado a se manifestar acerca de todas as alegações articuladas pela parte, desde que os fundamentos adotados sejam suficientes para firmar sua decisão. 2. Aplica-se a multa prevista no art. 33, §3º, da Lei nº 9.504/97, pela não-conformidade da veiculação da pesquisa, tornada pública sem especificar os requisitos postos no referido artigo e na Resolução-TSE n. 21.576/2003. 3. A Resolução-TSE n. 21.576/2003 possui força normativa, autorizada pelo Código Eleitoral em seu art. 23, incisos IX e XVIII (AgRgREspe n. 24.830/SP, rel. Min. Gilmar Mendes, publicado no DJ de 18.2.2005). 4. O agravo regimental deve invalidar os fundamentos da decisão agravada. 5. Agravo regimental não provido. (TSE AAG 6759 MG, Relator: Min. JOSÉ AUGUSTO DELGADO, Data de Julgamento: 6 de Junho de 2006, Data de Publicação: DJ – Diário de Justiça, Data 01/08/2006, Página 237)".

Nessa consecução, cabe registrar que a Lei nº 14.211/2021 incluiu o art. 23-A ao Código Eleitoral, que expressamente consigna que "a competência normativa regulamentar prevista no parágrafo único do art. 1º e no inciso IX do caput do art. 23, restringe-se a matérias especificamente autorizadas em lei, sendo vedado ao Tribunal Superior tratar de matéria relativa à organização dos partidos políticos".

5.4.2.1.2 Competência Normativa

Consoante disposição do Código Eleitoral, o Tribunal Superior Eleitoral possui competência para expedir instruções normativas com o fito de: a) promover a fiel execução das normas eleitorais; e b) regulamentar as eleições.

Art. 1º, parágrafo único, do Código Eleitoral

"Art. 1º [...] Parágrafo único. O Tribunal Superior Eleitoral expedirá Instruções para sua fiel execução."

Art. 23, IX, do Código Eleitoral

"Art. 23 [...] IX – expedir as instruções que julgar convenientes à execução deste Código".

Art.105 da Lei nº 9.504/97

"**Art. 105.** Até o dia 5 de março do ano da eleição, o Tribunal Superior Eleitoral, atendendo ao caráter regulamentar e sem restringir direitos ou estabelecer sanções distintas das previstas nesta lei, poderá expedir todas as instruções necessárias para sua fiel execução, ouvidos, previamente, em audiência pública, os delegados ou representantes dos partidos políticos".

Apesar desta particularidade normativa intrínseca à Justiça Eleitoral, em especial ao Tribunal Superior Eleitoral, é relevante destacar que tal função não torna as Resoluções do Tribunal Superior Eleitoral uma norma com as mesmas garantias de uma Lei Ordinária ou Lei Complementar, uma vez que não são emanadas do Poder Legislativo.

PARA SEDIMENTAR

"CONSULTA. DEPUTADO FEDERAL. OMISSÃO LEGISLATIVA. DEFINIÇÃO. CRITÉRIOS. TETO DE GASTOS DE CAMPANHA ELEITORAL. POSSIBILIDADE. DEFINIÇÃO. PODER REGULAMENTAR DO TSE.1. Na espécie, a consulente questiona: (1) "Como ficará a definição do teto de gastos para as eleições do ano que vem?"; (2) "Há possibilidade do Tribunal Superior Eleitoral determinar um limite de maneira infralegal?"; (3) "O limite de teto de gastos é matéria sujeita a [sic] anualidade eleitoral?"; (4) "[...] O Congresso ainda poderia legislar sobre o tema para as eleições do ano que vem?"; (5) "Por fim, caso tal regra esteja inserida dentro da limitação da anualidade eleitoral, seriam utilizados os limites da eleição anterior na próxima eleição, atualizados monetariamente?" (ID 156917409, fl. 2).2. A definição de teto de gastos de campanha eleitoral visa manter o equilíbrio na disputa do pleito e, por conseguinte, garantir a higidez do processo eleitoral, motivo pelo qual o legislador, ainda no século passado, na redação original do art. 18 da Lei nº 9.504/1997, previu a necessidade de sua instituição.3. O STF, ao analisar, no julgamento da ADI nº 5.020/DF (rel. Min. Gilmar Mendes, Tribunal Pleno, julgada em 1º.7.2014, DJe de 30.10.2014), as balizas de atuação desta Corte Superior no exercício do poder regulamentar, entendeu legítima essa atuação quando a norma de caráter regulamentar "[...] cumpre o conteúdo material da legislação eleitoral. Pode conter regras novas, desde que preservada a ordem vigente de direitos e obrigações, limite do agir administrativo. Regras novas, e não direito novo". 4. Havendo "vazio" legislativo sobre matéria determinante para o fiel cumprimento de sua missão institucional – a organização de eleições livres e democráticas –, ao TSE, órgão máximo da Justiça Eleitoral, não é permitido se furtar ao exercício do poder regulamentar, obedecidos os limites que impedem a criação de normas que restrinjam direitos ou que estabeleçam novas sanções. Item 2 da consulta respondido afirmativamente.5. Os parâmetros para o conhecimento das consultas devem ser extremamente rigorosos, sendo imprescindível que os questionamentos sejam formulados em tese e, ainda, de forma simples e objetiva, sem que haja a possibilidade de se dar múltiplas respostas ou de se estabelecer ressalvas (Cta nº 58-77/DF, rel. Min. Gilson Dipp, julgada em 3.5.2012, DJe de 18.6.2012). 6. Consulta respondida afirmativamente quanto ao segundo questionamento e não conhecida em relação às demais indagações.7. Encaminhe-se, para conhecimento, cópia do acórdão do presente julgamento aos Excelentíssimos Senhores Presidentes da Câmara dos Deputados e do Senado Federal.

(TSE – CONSULTA nº 060054750, Acórdão, Relator(a) Min. Mauro Campbell Marques, Publicação: DJE – Diário da justiça eletrônica, Tomo 14, Data 03/02/2022)

"ELEIÇÕES 2014. REGISTRO DE CANDIDATURA. PLENO EXERCÍCIO DOS DIREITOS POLÍTICOS. CERTIDÃO CRIMINAL. 1. A competência para baixar instruções sobre o registro de candidatura, especificando sobre os documentos necessários previstos na legislação e procedimentos a serem observados, é exclusiva do Tribunal Superior Eleitoral, a teor do que dispõem os arts. 105 da Lei nº 9.504/97 e 23, IX, do Código Eleitoral. 2. É nula a Resolução nº 885, do TRE/RJ, que dispõe sobre o processamento dos registros de candidatura relativos às eleições de 2014, matéria já regulamentada pelo Tribunal Superior Eleitoral na Res.-TSE nº 23.405. 3. A exigência de que, "se o candidato tiver residência habitual ou atividades permanentes em localidade diversa do seu domicílio eleitoral, deverá apresentar também as certidões criminais correspondentes", não tem respaldo na Lei nº 9.504/97 nem na Res.-TSE nº 23.405, segundo a qual o candidato deve apresentar as certidões criminais da Justiça Federal e Estadual de 1º e 2º graus, nas quais tenha o seu domicílio eleitoral. Recurso especial provido. (Recurso Especial Eleitoral nº 64770, Acórdão, Relator(a) Min. Henrique Neves Da Silva, Publicação: PSESS – Publicado em Sessão, Data 09/09/2014)".

"[...] Propaganda. Bem de uso comum. [...] 1. Ao impor limites à propaganda eleitoral, o TSE atua no âmbito de sua competência. Nessa linha, o art. 14 da Resolução/TSE n. 21.610/2004 possui força normativa, autorizada pelo Código Eleitoral em seu art. 23, incisos IX e *XVIII*.(Ac. de 24.8.2006 no EDclREspe n. 25676 , rel. Min. José Delgado.)".

ELEIÇÕES 2018. AGRAVO REGIMENTAL. RECURSO ESPECIAL. ENQUETE. GOVERNADOR. PERÍODO VEDADO. ARTIGOS 33, §§3º E 5º, E 105 DA LEI DAS ELEIÇÕES. AUSÊNCIA DE PREQUESTIONAMENTO. SÚMULA Nº 72/TSE. EFEITO TRANSLATIVO. INOVAÇÃO RECURSAL. MATÉRIA DE ORDEM PÚBLICA. PRE-QUESTIONAMENTO. NECESSIDADE. DISTRIBUIÇÃO DINÂMICA DO ÔNUS DA PROVA. POSSIBILIDADE. PROVA DIABÓLICA NÃO CARACTERIZADA. SÚMULA Nº 24/TSE. MERA DIVULGAÇÃO. REDE SOCIAL. ATO ILÍCITO. DESPROVIMENTO. 1. O Tribunal a quo consignou expressamente no acórdão complementar que "a alegação do Representado de que o art. 23, §2º, da Resolução nº 23.549/17, ao prever multa eleitoral não estabelecida no art. 33, §5º, da Lei nº 9.504/97, teria violado o princípio da reserva legal e a indicação de precedente do TSE nesse sentido são questões [que] não haviam sido, originalmente, trazidas pelo Representado nem na defesa por ele apresentada neste processo nem no recurso por ele interposto contra a decisão monocrática antes recorrida, razão pela qual, cuidando-se de inovação recursal indevida em sede de embargos de declaração, não é cabível o seu conhecimento nessa sede recursal seja pelo seu caráter inovatório da lide recursal seja pelo fato de que não pode haver omissão em relação ao que não fora debatido antes no recurso que deu origem ao acórdão embargado" (ID nº 4429888). 2. As matérias relativas à competência normativa do TSE (art. 105 da Lei nº 9.504/97) e à impossibilidade, por ausência de previsão legal, de aplicação de multa no caso de realização e divulgação de enquete não foram objeto de análise por parte da Corte de origem, o que atrai a incidência da Súmula nº 72/TSE. 3. Não há falar em prequestionamento ficto (art. 1.025 do Código de Processo Civil – CPC), tampouco em prequestionamento implícito, porque: a) os vícios apontados nos aclaratórios, como demonstrado no acórdão integralizador, não existem; e b) a competência normativa do TSE e o princípio da reserva legal não foram, corretamente, examinados pelo Tribunal paraibano, pois somente alegados nos embargos de declaração, o que, repita-se, constitui indevida e reprovável novidade recursal. Precedentes. 4. Impossível acolher, ainda, o pedido para que as referidas teses sejam conhecidas por meio do efeito translativo (art. 1.034, parágrafo único, do CPC), porquanto, além de se tratar de indevida inovação recursal em sede de agravo regimental, segundo entendimento pacificado nesta Corte, "os recursos especial e extraordinário possuem função constitucional que acarreta tratamento processual diferenciado, sendo exigível o prequestionamento das alegações aduzidas ainda que se trate de matéria de ordem pública, nos termos da jurisprudência do Supremo Tribunal Federal" (AgR-REspe nº 294-09/PI, Rel. Min. Edson Fachin, DJe de 5.4.2019). 5. Quanto à divergência jurisprudencial, este Tribunal já decidiu que "não é possível aplicar à divulgação de enquete em período eleitoral a multa para pesquisa irregular, por ausência de previsão legal [...]. Não obstante subsistir resolução deste Tribunal com previsão regulamentar viabilizando a aplicação de multa nas hipóteses de comprovada realização e divulgação de enquete no período de campanha eleitoral, é forçoso reconhecer que o art. 105 da Lei das Eleições estabelece que 'o Tribunal Superior Eleitoral, atendendo ao caráter regulamentar e sem restringir direitos ou estabelecer sanções distintas das previstas nesta lei, poderá expedir todas as instruções necessárias para sua fiel execução', de modo que a competência normativa do TSE não alcança a instituição de sanção de natureza pecuniária, como a prevista no art. 23, §2º, da Res.-TSE nº 23.549/2017, ante o risco de usurpação da competência do Congresso Nacional" (R-Rp nº 0600988-36/DF, Rel. Min. Luis Salomão, PSESS de 27.11.2018), porém a ausência de prequestionamento impede a adoção de igual entendimento no caso em exame. 6. No que tange à distribuição dinâmica do ônus da prova, verifica-se que a regra prevista no art. 373, §1º, do CPC, além de ter natureza complementar, é compatível com a legislação eleitoral, o que, de acordo com o art. 2º, parágrafo único, da Res.-TSE nº 23.478/2016, autoriza sua utilização no presente feito, sem ferir ou violar o art. 96 da Lei das Eleições. 7. Inexistente a apontada transgressão ao art. 373, §2º, do CPC, porquanto, segundo o TRE/PB, o agravante "não se desincumbiu de demonstrar que, por atuação sua na gestão de suas configurações antes do início do período eleitoral de 2018, ele não pudesse produzir a prova demandada por referida decisão judicial, tendo, ao contrário, trazido alegações [os stories não são salvos automaticamente, dependendo de ativação do usuário] que não condizem com a realidade do funcionamento do recurso de salvamento automático dos 'Stories' disponibilizado pelo Instagram para todos os seus usuários ["a própria central de ajuda do INSTAGRAM/FACEBOOK afirma que 'Os stories criados e compartilhados no Instagram são automaticamente salvos em seu Arquivo de stories. Portanto, não é necessário salvá-los no telefone. Você pode desativar seu Arquivo de stories a qualquer momento nas Configurações'" (ID nº 4429288)]" (ID nº 4429288). Rediscutir esse entendimento, para atender a pretensão recursal – ao agravante foi imputado o ônus de produzir prova diabólica –, exigiria o revolvimento de matéria fático-probatória, o que é inadmissível nesta instância especial (Súmula no 24/TSE). 8. Quanto à inobservância ao prescrito no art. 23, §2º, da Res.-TSE nº 23.549/2017, abstrai-se, a partir da interpretação teleológica – como ocorreu nos casos de pesquisa eleitoral sem registro, em que a punição não ficou limitada ao primeiro agente divulgador –, que a mera divulgação já é apta a consubstanciar o ilícito – desnecessidade de o propagador ser o confeccionador –, uma vez que a norma, de forma cristalina, almeja evitar a publicização – "o compartilhamento da informação relativa à enquete eleitoral por ele realizada foi praticado em perfil público do Instagram (@sergiocostadelima) com largo potencial de difusão na internet, inclusive, pela condição do Representado de pessoa pública (Prefeito do Município de Baía da Traição), [...]" (ID nº 4429288) – de enquetes relacionadas ao processo eleitoral em período vedado e, com isso, evitar distorções reais no resultado do pleito, o que seria altamente danoso à sociedade. 9. Agravo regimental desprovido.

Ac.-TSE, de 20.4.2017, no AgR-AI nº 143882 e, de 9.9.2014, no REspe nº 64770: a competência para regulamentar legislação eleitoral é exclusiva do Tribunal Superior Eleitoral.

Em apertada síntese, destarte, as normas expedidas pelo Tribunal Superior Eleitoral são diplomas infralegais com força de lei, que devem respeitar as normas já existentes e se limitar, tão somente, às atividades de caráter eleitoral.

5.5 Organograma da Justiça Eleitoral Brasileira

A Justiça Eleitoral brasileira está consubstanciada em um organograma hierárquico, cujo órgão máximo é o Supremo Tribunal Federal, com funções limitadas à proteção da Constituição Federal; em seguida tem-se o órgão de cúpula na Justiça Eleitoral, o Tribunal Superior Eleitoral, que possui atuação nos 26 Estados da Federação e no Distrito Federal; depois há os Tribunais Regionais Eleitorais, os quais têm autonomia e jurisdição no Estado da Federação em que se encontram, atuam diametralmente nas eleições estaduais e municipais e auxiliam o Tribunal Superior Eleitoral nas eleições nacionais.

Tem-se, ainda, a jurisdição exercida pelos juízes eleitorais e as juntas eleitorais, que auxiliam os respectivos Tribunais Regionais Eleitorais nas eleições estaduais e atuam diretamente nas eleições municipais.

Organograma da Justiça Eleitoral Brasileira

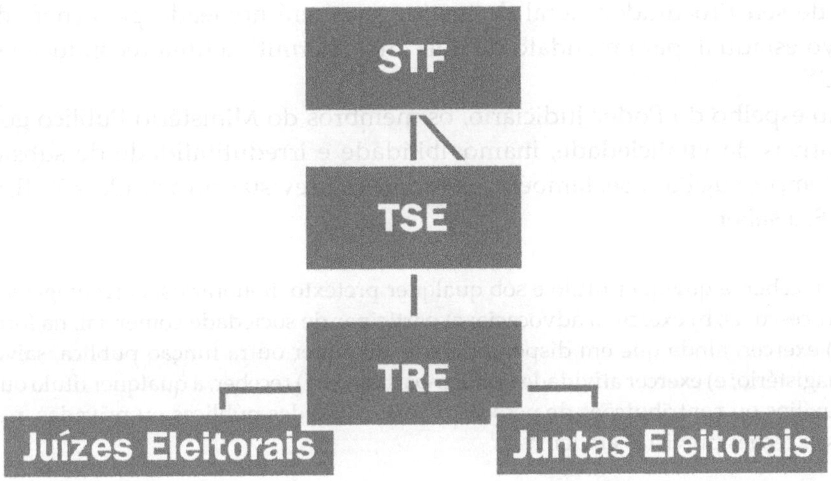

5.6 Ministério Público Eleitoral

5.6.1 Noções Introdutórias

Com o advento da Constituição brasileira de 1988, houve uma reconfiguração da estrutura do Ministério Público, dando-lhe uma organização simétrica à do Poder Judiciário. Desse modo, o *Parquet* passou a ser enxergado como instituição permanente, essencial à Justiça, cabendo-lhe a defesa da ordem jurídica, do regime democrático e dos interesses sociais e individuais indisponíveis.

Nessa toada, assim dispôs o art.128 da Constituição Federal:

> Art. 128. O Ministério Público abrange: I – o Ministério Público da União, que compreende: a) o Ministério Público Federal; b) o Ministério Público do Trabalho; c) o Ministério Público Militar; d) o Ministério Público do Distrito Federal e Territórios; II – os Ministérios Públicos dos Estados.[157]

Nos termos do §1º do citado art. 128,[158] nota-se que o Ministério Público da União é chefiado pelo Procurador-Geral da República, nomeado pelo Presidente da República dentre os integrantes da carreira, maiores de 35 anos de idade, depois da aprovação de seu nome pela maioria absoluta dos membros do Senado Federal, para mandato de dois anos, permitida a recondução.

---

157 BRASIL (1988). *Constituição da República Federativa do Brasil*. Disponível em: http://www.planalto.gov.br/ccivil_03/constituicao/constituicao.htm. Acesso em: 19 fev. 2022.

158 Constituição Federal de 1988 – "Art. 128. [...] §1º O Ministério Público da União tem por chefe o Procurador-Geral da República, nomeado pelo Presidente da República dentre integrantes da carreira, maiores de trinta e cinco anos, após a aprovação de seu nome pela maioria absoluta dos membros do Senado Federal, para mandato de dois anos, permitida a recondução". BRASIL (1988). *Constituição da República Federativa do Brasil*. Disponível em: http://www.planalto.gov.br/ccivil_03/constituicao/constituicao.htm. Acesso em: 19 fev. 2022.

No caso dos Ministérios Públicos dos Estados e o do Distrito Federal e Territórios, deve-se formar uma lista tríplice entre os integrantes da carreira, na forma legal, para escolha de seu Procurador-Geral de Justiça, que será nomeado pelo chefe do Poder Executivo estadual, para mandato de dois anos, permitida uma recondução (art. 128, §3º, CF).[159]

Ao espelho do Poder Judiciário, os membros do Ministério Público gozam das prerrogativas de vitaliciedade, inamovibilidade e irredutibilidade de subsídios. Ao mesmo tempo, sujeitam-se, também, às vedações previstas no art. 128, §5º, II, alíneas *a* e *f*, da CF, a saber:

> a) receber, a qualquer título e sob qualquer pretexto, honorários, percentagens ou custas processuais; b) exercer a advocacia; c) participar de sociedade comercial, na forma da lei; d) exercer, ainda que em disponibilidade, qualquer outra função pública, salvo uma de magistério; e) exercer atividade político-partidária; f) receber, a qualquer título ou pretexto, auxílios ou contribuições de pessoas físicas, entidades públicas ou privadas, ressalvadas as exceções previstas em lei.[160]

Em seu art. 127, §1º, a Constituição Federal estatui que são princípios institucionais do Ministério Público a unidade, a indivisibilidade e a independência funcional. Por unidade entende-se que todos os seus membros formam um só corpo, de modo que a manifestação de um deles representa, quando externada, a vontade da instituição. A indivisibilidade, por sua vez, quer dizer que esses membros fazem parte de um ministério comum, podendo ser substituídos de acordo com os critérios legais. Por fim, a independência funcional traduz a ideia de que o membro do Ministério Público possui autonomia para exercer sua função como bem entender, sujeitando-se apenas à Constituição e às leis.[161]

As funções do Ministério Público estão previstas no art. 127 da Constituição Federal do Brasil, sendo atribuída ao Ministério Público Federal a matéria eleitoral. Nesse sentido, vale observar o disposto no art. 72 da Lei Complementar nº 75, de 1993:

> Art. 72. Compete ao Ministério Público Federal exercer, no que couber, junto à Justiça Eleitoral, as funções do Ministério Público, atuando em todas as fases e instâncias do processo eleitoral. Parágrafo único. O Ministério Público Federal tem legitimação para propor, perante o juízo competente, as ações para declarar ou decretar a nulidade de negócios jurídicos ou atos da administração pública, infringentes de vedações legais destinadas a proteger a normalidade e a legitimidade das eleições, contra a influência do poder econômico ou o abuso do poder político ou administrativo.[162]

---

159 Constituição Federal de 1988 – "Art.128. [...] §3º Os Ministérios Públicos dos Estados e o do Distrito Federal e Territórios formarão lista tríplice dentre integrantes da carreira, na forma da lei respectiva, para escolha de seu Procurador-Geral, que será nomeado pelo Chefe do Poder Executivo, para mandato de dois anos, permitida uma recondução". BRASIL (1988). *Constituição da República Federativa do Brasil*. Disponível em: http://www.planalto.gov.br/ccivil_03/constituicao/constituicao.htm. Acesso em: 19 fev. 2022.

160 BRASIL (1988). *Constituição da República Federativa do Brasil*. Disponível em: http://www.planalto.gov.br/ccivil_03/constituicao/constituicao.htm. Acesso em: 30 abr. 2020.

161 GOMES, José Jairo. *Direito eleitoral*. 15. ed. São Paulo: Atlas, 2019, p. 113.

162 BRASIL, *Lei complementar nº 75, de 20 de maio de 1993*. Disponível em: http://www.planalto.gov.br/ccivil_03/leis/LCP/Lcp75.htm. Acesso em: 19 fev. 2022.

PARA SEDIMENTAR

"AGRAVO INTERNO. RECURSO ESPECIAL ELEITORAL. ELEIÇÕES 2020. VEREADOR. REGISTRO DE CANDIDATURA. INDEFERIMENTO. AUSÊNCIA DE LEGITIMIDADE RECURSAL. NEGATIVA DE PROVIMENTO.

1. No decisum monocrático, manteve-se aresto unânime do TRE/SP, que não conhecera do recurso eleitoral do Cidadania, cujo objetivo era o deferimento de registro ao cargo de vereador de Mogi Guaçu/SP nas Eleições 2020. A Corte de origem assentou que a legenda não tem legitimidade para defender o candidato, que é filiado ao Partido Republicano da Ordem Social (PROS), ora agravante.

2. Consoante o art. 996, caput, do CPC/2015, "[o] recurso pode ser interposto pela parte vencida, pelo terceiro prejudicado e pelo Ministério Público, como parte ou como fiscal da ordem jurídica". [...] 6. Agravo interno a que se nega provimento. (RECURSO ESPECIAL ELEITORAL nº 060033304, Acórdão, Relator(a) Min. Luis Felipe Salomão, Publicação: DJE – Diário da justiça eletrônica, Tomo 207, Data 10/11/2021)";

"ELEIÇÕES 2014. REGISTRO DE CANDIDATURA. NOME PARA URNA. MINISTÉRIO PÚBLICO. LEGITIMIDADE. 1. O Ministério Público Eleitoral, como fiscal da lei, tem legitimidade para recorrer de decisão que deferiu o registro de candidatura, mesmo que não tenha apresentado impugnação, conforme decidido pelo Supremo Tribunal Federal, com repercussão geral reconhecida, no ARE nº 728188. Entendimento que deve ser integralmente aplicado para os feitos relativos ao pleito de 2014. 2. A regra do art. 30, §2º, da Res.-TSE nº 23.405 somente se aplica aos nomes escolhidos para constar na urna que contenham "expressão e/ou siglas pertencentes a qualquer órgão da administração pública direta, indireta federal, estadual, distrital e municipal", não incidindo em relação a identificadores de profissão ou patente, tal como, no caso, "cabo". Recurso especial a que se nega provimento. (Recurso Especial Eleitoral nº 72048, Acórdão, Relator(a) Min. Henrique Neves Da Silva, Publicação: PSESS – Publicado em Sessão, Data 21/08/2014)".

"AGRAVO DE INSTRUMENTO. DECISAO QUE NEGOU SEGUIMENTO A RECURSO ESPECIAL INTERPOSTO PELO MINISTERIO PUBLICO ELEITORAL SOB O FUNDAMENTO DE AUSENCIA DE LEGITIMIDADE, ENTEDIMENTO QUE SE ENCONTRA SUPERADO. ESSA CORTE ADMITE AMPLA LEGITIMIDADE AO MINISTERIO PUBLICO PARA RECORRER NO PROCESSO ELEITORAL. PRECEDENTES. AGRAVO PROVIDO. (AGRAVO DE INSTRUMENTO nº 12454, Acórdão de, Relator(a) Min. Torquato Lorena Jardim, Publicação: DJ – Diário de justiça, Data 10/02/1995, Página 1949)".

"AGRAVO REGIMENTAL. INTERPOSIÇÃO DE DOIS AGRAVOS E DOIS RECURSOS ESPECIAIS PELA MESMA PARTE. PRINCÍPIO DA UNIRRECORRIBILIDADE. SÚMULA Nº 26/TSE. PRESTAÇÃO DE CONTAS. FALTA DE INTIMAÇÃO PESSOAL DO MEMBRO DO MINISTÉRIO PÚBLICO. NULIDADE. APROVEITAMENTO DOS ATOS PRATICADOS. APRESENTAÇÃO DE DOCUMENTO EM FASE RECURSAL. NÃO

CONHECIMENTO. DOADOR ORIGINÁRIO. IDENTIFICAÇÃO. AUSÊNCIA. DEVOLUÇÃO DOS RECURSOS DE ORIGEM NÃO IDENTIFICADA. SÚMULA Nº 30/TSE. PRINCÍPIOS DA RAZOABILIDADE E DA PROPORCIONALIDADE. IMPOSSIBILIDADE. SÚMULA Nº 24/TSE. DESPROVIMENTO.1. O Ministério Público faz jus à intimação pessoal, razão pela qual não há falar em preclusão consumativa do direito de arguir a ausência de sua intimação. 2. Antes do advento do Código de Processo Civil de 2015, a ausência de intimação para apresentar contrarrazões ao agravo regimental não se consubstanciava em irregularidade insanável.3. A falta de impugnação específica a fundamento da decisão recorrida que é, por si só, suficiente para a manutenção desta, atrai a incidência da Súmula nº 26/TSE.4. Nos termos da jurisprudência desta Corte, em sede de prestação de contas, não é cabível a juntada de documentos na fase recursal, "quando a parte é intimada antes do julgamento para suprir a ausência da documentação e permanece inerte" (AgR-REspe nº 1-95/RN, Rel. Min. Henrique Neves da Silva, DJe de 12.5.2014).5. A arrecadação de recursos de origem não identificada consubstancia-se em irregularidade insanável que afronta o disposto no art. 26, §3º, da Res.-TSE nº 23.406/2014 e, em regra, implica desaprovação das contas, com o consequente recolhimento da quantia ao Tesouro Nacional, nos termos do constante do art. 29 da referida resolução. 6. Não merece êxito as teses de possibilidade de apresentação de documentos em fase recursal e de inconstitucionalidade dos arts. 26, §3º, e 29 da Res.-TSE nº 23.406/2014, haja vista estar o acórdão regional em consonância com a jurisprudência deste Tribunal Superior. Súmula nº 30/TSE.7. De igual forma, é inviável a tese de violação aos princípios da proporcionalidade e razoabilidade para aprovar as contas prestadas, uma vez que alterar a conclusão da Corte de origem, especificamente acerca do reconhecimento de falhas graves, que impactaram na análise das contas, demandaria o reexame do contexto fático-probatório dos autos, providência vedada a teor da Súmula nº 24/TSE.8. Agravo regimental desprovido. (Agravo de Instrumento nº 211378, Acórdão, Relator(a) Min. Tarcisio Vieira De Carvalho Neto, Publicação: DJE – Diário de justiça eletrônico, Data 04/09/2017)".

DIREITO ELEITORAL E PROCESSUAL CIVIL. AGRAVO INTERNO EM RECURSO ESPECIAL ELEITORAL COM AGRAVO. ELEIÇÕES 2014. REPRESENTAÇÃO POR DOAÇÃO ACIMA DO LIMITE LEGAL. PESSOA JURÍDICA. LEGITIMIDADE DO MINISTÉRIO PÚBLICO. CONCEITO DE FATURAMENTO BRUTO. VALORES NÃO DECLARADOS AO FISCO. INCIDÊNCIA DA SÚMULA NO 24/TSE. DESPROVIMENTO.1. Agravo interno contra decisão monocrática proferida pelo Ministro Luiz Fux, relator originário do feito, que negou seguimento a agravo interposto contra decisão de inadmissão de recurso especial eleitoral.2. Hipótese em que o acórdão do TRE/MS manteve sentença de procedência de representação, ajuizada pelo Ministério Público Eleitoral, por doação acima do limite legal realizada por pessoa jurídica.3. Preliminar de ilegitimidade ativa afastada. O membro do Ministério Público estadual, devidamente investido da função eleitoral, possui legitimidade para propor representação perante a Justiça Eleitoral. Precedente.4. No julgamento do REspe nº 51-25/MG, j. em 04.04.2019, este Tribunal Superior atribuiu significado mais amplo ao conceito de faturamento bruto para fins eleitorais, que compreende o resultado econômico auferido pela pessoa jurídica que traduza efetivo ingresso de recursos financeiros derivados de quaisquer operações realizadas pela pessoa jurídica, sejam elas tributáveis ou não, e que resultem em real disponibilidade econômica. Foram afastadas do conceito de faturamento bruto situações em que há mera disponibilidade jurídica, tais como registro de crédito para recebimento futuro ou ingresso de capital mediante empréstimo.5. Na hipótese, o TRE/MS concluiu que a agravante não declarou ao Fisco todos os valores auferidos no exercício de 2013. Para chegar às conclusões pretendidas pela recorrente, no sentido de que existem outros valores para serem computados no conceito de faturamento, seria necessário o revolvimento do acervo fático-probatório dos autos. Referido procedimento é vedado nesta instância especial, nos termos da Súmula nº 24/TSE, segundo a qual "não cabe recurso especial eleitoral para simples reexame do conjunto fático-probatório".6. Ademais, o fato de se adotar um conceito amplo de faturamento para fins eleitorais não afasta o dever da agravante de declarar ao Fisco as quantias obtidas. Isso porque a análise das receitas que integrarão a base de cálculo das doações é realizada a partir das informações contidas em declaração de imposto de renda. Precedentes.7. Agravo interno a que se nega provimento. (Agravo de Instrumento nº 2987, Acórdão, Relator(a) Min. Luís Roberto Barroso, Publicação: DJE – Diário de justiça eletrônico, Tomo 210, Data 29/10/2019, Página 12/13)

ELEIÇÕES 2016. AGRAVOS REGIMENTAIS. RECURSO ESPECIAL. RECURSO CONTRA EXPEDIÇÃO DE DIPLOMA (RCED). MINISTÉRIO PÚBLICO. LEGITIMIDADE RECURSAL. ART. 179, II, DO CPC. INELEGIBILIDADE INFRACONSTITUCIONAL PREEXISTENTE AO REGISTRO DE CANDIDATURA. DESCABIMENTO DO RCED. ATO DOLOSO DE IMPROBIDADE ADMINISTRATIVA. REQUISITOS CUMULATIVOS. DANO AO ERÁRIO E ENRIQUECIMENTO ILÍCITO. INELEGIBILIDADE DO ART. 1º, I, l, DA LC nº 64/90. NÃO CONFIGURAÇÃO. DESPROVIMENTO. Agravo interposto pelo Ministério Público Eleitoral. 1. O Ministério Público Eleitoral tem legitimidade para recorrer nos casos de intervenção como fiscal da ordem jurídica (art. 179, II, CPC).2. De acordo com a Súmula nº 47/TSE, a inelegibilidade superveniente que autoriza a interposição de recurso contra expedição de diploma, fundado no art. 262 do Código Eleitoral, é aquela de índole constitucional ou, se infraconstitucional, superveniente ao registro de candidatura e que surge até a data do pleito.3. In casu, a Procuradoria-Geral Eleitoral sustenta o cabimento do RCED, uma vez que a inelegibilidade teria surgido após o fim do prazo de requerimento de registro de candidatura para as eleições de 2016 e antes do pleito, em razão da revogação da liminar na qual foram suspensos os efeitos da condenação por improbidade administrativa do primeiro agravado.4. A tese, contudo, não merece prosperar, porquanto a inelegibilidade versada nestes autos foi examinada pelos membros da Corte Regional no processo de registro, concluindo-se que a moldura fática a ser considerada para o deslinde da causa deveria ser aquela verificada no dia do início do julgamento colegiado.5. O momento oportuno para o reconhecimento da inelegibilidade do primeiro agravado ocorreu no julgamento do registro de candidatura, no qual o tema foi efetivamente debatido, de modo que a questão se encontra preclusa, não sendo cabível a propositura do RCED, em razão da natureza preexistente da causa de inelegibilidade em comento.6. Ainda que ultrapassada a barreira do descabimento do RCED, não ficou comprovado o preenchimento dos requisitos que integram a hipótese de inelegibilidade da alínea l do inciso I do art. 1º da LC nº 64/90. 7. Conforme entendimento solidificado na jurisprudência do TSE, a configuração da inelegibilidade prevista no art. 1º, I, l, da LC nº 64/90 exige a presença simultânea dos seguintes requisitos: a) condenação à suspensão dos direitos políticos; b) decisão transitada em julgado ou proferida por órgão judicial colegiado; e c) ato doloso de improbidade administrativa que tenha causado, concomitantemente, lesão ao patrimônio público e enriquecimento ilícito. Precedentes do TSE.8. Dos excertos da decisão condenatória por improbidade administrativa reproduzidos no acórdão regional, não figura a prática de ato enquadrado no art. 9º da Lei nº 8.429/92 (enriquecimento ilícito), mas tão somente no art. 10 do aludido diploma legal (dano ao Erário).9. O reenquadramento jurídico dos fatos, quando cabível, é restrito às premissas assentadas pela instância regional e não se confunde com o reexame e a revaloração do caderno probatório, providência incabível em sede de recurso especial, a teor do disposto na Súmula nº 24/TSE.Agravo interposto por Alexandre de Oliveira Martins10. Inexiste descompasso entre a decisão agravada e o que foi decidido pelo TSE quando do julgamento do recurso especial interposto contra o deferimento do registro de candidatura do primeiro agravado, visto que o trecho destacado pelo agravante foi utilizado como argumento meramente subsidiário e apenas reforça o quadro fático considerado nestes autos.11. Não há que se falar em nulidade da decisão monocrática ora hostilizada, visto que fundamentada no art. 36, §7º, do Regimento Interno do TSE, e, conforme demonstrado com a farta jurisprudência colacionada no decisum agravado e neste voto, o acórdão regional aplicou entendimento contrário ao desta Corte.12. Agravos regimentais desprovidos. (Recurso Especial Eleitoral nº 2838, Acórdão, Relator(a) Min. Tarcisio Vieira De Carvalho Neto, Publicação: DJE – Diário de justiça eletrônico, Tomo 032, Data 14/02/2019, Página 70-71)

Vale dizer, contudo, que a exclusividade de atuação do Ministério Público Federal se dá somente nos Tribunais Eleitorais. Quando se trata de primeira instância eleitoral, o *Parquet* estadual assume a função de promotor eleitoral. Isso se deve, sobretudo, à estrutura ímpar da própria Justiça Eleitoral, que, embora predominantemente Federal, possui forte colaboração Estadual.[163]

---

[163] Lei Complementar nº 75, de 20 de maio de 1993 – "Art. 79. O Promotor Eleitoral será o membro do Ministério Público local que oficie junto ao Juízo incumbido do serviço eleitoral de cada Zona. Parágrafo único. Na inexistência de Promotor que oficie perante a Zona Eleitoral, ou havendo impedimento ou recusa justificada, o Chefe do Ministério Público local indicará ao Procurador Regional Eleitoral o substituto a ser designado". BRASIL, *Lei complementar nº 75, de 20 de maio de 1993*. Disponível em: http://www.planalto.gov.br/ccivil_03/leis/LCP/Lcp75.htm. Acesso em: 19 fev. 2022.

5.6.2 Procurador-Geral Eleitoral

A função de Procurador-Geral Eleitoral (PGE) é exercida pelo próprio chefe do Ministério Público da União: o Procurador-Geral da República. Por isso, é possível afirmar que o tempo de mandato deles, dois anos, é coincidente com o dos juízes do Tribunal Superior Eleitoral. A diferença é que o PGE, nos mesmos moldes do PGR, pode ser reconduzido inúmeras vezes ao cargo, o que não ocorre nos Tribunais Eleitorais, nos quais os juízes só podem exercer, no máximo, dois mandatos consecutivos.

Além disso, nos termos do art.73, Parágrafo único, da Lei Complementar nº 75, de 1993,[164] o PGE deverá designar, dentre os Subprocuradores-Gerais da República, o Vice-Procurador-Geral Eleitoral, que o substituirá em seus impedimentos e exercerá o cargo, em caso de vacância, até que haja novo provimento definitivo.

Em regra, o Procurador-Geral Eleitoral exerce as funções do Ministério Público nas ações que tramitarem no Tribunal Superior Eleitoral, incumbindo-lhe, ainda, o disposto no art. 75 do mesmo diploma legal.

Incumbências do Procurador-Geral Eleitoral

"Art. 75. Incumbe ao Procurador-Geral Eleitoral: I – designar o Procurador Regional Eleitoral em cada Estado e no Distrito Federal; II – acompanhar os procedimentos do Corregedor-Geral Eleitoral; III – dirimir conflitos de atribuições; IV – requisitar servidores da União e de suas autarquias, quando o exigir a necessidade do serviço, sem prejuízo dos direitos e vantagens inerentes ao exercício de seus cargos ou empregos".

5.6.3 Procuradores Regionais Eleitorais

O Procurador-Geral da República é incumbido de designar, em cada Estado e no Distrito Federal, um Procurador Regional Eleitoral, a ser escolhido dentre os Procuradores Regionais da República ou, onde não houver, dentre os Procuradores da República vitalícios, para atuar em cada Tribunal Regional Eleitoral, como prevê o art. 76 da Lei Complementar nº 75/1993.[165]

[164] Lei Complementar nº 75, de 20 de maio de 1993 – "Art. 73. O Procurador-Geral Eleitoral é o Procurador-Geral da República. Parágrafo único. O Procurador-Geral Eleitoral designará, dentre os Subprocuradores-Gerais da República, o Vice-Procurador-Geral Eleitoral, que o substituirá em seus impedimentos e exercerá o cargo em caso de vacância, até o provimento definitivo". BRASIL, *Lei complementar nº 75, de 20 de maio de 1993*. Disponível em: http://www.planalto.gov.br/ccivil_03/leis/LCP/Lcp75.htm. Acesso em: 19 fev. 2022.

[165] Lei Complementar nº 75, de 20 de maio de 1993 – "Art. 76. O Procurador Regional Eleitoral, juntamente com o seu substituto, será designado pelo Procurador-Geral Eleitoral, dentre os Procuradores Regionais da República no Estado e no Distrito Federal, ou, onde não houver, dentre os Procuradores da República vitalícios, para um

Isso se dá porque os Procuradores Regionais da República atuam sempre nos Tribunais Regionais Federais e, no Brasil, há somente cinco deles: Brasília (TRF 1ª Região), Rio de Janeiro (TRF 2ª Região), São Paulo (TRF 3ª Região), Porto Alegre (TRF 4ª Região), e Recife (TRF 5ª Região). Nesse ponto, cabe consignar que em 20.10.2021 foi sancionada a Lei nº 14.226/2021, que criou o TRF da 6ª Região, em Belo Horizonte, mas que ainda se encontrava em fase de implantação no momento da revisão desta obra. Assim, em todos os demais Estados, o cargo de Procurador Regional Eleitoral será atribuído a um Procurador da República vitalício.

Ao mesmo tempo, cabe destacar que o mandato do Procurador Regional Eleitoral é de dois anos, sendo possível apenas uma recondução, nos termos do §1º do referido art. 76. Além disso, para que ele seja destituído antes do término desse mandato, é necessário que haja a iniciativa do Procurador-Geral Eleitoral e, depois, a anuência da maioria absoluta do Conselho Superior do Ministério Público Federal.

O Procurador Regional Eleitoral atua jurisdicionalmente em causas do Ministério Público que tramitem no Tribunal Regional Eleitoral e, ao mesmo tempo, conduz, no Estado, as atividades do Ministério Público Eleitoral. Por isso, nos termos do art. 77 da LC n. 75, de 1993,[166] é possível afirmar que os Promotores Eleitorais não se subordinam (funcionalmente) ao Procurador-Geral de Justiça, mas ao Procurador Regional Eleitoral.

PARA SEDIMENTAR

"[...]. Legitimidade. Procuradoria Regional Eleitoral. Art. 127 da CF/88. Não provimento. [...]. 2. Na espécie, a legitimidade da Procuradoria Regional Eleitoral para propor a representação por doação acima do limite legal, tendo em vista o princípio da unidade e indivisibilidade do Ministério Público (art. 127 da CF/88), autoriza o julgamento monocrático do agravo, haja vista a manifesta improcedência do recurso quanto a esse ponto. Precedente. 3. Agravo regimental não provido". (Ac. de 13.8.2013 no AgR-AI nº 36192, rel. Min. Castro Meira.)".

mandato de dois anos. §1º O Procurador Regional Eleitoral poderá ser reconduzido uma vez. §2º O Procurador Regional Eleitoral poderá ser destituído, antes do término do mandato, por iniciativa do Procurador-Geral Eleitoral, anuindo a maioria absoluta do Conselho Superior do Ministério Público Federal". BRASIL, *Lei complementar nº 75, de 20 de maio de 1993*. Disponível em: http://www.planalto.gov.br/ccivil_03/leis/LCP/Lcp75.htm. Acesso em: 19 fev. 2022.

166 Lei Complementar nº 75, de 20 de maio de 1993 – "Art. 77. Compete ao Procurador Regional Eleitoral exercer as funções do Ministério Público nas causas de competência do Tribunal Regional Eleitoral respectivo, além de dirigir, no Estado, as atividades do setor. Parágrafo único. O Procurador-Geral Eleitoral poderá designar, por necessidade de serviço, outros membros do Ministério Público Federal para oficiar, sob a coordenação do Procurador Regional, perante os Tribunais Regionais Eleitorais". BRASIL, *Lei complementar nº 75, de 20 de maio de 1993*. Disponível em: http://www.planalto.gov.br/ccivil_03/leis/LCP/Lcp75.htm. Acesso em: 19 fev. 2022.

5.6.4 Promotores Eleitorais

Os *promotores eleitorais* são membros do Ministério Público Estadual responsáveis por atuar nas causas de primeira instância. Entre as inúmeras peculiaridades que circundam a função dos Promotores Eleitorais, é interessante frisar que eles não podem fruir férias ou licenças voluntárias no período de *90 dias* que antecedem o pleito até *10 dias* depois da diplomação.

PARA SEDIMENTAR

"EMBARGOS DE DECLARAÇÃO. AGRAVO REGIMENTAL. RECURSO ESPECIAL. ELEIÇÃO 2016. REGISTRO DE CANDIDATO. PREFEITO. VICE-PREFEITO. DEFERIMENTO. LC Nº 64/90, ART. 1º, I, G. FATO SUPERVENIENTE. LEI Nº 9.504/97, ART. 11, §10. INELEGIBILIDADE SUSPENSA POR DECISÃO JUDICIAL ANTES DA DIPLOMAÇÃO. EMBARGOS OPOSTOS POR PARTE QUE TEVE SEU PEDIDO DE DESISTÊNCIA HOMOLOGADO PELO TSE. EMBARGOS NÃO CONHECIDOS.

1. Não há como conhecer dos embargos pela parte que teve seu pedido de desistência, formulado por advogados dotados de poderes especiais para a prática do ato, ex vi do art. 105 do CPC, devidamente homologado pelo Tribunal Superior Eleitoral.

2. Conforme consignado no acórdão embargado, a Coligação Seguindo em Frente peticionou à fl. 1.743 para revogar o mandato outorgado às advogadas subscritoras do agravo de fls. 1.709-1.740 e postular a desistência do agravo regimental, razão pela qual a "ratificação" do agravo, subscrita por novo patrono, não foi conhecida por esta Corte.

3. A declaração ora apresentada, nesta fase de embargos, firmada pelo representante legal da Coligação em 25.4.2017, ou seja, após a homologação da desistência por este d. Colegiado (na sessão jurisdicional de 20.4.2017), equivaleria, quando muito, a uma revogação dos poderes anteriormente concedidos aos patronos subscritores do pedido de desistência, o que não invalida este ato, mas recomenda seja oficiado à Ordem dos Advogados do Brasil a fim de apurar se houve, no caso, quebra de confiança e atuação em desacordo com a ética profissional.

4. Ainda que fosse superável o referido óbice, não haveria como conhecer do segundo agravo, pois a decisão monocrática proferida pela e. Ministra Luciana Lóssio foi publicada em sessão no dia 18.12.2016, sendo manifestamente intempestiva a manifestação protocolizada em 24.2.2017, a fim de ratificar o agravo anterior, protocolizado em 2.2.2017. Em outras palavras, além de incidir, na espécie, a preclusão lógica, que impede à parte a realização de atos contraditórios, segundo o postulado da proibição do venire contra factum proprium, também opera, na espécie, a preclusão temporal.

5. Não se pode olvidar que, no âmbito desta Justiça Especializada, a faculdade da desistência sofre temperamentos e pode ensejar a assunção da titularidade da ação pelo Ministério Público Eleitoral, tendo em vista os interesses públicos que permeiam as lides eleitorais. Todavia, no caso vertente, o Parquet já figura como parte, e, inclusive, apresentou agravo regimental, os quais foram conhecidos e desprovidos por esta Corte.

6. Embargos de declaração não conhecidos, com determinação à Secretaria Judiciária do TSE para que oficie à Ordem dos Advogados do Brasil – Conselho Seccional do Paraná (OAB/PR) – para apuração de possíveis condutas em desalinho com a ética profissional.

(TSE – Recurso Especial Eleitoral nº 7013, Acórdão, Relator(a) Min. Tarcisio Vieira De Carvalho Neto, Publicação: DJE – Diário da justiça eletrônica, Data 07/08/2017)";

"AGRAVO REGIMENTAL. RECURSO ESPECIAL ELEITORAL. DOAÇÃO. LIMITE LEGAL. REPRESENTAÇÃO. ART. 81 DA LEI Nº 9.504/97. LICITUDE DA PROVA. DECADÊNCIA NÃO RECONHECIDA. LEGITIMIDADE ATIVA DO MINISTÉRIO PÚBLICO. MULTA ELEITORAL. FIXAÇÃO ABAIXO DO LIMITE LEGAL. INVIABILIDADE. OFENSA AO ART. 150, IV, DA CF. EFEITO CONFISCATÓRIO NÃO CARACTERIZADO. AUSÊNCIA DE NATUREZA TRIBUTÁRIA. DESPROVIMENTO. 1. É lícita a quebra do sigilo fiscal pela autoridade judiciária competente à época, sendo suficiente, como indício, o resultado do batimento realizado entre o valor da doação e os dados fornecidos pelo contribuinte à Receita Federal, o qual, inclusive, pode ser solicitado diretamente pelo Parquet, nos termos do que assentou o Tribunal Superior Eleitoral no julgamento do Recurso Especial nº 28.746/GO, Rel. Min. Marcelo Ribeiro, DJE de 28.9.2010. 2. O ajuizamento da representação perante o juízo considerado competente à época, desde que observado o prazo de 180 dias da diplomação, não acarreta a decadência do direito de agir, quando os autos são posteriormente remetidos ao juízo do domicílio eleitoral do doador. Precedentes. *3. Em razão do princípio da unicidade do MP, pode o Promotor Eleitoral ratificar os atos anteriormente praticados pelo Procurador Regional Eleitoral, não havendo falar em ilegitimidade ativa ad causam.* 4. Os princípios constitucionais da proporcionalidade e da razoabilidade não autorizam o Poder Judiciário a aplicar multa abaixo do mínimo legal, como também não se pode considerá-la confiscatória, inclusive por não ter natureza tributária. 5. "Consoante o entendimento desta Corte, o art. 23, §7º, da Lei 9.504/97 não é aplicável às pessoas jurídicas, cujas doações estão limitadas ao montante de 2% do faturamento bruto anual (art. 81, §1º, da Lei 9.504/97)" (AgR-Respe nº 62-10/RS, Rel. Min. Castro Meira, DJE de 5.8.2013). 6. Agravo regimental desprovido (TSE – Agravo de Instrumento nº 6822, Acórdão, Relator(a) Min. Luciana Christina Guimarães Lóssio, Publicação: DJE – Diário de justiça eletrônico, Tomo 73, Data 22/04/2014, Página 40-41)".

ELEIÇÕES 2010. AGRAVO REGIMENTAL. RECURSO ESPECIAL. REPRESENTAÇÃO. DOAÇÃO. DECADÊNCIA. INEXISTÊNCIA. PESSOA JURÍDICA. LIMITE LEGAL. FATURAMENTO BRUTO. GRUPO ECONÔMICO. MULTA. MÍNIMO LEGAL. REDUÇÃO. IMPOSSIBILIDADE. DESPROVIMENTO. 1. Consoante a jurisprudência deste Tribunal Superior não se reconhece a decadência se a representação por doação de recursos acima do limite legal foi ajuizada dentro do prazo de 180 dias contados da diplomação perante o órgão judiciário competente à época para o seu processamento e julgamento. 2. Em razão do princípio da unicidade do Ministério Público, pode o Promotor Eleitoral ratificar os atos anteriormente praticados pelo Procurador Regional Eleitoral. 3. Na dicção do art. 81, §1º, da Lei nº 9.504/97, o limite de 2% (dois por cento) deve ser calculado sobre o faturamento bruto das pessoas jurídicas, não abrangendo os grupos empresariais, que, apesar de possuírem interesses comuns, são, em regra, entes despersonalizados e sem patrimônio próprio. Precedentes. 4. É proporcional e razoável a cominação da multa em seu mínimo legal, correspondente a cinco vezes a quantia em excesso nos casos de doação acima do limite permitido. 5. Agravo regimental desprovido. (Recurso Especial Eleitoral nº 1930, Acórdão, Relator(a) Min. Luciana Lóssio, Publicação: DJE – Diário de justiça eletrônico, Tomo 109, Data 11/06/2015, Página 5).

AÇÕES ELEITORAIS

O direito processual brasileiro não se confunde com o processo eleitoral, uma vez que este é a concretização do sufrágio, ou seja, da escolha efetiva dos representantes do povo,[167] e o direito processual eleitoral, por seu turno, é o sistema pelo qual se forma a "relação jurídica processual instaurada entre partes e o Estado-juiz com vistas à resolução de lide eleitoral".[168]

O processo eleitoral não está alicerçado em um código processual privativo, isto é, não estão unificadas as regras e procedimentos a serem seguidos pelos envolvidos nas lides judiciais eleitorais. Apesar de não possuir um código próprio determinando o rito a ser adotado, o legislador, por meio de normas infraconstitucionais, delimitou as espécies de ações eleitorais, os recursos admitidos, as bases e os bens jurídicos protegidos.

Ao mesmo tempo, vige a regra segundo a qual no que não for contrário aos princípios e às normas específicas do Direito Eleitoral, o contencioso também será regido, em suas omissões, pelo *Código de Processo Civil* e pelo *Código de Processo Penal*.

PARA SEDIMENTAR

"RECURSO ORDINÁRIO. HABEAS CORPUS. AÇÃO PENAL. INOVAÇÕES. CPP. APLICAÇÃO. PROCESSO PENAL ELEITORAL. IMPOSSIBILIDADE. 1. As inovações do CPP introduzidas pela Lei 11.719/2008 não incidem no procedimento dos crimes eleitorais, pois o Código Eleitoral disciplina especificamente a matéria e consiste em lei especial, não podendo ser afastada por lei posterior de caráter geral. Precedente. 2. Recurso desprovido. Processo RHC 42994 PR. Publicação DJE – Diário de justiça eletrônico, Tomo 075, Data 23/4/2013, Página 34. Julgamento 19 de Março de 2013. Relator Min. FÁTIMA NANCY ANDRIGHI".

"AGRAVO REGIMENTAL. RECURSO ESPECIAL. EXECUÇÃO FISCAL. RITO DA LEI Nº 6.830/1980. APLICAÇÃO SUBSIDIÁRIA DAS REGRAS DO CÓDIGO DE PROCESSO

[167] GOMES, José Jairo. *Direito eleitoral*. 15. ed. São Paulo: Atlas, 2019. p. 342.

[168] GOMES, José Jairo. *Direito eleitoral*. 12. ed. São Paulo: Atlas, 2016. p. 530.

CIVIL. MANUTENÇÃO DA DECISÃO AGRAVADA. 1. A execução fiscal para cobrança de multa eleitoral, mesmo em trâmite nesta Justiça especializada, segue as regras previstas na Lei nº 6.830/1980 com a aplicação subsidiária do Código de Processo Civil (art. 367, inciso IV, do Código Eleitoral). 2. Consoante entendimento doutrinário, "a desconsideração é medida extrema, excepcional, somente admitida episodicamente, quando presentes os requisitos legais e demonstrada a inexistência de patrimônio da pessoa jurídica para garantir seus débitos". 3. Com base nas premissas fáticas assentadas pelo Regional, verifica-se que o título que fundamenta a execução da multa eleitoral é de fato inexigível em relação aos sócios, porquanto não se sujeita aos efeitos da coisa julgada material quem não participou da lide em que proferida a decisão judicial. São inaplicáveis ao caso a teoria maior da desconsideração da personalidade jurídica, pois inexistem os requisitos, e a teoria menor, por incompatibilidade com a execução de dívidas eleitorais. 4. Decisão agravada mantida pelos próprios fundamentos. 5. Agravo regimental desprovido. Processo AgR-REspe 13072 RN. Publicação DJE – Diário de justiça eletrônico, Tomo 156, Data 18/08/2015, Página 122. Julgamento 19 de Maio de 2015. Relator Min. GILMAR FERREIRA MENDES".

"RECURSO. AÇÃO PENAL. CRIMES ELEITORAIS. TRANSAÇAO PENAL. DESIGNA AUDIENCIA. RECURSO. PREVISAO LEGAL. INEXISTENCIA. ART. 581,XI, CPP. APLICAÇAO ANALÓGICA. RECURSO EM SENTIDO ESTRITO. DECISÃO NÃO FINAL. DESCLASSIFICAÇÃO. DESCABIMENTO. PROVIMENTO PARCIAL. [...] Cabível a aplicação analógica do inciso XI do artigo 581 do Código de Processo Penal aos casos de suspensão condicional do processo, viabilizada, aliás, pela subsidiariedade que o artigo 92 da Lei nº 9.099/95 lhe atribui. (STJ REsp n. 601924/PR; HC 103.053/SP) 3. Recebe-se a peça recursal como recurso em sentido estrito, uma vez que o ato decisório fustigado não constitui decisão final de condenação ou absolvição. 4. Os fatos que o magistrado a quo entende comprovados não tipificam, em tese, a conduta coibida pelo art. 299 do código eleitoral.5. Tomando por base única e exclusivamente a decisão do magistrado a quo, conclui-se pela incidência, em tese, da figura tipificada nos arts. 10 e 11, III da Lei nº 6.091/74 c/c art. 302 do Código Eleitoral, os quais impossibilitam a aplicação dos benefícios da Lei nº 9.099/95.6. Mitigação momentânea do princípio do livre convencimento do juiz para fins de conclusão da prestação jurisdicional, podendo o magistrado decidir a seu juízo, quando vier a prolatar a sentença de mérito.7. Provimento parcial. Processo RC 4766 TO. Publicação DJE – Diário da Justiça Eletrônico, Tomo 153, Data 9/8/2012, Página 3. Julgamento 8 de Agosto de 2012. Relator. JOSÉ RIBAMAR MENDES JÚNIOR".

"DIREITO PROCESSUAL PENAL E PROCESSUAL ELEITORAL. AGRAVO INTERNO EM RECURSO ESPECIAL ELEITORAL COM AGRAVO. ELEIÇÕES 2016. ART. 600, §4º, E ART. 601 DO CÓDIGO DE PROCESSO PENAL. INAPLICABILIDADE AOS FEITOS CRIMINAIS DA JUSTIÇA ELEITORAL. DESPROVIMENTO. 1. Agravo interno interposto contra decisão que negou seguimento a recurso especial eleitoral com agravo. 2. Na seara eleitoral, as razões de recurso criminal eleitoral devem ser apresentadas em petição fundamentada (arts. 266 e 268 do Código Eleitoral), não sendo cabível, ante o princípio da especialidade, a aplicação subsidiária do disposto no art. 600, §4º, e art. 601 do Código de Processo Penal, que tratam da apresentação de razões recursais posteriormente à interposição do recurso. 3. No caso, o réu e seu defensor foram intimados da sentença penal condenatória em 12.5.2017. As razões de recurso, porém, somente foram apresentadas em 31.5.2017, após o prazo de dez dias previsto na legislação específica. 4. Tendo em vista que a decisão recorrida está em conformidade com a jurisprudência deste Tribunal Superior, não se conhece do agravo em recurso especial eleitoral (Súmula nº 30/TSE). 5. Agravo interno a que se nega provimento. (Agravo de Instrumento nº 65474, Acórdão, Relator(a) Min. Luís Roberto Barroso, Publicação: DJE – Diário de justiça eletrônico, Data 07/12/2018)."

Nesse sentido, importa indicarmos as ações eleitorais previstas na legislação infraconstitucional. Ato contínuo, trataremos, com riqueza de detalhes, cada uma delas, com o escopo de atualizar e formatar suas aplicabilidades à nova doutrina e jurisprudência.

AÇÕES ELEITORAIS

- Ação de Investigação Judicial Eleitoral;
- Ação de Impugnação de Mandato Eletivo;
- Ação de Impugnação de Registro de Candidatura;
- Recurso contra a Expedição de Diploma;
- Representação por Propaganda Irregular;
- Representação para Apurar Condutas Relativas à Arrecadação e Gastos de Recursos;
- Representação por Captação Ilícita de Sufrágio;
- Representação por Conduta Vedada aos Agentes Públicos em Campanhas Eleitorais;
- Ação Rescisória Eleitoral;
- Representação por Pesquisa Irregular;
- Reclamação de Direito de Reposta;
- Consulta;
- Prestação de Contas.

6.1 Ação de Investigação Judicial Eleitoral (AIJE)

6.1.1 Conceito

A Ação de Investigação Judicial Eleitoral (AIJE) tem o condão de apurar e combater as condutas relacionadas a abusos de autoridade e de poder, abusos do poder econômico, emprego indevido de veículos ou de meios de comunicação em benefício de candidato ou de partido político que podem infamar o pleito.

DELIMITANDO O TEMA

Abuso de autoridade e de poder eleitoral: Constituem-se no mau uso do direito, situação ou posição jurídica, a fim de se exercer influência ilegítima em determinado pleito eleitoral. Assim, sua caracterização requer um ato que afronte o ordenamento jurídico, entendido para além da lei em sentido estrito. Em regra, contudo, as ações tendem a ser ilícitas ou anormais. Por exemplo: o mau uso de bens e de recursos detidos pelo agente público. É sempre necessário, todavia, para a caracterização do abuso de poder, que haja um processo eleitoral em vista. Nas palavras de Rodrigo López Zílio, o abuso do poder de autoridade é "todo ato emanado de pessoa que exerce cargo, emprego ou função que excede os limites da legalidade ou da competência. Só pode ser praticado por quem tem vínculo com a administração pública por cargo, emprego ou função pública, distinguindo-se do abuso de poder político, que é praticado por quem tem vínculo com a administração pública, mediante mandato eletivo".[169]

Abuso do poder econômico: É o financiamento de partidos políticos ou candidatos, antes ou durante o período de campanha eleitoral, que afronte normas e instituições jurídicas eleitorais, pondo em xeque a legitimidade das eleições e, por conseguinte, ocasionando o desequilíbrio da disputa. Nessa direção, o Tribunal Superior Eleitoral já afiançou que: "Abusa do poder econômico o candidato que despende recursos patrimoniais, públicos ou privados, dos quais detém o controle ou a gestão em contexto revelador de desbordamento ou excesso no emprego desses recursos em seu favorecimento eleitoral" (Agravo Regimental no Agravo de Instrumento n. 11.708/MG, Rel. Min. Félix Fischer)".

Emprego indevido de veículos: Caracteriza-se quando os agentes públicos, valendo-se dessa condição para beneficiar candidaturas, maculam a normalidade e a legitimidade das eleições.

Emprego indevido de meios de comunicação: Ocorre quando, durante o período eleitoral, é utilizado algum veículo de comunicação social em favor de partido político, coligação ou candidato em sentido amplo. Note-se que tal situação não

[169] ZILIO, Rodrigo López. *Direito eleitoral*. 2. ed. Porto Alegre: Verbo Jurídico, 2010. p. 383.

ocorre quando se tratar de veiculação de propaganda em periódico, rádio ou televisão, em consonância com a legislação e as Resoluções do TSE.

Neste ponto, cumpre registrar que a figura do *abuso de poder religioso* não possui previsão expressa nas normas de regência, mas nem por isso é possível dizer que não pode ser coibida por meio da AIJE.

Isso porque as entidades religiosas não podem financiar campanhas eleitorais e/ou realizar propaganda em favor de determinados candidatos durante seus cultos, sob pena de configurar abuso do poder econômico, a teor do que já decidiu o Tribunal Superior Eleitoral.

PARA SEDIMENTAR

"ELEIÇÕES 2016. AGRAVO INTERNO. AGRAVO EM RECURSO ESPECIAL ELEITORAL. AIJE. VEREADOR. CONDENAÇÃO NA ORIGEM. DECISÃO DA PRESIDÊNCIA DO TRE. NÃO VINCULAÇÃO DO TSE. REQUISITOS DE ADMISSIBILIDADE DO RECURSO ESPECIAL. PRESENÇA. PREQUESTIONAMENTO RECONHECIDO. VIABILIDADE DA REVALORAÇÃO JURÍDICA DOS FATOS EM SEDE ESPECIAL. AGRAVO PROVIDO. MÉRITO. ABUSO DE PODER DE AUTORIDADE RELIGIOSA. NECESSIDADE DE ENTRELAÇAMENTO COM FORMAS TÍPICAS DE ABUSO DE PODER. AUSÊNCIA DE CONEXÃO NO CASO CONCRETO. RECURSO ESPECIAL A QUE SE DÁ PROVIMENTO.

1. Na esteira da jurisprudência do TSE, o juízo de admissibilidade do recurso especial está sujeito a duplo controle. Dessa forma, a aferição dos requisitos pela instância de origem não vincula o juízo que será realizado por este Tribunal Superior (AI nº 144-80/SP, Rel. Min. Laurita Vaz, DJe de 14.3.2014).

2. Não obstante a existência de ressalva de entendimento, nos termos de voto apresentado no julgamento do REspe nº 8285/GO, o presente caso é de ser examinado em consonância com a jurisprudência deste Tribunal Superior, firmada no sentido de que o abuso de poder de autoridade religiosa, porquanto falto de previsão expressa no ordenamento eleitoral, só pode ser reconhecido quando exsurgir associado a alguma forma tipificada de abuso de poder.

3. Os elementos constantes do acervo fático-probatório não permitem inferir a presença associada do abuso de poder econômico, tampouco do uso indevido dos meios de comunicação social. A moldura fática indica que o uso desvirtuado do fator religioso, conquanto inequívoco, ocorreu à margem do aporte de incentivos financeiros e sem a intervenção incisiva de veículo da indústria da informação.

4. Ausente o requisito do entrelaçamento, na linha da jurisprudência deste Tribunal Superior, revela-se impossível o reconhecimento do abuso de poder religioso como figura antijurídica autônoma.

5. Agravo interno provido para conhecer do recurso eleitoral e dar-lhe provimento, julgando improcedente a Ação de Investigação Judicial Eleitoral.

(Agravo de Instrumento nº 42531, Acórdão, Relator(a) Min. Edson Fachin, Publicação: DJE – Diário da justiça eletrônica, Tomo 171, Data 16/09/2021)"

"ELEIÇÕES 2010. RECURSOS ORDINÁRIOS. RECURSO ESPECIAL. AÇÃO DE INVESTIGAÇÃO JUDICIAL ELEITORAL. ABUSO DO PODER ECONÔMICO. USO INDEVIDO DOS MEIOS DE COMUNICAÇÃO SOCIAL E ABUSO DO PODER POLÍTICO OU DE AUTORIDADE. NÃO CONFIGURAÇÃO. 1. Os candidatos que sofreram condenação por órgão colegiado pela prática de abuso do poder econômico e político têm interesse recursal, ainda que já tenha transcorrido o prazo inicial de inelegibilidade fixado em três anos pelo acórdão regional. Precedentes. 2. Abuso do poder religioso. Nem a Constituição da República nem a legislação eleitoral contemplam expressamente a figura do abuso do poder religioso. Ao contrário, a diversidade religiosa constitui direito fundamental, nos termos do inciso VI do artigo 5º, o qual dispõe que: "É inviolável a liberdade de consciência e de crença, sendo assegurado o livre exercício dos cultos religiosos e garantida, na forma da lei, a proteção aos locais de culto e a suas liturgias". 3. A liberdade religiosa está essencialmente relacionada ao direito de aderir e propagar uma religião, bem como participar dos seus cultos em ambientes públicos ou particulares. Nesse sentido, de acordo com o art. 18 da Declaração Universal dos Direitos Humanos, "toda pessoa tem direito à liberdade de pensamento, de consciência e de religião; este direito implica a liberdade de mudar de religião ou de convicção, assim como a liberdade de manifestar a religião ou convicção, sozinho ou em comum, tanto em público como em privado, pelo ensino, pela prática, pelo culto e pelos ritos". 4. A liberdade religiosa não constitui direito absoluto. Não há direito absoluto. A liberdade de pregar a religião, essencialmente relacionada com a manifestação da fé e da crença, não pode ser invocada como escudo para a prática de atos vedados pela legislação. 5. Todo ordenamento jurídico deve ser interpretado de forma sistemática. A garantia de liberdade religiosa e a laicidade do Estado não afastam, por si sós, os demais princípios de igual estatura e relevo constitucional, que tratam da normalidade e da legitimidade das eleições contra a influência do poder econômico ou contra o abuso do exercício de função, cargo ou emprego na administração direta ou indireta, assim como os que impõem a igualdade do voto e de chances entre os candidatos. 6. Em princípio, o discurso religioso proferido durante ato religioso está protegido pela garantia de liberdade de culto celebrado por padres, sacerdotes, clérigos, pastores, ministros religiosos, presbíteros, epíscopos, abades, vigários, reverendos, bispos, pontífices ou qualquer outra pessoa que represente religião. Tal proteção, contudo, não atinge situações em que o culto religioso é transformado em ato ostensivo ou indireto de propaganda eleitoral, com pedido de voto em favor dos candidatos. 7. Nos termos do art. 24, VIII, da Lei nº 9.504/97, os candidatos e os partidos políticos não podem receber, direta ou indiretamente, doação em dinheiro ou estimável em dinheiro, inclusive por meio de publicidade de qualquer espécie proveniente de entidades religiosas. 8. A proibição legal de as entidades religiosas contribuírem financeiramente para a divulgação direta ou indireta de campanha eleitoral é reforçada, para os pleitos futuros, pelo entendimento majoritário do Supremo Tribunal Federal no sentido de as pessoas jurídicas não poderem contribuir para as campanhas eleitorais (ADI nº 4.650, rel. Min. Luiz Fux). 9. A propaganda eleitoral não pode ser realizada em bens de uso comum, assim considerados aqueles a que a população em geral tem acesso, tais como os templos, os ginásios, os estádios, ainda que de propriedade privada (Lei nº 9.504/97, art. 37, caput e §4º). 10. O candidato que presencia atos tidos como abusivos e deixa a posição de mero expectador para, assumindo os riscos inerentes, participar diretamente do evento e potencializar a exposição da sua imagem não pode ser considerado mero beneficiário. O seu agir, comparecendo no palco em pé e ao lado do orador, que o elogia e o aponta como o melhor representante do povo, caracteriza-o como partícipe e responsável pelos atos que buscam a difusão da sua imagem em relevo direto e maior do que o que seria atingido pela simples referência à sua pessoa ou à sua presença na plateia (ou em outro local). 11. Ainda que não haja expressa previsão legal sobre o abuso do poder religioso, a prática de atos de propaganda em prol de candidatos por entidade religiosa, inclusive os realizados de forma dissimulada, pode caracterizar a hipótese de abuso do poder econômico, mediante a utilização de recursos financeiros provenientes de fonte vedada. Além disso, a utilização proposital dos meios de comunicação social para a difusão dos atos de promoção de candidaturas é capaz de caracterizar a hipótese de uso indevido prevista no art. 22 da Lei das Inelegibilidades. Em ambas as situações e conforme as circunstâncias verificadas, os fatos podem causar o desequilíbrio da igualdade de chances entre os concorrentes e, se atingir gravemente a normalidade e a legitimidade das eleições, levar à cassação do registro ou do diploma dos candidatos eleitos. 12. No presente caso, por se tratar das eleições de 2010, o abuso de poder deve ser aferido com base no requisito da potencialidade, que era exigido pela jurisprudência de então e que, não se faz presente no caso concreto em razão de suas circunstâncias. Recurso especial do pastor investigado recebido como recurso ordinário. Recursos ordinários dos investigados providos para julgar improcedente a ação de investigação judicial eleitoral. Recurso especial da Coligação Rondônia Melhor para Todos, autora da AIJE, prejudicado. (Recurso Ordinário nº 265308, Acórdão, Relator(a) Min. Henrique Neves Da Silva, Publicação: DJE – Diário de justiça eletrônico, Data 05/04/2017, Página 20/21)".

"[...] AIJE. Abuso de poder político e uso indevido dos meios de comunicação social. Bis in idem. Não configuração. [...] 1. Não há falar em violação ao princípio do non bis in idem se um mesmo fato é analisado e sancionado por fundamentos distintos. Precedente. 2. Nada impede que o mesmo fato descrito como conduta vedada, nos termos do art. 73 da Lei nº 9.504/97, seja também apurado em AIJE sob a perspectiva do abuso, hipótese em que, se provada a gravidade das circunstâncias, é de rigor a aplicação de sanção de inelegibilidade por oito anos, nos termos do art. 22, XIV, da LC nº 64/90. [...]" (Ac. de 2.4.2019 no AgR-AI nº 34838, rel. Min. Tarcisio Vieira de Carvalho Neto.)

"Eleições 2016. Recursos especiais. Ação de investigação judicial eleitoral (AIJE). Captação ilícita de sufrágio. Distribuição de panfletos. Isenção de taxa condominial. Empreendimentos do programa habitacional minha casa minha vida. Promessa genérica. Plataforma política. Viabilidade em tese. Má-fé não demonstrada. Manutenção do acórdão regional. Desprovimento. [...] 11. O material fático-probatório avaliado pelo voto vencido apenas compõe o acórdão recorrido quando não estiver em conflito com o que descrito no voto vencedor. [...]" (Ac. de 14.3.2019 no REspe nº 47444, rel. Min. Tarcisio Vieira de Carvalho Neto.)

"Para se caracterizar o abuso de poder, impõe-se a comprovação, de forma segura, da gravidade dos fatos imputados, demonstrada a partir da verificação do alto grau de reprovabilidade da conduta (aspecto qualitativo) e de sua significativa repercussão a fim de influenciar o equilíbrio da disputa eleitoral (aspecto quantitativo). A mensuração dos reflexos eleitorais da conduta, não obstante deva continuar a ser ponderada pelo julgador, não se constitui mais em fator determinante para a ocorrência do abuso de poder, sendo agora revelado, substancialmente, pelo desvalor do comportamento" (AIJE nº 0601864-88/DF, Rel. Min. Jorge Mussi, DJe de 25.9.2019).

ELEICÕES 2014. RECURSO ORDINÁRIO. AIJE E AIME JULGADAS CONJUNTAMENTE. ABUSO DO PODER ECONÔMICO. UTILIZAÇÃO DE GRANDIOSO EVENTO RELIGIOSO EM BENEFÍCIO DE CANDIDATURAS ÀS VÉSPERAS DO PLEITO. PEDIDO EXPRESSO DE VOTOS. PROCEDÊNCIA NO TRE/MG. DESPROVIMENTO [...] Da imputação de abuso de autoridade religiosa. 12. O atual debate sobre os limites da interferência de movimentos religiosos no âmbito do eleitorado, com a possível quebra da legitimidade do pleito, é desafiador dentro de uma sociedade pluralista. A influência da religião na política e, na linha inversa, da política na religião, é via de mão dupla que se retroalimenta, reconhecidamente indissociável em diversas culturas. 13. Sem a emissão de juízo de valor sobre as diferentes convicções religiosas – direito fundamental protegido pela Constituição Federal – a exercerem influência sobre as opções políticas do indivíduo e, em última análise, da comunidade a que pertence, é inegável que declarações públicas de apoio ou predileção a determinada candidatura estão resguardadas pela liberdade de manifestação assegurada constitucionalmente. Além disso, tendem os indivíduos a um alinhamento natural a candidatos oriundos da fé professada. 14. A utilização do discurso religioso como elemento propulsor de candidaturas, infundindo a orientação política adotada por líderes religiosos – personagens centrais carismáticos que exercem fascinação e imprimem confiança em seus seguidores –, a tutelar a escolha política dos fiéis, induzindo o voto não somente pela consciência pública, mas, primordialmente, pelo temor reverencial, não se coaduna com a própria laicidade que informa o Estado Brasileiro. 15. Diante desse cenário é que se torna imperioso perscrutar em que extensão cidadãos são compelidos a apoiar determinadas candidaturas a partir da estipulação de líderes religiosos – os quais, por vezes, vinculam essa escolha à própria vontade soberana de Deus –, em cerceio à liberdade de escolha do eleitor, de modo a interferir, em larga escala, na isonomia entre os candidatos no pleito, enfraquecendo o processo democrático. 16. A reiterada conclamação aos fiéis durante as celebrações religiosas, por seus líderes, para que suportem determinada campanha, cientes do seu poder de influência sobre a tomada de decisões de seus seguidores, é conduta que merece detido exame pela Justiça

Eleitoral, considerada a nobre missão de que investida, pela Carta Magna, quanto ao resguardo da legitimidade do pleito. 17. A modificação do prisma histórico-social em que se concretiza a aplicação da norma torna imperiosa uma releitura do conceito de "autoridade", à luz da Carta Magna e da teleologia subjacente à investigação judicial eleitoral, a revelar de todo inadequada interpretação da expressão que afaste do alcance da norma situações fáticas caracterizadoras de abuso de poder em seus mais diversos matizes – as quais manifestam idênticas e nefastas consequências –, sabido que a alteração semântica dos preceitos normativos deve, tanto quanto possível, acompanhar a dinâmica da vida. 18. Porque insofismável o poder de influência e persuasão dos membros de comunidades religiosas – sejam eles sacerdotes, diáconos, pastores, padres etc –, a extrapolação dessa ascendência sobre os fiéis deve ser enquadrada como abuso de autoridade – tipificado nos termos do art. 22, XII, da LC n? 64/1990, que veio a regulamentar o art. 14, §9º, da CF – e ser sancionada como tal. 19. Nessa quadra, revelam-se passíveis, a princípio, de configuração do abuso de autoridade – considerada a liderança exercida e a possibilidade de interpretação ampla do conceito – os atos emanados de expoentes religiosos que subtraiam, do âmbito de incidência da norma, situações atentatórias aos bens jurídicos tutelados, a saber, a normalidade e a legitimidade das eleições e a liberdade de voto (art. 19 da LC nº 64/1990). (Recurso Ordinário nº 537003, Acórdão, Relator(a) Min. Rosa Weber, Publicação: DJE – Diário de justiça eletrônico, Data 27/09/2018).

6.1.2 Fundamentação Legal

A previsão legal da AIJE encontra-se albergada no art. 22 da Lei Complementar nº 64, de 1990.

Art. 22 da Lei Complementar 64, de 1990

"Art. 22. Qualquer partido político, coligação, candidato ou Ministério Público Eleitoral poderá representar à Justiça Eleitoral, diretamente ao Corregedor-Geral ou Regional, relatando fatos e indicando provas, indícios e circunstâncias e pedir abertura de investigação judicial para apurar uso indevido, desvio ou abuso de poder econômico ou do poder de autoridade, ou utilização indevida de veículos ou meios de comunicação social, em benefício de candidato ou de partido político, obedecido o seguinte rito: [...]".

De tal modo, podemos afiançar que a Ação de Investigação Judicial Eleitoral tem por finalidade coibir: (i) uso indevido, desvio ou abuso do poder econômico; (ii) desvio ou abuso de autoridade ou do poder político; e (iii) utilização indevida de veículos ou meios de comunicação social.

Ao vedar esse tipo de conduta, o desígnio do legislador foi o de prezar pela legalidade do pleito eleitoral e, consequentemente, pela justiça do processo democrático, visto que a interferência do poder econômico afronta os valores de igualdade, liberdade e sinceridade, imprescindíveis à consolidação do Direito Eleitoral.

Nesse sentido, Edson de Resende Castro, quando avalia a importância da AIJE para a consolidação da democracia, assevera:

> A Ação de Investigação Judicial Eleitoral é usada como um poderoso veículo de resgate da democracia, na medida em que combate fatos abusivos, em prejuízo da liberdade de voto e visa a assegurar a lisura do pleito, garantindo que o exercício do mandato será desempenhado por aquele que foi legitimamente eleito na chapa apresentada à escolha popular.[170]

6.1.3 Natureza Jurídica

A pedra angular do combate ao abuso do poder econômico encontra-se no art. 14, §9º, da Constituição Federal, que prevê o seguinte:

Art. 14, §9º, da Constituição Federal

"§9º Lei complementar estabelecerá outros casos de inelegibilidade e os prazos de sua cessação, a fim de proteger a probidade administrativa, a moralidade para o exercício do mandato, considerada a vida pregressa do candidato, e a normalidade e legitimidade das eleições contra a influência do poder econômico ou o abuso do exercício de função, cargo ou emprego na administração direta ou indireta".

Obedecendo ao legislador constituinte, editou-se, no plano infraconstitucional, a Lei Complementar nº 64, de 1990, também conhecida por Lei de Inelegibilidades, que trata, entre outros temas, do combate ao abuso do poder econômico. Para isso, logo em seu art. 1º, *d* e *h*, a referida norma previu quem são os inelegíveis.

170 CASTRO, Edson de Resende. *Teoria e prática do direito eleitoral*. 2. ed. Belo Horizonte: Mandamentos, 2005. p. 302.

Art. 1º da Lei Complementar 64, de 1990

"Art. 1º [...]

d) os que tenham contra sua pessoa representação julgada procedente pela Justiça Eleitoral, em decisão transitada em julgado ou proferida por órgão colegiado, em processo de apuração de abuso de poder econômico ou político, para a eleição na qual concorrem ou tenham sido diplomados, bem como para as que se realizam nos 8 (oito) anos seguintes;

h) os detentores de cargo na administração pública direta, indireta ou fundacional, que beneficiarem a si ou a terceiros, pelo abuso do poder econômico ou político, que forem condenados em decisão transitada em julgado ou proferida por órgão judicial colegiado, para a eleição na qual concorrem ou tenham sido diplomados, bem como para as que se realizarem nos 8 (oito) anos seguintes; [...]".

Ao mesmo tempo, importante não perder de vista o art. 22, XIV, também da Lei Complementar nº 64/1990, que versa sobre os efeitos da ação.

Art. 22 da Lei Complementar nº 64, de 1990

"Art. 22 [...] XIV – julgada procedente a representação, ainda que após a proclamação dos eleitos, o Tribunal declarará a inelegibilidade do representado e de quantos hajam contribuído para a prática do ato, cominando-lhes sanção de inelegibilidade para as eleições a se realizarem nos 8 (oito) anos subsequentes à eleição em que se verificou, além da cassação do registro do diploma do candidato diretamente beneficiado pela interferência do poder econômico ou pelo desvio ou abuso do poder de autoridade ou dos meios de comunicação, determinando a remessa dos autos ao Ministério Público Eleitoral, para instauração de processo disciplinar, se for o caso, e de ação penal, ordenando quaisquer outras providências que a espécie comportar".

No mais, para dar contornos práticos aos tipos de condutas que podem ser combatidas por meio da AIJE, Peleja Júnior e Fabrício Napoleão selecionaram os principais atos considerados abusivos pelo Tribunal Superior Eleitoral.

DELIMITANDO O TEMA

"A concessão de benefícios a servidores públicos nas proximidades das eleições pode caracterizar abuso do poder político, desde que evidenciada a possibilidade de haver reflexos na circunscrição do pleito, independentemente da eleição ou não do candidato. Desvirtuamentos na prestação de informações aos eleitores podem vir a caracterizar abuso do poder econômico ou uso indevido dos meios de comunicação social. O ato da administração, aparentemente regular e benéfico à população, que teve como objetivo imediato o favorecimento de algum candidato. Quanto à propaganda indevida, para configuração do abuso, é irrelevante o fato de ter ou não sido veiculada nos três meses anteriores à eleição, com promoção pessoal do prefeito e consequente infração ao princípio da impessoalidade. As condutas vedadas no art. 73 da Lei nº 9.507/1997 podem vir a caracterizar abuso do poder político, devendo ser levadas em conta as circunstâncias, como o número de vezes e o modo em que praticadas e a quantidade de eleitores atingidos, para se verificar se os fatos têm potencialidade para repercutir no resultado da eleição. A utilização de atos de governo, nos quais seria lícito o uso de símbolos de governo, com finalidade eleitoral, pode, em tese, configurar abuso do poder político, a ser apurado em processo específico. Doação de remédios adquiridos com recursos públicos e utilização de agentes comunitários da saúde e de veículos da Prefeitura em campanha política. Abuso do poder político decorrente do proveito eleitoral obtido por pré-candidato a deputado federal que, na qualidade de Secretário de Comunicação municipal, beneficiou-se com a publicação de matérias a seu respeito e, jornais e revistas cujas empresas de comunicação foram contratadas pela prefeitura, sem licitação, para a divulgação de propaganda institucional. A maciça divulgação de matérias elogiosas a pré-candidato em diversos jornais e revistas, cada um com tiragem média de 10 mil exemplares, publicados quinzenalmente, e distribuídos gratuitamente durante vários meses antes da eleição, constitui uso indevido dos meios de comunicação social, com potencial para desequilibrar a disputa eleitoral. A distribuição de camisetas e santinhos, juntamente com dinheiro. A contratação de mais de 400 pessoas (servidores públicos) sem concurso e de transporte escolar em período vedado. A veiculação de propaganda eleitoral irregular transcende os limites do local em que se realiza, de modo a alcançar outras áreas do território do Estado. Comemorações patrocinadas pelo Governo do Estado e por suplente de candidato, com repercussão além do município em que ocorreram, transmitidas por rádio, violam o princípio isonômico constitucionalmente assegurado".[171]

[171] PELEJA JÚNIOR, Antônio Veloso; BATISTA, Fabrício Napoleão Teixeira *apud* BARROS, Francisco Dirceu. *Curso de processo eleitoral*. 2. ed. Rio de Janeiro: Elsevier, 2012. p. 104-105.

6.1.4 Legitimidade

a) Ativa

Depreende-se do texto legal que a legitimidade ativa da AIJE foi reservada a todo partido político, coligação, candidato e ao Ministério Público. Ocorre que, com o advento da Lei nº 14.208/2021, a despeito de inexistência de adaptações expressas nas mais diversas leis de regência, é certo que federações partidárias também possuem legitimidade ativa para intentar AIJE, sobretudo após o julgamento da ADI nº 7.021, que validou o novo instituto. Além disso, é imperioso frisar que, de acordo com o entendimento do Tribunal Superior Eleitoral no julgamento do Agravo Regimental em Recurso Especial n. 25.002, para que a coligação possa propor a AIJE, é necessário que esteja demonstrada a anuência de todos os partidos políticos que a compõem, pois, como decidiu o TSE, "é nula a investigação suscitada sem aprovação de todos os partidos coligados". Portanto, temos que referido entendimento reafirma a unicidade da coligação.

PARA SEDIMENTAR

"[...] Decisão: O Tribunal, por maioria, referendou a cautelar deferida parcialmente, apenas para adequar o prazo para constituição e registro das federações partidárias e, nesse sentido: (i) suspendeu o inciso III do §3º do art. 11-A da Lei nº 9.096/1995 e o parágrafo único do art. 6º-A da Lei nº 9.504/1997, com a redação dada pela Lei nº 14.208/2021; bem como (ii) conferiu interpretação conforme à Constituição ao caput do art. 11-A da Lei nº 9.096/1995, de modo a exigir que, para participar das eleições, as federações estejam constituídas como pessoa jurídica e obtenham o registro de seu estatuto perante o Tribunal Superior Eleitoral no mesmo prazo aplicável aos partidos políticos; (iii) ressalvadas as federações constituídas para as eleições de 2022, as quais deverão preencher tais condições até 31 de maio de 2022. Tudo nos termos do voto do Relator, vencidos os Ministros Gilmar Mendes, Dias Toffoli, Cármen Lúcia e Ricardo Lewandowski, que negavam o referendo, e o Ministro Nunes Marques, que divergia em maior extensão, negando o referendo e concedendo cautelar para suspender a eficácia da Lei 14.208/2021. Presidência do Ministro Luiz Fux. Plenário, 9.2.2022. (STF – ADI 7021, *j.* 09.02.2022, Rel. Ministro Luís Roberto Barroso)"

"[...] A unicidade da coligação resulta de sua própria natureza, não contrariando qualquer dispositivo da Lei Complementar nº 64/90. O art. 6º, §1º, da Lei nº 9.504/97, disciplina as relações externas das coligações. É nula a investigação suscitada sem aprovação de todos os partidos coligados". NE: Embargos acolhidos para prestar esclarecimentos. Ementa: "Embargos de declaração. Coligação. Unicidade. Omissão. Inexistência. Provimento. A norma do §1º do art. 6º da Lei nº 9.504/97 é limitação que decorre da natureza intrínseca da coligação partidária: uma reunião de partidos que devem, em determinado pleito eleitoral, atuar num mesmo sentido. Sem a adesão de todos os componentes, a representação manejada pela coligação torna-se nula. (Recurso Especial Eleitoral nº 25002, Acórdão de, Relator(a) Min. Humberto Gomes De Barros, Publicação: DJ – Diário de justiça, Volume 1, Data 15/04/2005, Página 162). No mesmo sentido o Ac. nº 24.982, de 25.8.2005, rel. Min. Gilmar Mendes.)".

"Recurso Especial. Eleições 2014. Deputada Estadual. Ação De Investigação Judicial Eleitoral (AIJE). Captação Ilícita De Sufrágio. Abuso De Poder Econômico. Procedimento Preparatório Eleitoral (PPE). Art. 105-A Da Lei 9.504/97. Interpretação Conforme A Constituição. Provimento. Retorno Dos Autos. 1. O art. 105-A da Lei 9.504/97 – que veda na seara eleitoral adoção de procedimentos contidos na Lei 7.347/85 – deve ser interpretado conforme o art. 127 da CF/88, no qual se atribui ao Ministério Público prerrogativa de defesa da ordem jurídica, do regime democrático e de interesses sociais individuais indisponíveis, e o art. 129, III, que prevê inquérito civil e ação civil pública para proteger interesses difusos e coletivos. Precedentes. 2. Consequentemente, admite-se instauração de inquérito civil pelo Parquet para apurar prática de ilícitos eleitorais e, com maior razão, Procedimento Preparatório Eleitoral (PPE), iniciado no caso dos autos mediante portaria ministerial. 3. Recurso especial provido para declarar lícitas as provas colhidas em procedimento preparatório eleitoral e determinar retorno dos autos ao TRE/PI para que se processe e julgue a representação, formando-se imediatamente autos suplementares. (REsp nº131823/PI, Rel. Min. Jorge Mussi, DJe de 07.11.2017)".

"ELEIÇÕES 2012. RECURSOS ESPECIAIS. PREFEITO. AÇÃO DE INVESTIGAÇÃO JUDICIAL ELEITORAL (AIJE). ABUSO DO PODER ECONÔMICO E POLÍTICO. USO INDEVIDO DOS MEIOS DE COMUNICAÇÃO. PROPAGANDA EXTEMPORÂNEA. DESVIRTUAMENTO DA LIBERDADE DE MANIFESTAÇÃO CONFERIDA À IMPRENSA ESCRITA. MATÉRIAS FAVORÁVEIS APENAS À CANDIDATA À REELEIÇÃO E CONTRÁRIAS AO PRINCIPAL ADVERSÁRIO POLÍTICO. PROMOÇÃO PESSOAL. GRAVIDADE DOS FATOS. [...] 6. Legitimidade ativa da Coligação recorrida 6.1. A legitimidade da Coligação para ajuizar representações que impliquem perda de diplomas independe da anuência dos partidos que a compõem. Precedentes. [...] (Recurso Especial Eleitoral nº 41395, Acórdão, Relator(a) Min. Herman Benjamin, Publicação: DJE – Diário de justiça eletrônico, Tomo 121, Data 27/06/2019, Página 44/47)"

Insta registrar que o art. 6º, §4º, da Lei das Eleições prevê que "o partido político coligado somente possui legitimidade para atuar de forma isolada no processo eleitoral quando questionar a validade da própria coligação, durante o período compreendido entre a data da convenção e o termo final do prazo para a impugnação do registro de candidatos".[172]

[172] BRASIL. *Lei nº 9.504, de 30 de setembro de 1997*. Disponível em: http://www.planalto.gov.br/ccivil_03/leis/l9504.htm. Acesso em: 20 fev. 2022.

Cumpre dizer, ainda, que mesmo que o partido político não esteja participando do pleito, sua legitimidade para a interposição da AIJE se mantém, conforme já decidido pelo TSE no julgamento do Respe n. 26.012, de 29.6.2006, Rel. Ministro José Augusto Delgado.

Após as eleições, havendo a cessação da legitimidade temporária conferida às coligações, o partido poderá agir isoladamente.

Por fim, importante registrar que a legitimidade dos candidatos se inicia com a apresentação do pedido de registro de candidatura à Justiça Eleitoral.

b) Passiva

Possuem legitimidade para figurar no polo passivo: o partido; o candidato, em sentido *lato* – inclusive aquele somente requereu o pedido de registro de candidatura –, que usou indevidamente, desviou ou abusou do poder econômico ou de autoridade ou utilizou de forma imprópria veículos ou meios de comunicação social, em benefício próprio, de outro candidato ou de partido político; o cidadão comum, no caso de coautoria ou participação nos atos irregulares do candidato, e todo aquele que tenha concorrido para a prática abusiva. Não podem figurar no polo passivo da AIJE as pessoas jurídicas.

PARA SEDIMENTAR

"Qualquer pessoa do povo pode ser sujeito passivo de ação de investigação judicial, desde que haja possibilidade de concorrer à prática de abuso de poder econômico e político. Conhecido e negado provimento. Decisão unânime. (AGRAVO DE INSTRUMENTO n 75, ACÓRDÃO n 21.751 de 03/12/2001, Relator(a) MARCO AURÉLIO BELLIZZE, Publicação: DOE – Diário Oficial do Estado)".

AÇÃO DE INVESTIGAÇÃO JUDICIAL ELEITORAL. ELEIÇÕES 2018. CANDIDATOS A PRESIDENTE E VICE-PRESIDENTE DA REPÚBLICA. PRELIMINARES. INÉPCIA DA PETIÇÃO INICIAL. ILEGITIMIDADE PASSIVA. AUSÊNCIA DE INTERESSE PROCESSUAL E INADEQUAÇÃO DA VIA ELEITA. REJEIÇÃO. ABUSO DE PODER POLÍTICO. USO INDEVIDO DOS MEIOS DE COMUNICAÇÃO SOCIAL. JORNAL IMPRESSO. PREVALÊNCIA DA LIBERDADE DE IMPRENSA. VEÍCULO DE COMUNICAÇÃO MANTIDO PELO ESTADO. PECULIARIDADES. BALIZAS MAIS ESTREITAS. USO. BEM PÚBLICO. COAÇÃO. SERVIDORES. CONDUTA VEDADA E ABUSO NÃO CONFIGURADOS. AUSÊNCIA DE PROVA ROBUSTA. INEXISTÊNCIA DE GRAVIDADE. IMPROCEDÊNCIA.1. Não é inepta a petição inicial que descreve os fatos, os fundamentos do pedido e possibilita à parte o efetivo exercício do direito de defesa, corroborada com início de prova documental.2. O candidato supostamente beneficiado pelo abuso de poder é parte legítima para figurar no polo passivo de ação de investigação judicial eleitoral, ainda que a conduta investigada não seja a ele atribuída. Precedentes.3. A ação de investigação judicial eleitoral proposta em desfavor de candidatos a presidente e vice-presidente da República, em litisconsórcio com supostos autores de ato ilícito configurador de abuso, submete-se à relatoria do Corregedor-Geral da Justiça

Eleitoral, na forma do artigo 22 da Lei Complementar 64/1990, operando-se o julgamento perante o Plenário do TSE, razão pela qual não há inadequação da via eleita.4. Para se caracterizar o abuso de poder, impõe-se a comprovação, de forma segura, da gravidade dos fatos imputados, demonstrada a partir da verificação do alto grau de reprovabilidade da conduta (aspecto qualitativo) e de sua significativa repercussão a fim de influenciar o equilíbrio da disputa eleitoral (aspecto quantitativo). A mensuração dos reflexos eleitorais da conduta, não obstante deva continuar a ser ponderada pelo julgador, não se constitui mais em fator determinante para a ocorrência do abuso de poder, sendo agora revelado, substancialmente, pelo desvalor do comportamento.5. A jurisprudência desta Corte é no sentido de que fato ocorrido na imprensa escrita possui alcance inegavelmente menor em relação a outros veículos de comunicação social, como o rádio e a televisão, em face da própria característica do meio impresso, cujo acesso à informação tem relação direta com o interesse do leitor (Respe 56173/SC, Relatora Ministra Luciana Lóssio, DJe de 17.6.2016).6. Os veículos impressos de comunicação podem assumir posição favorável em relação a determinada candidatura, inclusive divulgando atos de campanha e atividades parlamentares, sem que isso caracterize, por si só, uso indevido dos meios de comunicação social, devendo ser punidos pela Justiça Eleitoral os eventuais excessos (RO 7569-30IRJ, Relator Ministro João Otávio de Noronha, DJe de 5.11.2015).7. Apesar de o jornal pertencer ao Governo da Paraíba e receber recursos públicos, circunstâncias que hão de estreitar as balizas para a liberdade de imprensa, porquanto não se poderia admitir que um veículo de comunicação estatal fosse utilizado deliberadamente como instrumento para favorecer determinada campanha, o conjunto fático-probatório não ostenta os elementos necessários a assim emoldurar as condutas descritas na inicial, tampouco a revelar gravidade suficiente para a imposição das penalidades que a espécie comporta.8. A Corte Suprema assegurou a "manifestação livre de ideias e divulgação do pensamento nos ambientes universitários ou em equipamentos sob a administração de universidades públicas e privadas e serventes a seus fins e desempenhos" (ADPF 548/DF, sessão de 31.10.2018).9. Inexistência de acervo probatório seguro a demonstrar o uso abusivo de um canal público de comunicação (jornal) em prol de determinada candidatura e em detrimento de outra, assim como ausência de condutas vedadas consistentes no uso de bem público e na coação de servidores do Estado.10. O Tribunal Superior Eleitoral firmou orientação no sentido de que, para afastar legalmente determinado mandato eletivo obtido nas urnas, compete à Justiça Eleitoral, com base na compreensão da reserva legal proporcional e fundamento em provas robustas admitidas em direito, verificar a existência de grave abuso de poder, suficiente para ensejar as rigorosas sanções de cassação do registro, diploma ou mandato e inelegibilidade. Precedentes.11. Ação de Investigação Judicial Eleitoral que, rejeitadas as preliminares, julga-se improcedente. (Ação de Investigação Judicial Eleitoral nº 060182324, Acórdão, Relator(a) Min. Jorge Mussi, Publicação: DJE – Diário de justiça eletrônico, Tomo 187, Data 26/09/2019)

Podem ser sujeitos passivos da AIJE os candidatos a vice-prefeito, quando a ação é interposta contra o candidato a prefeito. Referida previsão está albergada na Súmula n. 38 do TSE:

Súmula nº 38 do TSE

"Nas ações que visem à cassação de registro, diploma ou mandato, há litisconsórcio passivo necessário entre o titular e o respectivo vice da chapa majoritária".

PARA SEDIMENTAR

"AGRAVO REGIMENTAL. REPRESENTAÇÃO. OFENSA À LEI E À CONSTITUIÇÃO. ABUSO DE PODER ECONÔMICO. EMISSORAS DE RÁDIO E TELEVISÃO. TRATAMENTO DISCRIMINATÓRIO. CANDIDATOS. PRESIDÊNCIA DA REPÚBLICA. COBERTURA JORNALÍSTICA. DEBATES. ELEIÇÕES DE 2010. VIOLAÇÃO. DIREITO À INFORMAÇÃO. PRINCÍPIO DA ISONOMIA. IMPOSSIBILIDADE. PESSOA JURÍDICA. INVESTIGAÇÃO JUDICIAL ELEITORAL. RENOVAÇÃO. NECESSIDADE. FATOS NOVOS. DECISÃO. FUNDAMENTOS. PRINCÍPIO DO LIVRE CONVENCIMENTO MOTIVADO. PROVIMENTO NEGADO. 1. A instauração do procedimento exige a satisfação de requisitos como a legitimidade, a robustez dos elementos fático-probatórios sobre os quais se erige o pedido e a finalidade de apuração de uso indevido, desvio ou abuso do poder econômico ou do poder de autoridade, ou utilização indevida de veículos ou meios de comunicação social, em favor de postulante a cargo eletivo ou de agremiação partidária. 2. É entendimento pacífico deste Tribunal a impossibilidade de pessoas jurídicas figurarem no polo passivo de ações de investigações judiciais eleitorais fundadas no art. 22 da Lei Complementar nº 64, de 18 de maio de 1990. Precedentes.3. O interessado pode renovar a ação de investigação judicial eleitoral perante o Tribunal, desde que apresente fatos, indícios, circunstâncias e fundamentos novos em relação aos que já foram analisados anteriormente. Precedentes. 4. O magistrado, ao fundamentar sua decisão, está obrigado a responder tão somente aos argumentos que servirem ao seu convencimento, considerado o princípio do livre convencimento motivado. 5. Diante da mera reprodução das razões deduzidas na inicial, amplamente discutidas na decisão agravada, é de se negar provimento ao recurso interposto. 6. Agravo regimental a que se nega provimento. (Representação nº 321796, Acórdão, Relator(a) Min. Aldir Guimarães Passarinho Junior, Publicação: DJE – Diário de justiça eletrônico, Tomo 229, Data 30/11/2010, Página 7-8)

"[...] As pessoas jurídicas são partes ilegítimas para figurar no pólo passivo de representações com pedido de abertura de investigação judicial eleitoral, nos termos do art. 22 da Lei Complementar no 64/90, tendo em vista o fato de a sanção imposta pela referida norma não as alcançar [...] (Representação nº 1229, Acórdão, Relator(a) Min. FRANCISCO CESAR ASFOR ROCHA, Publicação: DJ – Diário de justiça, Data 13/12/2006, Página 169)"

EMBARGOS DE DECLARAÇÃO. PRELIMINAR. AUSÊNCIA DE INDICAÇÃO DE FATO OMISSIVO. NÃO CARACTERIZAÇÃO. PRELIMINAR AFASTADA. MÉRITO. FALTA DE CITAÇÃO DO VICE-PREFEITO EM PEDIDO DE CASSAÇÃO DO DIPLOMA DO PREFEITO. PRESENÇA DA COLIGAÇÃO PARTIDÁRIA NA LIDE. IRRELEVÂNCIA. LITISCONSÓRCIO PASSIVO NECESSÁRIO ENTRE TITULAR E VICE. MATÉRIA JÁ ANALISADA. INEXISTÊNCIA DE OMISSÃO. EMBARGOS NÃO PROVIDOS. 1 – São admissíveis embargos declaratórios para esclarecer obscuridade, eliminar contradição, suprir omissão e/ou corrigir erro material, nos termos do art. 1.022 do Código de Processo Civil c/c art. 275 do Código Eleitoral. PRELIMINAR: 2 – O embargante apresentou de forma expressa, adequada e tempestiva o motivo do seu inconformismo, ao afirmar que houve omissão do acórdão recorrido em não analisar a desnecessidade de citação do Vice-Prefeito. Presentes, assim, os requisitos de admissibilidade dos embargos. Preliminar afastada. MÉRITO: 3 – O acórdão recorrido reconheceu, de ofício, a decadência do direito de ação do autor que não incluíra na lide o Vice-Prefeito, constando expressamente da ementa que "nos termos da Súmula nº 38 do TSE, 'nas ações que visem à cassação de registro, diploma ou mandato, há litisconsorte passivo necessário entre o titular e o respectivo vice da chapa majoritária', sendo assim necessário que ambos sejam chamados para integrar a lide, no prazo previsto para a propositura da ação, pois o prazo é de natureza decadencial, de forma que a sua inobservância enseja a decadência do direito de ação". G.N. 4 – A controvérsia relativa à necessidade ou não de citação do Vice-Prefeito na ação que visa cassar o mandato do titular foi devidamente enfrentada no acórdão recorrido, inclusive porque a presença da coligação partidária na lide não altera o resultado do julgado pois aquela não possui legitimidade para figurar no polo passivo de ação que tem por finalidade desconstituir mandato eletivo. 5 – A rediscussão de matéria já decidida não se enquadra em nenhuma das hipóteses de cabimento dos embargos declaratórios, os quais, para serem acolhidos, mesmo para fins de prequestionamento, pressupõe a existência no acórdão embargado de um dos vícios previstos no art. 1.022 do CPC, o que não se verifica no caso vertente. 6 – Embargos Declaratórios conhecidos, mas não providos. (TRE-TO – RCED: 69965 LAGOA DO TOCANTINS – TO, Relator: HENRIQUE PEREIRA DOS SANTOS, Data de Julgamento: 19/02/2018, Data de Publicação: DJE – Diário da Justiça Eletrônico, Tomo 30, Data 21/02/2018, Página 2 e 3)

ELEIÇÕES 2016. AGRAVO REGIMENTAL. AGRAVO. RECURSO ESPECIAL. AÇÃO DE INVESTIGAÇÃO JUDICIAL ELEITORAL. ABUSO DE PODER. USO INDEVIDO DOS MEIOS DE COMUNICAÇÃO SOCIAL. LITISCONSÓRCIO PASSIVO NECESSÁRIO. AUSÊNCIA. DECADÊNCIA. EXTINÇÃO DO PROCESSO COM RESOLUÇÃO DO MÉRITO. DESPROVIMENTO. 1. Para as eleições de 2016, a jurisprudência desta

Corte Superior se consolidou no sentido da imprescindibilidade de formação do litisconsórcio passivo necessário entre os autores das condutas sindicadas e os respectivos beneficiários nas ações de investigação judicial eleitoral que versam sobre o gênero abuso. 2. A deficiência na formação do litisconsórcio passivo necessário acarreta a pronúncia de nulidade processual e, uma vez ultrapassada a data limite para o ajuizamento da ação, a extinção do processo com resolução do mérito por decadência, nos precisos termos do art. 487, II, do Código de Processo Civil. 3. Agravo regimental ao qual se nega provimento. (Agravo de Instrumento nº 17512, Acórdão, Relator(a) Min. Tarcisio Vieira De Carvalho Neto, Publicação: DJE – Diário de justiça eletrônico, Tomo 150, Data 06/08/2019, Página 80-81)

AGRAVO REGIMENTAL. RECURSO ESPECIAL ELEITORAL. ELEIÇÕES 2016. AÇÃO DE INVESTIGAÇÃO JUDICIAL ELEITORAL. CONDUTA VEDADA. ABUSO DO PODER ECONÔMICO E POLÍTICO E CAPTAÇÃO ILÍCITA DE SUFRÁGIO. DECISÃO REGIONAL. LITISCONSÓRCIO PASSIVO NECESSÁRIO. INOBSERVÂNCIA. RECONHECIMENTO. DECADÊNCIA. EXTINÇÃO DO FEITO. 1. Na linha da jurisprudência firmada por esta Corte Superior: "Em Ação de Investigação Judicial Eleitoral (AIJE), impõe-se litisconsórcio passivo necessário entre o autor do ilícito e o beneficiário (precedente). Entendimento que incide nos casos de abuso de poder econômico, político e de uso indevido dos meios de comunicação social, pois, a teor do art. 22, XIV, da LC 64/90, aplica-se a inelegibilidade também a quem praticou o ato" (REspe 624-54, rel. Min. Jorge Mussi, DJE de 11.5.2018). 2. O Tribunal Regional Eleitoral concluiu, por maioria, que a conduta ilícita imputada na ação de investigação judicial eleitoral estaria enquadrada no âmbito das atribuições específicas dos secretários municipais responsáveis por executar determinado programa assistencial consistente na distribuição de material de construção para a população carente da localidade, razão pela qual deveriam, na condição de responsáveis, figurar no polo passivo da ação de investigação judicial eleitoral, decidindo-se, então, pela extinção da demanda, em razão da decadência. 3. Segundo as premissas da decisão regional, infere-se obrigatória a formação de litisconsórcio passivo necessário, porquanto o imputado desvio de finalidade do ato considerado ilícito ocorreu durante a execução de programa assistencial, em atos específicos atribuídos a agentes que não integraram a relação processual. No ponto, para afastar a conclusão da Corte de origem quanto à matéria e acolher a argumentação de que os secretários seriam meros longa manus, seria exigível novo exame do contexto fático-probatório, vedado em sede de recurso especial, a teor do enunciado do verbete sumular 24 desta Corte Superior. Agravo regimental a que se nega provimento. (Recurso Especial Eleitoral nº 12198, Acórdão, Relator(a) Min. Admar Gonzaga, Publicação: DJE – Diário de justiça eletrônico, Tomo 244, Data 19/12/2019, Página 53).

6.1.5 Prazo

O termo inicial da Ação de Investigação Judicial Eleitoral é a data do registro da candidatura, pois, a partir desse momento, não há mais dúvidas se A ou B estará concorrendo ao pleito.

Na prática, contudo, esse entendimento pode levar ao cometimento de injustiças. Por exemplo, se um ato de abuso do poder econômico se inicia em janeiro, seria necessário esperar até a data das convenções para ajuizar a AIJE? Não teria, assim, a Justiça Eleitoral, condições de impedir a continuação de uma conduta claramente lesiva à eleição.

No mais, o prazo final da AIJE, em regra, é a data da diplomação do eleito, sendo apenas uma exceção a hipótese do art. 30-A da Lei nº 9.504, de 1997.

Art. 30-A da Lei nº 9.504, de 1997

"Art. 30-A. Qualquer partido político ou coligação poderá representar à Justiça Eleitoral, no prazo de 15 (quinze) dias da diplomação, relatando fatos e indicando provas, e pedir a abertura de investigação judicial para apurar condutas em desacordo com as normas desta Lei, relativas à arrecadação e gastos de recursos. §1º Na apuração de que trata este artigo, aplicar-se-á o procedimento previsto no art. 22 da Lei Complementar nº 64, de 18 de maio de 1990, no que couber. §2º Comprovados captação ou gastos ilícitos de recursos, para fins eleitorais, será negado diploma ao candidato, ou cassado, se já houver sido outorgado. §3º O prazo de recurso contra decisões proferidas em representações propostas com base neste artigo será de 3 (três) dias, a contar da data da publicação do julgamento no Diário Oficial".

PARA SEDIMENTAR

"ELEIÇÕES 2014. AGRAVO REGIMENTAL. RECURSO ORDINÁRIO. AÇÃO DE INVESTIGAÇÃO JUDICIAL ELEITORAL. ABUSO DE PODER ECONÔMICO E POLÍTICO. CONDUTA VEDADA. PROPAGANDA EXTEMPORÂNEA. AJUIZAMENTO. PRAZO. INÍCIO. REGISTRO DE CANDIDATURA. ANÁLISE. FATOS ANTERIORES AO REGISTRO. POSSIBILIDADE. MANUTENÇÃO DA DECISÃO AGRAVADA. 1. Recurso especial recebido como recurso ordinário, pois a decisão recorrida versa matéria passível de ensejar a perda do mandato eletivo. 2. O termo inicial para ajuizamento da AIJE é o registro de candidatura, não sendo cabível a sua propositura se não estiver em jogo a análise de eventual benefício contra quem já possui a condição de candidato, conforme interpretação do art. 22, inciso XIV, da LC nº 64/1990. No caso concreto, a AIJE foi ajuizada em março de 2014, bem antes do pedido de registro de candidatura. Entendimento que não impede o ajuizamento da referida ação após o registro de candidatura, mormente quando se sabe que a jurisprudência do TSE admite na AIJE o exame de fatos ocorridos antes do registro de candidatura, motivo pelo qual não há que se falar em violação ao art. 5º, inciso XXXV, da CF/1988. Tampouco impede que a parte interessada requeira a sustação cautelar daquele ato abusivo, como previsto, por exemplo, no art. 73, §4º, da Lei nº 9.504/1997, segundo o qual "o descumprimento do disposto neste artigo acarretará a suspensão imediata da conduta vedada, quando for o caso, e sujeitará os responsáveis a multa no valor de cinco a cem mil UFIR". 3. Agravo regimental desprovido. (Recurso Ordinário nº 10520, Acórdão, Relator(a) Min. Gilmar Ferreira Mendes, Publicação: DJE – Diário de justiça eletrônico, Data 23/02/2016).

"[...] Recurso em mandado de segurança. Ação de investigação judicial eleitoral. Prazo. Propositura. Diplomação. [...] 1. De acordo com a jurisprudência deste Tribunal Superior Eleitoral, as ações de investigação judicial eleitoral (AIJE) fundamentadas em abuso de poder e condutas vedadas a agentes públicos podem ser propostas até a data da diplomação [...] 2. Esse entendimento já era pacífico durante as Eleições 2008 e, com a inclusão do §12 ao art. 73 da Lei nº 9.504/1997 (redação dada pela Lei nº 12.034/2009), não se confirma a suposta violação ao princípio da anterioridade da Lei Eleitoral (art. 16, da Constituição Federal de 1988). [...] (Recurso em Mandado de Segurança nº 5390, Acórdão, Relator(a) Min. João Otávio de Noronha, Publicação: DJE – Diário de justiça eletrônico, Tomo 99, Data 29/05/2014, Página 71)".

AGRAVO REGIMENTAL. RECURSO ESPECIAL. ELEIÇÕES 2018. DEMONSTRATIVO DE REGULARIDADE DE ATOS PARTIDÁRIOS (DRAP). REGISTRO DE CANDIDATURA. RITO. PRECEDÊNCIA. CANDIDATOS. CONTRADITÓRIO E AMPLA DEFESA. SUBSTITUIÇÃO. POSSIBILIDADE. BURLA. COTA DE GÊNERO. REEXAME DE FATOS E PROVAS. DESPROVIMENTO. 1. O agravante, nos autos do presente Demonstrativo de Regularidade de Atos Partidários (DRAP), insiste na possibilidade de apurar fraude à cota de gênero ao argumento de que a legenda registrou a candidatura de quatro mulheres que não possuíam filiação partidária apenas para, em tese, preencher o percentual a que alude o art. 10, §3º, da Lei 9.504/97. 2. O julgamento do DRAP deve preceder o dos registros de candidatos (art. 47 da Res.-TSE 23.548/2017), pois estes somente serão analisados se aquele for deferido. 3. É inviável, ao se julgar o DRAP, analisar por via transversa o mérito de cada um dos registros (para aferir as condições de elegibilidade e a ausência de inelegibilidades), o que implicaria restrição ao direito dos candidatos à ampla defesa e ao contraditório. O que se considera no DRAP é a regularidade dos documentos da grei, como a ata da convenção e o quantitativo de candidaturas por gênero, sendo prematuro falar-se em fraude à cota de gênero nesta seara, pois isso demandaria não só o esgotamento do exame dos registros dos candidatos como também prova do propósito de burla, ainda não evidenciado. 4. Considerando que a Corte a quo, acertadamente, não analisou a matéria sob a ótica de possível burla, concluir em sentido diverso demandaria reexame de fatos e provas, providência inviável em sede extraordinária, a teor da Súmula 24/TSE. 5. De todo modo, eventual inobservância da cota de gênero pode ser objeto de Ação de Investigação Judicial Eleitoral (AIJE), a ser ajuizada até a data da diplomação. Precedente. 6. Agravo regimental desprovido. (Recurso Especial Eleitoral nº 060073621, Acórdão, Relator(a) Min. Jorge Mussi, Publicação: PSESS – Publicado em Sessão, Data 13/11/2018)

ELEIÇÕES 2014. AGRAVOS REGIMENTAIS NOS RECURSOS ORDINÁRIOS. AÇÃO DE INVESTIGAÇÃO JUDICIAL ELEITORAL (AIJE). POSSIBILIDADE DE AJUIZAMENTO ATÉ A DIPLOMAÇÃO. PRAZO DECADENCIAL. DEPUTADO ESTADUAL. USO INDEVIDO DOS MEIOS DE COMUNICAÇÃO SOCIAL NÃO CONFIGURADO. IMPRENSA ESCRITA. JORNAL. ART. 22 DA LC 64/90. MATÉRIAS JORNALÍSTICAS FAVORÁVEIS A CANDIDATO. AUSÊNCIA DE GRAVIDADE DA CONDUTA. DESPROVIMENTO DOS AGRAVOS.1. As ações de investigação judicial eleitoral podem ser propostas até a data da diplomação, mas antes que a diplomação tenha se concretizado, momento a partir do qual será cabível AIME (Ação de Impugnação ao Mandato Eletivo) ou RCED (Recurso contra Expedição de Diploma). Precedente: RO 1.453 [31766-24]/PA, Rel. Min. FELIX FISCHER, DJe 5.4.2010.2. Hipótese em que o TRE Paulista reconheceu a prática de uso indevido dos meios de comunicação social, por entender que os jornais Diário de Marília e Correio Mariliense foram usados durante o período eleitoral de 2014 para enalteceram a imagem de JOSÉ ABELARDO GUIMARÃES CAMARINHA, de forma a contribuir para sua eleição ao cargo de Deputado Estadual.3. No presente caso, os elementos probatórios não demonstram, de forma robusta, que as matérias jornalísticas favoráveis a JOSÉ ABELARDO GUIMARÃES CAMARINHA, então candidato ao cargo de Deputado Estadual, tiveram gravidade suficiente para gerar desequilíbrio na disputa eleitoral ou deslegitimar o pleito no Estado de São Paulo nas eleições de 2014. A exigência trazida com a alteração pela LC 135/10, na nova redação do inciso XVI do art. 22 da LC 64/90, de avaliação da gravidade das circunstâncias para caracterizar o ato abusivo norteia a atuação da Justiça Eleitoral acerca dos casos de abuso e do uso indevido dos meios de comunicação.4. Esta Corte Superior firmou o entendimento de que os jornais e os demais veículos impressos de comunicação podem assumir posição favorável quanto à determinada candidatura, devendo ser coibidos e punidos os eventuais abusos. Precedente: AgR-REspe 567-29/SP, Rel. Min. HENRIQUE NEVES DA SILVA, DJe 7.6.2016.5. Agravos Regimentais desprovidos. (Recurso Ordinário nº 105277, Acórdão, Relator(a) Min. Napoleão Nunes Maia Filho, Publicação: DJE – Diário de justiça eletrônico, Tomo 233, Data 01/12/2017, Página 81/82)

AÇÃO DE INVESTIGAÇÃO JUDICIAL ELEITORAL. ELEIÇÕES 2018. PRESIDENTE E VICE-PRESIDENTE DA REPÚBLICA. USO INDEVIDO DOS MEIOS DE COMUNICAÇÃO. ABUSO DE PODER ECONÔMICO. PROVAS. DEPOIMENTO PESSOAL. PROVA TESTEMUNHAL. PRELIMINARES. REJEIÇÃO. MÍDIA IMPRESSA E ELETRÔNICA. INICIATIVA DO LEITOR. LIBERDADES DE EXPRESSÃO E DE IMPRENSA. INTERESSES JORNALÍSTICOS. IMPROCEDÊNCIA. 1. A petição inicial é apta se descreve os fatos e os fundamentos do pedido e possibilita à parte representada o efetivo exercício do direito de defesa e do contraditório. Precedentes. 2. Para que se dê início à ação de investigação judicial eleitoral, é suficiente a apresentação ou a relação de evidências, ainda que indiciárias, da ocorrência do ilícito, conforme se extrai da dicção do art. 22, caput, da Lei Complementar nº 64/1990, porquanto a colheita de provas se faz no curso da instrução processual. 3. Havendo vínculo mínimo de pertinência subjetiva entre todos os demandados e os supostos ilícitos, não há falar em ilegitimidade passiva, tampouco em exigência de prova robusta, senão para formar juízo de condenação, após cognição exauriente mediada pelo contraditório. 4. Ante a falta de previsão na Lei Complementar nº 64/1990 e o caráter indisponível dos interesses envolvidos, não há depoimento pessoal dos investigados em AIJE. Todavia, eles não estão impedidos de fazê-lo, caso a isso se disponham, conforme assentado na jurisprudência desta Corte Superior (AI n. 28918/SC, relator Ministro Og Fernandes, DJe de 25.2.2019; AIJE n. 0601754-89/DF, relator Ministro Jorge Mussi, DJe de 13.12.2018; AIJE n. 0601575-58/DF, relator Ministro Jorge Mussi, DJe de 12.12.2018; AgR-RMS n. 2641/RN, relator Ministro Luís Roberto Barroso, DJe de 27.9.2018; RHC n. 131/MG, relator Ministro Arnaldo Versiani, DJe de 5.8.2009; e HC n. 85.029, relator Ministro Sepúlveda Pertence, Tribunal Pleno, DJ de 1º.4.2005). 5. Tem-se por impertinente e destituída de proveito útil a colheita de prova testemunhal quando flagrante o interesse das pessoas indicadas no resultado da demanda ou quando ausente o envolvimento direto delas nos fatos noticiados na exordial ou na defesa (Código de Processo Civil, art. 370, o art. 447, §2º, I, II e III, e §3º, II). 6. O legislador de 2010, com a edição da Lei Complementar nº 135, substituiu o critério da potencialidade lesiva pelo da gravidade, de forma que as infrações menos graves devem ser sancionadas no âmbito das representações eleitorais. 7. A sanção de inelegibilidade possui natureza personalíssima, a exigir prova de participação ou de anuência na prática ilícita. 8. Consoante as diretrizes estabelecidas pelo Tribunal Superior Eleitoral, fatos ocorridos na mídia impressa e eletrônica (internet) possuem alcance inegavelmente menor em relação ao rádio e à televisão, tendo em vista que, nesses casos, a busca pela informação fica na dependência direta da vontade e da iniciativa do próprio eleitor. 9. Apenas os casos que extrapolem o uso normal das ferramentas virtuais é que podem configurar o uso indevido dos meios de comunicação social, sem prejuízo da apuração de eventual propaganda irregular, que possui limites legais distintos da conduta prevista no art. 22 da Lei Complementar nº 64/90. Precedentes. 10. Para se caracterizar o abuso de poder, impõe-se a comprovação, de forma segura, da gravidade dos fatos imputados, demonstrada a partir da verificação do alto grau de reprovabilidade da conduta (aspecto qualitativo) e de sua significativa repercussão a fim de influenciar o equilíbrio da disputa eleitoral (aspecto quantitativo). A mensuração dos reflexos eleitorais da conduta, não obstante deva continuar a ser ponderada pelo julgador, não constitui mais fator determinante para a ocorrência do abuso de poder, agora revelado, substancialmente, pelo desvalor do comportamento. 11. O abuso do poder econômico, por sua vez, caracteriza-se pelo emprego desproporcional de recursos patrimoniais (públicos ou privados), com gravidade suficiente para afetar o equilíbrio entre os candidatos e macular a legitimidade da disputa. 12. À luz do princípio da reserva legal proporcional, nem todo ato ilícito reconhecido por esta Justiça especializada será necessariamente abusivo e, por conseguinte, apenado com inelegibilidade e cassação do registro, do mandato ou do diploma, sendo cabível impor sanções outras, a exemplo de suspensão imediata da conduta, direito de resposta e multa. 13. Não cabe ao Poder Judiciário interferir na linha editorial para direcionar a pauta dos meios de comunicação, porquanto prevalece no Estado Democrático e Constitucional de Direito, à luz o art. 220 da Constituição Federal, maior deferência à liberdade de expressão, alcançada pela independência jornalística. 14. Conforme decidiu o Supremo Tribunal Federal (STF), a "liberdade de expressão constitui um dos fundamentos essenciais de uma sociedade democrática e compreende não somente as informações consideradas como inofensivas, indiferentes ou favoráveis, mas também as que possam causar transtornos, resistência, inquietar pessoas, pois a Democracia somente existe baseada na consagração do pluralismo de ideias e pensamentos políticos, filosóficos, religiosos e da tolerância de opiniões e do espírito aberto ao diálogo" (ADI 4439/DF, relator Ministro Luís Roberto Barroso, redator para o acórdão Ministro Alexandre de Moraes, Tribunal Pleno, DJe de 21.6.2018). 15. Ação de Investigação Judicial Eleitoral que, rejeitadas as preliminares, julga-se improcedente. (Ação de Investigação Judicial Eleitoral nº 060186221, Acórdão, Relator(a) Min. Og Fernandes, Publicação: DJE – Diário de justiça eletrônico, Tomo 227, Data 26/11/2019).

6.1.6 Competência

A AIJE deve ser proposta aos juízes eleitorais, nos casos de candidatos a prefeito, vice-prefeito e vereador; ao Tribunal Regional Eleitoral, quando se tratar de candidatos a senador, governador, vice-governador, deputado federal, distrital e estadual; e ao Tribunal Superior Eleitoral, nos casos de candidatos a presidente e vice-presidente.

6.1.7 Rito Processual

i. Petição inicial: Por não existir um código de processo eleitoral que trate das formalidades a serem observas nas petições eleitorais, e não se tratando de matéria criminal, deverá o petitório inicial adequar-se aos ditames dos arts. 319 e 320 do Código de Processo Civil, naquilo que não for de encontro às normas eleitorais.

FIQUE ATENTO!

Quando o trâmite das ações eleitorais era por meio físico, diante da celeridade dos atos processuais eleitorais, o petitório inicial deveria ser entregue em duas vias de igual teor, com todos os documentos probatórios e rol de testemunhas (no máximo seis). Uma via ficava no cartório para instrução processual e a outra era entregue ao demandado para apresentar defesa sobre o alegado. Contudo, o trâmite de todas as ações eleitorais, em todo o Brasil, desde 2019, deve ocorrer obrigatoriamente de forma eletrônica, mais especificamente por meio do sistema PJe, cuja implementação se deu de forma escalonada, iniciada no ano de 2015.

Código de Processo Civil – "Art. 15. Na ausência de normas que regulem processos eleitorais, trabalhistas ou administrativos, as disposições deste Código lhes serão aplicadas supletiva e subsidiariamente".

Código de Processo Civil – "Art. 319. A petição inicial indicará: I – o juízo a que é dirigida; II – os nomes, os prenomes, o estado civil, a existência de união estável, a profissão, o número de inscrição no Cadastro de Pessoas Físicas ou no Cadastro Nacional da Pessoa Jurídica, o endereço eletrônico, o domicílio e a residência do autor e do réu; III – o fato e os fundamentos jurídicos do pedido; IV – o pedido com as suas especificações; V – o valor da causa; VI – as provas com que o autor pretende demonstrar a verdade dos fatos alegados; VII – a opção do autor pela realização ou não de audiência de conciliação ou de mediação.

§1º Caso não disponha das informações previstas no inciso II, poderá o autor, na petição inicial, requerer ao juiz diligências necessárias a sua obtenção. §2º A petição inicial não será indeferida se, a despeito da falta de informações a que se refere o inciso II, for possível a citação do réu. §3º A petição inicial não será indeferida pelo não atendimento ao disposto no inciso II deste artigo se a obtenção de tais informações tornar impossível ou excessivamente oneroso o acesso à justiça".

Código de Processo Civil – "Art. 320. A petição inicial será instruída com os documentos indispensáveis à propositura da ação".

---

ii. Causa de pedir: É necessário que as convenções partidárias tenham ocorrido. Isso porque uma das condições da ação é que se inclua o registro de candidatura ou que este esteja em fase de processamento, visto que a causa de pedir da AIJE é a desconstituição desse registro, consubstanciada em um dos ilícitos do art. 22, *caput*, da Lei Complementar nº 64, de 1990.

iii. Pedido: Em razão da gravidade da conduta, de acordo com o art. 22, *caput*, da Lei Complementar nº 64, de 1990, o pedido será a condenação do requerido em inelegibilidade e cassação do registro ou diploma, a depender da fase em que se encontra.

FIQUE ATENTO!

A inelegibilidade é uma sanção grave, pois retira do cidadão o poder democrático de ser votado, por isso é uma ação de caráter personalíssimo. Todavia, quando se trata de combate aos ilícitos praticados por candidatos participantes de pleitos majoritários, cabe destacar que, para o Direito Eleitoral, a chapa é una e indivisível. Sendo assim, condenado o detentor do diploma à perda deste, o vice também será atingido. Observe que nesse caso não falamos de inelegibilidade, mas, sim, de perda do diploma, pois, como vimos, a inelegibilidade é personalíssima.

---

iv. Rejeição da Exordial: Se a petição inicial for rejeitada, diferentemente do que ocorre na esfera cível, não caberá a interposição do recurso de Agravo de Instrumento ou Agravo Regimental, tendo em vista que o art. 22, inciso II, da LC n. 64, de 1990, preconiza que a ação deverá ser proposta novamente no tribunal, o qual decidirá no prazo de *24 (vinte quatro) horas*.

v. Trâmite processual: Caso o petitório inicial seja recebido e processado regularmente, o demandado será notificado para que, em *5 (cinco) dias*, apresente sua resposta.

vi. Contestação: O requerido deverá impugnar todos os fundamentos utilizados, devendo, ainda, apresentar o rol de testemunhas que pretende ouvir, sob pena de preclusão. Diante da celeridade necessária ao Direito Eleitoral, não cabe às partes o pedido de provas genérico. Importante destacar, igualmente, que o não oferecimento de defesa não produz os efeitos da revelia.

vii. Instrução e Julgamento: O julgador depois do recebimento da defesa, deverá marcar a audiência no prazo de *5 (cinco) dias*, em que deverão comparecer as testemunhas, independentemente de intimação. Depois da instrução, as partes têm *2 (dois) dias* para apresentarem as alegações finais. Findo esse prazo, o magistrado tem *3 (três) dias* para apresentar seu relatório. Ato contínuo, em *48 (quarenta e oito) horas*, o Ministério Público deverá apresentar seu parecer para, somente então, o processo ser julgado.

6.1.8 Efeitos

Sendo julgada procedente, a AIJE produzirá os seguintes efeitos: (i) decretação de inelegibilidade, por 8 (oito) anos, do representado e daqueles que contribuíram para o ato; (ii) cassação do registro ou do diploma do candidato diretamente beneficiado pelo ato; (iii) encaminhamento dos autos ao Ministério Público Eleitoral para ser instaurado processo disciplinar e, caso se entenda necessária, proposta ação penal eleitoral; (iv) com relação ao cidadão que não era candidato e, ainda assim, corroborou para o ato abusivo, será declarado inelegível por 8 (oito) anos e estará sujeito às providências tomadas pelo Ministério Público, na seara penal e civil.

Ademais, faz-se necessário registrar que a regra é a decretação automática de inelegibilidade por oito anos, contudo, existe exceção, como observou o Recurso Especial Eleitoral n. 82203, de relatoria do Min. Herman Benjamin: "4. Nos termos do art. 22, XIV, da Lei Complementar 64/90, a condenação por abuso do poder político é cabível no caso de o candidato ser responsável pela conduta ilícita ou dela ter se beneficiado. Caso tenha sido por ela responsável, participando da conduta, deverão lhe ser impostas as sanções de cassação e inelegibilidade. Caso somente seja beneficiário, a única sanção possível é a cassação do registro ou diploma".[173]

Complementando o entendimento, destaca-se o sopesado no Recurso Especial Eleitoral n. 82203, relatado pelo Min. Henrique Neves: "a jurisprudência desta Corte é uníssona no sentido de que "a sanção de inelegibilidade tem natureza personalíssima, razão pela qual incide somente perante quem efetivamente praticou a conduta".[174]

Logo, resta evidente que nem toda AIJE produz, automaticamente, a inelegibilidade.

PARA SEDIMENTAR

ELEIÇÕES 2016. AGRAVO REGIMENTAL. RECURSO ESPECIAL. AIJE. CAPTAÇÃO ILÍCITA DE RECURSOS FINANCEIROS. ABUSO DO PODER ECONÔMICO. ART. 30-A DA LEI Nº 9.504/97. ART. 22 DA LC Nº 64/90. PREFEITO E VICE-PREFEITO. PROCEDÊNCIA. CASSAÇÃO DE MANDATOS. INELEGIBILIDADE. OMISSÃO. INEXISTÊNCIA. INTUITO DE REJULGAMENTO DO CASO. UTILIZAÇÃO DE RECURSOS PRÓPRIOS NA CAMPANHA ELEITORAL. NÃO COMPROVAÇÃO. ORIGEM NÃO IDENTIFICADA. AUSÊNCIA DE CAPACIDADE ECONÔMICA DE DOADORES. RECURSO DE FONTE VEDADA. RELEVÂNCIA JURÍDICA. GRAVIDADE. REEXAME DE FATOS E PROVAS. IMPOSSIBILIDADE. SÚMULA Nº 24/TSE. NEGATIVA DE PROVIMENTO. 1. É inviável o agravo regimental que consiste, essencialmente, na reiteração das teses já enfrentadas de forma pormenorizada, sem impugnar, de forma específica, os fundamentos que sustentam a decisão agravada, o que atrai a incidência da Súmula nº 26/TSE.2. Inexiste negativa de prestação jurisdicional quando o acórdão impugnado está alicerçado em fundamentação apta à solução da controvérsia, com a devida entrega da prestação jurisdicional.3. A prestação jurisdicional incompleta, contraditória e/ou obscura é que desafia os aclaratórios. Aquela reputada injusta ou merecedora de aplicação diversa do direito – pela leitura da parte interessada – comporta, processualmente, recurso próprio.4. Na origem, o TRE/RN, soberano na análise de fatos e provas, manteve a sentença de procedência da AIJE, da qual resultaram as sanções de cassação de diploma dos recorrentes e de inelegibilidade por 8 (oito) anos, além da determinação de realização de novas eleições no Município de Pendências/RN, em razão das seguintes constatações: a) não comprovação da origem da quantia doada por Fernando Antônio Bezerra de Medeiros à própria campanha eleitoral e incompatibilidade de seus rendimentos para a referida doação; b) inexistência de capacidade patrimonial de 4 (quatro) doadores para dispor, cada um, de R$1.000,00 (mil reais); e c) simulação de contrato de sublocação de veículos para ocultar doações feitas por pessoas jurídicas à campanha eleitoral dos

---

173 Recurso Especial Eleitoral nº 82203, Acórdão, Relator(a) Min. Herman Benjamin, Publicação: DJE – Diário de justiça eletrônico, Tomo 194, Data 27/09/2018, Página 72-73.

174 Redação para o acórdão Ministro Henrique Neves da Silva – Recurso Especial Eleitoral nº 84356, Acórdão, Relator(a) Min. João Otávio De Noronha, Publicação: DJE – Diário de justiça eletrônico, Volume, Tomo 170, Data 02/09/2016, Página 73/74.

recorrentes, em violação às normas de reência.5. Infirmar a conclusão do Tribunal Regional – de que foram comprometidas a normalidade e a legitimidade do pleito, dado o emprego irregular e em excesso de recursos financeiros "em montante que representou cerca de 23,27% do valor total da campanha dos investigados, em município do interior do Estado, com aproximadamente 9.960 eleitores, em que a diferença de votos entre os dois primeiros colocados foi de apenas 104 votos" (fl. 519), o que autorizou a aplicação das sanções de cassação e de inelegibilidade, previstas no art. 22 da LC nº 64/90 – demandaria o revolvimento de fatos e provas, providência inviável em sede extraordinária, nos termos da Súmula nº 24/TSE.6. Na linha da jurisprudência desta Corte Superior, "para a incidência do art. 30-A, §2º, da Lei nº 9.504/97, é necessária a aferição da relevância jurídica do ilícito, porquanto a cassação do mandato ou do diploma deve ser proporcional à gravidade da conduta e à lesão ao bem jurídico protegido pela norma" (REspe nº 6-82/MS, Rel. Min. Dias Toffoli, DJe de 14.3.2014).7. O Tribunal a quo assentou que a falta de capacidade patrimonial de doadores e o recebimento de recursos de origem não identificada e de fonte vedada caracterizaram captação ilícita de recursos, com gravidade suficiente para atrair as sanções do art. 30-A da Lei nº 9.504/97. Desconstituir tal premissa exigiria, uma vez mais, o reexame do caderno processual, providência vedada nesta instância extraordinária, a teor da Súmula nº 24/TSE.8. Agravo regimental desprovido. (Recurso Especial Eleitoral nº 50791, Acórdão, Relator(a) Min. Tarcisio Vieira De Carvalho Neto, Publicação: DJE – Diário de justiça eletrônico, Data 14/11/2019).

6.1.9 Recursos

Da decisão proferida em AIJE será cabível recurso inominado, no prazo de *3 (três) dias*, das decisões dos juízes eleitorais para o Tribunal Regional Eleitoral; no caso de ação de competência originária de Tribunal Regional Eleitoral, caberá recurso ordinário para o Tribunal Superior Eleitoral; nos casos de competência originária do TSE, caberá recurso extraordinário, no prazo de *3 (três) dias*, ao Supremo Tribunal Federal.

Para melhor compreensão dos recursos, convém destacar que a regra, no direito processual eleitoral, é que esses não são dotados de efeito suspensivo, ou seja, as decisões proferidas não ficam suspensas até o julgamento final, conforme dicção do art. 257 do Código Eleitoral: "os recursos eleitorais não terão efeito suspensivo". Todavia, existem determinadas exceções, as quais abordaremos no capítulo reservado aos recursos eleitorais.

Nesse ponto, cabe destacar que, para 2022, as decisões que visem apurar a ocorrência de ilícitos da Lei de Eleições, mas que seguem o rito previsto no art. 22 da Lei Complementar nº 64/90, mesmo durante o período eleitoral, devem ser publicadas no *Diário Eletrônico da Justiça Eleitoral* e não no mural eletrônico, destinado às representações que tramitam pelo rito do art. 96 da Lei nº 9.504/97. Ainda, a despeito do que prevê o art. 16 da Lei Complementar nº 64/1990, nessas representações especiais, o prazo recursal não se inicia ou expira em sábados, domingos e feriados, mesmo que durante o período eleitoral, conforme expressamente consigna o art. 7º, §2º, da Resolução TSE nº 23.608/2019, com a redação dada pela Resolução TSE nº 23.672/2021.

PARA SEDIMENTAR

"AGRAVO REGIMENTAL. AÇÃO CAUTELAR. NEGATIVA DE SEGUIMENTO. CASSAÇÃO. GASTOS ILÍCITOS DE CAMPANHA. FUMUS BONI JURIS. AUSÊNCIA. INSTÂNCIA NÃO EXAURIDA. EMBARGOS DE DECLARAÇÃO. JULGAMENTO PENDENTE. 1. A cassação do diploma em sede de representação fundada no art. 30-A da Lei nº 9.504/97 tem efeito imediato, tendo em vista o disposto no art. 257 do Código Eleitoral, que estabelece a regra geral da ausência de efeito suspensivo dos recursos eleitorais. 2. A ausência de demonstração da plausibilidade do direito impossibilita a concessão de medida cautelar, especialmente quando consiste em pedido de suspensão dos efeitos de acórdão regional ainda sujeito a modificações na instância a quo, tendo em vista a pendência de julgamento de declaratórios opostos com pretensão infringente. 3. Agravo regimental a que se nega provimento. (Ação Cautelar nº 427889Acórdão, Relator(a) Min. Marcelo Henriques Ribeiro de Oliveira, Publicação: DJE – Diário de justiça eletrônico, Data 29/04/2011, Página 50-51)".

6.1.10 Resumindo

Fundamentação Legal	Art. 22 Lei Complementar nº 64, de 1990
Objetivo	Apurar uso indevido, desvio ou abuso do poder econômico ou do poder de autoridade, ou utilização indevida de veículos ou meios de comunicação social, em benefício de candidato ou de partido político ou abuso do poder religioso.
Legitimidade ativa	Art. 22 Lei Complementar nº 64, de 1990: Partido político, coligação, candidato ou Ministério Público Eleitoral. Obs.: Consoante ao disposto no art. 6º, §4º, da Lei nº 9.504, de 1997, o partido político coligado não pode propor Ação de Investigação Judicial Eleitoral, visto que só "possui legitimidade para atuar de forma isolada no processo eleitoral quando questionar a validade da própria coligação, durante o período compreendido entre a data da convenção e o termo final do prazo para impugnação do registro de candidatos".
Prazo	Consoante entendimento do Tribunal Superior Eleitoral (TSE), o prazo para propor Ação de Investigação Judicial Eleitoral tem por início o registro da candidatura e por termo a diplomação do eleito (RO nº 10787 Belo Horizonte – MG, Rel. Min. Gilmar Mendes, julgado em 17.09.2015, DJe – Diário da Justiça eletrônico, Tomo 210, Data 06/11/2015, Página 54/55; e AgR-REspe 35721 PE, Rel. Min. Cármen Lúcia, julgado em 19.08.2010, DJe – Diário da Justiça eletrônico, Data 1/10/2010, Página 32).
Competência	Art. 2º, Parágrafo único e incisos, e art. 24 da Lei Complementar nº 64, de 1990: Tribunal Superior Eleitoral – eleições presidenciais; Tribunal Regional Eleitoral – eleições federais e estaduais; Juízo Eleitoral – eleições municipais.
Se o pedido for julgado procedente	"[...] ainda que após a proclamação dos eleitos, o Tribunal declarará a inelegibilidade do representado e de quantos hajam contribuído para a prática do ato, cominando-lhes sanção de inelegibilidade para as eleições a se realizarem nos 8 (oito) anos subsequentes à eleição em que se verificou, além da cassação do registro ou diploma do candidato diretamente beneficiado pela interferência do poder econômico ou pelo desvio ou abuso do poder de autoridade ou dos meios de comunicação, determinando a remessa dos autos ao Ministério Público Eleitoral, para instauração de processo disciplinar, se for o caso, e de ação penal, ordenando quaisquer outras providências que a espécie comportar" (art. 22, inciso XIV).

6.2 Ação de Impugnação de Mandato Eletivo (AIME)

6.2.1 Conceito

A Ação de Impugnação de Mandato Eletivo (AIME) tem por escopo protestar o mandato eletivo adquirido por meio de abusos do poder econômico, fraude ou corrupção.

DELIMITANDO O TEMA

Abuso do poder econômico: Ocorre quando o candidato se utiliza de recursos patrimoniais, públicos ou privados, dos quais detém controle ou gestão "em contexto revelador de desdobramento ou excesso no emprego desses recursos em seu favorecimento eleitoral".[175]

Corrupção: Possui uma interpretação restritiva. Refere-se somente ao oferecimento ou à solicitação de vantagem indevida (pecúnia, favorecimento pessoal etc.) a outrem, para que, pratique atos proibidos por lei; omita-se quando deveria agir; aja com fins diversos aos previstos em lei. Todavia, para que a corrupção seja motivo ensejador de impugnação de mandato eletivo, é imprescindível que esteja relacionada a práticas eleitorais.

Fraude: A fraude eleitoral a ser apurada na AIME pode ocorrer não só no momento da votação ou da apuração, mas pode se configurar por todo artifício ou ardil que induza o eleitor a erro, com possibilidade de influenciar sua vontade no momento do voto, favorecendo o candidato ou prejudicando o adversário.

PARA SEDIMENTAR

"ELEIÇÕES 2016. AGRAVO REGIMENTAL NO RECURSO ESPECIAL. AÇÃO DE IMPUGNAÇÃO DE MANDATO ELETIVO (AIME). FRAUDE NA COTA DE GÊNERO. PROVAS ROBUSTAS. COMPROVAÇÃO. DESPROVIMENTO.1. É firme a Jurisprudência desta CORTE SUPERIOR ELEITORAL no sentido de admitir a propositura de Ação de Impugnação de Mandato Eletivo para apurar violação à cota de gênero.2. A fraude à cota de gênero de candidaturas femininas representa afronta aos princípios da igualdade, da cidadania e do pluralismo político, na medida em que a ratio do art. 10, §3º, da Lei 9.504/1997 é ampliar a participação das mulheres no processo político-eleitoral.3. No caso, a moldura fática do acórdão Regional, delineada a partir de conteúdo probatório contundente (documentos, oitiva de testemunhas e o depoimento pessoal das requeridas), é incontroverso que: (i) 4 (quatro) das cinco candidatas não obtiveram nenhum voto (percentual que corresponde a

[175] BARROS, Francisco Dirceu. *Curso de processo eleitoral*. 2. ed. Rio de Janeiro: Elsevier, 2012. p. 194.

80% das candidaturas femininas registradas); (ii) não realizaram nenhum ato de campanha; (iii) apresentaram prestações de contas zeradas; (iv) não tiveram os nomes mencionados nos atos de propaganda eleitoral dos candidatos da coligação e (v) há parentesco entre uma delas e candidato da Coligação. Diante do quadro retratado, está bastante claro que as candidatas foram cooptadas para compor a cota mínima legal.4. Caracterizada a fraude e, por conseguinte, comprometida a disputa, a consequência jurídica é: (i) a cassação dos candidatos vinculados ao DRAP, independentemente de prova da sua participação, ciência ou anuência; (ii) a inelegibilidade àqueles que efetivamente praticaram ou anuíram com a conduta; e (iii) a nulidade dos votos obtidos pela Coligação, com a recontagem do cálculo dos quocientes eleitoral e partidários, nos termos do art. 222 do Código Eleitoral. 5. Agravo Regimental desprovido.

(RECURSO ESPECIAL ELEITORAL nº 190, Acórdão, Relator(a) Min. Alexandre de Moraes, Publicação: DJE – Diário da justiça eletrônica, Tomo 15, Data 04/02/2022)".

"[...] Abuso de poder político e econômico. Conduta vedada. [...] 1. A teor da jurisprudência desta Corte Superior: 'possível apurar, em Ação de Impugnação de Mandato Eletivo (AIME), abuso de poder político entrelaçado com abuso de poder econômico. Trata-se de hipótese em que agente público, mediante desvio de sua condição funcional, emprega recursos patrimoniais, privados ou do Erário, de forma a comprometer a legitimidade das eleições e a paridade de armas entre candidatos'. Precedente. [...]" (Ac. de 24.5.2018 no AgR-REspe nº 3611, rel. Min. Rosa Weber.)

"A ação tem como fundamento suposto desvio de recursos financeiros destinados a programas sociais ocorrido no período em que o réu exercia cargo de prefeito, ou seja, atos de corrupção administrativa, hipótese que não se encontra entre aquelas capazes de embasar a referida ação, uma vez que a corrupção a que se refere o §10 do art. 14 da CF é aquela ligada a práticas eleitorais. (Recurso Especial Eleitoral nº16085 Acórdão de , Relator(a) Min. José Eduardo Rangel De Alckmin, Publicação: DJ – Diário de justiça, Data 29/10/1999, Página 66)".

"Eleições 2016. Agravo interno em Recurso Especial Eleitoral. Ação de impugnação de mandato eletivo. Fraude. Interpretação aberta. Jurisprudência do TSE. Fraudes em transferência eleitoral. Cabimento. Recebimento da inicial. Agravo desprovido. 1. Nos termos do art. 14, §10, da Constituição Federal, a ocorrência de fraude é fundamento autônomo para o ajuizamento da ação de impugnação de mandato eletivo, ainda que não se alegue corrupção ou abuso do poder econômico. 2. O conceito de fraude deve ser interpretado de forma ampla, não se limitando às questões atinentes ao processo de votação. Nesse sentido, admite-se a alegação de fraude em transferências de eleitores alegadamente aptas a privilegiar candidaturas. Precedente. 3. As alegações de que as transferências eleitorais não foram associadas com o oferecimento de vantagem e de que a situação concreta difere da jurisprudência desta Corte não podem ser acolhidas. Tais argumentos apenas reforçam a necessidade de instrução probatória e o descabimento da extinção prematura do feito. [...]" (Ac. de 8.8.2019 no AgR-REspe nº 55749, rel. Min. Edson Fachin.

EMBARGOS DE DECLARAÇÃO. RECEBIMENTO. AGRAVO REGIMENTAL. RECURSO ESPECIAL. AÇÃO DE IMPUGNAÇÃO DE MANDATO ELETIVO. FRAUDE. DOCUMENTO. TRANSFERÊNCIA ELEITORAL. ART. 14, §9º, DA CONSTITUIÇÃO FEDERAL. DECISÃO. RETORNO DOS AUTOS À ORIGEM. REJULGAMENTO DA CAUSA. DESPROVIMENTO.

1. Embora seja cabível a oposição de embargos de declaração contra qualquer decisão judicial (art. 1.022, caput, do CPC), recebo os presentes embargos de declaração como agravo regimental, tendo em vista que, a pretexto de indicar omissão no decisum monocrático, os agravantes veiculam pretensão modificativa (AgR-REspe nº 2431-61/GO, rel. Min. Luiz Fux, DJe de 27.9.2016).

2. Na decisão agravada, deu-se provimento aos recursos especiais interpostos pelo Ministério Público Eleitoral e pela Coligação Agora É Ficha Limpa para reformar o acórdão regional e determinar o retorno dos autos à instância de origem a fim de regular processamento da ação de impugnação de mandato eletivo (AIME).

3. Consoante destacado na decisão ora combatida, a doutrina caracteriza a fraude "como o ato voluntário que induz outrem em erro, mediante a utilização de meio astucioso ou ardil. Pressupõe que a conduta seja perpetrada com o deliberado propósito de induzir alguém em erro, configurando-se o ilícito tanto quando houver benefício como prejuízo indevido a quaisquer dos atores do processo eleitoral (candidato, partido ou coligação); outrossim, que a ação ilícita "abrange toda e qualquer fase relacionada ao processo eleitoral (inclusive a fase de votação e apuração), desde que tenha como resultado a interferência na manifestação de vontade do eleitorado, com reflexo na apuração de votos" (fl. 283).

4. Lado outro, não foi impugnado o óbice consignado na decisão agravada de que o entendimento desta Corte Superior segundo o qual "a possível fraude ocorrida por ocasião da transferência de domicílio eleitoral não enseja a propositura da Ação de Impugnação de Mandato Eletivo (AgR-REspe nº 24806/SP, rel. Min. Luiz Carlos Lopes Madeira, DJe de 24.5.2005)" foi superado, haja vista que, atualmente, o termo "fraude" contido no art. 14, §10, da CF/88 é interpretado "de forma mais ampla, a englobar todas as situações de fraude que possam afetar a normalidade das eleições e a legitimidade do mandato eletivo, inclusive nos casos de fraude à lei" (fl. 286).

5. A ausência de impugnação específica dos fundamentos do decisum inviabiliza o provimento do agravo regimental. Aplicação da Súmula nº 26/TSE.

6. Embargos de declaração recebidos como agravo regimental, ao qual se nega provimento. (Recurso Especial Eleitoral nº 99420, Acórdão, Relator(a) Min. Tarcisio Vieira De Carvalho Neto, Publicação: DJE – Diário de justiça eletrônico, Data 05/10/2018)

6.2.2 Fundamentação Legal

A previsão legal da AIME encontra-se albergada no art. 14, §§10 e 11, da Constituição Federal.

Art. 14, §10 e 11, da Constituição Federal

"Art. 14. A soberania popular será exercida pelo sufrágio universal e pelo voto direto e secreto, com valor igual para todos, e, nos termos da lei, mediante: I – plebiscito; II – referendo; III – iniciativa popular. [...]

§10. O mandato eletivo poderá ser impugnado ante a Justiça Eleitoral no prazo de quinze dias contados da diplomação, instruída a ação com provas de abuso de poder econômico, corrupção ou fraude.

§11. A ação de impugnação de mandato tramitará em segredo de justiça, respondendo o autor, na forma da lei, se temerária ou de manifesta má-fé".

Interessante registrar que a Ação de Impugnação de Mandato Eletivo ocupa uma "*preferred position*" quando comparada as demais ações eleitorais em decorrência da sua jusfundamentalidade formal e material, conforme entendimento relatado pelo Min. Luiz Fux, no Recurso Especial Eleitoral n. 1175.

Recurso Especial Eleitoral nº 1175

[...] 1. A ação de impugnação de mandato eletivo (AIME) ocupa uma preferred position em relação às demais ações eleitorais, ante a jusfundamentalidade formal e material gravada pelo constituinte de 1988.

a) A ação de impugnação de mandato eletivo, sob o prisma formal, encontra-se positivada no Título II, dedicado aos Direitos e Garantias Fundamentais, ex vi do art. 14, §§10 e 11, da CRFB, à semelhança dos demais remédios constitucionais (e.g., habeas corpus, habeas data, mandado de segurança, mandado de injunção e ação popular), desenho institucional que atrai todo o regime jurídico das garantias constitucionais. b) A importância da AIME, examinada pelo viés material, salta aos olhos por ser a única ação eleitoral que conta com lastro constitucional para retirar um agente político investido no mandato pelo batismo das urnas, de ordem a mitigar, em consequência, o cânone da soberania popular. (Recurso Especial Eleitoral nº 1175, Acórdão, Relator(a) Min. Luiz Fux, Publicação: DJE – Diário de justiça eletrônico, Tomo 126, Data 30/06/2017, Página 99/102).

6.2.3 Natureza Jurídica

A Ação de Impugnação de Mandato Eletivo foi regulada pela Lei nº 7.664, de 1988[176], que foi recepcionada pela Constituição Federal de 1988 e afiança a possibilidade de sua proposição nos casos em que a eleição do impugnado deu-se por um dos três fundamentos expressos no citado art. 14, §10, da CF: (i) abuso do poder econômico; (ii) corrupção; e (iii) fraude.

6.2.4 Legitimidade

a) Ativa

Embora não haja previsão legal, entende-se que, no polo ativo, podem figurar os partidos políticos; os candidatos, eleitos ou não; o Ministério Público Eleitoral; e as coligações.

A legitimidade ativa do Ministério Público Eleitoral é clara, pois deriva da sua incumbência de defender a ordem jurídica, o regime democrático e os interesses sociais e individuais indisponíveis, como prevê o art. 127 da CF. Poderá, de tal modo, o *Parquet* – caso o autor da AIME desista – assumir a sua titularidade e requerer o prosseguimento do feito.

Art. 127 da Constituição Federal

"Art. 127. O Ministério Público é instituição permanente, essencial à função jurisdicional do Estado, incumbindo-lhe a defesa da ordem jurídica, do regime democrático e dos interesses sociais e individuais indisponíveis".

[176] "Art. 24. O mandato eletivo poderá ser impugnado ante à Justiça Eleitoral (vetado) após a diplomação, instruída a ação com provas conclusivas de abuso do poder econômico, corrupção ou fraude e transgressões eleitorais.". BRASIL. *Lei nº 7.664, de 29 de junho de 1988*. Disponível em: http://www.planalto.gov.br/ccivil_03/Leis/1980-1988/L7664.htm. Acesso em: 22 fev. 2022.

Importante consignar também que, embora o partido político tenha disputado a eleição coligado, entende-se que possui legitimidade para propor tal ação isoladamente, já que a AIME só pode ser ajuizada depois da diplomação e, nesse momento, já não há mais coligações.

Entender que as coligações possuem legitimidade ativa para propor AIME é complexo, visto que o prazo inicial para a sua propositura principia com a diplomação, período em que não há mais coligações. No entanto, o Tribunal Superior Eleitoral assentou sua jurisprudência asilando a legitimidade ativa das coligações e afiançando, ainda, que é nula a investigação suscitada sem aprovação de todos os partidos coligados.

PARA SEDIMENTAR

"ELEIÇÕES 2012. AGRAVO REGIMENTAL. AGRAVO. RECURSO ESPECIAL. AÇÃO DE IMPUGNAÇÃO DE MANDATO ELETIVO (AIME). CARGO MAJORITÁRIO. SUBSTITUIÇÃO. CANDIDATO. PRAZO. FRAUDE. OCORRÊNCIA. LEGITIMIDADE ATIVA. LEGITIMIDADE PASSIVA. DESPROVIMENTO. 1. As coligações partidárias têm legitimidade para a propositura de ação de impugnação de mandato eletivo. 2. A ação de impugnação de mandato eletivo pressupõe a existência de diploma expedido pela Justiça Eleitoral, que poderá ser desconstituído por abuso de poder econômico, corrupção ou fraude, a teor do art. 14, §10, da Constituição Federal. 3. Na linha da remansosa jurisprudência bem como da mais abalizada doutrina, a cassação do mandato de vice-prefeito decorre de consequência lógico-jurídica da indivisibilidade da chapa majoritária. 4. A legislação aplicável às eleições de 2012 faculta ao partido/coligação a substituição de candidato a cargo majoritário até a véspera do pleito; contudo, tal faculdade deve ser interpretada à luz do princípio da soberania popular, uma vez que o principal ator do processo eleitoral é o eleitor, que deve saber se a fotografia apresentada pela urna eletrônica corresponde ao real candidato por ele escolhido. 5. Esse tema foi amplamente debatido no precedente de Paulínia (REspe 99-85/SP), no qual esta Corte concluiu pela inadmissibilidade da substituição da candidatura do pai pelo filho, às vésperas da eleição. 6. Na hipótese, cuida-se de substituição da candidatura da mãe pela filha, realizada após as 18 horas da véspera da eleição, pouco antes do inicio da votação, sem justo motivo que lhe desse ensejo, porquanto o indeferimento do registro de candidatura da mãe, apontado como justificativa, ocorrera um mês antes do pleito, caracterizando verdadeira fraude eleitoral. 7. Não há nulidade de julgamento se o magistrado que não esteve presente na sessão de leitura do relatório e sustentação oral declara sua aptidão para proferir o voto. 8. In casu, a moldura fática do acórdão recorrido está a demonstrar a inexistência de justo motivo para a substituição, revelando, ao revés, nítido abuso de direito e fraude à lei. 9. Agravo regimental desprovido e prejudicada a Ação Cautelar nº 453-64/SP. (Processo AC 00004536420156000000 EUCLIDES DA CUNHA PAULISTA – SP. Publicação. DJE – Diário de justiça eletrônico, Data 17/11/2016. Julgamento 4 de Outubro de 2016 Relator Min. Luciana Christina Guimarães Lóssio)".

"[...] Ação de impugnação de mandato eletivo. Captação ilícita de sufrágio. Potencialidade. [...] 3. Esta Corte já assentou que, tratando-se de ação de impugnação de mandato eletivo, são legitimadas para a causa as figuras elencadas no art. 22 da Lei de Inelegibilidades, quais sejam, qualquer partido político, coligação, candidato ou o Ministério Público Eleitoral [...]".(Ac. de 24.3.2011 no AgR-AI nº 94192, rel. Min. Marcelo Ribeiro; no mesmo sentido o Ac. de 26.8.2003 no RESPE nº 21218, rel. Min. Peçanha Martins.)".

"EMBARGOS DE DECLARAÇÃO. Coligação. Unicidade. Omissão. Inexistência. Provimento. A norma do §1º do art. 6º da Lei nº 9.504/97 é limitação que decorre da natureza intrínseca da coligação partidária: uma reunião de partidos que devem, em determinado pleito eleitoral, atuar num mesmo sentido. Sem a adesão de todos os componentes, a representação manejada pela coligação torna-se nula. Agravo Regimental em Recurso Especial Eleitoral nº 25.002, Rel. Min. Humberto Gomes de Barros".

"[...] Ação de impugnação de mandato. Legitimidade ativa. [...] I – Na ausência de regramento próprio, esta Corte assentou que, tratando-se de ação de impugnação de mandato eletivo, são "legitimadas para a causa as figuras elencadas no art. 22 da Lei de Inelegibilidade" (Ag nº 1.863-SE, rel. Min. Nelson Jobim, *DJ* 7.4.2000). [...]"(*Ac. nº 21.218, de 26.8.2003, rel. Min. Peçanha Martins.*)".

ELEIÇÕES 2016. AGRAVO REGIMENTAL EM RECURSO ESPECIAL. REGISTRO DE CANDIDATURA. PREFEITO. DEFERIDO PELO TRIBUNAL REGIONAL ELEITORAL. MINISTÉRIO PÚBLICO ELEITORAL. LEGITIMIDADE RECURSAL. ART. 127 DA CONSTITUIÇÃO DA REPÚBLICA. CONHECIMENTO DO AGRAVO MANEJADO PELO PARQUET ELEITORAL. MÉRITO. INELEGIBILIDADE. ART. 1º, I, G, DA LC Nº 64/90. FATO SUPERVENIENTE APTO A AFASTAR A INELEGIBILIDADE. DATA-LIMITE. DIPLOMAÇÃO. DESPROVIMENTO. Questão preliminar: ótica da maioria 1. A defesa da ordem jurídica e do regime democrático é função institucional do Ministério Público, nos termos do art. 127, caput, da Constituição da República, o que consubstancia sua legitimidade para atuar em todos os feitos eleitorais. 2. O Supremo Tribunal Federal assentou, no bojo do ARE nº 728.188/RJ, julgado sob a sistemática da repercussão geral, que o Ministério Público Eleitoral tem legitimidade para recorrer de decisão que defere pedido de registro de candidatura, ainda que não tenha apresentado impugnação anterior aos autos, por força do disposto no art. 127 da Constituição da República. 3. A ratio decidendi do aludido julgado da Suprema Corte, máxime porque amparada no art. 127 da Lei Fundamental, deve ser aplicada no caso dos autos a fim de se reconhecer a legitimidade do Parquet Eleitoral, na sua função de custos legis, para interpor agravo interno perante esta instância superior, mesmo quando não houver recorrido do acórdão regional em que foi sucumbente. Mérito. 4. O limite temporal para as alterações fáticas ou jurídicas supervenientes ao registro de candidatura que afastem a inelegibilidade é a data da diplomação (ED-AgR-REspe nº 11749/AM, Rel. Min. Napoleão Nunes Maia Filho, DJe de 29.9.2017; ED-AgR-REspe nº 31076/PR, Rel. Min. Admar Gonzaga, DJe de 18.8.2017; e AgR-REspe nº 91-28/AM, de minha relatoria, DJe de 6.9.2017). 5. In casu, a decisão judicial que afastou os efeitos dos decretos legislativos de rejeição de contas exsurgiu em momento anterior à data da diplomação, consubstanciando circunstância superveniente hábil a afastar a causa de inelegibilidade insculpida no art. 1º, I, g, da LC nº 64/90. 6. Agravo regimental a que se nega provimento. (Recurso Especial Eleitoral nº 17016, Acórdão, Relator(a) Min. Napoleão Nunes Maia Filho, Publicação: DJE – Diário de justiça eletrônico, Tomo 199, Data 04/10/2018, Página 40)

ELEIÇÕES 2018. REGISTRO DE CANDIDATURA. DEPUTADO FEDERAL. DECISÃO REGIONAL. INDEFERIMENTO. INELEGIBILIDADE. ART. 1º, I, L, da LC 64/90. ATO DE IMPROBIDADE ADMINISTRATIVA. NÃOCONFIGURAÇÃO. Preliminar. Cerceamento de defesa. 1. O pedido de registro foi indeferido pelo Tribunal Regional Eleitoral, com fundamento em causa de inelegibilidade decorrente de condenação por improbidade administrativa, sem que fosse procedida a juntada do acórdão condenatório aos autos. 2. Não obstante, a apreciação da decisão judicial ensejadora da inelegibilidade do art. 1º, inciso I, alínea l, da LC 64/90, ocorreu mediante acesso eletrônico, pelo próprio relator, do feito no sítio do Tribunal de Justiça, sem se facultar, contudo, ao candidato sua prévia manifestação. 3. Se não houve impugnação no processo de registro e o relator no Tribunal a quo verifica eventual condenação indicada em certidão de inteiro teor apresentada, descabe, desde logo, o julgamento do feito, com a apreciação de causa de inelegibilidade, exigindo-se, previamente, que haja a realização de diligência, mediante a juntada de cópia do acórdão condenatório, o que se destina a viabilizar eventual manifestação do candidato, assegurando-lhe sua oportuna defesa e, também, do Ministério Público, na condição de custos legis. 4. No caso, descabe o reconhecimento da nulidade, tendo em vista a diligência procedida nesta Corte Superior, que atua como instância revisora, tendo, assim, sido determinada ao candidato a juntada da decisão condenatória e lhe concedido prazo para manifestação, inclusive ao Ministério Público, além do que é possível decidir o mérito a favor da parte que arguiu a suposta nulidade, por cerceamento de defesa. [...] (Recurso Ordinário nº 060383313, Acórdão, Relator(a) Min. Admar Gonzaga, Publicação: PSESS – Publicado em Sessão, Data 13/11/2018)

Quanto ao candidato não eleito, o Tribunal Superior Eleitoral já deliberou que o segundo colocado nas eleições majoritárias pode propor a AIME, visto que possui interesse direto na impugnação.

PARA SEDIMENTAR

"EMBARGOS DECLARATÓRIOS. RECURSO ESPECIAL ELEITORAL. AIME. FAC-SÍMILE. FORMALIDADES. LEI Nº 9.800/99. MITIGAÇÃO. CANDIDATO. SEGUNDO COLOCADO. PLEITO MAJORITÁRIO. INTERESSE JURÍDICO. ASSISTENTE LITISCONSORCIAL. PODERES PROCESSUAIS AUTÔNOMOS. PERDA DE MANDATO ELETIVO. PROVA INCONCUSSA. EXIGÊNCIA. ACÓRDÃO REGIONAL. INEXISTÊNCIA DE OUTRAS PROVAS. ART. 23. LC Nº 64/90. NÃO APLICAÇÃO. 1. Esta c. Corte, para adequar seus serviços judiciários aos dispositivos da Lei nº 9.800/99, editou a Res.-TSE nº 21.711/2004 que prevê, no art. 112, a dispensa da apresentação dos originais das petições enviadas via fac-símile. (Precedente: AI 2522, Rel. Min. Marco Aurélio. DJ de 12.8.2005)2. Candidato classificado em segundo lugar em pleito majoritário possui inegável interesse jurídico de recorrer na AIME proposta pelo Ministério Público Eleitoral pois o desfecho da lide determinará a sua permanência definitiva ou não na chefia do Poder Executivo Municipal, a par de ser, também, legitimado, segundo art. 22 da LC nº 64/90, a propor a AIME. Portanto, ele ostenta a qualidade de assistente litisconsorcial e, como tal, possui poderes processuais autônomos em relação à parte assistida, inclusive para recorrer quando esta não interpuser recurso. [...]TSE, Embargos de Declaração em Recurso Especial Eleitoral nº 28.121, Rel. Min. Felix Fischer, de 26/06/2008".

A legitimidade ativa dos cidadãos, por sua vez, é um tema bastante controverso. Conquanto a cassação de mandato de político infrator seja de interesse de todos os cidadãos, parece bastante razoável que a legitimidade para propositura de AIME se estendesse a eles, contudo não é essa a inteligência do TSE.

PARA SEDIMENTAR

"[...] Ação de impugnação de mandato eletivo. Ilegitimidade ativa. [...]" NE: "[...] Correto o acórdão regional quando firmou [...] mera eleitora, não tem legitimidade para ajuizar ação de impugnação de mandato eletivo [...]". (Ac. nº 21.095, de 25.3.2003, rel. Min. Luiz Carlos Madeira.)".

b) Passiva

Possuem legitimidade para figurar no polo passivo o candidato que se elegeu com benefício do abuso do poder econômico, corrupção ou fraude, e seu suplente ou vice, que poderia vir a exercer o mandato. Nota-se ademais,que os suplentes não são litisconsortes passivos necessários nas impugnações manejadas por fraude à cota de gênero.

PARA SEDIMENTAR

"DIREITO ELEITORAL E PROCESSUAL CIVIL. AGRAVO INTERNO EM RECURSO ESPECIAL ELEITORAL. ELEIÇÕES 2016. AÇÃO DE IMPUGNAÇÃO DE MANDATO ELETIVO. VEREADOR. FRAUDE. COTA DE GÊNERO. ANULAÇÃO DO DRAP. SUPLENTES. MERA EXPECTATIVA DE DIREITO. LITISCONSÓRCIO PASSIVO NECESSÁRIO. INEXISTÊNCIA. INOBSERVÂNCIA DO ÔNUS DA IMPUGNAÇÃO ESPECÍFICA E DO PRINCÍPIO DA DIALETICIDADE. INCIDÊNCIA DA SÚMULA Nº 30/TSE. DESPROVIMENTO. 1. Agravo interno contra decisão monocrática que deu provimento a recurso especial eleitoral para afastar a decadência e determinar o retorno dos autos ao TRE/BA para exame do mérito do recurso eleitoral. 2. Hipótese em que o TRE/BA, de ofício, pronunciou decadência, por ausência de candidatos suplentes no polo passivo da demanda, julgando prejudicado o referido recurso e extinguindo o feito sem resolução do mérito. 3. Conforme assentado na decisão agravada, este Tribunal Superior, no julgamento conjunto dos AgR-REspe nº 685-65/MT e no REspe nº 684-80/MT, firmou entendimento no sentido de que: (i) as ações que discutem fraude à cota de gênero (AIJE ou AIME) não podem ser extintas com fundamento na ausência dos suplentes no polo passivo da demanda. Isso porque eles são detentores de mera expectativa de direito, de forma que os efeitos decorrentes da invalidação do DRAP os atingem apenas de modo indireto; e (ii) os suplentes são litisconsortes meramente facultativos e, embora possam participar do processo, sua inclusão no polo passivo não é pressuposto necessário para a viabilidade da ação. 4. Não se verifica a divergência jurisprudencial suscitada, considerando que o entendimento constante dos acórdãos paradigmas já se encontra superado pelo Tribunal Superior Eleitoral. Precedentes. 5. As razões do recurso, na forma como apresentadas, são insuficientes para modificar a decisão recorrida. Nos termos da jurisprudência deste Tribunal Superior, o princípio da dialeticidade recursal impõe ao Recorrente o ônus de evidenciar os motivos de fato e de direito capazes de infirmar todos os fundamentos do decisum que se pretende modificar, sob pena de vê-lo mantido por seus próprios fundamentos. 6. Agravo interno a que se nega provimento.

(RECURSO ESPECIAL ELEITORAL nº 133, Acórdão, Relator(a) Min. Luís Roberto Barroso, Publicação: DJE – Diário da justiça eletrônica, Tomo 78, Data 03/05/2021)".

"Ação constitucional de Impugnação de Mandato Eletivo (AIME). [...] Os Suplentes detêm legitimidade passiva para figuração no polo passivo da demanda, porque, em caso de procedência, serão diretamente atingidos. Prova colhida em juízo, harmônica e coesa, ao evidenciar corrupção eleitoral a mando, e em benefício próprio, de candidato eleito ao Senado Federal. Compra de votos dissimulada sob "contrato formiguinha", impostos a funcionários (vigilantes e fiscais) de empresas de vigilância do irmão do candidato, sob pagamento efetuado em conta-corrente, comprovadamente realizado. Prescindível comprovação de aliciamento pessoal ou diretamente realizado pelo candidato: comprovação de seu domínio final do fato, até porque principal beneficiário. Pedido julgado procedente, para cassar o mandato do senador e das suplências respectivas, com imediata comunicação à mesa do senado federal, para pronto cumprimento. Votação unânime. [...] III – Os Suplentes do cargo de Senador, conquanto não possam ser erigidos a litisconsortes necessários, têm induvidosa legitimidade para figuração no polo passivo da ação de impugnação de mandato eletivo. Una e incindível a chapa, teriam igualmente se beneficiado do "esquema" de compra de votos e, por isto, na hipótese do decreto de perda do mandato, também serão atingidos. [...] VIII – Para responsabilização do candidato por corrupção/abuso de poder ou congênere, é suficiente a constatação, com razoável segurança, à luz das circunstâncias, de seu domínio finalístico sobre manobra orquestrada. É prescindível comprovação de seu engajamento pessoal, direto, sob pena de nulificação da proteção constitucional (CF, art. 14, parágrafos 10 e 11). IX – Pedido de cassação de mandato de Senador e das suplências abrigado, com imediata comunicação à Mesa do Senado Federal, para pronto cumprimento. Processo AIME 2 RO. Publicação DJ – Diário de Justiça, Volume 70, Data 17/04/2007, Página A37/38. Julgamento 12 de Abril de 2007. Relator FRANCISCO MARTINS FERREIRA".

"AGRAVO REGIMENTAL. AÇÃO DE IMPUGNAÇÃO DE MANDATO ELETIVO. SUPLENTE NÃO DIPLOMADO. LEGITIMIDADE PASSIVA. PROVIMENTO. 1. O suplente não diplomado possui legitimidade para figurar no polo passivo de ação de impugnação de mandato eletivo, independentemente da colocação na ordem de suplência. 2. Agravo regimental provido. Processo AIME 2161 MACAPÁ – AP. Publicação DJE – Diário da Justiça Eletrônico – TRE/AP, Tomo 105, Data 12/06/2015, Página 11. Julgamento 10 de Junho de 2015. Relator FÁBIO LOBATO GARCIA".

ELEIÇÕES 2016. RECURSO ESPECIAL. AIME. IMPROCEDÊNCIA NA ORIGEM. PRELIMINARES. LITISCONSÓRCIO PASSIVO NECESSÁRIO. AUTOR DO ATO ABUSIVO E BENEFICIÁRIOS. DESNECESSIDADE. LEGITIMIDADE PASSIVA EXCLUSIVA DOS CANDIDATOS ELEITOS E DIPLOMADOS. INADEQUAÇÃO DA VIA ELEITA. INEXISTÊNCIA. ABUSO DO PODER POLÍTICO ENTRELAÇADO COM O ECONÔMICO. CONTRATAÇÃO MACIÇA DE SERVIDORES TEMPORÁRIOS NA VÉSPERA DO PERÍODO ELEITORAL. COMPROVAÇÃO. CONTEXTO FÁTICO-PROBATÓRIO DELINEADO NO ACÓRDÃO RECORRIDO. REEXAME. INOCORRÊNCIA. PROVA DA PARTICIPAÇÃO, CIÊNCIA OU ANUÊNCIA DOS BENEFICIÁRIOS. DESNECESSIDADE. GRAVIDADE. COMPROVAÇÃO. PROVIMENTO. CASSAÇÃO DOS DIPLOMAS DOS ELEITOS. I. Das preliminares suscitadas pelos recorridos. 1.1. Da legitimidade passiva exclusiva dos candidatos diplomados na AIME 1. Na linha da jurisprudência consolidada desta Corte Superior, "na ação de impugnação do mandato eletivo, o polo passivo deve ser ocupado por candidatos eleitos diplomados, pois a sanção buscada é a perda do mandato" (AI nº 1002-22/MG, Rel. Min. Admar Gonzaga, DJe de 8.2.2019). No mesmo sentido: Recursos Especiais nº 106-65/SP, 102-28/SP e 101-43/SP, todos de relatoria do Ministro Jorge Mussi, DJe de 29.6.2017. 2. Tendo em vista que o objetivo precípuo da AIME é a desconstituição de mandato de quem eleito e devidamente diplomado, nenhum provimento judicial aproveitaria ao prefeito que antecedeu os recorrentes no Executivo municipal – apontado como o responsável pela prática das condutas em apuração –, que não mais ocupa mandato eletivo passível de anulação nesta via, não havendo, portanto, que se cogitar de sua necessária participação no polo passivo da demanda. 3. Por conseguinte, tendo em vista a regularidade da conformação, no prazo estipulado pelo art. 14, §10, da Constituição Federal, do polo passivo da demanda ora em apreço, integrado apenas pelos candidatos diplomados, não há que se perquirir acerca da decadência do direito de propor a AIME. 4. Preliminar rejeitada. [...] (Recurso Especial Eleitoral nº 142, Acórdão, Relator(a) Min. Tarcisio Vieira De Carvalho Neto, Publicação: DJE – Diário de justiça eletrônico, Tomo 242, Data 17/12/2019, Página 20/22)

DIREITO ELEITORAL E PROCESSUAL CIVIL. RECURSOS ESPECIAIS ELEITORAIS. AGRAVO INTERNO EM AÇÃO CAUTELAR. ELEIÇÕES 2016. AÇÃO DE IMPUGNAÇÃO DE MANDATO ELETIVO. PREFEITO E VICE-PREFEITO. VEREADOR. CAPTAÇÃO ILÍCITA DE SUFRÁGIO E ABUSO DO PODER ECONÔMICO. DESPROVIMENTO. I- HIPÓTESE. 1. Recursos especiais eleitorais contra acórdão do TRE/MG, que julgou parcialmente procedente o pedido da ação de impugnação de mandato eletivo, determinando a cassação dos mandatos de Prefeito, Vice-Prefeito e Vereador, respectivamente, de Juracy Fagundes Jacome, Edésio Vital Neto e José Gonçalves da Cruz. Agravo interno contra decisão que negou seguimento à ação cautelar. 2. O TRE/MG entendeu que foi comprovado que os recorrentes fizeram parte de esquema de distribuição gratuita e indiscriminada de combustível, em período próximo às eleições e sem declaração dos gastos à Justiça eleitoral, em benefício das suas candidaturas, caracterizando captação ilícita de sufrágio e abuso do poder econômico. Concluiu-se que os ilícitos eram executados por um terceiro (Edson Paiva) que tem forte ligação com o Prefeito eleito. II- RECURSO ESPECIAL ELEITORAL INTERPOSTO POR JOSÉ GONÇALVES DA CRUZ. 3. A ação de impugnação ao mandato eletivo, prevista no art. 14, §§10 e 11, da Constituição Federal, visa desconstituir o mandato eletivo, nos casos em que sua formação foi comprometida por vício decorrente de corrupção, abuso de poder ou fraude. Nesse contexto, não tem legitimidade para figurar no polo passivo da AIME terceiro que não detém mandato eletivo, ainda que seja o responsável pela prática dos atos ilícitos. Precedentes. 4. Considerando que Edson Paiva não detém mandato eletivo, não é viável a sua integração à lide, afastando-se a tese de decadência alegada pelo recorrente. III. RECURSO ESPECIAL ELEITORAL INTERPOSTO POR JURACY FAGUNDES JACOME E EDÉSIO VITAL NETO. Preliminares. 5. Inexiste violação ao art. 275 do CE e ao art. 1.022, I e II, do CPC. Da leitura dos acórdãos proferidos pelo TRE/MG, tanto em sede de julgamento do recurso eleitoral quanto dos embargos declaratórios, verifica-se que houve enfrentamento expresso das questões relevantes para o deslinde da controvérsia de maneira clara e fundamentada. Os vícios apontados constituem, portanto, mero inconformismo com os fundamentos do acórdão, o que não viabiliza a rediscussão da matéria nesta sede extraordinária. 6. Quanto à alegada violação aos arts. 114 e 115, parágrafo único, do CPC, em razão de o autor do ilícito não ter integrado o polo passivo da ação, a conclusão do TRE/MG alinha-se ao já referido entendimento desta Corte, no sentido de que a legitimidade passiva ad causam em ações de impugnação de mandato eletivo limita-se aos candidatos eleitos ou diplomados. [...] (Recurso Especial Eleitoral nº 167, Acórdão, Relator(a) Min. Luís Roberto Barroso, Publicação: DJE – Diário de justiça eletrônico, Tomo 175, Data 10/09/2019, Página 14-15).

6.2.5 Prazo

O prazo para propositura da Ação de Impugnação de Mandato Eletivo é de *15 (quinze) dias* contados a partir da diplomação. Destaca-se, ainda, que se trata de um prazo decadencial, assim não suporta interrupção ou suspensão. No mais, o Tribunal Superior Eleitoral admite sua prorrogação quando este findar em feriados ou em dias em que não houver expediente forense.

PARA SEDIMENTAR

"ELEIÇÕES 2012. AÇÃO DE IMPUGNAÇÃO DE MANDATO ELETIVO. ABUSO DO PODER ECONÔMICO. CAPTAÇÃO ILÍCITA DE SUFRÁGIO. OFENSA AO ART. 275 DO CÓDIGO ELEITORAL. ALEGAÇÃO GENÉRICA. IMPROCEDÊNCIA. AIME. PRAZO DECADENCIAL. APLICAÇÃO DO ART. 184, §1º, DO CPC. PRECEDENTES. ROL DE TESTEMUNHAS. ADITAMENTO DA PETIÇÃO INICIAL ANTES DA CITAÇÃO DO RÉU. POSSIBILIDADE. PAS DE NULLITÉ SAN GRIEF. GRAVAÇÃO AMBIENTAL CLANDESTINA. AUSÊNCIA DE AUTORIZAÇÃO JUDICIAL. ILICITUDE DA PROVA. PROVA TESTEMUNHAL ÚNICA. AUSÊNCIA DE OUTROS ELEMENTOS. INSUFICIÊNCIA PARA SUSTENTAR CONDENAÇÃO. PROVIMENTO DO RECURSO ESPECIAL. [...] 2. O prazo para a propositura da ação de impugnação de mandato eletivo, mesmo tendo natureza decadencial, submete-se à regra do art. 184, §1º, do Código de Processo Civil de 1973, segundo a qual se prorroga para o primeiro dia útil seguinte se o termo final cair em feriado ou dia em que não haja expediente normal no Tribunal. [...]. (RESPE – Recurso Especial Eleitoral nº 253 – BURITI – MA. Relator Min. Henrique Neves Da Silva. Acórdão de 04/10/2016.DJE – Diário de justiça eletrônico, Data 26/10/2016, Página 32)".

"ELEIÇÕES 2014. AGRAVO REGIMENTAL. AÇÃO DE IMPUGNAÇÃO DE MANDATO ELETIVO. PRESIDENTE E VICE-PRESIDENTE DA REPÚBLICA. PRESENÇA DE SÉRIOS INDÍCIOS QUE JUSTIFICAM A INSTRUÇÃO DA AÇÃO. RECURSO PROVIDO. [...]. 2. O art. 14, §10, da CF/1988 estabelece que "o mandato eletivo poderá ser impugnado ante a Justiça Eleitoral no prazo de quinze dias contados da diplomação, instruída a ação com provas de abuso do poder econômico, corrupção ou fraude", sendo o procedimento da ação de impugnação de mandato eletivo o previsto na LC nº 64/1990, nos termos da pacífica jurisprudência do TSE. [...] (Ação de Impugnação de Mandato Eletivo nº 761, Acórdão, Relatora Min. Maria Thereza Rocha De Assis Moura, Publicação: DJE – Diário de justiça eletrônico, Data 04/12/2015, Página 136/137)".

ELEIÇÕES 2018. AGRAVO REGIMENTAL. RECURSO ESPECIAL CONHECIDO COMO ORDINÁRIO. NEGATIVA DE SEGUIMENTO. AÇÃO DE IMPUGNAÇÃO DE MANDATO ELETIVO. DESCUMPRIMENTO DO PRAZO DECADENCIAL DE 15 DIAS. EXTINÇÃO DA AÇÃO.SÍNTESE DO CASO1. A Corte Regional Eleitoral negou provimento ao agravo interno e manteve a decisão monocrática que extinguiu, com resolução do mérito, em razão de decadência, a ação de impugnação de mandato eletivo proposta pelo agravante em 31.1.2019, após o prazo de 15 dias da diplomação ocorrida em 17.12.2018.2. O agravante argumenta que não houve decadência do direito de ação na espécie, pois deve ser aplicada a Resolução CNJ 244, que estabeleceu a prorrogação dos prazos durante o período correspondente às férias dos advogados, motivo pelo qual o último dia do prazo para a propositura da AIME seria 1º.2.2019. ANÁLISE DO AGRAVO REGIMENTAL1. O agravante reitera os argumentos quanto à aplicabilidade da Resolução CNJ 244, sem apresentar nenhuma outra alegação apta a ensejar a reforma do julgado, que se respaldou no entendimento firmado por esta Corte quanto ao tema.2. Conforme assentei na decisão impugnada, a Resolução CNJ 244, que suspendeu todos os prazos processuais no período de 20 de dezembro a 20 de janeiro, não se aplica aos prazos decadenciais, uma vez que seu art. 3º dispõe expressamente que a suspensão se restringirá aos prazos processuais, "como previsto no art. 220 do Código de Processo Civil".3. No julgamento do REspe 2-24, rel. Min. Napoleão Nunes Maia Filho, DJE de 24.9.2018, esta Corte decidiu que "a redação do art. 220 do Código Fux que instituiu as férias dos advogados, de forma expressa, faz referência a suspensão de prazos de natureza processual. Assim, não há como, ainda que por meio de uma interpretação extensiva, incluir os prazos de natureza eminentemente material, como o prazo decadencial de ajuizamento da AIME, na suspensão determinada pelo referido dispositivo".4. Ainda no julgamento do REspe 2-24, este Tribunal concluiu pela decadência da AIME, "haja vista que seu ajuizamento se deu em 23.1.2017, após, portanto, ao prazo fatal de 9.1.2017 primeiro dia útil seguinte ao recesso forense, que terminou em 6.1.2017".5. Assim, tendo em vista que, conforme consta do acórdão regional, a diplomação do recorrido ocorreu em 17.12.2018, a ação de impugnação de mandato eletivo deveria ter sido proposta até o dia 7.1.2019. Todavia, a AIME foi protocolada em 31.1.2019, quando já operada a decadência do direito de ação. CONCLUSÃO Agravo regimental a que se nega provimento. (Recurso Ordinário nº 060003937, Acórdão, Relator(a) Min. Sergio Silveira Banhos, Publicação: DJE – Diário de justiça eletrônico, Tomo 234, Data 05/12/2019)

ELEIÇÕES 2016. RECURSO ESPECIAL ELEITORAL. REGISTRO DE CANDIDATURA. PREFEITA ELEITA. DEFERIMENTO PELO TRE. CONDENAÇÃO EM AÇÃO DE IMPUGNAÇÃO DE MANDATO ELETIVO. ABUSO DO PODER ECONÔMICO. INELEGIBILIDADE. ART. 1º, I, D, DA LEI COMPLEMENTAR 64/90. INCIDÊNCIA. EXAURIMENTO DO PRAZO. DATA POSTERIOR AO PLEITO. FATO SUPERVENIENTE. NÃO CONFIGURAÇÃO. PROVIMENTO DO APELO NOBRE.1. A impropriamente denominada questão de ordem, que reproduz tema de fundo suscitado em contrarrazões alegação de restrição ao jus honorum com base em critério aleatório, em violação ao art. 5º, XXXVI, e 14, §9º, da Constituição da República, arguida por meio de petição apresentada na undécima hora, não deve ser conhecida, por não ventilar matéria de índole processual que constitua óbice ao exame do recurso por esta Corte. 2. A causa de inelegibilidade prevista na alínea d do inciso I do art. 1º da Lei Complementar nº 64/90 incide sobre os condenados por abuso do poder econômico tanto em ação de investigação judicial eleitoral quanto em ação de impugnação de mandato eletivo. Precedentes. 3. No REspe 283-41, redator para o acórdão o eminente Ministro Luiz Fux, PSESS de 19.12.2016, o Tribunal Superior Eleitoral, por maioria, firmou o entendimento de que não é possível considerar fato superveniente apto a afastar a inelegibilidade o mero transcurso do prazo ocorrido após as eleições. 4. Inteligência, aliás, da Súmula nº 70/TSE, no sentido de que o encerramento do prazo de inelegibilidade antes do dia do pleito é que constitui fato superveniente passível de ser considerado no exame do registro de candidatura. 5. Na espécie, o exaurimento do prazo de inelegibilidade ocorreu em 5.10.2016, após as eleições realizadas no referido ano, de forma que não é possível afastar a incidência do óbice à candidatura.6. Ao contrário do que suscitado em contrarrazões, não há aleatoriedade no critério adotado por esta Corte Superior, pois o prazo de inelegibilidade de que trata o art. 1º, I, d, da Lei Complementar 64/90 tem início no dia da eleição em que este se verificou e finda no dia de igual número no oitavo ano seguinte (verbete sumular 19/TSE). 7. O indeferimento do registro do candidato mais votado para o cargo de prefeito acarreta, com a publicação do acórdão, a realização de novas eleições. Inconstitucionalidade da locução "após o trânsito em julgado" constante do §3º do art. 224 do Código Eleitoral (ADI 5.525, rel. Min. Roberto Barroso, DJe de 19.3.2018). 8. Recurso especial a que se dá provimento para indeferir o registro de candidatura de Ioná Queiroz Nascimento. Embargos de declaração julgados prejudicados. Questão de ordem não conhecida. Determinação de execução do acórdão mediante a sua publicação no DJe. (Recurso Especial Eleitoral nº 24213, Acórdão, Relator(a) Min. Admar Gonzaga, Publicação: DJE – Diário de justiça eletrônico, Tomo 120, Data 26/06/2019, Página 19/20)

ELEIÇÕES 2016. RECURSO ESPECIAL. AÇÃO DE IMPUGNAÇÃO DE MANDATO ELETIVO (AIME). EXTINÇÃO DO PROCESSO COM RESOLUÇÃO DO MÉRITO EM VIRTUDE DA DECADÊNCIA. DIVERGÊNCIA JURISPRUDENCIAL EVIDENCIADA. PRAZO DE AJUIZAMENTO DA AIME. NATUREZA MATERIAL. FÉRIAS DOS ADVOGADOS INSTITUÍDA PELO ART. 220 DO CÓDIGO FUX. IRRELEVÂNCIA. RECURSO CONHECIDO E, NESSA EXTENSÃO, DESPROVIDO. 1. Na espécie, o TRE de São Paulo manteve a sentença do Juízo de 1ª instância que julgou extinta, com resolução de mérito, a ação de impugnação de Mandato Eletivo (AIME) movida em face do recorrido, em virtude da decadência, haja vista que seu ajuizamento se deu em 23.1.2017, após, portanto, ao prazo fatal de 9.1.2017 primeiro dia útil seguinte ao recesso forense, que terminou em 6.1.2017. 2. Divergência jurisprudencial evidenciada entre o acórdão recorrido e o acórdão do TRE/GO proferido nos autos do AgRg 1-95, cuja orientação firmada foi a de que termo final do prazo decadencial para a propositura de AIME, quando vier a ocorrer durante a suspensão dos prazos processuais determinada pelo art. 220 do CPC/2015 férias dos advogados, compreendidas entre 20 de dezembro e 20 de janeiro deve ser prorrogada para o primeiro dia útil seguinte, isto é 23.1.17. 3. A redação do art. 220 do Código Fux que instituiu as férias dos advogados , de forma expressa, faz referência a suspensão de prazos de natureza processual. Assim, não há como, ainda que por meio de uma interpretação extensiva, incluir os prazos de natureza eminentemente material, como o prazo decadencial de ajuizamento da AIME, na suspensão determinada pelo referido dispositivo. 4. Considerando-se que esta Corte Superior possui o entendimento de que o prazo para a propositura da ação de impugnação de mandato eletivo, mesmo tendo natureza decadencial, prorroga-se para o primeiro dia útil seguinte, se o termo final cair em feriado ou dia em que não haja expediente normal no Tribunal, conclui-se que, na hipótese, a AIME deveria ter sido ajuizada até 9.1.2017. 5. Diante das peculiaridades que norteiam esta justiça especializada, faz-se mister que as normas que, direta ou indiretamente, influam no processo eleitoral, sejam interpretadas com vistas a conferir a máxima celeridade aos feitos eleitorais. 6. Recurso Especial conhecido e desprovido. (Recurso Especial Eleitoral nº 224, Acórdão, Relator(a) Min. Napoleão Nunes Maia Filho, Publicação: DJE – Diário de justiça eletrônico, Tomo 191, Data 24/09/2018, Página 13/14).

6.2.6 Competência

A AIME deve ser proposta aos juízes eleitorais, nos casos de candidatos a prefeito, vice-prefeito e vereador; ao Tribunal Regional Eleitoral, quando se tratar de candidatos a senador, governador, vice-governador, deputado federal, distrital e estadual; e ao Tribunal Superior Eleitoral, nos casos de candidatos a presidente e vice-presidente da República.

6.2.7 Rito Processual

i. Petição inicial: Nos mesmos moldes da AIJE, por não existir um código de processo eleitoral que trate das formalidades a serem observas nas petições eleitorais, e por não se tratar de matéria criminal, deverá o petitório inicial adequar-se aos ditames dos arts. 319 e 320 do Código de Processo Civil, naquilo que não for de encontro às normas eleitorais.

ii. Causa de pedir: Levando-se em consideração que na AIME já existe a diplomação e que esta pode ter ocorrido com base em abuso econômico, fraude ou corrupção, a causa de pedir é a desconstituição do diploma em razão de o candidato, vice ou suplente, ter maculado o pleito.

PARA SEDIMENTAR

"ELEIÇÕES 2016. RECURSO ESPECIAL ELEITORAL. AÇÃO DE IMPUGNAÇÃO DE MANDATO ELETIVO. ELEIÇÕES PROPORCIONAIS. FRAUDE À QUOTA DE GÊNERO. GRAVAÇÃO AMBIENTAL. LICITUDE. CASSAÇÃO DOS REGISTROS E DOS DIPLOMAS VINCULADOS AO DRAP VICIADO. RETOTALIZAÇÃO DOS VOTOS.SÍNTESE DO CASO1. Trata-se de recurso especial eleitoral manejado em face de acórdão do TRE/RS que manteve a sentença que julgou procedente a AIME em relação à fraude à quota de gênero, declarando a invalidade da constituição da Coligação Unidos por Viadutos, indeferindo-lhe o registro para as eleições proporcionais, cassando os mandatos obtidos por ela na eleição proporcional, declarando nulos todos os votos que lhe foram atribuídos na aludida eleição para a Câmara de Vereadores e redistribuindo as vagas por ela conquistadas aos partidos e às coligações adversárias que alcançarem o quociente eleitoral. ANÁLISE DO RECURSO ESPECIAL 2. Na hipótese de fraude à quota de gênero, não procede o argumento dos recorrentes, no sentido de que a ação de impugnação de mandato eletivo deveria ser extinta, sem resolução de mérito, por ilegitimidade ad causam de todos os candidatos não eleitos. Isso porque, no julgamento dos Agravos Regimentais nos Recursos Especiais 684-80 e 685-65, rel. designado Ministro Luís Roberto Barroso, DJE de 31.8.2020, o Tribunal já decidira, por maioria, que os suplentes, embora possam participar do processo, não tem sua inclusão no polo passivo da demanda alçada a pressuposto necessário para a viabilidade da ação, já que são litisconsortes meramente facultativos.3. Conquanto o STF tenha reconhecido a repercussão geral da questão concernente à licitude da gravação ambiental realizada por um dos interlocutores sem o conhecimento do outro, na seara ambiental, o Ministro Dias Toffoli, relator do leading case (RE 1040515) – no bojo do qual foi reconhecida a repercussão geral –, indeferiu pedido de suspensão dos processos que versem sobre a matéria.4. Não houve negativa de prestação jurisdicional, mas julgamento contrário à pretensão da parte, com base na análise detida do conjunto probatório pela Corte de origem, circunstância que afasta as apontadas ofensas legais.5. Não procede a alegação de cerceamento de defesa, tampouco de negativa de prestação jurisdicional pela Corte Regional, em relação ao pedido de produção de prova pericial, quando se percebe, pelos termos do acórdão regional, que os ora recorrentes, nem em primeira instância, nem em sede recursal, insurgiram-se contra o indeferimento da prova.6. Este Tribunal, no julgamento do REspe 408-98, procedeu à adequação da sua jurisprudência à compreensão do STF, firmada no RE 583.937/RJ (Tema 237), "para as Eleições de 2016 e seguintes, a fim de reconhecer, como regra, a licitude da gravação ambiental realizada por um dos interlocutores sem o conhecimento do outro e sem autorização judicial", assentando a sua aplicação independentemente da circunstância de a captação ter se realizado "em ambiente público ou privado" (REspe 408-98, rel. Min. Edson Fachin, DJE 6.8.2019).7. No julgamento do REspe 193-92, de relatoria do Min. Jorge Mussi, cujo julgamento foi concluído em 17.9.2019, esta Corte Superior considerou que as circunstâncias indiciárias relativas à elaboração das prestações de contas, associadas aos elementos de prova particulares de cada candidata – relações de parentesco entre candidatos ao mesmo cargo, votação zerada ou ínfima, não comparecimento às urnas, ausência de atos de propaganda, entre outros –, seriam suficientes para demonstrar, de forma robusta, a existência da fraude no cumprimento dos percentuais de gênero previstos no art. 10, §3º, da Lei 9.504/97.8. Na espécie, a conclusão acerca da ocorrência da fraude teve como lastro, ao lado dos elementos indiciários concernentes à votação zerada e à existência de outro candidato ao mesmo cargo na família da suposta candidata, a incoerência entre a justificativa apresentada por ela para a desistência de campanha e os fatos relatados em depoimento por sua filha, bem como a sua própria confissão, captada em gravação ambiental, no sentido de que não pretendia realizar campanha, salvo para o seu cunhado, já que seu nome foi lançado apenas "para legendar".9. A partir das premissas fixadas no aresto regional, cuja revisão é inviável em sede extraordinária, a conclusão a respeito da ocorrência da fraude se baseou em elementos de prova suficientemente robustos.10. A análise da questão alusiva à incidência do art. 224 do Código Eleitoral às eleições proporcionais, dado o momento da conclusão do presente julgamento, está prejudicada, por perda de objeto, em face do término da legislatura referente ao pleito de 2016.CONCLUSÃO Recurso especial a que se nega provimento.

(RECURSO ESPECIAL ELEITORAL nº 49585, Acórdão, Relator(a) Min. Sergio Silveira Banhos, Publicação: DJE – Diário da justiça eletrônica, Tomo 142, Data 03/08/2021)".

"RECURSO ESPECIAL. AÇÃO DE IMPUGNAÇÃO DE MANDATO ELETIVO (AIME). EXTINÇÃO SEM RESOLUÇÃO DO MÉRITO. INADEQUAÇÃO DA VIA ELEITA. AUSÊNCIA DE PROVA PRÉ-CONSTITUÍDA. FRAUDE EM ATA DE CONVENÇÃO QUE INSTRUIU O REGISTRO DE CANDIDATURA. VIRAGEM JURISPRUDENCIAL. CONCEITO DE FRAUDE PREVISTO NO ART.14, §10, DA CONSTITUIÇÃO FEDERAL. AMPLITUDE. DESNECESSIDADE DE PROVA PRÉ-CONSTITUÍDA. ACÓRDÃO REGIONAL QUE INDICA A PRESENÇA DE SUPORTE PROBATÓRIO MÍNIMO. PROSSEGUIMENTO DA AÇÃO. PROVIMENTO. *1.* Este Tribunal Superior, ao julgar o Recurso Especial nº 1-49/PI, superou entendimento anterior e passou a interpretar o termo "fraude" contido no art. 14, §10, da CF de forma ampla, englobando todas as situações de fraude que possam afetar a normalidade das eleições e a legitimidade do mandato. 2. No caso de estar a petição inicial acompanhada de mínimo suporte probatório, recomenda-se a instauração do juízo e o prosseguimento da instrução do feito em busca da verdade dos fatos, com respeito às garantias do contraditório e da ampla defesa, deixando as teses jurídicas para o julgamento do mérito da ação. Precedentes.

3. Recurso especial provido. (Recurso Especial Eleitoral nº 794, Acórdão, Relatora Min. Maria Thereza Rocha De Assis Moura, Publicação: DJE – Diário de justiça eletrônico, Data 19/08/2016, Página 121)".

"ELEIÇÕES 2008. PREFEITO. VICE-PREFEITO. VEREADOR. AIME. CAPTAÇÃO ILÍCITA DE SUFRÁGIO. CONDENAÇÃO. CASSAÇÃO. MANDATO. AUSÊNCIA. POTENCIALIDADE. PROVIMENTO. 1. É firme a jurisprudência desta Corte em admitir a apreciação da prática de captação ilícita de sufrágio como uma das hipóteses de cabimento da AIME, sob a perspectiva de o ilícito praticado ser espécie do gênero corrupção. 2. Não se aplica às eleições de 2008 a nova redação do art. 22, inciso XIV, da LC nº 64/1990, dada pela LC nº 135/2010, que afastou o conceito de potencialidade lesiva e introduziu requisito menos contundente, revelado na natureza grave do ato praticado. 3. A procedência da AIME com fundamento em captação ilícita de sufrágio exige a demonstração da potencialidade lesiva dos atos praticados, nos termos da jurisprudência firmada nas eleições de 2008. 4. Recurso especial provido. (Recurso Especial Eleitoral nº 356177, Acórdão, Relator(a) Min. Gilmar Ferreira Mendes, Publicação: DJE – Diário de justiça eletrônico, Data 01/04/2016, Página 45-46)".

ELEIÇÕES 2016. AGRAVO INTERNO NO AGRAVO DE INSTRUMENTO. AÇÃO DE IMPUGNAÇÃO DE MANDATO ELETIVO. INADEQUAÇÃO DA VIA ELEITA. PESQUISA ELEITORAL. NÃO REGISTRADA. CONDUTA VEDADA. ABUSO DO PODER POLÍTICO. AUSÊNCIA DO VIÉS ECONÔMICO. REEXAME DO CONJUNTO FÁTICO-PROBATÓRIO. SEDE DE RECURSO ESPECIAL. IMPOSSIBILIDADE. SÚMULA Nº 24 DO TSE. CAPTAÇÃO ILÍCITA DE SUFRÁGIO. PROVAS INÁBEIS PARA COMPROVAR A PRÁTICA DO ILÍCITO. NECESSIDADE DE ROBUSTEZ PROBATÓRIA. AGRAVO DESPROVIDO. 1. A Ação de Impugnação de Mandato Eletivo é ação de natureza constitucional, prevista no art. 14, §§10 e 11, da Constituição Federal, cujas causas de pedir cingem-se às hipóteses de abuso do poder econômico, corrupção ou fraude, e tem por finalidade a cassação do diploma ilegitimamente obtido por algum desses vícios.2. A discussão acerca da divulgação de pesquisa eleitoral não registrada, porque dissociada das hipóteses constitucionais de cabimento, não pode ser versada em Ação de Impugnação ao Mandato Eletivo.3. A jurisprudência desta Corte Superior admite que se analise alegado abuso de poder político em sede de AIME, desde que entrelaçado com abuso de poder econômico, ou outro fundamento jurídico-constitucional previsto no art. 14, §10, da Constituição Federal, o que não se verificou na hipótese vertente.4. No caso, o acórdão regional assentou que os fatos consubstanciaram tão somente abuso do poder político, de modo que a modificação desse entendimento demandaria o reexame do conjunto fático-probatório dos autos, inviável em sede especial, por força do enunciado de Súmula nº 24 do TSE.5. A caracterização do ilícito eleitoral previsto no art. 41-A da Lei das Eleições e a configuração dos vícios previstos no art. 14, §10, da Constituição Federal reclamam a demonstração por meio de conjunto probatório robusto. 6. No que tange à prática de captação ilícita de sufrágio, o TRE/PI entendeu que as provas dos autos se afiguraram inábeis para comprovar a configuração desse ilícito, portanto, a inversão dessa conclusão implicaria revolvimento do arcabouço probatório dos autos, incidindo o óbice enunciado na Súmula nº 24 do TSE.7. Agravo regimental a que se nega provimento. (Agravo de Instrumento nº 1396, Acórdão, Relator(a) Min. Edson Fachin, Publicação: DJE – Diário de justiça eletrônico, Tomo 213, Data 05/11/2019, Página 17)

iii. Pedido: Uma vez que o abuso econômico, a fraude e a corrupção afrontam a licitude do pleito, o pedido da AIME é a perda do mandato conquistado.

iv. Rito processual: A natureza da AIME é constitucional, todavia, até o hoje, o legislador infraconstitucional não editou norma que regulamentasse seu procedimento.

PARA SEDIMENTAR

"ELEIÇÕES 2014. CANDIDATO A DEPUTADO FEDERAL. RECURSOS ORDINÁRIOS. REGISTRO DE CANDIDATURA INDEFERIDO. INCIDÊNCIA NAS INELEGIBILIDADES REFERIDAS NO ART. 1º, INCISO I, ALÍNEAS d E g, DA LEI COMPLEMENTAR Nº 64/1990. [...] 3. Recurso do candidato. Na causa de inelegibilidade do art. 1º, inciso I, alínea d, da LC nº 64/90 incidem os condenados por abuso em ação de investigação judicial eleitoral e em ação de impugnação de mandato eletivo. Com base na compreensão do princípio da isonomia, não há fator razoável de diferenciação para concluir que está inelegível o cidadão condenado por abuso de poder econômico nas eleições de 2008 em AIJE, enquanto está elegível aquele condenado também por abuso de poder no mesmo pleito, porém em AIME, pois ambas as ações têm o abuso como causa de pedir, tramitam sob o mesmo procedimento (art. 22 da LC nº 64/90) e acarretam idêntica consequência jurídica – cassação de registro e de diploma –, desde que o abuso seja grave o suficiente para ensejar a severa sanção. (Recurso Ordinário nº 29659, Acórdão, Relator(a) Min. Gilmar Ferreira Mendes, Publicação: DJE – Diário de justiça eletrônico, Volume, Tomo188, Data 29/09/2016, Página 63/64)".

O rito das Ações de Impugnação de Mandato Eletivo, apesar de inexistir expressamente, consoante precedentes do TSE (Respe n. 25.443/SC, de 14.02.2006), deve seguir o procedimento previsto para as Ações de Impugnação a Registro de Candidatura (art. 3º e seguintes da LC n. 64/1990) e, subsidiariamente, o Código de Processo Civil.

PARA SEDIMENTAR

"AGRAVO REGIMENTAL. RECURSO ESPECIAL ELEITORAL. AÇÃO DE IMPUGNAÇÃO DE MANDATO ELETIVO. CAPTAÇÃO ILÍCITA DE SUFRÁGIO. PREFEITO. VICE-PREFEITO. ELEIÇÕES DE 2012. O agravante não infirmou objetivamente os fundamentos da decisão agravada alusivos à inexistência de violação aos arts. 294 e 333, II, do Código de Processo Civil de 1973 e ao art. 3º da Lei Complementar nº 64/90; à impossibilidade de revisão do contexto fático-probatório em sede de recurso especial e à ausência de dissídio jurisprudencial no caso. Inviabilidade do agravo regimental, a teor da Súmula 26 do Tribunal Superior Eleitoral. 2. Nos termos do art. 3º, §3º, da LC nº 64/90, aplicável ao rito da ação de impugnação de mandato eletivo, o autor deve indicar, na petição inicial, as provas que pretende produzir, inclusive com indicação de rol de testemunhas, o que não ocorreu na espécie. 3. Se o Tribunal de origem, soberano na análise das provas efetivamente produzidas no processo, entendeu insuficientes os elementos probatórios para a comprovação dos alegados abuso do poder econômico e captação ilícita de sufrágio, não é possível rever tal conclusão em sede extraordinária, a teor da Súmula 24 do Tribunal Superior Eleitoral. Agravo regimental a que se nega provimento. (Recurso Especial Eleitoral nº 195, Acórdão, Relator(a) Min. Henrique Neves da Silva, Publicação: DJE – Diário de justiça eletrônico, Volume , Tomo 149, Data 03/08/2016, Página 133/134)".

v. Trâmite processual: Caso o petitório inicial seja recebido e processado regularmente, o demandado será notificado para que, em *7 (sete) dias*, apresente sua resposta (art. 4º da Lei Complementar nº 64/1990).

vi. Contestação: O requerido poderá impugnar o alegado na petição inicial, devendo apresentar, na mesma oportunidade, o rol de testemunhas que pretende ouvir, sob pena de preclusão. Diante da celeridade necessária ao Direito Eleitoral, não cabe às partes o pedido de provas genérico. Importante destacar, ainda, que o não oferecimento de defesa não produz os efeitos da revelia.

vii. Instrução e Julgamento: O magistrado, depois do recebimento da defesa, deverá marcar a audiência no prazo de *4 (quatro) dias*, à qual deverão comparecer as testemunhas arroladas pelas partes, com notificação judicial. Durante os *5 (cinco) dias* subsequentes, o julgador procederá a todas as diligências, de ofício ou a requerimento das partes. Além disso, poderá ouvir terceiros, referidos pelas partes, ou testemunhas, como conhecedores dos fatos e circunstâncias que possam influir na decisão.

Após a instrução, as partes têm *5 (cinco) dias* para apresentarem as alegações finais. Findo esse prazo, o magistrado poderá realizar o julgamento, não estando adstrito ao prazo de (3) três dias previsto no art. 8º da LC nº 64/90, uma vez que dirigido aos registros de candidatura.

viii. Segredo de Justiça: Diferentemente do que ocorre com a AIJE, a legislação prevê que AIME tramite em segredo de justiça.

Art.14, §11º da Constituição Federal

§11. A ação de impugnação de mandato tramitará em segredo de justiça, respondendo o autor, na forma da lei, se temerária ou de manifesta má-fé.

Porém, levando em consideração que os procedimentos e os processos eleitorais interessam a todos os cidadãos, o Tribunal Superior Eleitoral firmou entendimento de que o trâmite da AIME é sigiloso, mas seu julgamento é público. Ademais, segundo o TSE a violação de sigilo da Ação de Impugnação de Mandato Eletivo somente ensejará a nulidade se ficar demonstrado efetivamente prejuízo processual.

PARA SEDIMENTAR

"CONSULTA. MINISTÉRIO PÚBLICO ELEITORAL. AÇÃO DE IMPUGNAÇÃO DE MANDATO ELETIVO. SEGREDO DE JUSTIÇA. ART. 14, §11 E ART. 93, IX DA CONSTITUIÇÃO DA REPÚBLICA. 1. O trâmite da ação de impugnação de mandato eletivo deve ser realizado em segredo de justiça, mas o seu julgamento deve ser público [...] 2. A nova redação do art. 93, IX, da CR/88, dada pela EC 45/04, não determina que todos os processos tramitem publicamente, mas apenas que os julgamentos sejam públicos. Embora a regra seja a publicidade dos processos judiciais, é possível que exceções sejam previstas, mormente no próprio texto constitucional. Permanece em vigor o disposto no art. 14, §11, da CR/88 que impõe o segredo de justiça ao trâmite da ação de impugnação de mandato. 3. Consulta conhecida e respondida positivamente, pela permanência da obrigatoriedade da decretação de segredo de justiça no processamento das ações de impugnação de mandato eletivo. (Res. nº. 23.210, de 11.2.2010, rel. Min. Felix Fischer.)".

"AGRAVO REGIMENTAL. RECURSO ESPECIAL ELEITORAL. ART. 14, §11, DA CONSTITUIÇÃO FEDERAL. VIOLAÇÃO. INEXISTÊNCIA. DIVERGÊNCIA JURISPRUDENCIAL. SIMILITUDE FÁTICA. AUSÊNCIA DE DEMONSTRAÇÃO. DECISÃO AGRAVADA. FUNDAMENTO NÃO INFIRMADO. SÚMULA Nº 283 DO STF. NÃO PROVIMENTO. 1. A mera divulgação da propositura de ação de impugnação de mandato eletivo (AIME) e da sua peça inicial em sites de notícias na internet, por si só, não acarreta nulidade processual se não houver demonstração de prejuízo. Ofensa inexistente ao art. 14, §11, da Constituição Federal. Precedente: RO nº 32/RJ, Rel. Min. Nilson Naves, DJ de 22.5.1998. 2. O conhecimento do recurso especial eleitoral pela alínea b do inciso I do art. 276 do Código Eleitoral demanda a exposição, de forma clara e precisa, das circunstâncias fáticas e jurídicas que assemelham os casos cotejados. Precedentes. No caso, o agravante não se desincumbiu de tal ônus. 3. É inadmissível o recurso especial eleitoral quando o acórdão recorrido assenta-se em mais de um fundamento suficiente e o recurso não abrange todos eles. Incidência, mutatis mutandis, da Súmula nº 283 do STF. No caso, o agravo regimental não impugnou o fundamento de que o conhecimento do recurso especial eleitoral demandaria o reexame de fatos e provas, vedado pela Súmula nº 7 do STJ. 4. Agravo regimental não provido. (Recurso Especial Eleitoral nº 872384929, Acórdão, Relator(a) Min. Aldir Passarinho Junior, Publicação: RJTSE – Revista de jurisprudência do TSE, Volume 23, Tomo 1, Data 24/03/2011, Página 162)".

6.2.8 Efeitos

Caso a AIME seja julgada procedente, há dois efeitos decorrentes: a perda do mandato eletivo e, como efeito secundário, a inelegibilidade, conforme as regras da LC n. 135, de 2010.

Art. 1º da Lei Complementar nº 64, de 1990

"Art. 1º. São inelegíveis:

I – para qualquer cargo: [...]

d) os que tenham contra sua pessoa representação julgada procedente pela Justiça Eleitoral, em decisão transitada em julgado ou proferida por órgão colegiado, em processo de apuração de abuso de poder econômico ou político, para a eleição na qual concorrem ou tenham sido diplomados, bem como para as que se realizarem nos 8 (oito) anos seguintes.

j) os que forem condenados, em decisão transitada em julgado ou proferida por órgão colegiado da Justiça Eleitoral, por corrupção eleitoral, por captação ilícita de sufrágio, por doação, captação ou gastos ilícitos de recursos de campanha ou por conduta vedada aos agentes públicos em campanhas eleitorais que impliquem cassação do registro ou do diploma, pelo prazo de 8 (oito) anos a contar da eleição;[...]".

Ao mesmo tempo, vale frisar que a inelegibilidade não decorre somente da AIME que se baseia em caso de abuso do poder econômico, sendo efeito também das ações por corrupção ou fraude.

Por outro lado, caso seja julgada improcedente e tenha sido proposta de forma temerária ou com má-fé, incorrerá o autor no crime eleitoral expresso no art. 25 da Lei Complementar nº 64, de 1990.

Art. 25 da Lei Complementar nº 64, de 1990

Art. 25. Constitui crime eleitoral a argüição de inelegibilidade, ou a impugnação de registro de candidato feito por interferência do poder econômico, desvio ou abuso do poder de autoridade, deduzida de forma temerária ou de manifesta má-fé: Pena: detenção de 6 (seis) meses a 2 (dois) anos, e multa de 20 (vinte) a 50 (cinqüenta) vezes o valor do Bônus do Tesouro Nacional (BTN) e, no caso de sua extinção, de título público que o substitua.

6.2.9 Recursos

Da decisão proferida em AIME será cabível *Recurso Inominado*, no prazo de *3 (três) dias*, das decisões dos juízes eleitorais para o Tribunal Regional Eleitoral; no caso de ação de competência originária de Tribunal Regional Eleitoral caberá *Recurso Ordinário* para o Tribunal Superior Eleitoral; já nos casos de competência originária do TSE, caberá *Recurso Extraordinário*, no prazo de *3 (três) dias*, ao Supremo Tribunal Federal.

Com o advento da Lei nº 13.165, de 2015, foi incorporado ao art. 257, §2º, do Código Eleitoral o tratamento dos efeitos a serem dados ao recurso ordinário quando este for interposto em face de decisão proferida por juiz eleitoral ou por Tribunal Regional Eleitoral que resulte em cassação de registro, afastamento do titular ou perda de mandado eletivo.

Art. 257, §2º, do Código Eleitoral

Art. 257. Os recursos eleitorais não terão efeito suspensivo. §2º O recurso ordinário interposto contra decisão proferida por juiz eleitoral ou por Tribunal Regional Eleitoral que resulte em cassação de registro, afastamento do titular ou perda de mandato eletivo será recebido pelo Tribunal competente com efeito suspensivo.

Validamente, em simples análise do *caput* do referido artigo, tem-se que a regra não é o efeito suspensivo. Nesse sentido, ressalta José Jairo Gomes:

> As decisões do TRE abrangidas por essa regra são apenas as atinentes à sua competência originária, proferidas em eleições federais e estaduais (governador, senador, deputado federal, deputado distrital e deputado estadual). Isso porque os acórdãos proferidos por TRE no âmbito de sua competência recursal são irrecorríveis mediante recurso especial, que, por natureza, não tem efeito suspensivo. Ademais, o citado §2º usa o termo "recurso ordinário" no sentido de "recurso não excepcional", ou seja, recurso próprio dos primeiros e segundo graus de jurisdição. Trata-se, portanto, do recurso eleitoral (CE, art. 265) e do recurso eleitoral para o TSE (CF, art.121, §4º, III e IV, e CE, art. 276, II, a).[177]

6.2.10 Resumindo

Fundamentação Legal	Art. 14, §§10 e 11, da Constituição Federal de 1988.
Objetivos	Ante abuso do poder econômico, corrupção e/ou fraude, almeja-se a desconstituição do mandato eletivo, tornando-se insubsistente a diplomação.
Legitimidade ativa	Art. 22 da Lei Complementar nº 64, de 1990: *Partido político, federação, coligação, candidato ou Ministério Público Eleitoral.*
Prazo	Art. 14, §10, da Constituição Federal de 1988: Até *15 (quinze) dias*, contados da diplomação dos eleitos. Obs.: A ação corre em segredo de justiça, mas seu julgamento é público.
Competência	Art. 2º, Parágrafo único e incisos, e art. 24 da Lei Complementar nº 64, de 1990: Tribunal Superior Eleitoral – Presidente e Vice-Presidente da República; Tribunal Regional Eleitoral – Governador e respectivos vices, Deputados Estaduais, Distritais e Federais, Senadores e respectivos suplentes; Juízo Eleitoral – Prefeitos, respectivos vices e Vereadores.
Se o pedido for julgado procedente	O mandato será desconstituído (cassado), e os votos auferidos de maneira irregular serão anulados. Obs.: Consoante o disposto no art. 216 do Código Eleitoral, "Enquanto o Tribunal Superior não decidir o recurso interposto contra a expedição do diploma, poderá o diplomado exercer o mandato em toda a sua plenitude".

[177] GOMES, José Jairo. *Recursos eleitorais*. 3. ed. rev. atual. e ampl. São Paulo: Atlas, 2016. p. 36.

6.3 Ação de Impugnação de Registro de Candidatura (AIRC)

6.3.1 Conceito

A Ação de Impugnação de Registro de Candidatura (AIRC), conforme o próprio nome já pronuncia, tem por desígnio obstar o registro de candidatura. Frise-se, todavia, que, em caso de julgamento tardio do feito, dela poderá decorrer a nulidade do diploma.

DELIMITANDO O TEMA

Impedimento ao registro de candidatura: caso o postulante ao cargo eletivo não preencha os requisitos previstos em lei, não poderá obter o registro no órgão eleitoral competente, nem não poderá concorrer ao pleito – ausência de capacidade eleitoral passiva.

6.3.2 Fundamentação Legal

A Ação de Impugnação ao Registro de Candidatura está prevista no art. 3º da Lei Complementar nº 64, de 1990.

Art. 3º da Lei Complementar nº 64, de 1990

Art. 3º Caberá a qualquer candidato, a partido político, coligação ou ao Ministério Público, no prazo de 5 (cinco) dias, contados da publicação do pedido de registro do candidato, impugná-lo em petição fundamentada.

Há, fundamentalmente, três hipóteses que suportam a propositura da AIRC: (i) a ausência de causa de elegibilidade; (ii) a presença de causa de inelegibilidade; e (iii) a ausência de condição de procedibilidade do registro.

Com relação à primeira hipótese, o art. 14 da Constituição Federal prevê as condições de elegibilidade, quais sejam: nacionalidade brasileira; o pleno exercício dos direitos políticos; o alistamento eleitoral; domicílio eleitoral na circunscrição; filiação partidária; idade mínima de acordo com o cargo pretendido; o militar, se contar com menos de 10 (dez) anos de serviço, deverá afastar-se, e acaso conte com mais de

10 (dez) anos, passará, automaticamente, no ato da diplomação, para a inatividade; alfabetização; e alistáveis.

A legislação infraconstitucional, por sua vez, prevê mais duas condições de elegibilidade: a indicação em convenção partidária e a desincompatibilização.

DELIMITANDO O TEMA

Convenção partidária: trata-se de reunião oficial do partido político na qual os filiados escolhem quais candidatos concorrerão ao pleito, deliberam a possibilidade e firmam as coligações. Previsão:

Lei nº 9.504, de 1997 – "art. 8º A escolha dos candidatos pelos partidos e a deliberação sobre coligações deverão ser feitas no período de 20 de julho a 5 de agosto do ano em que se realizarem as eleições, lavrando-se a respectiva ata em livro aberto, rubricado pela Justiça Eleitoral, publicada em vinte e quatro horas em qualquer meio de comunicação".

Desincompatibilização: "Não obstante as inelegibilidades gerais, a legislação inclui em seu bojo outras, em razão do cago e das funções ocupadas por determinado agente público perante a Administração. Trata-se das inelegibilidades relativas, que poderão ser sanadas desde que o candidato se afaste temporariamente de suas funções, atendendo a determinados prazos".[178]

Quanto às causas de inelegibilidade, vale frisar que a presença de apenas uma das hipóteses já enseja o ajuizamento da Ação de Impugnação ao Registro de Candidatura. A inelegibilidade, todavia, deve ser declarada antes da propositura da ação, que somente é possível ante a presença de inelegibilidade consumada, ou seja, preexistente ao momento do registro.

PARA SEDIMENTAR

"[...] REGISTRO DE CANDIDATURA. FILIAÇÃO PARTIDÁRIA. DECISÃO JUDICIAL. RECONHECIMENTO. VÍNCULO TEMPESTIVO. PARTIDO. AGRAVO REGIMENTAL DESPROVIDO. 1. As condições de elegibilidade e as causas de inelegibilidade são aferidas na data do protocolo do pedido de registro. 2. Existindo decisão judicial

[178] BUGALHO, Gustavo Russignoli. *Direito eleitoral*. Leme: J.H. Mizuno, 2008. p. 67.

reconhecendo o vínculo tempestivo com o partido, e não havendo notícia de que o decisum tenha sido reformado ou tido seus efeitos suspensos, é de se reconhecer o preenchimento do requisito da filiação partidária. 3. Agravo regimental a que se nega provimento (Ac. de 12.12.2012 no AgR-REspe nº 13098, rel. Min. Dias Toffoli)".

RECURSO ESPECIAL ELEITORAL. ELEIÇÕES 2016. REGISTRO DE CANDIDATURA. CARGO DE VEREADOR. REJEIÇÃO DE CONTAS PÚBLICAS. AUSÊNCIA DE DOLO. NÃO INCIDÊNCIA DA CAUSA DE INELEGIBILIDADE DO ART. 1º, I, G, DA LC Nº 64/1990. PROVIMENTO DO RECURSO. 1. Recurso especial eleitoral contra acórdão do TRE/PE que indeferiu o registro de candidato eleito ao cargo de vereador de Jaboatão dos Guararapes/PE, nas eleições de 2016, com fundamento na incidência da causa de inelegibilidade prevista no art. 1º, I, g, da LC nº 64/1990. 2. Hipótese em que houve impugnação do registro de candidatura do recorrente ao cargo de vereador, com fundamento em decisão do Tribunal de Contas que, em 29.08.2012, julgou irregulares as contas públicas, referentes ao exercício financeiro de 2003, prestadas por ele durante período em que exerceu mandato na Câmara Municipal de Jaboatão dos Guararapes. 3. As condições de elegibilidade e as causas de inelegibilidade devem ser aferidas a cada pleito, de modo que o reconhecimento ou não de determinada hipótese de inelegibilidade em uma eleição não produz os efeitos da coisa julgada para as posteriores. Precedentes. Assim, a decisão da Justiça eleitoral (RO nº 837-87/PE, Rel. Min. Luiz Fux), que afastou a causa de inelegibilidade em questão e deferiu o registro de candidatura de José Belarmino de Sousa, ora recorrente, ao cargo de deputado federal nas eleições de 2014, não impede que se faça novo exame da controvérsia nos presentes autos. 4. A inelegibilidade prevista no art. 1º, I, g, da LC nº 64/1990 não incide em todo e qualquer caso de rejeição de contas públicas, sendo exigível o preenchimento cumulativo dos seguintes requisitos: (i) rejeição das contas relativas ao exercício de cargos ou funções públicas; (ii) decisão do órgão competente que seja irrecorrível no âmbito administrativo; (iii) desaprovação decorrente de (a) irregularidade insanável que configure (b) ato de improbidade administrativa, (c) praticado na modalidade dolosa; (iv) não exaurimento do prazo de oito anos contados da publicação da decisão; e (v) decisão não suspensa ou anulada pelo Poder Judiciário[...] Recurso especial provido, a fim de deferir o registro de candidatura do recorrente. (Recurso Especial Eleitoral nº 67036, Acórdão, Relator(a) Min. Luís Roberto Barroso, Publicação: DJE – Diário de justiça eletrônico, Tomo 244, Data 19/12/2019, Página 55/57)

ELEIÇÕES 2018. RECURSO ORDINÁRIO. REGISTRO DE CANDIDATURA. DEPUTADO FEDERAL. INELEGIBILIDADE. ART. 1º, I, I, DA LEI COMPLEMENTAR 64/90. PROVIMENTO. [...]3. Conforme jurisprudência do Tribunal Superior Eleitoral, ao órgão originário responsável pelo julgamento do registro de candidatura, compete examinar as condições de elegibilidade e as causas de inelegibilidade ex officio, independentemente de provocação. (Recurso Ordinário nº 060098106, Acórdão, Relator(a) Min. Admar Gonzaga, Publicação: PSESS – Publicado em Sessão, Data 27/11/2018)

ELEIÇÕES 2018. RECURSO ORDINÁRIO. REGISTRO DE CANDIDATURA. DEFERIMENTO. DEPUTADO FEDERAL. IMPUGNAÇÃO. ATO DOLOSO DE IMPROBIDADE ADMINISTRATIVA. SUSPENSÃO DOS DIREITOS POLÍTICOS. REQUISITOS CUMULATIVOS. DANO AO ERÁRIO E ENRIQUECIMENTO ILÍCITO. INELEGIBILIDADE DO ART. 1º, I, I, DA LC nº 64/90. NÃO CONFIGURAÇÃO. DESPROVIMENTO. [...]14. Embora inexista direito adquirido à candidatura, uma vez que cabe à Justiça Eleitoral verificar as condições de elegibilidade e as causas de inelegibilidade no momento da formalização do pedido de registro da candidatura (art. 11, §10, da Lei nº 9.504/97), os fatos ora apresentados foram objeto de análise por ocasião da impugnação à candidatura da ora recorrida para o cargo de prefeito nas Eleições 2016, ocasião em que o respectivo registro foi deferido pelo juízo da 22ª Zona Eleitoral do Estado do Espírito Santo, porquanto não evidenciado o requisito do enriquecimento ilícito para a configuração da inelegibilidade decorrente de ato de improbidade, circunstância que reforça a inocorrência da restrição ao ius honorum também nestes autos. [...] (Recurso Ordinário nº 060058290, Acórdão, Relator(a) Min. Tarcisio Vieira De Carvalho Neto, Publicação: PSESS – Publicado em Sessão, Data 04/10/2018)

Em relação à ausência de condição de procedibilidade do registro, quando o pré-candidato vai fazer o Requerimento de Registro, a legislação exige uma série de documentos, que são as condições de procedibilidade, não obstante a faculdade de o Tribunal Superior Eleitoral, mediante Resolução, adicionar outros requisitos.

Art. 11, §1º da Lei nº 9.504, de 1997

"Art. 11. Os partidos e coligações solicitarão à Justiça Eleitoral o registro de seus candidatos até as dezenove horas do dia 15 de agosto do ano em que se realizarem as eleições. [...] §1º O pedido de registro deve ser instruído com os seguintes documentos: I – cópia da ata a que se refere o art. 8º; II – autorização do candidato, por escrito; III – prova da filiação partidária; IV – declaração de bens, assinada pelo candidato; V – cópia do título eleitoral ou certidão, fornecida pelo cartório eleitoral, de que o candidato é eleitor na circunscrição ou requereu sua inscrição ou transferência de domicílio no prazo previsto no art. 9º; VI – certidão de quitação eleitoral; VII – certidões criminais fornecidas pelos órgãos de distribuição da Justiça Eleitoral, Federal e Estadual; VIII – fotografia do candidato, nas dimensões estabelecidas em instrução da Justiça Eleitoral, para efeito do disposto no §1º do art. 59; IX – propostas defendidas pelo candidato a Prefeito, a Governador de Estado e a Presidente da República".

A não apresentação de algum dos documentos supracitados poderá implicar a ausência de procedibilidade do registro.

FIQUE ATENTO!

Vício insanável: não há como requerer o registro.

Vício sanável: Em se tratando de irregularidade sanável, o juiz concederá um prazo para o pré-candidato sanar o problema e, caso isso não ocorra, há duas opções: (i) o juiz indefere de ofício o pedido de registro; ou (ii) a parte interessada pode valer-se de AIRC para impugnação. Contudo mister consignar que o TSE possibilita a juntada de documentos para suprir eventual irregularidade, quando, na instância ordinária, essa oportunidade não foi dada e, consequentemente, o pedido foi indeferido. Nesse sentido, apontamos o Agravo Regimental em Recurso Especial n. 26.793/RJ, Rel. José Augusto Delgado, 26.09.2007.[179]

PARA SEDIMENTAR

"Eleições 2018. Registro de candidato. Indeferimento. Agravo regimental. Recurso especial. Deputado federal. Decisão agravada. Fundamentos. Ausência de impugnação específica. Súmula nº 26/TSE. Prequestionamento. Certidão de objeto e pé. Juntada. Reexame de fatos e provas. Súmula nº 24/TSE. Desprovimento. [...] 2. Na espécie, ficou expressamente consignado no acórdão regional, mediante exame soberano do caderno probatório, que não foram juntadas aos autos as necessárias certidões de objeto e pé alusivas a processos penais indicados nas certidões da Justiça Estadual de 1ª instância, documentos essenciais para a análise do pedido de registro de candidatura. [...]" NE: O recurso cabível contra decisões que tratarem de ausência de documentos para o registro (condições de registrabilidade) é o recurso especial. (Ac. de 23.10.2018 no AgR-REspe nº 60114833, rel. Min. Tarcisio Vieira de Carvalho Neto.)

179 Com a alteração trazida pela Lei nº 12.034/2009, que acrescentou o §10 ao art. 11 da Lei nº 9.504/1997: "as condições de elegibilidade e as causas de inelegibilidade devem ser aferidas no momento da formalização do pedido de registro da candidatura, ressalvadas as alterações, fáticas ou jurídicas, supervenientes ao registro que afastem a inelegibilidade". Disponível em: http://www.planalto.gov.br/ccivil_03/_ato2007-2010/2009/lei/l12034.htm. Acesso em: 23 fev. 2022.

6.3.3 Natureza Jurídica

A Ação de Impugnação ao Registro de Candidatura está consubstanciada na Lei Complementar nº 64, de 1990, que restou alterada pela Lei Complementar nº 135, de 2010, "Lei da Ficha Limpa".

6.3.4 Legitimidade

a) Ativa

A legitimidade ativa da AIRC está albergada no art. 3º, *caput* e §§1º e 2º, da Lei Complementar nº 64, de 1990.

Art. 3º, *caput* e §§1º e 2º, da Lei Complementar nº 64, de 1990

"Art. 3º Caberá a qualquer candidato, a partido político, coligação ou ao Ministério Público, no prazo de 5 (cinco) dias, contados da publicação do pedido de registro do candidato, impugná-lo em petição fundamentada. §1º A impugnação, por parte do cidadão, partido político ou coligação, não impede a ação do Ministério Público no mesmo sentido. §2º Não poderá impugnar o registro de candidato o representante do Ministério Público que, nos 4 (quatro) anos anteriores, tenha disputado cargo eletivo, integrado diretório de partido ou exercido atividade político-partidária".

Da leitura da norma é possível concluir que a legitimidade ativa da AIRC se resume: a todo candidato; ao partido político; à coligação; e ao Ministério Público Eleitoral.

Nota-se, ao mesmo tempo, que, ainda que a lei se refira a "candidato", considerando que esse *status* só é viável somente após o registro da candidatura, entende-se que os pré-candidatos também possuem a mesma legitimidade. No caso de renúncia ou substituição do candidato ou pré-candidato que tenha seu registro indeferido renunciar, este não mais terá legitimidade, e o Ministério Público poderá seguir com a ação, assumindo sua titularidade.

FIQUE ATENTO!

Alguns requisitos devem ser observados pelos legitimados ativos:

(i) o pré-candidato deverá ter sido indicado na respectiva convenção partidária;

(ii) a requisição do registro de candidatura; e

(iii) nos casos em que candidato ajuíze a ação, deve concorrer ao pleito na mesma circunscrição do pré-candidato impugnado.

Ao mesmo tempo, impende registrar que o Tribunal Superior Eleitoral entende que o eleitor não possui legitimidade ativa para propor Ação de Impugnação de Registro de Candidatura, podendo, tão somente, apresentar a notícia de inelegibilidade ao juiz eleitoral ou ao Ministério Público Eleitoral, com fulcro no seu exercício do direito de petição.

PARA SEDIMENTAR

"[...] 3. Conforme firme jurisprudência desta Corte Superior, o eleitor não possui legitimidade para recorrer de decisão que defere pedido de registro de candidatura, podendo, apenas, apresentar notícia de inelegibilidade ao juiz competente, razão pela qual se infere sua ilegitimidade para interposição de recurso especial. [...] 6. A Corte Regional Eleitoral, soberana na análise de fatos e provas, assentou expressamente que o candidato, em relação ao qual foi apresentada a notícia, apresentou a documentação exigida e não houve impugnação ao seu pedido de registro, não tendo a petição do noticiante, ora recorrente, colacionado prova de que o candidato não preenchia as condições de elegibilidade ou que se enquadrasse em causas de inelegibilidade. Incidência do verbete sumular 24 do TSE. CONCLUSÃO Agravo regimental a que se nega provimento.

(RECURSO ESPECIAL ELEITORAL nº 060025565, Acórdão, Relator(a) Min. Sergio Silveira Banhos, Publicação: PSESS – Publicado em Sessão, Data 27/11/2020)".

"[...] Registro de candidato impugnado por eleitor: parte ilegítima. Art. 3º da Lei Complementar nº 64/90. [...] (Recurso Especial Eleitoral nº 14807Acórdão de , Relator(a) Min. José Eduardo Rangel De Alckmin, Publicação: PSESS – Publicado em Sessão, Data 18/11/1996)".

"[...] O eleitor não tem legitimidade para impugnar candidaturas, mas diante de denúncia fundamentada de inelegibilidade, o juiz não pode se limitar a declarar-lhe a ilegitimidade. Rejeitada a inelegibilidade, o denunciante não terá legitimidade para recorrer. Reconhecida, entretanto, a intervenção do Ministério Público, que pode ocorrer em qualquer instância, contra decisão que lhe pareça ofensiva à lei" [...]. (Recurso Especial Eleitoral nº 9688, Acórdão de, Relator(a) Min. José Paulo Sepúlveda Pertence, Publicação: PSESS – Publicado em Sessão, Data 01/09/1992)".

Vale frisar que há certas vedações com relação à propositura da AIRC. O partido ou a coligação não pode impugnar o registro de candidatura de seus filiados. Nesse mesmo sentido, entendia-se que um partido não poderia ajuizar AIRC em face de pré-candidato filiado a outro partido da mesma coligação, salvo se houvesse alegação de que o pré-candidato não havia sido escolhido pela convenção ou que sua seleção foi irregular.

PARA SEDIMENTAR

"AGRAVO REGIMENTAL. ILEGITIMIDADE. – Nos termos da jurisprudência desta Corte Superior, partido político integrante de coligação não detém legitimidade para, isoladamente, ajuizar impugnação a pedido de registro de candidatura, conforme o art. 6º, §4º, da Lei nº 9.504/97, acrescentado pela Lei nº 12.034/2009. Agravo regimental não provido. (Recurso Especial Eleitoral nº 6681, Acórdão, Relator(a) Min. Arnaldo Versiani Leite Soares, Publicação: PSESS – Publicado em Sessão, Data 06/11/2012)"

"RECURSO ELEITORAL. REGISTRO DE CANDIDATURA (DRAP). PRELIMINAR DE INOBSERVÂNCIA DO PRINCÍPIO DA DIALETICIDADE E IRREGULARIDADE PROCESSUAL REJEITADAS. ACOLHIDA A PRELIMINAR DE ILEGITIMIDADE ATIVA PARA IMPUGNAR CANDIDATURA DE OUTRA AGREMIAÇÃO POR DEFEITO EM CONVENÇÃO. QUESTÃO INTERNA CORPORIS. NÃO CABE AO ELEITOR PROPOR IMPUGNAÇÃO A REGISTRO DE CANDIDATURA. ROL DO ART. 3º, *CAPUT* DA LC 64/90. NÃO RECONHECIDA A LITIGÂNCIA DE MÁ-FÉ. PROVIMENTO NEGADO. MANTIDA A DECISÃO. [...] Tratando-se de irregularidade em convenção, a coligação não possui legitimidade ativa para impugnar registro de candidaturas de outra agremiação partidária. Considerando questão interna corporis, somente candidato ou órgão integrante da própria agremiação possui legitimidade ativa para questioná-la. O filiado, por não ser candidato e não representar o partido, também não possui legitimidade para a impugnação oferecida, haja vista o rol elencado no art. 40 da Resolução TSE nº 23.373/11 e no art. 3º caput da lei Complementar nº 64/90. Somente as pessoas ou órgãos elencados na norma em epígrafe são parte legítima para propor impugnação, não sendo possível ao eleitor, mesmo que filiado a agremiação cuja convenção pretende impugnar, propor esta ação se não pretende ser candidato. Em verdade, o filiado que não pretende disputar a eleição, ou seja, que não é candidato, não apresenta legitimidade para apresentar impugnação a pedido de registro de candidatura, sobretudo, pela ausência de previsão no dispositivo legal supra. Em razão disso, não existem reparos quanto à decisão de primeira instância, que reconheceu a ilegitimidade ativa dos ora recorrentes para impugnar o presente pedido de registro Inexistentes os elementos necessários ao reconhecimento da litigância de má-fé, dado que nos autos não consta narração de fato diverso do efetivamente ocorrido capaz de evidenciar a má-fé. Negado provimento ao recurso interposto pelos recorrentes, mantida a decisão de primeira instância. Processo RE 7392 MS. Publicação PSESS – Publicado em Sessão, Data 21/08/2012. Julgamento 21 de Agosto de 2012. Relator Luiz Cláudio Bonassini da Silva".

"ELEIÇÕES 2018. EMBARGOS DE DECLARAÇÃO. RECURSO ORDINÁRIO. REGISTRO DE CANDIDATURA. ASSISTENTE SIMPLES. RECURSO AUTÔNOMO. INADMISSIBILIDADE. ILEGITIMIDADE RECURSAL. NÃO CONHECIMENTO. 1. Em processo de registro de candidatura, admite-se a intervenção de candidato (primeiro suplente ao cargo proporcional) apenas na condição de assistente simples. Precedentes. 2. A jurisprudência do Tribunal Superior Eleitoral, reafirmada na vigência do Código de Processo Civil de 2015, é no sentido de que o assistente simples é parte ilegítima para recorrer da decisão contra a qual o assistido não se insurgiu. 3. No caso, os embargos de declaração opostos pelo assistente simples Marcantonio Dourado Filho não merecem ser conhecidos, pois a parte assistida – Ministério Público Eleitoral – não interpôs recurso em face do acórdão embargado, por meio do qual este Tribunal negou provimento ao recurso ordinário do Parquet. 4. Embargos de declaração não conhecidos.(Recurso Ordinário nº 060079292, Acórdão, Relator(a) Min. Admar Gonzaga, Publicação: DJE – Diário de justiça eletrônico, Tomo 163, Data 23/08/2019)"

"ELEIÇÕES 2018. AGRAVO REGIMENTAL EM RECURSO ESPECIAL ELEITORAL. DEMONSTRATIVO DE REGULARIDADE DE ATOS PARTIDÁRIOS (DRAP). SÚMULA Nº 11/TSE. AUSÊNCIA DE IMPUGNAÇÃO DO DRAP PELO AGRAVANTE. AGRAVO NÃO CONHECIDO. 1. A parte que não impugnou o registro de candidatura ou o DRAP do partido/coligação não possui legitimidade para recorrer da decisão que o deferiu, salvo quando se tratar de matéria constitucional, conforme o enunciado da Súmula nº 11/TSE. 2. No caso, a controvérsia versa matéria infraconstitucional e o agravante não apresentou impugnação ao DRAP da coligação, carecendo, pois, de legitimidade para interpor o presente agravo, nos termos da referida súmula. 3. Agravo não conhecido.(Recurso Especial Eleitoral nº 060093128, Acórdão, Relator(a) Min. Edson Fachin, Publicação: PSESS – Publicado em Sessão, Data 18/12/2018)"

"DIREITO ELEITORAL. AGRAVOS INTERNOS EM RECURSO ORDINÁRIO. ELEIÇÕES 2018. REGISTRO DE CANDIDATURA. DEPUTADO ESTADUAL. CONDENAÇÃO CRIMINAL. CRIME CONTRA A ECONOMIA POPULAR. SUSPENSÃO DA CONDENAÇÃO PELA JUSTIÇA COMUM. INELEGIBILIDADE AFASTADA. DESPROVIMENTO.1. Agravos internos interpostos em face de decisão monocrática que deu provimento a recurso ordinário.2. Nos processos de registro de candidatura, o partido, a coligação ou o candidato que não o impugnou não tem legitimidade para recorrer, salvo quando se tratar de matéria constitucional (Súmula nº 11/TSE). Tal súmula aplica-se inclusive ao candidato que não impugnou a candidatura do seu potencial concorrente. Precedente.3. O art. 26-C da LC nº 64/1990 – que permite que o órgão colegiado do tribunal competente suspenda, em caráter cautelar, a inelegibilidade – não afasta a possibilidade de suspensão dos efeitos do acórdão condenatório com fundamento no poder geral de cautela (Súmula nº 44/TSE). Precedentes.4. Não cabe à Justiça Eleitoral decidir sobre o acerto ou desacerto das decisões proferidas por outros órgãos do Judiciário ou dos tribunais de contas (Súmula nº 41/TSE).5. Suspensa a eficácia da decisão criminal condenatória que caracteriza a inelegibilidade do art. 1º, I, alínea, item 1 da LC nº 64/1990, o registro de candidatura deve ser deferido.6. Agravo interno de Tiago do Vale Falcão não conhecido. Agravo interno do Ministério Público desprovido. (Recurso Ordinário nº 060033790, Acórdão, Relator(a) Min. Luís Roberto Barroso, Publicação: PSESS – Publicado em Sessão, Data 04/12/2018)"

Nesse ponto, não custa rememorar que desde as Eleições de 2020, em razão da edição da Emenda Constitucional nº 97/2017, a formação de coligações nas eleições proporcionais não é mais possível.

Ainda no que se refere às coligações, um partido integrante de coligação não poderá impugnar registro de candidatura isoladamente, passando a legitimidade para a coligação, com base no art. 6º, §1º, da Lei nº 9.504, de 1997[180] e no art. 4º, §5º, da Resolução TSE n. 23.609, de 2019.

[180] Lei Complementar nº 9.504 de 30 de maio de 1997 – "Art. 6º É facultado aos partidos políticos, dentro da mesma circunscrição, celebrar coligações para eleição majoritária, proporcional, ou para ambas, podendo, neste último caso, formar-se mais de uma coligação para a eleição proporcional dentre os partidos que integram a coligação para o pleito majoritário. §1º A coligação terá denominação própria, que poderá ser a junção de todas as siglas dos partidos que a integram, sendo a ela atribuídas as prerrogativas e obrigações de partido político no que se refere ao processo eleitoral, e devendo funcionar como um só partido no relacionamento com a Justiça Eleitoral e no trato dos interesses interpartidários. §1º-A. A denominação da coligação não poderá coincidir, incluir ou fazer referência a nome ou número de candidato, nem conter pedido de voto para partido político. §2º Na propaganda para eleição majoritária, a coligação usará, obrigatoriamente, sob sua denominação, as legendas de todos os partidos que a integram; na propaganda para eleição proporcional, cada partido usará apenas sua legenda sob o nome da coligação. §3º Na formação de coligações, devem ser observadas, ainda, as seguintes normas: I – na chapa da coligação, podem inscrever-se candidatos filiados a qualquer partido político dela integrante; II – o pedido de registro dos candidatos deve ser subscrito pelos presidentes dos partidos coligados, por seus delegados, pela maioria dos membros dos respectivos órgãos executivos de direção ou por representante da coligação, na forma do inciso III; III – os partidos integrantes da coligação devem designar um representante, que terá atribuições equivalentes às de presidente de partido político, no trato dos interesses e na representação da coligação, no que se refere ao processo eleitoral; IV – a coligação será representada perante a Justiça Eleitoral pela pessoa designada na forma do inciso III ou por delegados indicados pelos partidos que a compõem, podendo nomear até: a) três delegados perante o Juízo Eleitoral; b) quatro delegados perante o Tribunal Regional Eleitoral; c) cinco delegados perante o Tribunal Superior Eleitoral. §4º O partido político coligado somente possui legitimidade para atuar de forma isolada no processo eleitoral quando questionar a validade da própria coligação, durante o período compreendido entre a data da convenção e o termo final do prazo para a impugnação do registro de candidatos. §5º A responsabilidade pelo pagamento de multas decorrentes de propaganda eleitoral é solidária entre os candidatos e os respectivos partidos, não alcançando outros partidos mesmo quando integrantes de uma mesma coligação". BRASIL. *Lei nº 9.504, de 30 de setembro de 1997*. Disponível em: http://www.planalto.gov.br/ccivil_03/leis/l9504.htm. Acesso em: 23 fev. 2022.

Art. 6º, §3º, da Lei nº 9.504, de 1997

"Art. 6º A coligação terá denominação própria, que poderá ser a junção de todas as siglas dos partidos políticos que a integram, sendo a ela atribuídas as prerrogativas e obrigações de partido político no que se refere ao processo eleitoral, devendo funcionar como um só partido político no relacionamento com a Justiça Eleitoral e no trato dos interesses interpartidários [...] §3º O partido político coligado somente possui legitimidade para atuar de forma isolada no processo eleitoral quando questionar a validade da própria coligação, durante o período compreendido entre a data da convenção e o termo final do prazo para a impugnação do registro de candidatos".

Art.4º e 5º da Resolução TSE nº 23.609, de 18 de dezembro de 2019, com a redação dada pela Resolução TSE nº 23.675, de 16 de dezembro de 2021

"Art. 4º É facultado aos partidos políticos e às federações, dentro da mesma circunscrição, celebrar coligações apenas para a eleição majoritária. (Redação dada pela Resolução nº 23.675/2021). §1º A coligação terá denominação própria, que poderá ser a junção de todas as siglas dos partidos políticos que a integram, sendo a ela atribuídas as prerrogativas e obrigações de partido político no que se refere ao processo eleitoral, devendo funcionar como um só partido político no relacionamento com a Justiça Eleitoral e no trato dos interesses interpartidários (Lei nº 9.504/1997, art. 6º, §1º). §2º A denominação da coligação não poderá coincidir, incluir ou fazer referência a nome ou a número de candidata ou candidato, nem conter pedido de voto para partido político ou federação (Lei nº 9.504/1997, art. 6º, §1º-A). (Redação dada pela Resolução nº 23.675/2021). §3º A Justiça Eleitoral decidirá sobre denominações idênticas de coligações, observadas, no que couber, as regras constantes desta Resolução relativas à homonímia de candidatos. §4º O partido político ou a federação que formar coligação majoritária somente possui legitimidade para atuar de forma isolada no processo eleitoral quando questionar a validade da própria coligação, durante o período compreendido entre a data da convenção e o termo final do prazo para a impugnação do registro de candidatura (Lei nº 9.504/1997, art. 6º, §4º). (Redação dada pela Resolução nº 23.675/2021). §5º O disposto no §4º deste artigo não exclui a legitimidade do partido político ou da federação para, isoladamente, impugnar candidaturas, propor ações e requerer medidas administrativas relativas à eleição proporcional. (Incluído pela Resolução nº 23.675/2021).

Art. 5º Na formação de coligações, devem ser observadas, ainda, as seguintes normas (Lei nº 9.504/1997, art. 6º, §3º, III e IV): I – os partidos políticos e as federações integrantes de coligação devem designar uma(um) representante, que terá atribuições equivalentes às de presidente de partido político no trato dos interesses e na representação da coligação no que se refere ao processo eleitoral;

(Redação dada pela Resolução nº 23.675/2021); II – a coligação será representada perante a Justiça Eleitoral pela pessoa designada na forma do inciso I deste artigo ou por delegadas indicadas ou por delegados indicados pelos partidos políticos e federações que a compõem, podendo nomear, no âmbito da circunscrição, até: (Redação dada pela Resolução nº 23.675/2021) a) três delegados perante o Juízo Eleitoral; b) quatro delegados perante o Tribunal Regional Eleitoral; c) cinco delegados perante o Tribunal Superior Eleitoral."

b) Passiva

São dotados de legitimidade para figurar no polo passivo da Ação de Impugnação ao Registro de Candidatura somente os pré-candidatos.

6.3.5 Prazo

A Ação de Impugnação ao Registro de Candidatura deve ser proposta no prazo (decadencial e improrrogável) de *5 (cinco) dias*, contados da publicação do edital comunicando o pedido de registro do candidato, conforme se ressalta do *caput* do art. 3º da Lei Complementar nº 64, de 1990.

PARA SEDIMENTAR

"ELEIÇÕES 2012. RECURSO ESPECIAL. REGISTRO DE CANDIDATO A VEREADOR. PROVIMENTO DO RECURSO ELEITORAL DO MINISTÉRIO PÚBLICO INTERPOSTO QUASE UM ANO APÓS O DEFERIMENTO DO REGISTRO PELO JUIZ ELEITORAL. INCIDÊNCIA DA SÚMULA Nº 11/TSE. QUEM NÃO IMPUGNOU NÃO TEM LEGITIMIDADE PARA RECORRER. A EXIGÊNCIA DE INTIMAÇÃO PESSOAL DO PARQUET REFERE-SE À DECISÃO SOBRE O REGISTRO DA CANDIDATURA, E NÃO AO PEDIDO DE REGISTRO. APLICAÇÃO DO ART. 3º DA LC Nº 64/90. RECURSO PROVIDO. 1. A orientação desta Corte firmada para as eleições de 2012 é de que incide ao Ministério Público o disposto na Súmula nº 11/TSE, no sentido de que não tem legitimidade para recorrer da decisão que deferiu a candidatura quem não apresentou impugnação ao pedido de registro. Entendimento consentâneo com o decidido pelo STF no julgamento do RE nº 728.188/RS. 2. O prazo de cinco dias, previsto no art. 3º da LC nº 64/90, para o Ministério Público impugnar o registro, inicia-se com a publicação do edital, e não com a sua intimação pessoal. Precedentes. 3. A falta de intimação pessoal do Ministério Público da sentença que deferiu o registro do candidato não tem o condão de afastar o óbice quanto ao disposto na Súmula nº 11/TSE. 4. Recurso provido para deferir o registro do candidato eleito. (Recurso

Especial Eleitoral nº 48423, Acórdão, Relator(a) Min. José Antônio Dias Toffoli, Publicação: DJE – Diário de justiça eletrônico, Tomo 113, Data 18/06/2014, Página 35)".

"ELEIÇÕES 2018. AGRAVO REGIMENTAL NO RECURSO ORDINÁRIO. REGISTRO DE CANDIDATURA. DEPUTADO ESTADUAL. INDEFERIMENTO. ASSISTÊNCIA SIMPLES. PARTE EX ADVERSA DO CANDIDATO. AUSÊNCIA DE IMPUGNAÇÃO AO REQUERIMENTO DE REGISTRO DE CANDIDATURA. POSSIBILIDADE. MÉRITO. DISPENSA IRREGULAR DE LICITAÇÃO. CONDENAÇÃO COLEGIADA POR ATO DE IMPROBIDADE ADMINISTRATIVA. SUSPENSÃO DOS DIREITOS POLÍTICOS. RESSARCIMENTO AOS COFRES PÚBLICOS. DANO AO ERÁRIO IN RE IPSA. ENRIQUECIMENTO ILÍCITO NÃO CONFIGURADO. VEDADA A PRESUNÇÃO. PRECEDENTES. NÃO INCIDÊNCIA DA CAUSA DE INELEGIBILIDADE DO ART. 1º, I, "I", DA LC nº 64/1990. MANUTENÇÃO DA DECISÃO. AGRAVO DESPROVIDO. 1. Admite-se o ingresso de assistente simples nos requerimento de registro de candidatura para auxiliar a parte ex adversa do candidato, ainda que o assistente não tenha impugnado o registro de candidatura quando da publicação do edital previsto no art. 3º da Lei Complementar nº 64/90. Decisão por maioria, vencido o relator. 2. A inelegibilidade prevista no art. 1º, I, I, da LC nº 64/1990 exige para sua configuração a presença dos seguintes requisitos: condenação à suspensão dos direitos políticos; decisão transitada em julgado ou proferida por órgão judicial colegiado; ato doloso de improbidade administrativa; o ato tenha ensejado, de forma cumulativa, lesão ao patrimônio público e enriquecimento ilícito. 3. Nos termos da jurisprudência deste Tribunal Superior, a dispensa indevida de licitação não acarreta, por si só, o enriquecimento ilícito, a atrair a causa de inelegibilidade do art. 1º, I, I, da LC nº 64/1990. 4. No caso em exame, não é possível extrair dos autos da ação de improbidade administrativa o enriquecimento ilícito de terceiro, à míngua de elementos que denotem superfaturamento ou não prestação do serviço contratado. 5. Os argumentos expostos pelo agravante não são suficientes para afastar a conclusão da decisão agravada, devendo, portanto, ser mantida. 6. Agravo regimental a que se nega provimento. (Recurso Ordinário nº 060345387, Acórdão, Relator(a) Min. Edson Fachin, Publicação: PSESS – Publicado em Sessão, Data 18/12/2018)"

"ELEIÇÕES 2016. AGRAVO REGIMENTAL. RECURSO ESPECIAL. DEMONSTRATIVO DE REGULARIDADE DE ATOS PARTIDÁRIOS. DEFERIMENTO. PREFEITO E VICE-PREFEITO. IMPOSSIBILIDADE DE O PARTIDO COLIGADO RECORRER ISOLADAMENTE. INVIABILIDADE DE A COLIGAÇÃO QUE NÃO IMPUGNOU O DRAP NA ORIGEM RECORRER DA SENTENÇA QUE O DEFERE. SÚMULA Nº 11/TSE. DESPROVIMENTO. 1. In casu, a Corte Regional não conheceu dos recursos eleitorais interpostos contra a sentença que deferiu o DRAP da coligação agravada porque, no que tange ao partido, este teria se coligado e, portanto, não poderia agir isoladamente, e, no que concerne à coligação, esta não teria apresentado impugnação na origem, na publicação do edital. 2. De fato, a jurisprudência do Tribunal Superior Eleitoral se consolidou no sentido de que, durante o processo eleitoral, não podem os partidos coligados agir isoladamente. Nessa linha, "as coligações se extinguem com o fim do processo eleitoral, delimitado pelo ato de diplomação dos eleitos, momento a partir do qual os partidos coligados voltam a ter capacidade processual para agir isoladamente" (REspe n. 1-38/RN, Rel. Min. Maria Thereza Rocha de Assis Moura, DJe de 23.3.2015). 3. E, sobre a impossibilidade de a parte que não impugnou o registro de candidatura e/ou o DRAP na origem apresentar recurso contra a sentença que o defere, salvo se a matéria envolvida for de índole constitucional – o que não é o caso dos autos, que versa sobre suposta fraude em ata de convenção –, tem-se a incidência da Súmula nº 11 do TSE, segundo a qual, "no processo de registro de candidatos, o partido que não o impugnou não tem legitimidade para recorrer da sentença que o deferiu, salvo se se cuidar de matéria constitucional". 4. É inviável o agravo regimental que se limita à mera reiteração de teses recursais. Precedentes deste Tribunal Superior. 5. Agravo regimental desprovido. (Recurso Especial Eleitoral nº 18689, Acórdão, Relator(a) Min. Luciana Lóssio, Publicação: PSESS – Publicado em Sessão, Data 18/10/2016)"

"ELEIÇÕES 2018. REQUERIMENTO DE REGISTRO DE CANDIDATURA. PRESIDENTE DA REPÚBLICA. NOTÍCIA DE INELEGIBILIDADE. IMPUGNAÇÃO. INTEMPESTIVIDADE. NÃO ACOLHIMENTO. REQUISITOS LEGAIS PREENCHIDOS. DEFERIMENTO. 1. Pedido de registro de candidatura ao cargo de presidente da República apresentado pela Coligação Brasil acima de Tudo, Deus acima de Todos, formada pelo Partido Social Liberal (PSL) e Partido Renovador Trabalhista Brasileiro (PRTB), em favor de Jair Messias Bolsonaro, para concorrer, sob o número 17, nas eleições de 2018. 2. Notícia de inelegibilidade apresentada por Rodrigo Phanardzis Ancora da Luz 2.1. Não se acolhe a suposta notícia de inelegibilidade calcada na circunstância de o candidato figurar na condição de réu em ação penal, à míngua de previsão legal. 3. Impugnação ao registro de candidatura proposta por Enio da Silva Mariano 3.1. Impugnação ao registro de candidatura não conhecida, por intempestividade. O edital foi publicado no DJe de 15.8.2018 (quarta-feira), e, em 20.8.2018 (segunda-feira), encerrou-se o prazo de 5 dias para a impugnação de registro, previsto nos arts. 35, §1º, II, e 42 da Res.-TSE nº 23.458/2017; no entanto, a petição foi protocolizada, tão somente, em 23.8.2018, fora, portanto, do referido prazo. 3.2. Mostra-se, ainda, inviável acolher, de ofício, como eventual hipótese de inelegibilidade, a suposta ofensa ao art. 37, §4º, da Lei nº 9.504/1997, consubstanciada em campanha em entidades religiosas, notadamente na Igreja Batista Atitude, tendo em vista que não se enquadra em nenhum dos casos previstos na Lei Complementar nº 64/1990 e, portanto, não é apta a obstar a candidatura. 4. Observados os requisitos estabelecidos pela Res.-TSE nº 23.548/2017, o preenchimento das condições de elegibilidade previstas na Constituição Federal e a não verificação de incidência de quaisquer das causas de inelegibilidade, a partir da documentação apresentada, deve se reconhecer, no caso, a aptidão do candidato para participar das eleições de 2018 na condição de concorrente ao cargo de presidente da República, pela Coligação Brasil Acima de Tudo, Deus Acima de Todos (PSL/PRTB), sob o número 17. 5. Registro de candidatura de Jair Messias Bolsonaro deferido e notícia de inelegibilidade e impugnação não conhecidas. (Petição nº 060095376, Acórdão, Relator(a) Min. Og Fernandes, Publicação: PSESS – Publicado em Sessão, Data 06/09/2018)"

6.3.6 Competência

A AIRC deve ser proposta aos juízes eleitorais, nos casos de candidatos a prefeito, vice-prefeito e vereador; ao Tribunal Regional Eleitoral, quando se tratar de candidatos a senador, governador, vice-governador, deputado federal, distrital e estadual; e ao Tribunal Superior Eleitoral, nos casos de candidatos a presidente e vice-presidente.

6.3.7 Rito Processual

i. Procedimento: A dinâmica processual a ser seguida em sede de AIRC é a constante nos arts. 4º ao 17 da Lei Complementar nº 64, de 1990. Destarte, recomendamos a leitura do tópico 6.2.7 deste manual.

ii. Causa de pedir: A motivação da AIRC é a existência de impedimento legal que obste um cidadão de exercer sua capacidade passiva.

iii. Pedido: A declaração de que o postulante ao cargo eletivo não possui legitimidade passiva para concorrer ao pleito, obstando seu registro e, por consequência, impedindo que participe das eleições.

6.3.8 Efeitos

Para ponderar os efeitos da AIRC, é necessário avaliar uma série de situações. Com efeito, na ocorrência de cassação antes das eleições, é preciso distinguir entre eleições proporcionais e majoritárias.

Proporcionais: Se um pré-candidato a cargo do Poder Legislativo tiver seu pedido de registro indeferido, com decisão transitada em julgado, deverá ser substituído no prazo de *10 (dez) dias*, observado o prazo de *60 (sessenta) dias* antes da eleição; caso não haja o trânsito em julgado, poderá praticar todos os atos da campanha eleitoral enquanto recorre.

Se a decisão for confirmada antes da eleição, ele poderá ser substituído, observados os prazos legais; se o indeferimento for após a eleição e o candidato não tiver sido eleito, a AIRC será extinta; se for após a eleição e o candidato for eleito, há três hipóteses: impedimento da diplomação, caso já não o tenha sido diplomado; se tiver sido, cassação do diploma, com impedimento de exercício do mandato; se já estiver exercendo o mandato, imediato afastamento.

Majoritárias: Com impugnação do registro do pré-candidato a cargo do Poder Executivo, indeferido por decisão transitada em julgado antes das eleições, poderá ocorrer a substituição, no prazo de *10 (dez) dias*. Caso ainda não tenha ocorrido o trânsito em julgado e tenha sido interposto recurso com efeito suspensivo, o pré-candidato participará das eleições normalmente, sob sua responsabilidade. No entanto, se futuramente o indeferimento for confirmado antes da eleição, ocorrerá a substituição; se depois, caso ele não seja eleito, a AIRC será extinta; se eleito, mas ainda não diplomado, ocorre o impedimento da diplomação; se diplomado, haverá o impedimento de exercício do mandado.

6.3.9 Recursos

Da decisão proferida em AIJE será cabível: (i) *Recurso Inominado*, no prazo de *3 (três) dias*, das decisões dos juízes eleitorais para o Tribunal Regional Eleitoral; (ii) *Recurso Ordinário* para o Tribunal Superior Eleitoral, no caso de ação fundamentada no art.121, §4º, incisos III e IV, da Constituição Federal c/c o art. 276, inciso II, do Código Eleitoral; (iii) *Recurso Especial* para o Tribunal Superior Eleitoral, no caso de ação fundamentada no art.121, §4º, da Constituição Federal c/c com o art.276, inciso I ,do Código Eleitoral.

6.3.10 Peculiaridades da AIRC

Necessidade de advogado: Ainda que haja divergência quanto à necessidade de advogado para propositura da AIRC, sendo que a maioria da doutrina tende pela aplicação do art. 133 da Constituição Federal,[181] o Tribunal Superior Eleitoral, em sentido oposto, sinaliza que o advogado somente é necessário em grau de recurso.

PARA SEDIMENTAR

"ELEIÇÕES 2008. AGRAVO REGIMENTAL. RECURSO ESPECIAL. REGISTRO DE CANDIDATO INDEFERIDO. REJEIÇÃO DE CONTAS. CONVÊNIO. TRIBUNAL DE CONTAS DA UNIÃO. CÂMARA MUNICIPAL. CONTAS DE PREFEITO. AUSÊNCIA DE PROVIMENTO LIMINAR. INELEGIBILIDADE. PRELIMINARES REJEITADAS. 1. A petição da ação de impugnação de registro de candidatura não precisa ser subscrita por advogado, o que se exige apenas na fase recursal. Precedentes. 2. Não existindo provimento liminar suspendendo os efeitos das decisões de rejeição de contas, proferidas pelo Tribunal de Contas da União e pela Câmara Municipal, incide a sanção de inelegibilidade prevista no art. 1º, I, g, da LC nº 64/90. 3. Matérias não prequestionadas, não são suscetíveis de exame pela Corte ad quem. 4. Não é cabível a inovação das teses recursais em sede de agravo regimental. 5. Agravo regimental a que se nega provimento. (Recurso Especial Eleitoral nº 33378, Acórdão, Relator(a) Min. Marcelo Henriques Ribeiro De Oliveira, Publicação: PSESS – Publicado em Sessão, Data 04/12/2008)"

"[...] Impugnação a registro de candidatura perante o juiz eleitoral independe de petição subscrita por advogado (Recurso Especial Eleitoral nº Acórdão de, Relator(a) Min. Gilmar Ferreira Mendes, Publicação: PSESS – Publicado em Sessão, Data 11/10/2004)".

"[...] Registro de candidato. Impugnação. Vícios procedimentais. Inexistência. [...].

181 Constituição Federal de 1988 – "Art. 133. O advogado é indispensável à administração da justiça, sendo inviolável por seus atos e manifestações no exercício da profissão, nos limites da lei". BRASIL, *Constituição da República Federativa do Brasil de 1988*. Disponível em: http://www.planalto.gov.br/ccivil_03/constituicao/constituicao.htm. Acesso em: 23 fev. 2022.

2. Tratando-se de impugnação ao registro de candidatura perante juiz eleitoral, pode o interessado atuar sem a intermediação de um defensor legalmente habilitado. A subscrição de advogado para esse caso somente é exigível na fase recursal. Precedentes. [...] (Recurso Especial Eleitoral nº16694, Acórdão de, Relator(a) Min. Maurício José Corrêa, Publicação: PSESS – Publicado em Sessão, Data 19/09/2000)".

Candidato sub judice: Considera-se sub judice o candidato que não obteve no prazo legal o registro de candidatura e aguarda julgamento de recurso em instância superior quanto à elegibilidade ou à inelegibilidade.

Art.16 da Lei nº 9.504, de 1997

"Art. 16. Até vinte dias antes da data das eleições, os Tribunais Regionais Eleitorais enviarão ao Tribunal Superior Eleitoral, para fins de centralização e divulgação de dados, a relação dos candidatos às eleições majoritárias e proporcionais, da qual constará obrigatoriamente a referência ao sexo e ao cargo a que concorrem. §1º. Até a data prevista no caput, todos os pedidos de registro de candidatos, inclusive os impugnados e os respectivos recursos, devem estar julgados pelas instâncias ordinárias, e publicadas as decisões a eles relativas".

Caso o recurso de determinado candidato não tenha sido apreciado por instância superior, o que vai de encontro ao art.16, §1º, acima citado, poderá o candidato concorrer ao pleito.

Art. 16-A e Art. 16-B da Lei nº 9.504, de 1997

"Art. 16-A (candidato sub judice) – O candidato cujo registro esteja sub judice poderá efetuar todos os atos relativos à campanha eleitoral, inclusive utilizar o horário eleitoral gratuito no rádio e na televisão e ter seu nome mantido na urna eletrônica enquanto estiver sob essa condição, ficando a validade dos votos a ele atribuídos condicionada ao deferimento de seu registro por instância superior. Parágrafo único. O cômputo, para o respectivo partido ou coligação, dos votos atribuídos ao candidato cujo registro esteja sub judice no dia da eleição fica condicionado ao deferimento do registro do candidato".

"Art. 16-B. O disposto no art. 16-A quanto ao direito de participar da campanha eleitoral, inclusive utilizar o horário eleitoral gratuito, aplica-se igualmente ao candidato cujo pedido de registro tenha sido protocolado no prazo legal e ainda não tenha sido apreciado pela Justiça Eleitoral".

Destarte, conforme afiançam os arts. 16-A e 16-B da Lei nº 9.504, de 1997, o candidato *sub judice* poderá disputar pleito em igualdade de condições com os candidatos que possuem o registro deferido.

PARA SEDIMENTAR

"Direito Eleitoral. Requerimento de Registro de Candidatura (RRC). Eleições 2018. Candidato ao cargo de Presidente da República. Impugnações e notícias de inelegibilidade. Incidência de causa expressa de inelegibilidade.1. Requerimento de registro de candidatura ao cargo de Presidente da República nas Eleições 2018 apresentado por Luiz Inácio Lula da Silva pela Coligação "O Povo Feliz de Novo" (PT/PC do B/PROS).2. A LC nº 64/1990, com redação dada pela LC nº 135/2010 ("Lei da Ficha Limpa"), estabelece que são inelegíveis, para qualquer cargo, "os que forem condenados, em decisão transitada em julgado ou proferida por órgão judicial colegiado, desde a condenação até o transcurso do prazo de 8 (oito) anos após o cumprimento da pena, pelos crimes: 1. contra a economia popular, a fé pública, a administração pública e o patrimônio público; (...) 6. de lavagem ou ocultação de bens, direitos e valores (...)". (art. 1º, I, alínea " e", itens 1 e 6).3. O candidato requerente foi condenado criminalmente por órgão colegiado do Tribunal Regional Federal da 4ª Região, pelos crimes de corrupção passiva (art. 317 do Código Penal) e lavagem de dinheiro (art. 1º, caput e V, da Lei nº 9.613/1998). Incide, portanto, a causa de inelegibilidade prevista no art. 1º, I, alínea " e", itens 1 e 6, da LC nº 64/1990, com redação dada pela Lei da Ficha Limpa. 4. A Justiça Eleitoral não tem competência para analisar se a decisão criminal condenatória está correta ou equivocada. Incidência da Súmula nº 41/TSE, que dispõe que "não cabe à Justiça Eleitoral decidir sobre o acerto ou desacerto das decisões proferidas por outros órgãos do Judiciário ou dos tribunais de contas que configurem causa de inelegibilidade".5. Uma vez que a existência de decisão condenatória proferida por órgão colegiado já está devidamente provada nos autos e é incontroversa, é caso de julgamento antecipado de mérito, nos termos do art. 355, I, do CPC, aplicado subsidiariamente ao processo eleitoral. Precedentes.6. Além disso, as provas requeridas por alguns dos impugnantes são desnecessárias, razão pela qual devem ser indeferidas. Não havendo provas a serem produzidas, a jurisprudência do TSE afirma que não constitui cerceamento de defesa a não abertura de oportunidade para apresentação de alegações finais, ainda quando o impugnado tenha juntado documentos novos. Precedentes: AgR-REspe 286-23, Rel. Min. Henrique Neves, j. em 28.11.2016; e REspe 166-94, Rel. Min. Maurício Corrêa, j. em 19.9.2000. 7. A medida cautelar (interim measure) concedida em 17 de agosto pelo Comitê de Direitos Humanos da Organização das Nações Unidas (ONU) no âmbito de comunicação individual, para que o Estado brasileiro assegure a Luiz Inácio Lula da Silva o direito de concorrer nas eleições de 2018 até o trânsito em julgado da decisão criminal condenatória, não constitui fato superveniente apto a afastar a incidência da inelegibilidade, nos termos do art. 11, §10, da Lei nº 9.504/1997.

Em atenção aos compromissos assumidos pelo Brasil na ordem internacional, a manifestação do Comitê merece ser levada em conta, com o devido respeito e consideração. Não tem ela, todavia, caráter vinculante e, no presente caso, não pode prevalecer, por diversos fundamentos formais e materiais.7.1. Do ponto de vista formal, (i) o Comitê de Direitos Humanos é órgão administrativo, sem competência jurisdicional, de modo que suas recomendações não têm caráter vinculante; (ii) o Primeiro Protocolo Facultativo ao Pacto Internacional, que legitimaria a atuação do Comitê, não está em vigor na ordem interna brasileira; (iii) não foram esgotados os recursos internos disponíveis, o que é requisito de admissibilidade da própria comunicação individual; (iv) a medida cautelar foi concedida sem a prévia oitiva do Estado brasileiro, por apenas dois dos 18 membros do Comitê, em decisão desprovida de fundamentação. No mesmo sentido há precedente do Supremo Tribunal da Espanha que, em caso semelhante, não observou medida cautelar do mesmo Comitê, por entender que tais medidas não possuem efeito vinculante, apesar de servirem como referência interpretativa para o Poder Judiciário. O Tribunal espanhol afirmou, ainda, que, no caso de medidas cautelares, até mesmo a função de orientação interpretativa é limitada, sobretudo quando as medidas são adotadas sem o contraditório.7.2. Do ponto de vista material, tampouco há razão para acatar a recomendação. O Comitê concedeu a medida cautelar por entender que havia risco iminente de dano irreparável ao direito previsto no art. 25 do Pacto Internacional sobre Direitos Civis e Políticos, que proíbe restrições infundadas ao direito de se eleger. Porém, a inelegibilidade, neste caso, decorre da Lei da Ficha Limpa, que, por haver sido declarada constitucional pelo Supremo Tribunal Federal e ter se incorporado à cultura brasileira, não pode ser considerada uma limitação infundada ao direito à elegibilidade do requerente.8. Verificada a incidência de causa de inelegibilidade, deve-se reconhecer a inaptidão do candidato para participar das eleições de 2018 visando ao cargo de Presidente da República. Para afastar a inelegibilidade prevista no art. 1º, I, alínea "e", da LC nº 64/1990, seria necessário, nos termos do art. 26-C da LC nº 64/1990, que o órgão colegiado do tribunal ao qual couber a apreciação do recurso contra a decisão do TRF da 4ª Região suspendesse, em caráter cautelar, a inelegibilidade, o que não ocorreu no caso.9. Devem ser igualmente rejeitadas as teses da defesa segundo as quais: (i) a causa de inelegibilidade apenas incidiria após decisão colegiada do Superior Tribunal de Justiça; (ii) a Justiça Eleitoral deveria evoluir no sentido de aumentar a profundidade de sua cognição na análise da incidência da inelegibilidade da alínea "e"; e (iii) o processo de registro deve ser sobrestado até a apreciação dos pedidos sumários de suspensão de inelegibilidade pelo STJ e pelo STF.10. Desde o julgamento do ED-REspe nº 139-25, o Tribunal Superior Eleitoral conferiu alcance mais limitado à expressão "registro sub judice" para fins de aplicação do art. 16-A da Lei nº 9.504/1997, fixando o entendimento de que a decisão colegiada do TSE que indefere o registro de candidatura já afasta o candidato da campanha eleitoral.11. Impugnações julgadas procedentes. Reconhecimento da incidência da causa de inelegibilidade noticiada. Registro de candidatura indeferido. Pedido de tutela de evidência julgado prejudicado.12. Tendo esta instância superior indeferido o registro do candidato, afasta-se a incidência do art. 16-A da Lei nº 9.504/1997.

Por consequência, (i) faculta-se à coligação substituir o candidato, no prazo de 10 (dez) dias; (ii) fica vedada a prática de atos de campanha presidencial pelo candidato cujo registro vem de ser indeferido; e (iii) determina-se a retirada do nome do candidato da programação da urna eletrônica.

(Registro de Candidatura nº 060090350, Acórdão, Relator(a) Min. Luís Roberto Barroso, Publicação: PSESS – Publicado em Sessão, Data 01/09/2018)".

"[...] A decisão da Justiça Eleitoral que indefere o registro de candidatura não afasta o candidato da campanha eleitoral enquanto não ocorrer o trânsito em julgado ou a manifestação da instância superior, nos termos do art. 16-A da Lei 9.504/97 (ED-REspe nº 139-25/RS, de 28.11.2016, Rel. Min. Henrique Neves da Silva)".

"[...] A pendência de análise de recurso especial interposto pelo candidato que teve seu registro indeferido pelas instâncias ordinárias não impede que, se for o caso, ele dispute, se for o caso, ele dispute o segundo turno, com a prática de todos os atos de campanha, nos termos do art. 16-A. 2. A proclamação do resultado provisório, para fins da apuração da necessidade de realização do segundo turno, deve considerar os votos válidos dados aos candidatos, excluídos apenas os brancos e os nulos por manifestação apolítica do eleitor. 3. Nos municípios com mais de duzentos mil eleitores, os votos dados a candidatos que concorreram no primeiro turno de votação com registro indeferido que esteja submetido a recurso devem ser computados para o efeito da verificação da necessidade de realização do segundo turno de votação até decisão final do Tribunal Superior Eleitoral (MS nº 0602028-24/RJ, de 11.10.2016, Rel. Min. Henrique Neves da Silva)".

"ELEIÇÕES 2016. RECURSO ESPECIAL ELEITORAL. REGISTRO DE CANDIDATURA. PREFEITA ELEITA. DEFERIMENTO PELO TRE. CONDENAÇÃO EM AÇÃO DE IMPUGNAÇÃO DE MANDATO ELETIVO. ABUSO DO PODER ECONÔMICO. INELEGIBILIDADE. ART. 1º, I, D, DA LEI COMPLEMENTAR 64/90. INCIDÊNCIA. EXAURIMENTO DO PRAZO. DATA POSTERIOR AO PLEITO. FATO SUPERVENIENTE. NÃO CONFIGURAÇÃO. PROVIMENTO DO APELO NOBRE.1. A impropriamente denominada questão de ordem, que reproduz tema de fundo suscitado em contrarrazões alegação de restrição ao jus honorum com base em critério aleatório, em violação ao art. 5º, XXXVI, e 14, §9º, da Constituição da República, arguida por meio de petição apresentada na undécima hora, não deve ser conhecida, por não ventilar matéria de índole processual que constitua óbice ao exame do recurso por esta Corte. 2. A causa de inelegibilidade prevista na alínea d do inciso I do art. 1º da Lei Complementar nº 64/90 incide sobre os condenados por abuso do poder econômico tanto em ação de investigação judicial eleitoral quanto em ação de impugnação de mandato eletivo. Precedentes. 3. No REspe 283-41, redator para o acórdão o eminente Ministro Luiz Fux, PSESS de 19.12.2016, o Tribunal Superior Eleitoral, por maioria, firmou o entendimento de que não é possível considerar fato superveniente apto a afastar a inelegibilidade o mero transcurso do prazo ocorrido após as eleições. 4. Inteligência, aliás, da Súmula nº 70/TSE, no sentido de que o encerramento do prazo de inelegibilidade antes do dia do pleito é que constitui fato superveniente passível de ser considerado no exame do registro de candidatura. 5. Na espécie, o exaurimento do prazo de inelegibilidade ocorreu em 5.10.2016, após as eleições realizadas no referido ano, de forma que não é possível afastar a incidência do óbice à candidatura. 6. Ao contrário do que suscitado em contrarrazões, não há aleatoriedade no critério adotado por esta Corte Superior, pois o prazo de inelegibilidade de que trata o art. 1º, I, d, da Lei Complementar 64/90 tem início no dia da eleição em que este se verificou e finda no dia de igual número no oitavo ano seguinte (verbete sumular 19/TSE). 7. O indeferimento do registro do candidato mais votado para o cargo de prefeito acarreta, com a publicação do acórdão, a realização de novas eleições. Inconstitucionalidade da locução "após o trânsito em julgado" constante do §3º do art. 224 do Código Eleitoral (ADI 5.525, rel. Min. Roberto Barroso, DJe de 19.3.2018). 8. Recurso especial a que se dá provimento para indeferir o registro de candidatura de Ioná Queiroz Nascimento. Embargos de declaração julgados prejudicados. Questão de ordem não conhecida. Determinação de execução do acórdão mediante a sua publicação no DJe. (Recurso Especial Eleitoral nº 24213, Acórdão, Relator(a) Min. Admar Gonzaga, Publicação: DJE – Diário de justiça eletrônico, Tomo 120, Data 26/06/2019, Página 19/20)"

"ELEIÇÃO SUPLEMENTAR. 2016. RECURSO ESPECIAL. RECURSO ESPECIAL ADESIVO. AGRAVOS REGIMENTAIS. REGISTRO DE CANDIDATURA. PREFEITO ELEITO. NULIDADE DO PLEITO POR CONDIÇÃO PESSOAL DO CANDIDATO. PARTICIPAÇÃO NO PLEITO SUPLEMENTAR. IMPOSSIBILIDADE. PRECEDENTES JURISPRUDENCIAIS. PRINCÍPIOS DA CONFIANÇA E DA SEGURANÇA JURÍDICA. PROVIMENTO. AGRAVOS REGIMENTAIS PREJUDICADOS.O caso concreto1. In casu, o Tribunal Regional Eleitoral de Goiás (TRE/GO) manteve o indeferimento do registro de candidatura para o cargo de prefeito nas eleições suplementares do Município de Petrolina de Goiás/GO ao fundamento de que o candidato causador da nulidade da eleição majoritária não poderia participar da renovação do pleito.2. A convocação de eleições suplementares para a chefia do Poder Executivo do Município de Petrolina de Goiás/GO ocorreu em razão de decisão proferida no REspe nº 111-66/GO por este Tribunal Superior, que indeferiu o registro de candidatura do prefeito eleito nas eleições de 2016 por estar ausente a condição de elegibilidade insculpida no art. 14, §3º, V, da Constituição Federal e no art. 9º da Lei nº 9.504/97, qual seja, a filiação deferida pelo partido no mínimo seis meses antes da data do pleito. Faculdades e consequências jurídicas relativas à permanência do candidato sub judice na disputa eleitoral3. Segundo o disposto no art. 16-A da Lei nº 9.504/97, faculta-se ao candidato cujo registro esteja sub judice a prática de todos os atos de campanha, inclusive no que tange à utilização do horário eleitoral gratuito e à manutenção do seu nome na urna eletrônica enquanto estiver sob essa condição, porém a validade dos votos condiciona-se ao deferimento do registro de candidatura.4. Caso seja exercida a aludida faculdade legal, em vez de se promover a substituição da candidatura, nos termos do art. 13 da Lei das Eleições, partidos e candidatos atuam por sua conta e risco e, por conseguinte, devem suportar as consequências oriundas da invalidação dos votos, inclusive a determinação de novo escrutínio, do qual não poderá participar aquele anteriormente excluído por questões de lógica, razoabilidade e racionalidade. Solução aplicada ao caso concreto com base nos postulados da proteção à confiança e da segurança jurídica 5. O princípio da segurança jurídica exige que soluções lineares sejam adotadas para demandas advindas de um mesmo pleito. Na espécie, há precedentes das Eleições 2016, nos quais foi sinalizada a possibilidade, ainda que em tese, de participação do candidato no pleito suplementar, o que gerou razoável expectativa, tanto no ora recorrente quanto no eleitorado que confiou na validade dos votos a ele direcionados.6. Ademais, o recorrente obteve tutela liminar que possibilitou a sua diplomação por se reconhecerem a complexidade e a oscilação jurisprudencial acerca do tema de fundo.7. Em homenagem ao princípio do aproveitamento do voto – in dubio pro sufragio –, bem como aos postulados da confiança e da segurança jurídica, deve ser deferido o registro de candidatura, a fim de preservar a soberania popular, além de evitar maior instabilidade política e social ocasionada por um terceiro escrutínio no Município de Petrolina de Goiás/GO.Conclusão8. Recurso especial provido para deferir o registro de candidatura do ora recorrente para a eleição majoritária suplementar ocorrida no Município de Petrolina de Goiás/GO. Recurso adesivo não conhecido. Prejudicados os agravos regimentais. Fixação de tese para pleitos futuros9. Impossibilidade de participação do candidato que deu causa à nulidade da eleição ordinária nas eleições suplementares realizadas com fundamento no art. 224, §3º, do Código Eleitoral, nas hipóteses de decisões que importem o indeferimento do registro, a cassação do diploma ou a perda do mandato de candidato eleito em pleito majoritário. (Recurso Especial Eleitoral nº 4297, Acórdão, Relator(a) Min. Napoleão Nunes Maia Filho, Publicação: DJE – Diário de justiça eletrônico, Data 05/04/2019)"

Ato contínuo à votação, a situação do candidato *sub judice* poderá ter dois destinos:

Registro deferido: se o registro for deferido, o candidato recebe todos os votos auferidos nas urnas.

Registro indeferido: caso o registro seja indeferido, o candidato, que concorreu por sua conta própria e risco, não receberá os votos, sendo esses nulos.

No caso de *eleições proporcionais*, havendo a manutenção do indeferimento do registro, os votos recebidos serão nulos para todos os efeitos, pois a validade dos votos está condicionada ao registro, consoante a dicção do art. 175, §3º, do Código Eleitoral c/c o art. 16-A, Parágrafo único, da Lei das Eleições.

Nessa hipótese, quando a decisão de inelegibilidade ou de cancelamento de registro for proferida após a realização da eleição a que concorreu o candidato alcançado pela sentença, os votos serão contados para o partido pelo qual tiver sido feito o seu registro, por força do art. 175, §4º, do Código Eleitoral.

Art. 175, §3º, do Código Eleitoral

"Art.175 [...]. §3º Serão nulos, para todos os efeitos, os votos dados a candidatos inelegíveis ou não registrados".

Art. 16-A, Parágrafo único, da Lei nº 9.504, de 1997

"Art.16-A [...]. Parágrafo único. O cômputo, para o respectivo partido ou coligação, dos votos atribuídos ao candidato cujo registro esteja sub judice no dia da eleição fica condicionado ao deferimento do registro do candidato".

PARA SEDIMENTAR

"ELEIÇÕES 2016. AGRAVO REGIMENTAL. EMBARGOS DE DECLARAÇÃO. RECURSO ESPECIAL. REGISTRO DE CANDIDATURA. PREFEITO ELEITO. REJEIÇÃO DE CONTAS. INELEGIBILIDADE. ART. 1º, I, G, DA LC 64/90. INELEGIBILDIADE NÃO AFASTADA. INTERPRETAÇÃO DO ART. 224, §3º, DO CÓDIGO ELEITORAL. REALIZAÇÃO DE NOVO PLEITO. Agravo regimental do candidato 1. A abertura de crédito suplementar sem autorização legislativa constitui vício insanável decorrente de ato doloso de improbidade administrativa, apto a ensejar o reconhecimento da inelegibilidade do art. 1º, I, g, da Lei Complementar 64/90. 2. "Cabe à Justiça Eleitoral, rejeitadas as contas, proceder ao enquadramento das irregularidades como insanáveis ou não e verificar se constituem ou não ato doloso de improbidade administrativa" (RO 725-69, rel. Min. Maria Thereza de Assis Moura, DJE de 27.3.2015). Agravos regimentais da coligação, do partido e do Ministério Público Eleitoral. 1. Conforme decidido por esta Corte nos ED-139-25, rel. Min. Henrique Neves da Silva, as hipóteses do caput e do §3º do art. 224 do Código Eleitoral não se confundem nem se anulam. O caput se aplica quando a soma dos votos nulos dados a candidatos que não obteriam o primeiro lugar ultrapassa 50% dos votos dados a todos os candidatos (registrados ou não); já a regra do §3º se aplica quando o candidato mais votado, independentemente do percentual de votos obtidos, tem o seu registro negado ou o seu diploma ou mandato cassado. *2.* De acordo com a interpretação do art. 224, §3º, do Código Eleitoral, é incabível a aplicação da orientação jurisprudencial que permitia, quando não fosse o caso de anulação do pleito, a assunção do segundo candidato mais votado. Irrelevância, para a aplicação do referido dispositivo, de se tratar de município com menos de 200.000 habitantes. 3. Para os fins da aplicação do art. 224 do Código Eleitoral, os votos dados a candidatos cujos registros estavam sub judice, tendo sido confirmados como nulos, não se somam, para fins de novas eleições (art. 224 do Código Eleitoral), aos votos nulos decorrentes de manifestação apolítica do eleitor. Impossibilidade de desconsiderar os votos dados ao candidato mais votado, ainda que o seu registro de candidatura seja indeferido por decisão do Tribunal Superior Eleitoral ou transitada em julgado. Agravos regimentais aos quais se nega provimento. (Recurso Especial Eleitoral nº 39069, Acórdão, Relator(a) Min. Henrique Neves Da Silva, Publicação: PSESS – Publicado em Sessão, Data 19/12/2016)".

"ELEIÇÕES 2012. AGRAVO REGIMENTAL. RECURSO ESPECIAL. RECURSO CONTRA EXPEDIÇÃO DE DIPLOMA. ELEIÇÕES PROPORCIONAIS. CANDIDATA CASSADA. CÔMPUTO DE VOTOS PARA A LEGENDA. ART. 175, §4º, DO CÓDIGO ELEITORAL. NÃO PROVIMENTO. 1. Os votos obtidos por candidato, cujo registro encontrava-se deferido na data do pleito eleitoral, não são anulados, mas contados a favor da legenda pela qual o parlamentar posteriormente cassado se candidatou, por força do disposto no art. 175, §4º, do Código Eleitoral. (Precedentes: MS nº 1394-53/MS e MS nº 4787-96/CE). 2. A norma constante do art. 16-A, parágrafo único, da Lei nº 9.504/97, introduzido pela Lei nº 12.034/09, não afastou a aplicação do art. 175, §4º, do Código Eleitoral, e sim inseriu na legislação eleitoral um entendimento que já havia sido adotado pela jurisprudência da Corte em julgados anteriores à vigência do referido dispositivo. 3. Agravo regimental desprovido. (Recurso Especial Eleitoral nº 74918, Acórdão, Relator(a) Min. José Antônio Dias Toffoli, Publicação: DJE – Diário de justiça eletrônico, Tomo 97, Data 27/05/2014, Página 70/71)".

"ELEIÇÕES 2016. AGRAVO REGIMENTAL NO AGRAVO DE INSTRUMENTO. RECURSO CONTRA EXPEDIÇÃO DE DIPLOMA. NEGATIVA DE SEGUIMENTO. DISSÍDIO JURISPRUDENCIAL. ACÓRDÃO RECORRIDO EM HARMONIA COM A JURISPRUDÊNCIA DESTA CORTE. APLICAÇÃO DA SÚMULA Nº 30 DO TSE. AGRAVO DESPROVIDO.1. Os votos obtidos por candidato, cujo registro encontrava-se deferido na data da eleição, são atribuídos à legenda pela qual concorreu o parlamentar posteriormente cassado, nos termos do art. 175, §4º, do Código Eleitoral. 2. Harmônico o acórdão recorrido com a jurisprudência deste Tribunal se revela inadmissível o recurso especial eleitoral versado com fundamento em dissídio jurisprudencial.3. Agravo a que se nega provimento.(Agravo de Instrumento nº 6213, Acórdão, Relator(a) Min. Edson Fachin, Publicação: DJE – Diário de justiça eletrônico, Data 09/11/2018)

DIREITO ELEITORAL. RECURSO ORDINÁRIO. ELEIÇÕES 2014. REPRESENTAÇÃO. CAPTAÇÃO ILÍCITA DE SUFRÁGIO. COMPROVAÇÃO. DESPROVIMENTO. RECURSO ESPECIAL ELEITORAL COM AGRAVO. INTEMPESTIVIDADE. NÃO CONHECIMENTO. [...] 12. No caso, o candidato teve seu diploma cassado em julgamento após as eleições. Incide, portanto, o art. 175, §4º, do Código Eleitoral, que dispõe que, se a decisão condenatória que implicou a cassação do diploma for proferida após a realização da eleição, os votos serão computados para o partido ou coligação que lançou a candidatura. Precedentes. [...]. 14. Os votos dados ao candidato cassado devem ser computados para o partido ou coligação pelo qual concorreu. (Recurso Ordinário nº 165826, Acórdão, Relator(a) Min. Luís Roberto Barroso, Publicação: DJE – Diário de justiça eletrônico, Data 25/10/2018)"

"ELEIÇÕES 2018. EMBARGOS DE DECLARAÇÃO. RECURSO ORDINÁRIO. ART. 16-A DA LEI Nº 9.504/97. TESE. ELEIÇÕES GERAIS. FIXAÇÃO. LIMITES CONSENSUAIS DO COLEGIADO. PONTOS QUE GUARDARAM UNIFORMIDADE DE PENSAMENTO. ÓTICA DO PLENÁRIO. PREVALÊNCIA. NECESSIDADE DE FIXAÇÃO DA TESE. UNIFORMIZAÇÃO DA JURISPRUDÊNCIA PÁTRIA. ESTABILIDADE E SEGURANÇA JURÍDICAS. RELEVÂNCIA DO DEBATE SOBRE A TEMÁTICA: CESSAÇÃO DA CONDIÇÃO *SUB JUDICE* DO REGISTRO DE CANDIDATURA PARA FINS DE INCIDÊNCIA DO ART. 16-A DA LEI DAS ELEIÇÕES. MARCOS TEMPORAIS ESTABELECIDOS PARA O PLEITO GERAL À LUZ DA INTERPRETAÇÃO SISTEMÁTICA DO DIREITO. VOTOS PROFERIDOS. POSICIONAMENTOS INDIVIDUAIS CONSIGNADOS E RESSALVADOS, INCLUSIVE PARA EVENTUAL REVISITAÇÃO EM MOMENTO OPORTUNO QUE NÃO MAIS O DO PLEITO CORRENTE. ESGOTAMENTO DA MATÉRIA. ACLARATÓRIOS. REDISCUSSÃO DA TESE COM BASE EM ENTENDIMENTO DEFENDIDO PELO *PARQUET*. IMPOSSIBILIDADE. EXAME VERTICALIZADO E APRIMORADO DA QUESTÃO. ALCANCE DOS PRONUNCIAMENTOS MONOCRÁTICOS E COLEGIADOS. DELIMITAÇÃO SUFICIENTEMENTE ESTABELECIDA. ACÓRDÃO EMBARGADO. SUPOSTOS VÍCIOS. OMISSÃO. OBSCURIDADE. AUSÊNCIA. REJEIÇÃO DOS ACLARATÓRIOS. 1. No exame do espectro de incidência do art. 16-A da Lei nº 9.504/97, o Tribunal Superior Eleitoral fixou, como tese aplicável às eleições gerais, que a condição de candidato *sub judice* cessará (i) com o trânsito em julgado da decisão de indeferimento do registro de candidatura ou (ii) com a decisão de indeferimento do registro de candidatura proferida por esta Corte Superior. Em tese complementar, fixou, como regra geral, que a decisão de indeferimento do registro de candidatura apta a afastar a incidência do aludido dispositivo é aquela tomada pelo Plenário. [...] (Recurso Ordinário nº 060091968, Acórdão, Relator(a) Min. Tarcisio Vieira De Carvalho Neto, Publicação: PSESS – Publicado em Sessão, Data 16/10/2018)"

Quanto às *eleições majoritárias*, consoante disposto no art. 224, §3º, do Código Eleitoral, caso o candidato vencedor não obtenha o registro, novas eleições deverão ser realizadas.

Art. 224, §3º, do Código Eleitoral

"Art. 224 [...]. §3º A decisão da Justiça Eleitoral que importe o indeferimento do registro, a cassação do diploma ou a perda do mandato de candidato eleito em pleito majoritário acarreta, após o trânsito em julgado, a realização de novas eleições, independentemente do número de votos anulados".

Com efeito, os §§3º e 4º do art. 224 do Código Eleitoral, incluídos pela reforma eleitoral de 2015 (Lei nº 13.165/2015), alteraram todo o procedimento de realização de novas eleições em caso de cassação de diploma ou de perda do mandato de candidato eleito no pleito majoritário.

Nesse diapasão, anota-se que o Supremo Tribunal Federal declarou a inconstitucionalidade da expressão "após o trânsito em julgado" (ADI n. 5.525), seguindo precedente do Tribunal Superior Eleitoral (RESP n. 13.925).

ADI nº 5.525 e RESP nº 13.925

ADI nº 5.525

Direito constitucional e eleitoral. Ação direta de inconstitucionalidade. Previsão, por lei federal, de hipóteses de vacância de cargos majoritários por causas eleitorais, com realização de novas eleições. Inconstitucionalidade parcial. 1. O legislador ordinário federal pode prever hipóteses de vacância de cargos eletivos fora das situações expressamente contempladas na Constituição, com vistas a assegurar a higidez do processo eleitoral e a preservar o princípio majoritário. 2. Não pode, todavia, disciplinar o modo de eleição para o cargo vago diferentemente do que estabelece a Constituição Federal. Inconstitucionalidade do §4º do art. 224 do Código Eleitoral, na redação dada pela Lei nº 13.165/2015, na parte em que incide sobre a eleição para Presidente, Vice-Presidente e Senador da República, em caso de vacância, por estar em contraste com os arts. 81, §1º e 56, §2º do texto constitucional, respectivamente. 3. É constitucional, por outro lado, o tratamento dado pela lei impugnada à hipótese de dupla vacância dos cargos de Governador e Prefeito. É que, para esses casos, a Constituição não prevê solução única. Assim, tratando-se de causas eleitorais de extinção do mandato, a competência para legislar a respeito pertence à União, por força do disposto no art. 22, I, da Constituição Federal, e não aos entes da Federação, aos quais compete dispor sobre a solução de vacância por causas não eleitorais de extinção de mandato, na linha da jurisprudência do STF. 4. No tocante à exigência de trânsito em julgado da decisão que implica na vacância do cargo, prevista no art. 224, §3º do Código Eleitoral, seus efeitos práticos conflitam com o princípio democrático e a soberania popular. Isto porque, pelas regras eleitorais que institui, pode ocorrer de a chefia do Poder Executivo ser exercida, por longo prazo, por alguém que sequer tenha concorrido ao cargo. Dessa forma, a decisão de última ou única instância da Justiça Eleitoral que importe o indeferimento do registro, a cassação do diploma ou a perda do mandato de candidato eleito em pleito majoritário, em regra, será executada imediatamente, independentemente do julgamento dos embargos de declaração. 5. Não se afigura inconstitucional a inclusão da hipótese de "indeferimento do registro" como causa de realização de nova eleição, feita no art. 224, §3º, do

Código Eleitoral. A escolha das causas eleitorais de extinção do mandato e a adoção de medidas para assegurar a legitimidade da investidura de candidato em cargo eletivo são matérias de ponderação legislativa, só sendo passíveis de controle judicial quando se mostrarem desproporcionais ou desvestidas de finalidade legítima. 6. Ação direta de inconstitucionalidade cujo pedido se julga parcialmente procedente, para declarar a inconstitucionalidade da locução "após o trânsito em julgado" prevista no §3º do art. 224 do Código Eleitoral, e para conferir interpretação conforme à Constituição ao §4º do mesmo artigo, de modo a afastar do seu âmbito de incidência as situações de vacância nos cargos de Presidente e Vice-Presidente da República, bem como no de Senador da República. Fixação da seguinte tese: "O legislador federal pode estabelecer causas eleitorais de vacância de cargos eletivos visando a higidez do processo eleitoral e a legitimidade da investidura no cargo. Não pode, todavia, prever solução diversa da que foi instituída expressamente pela Constituição para a realização de eleições nessas hipóteses. Por assim ser, é inconstitucional a aplicação do art. 224, §4º aos casos de vacância dos cargos de Presidente, Vice-Presidente e Senador da República". (ADI 5525, Relator(a): Min. ROBERTO BARROSO, Tribunal Pleno, julgado em 08/03/2018, PROCESSO ELETRÔNICO DJe-261 DIVULG 28-11-2019 PUBLIC 29-11-2019)

RESP nº 13.925

ELEIÇÕES 2016. REGISTRO. CANDIDATO A PREFEITO. INDEFERIMENTO. EMBARGOS. OMISSÕES. ART. 224 DO CÓDIGO ELEITORAL. 1. As questões de ordem pública também estão sujeitas ao requisito do prequestionamento. Precedentes. No caso, os temas apresentados pelo embargante não devem ser analisados simplesmente a partir da natureza de ordem pública que lhes é inerente, mas principalmente sob o ângulo da necessidade e da conveniência de este Tribunal explicitar os efeitos gerados por sua decisão, que, por não terem sido contemplados no acórdão embargado, viabilizam o conhecimento dos embargos de declaração. 2. A determinação da realização de nova eleição na hipótese em que o candidato eleito tem o registro de sua candidatura indeferido não é inconstitucional, pois privilegia a soberania popular e a democracia representativa. 3. A decisão da Justiça Eleitoral que indefere o registro de candidatura não afasta o candidato da campanha eleitoral enquanto não ocorrer o trânsito em julgado ou a manifestação da instância superior, nos termos do art. 16-A da Lei 9.504/97. 4. As decisões da Justiça Eleitoral que cassam o registro, o diploma ou o mandato do candidato eleito em razão da prática de ilícito eleitoral devem ser cumpridas tão logo haja o esgotamento das instâncias ordinárias, ressalvada a obtenção de provimento cautelar perante a instância extraordinária. 5. Na linha da jurisprudência desta Corte, consolidada nas instruções eleitorais, a realização de nova eleição em razão da não obtenção ou do indeferimento do registro de candidatura deve se dar após a manifestação do Tribunal Superior Eleitoral. Interpretação sistemática dos arts. 16-A da Lei 9.504/97; 15 da Lei Complementar 64/90; 216 e 257 do Código Eleitoral. 6. É inconstitucional a expressão "após o trânsito em julgado" prevista no §3º do art. 224 do Código Eleitoral, conforme redação dada pela Lei 13.165/2015, por violar a soberania popular, a garantia fundamental da prestação jurisdicional célere, a independência dos poderes e a legitimidade exigida para o exercício da representação popular. 7. Embargos de declaração acolhidos, em parte, para declarar, incidentalmente, a inconstitucionalidade da expressão "após o trânsito em julgado" prevista no §3º do art. 224 do Código Eleitoral. 8. Manutenção do entendimento de que a renovação da eleição deve ocorrer após o pronunciamento do Tribunal Superior Eleitoral nos casos em que a quantidade de votos nulos dados ao candidato eleito com registro indeferido é superior ao número de votos dados individualmente a qualquer outro candidato FIXAÇÃO DE TESE. CUMPRIMENTO DA DECISÃO JUDICIAL E CONVOCAÇÃO DE NOVAS ELEIÇÕES. 1. As hipóteses do caput e do §3º do art. 224 do Código Eleitoral não se confundem nem se anulam. O caput se aplica quando a soma dos votos nulos dados a candidatos que não obteriam o primeiro lugar ultrapassa 50% dos votos dados a todos os candidatos (registrados ou não); já a regra do §3º se aplica quando o candidato mais votado, independentemente do percentual de votos obtidos, tem o seu registro negado ou o seu diploma ou mandato cassado. 2. A expressão "após o trânsito em julgado", prevista no §3º do art. 224 do Código Eleitoral, conforme redação dada pela Lei 13.165/2015, é inconstitucional.3. Se o trânsito em julgado não ocorrer antes, e ressalvada a hipótese de concessão de tutela de urgência, a execução da decisão judicial e a convocação das novas eleições devem ocorrer, em regra: 3.1. após a análise dos feitos pelo Tribunal Superior Eleitoral, no caso dos processos de registro de candidatura (LC 64/90, arts. 3º e seguintes) em que haja o indeferimento do registro do candidato mais votado (art. 224, §3º) ou dos candidatos cuja soma de votos ultrapasse 50% (art. 224, caput); e 3.2. após a análise do feito pelas instâncias ordinárias, nos casos de cassação do registro, do diploma ou do mandato, em decorrência de ilícitos eleitorais apurados sob o rito do art. 22 da Lei Complementar 64/90 ou em ação de impugnação de mandato eletivo. Embargos de declaração acolhidos e providos, em parte. (Recurso Especial Eleitoral nº 13925, Acórdão, Relator(a) Min. Henrique Neves Da Silva, Publicação: PSESS – Publicado em Sessão, Data 28/11/2016).

Referido precedente foi utilizado em importante julgamento do TSE, que culminou com a cassação dos mandatos do Governador e do Vice-Governador do Amazonas.

PARA SEDIMENTAR

"DIREITO ELEITORAL. RECURSO ORDINÁRIO. ELEIÇÕES DE 2014. IMPUTAÇÃO DE CAPTAÇÃO ILÍCITA DE SUFRÁGIO (ART. 41-A DA LEI 9.504/1997) AO GOVERNADOR E VICE-GOVERNADOR DE ESTADO DO AMAZONAS. CONFIGURAÇÃO. IMPUTAÇÃO DE PRÁTICA DE CONDUTA VEDADA AOS AGENTES PÚBLICOS (ART. 73, I, DA LEI

9.504/1997). AUSÊNCIA DE PROVA DE APLICAÇÃO DE RECURSOS PARA FINS ELEITORAIS. PROVIMENTO PARCIAL DOS RECURSOS PARA AFASTAR IMPUTAÇÃO DA CONDUTA VEDADA. CASSAÇÃO DOS DIPLOMAS. 1. Em relação à imputação da prática de captação de sufrágio, há, no caso concreto, conjunto probatório suficientemente denso a evidenciar tanto a compra de votos por parte de terceiro não candidato, quanto a ciência do candidato em relação ao ilícito. Possibilidade de utilização de indícios para a comprovação da participação, direta ou indireta, do candidato ou do seu consentimento ou, ao menos, conhecimento da infração eleitoral, vedada apenas a condenação baseada em presunções sem nenhum liame com os fatos narrados nos autos (art. 23 da LC 64/1990). Precedentes: ED-RO 2.098; AgR-REspe 399.403.104. No caso, são elementos capazes de comprovar, além de qualquer dúvida razoável, a ciência do candidato quanto à operação de captação ilícita de sufrágio: (i) o local em que ocorreu a oferta e promessa de vantagens em troca de votos, (ii) o envolvimento, direto ou indireto, de pessoas ligadas ao candidato por vínculos político e familiar, e (iii) a relação contratual da autora da conduta com o governo estadual. Precedentes: RCED 755, AgR-REspe 8156-59, REspe 42232-85. Desprovimento dos recursos ordinários de José Melo de Oliveira e José Henrique de Oliveira quanto à configuração da captação ilícita de sufrágio, prevista no art. 41-A da Lei 9.504/1997, mantendo-se a decisão do TRE-AM no sentido de cassar os diplomas dos representados e aplicar-lhes pena de multa no valor de 50 mil Ufirs. 2. Já em relação à imputação de conduta vedada aos agentes públicos, embora os elementos contidos nos autos permitam questionar a higidez da contratação pelo Estado do Amazonas da empresa de que a autora da compra de votos era sócia-gerente, não há prova suficiente de que os recursos contratuais oriundos dos cofres públicos tenham sido desviados para a compra de votos ou para outras finalidades eleitorais em benefício do então candidato à reeleição. Provimento dos recursos ordinários dos recorrentes José Melo de Oliveira, José Henrique de Oliveira, Nair Queiroz Blair, Paulo Roberto Vital, Raimundo Ribeiro de Oliveira Filho e Raimundo Rodrigues da Silva, para fins de afastar a caracterização da conduta vedada prevista no art. 73, I, da Lei 9.504/1997. 3. Determinação de realização de novas eleições diretas para governador do Amazonas, na forma do art. 224, §§3º e 4º, do Código Eleitoral e dos precedentes desta Corte (ED-REspe 139-25). Recurso Ordinário nº 224661, Acórdão, Relator(a) Min. Napoleão Nunes Maia Filho, Publicação: DJE – Diário de justiça eletrônico, Data 01/06/2017)".

O mesmo ocorreu no julgamento do RO nº 1220-86, de 22.3.2018, sob a relatoria designada do Ministro Luiz Fux (caso Governador do Tocantins). *In casu*, cumpre registrar que houve, em 6.4.2018, o deferimento de uma medida liminar pelo Supremo Tribunal Federal, determinando o retorno do governador ao cargo, corroborando que tal entendimento – realização de eleição suplementar antes do trânsito em julgado – pode ter nuances que venham a ensejar insegurança jurídica.

Ainda em 2018, o Supremo Tribunal Federal julgou a Ação Direita de Inconstitucionalidade n. 5619, assentando o entendimento de que "é constitucional legislação federal que estabeleça novas eleições para os cargos majoritários simples – isto é, prefeitos de municípios com menos de duzentos mil eleitores e Senadores da República – em casos de vacância por causas eleitorais".

PARA SEDIMENTAR – ADI nº 5.619

Direito constitucional e eleitoral. Ação direta de inconstitucionalidade. Previsão, por lei federal, de hipóteses de vacância de cargos majoritários por causas eleitorais, com realização de novas eleições. Aplicabilidade da norma às eleições para Prefeitos de Municípios com menos de duzentos mil eleitores e para o cargo de Senador da República. 1. O legislador ordinário federal pode prever hipóteses de vacância de cargos eletivos fora das situações expressamente contempladas na Constituição, com vistas a assegurar a higidez do processo eleitoral e a preservar o princípio majoritário. 2. Diferentemente do que ocorre com o Presidente e Senadores, a Constituição não estabelece expressamente uma única solução para hipótese de dupla vacância nos cargos de Governador e Prefeito. Assim, tratando-se de causas eleitorais de extinção do mandato, a competência para legislar a respeito pertence à União, por força do disposto no art. 22, I, da Constituição Federal, e não aos entes da Federação, aos quais compete dispor sobre a solução de vacância por causas não eleitorais de extinção de mandato. 3. Não ofende os princípios da soberania popular, da proporcionalidade, da economicidade e a legitimidade e normalidade dos pleitos eleitorais a aplicação de dispositivo que determina a realização de novas eleições no caso de decisão da Justiça Eleitoral que importe o indeferimento do registo, a cassação do diploma ou a perda do mandato de candidatos eleitos, independentemente do número de votos anulados, para cargos majoritários simples – Senador da República e Prefeito de Municípios com menos de duzentos mil eleitores. 4. Ação direta de inconstitucionalidade cujo pedido se julga improcedente. Fixação da seguinte tese: "É constitucional legislação federal que estabeleça novas eleições para os cargos majoritários simples – isto é, Prefeitos de Municípios com menos de duzentos mil eleitores e Senadores da República – em casos de vacância por causas eleitorais". (ADI 5619, Relator(a): Min. ROBERTO BARROSO, Tribunal Pleno, julgado em 08/03/2018, PROCESSO ELETRÔNICO DJe-159 DIVULG 06-08-2018 PUBLIC 07-08-2018)

6.3.11 Resumindo

Fundamentação Legal	**Art. 3º da Lei Complementar nº 64, de 1990.**
Objetivos	Obter o indeferimento do registro da candidatura.
Legitimidade ativa	Art. 3º da Lei Complementar nº 64, de 1990: *Partido político, coligação, candidato ou Ministério Público Eleitoral.* Art. 97, §3º, do Código Eleitoral: "Poderá, também, qualquer eleitor, com fundamento em inelegibilidade ou incompatibilidade do candidato ou na incidência deste no artigo 96 impugnar o pedido de registro, dentro do mesmo prazo, oferecendo prova do alegado". Obs.: O Tribunal Superior Eleitoral entende que o eleitor pode noticiar o fato, mas não pode figurar no polo ativo. Resolução-TSE n. 23.455/2015, art. 43.
Prazo	Art. 3º da Lei Complementar nº 64, de 1990: *5 (cinco) dias*, contados da publicação do edital que divulga a relação de candidatos.
Competência	Art. 2º, Parágrafo único e incisos, e art. 24 da Lei Complementar nº 64, de 1990: Tribunal Superior Eleitoral – Presidente e Vice-Presidente da República; Tribunal Regional Eleitoral – Governador e respectivos vices, Deputados Estaduais e Federais, Senadores e respectivos suplentes; Juízo Eleitoral – Prefeitos, respectivos vices e Vereadores.
Se o pedido for julgado procedente	Reconhece a inelegibilidade do candidato e impede o seu registro ou o cancela, se já tiver sido expedido. Obs.: A ação é personalíssima, pois trata de condições de elegibilidade do candidato, sendo assim a condenação do titular do cargo não implica a condenação de seu vice.

6.4 Ação de Impugnação da Diplomação (AIDI)

6.4.1 Conceito

A Ação de Impugnação da Diplomação (AIDI) tem por escopo a desconstituição de diploma expedido pela Justiça Eleitoral, impedindo que o candidato diplomado assuma o cargo eletivo em razão de inelegibilidade superveniente, inelegibilidade constitucional ou falta de condição de elegibilidade, nos termos do art. 262 do Código Eleitoral.

DELIMITANDO O TEMA

Diplomação: "O diploma simboliza a vitória no pleito. É o título ou certificado oficialmente conferido pela Justiça Eleitoral ao vencedor. [...] Com a diplomação, o eleito é legitimado ao exercício do mandato para o qual concorreu. Presume-se que o processo eleitoral tenha transcorrido em boa ordem e que o rito e as formalidades legais tenham sido "observados".[182]

Inelegibilidade superveniente: Via de regra as situações que levam a inelegibilidade do candidato "devem ser no momento da formalização do pedido de registro da candidatura, ressalvadas as alterações, fáticas ou jurídicas, supervenientes ao registro que afastem a inelegibilidade" (art.11, §10, da Lei das Eleições). No entanto, caso alguma hipótese de inelegibilidade seja conhecida depois do registro, será considerada superveniente e passível de impugnação. Importante destacar que esta inelegibilidade, para ser considerada superveniente e fundamentar a AIDI, deve ocorrer entre o registro e a data da eleição.

"ELEIÇÕES 2014. AGRAVO REGIMENTAL EM RECURSO CONTRA EXPEDIÇÃO DE DIPLOMA. INELEGIBILIDADE SUSPENSA POR FORÇA DE LIMINAR/TUTELA ANTECIPADA. IMPOSSIBILIDADE DE ARGUIÇÃO EM REGISTRO DE CANDIDATURA. REVOGAÇÃO DA DECISÃO JUDICIAL EM MOMENTO POSTERIOR À ELEIÇÃO E ANTERIOR À DIPLOMAÇÃO. SEGURANÇA JURÍDICA. PRECEDENTES. NÃO CABIMENTO DO RCED. FUNDAMENTOS DA DECISÃO AGRAVADA NÃO INFIRMADOS. DESPROVIMENTO. 1. A inelegibilidade superveniente, apta a fundamentar a interposição de RCED, é aquela que surge após o registro, não podendo, portanto, não ter sido alegada naquele momento, mas que deve ocorrer até a data da eleição. Princípio da segurança jurídica. Precedentes. 2. Não se verificando a existência de argumentos hábeis a ensejar a alteração da decisão agravada, fica ela mantida por seus próprios fundamentos. Incidência do Enunciado Sumular 182 do Superior Tribunal de Justiça. 3. Agravo regimental desprovido. (Recurso Contra Expedição de Diploma nº 10461, Acórdão, Relator(a) Min. Maria Thereza Rocha de Assis Moura, Publicação: DJE – Diário de justiça eletrônico, Tomo 116, Data 17/06/2016, Página 56-57)".

"AGRAVO REGIMENTAL. RECURSO CONTRA EXPEDIÇÃO DE DIPLOMA. ELEIÇÕES 2014. INELEGIBILIDADE SUPERVENIENTE. ART. 1º, I, "I", DA LC Nº 64/90. NÃO INCIDÊNCIA. DECISÃO COLEGIADA APÓS O PLEITO. IMPROCEDÊNCIA DO PEDIDO. 1. O marco final para a configuração da inelegibilidade superveniente é o dia da eleição (RCED 1354-11, rel. Min. Luciana Lóssio, DJE de 5.2.2016; REspe nº 13-71, rel. Min. Luciana Lóssio, DJE de 15.12.2015; AgR-REspe nº 1211-76, rel. Min. Maria Thereza, DJE de 20.4.2015; AgR-REspe nº 157-26, rel. Min. Maria Thereza, DJE de 11.3.2015; AgR-REspe nº 975-52, rel. Min. Luciana Lóssio, DJE de 6.11.2014; AgR-REspe nº 93-72, rel. Min. João Otávio de Noronha, DJE de 1º.10.2014;

182 GOMES, José Jairo. *Op. cit.*, p. 639-340.

AgR-REspe nº 379-34, rel. Min. Henrique Neves da Silva, DJE de 9.9.2014; AgR-REspe nº 1-52, rel. Min. João Otávio de Noronha, DJE de 8.8.2014; AgR-AI nº 64-87, rel. Min. Luciana Lóssio, DJE de 14.8.2014; REspe nº 892-18, rel. Min. Dias Toffoli, DJE de 4.8.2014; AgR-REspe nº 903-40, rel. Min. Dias Toffoli, DJE de 2.6.2014; REspe nº 13130-59, rel. Min. Cármen Lúcia, DJE de 29.6.2012; AgR-REspe nº 359-97, rel. Min. Arnaldo Versiani, DJE de 3.10.2011). 2. Na espécie, a decisão do órgão colegiado do Tribunal de Justiça do Distrito Federal e Territórios que manteve a condenação por improbidade administrativa foi tomada em 19.11.2014, e o respectivo acórdão foi disponibilizado no dia 4.12.2014, considerado publicado no dia 5.12.2014. Em qualquer hipótese, portanto, após a data das Eleições de 2014. Agravo regimental a que se nega provimento. (Recurso Contra Expedição de Diploma nº 8203, Acórdão, Relator(a) Min. Henrique Neves da Silva, Publicação: DJE – Diário de justiça eletrônico, Data 03/03/2016, Página 98-99)"

"ELEIÇÕES 2014. AGRAVO REGIMENTAL EM RECURSO CONTRA EXPEDIÇÃO DE DIPLOMA. RCED. INELEGIBILIDADE DO ART. 1º, I, L DA LC Nº 64/90. NÃO INCIDÊNCIA. ACÓRDÃO CONDENATÓRIO PUBLICADO APÓS AS ELEIÇÕES. DESPROVIMENTO. 1. A inelegibilidade somente incide após a publicação do acórdão condenatório, independentemente da data do julgamento. Precedentes. 2. A inelegibilidade superveniente, que enseja a interposição do recurso contra expedição de diploma, é aquela ocorrida entre a data do registro, mas somente até a data do pleito. Precedentes. Agravo regimental desprovido. (Recurso Contra Expedição de Diploma nº 801283, Acórdão, Relator (a) Min. Maria Thereza Rocha De Assis Moura, Publicação: DJE – Diário de justiça eletrônico, Volume, Tomo 34, Data 19/02/2016, Página 132/133)".

DIREITO ELEITORAL. AGRAVO INTERNO EM RECURSO ESPECIAL ELEITORAL. ELEIÇÕES 2016. RCED. INELEGIBILIDADE SUPERVENIENTE. INCIDÊNCIA DA SÚMULA Nº 47/TSE. DESPROVIMENTO. 1. Agravo interno interposto contra decisão que deu provimento a recurso especial eleitoral, julgando improcedente recurso contra expedição de diploma fundado em inelegibilidade infraconstitucional superveniente. 2. Nos termos da Súmula nº 47/TSE, "a inelegibilidade superveniente que autoriza a interposição de recurso contra expedição de diploma, fundado no art. 262 do Código Eleitoral, é aquela de índole constitucional ou, se infraconstitucional, superveniente ao registro de candidatura, e que surge até a data do pleito". 3. O TSE reafirmou o entendimento da Súmula nº 47/TSE para as eleições de 2016. Portanto, eventual revisão da jurisprudência não deve operar efeitos no presente caso, em consideração aos princípios da segurança jurídica, da proteção da confiança legítima e da isonomia. 4. Na hipótese dos autos, a decisão condenatória foi proferida em 13.12.2016, após a data do pleito de 2016. Portanto, conforme entendimento desta Corte aplicável ao pleito de 2016, deve ser julgado improcedente o pedido formulado no RCED, uma vez que a decisão foi proferida após o termo final para o surgimento da inelegibilidade superveniente. Agravo interno a que se nega provimento. (Recurso Especial Eleitoral nº 3530, Acórdão, Relator(a) Min. Luís Roberto Barroso, Publicação: DJE – Diário de justiça eletrônico, Tomo 151, Data 07/08/2019, Página 209/210)

"Eleições 2016. Agravo regimental. Agravo de instrumento. Recurso contra expedição de diploma. Vereador. Cassação. Condenação criminal transitada em julgado antes da diplomação. Suspensão dos direitos políticos. Art. 15 da Constituição Federal. Autoaplicabilidade. [...] 2. A condenação criminal transitada em julgado após o pleito e antes da diplomação pode embasar recurso contra expedição de diploma, cabível nos casos de inelegibilidade superveniente ou de natureza constitucional e de falta de condição de elegibilidade (art. 262 do Código Eleitoral). [...]". (Ac. de 21.2.2019 no AI nº 70447, rel. Min. Admar Gonzaga.)

Inelegibilidade constitucional: Resumem-se nas hipóteses previstas no art.14, §§4º, 5º, 6º e 7º da Constituição Federal.

ELEIÇÕES 2016. RECURSO ESPECIAL ELEITORAL EM RECURSO CONTRA EXPEDIÇÃO DE DIPLOMA (RCED). CERCEAMENTO DE DEFESA. INEXISTÊNCIA. INQUIRIÇÃO DE TESTEMUNHAS SOBRE FATOS PROVADOS E INCONTROVERSOS. DECADÊNCIA DA ALEGAÇÃO DE INELEGIBILIDADE CONSTITUCIONAL PREEXISTENTE. INOCORRÊNCIA. DENSIDADE NORMATIVA CONSTITUCIONAL. IMPOSSIBILIDADE DE CONVALIDAÇÃO DE VÍCIO CONSTITUCIONAL. APLICAÇÃO DA INELEGIBILIDADE CONSTITUCIONAL REFLEXA AINDA QUE O MANDATÁRIO SEJA REELEGÍVEL. INOCORRÊNCIA DE AFASTAMENTO DO CARGO SEIS MESES ANTES DO PLEITO.1. Preliminar de nulidade por cerceamento de defesa. Inexistência. Possibilidade de o juiz indeferir a inquirição de testemunhas sobre fatos que já foram provados por documentos e são incontroversos. Arts. 443, I, e 374, III, ambos do Código de Processo Civil. 2. Prejudicial de decadência da alegação de inelegibilidade constitucional preexistente apenas em sede de RCED. Inocorrência. Inelegibilidade constitucional não é afetada por preclusão, seja pela densidade normativa agregada, seja pela impossibilidade de convalidação de vício de tal natureza. Segurança jurídica jurisprudencial referente ao pleito de 2016. Arts. 259 e 262 do Código Eleitoral.3. Mérito. Aplicação da inelegibilidade constitucional reflexa ainda que o mandatário seja reelegível. O cunhado de prefeito é inelegível ao cargo de vereador, na mesma circunscrição, salvo se o titular se afastar do cargo 6 (seis) meses antes do pleito. Precedentes.4. Recurso especial eleitoral negado, com determinação de cumprimento deste pronunciamento já com a publicação do acórdão, independentemente do julgamento de eventuais embargos de declaração. (Recurso Especial Eleitoral nº 14242, Acórdão, Relator(a) Min. Admar Gonzaga, Publicação: DJE – Diário de justiça eletrônico, Tomo 154, Data 12/08/2019, Página 14)

Falta de condição de elegibilidade: São as condições gerais impostas pela norma infraconstitucional. Por exemplo o preenchimento do requerimento de candidatura, a entrega de documentos, etc.

ELEIÇÕES 2016. AGRAVO REGIMENTAL. AGRAVO DE INSTRUMENTO. RECURSO CONTRA EXPEDIÇÃO DE DPLOMA. VEREADOR. CASSAÇÃO. CONDENAÇÃO CRIMINAL TRANSITADA EM JULGADO ANTES DA DIPLOMAÇÃO. SUSPENSÃO DOS DIREITOS POLÍTICOS. ART. 15 DA CONSTITUIÇÃO FEDERAL. AUTOAPLICABILIDADE. 1. O agravante reitera os argumentos formulados no recurso, sem apresentar elementos hábeis para reverter o decisum impugnado, proferido em consonância com a jurisprudência do TSE e do STF. 2. A condenação criminal transitada em julgado após o pleito e antes da diplomação pode embasar recurso contra expedição de diploma, cabível nos casos de inelegibilidade superveniente ou de natureza constitucional e de falta de condição de elegibilidade (art. 262 do Código Eleitoral).3. Não há julgamento extra petita na hipótese em que o recurso contra expedição de diploma é embasado em inelegibilidade e o tribunal julga procedente o pedido em razão da falta de condição de elegibilidade, de acordo com os fatos apresentados na inicial, porquanto a parte se defende dos fatos, e não da capitulação legal atribuída pelo autor (verbete sumular 62 do TSE). 4. É autoaplicável o art. 15, III, da Constituição Federal, que impõe a suspensão dos direitos políticos aos condenados em ação criminal transitada em julgado enquanto durarem seus efeitos. Precedentes. 5. Este Tribunal já decidiu que "a superveniente suspensão de direitos políticos configura situação de incompatibilidade, a que se refere o art. 262, I, do Código Eleitoral, visto que não há como alguém que não esteja na plenitude desses direitos exercer mandato eletivo" (REspe 357-09, rel. Min. Arnaldo Versiani, julgado em 29.4.2010). 6. Segundo o entendimento do STF, "determinada a suspensão dos direitos políticos, a suspensão ou a perda do cargo são medidas decorrentes do julgado e imediatamente exequíveis após o trânsito em julgado da condenação criminal, sendo desimportante para a conclusão o exercício ou não de cargo eletivo no momento do julgamento" (QO-AP 396, rel. Min. Cármen Lúcia, Tribunal Pleno, DJe de 4.10.2013). 7. A suspensão dos direitos políticos é consequência automática da condenação criminal transitada em julgado, ainda que a pena privativa de liberdade tenha sido substituída por restritiva de direitos. Precedentes: REspe 91-81, rel. Min. Luciana Lóssio, PSESS em 3.11.2016; REspe 398-22, rel. Min. Henrique Neves da Silva, DJe de 19.6.2013; e REspe 114-50, rel. Min. Laurita Vaz, DJe de 26.8.2013. 8. O reconhecimento da repercussão geral pelo STF do tema relativo à suspensão dos direitos políticos na hipótese de substituição da pena privativa de liberdade não implica a automática suspensão do processamento prevista no §5º do art. 1.035 do CPC, podendo o relator do recurso extraordinário paradigma determiná-la ou modulá-la, a seu critério (RHC 138.754, rel. Min. Ricardo Lewandowski, Segunda Turma, DJe de 4.10.2018).Agravo regimental a que se nega provimento. (Agravo de Instrumento nº 70447, Acórdão, Relator(a) Min. Admar Gonzaga, Publicação: DJE – Diário de justiça eletrônico, Data 18/03/2019)

ELEIÇÕES 2016. AGRAVO REGIMENTAL. AGRAVO DE INSTRUMENTO. RECURSO CONTRA EXPEDIÇÃO DE DPLOMA. VEREADOR. CASSAÇÃO. CONDENAÇÃO CRIMINAL TRANSITADA EM JULGADO ANTES DA DIPLOMAÇÃO. SUSPENSÃO DOS DIREITOS POLÍTICOS. ART. 15 DA CONSTITUIÇÃO FEDERAL. AUTOAPLICABILIDADE. 1. O agravante reitera os argumentos formulados no recurso, sem apresentar elementos hábeis para reverter o decisum impugnado, proferido em consonância com a jurisprudência do TSE e do STF. 2. A condenação criminal transitada em julgado após o pleito e antes da diplomação pode embasar recurso contra expedição de diploma, cabível nos casos de inelegibilidade superveniente ou de natureza constitucional e de falta de condição de elegibilidade (art. 262 do Código Eleitoral).3. Não há julgamento extra petita na hipótese em que o recurso contra expedição de diploma é embasado em inelegibilidade e o tribunal julga procedente o pedido em razão da falta de condição de elegibilidade, de acordo com os fatos apresentados na inicial, porquanto a parte se defende dos fatos, e não da capitulação legal atribuída pelo autor (verbete sumular 62 do TSE). 4. É autoaplicável o art. 15, III, da Constituição Federal, que impõe a suspensão dos direitos políticos aos condenados em ação criminal transitada em julgado enquanto durarem seus efeitos. Precedentes. 5. Este Tribunal já decidiu que "a superveniente suspensão de direitos políticos configura situação de incompatibilidade, a que se refere o art. 262, I, do Código Eleitoral, visto que não há como alguém que não esteja na plenitude desses direitos exercer mandato eletivo" (REspe 357-09, rel. Min. Arnaldo Versiani, julgado em 29.4.2010). 6. Segundo o entendimento do STF, "determinada a suspensão dos direitos políticos, a suspensão ou a perda do cargo são medidas decorrentes do julgado e imediatamente exequíveis após o trânsito em julgado da condenação criminal, sendo desimportante para a conclusão o exercício ou não de cargo eletivo no momento do julgamento" (QO-AP 396, rel. Min. Cármen Lúcia, Tribunal Pleno, DJe de 4.10.2013). 7. A suspensão dos direitos políticos é consequência automática da condenação criminal transitada em julgado, ainda que a pena privativa de liberdade tenha sido substituída por restritiva de direitos. Precedentes: REspe 91-81, rel. Min. Luciana Lóssio, PSESS em 3.11.2016; REspe 398-22, rel. Min. Henrique Neves da Silva, DJe de 19.6.2013; e REspe 114-50, rel. Min. Laurita Vaz, DJe de 26.8.2013. 8. O reconhecimento da repercussão geral pelo STF do tema relativo à suspensão dos direitos políticos na hipótese de substituição da pena privativa de liberdade não implica a automática suspensão do processamento prevista no §5º do art. 1.035 do CPC, podendo o relator do recurso extraordinário paradigma determiná-la ou modulá-la, a seu critério (RHC 138.754, rel. Min. Ricardo Lewandowski, Segunda Turma, DJe de 4.10.2018).Agravo regimental a que se nega provimento. (Agravo de Instrumento nº 70447, Acórdão, Relator(a) Min. Admar Gonzaga, Publicação: DJE – Diário de justiça eletrônico, Data 18/03/2019)

6.4.2 Fundamentação Legal

A previsão legal da AIDI encontra-se no art. 262 do Código Eleitoral:

Art. 262 do Código Eleitoral

"Art. 262. O recurso contra expedição de diploma caberá somente nos casos de inelegibilidade superveniente ou de natureza constitucional e de falta de condição de elegibilidade".

§1º A inelegibilidade superveniente que atrai restrição à candidatura, se formulada no âmbito do processo d registro, não poderá ser deduzida no recurso contra expedição de diploma. (Incluído pela Lei nº 13.877, de 2019)

> §2º A inelegibilidade superveniente apta a viabilizar o recurso contra a expedição de diploma, decorrente de alterações fáticas ou jurídicas, deverá ocorrer até a data fixada para que os partidos políticos e as coligações apresentem os seus requerimentos de registros de candidatos. (Incluído pela Lei nº 13.877, de 2019)
>
> §3º O recurso de que trata este artigo deverá ser interposto no prazo de 3 (três) dias após o último dia limite fixado para a diplomação e será suspenso no período compreendido entre os dias 20 de dezembro e 20 de janeiro, a partir do qual retomará seu cômputo. (Incluído pela Lei nº 13.877, de 2019)

Como se vê, com a edição da Lei nº 13.877/2019, foram inseridos três novos parágrafos ao art. 262 do Código Eleitoral, sem esquecer que os quatro incisos do texto original foram revogados pela Lei nº 12.891/2013.

Contudo, a mencionada lei foi publicada em 27.09.2019 e teve tais alterações vetadas pela Presidência da República, mas foram validadas pelo Congresso Nacional, com promulgação publicada em 13.12.2019.

Por esse motivo, em observância ao princípio da anualidade insculpido no art. 16 da Constituição Federal, as mencionadas alterações normativas não se aplicaram às eleições de 2020 e serão consideradas somente a partir das eleições de 2022.

O raciocínio ganha importância porque o atual texto do §2º do art. 262 do Código Eleitoral expressamente consigna que "a inelegibilidade superveniente apta a viabilizar o recurso contra a expedição de diploma, decorrente de alterações fáticas ou jurídicas, deverá ocorrer até a data fixada para que os partidos políticos e as coligações apresentem os seus requerimentos de registros de candidatos".

Logo, o mencionado dispositivo colide com o enunciado sumular nº 47 do TSE, que taxativamente dispõe que a "inelegibilidade superveniente que autoriza a interposição de recurso contra expedição de diploma, fundado no art. 262 do Código Eleitoral, é aquela de índole constitucional ou, se infraconstitucional, superveniente ao registro de candidatura, e que surge até a data do pleito".

Nessa consecução, a nova redação dada pelo legislador subverte o conceito etimológico da palavra superveniente, uma vez que fatos supervenientes são justamente aqueles que ocorrem após determinado marco temporal – *in casu*, a data final fixada para que partidos políticos, federações e coligações apresentem os requerimentos de registro de candidatura.

O tema já é objeto de controle concentrado de constitucionalidade no Supremo Tribunal Federal, por meio da ADI nº 6297, mas, após redistribuição ao Ministro André Mendonça, ainda pende de apreciação pelo plenário na data de revisão final desta edição. Por outro lado, se não houver a definição da questão pelo STF até o fim do ano de 2022, certamente a matéria poderá ser objeto de controle difuso de constitucionalidade nos julgamentos pelos Tribunais Regionais Eleitorais.

PARA SEDIMENTAR

"ELEIÇÕES 2018. RECURSOS CONTRA EXPEDIÇÃO DE DIPLOMA. SUPLENTE DE DEPUTADO ESTADUAL. INELEGIBILIDADE SUPERVENIENTE. CONDENAÇÃO POR ÓRGÃO COLEGIADO DA JUSTIÇA ELEITORAL. USO INDEVIDO DOS MEIOS DE COMUNICAÇÃO. INELEGIBILIDADE DO ART. 1º, I, ALÍNEA D, DA LEI COMPLEMENTAR 64/90. INCIDÊNCIA. PROVIMENTO DOS RECURSOS. CASSAÇÃO DO DIPLOMA. SÍNTESE DO CASO [...] 5. No que respeita aos novos §§1º e 2º do art. 262 do Código Eleitoral, tais inovações legislativas não podem ser consideradas na hipótese dos autos, pois os três recursos contra expedição de diploma foram ajuizados em face do deputado ainda em 19.12.2018, quando estava em vigor a redação anterior do aludido artigo, cujo caput nem sequer trazia conceituação específica sobre os limites temporais de aferição da inelegibilidade tida por superveniente, definidas até então na pacífica jurisprudência desta Corte Superior, que a reputava caracterizada até a data do pleito. A derrubada dos vetos aos novos §§1º e 2º do art. 262 do Código Eleitoral, trazidos pela Lei 13.877/2019, ocorreu 1 ano depois da propositura das demandas, ou seja, em 13.12.2019. [...] 17. Tendo em vista que a decisão colegiada na qual o recorrido foi condenado por uso indevido dos meios de comunicação, praticado no pleito de 2012, foi proferida após o julgamento do seu registro de candidatura a deputado estadual e antes das Eleições de 2018, os presentes recursos contra expedição de diploma são cabíveis na espécie e merecem provimento, pois a hipótese se enquadra na inelegibilidade superveniente prevista no art. 262 do Código Eleitoral, bem como no art. 1º, I, d, da LC 64/90, segundo o qual são inelegíveis "os que tenham contra sua pessoa representação julgada procedente pela Justiça Eleitoral, em decisão transitada em julgado ou proferida por órgão colegiado, em processo de apuração de abuso do poder econômico ou político, para a eleição na qual concorrem ou tenham sido diplomados, bem como para as que se realizarem nos 8 (oito) anos seguintes". CONCLUSÃO Recursos contra expedição de diploma providos para cassar o diploma de suplente de deputado estadual do recorrido, com determinação de execução imediata do julgado, após sua publicação, nos termos do art. 216 do Código Eleitoral. (Recurso contra Expedição de Diploma nº 060391194, Acórdão, Relator(a) Min. Sergio Silveira Banhos, Publicação: DJE – Diário da justiça eletrônica, Tomo 130, Data 01/07/2020)".

6.4.3 Natureza Jurídica

O ato de diplomação é administrativo e não depende do Poder Judiciário para produzir efeitos, bastando que o candidato preencha os requisitos legais para ser diplomado.

É válido ressaltar que, embora o Código Eleitoral brasileiro tenha adotado a expressão "recurso contra expedição de diploma", entende-se que a AIDI possui natureza de ação, pois não há uma ação prévia que dê ensejo a um recurso, não sendo possível falar em duplo grau de jurisdição. Por isso, a despeito de parte da doutrina e do termo escolhido pelos diplomas legais, o próprio Tribunal Superior Eleitoral já afiançou posição nesse sentido, motivo pelo qual o modo processual de impugnação de diplomação será realizado mediante ação, e assim denominado.

6.4.4 Legitimidade

a) Ativa

Em observância à prevalência do interesse público das eleições, podem figurar no *polo ativo*: (i) o candidato que tenha concorrido; (ii) partido político; (iii) federação partidária (iv) coligação; (v) Ministério Público. Contudo, é importante ressaltar que, à exceção do Ministério Público, todo outro proponente terá de demonstrar o interesse de agir.

Logo, não possuem legitimidade ativa: o candidato com direitos políticos suspensos ou perdidos, com pedido de registro indeferido ou que concorreu a outro cargo; o diretório municipal, quando se tratar de eleição estadual, e o diretório estadual, quando se tratar de eleição nacional.

PARA SEDIMENTAR

"RECURSO CONTRA A EXPEDIÇÃO DE DIPLOMA. ILEGITIMIDADE ATIVA. Quem perdeu os direitos políticos não tem legitimidade para interpor recurso contra a expedição de diploma. (RECURSO CONTRA EXPEDIÇÃO DE DIPLOMA, nº 728, Acórdão, Relator(a) Min. Ari Pargendler, Publicação: DJE – Diário de justiça eletrônico, Página 128)".

"AGRAVO REGIMENTAL EM RECURSO ESPECIAL. RECURSO CONTRA DIPLOMACAO. RECORRENTES QUE NAO DISPUTARAM O PLEITO. FALTA DE INTERESSE. 1. COMO OS RECORRENTES NAO DISPUTARAM AS ELEICOES, FALTA INTERESSE PARA RECORRER, UMA VEZ QUE A CASSACAO DO DIPLOMA NAO LHES BENEFICIARIA DE FORMA DIRETA 2. PRECEDENTES. 3. AGRAVO REGIMENTAL A QUE SE NEGA PROVIMENTO. (Recurso Especial Eleitoral nº 15170, Acórdão de , Relator(a) Min. Edson Carvalho Vidigal, Publicação: DJ – Diário de justiça, Data 10/09/1999, Página 69)".

"RECURSO CONTRA DIPLOMACAO DE DEPUTADO ESTADUAL. INTERPOSICAO POR DIRETORIO MUNICIPAL DE PARTIDO. ILEGITIMIDADE. INELEGIBILIDADE. REPRESENTACAO DE ABUSO DE PODER JULGADA PROCEDENTE. TERMO A QUO DA SANCAO. 1. O DIRETORIO MUNICIPAL DE PARTIDO NAO TEM LEGITIMIDADE PARA INTERPOR RECURSO CONTRA A DIPLOMACAO DE DEPUTADO ESTADUAL,

NA MEDIDA EM QUE O CANCELAMENTO REQUERIDO NAO LHE TRARÁ QUALQUER BENEFÍCIO DIRETO. 2. TRANSITADA EM JUGADO A DECISAO QUE DECLAROU O CANDIDATO INELEGIVEL, A CONTAR DAS ELEICOES EM QUE FOI CONSTATADO O ABUSO DE PODER, O TERMO A QUO DA SANCAO NAO PODE SER NOVAMENTE DISCUTIDO EM RECURSO CONTRA A DIPLOMACAO, EM VIRTUDE DO INSTITUTO DA COISA JULGADA. 3. CONSOANTE JURISPRUDENCIA UNISSONA, A SANCAO DE INELEGIBILIDADE DEVE SER CONTADA A PARTIR DAS ELEICOES EM QUE FORAM DETECTADAS AS IRREGULARIDADES. 4. RECURSO NAO CONHECIDO. (Recurso contra Expedição de Diploma nº 592, Acórdão de Relator(a) Min. Edson Carvalho Vidigal, Publicação: DJ – Diário de justiça, Data 13/08/1999, Página 84)".

ELEIÇÕES 2016. AGRAVOS REGIMENTAIS. RECURSO ESPECIAL. RECURSO CONTRA EXPEDIÇÃO DE DIPLOMA (RCED). MINISTÉRIO PÚBLICO. LEGITIMIDADE RECURSAL. ART. 179, II, DO CPC. INELEGIBILIDADE INFRACONSTITUCIONAL PREEXISTENTE AO REGISTRO DE CANDIDATURA. DESCABIMENTO DO RCED. ATO DOLOSO DE IMPROBIDADE ADMINISTRATIVA. REQUISITOS CUMULATIVOS. DANO AO ERÁRIO E ENRIQUECIMENTO ILÍCITO. INELEGIBILIDADE DO ART. 1º, I, I, DA LC nº 64/90. NÃO CONFIGURAÇÃO. DESPROVIMENTO. Agravo interposto pelo Ministério Público Eleitoral1. O Ministério Público Eleitoral tem legitimidade para recorrer nos casos de intervenção como fiscal da ordem jurídica (art. 179, II, CPC).2. De acordo com a Súmula nº 47/TSE, a inelegibilidade superveniente que autoriza a interposição de recurso contra expedição de diploma, fundado no art. 262 do Código Eleitoral, é aquela de índole constitucional ou, se infraconstitucional, superveniente ao registro de candidatura e que surge até a data do pleito.3. In casu, a Procuradoria-Geral Eleitoral sustenta o cabimento do RCED, uma vez que a inelegibilidade teria surgido após o fim do prazo de requerimento de registro de candidatura para as eleições de 2016 e antes do pleito, em razão da revogação da liminar na qual foram suspensos os efeitos da condenação por improbidade administrativa do primeiro agravado.4. A tese, contudo, não merece prosperar, porquanto a inelegibilidade versada nestes autos foi examinada pelos membros da Corte Regional no processo de registro, concluindo-se que a moldura fática a ser considerada para o deslinde da causa deveria ser aquela verificada no dia do início do julgamento colegiado.5. O momento oportuno para o reconhecimento da inelegibilidade do primeiro agravado ocorreu no julgamento do registro de candidatura, no qual o tema foi efetivamente debatido, de modo que a questão se encontra preclusa, não sendo cabível a propositura do RCED, em razão da natureza preexistente da causa de inelegibilidade em comento.6. Ainda que ultrapassada a barreira do descabimento do RCED, não ficou comprovado o preenchimento dos requisitos que integram a hipótese de inelegibilidade da alínea I do inciso I do art. 1º da LC nº 64/90. 7. Conforme entendimento solidificado na jurisprudência do TSE, a configuração da inelegibilidade prevista no art. 1º, I, I, da LC nº 64/90 exige a presença simultânea dos seguintes requisitos: a) condenação à suspensão dos direitos políticos; b) decisão transitada em julgado ou proferida por órgão judicial colegiado; e c) ato doloso de improbidade administrativa que tenha causado, concomitantemente, lesão ao patrimônio público e enriquecimento ilícito. Precedentes do TSE.8. Dos excertos da decisão condenatória por improbidade administrativa reproduzidos no acórdão regional, não figura a prática de ato enquadrado no art. 9º da Lei nº 8.429/92 (enriquecimento ilícito), mas tão somente no art. 10 do aludido diploma legal (dano ao Erário).9. O reenquadramento jurídico dos fatos, quando cabível, é restrito às premissas assentadas pela instância regional e não se confunde com o reexame e a revaloração do caderno probatório, providência incabível em sede de recurso especial, a teor do disposto na Súmula nº 24/TSE. Agravo interposto por Alexandre de Oliveira Martins10. Inexiste descompasso entre a decisão agravada e o que foi decidido pelo TSE quando do julgamento do recurso especial interposto contra o deferimento do registro de candidatura do primeiro agravado, visto que o trecho destacado pelo agravante foi utilizado como argumento meramente subsidiário e apenas reforça o quadro fático considerado nestes autos.11. Não há que se falar em nulidade da decisão monocrática ora hostilizada, visto que fundamentada no art. 36, §7º, do Regimento Interno do TSE, e, conforme demonstrado com a farta jurisprudência colacionada no decisum agravado e neste voto, o acórdão regional aplicou entendimento contrário ao desta Corte.12. Agravos regimentais desprovidos.(Recurso Especial Eleitoral nº 2838, Acórdão, Relator(a) Min. Tarcisio Vieira De Carvalho Neto, Publicação: DJE – Diário de justiça eletrônico, Tomo 032, Data 14/02/2019, Página 70-71)

Quanto ao Ministério Público, mister anotar que a legitimidade é adstrita à sua área de atribuição: o Promotor Eleitoral pode propor AIDI ao juiz eleitoral, e o Procurador Regional Eleitoral tem legitimidade para propor AIDI no TRE correspondente. O Procurador-Geral Eleitoral, por sua vez, não tem legitimidade, já que não cabe AIDI em eleição presidencial. No mais, em se tratando de matéria de ordem pública, não há falar em desistência da ação. Se um dos titulares desistir, o Ministério Público eleitoral deverá assumir a titularidade.

PARA SEDIMENTAR

"Agravos regimentais com o mesmo objeto. Recurso contra Expedição de Diploma. Eleições 2006. Pedido de desistência. Extinção do feito sem resolução do mérito. Impossibilidade. Matéria de ordem pública. Procurador-Geral Eleitoral. Legitimidade ativa superveniente. Competência. Preclusão. Inexistência. Não provimento. 1. Em recurso contra expedição de diploma, a desistência pelo recorrente não implica extinção do feito sem resolução do mérito, tendo em vista a natureza eminentemente pública da matéria. Precedentes: REspe n. 26.146-TO, Rel. Min. José Delgado, DJ de 22.03.2007; AgRgREspe n. 18.825-MG, Rel. Min. Waldemar Zveiter, DJ de 27.04.2001.2. Embora não haja previsão expressa para que o Ministério Público assuma o polo ativo da demanda, tal medida é justificada pela relevância do interesse público ínsito na demanda e por analogia, nos art. 9º da

Lei nº 4.717/1965 (GOMES, José Jairo. Direito Eleitoral. 2ª ed. Belo Horizonte: Del Rey, 2008. p. 341), e nos arts. 82, III e 499, §2º, CPC. (REspe n. 8.536, Rel. Min. Paulo Brossard, DJ 24.03.1993; REspe n. 15.085-MG, Rel. Min. José Eduardo Alckmin, DJ de 15.05.1998. No caso, a primeira oportunidade em que se poderia dar vista ao Ministério Público para que, expressamente, se manifestasse sobre seu interesse em assumir a autoria desta ação ocorreu com o despacho datado de 20.08.2009, após a decisão monocrática (fls. 1.902-1.903) que indeferiu o pedido de extinção do feito, em razão do pedido de desistência do PTB, e o acórdão que confirmou tal decisão (publicado em 29.04.2009 fls. 1.936-1.944). Houve manifestação do Parquet no mesmo dia em que recebeu os autos na Secretaria (27.08.2009), não havendo falar em preclusão da pretensão ministerial de assumir o polo ativo da demanda. Frise-se que o deferimento do pedido de desistência ocorreu somente em 08.09.2009 (fls. 1.9771.981).[...]6. Agravos regimentais não providos (AgR-RCED n. 661-SE, Rel. Min. Felix Fischer, DJE de 10.12.2009)".

b) Passiva

Acerca da legitimidade da AIDI, em seu *polo passivo* podem figurar os candidatos eleitos e seus suplentes, desde que diplomados.

Aqui é preciso fazer uma importante observação: a Súmula n. 38 do Tribunal Superior Eleitoral dispõe que, "nas ações que visem à cassação de registro, diploma ou mandato, há litisconsórcio passivo necessário entre o titular e o respectivo vice da chapa majoritária". Isso porque, a depender da situação, o titular e o vice perderão o diploma, então, sopesando o princípio do contraditório e da ampla defesa, é imperioso que todos os possíveis prejudicados participem da lide.

Contudo, apesar de a chapa majoritária ser considerada una e indivisível, entendemos que desconstituição do diploma da chapa depende da análise do caso concreto, pois, quando se trata de negativa de expedição do diploma por questões de inelegibilidade, falamos de uma característica personalíssima.

Com efeito, o Tribunal Superior Eleitoral, em 2010, posicionou-se no sentido de que a perda do diploma do titular implica a perda do vice (AgRg no AI n. 11.963/MG, relator Min. Ricardo Lewandowski) e vice-versa, todavia, mais uma vez, afirmamos nosso entendimento de que tudo depende do caso concreto. Nesse sentindo, tem-se o Recurso Especial Eleitoral n. 346, de Relatoria do Min. Luiz Fux, publicado em 19.12.2016.

Por fim, insta consignar que, consoante a redação da Súmula n. 40 do Tribunal Superior Eleitoral, "o partido político não é litisconsorte passivo necessário em ações que visem à cassação de diploma".

6.4.5 Prazo

A Ação Impugnação de Diploma não possuía um prazo determinado pela legislação, sendo assim, seguia a regra geral do art. 258 do Código Eleitoral.

Art. 258 do Código Eleitoral

"Art. 258. Sempre que a lei não fixar prazo especial, o recurso deverá ser interposto em três dias da publicação do ato, resolução ou despacho".

Contudo, com as alterações normativas decorrentes da Lei nº 13.877/2019, a contagem do prazo resta expressamente consignada no §3º do art. 262 do Código Eleitoral.

Destarte, a partir das eleições de 2022, o prazo é de *3 (três) dias* corridos, a contar do último dia limite fixado para diplomação dos eleitos, e não da data da diplomação em si, observado o período de suspensão entre os dias vinte de dezembro do ano da eleição e janeiro do ano seguinte.

Art. 262, §3º, do Código Eleitoral

Art. 262. [...]

§3º O recurso de que trata este artigo deverá ser interposto no prazo de 3 (três) dias após o último dia limite fixado para a diplomação e será suspenso no período compreendido entre os dias 20 de dezembro e 20 de janeiro, a partir do qual retomará seu cômputo. (Incluído pela Lei nº 13.877, de 2019)

6.4.6 Competência

Para saber quem julgará a impugnação de diplomação, deve-se observar qual eleição está em disputa. Na eleição municipal, será apreciada pelo Tribunal Regional Eleitoral. Já nas eleições para governador, senador, deputados federais, estaduais e distritais, o Tribunal Superior Eleitoral será o responsável por seu julgamento. Isso porque a Ação Impugnação de Diploma é uma ação autônoma processada e julgada por instância superior.

Referidos posicionamentos advêm das Súmulas n. 36 e n. 37 do Tribunal Superior Eleitoral.

Súmula nº 36 do TSE

"Cabe recurso ordinário de acórdão de Tribunal Regional Eleitoral que decida sobre inelegibilidade, expedição ou anulação de diploma ou perda de mandato eletivo nas eleições federais ou estaduais (art. 121, §4º, incisos III e IV, da Constituição Federal)".

Súmula 37 do TSE

"Compete originariamente ao Tribunal Superior Eleitoral processar e julgar recurso contra expedição de diploma envolvendo eleições federais ou estaduais".

No ano de 2018, o Supremo Tribunal Federal ratificou o entendimento do Tribunal Superior Eleitoral ao pontuar na Ação Descumprimento de Preceito Fundamental n. 167 a competência do TSE para julgar AIDI referente às candidaturas federais e estaduais.

ADPF nº 167

"O Tribunal Superior Eleitoral é o órgão competente para julgar os Recursos Contra Expedição de Diploma nas eleições presidenciais e gerais (federais e estaduais)".

Neste contexto, cabe aduzir que, apesar de a Ação de Impugnação de Diploma ser uma ação inicial, o julgamento é feito por instância superior. Validamente, podemos afirmar que, com o advento de outros recursos, o legislador deixou para trás a AIDI e, por esse motivo, o TSE manteve o entendimento de que as instâncias superiores são as competentes para realizar o julgamento.

PARA SEDIMENTAR

"ELEIÇÕES 2014. AGRAVO REGIMENTAL EM RECURSO CONTRA EXPEDIÇÃO DE DIPLOMA. RCED. DEPUTADO ESTADUAL. INELEGIBILIDADE SUPERVENIENTE. DIPLOMA CASSADO. PRELIMINAR DE INCOMPETÊNCIA DO TRIBUNAL SUPERIOR ELEITORAL. AFASTAMENTO. INOVAÇÃO NA TESE RECURSAL. DESCABIMENTO. INELEGIBILIDADE SUPERVENIENTE DO ART. 1º, I, d, DA LC Nº 64/90. INCIDÊNCIA. AGRAVO REGIMENTAL DESPROVIDO. 1. É vedada a inovação de tese recursal em sede de agravo nos próprios autos, ainda que a alegação seja atinente a suposta matéria de ordem pública. Precedentes. *2. É competente o TSE para julgar RCED contra deputado estadual.* Precedentes. 3. Para fins de cabimento do RCED, equipara-se à inelegibilidade superveniente a revogação, ocorrida entre a data do registro e a das eleições, de decisão judicial que suspendia os efeitos de causa de inelegibilidade preexistente. Entender de forma diversa inviabiliza a arguição da inelegibilidade tanto no processo de registro, quanto no RCED. Inteligência do disposto no art. 262, I, do CE. Precedente REspe 4025/PR. 4. In casu, tendo a condenação da AIJE se dado com expresso fundamento no art. 22, XVI da LC nº 64/90, incide a inelegibilidade da alínea d do inciso I do art. 1º da LC nº 64/90. Agravo regimental desprovido. (Recurso Contra Expedição de Diploma nº 801538, Acórdão, Relator(a) Min. Maria Thereza Rocha de Assis Moura, Publicação: DJE – Diário de justiça eletrônico, Data 13/05/2016, Página 78-79)".

ELEIÇÕES 2016. AGRAVO REGIMENTAL. AGRAVO. RECURSO ESPECIAL. RCED. INELEGIBILIDADE. ART. 262 DO CÓDIGO ELEITORAL. COMPETÊNCIA. APLICAÇÃO DAS SÚMULAS Nº 27/TSE E 28/TSE. FUNDAMENTOS. NÃO INFIRMADOS. SÚMULA Nº 26/TSE. INCIDÊNCIA. DESPROVIMENTO. 1. Abstrai-se dos acórdãos regionais que o recurso contra expedição de diploma foi protocolizado e autuado no Juízo da 256ª Zona Eleitoral de São Gonçalo do Sapucaí/MG e, em seguida, remetido ao TRE/MG para processamento e julgamento, nos termos dos arts. 266 e 267 do Código Eleitoral. 2. A apontada violação ao art. 262 do Código Eleitoral o qual, como bem pontuou o MPE, nada prevê quanto à competência está dissociada da fundamentação das decisões atacadas, o que atrai o óbice da Súmula nº 27/TSE. 3. O suscitado dissídio não restou evidenciado, porquanto não realizado o cotejo analítico para verificação da similitude fática entre a decisão atacada e os paradigmas colacionados, conforme exige a Súmula nº 28/TSE. 4. Compete ao Tribunal Regional Eleitoral o julgamento do recurso contra expedição de diploma de vereador, cabendo ao juízo a quo apenas receber e encaminhar o apelo ao órgão ad quem, como ocorreu na espécie. Precedente. 5. Na linha da remansosa jurisprudência desta Corte Superior, "a simples reiteração de argumentos já analisados na decisão agravada e o reforço de alguns pontos, sem que haja no agravo regimental qualquer elemento novo apto a infirmá-la, atraem a incidência do Enunciado da Súmula nº 26 do TSE" (REspe nº 1669-13/DF, Rel. Min. Luiz Fux, DJe de 27.10.2016). 6. Agravo regimental desprovido. (Agravo de Instrumento nº 9823, Acórdão, Relator(a) Min. Tarcisio Vieira De Carvalho Neto, Publicação: DJE – Diário de justiça eletrônico, Data 07/05/2018, Página 48).

6.4.7 Rito Processual

i. Petição inicial: Apesar de a AIDI ser uma ação de natureza inicial, a doutrina e a jurisprudência firmaram posicionamento de que o petitório se reveste de características recursais, portanto é comum ter uma peça de interposição para o magistrado conhecer do "recurso", e a peça "recursal" propriamente dita.

ii. Causa de pedir: Para a utilização da AIDI, é imprescindível a ocorrência de inelegibilidade superveniente (inelegibilidade até a data final fixada para o registro de candidatura), de natureza constitucional ou ausência de condição de elegibilidade, conforme atual texto do §2º do art. 262 do Código Eleitoral.

iii. Pedido: Partindo da premissa de que o candidato ao cargo eletivo deve preencher todos os requisitos previstos em lei para que possa exercer plenamente sua capacidade eleitoral passiva, e de que o requisito elegibilidade é fundado em indubitável importância, a ausência dessa condição faz com que o pleito seja maculado. De tal modo, o pedido da AIDI é a desconstituição do diploma.

iv. Trâmite processual: Caso o petitório inicial seja recebido e processado regularmente, o demandado será intimado, para que, em *3 (três) dias*, apresente resposta.

v. Contrarrazões: Ao requerido é oportunizado impugnar todo o alegado na petição inicial.

vi. Réplica: Ao que dispõe o art. 267, §5º, do Código Eleitoral,[183] havendo juntada de documentos pela defesa, em respeito ao princípio do contraditório e da ampla defesa, é possível a réplica em *48 (quarenta e oito) horas*.

vi. Instrução e Julgamento: Findados os prazos, e conhecido o "recurso", dentro de *48 (quarenta e oito) horas* os autos deverão ascender à instância superior para julgamento.

Cumpre rememorar, ademais, que não cabe o chamado juízo de retratação em sede de AIDI, previsto no art. 267, §6º, do Código Eleitoral,[184] tendo em vista que essa

---

[183] Código Eleitoral brasileiro – "Art. 267. Recebida a petição, mandará o juiz intimar o recorrido para ciência do recurso, abrindo-se-lhe vista dos autos a fim de, em prazo igual ao estabelecido para a sua interposição, oferecer razões, acompanhadas ou não de novos documentos. [...] §5º Se o recorrido juntar novos documentos, terá o recorrente vista dos autos por 48 (quarenta e oito) horas para falar sôbre os mesmos, contado o prazo na forma dêste artigo". BRASIL. *Lei nº 4.737, de 15 de julho de 1965*. Disponível em: http://www.planalto.gov.br/ccivil_03/LEIS/L4737.htm. Acesso em: 25 fev. 2022

[184] Código Eleitoral brasileiro – "Art. 267. Recebida a petição, mandará o juiz intimar o recorrido para ciência do recurso, abrindo-se-lhe vista dos autos a fim de, em prazo igual ao estabelecido para a sua interposição, oferecer razões, acompanhadas ou não de novos documentos. [...] §6º Findos os prazos a que se referem os parágrafos anteriores, o juiz eleitoral fará, dentro de 48 (quarenta e oito) horas, subir os autos ao Tribunal Regional com a sua resposta e os documentos em que se fundar, sujeito à multa de dez por cento do salário-mínimo regional por dia de retardamento, salvo se entender de reformar a sua decisão". BRASIL. *Lei nº 4.737, de 15 de julho de 1965*. Disponível em: http://www.planalto.gov.br/ccivil_03/LEIS/L4737.htm. Acesso em: 25 fev. 2022.

medida processual, em verdade, possui natureza jurídica de ação. Por isso, não compete ao juiz que a recebeu a revisão do ato impugnado.

Uma vez que a doutrina considerava a AIDI um recurso (por esse sentido, era utilizada a terminologia "Recurso Contra Expedição de Diploma"), exigia-se, no momento da interposição, a apresentação de prova pré-constituída. Na medida em que se passou a considerá-la ação autônoma, tornou-se imperioso acolher a produção de provas no curso do feito, ainda que nas instâncias superiores.

O art. 270, §1º, do Código Eleitoral dispõe sobre a fase instrutória nos seguintes termos: "art. 270 [...] §1º Admitir-se-ão como meios de prova para apreciação pelo Tribunal as justificações e as perícias processadas perante o juiz eleitoral da zona, com citação dos partidos que concorreram ao pleito e do representante do Ministério Público".

PARA SEDIMENTAR

DIREITO ELEITORAL E PROCESSUAL CIVIL. RECURSO ESPECIAL ELEITORAL. ELEIÇÕES 2016. RECURSO CONTRA EXPEDIÇÃO DE DIPLOMA. SUSPENSÃO DE DIREITOS POLÍTICOS EM AÇÃO DE IMPROBIDADE ADMINISTRATIVA TRANSITADA EM JULGADO. CONDIÇÃO DE ELEGIBILIDADE. DESPROVIMENTO. I – HIPÓTESE 1. Recursos especiais eleitorais interpostos contra acórdão regional que, no julgamento de recursos contra expedição de diploma, determinou a cassação dos diplomas do prefeito e do vice-prefeito do Município de Castelo/ES, eleitos no pleito de 2016. 2. Na hipótese dos autos, o prefeito foi condenado à suspensão dos direitos políticos pelo período de cinco anos, em ação de improbidade administrativa transitada em julgado em 16.04.2013. Contra a decisão, propôs querela nullitatis, com pedido de liminar, para suspensão dos efeitos da condenação, que foi indeferida pelo juízo de primeiro grau. Na sequência, interpôs agravo de instrumento, cuja liminar fora deferida em 22.03.2016, para sobrestar os efeitos da condenação. Tal liminar foi revogada em decisão proferida em 28.09.2016 e publicada em 03.10.2016. II – RECURSO ESPECIAL DE LUIZ CARLOS PIASSI 3. O Tribunal Regional Eleitoral enfrentou todas as alegações deduzidas na origem, embora contrariamente à pretensão recursal. Não houve, portanto, qualquer omissão que caracterize violação ao art. 275 do Código Eleitoral. 4. De acordo com a jurisprudência deste Tribunal Superior, o caráter protelatório dos embargos de declaração é evidenciado quando o embargante limita-se a reproduzir teses suscitadas anteriormente e já enfrentadas pelo órgão julgado. No caso, as omissões apontadas nos dois aclaratórios opostos na origem referem-se a questões expressamente analisadas pelo Tribunal Regional, o que revela seu caráter protelatório. 5. No regramento do art. 275, §6º, do Código Eleitoral, o salário mínimo não é utilizado como fator de indexação, mas como parâmetro para o limite máximo do valor a ser fixado nos casos de multa imposta ao embargante pelo caráter procrastinatório de seus embargos de declaração. Não há, portanto, inconstitucionalidade por afronta ao art. 7º, IV, da Constituição. 6. A regra do art. 218, §4º, do CPC, no sentido de considerar tempestivo o ato praticado antes do termo inicial do prazo, prestigia os princípios da duração razoável do processo e da cooperação, deixando de prejudicar a parte que, agindo de boa-fé, pratica um ato de forma mais célere. Apesar de se referir aos prazos de natureza processual, o mesmo raciocínio deve ser aplicado ao recurso contra expedição de diploma protocolizado no mesmo dia da diplomação, mas após a realização do ato impugnado, qual seja, a diplomação dos recorrentes. 7. É tempestivo o RCED protocolizado durante o recesso forense, tendo em vista que, de acordo com a jurisprudência deste Tribunal, os prazos de natureza material não se interrompem e não se suspendem, podendo, no entanto, ser prorrogados para o primeiro dia útil seguinte, caso o termo final recaia em feriado ou dia em que não haja expediente forense. 8. Não há modificação da causa de pedir quando o recurso contra expedição de diploma é fundamentado em causa de inelegibilidade e o Tribunal julga procedente o pedido por ausência de condição de elegibilidade, a partir dos fatos narrados na petição inicial. 9. Hipótese em que, antes da diplomação, restauraram-se os efeitos da decisão de suspensão dos direitos políticos do recorrente. A jurisprudência deste Tribunal é no sentido que não pode ser diplomado o candidato eleito que, à data da diplomação, estiver com seus direitos políticos suspensos. Assim, a superveniente suspensão dos direitos políticos, em virtude da restauração dos efeitos da decisão condenatória em ação de improbidade administrativa, impede a diplomação dos eleitos, tendo em vista que não estão em pleno gozo dos direitos políticos. Precedentes. 10. A data da diplomação é o termo final para se conhecer de fato superveniente que restabeleça condição de elegibilidade. Precedentes. Desse modo, é irrelevante, para a análise do presente recurso, o alegado restabelecimento dos direitos políticos do recorrente em abril de 2018, após, portanto, a data da sua diplomação. 11. Não se conhece de recurso especial eleitoral por dissídio jurisprudencial nos casos em que não é realizado o cotejo analítico entre o acórdão recorrido e aquele apontado como paradigma (Súmula nº 28/TSE). III – RECURSO ESPECIAL DE PEDRO NUNES DE ALMEIDA 12. Na hipótese dos autos, não há como afastar o princípio da indivisibilidade da chapa majoritária, tendo em vista que, na data do pleito, o prefeito eleito estava com os direitos políticos suspensos, ante a revogação da liminar que suspendeu os efeitos da condenação. Não se deve atribuir ao candidato a vice-prefeito o desconhecimento da natureza precária das medidas cautelares, cuja revogação, consoante decidido pelo Supremo Tribunal Federal, no RE nº 608.482/RN, opera efeitos ex tunc. 13. A hipótese não atrai a aplicação do entendimento fixado no ED-AgR-REspe nº 83-53/GO, Rel. Min. Herman Benjamin, redator para o acórdão Min. Luiz Fux, j. em 26.06.2018. Em primeiro lugar, o julgado foi proferido em sede de registro de candidatura, enquanto que o caso em análise versa sobre recurso contra expedição de diploma. Em segundo lugar, a ausência de condição de elegibilidade objeto dos autos atinge o prefeito titular da chapa e não o vice-candidato. IV – CONCLUSÃO. 14. Recursos especiais eleitorais desprovidos. 15. A cassação da chapa majoritária eleita implica a renovação do pleito municipal (art. 224, §3º, do Código Eleitoral). Mantida a decisão de cassação dos diplomas dos recorrentes, deve haver a convocação imediata de novas eleições diretas para os cargos de prefeito e vice-prefeito no Município de Castelo/ES, a partir da publicação deste acórdão, independentemente do trânsito em julgado da decisão.

Precedentes. (Recurso Especial Eleitoral nº 49803, Acórdão, Relator(a) Min. Luís Roberto Barroso, Publicação: DJE – Diário de justiça eletrônico, Data 22/08/2019, Página 35-36)

"[...] Recurso contra expedição de diploma. Art. 262, IV, do Código Eleitoral. Prova. Produção. Possibilidade. [...] Conforme jurisprudência deste Tribunal, não há impedimento à apuração dos fatos no recurso contra a diplomação, uma vez que o autor, desde logo, apresente provas suficientes ou indique as que pretende ver produzidas, nos termos do art. 270 do Código Eleitoral (TSE, AgRgAg 8.062, Rel. Min. Caputo Bastos)".

"Esta Corte já assentou a possibilidade de produção, no Recurso Contra Expedição de Diploma, de todos os meios lícitos de provas, desde que indicados na petição inicial, não havendo o requisito da prova pré-constituída. [...] (TSE, RCED 767, Rel. Min. Marcelo Ribeiro)".

"AGRAVO REGIMENTAL. RECURSO CONTRA EXPEDIÇÃO DE DIPLOMA. DESPACHO QUE DEFERIU PRODUÇÃO DE PROVAS. PRELIMINARES. APRECIADAS QUANDO DO JULGAMENTO DO RECURSO. FUNDAMENTOS NÃO INFIRMADOS. DESPROVIDO. Esta Corte já assentou a possibilidade de produção, no Recurso Contra Expedição de Diploma, de todos os meios ilícitos de provas, desde que indicados na petição inicial, não havendo o requisito da prova pré-constituída, podendo, obviamente, o magistrado rechaçar, motivadamente, todos os requerimentos que se mostrem desnecessários ou protelatórios (art. 130 do Código de Processo Civil). Agravo regimental a que se nega provimento. (TSE, AgRg no RCED n. 773, Rel. Min. Marcelo Henriques Ribeiro de Oliveira, 19/03/2009)".

6.4.8 Efeitos

Caso seja julgada procedente, a Ação de Impugnação de Diplomação possui três implicações: (i) a cassação da diplomação; (ii) a perda do exercício do mandato; e (iii) a decretação da inelegibilidade por 8 (oito) anos, inovação trazida pela Lei Complementar nº 135, de 2010. Da decisão de procedência, caberá recurso, que varia de acordo com o órgão julgador da AIDI.

Fugindo à regra dos recursos eleitorais, de acordo com o art. 216 do Código Eleitoral, "enquanto o Tribunal Superior não decidir o recurso interposto contra a expedição do diploma, poderá o diplomado exercer o mandato em toda sua plenitude". Com isso, podemos afiançar que a propositura da AIDI possui efeito suspensivo, razão pela qual sua decisão só produz efeitos depois do julgamento pelo Tribunal Superior Eleitoral. Pelo mesmo ensejo, tampouco comporta pedido de antecipação de tutela.

6.4.9 Recursos

Nas eleições municipais, em que a AIDI é julgada pelo TRE, caberá *Recurso Especial* para o TSE; nas estaduais, federais e presidenciais (art. 22, I, "g", do Código Eleitoral), em que a ação já é julgada pelo TSE, caberá *Recurso Extraordinário*[185] ao Supremo Tribunal Federal.

PARA SEDIMENTAR

"Recurso contra diplomação. Eleição municipal. Cabível, em tese, da decisão do Tribunal Regional, o recurso especial e não o ordinário. Princípio da fungibilidade. Aplicabilidade, na espécie, em que, malgrado o rótulo de ordinário, o recurso reúne os requisitos próprios do especial. Apreciação do recurso, como especial, dispensada a volta ao Tribunal de origem, para que exerça o primeiro juízo de admissibilidade, tendo em vista as peculiaridades do processo eleitoral. [...] (Recurso Ordinário nº 162, Relator(a) Min. Eduardo Andrade Ribeiro De Oliveira, Publicação: DJ – Diário de justiça, Data 05/03/1999, Página 77)".

6.4.10 Resumindo

Fundamentação Legal	Art. 262 do Código Eleitoral.
Objetivos	Desconstituir o diploma do eleito em casos de inelegibilidade superveniente ou de natureza constitucional e de falta de condição de elegibilidade.
Legitimidade ativa	*Partido político, federação partidária, coligação, candidato ou Ministério Público Eleitoral.*
Prazo	Art.262, §3º, do Código Eleitoral: *3 (três) dias após o último dia limite fixado para a diplomação e será suspenso no período compreendido entre os dias 20 de dezembro e 20 de janeiro.*

[185] Consoante art. 121, §4º, inciso III e IV da Constituição Federal: "Das decisões dos Tribunais Regionais Eleitorais somente caberá recurso quando: [...] III – versarem sobre inelegibilidade ou expedição de diplomas nas eleições federais ou estaduais; IV – anularem diplomas ou decretarem a perda de mandatos eletivos federais ou estaduais". BRASIL (1988). *Constituição da República Federativa do Brasil*. Disponível em: http://www.planalto.gov.br/ccivil_03/constituicao/constituicao.htm. Acesso em: 25 fev. 2022.

Competência	Tribunal Superior Eleitoral – Presidente, Vice-Presidente da República, Governador e respectivos vices, Deputados Estaduais e Federais, Senadores e respectivos suplentes; Tribunal Regional Eleitoral – Prefeitos, respectivos vices e Vereadores. Obs.: O recurso é processado no juízo *a quo* (da diplomação) e julgado no juízo *ad quem*.
Se o pedido for julgado procedente	O mandato será desconstituído (cassado) e os votos auferidos de maneira irregular serão anulados. Obs.: Consoante o disposto no art. 216 do Código Eleitoral, "Enquanto o Tribunal Superior não decidir o recurso interposto contra a expedição do diploma, poderá o diplomado exercer o mandato em toda a sua plenitude".

6.5 Ação de Representação por Propaganda Irregular (ARPI)

6.5.1 Conceito

A Ação de Representação por Propaganda Irregular (ARPI) visa evitar o uso de propaganda irregular, a fim de haver a manutenção do princípio igualitário entre os candidatos que disputam o pleito.

Para melhor compreender o conceito de propaganda irregular, faz-se mister conhecer as espécies do gênero propaganda política, que se divide em: eleitoral, partidária, intrapartidária e institucional/governamental.

A *propaganda eleitoral* é aquela destinada à promoção do candidato, a fim de que o eleitor possa conhecer suas ideias e suas propostas, e está albergada no Código Eleitoral e na Lei nº 9.504/1997.

Art. 240 do Código Eleitoral

"Art. 240. A propaganda de candidatos a cargos eletivos somente é permitida após o dia 15 de agosto do ano da eleição".

Art. 36, §1º, da Lei nº 9.504, de 1997

"Art. 36. A propaganda eleitoral somente é permitida após o dia 15 de agosto do ano da eleição. §1º Ao postulante a candidatura a cargo eletivo é permitida a realização, na quinzena anterior à escolha pelo partido, de propaganda intrapartidária com vista à indicação de seu nome, vedado o uso de rádio, televisão e outdoor".

Art. 57-A da Lei nº 9.504, de 1997

"Art. 57-A. É permitida a propaganda eleitoral na internet, nos termos desta Lei, após o dia 15 de agosto do ano da eleição".

A *propaganda partidária* foi revogada pela Lei nº 13.487/2017, uma vez que os recursos financeiros que a mantinham foram destinados a compor o Fundo Especial de Financiamento de Campanha.

Contudo, com a edição da Lei nº 14.291, de 3 de janeiro de 2022, a *propaganda partidária* ressurgiu no ordenamento jurídico, incluindo-se os artigos 50-A, 50-B, 50-C, 50-D e 50-E na Lei nº 9.096/1995.

Lei nº 9.096, de 1995

"Art. 50-A. A propaganda partidária gratuita mediante transmissão no rádio e na televisão será realizada entre as 19h30 (dezenove horas e trinta minutos) e as 22h30 (vinte e duas horas e trinta minutos), em âmbito nacional e estadual, por iniciativa e sob a responsabilidade dos respectivos órgãos de direção partidária. (Incluído pela Lei nº 14.291, de 2022) §1º As transmissões serão em bloco, em cadeia nacional ou estadual, por meio de inserções de 30 (trinta) segundos, no intervalo da programação normal das emissoras. (Incluído pela Lei nº 14.291, de 2022) §2º O órgão partidário respectivo apresentará à Justiça Eleitoral requerimento da fixação das datas de formação das cadeias nacional e estaduais. (Incluído pela Lei nº 14.291, de 2022) §3º A formação das cadeias nacional e estaduais será autorizada respectivamente pelo Tribunal Superior Eleitoral e pelos Tribunais Regionais Eleitorais, que farão a necessária requisição dos horários às emissoras de rádio e de televisão. (Incluído pela Lei nº 14.291, de 2022) §4º A critério do órgão partidário nacional, as inserções em redes nacionais poderão veicular conteúdo regionalizado, com comunicação prévia ao Tribunal Superior Eleitoral. (Incluído pela Lei nº 14.291, de 2022) §5º Se houver coincidência de data, a Justiça Eleitoral dará prioridade ao partido político que apresentou o requerimento primeiro. (Incluído pela Lei nº 14.291, de 2022) §6º As inserções serão entregues às emissoras com a antecedência mínima acordada e em mídia com tecnologia compatível com a da emissora recebedora. (Incluído pela Lei nº 14.291, de 2022) §7º As inserções a serem feitas na programação das emissoras serão determinadas: (Incluído pela Lei nº 14.291, de 2022) I – pelo Tribunal Superior Eleitoral, quando solicitadas por órgão de direção nacional de partido político; (Incluído pela Lei nº 14.291, de 2022) II – pelo Tribunal Regional Eleitoral, quando solicitadas por órgão de direção estadual de partido político. (Incluído pela Lei nº 14.291, de 2022) §8º Em cada rede somente serão autorizadas até 10 (dez) inserções de 30 (trinta) segundos por dia. (Incluído pela Lei nº 14.291, de 2022) §9º As inserções deverão ser veiculadas pelas emissoras de rádio e de televisão no horário estabelecido no caput, divididas proporcionalmente dentro dos intervalos comerciais no decorrer das 3 (três) horas de veiculação, da seguinte forma: (Incluído pela Lei nº 14.291, de 2022) I – na primeira hora de veiculação, no máximo 3 (três) inserções; (Incluído pela Lei nº 14.291, de 2022) II – na segunda hora de veiculação, no máximo 3 (três) inserções; (Incluído pela Lei nº 14.291, de 2022) III – na terceira hora de veiculação, no máximo 4 (quatro) inserções. (Incluído pela Lei nº 14.291, de 2022) §10. É vedada a veiculação de inserções sequenciais, observado obrigatoriamente o intervalo mínimo de 10 (dez) minutos entre cada veiculação. (Incluído pela Lei nº 14.291, de 2022) §11. As inserções serão veiculadas da seguinte forma: (Incluído pela Lei nº 14.291, de 2022) I – as nacionais: nas terças-feiras, quintas-feiras e sábados; (Incluído pela Lei nº 14.291, de 2022) II – as estaduais: nas segundas-feiras, quartas-feiras e sextas-feiras. (Incluído pela Lei nº 14.291, de 2022)

Art. 50-B. O partido político com estatuto registrado no Tribunal Superior Eleitoral poderá divulgar propaganda partidária gratuita mediante transmissão no rádio e na televisão, por meio exclusivo de inserções, para: (Incluído pela Lei nº 14.291, de 2022) I – difundir os programas partidários; (Incluído pela Lei nº 14.291, de 2022) II – transmitir mensagens aos filiados sobre a execução do programa partidário, os eventos com este relacionados e as atividades congressuais do partido; (Incluído pela Lei nº 14.291, de 2022) III – divulgar a posição do partido em relação a temas políticos e ações da sociedade civil; (Incluído pela Lei nº 14.291, de 2022) IV – incentivar a filiação partidária e esclarecer o papel dos partidos na democracia brasileira; (Incluído pela Lei nº 14.291, de 2022) V – promover e difundir a participação política das mulheres, dos jovens e dos negros. (Incluído pela Lei nº 14.291, de 2022) §1º Os partidos políticos que tenham cumprido as condições estabelecidas no §3º do art. 17 da Constituição Federal terão assegurado o direito de acesso gratuito ao rádio e à televisão, na proporção de sua bancada eleita em cada eleição geral, nos seguintes termos: (Incluído pela Lei nº 14.291, de 2022) I – o partido que tenha eleito acima de 20 (vinte) Deputados Federais terá assegurado o direito à utilização do tempo total de 20 (vinte) minutos por semestre para inserções de 30 (trinta) segundos nas redes nacionais, e de igual tempo nas emissoras estaduais; (Incluído pela Lei nº 14.291, de 2022) II – o partido que tenha eleito entre 10 (dez) e 20 (vinte) Deputados Federais terá assegurado o direito à utilização do tempo total de 10 (dez) minutos por semestre para inserções de 30 (trinta) segundos nas redes nacionais, e de igual tempo nas emissoras estaduais; (Incluído pela Lei nº 14.291, de 2022) III – o partido que tenha eleito até 9 (nove) Deputados Federais terá assegurado o direito à utilização do tempo total de 5 (cinco) minutos por semestre para inserções de 30 (trinta) segundos nas redes nacionais, e de igual tempo nas redes estaduais. (Incluído pela Lei nº 14.291, de 2022) §2º Do tempo total disponível para o partido político, no mínimo 30% (trinta por cento) deverão ser destinados à promoção e à difusão da participação política das mulheres. (Incluído pela Lei nº 14.291, de 2022) §3º Nos anos de eleições, as inserções somente serão veiculadas no primeiro semestre. (Incluído pela Lei nº 14.291, de 2022) §4º Ficam vedadas nas inserções: (Incluído pela Lei nº 14.291, de 2022) I – a participação de pessoas não filiadas ao partido responsável pelo programa; (Incluído pela Lei nº 14.291, de 2022) II – a divulgação de propaganda de candidatos a cargos eletivos e a defesa de interesses pessoais ou de outros partidos, bem como toda forma de propaganda eleitoral; (Incluído pela Lei nº 14.291, de 2022) III – a utilização de imagens ou de cenas incorretas ou incompletas, de efeitos ou de quaisquer outros recursos que distorçam ou falseiem os fatos ou a sua comunicação; (Incluído pela Lei nº 14.291, de 2022) IV – a utilização de matérias que possam ser comprovadas como falsas (fake news); (Incluído pela Lei nº 14.291, de 2022) V – a prática de atos que resultem em qualquer tipo de preconceito racial, de gênero ou de local de origem; (Incluído pela Lei nº 14.291, de 2022) VI – a prática de atos que incitem a violência. (Incluído pela Lei nº 14.291, de 2022) §5º Tratando-se de propaganda partidária no rádio e na televisão, o partido político que descumprir o disposto neste artigo será punido com a cassação do tempo equivalente a 2 (duas) a 5 (cinco) vezes o tempo da inserção ilícita, no semestre seguinte. (Incluído pela Lei nº 14.291, de 2022) §6º A representação, que poderá ser oferecida por partido político ou pelo Ministério Público Eleitoral, será julgada pelo Tribunal Superior Eleitoral quando se tratar de inserções nacionais e pelos Tribunais Regionais Eleitorais quando se tratar de inserções transmitidas nos Estados correspondentes. (Incluído pela Lei nº 14.291, de 2022) §7º O prazo para o oferecimento da representação prevista no §6º deste artigo encerra-se no último dia do semestre em que for veiculado o programa impugnado ou, se este tiver sido transmitido nos últimos 30 (trinta) dias desse período, até o 15º (décimo quinto) dia do semestre seguinte. (Incluído pela Lei nº 14.291, de 2022) §8º Da decisão do Tribunal Regional Eleitoral que julgar procedente a representação, cassando o direito de transmissão de propaganda partidária, caberá recurso para o Tribunal Superior Eleitoral, que será recebido com efeito suspensivo. (Incluído pela Lei nº 14.291, de 2022)

Art. 50-C. Para agilizar os procedimentos, condições especiais podem ser pactuadas diretamente entre as emissoras de rádio e de televisão e os órgãos de direção do partido, obedecidos os limites estabelecidos nesta Lei, dando-se conhecimento ao Tribunal Eleitoral da respectiva jurisdição. (Incluído pela Lei nº 14.291, de 2022)

Art. 50-D. A propaganda partidária no rádio e na televisão fica restrita aos horários gratuitos disciplinados nesta Lei, com proibição de propaganda paga. (Incluído pela Lei nº 14.291, de 2022)

Art. 50-E. As emissoras de rádio e de televisão terão direito a compensação fiscal pela cessão do horário gratuito previsto nesta Lei, em conformidade com os critérios estabelecidos no art. 99 da Lei nº 9.504, de 30 de setembro de 1997. (Incluído pela Lei nº 14.291, de 2022) §1º A compensação fiscal à qual as emissoras de rádio e de televisão farão jus deverá ser calculada com base na média do faturamento dos comerciais dos anunciantes do horário compreendido entre as 19h30 (dezenove horas e trinta minutos) e as 22h30 (vinte e duas horas e trinta minutos). (Incluído pela Lei nº 14.291, de 2022) §2º A emissora de rádio ou de televisão que não exibir as inserções partidárias nos termos desta Lei perderá o direito à compensação fiscal e ficará obrigada a ressarcir o partido político lesado mediante a exibição de inserções por igual tempo, nos termos definidos em decisão judicial. (Incluído pela Lei nº 14.291, de 2022)".

Nesse ponto, insta registrar que o art. 50-E, que dispõe sobre a volta da compensação fiscal para emissoras de rádio e televisão, foi inicialmente vetado pela Presidência da República, mas o veto foi derrubado pelo Congresso Nacional e o mencionado artigo foi promulgado em 15.02.2022.

A *propaganda intrapartidária*, por sua vez, nas palavras de Dorival Renato Pavan, diz respeito "ao ato de difusão deliberada e sistemática de mensagem destinada aos convencionais do Partido a que se pertence o pré-candidato, com a finalidade de obter o sufrágio de seu nome como candidato oficial nas eleições que se avizinham". [186]

Essa espécie de propaganda está prevista no art. 36, §1º, da Lei nº 9.504, de 1997.

Art. 36, §1º, da Lei nº 9.504, de 1997

"Art. 36. A propaganda eleitoral somente é permitida após o dia 15 de agosto do ano da eleição. §1º Ao postulante a candidatura a cargo eletivo é permitida a realização, na quinzena anterior à escolha pelo partido, de propaganda intrapartidária com vista à indicação de seu nome, vedado o uso de rádio, televisão e outdoor".

Por conseguinte, temos que a propaganda intrapartidária serve para despontar aos componentes do partido que o pré-candidato tem a intenção de se concorrer. Tal divulgação, todavia, deve ser restrita ao âmbito interno do partido, e só pode ocorrer neste exato intervalo temporal, qual seja, nos *15 (quinze) dias* antes da convenção partidária. Vale dizer que não há data precisa para a realização da convenção, não obstante a legislação determine que elas devem ocorrer entre 20 de julho a 5 de agosto.[187]

[186] PAVAN, Dorival Renato. *Propaganda eleitoral*. São Paulo: Pillares, 2008. p. 29.

[187] Lei nº 9.504 de 30 de setembro de 1997 – "Art. 8º A escolha dos candidatos pelos partidos e a deliberação sobre coligações deverão ser feitas no período de 20 de julho a 5 de agosto do ano em que se realizarem as eleições, lavrando-se a respectiva ata em livro aberto, rubricado pela Justiça Eleitoral, publicada em vinte e quatro horas em qualquer meio de comunicação. (Redação dada pela Lei nº 13.165, de 2015) §1º Aos detentores de mandato de Deputado Federal, Estadual ou Distrital, ou de Vereador, e aos que tenham exercido esses cargos em qualquer período da legislatura que estiver em curso, é assegurado o registro de candidatura para o mesmo cargo pelo partido a que estejam filiados. (Vide ADI nº 2.530-9) §2º Para a realização das convenções de escolha de candidatos, os partidos políticos poderão usar gratuitamente prédios públicos, responsabilizando-se por danos causados com a realização do evento". BRASIL. *Lei nº 9.504, de 30 de setembro de 1997*. Disponível em: http://www.planalto.gov.br/ccivil_03/leis/l9504.htm. Acesso em: 26 fev. 2022.

Finda a convenção, as propagandas intrapartidárias devem ser retiradas, sob pena de multa. Isso porque a manutenção de tais propagandas em locais próximos à convenção pode ser interpretada como propaganda eleitoral antecipada, uma vez que o pré-candidato tenha sido escolhido para concorrer a cargo eletivo.

Já a *propaganda eleitoral antecipada* pode surgir sob diversas formas: pode ser realizada pelo pré-candidato que ainda não teve seu nome aprovado pela convenção para concorrer ao pleito; ou, ainda, ocorrer mediante propaganda institucional ou partidária, quando houver desvio de finalidade, fazendo apologia a futuro candidato, desde que contenha pedido explícito de voto (diretamente ou com utilização de "palavras mágicas"), ou ainda, utilizando-se de formas proscritas de propaganda, mesmo sem pedido explícito de voto.

Com efeito, há inumeráveis modalidades de propagandas antecipadas, devendo serem observadas as peculiaridades caso a caso. Exemplificando, podemos anotar a adesivação de carros, *outdoors*, placas, entre outras situações que levam mensagens ao eleitor, abrangendo, até mesmo, mensagens natalinas, de dia das mães ou outra data comemorativa que esteja vinculada a nome de possível candidato.

Com relação ao costumeiro caso de adesivação de veículos, *v.g.*, Olivar Coneglian aduz:

> Em relação aos adesivos, ainda há uma tolerância por causa da dificuldade de fiscalização. No entanto, esclarecimentos da Justiça Eleitoral pelos meios de comunicação fazem grande efeito. Além disso, uma grande quantidade de adesivos iguais, a demonstrar uma única fonte, merece investigação da Justiça Eleitoral, para descobrir sua origem. Se os adesivos foram feitos a mando do candidato, ele pode ser enquadrado, por produzir propaganda eleitoral antecipada e também porque ainda não tinha autorização oficial para gastar em sua candidatura. Nem o partido poderia contabilizar esses fatos, feitos de forma ilegal.[188]

Doutro vértice, temos a *propaganda institucional (ou governamental)*, cujas raízes estão albergadas no art. 37, §1º, da Constituição Federal.

Art. 37, §1º, da Constituição Federal

"Art. 37. A administração pública direta e indireta de qualquer dos Poderes da União, dos Estados, do Distrito Federal e dos Municípios obedecerá aos princípios da legalidade, impessoalidade, moralidade, publicidade e eficiência e, também, pelo seguinte: [...] §1º. A publicidade dos atos, programas, obras, serviços e campanhas dos órgãos públicos deverá ter caráter educativo, informativo ou de orientação social, dela não podendo constar nomes, símbolos ou imagens que caracterizem promoção pessoal de autoridades ou servidores públicos".

---

[188] CONEGLIAN, Olivar. *Propaganda eleitoral*. 8. ed. Curitiba: Juruá, 2006. p. 210.

Da análise do supracitado art. 37, resta fulgente o mandamento constitucional autorizando a realização de publicidade institucional, desde que se enquadre em uma das hipóteses consignadas, quais sejam: caráter educativo, informativo ou de orientação social, sendo que o desvirtuamento dessa ordem com fins eleitoreiros deve ser duramente combatido pela Justiça Eleitoral.

Sobre o tema, Napoleão Nunes Maia Filho:[189]

> A publicidade institucional do Governo é seguramente uma forma sofisticada de propaganda, pela qual busca exercer uma ação psicológica sobre o público, visando a obtenção de dividendos políticos favoráveis, enquanto a informação administrativa é politicamente neutra e se completa com a mera comunicação ou notícia trazida ao conhecimento de uma pessoa ou de um público, não havendo a preocupação com a colheita imediata de efeitos favoráveis.[190]

Por esse motivo, a Lei nº 9.504, de 1997, em seu art. 73, vedou expressamente a veiculação desse tipo de propaganda nos três meses que antecedem o pleito eleitoral, a não ser que se destine à divulgação de ações sociais estritamente necessárias.

Art. 73 da Lei nº 9.504, de 1997

"Art. 73. São proibidas aos agente públicos, servidores ou não, as seguintes condutas tendentes a afastar a igualdade de oportunidade entre candidatos nos pleitos eleitorais: [...] VI – nos três meses que antecedem o pleito: [...] b) com exceção da propaganda de produtos e serviços que tenham concorrência no mercado, autorizar a publicidade institucional dos atos, programas, obras, serviços e campanhas dos órgãos públicos federais, estaduais ou municipais, ou das respectivas entidades da administração indireta, salvo em caso de grave e urgente necessidade pública, assim reconhecida pela Justiça Eleitoral. c) fazer pronunciamento na cadeia de rádio e televisão, fora do horário eleitoral gratuito, salvo quando, a critério da Justiça Eleitoral, tratar-se de matéria urgente, relevante e característica das funções de governo; [...] §1º Reputa-se agente público, para efeitos deste artigo, quem exerce, ainda que transitoriamente ou sem remuneração, por eleição, nomeação, designação, contratação ou qualquer outra forma de investidura ou vínculo, mandato, cargo, emprego ou função nos órgãos ou entidades da administração pública direta, indireta, ou fundacional. [...] §3ª As vedações do inciso VI do caput, alíneas b e c, aplicam-se apenas aos agentes públicos das esferas administrativas cujos cargos estejam em disputa na eleição. §4º O descumprimento do disposto neste artigo acarretará a suspensão imediata da conduta vedada, quando for o caso, e sujeitará os responsáveis a

---

[189] *Apud* PAVAN, Dorival Renato. *Propaganda eleitoral*. São Paulo: Pillares, 2008. p. 53.

[190] PAVAN, Dorival Renato. *Propaganda eleitoral*. São Paulo: Pillares, 2008. p. 53.

multa no valor de cinco a cem mil UFIR. §5º Nos casos de descumprimento do disposto nos incisos do caput e no §10, sem prejuízo do disposto no §4º, o candidato beneficiado, agente público ou não, ficará sujeito à cassação do registro ou do diploma. §6ª As multas de que trata este artigo serão duplicadas a cada reincidência. §7º As condutas enumeradas no *caput* caracterizam, ainda, atos de improbidade administrativa, a que se refere o art. 11, inciso I, da Lei nª 8.429, de 2 de junho de 1992, e sujeitam-se ás disposições daquele diploma legal, em especial às cominações do art. 12, inciso III. §8ª Aplicam-se as sanções do §4º aos agentes públicos responsáveis pelas condutas vedadas e aos partidos, coligações e candidatos que delas se beneficiarem. §9º Na distribuição dos recursos do Fundo Partidário oriundos da aplicação do disposto no §4º, deverão ser excluídos os partidos beneficiados pelos atos que originaram as multas. §10 No ano em que se realizar a eleição, fica proibida a distribuição gratuita de bens, valores ou benefícios por parte da Administração Pública, exceto nos casos de calamidade pública, de estado de emergência ou de programas sociais autorizados em lei e já em execução orçamentária no exercício anterior, casos em que o Ministério Público poderá promover o acompanhamento de sua execução financeira e administrativa. §11 Nos anos eleitorais, os programas sociais de que trata o §10 não poderão ser executados por entidade nominalmente vinculada a candidato ou por esse mantida. §12 A representação contra a não observância do disposto neste artigo observará o rito do art. 22 da Lei Complementar nª 64, de 18 de maio de 1990, e poderá ser ajuizada até a data da diplomação. §13 O prazo de recurso contra decisões proferidas com base neste artigo será de 3 (três) dias, a contar da data da publicação do julgamento no Diário Oficial".

Observa-se, desse modo, que a propaganda institucional se caracteriza por uma prestação de contas, realizada pelo governo, dos seus atos para a população, atestando que cumpriu o programa de gestão, o cronograma das obras, a prestação de serviços, entre outros. Frise-se: trata-se de uma prestação de contas do *governo*, não do *governante*. Portanto, é imprescindível que tudo decorra com impessoalidade e que haja uma finalidade educativa, informativa ou de orientação social, nos termos do art. 37, §1º, da CF/88.

Diante disso, surge a obrigatoriedade de que os meios de comunicação social divulguem a propaganda institucional sem excessos, com um caráter sóbrio, para não caracterização de campanha eleitoral indevida, por antecipação, sujeitando-se os seus responsáveis às penalidades previstas pela lei.

Com efeito, na prática, notamos que essa modalidade de propaganda tende a sofrer um desvio de finalidade no Brasil. Basta analisar o modo como a divulgação midiática ocorre, dando à propaganda institucional um marcante caráter eleitoreiro, a fim de valer-se do poder oriundo do controle da máquina pública e, consequentemente, dos recursos públicos, para obter vantagens eleitorais.

Como exemplo, Dorival Renato Pavan cita o caso em que o agente público, nos moldes definidos pelo art. 73 da Lei nº 9.504, de 1997, concede entrevista aos meios de comunicação de massa, *in verbis*:

> O Tribunal Superior Eleitoral, por meio de voto do eminente Ministro José Delgado, já deixou assente que 'compulsando os autos, percebe-se o acerto na imposição de multa ao ora agravante, pois, conforme expresso no aresto regional, a entrevista consistiu em propaganda eleitoral extemporânea, vedada pela legislação de regência. Destaco do voto condutor, o seguinte excerto (fl. 159): 'Observa-se no texto da entrevista que foi levada ao ar que os representados de fato infringiram a orientação do Egrégio Tribunal Superior Eleitoral, porque não se limitaram a prestar contas de suas atividades parlamentares, eis que enfatizaram propostas de campanha, falaram sobre projetos para administrar o Distrito Federal e ainda pediram apoio aos eleitores nas próximas eleições. [...] de alguns trechos da entrevista, destacados pelo ilustre Procurador Regional Eleitoral, nas razões de seu recurso, [...] de fato comprovam que os representados, de acordo com a recente orientação do egrégio Tribunal Superior Eleitoral, realizaram a propaganda eleitoral extemporânea denunciada [...]' (fl. 159). A toda evidência, as razões apresentadas no agravo de instrumento demonstram que a pretensão do então recorrente, ora agravante, demandaria revolvimento do conjunto probatório dos autos, inadmissível na via especial ante o óbice da Súmula n. 7/STJ: "a pretensão de simples reexame de prova não enseja recurso especial". Ademais, o pretenso dissídio jurisprudencial não se verifica, por força da disparidade entre o julgado combatido e os precedentes cotejados. Acolho, nesse particular, o seguinte excerto da manifestação do *parquet* (fl. 227): "Observa-se que, nas razões trazidas à colação não restaram configuradas as propagandas antecipadas, diante da ausência de referência às eleições e de solicitação de votos. Já no presente caso, os Representados enfatizaram propostas de campanha, falaram sobre projetos para administrar o Distrito Federal e ainda pediram voto". Isto posto, nego seguimento ao agravo de instrumento. Publique-se. Intimações necessárias. Brasília, 3 de agosto de 2007. MINISTRO JOSÉ DELGADO – AI – 7.779, Brasília-DF, DJ – Diário de Justiça, Data 9/8/2007, p. 205.[191]

Posto isso, cabe dissertar brevemente sobre a diferença entre as propagandas lícita, irregular e criminosa, e suas consequências jurídicas.

Sobre o tema, Joel Cândido assevera que a *propaganda lícita* é:

> Toda e qualquer propaganda, por qualquer forma executada, que não for proibida pela lei comum ou criminal". Ainda sobre o tema, continua o professor afirmando que "as formas de sua realização ficam à conta dos Partidos Políticos e seus adeptos, dos próprios candidatos e, fundamentalmente, das empresas de publicidade que invadem o marketing político e eleitoral.[192]

Desse modo, seguindo o brocardo de que "é lícito tudo o que a lei não proíbe", considera-se lícita toda espécie de propaganda eleitoral que não encontra óbice na legislação regente. Pode-se ir além, trazendo ao Direito eleitoral nuances de princípios que regem o Direito administrativo, mais especificamente o direito da legalidade estrita,

---

[191] PAVAN, Dorival Renato. *Propaganda eleitoral*. São Paulo: Pillares, 2008. p. 57.

[192] CÂNDIDO, Joel José. *Direito eleitoral brasileiro*. 13. ed. São Paulo: Edipro, 2008. p. 157.

segundo a qual é lícito tudo aquilo que a lei autoriza. Assim, além de não ser vedada, a propaganda eleitoral tem de seguir estritamente a autorização legal, principalmente no que se refere à questão temporal, ou seja, à época em que ela é admitida.

No que se refere à *propaganda irregular*, e já adentrando em suas diferenças em relação à *propaganda criminosa*, Joel Cândido aduz:

> "Não há proibição ou vedação, características da propaganda criminosa, mas uma restrição ao princípio da liberdade da propagada política, em qualquer de suas modalidades, princípio esse que é o pressuposto básico da propaganda lícita. Ambas, propaganda irregular e criminosa, ensejam sanções eleitorais stricto sensu, mas a propaganda criminosa acarreta ao infrator também as penas criminais previstas em lei, diferença marcante entre elas".[193]

A *propaganda criminosa*, por sua vez, implicará o cometimento de um crime eleitoral, previsto no próprio Código Eleitoral ou em legislação eleitoral extravagante. Nesse sentido, vale ressaltar a preleção de Suzana Camargo Gomes:

> É dado afirmar que os crimes eleitorais, sob o aspecto material, podem ser conceituados como todas aquelas ações ou omissões humanas, sancionadas penalmente, que atentem contra os bens jurídicos expressos no exercício dos direitos políticos e na legitimidade e regularidade dos pleitos eleitorais. São, assim, crimes eleitorais, todas aquelas condutas levadas a efeito durante o processo eleitoral e que, por atingirem ou macularem a liberdade do direito ao sufrágio, em sua acepção ampla, ou mesmo os serviços e desenvolvimento das atividades eleitorais, a lei as reprimiu, infligindo a autores uma pena. Consistem, desta forma, em condutas delituosas que podem se revelar nas mais diferentes formas, indo desde aquelas que conspurcam a inscrição de eleitores, a filiação a partidos políticos, o registro de candidatos, a propaganda eleitoral, a votação, até aquelas que violam a apuração dos resultados e diplomação dos eleitos.[194]

Como exemplo, o art. 39, §5º, da Lei nº 9.504, de 1997,[195] prevê como crimes, no dia da eleição, o uso de alto-falantes e amplificadores de som ou a promoção de comício

---

193 CÂNDIDO, Joel José. *Direito eleitoral brasileiro*. 13. ed. São Paulo: Edipro, 2008. p.160.

194 GOMES, Suzana Camargo. *Crimes eleitorais*. São Paulo: Revista dos Tribunais, 2000. p. 25.

195 Lei nº 9.504, de 30 de setembro de 1997 – "Art. 39. A realização de qualquer ato de propaganda partidária ou eleitoral, em recinto aberto ou fechado, não depende de licença da polícia. §1º O candidato, partido ou coligação promotora do ato fará a devida comunicação à autoridade policial em, no mínimo, vinte e quatro horas antes de sua realização, a fim de que esta lhe garanta, segundo a prioridade do aviso, o direito contra quem tencione usar o local no mesmo dia e horário. §2º A autoridade policial tomará as providências necessárias à garantia da realização do ato e ao funcionamento do tráfego e dos serviços públicos que o evento possa afetar. §3º O funcionamento de alto-falantes ou amplificadores de som, ressalvada a hipótese contemplada no parágrafo seguinte, somente é permitido entre as oito e as vinte e duas horas, sendo vedados a instalação e o uso daqueles equipamentos em distância inferior a duzentos metros: I – das sedes dos Poderes Executivo e Legislativo da União, dos Estados, do Distrito Federal e dos Municípios, das sedes dos Tribunais Judiciais, e dos quartéis e outros estabelecimentos militares; II – dos hospitais e casas de saúde; III – das escolas, bibliotecas públicas, igrejas e teatros, quando em funcionamento. §4º A realização de comícios e a utilização de aparelhagens de sonorização fixas são permitidas no horário compreendido entre as 8 (oito) e as 24 (vinte e quatro) horas, com exceção do comício de encerramento da campanha, que poderá ser prorrogado por mais 2 (duas) horas. §5º Constituem crimes, no dia da eleição, puníveis com detenção, de seis meses a um ano, com a alternativa de prestação de serviços à comunidade pelo mesmo período, e multa no valor de cinco mil a quinze mil UFIR: I – o uso de alto-falantes e amplificadores de som ou a promoção de comício ou carreata; II – a arregimentação

ou carreata (inciso I); a arregimentação de eleitor ou a "boca de urna" (inciso II); a divulgação de toda espécie de propaganda de partidos políticos ou de seus candidatos, mediante publicações, cartazes, camisas, bonés ou outras peças de vestuário (inciso III); a publicação de novos conteúdos ou o impulsionamento de conteúdos nas aplicações de internet, podendo ser mantidos em funcionamento as aplicações e os conteúdos publicados anteriormente (inciso IV).

Depois dessa exposição propedêutica acerca das espécies de propaganda eleitoral, retorna-se à Ação de Representação por Propaganda Irregular, que, conforme o próprio nome já pronuncia, tem o condão de restabelecer a ordem pública afrontada pela divulgação de propagada irregular, a fim de garantir a manutenção da higidez do processo eleitoral, em submissão ao princípio democrático.

6.5.2 Fundamentação Legal

A previsão legal das representações e das reclamações está balizada no art. 96 da Lei nº 9.504, de 1997.

Art. 96 da Lei nº 9.504, de 1997

"Art. 96. Salvo disposições específicas em contrário desta Lei, as reclamações ou representações relativas ao seu descumprimento podem ser feitas por qualquer partido político, coligação ou candidato, e devem dirigir-se: I – aos Juízes Eleitorais,

de eleitor ou a propaganda de boca de urna; III – a divulgação de qualquer espécie de propaganda de partidos políticos ou de seus candidatos. IV – a publicação de novos conteúdos ou o impulsionamento de conteúdos nas aplicações de internet de que trata o art. 57-B desta Lei, podendo ser mantidos em funcionamento as aplicações e os conteúdos publicados anteriormente. §6º É vedada na campanha eleitoral a confecção, utilização, distribuição por comitê, candidato, ou com a sua autorização, de camisetas, chaveiros, bonés, canetas, brindes, cestas básicas ou quaisquer outros bens ou materiais que possam proporcionar vantagem ao eleitor. §7º É proibida a realização de showmício e de evento assemelhado para promoção de candidatos, bem como a apresentação, remunerada ou não, de artistas com a finalidade de animar comício e reunião eleitoral. §8º É vedada a propaganda eleitoral mediante outdoors, inclusive eletrônicos, sujeitando-se a empresa responsável, os partidos, as coligações e os candidatos à imediata retirada da propaganda irregular e ao pagamento de multa no valor de R$ 5.000,00 (cinco mil reais) a R$ 15.000,00 (quinze mil reais). §9º Até as vinte e duas horas do dia que antecede a eleição, serão permitidos distribuição de material gráfico, caminhada, carreata, passeata ou carro de som que transite pela cidade divulgando jingles ou mensagens de candidatos. §9º-A. Considera-se carro de som, além do previsto no §12, qualquer veículo, motorizado ou não, ou ainda tracionado por animais, que transite divulgando jingles ou mensagens de candidatos. §10. Fica vedada a utilização de trios elétricos em campanhas eleitorais, exceto para a sonorização de comícios. §11. É permitida a circulação de carros de som e minitrios como meio de propaganda eleitoral, desde que observado o limite de oitenta decibéis de nível de pressão sonora, medido a sete metros de distância do veículo, e respeitadas as vedações previstas no § 3o deste artigo, apenas em carreatas, caminhadas e passeatas ou durante reuniões e comícios. §12. Para efeitos desta Lei, considera-se: I – carro de som: veículo automotor que usa equipamento de som com potência nominal de amplificação de, no máximo, 10.000 (dez mil) watts; II – minitrio: veículo automotor que usa equipamento de som com potência nominal de amplificação maior que 10.000 (dez mil) watts e até 20.000 (vinte mil) watts; III – trio elétrico: veículo automotor que usa equipamento de som com potência nominal de amplificação maior que 20.000 (vinte mil) watts". BRASIL. *Lei nº 9.504, de 30 de setembro de 1997.* Disponível em: http://www.planalto.gov.br/ccivil_03/leis/l9504.htm. Acesso em: 26 fev. 2022.

nas eleições municipais; II – aos Tribunais Regionais Eleitorais, nas eleições federais, estaduais e distritais; III – ao Tribunal Superior Eleitoral, na eleição presidencial. §1º As reclamações e representações devem relatar fatos, indicando provas, indícios e circunstâncias. §2º Nas eleições municipais, quando a circunscrição abranger mais de uma Zona Eleitoral, o Tribunal Regional designará um Juiz para apreciar as reclamações ou representações. §3º Os Tribunais Eleitorais designarão três juízes auxiliares para a apreciação das reclamações ou representações que lhes forem dirigidas. §4º Os recursos contra as decisões dos juízes auxiliares serão julgados pelo Plenário do Tribunal. §5º Recebida a reclamação ou representação, a Justiça Eleitoral notificará imediatamente o reclamado ou representado para, querendo, apresentar defesa em quarenta e oito horas. §7º Transcorrido o prazo previsto no §5º, apresentada ou não a defesa, o órgão competente da Justiça Eleitoral decidirá e fará publicar a decisão em vinte e quatro horas. §8º Quando cabível recurso contra a decisão, este deverá ser apresentado no prazo de vinte e quatro horas da publicação da decisão em cartório ou sessão, assegurado ao recorrido o oferecimento de contra-razões, em igual prazo, a contar da sua notificação. §9º Os Tribunais julgarão o recurso no prazo de quarenta e oito horas. §10. Não sendo o feito julgado nos prazos fixados, o pedido pode ser dirigido ao órgão superior, devendo a decisão ocorrer de acordo com o rito definido neste artigo. §11. As sanções aplicadas a candidato em razão do descumprimento de disposições desta Lei não se estendem ao respectivo partido, mesmo na hipótese de esse ter se beneficiado da conduta, salvo quando comprovada a sua participação".

Destarte, a ARPI será cabível toda vez que uma propaganda eleitoral se der irregularmente.

6.5.3 Natureza Jurídica

A Ação de Representação por Propaganda Irregular está prevista na Lei das Eleições, entretanto, apesar da importância da norma infraconstitucional, os Tribunais Regionais Eleitorais e o Tribunal Superior Eleitoral, valendo-se de sua competência normativa, podem trazer, de acordo com a necessidade do pleito, por meio de Resoluções, novas características de propagandas irregulares, para evitar que o pleito seja maculado por vício de vontade do eleitor.

6.5.4 Legitimidade

a) Ativa

A legitimidade ativa para propor a Ação de Reclamação por Propaganda Irregular é reservada a todo partido político, federação partidária, coligação, candidato, e ao

Parquet eleitoral. Nesse ponto, frise-se que o partido político e a federação partidária, em regra, podem ajuizar ARPI, todavia, havendo coligação, é necessária a anuência de todos os outros partidos que dela fazem parte.

Não obstante, se o partido tiver proposto a ARPI antes do firmamento da coligação, entende-se que ele poderá prosseguir sozinho com o feito. Quanto às coligações, vale anotar que sua legitimidade é temporária (em contrapartida à dos partidos políticos, que é permanente). Desse modo, entende-se que elas somente podem propor ARPI depois das convenções partidárias e depois de consolidado o registro para a disputa do pleito. Diferente é a situação da federação partidária, inserida no ordenamento jurídico pela Lei nº 14.208/2021, que também possui caráter temporário, mas perdura por pelo menos quatro anos, razão pela qual deve ser tratada como se partido político único fosse.

PARA SEDIMENTAR

"Não é outro, aliás, o posicionamento jurisprudencial desta Corte, no sentido de que, uma vez coligada, a agremiação político-partidária abdica de sua legitimidade para postular isoladamente medida judicial que diga respeito ao pleito para o qual se coligou (TSE, Recurso Especial Eleitoral n. 16.259-SP, Rel. Min. Costa Porto; ademais, Recurso Especial Eleitoral n. 21.346/MG, Rel. Min. Peçanha Martins)".

"I. O agravante deve atacar especificamente os fundamentos da decisão agravada, não se limitando a reproduzir as razões do pedido indeferido (Súmula n. 182 do Superior Tribunal de Justiça). II. Partido político tem legitimidade para prosseguir, isoladamente, em feito que ajuizou antes de se coligar. III. Decisão agravada que se mantém pelos seus próprios fundamentos. IV. Agravo regimental a que se nega provimento (TSE – Agravo Regimental no Agravo Regimental no Recurso Especial Eleitoral n. 28.419. Rel. Min. Ricardo Lewandowski, em 1/10/2009)".

No que se refere à legitimidade ativa dos candidatos, há três situações peculiares que merecem ser levadas em conta. Como a Lei nº 9.504, de 1997 foi expressa ao atribuir ao *candidato* a legitimidade, entende-se necessário que já tenha sido deferido o registro de candidatura. Logo, possuem legitimidade para propor ARPI os partidos, as coligações e o Ministério Público.

Ao mesmo tempo, é imperioso advertir que a legitimidade do candidato varia conforme seu enquadramento, ou seja, em circunscrição restrita ou ampla. Na restrita, há os candidatos a prefeito, vice-prefeito e a vereador; na ampla, a senador, governador, vice-governador, deputado federal, estadual ou distrital, a presidente e a vice-presidente. Portanto, não é cabível, por exemplo, que um candidato a vereador proponha uma ARPI para questionar propaganda eleitoral do candidato a Presidente da República. Isso decorre de uma questão lógica: as eleições dão-se em momentos distintos. Aceita-se, no entanto, que um candidato a governador ajuíze ARPI para questionar propaganda de senador ou presidente, já que eles se encontram na circunscrição ampla.

Em uma primeira análise, nota-se que o dispositivo legal que trata da legitimidade para proposição de ARPI não incluiu, entre aqueles com capacidade para tanto, o Ministério Público Eleitoral. Contudo, a legitimidade ativa do *Parquet* eleitoral é fruto da própria Constituição Federal brasileira, que prevê, em seu art. 127:

Art. 127 da Constituição Federal

"Art. 127. O Ministério Público é instituição permanente, essencial à função jurisdicional do Estado, incumbindo-lhe a defesa da ordem jurídica, do regime democrático e dos interesses sociais e individuais indisponíveis".

O Tribunal Superior Eleitoral, para sanar a omissão do art. 96 da Lei nº 9.504, de 1997, acerca da legitimidade do Ministério Público Eleitoral, editou a Resolução nº 23.608, de 2019, cujo texto foi atualizado pela Resolução nº 23.672/2021.

Art. 3º da Resolução nº 23.608, de 2019, do Tribunal Superior Eleitoral, com a redação dada pela Resolução TSE nº 23.672/2021

Art. 3º As representações, as reclamações e os pedidos de direito de resposta poderão, observada a respectiva legitimidade, ser feitos por qualquer partido político, federação de partidos, coligação, candidata e candidato e devem dirigir-se (Lei nº 9.504/1997, arts. 6º-A e 96, caput e I a III; e Lei nº 9.096/1995, art. 11-A, caput e §8º): (Redação dada pela Resolução nº 23.672/2021)

I – ao Tribunal Superior Eleitoral, na eleição presidencial;

II – aos tribunais regionais eleitorais, nas eleições federais, estaduais e distritais;

III – aos juízos eleitorais, na eleição municipal.

Parágrafo único. O Ministério Público Eleitoral é parte legítima para propor as representações e reclamações previstas no caput deste artigo.

Indo além, o Ministério Público poderá, inclusive, em obediência à defesa da ordem jurídica e do regime democrático, prosseguir com a ARPI em caso de desistência do proponente. O eleitor, por sua vez, ainda que não tenha legitimidade para propor ARPI, pode noticiar o fato para o juiz eleitoral ou para o Ministério Público, a fim de que providências sejam tomadas.

b) Passiva

Possuem legitimidade para figurar no polo passivo o responsável pela divulgação da propaganda, o pré-candidato que atua como se candidato fosse, o candidato, o partido político e a coligação.

6.5.5 Prazo

O legislador não previu um prazo específico para a propositura de ações fundamentadas no art. 96 da Lei das Eleições, entretanto o Tribunal Superior Eleitoral possui entendimento de que o prazo para propositura de ação referente à propaganda extemporânea é até a data da eleição, já para a propaganda irregular veiculada em emissoras de rádio e TV o prazo é de *48 (quarenta e oito) horas* a partir veiculação das ofensas.

Diferentemente das eleições anteriores, em 2022, as representações por derramamento de material de propaganda no local de votação realizado na véspera ou no dia da eleição poderão ser ajuizadas até 48 (quarenta e oito) horas após a data do pleito (Art. 17-A da Resolução TSE nº 23.608/2019, com redação dada pela Resolução TSE nº 23.672/2021). Tal exceção tem fundamento no fato que o derramamento de material de propaganda ocorre, sobretudo, nas primeiras horas da manhã do dia da eleição, não sendo razoável que as partes interessadas tenham que ajuizar a representação até o fim do dia da ocorrência do ilícito.

PARA SEDIMENTAR

"ELEIÇÕES 2018. EMBARGOS DE DECLARAÇÃO NO AGRAVO REGIMENTAL DO RECURSO ESPECIAL. PROPAGANDA. DERRAMAMENTO DE SANTINHOS. EXTINÇÃO DO FEITO SEM RESOLUÇÃO DO MÉRITO. DATA LIMITE PARA REPRESENTAÇÃO ULTRAPASSADA – AUSÊNCIA DO INTERESSE DE AGIR. INEXISTÊNCIA DE VÍCIOS DE FUNDAMENTAÇÃO NO ACÓRDÃO EMBARGADO. REJEIÇÃO.1. O acórdão embargado contém fundamentação apta e suficiente a resolver todos os pontos do recurso que lhe foi submetido.2. Ausentes omissão, contradição, obscuridade ou erro material no julgado, não há razão para qualquer reparo.3. Embargos de declaração rejeitados.

(TSE – RECURSO ESPECIAL ELEITORAL nº 060243803, Acórdão, Relator(a) Min. Alexandre de Moraes, Publicação: DJE – Diário da justiça eletrônica, Tomo 57, Data 30/03/2021)".

"ELEIÇÕES 2018. EMBARGOS DE DECLARAÇÃO EM AGRAVO INTERNO EM RECURSO ESPECIAL. REPRESENTAÇÃO. "DERRAME DE SANTINHOS". AJUIZAMENTO DA

DEMANDA APÓS O PLEITO. DECADÊNCIA. JURISPRUDÊNCIA PACÍFICA. PRETENSAS OMISSÕES JÁ DEBATIDAS OU ARGUIDAS A DESTEMPO. VÍCIOS INEXISTENTES. MERO INCONFORMISMO. INTUITO DE REDISCUTIR A CAUSA. DESCABIMENTO. REJEIÇÃO. 1. No acórdão embargado, o TSE negou provimento ao agravo interno sob o fundamento de que a jurisprudência firmada por este Tribunal Superior para as eleições de 2018 perfilha sentido de que o termo final para a propositura de representação por propaganda irregular é a data do pleito, ainda que se trate de "derramamento de santinhos" realizado no próprio dia da eleição. [...] 4. Embargos de declaração rejeitados.

(TSE – RECURSO ESPECIAL ELEITORAL nº 060243378, Acórdão, Relator(a) Min. Mauro Campbell Marques, Publicação: DJE – Diário da justiça eletrônica, Tomo 233, Data 12/11/2020)".

"ELEIÇÕES 2014. REPRESENTAÇÃO POR PROPAGANDA IRREGULAR. PLACAS AFIXADAS EM BEM PÚBLICO. NOTIFICAÇÃO. DESNECESSIDADE. EFEITO DE OUTDOOR. RECURSO DESPROVIDO. 1. Placa com foto instalada em local público. Efeito visual de outdoor. Diferentemente da regra prevista no art. 37, §1º, da Lei das Eleições, em se tratado de propaganda dessa modalidade, a legislação de regência não sujeita a aplicação de multa à notificação do candidato (art. 39, §8º, da Lei nº 9.504/1997), mormente quando o Tribunal Regional assenta que as placas estavam afixadas em local de intensa movimentação, sendo impossível que o candidato não tivesse conhecimento da propaganda. Na linha da jurisprudência do TSE, "ainda que fixada em bem público, a veiculação de propaganda eleitoral por meio de outdoor ou engenho assemelhado acarreta a aplicação do §8º do art. 39, e não do §1º do art. 37, de modo que a retirada da publicidade no prazo de 48 horas não impede a aplicação de multa" (AgR-REspe nº 244-46/SP, rel. Min. Dias Toffoli, julgado em 21.3.2013). 2. Decisão agravada mantida por seus fundamentos. Agravo regimental desprovido. (Recurso Especial Eleitoral nº 779013, Acórdão, Relator(a) Min. Gilmar Ferreira Mendes, Publicação: DJE – Diário de justiça eletrônico, Tomo 33, Data 15/02/2017, Página 54)".

"Representação. Propaganda partidária gratuita. Desvirtuamento. [...] 4. O prazo para ajuizamento de representação por propaganda eleitoral extemporânea é até a data da eleição. Precedentes. [...]. NE: Trecho do voto da relatora: "A respeito da apontada extemporaneidade da representação, a orientação do Tribunal é de que o prazo para ajuizamento de representação pela prática de propaganda irregular durante o horário normal de programação das emissoras de rádio e de televisão ou de invasão no horário de propaganda eleitoral gratuita é de 48 (quarenta e oito) horas, contadas da veiculação, que é inaplicável à propaganda eleitoral extemporânea realizada em programa partidário, haja vista a presença de regramento próprio na Lei 9.096/95. (Representação nº 125198, Acórdão, Relator(a) Min. Fátima Nancy Andrighi, Publicação: DJE – Diário de justiça eletrônico, Tomo 146, Data 01/08/2012, Página 189/190)".

DIREITO ELEITORAL E PROCESSUAL CIVIL. AGRAVO INTERNO EM RECURSO ESPECIAL ELEITORAL. ELEIÇÕES 2018. PROPAGANDA ELEITORAL IRREGULAR. DERRAMAMENTO DE SANTINHOS. AJUIZAMENTO EXTEMPORÂNEO. AUSÊNCIA DE

INTERESSE DE AGIR. DESPROVIMENTO. 1. Agravo interno contra decisão que deu provimento a recurso especial eleitoral, a fim de extinguir sem resolução de mérito representação por propaganda eleitoral irregular, uma vez que ajuizada mais de dois meses após as eleições. 2. Conforme jurisprudência desta Corte, a data limite para ajuizamento de representação por propaganda eleitoral irregular é o dia da eleição, sob pena de reconhecimento da perda do interesse de agir (AI nº 343978/PR, Rel. Min. Luciana Lóssio, j. em 10.11.2015). Entendimento reafirmado para as eleições de 2018 (AgR-REspe nº 0603367-95/GO, Rel. Min. Tarcisio Vieira de Carvalho Neto). 3. A petição de agravo não traz nenhum subsídio apto a alterar esses fundamentos, razão pela qual deve ser mantido o entendimento da decisão agravada. 4. Agravo interno a que se nega provimento. (Recurso Especial Eleitoral nº 060245102, Acórdão, Relator(a) Min. Luís Roberto Barroso, Publicação: DJE – Diário de justiça eletrônico, Tomo 215, Data 07/11/2019)

ELEIÇÕES 2018. RECURSO INOMINADO. REPRESENTAÇÃO. PROPAGANDA ELEITORAL IRREGULAR. MEIO PROSCRITO (OUTDOOR). VIOLAÇÃO AO ART. 39, §8º, DA LEI Nº 9.504/1997. CONFIGURAÇÃO. RESPONSABILIDADE DO PROPRIETÁRIO DO ESPAÇO PUBLICITÁRIO CARACTERIZADA. RESPONSABILIDADE DO PRÉ-CANDIDATO AFASTADA. INTELIGÊNCIA DO ART. 40-B DA LEI DAS ELEIÇÕES. PARCIAL PROVIMENTO DO RECURSO.1. Na espécie, ficou incontroversa a publicação de propaganda eleitoral irregular em outdoor de propriedade do representado, condição que atrai a incidência da multa descrita no art. 39, §8º, da Lei nº 9.504/1997.2. Não há, entretanto, como imputar responsabilidade ao então pré-candidato beneficiado com o ato impugnado, visto que inexiste no feito qualquer elemento de convicção que ateste seu envolvimento com o ilícito eleitoral, nos termos do art. 40-B da Lei das Eleições.3. Recurso inominado parcialmente provido. (Representação nº 060024878, Acórdão, Relator(a) Min. Og Fernandes, Publicação: DJE – Diário de justiça eletrônico, Tomo 164, Data 26/08/2019)

6.5.6 Competência

A competência para julgar ARPI varia: deve ser proposta aos juízes eleitorais, nos casos de candidatos a prefeito, vice-prefeito e vereador; ao Tribunal Regional Eleitoral, quando se tratar de candidatos a senador, governador, vice-governador, deputado federal, distrital e estadual; e ao Tribunal Superior Eleitoral, nos casos de candidatos a presidente e vice-presidente.

6.5.7 Rito Processual

As ações fundamentadas no art. 96 da Lei das Eleições não possuem um rito processual específico. Contudo, alguns artigos da própria norma elucidam como deverá ser o processamento da ação.

i. Petição inicial: Conforme sopesado no tópico 6.1.7, a aplicação do Código de Processo Civil é subsidiária. O art. 40-B da Lei nº 9.504, de 1997 assevera que a representação por propaganda irregular deverá ser instruída com a "prova da autoria ou do prévio conhecimento do beneficiário, caso este não seja por ela responsável". Isso significa dizer que o autor deverá juntar aos autos vídeos, fotos e afins, com o escopo de demonstrar a configuração da irregularidade.

Art. 40-B, parágrafo único, da Lei nº 9.504, de 1997

"Art.40-B, §único: A responsabilidade do candidato estará demonstrada se este, intimado da existência da propaganda irregular, não providenciar, no prazo de quarenta e oito horas, sua retirada ou regularização e, ainda, se as circunstâncias e as peculiaridades do caso específico revelarem a impossibilidade de o beneficiário não ter tido conhecimento da propaganda".

ii. Causa de pedir: Levando-se em consideração que a propaganda irregular pode macular o pleito, a causa de pedir resume-se a paralisar a emissão de propagandas que vão de encontro às normas.

iii. Pedido: O pedido será a retirada das mídias irregulares dos veículos de comunicação, bem como a instituição de multa, conforme cada episódio. Contudo, nos termos do art. 4º da Resolução TSE nº 23.608/2019, o pedido de direito de resposta não pode ser cumulado com o pedido de aplicação de multa por propaganda irregular, ainda que tratem dos mesmos fatos, sob pena de indeferimento da petição inicial.

iv. Trâmite processual: Recebido os autos (com provas robustas da irregularidade), o requerido tem *48 (quarenta e oito) horas* para retirar a propaganda irregular ou ajustar a situação. Poderá, ainda, apresentar defesa, no prazo de 24 (vinte e quatro) horas, quando se tratar de pedido de resposta, e de *48 (quarenta e oito) horas* nos demais casos. Ultrapassado o prazo de defesa, o juiz deverá decidir, a contar do protocolo da defesa, em *72 (setenta e duas) horas*, quando se tratar de pedido de resposta, e em *24 (vinte e quatro) horas* nos demais casos.

Em resumo, como a ARPI visa a retirada de uma propaganda irregular de um local ou o direito de resposta a propaganda irregular veiculada na mídia, em razão da celeridade necessária para evitar a contaminação do pleito, não se exigem as mesmas formalidades para sua interposição, como acontece na Ação de Investigação Judicial Eleitoral ou na Ação de Impugnação de Mandato Eletivo.

6.5.8 Efeitos

Caso a Ação de Representação por Propaganda Irregular seja julgada procedente, o *responsável* pela divulgação da propaganda e o seu *beneficiado* – comprovado o conhecimento prévio, deverão pagar multa que pode variar de R$5.000,00 (cinco mil reais) a R$25.000,00 (vinte cinco mil reais), tratando-se de propaganda antecipada, ou, ainda, pode ser fixado valor equivalente ao custo da propaganda, quando este for superior.[196]

PARA SEDIMENTAR

"Embargos De Declaração. Decisão Monocrática. Recebimento. Agravo Regimental. Recurso Especial Eleitoral. Propaganda Eleitoral Extemporânea. Multa. Art. 36, §3º, Da Lei 9.504/97. Aplicação Individualizada. 1. Os embargos de declaração opostos contra decisão monocrática devem ser recebidos como agravo regimental. Precedentes desta Corte. 2. A multa prevista no art. 36, §3º, da Lei nº 9.504/97 deve ser aplicada de forma individualizada a cada um dos responsáveis. Agravo Regimental em Recurso Especial Eleitoral nº 26.273/PE, Rel. Min. Francisco César Asfor Rocha, em 3/10/2006".

ELEIÇÕES 2018. AGRAVO REGIMENTAL. AGRAVO EM RECURSO ESPECIAL. PROPAGANDA ELEITORAL IRREGULAR. REDE SOCIAL. DETERMINAÇÃO DE RETIRADA DA PUBLICIDADE. DESCUMPRIMENTO. APLICAÇÃO DE MULTA. ASTREINTES. OBSERVÂNCIA DOS PRINCÍPIOS DA PROPORCIONALIDADE E DA RAZOABILIDADE. SÍNTESE DO CASO1. O Tribunal de origem manteve a multa individual aos agravantes no valor de R$90.000,00, em razão do descumprimento de decisão judicial que determinou a remoção de propaganda eleitoral irregular publicada em redes sociais, na qual constava o PRTB como integrante da Coligação Segue

[196] A legislação eleitoral também especifica outras multas. Veja-se:
Lei nº 9.504, de 30 de setembro de 1997 – "Art. 37. Nos bens cujo uso dependa de cessão ou permissão do poder público, ou que a ele pertençam, e nos bens de uso comum, inclusive postes de iluminação pública, sinalização de tráfego, viadutos, passarelas, pontes, paradas de ônibus e outros equipamentos urbanos, é vedada a veiculação de propaganda de qualquer natureza, inclusive pichação, inscrição a tinta e exposição de placas, estandartes, faixas, cavaletes, bonecos e assemelhados. §1º A veiculação de propaganda em desacordo com o disposto no *caput* deste artigo sujeita o responsável, após a notificação e comprovação, à restauração do bem e, caso não cumprida no prazo, a multa no valor de R$ 2.000,00 (dois mil reais) a R$ 8.000,00 (oito mil reais)".
Lei nº 9.504, de 30 de setembro de 1997 – "Art. 39. A realização de qualquer ato de propaganda partidária ou eleitoral, em recinto aberto ou fechado, não depende de licença da polícia. §8º É vedada a propaganda eleitoral mediante outdoors, inclusive eletrônicos, sujeitando-se a empresa responsável, os partidos, as coligações e os candidatos à imediata retirada da propaganda irregular e ao pagamento de multa no valor de R$ 5.000,00 (cinco mil reais) a R$ 15.000,00 (quinze mil reais)".
Lei nº 9.504, de 30 de setembro de 1997 – "Art. 43. São permitidas, até a antevéspera das eleições, a divulgação paga, na imprensa escrita, e a reprodução na internet do jornal impresso, de até 10 (dez) anúncios de propaganda eleitoral, por veículo, em datas diversas, para cada candidato, no espaço máximo, por edição, de 1/8 (um oitavo) de página de jornal padrão e de 1/4 (um quarto) de página de revista ou tabloide. §2º A inobservância do disposto neste artigo sujeita os responsáveis pelos veículos de divulgação e os partidos, coligações ou candidatos beneficiados a multa no valor de R$1.000,00 (mil reais) a R$10.000,00 (dez mil reais) ou equivalente ao da divulgação da propaganda paga, se este for maior".
Lei nº 9.504, de 30 de setembro de 1997 – "Art. 45. Encerrado o prazo para a realização das convenções no ano das eleições, é vedado às emissoras de rádio e televisão, em sua programação normal e em seu noticiário: §2º Sem prejuízo do disposto no parágrafo único do art. 55, a inobservância do disposto neste artigo sujeita a emissora ao pagamento de multa no valor de vinte mil a cem mil UFIR, duplicada em caso de reincidência." BRASIL. *Lei nº 9.504, de 30 de setembro de 1997.* Disponível em: http://www.planalto.gov.br/ccivil_03/leis/l9504.htm. Acesso em: 26 fev. 2022.

em Frente Mato Grosso.2. A superveniência da ordem judicial que determinou a retirada da propaganda eleitoral irregular foi decorrente de decisão judicial, nos autos do DRAP da Coligação Segue em Frente Mato Grosso, que determinou a exclusão do PRTB. ANÁLISE DO AGRAVO REGIMENTAL3. Não viola o art. 41 da Lei 9.504/97 a decisão judicial que determina a remoção nas redes sociais de propaganda eleitoral considerada irregular, ainda que a causa que ensejou o reconhecimento da irregularidade tenha ocorrido em momento posterior ao da publicação, tendo em vista que a sua manutenção e o pleno acesso do conteúdo pelos usuários prejudica a formação da convicção do eleitor.4. A Corte de origem observou os princípios da proporcionalidade e da razoabilidade na fixação da multa pelo descumprimento de ordem judicial no valor diário de R$10.000,00, ao considerar a capacidade econômica dos agravantes e as circunstâncias do caso concreto, a fim de concretizar a decisão judicial e de garantir a efetividade da tutela jurisdicional.5. O entendimento do acórdão regional está de acordo com a jurisprudência deste Tribunal Superior, a incidir o verbete sumular 30 do TSE, tendo em vista que o valor individual final alcançado pelas astreintes, equivalente a R$90.000,00, somente pode ser atribuído à desídia dos agravantes em cumprir a ordem judicial.CONCLUSÃOAgravo regimental a que se nega provimento. (Agravo de Instrumento nº 060091388, Acórdão, Relator(a) Min. Sergio Silveira Banhos, Publicação: DJE – Diário de justiça eletrônico, Tomo 230, Data 29/11/2019)

No curso do processo, caso não tenha sido determinada, em caráter liminar, a retirada da propaganda, o juiz eleitoral, ao final, a determinará, assim como a restauração imediata do bem indevidamente utilizado para veiculação da propaganda.

Ademais, considerando o tipo de propaganda, o juiz eleitoral também poderá tomar outras providências: (i) perda do direito à veiculação da propaganda no horário eleitoral no período subsequente; (ii) suspensão da programação normal da emissora; (iii) suspensão por *24 (vinte e quatro) horas* do acesso ao conteúdo informativo dos *sites* que deixarem de cumprir as disposições da lei.

6.5.9 Recursos

Da decisão do juiz eleitoral que julgue a ARPI, caberá *Recurso Inominado* aos Tribunais Regionais Eleitorais, no prazo de *24 (vinte e quatro) horas;* ao mesmo tempo, de decisão do Tribunal Regional Eleitoral, caberá *Recurso Especial,* no prazo de *3 (três) dias,* ao Tribunal Superior Eleitoral.

PARA SEDIMENTAR

"AGRAVO REGIMENTAL. RECURSO ESPECIAL. PROPAGANDA ELEITORAL ANTECIPADA. INTEMPESTIVIDADE DO RECURSO ELEITORAL. CONVERSÃO DE 24 HORAS EM UM DIA. NÃO PROVIMENTO.1. O prazo de 24 horas para interposição de recurso eleitoral contra sentença pode ser convertido em um dia. Precedentes.2. Publicada a sentença no DJe de 14.3.2012, o prazo para interposição do recurso encerra-se em 15.3.2012, sendo admissível sua interposição até o final do expediente ou, no caso de interposição eletrônica, até o último minuto deste dia.3. Agravo regimental desprovido(AgR-REspe nº 664/BA, Rel. Min. Dias Toffoli, de 19/8/2013)".

"ELEIÇÕES 2014. REPRESENTAÇÃO. PROPAGANDA ELEITORAL ANTECIPADA. APLICAÇÃO DE MULTA PELO CUSTO DA PROPAGANDA. RECURSO ESPECIAL ELEITORAL COM AGRAVO. IMPUGNAÇÃO ESPECÍFICA A TODOS OS FUNDAMENTOS DA DECISÃO AGRAVADA. AGRAVO PROVIDO. RECURSO ESPECIAL CONHECIDO. PRELIMINAR DE INTEMPESTIVIDADE RECURSAL AFASTADA. TEMPESTIVIDADE DO RECURSO ELEITORAL INTERPOSTO PERANTE O REGIONAL. PRAZO DE 24 HORAS. CONTAGEM DO PRAZO EM HORAS. CONVERSÃO EM DIA. POSSIBILIDADE. MÉRITO. REDUÇÃO DA MULTA. MÍNIMO LEGAL. AUSÊNCIA DE REINCIDÊNCIA. OBSERVÂNCIA AOS POSTULADOS CONSTITUCIONAIS DA PROPORCIONALIDADE E RAZOABILIDADE. Precedentes: RP nº 1583-65/DF, Rel. Min. Nancy Andrighi, PSESS de 19/8/2010; ED-RP nº 875, redator para o acórdão Min. Arnaldo Versiani, DJe de 24/8/2012. RECURSO ESPECIAL. PARCIAL PROVIMENTO".

ELEIÇÕES 2018. RECURSO INOMINADO. REPRESENTAÇÃO. FAKE NEWS. FACEBOOK. TWITTER. YOUTUBE. REMOÇÃO DE CONTEÚDO. LIMINAR. PERDA DA EFICÁCIA. DESPROVIMENTO. 1. Nos termos do art. 33, caput e §1º da Res.-TSE 23.551, a atuação da Justiça Eleitoral em relação a conteúdos divulgados na internet deve ser realizada com a menor interferência possível no debate democrático, a fim de assegurar a liberdade de expressão e impedir a censura, limitando-se às hipóteses em que, mediante decisão fundamentada, sejam constatadas violações às regras eleitorais ou ofensas a direitos de pessoas que participam do processo eleitoral. 2. Na linha da jurisprudência desta Corte, as ordens de remoção de propaganda irregular, como restrições ao direito à liberdade de expressão, somente se legitimam quando visam à preservação da higidez do processo eleitoral, à igualdade de chances entre candidatos e à proteção da honra e da imagem dos envolvidos na disputa. Assim, eventual ofensa à honra, sem repercussão eleitoral, deve ser apurada pelos meios próprios perante a Justiça Comum. 3. Ultimado o período de propaganda eleitoral, a competência para a remoção de conteúdos da internet passa a ser da Justiça Comum, deixando as ordens judiciais proferidas por este Tribunal de produzir efeitos, nos termos do §6º do art. 33 da Res.-TSE 23.551. Recurso a que se nega provimento. (Representação nº 060176521, Acórdão, Relator(a) Min. Admar Gonzaga, Publicação: DJE – Diário de justiça eletrônico, Tomo 207, Data 24/10/2019, Página 39-40)

AGRAVO REGIMENTAL. REPRESENTAÇÃO. ELEIÇÕES 2018. PRESIDENTE. PROPAGANDA ANTECIPADA. FACEBOOK. PERFIL DE SENADOR. PUBLICAÇÃO. FOTOS. LULA. RECURSO INOMINADO. ART. 96, §8º, DA LEI 9.504/97. CABIMENTO. PRAZO 24 HORAS. INTEMPESTIVIDADE. AGRAVO NÃO CONHECIDO. 1. O recurso cabível contra decisão monocrática em representações originárias por propaganda eleitoral extemporânea é o inominado (art. 96, §8º, da Lei 9.504/97), a ser interposto no prazo de 24 horas, e não o agravo regimental (art. 36, §§8º e 9º, do Regimento Interno do TSE), cujo prazo é de três dias. Precedentes. 2. Não é possível aplicar o princípio da fungibilidade para receber o agravo regimental como recurso inominado, porquanto excedido o prazo de 24 horas. Precedentes, dentre os quais o AgR-RP 0602636-85/DF, de minha relatoria, julgado em 6/11/2018. 3. Agravo regimental não conhecido. (Representação nº 060244892, Acórdão, Relator(a) Min. Jorge Mussi, Publicação: PSESS – Publicado em Sessão, Data 20/11/2018)

ELEIÇÕES 2018. PRESIDENTE DA REPÚBLICA. RECURSO INOMINADO EM REPRESENTAÇÃO. PROPAGANDA ELEITORAL. PESSOA JURÍDICA. VEDAÇÃO LEGAL. MULTA. INCIDÊNCIA. BIS IN IDEM. NÃO CONFIGURAÇÃO. RECURSO DESPROVIDO. 1. Não há falar em bis in idem com a Rp nº 0608814-90/SP ou em perda de objeto desta demanda, pois não há identidade entre as partes, causa de pedir e pedido. 2. Desde que identificado de forma inequívoca e contratado exclusivamente por partidos, coligações, candidatos e seus representantes, é permitido o impulsionamento de conteúdo na Internet com o fim de promover ou beneficiar candidatos ou suas agremiações. 3. É vedada às pessoas jurídicas a veiculação de propaganda eleitoral na Internet. 4. No caso, a pessoa jurídica contratou impulsionamento para divulgar mensagem com apologia à candidatura de Jair Bolsonaro e críticas ao partido político do candidato adversário, configurado, portanto, o nítido caráter eleitoral da publicação. 5. Recurso inominado desprovido. (Representação nº 060158942, Acórdão, Relator(a) Min. Sergio Silveira Banhos, Publicação: PSESS – Publicado em Sessão, Data 27/11/2018)

6.5.10 Resumindo

Fundamentação Legal	Art. 96 da Lei 9.504, de 1997
Objetivos	Impedir a prática de propaganda irregular durante o período eleitoral.
Legitimidade ativa	Art. 96 da Lei 9.504, de 1997: *Partido político, federação partidária, coligação ou candidato.* Obs.: A Lei não positivou a legitimidade do Ministério Público para propor esta ação. Todavia, o MP possui legitimidade natural nos termos do art. 127 da Constituição Federal de 1988. Do mesmo modo, não está positivada a legitimidade das federações partidárias, mas é inegável sua legitimidade ativa para postular representações eleitorais.
Prazo	Evidenciada a propaganda irregular, é cabível a ARPI – até a data das eleições. **Exceção:** Derramamento de santinhos ocorrido na véspera e data do pleito – até 48 horas após a data do pleito.
Competência	Art. 96 da Lei nº 9.504, de 1997: Tribunal Superior Eleitoral – Presidente e Vice-Presidente da República; Tribunal Regional Eleitoral – Governador e respectivos vices, Deputados Estaduais e Federais, Senadores e respectivos suplentes; Juízo Eleitoral – Prefeitos, respectivos vices e Vereadores.
Se o pedido for julgado procedente	A depender do tipo de propaganda, é possível: a) a perda de tempo no horário eleitoral gratuito nas redes de comunicação oficiais (rádio e TV); b) o direito de resposta de eventual candidato atingindo (se não houver pedido cumulado de aplicação de sanções pecuniárias); e c) sanções pecuniárias (se não houver pedido cumulado de direito de resposta).

6.6 Ação de Representação por Arrecadação e Gastos Ilícitos (ARAGI)

6.6.1 Conceito

A Ação de Representação por Arrecadação e Gastos Ilícitos (ARAGI) tem por aspiração fazer com que a corrida eleitoral seja financiada de modo lícito e sem a intervenção de recursos financeiros em desconformidade com a legislação.

DELIMITANDO O TEMA

Captação ilícita: "Remete tanto a fonte a fonte quanto à forma de obtenção de recursos. Assim, abrange não só o recebimento de recursos de fontes ilícitas e vedadas (vide art. 24, da LE), como também sua obtenção de modo ilícito, embora aqui a fonte seja legal. Exemplo desse último caso são os recursos obtidos à margem do sistema legal de controle, que compõem o que se tem denominado "caixa dois" de campanha".[197]

"[...] imprescindível a demonstração da gravidade das condutas reputadas ilegais, de modo que sejam capazes de abalar a normalidade e a legitimidade das eleições e gerar desequilíbrio na disputa. Ademais, a condenação exige prova robusta, não podendo se fundar em frágeis ilações ou em presunções quanto ao encadeamento dos fatos, especialmente em razão da gravidade das sanções impostas" (REspe n. 469-96/SP, Rel. Min. Napoleão Nunes Maia Filho, redator para acórdão o Min. Luís Roberto Barroso, DJe de 29.8.2019).

6.6.2 Fundamentação Legal

Para confrontar situações de irregularidades relativas à arrecadação e aos gastos de recursos nas campanhas eleitorais que refletem abuso do poder econômico, as quais podem macular o processo eleitoral, surgiu a Ação de Representação por Arrecadação e Gastos Ilícitos, prevista no art. 30-A da Lei nº 9.504, de 1997.

Art. 30-A da Lei nº 9.504, de 1997

"Art. 30-A. Qualquer partido político ou coligação poderá representar à Justiça Eleitoral, no prazo de 15 (quinze) dias da diplomação, relatando fatos e indicando provas, e pedir a abertura de investigação judicial para apurar condutas em desacordo com as normas desta Lei, relativas à arrecadação e gastos de recursos".

[197] GOMES, José Jairo. *Direito eleitoral*. 12. ed. São Paulo: Atlas, 2016, p.714.

6.6.3 Natureza Jurídica

Embora a Ação de Representação por Arrecadação e Gastos Ilícitos obedeça ao rito da Ação de Investigação Judicial Eleitoral, estas não devem ser confundidas. A ARAGI não é uma ação subsidiária que visa dar início a uma AIJE, mas, sim, uma ação autônoma que se vale do rito processual já existente para apurar materialmente fatos referentes a arrecadação e gastos de recursos de campanha eleitoral em desconformidade com a legislação vigente. É, destarte, uma ação cognitiva e declaratória.

PARA SEDIMENTAR

"INVESTIGAÇÃO JUDICIAL ELEITORAL. ART. 22 DA LC Nº 64/90. REQUISITOS. NOTICIÁRIO DA IMPRENSA. PROVA TESTEMUNHAL. ENCARGO DA PARTE (INCISO V DA MESMA NORMA). OMISSÃO. IMPROCEDÊNCIA. 1. A Representação Judicial Eleitoral, cogitada no art. 22 da LC nº 64/90, configura-se como ação cognitiva com potencialidade desconstitutiva e declaratória (art. 30-A, §2º, da Lei nº 9.504/97), mas o seu procedimento segue as normas da referida norma legal, mitigados os poderes instrutórios do juiz (art. 130 do CPC), no que concerne à iniciativa de produção de prova testemunhal (art. 22, V, da LC nº 64/90). 2. Sem prova robusta e inconcussa dos fatos ilícitos imputados aos agentes, descabe o proferimento de decisão judicial de conteúdo condenatório. 3. Se a parte representante deixa de diligenciar o comparecimento de testemunhas à audiência de instrução, como lhe é imposto por Lei (art. 22, V, da LC nº 64/90), não é lícito ao órgão judicial suprir-lhe a omissão, dado ser limitada a iniciativa oficial probatória, a teor do referido dispositivo legal. 4. Representação Eleitoral improcedente. (Representação nº 1176, Acórdão, Relator(a) Min. Francisco Cesar Asfor Rocha, Publicação: DJ – Diário de justiça, Data 26/06/2007, Página 144)".

6.6.4 Legitimidade

a) Ativa

A legitimidade para propor Ação de Representação por Arrecadação e Gastos Ilícitos é limitada a *partidos políticos* e *coligações*. Todavia, ainda que não prevista expressamente na Lei nº 9.504, de 1997, por uma interpretação sistemática em consonância ao texto constitucional, além das federações partidárias – instituídas em 2021, é imperioso adicionar o Ministério Público Eleitoral a esse rol. Alinhando-se a essa posição, o Tribunal Superior Eleitoral decidiu reiteradas vezes que o *Ministério Público Eleitoral* é parte legítima para propor a ação de investigação judicial, com base no art. 30-A.

PARA SEDIMENTAR

"Recurso ordinário. Eleição 2010. Representação. Lei nº 9.504/97. Art. 30-A. Deputado estadual. Contas de campanha. Cassação. Diploma. Princípio da proporcionalidade. Provimento. 1. Na representação instituída pelo art. 30-A da Lei nº 9.504/97, deve-se comprovar a existência de ilícitos que possuam relevância jurídica para comprometer a moralidade da eleição. 2. No caso dos autos, as omissões relativas a determinados gastos de campanha não possuem gravidade suficiente para ensejar a cassação do diploma do recorrente, na medida em que não ficou comprovada a utilização de recursos de fontes vedadas ou a prática de caixa dois.3. Recurso ordinário provido. NE: Trecho do voto do relator: [...] O Ministério Público Eleitoral é parte legítima para propor a ação de investigação judicial com base no art. 30-A [...] Tal orientação teve como leading case o RO nº 1596/MG, no qual a legitimidade ministerial foi reconhecida com base no art. 129 da CF/88 e em dispositivos da LC nº 75/93" (fl. 7). (Recurso Ordinário nº39322, Acórdão, Relator(a) Min. José Antônio Dias Toffoli, Publicação: DJE – Diário de justiça eletrônico, Tomo 155, Data 21/08/2014, Página 80/81)".

O Tribunal Superior Eleitoral também é abalizado no entendimento de que os candidatos não podem propor ação com fundamento no art. 30-A da Lei das Eleições. Ao nosso entender, contudo, não existe justificativa para referida vedação, até porque a irregularidade perpetuada a um candidato pode prejudicar outro; ademais, é interesse de todos a lisura do pleito.

PARA SEDIMENTAR

"ELEIÇÃO 2014. RECURSOS ORDINÁRIOS. GOVERNADOR. VICE-GOVERNADOR. DEPUTADO FEDERAL. CAPTAÇÃO ILÍCITA DE RECURSOS FINANCEIROS DESTINADOS A CAMPANHA. ART. 30-A DA LEI Nº 9.504/97. CAIXA DOIS. CONJUNTO PROBATÓRIO APTO A COMPROVAR A PRÁTICA DO ILÍCITO. GRAVIDADE CONFIGURADA. RECURSOS ORDINÁRIOS DA COLIGAÇÃO REAGE TOCANTINS E DE SANDOVAL LOBO CARDOSO. NÃO CONHECIDOS. RECURSO ORDINÁRIO DO MPE. PROVIMENTO. RECURSO ORDINÁRIO DA COLIGAÇÃO A MUDANÇA QUE A GENTE VÊ. PARCIAL PROVIMENTO. [...] Da ilegitimidade ativa de candidato (Sandoval Lobo Cardoso – 2º colocado) para ajuizamento da representação fundada no art. 30-A da Lei nº 9.504/97 5. O art. 30-A da Lei 9.504/97 não confere legitimidade ativa ad causam a candidatos para a propositura da ação, ficando restrita a partidos e coligações. Precedentes.

4. Como efeito da sanção de cassação dos diplomas dos Recorridos, determino a realização de novas eleições diretas para o governo do Estado do Tocantins, na forma do art. 224, §§3º e 4º, do Código Eleitoral e dos precedentes desta Corte Superior (RO nº 2246-61/AM, Rel. designado Min. Luís Roberto Barroso, DJe de 1º.6.2017 e ED-REspe 139-25/RS, Rel. Min. Henrique Neves, PSESS de 28.11.2016). (TSE – Recurso Ordinário nº 122086, Acórdão, Relator(a) Min. Luciana Lóssio, Relator(a) designado(a) Min. Luiz Fux, Publicação: DJE – Diário da justiça eletrônica, Tomo 061, Data 27/03/2018, Página 2/7)"

"Representação. Arrecadação e gastos de campanha. Ilegitimidade ativa. A jurisprudência do Tribunal é firme no sentido de que o candidato não é parte legítima para propor representação com base no art. 30-A da Lei nº 9.504/97, tendo em vista que a referida norma legal somente se refere a partido ou coligação. Agravo regimental não provido. (TSE – Recurso Especial Eleitoral nº168328, Acórdão, Relator(a) Min. Arnaldo Versiani Leite Soares, Publicação: DJE – Diário de justiça eletrônico, Tomo 204, Data 22/10/2012, Página 10)".

b) Passiva

No outro extremo da lide, que busca tutelar a higidez eleitoral, temos que pode figurar no polo passivo todo candidato, independentemente de ter sido eleito ou não. É válido advertir que, tratando-se de candidatura pertencente às eleições majoritárias, o vice e/ou suplente do candidato requerido deve participar da ação como litisconsórcio passivo necessário, pois o efeito da ARAGI é a cassação do diploma.

PARA SEDIMENTAR

AGRAVO REGIMENTAL. RECURSO ESPECIAL. ELEIÇÕES 2016. VEREADOR. REPRESENTAÇÃO. ARRECADAÇÃO E CAPTAÇÃO ILÍCITA DE RECURSOS.1. No decisum monocrático, manteve-se sentença e acórdão unânime do TRE/RJ no sentido da perda do diploma de vereador do agravante por arrecadação e gastos ilícitos de recursos de campanha (art. 30-A da Lei 9.504/97).PRELIMINARES. JUIZ NATURAL. QUEBRA DE SIGILO FISCAL. LITISCONSÓRCIO PASSIVO NECESSÁRIO. OMISSÃO PELA CORTE REGIONAL. REJEIÇÃO.2. Não ofende os princípios do juiz natural e da identidade física a hipótese em que, por motivo de férias, a sentença for proferida por autoridade judiciária que não conduziu a instrução, sobretudo diante da ausência de prejuízo concreto. Precedentes.3. A quebra de sigilo fiscal é procedimento no qual o exercício do contraditório sobre as provas obtidas é diferido. Precedentes.4. Inexiste litisconsórcio passivo necessário entre o candidato e os doadores de campanha, pois estes não se sujeitam à cassação do diploma, única pena do art. 30-A da Lei 9.504/97.5. Constam do aresto regional tabela em que se indicam data de depósito, valores e respectiva doação, além de referência aos salários e saldo das contas dos supostos doadores, a revelar que os extratos bancários e depoimentos foram analisados. TEMA DE FUNDO. DOAÇÕES FRAUDULENTAS. USO DE "LARANJAS". PERCENTUAL RELEVANTE. REEXAME. IMPOSSIBILIDADE. SÚMULA 24/TSE.6. O uso de "laranjas" para encobrir os verdadeiros doadores de campanha configura inequívoca arrecadação de recursos de origem não identificada, a ensejar a perda do diploma (art. 30-A da Lei 9.504/97). Precedentes.7. Na espécie, o TRE/RJ assentou que as doações feitas entre agosto e outubro de 2016 ao agravante – eleito Vereador de Angra dos Reis/ RJ – foram simuladas, empregando-se engenhosa sistemática em que servidores da Câmara Municipal, após receberem depósitos não identificados em suas contas correntes, repassaram esses valores para a campanha.8. O ilícito, sobejamente comprovado, evidencia-se pelas seguintes circunstâncias: a) identidade entre datas dos depósitos e valores recebidos; b) contribuição feita em valor superior à renda mensal do doador; c) apesar de saldo anterior em conta, o montante só foi doado após confirmação do depósito; d) nenhuma das testemunhas indicou a fonte dos recursos.9. Os valores envolvidos não são módicos (R$10.280,00) e, segundo o TRE/RJ, correspondem a 22,15% do total de receitas da campanha (R$45.429,86).10. Conclusão em sentido diverso demandaria reexame de fatos e provas, providência inviável em sede extraordinária, a teor da Súmula 24/ TSE. CONCLUSÃO. DESPROVIMENTO.11. Agravo regimental desprovido. (Recurso Especial Eleitoral nº 44650, Acórdão, Relator(a) Min. Jorge Mussi, Publicação: DJE – Diário de justiça eletrônico, Data 21/02/2019)

6.6.5 Prazo

Quanto ao início da contagem de prazo da ARAGI, ainda há divisão entre os doutrinadores. De um lado, há quem diga que ele se inicia após a proclamação dos resultados das eleições;[198] de outro, a partir das eleições;[199] e há quem sustente que a ARAGI pode ser proposta desde o pedido de registro de candidatura até *15 (quinze) dias* depois da diplomação;[200] por fim, há quem entenda que a contagem se inicia com a configuração do ilícito.[201]

Validamente, a Resolução TSE n. 23.193, de 2010, havia definido que a Ação de Representação por Arrecadação e Gastos Ilícitos poderia ser proposta no prazo de

[198] GOMES, José Jairo. *Direito eleitoral*. 12. ed. São Paulo: Atlas, 2016. p. 487.

[199] PELEJA JÚNIOR, Antônio Veloso; BATISTA, Fabrício Napoleão Teixeira. *Direito eleitoral*: aspectos processuais, ações e recursos. Curitiba: Juruá, 2010, p. 217.

[200] ESMERALDO, Elmana Viana Lucena. *Processo eleitoral*. São Paulo: JH Mizuno, 2011.

[201] BARROS, Francisco Dirceu. *Curso de processo eleitoral*. 2. ed. Rio de Janeiro: Elsevier, 2012. p. 125.

15 (quinze) dias da diplomação até o encerramento do mandato do candidato a quem se destinou a doação ou a contribuição ilegal.

Entretanto, ao julgar o Recurso Especial n. 36.552,[202] o Tribunal Superior Eleitoral trouxe à tona novas divergências sobre o tema. À época, o Ministro Félix Fischer sustentou que o prazo para interposição da ARAGI é de *15 (quinze) dias* a partir da diplomação, de acordo com o art. 30-A da Lei nº 9.504, de 1997.

Já os Ministros Carlos Ayres Britto e Arnaldo Versiani alegaram que o prazo final para interposição da ação é o final do mandato beneficiado ilegalmente pela doação. Por sua vez, o Ministro Marcelo Ribeiro defendeu que o prazo para proposição da ação é de *180 (cento e oitenta) dias* a partir da diplomação, com base no art. 32 da Lei nº 9.504, de 1997.

No entanto, o Tribunal Superior Eleitoral vem articulando o entendimento de que o prazo para ARAGI é de *15 (quinze) dias* a contar da diplomação.

Resolução nº 23.608, de 2019, do Tribunal Superior Eleitoral

"Art. 45. As representações de que trata o art. 44 poderão ser ajuizadas até a data da diplomação, exceto as fundadas nos arts. 23 e 30-A da Lei nº 9.504/1997, que poderão ser propostas, respectivamente, no prazo de 15 (quinze) dias da diplomação e até 31 de dezembro do ano posterior à eleição".

PARA SEDIMENTAR

"AGRAVO REGIMENTAL. RECLAMAÇÃO. ELEIÇÕES 2012. PREFEITO. HIPÓTESE NÃO PREENCHIDA. DESPROVIMENTO. 1. Cabe reclamação para preservar competência do Tribunal Superior Eleitoral ou garantir autoridade de suas decisões (art. 15, V, do RI-TSE). 2. Contas de campanha não se confundem com representação por gastos ilícitos de recursos (art. 30-A da Lei 9.504/97), que deve ser ajuizada até quinze dias depois de diplomados os eleitos e possui como consequência jurídica desconstituição de mandato. 3. O Juiz da 261ª ZE/SP, ao determinar arquivamento dos autos do REspe 889-95/SP após trânsito em julgado e respectiva baixa, não descumpriu decisão desta Corte Superior no referido processo, porquanto a desaprovação de contas do Prefeito de Estrela do Norte/SP não repercute perante

[202] "Representação. Doação acima do limite legal. Prazo. O Tribunal Superior Eleitoral, no julgamento do Recurso Especial nº 36.552, decidiu que o prazo para a propositura de representação por descumprimento dos limites legais de doação para campanha eleitoral, por pessoa física ou jurídica, é de 180 dias contados da diplomação. Agravo regimental a que se nega provimento. AgR-REspe 37076 SP. Publicação DJe – Diário da Justiça Eletrônico, Data 14/09/2010, Página 27. Julgamento 10 de agosto de 2010. Relator Min. ARNALDO VERSIANI LEITE SOARES."

o diploma. 4. Agravo regimental desprovido. (Reclamação nº 58961, Acórdão, Relator(a) Min. Antonio Herman de Vasconcellos e Benjamin, Publicação: DJE – Diário de justiça eletrônico, Data 25/05/2016, Página 52)".

6.6.6 Competência

Quanto à competência para julgamento da ARAGI, tem-se que ela pode ser proposta ao Tribunal Superior Eleitoral quando se tratar de candidato a presidente ou vice-presidente da república; perante o Tribunal Regional Eleitoral, nos casos de candidato a senador, governador e vice-governador de Estado e do Distrito Federal, deputados federal, estadual e distrital; aos juízes eleitorais, nos casos de candidato a prefeito, vice-prefeito e vereadores.

6.6.7 Rito Processual

O rito processual a ser seguido na ARAGI, conforme determina o art.30-A, §1º, da Lei nº 9.504, de 1997, é o albergado no art. 22 da Lei Complementar nº 64, de 1990.

Art. 30-A, §1º, da Lei nº 9.504, de 1997

"Art. 30-A. [...] §1º Na apuração de que trata este artigo, aplicar-se-á o procedimento previsto no art. 22 da Lei Complementar n.64, de 18 de maio de 1990, no que couber".

i. Procedimento: A dinâmica processual a ser seguida em sede de ARAGI é a constante no art. 22 da Lei Complementar nº 64, de 1990. Dessa maneira, recomendamos a leitura do tópico 6.1.7 deste manual.

Pedido de tutela de urgência

Nas ações por captação ou gasto ilícito de recursos financeiros de campanha eleitoral, a *tutela provisória de urgência antecipada* não poderá ser concedida para cassação do registro, mas tão somente para a do diploma. Considerando a expedição do diploma ato meramente administrativo, a tutela provisória dessa natureza implicará a recusa na expedição do documento, pelo menos até o julgamento definitivo da lide.

No caso da *tutela provisória de urgência de natureza cautelar*, que busca salvaguardar o resultado útil que possa derivar do processo, o art. 22, I, *b*, da Lei de Inelegibilidades prevê a suspensão de ato que motivou a demanda "quando for relevante o fundamento e do ato impugnado puder resultar a ineficiência da medida, caso seja julgada procedente". Similarmente à tutela provisória de natureza antecipada, não se admite cassação cautelar de registro de candidatura, somente do diploma, sempre que restarem comprovados o *fumus bonni iuris* e o *periculum in mora*.

PARA SEDIMENTAR

"ELEIÇÕES 2012. AGRAVOS REGIMENTAIS. CARGO. VEREADOR. CAPTAÇÃO OU GASTO ILÍCITO DE RECURSOS FINANCEIROS DE CAMPANHA ELEITORAL (LEI Nº 9.504/97, ART. 30-A). CONFIGURAÇÃO. CASSAÇÃO DOS MANDATOS PELO TRIBUNAL A QUO.PETIÇÃO DO PARTIDO SOCIAL CRISTÃO (PSC). CONCESSÃO DE TUTELA DE EVIDÊNCIA PARA RECÁLCULO DOS QUOCIENTES ELEITORAIS E PARTIDÁRIOS. NÃO DEMONSTRAÇÃO DAS HIPÓTESES DE ADMISSIBILIDADE. ART. 311 DO CÓDIGO DE PROCESSO CIVIL. ROL TAXATIVO. INTEMPESTIVIDADE DO RECURSO ESPECIAL MANEJADO PELOS CANDIDATOS. CIÊNCIA INEQUÍVOCA POR MEIO DE CARGA DOS AUTOS. PEDIDO DE TUTELA DE EVIDÊNCIA INDEFERIDO. AGRAVOS DESPROVIDOS.1. A tutela de evidência poderá ser concedida independentemente da existência de perigo de dano ou de risco ao útil resultado do processo. Todavia, a concessão dessa tutela provisória fica condicionada à demonstração de uma das situações plasmadas no art. 311 do CPC, que elenca rol taxativo das hipóteses de cabimento.2. In casu, o partido requerente não logrou êxito em demonstrar nenhuma das situações legais aptas a autorizar o deferimento da tutela de evidência.3. A exigência de intimação para oferecimento de contrarrazões aos embargos de declaração exsurge apenas quando os aclaratórios são recebidos com efeitos modificativos, não havendo que se falar em nulidade da decisão que não concede esses efeitos, a despeito de ausência de intimação para o Embargante contrarrazoar.4. Os declaratórios manifestamente incabíveis não têm o condão de interromper o prazo para a interposição de recursos subsequentes.5. No caso sub examine, o TRE/SP sequer conheceu os embargos declaratórios, assentando terem sido opostos por "agremiação [que] não é parte constituída nos autos" (fls. 488), o que denota o não cabimento manifesto.6. O pedido de intimação em nome de determinado advogado, quando inexista cláusula de exclusividade, não obsta a realização de intimação válida em nome de qualquer outro procurador constituído nos autos.7. A carga dos autos, antes da publicação do aresto, implica ciência inequívoca da decisão, momento em que começa a contagem do prazo recursal.8. Na hipótese vertente, embora exista pedido para realização de intimações no nome do advogado Cláudio José Amaral Bahia, verifico não ter sido aposta cláusula de exclusividade, de modo que a carga dos autos feita pelo Dr. João Gabriel de Oliveira Lima Felão, cuja procuração está acostada a fls. 26, implicou ciência inequívoca do acórdão de fls. 196-200, momento a partir do qual se iniciou a contagem do prazo para o manejo de recurso especial.9. Pedido de concessão de tutela de evidência indeferido.10. Agravos regimentais desprovidos. (TSE – Recurso Especial Eleitoral nº 80362, Acórdão, Relator(a) Min. Luiz Fux, Publicação: DJE – Diário de justiça eletrônico, Data 09/02/2018, Página 107)".

ii. Causa de pedir: Está consubstanciada na própria redação do art. 30 da Lei das Eleições, ou seja, o motivo da ARAGI é a irregularidade na arrecadação e nos gastos dos recursos da campanha eleitoral.

iii. Pedido: Em razão da gravidade do ilícito previsto no art. 22, *caput*, da Lei Complementar nº 64, de 1990, uma afronta direta à democracia, o pedido será a cassação do registro ou diploma, a depender da fase em que se encontra.

Cumpre destacar que a inelegibilidade somente é declarada na Ação de Investigação Judicial Eleitoral por abuso de poder político e/ou econômico ou, ainda, por uso indevido de meio de comunicação social. No julgamento das representações específicas, a inelegibilidade é efeito secundário da sanção de cassação do registro ou diploma, consoante inteligência do TSE.

PARA SEDIMENTAR

"ELEIÇÃO 2014. RECURSOS ORDINÁRIOS. GOVERNADOR. VICE-GOVERNADOR. DEPUTADO FEDERAL. CAPTAÇÃO ILÍCITA DE RECURSOS FINANCEIROS DESTINADOS A CAMPANHA. ART. 30-A DA LEI Nº 9.504/97. CAIXA DOIS. CONJUNTO PROBATÓRIO APTO A COMPROVAR A PRÁTICA DO ILÍCITO. GRAVIDADE CONFIGURADA. RECURSOS ORDINÁRIOS DA COLIGAÇÃO REAGE TOCANTINS E DE SANDOVAL LOBO CARDOSO. NÃO CONHECIDOS. RECURSO ORDINÁRIO DO MPE. PROVIMENTO. RECURSO ORDINÁRIO DA COLIGAÇÃO A MUDANÇA QUE A GENTE VÊ. PARCIAL PROVIMENTO. No caso dos autos, apura-se a responsabilidade de Marcelo Carvalho de Miranda e Cláudia Telles de Menezes Pires Martins Lelis, respectivamente governador e vice-governadora de Tocantins, além de Carlos Henrique Amorim, deputado federal eleitoral naquele Estado, em episódios que sugerem a realização do ilícito previsto no art. 30-A, da Lei nº 9.504/97. [...]. 10. O art. 30-A, §2º, da Lei das Eleições, contempla como pedido a negativa ou a cassação do diploma, não contemplando a possibilidade de, no bojo da representação, ser reconhecida a restrição à cidadania passiva. 11. A inelegibilidade poderá ser reconhecida, apenas e tão somente, como efeito secundário da condenação, ex vi do art. 1º, I, j, da LC nº 64/90 em futuro processo de registro de candidatura, não havendo qualquer incompatibilidade da norma questionada com a reserva de lei complementar prevista no texto constitucional. 12. A impugnação da validade jurídico-constitucional do art. 30-A da LE perante a Suprema Corte, nos autos da ADI nº 4.352, de minha relatoria, pendente de julgamento, não elide a presunção iuris tantum de constitucionalidade, mormente de dispositivo legal iterativamente aplicado no âmbito da Justiça Eleitoral. 13. Preliminar rejeitada. [...] As circunstâncias que acompanham o ilícito ostentam gravidade/relevância jurídica suficientemente densa para ultrajar os bens jurídicos por ele tutelados (i.e, igualdade política, higidez e lisura na competição eleitoral e transparência das campanhas). 3. Dou provimento ao recurso ordinário interposto pelo Ministério Público e provimento parcial ao recurso ordinário interposto pela Coligação "A Mudança que a Gente Vê", determinando a cassação do diploma de governador e vice-governadora outorgados, respectivamente, a Marcelo de Carvalho Miranda e Cláudia Telles de Menezes Pires Martins Lélis nas eleições de 2014. Quanto ao pedido de declaração de inelegibilidade dos Recorridos, entendo ser incabível no presente processo, haja vista a ausência de previsão específica no arranjo sancionatório constante do art. 30-A, §2º, da Lei das Eleições. Na linha da jurisprudência dominante desta Corte, nas condenações em decorrência da prática de captação e gasto ilícito de recursos a inelegibilidade não pode ser imposta na decisão judicial, havendo de surgir como "[...] efeito secundário da condenação, verificável no momento em que o cidadão requerer registro de sua candidatura, desde que atendidos os requisitos exigidos" (REspe nº 504-51/PB, Rel. Min. Gilmar Mendes, j. em 30.4.2015). 4. Como efeito da sanção de cassação dos diplomas dos Recorridos, determino a realização de novas eleições diretas para o governo do Estado do Tocantins, na forma do art. 224, §§3º e 4º, do Código Eleitoral e dos precedentes desta Corte Superior (RO nº 2246-61/AM, Rel. designado Min. Luís Roberto Barroso, DJe de 1º.6.2017 e ED-REspe 139-25/RS, Rel. Min. Henrique Neves, PSESS de 28.11.2016). (TSE – Recurso Ordinário nº 122086, Acórdão, Relator(a) Min. Luciana Lóssio, Relator(a) designado(a) Min. Luiz Fux, Publicação: DJE – Diário da justiça eletrônica, Tomo 061, Data 27/03/2018, Página 2/7)".

"ELEIÇÕES 2012. EMBARGOS DE DECLARAÇÃO NOS EMBARGOS DE DECLARAÇÃO NO AGRAVO REGIMENTAL NO AGRAVO DE INSTRUMENTO. AÇÃO DE INVESTIGAÇÃO JUDICIAL ELEITORAL. CANDIDATO AO CARGO DE PREFEITO. NÃO ELEITO. CAPTAÇÃO ILÍCITA DE SUFRÁGIO. ART. 41-A DA LEI Nº 9.504/97 (LEI DAS ELEIÇÕES). GRAVAÇÃO AMBIENTAL. CÂMERA DE VIGILÂNCIA. LICITUDE DA PROVA. CARACTERIZAÇÃO. SEGUNDOS EMBARGOS DE DECLARAÇÃO. ESCLARECIMENTOS. ACOLHIMENTO PARCIAL. 1. A contradição que autoriza o conhecimento e o acolhimento dos embargos, nos termos do art. 275 do Código Eleitoral, é aquela verificada internamente no acórdão, entre as respectivas premissas e a conclusão. 2. A causa de inelegibilidade prevista no art. 1º, I, j, da Lei Complementar nº 64/90 constitui efeito secundário da procedência do pedido que reconhece a captação ilícita de sufrágio, não podendo ser declarada expressamente na sentença ou acórdão condenatórios em representação por captação ilícita de sufrágio. 3. Embargos de declaração parcialmente acolhidos, para prestar esclarecimentos. (TSE – Agravo de Instrumento nº 60569, Acórdão, Relator(a) Min. Luiz Fux, Publicação: DJE – Diário de justiça eletrônico, Tomo 212, Data 07/11/2016, Página 37)".

6.6.8 Efeitos

De acordo com o art. 30-A, §2º, da Lei nº 9.504 de 1997, "comprovados captação ou gastos ilícitos de recursos, para fins eleitorais, será negado diploma ao candidato, ou cassado, se já houver sido outorgado".

Ademais, em observância ao art. 1º, I, *j*, da Lei Complementar nº 64, de 1990, incluído pela Lei Complementar nº 135, de 2010, como efeito secundário da ARAGI, incide a inelegibilidade.

Art. 1º da Lei Complementar nº 135, de 2010

"Art. 1º São inelegíveis: I – para qualquer cargo: [...] j) os que forem condenados, em decisão transitada em julgado ou proferida por órgão colegiado da Justiça Eleitoral, por corrupção eleitoral, por captação ilícita de sufrágio, por doação, captação ou gastos ilícitos de recursos de campanha ou por conduta vedada aos agentes públicos em campanhas eleitorais que impliquem cassação do registro ou diploma, pelo prazo de 8 (oito) anos a contar da eleição; [...]".

PARA SEDIMENTAR

"ELEIÇÕES 2018. RECURSO ORDINÁRIO. CARGO DE SENADOR DA REPÚBLICA. PRELIMINARES. PEDIDO DE ASSISTÊNCIA SIMPLES. CARGO MAJORITÁRIO. DEFERIMENTO. REPRESENTAÇÃO. ART. 30-A. PROPOSITURA ANTES DA ELEIÇÃO. POSSIBILIDADE. ENCERRAMENTO PREMATURO DA INSTRUÇÃO. CERCEAMENTO DE DEFESA. NÃO OCORRÊNCIA. PROCESSO DE PRESTAÇÃO DE CONTAS. PENDÊNCIA DE JULGAMENTO. PREJUDICIALIDADE. INEXISTÊNCIA. NECESSIDADE DE QUEBRA DE SIGILO BANCÁRIO CARACTERIZADA. MÉRITO. ABUSO DO PODER ECONÔMICO. CONTRATAÇÃO DE EMPRESA DE PUBLICIDADE ANTES DO PERÍODO ELEITORAL. PRODUÇÃO DE MATERIAL DE PRÉ-CAMPANHA E DE CAMPANHA. CARACTERIZAÇÃO DO ILÍCITO. ART. 30-A DA LEI Nº 9.504/1997. PAGAMENTOS REALIZADOS À MARGEM DA CONTABILIDADE DA CAMPANHA. CAIXA DOIS. CASSAÇÃO DO DIPLOMA DE TODOS OS COMPONENTES DA CHAPA. DECLARAÇÃO DA INELEGIBILIDADE DOS DIRETAMENTE ENVOLVIDOS. NECESSIDADE DE REALIZAÇÃO DE NOVAS ELEIÇÕES NA MODALIDADE DIRETA. ASSUNÇÃO PROVISÓRIA DA CHAPA QUE OBTEVE A TERCEIRA COLOCAÇÃO. IMPOSSIBILIDADE. EXECUÇÃO DO ACÓRDÃO CONDENATÓRIO COM SUA PUBLICAÇÃO. QUEBRA INDEVIDA DO SIGILO BANCÁRIO DA SEGUNDA SUPLENTE. AUSÊNCIA DE PREJUÍZO. PROVIMENTO PARCIAL DO RECURSO PARA DETERMINAR A EXCLUSÃO DOS DOCUMENTOS DOS AUTOS.

1. É possível, na qualidade de assistente simples, o ingresso do partido político ao qual o detentor de cargo majoritário se encontra filiado. 2. É admitida a propositura de ação que vise a apurar os ilícitos descritos no art. 30-A da Lei nº 9.504/1997 antes mesmo do pleito, considerando que não há indicação, no texto legal, do termo inicial para seu ajuizamento. 3. Não caracteriza cerceamento de defesa o encerramento antecipado da instrução processual, mesmo se pendente carta precatória, quando o juízo fundamentadamente entende que as provas já carreadas aos autos são suficientes para o deslinde da controvérsia. Inteligência do art. 370, parágrafo único, do CPC/2015 e do art. 23 da LC nº 64/1990. 4. Inexiste prejudicialidade entre o processo de prestação de contas e as demais ações eleitorais que visem a apurar ilícitos de ordem financeira praticados em campanha, seja abuso do poder econômico, previsto no art. 22, XIV, da LC nº 64/1990, seja arrecadação e gastos ilícitos de recursos, disciplinados no art. 30-A da Lei nº 9.504/1997. 5. O sigilo dos dados bancários não tem proteção absoluta pela Constituição Federal, sendo possível à autoridade judicial que o afaste pontualmente, desde que haja, em qualquer caso, a devida fundamentação de sua necessidade. 6. A propaganda eleitoral antecipada massiva, mesmo que não implique violação explícita ao art. 36-A da Lei nº 9.504/1997, pode caracterizar ação abusiva, sob o viés econômico, a ser corrigida por meio de ação própria. 7. A produção de farto material de pré-campanha e de campanha, no período imediatamente anterior ao eleitoral e com o investimento de grande quantia de dinheiro, caracteriza o abuso do poder econômico descrito no art. 22, XIV, da LC nº 64/1190 e, por consequência, implica a cassação de todos os beneficiários bem como a decretação da inelegibilidade dos diretamente envolvidos, porquanto possui gravidade capaz de comprometer a lisura do pleito. 8. A realização de suposto autofinanciamento pela recorrente Selma Rosane Santos Arruda, no valor de R$188.000,00, somado aos repasses realizados à empresa KGM Assessoria Institucional Ltda. e a seu sócio-diretor, Kleber Alves Lima, que alcançaram o valor de R$100.000,00, e ao pagamento feito por Gilberto Eglair Possamai à empresa Genius at Work, no valor de R$120.000,00, caracterizam infração ao art. 30-A da Lei nº 9.504/1997, porquanto possuem gravidade capaz de comprometer a lisura do pleito. 9. A Justiça Eleitoral realiza a glosa das condutas praticadas por determinado candidato quando em desacordo com o ordenamento jurídico estabelecido, não sendo devida a realização de juízo a respeito de eventuais condutas abusivas praticadas por outros candidatos que não integraram a relação processual. 10. A cassação da chapa eleita para o cargo majoritário de senador da República implica a determinação de renovação do pleito na modalidade direta, salvo se restarem menos de 15 meses para o fim do mandato, nos termos do art. 56, §2º, da CF. 11. À míngua de previsão constitucional, não é possível a assunção provisória da chapa que logrou a terceira colocação no pleito devido à cassação da chapa eleita. 12. Recursos ordinários interpostos por Selma Rosane Santos Arruda, Gilberto Eglair Possamai e PSL não providos em sua integralidade, mantendo-se a cassação dos diplomas dos eleitos e, por consequência, de seus mandatos, bem como a declaração da inelegibilidade de Selma Arruda e de Gilberto Eglair para as eleições que forem realizadas nos 8 anos subsequentes ao pleito de

2018. 13. Recurso de Clérie Fabiana Mendes parcialmente provido, apenas para determinar a exclusão de quaisquer documentos referentes à quebra de seu sigilo bancário. 14. Recurso ordinário interposto por Carlos Henrique Baqueta Fávaro, Geraldo de Souza Macedo, José Esteves de Lacerda Filho, candidato derrotado ao Senado, primeiro e segundo suplentes, respectivamente, e o Diretório Estadual do PSD não provido. 15. Determinação de execução imediata do julgado a partir de sua publicação, com a expedição de ofício ao presidente do Senado Federal para que efetue o pronto afastamento dos mandatários cassados, comunicando-se, prontamente, o TRE/MT para que adote as providências cabíveis relativas à renovação do pleito.

(Recurso Ordinário nº 060161619, Acórdão, Relator(a) Min. Og Fernandes, Publicação: DJE – Diário da justiça eletrônica, Tomo 244, Data 19/12/2019)".

"[...] ELEIÇÕES 2012. PREFEITO E VICE-PREFEITO. AIJE. CAPTAÇÃO E GASTOS ILÍCITOS DE RECURSOS DE CAMPANHA. ART. 30-A DA LEI Nº 9.504/97. RECIBO ELEITORAL FALSIFICADO. DOAÇÕES REALIZADAS PELO PRÓPRIO CANDIDATO. ORIGEM NÃO COMPROVADA. INEXISTÊNCIA DE GRAVIDADE E DE PROPORCIONALIDADE. DESPROVIMENTO. 1. A cassação de registro ou de diploma na hipótese de captação ou gastos ilícitos de recursos, prevista no art. 30-A, §2º, da Lei nº 9.504/97, requer prova de relevância jurídica das irregularidades praticadas pelo candidato. Precedentes. 2. Primeiro ilícito: recibo de doação de veículo, em valor estimado de R$4.000,00, cuja assinatura do doador fora falsificada. No caso, além do montante inexpressivo no contexto de eleição municipal (1,3% de R$301.423,00), houve de fato registro nas contas, o que possibilitou efetivo controle de despesas de campanha. 3. Ademais, referida falsificação, sem prova de autoria, deve ser averiguada em esfera própria, conforme assentado no decisum monocrático. 4. Segunda irregularidade: ausência de origem de parte dos recursos doados, no quantitativo de R$3.550,00, ínfimo em termos percentuais (1,2% do total) [...]".Recurso Especial Eleitoral nº 304, Acórdão, Relator(a) Min. Antonio Herman De Vasconcellos E Benjamin, Publicação: DJE – Diário de justiça eletrônico, Volume , Tomo 191, Data 04/10/2016, Página 142/143)".

"Na hipótese de irregularidades relativas à arrecadação e gastos dos recursos de campanha, aplica-se a sanção de negativa de outorga de diploma ou sua cassação, quando já houver sido outorgado, nos termos do §2º do art. 30-A. No caso, o recorrente arrecadou recursos antes da abertura da conta bancária, em desrespeito à legislação eleitoral, no importe de sete mil e noventa e oito reais (R$7.098,00), para a campanha de deputado estadual do Pará. [...] (RECURSO ORDINÁRIO nº 1540, Acórdão, Relator(a) Min. Felix Fischer, Publicação: RJTSE – Revista de jurisprudência do TSE, Volume 20, Tomo 4, Data 28/04/2009, Página 155)".

"AGRAVO REGIMENTAL. RECURSO ESPECIAL ELEITORAL. ELEIÇÕES 2012. PREFEITO. VICE-PREFEITO. REPRESENTAÇÃO. CAPTAÇÃO E GASTOS ILÍCITOS DE RECURSOS DE CAMPANHA. ART. 30-A DA LEI 9.504/97. "CAIXA DOIS". NÃO CONFIGURAÇÃO. ART. 39, §7º, DA LEI 9.504/97. AUSÊNCIA DE PREQUESTIONAMENTO. DESPROVIMENTO. 1. De acordo com a jurisprudência do Tribunal Superior Eleitoral, a omissão de receitas e despesas de campanha não possui gravidade suficiente para ensejar a sanção de cassação do diploma, prevista no art. 30-A da Lei 9.504/97, se não ficou comprovada a utilização de recursos de fontes vedadas ou a prática de "caixa dois". 2. Em relação à matéria de que trata o art. 39, §7º, da Lei 9.504/97, encontra-se ausente o requisito do prequestionamento, pois não houve exame, pela Corte Regional, da conduta em tela sob a ótica do artigo mencionado. 3. Agravo regimental não provido. (Recurso Especial Eleitoral nº 385, Acórdão, Relator(a) Min. João Otávio De Noronha, Publicação: DJE – Diário de justiça eletrônico, Tomo 233, Data 11/12/2014, Página 20)".

"Agravo regimental. Recurso especial. Eleições 2016. Vereador. Representação. Art. 30-A Lei 9.504/97. Arrecadação e captação ilícita de recursos. 1. No decisum monocrático, mantiveram-se sentença e acórdão unânime do TRE/RJ no sentido da perda do diploma de vereador do agravante por arrecadação e gastos ilícitos de recursos de campanha nas Eleições 2016 (art. 30-A da Lei 9.504/97). [...] Tema de fundo. Doações fraudulentas. Uso de 'laranjas'. Totalidade de recursos arrecadados. Reexame. Impossibilidade. Súmula 24/TSE. 4. O uso de "laranjas" para encobrir os verdadeiros doadores de campanha configura inequívoca arrecadação de recursos de origem não identificada a ensejar a perda do diploma (art. 30-A da Lei 9.504/97). Precedentes. 5. In casu, o TRE/RJ, por unanimidade, assentou que as diversas doações feitas em período crítico (setembro e outubro de 2016) para a campanha do agravante foram simuladas, visto que se empregou engenhosa sistemática em que pessoas físicas, após receberem depósitos não identificados em suas contas-correntes, repassaram esses valores para o candidato. 6. O ilícito encontra-se sobejamente comprovado ante as conclusões postas no aresto a quo: a) os recursos depositados nas contas dos 11 doadores e as transferências realizadas quase sempre na mesma data ou em datas muito próximas são de idêntico valor; b) as doações não refletem a capacidade econômica dos cedentes; c) foi oportunizado ao agravante e às testemunhas apresentarem provas documentais da origem dos recursos, o que não foi feito. 7. Os valores envolvidos não são módicos. A teor do decisum regional, 100% dos recursos obtidos pelo agravante (R$59.400,00) advêm de doações ilícitas, reconhecendo-se a prática de "caixa dois". Esse também foi o montante exato declarado como gastos de campanha, o que se revela grave e compromete a igualdade e a legitimidade do certame [...]". (Ac. de 11.4.2019 no AgR-REspe nº 44.565, rel. Min. Jorge Mussi.)

"Eleições 2016. Agravo regimental. Recurso especial. Representação. Vereador. Art. 30-A da Lei nº 9.504/97. Ausência de gravidade e relevância jurídica. Reexame. Impossibilidade. Súmula nº 24/TSE. Entendimento do acórdão recorrido em conformidade com a jurisprudência desta corte. Súmula nº 30/TSE. Desprovimento. 1. In casu, a Corte Regional, soberana no exame dos fatos e provas, concluiu que, embora evidente o desrespeito das regras de gastos de recurso de campanha fato incontroverso , o ilícito eleitoral não se revestiu de gravidade e relevância jurídica para atrair a sanção de cassação do diploma eletivo, uma vez que: i) o valor controvertido R$4.100,00 (quatro mil e cem reais) representa uma grandeza ínfima se comparado à quantia utilizada em campanhas eleitorais, ainda mais se observado o limite de gasto para a campanha de vereador no Município de São

Luís/MA; ii) embora a referida quantia corresponda a 45,05% de todo o gasto de campanha declarado pelo ora recorrido, a desconstituição do diploma do mandatário eleito é medida demasiadamente drástica diante da pequena expressão do valor nominal controvertido; e iii) as irregularidades apuradas não tiveram potencialidade para repercutir no pleito eleitoral. 2. Rever a conclusão pela qual chegou o TRE/MA quanto ao tema demandaria o reexame de fatos e provas, providência inviável nesta instância especial, conforme Súmula nº 24/TSE. 3. O entendimento da Corte Regional está em consonância com a jurisprudência deste Tribunal Superior no sentido de que se deve afastar a incidência do art. 30-A da Lei das Eleições caso a irregularidade não tenha relevância jurídica ou gravidade suficiente para a aplicação da grave sanção de cassação do diploma. Precedentes. 4. Incide na espécie a Súmula nº 30/TSE, segundo a qual 'não se conhece de recurso especial eleitoral por dissídio jurisprudencial, quando a decisão recorrida estiver em conformidade com a jurisprudência do Tribunal Superior Eleitoral'". (Ac. de 12.3.2019 no AgR-REspe 174, rel. Min. Tarcisio Vieira de Carvalho Neto.)

RECURSOS ESPECIAIS ELEIÇÕES 2016. RECURSOS ESPECIAIS. AIJE. PREFEITO. VICE-PREFEITO. ABUSO DO PODER ECONÔMICO. ART. 22 DA LC N. 64/90. RECURSOS FINANCEIROS DE CAMPANHA. CAPTAÇÃO ILÍCITA. ART. 30-A DA LEI Nº 9.504/97. QUESTÕES PREAMBULARES. QUEBRA DO SIGILO FISCAL. NULIDADES SUSCITADAS. PRESCINDIBILIDADE DA PROVA. CONDENAÇÃO NÃO LASTREADA EM ELEMENTOS DERIVADOS. AUSÊNCIA DE PREJUÍZO. ART. 219 DO CE. NEGATIVA DE PRESTAÇÃO JURISDICIONAL. NÃO CARACTERIZAÇÃO. MANIFESTAÇÃO SUFICIENTE. OMISSÕES. CONTRADIÇÕES. INOCORRÊNCIA. CERCEAMENTO DE DEFESA. NÃO CONFIGURAÇÃO. DILIGÊNCIAS COMPLEMENTARES. PROVAS. INTIMAÇÃO DA DEFESA. ALEGAÇÕES DA PARTE SOBRE A DOCUMENTAÇÃO JUNTADA. PRAZO MAIOR. NÃO CONCESSÃO. AUSÊNCIA DE PREJUÍZO. MÉRITO DOS RECURSOS. REEXAME DE FATOS E PROVAS. IMPOSSIBILIDADE. SÚMULA N. 24/TSE. INCIDÊNCIA. PREMISSAS SOBERANAMENTE FIXADAS PELO TRE. CAPTAÇÃO IRREGULAR DE RECURSOS. DOAÇÕES. TRIANGULAÇÃO. BURLA DA VEDAÇÃO QUANTO À ORIGEM DOS VALORES APORTADOS. PESSOA JURÍDICA. EMPRÉSTIMO SIMULADO. SÓCIOS. EMPREGADOS. POSTERIOR ABASTECIMENTO DA CAMPANHA. ILEGALIDADE QUALIFICADA. ABUSO DO PODER ECONÔMICO. VANTAGEM ESPÚRIA SOBRE OS DEMAIS CONCORRENTES. LISURA. NORMALIDADE. LEGITIMIDADE. PLEITO. BENS JURÍDICOS VULNERADOS. GRAVIDADE. MANDATÁRIOS. CASSAÇÃO. ANUÊNCIA E CONTRIBUIÇÃO. PRÁTICA ILÍCITA. INELEGIBILIDADE. PROCEDÊNCIA. ACÓRDÃO REGIONAL. CONFIRMAÇÃO. DESPROVIMENTO. [...] (TSE – Recurso Especial Eleitoral nº 60507, Acórdão, Relator(a) Min. Tarcisio Vieira De Carvalho Neto, Publicação: DJE – Diário de justiça eletrônico, Data 07/10/2019, Página 64)

6.6.9 Recursos

No que tange ao prazo recursal da ARAGI, sustentava-se que ele era de *24 (vinte e quatro) horas* para interposição de Recurso Inominado, como se observa da seguinte decisão do Tribunal Superior Eleitoral, da relatoria do Ministro Ricardo Lewandowski:

> AGRAVO REGIMENTAL. RECURSO ESPECIAL ELEITORAL. DECISÃO AGRAVADA EM CONSONÂNCIA COM A JURISPRUDÊNCIA DO TSE. AGRAVO IMPROVIDO.I – Os argumentos apresentados no agravo regimental não se alinham à jurisprudência desta Corte, que se firmou no sentido de que a adoção do procedimento do art. 22 da LC 64/90 na apuração dos ilícitos previstos no art. 30-A e 41-A da Lei das Eleições não afasta a incidência do prazo recursal de 24 horas, estabelecido no §8º do art. 96 dessa lei. II – Decisão agravada mantida por seus próprios fundamentos. III – Agravo regimental a que se nega provimento. Processo ARO 1500 GO. Publicação DJe – Diário da Justiça eletrônico, Data 07/12/2009, Página 12. Julgamento 22 de Outubro de 2009. Relator Min. ENRIQUE RICARDO LEWANDOWSKI.

Porém, tal entendimento foi alterado em obediência ao art. 30-A, §3º, da Lei nº 9.504, de 1997, que prevê que "o prazo de recurso contra decisões proferidas em representações propostas com base neste artigo será de *3 (três) dias*, a contar da data da publicação do julgamento no Diário Oficial".

Por fim, em relação aos recursos cabíveis, infere-se que poderão ser interpostos: *Recurso Inominado* da decisão do juiz eleitoral; *Recurso Ordinário* em face da decisão dos TREs; e *Recurso Extraordinário* da decisão do TSE.

6.6.10 Resumindo

Fundamentação Legal	**Art. 30-A da Lei nº 9.504, de 1997.**
Objetivos	Garantir a transparência e a igualdade das eleições.
Legitimidade ativa	Art. 30-A da Lei nº 9.504, de 1997: *Partido político ou coligação.* Obs.: A lei não positivou a legitimidade do Ministério Público (MP) para propor esta ação. Todavia, o MP possui legitimidade natural, nos termos do art. 127 da Constituição Federal de 1988. Do mesmo modo, a despeito de ausência de previsão expressa na norma, as federações partidárias também possuem legitimidade para o intento dessa ação.
Prazo	Art. 30-A da Lei nº 9.504, de 1997: *15 (quinze) dias* contados da diplomação.
Competência	Art. 96 da Lei nº 9.504, de 1997: Tribunal Superior Eleitoral – eleições presidenciais; Tribunal Regional Eleitoral – eleições federais e estaduais; Juízo Eleitoral – eleições municipais.
Se o pedido for julgado procedente	*Será negado diploma ao candidato, ou cassado, se já houver sido outorgado.*

6.7 Ação de Representação por Captação Ilícita de Sufrágio (ARCIS)

6.7.1 Conceito

A Ação de Representação por Captação Ilícita de Sufrágio (ARCIS) tem por escopo evitar que o pleito seja conspurcado por indução ou violação do direito de escolha do eleitor. Em simples palavras, objetiva proteger e assegurar a vontade do eleitor de exercer sua capacidade eleitoral ativa sem quaisquer influências.

DELIMITANDO O TEMA

Sufrágio: "É a emanação, o desejo, a vontade política do cidadão expressada pelo voto, que pode resultar na eleição de representantes (Presidentes, Senadores, deputados e outros), ou na decisão direta sobre certos temas de interesse público da sociedade (plebiscito ou referendo). O voto deve dignificar o efetivo exercício da manifestação livre e soberana da vontade".[203]

6.7.2 Fundamentação Legal

A Ação de Representação por Captação Ilícita de Sufrágio está albergada no art. 41-A da Lei nº 9.504, de 1997.

Art. 41-A da Lei nº 9.504, de 1997

"Art. 41-A. Ressalvado o disposto no art. 26 e seus incisos, constitui captação de sufrágio, vedada por esta Lei, o candidato doar, oferecer, prometer, ou entregar, ao eleitor, com o fim de obter-lhe o voto, bem ou vantagem pessoal de qualquer natureza, inclusive emprego ou função pública, desde o registro de candidatura até o dia da eleição, inclusive, sob pena de multa de mil a cinquenta mil Ufir, e cassação do registro ou do diploma, observado o procedimento previsto no art. 22 da Lei Complementar nº 64, de 18 de maio de 1990. §1º Para a caracterização da conduta ilícita, é desnecessário o pedido explícito de votos, bastando a evidência do dolo, consistente no especial fim de agir".

203 RAMAYANA, Marcos. *Direito eleitoral*. 13. ed. Rio de Janeiro: Impetus, 2012. p. 3.

Na busca de tornar o processo eleitoral mais hígido, algumas entidades civis, entre elas a Confederação Nacional dos Bispos do Brasil (CNBB), a Ordem dos Advogados do Brasil (OAB) e a Central Única dos Trabalhadores (CUT), mediante um projeto de iniciativa popular, conseguiram incluir o supramencionado *caput* do art. 41-A na Lei nº 9.504, de 1997, que tem por finalidade tratar com mais severidade a sistêmica prática da "compra de votos" nas eleições brasileiras.

O referido dispositivo prevê a cassação do registro de quem nele incorrer, ficando o candidato impedido de disputar eleição e, por conseguinte, de ser votado e eleito. A polêmica gerada por essa sanção deriva do fato de que isso caracteriza a instituição de uma causa de inelegibilidade por meio de uma lei ordinária, o que iria de encontro ao disposto no art. 14, §9º, da Constituição Federal, o qual reserva essa matéria à lei complementar.

Pugnando pela inconstitucionalidade desse artigo, Soares da Costa assim prelecionou:

> Com a introdução do art. 41-A na Lei das Eleições, prescrevendo a sanção da cassação do registro de candidatura para a hipótese de captação ilícita de sufrágio, houve quem buscasse ver aí uma inovação importante no Direito Eleitoral, sobretudo para salvaguardar o dispositivo de sua patente inconstitucionalidade, por ter sido introduzido no sistema por lei ordinária, em desabrida afronta ao §9º do art. 14 da Constituição de 1988.[204]

De maneira mais incisiva, aponta Pedro Roberto Decomain:

> A previsão de cassação do registro do candidato beneficiado pelo ato de ilícita captação de sufrágio, contida no art. 41-A desta Lei, soa inconstitucional. É que o registro é condição para que qualquer pessoa possa concorrer a mandato eletivo [...]. A cassação do registro traz como consequência, portanto, o impedimento para que a pessoa siga concorrendo, o que gera situação substancialmente idêntica à da inelegibilidade. Todavia, somente por lei complementar podem ser veiculadas outras causas de inelegibilidade, além daquelas que emanam do próprio texto constitucional (como as dos §§5º, 6º e 7º do mesmo artigo 14 da Constituição, por exemplo). Como a Lei n. 9.840/99, pela qual o art. 41-A foi acrescido à lei aqui comentada, é lei ordinária, tem-se que a previsão da cassação do registro de candidato beneficiado pelo ato de captação ilícita de sufrágio padece de inconstitucionalidade formal [...]. Esse raciocínio [...] pode ser aplicado também a todos os demais dispositivos da presente lei, que albergam regras semelhantes, como o §5º, do art. 73, e o art. 77, Parágrafo único.[205]

Em convergência com o nosso entendimento, em que pese o esforço de parte da doutrina para sustentar a inconstitucionalidade do art. 41-A, prosperou a corrente contrária e prevaleceu o juízo de que não se criou espécie de inelegibilidade, mas sim uma sanção contra candidato que, durante a campanha, abusou de seu poder, captando (ou tentando captar) sufrágio de forma ilícita. No julgamento da Ação Direta de Inconstitucionalidade n. 3.592, em 26 de outubro de 2006, proposta pelo Partido Socialista Brasileiro (PSB), assim assentou o Supremo Tribunal Federal:

---

[204] COSTA, Adriano Soares da. *Instituições de direito eleitoral*. 6. ed. Belo Horizonte: Del Rey, 2006. p. 349-353.

[205] DECOMAIN, Pedro Roberto. *Eleições*: comentários à Lei nº 9.504/97. 2. ed. São Paulo: Dialética, 2004. p. 255.

Ação direta de inconstitucionalidade. Art. 41-A da Lei n. 9.504 de 1997. Captação de sufrágio. 2. As sanções de cassação do registro ou do diploma previstas pelo art. 41-A da Lei n. 9.504/97 não constituem novas hipóteses de inelegibilidade. 3. A captação ilícita de sufrágio é apurada por meio de representação processada de acordo com o art. 22, incisos I a XIII, da Lei Complementar n. 64/90, que não se confunde com a ação de investigação da justiça eleitoral, nem com a ação de impugnação de mandato eletivo, pois não implica a declaração de inelegibilidade, mas apenas a cassação do registro ou do diploma. 4. A representação para apurar a conduta prevista no art. 41-A da Lei n. 9.504/97 tem o objetivo de resguardar um bem jurídico específico: a vontade do eleitor. 5. Ação direta de inconstitucionalidade julgada improcedente. (STF, ADI n. 3.592-DF, Rel. Min. Gilmar Mendes, 26/10/2006).

Importa destacar, ao mesmo tempo, que, para a configuração do ilícito, é necessária prova indubitável de que o candidato participou ou tinha conhecimento da prática indevida, ou seja, não são cabíveis meras suposições.

Ademais, com o fito de garantir a lisura das eleições, o Tribunal Superior Eleitoral entende que *não é preciso a identificação do eleitor* que teve seu voto influenciando, o pedido *explícito* de votos, tampouco a aferição da *potencialidade da conduta*, bastando tão somente a caracterização do conhecimento ou da prática por parte do candidato, que não pode ser presumida.

PARA SEDIMENTAR

"ELEIÇÕES 2012. AGRAVO REGIMENTAL NO RECURSO ESPECIAL ELEITORAL COM AGRAVO. AÇÃO DE INVESTIGAÇÃO JUDICIAL ELEITORAL. CAPTAÇÃO ILÍCITA DE SUFRÁGIO. ABUSO DO PODER ECONÔMICO. CONDUTA VEDADA. AUSÊNCIA DE GRAVIDADE. NECESSIDADE DE REEXAME DE FATOS E PROVAS. IMPOSSIBILIDADE NA VIA ESPECIAL. ENUNCIADO DA SÚMULA TSE Nº 24. AGRAVO DESPROVIDO.1. A captação ilícita de sufrágio, nos termos do art. 41-A da Lei nº 9.504/97, aperfeiçoa-se com a conjugação dos seguintes elementos: (i) a realização de quaisquer das condutas típicas do art. 41-A (i.e., doar, oferecer, prometer ou entregar bem ou vantagem pessoal de qualquer natureza a eleitor, bem como praticar violência ou grave ameaça ao eleitor), (ii) o dolo específico de agir, consubstanciado na obtenção de voto do eleitor e, por fim, (iii) a ocorrência do fato durante o período eleitoral (GOMES, José Jairo. Direito Eleitoral. 8ª ed. São Paulo: Atlas, p. 520). 2. O abuso de poder não pode ser presumido, reclamando, para sua configuração, a comprovação da gravidade das circunstâncias do caso concreto que caracterizam a prática abusiva, de forma a macular a lisura da disputa eleitoral, nos termos do art. 22, XVI, da LC nº 64/90 (AgR-REspe nº 349-15/TO, Rel. Min. Dias Toffoli, DJe de 27.3.2014 e REspe nº 130-68/RS, Rel. Min. Henrique Neves, DJe de 4.9.2013).3. O telos subjacente à conduta vedada encartada no art. 73 da Lei das Eleições é interditar práticas tendentes a afetar a igualdade de oportunidades entre os candidatos.4. A jurisprudência deste Tribunal pressupõe a existência de provas robustas e incontestes para a configuração de tais ilícitos eleitorais, não podendo, bem por isso, encontrar-se a pretensão ancorada em frágeis ilações ou mesmo em presunções, nomeadamente em virtude da gravidade das sanções nele cominadas. Precedentes.5. No caso sub examine, a conduta narrada somada aos demais fatos descritos no acórdão regional (e.g., distribuição de camisetas e possível captação ilícita de sufrágio) não se revestiram de gravidade suficiente para influenciar o resultado do prélio eleitoral.6. In casu, a inversão do julgado quanto à inexistência de provas da prática de captação ilícita de sufrágio, de abuso de poder econômico e de prática de conduta vedada implicaria necessariamente nova incursão no conjunto fático-probatório, o que não se coaduna com a via estreita do apelo extremo eleitoral, ex vi dos Enunciados das Súmulas nº 24/TSE, 279/STF e 7/STJ.7. Agravo regimental desprovido. (Agravo de Instrumento nº 42396, Acórdão, Relator(a) Min. Luiz Fux, Publicação: DJE – Diário de justiça eletrônico, Data 26/10/2017)".

"ELEIÇÕES 2012. RECURSO ESPECIAL ELEITORAL. AIJE. USO ABUSIVO DOS MEIOS DE COMUNICAÇÃO SOCIAL E CAPTAÇÃO ILÍCITA DE SUFRÁGIO. NÃO CONFIGURAÇÃO. PROVIMENTO. 1. A abrangência da mídia impressa é limitada, uma vez que depende do interesse do leitor, ao contrário do que ocorre com os mecanismos de comunicação direta e de fácil acesso, como o rádio e a televisão. Precedentes. 2. Não há falar em uso abusivo dos meios de comunicação social, na medida em que a conduta em análise, diante das circunstâncias delineadas no acórdão regional, não revelou a gravidade suficiente para afetar a legitimidade e a normalidade das eleições. 3. Para a caracterização da captação ilícita de sufrágio, é necessário que o oferecimento de bens ou vantagens seja condicionado à obtenção do voto, o que conforme se depreende do acórdão recorrido, não ficou demonstrado na espécie. 4. A aplicação das sanções previstas no art. 41-A da Lei nº 9.504/97, dada sua gravidade, deve assentar-se em provas robustas, inexistentes nos autos. 5. Recurso especial provido. (Recurso Especial Eleitoral nº 56173, Acórdão, Relator(a) Min. Luciana Christina Guimarães Lóssio, Publicação: DJE – Diário de justiça eletrônico, Tomo 116, Data 17/06/2016, Página 55)".

"AGRAVO REGIMENTAL. RECURSO ESPECIAL ELEITORAL. REPRESENTAÇÃO. CAPTAÇÃO ILÍCITA DE SUFRÁGIO. ART. 41-A DA LEI 9.504/97. ELEIÇÕES 2012. AUSÊNCIA DE CONFIGURAÇÃO. REEXAME DE FATOS E PROVAS. DESNECESSIDADE. 1. A configuração de captação ilícita de sufrágio (art. 41-A da Lei 9.504/97) demanda a existência de prova robusta de que a doação, o oferecimento, a promessa ou a entrega da vantagem tenha sido feita em troca de votos, o que não ficou comprovado nos autos. 2. Conforme a jurisprudência do TSE, o fornecimento de comida e bebida a serem consumidas durante evento de campanha, por si só, não configura captação ilícita de sufrágio. 3. A alteração das conclusões do aresto regional com fundamento nos fatos nele delineados não implica reexame de fatos e provas. Na espécie, a mudança do que decidido pela Corte Regional quanto à finalidade de angariar votos ilicitamente foi realizada nos limites da moldura fática do acórdão, sem a necessidade de reexame fático-probatório. 4. Agravo regimental não provido. (Recurso Especial Eleitoral nº 47845, Acórdão, Relator(a) Min. João

Otávio De Noronha, Publicação: DJE – Diário de justiça eletrônico, Tomo 95, Data 21/05/2015, Página 67)".

"Recurso contra expedição de diploma. Captação ilícita de sufrágio. Para a configuração da conduta prevista no art. 41-A da Lei das Eleições, é necessária a existência de provas que demonstrem a ciência ou anuência, pelo candidato, da prática ilícita, o que não ocorreu na espécie. Agravo regimental não provido. (Recurso contra Expedição de Diploma nº 894909, Acórdão, Relator(a) Min. Arnaldo Versiani Leite Soares, Publicação: DJE – Diário de justiça eletrônico, Data 23/10/2012, Página 6-7).

"RECURSO ESPECIAL. REPRESENTAÇÃO. CAPTAÇÃO ILÍCITA DE SUFRÁGIO. ART. 41-A DA LEI Nº 9.504/97. NÃO-CARACTERIZADO. DISSÍDIO JURISPRUDENCIAL. NÃO-CONFIGURADO. DESPROVIMENTO. O recurso especial tem natureza restrita, assim qualquer solução jurídica que se pretenda dar ao recurso deverá ter como base a moldura fática desenhada pelo acórdão regional. Para aplicação do art. 41-A da Lei nº 9.504/97 deve ficar demonstrado, sem sombra de dúvida, que houve o oferecimento de bem ou vantagem pessoal, em troca do voto. A jurisprudência desta Corte não exige a identificação do eleitor para caracterizar a conduta do art. 41-A da Lei das Eleições. Todavia, nessa hipótese, deve ter cautela redobrada. Ausência na decisão regional de elementos que permitam inferir a captação ilícita de sufrágio. Recurso especial desprovido. (Recurso Especial Eleitoral nº 28441, Acórdão, Relator(a) Min. José Augusto Delgado, Publicação: DJ – Diário de justiça, Data 29/04/2008, Página 10)".

"RECURSO ESPECIAL. CAPTAÇÃO DE SUFRÁGIO DO ART. 41-A DA LEI Nº 9.504/97. OFENSA A LEI. DISSÍDIO JURISPRUDENCIAL. INEXISTÊNCIA. RECURSO NÃO CONHECIDO. 1 – Na linha da jurisprudência desta Corte, estando comprovado que houve captação vedada de sufrágio, não é necessário estejam identificados nominalmente os eleitores que receberam a benesse em troca de voto, bastando para a caracterização do ilícito a solicitação do voto e a promessa ou entrega de bem ou vantagem pessoal de qualquer natureza. 2 – Restando comprovada a captação ilícita de sufrágio por meio de conjunto probatório considerado suficiente e idôneo, inexeqüível seu reexame na via especial (Enunciados nos 279/STF e 7/STJ). Recurso Especial não conhecido. (Recurso Especial Eleitoral nº 25256, Acórdão, Relator(a) Min. Francisco Cesar Asfor Rocha, Publicação: DJ – Diário de justiça, Data 05/05/2006, Página 151)".

"AGRAVO REGIMENTAL. RECURSO ESPECIAL. REPRESENTAÇÃO. CAPTAÇÃO ILÍCITA DE SUFRÁGIO. REEXAME DE FATOS E PROVAS. IMPOSSIBILIDADE. PROVA ROBUSTA. EXISTÊNCIA. 1. Se o Tribunal de origem, baseando-se em provas documentais – listas de eleitores e de gêneros alimentícios, bem como material de campanha apreendidos –, em depoimentos de testemunhas diretas e indiretas do fato, em declarações de um dos representados e outros indícios colhidos na seara penal, concluiu pela existência de captação ilícita de sufrágio, com participação direta do candidato e de sua esposa, a revisão de tal entendimento demandaria o reexame de fatos e provas, providência inviável na instância extraordinária, a teor das Súmulas 279 do Supremo Tribunal Federal e 7 do Superior Tribunal de Justiça.2. Na linha da jurisprudência deste Tribunal, "uma vez reconhecida a captação ilícita de sufrágio, a multa e a cassação do registro ou do diploma são penalidades que se impõem ope legis" (REspe nº 27.737, rel. Min. José Delgado, DJEde 1º.2.2008). 3. Para a caracterização da captação ilícita de sufrágio, é irrelevante aferir a potencialidade da conduta a partir do número de votos efetivamente cooptados. Agravo regimental a que se nega provimento. (Recurso Especial Eleitoral nº 49956, Acórdão, Relator(a) Min. Henrique Neves da Silva, Publicação: DJE – Diário de justiça eletrônico, Tomo 60, Data 31/03/2016, Página 10)".

"Recurso especial. Representação. Captação Ilícita de sufrágio. Vereador. Eleições 2012. 1. Não há violação ao art. 275 do Código Eleitoral, pois "a omissão apta a ser suprida pelos declaratórios é aquela advinda do próprio julgamento e prejudicial à compreensão da causa, não aquela deduzida com o fito de provocar o rejulgamento da emenda ou modificar o entendimento manifestado pelo julgador" (ED-AgR-AI nº 10804, rel. Min. Marcelo Ribeiro, DJe de 1º. 2.2011). 2. Não padece de vício de fundamentação o provimento jurisdicional que explicita, ainda que sucintamente, as razões do convencimento do prolator. Precedentes: AgR-AI nº 8.609, rel. Min. Caputo Bastos, DJe de 4.9.2007; Ag-RMS nº 518, rel. Min. Ayres Britto, DJe de 16.4.2008. 3. A aplicação das sanções previstas no art. 41-A da Lei das Eleições exige prova robusta de que o candidato participou de forma direta com a promessa ou a entrega de bem em troca do voto ou, de forma indireta, com ela anuiu ou contribuiu, não bastando meros indícios e presunções. Recurso especial ao qual se dá provimento. Ação cautelar julgada procedente. (Recurso Especial Eleitoral nº 49871, Acórdão, Relator(a) Min. Henrique Neves Da Silva, Publicação: DJE – Diário de justiça eletrônico, Tomo 143, Data 05/08/2014, Página 270)".

"ELEIÇÕES 2016. AGRAVO REGIMENTAL. AGRAVO EM RECURSO ESPECIAL. AÇÃO DE INVESTIGAÇÃO JUDICIAL ELEITORAL. CAPTAÇÃO ILÍCITA DE SUFRÁGIO. VEREADOR ELEITO. AUSÊNCIA DE IMPUGNAÇÃO ESPECÍFICA DOS FUNDAMENTOS DA DECISÃO AGRAVADA. REVISÃO DE FATOS E PROVAS. IMPOSSIBILIDADE.SÍNTESE DO CASO1. O Tribunal Regional Eleitoral, por unanimidade, deu provimento ao recurso eleitoral para reformar a sentença e julgar improcedente a representação fundada no art. 41-A da Lei 9.504/97.2. Por meio de decisão monocrática, foi negado seguimento ao agravo interno.ANÁLISE DO AGRAVO REGIMENTAL3. Realização de entrega de cestas básicas a eleitores, em período eleitoral, por pastor, genitor do candidato.4. A Corte Regional assentou que: (i) não houve comprovação do fim de obter votos a partir das doações; (ii) não há prova robusta apta a configurar a captação ilícita; (iii) existem contradições e incongruências nos depoimentos colhidos; (iv) nenhuma testemunha confirma que recebeu cestas básicas em troca de voto, afirmando inclusive que o pastor (genitor) sempre ajudou a comunidade; (v) o acervo probatório não permite concluir com segurança a efetiva compra de votos. 5. A pretensão envolve novo exame do contexto fático-probatório, o que encontra óbice no verbete sumular 24 desta Corte Superior.6. A jurisprudência deste Tribunal Superior firmou-se no sentido de que, "para que seja caracterizada a captação ilícita de sufrágio, é necessária a demonstração do especial fim de agir consistente no condicionamento da entrega da vantagem ao voto do eleitor", bem como de que "a configuração da captação ilícita de votos possui como consequência inexorável a cassação do diploma. Dada a gravidade da pena, faz-se mister a existência nos autos de conjunto probatório apto a demonstrar, indene de dúvidas, a ocorrência do ilícito" (RO 7962-57, rel. Min. Napoleão Nunes Maia Filho, DJE de 9.2.2017), o que não ocorreu na espécie.7. O acórdão recorrido está em consonância com a reiterada jurisprudência desta Corte Superior, atraindo a incidência da Súmula 30 do TSE.CONCLUSÃOAgravo regimental a que se nega provimento. (Agravo de Instrumento nº 21061, Acórdão, Relator(a) Min. Sergio Silveira Banhos, Publicação: DJE – Diário de justiça eletrônico, Tomo 212, Data 04/10/2019, Página 57-58)"

"ELEIÇÕES 2016. AGRAVO REGIMENTAL. AGRAVO. AÇÃO DE INVESTIGAÇÃO JUDICIAL ELEITORAL. ABUSO DE PODER ECONÔMICO E CAPTAÇÃO ILÍCITA DE SUFRÁGIO. PROVA ROBUSTA. AUSÊNCIA. REEXAME FÁTICO-PROBATÓRIO. IMPOSSIBILIDADE. SÚMULA Nº 24/TSE. DESPROVIMENTO.1. Consoante entendimento desta Corte Superior, "o prazo recursal do Ministério Público Eleitoral, em virtude do disposto no art. 18, II, h, da LC nº 75/93, inicia-se com o recebimento dos autos na respectiva secretaria" (RO nº 1334-25/TO, Rel. Min. Luciana Lóssio, DJe de 6.3.2017).2. Consta nos autos que a Procuradoria-Geral Eleitoral tomou ciência da decisão agravada em 28.6.2019 (sexta feira) e interpôs o agravo regimental em 11.7.2019. Logo, não há falar em intempestividade do recurso, porquanto, nos termos da Portaria nº 488 de 24.6.2019 do TSE, os prazos processuais ficarão suspensos no período de 2 a 31 de julho de 2019, de modo que os prazos que se iniciam ou se encerram nesse período ficam automaticamente prorrogados para o dia 1º de agosto subsequente (quinta-feira).3. O Tribunal a quo, por unanimidade, concluiu ser insuficiente o conjunto probatório dos autos para a condenação dos agravados por abuso de poder econômico e captação ilícita de sufrágio. 4. Segundo a Corte de origem, a mídia apresentada pelos autores da ação, candidatos adversários dos agravados, era prova unilateral produzida fora do processo, sem que tenha sido submetida ao contraditório, o que viola o princípio do devido processo legal. A jurisprudência deste Tribunal é no sentido de que depoimentos produzidos unilateralmente não são provas suficientes para ensejar a cassação do mandato eletivo (AgR-REspe nº 875-12/MT, Rel. Min. João Otávio de Noronha, DJe de 16.11.2015; REspe nº 603-69/MS, Rel. Min. Henrique Neves, DJe de 15.8.2014).5. Não se reveste de relevante força probatória para a condenação por captação ilícita de sufrágio a testemunha que não presenciou os fatos, mas apenas ouviu relato de terceiros que supostamente teriam conhecimento do ilícito (testemunhos de "ouvir dizer"). Precedentes.6. Quanto ao depoimento judicial de Erisvânio Custódio Santiago, único que presenciou os supostos ilícitos eleitorais, portanto, única testemunha direta dos fatos, a Corte de origem concluiu tratar-se de depoimento sem a devida firmeza, segurança e coerência para a formação do convencimento do julgador quanto aos ilícitos.7. Não há como se afastar o óbice da Súmula nº 24/TSE, uma vez que a reforma da conclusão da Corte Regional quanto à fragilidade do conjunto probatório dos autos exigiria o seu reexame. 8. O entendimento do Tribunal a quo está alinhado ao desta Corte, segundo o qual "a condenação pela prática de captação ilícita de sufrágio ou de abuso do poder econômico requer provas robustas e incontestes, não podendo se fundar em meras presunções" (AgR-REspe nº 751-51/TO, Rel. Min. Luciana Lóssio, DJe de 27.4.2017).9. Agravo regimental desprovido.(Recurso Especial Eleitoral nº 66863, Acórdão, Relator(a) Min. Tarcisio Vieira De Carvalho Neto, Publicação: DJE – Diário de justiça eletrônico, Tomo 185, Data 24/09/2019, Página 13-14)"

"AGRAVO REGIMENTAL. RECURSO ESPECIAL ELEITORAL. ELEIÇÕES 2016. AÇÃO DE INVESTIGAÇÃO JUDICIAL ELEITORAL. ABUSO DO PODER ECONÔMICO E POLÍTICO E CAPTAÇÃO ILÍCITA DE SUFRÁGIO.1. O Tribunal Regional Eleitoral, por maioria, deu provimento parcial a recurso eleitoral para reformar a sentença e julgar parcialmente procedente a AIJE, reconhecendo a prática de captação ilícita de sufrágio, nos termos do art. 41-A da Lei 9.504/97 e, consequentemente, impondo aos ora recorrentes a cassação dos diplomas e a aplicação de multa.2. Por meio de decisão monocrática, foi dado parcial provimento a recurso especial interposto pelos candidatos eleitos a Prefeito e Vice-Prefeita, nas Eleições de 2016, reformando-se o acórdão e afastando-se a condenação decorrente da compra de voto de dois eleitores.3. Interposto agravo regimental pela coligação adversária no qual se alega que a decisão agravada teria reexaminado fatos e provas, contrariando a orientação cristalizada no verbete sumular 24 do TSE, além de que estaria comprovada a prática de captação ilícita de votos, conforme os documentos e depoimentos constantes dos autos.4. Possibilidade de reenquadramento jurídico do quadro fático retratado no acórdão regional, a partir dos votos nele lançados, sem que isso importe em reexame da prova produzida no processo. Precedentes.5. A moldura fática do acórdão regional é igualmente composta pelos votos vencidos, conforme prescreve o §3º do art. 941 do Código de Processo Civil.6. As provas acerca da prática dos ilícitos são frágeis e a conclusão de que teria havido anuência dos candidatos baseou-se em mera presunção.7. A condenação por captação ilícita de sufrágio (Lei 9.504/97, art. 41-A) exige a demonstração da participação ou anuência do candidato, que não pode ser presumida. Precedentes.Agravo regimental a que se nega provimento.(Recurso Especial Eleitoral nº 44944, Acórdão, Relator(a) Min. Sergio Silveira Banhos, Publicação: DJE – Diário de justiça eletrônico, Data 12/08/2019)"

Importante destacar que, por vezes, o mesmo fato pode configurar, na esfera cível eleitoral, a ocorrência da captação ilícita de sufrágio prevista no art. 41-A da Lei de Eleições e também o crime predito no art. 299 do Código Eleitoral (corrupção eleitoral). Contudo, os requisitos de enquadramento diferem, *e.g.*, a identificação do eleitor beneficiado. Ao mesmo tempo em que, para a caracterização do art. 41-A da LE, não se mostra imprescindível tal identificação, para o art. 299 do CE, ela se mostra absolutamente necessária.

PARA SEDIMENTAR

"ELEIÇÕES 2006. AGRAVO REGIMENTAL. AGRAVO. RECURSO ESPECIAL. AÇÃO PENAL. CORRUPÇÃO ELEITORAL. ART. 299 DO CÓDIGO ELEITORAL. IDENTIFICAÇÃO. CORRUPTOR ELEITORAL PASSIVO. INEXISTENTE. ABSOLVIÇÃO. DESPROVIMENTO. 1. A mera indicação de que todos os eleitores do município são os supostos corrompidos passivos determináveis não é suficiente para a caracterização do delito. 2. Se a instrução processual não revela qualquer pessoa que comprovadamente tivesse sido agente passivo do delito, alterar a conclusão do julgamento envolveria o reexame das provas, o que é refutado pelo verbete nº 24 do Tribunal Superior Eleitoral. 3. "Ausente a adequada identificação do corruptor eleitoral passivo, fato esse que impede a aferição da qualidade de eleitores, como impõe o dispositivo contido no art. 299 do Código Eleitoral, devem ser reconhecidas a inépcia da denúncia e a ausência de justa causa para submissão do paciente à ação penal" (RHC nº 13316/SC, Rel. Min. Luciana Lóssio, DJe de 10.2.2014). 4. Agravo regimental desprovido. (TSE – Agravo de Instrumento nº 107, Acórdão, Relator(a) Min. Luciana Christina Guimarães Lóssio, Publicação: DJE – Diário de justiça eletrônico, Data 11/10/2016)".

[...]11. A apreensão, às vésperas do pleito, de elevado valor em espécie, após denúncias do crime de corrupção eleitoral (art. 299 do Código Eleitoral), com anotações de campanha e recibos de transferências bancárias, sem que os agravantes tenham apresentado justificativas e provas consistentes quanto à origem e ao destino desses recursos, leva ao abuso de poder econômico e ao "caixa dois", com gravidade suficiente para macular a legitimidade do pleito, ainda mais em se tratando de município pequeno, que nas Eleições 2016 teve 1.710 votos válidos e diferença de apenas 148 em favor dos vencedores da disputa. 12. Conclusão diversa demandaria reexame de fatos e provas, providência inviável em sede extraordinária (Súmula 24/TSE).CONCLUSÃO 13. Agravo regimental desprovido. (TSE – Recurso Especial Eleitoral nº 105717, Acórdão, Relator(a) Min. Jorge Mussi, Publicação: DJE – Diário de justiça eletrônico, Tomo 240, Data 13/12/2019, Página 41-42)

Para a configuração do crime de corrupção eleitoral, além de ser necessária a ocorrência de dolo específico, qual seja, obter ou dar voto, conseguir ou prometer abstenção, é necessário que a conduta seja direcionada a eleitores identificados ou identificáveis, e que o corruptor eleitoral passivo seja pessoa apta a votar". Assim, não há falar em corrupção eleitoral mediante o oferecimento de serviços odontológicos à população em geral e sem que a denúncia houvesse individualizado os eleitores supostamente aliciados". (TSE, Agravo de Instrumento nº 749719, Acórdão, Relator(a) Min. Maria Thereza Rocha De Assis Moura, Publicação: DJE – Diário de justiça eletrônico, Tomo 35, Data 23/02/2015).

6.7.3 Natureza Jurídica

A Ação de Representação por Captação Ilícita de Sufrágio, assim como a ARAGI, não é uma ação subsidiária que visa dar início a uma AIJE, mas sim uma ação independente, que visa apurar a captação ilícita de sufrágio. É, portanto, uma ação cognitiva e declaratória.

6.7.4 Legitimidade

a) Ativa

Em simples nota do art.41, *caput*, da Lei nº 9.504, de 1997, verifica-se que o legislador deixou fulgente que o rito a ser seguido pela Ação de Representação por Captação Ilícita de Sufrágio é o previsto no art. 22 da Lei Complementar nº 64, de 1990. Sendo assim, apesar de não existir nenhum dispositivo expresso corroborando quais são os legitimados ativos para propor a ação em tela, é possível extrair do art. 41 que os legitimados são os mesmos apresentados no art. 22 da Lei Complementar nº 64, de 1990, quais sejam: os partidos políticos, as federações partidárias, as coligações, os candidatos e o Ministério Público.

Considerando o interesse público envolvido, tem-se entendido ser impossível a desistência da ação. Nesses casos, a posição mais razoável é a de que, manifestada a vontade de desistência, o Ministério Público Eleitoral deve assumir o polo ativo da relação processual.

PARA SEDIMENTAR

"Representação. Art. 41-A da Lei nº 9.504/97. Candidato a vereador não eleito. Sentença. Procedência. Recurso eleitoral. Pedido. Desistência. Tribunal Regional Eleitoral. Impossibilidade. Matéria de ordem pública. Peculiaridades. Processo eleitoral. Interesse público. Quociente eleitoral. Alteração. Interesse. Intervenção. Partido e candidato. Assistentes litisconsorciais. Recurso especial. Terceiro interessado. Art. 499 do Código de Processo Civil. 1. A decisão regional que indefere o pedido de desistência formulado naquela instância e que modifica a sentença para julgar improcedente representação, provocando a alteração do quociente eleitoral e da composição de Câmara Municipal, resulta em evidente prejuízo jurídico direto a candidato que perde a vaga a que fazia jus, constituindo-se terceiro prejudicado, nos termos do art. 499 do Código de Processo Civil. 2. A atual jurisprudência desta Corte Superior tem se posicionado no sentido de não ser admissível desistência de recurso que versa sobre matéria de ordem pública. Precedentes. 3. Manifestado o inconformismo do candidato representado no que se refere à decisão de primeira instância, que o condenou por captação ilícita de sufrágio, não se pode aceitar que, no Tribunal Regional Eleitoral, venha ele pretender a desistência desse recurso, em face do interesse público existente na demanda e do nítido interesse de sua agremiação quanto ao julgamento do apelo, em que eventual provimento poderia resultar na alteração do quociente eleitoral e favorecer candidato da mesma legenda. 4. O bem maior a ser tutelado pela Justiça Eleitoral é a vontade popular, e não a de um único cidadão. Não pode a eleição para vereador ser decidida em função de uma questão processual, não sendo tal circunstância condizente com o autêntico regime democrático. [...]. 6. A hipótese versa sobre pleito regido pelo sistema de representação proporcional, em que o voto em determinado concorrente implica sempre o voto em determinada legenda partidária, estando evidenciado, na espécie, o interesse jurídico na decisão oriundo do referido feito. [...]. Recurso Especial Eleitoral nº 25094, Acórdão de , Relator(a) Min. Carlos Eduardo Caputo Bastos, Publicação: DJ – Diário de justiça, Data 07/10/2005, Página 126)".

B) Passiva

No polo passivo da representação por captação ilícita de sufrágio, apenas candidatos podem figurar, uma vez que a multa prevista está atrelada à cassação do registro ou diploma.

PARA SEDIMENTAR

"ELEIÇÕES 2018. DEPUTADO ESTADUAL. RECURSO ORDINÁRIO. REPRESENTAÇÃO. CAPTAÇÃO ILÍCITA DE SUFRÁGIO. PRELIMINARES. SUSPEIÇÃO DE MAGISTRADO NO TRE-AP. LITISCONSÓRCIO PASSIVO NECESSÁRIO. REJEIÇÃO. MÉRITO. DISTRIBUIÇÃO DE BENESSES EM TROCA DA SUBORDINAÇÃO DO EXERCÍCIO DO SUFRÁGIO. CONJUNTO PROBATÓRIO SÓLIDO. DEMONSTRAÇÃO DO LIAME SUBJETIVO ENTRE O CANDIDATO E OS AGENTES QUE PRATICARAM A CONDUTA ILÍCITA. CASSAÇÃO IMPOSTA NA ORIGEM CONFIRMADA. RECURSOS ORDINÁRIOS AOS QUAIS SE NEGA PROVIMENTO. 1. No caso do magistrado que exerce a função eleitoral em Tribunal Regional Eleitoral, na condição de jurista, o prévio exercício regular da advocacia pode abranger situação na qual funcionou como advogado em demanda proposta em desfavor de diversas pessoas. Desde que a atuação profissional não tenha ocorrido na ação que está posta a seu julgamento na Corte Regional Eleitoral não incide a regra de suspeição do art. 144, inciso IX, do Código de Processo Civil. 2. A jurisprudência do Tribunal Superior Eleitoral não confere a terceiros a legitimidade passiva nas demandas fundadas no art. 41-A, da Lei das Eleições, o que afasta a preliminar de ausência de litisconsórcio passivo necessário. 3. O conjunto probatório dos autos, que abarca a prisão em flagrante de dois cabos eleitorais de sua campanha, no momento no qual anotavam dados dos eleitores, tais como nome, número de documentos pessoais, número da seção eleitoral, número do título de eleitor, entre outros dados, além de suas demandas individuais e, em contrapartida, entregavam material de campanha do candidato e prometiam suprir as demandas listadas em troca do voto dos eleitores, é apto a demonstrar a prática de captação ilícita de sufrágio. 4. Extrai-se do acervo de provas carreado aos autos a existência de vínculo entre os cabos eleitorais contratados e a coordenação geral da campanha, haurindo-se dessa relação o liame subjetivo do candidato com a conduta vedada. 5. Recursos ordinários aos quais se nega provimento. (TSE – RECURSO ORDINÁRIO ELEITORAL nº 060170564, Acórdão, Relator(a) Min. Mauro Campbell Marques, Relator(a) designado(a) Min. Edson Fachin, Publicação: DJE – Diário da justiça eletrônica, Tomo 172, Data 20/09/2021)

"[...] Captação ilícita de sufrágio. Ausência de prova robusta e inequívoca. Recurso ordinário conhecido e provido. 1. O terceiro não candidato não tem legitimidade para figurar no polo passivo da representação calcada no artigo 41-A da Lei nº 9.504/97. Precedente. 2. O conjunto fático-probatório – prova testemunhal e material – não é suficiente para a caracterização da prática de captação ilícita de sufrágio, preconizada no artigo 41-A da Lei das Eleições [...]". (Ac. de 22.4.2014 no RO nº 692966, rel. Min. Laurita Vaz.)"

"ELEIÇÕES 2008. RECURSO ESPECIAL ELEITORAL. CAPTAÇÃO ILÍCITA DE SUFRÁGIO. Ilegitimidade passiva de terceiro, não candidato, para figurar em representação fundada no art. 41-A da Lei nº 9.504/97 [...]".(Ac. de 10.5.2012 no REspe nº 3936458, rel. Min. Cármen Lúcia.)"

"REPRESENTAÇÃO. INVESTIGAÇÃO JUDICIAL. ARRECADAÇÃO IRREGULAR. RECURSOS DE CAMPANHA ELEITORAL. INDEFERIMENTO DE INICIAL. AGRAVO REGIMENTAL. NÃO-INFIRMAÇÃO DOS FUNDAMENTOS DA DECISÃO IMPUGNADA. DESPROVIMENTO. O fato de ainda não haver transcorrido o prazo para apresentação das contas dos candidatos que concorreram ao segundo turno das eleições majoritárias de 2006 torna inviável o exame da regularidade da arrecadação e da aplicação de recursos na campanha eleitoral pela coligação ou partido político e o eventual benefício em favor de seu candidato, como definido no art. 25 da Lei no 9.504/97, não havendo como prosseguir na investigação judicial para apuração da existência de abuso do poder econômico. As pessoas jurídicas são partes ilegítimas para figurar no pólo passivo de representações com pedido de abertura de investigação judicial eleitoral, nos termos do art. 22 da Lei Complementar no 64/90, tendo em vista o fato de a sanção imposta pela referida norma não as alcançar. Não infirmados os fundamentos da decisão, impõe-se o desprovimento do agravo regimental. (Representação nº 1229, Acórdão, Relator(a) Min. Francisco Cesar Asfor Rocha, Publicação: DJ – Diário de justiça, Data 13/12/2006, Página 169)".

ELEIÇÕES 2014. RECURSOS ORDINÁRIOS. CONTRATAÇÃO DE SERVIDORES TEMPORÁRIOS EM PROL DA CANDIDATURA DA IRMÃ DO PREFEITO. CONFIGURAÇÃO DO ABUSO DE PODER E CAPTAÇÃO ILÍCITA DE SUFRÁGIO. INSUFICIÊNCIA DO CONJUNTO PROBATÓRIO PARA A RESPONSABILIZAÇÃO DE CANDIDATO A DEPUTADO FEDERAL. RESCISÃO DE CONTRATOS TEMPORÁRIOS APÓS AS ELEIÇÕES E ANTES DA POSSE DOS ELEITOS. CONFIGURAÇÃO DE CONDUTA VEDADA NO CASO CONCRETO

APESAR DE NÃO PRATICADA NA CIRCUNSCRIÇÃO DO PLEITO. IMPOSSIBILIDADE DE IMPOSIÇÃO DE MULTA AO NÃO CANDIDATO. [...]mpossibilidade da condenação do não candidato por captação ilícita de sufrágio 13. Somente o candidato tem legitimidade para responder pela captação ilícita de sufrágio prevista no art. 41-A da Lei nº 9.504/1997. Precedentes do TSE. [...] (Recurso Ordinário nº 222952, Acórdão, Relator(a) Min. Rosa Weber, Publicação: DJE – Diário de justiça eletrônico, Data 06/04/2018)

Frise-se, ademais, que, nas *eleições majoritárias*, quando houver pedido de cassação de registro de candidatura ou de diploma de integrantes da chapa, há *litisconsórcio passivo necessário* entre o titular e o vice, uma vez que a captação ilícita de sufrágio beneficia ambos. Em relação à multa, contudo, considerado seu caráter pessoal, o litisconsórcio é simples e facultativo.

PARA SEDIMENTAR

"ELEIÇÕES 2012. AGRAVO REGIMENTAL. RECURSO ESPECIAL. REPRESENTAÇÃO. CONDUTA VEDADA. ABUSO DE PODER POLÍTICO. POSSIBILIDADE DE CASSAÇÃO DO REGISTRO OU DIPLOMA. LITISCONSÓRCIO PASSIVO NECESSÁRIO. FALTA DE CITAÇÃO DO VICE. DECADÊNCIA. DESPROVIMENTO. 1. "Nas ações eleitorais em que se cogita de cassação de registro, de diploma ou de mandato, há litisconsórcio passivo necessário entre os integrantes da chapa majoritária, considerada a possibilidade de ambos os integrantes serem afetados pela eficácia da decisão". (AgR-REspe nº 955944296/CE, Rel. Min. Arnaldo Versiani, DJe de 16.8.2011). 2. Na hipótese dos autos, não tendo sido citado o vice-prefeito no prazo para o ajuizamento da representação, esta deve ser extinta com resolução de mérito por ocorrência da decadência, nos termos do art. 269, IV, do CPC, sendo, portanto, inviável a continuidade do processo para a aplicação das sanções previstas para a prática dos ilícitos mencionados na inicial. 3. Agravo regimental não provido. (Recurso Especial Eleitoral nº 28947, Acórdão, Relator(a) Min. Luciana Christina Guimarães Lóssio, Publicação: DJE – Diário de justiça eletrônico, Tomo 156, Data 22/08/2014, Página 129)".

ELEIÇÕES 2016. AGRAVO REGIMENTAL. RECURSO ESPECIAL ELEITORAL. AÇÃO DE INVESTIGAÇÃO JUDICIAL ELEITORAL. ABUSO DE PODER E CAPTAÇÃO ILÍCITA DE SUFRÁGIO. NÃO CONFIGURAÇÃO. CONDUTAS VEDADAS. ART. 73, I E II, DA LEI Nº 9.504/97. PROCEDÊNCIA PARCIAL. ACÓRDÃO. MANUTENÇÃO. SENTENÇA EXTRA PETITA. INOCORRÊNCIA. LIMITES DO PEDIDO DEMARCADOS PELOS FATOS NA PETIÇÃO INICIAL. SÚMULA Nº 62/TSE. INCIDÊNCIA. CONTEXTO FÁTICO-PROBATÓRIO. REEXAME. IMPOSSIBILIDADE. SÚMULA Nº 24/TSE. AUTOR E BENEFICIÁRIOS DA CONDUTA. LITISCONSÓRCIO PASSIVO SIMPLES. AUSÊNCIA DE CONDENAÇÃO DOS

CANDIDATOS. MATÉRIA NÃO IMPUGNADA. COISA JULGADA. CONSEQUÊNCIAS JURÍDICAS. AUTONOMIA. DESPROVIMENTO. 1. Na linha da jurisprudência desta Corte Superior, "a simples reiteração de argumentos já analisados na decisão agravada e o reforço de alguns pontos, sem que haja no agravo regimental qualquer elemento novo apto a infirmá-la, atraem a incidência do Enunciado da Súmula nº 26 do TSE" (AgR-REspe nº 1669-13/DF, Rel. Min. Luiz Fux, DJe de 27.10.2016). 2. Não ocorre sentença extra petita quando o réu, representado por abuso do poder político e captação ilícita de sufrágio, é condenado por conduta vedada em razão dos mesmos fatos que constituíram a causa de pedir na petição inicial. É a inteligência da Súmula nº 62/TSE, assim redigida: "Os limites do pedido são demarcados pelos fatos imputados na inicial, dos quais a parte se defende, e não pela capitulação legal atribuída pelo autor". 3. No caso concreto, a Corte Regional concluiu estar comprovado que o agravante, na qualidade de prefeito de Pendências/RN, determinou, às vésperas do pleito de 2016, o transporte gratuito de materiais de construção em favor de munícipes, utilizando veículos pertencentes à prefeitura, ou a serviço dela, ausente justificativa legal. A adoção de entendimento diverso demandaria o revolvimento do contexto fático-probatório, o que é vedado nesta instância superior, a teor da Súmula nº 24/TSE. 4. Embora a jurisprudência do TSE tenha firmado, para o pleito de 2016, a obrigatoriedade da formação de litisconsórcio passivo entre autor e beneficiário nas representações por conduta vedada (art. 73, §8º, da Lei nº 9.504/97), trata-se de litisconsórcio passivo simples, e não unitário, tendo em vista a autonomia da situação jurídica de ambos, de modo que é possível que o primeiro seja condenado e o segundo absolvido, mormente porque os requisitos ensejadores da condenação são diferentes para cada um deles. 5. Agravo regimental ao qual se nega provimento. (Recurso Especial Eleitoral nº 50961, Acórdão, Relator(a) Min. Tarcisio Vieira De Carvalho Neto, Publicação: DJE – Diário de justiça eletrônico, Data 29/08/2019)

6.7.5 Prazo

Nos termos do §3º do art. 41-A,[206] "a representação contra as condutas vedadas no *caput* poderá ser ajuizada até a data da diplomação". Entende-se, então, que a Ação por

[206] Lei nº 9.504, de 30 de setembro de 1997 – "Art. 41-A. Ressalvado o disposto no art. 26 e seus incisos, constitui captação de sufrágio, vedada por esta Lei, o candidato doar, oferecer, prometer, ou entregar, ao eleitor, com o fim de obter-lhe o voto, bem ou vantagem pessoal de qualquer natureza, inclusive emprego ou função pública, desde o registro da candidatura até o dia da eleição, inclusive, sob pena de multa de mil a cinqüenta mil Ufir, e cassação do registro ou do diploma, observado o procedimento previsto no art. 22 da Lei Complementar nº 64, de 18 de maio de 1990. §1º Para a caracterização da conduta ilícita, é desnecessário o pedido explícito de votos, bastando a evidência do dolo, consistente no especial fim de agir. §2º As sanções previstas no *caput* aplicam-se contra quem praticar atos de violência ou grave ameaça a pessoa, com o fim de obter-lhe o voto. §3º A representação contra as condutas vedadas no *caput* poderá ser ajuizada até a data da diplomação. §4º O prazo de recurso contra decisões proferidas com base neste artigo será de 3 (três) dias, a contar da data da publicação do julgamento no Diário Oficial". BRASIL. *Lei nº 9.504, de 30 de setembro de 1997*. Disponível em: http://www.planalto.gov.br/ccivil_03/leis/l9504.htm. Acesso em: 27 fev. 2022.

Captação Ilícita de Sufrágio só pode ser proposta *durante o período eleitoral*, cujo termo final é a diplomação dos eleitos.

PARA SEDIMENTAR

"AGRAVO REGIMENTAL. RECURSO ESPECIAL ELEITORAL. CAPTAÇÃO ILÍCITA DE SUFRÁGIO. PERÍODO. NÃO CONFIGURAÇÃO. PREQUESTIONAMENTO. INCIDÊNCIA. SÚMULA 456/STF. DESPROVIMENTO. 1. Consoante a Súmula 456/STF, aplicável às hipóteses de recurso especial eleitoral, conhecido o recurso extraordinário, o tribunal julgará a causa, aplicando o direito à espécie. 2. Para configuração da captação ilícita de sufrágio, é necessário que as condutas descritas no art. 41-A da Lei nº 9.504/97 ocorram entre a data do registro de candidatura e o dia da eleição, circunstância não verificada no caso dos autos. 3. Agravo regimental desprovido. (Recurso Especial Eleitoral nº 82792, Acórdão, Relator(a) Min. João Otávio De Noronha, Publicação: DJE – Diário de justiça eletrônico, Tomo 198, Data 21/10/2014, Página 65)".

DIREITO ELEITORAL E PROCESSUAL CIVIL. RECURSO ESPECIAL ELEITORAL. AGRAVO INTERNO EM AÇÃO CAUTELAR. ELEIÇÕES DE 2016. PREFEITO. CAPTAÇÃO ILÍCITA DE SUFRÁGIO E ABUSO DE PODER POLÍTICO. DESPROVIMENTO DE RECURSO ESPECIAL. AGRAVO INTERNO NA CAUTELAR PREJUDICADO.1. Recurso especial eleitoral interposto contra acórdão que, mantendo a sentença, julgou procedente a AIJE e determinou: (a) a cassação dos diplomas dos candidatos eleitos para os cargos majoritários; (b) a declaração de inelegibilidade e aplicação de sanção pecuniária ao recorrente; e (c) a imediata realização de novas eleições. Agravo interno que visava impugnar decisão que negou pedido de atribuição de efeito suspensivo ao recurso especial.2. A data da diplomação é o termo final para ajuizamento da ação de investigação judicial eleitoral e da representação por captação ilícita de sufrágio. Precedentes.3. Nos termos do art. 41-A da Lei nº 9.504/1997, para a configuração da captação ilícita de sufrágio, é necessário o preenchimento dos seguintes requisitos: (i) a realização de quaisquer das condutas enumeradas pelo dispositivo – doar, oferecer, prometer ou entregar bem ou vantagem pessoal de qualquer natureza a eleitor, inclusive emprego ou função pública; (ii) o dolo específico de obter o voto do eleitor; (iii) a participação ou anuência do candidato beneficiado; e (iv) a ocorrência dos fatos desde o registro da candidatura até o dia da eleição. Além disso, a jurisprudência do Tribunal Superior Eleitoral firmou entendimento no sentido de que é necessária a existência de conjunto probatório suficientemente denso para a configuração do ilícito eleitoral. Precedentes.4. O quadro fático delineado pelo acórdão regional revela a existência de provas testemunhais e documentais aptas à configuração da prática de captação ilícita de sufrágio, consistente na entrega de valores (pecúnia ou cheques) pelo recorrente e por pessoas a ele vinculadas, simulando a contratação dos beneficiários como servidores da prefeitura, visando à obtenção de votos.5. Extraem-se do acordão recorrido elementos para caracterização do abuso do poder político, consubstanciado na realização da nomeação de elevado número de servidores para cargos comissionados (correspondente a quase 80% do número de efetivos), com a exoneração de quase metade deles apenas dois dias após pleito. A utilização da máquina administrativa municipal em prol da candidatura do recorrente reveste-se de gravidade suficiente para macular a lisura do pleito, sendo apta a desequilibrar a igualdade entre os candidatos e afetar a normalidade das eleições.6. Diante das premissas fáticas delineadas no acórdão regional, que apontam para a configuração dos ilícitos, a sua reforma demandaria o reexame de fatos e provas, procedimento vedado em sede de recurso especial eleitoral, a teor da Súmula nº 24/TSE.7. Recurso especial eleitoral a que se nega provimento. Agravo interno prejudicado pela perda superveniente do objeto da ação cautelar. (TSE – Recurso Especial Eleitoral nº 71881, Acórdão, Relator(a) Min. Luís Roberto Barroso, Publicação: DJE – Diário de justiça eletrônico, Tomo 66, Data 05/04/2019, Página 76/77)

6.7.6 Competência

No que se refere à competência para processar e julgar a ação em comento, vale o disposto no art. 96 da Lei nº 9.504, de 1997.

Art. 96 da Lei nº 9.504, de 1997

"Art. 96. Salvo disposições específicas em contrário desta Lei, as reclamações ou representações relativas ao seu descumprimento podem ser feitas por qualquer partido político, coligação ou candidato, e devem dirigir-se: I – aos Juízes Eleitorais, nas eleições municipais; II – aos Tribunais Regionais Eleitorais, nas eleições federais, estaduais e distritais; III – ao Tribunal Superior Eleitoral, na eleição presidencial; [...] §2º Nas eleições municipais, quando a circunscrição abranger mais de uma Zona Eleitoral, o Tribunal Regional designará um Juiz para apreciar as reclamações ou representações. §3º Os Tribunais designarão 3 (três) juízes auxiliares para a apreciação das reclamações ou representações que lhes forem dirigidas. §4º Os recursos contra as decisões dos juízes auxiliares serão julgados pelo Plenário do Tribunal".

Com efeito, nas eleições municipais, caberá ao juiz eleitoral em exercício na circunscrição do pleito conhecer e julgar a ação em tela; nas circunscrições em que houver mais de uma zona eleitoral, o Tribunal Regional Eleitoral designará um juiz para apreciar as demandas lá aforadas. Nas eleições estaduais, distritais e na federal (com exceção da presidencial, cuja competência é do Tribunal Superior Eleitoral), caberá ao Tribunal Regional Eleitoral o processamento das ações por captação ilícita de sufrágio.

Nos moldes do §3º do supracitado artigo, nas eleições federais e estaduais, serão designados três juízes auxiliares do Tribunal Regional Eleitoral para apreciação das reclamações ou representações que lhes forem dirigidas; na presidencial, serão designados três ministros auxiliares do Tribunal Superior Eleitoral. Caso isso não ocorra, os processos serão distribuídos aos membros do Colegiado. A designação perdura até a diplomação dos candidatos eleitos, momento em que os processos em curso são redistribuídos aos membros efetivos das referidas Cortes.

PARA SEDIMENTAR

"RECURSO ESPECIAL ELEITORAL. AIJE. REPRESENTAÇÃO. COMPETÊNCIA. CORREGEDOR ELEITORAL. JUÍZES AUXILIARES. DESMEMBRAMENTO. NÃO-PROVIMENTO. 1. Correta a atuação de ofício da Corregedoria Regional Eleitoral no desmembramento do feito. A jurisprudência do TSE já decidiu que "são competentes os juízes auxiliares para o processamento de representação por desobediência à Lei das Eleições, observado o rito previsto no art. 96, exceção feita aos processos que visem apurar captação ilícita de sufrágio, ante a disposição da parte final do art. 41-A, hipótese que deverá ensejar desmembramento do feito, de forma a possibilitar que a infração a esse dispositivo se processe conforme o rito do art. 22 da LC n. 64/90" (RO n. 763/AC, Rel. Min. Carlos Madeira, DJ de 12.08.2005) Precedente: PA n. 18.831/SP, Rel. Min. Sálvio de Figueiredo, DJ de 06.09.2002. 2. Ausência de similitude fática entre o aresto paradigma e o acórdão recorrido. A AIJE, em apreço, visa apurar supostos ilícitos eleitorais que não se confundem com o objeto da prestação de contas. Já o acórdão paradigma trata de representação por infração a disciplina legal de arrecadação e gastos de recursos. Ademais, o caso sub examine refere-se à eleição para o cargo de Senador da República, realizada em turno único de votação, enquanto a acórdão paradigma cuida de eleições presidenciais em segundo turno. 3. Quanto à necessidade de delimitação dos fatos objeto da ação de investigação judicial eleitoral e da representação eleitoral, não merece retoques o acórdão regional ao asseverar que "os fatos abordados na inicial serão analisados como causa de pedir da presente ação, assegurando-se os direitos resguardados constitucionalmente às partes em todas as fases do presente pleito". 4. Recurso especial eleitoral não provido. (Recurso Especial Eleitoral nº 28127, Acórdão, Relator(a) Min. José Augusto Delgado, Publicação: DJ – Diário de justiça, Data 15/02/2008, Página 4)".

Vale dizer, ademais, que a competência do juiz auxiliar é absoluta, tendo em vista que se fixa em razão da matéria, limitando-se às infrações previstas na Lei nº 9.504, de 1997.

6.7.7 Rito Processual

O rito processual a ser seguido, consoante determina o art.41-A da Lei nº 9.504, de 1997, é o contido no art. 22 da Lei Complementar nº 64, de 1990.

Art. 41-A da Lei nº 9.504, de 1997

"Art. 41-A. Ressalvado o disposto no art. 26 e seus incisos, constitui captação de sufrágio, vedada por esta Lei, o candidato doar, oferecer, prometer, ou entregar, ao eleitor, com o fim de obter-lhe o voto, bem ou vantagem pessoal de qualquer natureza, inclusive emprego ou função pública, desde o registro da candidatura até o dia da eleição, inclusive, sob pena de multa de mil a cinquenta mil Ufir, e cassação do registro ou do diploma, observado o procedimento previsto no art. 22 da Lei Complementar nº 64, de 18 de maio de 1990".

---

i. Procedimento: A dinâmica processual a ser seguida em sede de ARCIS é a constante no art. 22 da Lei Complementar nº 64, de 1990. Dessa maneira, recomendamos a leitura do tópico 6.1.7 deste manual.

ii. Pedido: Em razão da gravidade do ilícito previsto no art. 22, *caput*, da Lei Complementar nº 64, de 1990, uma afronta direta à democracia, o pedido será a cassação do registro ou diploma, a depender da fase em que se encontra, e a *imposição de multa.*

Como dito no capítulo anterior, a inelegibilidade somente é declarada na Ação de Investigação Judicial Eleitoral por abuso de poder político e/ou econômico, ou ainda por uso indevido de meio de comunicação social. No julgamento das representações específicas, a inelegibilidade é efeito secundário da sanção de cassação do registro ou diploma.

PARA SEDIMENTAR

"ELEIÇÕES 2012. EMBARGOS DE DECLARAÇÃO NOS EMBARGOS DE DECLARAÇÃO NO AGRAVO REGIMENTAL NO AGRAVO DE INSTRUMENTO. AÇÃO DE INVESTIGAÇÃO JUDICIAL ELEITORAL. CANDIDATO AO CARGO DE PREFEITO. NÃO ELEITO. CAPTAÇÃO ILÍCITA DE SUFRÁGIO. ART. 41-A DA LEI Nº 9.504/97 (LEI DAS

ELEIÇÕES). GRAVAÇÃO AMBIENTAL. CÂMERA DE VIGILÂNCIA. LICITUDE DA PROVA. CARACTERIZAÇÃO. SEGUNDOS EMBARGOS DE DECLARAÇÃO. ESCLARECIMENTOS. ACOLHIMENTO PARCIAL. 1. A contradição que autoriza o conhecimento e o acolhimento dos embargos, nos termos do art. 275 do Código Eleitoral, é aquela verificada internamente no acórdão, entre as respectivas premissas e a conclusão. 2. A causa de inelegibilidade prevista no art. 1º, I, j, da Lei Complementar nº 64/90 constitui efeito secundário da procedência do pedido que reconhece a captação ilícita de sufrágio, não podendo ser declarada expressamente na sentença ou acórdão condenatórios em representação por captação ilícita de sufrágio. 3. Embargos de declaração parcialmente acolhidos, para prestar esclarecimentos. (Agravo de Instrumento nº 60569, Acórdão, Relator (a) Min. Luiz Fux, Publicação: DJE – Diário de justiça eletrônico, Tomo 212, Data 07/11/2016, Página 37)".

6.7.8 Efeitos

Se procedente a ação, implicará a cassação, além disso – como efeito secundário da decisão –, a inelegibilidade do representado, nos termos do que acentua o art. 1º, I, *j*, da Lei Complementar nº 64, de 1990. Desnecessária a menção à inelegibilidade no dispositivo da decisão, tendo em vista que, enquanto efeito secundário da sentença ou do acórdão, as causas de inelegibilidade serão aferidas somente no momento da formalização do registro de candidatura, de acordo com o art. 11, §10º, da Lei de Inelegibilidades.

Vale dizer, ademais, que, nos termos do art. 222 do Código Eleitoral, todos os votos recebidos serão anulados depois da procedência do julgamento de ação por captação ilícita de sufrágio.

Art. 222 do Código Eleitoral

"Art. 222. É também anulável a votação, quando viciada de falsidade, fraude, coação, uso de meios de que trata o Art. 237, ou emprego de processo de propaganda ou captação de sufrágios vedado por lei".

PARA SEDIMENTAR

"AGRAVO REGIMENTAL. RECURSO ESPECIAL. REPRESENTAÇÃO. CAPTAÇÃO ILÍCITA DE SUFRÁGIO. REEXAME DE FATOS E PROVAS. IMPOSSIBILIDADE. PROVA ROBUSTA. EXISTÊNCIA.1. Se o Tribunal de origem, baseando-se em provas documentais – listas de eleitores e de gêneros alimentícios, bem como material de campanha apreendidos –, em depoimentos de testemunhas diretas e indiretas do fato, em declarações de um dos representados e outros indícios colhidos na seara penal, concluiu pela existência de captação ilícita de sufrágio, com participação direta do candidato e de sua esposa, a revisão de tal entendimento demandaria o reexame de fatos e provas, providência inviável na instância extraordinária, a teor das Súmulas 279 do Supremo Tribunal Federal e 7 do Superior Tribunal de Justiça. 2. Na linha da jurisprudência deste Tribunal, "uma vez reconhecida a captação ilícita de sufrágio, a multa e a cassação do registro ou do diploma são penalidades que se impõem ope legis" (REspe nº 27.737, rel. Min. José Delgado, DJE de 1º.2.2008). 3. Para a caracterização da captação ilícita de sufrágio, é irrelevante aferir a potencialidade da conduta a partir do número de votos efetivamente cooptados. Agravo regimental a que se nega provimento. (Recurso Especial Eleitoral nº 49956, Acórdão, Relator(a) Min. Henrique Neves Da Silva, Publicação: DJE – Diário de justiça eletrônico, Tomo 60, Data 31/03/2016, Página 10)".

Quanto à anulação dos votos do candidato que tem o registro ou diploma cassado, impende destacar que, nos casos de eleição proporcional, o Tribunal Superior Eleitoral sedimentou o entendimento de que os votos de candidato cassado após a realização do pleito são direcionados à legenda partidária, nos termos do art. 175, §4º, do Código Eleitoral.

PARA SEDIMENTAR

"Art. 175. Serão nulas as cédulas: §4º O disposto no parágrafo anterior não se aplica quando a decisão de inelegibilidade ou de cancelamento de registro for proferida após a realização da eleição a que concorreu o candidato alcançado pela sentença, caso em que os votos serão contados para o partido pelo qual tiver sido feito o seu registro".

PARA SEDIMENTAR

"ELEIÇÕES 2016. RECURSO EM MANDADO DE SEGURANÇA. VEREADOR. REGISTRO DE CANDIDATURA. REPRESENTAÇÃO POR CAPTAÇÃO ILÍCITA DE SUFRÁGIO. PROCEDÊNCIA. CASSAÇÃO DO REGISTRO. CÔMPUTO DOS VOTOS. LEGENDA. POSSIBILIDADE. SENTENÇA CONDENATÓRIA PUBLICADA APÓS A DATA DO PLEITO. EXEGESE DO ART. 175, §4º, DO CÓDIGO ELEITORAL. MÁXIMO APROVEITAMENTO DO VOTO. CONCESSÃO DA SEGURANÇA. PROVIMENTO.1. O artigo 175, §4º, do Código Eleitoral comporta exegese sistemática, e não meramente literal, dada a organicidade do direito. A remissão da norma à "decisão proferida" deve ser compreendida como "decisão publicada", haja vista que, na esteira da jurisprudência dominante dos tribunais superiores, a publicidade do decisum condiciona a sua própria existência jurídica. Precedentes do STJ e do TSE.2. O Tribunal Superior Eleitoral tem buscado, em situações razoáveis, como a dos autos, adotar a interpretação que se mostre mais obsequiosa com o postulado do máximo aproveitamento dos votos.3. In casu, a sentença condenatória que implicou a cassação do registro do candidato por captação ilícita de sufrágio foi proferida em 26.9.2016 e publicada em 3.10.2016. Portanto, sua existência jurídica é posterior à data do pleito, que ocorreu em 2.10.2016, o que atrai a regra contida no §4º do artigo 175 do CE, a qual garante o cômputo dos votos para o partido que lançou a candidatura.4. Recurso provido, para conceder a segurança e determinar a imediata retotalização dos votos. (destaquei) (Recurso em Mandado de Segurança nº 58734, Acórdão, Relator(a) Min. ADMAR GONZAGA, Relator designado: Min. TARCÍSIO VIEIRA DE CARVALHO NETO. Publicação: DJE – Diário de justiça eletrônico, Tomo 216, Data 08/11/2017, Página 30)".

No mesmo sentido: MS nº 1394-53/MS e MS nº 4787-96/CE'. (AgR-RESPE nº 416-58, rei. Mm. Dias Toffoli, DJe de 2.6.2014), AgR-RESPE no 740-50, rel. Min. Dias Toffoli, DJe de 3.6.2014; AgR-REspe no 749-18, rel. Min. Dias Toffoli, DJe de 27.5.2014 e REspe 11-04, rel. Min. Henrique Neves da Silva, DJe de 5.8.2014.

6.7.9 Recursos

Seguem a mesma sistemática da Ação de Investigação Judicial Eleitoral.

Será cabível, portanto, *Recurso Inominado,* no prazo de *3 (três) dias,* das decisões dos juízes eleitorais para o Tribunal Regional Eleitoral; no caso de ação de competência originária de Tribunal Regional Eleitoral, caberá *Recurso Ordinário* para o Tribunal Superior Eleitoral; nos casos de competência originária do TSE, caberá *Recurso Extraordinário,* no prazo de *3 (três) dias,* ao Supremo Tribunal Federal.

Convém rememorar que a regra, no direito processual eleitoral, é de que os recursos não são dotados de efeito suspensivo, ou seja, as decisões proferidas não ficam suspensas até o julgamento final, conforme dicção do art. 257 do Código Eleitoral: "os recursos eleitorais não terão efeito suspensivo". No entanto, existem algumas exceções, que trataremos no capítulo reservado aos recursos.

6.7.10 Resumindo

Fundamentação Legal	**Art. 41-A da Lei nº 9.504, de 1997.**
Objetivos	Garantir a liberdade do eleitor na escolha de seu representante e a transparência das eleições.
Legitimidade ativa	Art. 96 da Lei 9.504, de 1997: *Partido político, coligação ou candidato.* Obs.: A lei não positivou a legitimidade do Ministério Público (MP) para propor esta ação. Todavia, o MP possui legitimidade natural, nos termos do art. 127 da Constituição Federal de 1988. Do mesmo modo, a despeito de ausência de previsão expressa na norma, as federações partidárias também possuem legitimidade para o intento dessa ação.
Prazo	Art. 41-A, §3º, da Lei 9.504, de 1997: Do início do período eleitoral até a diplomação.
Competência	Art. 96 da Lei nº 9.504, de 1997: Tribunal Superior Eleitoral – eleições presidenciais; Tribunal Regional Eleitoral – eleições federais e estaduais; Juízo Eleitoral – eleições municipais.
Se o pedido for julgado procedente	O Candidato será condenado ao pagamento de multa, e terá seu registro ou diploma cassado. Obs.: Consoante o disposto no art. 224, §3º, do Código Eleitoral, "A decisão da Justiça Eleitoral que importe o indeferimento do registro, a cassação do diploma ou a perda do mandato de candidato eleito em pleito majoritário acarreta, após o julgamento pelo TSE, a realização de novas eleições, independentemente do número de votos anulados".

6.8 Ação de Representação das Condutas Vedadas aos Agentes Públicos em Campanhas Eleitorais (ARCV)

6.8.1 Conceito

Visando à manutenção da igualdade de oportunidades entre os candidatos e a coibir abusos de poder da Administração, a Lei nº 9.504, de 1997 estabeleceu uma série de restrições aos agentes públicos durante o período eleitoral. Com isso, pretende-se evitar *abusos de autoridade, de poder e econômico.*

DELIMITANDO O TEMA

Agentes públicos: Para entender a abrangência do termo "agentes públicos", basta analisar o §1º do art. 73 da Lei das Eleições: "Reputa-se agente público, para os efeitos deste artigo, quem exerce, ainda que transitoriamente ou sem remuneração, por eleição, nomeação, designação, contratação ou qualquer outra forma de investidura ou vínculo, mandato, cargo, emprego ou função nos órgãos ou entidades da administração pública direta, indireta, ou fundacional".

PARA SEDIMENTAR

"Direito Eleitoral e Processual Civil. Agravo interno e Recurso Adesivo em Recurso Ordinário Eleitoral. Eleições 2018. AIJE. Propaganda Institucional em Período Vedado. Gravidade não comprovada. Conduta Vedada configurada. Retorno dos autos à origem para fixação de multa. Desprovimento. 1. Agravo interno e recurso adesivo contra decisão que deu parcial provimento a recurso ordinário eleitoral, reformando acórdão regional que julgou improcedente ação de investigação judicial eleitoral ajuizada com fundamento na prática de condutas vedadas e abuso do poder político. 2. Hipótese em que o Tribunal Regional assentou que foram realizadas três postagens em perfil de município na rede social Facebook que associaram atos de gestão municipal à parceria com candidato ao cargo de deputado estadual que concorria à reeleição no pleito de 2018. Consignou, entretanto, que: (i) os fatos não se revestiram de gravidade suficiente para caracterizar abuso do poder político e ensejar a cassação dos mandatos e a imposição de inelegibilidade dos recorridos; e (ii) a penalidade de multa prevista no art. 73, §4º, da Lei 9.504/1997 não seria cabível no caso concreto por se tratar de ação de investigação judicial eleitoral, sem previsão legal de cominação de multa. 3. A decisão agravada manteve o entendimento do acórdão regional quanto à inexistência de caracterização de abuso do poder político, mas determinou o retorno dos autos à origem, a fim de que, consideradas as circunstâncias fáticas da infração ao art. 73, VI, b, da Lei nº 9.504/1997, seja fixada a sanção pecuniária prevista no §4º do mesmo artigo. 4. Para a configuração do abuso do poder político, é necessário que o agente público, valendo-se de sua condição funcional e em manifesto desvio de finalidade, atue em benefício eleitoral próprio ou de candidato, de modo a comprometer a legitimidade do pleito e a paridade de armas entre candidatos. Assim, a menção ao nome do candidato a deputado estadual em apenas três publicações em rede social da prefeitura, cujo conteúdo não teve alcance significativo, não possui gravidade para caracterizar abuso do poder político. Precedente. 5. Consoante precedentes deste Tribunal Superior, não é cabível interpretação extensiva das condutas vedadas previstas no art. 73 da Lei no 9.504/1997. Na hipótese, não ficou comprovado o desvio de recursos públicos em benefício de campanha eleitoral, pois a cessão de servidores e o uso de bens públicos não decorre automaticamente do fato de as obras fotografadas serem públicas ou de o nome do candidato ter figurado nas postagens. 6. Nos termos da jurisprudência do TSE, "não há óbice a que haja cumulação de pedidos na AIJE, apurando-se concomitantemente a prática de abuso de poder e a infração ao art. 73 da Lei nº 9.504/97, seguindo-se o rito do art. 22 da LC nº 64/90". Precedentes. No caso, a delimitação da causa de pedir fática e jurídica, desde a propositura da demanda, contemplou a referência à realização da publicidade institucional em período vedado. 7. Agravo interno e recurso adesivo aos quais se nega provimento. (TSE – RECURSO ORDINÁRIO ELEITORAL nº 060293645, Acórdão, Relator(a) Min. Luís Roberto Barroso, Publicação: DJE – Diário da justiça eletrônica, Tomo 16, Data 07/02/2022)"

"ELEIÇÕES 2012. AGRAVO REGIMENTAL EM RECURSO ESPECIAL. REPRESENTAÇÃO POR CONDUTA VEDADA. CESSÃO DE SERVIDORES PÚBLICOS DO PODER LEGISLATIVO PARA A CAMPANHA ELEITORAL. ART. 73, III, DA LEI Nº 9.504/97. PROIBIÇÃO ADSTRITA AOS SERVIDORES DO PODER EXECUTIVO. LEGALIDADE ESTRITA. CONDUTA PASSÍVEL DE REPRESSÃO, EM TESE, SOB O VIÉS DO ABUSO DE PODER. FUNDAMENTOS DA DECISÃO AGRAVADA NÃO INFIRMADOS. DESPROVIMENTO. 1. No âmbito das chamadas condutas vedadas aos agentes públicos em campanhas, cuja disciplina encontra-se inserta na Lei nº 9.504/97, arts. 73 a 78, imperam os princípios da tipicidade e da estrita legalidade, devendo a conduta corresponder exatamente ao tipo previamente definido pela lei. Precedentes. 2. Não se verificando a existência de argumentos hábeis a ensejar a alteração da decisão agravada, fica ela mantida por seus próprios fundamentos. Incidência da Súmula 182 do STJ. 3. Agravo regimental desprovido. (Recurso Especial Eleitoral nº 62630, Acórdão, Relator(a) Min. Maria Thereza Rocha De Assis Moura, Publicação: DJE – Diário de justiça eletrônico, Tomo 25, Data 04/02/2016, Página 129)".

"REPRESENTAÇÃO ELEITORAL. ELEIÇÕES 2010. CONDUTA VEDADA A AGENTE PÚBLICO. ART. 73, I, DA LEI 9.504/97. USO DE BEM PÚBLICO. AUSENTE DESEQUILÍBRIO NO PLEITO. IMPROCEDÊNCIA. [...] A teor do art. 73 da Lei 9.504/97, "são proibidas aos agentes públicos, servidores ou não, [...] condutas tendentes a afetar a igualdade de oportunidades entre candidatos nos pleitos eleitorais" (caput), dentre elas "ceder ou usar, em benefício de candidato, partido político ou coligação, bens móveis ou imóveis pertencentes à administração direta ou indireta da União, dos Estados, do Distrito Federal, dos Territórios e dos Municípios, ressalvada a realização de convenção partidária" (inciso I).9. Referido dispositivo veda uso real e efetivo do aparato do Estado em prol de campanha. Assim, não alcança condutas inexpressivas em termos eleitorais, sem nenhum potencial para comprometer o bem jurídico tutelado pela norma, a saber, a isonomia entre candidatos e a legitimidade do pleito. [...] (Representação nº 329675, Acórdão, Relator(a) Min. MARIA THEREZA DE ASSIS MOURA, Publicação: DJE – Diário de justiça eletrônico, Data 21/11/2017)".

ELEIÇÕES 2016. AGRAVO REGIMENTAL. RECURSO ESPECIAL. REPRESENTAÇÃO. CONDUTA VEDADA. ART. 73, VIII, DA LEI DAS ELEIÇÕES. REVISÃO GERAL DE REMUNERAÇÃO DE SERVIDORES PÚBLICOS ACIMA DA RECOMPOSIÇÃO DO PODER AQUISITIVO DA MOEDA. INOCORRÊNCIA. REEXAME DE PROVAS. IMPOSSIBILIDADE. SÚMULA Nº 24/TSE. DISSÍDIO JURISPRUDENCIAL NÃO CONFIGURADO. DESPROVIMENTO. 1. In casu, a Corte Regional, soberana no exame dos fatos e provas, assentou que o caso sub examine não trata de revisão geral de remuneração de servidores públicos acima da recomposição do poder aquisitivo da moeda, mas de aprovação, pela via legislativa, de proposta de reestruturação de carreira de servidores com nítido objetivo de corrigir situação de injustiça e de desvalorização profissional de categorias específicas do Poder Executivo municipal. 2. Consta, ainda, do acórdão recorrido que: a) "as leis complementares, além de ter por objeto a reestruturação de carreira de determinadas categorias de servidores do município, não definem qualquer índice que tente recompor de maneira geral perdas próprias do processo inflacionário, fato que, a meu ver, afasta a incidência da vedação contida no inciso VIII, do art. 73, da Lei nº 9.504/97" (fl. 1061 grifei); e b) "diante do conjunto fático-probatório constante nos autos, concluo que a conduta imputada aos ora Recorridos não se subsume à regra prescrita no inciso VIII, do art. 73, da Lei nº 9.504/97" (fl. 1063). 3. A análise da pretensão recursal esbarra no óbice processual constante da Súmula nº 24/TSE ante a impossibilidade de o Tribunal Superior Eleitoral incursionar na seara probatória dos autos. 4. "A aprovação, pela via legislativa, de proposta de reestruturação de carreira de servidores não se confunde com revisão geral de remuneração e, portanto, não encontra obstáculo na proibição contida no art. 73, inciso VIII, da Lei nº 9.504, de 1997" (Cta nº 772/DF, Rel. Min. Fernando Neves da Silva, DJ de 12.8.2002). 5. Nessa linha, a vantagem advinda com a reestruturação da carreira, concedida exclusivamente a categorias específicas, não pode ser considerada revisão geral de remuneração, não sendo prática ilícita coibida pela legislação eleitoral. 6. "No âmbito das chamadas condutas vedadas aos agentes públicos em campanhas, cuja disciplina encontra-se inserta na Lei nº 9.504/97, arts. 73 a 78, imperam os princípios da tipicidade e da estrita legalidade, devendo a conduta corresponder exatamente ao tipo previamente definido pela lei" (AgR-REspe nº 626-30/DF, Rel. Min. Maria Thereza de Assis Moura, DJe de 4.2.2016). 7. As razões postas no agravo regimental não afastam os fundamentos lançados na decisão agravada.

8. Agravo regimental desprovido. (Recurso Especial Eleitoral nº 39272, Acórdão, Relator(a) Min. Tarcisio Vieira De Carvalho Neto, Publicação: DJE – Diário de justiça eletrônico, Tomo 62, Data 01/04/2019, Página 60/61)

6.8.2 Fundamentação Legal

A Ação de Representação das Condutas Vedadas aos Agentes Públicos em Campanhas Eleitorais está respaldada no art. 73 da Lei nº 9.504, de 1997.

Art. 73 da Lei nº 9.504, de 1997

"Art. 73. São proibidas aos agentes públicos, servidores ou não, as seguintes condutas tendentes a afetar a igualdade de oportunidades entre os candidatos nos pleitos eleitorais: I – ceder ou usar, em benefício de candidato, partido político ou coligação, bens móveis ou imóveis pertencentes à administração direta ou indireta da União, dos Estados, do Distrito Federal, dos Territórios e dos Municípios, ressalvada a realização de convenção partidária II – usar materiais ou serviços, custeados pelos Governos ou Casas Legislativas, que excedam as prerrogativas consignadas nos regimentos e normas dos órgãos que integram. III – ceder servidor público ou empregado da administração direta ou indireta federal, estadual ou municipal do Poder Executivo, ou usar de seus serviços, para comitês de campanha eleitoral de candidato, partido político ou coligação, durante o horário de expediente normal, salvo se o servidor ou empregado estiver licenciado. IV – fazer ou permitir uso promocional em favor de candidato, partido político ou coligação, de distribuição gratuita de bens e serviços de caráter social custeados ou subvencionados pelo Poder Público".

Em razão da abrangência do artigo acima colacionado, são necessários alguns esclarecimentos.

É proibido – Ceder ou usar bens móveis ou imóveis pertencentes à Administração Pública

De acordo com o §2º do art.73 da Lei nº 9.504, de 1997,[207] essa proibição não se aplica, durante a campanha, ao uso de transporte oficial pelo presidente da república,

[207] Lei nº 9.504, de 30 de setembro de 1997 – "§2º A vedação do inciso I do *caput* não se aplica ao uso, em campanha, de transporte oficial pelo Presidente da República, obedecido o disposto no art. 76, nem ao uso, em campanha,

de acordo com o art. 76[208] do mesmo diploma legal. Tampouco obsta o uso, também em campanha, pelos candidatos à reeleição de presidente e vice-presidente da república, governador e vice-governador de Estado e do Distrito Federal, prefeito e vice-prefeito, de suas residências oficiais para realização de contatos, encontros e reuniões atinentes à campanha própria, desde que não tenham caráter de ato público.

PARA SEDIMENTAR

"ELEIÇÕES 2016. AGRAVO REGIMENTAL NO AGRAVO EM RECURSO ESPECIAL ELEITORAL. PREFEITO, VICE-PREFEITO E VEREADOR. AÇÃO DE INVESTIGAÇÃO JUDICIAL ELEITORAL. ABUSO DE PODER ECONÔMICO. CAPTAÇÃO ILÍCITA DE SUFRÁGIO. ART. 41-A DA LEI Nº 9.504/97. CONDUTA VEDADA. ART. 73, I, DA LEI DAS ELEIÇÕES. PROCEDENTE. SÚMULA 24 DO TSE. DESPROVIMENTO.1. Os Agravantes não apresentaram argumentos capazes de conduzir à reforma da decisão agravada.2. O acórdão regional é claro ao mencionar a imprescindibilidade das interceptações telefônicas para as investigações, as quais foram deferidas com base em indícios suficientes da existência dos atos ilícitos, de modo que não restou configurada violação ao artigo 2º, inciso II, da Lei 9296/1996.3. A entrada dos policiais no comitê de campanha dos recorrentes foi consentida, conforme assentado no acórdão regional, circunstância que afasta a alegação de ilicitude dos elementos de prova decorrentes da medida, pois "o artigo 5º, inciso XI, da Constituição Federal, a versar inviolabilidade domiciliar, pressupõe o ingresso indevido ou forçado de terceiros em domicílio alheio, razão pela qual o prévio consentimento do morador, por descaracterizar a situação de ilicitude da entrada, inviabiliza o reconhecimento de ilegalidade da diligência." (HC 148.965, Rel. Min. MARCO AURÉLIO, Primeira Turma, DJe de 22/4/2020).4. No caso referente à

pelos candidatos a reeleição de Presidente e Vice-Presidente da República, Governador e Vice-Governador de Estado e do Distrito Federal, Prefeito e Vice-Prefeito, de suas residências oficiais para realização de contatos, encontros e reuniões pertinentes à própria campanha, desde que não tenham caráter de ato público". BRASIL. *Lei nº 9.504, de 30 de setembro de 1997*. Disponível em: http://www.planalto.gov.br/ccivil_03/leis/l9504.htm. Acesso em: 28 fev. 2022.

[208] Lei nº 9.504, de 30 de setembro de 1997 – "Art. 76. O ressarcimento das despesas com o uso de transporte oficial pelo Presidente da República e sua comitiva em campanha eleitoral será de responsabilidade do partido político ou coligação a que esteja vinculado. §1º O ressarcimento de que trata este artigo terá por base o tipo de transporte usado e a respectiva tarifa de mercado cobrada no trecho correspondente, ressalvado o uso do avião presidencial, cujo ressarcimento corresponderá ao aluguel de uma aeronave de propulsão a jato do tipo táxi aéreo. §2º No prazo de dez dias úteis da realização do pleito, em primeiro turno, ou segundo, se houver, o órgão competente de controle interno procederá *ex officio* à cobrança dos valores devidos nos termos dos parágrafos anteriores. §3º A falta do ressarcimento, no prazo estipulado, implicará a comunicação do fato ao Ministério Público Eleitoral, pelo órgão de controle interno. §4º Recebida a denúncia do Ministério Público, a Justiça Eleitoral apreciará o feito no prazo de trinta dias, aplicando aos infratores pena de multa correspondente ao dobro das despesas, duplicada a cada reiteração de conduta". BRASIL. *Lei nº 9.504, de 30 de setembro de 1997*. Disponível em: http://www.planalto.gov.br/ccivil_03/leis/l9504.htm. Acesso em: 28 fev. 2022.

vereadora, restou comprovada a utilização indevida de repartição pública – setor de emissão de CNH – para o oferecimento de vantagens indevidas com a finalidade de obter votos, caracterizando a conduta vedada pelo disposto no art. 73, I, da Lei nº 9.504/97, bem como a captação ilícita de sufrágio prevista no art. 41-A da Lei das Eleições.5. Em relação aos candidatos a Prefeito e a Vice-Prefeito, houve provas insuperáveis quanto à utilização de recursos patrimoniais em benefício dos candidatos – favorecidos por entregas e promessas de benesses a eleitores cujos dados e interesses eram anotados pelo comitê –, restando caracterizado o abuso do poder econômico.6. Compreensão em sentido contrário exigiria o reexame do cenário probatório, a atrair a incidência da Súmula 24 do TSE.7. Agravo Regimental desprovido. (Agravo de Instrumento nº 55216, Acórdão, Relator(a) Min. Alexandre de Moraes, Publicação: DJE – Diário da justiça eletrônica, Tomo 192, Data 19/10/2021)"

"RECURSO ORDINÁRIO. ELEIÇÕES 2006. GOVERNADOR. SENADOR. REPRESENTAÇÃO. CONDUTAS VEDADAS AOS AGENTES PÚBLICOS EM CAMPANHA. ART. 73, I E II, DA LEI Nº 9.504/97. FALTA DE PROVAS. *1. A caracterização da conduta vedada prevista no art. 73, I, da Lei nº 9.504/97 pressupõe a cessão ou o uso, em benefício de candidato, partido político ou coligação, de bens móveis ou imóveis pertencentes à administração direta ou indireta da União, dos Estados, do Distrito Federal, dos Territórios e dos Municípios.* 2. A conduta vedada do art. 73, II, da Lei nº 9.504/97 configura-se mediante o uso de materiais ou serviços, custeados pelos Governos ou Casas Legislativas, que excedam as prerrogativas consignadas nos regimentos e normas dos órgãos que integram. 3. Na espécie, aduz-se que houve utilização da máquina administrativa do Estado de Sergipe em favor da candidatura do governador, candidato à reeleição, e de sua esposa ao Senado, por meio da distribuição de cartas com pedido de voto, em setembro de 2006, a alunos de um estabelecimento de ensino no Estado de Sergipe, com violação do art. 73, I e II, da Lei nº 9.504/97. 4. Contudo, o recorrente não se desincumbiu do ônus de demonstrar que as correspondências foram confeccionadas com dinheiro público e que o primeiro recorrido determinou a distribuição das cartas na rede pública de ensino. 5. Ademais, embora a utilização de informações de banco de dados de acesso restrito da Administração Pública possa, em tese, configurar a conduta vedada no art. 73, I, da Lei nº 9.504/97, não há, nestes autos, provas que demonstrem a natureza do banco de dados da Secretaria Estadual de Educação de Sergipe – se de acesso livre ou restrito – o que impede a condenação dos recorridos. 6. Recurso ordinário não provido. (Recurso Ordinário nº 481883, Acórdão, Relator(a) Min. Fátima Nancy Andrighi, Publicação: DJE – Diário de justiça eletrônico, Tomo 195, Data 11/10/2011, Página 42)"

"ELEIÇÕES 2014. REPRESENTAÇÃO. CONDUTA VEDADA. ART. 73, I E III, DA LEI Nº 9.504/97. PRELIMINARES. ILEGITIMIDADE PASSIVA. INADEQUAÇÃO DA VIA ELEITA. REJEIÇÃO. REUNIÃO POLÍTICA EM RESIDÊNCIA OFICIAL DA PRESIDENTE DA REPÚBLICA. NÃO CONFIGURAÇÃO. REGISTRO DE CANDIDATURA NÃO FORMALIZADO. INEXISTÊNCIA DE ATO PÚBLICO. POSSIBILIDADE DE UTILIZAÇÃO DE RESIDÊNCIA OFICIAL. PARTICIPAÇÃO DE AGENTES POLÍTICOS. IMPROCEDÊNCIA

DA REPRESENTAÇÃO. 1. Rejeitadas as preliminares de ilegitimidade passiva e de inadequação da via eleita, em razão, respectivamente, da possibilidade de aplicação de sanções também aos partidos eventualmente beneficiados e da alegada violação ao inciso III do art. 73 da Lei nº 9.504/97. *2. A hipótese de incidência do inciso I do referido art. 73 é direcionada às candidaturas postas, não sendo possível cogitar sua aplicação antes de formalizado o registro de candidatura. Precedente do Tribunal Superior Eleitoral.* 3. O ato de se publicar ou ilustrar determinado fato num sítio da internet, ou em qualquer outro veículo de comunicação e divulgação, não tem, por si, o poder de convertê-lo em ato público, para os fins eleitorais, considerada a inteligência do §2º do art. 73 da Lei nº 9.504/97. Não vislumbrado, na espécie, o objetivo de transformar o evento em algo com grande amplitude. 4. Não comprovada a realização da reunião em horário de expediente. Demais disso, os agentes políticos não se sujeitam a expediente fixo ou ao cumprimento de carga horária, o que afasta a incidência do inciso III do referido dispositivo legal. (TSE – Representação nº 14562, Acórdão, Relator(a) Min. Admar Gonzaga Neto, Publicação: DJE – Diário de justiça eletrônico, Tomo 159, Data 27/08/2014, Página 62)".

"AGRAVO DE INSTRUMENTO. PROVIMENTO. RECURSO ESPECIAL. RECEBIDO COMO ORDINÁRIO. ELEIÇÃO ESTADUAL. CONDUTA VEDADA. ART. 73, I, II, e III, DA LEI Nº 9.504/97. DESPROVIDO. A vedação do uso de bem público, em benefício de candidato, não abrange bem público de uso comum. Para a ocorrência de violação ao art. 73, II, da Lei nº 9.504/97, é necessário que o serviço seja custeado pelo erário, o que não restou caracterizado. O uso de serviço de servidores públicos na campanha eleitoral não se confunde com a prestação de segurança à autoridade que se candidata à reeleição. Recurso conhecido e desprovido. (TSE – AGRAVO DE INSTRUMENTO nº 4246, Relator(a) Min. Luiz Carlos Lopes Madeira, Publicação: DJ – Diário de justiça, Volume 1, Data 16/09/2005, Página 171)".

[...] 2. O bem jurídico tutelado pelo art. 73 da Lei nº 9.504/1997 é a igualdade de chances entre os candidatos, a legitimidade e o equilíbrio do pleito eleitoral. O legislador previu a possibilidade de aplicação das sanções pecuniária e de cassação do registro ou diploma, de forma isolada ou cumulativa, a depender das peculiaridades do caso, em especial de sua gravidade e do seu potencial de ofender o bem jurídico tutelado, de acordo com os princípios da proporcionalidade e da razoabilidade. [...] (Recurso Ordinário nº 129624, Acórdão, Relator(a) Min. Luís Roberto Barroso, Publicação: DJE – Diário de justiça eletrônico, Tomo 39, Data 25/02/2019, Página 32/33)

"Recurso especial. Eleições 2016. Ação de investigação judicial eleitoral. Abuso do poder político. Conduta vedada. Prefeito. Vice-prefeito. [...] 7. A mera indicação de número de telefone da administração pública, no bojo de Demonstrativo de Regularidade de Atos Partidários (DRAP), não se amolda ao tipo do art. 73, I, da Lei 9.504/97, para o qual se exige a cessão ou o uso efetivo, em benefício de candidato, partido político ou coligação, de bens móveis ou imóveis pertencentes à administração direta ou indireta da União, dos Estados, do Distrito Federal, dos Territórios e dos Municípios. Afastamento das condutas vedadas descritas no art. 73, I e III, da Lei 9.504/97. [...]"(Ac. de 19.3.2019 no REspe nº 32372, rel. Min. Admar Gonzaga.)

Uso de material ou serviço custeado pela Administração Pública

O dispositivo (art. 73, inciso II, da Lei nº 9.504, de 1997) determina que o agente público não pode se valer dos materiais da Administração Pública para beneficiar candidatos.

PARA SEDIMENTAR

"AGRAVO REGIMENTAL. RECURSO ESPECIAL. ELEIÇÕES 2016. VEREADOR. AÇÃO DE INVESTIGAÇÃO JUDICIAL ELEITORAL (AIJE). CONDUTA VEDADA. ART. 73, II, DA LEI 9.504/97. CONFIGURAÇÃO. MULTA. INCIDÊNCIA. PRINCÍPIOS DA RAZOABILIDADE E DA PROPORCIONALIDADE. REDUÇÃO. DESPROVIMENTO. 1. A incidência das sanções de multa e cassação de diploma por prática de conduta vedada (§§4º e 5º do art. 73 da Lei 9.504/97) deve observar os princípios da proporcionalidade e da razoabilidade. Precedentes. 2. No caso, impôs-se multa de 10.000,00 Ufirs por prática da conduta vedada do art. 73, II, da Lei 9.504/97, haja vista que assessor parlamentar produziu e postou no perfil do Facebook do jornal Serra de Caldas quatro notícias com intuito de promover a pessoa do agravado, candidato a reeleger-se vereador nas Eleições 2016. 3. Considerando que, como assentou o TRE/GO, o ilícito resumiu-se a quatro publicações inseridas "entre várias reportagens, em pouca quantidade e com qualidade duvidosa" (fl. 677), e envolveu apenas um servidor, o que, sopesado de outra parte com a condição econômica do agravado, a imposição da multa pouco acima do mínimo legal revela-se consentânea com esses princípios. 4. Agravo regimental desprovido.(TSE – Recurso Especial Eleitoral nº 46134, Acórdão, Relator(a) Min. Jorge Mussi, Publicação: DJE – Diário da justiça eletrônica, Data 09/10/2018)"

"Conduta vedada. Tipicidade. Período de configuração. – Para a incidência dos incisos II e III do art. 73 da Lei nº 9.504/97, não se faz necessário que as condutas tenham ocorrido durante o período de três meses antecedentes ao pleito, uma vez que tal restrição temporal só está expressamente prevista nos ilícitos a que se referem os incisos V e VI da citada disposição legal. Agravo regimental não provido. (TSE – Recurso Especial Eleitoral nº 35546, Acórdão, Relator(a) Min. Arnaldo Versiani Leite Soares, Publicação: RJTSE – Revista de jurisprudência do TSE, Volume 22, Tomo 3, Data 06/09/2011, Página 30)".

Cessão e uso de servidor em campanha eleitoral

A regra (art.73, inciso III, da Lei nº 9.504, de 1997) visa impedir que servidores da Administração Pública trabalhem em campanhas eleitorais de maneira direta ou indireta.

PARA SEDIMENTAR

"DIREITO ELEITORAL. REPRESENTAÇÃO. ELEIÇÕES 2014. CONDUTA VEDADA. ART. 73, I E III, DA LEI Nº 9.504/1997. BEM PÚBLICO. USO COMUM. CESSÃO OU USO. UNIDADE BÁSICA DE SAÚDE – UBS. VISTORIA DAS DEPENDÊNCIAS. GRAVAÇÃO DE PROGRAMA ELEITORAL. PRESENÇA DA PRESIDENTE DA REPÚBLICA CANDIDATA À REELEIÇÃO. CAPTAÇÃO DE IMAGENS. REUNIÃO E ENTREVISTA COM MÉDICOS. CONDUTA VEDADA CONFIGURADA. SERVIDOR PÚBLICO. CESSÃO OU USO DE SERVIÇOS. CORPO CLÍNICO DA UBS. MERA APRESENTAÇÃO DO LOCAL A AUTORIDADES E ENTREVISTA SOBRE COTIDIANO DE TRABALHO. MINISTRO DA SAÚDE. INAPLICABILIDADE DO CONCEITO DE HORÁRIO DE EXPEDIENTE. CONDUTA VEDADA NÃO CONFIGURADA. AUSÊNCIA DE IMPACTO E DE GRAVIDADE DO ILÍCITO RECONHECIDO. PROCEDÊNCIA PARCIAL DO PEDIDO. MULTA. APLICAÇÃO A CANDIDATO BENEFICIADO. [...] 7. Art. 73, I, da Lei nº 9.504/1997. O conjunto probatório demonstra que a conduta dos representados extrapolou a mera captação de imagens, uma vez que: (i) medidas preparatórias para a visita foram adotadas ante a comunicação de que um representante do Ministério da Saúde realizaria uma visita técnica no local; (ii) a candidata circulou por áreas internas da UBS e realizou reunião em sala administrativa, espaços em relação aos quais não se pode presumir acesso do público em geral; (iii) as circunstâncias não permitem concluir que outros candidatos poderiam ter acesso idêntico. Assim, ficou configurado o uso de bem público em benefício da candidatura. 8. Art. 73, III, da Lei nº 9.504/1997. Não se caracterizou cessão de servidores públicos ou uso de seus serviços por comitê de campanha em horário de expediente normal, pois: (i) os médicos não praticaram ato de campanha ou disponibilizaram sua força de trabalho a comitê eleitoral, limitando-se a dialogar com as autoridades e conceder entrevista sobre seu cotidiano de trabalho, durante o que acreditavam ser uma visita técnica, o que constitui conduta atípica; (ii) Ministros de Estado, na qualidade de agentes políticos, "não se sujeitam a expediente fixo ou ao cumprimento de carga horária, posto que titulares de cargos estruturais à organização política do País" (Rp nº 145-62/DF, Rel. Min. Admar Gonzaga, j. em 07.08.2014), razão pela qual não viola o art. 73, III, da Lei das Eleições a sua "presença moderada, discreta ou acidental [...] em atos de campanha" (Rp nº 848-90/DF, Rel. Min. Tarcisio Vieira de Carvalho Neto, j. em 04.09.2014). IV – Aplicação das sanções 9. Configurada a conduta vedada, a proporcionalidade e a razoabilidade devem nortear a aplicação das penalidades. No caso, a prática do ilícito previsto no art. 73, I, da Lei nº 9.504/1997: (i) não impactou significativamente no cotidiano de trabalho dos servidores públicos e de funcionamento da UBS; (ii) isoladamente, não possui gravidade no contexto de eleição presidencial, uma vez que redundou em cenas de pouco mais de um minuto na propaganda dos candidatos, não havendo nos autos indicativo de repercussão anormal da sua veiculação. Assim, é suficiente a aplicação da multa em seu patamar mínimo. 10. A multa deve ser aplicada individualmente a cada réu, uma vez que os §§4º e 8º do art. 73 da Lei nº 9.504/1997 preveem a condenação tanto do agente público responsável quanto dos partidos políticos, coligações e candidatos que se beneficiaram da conduta vedada, independentemente de autorização ou anuência para a prática do ato. 11. As circunstâncias fáticas autorizam a condenação de Arthur Chioro dos Reis como agente público responsável pela conduta vedada pelo art. 73, I, da Lei nº 9.504/1997. Isso porque: (i) a organização do evento ocorreu a partir do comunicado de que um representante do Ministério da Saúde visitaria o local, fator decisivo para que medidas excepcionais fossem adotadas para receber a suposta visita técnica oficial; (ii) a presença do então Ministro da Saúde durante os fatos corrobora essa narrativa; e (iii) não foram contrapostas versão ou provas ao relato da petição inicial e aos depoimentos. 12. São beneficiários da conduta, aos quais também se aplica a multa, nos termos do art. 73, §§4º e 8º, da Lei nº 9.504/1997: (i) Dilma Vana Rousseff, então Presidente da República, candidata à reeleição, que ademais participou da gravação da propaganda; (ii) Michel Miguel Elias Temer Lulia, então Vice-Presidente, candidato à reeleição; e a Coligação Com a Força do Povo, que se beneficiou da prática da conduta vedada, independentemente de sua participação ou anuência na prática ilícita. V – Conclusão 13. Agravo interno não conhecido. 14. Pedido julgado parcialmente procedente, para aplicar, a cada representado, multa de R$5.320,50. (TSE – Representação nº 119878, Acórdão, Relator(a) Min. Luís Roberto Barroso, Publicação: DJE – Diário da justiça eletrônica, Data 26/08/2020)".

"ELEIÇÕES 2014. REPRESENTAÇÃO. CONDUTAS VEDADAS. ART. 73, INCISOS I, II e III, DA LEI Nº 9.504/1997. NÃO CONFIGURAÇÃO. CUMULAÇÃO. PROPAGANDA ANTECIPADA. COMPARAÇÃO ENTRE GOVERNOS. PRÉVIO CONHECIMENTO. BENEFICIÁRIO. PROCEDÊNCIA PARCIAL. 1. Na análise das condutas vedadas, necessária a avaliação criteriosa com absoluta observância do princípio da razoabilidade, que deve nortear a boa aplicação da lei. 2. A realização de entrevista coletiva do Chefe da Casa Civil no Palácio do Planalto, sede do governo federal e domicílio profissional do representado, não configura desrespeito ao art. 73, inciso I, da Lei nº 9.504/1997, uma vez que os atos praticados foram condizentes aos deveres do cargo que ocupa. 3. Não se podem considerar os atos do agente público ilícitos simplesmente porque praticados em período eleitoral, principalmente se não se turbou a normalidade das eleições. *4. Para a configuração de afronta ao art. 73, inciso II, da Lei nº 9.504/1997, imperiosa a presença do "exceder" previsto no inciso em questão referente a possível desvio de finalidade.* 5. A convocação de cadeia de rádio e televisão é matéria disciplinada pelo Decreto nº 52.795/1963, que permite, segundo juízo discricionário das autoridades referidas no Decreto, a convocação de cadeia de rádio e televisão, "na preservação da ordem pública e da segurança nacional ou no interesse da Administração" para a divulgação de "assuntos de relevante importância". 6. Para a configuração da conduta vedada indicada no inciso III do art. 73 da Lei nº 9.504/1997, não se pode presumir a responsabilidade do agente público. 7. Configuram propaganda eleitoral extemporânea os temas da entrevista que desbordam do motivo da convocação e se mostram de nítido caráter eleitoreiro. 8. A comparação entre o atual Governo Federal e o anterior, é inadmissível quando extrapola os limites da discussão de temas de interesse político-comunitário, sob pena de se configurar propaganda subliminar. 9. Para aplicação da penalidade prevista no §3º do art. 36 da Lei no 9.504/1997, há que ser comprovado o prévio conhecimento do beneficiário. Precedentes. Representação parcialmente procedente. (Representação nº 59080, Acórdão, Relator(a) Min. Maria Thereza Rocha De Assis Moura, Publicação: DJE – Diário de justiça eletrônico, Tomo 157, Data 25/08/2014, Página 163)".

DIREITO ELEITORAL. AGRAVO INTERNO EM RECURSOS ESPECIAIS COM AGRAVOS. ELEIÇÕES 2016. AÇÃO DE INVESTIGAÇÃO JUDICIAL ELEITORAL. CONDUTA VEDADA. ART. 73, III, DA LEI Nº 9.504/1997. NÃO CONFIGURAÇÃO. DESPROVIMENTO. 1. Agravo interno interposto contra decisão monocrática que deu provimento aos agravos nos próprios autos para: (i) negar seguimento ao recurso especial interposto pela coligação e (ii) dar provimento ao recurso especial de Edenilson Luis Palauro e outros, julgando improcedente a ação de investigação judicial eleitoral, afastando a condenação por afronta ao art. 73, III, da Lei nº 9.504/1997. 2. O art. 73 da Lei nº 9.504/1997, por encerrar norma restritiva de direitos, deve ser interpretado restritivamente, devendo a conduta corresponder exatamente ao tipo previsto na lei. 3.Para a incidência da vedação do art. 73, III, relativa à cessão de servidores ou utilização de seus serviços em benefício de candidato, partido político ou coligação, é necessário que se verifique o uso efetivo do aparato estatal em prol de determinada campanha. O mero engajamento eleitoral de servidor público, fora do exercício das atribuições do cargo, não caracteriza a prática de conduta vedada. 4. No caso, a exteriorização de apoio político nos perfis pessoais dos servidores na rede social Facebook, ainda que durante o horário de expediente, não configurou a conduta vedada prevista no art. 73, III, da Lei nº 9.504/1997. Isso porque não ficou demonstrado que teriam: (i) se ausentado do local de trabalho ou se deslocado do serviço para a campanha do candidato; (ii) utilizado bens públicos (computadores) do município; e (iii) apoiado candidato por ordem da chefia. 5.Agravo interno a que se nega provimento. (Agravo de Instrumento nº 12622, Acórdão, Relator(a) Min. Luís Roberto Barroso, Publicação: DJE – Diário de justiça eletrônico, Data 16/08/2019)

ELEIÇÕES 2016. AGRAVO REGIMENTAL. AGRAVO EM RECURSO ESPECIAL. AÇÃO DE INVESTIGAÇÃO JUDICIAL ELEITORAL. CONDUTA VEDADA E ABUSO DE PODER POLÍTICO. PREFEITO E VICE-PREFEITO ELEITOS. AUSÊNCIA DE IMPUGNAÇÃO ESPECÍFICA AOS FUNDAMENTOS DA DECISÃO AGRAVADA. REVISÃO DE FATOS E PROVAS. IMPOSSIBILIDADE.1. As razões do agravo interno consistem em reiteração literal do agravo manejado com vistas à reforma da decisão do presidente do Tribunal Regional Eleitoral paulistano que inadmitiu o recurso especial, estando completamente dissociadas dos fundamentos adotados na decisão objeto da insurgência, o que inviabiliza por completo a reforma do decisum impugnado, atraindo a incidência do verbete sumular 26 do TSE.2. O recurso especial seria inviável diante da ausência de demonstração de ofensa efetiva a dispositivo de lei e da pretensão de reexame de provas, providência inviável em sede de recurso especial, a teor do verbete sumular 24 do TSE.3. No mérito, o TRE/SP manteve a condenação dos agravantes ao pagamento de multa, cassou os registros aos cargos de prefeito e vice-prefeito e declarou a inelegibilidade de ambos pelo período de 8 anos, em razão do abuso de autoridade, caracterizado pela pintura de bens públicos com a cor do partido dos investigados, nos termos do art. 74 da Lei 9.504/97 c.c. o art. 22, XIV, da LC 64/90, e pela prática de conduta vedada a agentes públicos, consistente na realização de atos de campanha no interior de obra pública e na utilização de servidores públicos em atos de campanha durante o horário de expediente, nos termos do art. 73, incisos I e III, da Lei 9.504/97.4. A utilização de servidores públicos em horário de expediente para participar de atos de campanha e a realização de campanha política no interior de obras públicas foram comprovados mediante depoimentos de testemunhas e fotografias, segundo a compreensão do tribunal regional, que é soberano quanto ao exame do caderno fático-probatório. Eventual reforma do decisum atrairia o óbice do verbete sumular 24 do TSE.Agravo regimental a que se nega provimento. (Agravo de Instrumento nº 39824, Acórdão, Relator(a) Min. Admar Gonzaga, Publicação: DJE – Diário de justiça eletrônico, Tomo 250, Data 19/12/2018, Página 97/98)

Distribuição gratuita de bens e serviços de caráter social

Quanto ao inciso IV, o Tribunal Superior Eleitoral já decidiu que a lei eleitoral não proíbe a prestação de serviço social custeado ou subvencionado pelo Poder Público nos 3 (três) meses que antecedem a eleição, mas o seu uso para fins promocionais de candidato partido ou coligação.

PARA SEDIMENTAR

"ELEIÇÕES 2016. RECURSO ESPECIAL ELEITORAL. PREFEITO E VICE-PREFEITO. AÇÃO DE INVESTIGAÇÃO JUDICIAL ELEITORAL. ABUSO DE PODER POLÍTICO E ECONÔMICO. PRÁTICA DAS CONDUTAS VEDADAS PREVISTAS NO ARTIGO 73, INCISO IV E §10, DA LEI 9.504/1997. PROCEDÊNCIA. DECRETAÇÃO DA SANÇÃO DE INELEGIBILIDADE. APLICAÇÃO DE MULTA. DESPROVIMENTO DOS RECURSOS ESPECIAIS. 1. Recursos Especiais interpostos contra acórdão do Tribunal Regional Eleitoral do Espírito Santo (TRE/ES), que deu provimento aos Recursos Eleitorais interpostos pelo Ministério Público Eleitoral e pelo Diretório Municipal do Partido da Mobilização Nacional (PMN). Reconhecidos os abusos de poder político e econômico, bem como a prática da conduta vedada prevista no art. 73, IV e §10, da Lei 9.504/1997, decretada a cassação dos diplomas e respectivos mandatos de

Prefeito e Vice-Prefeito, bem como aplicada a sanção de inelegibilidade e multa no valor de 10 (dez) mil UFIR a Francisco Bernhard Vervloet (Prefeito) e determinados o afastamento do cargo e a realização de novas eleições no município de Conceição da Barra/ES. 2. Conforme decidido por este Tribunal Superior Eleitoral no julgamento do Recurso Ordinário nº 537610, Min. Rel. Edson Fachin, DJE de 13/03/2020, a inexistência de mandato eleitoral não esvazia a ação de investigação judicial eleitoral para o fim de impor a sanção de inelegibilidade prevista no art. 22, inciso XIV, da Lei Complementar nº 64/90. 3. Extrai-se dos fatos delineados nos autos que o programa social "+ Liberdade pelo Conhecimento – Geração de Emprego e Renda" consistiu na oferta gratuita à população de um total de 500 (quinhentas) vagas em cursos de capacitação profissional, sem autorização legal específica, bem como que sua execução ocorreu no ano de realização das eleições, sem a observância das hipóteses excepcionais previstas no art. 73, §10, da Lei 9.504/97. 4. O entendimento da Corte Regional está em sintonia com a jurisprudência do TSE de que "somente a existência cumulativa da lei de criação do programa social e da previsão orçamentária específica atende à exigência do art. 73, §10, da Lei das Eleições" (REspe 172 – Rel. Min. GILMAR MENDES, DJe de 2/12/2016), e "destacada a ausência de comprovação da efetiva execução orçamentária do programa social, não implementadas as rubricas orçamentárias no ano anterior ao pleito (Eleições 2012), violado o que dispõe o art. 73, §10, da Lei das Eleições" (AI 47411 – Rel. Min. ROSA WEBER, DJe de 22/8/2018). Incidência da Súmula 30/ TSE. 5. Para a configuração da conduta vedada do art. 73, IV, da Lei 9.504/1997, a jurisprudência do TSE firmou-se no sentido de que a participação de candidatos em eventos de lançamento e distribuição de bens pelo Poder Público caracteriza o uso promocional previsto no art. 73, IV, da Lei Eleitoral (vide Respe 71923 Rel. Min. HENRIQUE NEVES DA SILVA, DJe de 23/10/2015); e "faz-se mister que a distribuição de bens e serviços sociais custeados ou subvencionados pelo Poder Público ocorra durante o suposto ato promocional. Precedente: REspe nº 42232-85/RN, rel. Min. Henrique Neves da Silva, julgado em 8.9.2015, DJe de 21.10.2015" REspe 060039853 (Rel. Min. OG FERNANDES, DJe de 22/6/2020). 6. Os fatos narrados na inicial, além de ilícitos na forma do já abordado art. 73, IV e §10, da Lei 9.504/1997, possuem gravidade suficiente a ensejar a declaração de inelegibilidade dos recorrentes por 8 (oito) anos, bem como para justificar a sanção de cassação de seus diplomas, com esteio no art. 22, XIV e XVI, da Lei Complementar 64/1990. À luz do aresto regional, os abusos de poder político e econômico restaram configurados quando sopesadas as circunstâncias em que implementado o programa social por Francisco Bernhard Vervloet, notadamente: i) a proximidade do pleito; ii) o número de beneficiários; iii) o município ser de pequeno porte; iv) a alta quantia dispendida; e v) a disputa ter sido vencida por uma margem pequena de votos. 7. Suficientemente demonstrados no acórdão regional – o que por si afasta a alegada omissão – a inexistência de autorização legal específica do programa social "+ Liberdade pelo Conhecimento – Geração de Emprego e Renda", a inexecução orçamentária do programa no ano anterior ao da eleição, o uso promocional da distribuição gratuita, bem como os abusos de poder econômico e político, a alteração destas conclusões demandaria incursão no conjunto fático-probatório dos autos, o que é vedado em sede recursal. Incidência da Súmula 24/TSE. 8. Recursos Especiais desprovidos. Prejudicados o pedido de suspensão de inelegibilidade, os os embargos de declaração e os Agravos Internos interpostos na Ação Cautelar 0601263-14.2020. (TSE – RECURSO ESPECIAL ELEITORAL nº 37275, Acórdão, Relator(a) Min. Alexandre de Moraes, Publicação: DJE – Diário da justiça eletrônica, Tomo 206, Data 09/11/2021)".

"ELEIÇÕES 2012. PRELIMINAR. LITISCONSORTE PASSIVO NECESSÁRIO. REJEITADA. MÉRITO CONDUTA VEDADA. REEXAME DE FATOS. 1. Não são litisconsortes passivos necessários nas ações que visam a apuração de conduta vedada os servidores que se limitaram a cumprir as determinações do agente público responsável pela conduta. Precedente. 2. É desnecessária a autenticação de cópia de procuração e de substabelecimento, porquanto se presumem verdadeiros os documentos juntados aos autos pelas partes, cabendo a elas arguir a falsidade. Precedentes do STJ. 3. Solucionada a questão de forma clara e coerente pelo acórdão recorrido, não se verificou, no caso, violação ao art. 275 do Código Eleitoral. 4. No caso dos autos, o Tribunal de origem afastou a incidência dos dispositivos contidos no art. 73 da Lei nº 9.504/97 com base na apreciação do conjunto probatório dos autos e concluiu ter restado comprovado que: (i) o programa social já se encontrava em plena execução orçamentária no exercício anterior ao da eleição; e (ii) a adesão do Município se deu dentro dos moldes e prazos previstos pelas normas de regência. 5. A inversão do julgado implicaria necessariamente no reexame das provas, o que não se coaduna com a natureza do recurso especial. Incidência das Súmulas 279/STF e 7/STJ. 6. Voto-vista convergente em razão das peculiaridades do caso concreto, máxime o fato de o atraso na execução do programa social ter sido, em parte, aparentemente ocasionado pela empresa fornecedora dos bens. Destacado, porém, que: "se o objetivo precípuo da norma é garantir a igualdade entre os candidatos, entendo que seria mais consentâneo com o objetivo almejado pela norma do caput do art. 73, §10, da Lei das Eleições permitir a continuação no ano eleitoral somente de programas sociais em que se verificasse, além da observância dos requisitos legais, a descaracterização do intento de obtenção de vantagem ilícita (animus lucri faciendi). Execuções orçamentárias tardias, atrasos na liquidação da despesa e eventuais atos que atentem contra a lisura eleitoral, ainda que realizados nos limites definidos pela lei, podem e devem ser objeto de análise sob a perspectiva do abuso de poder político ou de eventual conduta vedada definida no art. 73, inciso IV, da Lei nº 9.504/1997". Recurso especial conhecido em parte e, na parte conhecida, desprovido. (Recurso Especial Eleitoral nº 1514, Acórdão, Relator(a) Min. Laurita Hilário Vaz, Publicação: DJE – Diário de justiça eletrônico, Volume, Tomo 93, Data 16/05/2016, Página 49/50)".

"Recurso especial. Representação. Objetivo. Cassação. Registro. Candidato. Alegação. Utilização. Bem público. União. Administração. Exército. Realização. Showmício. Conduta vedada. Art. 73, I, da Lei nº 9.504/97. Improcedência. 1) O local da realização do evento em questão é área de uso compartilhado com a comunidade, onde, inclusive, ocorreu a festa do Peão de Boiadeiro, não caracterizando, a sua cessão, nenhum favorecimento por agente público ou instituição a determinado candidato, em desfavor dos demais. 2) Registre-se, ainda, que referido espaço poderia ter sido utilizado por qualquer candidato, observadas as formalidades de praxe, o que, em si, já retira da cessão o caráter de privilégio e desequilíbrio de forças entre os partícipes do certame eleitoral. 3) Recurso provido para o fim de se julgar improcedente a representação. (Recurso Especial Eleitoral nº 24865, Acórdão de, Relator(a) Min. Carlos Eduardo Caputo Bastos, Publicação: PSESS – Publicado em Sessão, Data 09/11/2004)".

"[...]Representação por conduta vedada 5. Em relação à Rp nº 412-26, o acórdão regional entendeu configurada a conduta vedada do art. 73, IV, da Lei nº 9.504/1997, relativa ao uso promocional de distribuição gratuita de bens e serviços de caráter social, pelo prefeito à época dos fatos. No entanto, a representação foi ajuizada apenas contra os candidatos beneficiados. 6. De acordo com o entendimento deste Tribunal, aplicável às Eleições 2016, nas ações que versem sobre condutas vedadas, há litisconsórcio passivo necessário entre o agente público tido como responsável pela prática das condutas e os beneficiários dos atos praticados. 7. A ausência de inclusão do agente público responsável no polo passivo impõe a extinção, com resolução do mérito, da representação, nos termos do art. 487, II, do CPC. Como consequência, ficam afastadas as multas aplicadas pela prática de conduta vedada. [...]"(Ac. De 30.5.2019 no Respe nº 42270, rel. Min. Luís Roberto Barroso.)

Movimentação de pessoal

O legislador quis evitar os famosos "apadrinhamentos" e, ao mesmo tempo, impedir perseguições de funcionários contrários ao atual gestor público (art. 73, inciso V, da Lei nº 9.504, de 1997).

PARA SEDIMENTAR

"ELEIÇÕES SUPLEMENTARES 2018. RECURSO ORDINÁRIO. AÇÃO DE INVESTIGAÇÃO JUDICIAL ELEITORAL. GOVERNADOR E VICE-GOVERNADOR. CONDUTA VEDADA E ABUSO DO PODER POLÍTICO. CUMULAÇÃO DE PEDIDOS. APURAÇÃO CONCOMITANTE. POSSIBILIDADE. PRECEDENTES. PUBLICIDADE INSTITUCIONAL. NOMEAÇÃO E EXONERAÇÃO DE SERVIDOR PÚBLICO. EXTINÇÃO DE CONTRATOS TEMPORÁRIOS. PERÍODO PROIBIDO. CONDUTAS VEDADAS CARACTERIZADAS. MULTA. APLICAÇÃO. RAZOABILIDADE. ABUSO DE PODER. AUSÊNCIA DE GRAVIDADE. BENEFÍCIO ELEITORAL NÃO PROVADO. PROVIMENTO PARCIAL.[...] 3. No presente recurso, o Ministério Público Eleitoral, irresignado com o julgamento de improcedência da ação, alega que o primeiro recorrido teria (i) realizado publicidade institucional, em período vedado, com nítido caráter de promoção de sua candidatura, (ii) exonerado e nomeado diversos servidores ocupantes de cargos de assessoramento especial, com evidente intuito eleitoreiro; e (iii) rescindido contratos temporários, sem justa causa, no período eleitoral.[...] 8. Da extinção de contratos temporários em período vedado8.1. No que concerne à alegação de que servidores temporários foram "demitidos" sem justa causa em período vedado, pertinente apenas o Ato Declaratório nº 139, inserido no Diário Oficial do Estado do Tocantins (DOETO) nº 5.098, de 24.4.2018, que, com fundamento no art. 6º da Lei Estadual nº 1.978/2008, a partir de 25.5.2018, extinguiu "Termos de Compromisso de Serviço Público de Caráter Temporário firmado" (ID nº 22309238, fl. 14) com 1.929 (mil novecentos e vinte e nove) profissionais.8.2. A terminologia "justa causa" prevista no art. 73, V, da Lei das Eleições foi empregada pelo legislador eleitoral de forma equivalente à prevista na legislação trabalhista, ou seja, só estará caracterizada se o "empregador" comprovar que o servidor público, em sentido amplo, praticou ato grave ou gravíssimo incompatível com o serviço público.8.3. Ainda que o conceito de justa causa fosse amplo, o argumento de que as demissões dos servidores temporários objetivaram a readequação das contas aos limites estatuídos na Lei de Responsabilidade Fiscal para as despesas com pessoal é insuficiente para comprovar o justo motivo, pois inexistem provas irrefutáveis de que as referidas demissões eram imprescindíveis para adequar as despesas de pessoal, ou melhor, devido à proximidade com a eleição excepcional, cabia aos recorridos exibir todo o plano de readequação das despesas aos limites previstos na Lei de Responsabilidade Fiscal, de forma a comprovar que não havia alternativa que não desrespeitasse a legislação eleitoral.8.4. Tendo em vista que os recorridos não fizeram prova de nenhuma das hipóteses previstas no art. 157 da Lei Estadual nº 1.818/2007, nem de que as demissões eram imprescindíveis para a readequação das despesas com pessoal aos limites mencionados na Lei de Responsabilidade Fiscal, está caracterizado novamente o ilícito eleitoral previsto no art. 73, V, da Lei das Eleições, razão pela qual, observado o princípio da proporcionalidade, deve ser aplicada aos recorridos a sanção pecuniária prevista no art. 73, §§4º e 8º, da Lei nº 9.504/97, no valor de R$30.000,00 (trinta mil reais) e de R$5.320,50 (cinco mil, trezentos e vinte reais e cinquenta centavos), respectivamente.8.5. Não obstante a caracterização da conduta vedada em tela, inviável certificar o abuso de poder, pois, também aqui, não se comprovou que Mauro Carlesse, utilizando-se de sua condição funcional, agiu em benefício eleitoral próprio, de modo a embaraçar a eleição suplementar.8.6. Conforme assentou a Corte de origem, a configuração do abuso do poder político depende da demonstração de gravidade das circunstâncias para afetar o pleito, bem como da violação do princípio da isonomia entre os concorrentes, o que não ocorreu no caso sub judice.9. Recurso ordinário parcialmente provido para, reconhecida a prática das condutas vedadas previstas no art. 73, V e VI, b, da Lei das Eleições, condenar Mauro Carlesse e Wanderlei Barbosa Castro à pena de multa no valor total de R$65.320,50 (sessenta e cinco mil, trezentos e vinte reais e cinquenta centavos) e de R$15.961,50 (quinze mil, novecentos e sessenta e um reais e cinquenta centavos), respectivamente. (TSE – RECURSO ORDINÁRIO ELEITORAL nº 060010891, Acórdão, Relator(a) Min. Tarcisio Vieira De Carvalho Neto, Publicação: DJE – Diário da justiça eletrônica, Tomo 96, Data 27/05/2021)"

"RECURSO CONTRA EXPEDIÇÃO DE DIPLOMA. ELEIÇÕES 2006. CAPTAÇÃO ILÍCITA DE SUFRÁGIO. ABUSO DE PODER POLÍTICO E ECONÔMICO. USO INDEVIDO DOS MEIOS DE COMUNICAÇÃO. [...] 13. O art. 73, V, da Lei nº 9.504/97 veda, nos três meses que antecedem ao pleito, as condutas de nomear, contratar ou, de qualquer forma, admitir, demitir sem justa causa, suprimir ou readaptar vantagens ou por outros meios dificultar ou impedir o exercício funcional e, ainda, ex officio, remover, transferir ou exonerar servidor público, na circunscrição do pleito [...], sua alínea a impõe ressalva quanto a nomeação ou exoneração de cargos em comissão e designação ou dispensa de funções de confiança. Entretanto, é necessário que se apure a existência de desvio de finalidade. No caso, por um lado, estes cargos comissionados foram criados por decreto, com atribuições que não se relacionavam a direção, chefia e assessoramento, em afronta ao disposto no art. 37, V, CR/88; por outro, os decretos que criaram estes cargos fundamentaram-se na Lei Estadual nº 1.124/2000, sancionada pelo governador anterior, cuja inconstitucionalidade foi declarada pelo Supremo Tribunal Federal apenas em 3.10.2008 (ADIn 3.232, 3.390 e 3.983, fls. 10.886-10.911). Abuso de poder caracterizado com fundamento: a) no volume de nomeações e exonerações realizadas nos três meses que antecederam o pleito; b) na natureza das funções atribuídas aos cargos que não demandavam tamanha movimentação; c) na publicidade, com nítido caráter eleitoral de promoção da imagem dos recorridos, que foi vinculada a estas práticas por meio do programa Governo mais perto de você. [...] (RECURSO CONTRA EXPEDIÇÃO DE DIPLOMA nº 698, Acórdão, Relator(a) Min. Felix Fischer, Publicação: RJTSE – Revista de jurisprudência do TSE, Volume 20, Tomo 4, Data 25/06/2009, Página 21)".

ELEIÇÕES 2016. CONDUTA VEDADA. REMOÇÃO DE SERVIDORES EM PERÍODO VEDADO. OFENSA AO DISPOSTO NO ART. 73, V, DA LEI 9.504/97. NATUREZA OBJETIVA DA NORMA. REEXAME DE PROVAS. NEGATIVA DE SEGUIMENTO DO RECURSO. PRERROGATIVA DO RELATOR PREVISTA EM NORMA REGIMENTAL.1. "Nos termos do art. 36, §6º, do RITSE, constitui prerrogativa do relator negar seguimento a recurso manifestamente inadmissível ou que esteja em confronto com súmula ou jurisprudência dominante deste Tribunal e dos tribunais superiores" (REspe 0600805-69, rel. Min. Luís Roberto Barroso, DJE de 2.8.2019).2. Na espécie, os agravantes, então prefeito e ex-prefeita, foram condenados ao pagamento de multa no valor de R$5.320,50, em razão da prática da conduta vedada consistente na remoção de servidores da prefeitura, em contrariedade à norma descrita no inciso V do art. 73 da Lei 9.504/97, que proíbe aos agentes públicos, na circunscrição do pleito, nos três meses que o antecedem e até a posse dos eleitos, "nomear, contratar ou de qualquer forma admitir, demitir sem justa causa, suprimir ou readaptar vantagens ou por outros meios dificultar ou impedir o exercício funcional e, ainda, ex officio, remover, transferir ou exonerar servidor público". No que se refere à alegada justa causa para as transferências dos servidores, que teriam ocorrido por necessidade do serviço, o Tribunal Regional Eleitoral sergipano assentou que "a regra do art. 73, V, foi frontalmente violada, eis que a conduta representada foi claramente tendente a afetar a igualdade de oportunidades entre candidatos nos pleitos eleitorais do art. 73 da Lei nº 9.504/1997), executadas dentro do interstício temporal em que estavam impedidos de proceder às referidas remoções e por não recaírem os servidores contextualizados nas exceções da alínea italicdo mencionado dispositivo" (fl. 171v). 4. O Tribunal de origem destacou, ainda, a ausência de enquadramento do caso dos autos nas exceções contidas na norma proibitiva, ao assentar que, "por outro lado, as poucas exceções que relaciona não protegem as pretensões recursais, porquanto nenhum dos servidores figurantes na demanda ocupa o cargo de militar, policial civil ou de agente penitenciário (art. 73, inciso V, alínea e (fl. 170) 5 Tendo a Corte Regional concluído, com base nas provas coligidas, que a conduta afetou a igualdade de oportunidades entre os candidatos e que os fatos narrados não se enquadram em nenhuma das exceções previstas na norma, não seria possível nesta seara concluir de forma diversa, sem incorrer no vedado reexame de provas, providência inviável em sede extraordinária, a teor do verbete sumular 24 do TSE 6. Esta Corte, analisando matéria similar ao caso dos autos, acerca da prática de conduta vedada consistente na demissão de servidores em período vedado, concluiu pela configuração da prática ilícita, em consonância com o entendimento do Tribunal de origem no caso em exame. Precedentes: AgR-AI 549-37, rel. Min. Admar Gonzaga, DJE de 9.4.2018; AgR-REspe 652-56, rel. Min. Admar Gonzaga, DJE de 9.4.2018; e REspe 272-50, rel. Min. Luciana Lóssio, DJE de 9.12.2015. A jurisprudência do TSE consigna a orientação de que "as condutas vedadas possuem natureza objetiva, sendo desnecessária a análise de potencialidade lesiva para influenciar no pleito (AI 474-11, rel. Min. Rosa Weber, DJE de 22.8.2018)" (AgR-REspe 452-20, rel. Min. Edson Fachin, DJE de 31.10.2018). No mesmo sentido: AgR-AI 515-27, rel. Min. Luciana Lóssio, DJE de 25.11.2014. 8. Não há falar em dissídio jurisprudencial, haja vista a consonância de entendimento entre o aresto regional e a jurisprudência desta Corte quanto à configuração da conduta vedada descrita no inciso V do art. 73 da Lei 9.504/97 e a natureza objetiva da norma. Aplica-se ao caso o disposto no verbete sumular 30 do TSE.Agravo regimental a que se nega provimento. (Recurso Especial Eleitoral nº 56079, Acórdão, Relator(a) Min. Sergio Silveira Banhos, Publicação: DJE – Diário de justiça eletrônico, Data 29/10/2019, Página 11)

ELEIÇÕES 2016. AÇÃO DE INVESTIGAÇÃO JUDICIAL ELEITORAL. AGRAVO REGIMENTAL. AGRAVO. RECURSO ESPECIAL INADMITIDO. PROCEDÊNCIA. PREFEITO. REITERAÇÃO DE ARGUMENTOS. SÚMULA Nº 26/TSE. DEFICIÊNCIA DE FUNDAMENTAÇÃO RECURSAL. SÚMULA Nº 27/TSE. SERVIDORES TEMPORÁRIOS. CONTRATAÇÃO EM ANO ELEITORAL. DEMISSÃO APÓS O PLEITO. ABUSO DE PODER POLÍTICO. CONDUTA VEDADA. CONFIGURAÇÃO. REEXAME FÁTICO-PROBATÓRIO. IMPOSSIBILIDADE. SÚMULAS Nº 24 E 30/TSE. NEGATIVA DE SEGUIMENTO. 1. É inviável o agravo regimental que deixa de impugnar, de forma específica, os fundamentos que sustentam a decisão agravada, o que atrai a incidência da Súmula nº 26/TSE. 2. A Corte Regional reconheceu a prática de abuso do poder político, ressaltando que a contratação de servidores e a antecipação de contratos em ano eleitoral visou angariar a confiança dos contratados e respectivos familiares, assim como evitar a prática de conduta vedada durante o prazo legalmente estimado. 3. A reforma do acórdão demandaria o reexame do conjunto probatório, inadmissível nesta via especial, a teor do que dispõe a Súmula no 24/TSE. 4. A demissão de servidores temporários após a realização do pleito e em período que antecede a posse dos eleitos caracteriza a conduta vedada descrita no inciso V do art. 73 da Lei nº 9.504/97. 5. O entendimento exposto no acórdão regional está em consonância com a jurisprudência do TSE, segundo a qual, "mesmo que as contratações tenham ocorrido antes do prazo de três meses que antecede o pleito, a que se refere o art. 73, V, da Lei das Eleições, tal alegação não exclui a possibilidade de exame da ilicitude para fins de configuração do abuso do poder político, especialmente porque se registrou que não havia prova de que as contratações ocorreram por motivo relevante ou urgente, conforme consignado no acórdão recorrido" (REspe nº 1522-10/MG, Rel. Min. Henrique Neves da Silva, DJe de 4.12.2015) e "a contratação e demissão de servidores temporários constitui, em regra, ato lícito permitido ao administrador público, mas que a lei eleitoral torna proibido, nos três meses que antecedem a eleição até a posse dos eleitos, a fim de evitar qualquer tentativa de manipulação de eleitores" (AgR-REspe nº 652-56/BA, Rel. Min. Admar Gonzaga, DJe de 9.4.2018), o que atrai a Súmula nº 30/TSE, óbice igualmente "[...] aplicável aos recursos manejados por afronta a lei" (AgR-AI nº 82-18/RS, Rel. Min. Napoleão Nunes Maia Filho, DJe de 11.10.2018). 6. Agravo regimental ao qual se nega provimento. (Agravo de Instrumento nº 18912, Acórdão, Relator(a) Min. Tarcisio Vieira De Carvalho Neto, Publicação: DJE – Diário de justiça eletrônico, Data 21/10/2019)

"Agravo regimental. Recurso especial. Prefeito e vice. Ação de investigação judicial eleitoral (AIJE). Conduta vedada. Art. 73, V, da Lei 9.504/97. Contrato temporário. Período defeso. Ilicitude. Reenquadramento jurídico dos fatos. Possibilidade [...] 1. Na decisão monocrática, restabeleceu-se sentença em que se reconheceu a prática de conduta vedada pelos agravantes – reeleitos ao cargo majoritário de Lucena/PB em 2016 – consistente em contratações de seis funcionários por tempo determinado no período crítico, não albergadas pela ressalva do art. 73, V, d, da Lei 9.504/97, impondo-se, em consequência, multa individual de cinco mil Ufirs. 2. No presente regimental, aponta-se indevida incursão no conjunto fático-probatório, providência vedada pela Súmula 24/TSE. Porém, procedeu-se apenas à revaloração jurídica dos elementos constantes do aresto a quo, em que se delineou de forma minuciosa as atividades dos servidores substituídos. 3. A teor do entendimento desta Corte, conceitua-se como serviço público essencial, para os fins do art. 73, V, d, da Lei 9.504/97, aquele de natureza emergencial, umbilicalmente ligado à sobrevivência, à saúde ou à segurança da população. Interpretação em sentido diverso esvaziaria o comando legal e permitiria o uso da máquina pública em benefício de candidaturas. 4. No caso, apesar de as contratações estarem ligadas à Secretaria Municipal de Saúde, não se verifica o caráter essencial quanto aos cargos de auxiliar de serviços gerais e de agente de vigilância ambiental (prevenção e controle de fatores de risco ambiental). 5. A simples circunstância de os cargos estarem lotados na Secretaria Municipal de Saúde não lhes confere, ipso facto, a inescusável premência a que alude o referido dispositivo, sendo forçoso reconhecer a ilicitude das contratações na espécie [...]. " (Ac. de 11.4.2019 no AgR-REspe nº 101261, rel. Min. Jorge Mussi.)

Repasse financeiro, publicidade institucional e pronunciamento oficial

O objetivo da lei é limitar a movimentação financeira nos 3 (três) meses que antecedem o pleito (art. 73, inciso VI, da Lei nº 9.504, de 1997), a fim de que os valores e sua destinação não influenciem nas campanhas ou na decisão do eleitor.

Ainda vale frisar que as vedações das alíneas *b* e *c* do inciso VI[209] referem-se somente aos agentes públicos das esferas administrativas cujos cargos estejam em disputa na eleição. Não se veda, ademais, a redistribuição de cargos, o que poderia ser considerado uma forma de burlar a proibição.[210]

PARA SEDIMENTAR

"AGRAVO INTERNO. AGRAVO EM RECURSO ESPECIAL. CONDUTA VEDADA. PROPAGANDA INSTITUCIONAL EM PERÍODO VEDADO. RECURSO ESPECIAL INTERPOSTO APÓS O TRÍDUO LEGAL. NÃO PROVIMENTO.SÍNTESE DO CASO1. Trata-se de agravo interno manejado em face de decisão individual que negou seguimento a agravo em recurso especial eleitoral, nos termos do art. 36, §6º, do Regimento Interno do Tribunal Superior Eleitoral.2. Na origem, o Tribunal Regional Eleitoral de Minas Gerais manteve a sentença que julgou parcialmente procedente a representação por conduta vedada apresentada pelo Ministério Público Eleitoral, condenando os agravantes ao pagamento de multa no valor de R$5.320,50, em razão da realização de propaganda institucional em período vedado por meio da rede social Facebook, nos termos do art. 73, VI, b, da Lei 9.504/97.ANÁLISE DO AGRAVO REGIMENTAL3. Na decisão agravada, assentou-se a intempestividade reflexa do agravo manejado com a finalidade de destrancar o recurso especial, pois este foi interposto após o tríduo legal previsto no art. 276, §1º, do Código Eleitoral.4. Nos termos do art. 51 da Res.-TSE 23.608, o prazo para interposição do recurso especial é de três dias, contados da publicação do acórdão recorrido no Diário de Justiça Eletrônico.5. A contagem de prazo disciplinada pelo art. 22 da Res.-TSE 23.417 – que prevê até dez dias a partir da disponibilização do ato para que a parte seja intimada – não se aplica ao caso, pois a intimação não foi realizada por meio eletrônico em portal próprio, hipótese na qual é dispensada a publicação do ato em órgão oficial, e sim pela publicação no Diário de Justiça Eletrônico.6. De acordo com a jurisprudência deste Tribunal, "padece de intempestividade reflexa

---

209 Lei nº 9.504, de 30 de setembro de 1997 – "Art. 73 [...] VII – realizar, no primeiro semestre do ano de eleição, despesas com publicidade dos órgãos públicos federais, estaduais ou municipais, ou das respectivas entidades da administração indireta, que excedam a média dos gastos no primeiro semestre dos três últimos anos que antecedem o pleito; VIII – fazer, na circunscrição do pleito, revisão geral da remuneração dos servidores públicos que exceda a recomposição da perda de seu poder aquisitivo ao longo do ano da eleição, a partir do início do prazo estabelecido no art. 7º desta Lei e até a posse dos eleitos". BRASIL. *Lei nº 9.504, de 30 de setembro de 1997*. Disponível em: http://www.planalto.gov.br/ccivil_03/leis/l9504.htm. Acesso em: 28 fev. 2022.

210 "DECLARADA INCONSTITUCIONAL A TRANSFERÊNCIA, NÃO SE CONFUNDE COM A REDISTRIBUIÇÃO PARA OS EFEITOS DO ART. 73 DA LEI nº 9.504/97. TSE, AgR em Representação nº 405/2002". Disponível em: http://www.lexml.gov.br/urn/urn:lex:br:tribunal.superior.eleitoral;plenario:acordao;arp:2002-11-26;rp-405. Acesso em: 12 ago. 2019.

o recurso subsequente ao recurso interposto extemporaneamente" (AgR-AI 242-58, rel. Min. Luís Roberto Barroso, DJE de 28.6.2019).7. A decisão de que negou seguimento ao recurso especial com base na intempestividade do apelo não viola os arts. 93, IX, da Constituição Federal, 489, §1º, IV, e 932 do Código de Processo Civil.CONCLUSÃOAgravo regimental a que se nega provimento. (TSE – AGRAVO EM RECURSO ESPECIAL ELEITORAL nº 060037812, Acórdão, Relator(a) Min. Sergio Silveira Banhos, Publicação: DJE – Diário da justiça eletrônica, Tomo 230, Data 14/12/2021)".

"ELEIÇÕES 2020. AGRAVO INTERNO. PREFEITO. CONDUTA VEDADA A AGENTE PÚBLICO. PUBLICIDADE INSTITUCIONAL EM PERÍODO VEDADO. ART. 73, VI, B, DA LEI Nº 9.504/1997. DESNECESSIDADE DE VIÉS ELEITORAL. ILÍCITO DE NATUREZA OBJETIVA. RESPONSABILIDADE DO CHEFE DO PODER EXECUTIVO. DEVER DE ZELO. ENTENDIMENTO CONSOLIDADO DO TSE. SÚMULA Nº 30/TSE. AGRAVO DESPROVIDO.1. A teor da moldura fática delineada no acórdão regional, foi veiculada em canal oficial de comunicação da Administração Pública, em período proibido, publicidade institucional de obras realizadas pelo governo municipal, sem demonstração de situação excepcional de grave e urgente necessidade pública autorizativa de tal procedimento.2. A caracterização de conduta vedada por divulgação de propaganda institucional em período proibido, prevista no art. 73, VI, b, da Lei nº 9.504/1997, é ilícito de natureza objetiva que independe da finalidade eleitoral do ato. Precedentes.3. O chefe do Poder Executivo é responsável pela divulgação da publicidade institucional em site oficial da Prefeitura, por ser sua atribuição zelar pelo conteúdo nele veiculado. Precedentes.4. A decisão regional está em harmonia com a jurisprudência desta Corte Superior, aplicando-se o óbice do Enunciado Sumular nº 30/TSE.5. Agravo a que se nega provimento. (TSE – AGRAVO EM RECURSO ESPECIAL ELEITORAL nº 060026376, Acórdão, Relator(a) Min. Edson Fachin, Publicação: DJE – Diário da justiça eletrônica, Tomo 215, Data 22/11/2021)".

"AGRAVO REGIMENTAL. RECURSO ORDINÁRIO. CONDUTA VEDADA. ART. 73, VI, A, DA LEI Nº 9.504/97. ABUSO DE PODER. NÃO CARACTERIZAÇÃO. 1. Não ficou caracterizada a conduta vedada descrita no art. 73, VI, a, da Lei nº 9.504/97, pois a transferência de recursos decorreu de lei estadual impositiva, que previu o montante que cada município deveria receber, o prazo para o repasse e a necessidade de fiscalização legislativa mensal, inclusive com eventual responsabilização em caso de descumprimento da norma. 2. À falta de provas robustas em sentido contrário, o estrito cumprimento da lei estadual que determinou, de forma exaustiva, o repasse de recursos a municípios não enseja o reconhecimento de abuso do poder político ou econômico, tendo em vista a inexistência de vínculo entre os fatos e o pleito. Agravo regimental ao qual se nega provimento. (TSE – Recurso Ordinário nº 154648,, Acórdão, Relator(a) Min. Henrique Neves Da Silva, Publicação: DJE – Diário de justiça eletrônico, Tomo 45, Data 07/03/2016, Página 44/45)".

"EMBARGOS DE DECLARAÇÃO. RECURSO ORDINÁRIO. ELEIÇÕES 2014. GOVERNADOR E VICE-GOVERNADOR. CONDUTA VEDADA. ART. 73, VI, B, DA LEI 9.504/97. PUBLICIDADE INSTITUCIONAL EM PERÍODO VEDADO. ILÍCITO DE CARÁTER

OBJETIVO. MULTA. BENEFICIÁRIO. INCIDÊNCIA. REJEIÇÃO. Acórdão Embargado 1. Em julgamento unânime, esta Corte Superior proveu parcialmente recurso ordinário em Ação de Investigação Judicial Eleitoral (AIJE) para aplicar multa de R$5.350,00 a Luiz Fernando de Souza (Governador do Rio de Janeiro eleito em 2014), a Francisco Oswaldo Neves Dornelles (Vice-Governador) e à Coligação o Rio em 1º Lugar com base no art. 73, VI, b e §§4º e 8º, da Lei 9.504/97. 2. Assentou-se, em suma, prática de propaganda institucional, no sítio oficial do Governo do Estado, nos três meses que antecederam o pleito. 3. Francisco Dornelles opôs embargos de declaração. Apreciação dos Embargos 4. O suposto vício apontado denota propósito do embargante de rediscutir matéria já decidida, providência inviável na via aclaratória. Precedentes. 5. A divulgação de publicidade institucional em período vedado constitui ilícito de natureza objetiva e independe de conteúdo eleitoreiro. Precedentes. 6. Para incidência da sanção, não se exige que a conduta tenha sido praticada diretamente por partidos políticos, coligações e candidatos, bastando que qualquer um deles figure como beneficiário, nos termos do art. 73, §8º, da Lei 9.504/97 e de precedentes desta Corte. Conclusão 7. Embargos de declaração rejeitados. (TSE – Recurso Ordinário nº 378375, Acórdão, Relator(a) Min. Antonio Herman De Vasconcellos E Benjamin, Publicação: DJE – Diário de justiça eletrônico, Tomo 199, Data 17/10/2016, Página 36-37)".

"ELEIÇÕES 2012. AGRAVO REGIMENTAL EM RECURSO ESPECIAL ELEITORAL. CONDUTA VEDADA AOS AGENTES PÚBLICOS. PUBLICIDADE INSTITUCIONAL VEICULADA NO SÍTIO ELETRÔNICO DE FUNDAÇÃO EM PERÍODO VEDADO (ART. 73, VI, b, DA LEI DAS ELEIÇÕES). CARACTERIZADA. APLICAÇÃO DE MULTA. CASO DE GRAVE E URGENTE NECESSIDADE PÚBLICA. NÃO RECONHECIMENTO. RESPONSABILIDADE. TITULARIDADE DA ENTIDADE. CONSTATAÇÃO. DESPROVIMENTO. 1. As condutas vedadas, para seu aperfeiçoamento, prescindem da produção do resultado naturalístico e da análise da finalidade eleitoral do ato, sendo suficiente a prática dos atos (REspe nº 695-41/GO, Rel. Min. Gilmar Mendes, DJe de 26.6.2015 e AgR-AI nº 515-27/MG, Rel. Min. Luciana Lóssio, DJe de 25.11.2014). 2. In casu, extrai-se da moldura fática delineada no aresto regional que a) houve a veiculação de propaganda institucional no sítio eletrônico da Fundação durante o período vedado e que, do teor tratado nas propagandas, não se verifica grave e urgente necessidade pública reconhecida pela Justiça Eleitoral; [...] 3. No caso sub examine, como a Agravante era titular da Fundação de Medicina Tropical Heitor Vieira Dourado, competia-lhe zelar pelo conteúdo a ser divulgado no endereço eletrônico oficial da entidade vinculada ao Estado do Amazonas, não sendo exigível prova de expressa autorização da divulgação no período vedado, sob pena de tornar inócua a restrição imposta na norma atinente à conduta de impacto significativo na campanha eleitoral. Precisamente por isso, havendo divulgação de publicidade institucional em período vedado, revela-se evidente sua responsabilidade. 4. Agravo regimental desprovido. (TSE – Recurso Especial Eleitoral nº 212970, Acórdão, Relator(a) Min. Luiz Fux, Publicação: DJE – Diário de justiça eletrônico, Volume , Tomo 31, Data 13/02/2017, Página 23/24)".

AGRAVO REGIMENTAL. RECURSO ESPECIAL. ELEIÇÕES 2016. PREFEITO. AÇÃO DE INVESTIGAÇÃO JUDICIAL ELEITORAL. CONDUTA VEDADA. ART. 73, VII, DA LEI

9.504/97. ABUSO DE PODER POLÍTICO. PUBLICIDADE INSTITUCIONAL. GASTOS VULTOSOS EM COMPARAÇÃO COM EXERCÍCIOS ANTERIORES. FRAUDE À LEI. ARESTO DEVIDAMENTE FUNDAMENTADO QUANTO À GRAVIDADE DOS FATOS. REEXAME DO CONJUNTO PROBATÓRIO. SÚMULA 24/TSE. DESPROVIMENTO. 1. Agravo regimental interposto contra decisum monocrático em que se mantiveram sentença e aresto unânime do TRE/CE de inelegibilidade e multa aos agravantes (candidato não reeleito ao cargo de prefeito de Itarema/CE e chefe de gabinete) por abuso de poder político e conduta vedada do art. 73, VII, da Lei 9.504/97 – materializados em vultosa propaganda institucional em 2016, com notória promoção pessoal por meio de rádio, televisão, panfletos, revistas, carros de som e outdoors, cujas peças publicitárias foram contratadas e pagas na segunda quinzena de dezembro de 2015. 2. O art. 73, VII, da Lei 9.504/97 veda, no primeiro semestre do ano do pleito, despesas com publicidade institucional que excedam a média de gastos do primeiro semestre dos três exercícios imediatamente anteriores. 3. O vocábulo "despesas" deve ser entendido como liquidação, isto é, o atesto oficial de que o serviço foi prestado, independentemente da data do respectivo empenho ou pagamento (arts. 62 e 63, §2º, III, da Lei 4.320/64). Precedente. 4. No caso, ainda que a liquidação tenha ocorrido em 2015, evidencia-se verdadeira fraude à lei pelos recorrentes com o intuito de burlar o comando legal e, por conseguinte, afastar as consequências jurídicas advindas da afronta a esse dispositivo. 5. Todas as etapas para contratar e fornecer a propaganda aconteceram com celeridade incomum, realizando-se o pregão em 14/12/2015, assinando-se os inúmeros contratos em 15/12 e entregando-se o farto material – caso, por exemplo, de oitenta mil "panfletos informativos" – em 23/12, tudo de forma a evitar que a liquidação ocorresse em 2016, quando então o montante deveria ser computado para aferir a média de gastos comparativamente com os primeiros semestres de 2013, 2014 e 2015. 6. Reconhecida a fraude, frise-se que no primeiro semestre de 2013 não se realizaram despesas com publicidade, em 2014 o valor foi de R$7.980,00 e em 2015 o montante totalizou R$473,00, com média de R$2.817,66. Porém, em 2016 os gastos corresponderam a estratosféricos R$462.906,00, com expressivo acréscimo percentual de 16.428,73%, em inequívoca afronta ao art. 73, VII, da Lei 9.504/97. 7. Concluir de modo diverso demandaria reexame de fatos e provas, providência inviável em sede extraordinária, a teor da Súmula 24/TSE. 8. Quanto ao abuso de poder, questiona-se apenas a suposta falta de fundamentação acerca da gravidade (art. 22, XVI, da LC 64/90), que, porém, foi assentada de forma robusta a partir das seguintes circunstâncias: a) claro objetivo de burlar a legislação; b) vultuoso acréscimo (em termos absolutos e percentuais) das despesas; c) alcance da propaganda (12.000 revistas, 16.000 jornais informativos, 80.000 panfletos, quatro outdoors, 928 horas de serviços de carros de som, espaço diário de 60 minutos em emissora de televisão de grande audiência e inserções em rádio) no contexto de município de quarenta mil habitantes; d) inequívoca promoção pessoal; e) entrega da publicidade no ano do pleito.9. Agravo regimental desprovido. (TSE – Recurso Especial Eleitoral nº 37820, Acórdão, Relator(a) Min. Jorge Mussi, Publicação: DJE – Diário de justiça eletrônico, Tomo 240, Data 13/12/2019, Página 37-38)

AGRAVO REGIMENTAL. RECURSO ESPECIAL. ELEIÇÕES 2018. GOVERNADOR. REPRESENTAÇÃO. CONDUTA VEDADA. PUBLICIDADE INSTITUCIONAL. ART. 73, VI, b, DA LEI 9.504/97. PLACAS EM OBRAS PÚBLICAS. DESPROVIMENTO. 1. O ilícito do art. 73, VI, b, da Lei 9.504/97 é de natureza objetiva e independe da finalidade eleitoral do ato para configuração, bastando a mera prática para atrair as sanções legais. Precedentes. 2. Não há falar em inconstitucionalidade dessa regra por afronta aos arts. 1º, caput, e 37, caput e §1º, da CF/88, pois a vedação de propaganda institucional imposta nos três meses que antecedem o pleito objetiva resguardar os princípios que norteiam as eleições, especialmente o da igualdade entre os candidatos. Precedentes. 3. Esta Corte já decidiu, em caso similar, que a presença de termos como "mais uma obra do governo" em placas é o bastante para caracterizar a publicidade institucional vedada (AI 85-42/PR, Rel. Min. Admar Gonzaga, DJE de 2/2/2018). 4. A teor da moldura fática do aresto a quo, as quatro placas de obras públicas na sede da Central de Abastecimento do Paraná S.A. (CEASA/PR), nos três meses que antecederam o pleito, continham não apenas dados técnicos como também as expressões "mais uma obra"; "Paraná Governo do Estado", a bandeira do Estado e o respectivo brasão, o que configura conduta vedada e, por conseguinte, autoriza impor multa. 5. Agravo regimental desprovido. (TSE – Recurso Especial Eleitoral nº 060229748, Acórdão, Relator(a) Min. Jorge Mussi, Publicação: DJE – Diário de justiça eletrônico, Tomo 181, Data 18/09/2019)

ELEIÇÕES 2016. RECURSO ESPECIAL ELEITORAL. AÇÃO DE INVESTIGAÇÃO JUDICIAL ELEITORAL. CONDUTA VEDADA. RENOVAÇÃO DE CONTRATOS DE SERVIDORES TEMPORÁRIOS. NOVO VÍNCULO DE DIREITO PÚBLICO. CONFIGURAÇÃO DA CONDUTA VEDADA. SERVIÇOS DE EDUCAÇÃO E ASSISTÊNCIA SOCIAL. AUSÊNCIA DE ESSENCIALIDADE. JURISPRUDÊNCIA DO TSE. OBRAS PÚBLICAS. DESNECESSIDADE DE INAUGURAÇÃO. NATUREZA OBJETIVA DA CONDUTA VEDADA. PROVIMENTO. 1. A renovação de contratos de servidores públicos temporários, nos três meses que antecedem as eleições, configura conduta vedada, nos termos do art. 73, inciso V, da Lei nº 9.504/1997. 2. Teleologicamente, a conduta vedada do art. 73, inciso V, da Lei das Eleições busca evitar que o agente público abuse da posição de administrador para auferir benefícios na campanha, utilizando os cargos ou empregos públicos, sob sua gestão, como moeda de troca eleitoral. Sendo assim, é indiferente que se trate de contratação originária ou de renovação, pois a "promessa de permanência" no cargo pode ser tão quanto ou ainda mais apelativa que a promessa de contratação. 3. A renovação contratual, ao modo de prorrogação, encontra-se contida no campo semântico do verbo "contratar", pois, na realidade, o contrato por prazo determinado é extinto e substituído por um novo; este, ainda que venha a ter o mesmo conteúdo, constitui novo vínculo entre as partes contratantes. 4. A contratação de servidores por tempo determinado pressupõe necessidade temporária de excepcional interesse público (art. 37, IX, da CF/88). Após cada período, a necessidade de contratação e o excepcional interesse público devem ser reavaliados, de forma a fundamentar a renovação dos contratos. Portanto, a renovação constitui ato administrativo diverso da contratação originária, com fundamentação nova e atualizada, não podendo ser considerada mera extensão de vínculo anterior. 5. A jurisprudência do Tribunal Superior Eleitoral não faz distinção entre a contratação originária e a renovação dos contratos temporários. Precedente. 6. O legislador excepcionou a regra apenas para os casos em que a contratação seja necessária à instalação ou ao funcionamento inadiável de serviços públicos essenciais, com prévia e expressa autorização do chefe do Poder Executivo (art. 73, inciso V, alínea "d", da Lei nº 9.504/1997). Nesse sentido, não está contida na ressalva legal a contratação de temporários para o trabalho em obras que já se estendem há mais de dois anos, ainda que venham a se destinar, posteriormente, a serviço essencial. 7. O conceito de "serviço público essencial" é interpretado pela jurisprudência do Tribunal Superior Eleitoral de maneira restritiva, abarcando apenas aqueles relacionados à sobrevivência, saúde ou segurança da população. Exclui-se, portanto, a contratação de profissionais das áreas de educação e assistência social. Precedentes. 8. Embora os serviços de educação sejam de relevante interesse público, o legislador optou por critério diverso para excepcionar a regra do art. 73, inciso V, da Lei das Eleições. Não pode o julgador, diante da opção legislativa, substituí-la por regra que, em seu juízo, lhe parece mais justa ou adequada, sob pena de ofensa ao princípio democrático (art. 2º da CF/88). 9. A análise consequencialista da decisão judicial não pode conduzir à negativa de aplicação da lei vigente. O chefe do Poder Executivo possui inúmeras alternativas durante sua administração, devendo a responsabilidade pela programação da gestão abarcar a duração dos contratos firmados e a existência de condutas vedadas durante o curso do mandato. 10. As condutas vedadas são cláusulas de responsabilidade objetiva, dispensando a comprovação de dolo ou culpa do agente. Dispensam, por igual razão, a análise da potencialidade lesiva para influenciar no pleito. Precedente. 11. Tendo em vista o reconhecimento da baixa gravidade da conduta, a sanção pela prática de conduta vedada deve ser fixada no mínimo legal, em homenagem ao princípio da proporcionalidade. 12. Recurso provido para condenar o recorrido Roberto Bandeira de Melo Barbosa pela prática de conduta vedada, com a imposição de multa. (TSE – Recurso Especial Eleitoral nº 38704, Acórdão, Relator(a) Min. Edson Fachin, Publicação: DJE – Diário de justiça eletrônico, Tomo 183, Data 20/09/2019, Página 55/56)

DIREITO ELEITORAL. AGRAVO INTERNO CONHECIDO COMO RECURSO INOMINADO. REPRESENTAÇÃO. ELEIÇÕES 2014. PUBLICIDADE INSTITUCIONAL. PERÍODO VEDADO. RESPONSABILIDADE. TITULAR DO ÓRGÃO. PRECEDENTES. CONSTITUCIONALIDADE DO ART. 73, VII, B, DA LEI Nº 9.504/1997. DESPROVIMENTO. 1. Agravo interno contra decisão que condenou os representados pela prática de conduta vedada descrita no art. 73, VI, b, da Lei nº 9.504/1997. Agravo conhecido como recurso inominado (art. 35 da Res.-TSE nº 23.398/2013). 2. Hipótese em que, nos três meses antes do pleito, foram divulgadas, nos sítios do Ministério do Planejamento e do Governo Federal, informações a respeito de atos do governo federal relativos ao PAC, como obras do Projeto de Integração do Rio São Francisco, construção e entrega de moradias para famílias de baixa renda, investimentos em transporte público, habitação, entre outras. 3. O titular de órgão, ainda que tenha tomado providências para evitar a prática vedada pela legislação eleitoral, é responsável pela publicidade institucional veiculada em período vedado no endereço eletrônico do órgão, tendo em vista ser "sua atribuição zelar pelo conteúdo divulgado na página eletrônica oficial" (AgR RO nº 1131-48/CE, Rel. Min. Napoleão Nunes Maia Filho, j. em 20.02.2018). 4. Constatada a divulgação de publicidade institucional em período vedado, relativamente a endereços eletrônicos de órgãos federais, os respectivos titulares das pastas envolvidas (Planejamento e Comunicação Social) são responsáveis pela prática da conduta vedada descrita no art. 73, VI, b, da Lei nº 9.504/1997. 5. O art. 73, VI, b, da Lei nº 9.504/1997 não suprime o princípio da publicidade, mas apenas o mitiga, a fim de garantir a higidez do processo eleitoral. Constitucionalidade do dispositivo assentada no AgR-REspe nº 25.786/RS (Rel. Min. Caputo Bastos, j. em 01.08.2006). 6. A previsão legal específica, de restrição temporal da publicidade institucional tendente a desequilibrar as eleições, concretiza a ponderação necessária entre a transparência dos atos do poder público (art. 37, caput, da CF/88) e a garantia da isonomia e paridade de armas entre os candidatos nos pleitos eleitorais (art. 14, caput, da CF/88). A invocação do princípio constitucional da transparência não é hábil a afastar a ilicitude da conduta que descumpre frontalmente a regra do art. 73, VI, b, da Lei nº 9.504/1997. 7. Recurso a que se nega provimento. (TSE – Representação nº 177034, Acórdão, Relator(a) Min. Luís Roberto Barroso, Publicação: DJE – Diário de justiça eletrônico, Data 30/09/2019, Página 15)

Distribuição gratuita de bens, valores ou benefícios por parte da Administração Pública

De acordo com o §10, no ano em que se realizar a eleição, fica vedada a distribuição gratuita de bens, valores ou benefícios por parte da Administração Pública, exceto nos casos de calamidade pública, de estado de emergência ou de programas sociais autorizados em lei e já em execução orçamentária nos exercícios anteriores, casos em que o Ministério Público poderá promover o acompanhamento de sua execução financeira e administrativa.

PARA SEDIMENTAR

"ELEIÇÕES 2018. RECURSOS ORDINÁRIOS. CONDUTA VEDADA. ART. 73, §10, DA LEI Nº 9.504/1997. DISTRIBUIÇÃO DE CESTAS BÁSICAS. ELEIÇÃO EM CIRCUNSCRIÇÃO DIFERENTE DO CARGO OCUPADO PELO AUTOR DA CONDUTA. IRRELEVÂNCIA. LITISCONSÓRCIO PASSIVO NECESSÁRIO EM CONDUTA VEDADA. INEXISTÊNCIA. MANUTENÇÃO DAS PENAS DE MULTA APLICADAS E CASSAÇÃO DO ELEITO. ABUSO DE PODER. INAUGURAÇÃO DE PRAÇA. AUSÊNCIA DE ELEMENTOS. GRAVIDADE NÃO DEMONSTRADA. AFASTAMENTO DA INELEGIBILIDADE. PROVIDOS PARCIALMENTE OS RECURSOS ORDINÁRIOS. 1. Preliminar de inobservância de litisconsórcio passivo necessário em conduta vedada. Não obsta à jurisdição eleitoral eventual ausência, no polo passivo da demanda, de um dos responsáveis pela conduta vedada, desde que o beneficiário integre o polo passivo das ações eleitorais, nos termos do que decidido no RO-El nº 0603040-10/DF. 2. É possível a apuração de conduta vedada ainda que o autor da conduta pertença a esfera administrativa diferente da do cargo em disputa, cabendo ao julgador, no caso concreto, aquilatar, cuidadosamente, o impacto dos ilícitos na disputa. 3. A implementação de programa de distribuição de cestas básicas a servidores de baixa renda pelo chefe do Poder Executivo de Magé/RJ no ano da eleição com o intuito de auxiliar o seu vice-prefeito, Vandro Lopes Gonçalves, a se eleger ao cargo de deputado estadual, implica infração direta ao art. 73 §10, da Lei nº 9.504/1997. 4. A citada conduta vedada, direcionada a servidores municipais em situação de vulnerabilidade social, cujo valor envolvido em muito supera o limite de gastos de campanha para o cargo de deputado estadual no Estado do Rio de Janeiro, justifica a imposição da pena de cassação do eleito, bem como a fixação da sanção de multa no patamar máximo. 5. A mera publicação feita pelo recorrente sobre a reinauguração de praça, em postagem única, sem pedido de voto ou elementos concretos de propaganda eleitoral, não possui a gravidade necessária para que ele seja apenado com a sanção de inelegibilidade prevista no art. 22, XIV, da LC nº 64/1990. 6. Conclusão. Provimento parcial dos recursos ordinários de Rafael Santos de Souza e de Vandro Lopes Gonçalves, apenas para afastar a sanção de inelegibilidade que lhes foi cominada, mantidas, contudo, a cassação do mandato de deputado estadual imposta a Vandro Lopes Gonçalves e a multa de R$106.410,00 aplicada a cada um dos recorrentes devido à violação ao art. 73, §10, da Lei nº 9.504/1997. (TSE – RECURSO ORDINÁRIO ELEITORAL nº 060884775, Acórdão, Relator(a) Min. Mauro Campbell Marques, Publicação: DJE – Diário da justiça eletrônica, Tomo 235, Data 17/12/2021)".

"ELEIÇÕES 2016. AGRAVO INTERNO. AGRAVO REGIMENTAL EM RECURSO ESPECIAL ELEITORAL. CONDUTA VEDADA AOS AGENTES PÚBLICOS. ART. 73, §10, DA LEI Nº 9.504/1997. DISTINGUISHING. BENEFÍCIO FISCAL. CONTRAPARTIDA DO CIDADÃO. AUSÊNCIA. CONFIGURAÇÃO DO ILÍCITO. AGRAVO PROVIDO.1. O art. 73, §10, da Lei das Eleições proscreve a distribuição gratuita de bens, valores e benefícios no ano das eleições, excepcionando-se apenas os casos de calamidade pública, de estado de emergência ou de programas sociais autorizados em lei e já em execução orçamentária no exercício anterior.2. O entendimento deste Tribunal Superior, exarado no Respe nº 56-19/PR, com ressalva de compreensão pessoal, é no sentido de que, nos programas de benefícios fiscais que concedem descontos apenas sobre o valor dos juros e da multa, a cobrança do tributo consiste na contrapartida exigida do munícipe, não caracterizando oferecimento de benefício gratuito.3. Na espécie, há peculiaridades divergentes do precedente desta Corte Superior, porquanto, além dos descontos de 40% a 80% sobre o valor de juros e multas de débitos vencidos, houve também concessão de desconto de 5% a 20% no valor principal do próprio tributo referente ao exercício de 2016, configurando-se a conduta vedada.4. Agravo provido para restabelecer a condenação por conduta vedada e a multa no valor de R$5.320,50 (cinco mil, trezentos e vinte reais e cinquenta centavos), com fundamento no art. 73, §10, da Lei nº 9.504/1997. (TRSE – ECURSO ESPECIAL ELEITORAL nº 2057, Acórdão, Relator(a) Min. Edson Fachin, Publicação: DJE – Diário da justiça eletrônica, Tomo 168, Data 13/09/2021)".

"ELEIÇÕES 2012. PRELIMINAR. LITISCONSORTE PASSIVO NECESSÁRIO. REJEITADA. MÉRITO CONDUTA VEDADA. REEXAME DE FATOS. 1. Não são litisconsortes passivos necessários nas ações que visam a apuração de conduta vedada os servidores que se limitaram a cumprir as determinações do agente público responsável pela conduta. Precedente. 2. É desnecessária a autenticação de cópia de procuração e de substabelecimento, porquanto se presumem verdadeiros os documentos juntados aos autos pelas partes, cabendo a elas arguir a falsidade. Precedentes do STJ. 3. Solucionada a questão de forma clara e coerente pelo acórdão recorrido, não se verificou, no caso, violação ao art. 275 do Código Eleitoral. 4. No caso dos autos, o Tribunal de origem afastou a incidência dos dispositivos contidos no art. 73 da Lei nº 9.504/97 com base na apreciação do conjunto probatório dos autos e concluiu ter restado comprovado que: (i) o programa social já se encontrava em plena execução orçamentária no exercício anterior ao da eleição; e (ii) a adesão do Município se deu dentro dos moldes e prazos previstos pelas normas de regência. 5. A inversão do julgado implicaria necessariamente no reexame das provas, o que não se coaduna com a natureza do recurso especial. Incidência das Súmulas 279/STF e 7/STJ. 6. Voto-vista convergente em razão das peculiaridades do caso concreto, máxime o fato de o atraso na execução do programa social ter sido, em parte, aparentemente ocasionado pela empresa fornecedora dos bens. Destacado, porém, que: "se o objetivo precípuo da norma é garantir a igualdade entre os candidatos, entendo que seria mais consentâneo com o objetivo almejado pela norma do caput do art. 73, §10, da Lei das Eleições permitir a continuação no ano eleitoral somente de programas sociais em que se verificasse, além da observância dos requisitos legais, a descaracterização do intento de obtenção de vantagem ilícita (animus lucri faciendi). Execuções orçamentárias tardias, atrasos na liquidação da despesa e eventuais atos que atentem contra a lisura eleitoral, ainda que realizados nos limites definidos pela lei, podem e devem ser objeto de análise sob a perspectiva do abuso de poder político ou de eventual conduta vedada definida no art. 73, inciso IV, da Lei nº 9.504/1997". Recurso especial conhecido em parte e, na parte conhecida, desprovido. (Recurso Especial Eleitoral nº 1514, Acórdão, Relator(a) Min. Laurita Hilário Vaz, Publicação: DJE – Diário de justiça eletrônico, Volume , Tomo 93, Data 16/05/2016, Página 49/50)".

"CONSULTA. MINISTÉRIO PÚBLICO ELEITORAL. ART. 73, §10, DA LEI Nº 9.504/ 1997. ALIMENTOS PERECÍVEIS APREENDIDOS EM RAZÃO DE INFRAÇÃO LEGAL. PERDIMENTO. 1. É possível, em ano de eleição, a realização de doação de pescados ou de produtos perecíveis quando justificada nas situações de calamidade pública ou estado de emergência ou, ainda, se destinada a programas sociais com autorização específica em lei e com execução orçamentária já no ano anterior ao pleito. No caso dos programas sociais, deve haver correlação entre o seu objeto e a coleta de alimentos perecíveis apreendidos em razão de infração legal. 2. Consulta respondida afirmativamente. (Consulta nº 55639, Acórdão, Relator(a)

Min. Gilmar Ferreira Mendes, Publicação: DJE – Diário de justiça eletrônico, Tomo 194, Data 13/10/2015, Página 84)"

"RECURSO ESPECIAL ELEITORAL. ELEIÇÕES 2012. PREFEITO. AÇÃO DE INVESTIGAÇÃO JUDICIAL ELEITORAL. CONDUTA VEDADA. ART. 73, §10, DA LEI 9.504/97. DISTRIBUIÇÃO DE BENS. TABLETS. PROGRAMA ASSISTENCIALISTA. NÃO CONFIGURAÇÃO. CONTINUIDADE DE POLÍTICA PÚBLICA. ABUSO DE PODER POLÍTICO. DESVIO DE FINALIDADE. BENEFÍCIO ELEITORAL. NÃO COMPROVAÇÃO. REEXAME DE FATOS E PROVAS. IMPOSSIBILIDADE. DESPROVIMENTO. 1. Na espécie, a distribuição de tablets aos alunos da rede pública de ensino do Município de Vitória do Xingu/PA, por meio do denominado programa "escola digital", não configurou a conduta vedada do art. 73, §10, da Lei 9.504/97 pelos seguintes motivos: a) não se tratou de programa assistencialista, mas de implemento de política pública educacional que já vinha sendo executada desde o ano anterior ao pleito. Precedentes. b) os gastos com a manutenção dos serviços públicos não se enquadram na vedação do art. 73, §10, da Lei 9.504/97. Precedentes. c) como os tablets foram distribuídos em regime de comodato e somente poderiam ser utilizados pelos alunos durante o horário de aula, sendo logo depois restituídos à escola, também fica afastada a tipificação da conduta vedada, pois não houve qualquer benefício econômico direto aos estudantes. Precedentes. d) a adoção de critérios técnicos previamente estabelecidos, além da exigência de contrapartidas a serem observadas pelos pais e alunos, também descaracterizam a conduta vedada em exame, pois não se configurou o elemento normativo segundo o qual "a distribuição de bens, valores ou benefícios" deve ocorrer de forma "gratuita". Precedentes.2. O abuso do poder político caracteriza-se quando o agente público, valendo-se de sua condição funcional e em manifesto desvio de finalidade, compromete a igualdade da disputa e a legitimidade do pleito em benefício de sua candidatura ou de terceiros, o que não se verificou no caso. No ponto, a reforma do acórdão recorrido esbarra no óbice da Súmula 7/STJ. 3. Recurso especial eleitoral desprovido. (Recurso Especial Eleitoral nº 55547, Acórdão, Relator(a) Min. João Otávio De Noronha, Publicação: DJE – Diário de justiça eletrônico, Data 21/10/2015, Página 19-20)".

Vale dizer que, em resposta à Consulta nº 1.357, o Tribunal Superior Eleitoral autorizou o Banco do Brasil a realizar doação ao programa "Criança Esperança", em razão de sua importância social e por não vislumbrar a existência de proveitos políticos, relativizando-se a vedação prevista no §10 do art. 73. Vejamos: "Enfim, à vista dos argumentos expendidos, demonstradas a legalidade e legitimidade das ações desenvolvidas no âmbito do Projeto Criança Esperança, divulgado pela Rede Globo de Televisão, consulta o Banco do Brasil S/A sobre a possibilidade de doação em dinheiro à Unesco, cuja entrega simbólica do cheque será feita durante a realização do evento, aguardando possa V. Exa. ratificar o entendimento aqui exposto, à luz das disposições legais aplicáveis, a fim de espancar quaisquer dúvidas que possam remanescer sobre a ação específica, cuja consecução visa retorno à imagem empresarial considerada a atuação do consulente em regime de livre concorrência na forma como prescrito no art. 173, §1o , II, da Constituição Federal".

"Eleições 2016. Recursos especiais eleitorais com agravo. Direito eleitoral. Prefeito e vice-prefeito eleitos. Prática de conduta vedada e abuso do poder político. Preliminares rejeitadas. Parcial provimento. Cassação mantida. Ações cautelares prejudicadas. Novas eleições. Hipótese 1. Agravos nos próprios autos contra decisão que inadmitiu recursos especiais eleitorais que têm por objeto acórdão do TRE-RJ que determinou a cassação dos diplomas dos candidatos eleitos aos cargos de prefeito e vice-prefeito do Município de Paraty/RJ no pleito de 2016, em razão da prática de condutas vedadas previstas no art. 73, IV, V e §10, da Lei nº 9.504/1997 e de abuso do poder político. Ações cautelares nas quais foram deferidas liminares pelo relator originário para conferir efeito suspensivo aos recursos, mantendo os recorrentes nos cargos. Agravo interno contra decisão que deferiu a liminar [...] 12. O acórdão concluiu pela prática das condutas vedadas previstas no art. 73, IV e §10, da Lei nº 9.504/1997, ao verificar que houve a efetiva entrega gratuita dos títulos de direito real de uso durante o ano eleitoral e que, embora o programa de regularização fundiária estivesse autorizado em lei, não houve comprovação de dotação orçamentária específica relativa ao programa nos exercícios anteriores. A modificação dessas conclusões – para entender que o programa de regularização fundiária se enquadra na exceção "de programas sociais autorizados em lei e já em execução orçamentária no exercício anterior" – exigiria o reexame do conjunto fático-probatório, o que é vedado nesta instância especial (Súmula nº 24/TSE).13. Deve ser mantido o valor da sanção pecuniária imposta com fundamento no art. 73, IV, na medida em que foi arbitrado em consonância com os limites previstos no art. 73, §4º, da Lei nº 9.504/1997 e sua fixação foi devidamente fundamentada pelo Tribunal de origem [...]"(Ac. de 23.4.2019 no AI nº 28353, rel. Min. Luís Roberto Barroso.)

"Eleições 2016. Recursos especiais eleitorais. Ação de investigação judicial eleitoral. Prefeito e vice-prefeito eleitos. Terceiro que contribuiu para a prática do ato tido por abusivo. Inovação recursal. Preclusão. Litisconsórcio passivo necessário. Inexistência. Art. 73, §10, da Lei nº 9.504/97. Conduta vedada. Interpretação estrita. Abuso do poder econômico e político. Cassação de diplomas. Inelegibilidade. Art. 22, XIV, da LC nº 64/90. Reexame. Conjunto fático-probatório. Súmula nº 24/TSE. Dissídio jurisprudencial. Manutenção da cassação dos diplomas. Afastada a inelegibilidade do vice-prefeito. Mero beneficiário. Prejudicado o agravo interno interposto nos autos da ação cautelar nº 0603154-75/MG. Histórico do processo 1. O TRE/MG cassou os diplomas do prefeito e do vice-prefeito eleitos, respectivamente, no Município de Elói Mendes/MG, em 2016, pela prática de conduta vedada, abuso de poder político e abuso de poder econômico, com fulcro nos arts. 22, XIV, da Lei Complementar (LC) nº 64/90 e 73, §§5º e 10, da Lei nº 9.504/97, aplicando-lhes a sanção de inelegibilidade pelo prazo de 8 (oito) anos, a qual também foi cominada ao prefeito do Município de Varginha/MG, por ter sido um dos responsáveis pela prática das condutas abusivas. [...] Conduta vedada prevista no art. 73, §10, da Lei nº 9.504/97 – descaracterização 9. Os fatos narrados na decisão recorrida são incontroversos quanto à realização da 12ª EXPOEM, às cores utilizadas, ao destaque dado ao numeral 12 (doze) e, em especial, à gravação de propaganda eleitoral do candidato do Município de

Varginha/MG, veiculada em Elói Mendes. 10. Eventos tradicionais desacompanhados da distribuição de brindes por parte da administração pública não se enquadram no art. 73, §10, da Lei nº 9.504/97. Na espécie, o Tribunal a quo assentou, tão somente, que '[...] a entrada do evento em alguns dias foi franca, inclusive, em show de renomada dupla sertaneja conhecida nacionalmente [...]', ressaltando que '[...] a doação de leite ocorreu somente nos dias em que eram cobrados ingressos, de forma a proporcionar um desconto no valor deles'. Consabido que as normas que restringem direitos devem ser interpretadas de forma objetiva e estrita. Precedentes. [...]" (Ac. de 12.2.2019 no REspe nº 24389, rel. Min. Tarcisio Vieira de Carvalho Neto.)

Programas sociais e candidatos

Conforme dispõe o §11, "nos anos eleitorais, os programas sociais de que trata o §10 não poderão ser executados por entidade nominalmente vinculada a candidato ou por esse mantida".

PARA SEDIMENTAR

"RECURSO ESPECIAL. CONDUTA VEDADA. ART. 73, §11, DA LEI Nº 9.504/97. ABUSO DO PODER ECONÔMICO. 1. Não houve violação ao art. 275, I, do Código Eleitoral, pois a contradição que autoriza o acolhimento dos embargos de declaração é aquela entre as premissas do acórdão e as respectivas conclusões, não entre estas e o entendimento da parte acerca da valoração da prova. 2. Não houve violação ao art. 275, II, do Código Eleitoral e ao art. 93, IX, da Constituição Federal, visto que o Tribunal de origem explicitou, de forma fundamentada, todas as circunstâncias que levaram ao reconhecimento das condutas abusivas. 3. A vedação de que trata o §11 do art. 73 da Lei nº 9.504/97 tem caráter absoluto e proíbe, no ano da eleição, a execução por entidade vinculada nominalmente a candidato ou por ele mantida de qualquer programa social da Administração, incluindo os autorizados em lei e já em execução orçamentária no exercício anterior. Precedente: Cta nº 951-39, rel. Min. Marco Aurélio, DJe de 4.8.2010. 4. Se o Tribunal de origem assentou que a Associação Viver Palhoça era mantida pelo recorrente e que houve distribuição de bens e serviços no período vedado, a revisão de tal entendimento demandaria o reexame de provas, inviável em sede de recurso especial. Conduta vedada do art. 73, §11, da Lei nº 9.504/97 caracterizada. Multa mantida, nos termos do §4º do art. 73 da Lei nº 9.504/97. 5. A hipótese descrita no §11 do art. 73 da Lei nº 9.504/97 não está contemplada no §5º do mesmo dispositivo. Diante da ausência de norma autorizadora, a sanção de cassação dos diplomas deve ser afastada, pois as condutas vedadas e as respectivas sanções são de legalidade estrita. 6. Na linha da jurisprudência desta Corte Superior, não compete à Justiça Eleitoral analisar práticas que podem consubstanciar atos de improbidade administrativa e não estão diretamente relacionadas com os pleitos eleitorais. A rápida tramitação de projeto de lei, dois anos antes das eleições, e as circunstâncias que levaram à elaboração de convênio cuja execução se iniciou no ano anterior ao das eleições não representam, no caso, correlação direta com as eleições municipais. 7. Nos termos do inciso XVI do art. 22 da Lei Complementar nº 64/90, para a caracterização do abuso de poder não será considerada a potencialidade de o fato alterar o resultado da eleição, mas apenas a gravidade das circunstâncias que o caracterizam. Requisito não atendido na espécie, ante as peculiaridades do caso, tendo em vista o número de eventos nos quais ocorreram as condutas supostamente abusivas, a antecedência dos atos em relação ao pleito e o reduzido quantitativo de munícipes supostamente beneficiados. 8. Para que se possa chegar à cassação do registro, do diploma ou do mandato eletivo, é necessário que haja a demonstração cabal de quebra da isonomia, da legitimidade e da normalidade das eleições, não sendo suficientes meras presunções relativas aos eventuais efeitos que os atos tidos como irregulares poderiam causar. Recursos especiais providos parcialmente. (Recurso Especial Eleitoral 39792, Acórdão, Relator(a) Min. Henrique Neves Da Silva, Publicação: DJE – Diário de justiça eletrônico, Tomo 199, Data 20/10/2015, Página 46-47)".

AGRAVO REGIMENTAL. RECURSO ORDINÁRIO. ELEIÇÕES 2014. SUPLENTE. DEPUTADO ESTADUAL. AÇÃO DE INVESTIGAÇÃO JUDICIAL ELEITORAL (AIJE). ABUSO DE PODER ECONÔMICO (ART. 22 DA LC 64/90). ARRECADAÇÃO ILÍCITA DE RECURSOS DE CAMPANHA (ART. 30-A DA LEI 9.504/97). CONDUTAS VEDADAS A AGENTES PÚBLICOS (ART. 73, IV E §11, DA LEI 9.504/97). PROGRAMA MINHA CASA MINHA VIDA. DESVIRTUAMENTO. USO PROMOCIONAL.1. Na decisão agravada, de relatoria do e. Ministro Herman Benjamin, meu antecessor, manteve-se acórdão unânime do TRE/PA em que se decretaram perda de diploma e inelegibilidade a Luziane Cravo (suplente do cargo de deputado estadual nas Eleições 2014, juíza arbitral e sócio-proprietária de assessoria que leva seu nome) e, ainda, multa de 70.000,00 UFIRs a ela e de 40.000,00 UFIRs a Andrei da Costa e Adail da Silva (presidentes de associações locais) por desvirtuamento do programa Minha Casa Minha Vida em benefício de Luziane, configurando-se abuso de poder econômico (art. 22 da LC 64/90), arrecadação ilícita de recursos (art. 30-A da Lei 9.504/97) e condutas vedadas a agentes públicos (art. 73, IV e §11, da Lei 9.504/97).[...] TEMA DE FUNDO. USO DO PROGRAMA MINHA CASA MINHA VIDA COM FINS ELEITOREIROS. ABUSO DE PODER ECONÔMICO. ART. 22 DA LC 64/90. CARACTERIZAÇÃO. GRAVIDADE DEMONSTRADA 6. Os agravantes, que prestavam assessoria nos trâmites burocráticos para pessoas de baixa renda no programa habitacional Minha Casa Minha Vida, desvirtuaram essa atividade visando sobrelevar a imagem de Luziane Cravo aos eleitores de Barcarena/PA e cidades vizinhas e, assim, obter proveitos eleitorais.7. O robusto conjunto probatório – documentos, fotos, folhetos publicitários, vídeos e arquivos extraídos de seis computadores no imóvel onde a estrutura operava – evidencia que o Grupo de Assessoria Luziane Cravo (ente sem personalidade jurídica) administrava, de modo informal, a Associação Atlética Esporte Clube Km 14 e a Associação das Comunidades Agroextrativistas da Ilha de Trambioca, credenciadas no programa Minha Casa Minha Vida e presididas pelos demais agravantes.8. Os agravantes, por meio de ostensiva propaganda, buscaram associar a imagem da candidata ao programa, destacando seu empenho em realizar o sonho da casa própria, como se extrai dos seguintes aspectos: a) o e-mail de contato informado aos beneficiários continha o nome de Luziane Cravo, sigla e número de seu partido; b) os residenciais construídos recebiam nomes de políticos do Partido dos Trabalhadores (PT) ou de pessoas ligadas à candidata (inclusive seu genitor) no decorrer de 2014; c) folhetos em que se expõe lista de documentos necessários ao cadastro, contendo o logotipo da entidade de Luziane Cravo; d) publicidade e postagens em redes sociais em que as fotos da agravante – algumas ao lado de políticos do PT – eram seguidas de mensagens como "realizando o sonho da casa própria e geração de renda" e "o Governo Federal, Grupo de Assessoria e Entidades beneficiaram mais de 5.000 mil famílias das zonas rurais dos Municípios de Barcarena e Abaetetuba [...]"; e) modelo de carteiras de identificação dos beneficiários com o logotipo do grupo de assessoria; f) imagens manipuladas por computação gráfica que mostram pessoas recebendo chaves e documentos de imóveis das mãos de Luziane Cravo, seguidas da frase "sonho realizado!".9. Ressalte-se, ainda, a dimensão do evento que Luziane Cravo promoveu em 27.12.2013, para cerca de cinco mil pessoas, com inúmeras manifestações demonstrando a finalidade de angariar dividendos com vistas ao pleito futuro. No portão de acesso, expôs-se cartaz com foto da agravante entre os ex-presidentes Lula e Dilma Rousseff. Além disso, houve discursos enaltecendo o seu trabalho e caminhada até o local em que seria erguido o projeto imobiliário que levava o nome de seu genitor. Na ocasião, Luziane também entregou duas ambulâncias contendo o logotipo de sua assessoria.10. O objetivo de promover-se com fins eleitoreiros também ficou evidenciado pelo material publicitário que, além de expor fotografias da candidata (inclusive ao lado de políticos), veicula mensagens que buscam incutir nos eleitores a ideia de que ela empenha-se em realizar o sonho da casa própria. O uso da mesma foto nas propagandas do grupo de assessoria e na campanha reforça esse propósito.11. Demonstrou-se a gravidade dos fatos – requisito do art. 22, XVI, da LC 64/90 – pelo contexto probatório do caso. Há prova robusta de que o conjunto de ações dos agravantes prejudicou o equilíbrio entre os candidatos que concorreram ao pleito.12. A configuração de abuso de poder independe da circunstância de o ilícito ter sido praticado dentro ou fora do período eleitoral, ainda mais diante das especificidades do caso, em que as condutas foram reiteradas e alcançaram número considerável de eleitores.13. O que se veda não é o exercício de assessoria – a título gratuito ou oneroso – visando auxiliar eleitores de baixa renda a obter a casa própria, mas sim a exploração dessa atividade com fins nitidamente eleitoreiros, tal como ocorreu na espécie.ARRECADAÇÃO ILÍCITA DE RECURSOS. ART. 30-A DA LEI 9.504/97. CONFIGURAÇÃO.14. Nos termos do art. 24, V e IX, vigente à época, "é vedado, a partido e candidato, receber direta ou indiretamente doação em dinheiro ou estimável em dinheiro, inclusive por meio de publicidade de qualquer espécie, procedente de [...] entidade de utilidade pública [ou de] entidades esportivas".15. Na espécie, se de um lado é inequívoco que os recursos do Minha Casa Minha Vida provêm da Caixa Econômica Federal e dos estados e municípios que aderiram ao programa, por outro é notória a publicidade realizada em favor de Luziane Cravo pelas associações – de utilidade pública e esportiva – presididas pelos agravantes Andrei da Costa e Adail da Silva.16. Com efeito, além do uso do logotipo do Grupo de Assessoria Luziane Cravo em inúmeros dos documentos exigidos pelas associações para o cadastro de beneficiários, verifica-se que Andrei da Costa e Adail da Silva proferiram discursos no evento já citado no tópico anterior enaltecendo Luziane Cravo e relacionando-a às benesses concedidas.CONDUTAS VEDADAS A AGENTES PÚBLICOS. ART. 73, IV, DA LEI 9.504/97. AUSÊNCIA DO REQUISITO "DISTRIBUIÇÃO GRATUITA". ART. 73, §11. FALTA DE REFERÊNCIA EXPRESSA NA CONDENAÇÃO.17. Na decisão agravada, concluiu-se que os ilícitos cometidos pelos agravantes também se enquadrariam nas condutas vedadas do inciso IV e do §11 do art. 73 da Lei 9.504/97, mantendo-se cassação de diploma e multa de 70.000,00 UFIRs para a agravante Luziane Cravo e multa de 40.000,00 UFIRs para os agravantes Andrei da Costa e Adail da Silva.18. Todavia, consoante a jurisprudência deste Tribunal, inexiste afronta ao inciso IV na hipótese em que não há distribuição gratuita de bem ou serviço de caráter social, como no caso do Minha Casa Minha Vida, em que se exigem contrapartidas – inclusive financeiras – dos beneficiários (Lei 11.877/2009).19. De outro lado, embora na fundamentação do acórdão regional conste expressamente o §11 do art. 73, na parte dispositiva não se tem referência expressa a ele, de forma que não há como se reconhecer o ilícito no particular.CONCLUSÃO. PARCIAL PROVIMENTO. EXCLUSÃO. MULTA. MANTENÇA. CASSAÇÃO. INELEGIBILIDADE.20. Agravo regimental parcialmente provido para excluir a multa imposta aos três agravantes com base no art. 73, IV e §11, da Lei 9.504/97.21. Mantidas, porém, perda de diploma e inelegibilidade a Luziane Cravo por abuso de poder (art. 22 da LC 64/90) e captação ilícita de recursos (art. 30-A da Lei 9.504/97). (Recurso Ordinário nº 317348, Acórdão, Relator(a) Min. Jorge Mussi, Publicação: DJE – Diário da justiça eletrônica, Tomo 97, Data 17/05/2018, Página 26-28)".

"Eleições 2010. Agravo regimental. Recurso ordinário. Representação. Conduta vedada a agente público. Art. 73, IV, da Lei nº 9.504/1997. Governador em favor de candidato a deputado federal. Não configuração. Distribuição gratuita de bens. Não ocorrência. Contraprestação [...] 5. A participação de pré-candidato em inauguração de conjunto habitacional em que entregues casas próprias a algumas famílias não caracteriza a conduta vedada de que trata o art. 73, IV, da Lei nº 9.504/1997, ausente prova de que tenha sido feito ou permitido uso promocional dessa ação social em seu favor, bem assim ocorrido o fato cerca de um ano antes das eleições de 2010. 6. Na linha da jurisprudência desta Corte Superior, verificada a contraprestação por parte do beneficiado que recebe bens ou serviços de caráter social subvencionados pelo Poder Público, não incide a proibição contida no art. 73, IV, da Lei nº 9.504/1997. Precedentes.[...]"(Ac de 7.2.2019 no AgR-RO 159535,rel. Min. Rosa Weber)

6.8.3 Natureza Jurídica

A Ação de Representação das Condutas Vedadas aos Agentes Públicos não deve ser considerada uma ação subsidiária, mas sim uma ação independente/autônoma que visa apurar o comportamento dos agentes públicos durante o pleito. É uma ação cognitiva e declaratória.

6.8.4 Legitimidade

a) Ativa

A Ação de Representação das Condutas Vedadas aos Agentes Públicos segue o rito previsto no art. 22 da Lei Complementar n.64, de 1990. Desse modo, os legitimados ativos são os partidos políticos, as federações partidárias, as coligações, os candidatos e o Ministério Público.

Novamente considerando o interesse público envolvido nessa ação, havendo eventual desistência, o Ministério Público Eleitoral deve assumir o polo ativo da relação processual.

b) Passiva

A legitimidade passiva pode ser atribuída aos agentes públicos responsáveis pela conduta vedada, aos partidos políticos e federações partidárias beneficiados, às coligações e aos candidatos.

Neste ponto é importante ressaltar que, até junho de 2021, era sedimentado o entendimento do Tribunal Superior Eleitoral no sentido de que, nas representações em que se apura conduta vedada, existia litisconsórcio passivo necessário entre o agente público, tido como responsável pela prática da conduta vedada, e os eventuais candidatos beneficiários. Contudo, após o julgamento das ações de nºs 0603030-63 e 0603040-10, sob relatoria do Ministro Mauro Campbel, ambos referentes às eleições de 2018, a maioria do Tribunal Superior Eleitoral adotou novo entendimento – e que era seguido até 2014 – no sentido de que a inclusão de servidores que praticam condutas vedadas era facultativa.

PARA SEDIMENTAR

"Direito Eleitoral e Processual Civil. Agravo interno em recurso ordinário. Eleições 2018. AIJE. Abuso do poder político e conduta vedada. Deputado Federal eleito. Inexistência de litisconsórcio passivo necessário. Desprovimento. 1. Agravos internos contra decisão monocrática, de minha relatoria, que deu provimento ao recurso ordinário, a fim de determinar o retorno dos autos ao TRE/SP para que, ultrapassada a preliminar de mérito da decadência, promova o regular processamento da ação de investigação judicial eleitoral e da representação por conduta vedada. 2. Na hipótese, a ação de investigação judicial eleitoral imputa aos investigados a prática de abuso do poder político e da conduta vedada prevista no art. 73, III, da Lei nº 9.504/19971, em razão da utilização da mão de obra de servidores do Poupatempo, no horário de expediente, para a campanha eleitoral do primeiro investigado, por meio da obtenção de licença médica falsa referente ao período de 1º.10.2018 a 06.10.2018, às vésperas do pleito. 3. Não cabe ampliar o alcance do art. 73, III, da Lei nº 9.504/1997, a fim de responsabilizar o servidor público cuja mão de obra é indevidamente cedida à campanha, porque este não se equipara ao agente público que, em desvio de poder hierárquico, direciona seu subordinado para prestar serviços à campanha. 4. Tendo em vista que o servidor público cedido não é o agente público responsável pela prática do ato reputado ilícito, não há que se falar na sua inclusão obrigatória no polo passivo da demanda, seja na representação por conduta vedada, seja na ação de investigação judicial eleitoral. Inexistindo litisconsórcio passivo necessário, deve ser afastada a decadência. 5. Ademais, esta Corte Superior, no REspe nº 0603030-63/DF, Rel. Min. Mauro Campbell Marques, j. em 10.06.2021, firmou tese, aplicável a partir das eleições de 2018, de inexigência de litisconsórcio passivo necessário entre o candidato e o agente público, responsável pelo abuso do poder político. 6. Homologado o pedido de desistência formulado pelo investigante Marcelo de Lima Fernandes e deferida a assunção da titularidade da ação pelo Ministério Público Eleitoral. 7. Agravos internos desprovidos. (TSE – RECURSO ORDINÁRIO ELEITORAL nº 060977531, Acórdão, Relator(a) Min. Luís Roberto Barroso, Publicação: DJE – Diário da justiça eletrônica, Tomo 207, Data 10/11/2021)

6.8.5 Prazo

O atual juízo jurisprudencial é de que o prazo inicial para a propositura da ação em comento, com fundamento no art. 73 da Lei nº 9.504, de 1997, se dá a partir da *solicitação* do registro de candidatura. Portanto, caso haja condutas que tenham sido praticadas antes disso, devem ser impugnadas por meio de AIJE. Nesse sentido: "a norma do Parágrafo único do art. 77 da Lei nº 9.504/1997 refere-se, expressamente, a candidato, condição que só se adquire com a solicitação do registro de candidatura" (TSE, Recurso Especial n. 24.911).

Sobre o termo final, consoante o §12 do art. 73 da Lei nº 9.504, de 1997, a Ação de Representação por Condutas Vedadas aos Agentes Públicos durante as campanhas eleitorais pode ser ajuizada *até a data da diplomação.*

6.8.6 Competência

A Ação de Representação das Condutas Vedadas aos Agentes Públicos deve ser proposta aos juízes eleitorais, nos casos de candidatos a prefeito, vice-prefeito e vereador; ao Tribunal Regional Eleitoral, quando se tratar de candidatos a senador, governador, vice-governador, deputado federal, distrital e estadual; e ao Tribunal Superior Eleitoral, nos casos de candidatos a presidente e vice-presidente.

6.8.7 Rito Processual

O rito processual a ser seguido, consoante determina o art.73, §12, da Lei nº 9.504, de 1997, é o contido no art. 22 da Lei Complementar nº 64, de 1990. Vejamos:

Art. 73, §12, da Lei nº 9.504, de 1997

"Art. 73 [...] §12. A representação contra a não observância do disposto neste artigo observará o rito do art. 22 da Lei Complementar nº 64, de 18 de maio de 1990, e poderá ser ajuizada até a data da diplomação. [...]".

i. Procedimento: A dinâmica processual a ser seguida em sede de ARCV é a constante no art. 22 da Lei Complementar nº 64, de 1990. Dessa maneira, recomendamos a leitura do tópico 6.1.7 deste manual.

ii. Pedido: Em razão da gravidade do ilícito previsto no art. 22, *caput*, da Lei Complementar nº 64, de 1990, o pedido será a cassação do registro ou diploma, a depender da fase em que se encontra.

iii. Rejeição da Exordial: Se a petição inicial for rejeitada, diferentemente do que ocorre na esfera cível, não caberá a interposição do recurso de Agravo de Instrumento ou Agravo Regimental, tendo em vista que o art. 22, inciso II, da LC n. 64, de 1990 preconiza que a ação deverá ser proposta novamente ao tribunal, o qual decidirá no prazo de *24 (vinte e quatro) horas*.

6.8.8 Efeitos

Uma vez compreendida a abrangência da vedação às condutas perpetradas por agentes públicos durante campanhas eleitorais, cabe discorrer sobre os efeitos de eventuais descumprimentos da legislação.

Primeiro, é imperiosa a suspensão imediata da conduta vedada e, quando for o caso, ao responsável será aplicada uma multa, que pode variar entre 5 e 100 mil UFIRs. Ao mesmo tempo, os partidos que forem sancionados com a aplicação da multa serão excluídos da distribuição dos recursos do Fundo Partidário.

No caso de descumprimento das condutas previstas nos incisos do *caput* e no §10 do art. 73, sem prejuízo de outras sanções, o candidato beneficiado, independentemente de ser agente público, ficará sujeito à cassação do registro ou do diploma.

Eventual prática das condutas vedadas, segundo o antigo entendimento jurisprudencial, não implicava a cassação do registro de candidatura ou do diploma.[211] Todavia, depois da reforma eleitoral, restou determinada a inelegibilidade pelo prazo de 8 (oito) anos, a contar da eleição, dos que forem condenados por conduta vedada aos agentes públicos em campanhas eleitorais *que implique cassação do registro ou do diploma,* conforme o art. 1º, I, *j*, da Lei Complementar nº 64, de 1990.

Art. 1º, inciso I, alínea *j*, da Lei Complementar nº 64, de 1990

"Art. 1º São inelegíveis: I – para qualquer cargo; [...] j) os que forem condenados, por decisão transitada em julgado ou proferida por órgão colegiado da Justiça Eleitoral, por corrupção eleitoral, por captação ilícita de sufrágio, por doação, captação ou gastos ilícitos de recursos de campanha ou por conduta vedada aos agentes públicos em campanhas eleitorais que impliquem cassação do registro do diploma, pelo prazo de 8 (oito) anos a contar da eleição; [...]".

Em síntese, após da citada reforma legislativa, todo ato que infrinja as vedações previstas nos incisos do *caput* ou no §10 do art. 73 da Lei nº 9.504, de 1997, implicam para o candidato beneficiado as seguintes sanções: "(i) a suspensão imediata da conduta vedada e, quando for o caso; (ii) a sujeição dos responsáveis à multa no valor de 5 a 100 mil UFIR; (iii) a cassação do registro ou do diploma, a depender da gravidade da conduta; (iv) a inelegibilidade pelo prazo de 8 anos, a contar da eleição, tão somente se houver a cassação do registro ou diploma".

PARA SEDIMENTAR

"ELEIÇÕES 2020. RECURSO ESPECIAL. RRC. PREFEITO. DEFERIMENTO NAS INSTÂNCIAS ORDINÁRIAS. SUPOSTA INCIDÊNCIA DA INELEGIBILIDADE PREVISTA NO ART. 1º, INCISO I, ALÍNEAS J E L, DA LC Nº 64/1990. CONDENAÇÃO POR CONDUTA VEDADA COM APLICAÇÃO APENAS DE MULTA. ATO DE IMPROBIDADE GLOSADO APENAS PELO JUÍZO DE PRIMEIRA INSTÂNCIA. NÃO PREENCHIMENTO DOS REQUISITOS EXIGIDOS PELA LEI DE INELEGIBILIDADE. RECURSO ESPECIAL AO

[211] "[...] Violação aos arts. 14, §9º, da Constituição Federal, 15 e 22 da Lei Complementar nº 64/90. Inconstitucionalidade do §5º do art. 73 da Lei nº 9.504/97. [...] O §5º do art. 73 da Lei nº 9.504/97 não contém hipótese de inelegibilidade. Inconstitucionalidade não configurada. Precedentes. Art. 15 da Lei Complementar nº 64/90. [...] (Ac. de 28.4.2005 no REspe nº 25.117, rel. Min. Luiz Carlos Madeira; no mesmo sentido o Ac. de 1º.6.2006 no REspe nº 25.614, rel. Min. Cesar Asfor Rocha.)."

QUAL SE NEGA PROVIMENTO.1. Condenação por conduta vedada cuja reprimenda foi apenas a aplicação de multa, não se presta a caracterizar a inelegibilidade descrita no art. 1º, I, alínea j, da LC nº 64/1990.2. Para caracterizar a inelegibilidade prevista no art. 1º, I, alínea l, da LC nº 64/1990, deve haver, além da presença cumulativa de lesão ao erário e do enriquecimento ilícito, a condenação por órgão colegiado ou o devido trânsito em julgado. 3. Recurso especial a que nega provimento, mantendo-se intacto o acórdão regional. (TSE – RECURSO ESPECIAL ELEITORAL nº 060010777, Acórdão, Relator(a) Min. Mauro Campbell Marques, Publicação: PSESS – Publicado em Sessão, Data 07/12/2020)".

"RECURSO DE JOSÉ NELSON MARTINS DE SOUSA ELEIÇÕES 2014. RECURSO ESPECIAL. REPRESENTAÇÃO. PROPAGANDA INSTITUCIONAL. PERÍODO VEDADO. ART. 73, INCISO VI, ALÍNEA b, DA LEI Nº 9.504/97. SECRETARIA DO DESENVOLVIMENTO AGRÁRIO DO ESTADO DO CEARÁ. TITULAR DA PASTA. CONDENAÇÃO. MULTA. MÍNIMO LEGAL. DISSÍDIO JURISPRUDENCIAL. AUSÊNCIA DE DEMONSTRAÇÃO. NÃO CONHECIMENTO. 1. Recurso especial fundamentado exclusivamente no art. 276, I, b, do CE, interposto de acórdão regional que aplicou, com base no art. 73, VI, b, da Lei nº 9.504/97, a pena de multa em seu mínimo legal ao titular da pasta que divulgou a propaganda institucional em período vedado. 2. A finalidade do recurso especial com base em divergência jurisprudencial é, precipuamente, assegurar a aplicação uniforme do Direito federal em todo território nacional. 3. O dissídio jurisprudencial exige, para a sua correta demonstração, similitude fática entre os casos confrontados (AgR- REspe nº 419-26/SP, rel. Min. DIAS TOFFOLI, DJe 17.10.2013) 4. Dissídio jurisprudencial não demonstrado. Precedentes. 5. Recurso não conhecido. AGRAVO DA COLIGAÇÃO CEARÁ DE TODOSELEIÇÕES 2014. AGRAVO DE INSTRUMENTO. PRESENÇA DOS REQUISITOS DE ADMISSIBILIDADE. PROVIMENTO. PRINCÍPIO DA FUNGIBILIDADE. RECEBIMENTO COMO RECURSO ORDINÁRIO. CONDUTA VEDADA A AGENTE PÚBLICO. PUBLICIDADE INSTITUCIONAL. PERÍODO VEDADO. ART. 73, INCISO VI, ALÍNEA b, DA LEI Nº 9.504/97. CHEFE DO PODER EXECUTIVO. TITULAR DO ÓRGÃO. RESPONSABILIDADE. MULTA. MÍNIMO LEGAL. PROVIMENTO PARCIAL. [...] 3.1 Nos termos da jurisprudência desta Corte Superior para as Eleições 2014, é imprescindível a comprovação do prévio conhecimento do beneficiário pela conduta vedada do art. 73, VI, b, da Lei nº 9.504/97, não podendo haver responsabilidade do candidato beneficiado pelo ilícito com base em presunção. Precedentes. 3.2 Na situação delineada nos autos, não se evidencia qualquer indício de que a imagem dos candidatos CAMILO SOBREIRA DE SANTANA e MARIA IZOLDA CELA DE ARRUDA COELHO estaria ligada à propaganda institucional vedada de modo a beneficiá-los e, ainda que algum benefício houvesse, não se depreende dos autos a existência de elementos concretos que fundamentem eventual responsabilidade dos candidatos em relação à prática vedada. 4. Da ilegitimidade passiva de CHRISTIANNE SALES e da isenção de penalidade quanto aos atos praticados por AUGUSTO CLEMENTINO RÊGO BRANDÃO e AMANDA SOBREIRA 4.1 De acordo com a teoria da asserção, "a legitimidade da parte [...] define-se à luz da narrativa formulada pelo autor, de acordo com os fatos alegadamente constitutivos do seu direito" (STJ, AgRg no AREsp nº 205.533/SP, rel. Min. CAMPBELL MARQUES, DJe de 8.10.2012).

4.2 Analisadas em abstrato as condições da ação, com base apenas na narrativa apresentada pelo autor na petição inicial, tem-se que não houve demonstração do suposto envolvimento ou conhecimento de CHRISTIANNE SALES com a prática apontada como ilícita, razão pela qual a coordenadora de imprensa da Casa Civil não possui legitimidade para figurar no polo passivo da representação. 4.3 Da mesma forma, deve ser mantido o entendimento da Corte Regional quanto à isenção de penalidade aos agravados AUGUSTO BRANDÃO e AMANDA SOBREIRA, os quais exerciam cargos de subordinação na Coordenadoria de Imprensa da Secretaria do Desenvolvimento Agrário do Estado do Ceará. 5. A aplicação da sanção de multa no patamar mínimo atende aos princípios da proporcionalidade e da razoabilidade, visto que não há nos autos elementos que denotem gravidade da conduta de modo a possibilitar a majoração do valor da multa pretendida pela Coligação recorrente. 6. PROVIMENTO PARCIAL do recurso ordinário para, reconhecendo-se a legitimidade passiva do representado CID FERREIRA GOMES, aplicar-lhe sanção de multa no valor de cinco mil UFIRs, com base no art. 73, §4º, da Lei nº 9.504/97. (TSE – Recurso Especial Eleitoral nº 119473, Acórdão, Relator(a) Min. Maria Thereza Rocha De Assis Moura, Publicação: DJE – Diário de justiça eletrônico, Data 05/09/2016)".

"ELEIÇÕES 2016. RECURSO ESPECIAL. REGISTRO DE CANDIDATURA. PREFEITO. DEFERIMENTO. TRE/MS. INCIDÊNCIA. INELEGIBILIDADE. AUSÊNCIA. ART. 1º, I, D E J, DA LC Nº 64/90. AÇÃO DE INVESTIGAÇÃO JUDICIAL ELEITORAL. ABUSO DE PODER POLÍTICO. NÃO CONFIGURAÇÃO. CONDUTA VEDADA. PROPORCIONALIDADE E RAZOABILIDADE. MULTA. DESPROVIMENTO. 1. Na espécie, o Tribunal a quo afastou a incidência das inelegibilidades do art. 1º, I, d e j, da LC nº 64/90, em razão do não reconhecimento da prática de abuso do poder político do candidato, ora recorrido, nos autos do processo nº 219-07.2012.6.12.0048, 2. Assentou, ainda, o Tribunal Regional, que a mera aplicação de multa por conduta vedada é insuficiente a atrair a inelegibilidade do art. 1º, I, j, da Lei de Inelegibilidades. 3. Para a incidência da inelegibilidade com fundamento no art. 1º, I, d, da LC nº 64/90 é necessária a condenação pela prática de abuso de poder. Precedentes. 4. É firme a jurisprudência desta Corte Superior no sentido de que "as condenações por prática de conduta vedada que não resultam na cassação do mandato não são suficientes para a caracterização da inelegibilidade prevista na alínea d do inciso I do art. 1º da LC nº 64, de 1990" (AgR-RO nº 2604-09/RJ, Rel. Min. Henrique Neves da Silva, DJe de 23.6.2015). 5. Desse modo, como bem pontuado pela d. PGE, o não reconhecimento do abuso do poder político, em sede de representação, em que se identifica apenas a configuração de conduta vedada, aplicando-se, tão somente multa ao candidato, não é suficiente a atrair a incidência do art. 1º, I, d, da LC nº 64/90, razão pela qual deve ser mantido o deferimento do registro de candidatura do recorrido. 6. Recurso especial desprovido. (TSE – Recurso Especial Eleitoral nº 6110, Acórdão, Relator(a) Min. Luciana Christina Guimarães Lóssio, Publicação: PSESS – Publicado em Sessão, Data 29/11/2016)

"ELEIÇÕES 2012. RECURSO ORDINÁRIO. GOVERNADORA. RECURSO ESPECIAL. PREFEITA. CONDUTA VEDADA. ART. 73, I, DA LEI Nº 9.504/97. MANUTENÇÃO DA SANÇÃO DE MULTA. AFASTAMENTO DA PENA DE CASSAÇÃO E DA DECLARAÇÃO DE INELEGIBILIDADE. PARCIAL PROVIMENTO DE AMBOS. RECURSO ORDINÁRIO

DE GOVERNADORA APONTADA COMO AGENTE PÚBLICO RESPONSÁVEL PELA PRÁTICA DE CONDUTA VEDADA. MULTA MANTIDA. PRECLUSÃO. CASSAÇÃO DE SEU DIPLOMA. DECLARAÇÃO EXPRESSA DE INELEGIBILIDADE. AFASTAMENTO. RECURSO ORDINÁRIO PARCIALMENTE PROVIDO. 1. A consequência do reconhecimento da prática de conduta vedada, a teor do disposto no §4º do art. 73 da Lei nº 9.504/97, é a multa e a eventual cassação do registro ou do diploma do candidato beneficiado, nos termos do §5º do mesmo dispositivo. Na hipótese, apurou-se a prática de conduta vedada nas eleições municipais de 2012. Não obstante a sanção de multa aplicada na origem à autoridade pública responsável pela conduta (governadora, eleita em 2010), o TRE, em questão de ordem, impôs-lhe a cassação do diploma e a expressa declaração de sua inelegibilidade. Violação aos §§4º e 5º do art. 73 da Lei nº 9.504/97 reconhecida. Sanções afastadas. Multa mantida. 2. Recurso ordinário da governadora parcialmente provido, exclusivamente para afastar a sanção de cassação do diploma e a declaração de inelegibilidade. RECURSO ESPECIAL ELEITORAL DE PREFEITA E VICE-PREFEITO BENEFICIÁRIOS. MULTA. PRINCÍPIOS DA PROPORCIONALIDADE E DA RAZOABILIDADE. SUFICIÊNCIA DA SANÇÃO DE MULTA. AFASTAMENTO DA PENA DE CASSAÇÃO E DA DECLARAÇÃO DE INELEGIBILIDADE. PARCIAL PROVIMENTO. 1. A revaloração da prova é medida compatível com a sistemática processual do recurso especial, a qual somente veda o reexame de fatos e provas que não estejam devidamente delineados na moldura fática do acórdão regional. Precedentes do TSE. 2. Na espécie, não se verifica, na conduta impugnada e tida por vedada, gravidade que justifique, além da sanção da multa, a aplicação da pena de cassação e da declaração de inelegibilidade. Incidência dos princípios da proporcionalidade e da razoabilidade. Exegese dos §§4º e 5º do art. 73 da Lei nº 9.504/97. 3. Recurso especial da prefeita e do vice-prefeito parcialmente provido, exclusivamente para afastar a sanção de cassação e a declaração de inelegibilidade. (TSE – Recurso Especial Eleitoral nº 54754, Acórdão, Relator(a) Min. Maria Thereza Rocha De Assis Moura, Publicação: DJE – Diário de justiça eletrônico, Volume , Tomo 48, Data 10/03/2016, Página 4/5)".

ELEIÇÕES 2016. AGRAVO REGIMENTAL. AGRAVO DE INSTRUMENTO. RECURSO ESPECIAL ELEITORAL. CONDUTA VEDADA. PREFEITO. ART. 73, §10, DA LEI Nº 9.504/1997. REALIZAÇÃO DE FEIRA AGROPECUÁRIA COM ENTRADA FRANCA. AFASTADO O CARÁTER CULTURAL DO EVENTO. APLICAÇÃO DA SÚMULA Nº 72/TSE. INCIDÊNCIA DE MULTA. PARÂMETROS FIXADOS NA ORIGEM. NÃO VIOLAÇÃO DOS PRINCÍPIOS DA RAZOABILIDADE E DA PROPOCIONALIDADE. NÃO PROVIMENTO. Histórico da demanda 1. Contra o juízo negativo de admissibilidade do recurso especial que interpôs – em face de acórdão pelo qual mantida a condenação à pena de multa de 30.000 (trinta mil) UFIR's, caracterizada a indevida distribuição gratuita de benefício pela Administração Pública em período legalmente vedado, nos termos do art. 73, §§4º e 10, da Lei nº 9.504/1997 –, manejou agravo de instrumento Joel Ferreira, Prefeito de Bom Jesus do Araguaia/MT, nas Eleições 2016. 2. Negado seguimento ao agravo de instrumento aos seguintes fundamentos: i) inafastável a premissa da efetiva distribuição gratuita de benefício pelo então Prefeito de Bom Jesus do Araguaia/MT, aplicada a jurisprudência desta Corte Superior no sentido de que "as hipóteses de conduta vedada previstas no art. 73 da Lei nº 9.504/1997 têm natureza objetiva". (REspe nº 530-67/PA, Relator Min. Henrique Neves da Silva, DJe de 2.5.2016), de modo que "para seu aperfeiçoamento, prescindem da produção do resultado naturalístico e da análise da finalidade eleitoral do ato, sendo suficiente a prática dos atos (REspe nº 695-41/GO, Rel. Min. Gilmar Mendes, DJe de 26.6.2015 e AgR-AI nº 515-27/MG, Rel. Min. Luciana Lóssio, DJe de 25.11.2014)". (AgR-REspe nº 212970/AM, Rel. Min. Luiz Fux, DJe de 13.2.2017); ii) não acolhida a tese do pagamento indireto do ingresso, ausente vinculação da receita proveniente de impostos a contraprestação específica estatal; e iii) sopesados pela Corte Regional como parâmetros de fixação da reprimenda o intuito eleitoral do evento e o desequilíbrio da disputa entre os candidatos, inaplicáveis os princípios da razoabilidade e da proporcionalidade para redução da multa aplicada, conforme remansosa jurisprudência. Do agravo regimental 3. A teor do §10 do art. 73 da Lei das Eleições, vedada, no ano de eleição – exceto em casos de calamidade pública, de estado de emergência ou de programas sociais autorizados em lei e já em execução orçamentária no exercício anterior –, a distribuição gratuita de bens, valores e benefícios por parte da Administração Pública. 4. Demonstrada a efetiva distribuição gratuita de bens/benefícios pelo então Prefeito de Bom Jesus do Araguaia/MT na realização do evento "5ª EXPOBONJA", bem como não acolhida a tese do pagamento indireto do ingresso pelos expectadores do evento, amoldada a conduta do agravante ao ilícito descrito no art. 73, §10, da Lei nº 9.504/1997. 5. Sem que o Tribunal Regional tenha se manifestado acerca da não caracterização da conduta vedada em face do suposto "caráter cultural" do evento, tendo a parte deixado de provocar o enfrentamento da matéria por tal prisma, é de rigor a aplicação da Súmula nº 72/TSE. 6. Fixadas pelo TRE/MT as balizas utilizadas na dosimetria da multa, incabível a redução do quantum fixado, ausente contrariedade aos princípios constitucionais da razoabilidade e da proporcionalidade. Precedentes. Conclusão Agravo regimental não provido. (TSE – Agravo de Instrumento nº 27173, Acórdão, Relator(a) Min. Rosa Weber, Publicação: DJE – Diário de justiça eletrônico, Tomo 153, Data 02/08/2018, Página 252-253)

ELEIÇÕES 2016. RECURSO ESPECIAL. AÇÃO DE INVESTIGAÇÃO JUDICIAL ELEITORAL. PREFEITO. VICE-PREFEITO. REELEIÇÃO. CONDUTA VEDADA. ART. 73, §10, DA LEI Nº 9.504/97. TRATOR. GRADE ARADORA. ASSOCIAÇÃO. ENTREGA. PERÍODO CRÍTICO. PROCEDÊNCIA. SANÇÃO PECUNIÁRIA. MANUTENÇÃO. CASSAÇÃO. PENA EXTREMA. INSUFICIÊNCIA DA MULTA. FUNDAMENTAÇÃO ESPECÍFICA. IMPRESCINDIBILIDADE. REFLEXO SOBRE A CAPACIDADE ELEITORAL PASSIVA. PROPORCIONALIDADE. RAZOABILIDADE. NÃO OBSERVÂNCIA PELO TRIBUNAL REGIONAL. MODIFICAÇÃO DO ACÓRDÃO NO PONTO. PROVIMENTO PARCIAL DO APELO NOBRE. QUESTÕES PRELIMINARES DO RECURSO 1. Os limites do pedido são demarcados pelos fatos imputados na inicial, dos quais a parte se defende, e não pela capitulação legal atribuída pelo autor. Incidência da Súmula n. 62/TSE. 2. Em razão da pendência, à época, de nomeação de membro na classe jurista, o julgamento do recurso eleitoral com o quórum possível não afronta o art. 28, §4º, do Código Eleitoral (CE). Precedentes do TSE. 3. A juntada de documento – não classificável como novo – na fase recursal não encontra respaldo no art. 435, parágrafo único, do Código de Processo Civil (CPC), devendo ser interpretado holisticamente o art. 266 do CE (REspe n. 576-11/CE, de minha relatoria, DJe de 16.4.2019). MÉRITO 4. Constitui conduta vedada a entrega por prefeito – candidato à reeleição – de trator e grade aradora à associação instituída por comunidade local, nos termos do art. 73, §10, da Lei das Eleições (LE). 5. Eventual descaracterização da doação do bem, para fins de enquadramento como cessão de uso, demandaria reexame do acervo fático-probatório, vedado pela Súmula n. 24/TSE. Ademais, não resultaria em atipicidade de conduta, porquanto passível de capitulação no art. 73, I, da LE, ficando o infrator sujeito às mesmas penas. 6. Não é exorbitante a fixação de multa em valor um pouco superior ao mínimo legal, porquanto fundamentado o acórdão regional nesse ponto. 7. A sanção de cassação do registro de candidatura, prevista no art. 73, §5º, da LE, demanda do órgão julgador fundamentação específica sobre a insuficiência da pena de multa como reprimenda e fator de proteção aos bens jurídicos tutelados, sobremodo porque acarretará a incidência da inelegibilidade prevista no art. 1º, I, j, da Lei Complementar nº 64/90. 8. Os postulados da proporcionalidade e da razoabilidade são vetores cardeais da Constituição pós-positivista de 1988, exigindo redobrada ponderação no exame qualitativo da gravidade. 9. In casu, para além da ausência de fundamentação quanto à razoabilidade da pena de cassação, é possível sublinhar, com lastro na moldura do acórdão impugnado, que: (i) o número de presentes na entrega do trator, referenciado como sendo de aproximadamente 50 (cinquenta) pessoas, é controvertido, pois retirado de depoimentos testemunhais que não guardam efetiva uniformidade nesse aspecto; (ii) o bem em questão (trator com grade aradora), seja a título de doação ou mesmo de cessão de uso, teve como destinatária pequena comunidade (Associação do Mimoso), seguramente representativa de singela fração do eleitorado; (iii) não há notícia de que o evento em tela tenha sido explorado eleitoralmente por mídia (jornais etc.), gerando massiva exposição e dividendos ao então prefeito; e (iv) os candidatos nem sequer foram reeleitos, a reforçar a diminuta repercussão, tratando-se, em verdade, de fato isolado.10. Recurso especial parcialmente provido, exclusivamente para afastar a sanção de cassação. (TSE – Recurso Especial Eleitoral nº 44855, Acórdão, Relator(a) Min. Tarcisio Vieira De Carvalho Neto, Publicação: DJE – Diário de justiça eletrônico, Tomo 238, Data 11/12/2019, Página 6-7)

[...]17. Na linha da remansosa jurisprudência deste Tribunal Superior, "a causa de inelegibilidade decorrente da prática de abuso do poder econômico, nos moldes do art. 22, XIV, da LC nº 64/90, requer, para a sua incidência, que o beneficiário pela conduta abusiva tenha tido participação direta ou indireta nos fatos" (REspe nº 458-67/PI, Rel. Min. Luiz Fux, DJe de 15.2.2018). Deve ser afastada, in casu, a inelegibilidade cominada ao vice-prefeito, porquanto a leitura dos acórdãos regionais não permite inferir sua participação ou anuência com os fatos ilícitos. 18. Recurso especial dos recorrentes (prefeito e vice-prefeito eleitos em Elói Mendes/MG) parcialmente provido apenas para afastar a inelegibilidade do segundo, mantendo-se a cassação dos diplomas e a inelegibilidade do primeiro. 19. Recurso especial interposto pelo terceiro recorrente desprovido, mantida a sua inelegibilidade.

20. Prejudicado o agravo regimental interposto nos autos da Ação Cautelar nº 0603154-75/MG (PJE). (TSE – Recurso Especial Eleitoral nº 24389, Acórdão, Relator(a) Min. Tarcisio Vieira De Carvalho Neto, Publicação: DJE – Diário de justiça eletrônico, Tomo 64, Data 03/04/2019, Página 41-43)

[...] A jurisprudência desta Corte é uníssona no sentido de que "a sanção de inelegibilidade tem natureza personalíssima, razão pela qual incide somente perante quem efetivamente praticou a conduta" (REspe 843-56, red. para o acórdão Ministro Henrique Neves da Silva, DJe de 2.9.2016). (TSE – Recurso Especial Eleitoral nº 82203, Acórdão, Relator(a) Min. Herman Benjamin, Publicação: DJE – Diário de justiça eletrônico, Tomo 194, Data 27/09/2018, Página 72-73)

6.8.9 Recursos

Seguem a mesma sistemática da Ação de Investigação Judicial Eleitoral.

Da decisão proferida, será cabível *Recurso Inominado*, no prazo de *3 (três) dias*, das decisões dos juízes eleitorais para o Tribunal Regional Eleitoral; no caso de ação de competência originária de Tribunal Regional Eleitoral, caberá Recurso Ordinário para o Tribunal Superior Eleitoral; nos casos de competência originária do TSE, caberá Recurso Extraordinário, no prazo de *3 (três) dias*, ao Supremo Tribunal Federal.

6.8.10 Resumindo

Fundamentação Legal	**Arts. 73 ao 77 da Lei nº 9.504, de 1997.**
Objetivos	Coibir abusos e evitar tratamento diferenciado entre os candidatos.
Legitimidade ativa	Art. 96 da Lei 9.504, de 1997: *Partido político, coligação ou candidato.* Obs.: A Lei não positivou a legitimidade do Ministério Público (MP) para propor essa ação. Todavia, o MP possui legitimidade natural, nos termos do art. 127 da Constituição Federal de 1988. Do mesmo modo, a despeito de ausência de previsão expressa na norma, as federações partidárias também possuem legitimidade para o intento dessa ação.
Prazo	Art. 73, §12, da Lei nº 9.504, de 1997: Do início das eleições até a diplomação.
Competência	Art. 96 da Lei nº 9.504, de 1997: Tribunal Superior Eleitoral – eleições presidenciais; Tribunal Regional Eleitoral – eleições federais e estaduais; Juízo Eleitoral – eleições municipais.

Se o pedido for julgado procedente	Será suspensa a conduta ilícita e os responsáveis estarão sujeitos ao pagamento de multa pecuniária; ademais, nos termos do art. 73, §5º, da Lei nº 9.504, de 1997, é possível a cassação do registro ou diploma do candidato beneficiado. Obs.: Consoante o disposto no art. 224, §3º, do Código Eleitoral, "A decisão da Justiça Eleitoral que importe o indeferimento do registro, a cassação do diploma ou a perda do mandato de candidato eleito em pleito majoritário acarreta, após o julgamento pelo TSE, a realização de novas eleições, independentemente do número de votos anulados".

6.9 Ação Rescisória Eleitoral (ARE)

6.9.1 Conceito

A Ação Rescisória Eleitoral (ARE) tem por desígnio descaracterizar a inelegibilidade declarada. Nesse sentido, observamos a Súmula n. 33 do Tribunal Superior Eleitoral: "Somente é cabível ação rescisória de decisões do Tribunal Superior Eleitoral que versem sobre a incidência de causa de inelegibilidade".

DELIMITANDO O TEMA

Ação Rescisória:

José Carlos Barbosa Moreira: "ação por meio da qual se pede a desconstituição de sentença transitada em julgado, com eventual rejulgamento, a seguir, da matéria nela julgada".[212]

Humberto Theodoro Júnior: "a ação rescisória só é viável nos casos de sentença de mérito. É que as sentenças terminativas não fazem coisa julgada sobre a lide e, por isso, não impedem que a parte renove a propositura da ação. E não ocorrendo a res iudicata, não há como falar em ação rescisória".[213]

6.9.2 Fundamentação Legal

A Ação Rescisória Eleitoral está prevista no art. 22 do Código Eleitoral.

[212] MOREIRA, José Carlos Barbosa. *Comentários ao Código de processo civil*. 15. ed. Rio de Janeiro: Forense, 2010. v. 5. p. 233.

[213] THEODORO JÚNIOR, Humberto. *Curso de direito processual civil*. 57. ed. São Paulo: Forense, 2016. v. 1. p. 603.

Art. 22 do Código Eleitoral

"Art. 22. Compete ao Tribunal Superior: I – Processar e julgar originariamente: [...] j) a ação rescisória, nos casos de inelegibilidade, desde que intentada dentro de cento e vinte dias de decisão irrecorrível, possibilitando-se o exercício do mandato eletivo até o seu trânsito em julgado".

A citada alínea *j* do inciso I do art. 22 do Código Eleitoral estabelece que a decisão rescindente deve *tratar de inelegibilidade*. Em outras palavras: deve ter declarada ou constituída inelegibilidade. Com efeito, a decisão cuja rescisão almeja-se pode se originar de: "(i) Ação de Investigação Judicial Eleitoral fundada no art. 22, XIV, da Lei Complementar nº 64/1990;[214] (ii) processo de registro de candidatura; (iii) Ação Impugnatória de Registro de Candidatura; ou (iv) recurso contra expedição de diploma, com base no art. 262 do Código Eleitoral".[215]

PARA SEDIMENTAR

"ELEIÇÕES 2010. AGRAVO REGIMENTAL. AÇÃO RESCISÓRIA. REPRESENTAÇÃO. DOAÇÃO DE RECURSOS ACIMA DO LIMITE LEGAL. PESSOA FÍSICA. MULTA E DECLARAÇÃO DE INELEGIBILIDADE. AJUIZAMENTO EM FACE DE SENTENÇA. IMPOSSIBILIDADE. CABIMENTO APENAS QUANDO SE CUIDAR DE ACÓRDÃO DESTE TRIBUNAL SUPERIOR. DESPROVIMENTO. 1. Não cabe ação rescisória para desconstituir sentença, pois, nos termos do art. 22, I, j, do CE, no âmbito da

[214] Lei Complementar nº 64, de 18 de maio de 1990 – "Art. 22. Qualquer partido político, coligação, candidato ou Ministério Público Eleitoral poderá representar à Justiça Eleitoral, diretamente ao Corregedor-Geral ou Regional, relatando fatos e indicando provas, indícios e circunstâncias e pedir abertura de investigação judicial para apurar uso indevido, desvio ou abuso do poder econômico ou do poder de autoridade, ou utilização indevida de veículos ou meios de comunicação social, em benefício de candidato ou de partido político, obedecido o seguinte rito: [...] XIV – julgada procedente a representação, ainda que após a proclamação dos eleitos, o Tribunal declarará a inelegibilidade do representado e de quantos hajam contribuído para a prática do ato, cominando-lhes sanção de inelegibilidade para as eleições a se realizarem nos 8 (oito) anos subsequentes à eleição em que se verificou, além da cassação do registro ou diploma do candidato diretamente beneficiado pela interferência do poder econômico ou pelo desvio ou abuso do poder de autoridade ou dos meios de comunicação, determinando a remessa dos autos ao Ministério Público Eleitoral, para instauração de processo disciplinar, se for o caso, e de ação penal, ordenando quaisquer outras providências que a espécie comportar [...]". BRASIL, *Lei Complementar nº 64, de 18 de maio de 1990.* Disponível em: http://www.planalto.gov.br/ccivil_03/leis/LCP/Lcp64.htm. Acesso em: 28 fev. 2022.

[215] Código Eleitoral brasileiro – "Art. 262. O recurso contra expedição de diploma caberá somente nos casos de inelegibilidade superveniente ou de natureza constitucional e de falta de condição de elegibilidade". BRASIL. *Lei nº 4.737, de 15 de julho de 1965.* Disponível em: http://www.planalto.gov.br/ccivil_03/leis/L4737.htm. Acesso em: 28 fev. 2022.

Justiça Eleitoral, a ação rescisória só é cabível para desconstituir acórdãos do TSE que contenham declaração de inelegibilidade. Precedentes. 2. Agravo regimental ao qual se nega provimento. (Ação Rescisória nº 36526, Acórdão, Relator(a) Min. Luciana Christina Guimarães Lóssio, Publicação: DJE – Diário de justiça eletrônico, Tomo 209, Data 05/11/2015, Página 64)".

"EMBARGOS DE DECLARAÇÃO. AÇÃO RESCISÓRIA. PRETENSÃO INFRINGENTE. RECEBIMENTO. AGRAVO REGIMENTAL. ART. 22, I, j, DO CE. ACÓRDÃO RESCINDENDO REGIONAL. INADMISSIBILIDADE. DESPROVIMENTO. 1. Recebem-se como agravo regimental os embargos de declaração opostos contra decisão monocrática e com pretensão infringente. Precedentes. 2. A jurisprudência desta Corte é pacífica no sentido de que, no âmbito da Justiça Eleitoral, a ação rescisória somente é cabível contra decisão deste Tribunal Superior, na qual se tenha declarado inelegibilidade, não sendo este o caso dos autos, que pretende rescindir decisão de Tribunal Regional. 3. Embargos de declaração recebidos como agravo regimental e, no mérito, desprovido. (Ação Rescisória nº 70453, Acórdão, Relator(a) Min. Luciana Christina Guimarães Lóssio, Publicação: DJE – Diário de justiça eletrônico, Data 03/02/2014, Página 305-306)".

"AGRAVO REGIMENTAL. AÇÃO RESCISÓRIA. ACÓRDÃO DE TRE. MATÉRIA PENAL. DESCABIMENTO. DECISÃO AGRAVADA. FUNDAMENTOS NÃO INFIRMADOS. AGRAVO REGIMENTAL DESPROVIDO.1. No âmbito da Justiça Eleitoral, a ação rescisória só é cabível para desconstituir acórdãos do TSE que contenham declaração de inelegibilidade (art. 22, I, j, do Código Eleitoral). Precedentes. 2. Agravo regimental desprovido. (Ação Rescisória nº 179722, Acórdão, Relator(a) Min. José Antônio Dias Toffoli, Publicação: DJE – Diário de justiça eletrônico, Data 24/09/2012, Página 25)".

DIREITO ELEITORAL E PROCESSUAL CIVIL. AGRAVO REGIMENTAL EM AÇÃO RESCISÓRIA. ELEIÇÕES 2016. AÇÃO DE INVESTIGAÇÃO JUDICIAL ELEITORAL (AIJE). USO INDEVIDO DOS MEIOS DE COMUNICAÇÃO. AUSÊNCIA DE MANIFESTA VIOLAÇÃO À NORMA JURÍDICA. DESPROVIMENTO.1. Agravo Regimental contra decisão que negou seguimento a ação rescisória que busca rescindir acórdão desta Corte Superior que reconheceu o uso indevido dos meios de comunicação social pelo autor, declarando sua inelegibilidade pelo prazo de oito anos, nos termos do art. 1º, I, d, da LC nº 64/1990. 2. No caso, ainda que os vícios apontados pelo agravante possam, ao menos em tese, caracterizar omissão do julgado, não se prestam para embasar o cabimento do pleito rescisório, cuja hipótese reclama a existência de manifesta violação de norma jurídica. 3. A ação rescisória não é o meio adequado para se obter novo julgamento da causa ou para rediscutir as questões de direito controvertidas, como pretende o agravante. 4. Agravo interno a que se nega provimento. (Ação Rescisória nº 060181717, Acórdão, Relator(a) Min. Luís Roberto Barroso, Publicação: DJE – Diário de justiça eletrônico, Tomo 71, Data 12/04/2019)

DIREITO ELEITORAL. AGRAVO INTERNO EM AÇÃO RESCISÓRIA. ELEIÇÕES 2010. AIJE. USO INDEVIDO DOS MEIOS DE COMUNICAÇÃO SOCIAL. AUSÊNCIA DE VIOLAÇÃO MANIFESTA À NORMA JURÍDICA. AUSÊNCIA DE ERRO DE FATO. MERA PRETENSÃO

DE REDISCUSSÃO DA CAUSA. DESPROVIMENTO.1. Agravo interno contra decisão que negou seguimento a ação rescisória que busca rescindir acórdão desta Corte Superior que reconheceu o uso indevido dos meios de comunicação social, com inelegibilidade pelo prazo de oito anos (art. 1º, I, d, da LC nº 64/1990).2. No caso, o agravante sustenta que o acórdão rescindendo contém manifesta violação à norma jurídica e erro de fato.3. Nada obstante, a ação rescisória com base em violação a dispositivo literal de lei somente se justifica quando a ofensa for manifesta e aferível de plano, consubstanciada no desprezo do sistema jurídico pelo julgado rescindendo, o que não ocorre na hipótese. Precedente.4. A ação rescisória não se presta a corrigir eventual injustiça do acórdão rescindendo ou para abrir nova instância recursal visando o reexame de provas. A mera pretensão de rediscutir o mérito de ação de investigação judicial eleitoral já transitada em julgado é incapaz de autorizar o ajuizamento de ação rescisória. Precedentes.5. Agravo interno a que se nega provimento. (Ação Rescisória nº 134167, Acórdão, Relator(a) Min. Luís Roberto Barroso, Publicação: DJE – Diário de justiça eletrônico, Tomo 51, Data 15/03/2019, Página 118-119)

Ainda em consonância com a jurisprudência do Tribunal Superior Eleitoral, a inelegibilidade de que trata o referido art. 22, I, *j*, do Código Eleitoral deve ser considerada em sentido estrito. Ou seja, não há falar em ação rescisória eleitoral quando a decisão impugnada tratar de "ausência de condição de inelegibilidade".

PARA SEDIMENTAR

"EMBARGOS DE DECLARAÇÃO. RECEBIMENTO COMO AGRAVO INTERNO. AÇÃO RESCISÓRIA ELEITORAL. ELEIÇÕES 2020. REGISTRO DE CANDIDATURA. VEREADOR. INDEFERIMENTO. CONDENAÇÃO CRIMINAL. ART. 1º, I, E, DA LC 64/90. NULIDADE DO DECRETO CONDENATÓRIO. PRAZO DECADENCIAL. CONSUMAÇÃO. NEGATIVA DE PROVIMENTO.1. Embargos interpostos contra decisum monocrático e com pretensão infringente são recebidos como agravo interno. Precedentes.2. No decisum agravado, de relatoria originária do douto Ministro Luis Felipe Salomão, negou-se seguimento à ação rescisória, por meio da qual o agravante pretendia o deferimento do seu registro de candidatura ao cargo de vereador de Santa Cruz do Capiberibe/ PE nas Eleições 2020, diante da decadência.3. Consoante jurisprudência desta Corte, a ação rescisória prevista no art. 22, I, j, do Código Eleitoral deve ser ajuizada dentro do prazo decadencial de 120 dias e tem como termo inicial o trânsito em julgado do decisum rescindendo. Precedentes.4. Na espécie, é incontroverso que o aresto rescindendo (AgR-REspEl 0600094-79.2020.6.17.0109, Rel. Min. Sérgio Banhos) transitou em julgado em 7/12/2020, logo a ação deveria ter sido proposta até 6/4/2021. Assim, esbarra no óbice da decadência a propositura da rescisória apenas em 4/10/2021.5. Inaplicável o prazo de dois anos previsto no art. 975 do CPC/2015, alusivo à hipótese de obtenção de prova cuja existência a parte ignorava ou não pôde fazer uso oportunamente (art. 966, VII). Na espécie, cuida-se de recente anulação da condenação criminal que fundamentara o indeferimento do registro de candidatura com base no art. 1º, I, e, da LC 64/90, fato ocorrido após o trânsito em julgado (e inclusive após o prazo de 120 dias previsto no art. 22, I, j, do Código Eleitoral), e não prova de situação preexistente a ele. Doutrina. Precedentes.6. As alterações fáticas ou jurídicas supervenientes que afastem a inelegibilidade (art. 11, §10, da Lei 9.504/97) são admitidas apenas até a data da diplomação dos eleitos. Precedentes.7. Agravo interno a que se nega provimento. (TSE – RECURSO EXTRAORDINÁRIO COM AGRAVO nº 060055612, Acórdão, Relator(a) Min. Benedito Gonçalves, Publicação: DJE – Diário da justiça eletrônica, Tomo 16, Data 07/02/2022)"

"ELEIÇÕES 2012. AGRAVO REGIMENTAL NA AÇÃO RESCISÓRIA. DESCABIMENTO. CAUSA PETENDI QUE NÃO VERSA SOBRE INELEGIBILIDADE. DESCABIMENTO. ART. 22, I, J, DO CÓDIGO ELEITORAL. VIOLAÇÃO AO ART. 15 DA CONSTITUIÇÃO DA REPÚBLICA. INOVAÇÃO RECURSAL. INADMISSIBILIDADE. MANUTENÇÃO DA DECISÃO FUSTIGADA POR SEUS PRÓPRIOS FUNDAMENTOS. DESPROVIMENTO. 1. O princípio da tutela jurisdicional efetiva, ex vi do art. 5º, XXXV, não é ultrajado quando o Relator do processo, mediante decisum monocrático, nega seguimento à pretensão do Autor, ancorado na manifesta inadmissibilidade, improcedência, prejudicialidade ou quando o aresto esteja em confronto com súmula ou com jurisprudência dominante deste Tribunal Superior Eleitoral, do Supremo Tribunal Federal ou de Tribunal Superior, nos termos do art. 36, §6º, do TSE. 2. A ação rescisória, no âmbito desta Justiça Especializada, revela-se medida excepcional, destinada a rescindir decisão judicial definitiva que assenta a restrição ao ius honorum (inelegibilidade) dentro do prazo decadencial de 120 (cento e vinte) dias, sendo defeso proceder à interpretação extensiva de suas hipóteses de cabimento. 3. No caso sub examine, o Autor pretende rescindir acórdão que assentou a ausência de condição de elegibilidade (i.e., falta de quitação eleitoral), e não hipóteses de inelegibilidade, circunstância que, na esteira da remansosa jurisprudência desta Corte Superior Eleitoral, não autoriza a propositura da ação rescisória. 4. Agravo regimental desprovido. (Ação Rescisória nº 52840, Acórdão, Relator(a) Min. Luiz Fux, Publicação: DJE – Diário de justiça eletrônico, Tomo 188, Data 02/10/2015, Página 28)".

"AGRAVO REGIMENTAL. AÇÃO RESCISÓRIA. REGISTRO DE CANDIDATURA. CONTAS DE CAMPANHA NÃO PRESTADAS. AUSÊNCIA DE QUITAÇÃO ELEITORAL. CONDIÇÃO DE ELEGIBILIDADE. INADMISSIBILIDADE. NÃO PROVIMENTO. 1. De acordo com a jurisprudência desta c. Corte Superior, a competência do Tribunal Superior Eleitoral em sede de ação rescisória limita-se à revisão de seus próprios julgados que tenham analisado o mérito de questões relativas à inelegibilidade (art. 14, §§4º, 7º e 9º da CF/88 e LC 64/90). Precedente: AR 645-02/PE, Rel. Min. Henrique Neves, DJe de 13.8.2012. 2. No caso, a presente ação não merece trânsito, pois o acórdão rescindendo versa sobre a ausência de condição de elegibilidade que decorre da falta de quitação eleitoral pela não apresentação das contas de campanha no pleito de 2010 (art. 11, §7º, da Lei 9.504/97). 3. Agravo regimental não provido. (Ação Rescisória nº 16927, Acórdão, Relator(a) Min. José De Castro Meira, Publicação: DJE – Diário de justiça eletrônico, Tomo 164, Data 28/08/2013, Página 36)".

DIREITO ELEITORAL E PROCESSUAL CIVIL. AGRAVO INTERNO EM AÇÃO RESCISÓRIA. ELEIÇÕES 2018. DECISÃO DE TRIBUNAL REGIONAL. IMPOSSIBILIDADE. DESPROVIMENTO.1. Agravo interno contra decisão que negou seguimento a ação rescisória, tendo como objeto a rescisão de acórdão regional que julgou como não prestadas as contas de campanha eleitoral de candidato nas Eleições de 2014.2. De acordo com o art. 22, I, j, do Código Eleitoral, a ação rescisória, no âmbito desta Justiça Especializada, somente é cabível para desconstituir julgados do TSE que envolvam exame de questões relativas a inelegibilidades. Incidência da Súmula nº 33/TSE.3. No caso, a ação rescisória perante o TSE não se mostra o meio adequado para desconstituição de decisão definitiva de Tribunal Regional que julgou como não prestadas contas de campanha eleitoral de candidato a cargo eletivo. Em casos excepcionais, a jurisprudência desta Corte possibilita a invalidação de coisa julgada por meio de ação declaratória de nulidade insanável. A excepcionalidade, porém, não se faz presente, uma vez que não há ilegalidade e/ou inconstitucionalidade no acórdão regional que julgou como não prestadas as contas relativas à campanha tendo em vista que o interessado, devidamente notificado, não apresentou os documentos no prazo legalmente estipulado (art. 30, IV, da Lei nº 9.504/1997).4. Agravo interno a que se nega provimento. (Ação Rescisória nº 060100827, Acórdão, Relator(a) Min. Luís Roberto Barroso, Publicação: DJE – Diário de justiça eletrônico, Tomo 239, Data 04/12/2018)

AÇÃO RESCISÓRIA. Eleições 2014. NÃO CABIMENTO. ACÓRDÃO RESCINDENDO PROFERIDO PELA CORTE REGIONAL, QUE CONFIRMOU A SENTENÇA NA QUAL SE JULGOU PROCEDENTE A REPRESENTAÇÃO FORMULADA PELO MPE POR DOAÇÃO ACIMA DOS LIMITES FIXADOS EM LEI. AUSÊNCIA DE ANÁLISE DO MÉRITO DE QUESTÕES ATINENTES À INELEGIBILIDADE. INTELIGÊNCIA DO ART. 22, INCISO I, ALÍNEA "J" DO CE. REITERAÇÃO DE TESES RECURSAIS. AUSÊNCIA DE IMPUGNAÇÃO ESPECÍFICA AOS FUNDAMENTOS DO DECISUM AGRAVADO. ÓBICE SUMULAR. AGRAVO REGIMENTAL DESPROVIDO.1. Na espécie, a agravante busca rescindir o acórdão prolatado pelo TRE de São Paulo nos autos do RE 47-08.2015.6.26.0004/SP, que manteve a sentença proferida pelo Juízo de primeira instância, na qual, reconhecendo a procedência da Representação por doação acima do limite legal, aplicou-lhe multa no montante de R$50.000,00 e determinou a inclusão do código de ASE 540 (inelegibilidade) para os sócios da empresa.2. Segundo o enunciado 33 da Súmula desta Corte Superior, somente é cabível Ação Rescisória de decisões do TSE que versem sobre a incidência de causa de inelegibilidade.3. A decisão agravada, que tão somente negou seguimento à Ação Rescisória – em virtude da inexistência de decisão deste Tribunal Superior que tenha versado sobre a incidência de causa de inelegibilidade –, não tem o condão de gerar a hipótese de cabimento dessa específica ação, como pretende a ora agravante.4. A Ação Rescisória consubstancia medida excepcional, que não se presta para corrigir eventual injustiça do decisum rescindendo nem para inaugurar nova instância recursal visando ao reexame das provas. Precedente: AgR-AR 576-96/MG, Rel. Min. Henrique Neves Da Silva, DJe 21.10.2014.5. A prova documental apresentada após o trânsito em julgado não constitui meio hábil para desconstituir o julgado rescindendo, a exemplo das conclusões oriundas do julgamento do AR 826-66/SP, de relatoria do eminente Ministro Henrique Neves Da Silva, publicado no DJe de 11.2.2015.6. O registro da ocorrência no cadastro eleitoral não implica declaração de inelegibilidade nem impede a obtenção da certidão de quitação eleitoral. Precedente: AgR-AI 31-26/MG, Rel. Min. LUCIANA LÓSSIO, DJe 19.12.2016.7. Agravo Regimental a que se nega provimento. (Ação Rescisória nº 060427711, Acórdão, Relator(a) Min. Napoleão Nunes Maia Filho, Publicação: DJE – Diário de justiça eletrônico, Tomo 231, Data 22/11/2018)

6.9.3 Natureza Jurídica

Art. 966 do Código de Processo Civil

"Art. 966. A decisão de mérito, transitada em julgado, pode ser rescindida quando: I – se verificar que foi proferida por força de prevaricação, concussão ou corrupção do juiz; II – for proferida por juiz impedido ou por juízo absolutamente incompetente; III – resultar de dolo ou coação da parte vencedora em detrimento da parte vencida ou, ainda, de simulação ou colusão entre as partes, a fim de fraudar a lei; IV – ofender a coisa julgada; V – violar manifestamente norma jurídica; VI – for fundada em prova cuja falsidade tenha sido apurada em processo criminal ou venha a ser demonstrada na própria ação rescisória; VII – obtiver o autor, posteriormente ao trânsito em julgado, prova nova cuja existência ignorava ou de que não pôde fazer uso, capaz, por si só, de lhe assegurar pronunciamento favorável; VIII – for fundada em erro de fato verificável do exame dos autos. §1º Há erro de fato quando a decisão rescindenda admitir fato inexistente ou quando considerar inexistente fato efetivamente ocorrido, sendo indispensável, em ambos os casos, que o fato não represente ponto controvertido sobre o qual o juiz deveria ter se pronunciado. §2º Nas hipóteses previstas nos incisos do caput, será rescindível a decisão transitada em julgado que, embora não seja de mérito, impeça: I – nova propositura da demanda; ou II – admissibilidade do recurso correspondente. §3º A ação rescisória pode ter por objeto apenas 1 (um) capítulo da decisão. §4º Os atos de disposição de direitos, praticados pelas partes ou por outros participantes do processo e homologados em juízo, bem como os atos homologatórios praticados no curso da execução, estão sujeitos à existência de distinção entre a questão discutida no processo e o padrão decisório que lhe deu fundamento. §5º Cabe ação rescisória, com fundamento no inciso V do caput deste artigo, contra decisão baseada em enunciado de súmula ou acórdão proferido em julgamento de casos repetitivos que não tenha considerado a existência de distinção entre a questão discutida no processo e o padrão decisório que lhe deu fundamento. §6º Quando a ação rescisória fundar-se na hipótese do §5º deste artigo, caberá ao autor, sob pena de inépcia, demonstrar, fundamentadamente, tratar-se de situação particularizada por hipótese fática distinta ou de questão jurídica não examinada, a impor outra solução jurídica".

O fato de somente ser possível a proposição de Ação Rescisória depois da consolidação da coisa julgada explica o porquê de a ação rescisória não possuir natureza jurídica recursal, mas *impugnatória*. Com sua propositura, surge um processo autônomo, distinto daquele cuja sentença havia transitado em julgado, sendo, por conseguinte, objeto da rescisão.

Para que a ação rescisória seja viável, é imprescindível que haja, como já ditado, *decisão de mérito transitada em julgado.* Em outras palavras, necessita-se de coisa julgada material. Nesse contexto, a "sentença" precisa ser considerada não em seu sentido estrito, ou seja, não somente como ato decisório que "põe fim ao processo", mas há que compreender, do mesmo modo, a possibilidade de ação rescisória em face de acórdão proferido pelo tribunal.

Nas palavras de José Jairo Gomes:

> A ação rescisória suscita a presença de dois juízos, a saber: o rescindente e o rescisório. Rescindente é o juízo preliminar, que caracteriza a ação rescisória como tal; decorre do pedido formulado pela parte autora, em razão do qual será decidido se a coisa julgada deve ser desconstituída ou não. Para análise desse pedido é necessária a invocação de pelo menos uma das hipóteses legalmente previstas. Sendo o pedido rescindente julgado procedente, 'o tribunal rescindirá a decisão' (CPC/2015, art. 974, *caput*, primeira parte). Essa decisão possui natureza desconstitutiva, porque desfaz o julgado impugnado. Desconstituída a decisão transitada em julgado, com o acolhimento do juízo rescindente, passa-se à formulação do segundo juízo, o rescisório. Este é o que promove novo julgamento da causa (CPC/2015, art. 974, *caput*, segunda parte). Assim, por exemplo: se o pedido de registro de candidatura foi indeferido com fundamento na inelegibilidade, o juízo rescisório implicará seu deferimento. Outro exemplo: se foi imposta sanção de inelegibilidade com fulcro no art. 22, XIV, da LC n. 64/1990, o juízo rescisório a extinguirá, restabelecendo-se a elegibilidade do autor.[216]

[216] GOMES, José Jairo. *Direito eleitoral*. 12. ed. São Paulo: Atlas, 2016. p. 253.

PARA SEDIMENTAR

"ELEIÇÕES 2012. AGRAVO REGIMENTAL. AÇÃO RESCISÓRIA. ACÓRDÃO RESCINDENDO. AUSÊNCIA DE TRÂNSITO EM JULGADO. RECURSO TRAMITANDO NO STF. IMPOSSIBILIDADE. DESPROVIMENTO. 1. É inviável o ajuizamento de ação rescisória tendo por objeto acórdão ainda não transitado em julgado, contra o qual foi interposto recurso extraordinário, o qual, inadmitido, deu ensejo a agravo, atualmente em trâmite no Supremo Tribunal Federal. 2. Agravo regimental ao qual se nega provimento. (Ação Rescisória nº 60061, Acórdão, Relator(a) Min. Luciana Christina Guimarães Lóssio, Publicação: DJE – Diário de justiça eletrônico, Tomo 26, Data 06/02/2014, Página 84)".

Outro ponto que merece atenção, tange ao fato de que a Ação Rescisória somente poderá ser ajuizada contra decisão de mérito, havendo, porém, uma única exceção, quando houver mudança no entendimento jurisprudencial ocorrida no mesmo pleito.

PARA SEDIMENTAR

"AÇÃO RESCISÓRIA. DECISÃO QUE NEGOU SEGUIMENTO A RECURSO ESPECIAL POR INTEMPESTIVO. NÃO-APRECIAÇÃO DO MÉRITO. A ação rescisória somente é cabível contra decisão de mérito, sendo inviável, portanto, contra decisão que se limita a negar seguimento a recurso especial intempestivo. Processo extinto sem julgamento do mérito.(Ação Rescisória nº 127, Acórdão de , Relator(a) Min. Ellen Gracie, Publicação: DJ – Diário de justiça, Volume 1, Data 28/09/2001, Página 167)".

"ELEIÇÕES 2014. DEPUTADO ESTADUAL. AÇÃO RESCISÓRIA. REGISTRO DE CANDIDATURA. MUDANÇA DE JURISPRUDÊNCIA NO MESMO PLEITO. IMPOSSIBILIDADE. ISONOMIA. SEGURANÇA JURÍDICA. LIMINAR. FATO SUPERVENIENTE. LIMITE. DIPLOMAÇÃO. PROCEDÊNCIA. [...] Tratando-se de inelegibilidade, a mudança de jurisprudência ocorrida no mesmo pleito autoriza a abertura da via rescisória a fim de que seja conferido tratamento isonômico aos jurisdicionados. [...] (Ação Rescisória nº 192707, Acórdão, Relator(a) Min. Luciana Lóssio, Publicação: DJE – Diário de justiça eletrônico, Data 31/08/2017)".

Ademais, só é cabível Ação Rescisória de decisões oriundas do Tribunal Superior Eleitoral em caso de inelegibilidade declarada, logo, não cabe para condições de elegibilidade.

Súmula nº 33 do TSE

Somente é cabível ação rescisória de decisões do Tribunal Superior Eleitoral que versem sobre a incidência de causa de inelegibilidade.

6.9.4 Legitimidade

a) Ativa

O Tribunal Superior Eleitoral compreende que somente aquele que teve a inelegibilidade declarada pode figuar no polo ativo da Ação Rescisória Eleitoral.

PARA SEDIMENTAR

Ação Rescisória – Decisão que deferiu transferência de domicílio eleitoral – Ajuizamento por quem não foi parte no processo – Não cabimento.1 – Não é cabível o ajuizamento de ação rescisória por quem não tenha sido declarado inelegível, por ser direito personalíssimo à capacidade de ser votado. (Precedente: Acórdão nº 34 do TSE). Agravo não provido. (Ação Rescisória nº 55, Acórdão de , Relator(a) Min. Fernando Neves, Publicação: DJ – Diário de justiça, Data 01/09/2000, Página 172)

PARA SEDIMENTAR

"AGRAVO INTERNO EM AÇÃO RESCISÓRIA ELEITORAL. ACÓRDÃO RESCINDENDO DO TSE QUE NEGOU PROVIMENTO A AGRAVO INTERNO EM RECURSO ESPECIAL DEVIDO À PRETENSÃO DE REEXAME DE PROVAS – ÓBICE DO ENUNCIADO SUMULAR Nº 24 DO TSE. AUSÊNCIA DE ANÁLISE DO MÉRITO DE QUESTÕES ATINENTES À INELEGIBILIDADE. INTELIGÊNCIA DO ART. 22, I, J, DO CE. NÃO CABIMENTO DA

AÇÃO. PRECEDENTES. NEGADO PROVIMENTO AO AGRAVO INTERNO.1. Trata-se de ação rescisória ajuizada contra o acórdão proferido pelo TSE nos autos da AIJE nº 883-86.2012.6.05.0095, no qual foi confirmada a inelegibilidade declarada pelo Tribunal de origem, em virtude de uso indevido dos meios de comunicação social.2. O acórdão do TRE/BA, que manteve a cassação do diploma e a declaração de inelegibilidade do ora agravante por uso indevido dos meios de comunicação social, foi mantido nesta Corte Superior, ante a negativa de provimento ao agravo interno em recurso especial, no qual ficou assentado, por unanimidade, não ser possível rever as conclusões do Tribunal a quo, pois seria necessário proceder ao reexame dos fatos e das provas, o que é vedado em recurso especial conforme o Enunciado Sumular nº 24 do TSE.3. É incognoscível a presente ação, na medida em que constitui entendimento já consagrado neste Tribunal apenas ser cabível ação rescisória de decisões proferidas no âmbito desta Corte e que tenham adentrado no mérito de questões relativas à inelegibilidade (ED-AC nº 2824-74/DF, rel. Min. Aldir Passarinho Junior, julgado em 18.11.2010), o que não ocorreu no caso vertente.4. A decisão combatida está alicerçada em fundamentos idôneos e não foram apresentados argumentos hábeis a modificá-la.5. Negado provimento ao agravo interno. (TSE – RECURSO EXTRAORDINÁRIO COM AGRAVO nº 060140955, Acórdão, Relator(a) Min. Mauro Campbell Marques, Publicação: DJE – Diário da justiça eletrônica, Tomo 165, Data 08/09/2021)".

"ELEIÇÕES 2016. RECURSO EM MANDADO DE SEGURANÇA. COMPETÊNCIA. JUSTIÇA ELEITORAL. IMPETRAÇÃO. PERÍODO ELEITORAL. AÇÃO MANDAMENTAL. CABIMENTO. ATO JUDICIAL. COISA JULGADA. POSSIBILIDADE. TERCEIRO INTERESSADO. CÂMARA MUNICIPAL. MAJORAÇÃO. NÚMERO DE CADEIRAS. PROPORCIONALIDADE. POPULAÇÃO LOCAL. LEI ORGÂNICA. ALTERAÇÃO. TEMPESTIVIDADE. PERÍODO. CONVENÇÕES PARTIDÁRIAS. ESTIMATIVA POPULACIONAL. IBGE. PUBLICAÇÃO. PROCESSO ELEITORAL. EXTEMPORANEIDADE. EFEITOS EX NUNC. OBSERVÂNCIA. NECESSIDADE. INFORMAÇÃO. RELEVÂNCIA PÚBLICA. AUTENTICIDADE E INTEGRIDADE. SEGURANÇA JURÍDICA. MODIFICAÇÃO LEGISLATIVA. INAPLICABILIDADE. PLEITO DE 2016. EMBARGOS DECLARATÓRIOS. MULTA PROCESSUAL. MANUTENÇÃO. INTUITO PROTELATÓRIO. CONFIGURAÇÃO. 1. Cinge-se a controvérsia a definir se os recorrentes possuem direito líquido e certo de assumir, já nas eleições de 2016, as vagas suplementares de vereador criadas por emenda à lei orgânica, considerando que a alteração legislativa foi feita antes de finalizadas as convenções partidárias, mas com base em dados populacionais do IBGE divulgados de forma não oficial – ou seja, a publicação da estimativa da população do município somente se deu após a aludida fase pré-eleitoral. 2. Compete à Justiça Eleitoral dirimir demanda surgida no decurso do período eleitoral relacionada à fixação do número de vereadores. Será da competência da Justiça comum estadual os casos originados depois da diplomação dos eleitos. 3. O terceiro prejudicado está legitimado a defender seus interesses por meio de ação própria, inclusive por mandado de segurança, independentemente da interposição de recurso, visto não se sujeitar aos vínculos da coisa julgada formada em demanda a qual não integrou. Cabimento da ação mandamental, utilizada por terceiros interessados em garantir eventual direito líquido e certo e não como sucedâneo de recurso ou de ação rescisória. Incidência do art. 506 do CPC/2015 e do Verbete Sumular nº 202 do STJ. Inaplicabilidade do Enunciado nº 23 da Súmula do TSE. 4. O número de vereadores da Câmara Municipal deve ser proporcional à população do próprio município (art. 29, IV, da CF, EC nº 58 e RE nº 197.917/ SP), a qual é divulgada periodicamente pelo IBGE (Res.-TSE nº 21.702/2004). 5. O prazo para o Poder Legislativo municipal alterar o número de parlamentares, por meio de emenda à lei orgânica, para o próximo pleito, adequando-o à população atual do município, coincide com o termo final das convenções partidárias, visto ser a última etapa para o início do processo eleitoral propriamente dito (Res.-TSE nº 22.556/2007). 6. As estimativas de população estaduais e municipais divulgadas pelo IBGE são de publicação obrigatória no Diário Oficial da União, nos termos do art. 102 da Lei nº 8.443/1992, sendo necessária a segurança jurídica não só para fins de cálculo das quotas referentes aos Fundos de Participação dos Estados (FPE) e dos Municípios (FPM) (arts. 161 da CF e 1º, VI, da Lei nº 8.443/1992) mas também para o balizamento do número de cadeiras de edis das câmaras municipais. 7. A simples disponibilização antecipada de conteúdo (dados estatísticos) no sítio eletrônico do órgão governamental (IBGE) não substitui sua publicação oficial, considerada a relevância pública de seus efeitos. Somente a publicação no veículo oficial de divulgação da administração pública (Diário Oficial) garante a autenticidade e a integridade da informação, necessárias para dar eficácia ao princípio da publicidade, previsto constitucionalmente (art. 37 da CF). 8. Na hipótese, a modificação promovida pela Emenda à Lei Orgânica nº 6 (publicada em 6.7.2016) do Município de Luís Eduardo Magalhães/BA, a qual criou mais duas vagas de vereador, não poderia incidir no pleito de 2016, já que o dado que a embasou (estimativa populacional) foi divulgado oficialmente (31.8.2016) quando já ultimadas as convenções partidárias (5.8.2016) e iniciado o processo eleitoral (Res.-TSE nº 23.450/2015), o qual não pode ser abalado em seu decurso. Inadmissibilidade de aplicação retroativa do ato administrativo. Eficácia ex nunc. Precedente. 9. A ampliação da composição da Casa Legislativa não pode atingir a legislatura em curso, com eventual preenchimento das vagas criadas pela convocação de suplentes, pois isso implicaria a alteração indevida das forças de poder eleitas, bem como o resultado de pleito findo e acabado, gerando prejuízos tanto ao princípio democrático da soberania popular quanto ao processo político juridicamente perfeito. Precedentes do STF. 10. Evidenciado o intuito protelatório dos recorrentes, que não objetivaram esclarecer obscuridade, eliminar contradição, suprir omissão ou corrigir erro material (arts. 275 do CE e 1.022 do CPC/2015), mas rejulgar a causa a partir de teses já enfrentadas, desvirtuando a natureza jurídica do recurso, a manutenção da multa processual do art. 275, §6º, do CE é de rigor, tendo em vista a imprescindibilidade de concretização do princípio da razoável duração do processo, em especial na seara eleitoral. 11. Recurso ordinário ao qual se nega provimento. (Recurso em Mandado de Segurança nº 57687, Acórdão, Relator(a) Min. Og Fernandes, Publicação: DJE – Diário de justiça eletrônico, Tomo 161, Data 21/08/2019, Página 14/15)

b) Passiva

Nos articulares de Carlos Mário da Silva Velloso e Walber de Moura Agra: "a legitimidade passiva pertence a quem ajuizou a ação que colmatou o reconhecimento da inelegibilidade que se objetiva rescindir, bem como ao órgão que prolatou a decisão cujo pedido era a declaração de inelegibilidade".[217]

6.9.5 Prazo

Por possuir um procedimento especial, a Ação Rescisória Eleitoral não obedece ao disposto no art. 975 do Código de Processo Civil,[218] que institui o prazo de 2 (dois) anos para sua propositura. Na seara eleitoral, por sua vez, deverá ser observado o disposto no art. 22, I, *j*, do Código Eleitoral, que prevê o prazo de *120 (cento e vinte) dias* contados a partir do trânsito em julgado da decisão que se pretende impugnar.

PARA SEDIMENTAR

"Ação rescisória. Inelegibilidade. Decadência. Configura-se a decadência quando a ação rescisória é proposta fora do prazo de cento e vinte dias a contar do trânsito em julgado da decisão rescindenda, conforme dispõe o art. 22, inciso I, alínea j, do Código Eleitoral. Ação rescisória julgada extinta. (Ação Rescisória nº 93296, Acórdão, Relator(a) Min. Arnaldo Versiani Leite Soares, Publicação: DJE – Diário de justiça eletrônico, Tomo 29, Data 09/02/2012, Página 38)".

ELEIÇÕES 2016. AGRAVO INTERNO NA AÇÃO RESCISÓRIA. INELEGIBILIDADE. AUSÊNCIA DE DECISÃO DE MÉRITO. DESCABIMENTO. DECISÃO AGRAVADA EM CONFORMIDADE COM A JURISPRUDÊNCIA DO TRIBUNAL SUPERIOR ELEITORAL. DECISÃO MANTIDA. AGRAVO DESPROVIDO.1. A ação rescisória, no âmbito desta Justiça especializada, apenas é cabível se ajuizada no prazo de 120 dias do trânsito em julgado de decisões de mérito proferidas no âmbito deste Tribunal e que tenham, efetivamente, declarado inelegibilidade.2. No caso, o julgado rescindendo não houve exame das questões de mérito circunscritas à inelegibilidade, mas somente acerca do não conhecimento do recurso, de modo que não descortinou necessária para o

---

[217] VELLOSO, Carlos Mário da Silva; AGRA, Walber de Moura. *Elementos de direito eleitoral*. 5. ed. São Paulo: Saraiva, 2016. p. 448-449.

[218] Lei nº 13.105, de 16 de março de 2015 – "Art. 975. O direito à rescisão se extingue em 2 (dois) anos contados do trânsito em julgado da última decisão proferida no processo. §1º Prorroga-se até o primeiro dia útil imediatamente subsequente o prazo a que se refere o *caput*, quando expirar durante férias forenses, recesso, feriados ou em dia em que não houver expediente forense. §2º Se fundada a ação no inciso VII do art. 966, o termo inicial do prazo será a data de descoberta da prova nova, observado o prazo máximo de 5 (cinco) anos, contado do trânsito em julgado da última decisão proferida no processo. §3º Nas hipóteses de simulação ou de colusão das partes, o prazo começa a contar, para o terceiro prejudicado e para o Ministério Público, que não interveio no processo, a partir do momento em que têm ciência da simulação ou da colusão". BRASIL. *Lei nº 13.105, de 16 de março de 2015*. Disponível em: http://www.planalto.gov.br/ccivil_03/_ato2015-2018/2015/lei/l13105.htm. Acesso em: 28 fev. 2022.

manejo de ação rescisória.3. Agravo interno a que se nega provimento.(TSE – Ação Rescisória nº 060012546, Acórdão, Relator(a) Min. Edson Fachin, Publicação: DJE – Diário de justiça eletrônico, Tomo 173, Data 06/09/2019)

6.9.6 Competência

Considerando que o art. 22, inciso I, *j*, do Código Eleitoral tratou somente da competência do *Tribunal Superior Eleitoral* para o julgamento de ação rescisória, entende-se que os *Tribunais Regionais Eleitorais* não possuem competência para julgar essa espécie de ação nem em relação aos próprios julgados.

PARA SEDIMENTAR

"ELEIÇÕES 2012. AGRAVO REGIMENTAL. AÇÃO RESCISÓRIA. AIJE. ABUSO DE PODER. DECISÃO DE INADMISSIBILIDADE DO RECURSO ESPECIAL NA ORIGEM MANTIDA COM BASE NA SÚMULA Nº 182/STJ. NÃO CABIMENTO DA AÇÃO RESCISÓRIA. DESPROVIMENTO. *1.* A competência do TSE para julgamento de ação rescisória em matéria eleitoral é restrita aos seus próprios julgados e somente é viável quando a decisão rescindenda tenha adentrado o mérito de questões afetas à inelegibilidade. 2. In casu, não admitido o recurso especial – manejado contra acórdão que julgou procedente a AIJE –, foi interposto agravo, cujo seguimento foi negado, monocraticamente, em razão da incidência da Súmula nº 182/STJ. Logo, ante o Não enfrentamento da matéria de fundo, inviável a ação rescisória. 3. Agravo regimental não provido. (Ação Rescisória nº 17444, Acórdão, Relator(a) Min. Luciana Christina Guimarães Lóssio, Publicação: DJE – Diário de justiça eletrônico, Tomo 123, Data 28/06/2016, Página 177)".

6.9.7 Rito Processual

Cumpre destacar que o procedimento da Ação Rescisória Eleitoral é o determinado pelo art. 966 e seguintes do Código de Processo Civil (CPC), com a diferença de que o prazo é de *120 (cento e vinte) dias* e de que *não é necessário o depósito de 5% (cinco por cento) do valor da causa*, uma vez que se trata tão somente de inelegibilidade.

Com efeito, no Tribunal Superior Eleitoral, o relator poderá, já no começo do feito, indeferir a petição inicial, caso se configure alguma hipótese prevista no art. 330

do CPC,[219] ou seja, petição inepta, parte manifestamente ilegítima, falta de interesse processual ou não atendidas as prescrições dos arts. 106[220] e 321[221] do mesmo diploma legal.

Além disso, o relator poderá julgá-la liminarmente improcedente, nos termos do art. 332 do CPC,[222] quando o pedido contrariar: "(i) enunciado de súmula do Supremo Tribunal Federal ou do Superior Tribunal de Justiça (*in casu*, do Tribunal Superior Eleitoral); (ii) acórdão proferido pelo Supremo Tribunal Federal ou pelo Superior Tribunal de Justiça (*in casu*, do Tribunal Regional Eleitoral) de julgamento de recursos repetitivos; (iii) entendimento firmado em incidente de resolução de demandas repetitivas ou de assunção de competência; (iv) enunciado de tribunal de justiça sobre direito local. Por fim, rejeitar-se-á, ainda, a petição inicial quando a ação rescisória for ajuizada intempestivamente".

Ao mesmo tempo, a jurisprudência já firmou posicionamento no sentido de que a Ação Rescisória Eleitoral somente pode ter por objeto decisão do Tribunal Superior Eleitoral, independentemente se proferida em processo de competência originária do Tribunal ou em âmbito recursal. Não importa se a decisão que se pretende rescindir foi colegiada ou monocrática, desde que haja apreciação do mérito, pois, como já foi afiançado, é imprescindível a existência de coisa julgada material.

---

[219] Lei nº 13.105, de 16 de março de 2015 – "Art. 330. A petição inicial será indeferida quando: I – for inepta; II – a parte for manifestamente legítima; III – o autor carecer de interesse processual; IV – não atendidas as prescrições dos arts. 106 e 321. §1º Considera-se inepta a petição inicial quando: I – lhe faltar pedido ou causa de pedir; II – o pedido for indeterminado, ressalvadas as hipóteses legais em que se permite o pedido genérico; III – da narração dos fatos não decorrer logicamente a conclusão; IV – contiver pedidos incompatíveis entre si". BRASIL. *Lei nº 13.105, de 16 de março de 2015*. Disponível em: http://www.planalto.gov.br/ccivil_03/_ato2015-2018/2015/lei/l13105.htm. Acesso em: 28 fev. 2022.

[220] Lei nº 13.105, de 16 de março de 2015 – "Art. 106. Quando postular em causa própria, incumbe ao advogado: I – declarar, na petição inicial ou na contestação, o endereço, seu número de inscrição na Ordem dos Advogados do Brasil e o nome da sociedade de advogados da qual participa, para o recebimento de intimações; II – comunicar ao juízo qualquer mudança de endereço. §1º Se o advogado descumprir o disposto no inciso I, o juiz ordenará que se supra a omissão, no prazo de 5 (cinco) dias, antes de determinar a citação do réu, sob pena de indeferimento da petição. §2º Se o advogado infringir o previsto no inciso II, serão consideradas válidas as intimações enviadas por carta registrada ou meio eletrônico ao endereço constante dos autos". BRASIL. *Lei nº 13.105, de 16 de março de 2015*. Disponível em: http://www.planalto.gov.br/ccivil_03/_ato2015-2018/2015/lei/l13105.htm. Acesso em: 28 fev. 2022.

[221] Lei nº 13.105, de 16 de março de 2015 – "Art. 321. O juiz, ao verificar que a petição inicial não preenche os requisitos dos arts. 319 e 320 ou que apresenta defeitos e irregularidades capazes de dificultar o julgamento de mérito, determinará que o autor, no prazo de 15 (quinze) dias, a emende ou a complete, indicando com precisão o que deve ser corrigido ou completado. Parágrafo único. Se o autor não cumprir a diligência, o juiz indeferirá a petição inicial". BRASIL. *Lei nº 13.105, de 16 de março de 2015*. Disponível em: http://www.planalto.gov.br/ccivil_03/_ato2015-2018/2015/lei/l13105.htm. Acesso em: 28 fev. 2022.

[222] Lei nº 13.105 de 16 de março de 2015 – "Art. 332. Nas causas que dispensem a fase instrutória, o juiz, independentemente da citação do réu, julgará liminarmente improcedente o pedido que contrariar: I – enunciado de súmula do Supremo Tribunal Federal ou do Superior Tribunal de Justiça; II – acórdão proferido pelo Supremo Tribunal Federal ou pelo Superior Tribunal de Justiça em julgamento de recursos repetitivos; III – entendimento firmado em incidente de resolução de demandas repetitivas ou de assunção de competência; IV – enunciado de súmula de tribunal de justiça sobre direito local. §1º O juiz também poderá julgar liminarmente improcedente o pedido se verificar, desde logo, a ocorrência de decadência ou de prescrição. §2º Não interposta a apelação, o réu será intimado do trânsito em julgado da sentença, nos termos do art. 241. §3º Interposta a apelação, o juiz poderá retratar-se em 5 (cinco) dias. §4º Se houver retratação, o juiz determinará o prosseguimento do processo, com a citação do réu, e, se não houver retratação, determinará a citação do réu para apresentar contrarrazões, no prazo de 15 (quinze) dias". BRASIL. *Lei nº 13.105, de 16 de março de 2015*. Disponível em: http://www.planalto.gov.br/ccivil_03/_ato2015-2018/2015/lei/l13105.htm. Acesso em: 28 fev. 2022.

PARA SEDIMENTAR

"Ação rescisória. Inelegibilidade. Rejeição de contas. 1. É facultado ao relator neste Tribunal, com base na regra do art. 36, §6º, do Regimento Interno do Tribunal Superior Eleitoral, negar seguimento a ação rescisória.2. Não é possível, por meio da via excepcional da ação rescisória, a simples pretensão de rediscussão da causa de indeferimento do registro de candidatura. 3. Agravo regimental não provido. (Ação Rescisória nº 185440, Acórdão, Relator(a) Min. Arnaldo Versiani Leite Soares, Publicação: DJE – Diário de justiça eletrônico, Data 05/10/2012)".

"Ação Rescisória. Inelegibilidade. Art. 1º, I, G, Da Lc N. 64/90. Rejeição De Contas. Tcu. Convênio Federal. Registro De Candidatura Indeferido. Decisão Monocrática. Violação Literal A Dispositivo De Lei. Art. 16 Da Constituição Federal. Princípio Da Anterioridade Eleitoral. Lc N. 135/2010. Eleições 2010. Não Aplicação. Precedente STF. Repercussão Geral. Ação Julgada Procedente. Registro Deferido. 1. É admissível a propositura de ação rescisória contra decisão singular lavrada por membro desta Corte, desde que apreciado o mérito da causa pelo ministro relator. 2. O STF decidiu, por maioria, que a LC nº 135 não se aplica às eleições 2010, em face do princípio da anterioridade eleitoral (art. 16 da Carta Magna), reconhecendo a repercussão geral da questão (RE nº 633.703/MG, rel. Min. Gilmar Mendes, sessão plenária de 23.3.2011). 3. Afastada a incidência da LC nº 135/2010, a decisão proferida no RO nº 2263-12/BA deve ser rescindida, pois, nos termos da redação anterior do art. 1º, I, g, da LC nº 64/90, o prazo de inelegibilidade é de 5 (cinco) anos, contados a partir da data da decisão irrecorrível do órgão competente. 4. No caso vertente, o julgamento das contas pelo TCU ocorreu em 28.8.2001, por meio do Acórdão nº 529/2001, cujo trânsito em julgado se deu no dia 21.12.2002, já tendo transcorrido, portanto, em 21.12.2007, o prazo de inelegibilidade previsto na mencionada norma. 5. Ação rescisória que se julga procedente para deferir-se o pedido de registro de candidatura de Joélcio Martins da Silva ao cargo de deputado estadual (Ação Rescisória nº 64621, Acórdão, Relator(a) Min. Marcelo Henriques Ribeiro De Oliveira, Publicação: RJTSE – Revista de jurisprudência do TSE, Volume 22, Tomo 3, Data 26/05/2011, Página 135)".

ELEIÇÕES 2012. AGRAVO REGIMENTAL. AGRAVO DE INSTRUMENTO. RECURSO ESPECIAL. AÇÃO RESCISÓRIA. DECISÃO PROFERIDA POR TRIBUNAL REGIONAL ELEITORAL. IMPOSSIBILIDADE. ART. 22, I, J, DO CÓDIGO ELEITORAL E SÚMULA Nº 33/TSE. INVIABILIDADE DE APLICAÇÃO ANALÓGICA DO CÓDIGO DE PROCESSO CIVIL. PRECEDENTE. DESPROVIMENTO. Histórico da demanda 1. Contra o juízo negativo de admissibilidade do recurso especial eleitoral que interpôs, exarado pela Presidência do Tribunal Regional Eleitoral de Goiás (TRE/GO) – mantida a decisão de indeferimento da petição inicial da ação rescisória, extinta sem resolução de mérito, ante a incompetência de Tribunal Regional para julgá-la –, manejou agravo de instrumento Jurandir Augusto da Silva. 2. O recurso especial teve seguimento negado pelo TRE/GO, reconhecida a incompetência para processar e julgar ação rescisória, nos termos do art. 22, I, j, do Código Eleitoral e da Súmula nº 33/TSE:

"somente é cabível ação rescisória de decisões do Tribunal Superior Eleitoral que versem sobre a incidência de causa de inelegibilidade". 3. Negado seguimento ao agravo de instrumento, monocraticamente, reafirmada a Súmula nº 33/TSE, bem como afastada a aplicação do Código de Processo Civil/2015 à ação rescisória no âmbito eleitoral, nos termos da jurisprudência. Do agravo regimental 4. Nos termos do artigo 22, inciso I, alínea j, do Código Eleitoral e da Súmula nº 33/TSE, cabível a ação rescisória para a desconstituição de decisões desta Corte Superior que examinem o mérito de declaração de inelegibilidade. 5. Conquanto elastecidas as hipóteses de cabimento da ação rescisória no art. 966 do CPC/2015, incabível a pretendida aplicação subsidiária do Código Processual Civil frente ao caráter concentrado e célere do processo eleitoral. Precedentes. Conclusão. Agravo regimental não provido. (Agravo de Instrumento nº 56025, Acórdão, Relator(a) Min. Rosa Weber, Publicação: DJE – Diário de justiça eletrônico, Data 02/08/2018)

6.9.8 Efeitos

A Ação Rescisória Eleitoral tem por efeito a desconstituição de decisão já transitada em julgado que tenha declarado a inelegibilidade de candidato.

6.9.9 Recursos

Caso a parte não se conforme com a decisão que julgou a Ação Rescisória Eleitoral, será possível manejar os seguintes recursos: se for decisão singular, *Agravo Interno*; se for colegiada, *Embargos Declaratórios* ou *Recurso Extraordinário*.[223]

6.9.10 Resumindo

Fundamentação Legal	**Art. 22, inciso I, alínea *j*, do Código Eleitoral.**
Objetivo	Desconstituir a decisão que declarou candidato inelegível.
Legitimidade ativa	O candidato declarado inelegível e o Ministério Público.
Prazo	Art. 22, inciso I, alínea *j*, do Código Eleitoral: *120 (cento e vinte) dias* a contar do trânsito em julgado da decisão.

[223] GOMES, José Jairo. *Direito eleitoral*. 12. ed. São Paulo: Atlas, 2016. p.864.

Competência	Art. 22 do Código Eleitoral: Tribunal Superior Eleitoral. Obs.: Existe uma divergência na doutrina quanto à competência para julgar a Ação Rescisória. Isso porque o Código Eleitoral aduz que a competência é do TSE, no entanto o TSE entende que, caso a decisão que declarou a inelegibilidade de candidato tenha sido proferida por juiz eleitoral ou pelo TRE local, deverá o TRE analisar a Ação Rescisória.
Se o pedido for julgado procedente	O candidato será declarado elegível, podendo participar do pleito ou ter seu mandato constituído novamente.

6.10 Ação de Representação por Doação Acima do Limite Legal (ARDALL)

6.10.1 Conceito

Com a minirreforma eleitoral advinda com a Lei nº 13.165, de 2015, vedou-se a possibilidade de doação por pessoas jurídicas. A partir da vigência da nova regência, ressalvados os casos de doação dos partidos políticos (Fundo Partidário) e do Fundo Especial de Financiamento de Campanha, somente as pessoas físicas poderão contribuir com recursos para as campanhas.

Consoante se detrai da Lei nº 9.504, de 1997, as pessoas físicas podem doar até 10% (dez por cento) dos rendimentos brutos percebidos no ano anterior às eleições. Ao mesmo tempo, caso a doação seja estimável em dinheiro, em razão de prestação de serviços ou de utilização de bens móveis ou imóveis, o valor não pode ultrapassar R$40.000,00 (quarenta mil reais).

Art. 23 da Lei nº 9.504, de 1997

Art. 23. Pessoas físicas poderão fazer doações em dinheiro ou estimáveis em dinheiro para campanhas eleitorais, obedecido o disposto nesta Lei. §1º As doações e contribuições de que trata este artigo ficam limitadas a 10% (dez por cento) dos rendimentos brutos auferidos pelo doador no ano anterior à eleição; [...]§3º A doação de quantia acima dos limites fixados neste artigo sujeita o infrator ao pagamento de multa no valor de até 100% (cem por cento) da quantia em excesso. [...] §7º O limite previsto no §1o deste artigo não se aplica a doações estimáveis em dinheiro relativas à utilização de bens móveis ou imóveis de propriedade do doador ou à prestação de serviços próprios, desde que o valor estimado não ultrapasse R$40.000,00 (quarenta mil reais) por doador.

Sendo assim, temos que a doação acima do limite legal compreende toda e qualquer verba contribuída que ultrapasse a barreira imposta pelo legislador.

6.10.2 Fundamentação Legal

A Ação de Representação por Doação Acima do Limite Legal está consubstanciada no art. 96 da Lei nº 9.504, de 1997 e no art. 23 do mesmo códex.

Art. 96 da Lei nº 9.504, de 1997

"Art. 96. Salvo disposições específicas em contrário desta Lei, as reclamações ou representações relativas ao seu descumprimento podem ser feitas por qualquer partido político, coligação ou candidato, e devem dirigir-se: I – aos Juízes Eleitorais, nas eleições municipais; II – aos Tribunais Regionais Eleitorais, nas eleições federais, estaduais e distritais; III – ao Tribunal Superior Eleitoral, na eleição presidencial. §1º As reclamações e representações devem relatar fatos, indicando provas, indícios e circunstâncias. §2º Nas eleições municipais, quando a circunscrição abranger mais de uma Zona Eleitoral, o Tribunal Regional designará um Juiz para apreciar as reclamações ou representações. §3º Os Tribunais Eleitorais designarão três juízes auxiliares para a apreciação das reclamações ou representações que lhes forem dirigidas. §4º Os recursos contra as decisões dos juízes auxiliares serão julgados pelo Plenário do Tribunal. §5º Recebida a reclamação ou representação, a Justiça Eleitoral notificará imediatamente o reclamado ou representado para, querendo, apresentar defesa em quarenta e oito horas. §7º Transcorrido o prazo previsto no §5º, apresentada ou não a defesa, o órgão competente da Justiça Eleitoral decidirá e fará publicar a decisão em vinte e quatro horas. §8º Quando cabível recurso contra a decisão, este deverá ser apresentado no prazo de vinte e quatro horas da publicação da decisão em cartório ou sessão, assegurado ao recorrido o oferecimento de contra-razões, em igual prazo, a contar da sua notificação. §9º Os Tribunais julgarão o recurso no prazo de quarenta e oito horas. §10. Não sendo o feito julgado nos prazos fixados, o pedido pode ser dirigido ao órgão superior, devendo a decisão ocorrer de acordo com o rito definido neste artigo.11. As sanções aplicadas a candidato em razão do descumprimento de disposições desta Lei não se estendem ao respectivo partido, mesmo na hipótese de esse ter se beneficiado da conduta, salvo quando comprovada a sua participação".

6.10.3 Natureza Jurídica

A Ação de Representação por Doação Acima do Limite Legal está albergada na Lei das Eleições e visa reprimir o doador que fere a lei. Apesar de ser uma ação pouco conhecida, é possível afiançarmos que tem natureza jurídica de ação condenatória, porquanto gera efeitos sancionatórios ao doador irregular.

6.10.4 Legitimidade

a) Ativa

Existem duas possibilidades de legitimidade ativa no caso da Ação de Representação por Doação Acima do Limite Legal.

A primeira, de maneira semelhante à Ação de Reclamação por Propaganda Irregular (ARPI), tendo conhecimento da doação irregular, poderá o partido político, a federação partidária, a coligação, o candidato ou o *Parquet* eleitoral propor a ação. Conforme ressaltado no estudo da ARPI, é necessário observar que, havendo coligação, exige-se a anuência expressa de todos os partidos. Ademais, as mesmas considerações feitas às coligações, ao candidato e ao Ministério Público servem para a ação em comento. Sendo assim, recomendamos a leitura do tópico 6.6.4.a deste manual.

A segunda possibilidade refere-se ao fato de que o Ministério Público poderá ajuizar ação após a Secretaria da Receita Federal do Brasil realizar o cruzamento entre as informações recebidas pelo TSE (sistema *on-line* – SPCE) e os dados enviados pelo contribuinte à Receita Federal na declaração de Imposto de Renda.

Art. 96 da Lei nº 9.504, de 1997

"Art. 96. Salvo disposições específicas em contrário desta Lei, as reclamações ou representações relativas ao seu descumprimento podem ser feitas por qualquer partido político, coligação ou candidato, e devem dirigir-se: I – aos Juízes Eleitorais, nas eleições municipais; II – aos Tribunais Regionais Eleitorais, nas eleições federais, estaduais e distritais; III – ao Tribunal Superior Eleitoral, na eleição presidencial".

Art. 3º da Resolução nº 23.608, de 2019, do Tribunal Superior Eleitoral, com a redação dada pela Resolução nº 23.672, de 2021, do Tribunal Superior Eleitoral

"Art. 3º As representações, as reclamações e os pedidos de direito de resposta poderão, observada a respectiva legitimidade, ser feitos por qualquer partido político, federação de partidos, coligação, candidata e candidato e devem dirigir-se (Lei nº 9.504/1997, arts. 6º-A e 96, caput e I a III; e Lei nº 9.096/1995, art. 11-A, caput e §8º): (Redação dada pela Resolução nº 23.672/2021) I – ao Tribunal Superior Eleitoral, na eleição presidencial; II – aos tribunais regionais eleitorais, nas eleições federais, estaduais e distritais; III – aos juízos eleitorais, na eleição municipal. Parágrafo único. O Ministério Público Eleitoral é parte legítima para propor as representações e reclamações previstas no caput deste artigo.

b) Passiva

Possui legitimidade para figurar no polo passivo o *doador irregular*.

6.10.5 Prazos

Iniciada a fase de arrecadação de valores, se os legitimados do art. 96 da Lei nº 9.504, de 1997, verificarem alguma irregularidade, poderão representar o doador irregular.

Não obstante, consoante se detrai da redação do art. 24-C da Lei nº 9.504, de 1997, a apuração das doações é realizada por meio de cruzamento de dados entre o Tribunal Superior Eleitoral e a Secretaria da Receita Federal do Brasil, logo haverá correspondência entre os dados recebidos pelo TSE e os informados na declaração de Imposto de Renda.

A norma prevê que, se o fisco federal identificar quaisquer irregularidades, irá comunicar o Ministério Público até o dia 30 de julho do ano posterior às eleições, e o *Parquet* poderá ajuizar ação de representação *até o último dia do exercício financeiro (31 de dezembro) do ano seguinte as eleições*.

Logo, para as eleições de 2020, restou mantido o prazo de ajuizamento da Ação de Representação por Doação Acima do Limite Legal até dia 31 de dezembro do ano seguinte ao pleito, *in casu*, até o dia 31 de dezembro de 2021.

Art. 24-C da Lei nº 9.504, de 1997

"Art. 24-C. O limite de doação previsto no §1º do art. 23 será apurado anualmente pelo Tribunal Superior Eleitoral e pela Secretaria da Receita Federal do Brasil. §1º O Tribunal Superior Eleitoral deverá consolidar as informações sobre as doações registradas até 31 de dezembro do exercício financeiro a ser apurado, considerando: I – as prestações de contas anuais dos partidos políticos, entregues à Justiça Eleitoral até 30 de abril do ano subsequente ao da apuração, nos termos do art. 32 da Lei nº 9.096, de 19 de setembro de 1995; II – as prestações de contas dos candidatos às eleições ordinárias ou suplementares que tenham ocorrido no exercício financeiro a ser apurado. §2º O Tribunal Superior Eleitoral, após a consolidação das informações sobre os valores doados e apurados, encaminhá-las-á à Secretaria da Receita Federal do Brasil até 30 de maio do ano seguinte ao da apuração. §3º A Secretaria da Receita Federal do Brasil fará o cruzamento dos valores doados com os rendimentos da pessoa física e, apurando indício de excesso, comunicará o fato, até 30 de julho do ano seguinte ao da apuração, ao Ministério Público Eleitoral, que poderá, até o final do exercício financeiro, apresentar representação com vistas à aplicação da penalidade prevista no art. 23 e de outras sanções que julgar cabíveis".

Cabe registrar que o compartilhamento da relação de doadores pela Secretaria da Receita Federal diretamente com o Ministério Público Eleitoral não constitui quebra indevida de sigilo bancário, conforme prevê a Súmula n. 46 do TSE.

Súmula nº 46 do TSE

"É ilícita a prova colhida por meio da quebra do sigilo fiscal sem prévia e fundamentada autorização judicial, podendo o Ministério Público Eleitoral acessar diretamente apenas a relação dos doadores que excederam os limites legais, para os fins da representação cabível, em que poderá requerer, judicialmente e de forma individualizada, o acesso aos dados relativos aos rendimentos do doador".

PARA SEDIMENTAR

"AGRAVO REGIMENTAL. AGRAVO EM RECURSO ESPECIAL. ELEIÇÕES 2016. DOAÇÃO ACIMA DO LIMITE LEGAL. PESSOA FÍSICA. MULTA. INCONFORMISMO. QUANTUM. REGRA LEGAL. PRINCÍPIO DO TEMPUS REGIT ACTUM.1. Nas razões do agravo regimental, o agravante insurge-se apenas no que respeita ao quantum da multa imposta, postulando a aplicação do atual teor do §3º do art. 23 da Lei das Eleições, com a modificação trazida pela Lei 13.488/2017, de seguinte teor: "A doação de quantia acima dos limites fixados neste artigo sujeita o infrator ao pagamento de multa no valor de até 100% (cem por cento) da quantia em excesso".2. A jurisprudência desta Corte já assentou que "a Lei nº 13.488/2017, que alterou o montante da multa devida pela pessoa física que efetua doação à campanha de valor superior ao limite legal (art. 23, §3º, da Lei nº 9.504/97), não retroage para alcançar o momento em que a irregularidade foi praticada, posto tratar-se de ato jurídico perfeito que, como tal, é regido pela norma vigente ao seu tempo (tempus regit actum)" (ED-AgR-AI 32-03, rel. Min. Tarcisio Vieira de Carvalho Neto, DJe de 11.4.2018)3. O acórdão regional está em consonância com a orientação desta Corte Superior, o que atrai a incidência do verbete sumular 30 do TSE.Agravo regimental a que se nega provimento. (TSE – Agravo de Instrumento nº 3419, Acórdão, Relator(a) Min. Admar Gonzaga, Publicação: DJE – Diário da justiça eletrônica, Data 18/03/2019, Página 24)".

"ELEIÇÕES 2014. EMBARGOS DE DECLARAÇÃO EM AGRAVO REGIMENTAL EM AGRAVO. DOAÇÃO ACIMA DO LIMITE LEGAL. PESSOA JURÍDICA. OMISSÃO. NÃO OCORRÊNCIA. PROPÓSITO DE MERA REDISCUSSÃO DA CAUSA. EMBARGOS DECLARATÓRIOS REJEITADOS.1. Cuida-se, na origem, de Representação por doação acima do limite legal para campanha eleitoral de 2014 julgada procedente pelo TRE do Paraná, condenando-se a pessoa jurídica doadora ao pagamento de multa no valor mínimo legal, nos termos do §2º do art. 81 da Lei 9.504/97. 2. Em virtude do convênio firmado entre a Secretaria da Receita Federal do Brasil e este Tribunal Superior (Portaria Conjunta SRF/TSE 74/06), com amparo no art. 94, §3º da Lei 9.504/97, o acesso, pelo órgão ministerial, tão somente à relação dos doadores que excederam os limites legais, não consubstancia quebra ilícita de sigilo fiscal (ED-AgR-AI 57-79/PR, Rel. Min. LUCIANA LÓSSIO, DJe 2.6.2014). Súmula 46 do TSE.3. Os Embargos Declaratórios são modalidade recursal de integração e objetivam, tão somente, sanar obscuridade, contradição, omissão ou erro material, de maneira a permitir o exato conhecimento do teor do julgado, conforme exposto no art. 275 do CE e art. 1.022 do CPC/2015. 4. As razões dos Embargos Declaratórios denotam o mero inconformismo da parte com os fundamentos adotados no acórdão embargado, que lhe foi desfavorável.5. Embargos de Declaração rejeitados .(Agravo de Instrumento nº 4881, Acórdão, Relator(a) Min. Napoleão Nunes Maia Filho, Publicação: DJE – Diário de justiça eletrônico, Tomo 77, Data 18/04/2018, Página 50-51)".

"ELEIÇÕES 2014. AGRAVO REGIMENTAL EM AGRAVO. REPRESENTAÇÃO. DOAÇÃO EFETUADA POR PESSOA JURÍDICA ACIMA DO LIMITE LEGAL. INÉPCIA DA INICIAL. AFASTAMENTO. CONDENAÇÃO AO PAGAMENTO DE MULTA NO VALOR MÍNIMO LEGAL, NOS TERMOS DO ART. 81 DA LEI 9.504/97. REITERAÇÃO DE TESES RECURSAIS. REVOGAÇÃO DO ART. 81 DA LEI 9.504/97 PELA LEI 13.165/2015. INVIABILIDADE DE APLICAÇÃO RETROATIVA. RECEITA FEDERAL. INFORMAÇÕES. POSSIBILIDADE. QUEBRA DO SIGILO FISCAL. AUTORIZAÇÃO JUDICIAL. LICITUDE DO CONVÊNIO FIRMADO ENTRE A SECRETARIA DA RECEITA FEDERAL DO BRASIL E ESTE TRIBUNAL SUPERIOR. INAPLICABILIDADE DOS PRINCÍPIOS DA INSIGNIFICÂNCIA, DA PROPORCIONALIDADE E DA RAZOABILIDADE. CONSTITUCIONALIDADE DO CRITÉRIO CENSITÁRIO. DECISÃO REGIONAL EM CONFORMIDADE COM A JURISPRUDÊNCIA DESTE TRIBUNAL. SÚMULAS 83 DO STJ E 30 DO TSE. MANUTENÇÃO DA DECISÃO AGRAVADA. AGRAVO REGIMENTAL A QUE SE NEGA PROVIMENTO.1. A ausência de dados específicos da doação, tais como valor do montante doado em excesso ou faturamento bruto da empresa no ano anterior às eleições, não pode constar da inicial, uma vez que dizem respeito a informações que são acessadas apenas após decisão judicial. Teor da Súmula 46 do TSE.2. Em virtude do convênio firmado entre a Secretaria da Receita Federal do Brasil e este Tribunal Superior (Portaria Conjunta SRF/TSE 74/06, o acesso, pelo órgão ministerial, tão somente à relação dos doadores que excederam os limites legais, não consubstancia quebra ilícita de sigilo fiscal (ED-AgR-AI 57-79/PR, Rel. Min. LUCIANA LÓSSIO, DJe de 2.6.2014).3. Consideração, pelo Tribunal Regional, de que as informações prestadas pela Receita Federal foram suficientes para demonstrar o excesso do valor doado. Impossibilidade de ingressar no acervo fático-probatório dos autos.4. A revogação da norma que impõe multa por doação irregular realizada por pessoas jurídicas não implica isenção dos responsáveis no que se refere às sanções vigentes no momento em que a irregularidade foi praticada (AgR-AI 117-60/CE, Rel. Min. HENRIQUE NEVES DA SILVA, DJe de 2.8.2016).5. Na hipótese de doação de campanha realizada fora dos parâmetros legais, o ilícito se conclui no ato em si, independentemente da quantia em excesso ser expressiva ou não, sendo inaplicável à espécie o princípio da insignificância.6. Argumentos relativos à inconstitucionalidade do critério censitário e de aplicação dos princípios da proporcionalidade e da razoabilidade, em que a agravante se limitou a reiterar as alegações já expendidas no Recurso Especial e no Agravo, não apresentando argumentação apta para ensejar a reforma do decisum impugnado.7. Este Tribunal decidiu pela constitucionalidade do então vigente critério censitário para os limites de doação pelas pessoas jurídicas às campanhas eleitorais anteriores a 2016 (AgR-REspe 115-91/SP, Rel. Min. GILMAR MENDES, DJe de 21.10.2015).8. Os postulados fundamentais da proporcionalidade e da razoabilidade são inaplicáveis para o fim de afastar a multa cominada ou de aplicá-la aquém do limite mínimo definido em lei, sob pena de vulneração da norma que fixa os parâmetros de doações de pessoas física e jurídica às campanhas eleitorais (AgR-REspe 166-28/PR, Rel. Min. LUIZ FUX, DJe de 23.2.2015).9. A decisão regional encontra-se em consonância com o entendimento jurisprudencial desta Corte, incidindo a aplicação dos enunciados sumulares 83 do STJ 30 do TSE.10. Agravo Regimental a que se nega provimento .(Agravo de Instrumento nº 1484, Acórdão, Relator(a) Min. Napoleão Nunes Maia Filho, Publicação: DJE – Diário de justiça eletrônico, Tomo 48, Data 09/03/2018, Página 12/13)".

[...] 4. Nos termos do §2º do art. 24-C da Lei das Eleições, o Ministério Público Eleitoral poderá apresentar representação por doação acima do limite legal até o final do exercício financeiro seguinte ao do ano de apuração. No presente caso, a ação foi proposta em 1º.12.2017, portanto antes do termo ad quem do prazo decadencial, qual seja, 31.12.2017. [...] (Agravo de Instrumento nº 1624, Acórdão, Relator(a) Min. Tarcisio Vieira De Carvalho Neto, Publicação: DJE – Diário de justiça eletrônico, Data 29/08/2019).

6.10.6 Competência

A jurisprudência do Tribunal Superior Eleitoral é pacífica no juízo de que o foro competente para dirimir questões relacionadas à doação acima do limite legal é o domicílio do doador.

PARA SEDIMENTAR

"CONFLITO NEGATIVO DE COMPETÊNCIA. REPRESENTAÇÃO POR DOAÇÃO ACIMA DO LIMITE LEGAL. PESSOA FÍSICA. COMPETÊNCIA DO JUÍZO DO DOMICÍLIO CIVIL DO DOADOR. SÍNTESE DO CASO 1. Trata-se de conflito negativo de competência instaurado pelo Juízo da 96ª Zona Eleitoral do Estado da Bahia em face do Juízo Eleitoral da 144ª Zona Eleitoral do Estado de Pernambuco, com vistas à fixação do juízo competente para processar e julgar a representação por doação acima de limite legal, ajuizada pelo Ministério Público Eleitoral em face de doador eleitoral. 2. Por meio de decisão singular, excepcionalmente proferida ante a iminência da suspensão de prazos, com possíveis reflexos negativos no trâmite da representação, o conflito foi conhecido e resolvido no sentido de fixar a competência do Juízo da 144ª Zona Eleitoral do Estado de Pernambuco, o suscitado. ANÁLISE DO CONFLITO 3. De acordo com a jurisprudência do Tribunal Superior Eleitoral, a competência para processar e julgar representação por doação de recursos acima do limite legal é do juízo eleitoral do domicílio civil do doador. 4. Na espécie, a circunstância de o doador não ter sido localizado em seu domicílio civil, conquanto relevante para eventual citação por outras modalidades, é insuficiente a alterar a competência para o processamento da representação por doação acima do limite legal. 5. Deve ser referendada a decisão que, em contexto excepcional, resolve conflito de competência em estrita observância à jurisprudência desta Corte Superior e em atenção ao princípio da celeridade. CONCLUSÃO Decisão referendada. Conflito conhecido e resolvido no sentido de fixar a competência do Juízo da 144ª Zona Eleitoral do Estado de Pernambuco, o suscitado. (TSE – Conflito de Competência nº 060000446, Acórdão, Relator(a) Min. Sergio Silveira Banhos, Publicação: DJE – Diário da justiça eletrônica, Tomo 192, Data 25/09/2020)".

"CONFLITO NEGATIVO DE COMPETÊNCIA. JUÍZOS ELEITORAIS VINCULADOS A TRIBUNAIS REGIONAIS ELEITORAIS DISTINTOS. REPRESENTAÇÃO ELEITORAL. DOAÇÃO ACIMA DO LIMITE LEGAL. PESSOA FÍSICA. PROCESSAMENTO E JULGAMENTO. COMPETÊNCIA. CRITÉRIO PARA FIXAÇÃO. JUÍZO ELEITORAL DO DOMICÍLIO CIVIL DO DOADOR.1. É firme a orientação desta Corte Superior quanto a ser competência do Juízo Eleitoral do local do domicílio civil do doador nos casos de Representação Eleitoral por doação acima do limite legal realizada por pessoa física. É esse o lugar onde a pessoa natural estabelece residência com ânimo definitivo (art. 70 do Código Civil). Precedentes.2. A utilização do local do domicílio civil do doador, nos casos das Representações Eleitorais, com fundamento no descumprimento do art. 23 da Lei 9.504/97, como critério definidor da competência tem por premissa assegurar a ampla defesa e o acesso à Justiça. 3. Hipótese em que, consoante as informações prestadas pelo MPE, o endereço civil do representado é no Município de Alto Santo, no Ceará. 4. Conflito de Competência conhecido para fixar a competência do Juízo da 86ª Zona Eleitoral, com jurisdição no Município de Alto Santo/CE, por ser o do domicílio civil do doador (pessoa física) de recursos financeiros além do limite legal a campanha eleitoral. (Conflito de Competência nº 53124, Acórdão, Relator(a) Min. Napoleão Nunes Maia Filho, Publicação: DJE – Diário de justiça eletrônico, Data 15/08/2017)".

"ELEIÇÕES 2014. AGRAVO REGIMENTAL. CONFLITO DE COMPETÊNCIA. REPRESENTAÇÃO. DOAÇÃO PARA CAMPANHA ACIMA DO LIMITE LEGAL. COMPETÊNCIA. JUÍZO ELEITORAL DO DOMICÍLIO DO DOADOR. DESPROVIMENTO. 1. "A representação deve ser julgada pelo juízo eleitoral do domicílio do doador, no caso o local onde se encontra a pessoa jurídica" (Rp nº 981-40/DF, Rel. Min. Nancy Andrighi, DJe de 28.6.2011). 2. O fato de a sede da pessoa jurídica representada não ser localizada, não é causa para modificação da competência para o juízo do domicílio de seu representante legal, uma vez que este não é parte na relação jurídica processual. 3. A eventual efetivação da desconsideração da personalidade jurídica, nos casos admitidos em lei, ou a inclusão de outras pessoas no polo passivo não desloca a competência das ações eleitorais devidamente instauradas.4. Agravo regimental desprovido. (Conflito de Competência nº 1283, Acórdão, Relator(a) Min. Luciana Christina Guimarães Lóssio, Publicação: DJE – Diário de justiça eletrônico, Tomo 46, Data 08/03/2017, Página 57)".

"CONFLITO NEGATIVO DE COMPETÊNCIA. REPRESENTAÇÃO. DOAÇÃO ACIMA DO LIMITE LEGAL. PESSOA FÍSICA. COMPETÊNCIA DO JUÍZO ELEITORAL DO DOMICÍLIO CIVIL DO DOADOR. 1. Nos termos da orientação jurisprudencial deste Tribunal Superior, a competência para processar e julgar a representação por doação de recursos acima do limite legal é do juízo eleitoral do domicílio civil do doador. 2. Conflito de competência resolvido para declarar a competência do Juízo Eleitoral da 119ª Zona Eleitoral de Juazeiro do Norte/CE. (Conflito de Competência nº 14069, Acórdão, Relator(a) Min. Luciana Christina Guimarães Lóssio, Publicação: DJE – Diário de justiça eletrônico, Tomo 151, Data 05/08/2016, Página 58)".

DIREITO ELEITORAL E PROCESSUAL CIVIL. CONFLITO NEGATIVO DE COMPETÊNCIA. REPRESENTAÇÃO POR DOAÇÃO ACIMA DO LIMITE LEGAL. PESSOA FÍSICA. COMPETÊNCIA DO JUÍZO DO DOMICÍLIO CIVIL DO DOADOR.1. Conflito negativo de competência suscitado pelo Juízo da 1ª Zona Eleitoral de Cuiabá/MT, contra o Juízo da 56ª Zona Eleitoral de Carlópolis/PR, nos autos de representação por doação acima do limite legal por pessoa física.2. No caso, a representação eleitoral foi oferecida no Juízo da 56º Zona Eleitoral do Paraná. Não tendo sido localizado o representado, sobreveio a informação de que estaria residindo em Cuiabá/MT, o que implicou a remessa do feito ao Juízo da 1ª Zona Eleitoral daquele município. 3. De acordo com o art. 22, §2º, da Res.-TSE nº 23.462/2015 e com a jurisprudência do TSE, compete ao juízo eleitoral do domicílio civil do representado processar e julgar representações por doação acima do limite legal realizada por pessoa física, de forma a assegurar o exercício da ampla defesa e o acesso à Justiça daquele que figura no polo passivo da demanda. Precedente.4. Além disso, não há nos autos elementos pelos quais se possa inferir a mudança de endereço do representado após o ajuizamento do feito.5. As regras do CPC possuem caráter supletivo e subsidiário em relação aos feitos que tramitam nesta Justiça Eleitoral, nos termos da Res.-TSE nº 23.478/2016. "A utilização do local do domicílio civil do doador como critério definidor da competência para apreciar representação eleitoral por doação acima do limite legal realizada por pessoa física tem por premissa assegurar, de forma mais efetiva, a ampla defesa e o acesso à Justiça daquele que figura no polo passivo da representação" (CC nº 0601533-09/RJ, Rel. Min. Og Fernandes, j. em 12.02.2019).6. Conflito negativo de competência conhecido para fixar a competência do juízo eleitoral da 1ª Zona Eleitoral de Cuiabá/MT. (Conflito de Competência nº 060004667, Acórdão, Relator(a) Min. Luís Roberto Barroso, Publicação: DJE – Diário de justiça eletrônico, Tomo 157, Data 15/08/2019)

CONFLITO NEGATIVO DE COMPETÊNCIA. REPRESENTAÇÃO POR DOAÇÃO ACIMA DO LIMITE LEGAL. FORO DO DOMICÍLIO DO DOADOR. RESIDÊNCIA NO EXTERIOR. FIXAÇÃO DO FORO DA 1ª ZONA ELEITORAL DO EXTERIOR. CONFLITO CONHECIDO. FIXAÇÃO DA COMPETÊNCIA DO JUÍZO SUSCITANTE.1. A competência para o processamento e julgamento da representação por doação acima do limite legal é do Juízo eleitoral responsável pela circunscrição do domicílio civil do doador. 2. O Juízo da 1ª Zona Eleitoral do Exterior, com sede em Brasília/DF, é competente para examinar representação contra doador residente fora do Brasil. Precedente.3. O Tribunal Superior Eleitoral, ao examinar o Conflito de Competência nº 0601533-09/RJ, da relatoria do Min. Og Fernandes, DJe de 7.3.2019, mitigou o contido no art. 65 do CPC para casos de representação por doação acima do limite legal, em virtude das especificidades e peculiaridades insitas do processo eleitoral. 4. Conflito negativo conhecido para fixar a competência do juízo da 1ª ZE/ZZ. (Conflito de Competência nº 060197827, Acórdão, Relator(a) Min. Edson Fachin, Publicação: DJE – Diário de justiça eletrônico, Tomo 68, Data 09/04/2019).

6.10.7 Rito Processual

i. Procedimento: Cumpre aduzir que a doutrina e a jurisprudência divergiam sobre qual rito deveria ser seguido pela ARDI, uma vez que a Lei nº 9.504, de 1997 não o determina. Logo, havia julgados que compreendiam a necessidade de se seguir a Lei das Eleições, em que pese a gravidade da matéria, e boa parte da doutrina pugnava pelo rito da Lei das Inelegibilidades.

Apesar da controvérsia acerca do rito a ser seguido, desde as eleições de 2012, as Resoluções do TSE determinam que o processamento da representação por doação acima do limite legal deve seguir o rito previsto no art. 22 da Lei Complementar nº 64, de 1990, em prestígio ao exercício do contraditório e da ampla defesa.

Pondo termo à controvérsia, para as eleições de 2018, o Tribunal Superior Eleitoral, por meio da Resolução nº 23.553, de 2017, ponderou que o rito da ARDI seria o exposto no art. 22 da Lei Complementar nº 64, de 1990. Outrossim, para as eleições de 2020 e 2022 o TSE manteve o posicionamento sobre o rito processual a ser seguido – Resolução nº 23.608, de 18 de dezembro de 2019. Dessa maneira, recomendamos a leitura do tópico 6.1.7 deste manual, o qual delineia passo a passo o rito em exame.

Art. 44 da Resolução TSE nº 23.608/2019

Art. 44. As representações que tenham por causa de pedir as hipóteses previstas nos arts. 23, 30-A, 41-A, 45, VI, 73, 74, 75 e 77 da Lei nº 9.504/1997 observarão o procedimento do art. 22 da Lei Complementar nº 64/1990 e, supletiva e subsidiariamente, o Código de Processo Civil. §1º Se o juiz ou relator identificar que os fatos narrados na petição inicial indicam ilícito com capitulação legal diversa daquela atribuída pelo autor, intimará as partes, antes de iniciada a instrução, para que se manifestem a respeito, no prazo comum de 2 (dois) dias, facultado o requerimento complementar de prova. §2º Ao final da fase postulatória, o órgão judicial competente apreciará os requerimentos de prova e, caso deferida prova pericial, determinará a sua realização antes de eventual audiência, a fim de possibilitar a oitiva de peritos e assistentes técnicos. §3º O representado não poderá ser compelido a prestar depoimento pessoal, mas tem o direito de ser ouvido em juízo caso assim requeira na contestação. §4º Se, no curso da instrução, forem apresentados documentos por uma das partes ou pelo Ministério Público Eleitoral, serão os demais ouvidos, no prazo comum de 2 (dois) dias.

PARA SEDIMENTAR

"ELEIÇÕES 2014. EMBARGOS DE DECLARAÇÃO EM AGRAVO REGIMENTAL EM AGRAVO DE INSTRUMENTO. DOAÇÃO. PESSOA FÍSICA. ASCENDENTE A DESCENDENTE. REPRESENTAÇÃO. RITO. PRAZO RECURSAL DE 3 DIAS. ALEGAÇÃO DE INTEMPESTIVIDADE. OMISSÃO. INOCORRÊNCIA. REDISCUSSÃO DA CAUSA E FINS DE PREQUESTIONAMENTO. DESCABIMENTO. EMBARGOS DECLARATÓRIOS REJEITADOS 1. Os Embargos de Declaração são modalidade recursal de integração e objetivam, tão somente, sanar obscuridade, contradição, omissão ou erro material, de maneira a permitir o exato conhecimento do teor do julgado; não podem, por isso, ser utilizados com a finalidade de sustentar eventual incorreção do decisum hostilizado ou de propiciar novo exame da própria questão de fundo, de forma a viabilizar, em âmbito processual inadequado, a desconstituição de ato judicial regularmente proferido. 2. O acórdão embargado esclareceu expressamente acerca do entendimento adotado por esta Corte Superior de que o prazo recursal, no caso das Representações por doação de recursos acima do limite legal, é de 3 dias, tendo em vista que as Resoluções do TSE 23.367/2011, 23.398/2013 e 23.462/2015, referentes, respectivamente, às eleições de 2012, 2014 e 2016, especificaram, de forma expressa, tanto a aplicabilidade do rito do art. 22 da Lei de Inelegibilidade às Representações por doação acima do limite legal quanto o prazo recursal de 3 dias, bem como diante da necessidade de que seja assegurado o exercício da defesa de forma ampla, notadamente após o advento da LC 135/2010.3. Esta Corte Superior já adotou a compreensão de que o Julgador não está obrigado a responder todas as questões suscitadas pelas partes, quando já tenha encontrado motivo suficiente para proferir a decisão. Aliás, a prescrição trazida pelo art. 489 do CPC/2015 veio confirmar a jurisprudência já sedimentada pelos Tribunais pátrios de que é dever do Julgador apenas enfrentar as questões capazes de infirmar a conclusão adotada no decisum impugnado. Precedente: REspe 199-30/RJ, Rel. Min. ROSA WEBER, DJe 9.5.2017. 4. O acolhimento de Embargos de Declaração, até mesmo para fins de prequestionamento de dispositivos constitucionais, impõe a existência de algum dos vícios elencados no art. 1.022 do CPC/2015, o que não se verifica na presente hipótese. O Julgador não está obrigado a enfrentar a tese estritamente sob a ótica propugnada pelas partes, se encontrou outros fundamentos suficientes à solução da controvérsia.5. Embargos de Declaração rejeitados. (Agravo de Instrumento nº 2580, Acórdão, Relator(a) Min. Napoleão Nunes Maia Filho, Publicação: DJE – Diário de justiça eletrônico, Tomo 157, Data 15/08/2017, Página 82/83)".

ii. Pedido: aplicação de multas – até 100% (cem por cento) da quantia doada em excesso – e, como efeito secundário, ao representado a inelegibilidade por 8 (oito) anos, a depender da gravidade a ser ponderada em eventual requerimento de registro de candidatura.

PARA SEDIMENTAR

"ELEIÇÕES 2020. RECURSO ESPECIAL. REGISTRO DE CANDIDATURA. PREFEITO. ART. 1º, I, p, DA LEI COMPLEMENTAR Nº 64/90. DOAÇÃO ACIMA DO LIMITE LEGAL. PROVIMENTO.1. Qualquer restrição à capacidade eleitoral passiva obrigatoriamente deve ter substrato constitucional. O art. 14, §9º da Constituição Federal autoriza excepcionalmente o legislador ordinário à criação de hipóteses de inelegibilidades, mediante limitações formal (Lei Complementar) e materiais ("proteger a probidade administrativa, a moralidade para exercício de mandato considerada vida pregressa do candidato, e a normalidade e legitimidade das eleições contra a influência do poder econômico ou o abuso do exercício de função, cargo ou emprego na administração direta ou indireta"). 2. São requisitos da inelegibilidade contida no art. 1º, I, p da LC 64/1990: (i) a existência de decisão judicial – transitada em julgado ou proferida por órgão colegiado da Justiça Eleitoral – reconhecendo a ilegalidade da doação à campanha; (ii) a observância do rito previsto no artigo 22 da LC nº 64/90 no processo em que foi declarada a irregularidade da doação eleitoral; e (iii) a doação irregular deve conter gravidade suficiente para afetar o equilíbrio e a lisura do pleito. A incidência da restrição eleitoral exige, portanto, a realização de um juízo de proporcionalidade e de razoabilidade. Precedentes. 3. Recurso Especial provido. (TSE – RECURSO ESPECIAL ELEITORAL nº 060008782, Acórdão, Relator(a) Min. Edson Fachin, Relator(a) designado(a) Min. Alexandre de Moraes, Publicação: PSESS – Publicado em Sessão, Data 03/12/2020)

6.10.8 Efeitos

Caso a Ação de Representação por Doação Acima do Limite Legal seja julgada procedente, o *doador* será multado *em até 100% (cem por cento) do valor* de sua doação (art.23, §3º, da Lei das Eleições).

Também cumpre destacar o disposto no art. 23, §6º, da Lei nº 9.504, de 1997, o qual assevera que, se não tiverem conhecimento da doação acima do permitido, o candidato, o partido, a federação partidária ou a coligação não terão suas contas rejeitadas, o que nos leva a compreender que, tendo conhecimento da irregularidade, os beneficiados incorrerão na possibilidade de rejeição das contas ou, ainda, em uma das modalidades da Lei Complementar nº 64, de 1990.

É sabido que a norma legal que prevê essa ação passou por total reformulação com o advento das Leis n. 13.165, de 2015 e n. 13.488, de 2017. De tal modo, houve alteração do prazo de interposição da ação – que hoje é 31 de dezembro do ano seguinte à eleição correspondente, bem como da penalidade – que era de 5 (cinco) a 10 (dez) vezes o valor doado, para até 100% (cem por cento) do valor doado – regra válida a partir das eleições de 2018. Neste ponto, cabe consignar que a nova norma não previu um valor mínimo de sanção, razão pela qual entendemos que o percentual deverá ser verificado pelo magistrado no caso concreto e aplicado em consonância com os princípios da razoabilidade e da proporcionalidade. No mais, essa previsão também foi estabelecida pela Resolução nº 23.607 de 2019.

Com o trânsito em julgado (ou julgamento colegiado) da condenação por doação acima do limite legal, aplica-se ao representado a inelegibilidade por 8 (oito) anos, nos termos do art. 1º, inciso I, alínea *p*, da Lei Complementar nº 64, de 1990, e, como já dito, a depender de valoração da sua gravidade em eventual requerimento de registro de candidatura.

Art. 27, §5º, inciso III da Resolução nº 23.607, de 2019, do Tribunal Superior Eleitoral, com a redação dada pela Resolução nº 23.665/2021, do Tribunal Superior Eleitoral

"Art. 27. As doações realizadas por pessoas físicas são limitadas a 10% (dez por cento) dos rendimentos brutos auferidos pelo doador no ano-calendário anterior à eleição (Lei nº 9.504/1997, art. 23, §1º). [...]§5º O limite de doação previsto no caput será apurado anualmente pelo Tribunal Superior Eleitoral e pela Secretaria da Receita Federal do Brasil, observando-se os seguintes procedimentos: [...] III – a Secretaria da Receita Federal do Brasil fará o cruzamento dos valores doados com os rendimentos da pessoa física e, apurando indício de excesso, comunicará o fato, até 30 de julho do ano seguinte ao ano eleitoral, ao Ministério Público, que poderá, até 31 de dezembro do mesmo ano, apresentar representação com vistas à aplicação da penalidade prevista no §4º deste artigo e de outras sanções que julgar cabíveis (Lei nº 9.504/1997, art. 24-C, §3º)".

PARA SEDIMENTAR

"ELEIÇÕES 2014. AGRAVO REGIMENTAL EM AGRAVO. REPRESENTAÇÃO POR DOAÇÃO ACIMA DO LIMITE LEGAL. PESSOA FÍSICA.CONDENAÇÃO EM MULTA. INCIDÊNCIA DO ART. 23, §3º, DA LEI 9.504/97. INEXISTÊNCIA DE VIOLAÇÃO AO ART. 275 DO CE.ANOTAÇÃO DE INELEGIBILIDADE NO CADASTRO ELEITORAL. POSSIBILIDADE. ACÓRDÃO REGIONAL EM CONSONÂNCIA COM A JURISPRUDÊNCIA DESTA CORTE, NO TOCANTE AO PONTO. APLICAÇÃO DOS ENUNCIADOS SUMULARES 30 DO TSE E 83 DO STJ.PRETENSÃO DE REEXAME EM ÂMBITO DE RECURSO ESPECIAL. IMPOSSIBILIDADE. ARGUMENTOS DO RECURSO INAPTOS PARA AFASTAR OS FUNDAMENTOS DA DECISÃO AGRAVADA. AGRAVO REGIMENTAL DESPROVIDO. 1. Por ter a Corte de origem se pronunciado de maneira clara e suficiente sobre as questões discutidas nos autos, afasta-se a alegada violação ao art. 275 do CE.2. A inelegibilidade prevista no art. 1º, inciso I, alínea p, da LC 64/90 não é sanção imposta na decisão judicial que condena o doador a pagar multa por doação acima do limite legal, mas possível efeito secundário da condenação, verificável em eventual e futuro pedido de Registro de Candidatura (REspe 1717-35/SP, Rel. Min. ROSA WEBER, DJe 9.5.2017).3. Não cabe Recurso Especial Eleitoral para simples reexame do conjunto fático-probatório.4. No caso em tela, o TRE de Minas Gerais manteve a condenação do agravante ao pagamento de multa por doação acima do limite legal. Fixou a Corte Regional a premissa fática de que houve a doação eleitoral, conforme o comprovante de depósito e o recibo eleitoral de fls. 41, tendo sido este regularmente preenchido, assim como assinado pelo recorrente.5. Agravo Regimental desprovido. (Agravo de Instrumento nº 6244, Acórdão, Relator(a) Min. Napoleão Nunes Maia Filho, Publicação: DJE – Diário de justiça eletrônico, Data 25/08/2017, Página 46)".

"Eleições 2018. Agravo regimental em recurso ordinário. Deputado estadual. Registro de candidatura. Preliminar. Intempestividade. Indisponibilidade do sistema PJE. Rejeição. Causa de inelegibilidade da alínea 'p' do inciso i do art. 1º da Lei Complementar nº 64/90. Excesso de doação para campanha eleitoral. Interpretação da expressão 'doação ilegal' a partir do art. 14, §9º da Constituição Federal. Necessidade de demonstração de quebra da normalidade e legitimidade das eleições. Decisão por maioria. Doação de R$75.000,00 realizada por pessoa jurídica com faturamento bruto zerado no ano anterior às eleições. Candidato beneficiado que era sócio administrador da empresa. Conduta grave e Apta a violar a normalidade das eleições. Incidência da causa de inelegibilidade. Decisão por maioria. Agravo regimental e recurso ordinário provido. Indeferimento do registro de candidatura. [...] 2. A incidência da causa de inelegibilidade prevista no art. 1º, inciso I, alínea 'p' da Lei Complementar nº 64/90 conforma-se à norma contida no art. 14, §9º da Constituição Federal e exige, nos termos da jurisprudência deste Tribunal, que a doação ilegal tenha a aptidão de violar a normalidade e legitimidade das eleições. Vencido o redator designado, que entende desnecessária essa aferição. 3. Há quebra da normalidade das eleições quando o candidato se vale da sua condição de sócio administrador de pessoa jurídica para, por meio dela, realizar doação para sua campanha no valor de R$75.000,00 (setenta e cinco mil reais), apesar da inexistência de faturamento bruto da empresa no ano anterior às eleições, atraindo assim a incidência da causa de inelegibilidade prevista no art. 1º, inciso I, alínea 'p' da Lei Complementar nº 64/90. Vencido o relator originário. [...]" (Ac de 29.11.2018, no AgR-RO 060026283, rel. Min. Edson Fachin)

AGRAVO REGIMENTAL. AGRAVO EM RECURSO ESPECIAL. ELEIÇÕES 2016. DOAÇÃO ACIMA DO LIMITE LEGAL. PESSOA FÍSICA. MULTA. INCONFORMISMO. QUANTUM. REGRA LEGAL. PRINCÍPIO DO TEMPUS REGIT ACTUM.1. Nas razões do agravo regimental, o agravante insurge-se apenas no que respeita ao quantum da multa imposta, postulando a aplicação do atual teor do §3º do art. 23 da Lei das Eleições, com a modificação trazida pela Lei 13.488/2017, de seguinte teor: "A doação de quantia acima dos limites fixados neste artigo sujeita o infrator ao pagamento de multa no valor de até 100% (cem por cento) da quantia em excesso". 2. A jurisprudência desta Corte já assentou que "a Lei nº 13.488/2017, que alterou o montante da multa devida pela pessoa física que efetua doação à campanha de valor superior ao limite legal (art. 23, §3º, da Lei nº 9.504/97), não retroage para alcançar o momento em que a irregularidade foi praticada, posto tratar-se de ato jurídico perfeito que, como tal, é regido pela norma vigente ao seu tempo (tempus regit actum)" (ED-AgR-AI 32-03, rel. Min. Tarcisio Vieira de Carvalho Neto, DJe de 11.4.2018)3. O acórdão regional está em consonância com a orientação desta Corte Superior, o que atrai a incidência do verbete sumular 30 do TSE.Agravo regimental a que se nega provimento.(Agravo de Instrumento nº 3419, Acórdão, Relator(a) Min. Admar Gonzaga, Publicação: DJE – Diário de justiça eletrônico, Data 18/03/2019, Página 24)

[...]7. Ainda que o óbice da ausência de prequestionamento da matéria pudesse ser superado, não assistiria razão ao agravante, pois a jurisprudência do Tribunal Superior Eleitoral é no sentido de que a Lei 13.488/2017, que deu nova redação ao §3º do art. 23 da Lei 9.504/97, a fim de prever que a doação acima do limite legal feita por pessoa física sujeita o infrator ao pagamento de multa no valor de até cem por cento da quantia em excesso, não retroage para alcançar o momento em que a irregularidade foi praticada, tendo em vista que se trata de ato jurídico perfeito, o qual é regido pelo princípio tempus regit actum. Nesse sentido:

AgR-REspe 53-41, rel. Min. Jorge Mussi, DJE de 15.8.2019; AgR-AI 255-15, rel. Min. Tarcisio Vieira de Carvalho Neto, DJE de 2.8.2019; AgR-AI 44-63, rel. Min. Tarcisio Vieira de Carvalho Neto, DJE de 22.4.2019; AgR-AI 34-19, rel. Min. Admar Gonzaga, DJE de 18.3.2019; e ED-AgR-AI 32-03, rel. Min. Tarcisio Vieira de Carvalho Neto, DJE de 11.4.2018. [...] (Agravo de Instrumento nº 6536, Acórdão, Relator(a) Min. Sergio Silveira Banhos, Publicação: DJE – Diário de justiça eletrônico, Data 23/10/2019)

ELEIÇÕES 2018. AGRAVO REGIMENTAL NO RECURSO ORDINÁRIO ELEITORAL. REGISTRO DE CANDIDATURA. DEPUTADO ESTADUAL. DEFERIDO. INELEGIBILIDADE. ART. 1º, I, p, DA LEI COMPLEMENTAR Nº 64/90. DOAÇÃO ACIMA DO LIMITE LEGAL. VALOR DIMINUTO (R$1.208,33). BENS JURÍDICOS TUTELADOS PELA NORMA: ISONOMIA ENTRE OS CANDIDATOS, NORMALIDADE E LEGITIMIDADE DO PLEITO. INOCORRÊNCIA DE VIOLAÇÃO. PRECEDENTES. DECISÃO MANTIDA. AGRAVO REGIMENTAL DESPROVIDO. 1. A exegese conferida pelo TSE ao art. 1º, I, p, da Lei Complementar nº 64/90, que versa causa de inelegibilidade, tem supedâneo nos bens jurídicos tutelados pelo art. 14, §9º, da Constituição da República, de modo que a doação acima do limite legal apta a atrair a restrição à capacidade eleitoral passiva é aquela que vulnera a isonomia entre os candidatos, a normalidade e a legitimidade do pleito. Ressalva do entendimento do relator, em sentido diverso. 2. No caso, evidencia-se a ausência de afronta material à norma prevista na alínea p, visto que o valor apurado como excesso doado (R$1.208,33 – mil duzentos e oito reais e trinta e três centavos) não tem o condão de vulnerar os bens jurídicos tutelados pela norma.3. Agravo regimental a que se nega provimento. (Recurso Ordinário nº 060057256, Acórdão, Relator(a) Min. Edson Fachin, Publicação: PSESS – Publicado em Sessão, Data 22/11/2018)

DIREITO ELEITORAL. AGRAVO INTERNO EM RECURSO ORDINÁRIO. ELEIÇÕES 2018. DEPUTADO FEDERAL. REGISTRO DE CANDIDATURA DEFERIDO. NÃO INCIDÊNCIA DA INELEGIBILIDADE PREVISTA NO ART. 1º, I, P, DA LC Nº 64/1990. DESPROVIMENTO.1. Agravo interno interposto em face de decisão que negou seguimento a recurso ordinário manejado contra acórdão que deferiu o registro de candidatura do recorrente ao cargo de deputado federal nas Eleições 2018. 2. A jurisprudência do Tribunal Superior Eleitoral tem entendido que não basta a doação acima do limite legal para a incidência da inelegibilidade do art. 1º, I, p, da Lei Complementar nº 64/1990. Tem-se avaliado se o valor doado em excesso compromete o equilíbrio e a lisura do pleito, exigindo-se, no mínimo, que a Justiça Eleitoral realize um juízo de proporcionalidade. Precedentes.3. Hipótese em que a quantia doada e o valor em excesso representaram percentual muito reduzido em relação ao total de recursos arrecadados pela campanha do beneficiário da doação, de modo que não se afigura proporcional impor ao candidato a inelegibilidade. 4. Agravo interno a que se nega provimento. (Recurso Ordinário nº 060353441, Acórdão, Relator(a) Min. Luís Roberto Barroso, Publicação: PSESS – Publicado em Sessão, Data 23/10/2018)

Por fim, importante registrar, em relação à condenação por doação acima do limite legal, prevista no art. 23 da Lei de Eleições, a forma de correção monetária da multa a ser aplicada. É comum a aplicação equivocada de correção monetária a partir do momento da doação. O Tribunal Superior Eleitoral já se manifestou no sentido de que a correção monetária corre a partir do trânsito em julgado do feito, nos termos do art. 3º da Resolução TSE n. 21.975/2004.

Art. 3º da Resolução nº 21.975, de 2004, do Tribunal Superior Eleitoral

"Art. 3º As multas não satisfeitas no prazo de trinta dias do trânsito em julgado da decisão, desde que dela seja intimada a parte devedora, serão consideradas dívida líquida e certa, para efeito de cobrança, mediante executivo fiscal.(Redação dada pela Consulta nº 38517) §1º Caberá aos juízes eleitorais enviar os respectivos autos ao Tribunal Eleitoral competente, em cinco dias, após o decurso do prazo estabelecido no caput. §2º Para fins de inscrição de multas eleitorais na Dívida Ativa da União, os Tribunais Eleitorais reportar-se-ão diretamente às procuradorias da Fazenda Nacional, nos estados ou no Distrito Federal, em relação às multas impostas nos processos de sua competência originária, bem como quanto aos autos recebidos dos juízes eleitorais. §3º A inscrição de débitos decorrentes de multas eleitorais na Dívida Ativa da União, prevista no §2º deste artigo, deverá ser comunicada ao Tribunal Superior Eleitoral, por intermédio da Diretoria-Geral, com vistas ao acompanhamento e controle de ingresso de receitas pela Secretaria de Orçamento e Finanças (SOF), responsável pelo planejamento, coordenação e supervisão das atividades de administração orçamentária e financeira da Justiça Eleitoral. §4º A Diretoria-Geral da Secretaria do TSE, por intermédio da Secretaria de Administração, adotará providências para a inscrição na Dívida Ativa da União das multas a que se refere o art. 1º desta Resolução, impostas nos processos de competência originária do Tribunal Superior Eleitoral".

PARA SEDIMENTAR

ELEIÇÕES 2014. EMBARGOS DE DECLARAÇÃO EM AGRAVO REGIMENTAL EM RECURSO ESPECIAL. DOAÇÃO ACIMA DO LIMITE LEGAL. CAMPANHA ELEITORAL. PESSOA JURÍDICA. MULTA ELEITORAL. CORREÇÃO MONETÁRIA. AFASTADA. NECESSIDADE DE TRÂNSITO EM JULGADO. DEMAIS PENALIDADES MANTIDAS. GRAVIDADE SUFICIENTE PARA ACUMULAÇÃO DAS PENAS. MULTA E PROIBIÇÃO DE LICITAR E CONTRATAR COM O PODER PÚBLICO. ACLARATÓRIOS PARCIALMENTE ACOLHIDOS. EFEITOS INFRINGENTES. 1. Embargos de declaração opostos a acórdão proferido por este Tribunal no qual, não provido o agravo regimental da representada, manteve-se o provimento do recurso especial interposto pelo MPE, condenando a representada por doação acima do limite legal às penas de multa e proibição de licitar e contratar com o Poder Público por 5 anos. 2. Afastada a incidência de correção monetária à pena de multa a partir da doação efetuada. Necessidade do trânsito em julgado. Art. 3º da Res.-TSE nº 21.975/2004. 3. Mantida a condenação da embargante ao pagamento de multa e à proibição de licitar e contratar com o Poder Público pelo prazo de 5 anos. 4. Embargos de declaração parcialmente acolhidos.(TSE – Recurso Especial Eleitoral nº 3304, Acórdão, Relator(a) Min. Og Fernandes, Publicação: DJE – Diário de justiça eletrônico, Data 08/08/2019)

Em relação ao índice que deve ser aplicado, entendemos que é a taxa referencial do Sistema Especial de Liquidação e de Custódia – SELIC, por força do art. 13 da Lei nº 10.522/02.

"RECURSO ELEITORAL. REPRESENTAÇÃO. DOAÇÃO ACIMA DO LIMITE LEGAL. PRELIMINAR DE ILICITUDE DA PROVA E CERCEAMENTO DE DEFESA. CONVÊNIO ENTRE JUSTIÇA ELEITORAL E SECRETARIA DA RECEITA FEDERAL. OBTENÇÃO DE DADOS. PENALIDADE DE MULTA. MÍNIMO LEGAL. PRINCÍPIOS DA PROPORCIONALIDADE, RAZOALIDADE E DA INSIGNIFICÂNCIA. NÃO INCIDÊNCIA. DESPROVIMENTO. COBRANÇA. TÍTULO EXECUTIVO COM O TRÂNSITO EM JULGADO. TAXA DE CORREÇÃO MONETÁRIA. SELIC. CORREÇÃO DA SENTENÇA DE OFÍCIO. A obtenção das informações fiscais necessárias à interposição da representação por doação acima do limite legal decorre diretamente de convênio firmado entre a Justiça Eleitoral e a Secretaria da Receita Federal, que prevê o cruzamento dos informes apurados nas prestações de contas eleitorais e os constantes da Receita Federal, consoante Portaria Conjunta-SRF/TSE nº 74/2006. Após o batimento desses dados, verificadas as situações que indiciem doações eleitorais incompatíveis com os rendimentos anuais declarados perante a Receita Federal, tais informações são enviadas ao Procurador-Geral Eleitoral que, por sua vez, determina seu encaminhamento ao representante local do Ministério Público Eleitoral, para interposição da ação cabível. Legalidade do procedimento de obtenção de dados fiscais do recorrente pelo Ministério Público. Da Lei das Eleições, art. 23, §1º, depreende-se que foram estabelecidos limites à doação de pessoas físicas para campanhas eleitorais a fim de proteger a lisura do processo eleitoral, coibindo o abuso do poder econômico. De efeito, estabeleceu-se expressamente que as pessoas físicas poderão fazer doações a candidatos ou partidos políticos, desde que limitadas a 10% do rendimento bruto auferido no ano anterior à eleição, sendo que tais doações podem ser feitas em dinheiro ou bens, estimáveis em dinheiro".

""Não tendo havido declaração de imposto de renda ou outros elementos para se auferir a renda e, consequentemente, a porcentagem legal para doação à campanha eleitoral, a identificação do limite de doação previsto no art. 23, §1º, inciso I, da Lei nº 9.504/1997 deve ser a partir do valor máximo para isenção do referido tributo. Tomando como base o valor máximo de isenção para o ano anterior ao pleito, ante a falta de declaração de imposto de renda da pessoa física para aquele exercício, e verificando-se que houve excesso na doação, correta a aplicação da multa equivalente a cinco vezes o excesso apurado. Verificando-se que a fixação da penalidade pelo juiz a quo deu-se no menor valor legal, afigura-se medida razoável e compatível com o valor doado em excesso, diante da vedação de aplicação da multa aquém do limite mínimo definido em lei. Para a incidência da penalidade basta apenas que o doador tenha desrespeitado os limites objetivamente expressos na lei, sendo irrelevante o fato de ser ínfimo o valor excedido na doação. A multa eleitoral, para efeitos de cobrança judicial, constitui dívida ativa não tributária, conforme estabelece o art. 367, incisos III e IV, do Código Eleitoral, constituindo-se em título executivo somente a partir do trânsito em julgado, com a ciência da dívida em seu quantum e consequente situação de mora (Resolução TSE nº 21.975/2004, art. 3º). Inaplicável às sanções pecuniárias impostas pela Justiça Eleitoral o INPC como índice de correção, sendo para tanto aplicável o mesmo índice de atualização da dívida ativa da União – SELIC, como previsto no art. 13 da Lei nº 10.522/2002, devendo, pois, ser corrigido de ofício a sentença quanto a esta parte para modificar o dies a quo da correção monetária, a fim de que esta passe a incidir apenas a partir da data do trânsito em julgado desta decisão e o índice de correção monetária para a taxa SELIC, mantendo inalterados os demais termos. (TRE-MS – RECURSO ELEITORAL n 36443, ACÓRDÃO n 36443 de 09/04/2018, Relator(a) ELIZABETE ANACHE, Publicação: DJE – Diário da Justiça Eleitoral, Tomo 1943, Data 19/04/2018, Página 29-33)".

"Recurso eleitoral. Representação por doação acima do limite legal. Pessoa jurídica. Eleições de 2010. Ação proposta pelo Ministério Público Eleitoral com fundamento no art. 81, §1º, da Lei nº 9.504/1997, que prevê que as doações feitas por pessoas jurídicas ficam limitadas a 2% do seu faturamento bruto do ano anterior à eleição. Julgamento de procedência do pedido pelo Juízo a quo. Fixação da multa em patamar máximo, com determinação de correção monetária desde a data da doação, e proibição de contratar com o poder público. Preliminar de ausência de interesse de agir, por inexistência de justa causa. Alegação de que a Lei nº 13.165/2015 revogou o fundamento legal da sentença. Retroatividade da lei mais benéfica. Abolitio criminis. Não ocorrência. Agravamento da censura. Doação de pessoa jurídica que era permitida anteriormente dentro de determinado limite (2% do faturamento bruto) agora é totalmente proibida por ser inconstitucional. Irretroatividade. Doação efetivada nas eleições de 2010. Ato jurídico perfeito. Sujeição ao art. 81 da Lei nº 9.504/1997. Rejeitada. Preliminar. Ilicitude da prova. Alegação de ausência de documento essencial à propositura da ação e de que as provas foram obtidas por meio ilícito, oriundas de dados fiscais sigilosos. Inocorrência. Demanda proposta com os documentos essenciais. O acesso pelo órgão ministerial tão somente à relação dos doadores que excederam os limites legais, mediante o convênio firmado por este Tribunal com a Receita Federal, não consubstancia quebra ilícita de sigilo fiscal. Rejeitada. Mérito. Configurada a doação acima do limite legal. Imposição à pessoa jurídica da pena prevista no art. 81, §2º, da Lei das Eleições. Aplicação dos princípios da proporcionalidade e da razoabilidade. Redução da multa para o mínimo legal, de cinco vezes o valor doado em excesso e afastamento da proibição de contratar com o poder público.

Afastada a correção monetária desde a data da doação. Cálculo de atualização das multas eleitorais tem início após o prazo de 30 dias da intimação do devedor para recolhimento, após o trânsito em julgado da decisão, e com aplicação da taxa Selic, nos termos da consulta feita ao TSE. Recurso provido. (TRE-MG – RECURSO ELEITORAL n 50284, ACÓRDÃO de 18/08/2016, Relator(a) PAULO ROGÉRIO DE SOUZA ABRANTES, Relator(a) designado(a) EDGARD PENNA AMORIM, Publicação: DJEMG – Diário de Justiça Eletrônico-TREMG, Data 08/09/2016)".

"RECURSO – REPRESENTAÇÃO – DOAÇÃO ACIMA DO LIMITE LEGAL – PESSOA JURÍDICA – ART. 81, §§1º, 2º e 3º, DA LEI Nº 9.504/1997 – ILICITUDE DA PROVA SUSCITADA DE OFÍCIO – AFASTADA [PRECEDENTES: Ac. 26.650, de 10.7.2012, Rel. Juiz Marcelo Ramos Peregrino Ferreira; Ac. n. 27.964, de 21.1.2013, Rel. Juiz Eládio Torret Rocha; Ac. n. 28.054, de 4.3.2013, Rel. Juiz Luiz Henrique Martins Portelinha]".

" EXCESSO COMPROVADO – PENALIDADE DE MULTA MANTIDA, ACRESCIDA DE CORREÇÃO MONETÁRIA E APLICAÇÃO DE JUROS DE MORA – APLICAÇÃO DA TAXA SELIC – PROVIMENTO PARCIAL. A aplicação das multas eleitorais por doação acima dos limites legais (arts. 23, §3º, e 81, §2º, da Lei nº 9.504/97) decorre da inobservância do teto estabelecido na legislação eleitoral, não se perquirindo de eventual intenção do doador, bastando apenas a ocorrência do fato descrito na norma" [AgR-REspe – Agravo Regimental em Recurso Especial Eleitoral n. 1335, de 29.8.2013, Rel. Ministro Henrique Neves da Silva]. "A multa eleitoral é dívida ativa não tributária que deve ser paga em 30 dias a contar do trânsito em julgado da sentença, sob pena da incidência de correção monetária e juros, os quais são contados pela SELIC" [TRESC. Acórdão n. 26.828, de 13.8.2012, da lavra do Juiz Luiz Henrique Martins Portelinha]. (TRE-SC – RECURSO CONTRA DECISOES DE JUIZES ELEITORAIS n 15630, ACÓRDÃO n 28915 de 18/11/2013, Relator(a) CARLOS VICENTE DA ROSA GÓES, Publicação: DJE – Diário de JE, Data 22/11/2013, Página 8)".

"RECURSO ELEITORAL – REPRESENTAÇÃO – DOAÇÃO DE RECURSOS ACIMA DO LIMITE LEGAL – PESSOA JURÍDICA – ELEIÇÕES 2010 – SENTENÇA DE PROCEDÊNCIA – DECISÃO TRANSITADA EM JULGADO – PEDIDO DE PARCELAMENTO DEFERIDO EM 36 VEZES –RECURSO INTERPOSTO PARA PARCELAR O DÉBITO EM 60 VEZES SEM A INCIDÊNCIA DE JUROS E CORREÇÃO MONETÁRIA – PRELIMINAR DE INCOMPETÊNCIA DA JUSTIÇA ELEITORAL AFASTADA – MÉRITO – AUSÊNCIA DE PROVA DE IMPOSSIBILIDADE DE ARCAR COM O PAGAMENTO – ATUALIZAÇÃO DO DÉBITO DEVE ATENDER AOS PARÂMETOS DO ART. 13 DA LEI 10.522/02 – RECURSO DESPROVIDO. (TRE-SP – RECURSO n 8209, ACÓRDÃO de 07/05/2013, Relator(a) PAULO SÉRGIO BRANT DE CARVALHO GALIZIA, Publicação: DJESP – Diário da Justiça Eletrônico do TRE-SP, Data 14/05/2013)".

6.10.9 Recursos

Da decisão proferida em ARDALL, será cabível *Recurso Inominado*, no prazo de *3 (três) dias*, das decisões dos juízes eleitorais para o Tribunal Regional Eleitoral; no caso de ação de competência originária de Tribunal Regional Eleitoral, caberá *Recurso Ordinário* para o Tribunal Superior Eleitoral; nos casos de competência originária do TSE, caberá recurso extraordinário, no prazo de *3 (três) dias*, ao Supremo Tribunal Federal.

Para melhor compreensão dos recursos, convém destacar que a regra, no direito processual eleitoral, é que os recursos não são dotados de efeito suspensivo, ou seja, as decisões proferidas não ficam suspensas até o julgamento final, conforme o disposto no art. 257 do Código Eleitoral: "os recursos eleitorais não terão efeito suspensivo".

6.10.10 Resumindo

Fundamentação Legal	**Art. 96 da Lei nº 9.504, de 1997** **Art. 23 da Lei nº 9.504, de 1997**
Objetivo	Reprimir a doação irregular e penalizar o doador, em razão da possibilidade de macular o pleito e ferir os princípios democráticos.
Legitimidade ativa	Art. 96 da Lei nº 9.504, de 1997: "Salvo disposições específicas em contrário desta Lei, as reclamações ou representações relativas ao seu descumprimento podem ser feitas por qualquer partido político, federação partidária, coligação ou candidato". E o Ministério Público.
Prazo	Durante o pleito, se os legitimados ativos tomarem conhecimento e tiverem provas do fato. Ou Ministério Público poderá ajuizar até o dia 31 de dezembro do ano posterior às eleições.
Competência	Art. 96 da Lei nº 9.504, de 1997: Tribunal Superior Eleitoral – eleições presidenciais; Tribunal Regional Eleitoral – eleições federais e estaduais; Juízo Eleitoral – eleições municipais.
Se o pedido for julgado procedente	O doador será compelido a pagar multa de até 100% do valor doado irregularmente e, após o trânsito em julgado ou julgamento colegiado, o doador terá anotada inelegibilidade por 8 anos, nos termos do art. 1º, inciso I, alínea *p*, da Lei Complementar nº 64/1990 e cuja gravidade será valorada em eventual requerimento de registro de candidatura.

6.11 Ação de Representação por Divulgação de Pesquisa Eleitoral Irregular (ARPEI)

6.11.1 Conceito

A pesquisa eleitoral tem por escopo quantificar as intenções de votos da população, podendo delimitar o rol de entrevistados, como, por exemplo, mulheres, jovens eleitores, homens, pessoas do comércio, entre outros. Dessa maneira, a pesquisa eleitoral acaba por acirrar os ânimos nas eleições, uma vez que pode ser publicada em *sites*, revistas, jornais, TV, rádio e quaisquer outros meios de comunicação, desde que tenha sido realizada em consonância com os ditames legais.

A Lei nº 9.504, de 1997 pondera que as empresas e as entidades realizadoras de pesquisas de opinião pública relativas aos candidatos ou às eleições deverão registrar na Justiça Eleitoral, *5 (cinco) dias* antes da divulgação oficial: os dados obtidos, a metodologia de pesquisa, as características dos entrevistados, entre outras regras. Isso se justifica pela importância que a pesquisa tem no ano eleitoral.

Assim sendo, a Ação de Representação por Divulgação de Pesquisa Eleitoral Irregular (ARPEI) tem por escopo combater a exposição de pesquisas que não atenderam ao previsto na Lei das Eleições.

DELIMITANDO O TEMA

José Jairo Gomes: "Por pesquisa eleitoral compreendem-se o levantamento e a interpretação de dados atinentes à opinião ou preferência do eleitorado quanto aos candidatos que disputam as eleições. Tem por finalidade verificar a aceitação ou o desempenho dos concorrentes no certame".[224]

Olivar Coneglian: "O registro da pesquisa pode ser feito a qualquer tempo, desde que até o 5º dia anterior à data da divulgação. Mas a pesquisa propriamente dita pode ser realizada antes ou depois do pedido de registro. O órgão da Justiça Eleitoral encarregado de receber o registro da pesquisa é o mesmo órgão que deve receber o registro dos candidatos: na eleição municipal, o juiz eleitoral da Zona respectiva; na eleição estadual, o respectivo tribunal regional eleitoral; na eleição nacional, o TSE. Assim o registro da pesquisa se faz dentro da circunscrição eleitoral onde ocorre a eleição [...] Caso a empresa realize uma única pesquisa envolvendo duas circunscrições eleitorais (v.g. uma pesquisa para o governo do Estado e para a presidência da República), deverá proceder a dois registros; um no TRE (governador) e outro, no TSE (presidente)".[225]

---

[224] GOMES, José Jairo. *Direito eleitoral*. 12. ed. São Paulo: Atlas, 2016. p. 465.

[225] CONEGLIAN, Olivar. *Propaganda eleitoral*. 13. ed. Curitiba: Juruá, 2016. p 242-243.

Art. 33 da Lei nº 9.504, de 1997

"Art. 33. As entidades e empresas que realizarem pesquisas de opinião pública relativas às eleições ou aos candidatos, para conhecimento público, são obrigadas, para cada pesquisa, a registrar, junto à Justiça Eleitoral, até cinco dias antes da divulgação, as seguintes informações: I – quem contratou a pesquisa; II – valor e origem dos recursos despendidos no trabalho; III – metodologia e período de realização da pesquisa; IV – plano amostral e ponderação quanto a sexo, idade, grau de instrução, nível econômico e área física de realização do trabalho a ser executado, intervalo de confiança e margem de erro; V – sistema interno de controle e verificação, conferência e fiscalização da coleta de dados e do trabalho de campo; VI – questionário completo aplicado ou a ser aplicado; VII – nome de quem pagou pela realização do trabalho e cópia da respectiva nota fiscal. [...]".

Art. 33, §1º da Lei nº 9.504, de 1997

"Art. 33. [...] §1º As informações relativas às pesquisas serão registradas nos órgãos da Justiça Eleitoral aos quais compete fazer o registro dos candidatos".

Art. 33, §3º da Lei nº 9.504, de 1997

"Art. 33. [...] §3º A divulgação de pesquisa sem o prévio registro das informações de que trata este artigo sujeita os responsáveis a multa no valor de cinqüenta mil a cem mil UFIR".

PARA SEDIMENTAR

"ELEIÇÕES 2020. AGRAVO REGIMENTAL NO AGRAVO EM RECURSO ESPECIAL ELEITORAL. REPRESENTAÇÃO. DIVULGAÇÃO DE PESQUISA NÃO REGISTRADA. NÃO CONFIGURAÇÃO. MERA ENQUETE. DETERMINADO O AFASTAMENTO DA MULTA PELO TRIBUNAL DE ORIGEM. MANTIDA A INADMISSÃO DO RECURSO ESPECIAL. SÚMULAS 28, 24 E 30 DO TSE. DESPROVIMENTO.1. A Agravante não apresenta fundamentos capazes de conduzir à reforma da decisão agravada.2. Incabível o conhecimento do alegado dissídio jurisprudencial, tendo em vista que os acórdãos indicados pela Agravante evidenciam hipótese de divulgação, em Whatsapp, de pesquisa eleitoral não registrada, casos, portanto, que não guardam similitude fática com o dos autos, referente a mera enquete eleitoral. Incidência da Súmula 28 do TSE.3. No caso, consta do acórdão regional que as publicações veiculadas pelo Agravado em grupo restrito do Whatsapp e em comentário de postagem não identificada no Facebook não se qualificam como pesquisa eleitoral, mas como mera enquete, pois "apresentam conteúdo precário, sem qualquer indicação de critério científico ou amostral ou metodológico, circunstância na qual é possível antever a ausência de relevante grau de credibilidade". A modificação dessa conclusão demandaria o reexame do conteúdo probatório dos autos, circunstância vedada pela Súmula 24/TSE.4. A ausência mínima das formalidades prescritas no art. 33 da Lei 9.504/1997, desacompanhada de elementos que impliquem no induzimento do eleitorado quanto à veracidade dos dados divulgados, consubstancia mera enquete ou sondagem, cuja divulgação prescinde de registro e não enseja a aplicação de sanção pecuniária. Precedentes.5. Agravo Regimental desprovido. (TSE – AGRAVO EM RECURSO ESPECIAL ELEITORAL nº 060103825, Acórdão, Relator(a) Min. Alexandre de Moraes, Publicação: DJE – Diário da justiça eletrônica, Tomo 13, Data 03/02/2022)"

"AGRAVO REGIMENTAL. RECURSO ESPECIAL. ELEIÇÕES 2016. REPRESENTAÇÃO. DIVULGAÇÃO DE SONDAGEM EM PERÍODO ELEITORAL. ART. 33, §5o, DA LEI 9.504/97. SANÇÃO. AUSÊNCIA DE PREVISÃO. MULTA POR PESQUISA IRREGULAR. INAPLICÁVEL. DESPROVIMENTO.1. A teor do art. 33, §3o, da Lei 9.504/97, impõe-se multa por divulgação de pesquisa eleitoral sem prévio registro perante esta Justiça Especializada. 2. Simples enquete ou sondagem, sem referência a caráter científico ou metodológico, não se equipara ao instrumento de pesquisa preconizado em referido dispositivo. Precedentes.3. No caso, o TRE/MG consignou expressamente que a espécie cuida de mera divulgação de sondagem na rede social facebook, sendo incabível, portanto, aplicar multa.4. Agravo regimental desprovido. (Recurso Especial Eleitoral nº 75492, Acórdão, Relator(a) Min. Jorge Mussi, Publicação: DJE – Diário de justiça eletrônico, Data 20/04/2018)".

"PESQUISA ELEITORAL. DIVULGAÇÃO SEM PRÉVIO REGISTRO. APLICAÇÃO DE MULTA (ART. 33, §3º, DA LEI Nº 9.504/97). 1. A divulgação, em entrevista concedida a emissora de rádio, de dados supostamente coletados em pesquisa de opinião pública, sem prévio registro na Justiça Eleitoral, mediante referência a percentuais de votos e aos nomes dos candidatos e do instituto responsável pela realização da pesquisa, atrai a incidência da multa prevista no §3º do art. 33 da Lei nº 9.504/97. 2. No caso, não houve apenas a referência genérica ao resultado de pesquisa, mas a indicação de números e percentuais, além da afirmação de que a pesquisa foi realizada por instituto de credibilidade. 3. A mera reprodução de pesquisa irregular divulgada em outro veículo de comunicação não afasta a violação ao art. 33 da Lei das Eleições. Precedentes. Agravo regimental a que se nega provimento. (Recurso Especial Eleitoral nº 13896, Acórdão, Relator(a) Min. Henrique Neves Da Silva, Publicação: DJE – Diário de justiça eletrônico, Tomo 229, Data 03/12/2015, Página 193-194)".

"AGRAVO REGIMENTAL. RECURSO ESPECIAL ELEITORAL. ELEIÇÕES 2014. REPRESENTAÇÃO. DIVULGAÇÃO DE PESQUISA ELEITORAL SEM REGISTRO PRÉVIO. ART. 33 DA LEI 9.504/97. DESCARACTERIZAÇÃO. DESPROVIMENTO. 1. No caso dos autos, o agravado, jornalista, não procedeu à divulgação irregular de pesquisa eleitoral em seu blog na internet. Ao contrário, limitou-se a comentar o cenário político para o cargo de governador do Paraná nas Eleições 2014 e a destacar a ausência de pesquisas registradas para, logo depois, afirmar de forma genérica que haveria intensa disputa pelo primeiro lugar entre dois dos candidatos ao cargo de governador e que outra candidata estaria na terceira colocação, sem qualquer referência a percentuais e outros dados técnicos. Precedente: REspe 243-43/RN, rel. Min. Henrique Neves, DJe de 18.10.2013. 2. Agravo regimental desprovido. (Recurso Especial Eleitoral nº 149626, Acórdão, Relator(a) Min. João Otávio De Noronha, Publicação: DJE – Diário de justiça eletrônico, Data 29/04/2015, Página 167/168)".

ELEIÇÕES 2018. AGRAVO REGIMENTAL. AGRAVO DE INSTRUMENTO. RECURSO ESPECIAL. REPRESENTAÇÃO. DIVULGAÇÃO DE PESQUISA SEM PRÉVIO REGISTRO NA JUSTIÇA ELEITORAL. DISSÍDIO JURISPRUDENCIAL. AUSÊNCIA DE COTEJO ANALÍTICO. SÚMULA Nº 28/TSE. OMISSÃO. INEXISTÊNCIA. DECISÃO DEVIDAMENTE FUNDAMENTADA. LITISCONSÓRCIO PASSIVO NECESSÁRIO. DESNECESSIDADE. SÚMULA Nº 30/TSE. DECADÊNCIA PREJUDICADA. PROVA TESTEMUNHAL. INUTILIDADE. REEXAME. IMPOSSIBILIDADE. SÚMULA Nº 24/TSE. NULIDADE POR AUSÊNCIA DE REQUISIÇÃO DE INFORMAÇÕES. SÚMULA Nº 72/TSE. DIVULGAÇÃO DE PESQUISA ELEITORAL. COMPROVAÇÃO. SÚMULA Nº 24/TSE. ERRO DE DIREITO NÃO EVIDENCIADO. BEM JURÍDICO. CONHECIMENTO PÚBLICO. RESPONSABILIZAÇÃO. MULTA. IMPOSSIBILIDADE DE REDUÇÃO PARA VALOR AQUÉM DO MÍNIMO LEGAL. PRECEDENTES. SÚMULA Nº 30/TSE. DESPROVIMENTO. 1. Os suscitados dissídios não ficaram evidenciados, porquanto não realizado o cotejo analítico para verificação da similitude fática entre a decisão regional e os paradigmas colacionados, conforme exige a Súmula nº 28/TSE. Precedente. 2. A omissão assinalada inexiste (art. 1.022 do CPC), pois o Tribunal Regional, no tocante ao erro de direito, assentou que "[...] o art. 33 da Lei nº 9.504/1997 é claro ao dispor sobre a obrigatoriedade de registro junto à Justiça Eleitoral até cinco dias antes da divulgação de todas as informações relativas a esta, sob pena de multa. Ademais, conforme o artigo 3º da Lei de Introdução às Normas do Direito Brasileiro (LINDB Lei nº 12.376/2010): 'Ninguém se escusa de cumprir a lei, alegando que não a conhece' (ID nº 5992951)" (ID nº 13631538).3. Da mera leitura do acórdão regional não se constata o apontado vício de fundamentação (arts. 5º, LV, e 93, IX, da CF), pois todas as questões foram devidamente analisadas pela instância regional, o que motivou, salvo quanto à juntada de voto divergente, a rejeição dos aclaratórios.4. No tocante à obrigatoriedade de formação de litisconsórcio passivo (arts. 114 e 115, ambos do CPC, e 33, §3º, da Lei nº 9.504/94), a decisão regional está em harmonia com a jurisprudência desta Casa, a qual estatui que "todos os responsáveis pela divulgação de pesquisa, sem o prévio registro, se sujeitam ao pagamento de multa, afigurando-se desnecessária a formação de litisconsórcio passivo necessário entre eles. Precedentes: REspe nº 21.225, rel. Min. Luiz Carlos Madeira, DJ de 17.10.2003; AgR-REspe nº 23.362, rel. Min. Carlos Ayres Britto, DJ de 1º.7.2008, REspe nº 479-11, de minha relatoria, DJe de 19.8.2013" (AgR-REspe nº 408-65/SP, Rel. Min. Henrique Neves, DJe de 8.4.2014). Incide, portanto, no caso a Súmula nº 30/TSE, obstáculo também "[...] aplicável aos recursos manejados por afronta a lei" (AgR-AI nº 82-18/RS, Rel. Min. Napoleão Nunes Maia Filho, DJe de 11.10.2018).5. Ante a desnecessidade de formação de litisconsórcio passivo necessário, é inviável o reconhecimento da decadência (art. 487, II, do CPC).6. Relativamente à prova testemunhal, o indeferimento, observada a redação do art. 370, parágrafo único, do CPC, ocorreu em virtude de sua desnecessidade e inutilidade. Para alterar essa conclusão, a fim de reconhecer a necessidade e imprescindibilidade da aludida prova, seria necessário reavaliar o conjunto fático-probatório, o que esbarra no óbice da Súmula nº 24/TSE.7. A respeito da suposta nulidade em virtude da ausência de requisição das informações acerca da veracidade da pesquisa eleitoral, aduzida pela primeira vez nos aclaratórios anexados no ID nº 13630238 – de forma indevida, portanto –, tal circunstância não consta da moldura fática dos acórdãos regionais, e tampouco se apontou, nas razões do apelo nobre, omissão no acórdão regional em violação ao art. 275 do CE, o que inviabiliza a análise da questão nesta sede recursal (Súmula nº 72/TSE). Precedente.8. Acerca do conteúdo difundido, o TRE/SP assentou que, "no caso dos autos, como se infere das fls. 02 da exordial, houve a divulgação de pesquisa eleitoral. Como consta da matéria divulgada: 'Pesquisa Gallup/Sensus independente aponta virada em São Paulo. Márcio França 50,9% e João Doria 49,1%. A maior parte da migração dos números se deu no interior e litoral'" (ID nº 13629888). Diante dessa conclusão, inalterável devido à impossibilidade de se reexaminar fatos e provas nesta instância especial, como prevê a Súmula nº 24/TSE – cabível também aos apelos fundados em dissídio pretoriano –, impossível firmar que o agravante não divulgou pesquisa eleitoral.9. A tese de erro de direito, da mesma forma, é infrutífera, visto que, além de a lei ser presumidamente conhecida por todos a partir de sua publicação no Diário Oficial da União, é inverossímil que um operador do direito, situação do agravante, não apreenda, da mera leitura do art. 33 da Lei nº 9.504/97, que é expressamente vedada a divulgação de pesquisa eleitoral sem o prévio registro na Justiça Eleitoral, ainda que já publicada por terceiros.10. No que se refere à lesão ao bem jurídico, este Tribunal já estabeleceu que, "para que fique configurada a divulgação de pesquisa eleitoral, sem prévio registro na Justiça Eleitoral, nos termos do art. 33, §3º, da Lei 9.504/97, basta que tenha sido dirigida para conhecimento público, sendo irrelevante o número de pessoas alcançado pela divulgação e sua influência no equilíbrio da disputa eleitoral" (AgR-REspe nº 108-80/ES, Rel. Min. Admar Gonzaga, DJe de 17.8.2017).11. A jurisprudência desta Corte é pacífica no sentido de que "a multa aplicada por infração à legislação eleitoral não pode ser reduzida para valor aquém do mínimo legal" (AgR-AI nº 817-36/GO, Rel. Min. Rosa Weber, DJe de 5.3.2018). Assim, tendo em vista que a decisão regional é no mesmo sentido, aplica-se ao caso a Súmula nº 30/TSE, óbice igualmente aplicável aos recursos fundamentados em violação legal.12. Agravo regimental desprovido. (Agravo de Instrumento nº 060918032, Acórdão, Relator(a) Min. Tarcisio Vieira De Carvalho Neto, Publicação: DJE – Diário de justiça eletrônico, Tomo 223, Data 20/11/2019)

ELEIÇÕES 2018. AGRAVO REGIMENTAL. RECURSO ESPECIAL. ENQUETE. GOVERNADOR. PERÍODO VEDADO. ARTIGOS 33, §§3º E 5º, E 105 DA LEI

DAS ELEIÇÕES. AUSÊNCIA DE PREQUESTIONAMENTO. SÚMULA Nº 72/TSE. EFEITO TRANSLATIVO. INOVAÇÃO RECURSAL. MATÉRIA DE ORDEM PÚBLICA. PREQUESTIONAMENTO. NECESSIDADE. DISTRIBUIÇÃO DINÂMICA DO ÔNUS DA PROVA. POSSIBILIDADE. PROVA DIABÓLICA NÃO CARACTERIZADA. SÚMULA Nº 24/TSE. MERA DIVULGAÇÃO. REDE SOCIAL. ATO ILÍCITO. DESPROVIMENTO. [...]5. Quanto à divergência jurisprudencial, este Tribunal já decidiu que "não é possível aplicar à divulgação de enquete em período eleitoral a multa para pesquisa irregular, por ausência de previsão legal [...]. Não obstante subsistir resolução deste Tribunal com previsão regulamentar viabilizando a aplicação de multa nas hipóteses de comprovada realização e divulgação de enquete no período de campanha eleitoral, é forçoso reconhecer que o art. 105 da Lei das Eleições estabelece que 'o Tribunal Superior Eleitoral, atendendo ao caráter regulamentar e sem restringir direitos ou estabelecer sanções distintas das previstas nesta lei, poderá expedir todas as instruções necessárias para sua fiel execução', de modo que a competência normativa do TSE não alcança a instituição de sanção de natureza pecuniária, como a prevista no art. 23, §2º, da Res.-TSE nº 23.549/2017, ante o risco de usurpação da competência do Congresso Nacional" (R-Rp nº 0600988-36/DF, Rel. Min. Luis Salomão, PSESS de 27.11.2018), porém a ausência de prequestionamento impede a adoção de igual entendimento no caso em exame. [...]9. Agravo regimental desprovido. (Recurso Especial Eleitoral nº 060143422, Acórdão, Relator(a) Min. Tarcisio Vieira De Carvalho Neto, Publicação: DJE – Diário de justiça eletrônico, Tomo 187, Data 26/09/2019)

ELEIÇÕES 2018. RECURSO INOMINADO. REPRESENTAÇÃO. REALIZAÇÃO E DIVULGAÇÃO DE ENQUETE DURANTE A CAMPANHA ELEITORAL. PARCIAL PROCEDÊNCIA DOS PEDIDOS. REMOÇÃO DO CONTEÚDO PUBLICADO EM SÍTIO ELETRÔNICO. SANÇÃO DE MULTA AFASTADA. AUSÊNCIA DE PREVISÃO LEGAL. INAPLICABILIDADE DE PENA PECUNIÁRIA PREVISTA EM ATO NORMATIVO INFRALEGAL. DESPROVIMENTO. 1. No caso, a empresa recorrida publicou no sítio eletrônico do jornal Valor Econômico matéria com o seguinte título: "Enquete em evento mostra que maioria dos empresários aposta em Alckmin", divulgando o resultado de sondagem realizada durante evento do "Valor 1000", ocorrido na cidade de São Paulo, contando com mais de 700 convidados. A decisão impugnada determinou a remoção da enquete, porém o Ministério Público Eleitoral insiste quanto ao cabimento da multa. 2. Contudo, ausente previsão legal acerca de sanção específica para as hipóteses referentes à realização de enquetes durante o processo eleitoral, conforme se depreende da leitura do art. 33, §5º, da Lei nº 9.504/1997, seu descumprimento ensejará apenas a cessação do ilícito eleitoral praticado. 3. Não é possível aplicar à divulgação de enquete em período eleitoral a multa para pesquisa irregular, por ausência de previsão legal. Precedentes. 4. Não obstante subsistir resolução deste Tribunal com previsão regulamentar viabilizando a aplicação de multa nas hipóteses de comprovada realização e divulgação de enquete no período de campanha eleitoral, é forçoso reconhecer que o art. 105 da Lei das Eleições estabelece que "o Tribunal Superior Eleitoral, atendendo ao caráter regulamentar e sem restringir direitos ou estabelecer sanções distintas das previstas nesta lei, poderá expedir todas as instruções necessárias para sua fiel execução", de modo que a competência normativa do TSE não alcança a instituição de sanção de natureza pecuniária, como a prevista no art. 23, §2º, da Res.-TSE nº 23.549/2017, ante o risco de usurpação da competência do Congresso Nacional. 5. Por fim, à luz do princípio da legalidade dos atos eleitorais, apenas ao legislador é conferida a legitimidade para criar hipótese de conduta em desacordo com o direito eleitoral e sua respectiva sanção (AgR-AI nº 282-79/RJ, rel. Min. Tarcisio Vieira de Carvalho Neto, DJe de 18.4.2018). 6. Recurso desprovido. (Representação nº 060098836, Acórdão, Relator(a) Min. Luis Felipe Salomao, Publicação: PSESS – Publicado em Sessão, Data 27/11/2018)

AGRAVO REGIMENTAL. RECURSO ESPECIAL. ELEIÇÕES 2018. PRESIDENTE DA REPÚBLICA. REALIZAÇÃO DE ENQUETE. PERÍODO ELEITORAL. FACEBOOK. PLATAFORMA Youchoose. PESQUISA ELEITORAL. EQUIPARAÇÃO. IMPOSSIBILIDADE. MULTA. ART. 33, §3º, DA LEI 9.504/97. INAPLICABILIDADE. DESPROVIMENTO. 1. A divulgação de enquete no curso do período vedado não atrai a multa do art. 33, §3º, da Lei 9.504/97 – direcionada apenas às pesquisas eleitorais irregulares – por inexistir sancionamento legal específico. Precedentes, dentre eles a R-Rp 0601065-45, Rel. Min. Sérgio Banhos, de 26/9/2018.2. Ainda que a Res.-TSE 23.549/2017 contenha a previsão de multa, deve-se observar que as atribuições normativas do TSE são de natureza unicamente regulamentar (art. 105 da Lei 9.504/97), sob pena de usurpar a competência do Congresso Nacional.3. Agravo regimental a que se nega provimento. (Recurso Especial Eleitoral nº 060769067, Acórdão, Relator(a) Min. Jorge Mussi, Publicação: DJE – Diário de justiça eletrônico, Tomo 156, Data 14/08/2019)

Conforme sopesado, nas hipóteses em que estiverem envolvidos cargos de circunscrições eleitorais diversas, a pesquisa deve ser registrada em todas as esferas e *até 5 (cinco) dias* antes da data de divulgação.

Ademais, a divulgação de pesquisa regularmente registrada que se der antes de *5 (cinco) dias* após o registro perante o Tribunal competente pode vir a ensejar a aplicação da multa prevista no art. 33, §3º, da Lei de Eleições.

PARA SEDIMENTAR

"ELEIÇÕES 2016. AGRAVO REGIMENTAL. PESQUISA ELEITORAL. AUSÊNCIA. REGISTRO PRÉVIO. DESNECESSIDADE. ANO NÃO ELEITORAL. INTELIGÊNCIA DO ART. 2º DA RESOLUÇÃO-TSE Nº 23.453/2015. PROTEÇÃO À LEGITIMIDADE E LISURA DO PLEITO. REITERAÇÃO DE ARGUMENTOS JÁ ANALISADOS NA DECISÃO AGRAVADA. INCIDÊNCIA DO ENUNCIADO DA SÚMULA Nº 26 DO TSE. DESPROVIMENTO.

1. As pesquisas de opinião pública relativas às eleições exigem das entidades e empresas que a confeccionarem o registro nesta Justiça Especializada com antecedência de 5 (cinco) dias da data de sua divulgação e a observância aos requisitos elencados em lei, nos termos do art. 33 da Lei das Eleições.[...] (destaquei) (Recurso Especial Eleitoral nº 6269, Acórdão, Relator(a) Min. Luiz Fux, Publicação: DJE – Diário de justiça eletrônico, Data 07/08/2017)".

"Pesquisa eleitoral. Divulgação. – A divulgação de pesquisa eleitoral, antes do prazo de cinco dias previsto no art. 33 da Lei nº 9.504/97, enseja a aplicação da multa do §3º do referido dispositivo legal. Agravo regimental não provido e embargos de declaração julgados prejudicados. (Recurso Especial Eleitoral nº 40677957, Acórdão, Relator(a) Min. Arnaldo Versiani Leite Soares, Publicação: DJE – Diário de justiça eletrônico, Data 27/11/2012, Página 12)".

"Pesquisa eleitoral. Divulgação. 1. É obrigatória a observância do prazo de cinco dias entre o registro da pesquisa e sua divulgação, de acordo com o caput do art. 33 da Lei nº 9.504/97, tendo este Tribunal entendido que a lei sanciona tanto a ausência do prévio registro das informações quanto a divulgação antes do prazo. 2. Para rever a conclusão da Corte de origem de que houve a divulgação de pesquisa antes do prazo legal, seria necessário o reexame de fatos e provas, vedado em sede de recurso especial, a teor da Súmula nº 279 do Supremo Tribunal Federal. Agravo regimental não provido. (Recurso Especial Eleitoral nº 766632, Acórdão, Relator(a) Min. Arnaldo Versiani Leite Soares, Publicação: DJE – Diário de justiça eletrônico, Tomo 69, Data 11/04/2011, Página 35)".

ELEIÇÕES 2016. AGRAVO REGIMENTAL. RECURSO ESPECIAL. REPRESENTAÇÃO. PESQUISA ELEITORAL IRREGULAR. PRÉVIO REGISTRO. AUSÊNCIA. MULTA FIXADA ACIMA DO MÍNIMO LEGAL. REDUÇÃO. PRINCÍPIOS DA PROPORCIONALIDADE E DA RAZOABILIDADE. INCIDÊNCIA. DESPROVIMENTO.1. Na espécie, a Corte Regional assentou que o ora agravado divulgou, em entrevista concedida a emissora de rádio, pesquisa sem prévio registro na Justiça Eleitoral, em ofensa ao art. 33 da Lei nº 9.504/97, e confirmou a multa aplicada pelo juízo eleitoral no valor de R$80.000,00 (oitenta mil reais).2. Consoante assinalado no decisum impugnado, não obstante a circunstância levantada pelo Tribunal de origem de que a divulgação foi feita em rádio de grande alcance, tal fato, por si só, é incapaz de justificar a fixação da multa acima do mínimo legal.3. Na linha da jurisprudência firmada nesta Corte Superior, "a fixação da multa pecuniária do art. 33, §3º, da Lei nº 9.504/97, reproduzida no art. 17 da Res.-TSE nº 23.190/2009, deve levar em conta os princípios da proporcionalidade e da razoabilidade, não sendo possível, no entanto, impor sanção em valor abaixo do mínimo legal" (AgR-REspe nº 1296-85/PB, Rel. Min. Aldir Passarinho Junior, DJe de 16.3.2011).4. À luz dos princípios da razoabilidade e da proporcionalidade, a redução da multa ao patamar mínimo de R$53.205,00 (cinquenta e três mil, duzentos e cinco reais), conforme previsto no art. 17 da Res.-TSE nº 23.453/2015, mostra-se suficiente para reprimir adequadamente a infração praticada.5. Agravo regimental desprovido. (Recurso Especial Eleitoral nº 17725, Acórdão, Relator(a) Min. Tarcisio Vieira De Carvalho Neto, Publicação: DJE – Diário de justiça eletrônico, Data 29/10/2019, Página 9)

ELEIÇÕES 2016. AGRAVO REGIMENTAL EM AGRAVO. REPRESENTAÇÃO POR DIVULGAÇÃO DE PESQUISA ELEITORAL IRREGULAR. PUBLICAÇÃO NO FACEBOOK DE PESQUISA NÃO REGISTRADA NA JUSTIÇA ELEITORAL. ART. 33 DA LEI 9.504/97. ACÓRDÃO REGIONAL EM CONFORMIDADE COM A JURISPRUDÊNCIA DESTE TRIBUNAL, NA LINHA DE QUE A DIVULGAÇÃO DE PESQUISA ELEITORAL SEM O PRÉVIO REGISTRO DAS RESPECTIVAS INFORMAÇÕES RESULTA NA APLICAÇÃO DE MULTA. REEXAME DE FATOS E PROVAS. IMPOSSIBILIDADE. NEGA PROVIMENTO AO AGRAVO.

1. Hipótese em que a Corte Regional, a partir da análise do conjunto de elementos do caso em concreto, entendeu pela irregularidade da publicação de pesquisa eleitoral em página no Facebook, uma vez que não registrada devidamente.

2. Consta do acórdão que o agravante efetivamente divulgou em rede social na internet pesquisa eleitoral sem registro, sendo impossível, sem o reexame de fatos e provas dos autos, acolher a sua argumentação de que apenas teria compartilhado as informações.

3. A jurisprudência deste Tribunal é na linha de que a norma proibitiva abrange ambas as condutas (divulgar ou compartilhar), haja vista que a lei busca evitar que seja tornada pública pesquisa que não obedeça às exigências legais, pouco importando eventual divulgação prévia (REspe 546-95/SP, Rel. Min. HERMAN BENJAMIN, DJe 27.10.2017).

4. A decisão agravada não merece reforma, visto que alicerçada em fundamentos idôneos.

5. Agravo Regimental a que se nega provimento. (Agravo de Instrumento nº 81739, Acórdão, Relator(a) Min. Napoleão Nunes Maia Filho, Publicação: DJE – Diário de justiça eletrônico, Data 11/06/2018, Página 26-27)

6.11.2 Fundamentação Legal

A previsão legal da Ação de Representação por Pesquisa Eleitoral Irregular está consubstanciada no art. 96 da Lei nº 9.504, de 1997.

Art. 96 da Lei nº 9.504, de 1997

"Art. 96. Salvo disposições específicas em contrário desta Lei, as reclamações ou representações relativas ao seu descumprimento podem ser feitas por qualquer partido político, coligação ou candidato, e devem dirigir-se: I – aos Juízes Eleitorais, nas eleições municipais; II – aos Tribunais Regionais Eleitorais, nas eleições federais, estaduais e distritais; III – ao Tribunal Superior Eleitoral, na eleição presidencial. §1º

As reclamações e representações devem relatar fatos, indicando provas, indícios e circunstâncias. §2º Nas eleições municipais, quando a circunscrição abranger mais de uma Zona Eleitoral, o Tribunal Regional designará um Juiz para apreciar as reclamações ou representações. §3º Os Tribunais Eleitorais designarão três juízes auxiliares para a apreciação das reclamações ou representações que lhes forem dirigidas. §4º Os recursos contra as decisões dos juízes auxiliares serão julgados pelo Plenário do Tribunal. §5º Recebida a reclamação ou representação, a Justiça Eleitoral notificará imediatamente o reclamado ou representado para, querendo, apresentar defesa em quarenta e oito horas. §7º Transcorrido o prazo previsto no §5º, apresentada ou não a defesa, o órgão competente da Justiça Eleitoral decidirá e fará publicar a decisão em vinte e quatro horas. §8º Quando cabível recurso contra a decisão, este deverá ser apresentado no prazo de vinte e quatro horas da publicação da decisão em cartório ou sessão, assegurado ao recorrido o oferecimento de contra-razões, em igual prazo, a contar da sua notificação. §9º Os Tribunais julgarão o recurso no prazo de quarenta e oito horas. §10. Não sendo o feito julgado nos prazos fixados, o pedido pode ser dirigido ao órgão superior, devendo a decisão ocorrer de acordo com o rito definido neste artigo.11. As sanções aplicadas a candidato em razão do descumprimento de disposições desta Lei não se estendem ao respectivo partido, mesmo na hipótese de esse ter se beneficiado da conduta, salvo quando comprovada a sua participação".

6.11.3 Natureza Jurídica

A Ação de Representação por Pesquisa Eleitoral Irregular está albergada na Lei das Eleições, tendo natureza jurídica de ação condenatória, e visa evitar que pesquisas irregulares sejam publicadas e afetem a opinião dos eleitores ou, além disso, caso sejam publicadas, oportunizem ao candidato prejudicado a retificação pública quando a informação veiculada não atender aos ditames legais.

6.11.4 Legitimidade

a) Ativa

De modo semelhante à Ação de Reclamação por Propaganda Irregular (ARPI), observada a pesquisa irregular, poderá o partido político, a federação partidária, a coligação, o candidato ou *Parquet* eleitoral propor a ação. Conforme ressaltado no estudo da ARPI, é necessário observar que, havendo coligação, exige-se a anuência expressa de todos os partidos. Ademais, as mesmas considerações feitas às coligações, às federações partidárias, ao candidato e ao Ministério Público servem para a ação em comento. Sendo assim, recomendamos a leitura do tópico 6.6.4.a deste manual.

Art. 96 da Lei nº 9.504, de 1997

"Art. 96. Salvo disposições específicas em contrário desta Lei, as reclamações ou representações relativas ao seu descumprimento podem ser feitas por qualquer partido político, coligação ou candidato, e devem dirigir-se: I – aos Juízes Eleitorais, nas eleições municipais; II – aos Tribunais Regionais Eleitorais, nas eleições federais, estaduais e distritais; III – ao Tribunal Superior Eleitoral, na eleição presidencial. §1º As reclamações e representações devem relatar fatos, indicando provas, indícios e circunstâncias. §2º Nas eleições municipais, quando a circunscrição abranger mais de uma Zona Eleitoral, o Tribunal Regional designará um Juiz para apreciar as reclamações ou representações. §3º Os Tribunais Eleitorais designarão três juízes auxiliares para a apreciação das reclamações ou representações que lhes forem dirigidas. §4º Os recursos contra as decisões dos juízes auxiliares serão julgados pelo Plenário do Tribunal. §5º Recebida a reclamação ou representação, a Justiça Eleitoral notificará imediatamente o reclamado ou representado para, querendo, apresentar defesa em quarenta e oito horas. §7º Transcorrido o prazo previsto no §5º, apresentada ou não a defesa, o órgão competente da Justiça Eleitoral decidirá e fará publicar a decisão em vinte e quatro horas. §8º Quando cabível recurso contra a decisão, este deverá ser apresentado no prazo de vinte e quatro horas da publicação da decisão em cartório ou sessão, assegurado ao recorrido o oferecimento de contra-razões, em igual prazo, a contar da sua notificação. §9º Os Tribunais julgarão o recurso no prazo de quarenta e oito horas. §10. Não sendo o feito julgado nos prazos fixados, o pedido pode ser dirigido ao órgão superior, devendo a decisão ocorrer de acordo com o rito definido neste artigo.11. As sanções aplicadas a candidato em razão do descumprimento de disposições desta Lei não se estendem ao respectivo partido, mesmo na hipótese de esse ter se beneficiado da conduta, salvo quando comprovada a sua participação".

Art. 3º da Resolução nº 23.608, de 2019, do Tribunal Superior Eleitoral, com a redação dada pela Resolução nº 23.672, de 2021, do Tribunal Superior Eleitoral

"Art. 3º As representações, as reclamações e os pedidos de direito de resposta poderão, observada a respectiva legitimidade, ser feitos por qualquer partido político, federação de partidos, coligação, candidata e candidato e devem dirigir-se (Lei nº 9.504/1997, arts. 6º-A e 96, caput e I a III; e Lei nº 9.096/1995, art. 11-A, caput e §8º): (Redação dada pela Resolução nº 23.672/2021) I – ao Tribunal Superior Eleitoral, na eleição presidencial; II – aos tribunais regionais eleitorais, nas eleições federais, estaduais e distritais; III – aos juízos eleitorais, na eleição municipal. Parágrafo único. O Ministério Público Eleitoral é parte legítima para propor as representações e reclamações previstas no caput deste artigo.

b) Passiva

Possuem legitimidade para figurar no polo passivo todos aqueles que divulgam pesquisa eleitoral sem o devido registro e *os representantes legais das empresas ou das entidades de pesquisa e dos órgãos veiculadores,* no caso de impugnação a pesquisa eleitoral registrada sem os requisitos legais.

Art. 35 da Lei nº 9.504, de 1997

"Art. 35. Pelos crimes definidos nos arts. 33, §4º e 34, §§2º e 3º, podem ser responsabilizados penalmente os representantes legais da empresa ou entidade de pesquisa e do órgão veiculador".

PARA SEDIMENTAR

"Recurso especial eleitoral. Divulgação de pesquisa de opinião sem o prévio registro perante a Justiça Eleitoral. Aplicação de multa prevista no art. 33, §3º, da Lei nº 9.504/97. Alegação de ilegitimidade passiva. Afastamento. *Aquele que divulga pesquisa irregular está sujeito à sanção do art. 33, §3º, da Lei das Eleições. Precedentes.* Inconstitucionalidade do art. 33 da Lei nº 9.504/97 por ofensa aos arts. 5º e 220 da Constituição Federal. Inexistência. As restrições postas no art. 33 da Lei nº 9.504/97 protegem valores que não estão acobertados pela liberdade de imprensa. Recurso não conhecido. (TSE – Recurso Especial nº 21225, Acórdão de , Relator(a) Min. Luiz Carlos Lopes Madeira, Publicação: DJ – Diário de justiça, Volume 1, Data 17/10/2003, Página 132)".

"RECURSO. REPRESENTAÇÃO. PESQUISA ELEITORAL. REGISTRO. DIVULGAÇÃO. PRELIMINAR DE ILEGITIMIDADE AFASTADA. IRREGULARIDADE NA DIVULGAÇÃO. INEXISTÊNCIA DE PROVA DE QUE HOUVE DESCUMPRIMENTO DE DECISÃO. PROVIMENTO. *Não obstante a realização e registro de pesquisa eleitoral ter sido de outrem, os representados podem ser responsabilizados por eventual irregularidade na veiculação e, assim, constituem parte legítima para figurar no polo passivo da representação.* É descabida a aplicação da multa se a conduta praticada até o momento da divulgação da pesquisa eleitoral era totalmente lícita, haja vista o registro da pesquisa junto à Justiça Eleitoral, tendo o cancelamento de seu registro ocorrido em data posterior ao da postagem, não havendo como se enquadrar a conduta praticada ao preceito contido no §3º do art. 33 da Lei nº 9.504/1997. (TRE-MS – RE nº 360-96, de 20.2.2018, rel. Juiz CEZAR LUIZ MIOZZO)".

6.11.5 Prazos

Recebidas as pesquisas pela Justiça Eleitoral, esta comunicará *em 24 (vinte e quatro) horas* em sua página oficial que os resultados estão disponíveis e poderão ser consultados pelo prazo de *30 (trinta) dias*. Portanto, sendo protocolada a pesquisa junto ao órgão eleitoral responsável, os partidos políticos, candidatos e/ou coligações terão acesso às informações e, caso verifiquem irregularidades, poderão ajuizar Ação de Representação por Pesquisa Eleitoral Irregular. Dessa maneira, ainda que não haja um prazo determinado pela legislação, o TSE sedimentou o entendimento de que, até a data das eleições, poderão os interessados apresentar representação.

PARA SEDIMENTAR

"REPRESENTAÇÃO. PESQUISA ELEITORAL IRREGULAR. 1. A representação relativa à pesquisa eleitoral irregular deve ser formalizada até a data do pleito. Entendimento jurisprudencial do TSE. Precedente. 2. Ausência de violação constitucional, pois o TSE apenas assentou uma condição da ação – interesse de agir – ao estabelecer que as representações referentes à pesquisa eleitoral irregular devem ser ajuizadas até a data das eleições. Precedente do STF. 3. Agravo regimental desprovido. (TSE – Representação nº 425898, Acórdão, Relator(a) Min. Gilmar Ferreira Mendes, Publicação: DJE – Diário de justiça eletrônico, Tomo 186, Data 03/10/2014, Página 27)".

Vale ressaltar que, embora a lei registre a possibilidade de acesso às pesquisas durante *30 (trinta) dias*, dificilmente os interessados se valerão de todo o prazo, haja vista que as pesquisas podem impactar diretamente no resultado. Dessa maneira, é costume que, logo após o acesso às informações e verificadas as irregularidades, seja manejada a ARPEI.

Art. 33, §2º, da Lei nº 9.504, de 1997

"Art.33 [...] §2º A Justiça Eleitoral afixará no prazo de vinte e quatro horas, no local de costume, bem como divulgará em seu sítio na internet, aviso comunicando o registro das informações a que se refere este artigo, colocando-as à disposição dos partidos ou coligações com candidatos ao pleito, os quais a elas terão livre acesso pelo prazo de 30 (trinta) dias".

Contudo, com o advento das federações partidárias, houve necessária adaptação da norma de regência para definir a sua forma de atuação nas consultas aos sistemas internos de controle das empresas que realizam pesquisas eleitorais.

Art. 13 da Resolução nº 23.600, de 2019, do Tribunal Superior Eleitoral, com a redação dada pela Resolução nº 23.676, de 2021, do Tribunal Superior Eleitoral

"Art. 13. Mediante requerimento à Justiça Eleitoral, o Ministério Público, as candidatas e os candidatos, os partidos políticos, as coligações e as federações de partidos poderão ter acesso ao sistema interno de controle, verificação e fiscalização da coleta de dados das entidades e das empresas que divulgarem pesquisas de opinião relativas às candidatas, aos candidatos e às eleições, incluídos os referentes à identificação de entrevistadoras e entrevistadores e, por meio de escolha livre e aleatória de planilhas individuais, mapas ou equivalentes, confrontar e conferir os dados publicados, preservada a identidade das pessoas entrevistadas (Lei nº 9.504/1997, art. 34, §1º). (Redação dada pela Resolução nº 23.676/2021)". §1º Não possuem legitimidade para realizar, isoladamente, o requerimento de que trata o caput deste artigo: (Redação dada pela Resolução nº 23.676/2021) I – o partido político, quando integrante de federação de partidos participantes das eleições ou quando a pesquisa se refira a cargo majoritário para o qual esteja concorrendo de modo coligado, observando-se o disposto no art. 6º, §4º, da Lei nº 9.504/1997; e (Incluído pela Resolução nº 23.676/2021) II – a federação de partidos, quando a pesquisa se refira a cargo majoritário para o qual esteja concorrendo de modo coligado (art. 6º-A da Lei nº 9.504/1997). (Incluído pela Resolução nº 23.676/2021) §2º Além dos dados de que trata o caput, poderá o interessado ter acesso ao relatório entregue ao solicitante da pesquisa e ao modelo do questionário aplicado, para facilitar a conferência das informações divulgadas. §3º O requerimento de que trata o caput tramitará obrigatoriamente no Sistema Processo Judicial Eletrônico (PJe), devendo ser autuado na classe Petição (Pet), com indicação do número de identificação da pesquisa e direcionado: I – nas eleições gerais, ao tribunal eleitoral ao qual compete o registro de candidatura do cargo objeto da pesquisa, distribuindo-se o pedido a um dos juízes auxiliares; II – nas eleições municipais, ao Juízo Eleitoral definido como competente pelo respectivo Tribunal Regional Eleitoral. §4º Deferido o pedido, a empresa responsável pela realização da pesquisa será notificada por meio de mensagem instantânea para disponibilizar o acesso aos documentos solicitados, ressalvada a hipótese de impossibilidade técnica, oportunamente certificada, caso em que se tentará a notificação, sucessivamente, por e-mail e por correspondência. §5º Reputam-se válidas as notificações realizadas nas formas referidas no §4º, respectivamente: I – pela confirmação de entrega ao destinatário da mensagem ou e-mail no endereço informado pela entidade ou empresa, dispensada a confirmação de leitura; II – pela assinatura do aviso de recebimento de pessoa que se apresente como apta ao recebimento de correspondência no endereço informado pela entidade ou empresa. §6º Não será prevista ou adotada notificação simultânea ou de reforço por mais de um meio, somente se passando ao subsequente em caso de frustrada a realizada sob a forma anterior. §7º Considera-se frustrada a notificação apenas quando desatendidos os critérios referidos no §5º deste artigo. §8º Sendo de interesse do requerente, a empresa responsável pela pesquisa encaminhará os dados solicitados para o endereço eletrônico informado, ou por meio da mídia digital fornecida por ele, no prazo de 2 (dois) dias, e, em igual prazo, permitirá seu acesso, ou de representante por ele nomeado, à sede ou à filial da empresa para o exame aleatório das planilhas, dos mapas ou equivalentes, em horário comercial, na forma deferida pela Justiça Eleitoral. §9º O requerente ficará responsável pelo fornecimento de mídia para acesso digital ou pelo custo de reprografia de eventuais cópias físicas das planilhas, dos mapas ou equivalentes que solicitar. §10. As informações das pesquisas realizadas por meio de dispositivos eletrônicos portáteis, de que trata o §8º do art. 2º desta Resolução, ressalvada a identificação dos entrevistados, deverão ser auditáveis e acessíveis no formato eletrônico.

6.11.6 Competência

A competência para julgar a ARPEI será dos juízes eleitorais, nos casos de candidatos a prefeito, vice-prefeito e vereador; do Tribunal Regional Eleitoral, quando se tratar de candidatos a senador, governador, vice-governador, deputado federal, distrital e estadual; e do Tribunal Superior Eleitoral, nos casos de candidatos a presidente e vice-presidente.

6.11.7 Rito Processual

As ações positivadas no art. 96 da Lei das Eleições não possuem um rito processual específico. Contudo a própria norma elucida como deverá ser o processamento da ação.

i. Petição inicial: Conforme sopesado em tópicos pretéritos, o Código de Processo Civil é aplicado subsidiariamente aos procedimentos eleitorais.

ii. Pedido: Resume-se a impedir que as pesquisas sejam publicadas ou, caso já tenham sido, a permitir a retificação, com vistas a evitar maiores prejuízos ao "ofendido".

iii. Trâmite processual: Recebidos os autos (com provas robustas da irregularidade), o demandado será citado para apresentar defesa, no prazo de *48 (quarenta e oito) horas*. Ultrapassado o termo de defesa, o juiz deverá decidir, a contar do protocolo, em *24 (vinte e quatro) horas*.

Convém destacar que, nos termos da Resolução nº 23.608 de 2019, adaptada para o calendário das eleições de 2022, os prazos referentes as representações, as reclamações e aos pedidos de direito de resposta consubstanciados no art. 96 da Lei das Eleições, são ininterruptos e peremptórios e não se suspendem aos sábados, domingos e feriados, entre 15 de agosto e as datas fixadas no calendário eleitoral.

No período de 15 de agosto a 18 de dezembro de 2022, as intimações das partes nas representações fundamentadas no art. 96 da Lei nº 9.504 de 1997, nas reclamações e nos pedidos de direito de resposta serão realizadas pelo mural eletrônico, sendo o marco inicial do prazo a data de publicação, observadas as demais disposições da Resolução nº 23.608 de 2019, com as alterações da Resolução nº 23.672/2021. E, ainda, a intimação do *parquet* neste período será realizada por meio de expediente no Processo Judicial Eletrônico (PJe), o qual marcará a abertura automática e imediata do prazo processual.

6.11.8 Efeitos

Caso a Ação de Representação por Pesquisa Eleitoral Irregular seja julgada procedente, aqueles que divulgaram a pesquisa poderão sofrer as seguintes consequências: *a)* se a pesquisa for publicada sem o registro anterior no órgão eleitoral, deverão pagar multa, que pode variar de 50 (cinquenta) mil a 100 (cem) mil UFIRs (art. 33, §3º, da Lei das Eleições); *b)* tratando-se de pesquisa ilícita (fraudulenta), além da multa, poderão ser punidos com detenção de 6 (seis) meses a 1 (um) ano, em razão de a fraude ser crime (art. 33, §2º, da Lei das Eleições).

6.11.9 Recursos

Da decisão proferida em ARPEI, será cabível *Recurso Inominado,* no prazo de *24 (vinte e quatro) horas,* das decisões dos juízes eleitorais para o Tribunal Regional Eleitoral (art. 96, §8º, da Lei das Eleições); no caso de ação de competência originária de Tribunal Regional Eleitoral, caberá *Recurso Ordinário* para o Tribunal Superior Eleitoral; nos casos de competência originária do TSE, caberá *Recurso Extraordinário,* no prazo de *3 (três) dias,* ao Supremo Tribunal Federal.

Para melhor compreensão dos recursos, convém destacar que o sistema, no direito processual eleitoral, é que os recursos, em regra, não são dotados de efeito suspensivo, ou seja, as decisões proferidas não ficam suspensas até o julgamento final, conforme redação do art. 257 do Código Eleitoral: "os recursos eleitorais não terão efeito suspensivo".

Insta consignar que os prazos recursais para o Ministério Público Eleitoral e para as partes será iniciado na data de publicação do acórdão na sessão de julgamento.

Art. 96 §§5, 7º e 8º, da Lei nº 9.504, de 1997

"Art.96 [...] §4º Os recursos contra as decisões dos juízes auxiliares serão julgados pelo Plenário do Tribunal. §5º Recebida a reclamação ou representação, a Justiça Eleitoral notificará imediatamente o reclamado ou representado para, querendo, apresentar defesa em quarenta e oito horas. §7º Transcorrido o prazo previsto no §5º, apresentada ou não a defesa, o órgão competente da Justiça Eleitoral decidirá e fará publicar a decisão em vinte e quatro horas. §8º Quando cabível recurso contra a decisão, este deverá ser apresentado no prazo de vinte e quatro horas da publicação da decisão em cartório ou sessão, assegurado ao recorrido o oferecimento de contra-razões, em igual prazo, a contar da sua notificação".

Art. 276 do Código Eleitoral

"Art. 276. As decisões dos Tribunais Regionais são terminativas, salvo os casos seguintes em que cabe recurso para o Tribunal Superior: I – especial: a) quando forem proferidas contra expressa disposição de lei; b) quando ocorrer divergência na interpretação de lei entre dois ou mais tribunais eleitorais. II – ordinário: a) quando versarem sôbre expedição de diplomas nas eleições federais e estaduais; b) quando denegarem *habeas corpus* ou mandado de segurança. §1º É de *3 (três) dias* o prazo para a interposição do recurso, contado da publicação da decisão nos casos dos n. I, letras *a* e *b* e n. II, letra *b.* e da sessão da diplomação no caso do n. II, letra *a.* §2º Sempre que o Tribunal Regional determinar a realização de novas eleições, o prazo para a interposição dos recursos, no caso do n. II, a, contar-se-á da sessão em que, feita a apuração das sessões renovadas, fôr proclamado o resultado das eleições suplementares".

Art. 25 da Resolução nº 23.608, de 2019, do Tribunal Superior Eleitoral

"Art. 25. A decisão final proferida por juiz auxiliar nos autos da representação estará sujeita a recurso para o plenário do tribunal eleitoral respectivo, no prazo de 1 (um) dia, assegurado ao recorrido o oferecimento de contrarrazões, em igual prazo, a contar da sua intimação (Lei nº 9.504/1997, art. 96, §§4º e 8º)".

Art. 26 da Resolução nº 23.608, de 2019, do Tribunal Superior Eleitoral

"Art. 26. Do acórdão do tribunal regional eleitoral caberá recurso especial eleitoral para o Tribunal Superior Eleitoral, no prazo de 3 (três) dias, assegurado o oferecimento de contrarrazões pelo recorrido em igual prazo (Lei nº 4.737/1965, art. 276, §1º)".

6.11.10 Resumindo

Fundamentação Legal	Art. 96 da Lei nº 9.504, de 1997
Objetivo	*Visa impedir que as pesquisas irregulares sejam publicadas e afetem a opinião dos eleitores ou, ainda, caso sejam publicadas, oportunizem ao candidato prejudicado a retificação pública quando a informação veiculada não atender aos ditames legais.*
Legitimidade ativa	Art. 96 da Lei nº 9.504, de 1997: "Salvo disposições específicas em contrário desta Lei, as reclamações ou representações relativas ao seu descumprimento podem ser feitas por qualquer partido político, federação partidária, coligação ou candidato". E o Ministério Público.
Prazo	Até o dia da eleição.
Competência	Art. 96 da Lei nº 9.504, de 1997: Tribunal Superior Eleitoral – eleições presidenciais; Tribunal Regional Eleitoral – eleições federais e estaduais; Juízo Eleitoral – eleições municipais.
Se o pedido for julgado procedente	A pesquisa irregular não será veiculada ou, se já tiver sido, será oportunizada a retificação. Ainda, ensejará multa para aqueles que a divulgarem e, a depender do caso, penalidade criminal.

6.12 Ação de Reclamação de Direito de Resposta (ARDP)

6.12.1 Conceito

O direito de resposta surge quando mensagens caluniosas, difamatórias, injuriosas ou inverídicas atingem direta ou indiretamente um candidato. Isso porque imputar crimes a uma pessoa, propagar mentiras, atribuir características negativas ou inventar fatos pode prejudicar um candidato e macular a percepção do eleitor e, por reflexo, o resultado da eleição.

Assim sendo, a Ação de Reclamação de Direito de Resposta (ARDP) é uma medida que tem por desígnio oportunizar ao candidato prejudicado o direito de "se defender" daquilo que lhe foi imputado.

PARA SEDIMENTAR

"ELEIÇÕES 2014. REPRESENTAÇÃO. DIREITO DE RESPOSTA. PROPAGANDA ELEITORAL. ART. 58 DA LEI DAS ELEIÇÕES. CARÁTER OFENSIVO. FATO SABIDAMENTE INVERÍDICO. NÃO CONFIGURAÇÃO. IMPROCEDÊNCIA. 1. Na linha de entendimento do Tribunal Superior Eleitoral, o exercício de direito de resposta, em prol da liberdade de expressão, é de ser concedido excepcionalmente. Viabiliza-se apenas quando for possível extrair, da afirmação apontada como sabidamente inverídica, ofensa de caráter pessoal a candidato, partido ou coligação. 2. O direito de resposta não se presta a rebater a liberdade de expressão e de opinião que são inerentes à crítica política e ao debate eleitoral. 3. O fato sabidamente inverídico a que se refere o art. 58 da Lei nº 9.504/97, para fins de concessão de direito de resposta, é aquele que não demanda investigação, ou seja, deve ser perceptível de plano. 4. Improcedência do pedido. (Representação nº 143175, Acórdão, Relator (a) Min. Admar Gonzaga Neto, Publicação: PSESS – Publicado em Sessão, Data 02/10/2014)".

ELEIÇÕES 2016. OFENSA. CARRO DE SOM. DIREITO DE RESPOSTA. POSSIBILIDADE. FUNDAMENTO CONSTITUCIONAL. PREVALÊNCIA.SÍNTESE DE CASO.1. Trata-se de recurso especial interposto em face de acórdão do Tribunal Regional Eleitoral que, à unanimidade, deu provimento ao recurso e reformou a decisão do Juízo Eleitoral, a fim de julgar improcedente o pedido concessivo de direito de resposta formulado por ofensa ocorrida mediante carro de som, tornando insubsistente, ainda, a multa por descumprimento de ordem judicial, aplicada em primeiro grau e consistente em R$5.320,50.ANÁLISE DO RECURSO ESPECIAL.CORRENTE VENCIDA.2. O legislador, no âmbito da Lei das Eleições, contemplou como meios aptos à concessão de direito de resposta o horário eleitoral gratuito (inciso I), a programação normal de emissoras de rádio e televisão (inciso II), a imprensa escrita (inciso III) e o conteúdo na internet (inciso IV), regulando exaustivamente o tema, com a adoção de prazos e procedimentos distintos em razão de cada ofensa irrogada por tais meios (art. 58, §3º, I e IV, da Lei 9.504/97), não se abrangendo o direito de resposta em face de propaganda realizada por modalidades distintas, notadamente carros de som, alto-falantes, meios sonoros ou por formas diversas de publicidade de campanha.3. Diante da opção legislativa de abandonar o cabimento do direito de resposta por alto-falante, preconizado no Código Eleitoral, o que sinaliza revogação tácita do art. 243, §3º, da Lei 4.737/65, descabe à Justiça Eleitoral acolher a pretensão deduzida, à míngua de expressa previsão legal e com o fito de assegurar o desagravo ao ofendido no âmbito da disputa.CORRENTE VENCEDORA. TESE PREVALECENTE.4. O direito de resposta tem assento constitucional (art. 5º, inciso V, da Carta da República), que assegura a todos os cidadãos da República "o direito de resposta, proporcional ao agravo, além da indenização por dano material, moral ou à imagem", razão pela qual o Estado-Juiz deve empenhar todos os esforços possíveis para assegurar a maior efetividade aos direitos e garantias fundamentais contidos na Carta Magna, realizando interpretação da legislação por meio de filtragem constitucional.5. Em face da densificação direta e imediata da Constituição sobre a matéria, bem como reputando, ainda, a análise do caso concreto e a própria interpretação do caput do art. 58 da Lei das Eleições, é cabível a veiculação de direito de resposta por ofensa irrogada por carro de som.6. Ainda que se trate de meio distinto daqueles elencados no art. 58 da Lei nº 9.504/97, incumbe à Justiça Eleitoral, na hipótese específica de ofensa veiculada por carro de som, assegurar o exercício da referida garantia constitucional, sendo-lhe lícito – e encorajado – que busque na legislação a hipótese normatizada que mais se assemelha à ofensa perpetrada e aquilate, por analogia, o procedimento de reparação do aviltamento da honra do cidadão da República.CONCLUSÃO. Recurso especial a que se nega provimento. (Recurso Especial Eleitoral nº 22274, Acórdão, Relator(a) Min. Sergio Silveira Banhos, Publicação: DJE – Diário de justiça eletrônico, Data 12/11/2019)

ELEIÇÕES 2018. EMBARGOS DE DECLARAÇÃO. REPRESENTAÇÃO. DIREITO DE RESPOSTA. IMPRENSA ESCRITA. INTERNET. PREJUÍZO. JULGAMENTO. POSTERIOR. ELEIÇÃO. 1. Na linha da jurisprudência do TSE "estando o direito de resposta previsto no artigo 58 da Lei nº 9.504/1997, voltado ao equilíbrio da disputa eleitoral, ocorre o prejuízo do pedido, se vier a ser apreciado quando já encerradas as eleições" (REspE nº 6945-25, rel. Min. Marco Aurélio, DJe de 13.9.2011). 2. Representação prejudicada.(Representação nº 060104724, Acórdão, Relator(a) Min. Sergio Silveira Banhos, Publicação: PSESS – Publicado em Sessão, Data 25/10/2018)

ELEIÇÕES 2018. RECURSO INOMINADO. REPRESENTAÇÃO. DIREITO DE RESPOSTA. INSERÇÕES. TELEVISÃO. INEXISTÊNCIA DE AFIRMAÇÃO SABIDAMENTE INVERÍDICA. LIBERDADE DE EXPRESSÃO. DESPROVIMENTO. 1. Na linha de entendimento desta Corte, o exercício do direito de resposta é viável apenas quando for possível extrair, das afirmações apontadas, fato sabidamente inverídico apto a ofender, em caráter pessoal, o candidato, partido ou coligação. Precedente.2. A propaganda eleitoral impugnada foi embasada em notícias veiculadas na imprensa e em entrevistas concedidas pelo próprio candidato recorrente, inclusive com a exibição das manchetes dos jornais na propaganda eleitoral, como forma de demonstrar a origem das informações. 3. Esta Corte já firmou o entendimento de que fatos noticiados na mídia não embasam o pedido de direito de resposta por não configurar fato sabidamente inverídico (Rp nº 1393-63/DF, rel. Min. Admar Gonzaga, PSESS em 2.10.2014). 4. A propaganda impugnada localiza-se na seara da liberdade de expressão, pois enseja crítica política afeta ao período eleitoral. 5. Recurso desprovido.(Representação nº 060142055, Acórdão, Relator(a) Min. Sergio Silveira Banhos, Publicação: PSESS – Publicado em Sessão, Data 05/10/2018)

[...] a liberdade de expressão constitui um dos fundamentos essenciais de uma sociedade democrática e compreende não somente as informações consideradas como inofensivas, indiferentes ou favoráveis, mas também as que possam causar transtornos, resistência, inquietar pessoas, pois a Democracia somente existe baseada na consagração do pluralismo de ideias e pensamentos políticos, filosóficos, religiosos e da tolerância de opiniões e do espírito aberto ao diálogo" (ADI no 4439/DF, rel. Min. Luís Roberto Barroso, rel. p/ ac. Min. Alexandre de Moraes, Tribunal Pleno, DJe de 21.6.2018).

ELEIÇÕES 2018. RECURSO INOMINADO. REPRESENTAÇÃO. PEDIDO DE DIREITO DE RESPOSTA. LIBERDADE DE INFORMAÇÃO E DE OPINIÃO. FORMAÇÃO DO JUÍZO CRÍTICO DOS ELEITORES. RELEVÂNCIA NO PROCESSO DEMOCRÁTICO. DESPROVIMENTO.1. A partir da leitura integral das matérias jornalísticas apontadas como caluniosas e difamatórias, conclui-se que elas consubstanciam o exercício das liberdades constitucionais de informação e de opinião inerentes aos veículos de imprensa, os quais são de alta relevância no processo democrático de formação do juízo crítico dos eleitores.2. A concessão do direito de resposta previsto no art. 58 da Lei das Eleições, além de pressupor a divulgação de mensagem ofensiva ou afirmação sabidamente inverídica reconhecida prima facie ou que extravase o debate político-eleitoral, deve ser concedido de modo excepcional, tendo em vista exatamente a mencionada liberdade de expressão dos atores sociais.3. Com efeito, na linha da jurisprudência desta Corte, "o direito de resposta não se presta a rebater a liberdade de expressão e de opinião, inerentes à crítica política e ao debate eleitoral" (Rp nº 1456-88/DF, rel. Min. Tarcisio Vieira de Carvalho Neto, DJe de 3.10.2014).4. Recurso inominado desprovido. (Representação nº 060094769, Acórdão, Relator(a) Min. Carlos Horbach, Publicação: PSESS – Publicado em Sessão, Data 27/09/2018)

6.12.2 Fundamentação Legal

A previsão legal da Ação de Reclamação de Direito de Resposta consta no art. 58 da Lei nº 9.504, de 1997.

Art. 58 da Lei nº 9.504, de 1997

"Art. 58. A partir da escolha de candidatos em convenção, é assegurado o direito de resposta a candidato, partido ou coligação atingidos, ainda que de forma indireta, por conceito, imagem ou afirmação caluniosa, difamatória, injuriosa ou sabidamente inverídica, difundidos por qualquer veículo de comunicação social".

6.12.3 Natureza Jurídica

A Ação de Reclamação de Direito de Resposta, positivada na Lei das Eleições, tem natureza jurídica de ação condenatória – retificação de informação.

6.12.4 Legitimidade

a) Ativa

A Ação de Reclamação de Direito de Resposta (ARDR), observada a informação irregular, poderá ser proposta por partido político, federação partidária, coligação e candidato (art. 58, Lei nº 9.504, de 1997). Conforme ressaltado na ARPI, é necessário ressaltar que, havendo coligação, exige-se a anuência expressa de todos os partidos.

Art. 58 da Lei nº 9.504, de 1997

"Art. 58. A partir da escolha de candidatos em convenção, é assegurado o direito de resposta a candidato, partido ou coligação atingidos, ainda que de forma indireta, por conceito, imagem ou afirmação caluniosa, difamatória, injuriosa ou sabidamente inverídica, difundidos por qualquer veículo de comunicação social".

PARA SEDIMENTAR

"ELEIÇÕES 2016. AGRAVO REGIMENTAL. RECURSO ESPECIAL. REGISTRO. CANDIDATO A VICE-PREFEITO. ILEGITIMIDADE ATIVA DE PARTIDO POLÍTICO COLIGADO PARA AGIR DE FORMA ISOLADA DURANTE O PROCESSO ELEITORAL. 1. O agravante não atacou os fundamentos da decisão agravada de que no caso incidiriam as Súmulas 27, 28 e 30 desta Corte Superior. Inviabilidade do agravo, a teor da Súmula 26/TSE. 2. Na linha da jurisprudência do Tribunal Superior Eleitoral, o partido político coligado não tem legitimidade para atuar de forma isolada no processo eleitoral, exceto se a impugnação tiver como objeto o questionamento da validade da própria coligação, o que não é o caso dos autos. 3. "Fulminada a impugnação ante o fato de haver sido formalizada por parte ilegítima, descabe o aproveitamento dos dados dela constantes para, de ofício, indeferir-se o registro" (REspe 235-78, red. para o acórdão Min. Marco Aurélio, PSESS em 21.10.2004). Agravo regimental a que se nega provimento. (TSE – Recurso Especial Eleitoral nº 3997, Acórdão, Relator(a) Min. Henrique Neves Da Silva, Publicação: DJE – Diário de justiça eletrônico, Tomo 32, Data 14/02/2017, Página 94-95)".

"RECURSO ESPECIAL. Eleições 2004. Ação de Investigação Judicial Eleitoral. Partido coligado. Ilegitimidade ativa. Provimento. A coligação aperfeiçoa-se com o acordo de vontade das agremiações políticas envolvidas e com a homologação deste pela Justiça Eleitoral. A partir de tal acordo, considera-se que os partidos estão coligados. O partido coligado não possui legitimidade para, isoladamente, propor Investigação Judicial. (TSE – Recurso Especial Eleitoral nº 25015, Acórdão de , Relator(a) Min. Humberto Gomes De Barros, Publicação: DJ – Diário de justiça, Volume 1, Data 30/09/2005, Página 122)".

"RECURSO ESPECIAL. Eleições 2004. Partido coligado. Representação. Ilegitimidade ativa. Agravo Regimental. Partido político coligado não detém legitimidade ativa para, isoladamente, manejar Representação. Nega-se provimento a Agravo Regimental que não afasta os fundamentos da Decisão impugnada. (TSE – Recurso Especial Eleitoral nº 25033, Acórdão de , Relator(a) Min. Humberto Gomes De Barros, Publicação: DJ – Diário de justiça, Volume 1, Data 20/05/2005, Página 112)".

ELEIÇÕES 2018. RECURSO. REPRESENTAÇÃO. DIREITO DE RESPOSTA. PROGRAMA ELEITORAL TRANSMITIDO NO HORÁRIO GRATUITO. ALEGAÇÃO DE OFENSA DIRECIONADA A TERCEIRO NÃO CANDIDATO NO PLEITO. ILEGITIMIDADE ATIVA DA COLIGAÇÃO. DESPROVIMENTO. 1. As afirmações contidas na inicial relatam conteúdos considerados ofensivos e direcionados exclusivamente ao ex-Presidente da República Luiz Inácio Lula da Silva, de modo que a coligação ora recorrente carece de titularidade para ajuizar a presente representação. 2. No plano jurídico do processo eleitoral, o ofendido não assumiu a condição de candidato nas Eleições 2018, inexistindo, portanto, pertinência subjetiva entre ele, a coligação recorrente e o direito invocado para o exercício do direito de resposta. 3. Na verdade, pertence ao terceiro a legitimidade para postular o direito de resposta quando ofendido por programa veiculado no horário eleitoral gratuito, nos termos do art. 17 da Res.-TSE nº 23.547/2017. 4. Ainda que superada a questão processual referente à ilegitimidade ativa da coligação recorrente, não é a hipótese para o exercício do direito de resposta, porquanto o conteúdo da propaganda eleitoral impugnada exterioriza a opinião do candidato representado acerca de um dos cenários relacionados ao momento político atual brasileiro – como a condenação e a prisão do ex-Presidente da República Luiz Inácio Lula da Silva –, por ausência de afirmação caluniosa ou sabidamente inverídica capaz de justificar o direito de resposta. 5. Recurso não provido. (TSE – Representação nº 060110005, Acórdão, Relator(a) Min. Luis Felipe Salomao, Publicação: PSESS – Publicado em Sessão, Data 03/10/2018)

b) Passiva

Possuem legitimidade para figurar no polo passivo *aqueles que veicularam a informação,* uma vez que a retificação deverá ocorrer na mesma forma e/ou local.

PARA SEDIMENTAR

"ELEIÇÕES 2016. OFENSA. CARRO DE SOM. DIREITO DE RESPOSTA. POSSIBILIDADE. FUNDAMENTO CONSTITUCIONAL. PREVALÊNCIA.SÍNTESE DE CASO1. Trata-se de recurso especial interposto em face de acórdão do Tribunal Regional Eleitoral que, à unanimidade, deu provimento ao recurso e reformou a decisão do Juízo Eleitoral, a fim de julgar improcedente o pedido concessivo de direito de resposta formulado por ofensa ocorrida mediante carro de som, tornando insubsistente, ainda, a multa por descumprimento de ordem judicial, aplicada em primeiro grau e consistente em R$5.320,50.ANÁLISE DO RECURSO ESPECIALCORRENTE VENCIDA.2. O legislador, no âmbito da Lei das Eleições, contemplou como meios aptos à concessão de direito de resposta o horário eleitoral gratuito (inciso I), a programação normal de emissoras de rádio e televisão (inciso II), a imprensa escrita (inciso III) e o conteúdo na internet (inciso IV), regulando exaustivamente o tema, com a adoção de prazos e procedimentos distintos em razão de cada ofensa irrogada por tais meios (art. 58, §3º, I e IV, da Lei 9.504/97), não se abrangendo o direito de resposta em face de propaganda realizada por modalidades distintas, notadamente carros de som, alto-falantes, meios sonoros ou por formas diversas de publicidade de campanha.3. Diante da opção legislativa de abandonar o cabimento do direito de resposta por alto-falante, preconizado no Código Eleitoral, o que sinaliza revogação tácita do art. 243, §3º, da Lei 4.737/65, descabe à Justiça Eleitoral acolher a pretensão deduzida, à míngua de expressa previsão legal e com o fito de assegurar o desagravo ao ofendido no âmbito da disputa. CORRENTE VENCEDORA. TESE PREVALECENTE.4. O direito de resposta tem assento constitucional (art. 5º, inciso V, da Carta da República), que assegura a todos os cidadãos da República "o direito de resposta, proporcional ao agravo, além da indenização por dano material, moral ou à imagem", razão pela qual o Estado-Juiz deve empenhar todos os esforços possíveis para assegurar a maior efetividade aos direitos e garantias fundamentais contidos na Carta Magna, realizando interpretação da legislação por meio de filtragem constitucional.5. Em face da densificação direta e imediata da Constituição sobre a matéria, bem como reputando, ainda, a análise do caso concreto e a própria interpretação do caput do art. 58 da Lei das Eleições, é cabível a veiculação de direito de resposta por ofensa irrogada por carro de som.6. Ainda que se trate de meio distinto daqueles elencados no art. 58 da Lei nº 9.504/97, incumbe à Justiça Eleitoral, na hipótese específica de ofensa veiculada por carro de som, assegurar o exercício da referida garantia constitucional, sendo-lhe lícito – e encorajado – que busque na legislação a hipótese normatizada que mais se assemelha à ofensa perpetrada e aquilate, por analogia, o procedimento de reparação do aviltamento da honra do cidadão da República.CONCLUSÃORecurso especial a que se nega provimento. (TSE – Recurso Especial Eleitoral nº 22274, Acórdão, Relator(a) Min. Sergio Silveira Banhos, Publicação: DJE – Diário da justiça eletrônica, Data 12/11/2019)".

AGRAVO REGIMENTAL. RECURSO ESPECIAL. ELEIÇÕES 2016. PROPAGANDA ELEITORAL NEGATIVA. FACEBOOK. ANONIMATO. INEXISTÊNCIA. MULTA DO ART. 57-D DA LEI 9.504/97. INAPLICABILIDADE. PROVIMENTO. REFORMA DA DECISÃO AGRAVADA. RESTABELECIMENTO DO ACÓRDÃO REGIONAL.1. Nos termos do art. 57-D da Lei 9.504/97, "é livre a manifestação do pensamento, vedado o anonimato durante a campanha eleitoral, por meio da rede mundial de computadores – Internet", sujeitando-se o infrator à pena de multa de R$5.000,00 a R$30.000,00.2. Na espécie, não sendo anônima a postagem de vídeo em página da rede social Facebook (na qual se veiculou vídeo em tese ofensivo a candidato), descabe sancionar o agravante com base no referido dispositivo, impondo-se a manutenção do aresto a quo.3. A inaplicabilidade do referido dispositivo a manifestações cuja autoria é sabida não significa permitir que se veicule propaganda ofensiva à honra de candidatos, havendo previsão de outras medidas judiciais para cessar o ilícito, a exemplo do direito de resposta (art. 58 da Lei 9.504/97).4. Agravo regimental provido para, reformando-se a decisão monocrática, restabelecer o acórdão do TER/MG e, por conseguinte, a improcedência dos pedidos. (TSE – Recurso Especial Eleitoral nº 7638, Acórdão, Relator(a) Min. Jorge Mussi, Publicação: DJE – Diário de justiça eletrônico, Tomo 62, Data 02/04/2018, Página 79)".

"ELEIÇÕES 2012. PROPAGANDA ELEITORAL ANTECIPADA. INTERNET. FACEBOOK. CONTA PESSOAL. LIBERDADE. MANIFESTAÇÃO DO PENSAMENTO. PROVIMENTO. 1. A utilização dos meios de divulgação de informação disponíveis na internet é passível de ser analisada pela Justiça Eleitoral para efeito da apuração de irregularidades eleitorais, seja por intermédio dos sítios de relacionamento interligados em que o conteúdo é multiplicado automaticamente em diversas páginas pessoais, seja por meio dos sítios tradicionais de divulgação de informações. 2. A atuação da Justiça Eleitoral deve ser realizada com a menor interferência possível no debate democrático. 3. As manifestações identificadas dos eleitores na internet, verdadeiros detentores do poder democrático, somente são passíveis de limitação quando ocorrer ofensa à honra de terceiros ou divulgação de fatos sabidamente inverídicos. 4. A propaganda eleitoral antecipada por meio de manifestações dos partidos políticos ou de possíveis futuros candidatos na internet somente resta caracterizada quando há propaganda ostensiva, com pedido de voto e referência expressa à futura candidatura, ao contrário do que ocorre em relação aos outros meios de comunicação social nos quais o contexto é considerado. 5. Não tendo sido identificada nenhuma ofensa à honra de terceiros, falsidade, utilização de recursos financeiros, públicos ou privados, interferência de órgãos estatais ou de pessoas jurídicas e, sobretudo, não estando caracterizado ato ostensivo de propaganda eleitoral, a livre manifestação do pensamento não pode ser limitada. 6. Hipótese em que o Prefeito utilizava sua página pessoal para divulgação de atos do seu governo, sem menção à futura candidatura ou pedido expresso de voto. Recurso provido para julgar improcedente a representação. (TSE – Recurso Especial Eleitoral nº 2949, Acórdão, Relator(a) Min. Henrique Neves Da Silva,

Publicação: RJTSE – Revista de jurisprudência do TSE, Volume 25, Tomo 3, Data 05/08/2014, Página 153)".

ELEIÇÕES 2018. RECURSO. REPRESENTAÇÃO. DIREITO DE RESPOSTA. PROGRAMA NORMAL DAS EMISSORAS DE TELEVISÃO. PRELIMINARES REJEITADAS. ENTREVISTA JORNALÍSTICA COM CANDIDATA. OFENSA. FATOS CALUNIOSOS E INVERÍDICOS. DIREITO À TUTELA DA HONRA E IMAGEM. LIBERDADE DE EXPRESSÃO E IMPRENSA. CONFLITO ENTRE BENS JURÍDICOS. DEBATE DEMOCRÁTICO. RAZOABILIDADE E PREPONDERÂNCIA DO INTERESSE PÚBLICO. NÃO JUSTIFICADA A HIPÓTESE EXCEPCIONAL PARA O EXERCÍCIO DO DIREITO DE RESPOSTA. NÃO PROVIMENTO. 1. Afastada as preliminares suscitadas referentes à incompetência da Justiça especializada para julgar a representação, uma vez que os veículos de comunicação e os eleitores em geral estão submetidos à jurisdição eleitoral quando suas ações são potencialmente lesivas a candidatos, coligações ou partidos políticos. 2. A empresa de comunicação possui legitimidade passiva, porquanto "em se tratando de pedido de direito de resposta que se originou por meio de matéria veiculada em jornal cuja ofensa é atribuída a terceiro, é recomendável que o veículo de comunicação figure na relação processual, a fim de lhe assegurar a ampla defesa, além do que, tal providência objetiva que ele assuma sua responsabilidade quanto à veiculação de matérias que possam ter repercussão no pleito" (Respe nº 24387/RJ, rel. Min. Carlos Eduardo Caputo Bastos, DJ de 16.9.2005).3. Não se sustenta a preliminar relacionada à impossibilidade jurídica do pedido, porquanto o direito de resposta quando decorrente de ofensa veiculada em programação normal das emissoras de rádio e televisão – como alegadamente na hipótese dos autos –, caso deferido, será realizado no mesmo veículo de comunicação, no mesmo espaço, bem como no mesmo horário. Assim, é legítimo assentar que o direito de resposta também possa ser exercido por essa mesma via.4. O exercício do direito de resposta, além de pressupor a divulgação de mensagem ofensiva ou afirmação sabidamente inverídica, reconhecida prima facie ou que extravase o debate político-eleitoral, deve ser concedido excepcionalmente, tendo em vista a liberdade de expressão dos atores sociais envolvidos.5. Na espécie, onde a representada manifesta sua opinião sobre fatos amplamente noticiados, deve prevalecer o interesse público e a liberdade de expressão no debate democrático, os quais não abarcam somente as opiniões inofensivas ou favoráveis, mas também aquelas que possam causar transtorno ou inquietar pessoas, pois a democracia se assenta no pluralismo de ideias e pensamentos (ADI no 4439/DF, rel. Min. Luís Roberto Barroso, red. p/ ac. Min. Alexandre de Moraes, Tribunal Pleno, Dje de 21.6.2018).6. O princípio da razoabilidade e da preponderância do interesse público são dois nortes relevantes para o julgador, em cada caso submetido ao seu exame, o que leva a concluir, no caso em julgamento, pela deferência à liberdade de expressão e de imprensa, agasalhadas nos arts 5º, IV, e 220 da Constituição Federal, não justificada a hipótese excepcional para o exercício de direito de resposta.7. Ressalva de fundamentação da douta maioria, que considera apenas o fato de já haver a representante exercido a contento o direito de resposta pleiteado nos autos, pois oportunizado espontaneamente pela emissora recorrida, por meio da leitura de nota produzida pela própria recorrente, em espaço e horário equivalentes ao que foi utilizado para articular as alegadas ofensas.8. Recurso desprovido. (Representação nº 060104809, Acórdão, Relator(a) Min. Luis Felipe Salomao, Publicação: PSESS – Publicado em Sessão, Data 25/09/2018)

6.12.5 Prazos

Desde o momento da escolha dos candidatos – convenções partidárias –, é assegurado o direito de resposta aos candidatos, partidos, federações partidárias e coligações. A partir do momento em que a ofensa é veiculada, o "ofendido" ou seu representante legal possui: *a*) *24 (vinte e quatro) horas* se a ofensa foi veiculada no horário eleitoral gratuito; b) *48 (quarenta e oito) horas* se for em programação normal das emissoras de rádio e TV; c) *72 (setenta e duas) horas*, se em impressos; d) a qualquer tempo, se o conteúdo estiver na internet, ou *72 (setenta e duas) horas* de sua retirada. É o que comanda a Lei nº 9.504, de 1997.

Art. 58, §1º, da Lei nº 9.504, de 1997

"Art. 58. A partir da escolha de candidatos em convenção, é assegurado o direito de resposta a candidato, partido ou coligação atingidos, ainda que de forma indireta, por conceito, imagem ou afirmação caluniosa, difamatória, injuriosa ou sabidamente inverídica, difundidos por qualquer veículo de comunicação social. §1º O ofendido, ou seu representante legal, poderá pedir o exercício do direito de resposta à Justiça Eleitoral nos seguintes prazos, contados a partir da veiculação da ofensa: I – vinte e quatro horas, quando se tratar do horário eleitoral gratuito; II – quarenta e oito horas, quando se tratar da programação normal das emissoras de rádio e televisão; III – setenta e duas horas, quando se tratar de órgão da imprensa escrita. IV – a qualquer tempo, quando se tratar de conteúdo que esteja sendo divulgado na internet, ou em 72 (setenta e duas) horas, após a sua retirada".

Importante assinalar que, caso a ofensa ocorra em dia e hora que inviabilizem sua reparação nos prazos previstos no art. 58 da Lei das Eleições, a Justiça Eleitoral determinará o horário da resposta.

Art. 58, §4º, da Lei nº 9.504, de 1997

"Art. 58. A partir da escolha de candidatos em convenção, é assegurado o direito de resposta a candidato, partido ou coligação atingidos, ainda que de forma indireta, por conceito, imagem ou afirmação caluniosa, difamatória, injuriosa ou sabidamente inverídica, difundidos por qualquer veículo de comunicação social [...]
§4º Se a ofensa ocorrer em dia e hora que inviabilizem sua reparação dentro dos prazos estabelecidos nos parágrafos anteriores, a resposta será divulgada nos horários que a Justiça Eleitoral determinar, ainda que nas quarenta e oito horas anteriores ao pleito, em termos e forma previamente aprovados, de modo a não ensejar tréplica".

PARA SEDIMENTAR

"RECLAMAÇÃO. ART. 97 DA LEI Nº 9.504/97. PEDIDO DE DIREITO DE RESPOSTA. TRIBUNAL REGIONAL ELEITORAL. PRAZOS. LEI Nº 9.504/97. DESCUMPRIMENTO. 1. O art. 47 da Res.-TSE nº 23.398 dispõe que é cabível representação em face de órgão da Justiça Eleitoral que descumprir as disposições da referida resolução ou der causa a seu descumprimento, inclusive quanto aos prazos processuais; nesse caso, ouvido o representado em 24 (vinte e quatro) horas, o Tribunal ordenará a observância ao procedimento que explicitar, sob pena de incorrer o juiz em desobediência (Lei nº 9.504/97, art. 97, caput). 2. Ainda que se reconheça a apresentação dos expedientes processuais pela autora, no âmbito de processo em curso na Corte de origem, evidencia-se demasiada extrapolação dos prazos legais definidos na Lei das Eleições, no que tange ao processamento de pedido de direito de resposta. 3. "Encerrado o período eleitoral, restam prejudicados os pedidos de direito de resposta, sem prejuízo de o interessado recorrer às vias próprias para buscar eventual indenização que entenda cabível" (AgR-Respe nº 14820, de minha relatoria, DJE de 1º.7.2013). No mesmo sentido: Recurso Especial nº 694525, rel. Min. Marco Aurélio, DJE de 13.9.2011. Reclamação julgada procedente. (Reclamação nº 159710, Acórdão, Relator(a) Min. Henrique Neves Da Silva, Publicação: PSESS – Publicado em Sessão, Data 11/11/2014)".

"ELEIÇÕES 2014. RECURSO EM REPRESENTAÇÃO. PROPAGANDA ELEITORAL. INTERNET. FAVORECIMENTO DE CANDIDATOS À PRESIDÊNCIA E VICE-PRESIDÊNCIA DA REPÚBLICA. RESPONSABILIDADE. PRÉVIO CONHECIMENTO. NÃO DEMONSTRADOS. INCIDÊNCIA DA MULTA PREVISTA NO ART. 57-C, §2º, DA LEI Nº 9.504/97. IMPOSSIBILIDADE. DESPROVIMENTO. 1. Segundo o entendimento deste Tribunal, o prazo de 24 horas a que alude o art. 96, §8º, da Lei nº 9.504/97 pode ser convertido em um dia. Precedentes. 2. Por não ter sido comprovada a responsabilidade, nem demonstrado o prévio conhecimento dos recorridos pelo conteúdo divulgado por meio de postagem de link em página de rede social (Facebook), não se aplica, in casu, a multa prevista no §2º do art. 57-C da Lei nº 9.504/97. 3. Recurso a que se nega provimento. (Representação nº 180154, Acórdão, Relator(a) Min. Maria Thereza Rocha De Assis Moura, Publicação: DJE – Diário de justiça eletrônico, Tomo 57, Data 24/03/2015, Página 164/165)".

6.12.6 Competência

A competência para julgar a ARDR será dos juízes eleitorais, nos casos de candidatos a prefeito, vice-prefeito e vereador; do Tribunal Regional Eleitoral, quando se tratar de candidatos a senador, governador, vice-governador, deputado federal, distrital e estadual; e do Tribunal Superior Eleitoral, nos casos de candidatos a presidente e vice-presidente.

No âmbito dos Tribunais Regionais e do Tribunal Superior Eleitoral, são designados juízes auxiliares para, durante o período eleitoral, atuarem no julgamento das representações fundadas no art. 96 da Lei de Eleições.

6.12.7 Rito Processual

i. Petição inicial: Por não existir um código de processo eleitoral que trate das formalidades a serem observas nas petições eleitorais, e não albergando matéria criminal, deverá o petitório inicial adequar-se aos ditames do art. 319 do Código de Processo Civil, naquilo que não for de encontro às normas eleitorais.

ii. Pedido: Resume-se a permitir a retificação das informações veiculadas com vistas a diminuir os prejuízos suportados pelo "prejudicado". Conforme o art. 4º da Resolução nº 23.608/2019 do Tribunal Superior Eleitoral, *é incabível a cumulação de pedido de direito de resposta com pedido de aplicação de multa por propaganda eleitoral irregular, ainda que diga respeito aos mesmos fatos, sob pena de indeferimento da petição inicial.*

iii. Trâmite processual: Recebidos os autos, o requerido será citado para apresentar defesa, no prazo de *24 (vinte e quatro) horas*. Ultrapassado o prazo de defesa, o juiz deverá decidir, a contar do protocolo da defesa, em *72 (setenta e duas) horas.*

Ainda quanto ao rito processual, devem ser observados os pontos alinhavados na tabela seguinte:

Art. 51, §3º da Lei nº 9.504, de 1997			
Ofensa Impressa Escrita	Ofensa Programação normal das emissoras de rádio e de televisão	Ofensa Horário Eleitoral Gratuito	Ofensa Programação Eleitoral na Internet
Art. 58, inciso I **a) o pedido deverá ser instruído com um exemplar da publicação e o texto para resposta;**	Art. 58, inciso II a) a Justiça Eleitoral, à vista do pedido, deverá notificar imediatamente o responsável pela emissora que realizou o programa para que entregue em vinte e quatro horas, sob as penas do art. 347 da Lei nº 4.737, de 15 de julho de 1965 – Código Eleitoral, cópia da fita da transmissão, que será devolvida após a decisão;	Art. 58, inciso III a) o ofendido usará, para a resposta, tempo igual ao da ofensa, nunca inferior, porém, a um minuto;	Art. 58, inciso IV a) deferido o pedido, o usuário ofensor deverá divulgar a resposta do ofendido em até quarenta e oito horas após sua entrega em mídia física, e deverá empregar nessa divulgação o mesmo impulsionamento de conteúdo eventualmente contratado nos termos referidos no art. 57-C desta Lei e o mesmo veículo, espaço, local, horário, página eletrônica, tamanho, caracteres e outros elementos de realce usados na ofensa;
b) deferido o pedido, a divulgação da resposta dar-se-á no mesmo veículo, espaço, local, página, tamanho, caracteres e outros elementos de realce usados na ofensa, em até quarenta e oito horas após a decisão ou, tratando-se de veículo com periodicidade de circulação maior que quarenta e oito horas, na primeira vez em que circular;	b) o responsável pela emissora, ao ser notificado pela Justiça Eleitoral ou informado pelo reclamante ou representante, por cópia protocolada do pedido de resposta, preservará a gravação até a decisão final do processo;	b) a resposta será veiculada no horário destinado ao partido ou coligação responsável pela ofensa, devendo necessariamente dirigir-se aos fatos nela veiculados;	b) a resposta ficará disponível para acesso pelos usuários do serviço de internet por tempo não inferior ao dobro em que esteve disponível a mensagem considerada ofensiva;
c) por solicitação do ofendido, a divulgação da resposta será feita no mesmo dia da semana em que a ofensa foi divulgada, ainda que fora do prazo de quarenta e oito horas;	c) deferido o pedido, a resposta será dada em até quarenta e oito horas após a decisão, em tempo igual ao da ofensa, porém nunca inferior a um minuto;	c) se o tempo reservado ao partido ou coligação responsável pela ofensa for inferior a um minuto, a resposta será levada ao ar tantas vezes quantas sejam necessárias para a sua complementação;	c) os custos de veiculação da resposta correrão por conta do responsável pela propaganda original.

d) se a ofensa for produzida em dia e hora que inviabilizem sua reparação dentro dos prazos estabelecidos nas alíneas anteriores, a Justiça Eleitoral determinará a imediata divulgação da resposta;		d) deferido o pedido para resposta, a emissora geradora e o partido ou coligação atingidos deverão ser notificados imediatamente da decisão, na qual deverão estar indicados quais os períodos, diurno ou noturno, para a veiculação da resposta, que deverá ter lugar no início do programa do partido ou coligação;	
e) o ofensor deverá comprovar nos autos o cumprimento da decisão, mediante dados sobre a regular distribuição dos exemplares, a quantidade impressa e o raio de abrangência na distribuição		e) o meio magnético com a resposta deverá ser entregue à emissora geradora, até trinta e seis horas após a ciência da decisão, para veiculação no programa subsequente do partido ou coligação em cujo horário se praticou a ofensa;	
		f) se o ofendido for candidato, partido ou coligação que tenha usado o tempo concedido sem responder aos fatos veiculados na ofensa, terá subtraído tempo idêntico do respectivo programa eleitoral; tratando-se de terceiros, ficarão sujeitos à suspensão de igual tempo em eventuais novos pedidos de resposta e à multa no valor de duas mil a cinco mil UFIR.	

Convém destacar que os processos de direito de resposta terão preferência sobre os demais processos em trâmite na Justiça Eleitoral.

6.12.8 Efeitos

Caso a Ação de Reclamação de Direito de Resposta seja julgada procedente, o "ofendido" terá o direito de resposta concedido, de forma semelhante à que a ofensa foi veiculada, como sopesado no tópico acima. O não cumprimento integral ou parcial da decisão que conceder o direito de resposta ensejará em multa de 5 mil (cinco) a 15 (quinze) mil UFIRs, sem prejuízo da cominação legal do art. 347 do Código Eleitoral.

Art. 58, §8º da Lei nº 9.504, de 1997

"Art. 58 [...] §8º O não-cumprimento integral ou em parte da decisão que conceder a resposta sujeitará o infrator ao pagamento de multa no valor de cinco mil a quinze mil UFIR, duplicada em caso de reiteração de conduta, sem prejuízo do disposto no art. 347 da Lei nº 4.737, de 15 de julho de 1965 – Código Eleitoral".

Art. 347 do Código Eleitoral

"Art. 347. Recusar alguém cumprimento ou obediência a diligências, ordens ou instruções da Justiça Eleitoral ou opor embaraços à sua execução: Pena – detenção de três meses a um ano e pagamento de 10 a 20 dias-multa".

6.12.9 Recursos

Da decisão proferida em ARDR, será cabível recurso, no prazo de *24 (vinte e quatro) horas*, às instâncias superiores, ressalvados os casos previstos no art. 58, §3º, alíneas *d* e *e*, da Lei das Eleições.

Art. 58, §§5º, 6º, 7º da Lei nº 9.504, de 1997

"Art. 58 [...] §5º Da decisão sobre o exercício do direito de resposta cabe recurso às instâncias superiores, em vinte e quatro horas da data de sua publicação em cartório ou sessão, assegurado ao recorrido oferecer contra-razões em igual prazo, a contar da sua notificação. §6º A Justiça Eleitoral deve proferir suas decisões no prazo máximo de vinte e quatro horas, observando-se o disposto nas alíneas d e e do inciso III do §3º para a restituição do tempo em caso de provimento de recurso. §7º A inobservância do prazo previsto no parágrafo anterior sujeita a autoridade judiciária às penas previstas no art. 345 da Lei nº 4.737, de 15 de julho de 1965 – Código Eleitoral".

6.12.10 Resumindo

Fundamentação Legal	**Art. 58 da Lei nº 9.504, de 1997.**
Objetivo	Visa oportunizar que o candidato, partido ou coligação se pronuncie acerca de inverdades veiculadas em seu desfavor.
Legitimidade ativa	Art. 58 da Lei nº 9.504, de 1997: *Partido político, federação partidária, coligação e candidato.*
Prazo	A partir do momento em que a ofensa é veiculada: a) *24 horas* se a ofensa foi veiculada no horário eleitoral gratuito; b) *48 horas*, se for em programação normal das emissoras de rádio e TV; c) *72 horas*, se em impressos; d) *a qualquer tempo*, se o conteúdo estiver na internet, ou *72 horas* de sua retirada.
Competência	Art. 96 da Lei nº 9.504, de 1997: Tribunal Superior Eleitoral – eleições presidenciais; Tribunal Regional Eleitoral – eleições federais e estaduais; Juízo Eleitoral – eleições municipais.
Se o pedido for julgado procedente	O "ofendido" terá o direito de resposta concedido, de forma semelhante à que a ofensa foi veiculada.

6.13 Consulta

6.13.1 Conceito

Uma das funções da Justiça Eleitoral é a consultiva, por meio da qual os órgãos se posicionam em face de situações que possam acarretar imprecisões de interpretação das normas ou, ainda, respondem a questões de cunho geral que de alguma maneira atinjam a esfera eleitoral, desde que não se trate de casos concretos.

PARA SEDIMENTAR

"CONSULTA. EMENDA CONSTITUCIONAL Nº 91/2016. REGRA TEMPORÁRIA. SITUAÇÃO CONCRETA. NÃO CONHECIMENTO. 1. As respostas às consultas endereçadas ao Tribunal Superior Eleitoral se inserem na atividade administrativa eleitoral desta Justiça Especializada e visam esclarecer dúvidas sobre a legislação eleitoral para eleições vindouras, como forma de orientar o administrado e os próprios órgãos da Justiça Eleitoral. 2. Na hipótese, o consulente indaga questão relacionada à aplicação de emenda constitucional cujo prazo de incidência já transcorreu. Assim, eventual resposta à indagação formulada no presente caso não visaria à orientação sobre atos futuros, mas à análise sobre situações pretéritas não submetidas ao rito do contraditório, que, ademais, são passíveis de ser concretamente identificadas. Consulta não conhecida. (Consulta nº 9905, Acórdão, Relator(a) Min. Henrique Neves Da Silva, Publicação: DJE – Diário de justiça eletrônico, Tomo 88, Data 09/05/2016, Página 173/174)".

"CONSULTA. UTILIZAÇÃO DE TELEMARKETING. RESOLUÇÃO-TSE Nº 23.404/2014. DUPLA FUNDAMENTAÇÃO. QUESTIONAMENTOS ACERCA DE REGULAMENTAÇÃO DO PLEITO PASSADO. CASO CONCRETO. MATÉRIA JÁ APRECIADA PELO TRIBUNAL SUPERIOR ELEITORAL. NÃO CONHECIMENTO. 1. Como o objeto da consulta refere-se à interpretação de artigo de resolução que disciplinou o pleito passado, qualquer resposta aos questionamentos formulados tratará de situação já consolidada no tempo por meio de decisão proferida em caso concreto ou eventualmente pendente de recurso para a instância superior, tornando inviável o conhecimento da presente consulta. 2. O TSE, em outras consultas de conteúdo similar, já se pronunciou pela vedação do uso de telemarketing ativo. 3. Consulta não conhecida. (Consulta nº 39816, Acórdão, Relator(a) Min. Maria Thereza Rocha De Assis Moura, Publicação: DJE – Diário de justiça eletrônico, Tomo 37, Data 24/02/2016, Página 81)".

"Consulta. Senadoras e deputadas federais. Incentivo à participação feminina na política. Distribuição dos recursos do fundo especial de financiamento de campanha (FEFC) e do tempo de propaganda eleitoral gratuita no rádio e na TV. Proporcionalidade. Art. 10, §3º, da Lei nº 9.504/1997. Mínimo legal de 30% de candidaturas por gênero. Aplicabilidade. Fundamentos. Adi 5617. STF. Eficácia transcendente. Papel institucional da justiça eleitoral. Protagonismo. Práticas afirmativas. Fortalecimento. Democracia interna dos partidos. Quesitos respondidos afirmativamente. [...] Do conhecimento da presente consulta 2. O conhecimento de consulta no TSE está condicionado à presença cumulativa de três requisitos: (i) pertinência do tema (matéria eleitoral), (ii) formulação em tese e (iii) legitimidade do consulente, devidamente preenchidos na espécie. 3. Conquanto a temática em exame diga com estruturação de novos paradigmas políticos, jurídicos e culturais intrapartidários, mediante a consolidação da democracia interna dos partidos políticos, observada a eficácia horizontal dos direitos fundamentais para a garantia da igualdade material entre as candidaturas femininas e masculinas, inevitável que os seus reflexos afetem diretamente o processo eleitoral, a atrair a competência da Justiça Eleitoral para sua apreciação. Precedentes. 4. Precisamente por isso, ao conteúdo em questionamento não se deve atribuir o tratamento de 'típica hipótese de matéria interna corporis dos partidos políticos', mediante o estrito exercício da autonomia a eles conferida pelo art. 17, §1º, da Constituição Federal. Antes, cumpre à Justiça Eleitoral, chamada ao enfrentamento da questão, dirimi-la à luz dos cânones normativos, legais e constitucionais que circundam a matéria, sem descurar do contexto sociopolítico atual brasileiro. [...]"(Ac. de 22.5.2018 na CTA nº 60025218, rel. Min. Rosa Weber.)

"Consulta. Partido político. Cláusula de desempenho. EC 97/2017. Incidência. Eleições 2018. 1. O Diretório Nacional do Partido Social Democrata Cristão (PSDC) questiona: 'a partir de que eleição para a Câmara dos Deputados será aplicada a cláusula de barreira, também designada cláusula de desempenho, instituída pela Emenda Constitucional 97/2017?". Regra de transição. Eleições 2018, 2022 e 2026. Art. 3º, caput e parágrafo único, I, II e III, da EC 97/2017. Aplicação imediata. Ausência. Vacatio legis. Observância. Princípio da anualidade. 2. A EC 97/2017, ao alterar o §3º do art. 17 da CF/88 e prever cláusula de desempenho para acesso ao Fundo Partidário e à propaganda gratuita no rádio e televisão, estabeleceu níveis de gradação quanto aos requisitos a serem preenchidos pelas legendas, culminando, a partir das Eleições 2030, na observância de um dos pressupostos a seguir: a) obter na eleição na Câmara dos Deputados no mínimo 3% dos votos válidos, distribuídos em um terço das unidades da Federação, com ao menos 2% desses votos em cada uma delas; ou b) eleger no mínimo quinze Deputados Federais, distribuídos em pelo menos um terço das unidades da Federação. 3. Considerando que os incisos I, II e III do parágrafo único do art. 3º da EC 97/2017 estabelecem três gradações transitórias da cláusula de desempenho antes das Eleições 2030, tais regras se aplicam já a partir das Eleições 2018 (inciso I), passando pelas Eleições 2022 (inciso II) e pelas Eleições 2026 (III), vindo a incidir, nas Eleições 2030, os percentuais e quantitativos previstos no art. 17, §3º, da CF/88. 4. Em outras palavras, caso tais regras tivessem início apenas com o desempenho partidário nas Eleições 2022, a cláusula de barreira não estaria integralmente consolidada nas Eleições 2030 (termo final definido no caput do art. 3º da EC 97/2017).5. Acrescente-se que a EC 97/2017 entrou em vigor faltando mais de um ano para as Eleições 2018, inexistindo óbice formal à sua aplicação (art. 16 da CF/88; princípio da anualidade), e, ademais, sem período de vacatio legis. Conclusão. Enunciado. EC 97/2017. Aplicabilidade. 6. Consulta respondida nos termos do enunciado a seguir: a cláusula de desempenho instituída pela EC 97/2017 – que alterou o art. 17, §3º, da CF/88 para estabelecer critérios de acesso dos partidos políticos ao Fundo Partidário e à propaganda gratuita no rádio e televisão – aplica-se a partir das Eleições 2018 para a legislatura de 2019-2022 na Câmara dos Deputados". (Ac de 18.12.2018 na CTA 060412730, rel. Min. Jorge Mussi.)

CONSULTA. INELEGIBILIDADE REFLEXA. QUESTIONAMENTO. AUSÊNCIA DE ESPECIFICIDADE. LACUNAS. INTEGRALIZAÇÃO. PRESUNÇÃO. INVIABILIDADE.

NÃO CONHECIMENTO.1. A presente consulta foi formulada com o seguinte questionamento: se é possível "ex-genro de atual gestor em segundo mandato, poder ser candidato ao Cargo eletivo do executivo municipal, mormente quando já se encontra separado de fato e de direito da filha do então prefeito, há mais de 2 anos".2. Nos termos do art. 23, XII, do Código Eleitoral, compete ao Tribunal Superior Eleitoral responder, sobre matéria eleitoral, às consultas que lhe forem feitas em tese por autoridade com jurisdição federal ou órgão nacional de partido político. In casu, foram preenchidos os requisitos da legitimidade e do viés eleitoral.3. Da pergunta não se pode extrair se a separação ocorreu no decorrer do primeiro ou do segundo mandato, apenas que perdura há mais de 2 (dois) anos e, ainda, não se pode depreender se já houve a extinção da união conjugal por meio do divórcio ou separação judicial transitada em julgado. Tais especificidades repercutem diretamente na incidência da apontada inelegibilidade reflexa. 4. Evidenciada a ausência de clareza e de objetividade na indagação proposta, exigida para o enfrentamento da questão no âmbito desta Corte Superior, é inviável o conhecimento da presente consulta, por comportar mais de uma interpretação. Precedentes.5. Consulta não conhecida. (Consulta nº 060009256, Acórdão, Relator(a) Min. Tarcisio Vieira De Carvalho Neto, Publicação: DJE – Diário de justiça eletrônico, Tomo 164, Data 26/08/2019

6.13.2 Fundamentação Legal

A previsão legal da Consulta consta no art. 23, inciso XII, e no art. 30, inciso VIII, do Código Eleitoral, sendo que o primeiro se refere às consultas no âmbito do TSE e o segundo no âmbito regional.

Art. 23, inciso XII, do Código Eleitoral

"Art. 23 – Compete, ainda, privativamente, ao Tribunal Superior, [...] XII – responder, sobre matéria eleitoral, às consultas que lhe forem feitas em tese por autoridade com jurisdição, federal ou órgão nacional de partido político; [...]".

Art. 30, inciso VIII, do Código Eleitoral

"Art. 30. Compete, ainda, privativamente, aos Tribunais Regionais: [...] VIII – responder, sobre matéria eleitoral, às consultas que lhe forem feitas, em tese, por autoridade pública ou partido político".

6.13.3 Natureza Jurídica

Como o próprio nome aduz, a Consulta é tão somente um pedido de esclarecimento, uma busca de informações, visto que não tem o condão de impedir uma ação judicial, tampouco faz qualquer vinculação para apreciação de casos concretos, consubstanciando-se em mera orientação que os tribunais realizam quando provocados.

Contudo, com o advento da Lei nº 13.655/2018, que deu nova redação à lei de introdução às normas do Direito brasileiro, o Tribunal Superior Eleitoral, em alguns julgados, manifestou que as consultas respondidas, ainda que não versassem sobre casos concretos, vinculariam situações posteriores

Art. 30, da LINDB

"Art. 30. As autoridades públicas devem atuar para aumentar a segurança jurídica na aplicação das normas, inclusive por meio de regulamentos, súmulas administrativas e respostas a consultas. (Incluído pela Lei nº 13.655, de 2018)

Parágrafo único. Os instrumentos previstos no caput deste artigo terão caráter vinculante em relação ao órgão ou entidade a que se destinam, até ulterior revisão. (Incluído pela Lei nº 13.655, de 2018)".

Logo, em 1º.07.2016, ao apreciar a Consulta nº 23854, de relatoria da Ministra Luciana Lóssio, o Tribunal Superior Eleitoral expressamente consignou então sedimentada posição de que *a função consultiva da Justiça Eleitoral não possui caráter vinculante – já que as respostas são sempre em tese – e visa apenas, orientar os atores do processo eleitoral.* O mesmo entendimento foi externado no julgamento da CTA nº 0600010-59, em 1º.03.2018, de relatoria do Ministro Tarcisio Vieira de Carvalho Neto e o AgR-Respe 3-57, em 17.03.2020, de relatoria do Ministro Og Fernandes.

Contudo, em 21.03.2019, no julgamento da Consulta nº 0601984-34, de relatoria do Ministro Tarcisio Vieira de Carvalho Neto, apesar de não conhecer da ação, houve a seguinte ponderação:

> a projeção dos efeitos de possível resposta para as eleições subsequentes, notadamente em razão da regulamentação da matéria versada em sede de instruções, vincularia, ex vi do art. 30, caput e parágrafo único, da Lei de Introdução às normas do Direito Brasileiro, com a redação da Lei n. 13.655/2018, o colegiado do TSE, cuja composição, por força do art. 121, §2º, da CF, será, ao menos em parte, diversa da atual, o que não se revela conveniente. 4. A prudência recomenda, no atual estágio, o não conhecimento da consulta, sem prejuízo de que o seu conteúdo, considerada a relevância do tema, seja submetido ao crivo do(a) ministro(a) designado(a), oportunamente, relator(a) das instruções vindouras.

Na mesma linha inaugurada no precedente anterior, em 7.12.2020, ao apreciar o AgR-Respe nº 0600292-18, de relatoria do Ministro Luís Felipe Salomão, o Tribunal Superior Eleitoral mudou o entendimento anteriormente sedimentado ao expressar que "as consultas respondidas por esta Corte possuem caráter vinculante, nos termos do art. 30 da LINDB".

Nessa consecução, teria havido uma mudança de paradigma acerca do caráter vinculante e que passou a ser aplicado até mesmo pelos Tribunais Regionais Eleitorais, *e.g.*, o TRE-SE (CTA 0600008-25, *j.* 10.03.2020, rel. IOLANDA SANTOS GUIMARÃES).

Porém, em 4.06.2021, no julgamento do AgR-AgR-Respe nº 0600151-53, de relatoria do Ministro Mauro Campbell Marques, o Tribunal Superior Eleitoral voltou a reafirmar o entendimento anterior, de inexistência de caráter vinculante das consultas respondidas, o que torna incerta a aplicação do art. 30 do LINDB às consultas eleitorais que são apreciadas pela Justiça Eleitoral, sobretudo em razão da mudança da composição dos integrantes do TSE desde o *leading case,* em 2019.

PARA SEDIMENTAR

"ELEIÇÕES 2018. AGRAVO INTERNO EM RECURSO ESPECIAL. DEPUTADO ESTADUAL ELEITO. JUSTA CAUSA PARA DESFILIAÇÃO PARTIDÁRIA RECONHECIDA PELA INSTÂNCIA ORDINÁRIA COM FUNDAMENTO NO ART. 17, §§3º E 5º, DA CF. CLÁUSULA DE BARREIRA NÃO ALCANÇADA PELO PARTIDO AO QUAL FOI ELEITO O REQUERENTE. DECISÃO AGRAVADA. INCIDÊNCIA DOS ENUNCIADOS NºS 27 E 28 DA SÚMULA DO TSE. AUSÊNCIA DE IMPUGNAÇÃO DE TODOS OS FUNDAMENTOS. REITERAÇÃO DE TESES. ÓBICE SUMULAR Nº 26 DO TSE. NEGADO PROVIMENTO AO AGRAVO INTERNO.1. A decisão agravada negou seguimento ao recurso especial com fundamento na incidência dos Enunciados nºs 27 e 28 da Súmula do TSE. 2. Da leitura das razões do agravo interno, verifica-se que o agravante não se insurgiu contra todos os fundamentos da decisão questionada, visto que impugnou tão somente o óbice do Enunciado Sumular nº 28 do TSE, bem como apresentou, ainda que com algum reforço argumentativo, mera reiteração das teses deduzidas no recurso especial, o que enseja a aplicação do Enunciado nº 26 da Súmula do TSE. Precedentes.3. Na linha do que tem decidido este Tribunal Superior, "[...] o princípio da dialeticidade recursal impõe ao Recorrente o ônus de evidenciar os motivos de fato e de direito capazes de infirmar todos os fundamentos do decisum que se pretende modificar, sob pena de vê-lo mantido por seus próprios fundamentos" (AgR-AI nº 231-75/MG, rel. Min. Luiz Fux, julgado em 12.4.2016, DJe de 2.8.2016).4. Na linha da jurisprudência deste Tribunal, as respostas em processos administrativos de consulta não ostentam caráter vinculante e não servem como paradigma para a interposição de recurso, pois não derivam da função judicante da Corte. Precedentes. 5. Negado provimento ao agravo interno. (TSE – RECURSO ESPECIAL ELEITORAL nº 060015153, Acórdão, Relator(a) Min. Mauro Campbell Marques, Publicação: DJE – Diário da justiça eletrônica, Tomo 114, Data 22/06/2021)".

"AGRAVO INTERNO. RECURSO ESPECIAL. ELEIÇÕES 2020. VEREADOR. REGISTRO DE CANDIDATURA. DEFERIMENTO. INELEGIBILIDADE. ART. 1º, I, D, DA LC 64/90. PRAZO DE OITO ANOS. TERMO FINAL. EXAURIMENTO. ANTERIORIDADE. NOVA DATA. ELEIÇÕES 2020. FATO SUPERVENIENTE. NEGATIVA DE PROVIMENTO.1. No decisum monocrático, manteve-se aresto unânime do TRE/RJ em que se deferiu o registro de candidatura do agravado, não eleito ao cargo de vereador de São Pedro da Aldeia/RJ em 2020.2. O término da contagem dos oito anos de inelegibilidade em momento anterior à nova data das Eleições 2020 (15/11/2020) constitui fato superveniente que autoriza deferir o registro de candidatura, ainda que, no dia originário do pleito (4/10/2020), o prazo ainda estivesse em curso (Consulta 0601143-68/DF, redator para o acórdão Min. Alexandre de Moraes, DJE de 21/10/2020). Ressalva de entendimento deste Relator.3. As Consultas respondidas por esta Corte possuem caráter vinculante, nos termos do art. 30 da LINDB.4. Na espécie, a despeito de o candidato ter sido condenado por decisum com trânsito em julgado pela prática de abuso de poder político relativo ao pleito de 2012, o prazo de oito anos a que alude o art. 1º, I, d, da LC 64/90 exauriu-se em 7/10/2020, portanto, antes da nova data das eleições.5. Eventual revisão da Súmula 19/TSE – a fim que o prazo de inelegibilidade se estenda até o final do oitavo ano subsequente ao da eleição em que ocorreu o abuso – desafia procedimento específico a ser deflagrado em observância ao disposto nos arts. 926 e seguintes do CPC/2015, 354-A a 354-D do Regimento Interno do STF e 94 do Regimento Interno do TSE. Precedentes.6. Agravo interno a que se nega provimento. (TSE – RECURSO ESPECIAL ELEITORAL nº 060029218, Acórdão, Relator(a) Min. Luis Felipe Salomão, Publicação: PSESS – Publicado em Sessão, Data 07/12/2020)".

"ELEIÇÕES 2016. AGRAVO INTERNO EM RECURSO ESPECIAL. REPRESENTAÇÃO. CAPTAÇÃO ILÍCITA DE SUFRÁGIO. PRAZO DECADENCIAL. DATA DA EFETIVA DIPLOMAÇÃO DO SUPLENTE. INEXISTÊNCIA DE OBRIGATORIEDADE DE DIPLOMAÇÃO SIMULTÂNEA DE ELEITOS E SUPLENTES. AGRAVO INTERNO NÃO PROVIDO. 1. A legislação eleitoral, embora garanta aos suplentes o direito de receber o diploma (art. 215 do CE), não prevê data para a realização do ato nem obriga a que a diplomação seja conjunta entre candidatos titulares e suplentes. 2. O TSE, no julgamento do PA nº 19.175/RJ, fixou a orientação de que a Justiça Eleitoral proceda à diplomação de 3 suplentes. Todavia, tal recomendação não acarreta a obrigatoriedade de que os 3 suplentes sejam diplomados na mesma data em que os titulares eleitos. 3. As respostas em processos administrativos de consulta não ostentam caráter vinculante e não servem como paradigma para a interposição de recurso, pois não derivam da função judicante da Corte. Precedentes. 4. Negado provimento ao agravo interno. (TSE – Recurso Especial Eleitoral nº 357, Acórdão, Relator(a) Min. Og Fernandes, Publicação: DJE – Diário da justiça eletrônica, Data 24/06/2020)"

"CONSULTA. SOBRAS DE CAMPANHA. FINANCIAMENTO COLETIVO. PESSOAS FÍSICAS. DESTINAÇÃO. CANDIDATO. PARTIDO POLÍTICO. ENTIDADES BENEFICENTES. PLEITO DE 2018: CONTAS PRESTADAS. RISCO DE INDEVIDA ANTECIPAÇÃO DE PRONUNCIAMENTO JUDICIAL. SITUAÇÕES CONCRETIZADAS NO ATUAL ESTÁGIO. ELEIÇÕES SUBSEQUENTES: VINCULAÇÃO DO COLEGIADO NA EXPEDIÇÃO DE

INSTRUÇÕES REGULAMENTARES. COMPOSIÇÃO DIVERSA DOS MEMBROS DO TSE. JUÍZO DE PRUDÊNCIA. NÃO ENGESSAMENTO DA CORTE. SUGESTÃO: SUBMISSÃO DA TEMÁTICA POR OCASIÃO DA ELABORAÇÃO DAS INSTRUÇÕES FUTURAS. NÃO CONHECIMENTO. 1. Nos termos do art. 23, XII, do Código Eleitoral, compete ao Tribunal Superior Eleitoral responder, sobre matéria eleitoral, às consultas que lhe forem feitas em tese por autoridade com jurisdição federal ou órgão nacional de partido político. In casu, foram preenchidos os requisitos da legitimidade e do viés eleitoral. 2. Em síntese, a indagação formulada gravita em torno da possibilidade de repasse direto da sobra de campanha oriunda de doações de pessoas físicas (financiamento coletivo) a entidades beneficentes, ponderando-se, nessa quadra, que tais valores não estariam sujeitos ao regramento específico dos arts. 44 da Lei nº 9.096/95 e 17, parágrafo primeiro, da Res.-TSE n. 23.546/2017. 3. Embora os contornos do questionamento, na extensão da redação empregada, possam sugerir a possibilidade de o entendimento eventualmente exarado ser passível de aproveitamento sucessivo e despersonalizado, verifica-se que: (i) a verticalização do tema após o esgotamento do prazo de entrega das prestações de contas relativas à campanha do pleito de 2018 não apenas esvaziaria o efeito prático quanto à eventual resposta (pois a essa altura as sobras de campanha foram integralmente repassadas pelos candidatos ao respectivo diretório partidário, considerado o cargo disputado), como, ainda, poderia impactar no julgamento de contas já prestadas, traduzindo, nessa quadra, o indesejado prenúncio de solução a ser adotada na esfera jurisdicional, inclusive em respeito ao postulado constitucional do devido processo legal; (ii) a projeção dos efeitos de possível resposta para as eleições subsequentes, notadamente em razão da regulamentação da matéria versada em sede de instruções, vincularia, ex vi do art. 30, caput e parágrafo único, da Lei de Introdução às normas do Direito Brasileiro, com a redação da Lei nº 13.655/2018, o colegiado do TSE, cuja composição, por força do art. 121, §2º, da CF, será, ao menos em parte, diversa da atual, o que não se revela conveniente. 4. A prudência recomenda, no atual estágio, o não conhecimento da consulta, sem prejuízo de que o seu conteúdo, considerada a relevância do tema, seja submetido ao crivo do(a) ministro(a) designado(a), oportunamente, relator(a) das instruções vindouras. 5. Consulta não conhecida. Encaminhamento de sugestão. (TSE – Consulta nº 060198434, Acórdão, Relator(a) Min. Tarcisio Vieira De Carvalho Neto, Publicação: DJE – Diário da justiça eletrônica, Tomo 55, Data 21/03/2019)".

"CONSULTA. REQUISITOS. LEGITIMIDADE. SECRETÁRIO NACIONAL DE POLÍTICAS SOBRE DROGAS DO MINISTÉRIO DA JUSTIÇA E SEGURANÇA PÚBLICA. DESTINAÇÃO DOS BENS APREENDIDOS EM FAVOR DA UNIÃO. TRÁFICO DE DROGAS. ANO DE ELEIÇÃO. ART. 73, §10, DA LEI Nº 9.504/73. CONDUTA VEDADA. NÃO CONHECIMENTO. 1. O consulente, na condição de Secretário Nacional de Políticas sobre Drogas do Ministério da Justiça e Segurança Pública, é parte legítima para a presente formulação, uma vez que se trata de autoridade com jurisdição federal, nos termos do art. 24 do Decreto nº 9.150/2017. 2. Conforme reiterada orientação deste Tribunal, "a análise da configuração ou não de conduta vedada somente é possível a partir dos fatos concretos que revelem suas circunstâncias próprias e o contexto em que inseridos" (Cta nº 154-24/DF, Rel. Min. Henrique Neves da Silva,

DJe de 5.6.2014). No mesmo sentido: Cta nº 415-18/DF, Rel. Min. Rosa Weber, DJe de 12.12.2016; Cta nº 1036-83/DF, Rel. Min. Luciana Lóssio, DJe de 7.10.2014; Cta nº 98-59, de 26.4.2012, Rel. Min. Arnaldo Versiani, DJe de 30.5.2012. 3. Os recursos do Fundo Nacional Antidrogas (Funad) são destinados ao desenvolvimento, à implantação e à execução de programas relativos à redução do tráfico de drogas. Tais aportes financeiros realizados pela Secretaria Nacional de Políticas sobre Drogas (Senad), para entidades públicas, são motivados individualmente, a depender das prioridades estatais e ações governamentais próprias, a fim de satisfazer o interesse público e a consecução das finalidades previstas na Lei de drogas. Não há como supor ou antever, portanto, que determinada doação escaparia ao alcance da norma prevista no art. 73, §10, da Lei das Eleições, em que pesem os relevantes argumentos expostos na exordial. 4. As respostas às consultas não têm caráter vinculante, mas tão somente sinalizam orientação sobre determinado tema, sem qualquer força executiva, não sendo o meio adequado para pleitear autorização para prática de ato administrativo. 5. Consulta não conhecida. (TSE – Consulta nº 060001059, Acórdão, Relator(a) Min. Tarcisio Vieira De Carvalho Neto, Publicação: DJE – Diário da justiça eletrônica, Tomo 63, Data 03/04/2018)"

6.13.4 Legitimidade

a) Ativa

A Consulta a ser proposta junto ao Tribunal Superior Eleitoral pode ser apresentada por: autoridades públicas federais, presidentes de diretórios nacionais de partidos políticos, diplomados de cargos nacionais (deputado federal, senador e presidente) e Procurador-Geral Eleitoral.

PARA SEDIMENTAR

"CONSULTA. CRIAÇÃO. PARTIDO POLÍTICO. PRAZO. APOIAMENTO DE ELEITORES. 1. A consulta preenche os requisitos de admissibilidade previstos no art. 23, inciso XII, do Código Eleitoral. 2. O prazo de dois anos para comprovação do apoiamento de eleitores não se aplica aos pedidos de criação de partidos protocolados até a data de publicação da Lei nº 13.165/2015.3. O art. 25 da Res.-TSE nº 23.404/2014 proíbe a divulgação de propaganda eleitoral por telemarketing, em respeito à proteção à intimidade e à inviolabilidade de domicílio e objetivando evitar a perturbação do sossego público. Essa vedação aplica-se a todo tipo de propaganda via telemarketing ativo. 4. O prazo de dois anos para a comprovação do apoiamento mínimo, requisito indispensável no procedimento de criação de partido político, é contado a partir do registro da agremiação partidária no cartório competente do registro civil das pessoas jurídicas. (TSE – Consulta nº 38580, Acórdão, Relator(a) Min. Henrique Neves Da Silva, Publicação: DJE – Diário de justiça eletrônico, Data 02/08/2017)".

"CONSULTA FORMULADA POR JUIZ ELEITORAL. PARTE ILEGÍTIMA. NÃO-CONHECIMENTO. 1 O Tribunal Superior Eleitoral não responde às consultas formuladas por autoridade que não detém jurisdição federal .(art. 23, XII, do Código Eleitoral). 2 Consulta não conhecida. (TSE – Consulta nº 1539, Decisão sem Resolução, Relator(a) Min. José Augusto Delgado, Publicação: DJ – Diário de justiça, Data 18/03/2008)".

CONSULTA. REQUISITOS. LEGITIMIDADE. SECRETÁRIO NACIONAL DE POLÍTICAS SOBRE DROGAS DO MINISTÉRIO DA JUSTIÇA E SEGURANÇA PÚBLICA. DESTINAÇÃO DOS BENS APREENDIDOS EM FAVOR DA UNIÃO. TRÁFICO DE DROGAS. ANO DE ELEIÇÃO. ART. 73, §10, DA LEI Nº 9.504/73. CONDUTA VEDADA. NÃO CONHECIMENTO. 1. O consulente, na condição de Secretário Nacional de Políticas sobre Drogas do Ministério da Justiça e Segurança Pública, é parte legítima para a presente formulação, uma vez que se trata de autoridade com jurisdição federal, nos termos do art. 24 do Decreto nº 9.150/2017.2. Conforme reiterada orientação deste Tribunal, "a análise da configuração ou não de conduta vedada somente é possível a partir dos fatos concretos que revelem suas circunstâncias próprias e o contexto em que inseridos" (Cta nº 154-24/DF, Rel. Min. Henrique Neves da Silva, DJe de 5.6.2014). No mesmo sentido: Cta nº 415-18/DF, Rel. Min. Rosa Weber, DJe de 12.12.2016; Cta nº 1036-83/DF, Rel. Min. Luciana Lóssio, DJe de 7.10.2014; Cta nº 98-59, de 26.4.2012, Rel. Min. Arnaldo Versiani, DJe de 30.5.2012.3. Os recursos do Fundo Nacional Antidrogas (Funad) são destinados ao desenvolvimento, à implantação e à execução de programas relativos à redução do tráfico de drogas. Tais aportes financeiros realizados pela Secretaria Nacional de Políticas sobre Drogas (Senad), para entidades públicas, são motivados individualmente, a depender das prioridades estatais e ações governamentais próprias, a fim de satisfazer o interesse público e a consecução das finalidades previstas na Lei de drogas. Não há como supor ou antever, portanto, que determinada doação escaparia ao alcance da norma prevista no art. 73, §10, da Lei das Eleições, em que pesem os relevantes argumentos expostos na exordial. 4. As respostas às consultas não têm caráter vinculante, mas tão somente sinalizam orientação sobre determinado tema, sem qualquer força executiva, não sendo o meio adequado para pleitear autorização para prática de ato administrativo. 5. Consulta não conhecida. (TSE – Consulta nº 060001059, Acórdão, Relator(a) Min. Tarcisio Vieira De Carvalho Neto, Publicação: DJE – Diário de justiça eletrônico, Tomo 63, Data 03/04/2018)

CONSULTA. REQUISITOS. LEGITIMIDADE. SENADORA. EXAME. EXPRESSÃO "CADA SEXO". REFERÊNCIA. TRANSGÊNEROS. OMISSÃO LEGISLATIVA. NOME SOCIAL. CADASTRO ELEITORAL. PRINCÍPIOS DA DIGNIDADE DA PESSOA HUMANA. IGUALDADE. NÃO DISCRIMINAÇÃO. INTIMIDADE. DIREITO À FELICIDADE. BEM-ESTAR OBJETIVO. VALORES DE JUSTIÇA. FINS SOCIAIS. EXIGÊNCIAS DO BEM COMUM. COTAS FEMININA E MASCULINA. CONTABILIZAÇÃO. PERCENTUAIS. ART. 10, §3º, DA LEI Nº 9.504/97. PEDIDO DE REGISTRO DE CANDIDATURA. NOME COMPLETO.

ART. 12, CAPUT, DA LEI DAS ELEIÇÕES. NOME CIVIL. DETERMINAÇÃO. NOME SOCIAL. URNAS ELETRÔNICAS. POSSIBILIDADE. EXPRESSÃO "NÃO ESTABELEÇA DÚVIDA QUANTO A SUA IDENTIDADE". CANDIDATURAS PROPORCIONAIS E MAJORITÁRIAS. IDÊNTICOS REQUISITOS. ART. 11 DA LEI DAS ELEIÇÕES.I. Cabimento 1. É cabível consulta formulada em tese, sobre matéria eleitoral (pertinência temática), por Senadora da República (autoridade com jurisdição federal), estando preenchidos, portanto, os requisitos exigidos pelo art. 23, XII, do CE.II. Premissas teóricas a) Malgrado inexista menção ao sexo feminino no art. 10, §3º, da Lei nº 9.504/97, é evidente tratar-se de ação afirmativa que visa à superação do déficit democrático oriundo da sub-representação das mulheres nas casas legislativas, o que não guarda nenhuma incompatibilidade com o reconhecimento dos direitos dos(as) candidatos(as) a serem computados nas cotas feminina ou masculina, de acordo com sua identidade de gênero.b) O cerne das questões ora apresentadas denota a lacuna do mencionado dispositivo legal, porquanto a expressão "cada sexo" não contempla a diversidade de gênero com seus marcadores sociais singulares e diferenciados. Com efeito, a construção do gênero representa fenômeno sociocultural que exige abordagem multidisciplinar a fim de conformar uma realidade ainda impregnada por preconceitos e estereótipos – geralmente de caráter moral e religioso – aos valores e às garantias constitucionais. É imperioso, pois, avançar e adotar medidas que denotem respeito à diversidade, ao pluralismo, à subjetividade e à individualidade como expressões do postulado supremo da dignidade da pessoa humana. Ademais, um dos objetivos fundamentais da República Federativa do Brasil consiste em "promover o bem de todos, sem preconceitos de origem, raça, sexo, cor, idade e quaisquer outras formas de discriminação", nos termos do art. 3º, IV, da Carta Magna.c) O princípio da imutabilidade do nome vem sendo mitigado pela jurisprudência do STF e do STJ, e pode implicar, inclusive, na possibilidade de alteração do registro civil independentemente de prévia autorização judicial, conforme, aliás, vem sendo discutido no bojo na ADI nº 4275. Cabe a esta Justiça especializada, nos limites de suas atribuições e competências, adotar as providências necessárias para que o exercício do sufrágio seja consentâneo e sensível às questões de gênero ora examinadas.III. Com base nesses fundamentos, adotam-se as seguintes orientações para as questões veiculadas na presente Consulta.1. A expressão "cada sexo" mencionada no art. 10, §3º, da Lei nº 9.504/97 refere-se ao gênero, e não ao sexo biológico, de forma que tanto os homens como as mulheres transexuais e travestis podem ser contabilizados nas respectivas cotas de candidaturas masculina ou feminina. Para tanto, devem figurar como tal nos requerimentos de alistamento eleitoral, nos termos estabelecidos pelo art. 91, caput, da Lei das Eleições, haja vista que a verificação do gênero para o efeito de registro de candidatura deverá atender aos requisitos previstos na Res.-TSE nº 21.538/2003 e demais normas de regência.2. A expressão contida no art. 12, caput, da Lei nº 9.504/97, de que o candidato deve "indicar seu nome completo" no pedido de registro candidatura, refere-se ao nome civil, constante do cadastro eleitoral, por ser imprescindível ao exame das certidões negativas exigidas no pedido de registro de candidatura, o qual deverá ser restrito ao âmbito interno da Justiça Eleitoral, enquanto o nome social deverá ser utilizado nas divulgações públicas.3. É possível o uso exclusivo do nome social nas urnas eletrônicas, observados os parâmetros do art. 12 da Lei nº 9.504/97, que permite o registro do "prenome, sobrenome, cognome, nome abreviado, apelido ou nome pelo qual é mais conhecido, desde que não se estabeleça dúvida quanto à sua identidade, não atente contra o pudor e não seja ridículo ou irreverente".4. A expressão "não estabeleça dúvida quanto à sua identidade", prevista no caput do art. 12 da Lei nº 9.504/97, refere-se à identificação do(a) candidato(a) conforme seja conhecido(a), inclusive quanto à identidade de gênero.5. O nome social poderá ser utilizado tanto nas candidaturas proporcionais como nas majoritárias, haja vista que o art. 11 da Lei nº 9.504/97, ao estabelecer o rol de dados e documentos que devem instruir o pedido de registro, não faz nenhuma distinção nesse sentido.6. Acolhe-se a manifestação da Assessoria Consultiva no sentido de que a autodeclaração de gênero deve ser manifestada por ocasião do alistamento eleitoral ou da atualização dos dados do cadastro eleitoral, ou seja, até cento e cinquenta e um dias antes da data das eleições, nos termos do art. 91, caput, da Lei nº 9.504/97, razão pela qual se propõe a edição de regras específicas sobre o tema.7. Consulta conhecida. (TSE – Consulta nº 060405458, Acórdão, Relator(a) Min. Tarcisio Vieira De Carvalho Neto, Publicação: DJE – Diário de justiça eletrônico, Tomo 63, Data 03/04/2018)

CONSULTA. REQUISITOS. LEGITIMIDADE. AUTORIDADE. DEPUTADO FEDERAL. FIXAÇÃO DO NÚMERO DE CADEIRAS. JUDICIALIZAÇÃO. LEGITIMIDADE. MULTIPLICIDADE DE RESPOSTAS. NÃO CONHECIMENTO.1. Nos termos do art. 23, XII, do Código Eleitoral, compete ao Tribunal Superior Eleitoral responder, sobre matéria eleitoral, às consultas que lhe forem feitas em tese por autoridade com jurisdição federal ou órgão nacional de partido político.2. O questionamento com contornos inespecíficos, de forma a possibilitar multiplicidade de respostas, acerca dos possíveis legitimados para a propositura de ação relativa à fixação de cadeiras nas Câmaras Municipais, inviabiliza o conhecimento da consulta. 3. Ademais, a indagação veiculada versa sobre matéria de natureza processual, o que também escapa às hipóteses de cabimento da consulta. Precedentes. 4. Consulta não conhecida.(TSE – Consulta nº 060416105, Acórdão, Relator(a) Min. Tarcisio Vieira De Carvalho Neto, Publicação: DJE – Diário de justiça eletrônico, Tomo 63, Data 03/04/2018)

CONSULTA. ART. 23, XII, DO CÓDIGO ELEITORAL. FORMULAÇÃO POR FUNDADOR DE PARTIDO POLÍTICO. PARTE ILEGÍTIMA. NÃO CONHECIMENTO. 1. Nos termos do art. 23, XII, do Código Eleitoral, compete ao Tribunal Superior Eleitoral responder, sobre matéria eleitoral, às consultas que lhe forem feitas em tese por autoridade com jurisdição federal ou por órgão nacional de partido político. 2. Fundador de partido político não se insere, apenas por força dessa condição, no rol de legitimados para formular consulta. 3. Consulta não conhecida. (TSE – Consulta nº 060026602, Acórdão, Relator(a) Min. Tarcisio Vieira De Carvalho Neto, Publicação: DJE – Diário de justiça eletrônico, Tomo 162, Data 14/08/2018)

Ac.-TSE, de 20.9.2011, na Cta nº 182354: o partido não precisa de instrumento de mandato com poderes específicos para o ajuizamento de consulta.

Em relação aos Tribunais Regionais Eleitorais, a legitimidade para apresentar consulta é privativa de autoridades públicas estaduais, partidos políticos (com representação no Estado em que se formula a consulta), governadores, deputados estaduais, deputados distritais, prefeitos e Procurador Regional Eleitoral.

Quanto à delimitação do termo "autoridades", enquadram-se no conceito de *autoridade federal* aqueles que são processados e julgados no âmbito do Supremo Tribunal Federal por crimes comuns e de responsabilidade, conforme previsto nas alíneas *b* e *c* do art. 102 da Constituição Federal, ou seja, o Presidente da República, o Vice-Presidente, os membros do Congresso Nacional, seus próprios Ministros, Procurador-Geral da República, os Ministros de Estado e os Comandantes da Marinha, do Exército e da Aeronáutica, os membros dos Tribunais Superiores, os do Tribunal de Contas da União e chefes de missão diplomática de caráter permanente.

Já as autoridades com legitimidade para consultar perante os Tribunais Regionais Eleitorais são aquelas que a Constituição Federal e/ou as Constituições Estaduais definam como sujeitos a serem julgados e processados no âmbito do Superior Tribunal de Justiça, dos Tribunais de Justiça e dos Tribunais Regionais, quais sejam: os Governadores dos Estados e do Distrito Federal, os desembargadores dos Tribunais de Justiça dos Estados e do Distrito Federal, os membros dos Tribunais de Contas dos Estados e do Distrito Federal, dos Tribunais Regionais Federais, dos Tribunais Regionais Eleitorais e do Trabalho, os membros dos Conselhos ou Tribunais de Contas dos Municípios e os do Ministério Público da União que oficiem perante tribunais, juízes federais, juízes do trabalho, juízes militares, juízes eleitorais, membros do Ministério Público da União, além das demais autoridades definidas nas Constituições Estaduais.

PARA SEDIMENTAR

"EMENTA: CONSULTA. PRESIDENTE DA CÂMARA DE MUNICIPAL. POSSIBILIDADE DE READEQUAÇÃO DE CARGOS E SALÁRIOS DE SERVIDORES DO LEGISLATIVO LOCAL. MODIFICAÇÃO DE REMUNERAÇÃO NOS 180 DIAS QUE ANTECEDEM O PLEITO. ILEGITIMIDADE ATIVA. NÃO CONHECIMENTO. Compete ao Tribunal Regional Eleitoral responder às consultas formuladas por autoridade pública, assim entendidas aquelas que respondem por crime de responsabilidade perante o Tribunal de Justiça do Estado do Paraná. Inteligência dos artigos 30, VIII, do CE e 87, §1º, do RITRE/PR. Na hipótese, a consulta foi formulada por vereador, Presidente da Câmara Municipal de Colombo, que não atende ao requisito estabelecido no regimento interno dessa Casa. Ausência de legitimidade ativa. Precedentes. Consulta não conhecida. (TRE-PR – Consulta nº 06001377920206160000, Acórdão de , Relator(a) Des. Vitor Roberto Silva, Publicação: DJ – Diário de justiça, Data 25/05/2020)".

"CONSULTA. CONSELHO ESTADUAL DE ASSISTÊNCIA SOCIAL DE MINAS GERAIS. Consulta formulada por Conselho Estadual de Assistência Social, parte ilegítima por não se enquadrar no conceito de autoridade pública. Caráter concreto dos questionamentos apresentados. Requerimento de manifestação desta

Especializada sobre atos a serem praticados no período eleitoral. Impossibilidade de exame pela via abstrata da consulta. Requisitos legais não preenchidos. CONSULTA NÃO CONHECIDA. (TRE-MG – Consulta nº 060022334, Acórdão, Relator(a) Des. Tiago Gomes de Carvalho Pinto, Publicação: DJEMG – Diário de Justiça Eletrônico-TREMG, Data 14/05/2020)".

Autoridade pública para fins de consulta eleitoral se refere a quem possa responder por crimes de responsabilidade perante os Tribunais de Justiça dos Estados, como definido no art. 29, inciso I, do Código Eleitoral, bem como as autoridades federais que abranjam o Estado-Membro e, ainda, os deputados federais e senadores eleitos pela circunscrição eleitoral. Na esfera municipal, portanto, somente os Prefeitos encontram-se legitimados para efetuar consulta à Justiça Eleitoral. (TRE-MS – CTA nº 28-67, de 20.6.2016, rel. Juíza TELMA VALÉRIA DA SILVA CURIEL MARCON)".

"CONSULTA. VICE-PREFEITO. ILEGITIMIDADE ATIVA. NÃO CONHECIMENTO. VICE-PREFEITO NÃO É LEGITIMADO A FORMULAR CONSULTA A ESTA CORTE NA FORMA DO ARTIGO 30, VIII, DO CÓDIGO ELEITORAL, PORQUE NÃO SE TRATA DE AUTORIDADE PÚBLICA PARA OS FINS DESSE PRECEITO. PORTANTO, NÃO APRECIAÇÃO DA MATÉRIA DE FUNDO E EXTINÇÃO DO PROCESSO SEM RESOLUÇÃO DO MÉRITO. (TRE-SP – CONSULTA n 160044, ACÓRDÃO de 08/11/2011, Relator(a) JOSÉ ANTONIO ENCINAS MANFRÉ, Publicação: DJESP – Diário da Justiça Eletrônico do TRE-SP, Data 18/11/2011)".

"Consulta. Eleições 2006. Nomeação de empregados públicos. Requerente não se enquadra no conceito juridicamente indeterminado de autoridade pública. Membros da administração indireta, embora exerçam relevante função estatal, não se enquadram no conceito de autoridade para fins de formulação de consulta. Feito não conhecido. (TRE-RS – CONSULTA nº 62006, ACÓRDÃO de 02/05/2006, Relator(a) DRA. LIZETE ANDREIS SEBBEN, Publicação: PSESS – Publicado em Sessão, Data 04/05/2006)".

Mister registrar que os presidentes de diretórios municipais de partidos políticos, de federações partidárias e os vereadores – mesmo que presidente da câmara – não possuem legitimidade para apresentar consulta em nível federal ou estadual.

Cumpre rememorar que, em 3.5.2018, o Supremo Tribunal Federal restringiu o alcance do foro por prerrogativa de função para senadores e deputados federais, quando foi concluído o julgamento de questão de ordem na AP 937, no qual o Plenário decidiu que, tratando-se de parlamentares federais, o foro por prerrogativa de função no STF ficará restrito aos casos de crimes comuns cometidos após a diplomação e relacionados ao cargo.

Não obstante, entendemos que tal restrição não alcança a legitimidade de membros do Congresso Nacional em efetuar consulta eleitoral ao Tribunal Superior Eleitoral.

Ação Penal nº 937 – Supremo Tribunal Federal

"Direito Constitucional e Processual Penal. Questão de Ordem em Ação Penal. Limitação do foro por prerrogativa de função aos crimes praticados no cargo e em razão dele. Estabelecimento de marco temporal de fixação de competência. I. Quanto ao sentido e alcance do foro por prerrogativa 1. O foro por prerrogativa de função, ou foro privilegiado, na interpretação até aqui adotada pelo Supremo Tribunal Federal, alcança todos os crimes de que são acusados os agentes públicos previstos no art. 102, I, b e c da Constituição, inclusive os praticados antes da investidura no cargo e os que não guardam qualquer relação com o seu exercício. 2. Impõe-se, todavia, a alteração desta linha de entendimento, para restringir o foro privilegiado aos crimes praticados no cargo e em razão do cargo. É que a prática atual não realiza adequadamente princípios constitucionais estruturantes, como igualdade e república, por impedir, em grande número de casos, a responsabilização de agentes públicos por crimes de naturezas diversas. Além disso, a falta de efetividade mínima do sistema penal, nesses casos, frustra valores constitucionais importantes, como a probidade e a moralidade administrativa. 3. Para assegurar que a prerrogativa de foro sirva ao seu papel constitucional de garantir o livre exercício das funções – e não ao fim ilegítimo de assegurar impunidade – é indispensável que haja relação de causalidade entre o crime imputado e o exercício do cargo. A experiência e as estatísticas revelam a manifesta disfuncionalidade do sistema, causando indignação à sociedade e trazendo desprestígio para o Supremo. 4. A orientação aqui preconizada encontra-se em harmonia com diversos precedentes do STF. De fato, o Tribunal adotou idêntica lógica ao condicionar a imunidade parlamentar material – i.e., a que os protege por 2 suas opiniões, palavras e votos – à exigência de que a manifestação tivesse relação com o exercício do mandato. Ademais, em inúmeros casos, o STF realizou interpretação restritiva de suas competências constitucionais, para adequá-las às suas finalidades. Precedentes. II. Quanto ao momento da fixação definitiva da competência do STF 5. A partir do final da instrução processual, com a publicação do despacho de intimação para apresentação de alegações finais, a competência para processar e julgar ações penais – do STF ou de qualquer outro órgão – não será mais afetada em razão de o agente público vir a ocupar outro cargo ou deixar o cargo que ocupava, qualquer que seja o motivo. A jurisprudência desta Corte admite a possibilidade de prorrogação de competências constitucionais quando necessária para preservar a efetividade e a racionalidade da prestação jurisdicional. Precedentes. III. Conclusão 6. Resolução da questão de ordem com a fixação das seguintes teses: "(i) O foro por prerrogativa de função aplica-se apenas aos crimes cometidos durante o exercício do cargo e relacionados às funções desempenhadas; e (ii) Após o final da instrução processual, com a publicação do despacho de intimação para apresentação de alegações finais, a competência para processar e julgar ações penais não será mais afetada em razão de o agente público vir a ocupar cargo ou deixar o cargo que ocupava, qualquer que seja o motivo". 7. Aplicação da nova linha interpretativa aos processos em curso. Ressalva de todos os atos praticados e decisões proferidas pelo STF e demais juízos com base na jurisprudência anterior. 8. Como resultado, determinação de baixa da ação penal ao Juízo da 256ª Zona Eleitoral do Rio de Janeiro, em razão de o réu ter renunciado ao cargo de Deputado Federal e tendo em vista que a instrução processual já havia sido finalizada perante a 1ª instância. (AP 937 QO, Relator(a): Min. ROBERTO BARROSO, Tribunal Pleno, julgado em 03/05/2018, ACÓRDÃO ELETRÔNICO DJe-265 DIVULG 10-12-2018 PUBLIC 11-12-2018)".

PARA SEDIMENTAR

"CONSULTA. DEPUTADO FEDERAL. OMISSÃO LEGISLATIVA. DEFINIÇÃO. CRITÉRIOS. TETO DE GASTOS DE CAMPANHA ELEITORAL. POSSIBILIDADE. DEFINIÇÃO. PODER REGULAMENTAR DO TSE.1. Na espécie, a consulente questiona: (1) "Como ficará a definição do teto de gastos para as eleições do ano que vem?"; (2) "Há possibilidade do Tribunal Superior Eleitoral determinar um limite de maneira infralegal?"; (3) "O limite de teto de gastos é matéria sujeita a [sic] anualidade eleitoral?"; (4) "[...] O Congresso ainda poderia legislar sobre o tema para as eleições do ano que vem?"; (5) "Por fim, caso tal regra esteja inserida dentro da limitação da anualidade eleitoral, seriam utilizados os limites da eleição anterior na próxima eleição, atualizados monetariamente?" (ID 156917409, fl. 2). 2. A definição de teto de gastos de campanha eleitoral visa manter o equilíbrio na disputa do pleito e, por conseguinte, garantir a higidez do processo eleitoral, motivo pelo qual o legislador, ainda no século passado, na redação original do art. 18 da Lei nº 9.504/1997, previu a necessidade de sua instituição.3. O STF, ao analisar, no julgamento da ADI nº 5.020/DF (rel. Min. Gilmar Mendes, Tribunal Pleno, julgada em 1º.7.2014, DJe de 30.10.2014), as balizas de atuação desta Corte Superior no exercício do poder regulamentar, entendeu legítima essa atuação quando a norma de caráter regulamentar "[...] cumpre o conteúdo material da legislação eleitoral. Pode conter regras novas, desde que preservada a ordem vigente de direitos e obrigações, limite do agir administrativo. Regras novas, e não direito novo". 4. Havendo "vazio" legislativo sobre matéria determinante para o fiel cumprimento de sua missão institucional – a organização de eleições livres e democráticas –, ao TSE, órgão máximo da Justiça Eleitoral, não é permitido se furtar ao exercício do poder regulamentar, obedecidos os limites que impedem a criação de normas que restrinjam direitos ou que estabeleçam novas sanções. Item 2 da consulta respondido afirmativamente.5. Os parâmetros para o conhecimento das consultas devem ser extremamente rigorosos, sendo imprescindível que os questionamentos sejam formulados em tese e, ainda, de forma simples e objetiva, sem que haja a possibilidade de se dar múltiplas respostas ou de se estabelecer ressalvas (Cta nº 58-77/DF, rel. Min. Gilson Dipp, julgada em 3.5.2012, DJe de 18.6.2012). 6. Consulta respondida afirmativamente quanto ao segundo questionamento e não conhecida em relação às demais indagações.7. Encaminhe-se, para conhecimento, cópia do acórdão do presente julgamento aos Excelentíssimos Senhores Presidentes da Câmara dos Deputados e do Senado Federal. (TSE – CONSULTA nº 060054750, Acórdão, Relator(a) Min. Mauro Campbell Marques, Publicação: DJE – Diário da justiça eletrônica, Tomo 14, Data 03/02/2022)"

"CONSULTA. QUESTIONAMENTOS. ABSTRAÇÃO. ANTECIPAÇÃO DE LITÍGIO NO CASO CONCRETO. NÃO CONHECIMENTO.1. Consulta formulada por senador da República, contendo nove perguntas em face de três hipóteses aventadas que envolvem candidatos ao Executivo Municipal que lograram êxito nas urnas, mas que não puderam exercer seus mandatos, seja pelo indeferimento do registro ou pela condenação por ilícito eleitoral, ensejando anulação do pleito majoritário e renovação das eleições.2. Na espécie, as indagações – nas quais se suscita debate sobre temas como indivisibilidade da chapa, perspectiva de candidatura em pleito suplementar ou em posterior eleição ordinária – consistem em controvérsias de natureza concreta que remetem a uma possível judicialização, o que retira contornos de abstração e impede que se conheça da consulta, nos termos da jurisprudência desta Corte. Precedentes.3. Consulta não conhecida. (TSE – CONSULTA nº 060017941, Acórdão, Relator(a) Min. Luis Felipe Salomão, Publicação: DJE – Diário da justiça eletrônica, Tomo 199, Data 27/10/2021)".

PROCESSO ADMINISTRATIVO. CONVERSÃO EM CONSULTA. PRESIDENTE DE TRIBUNAL REGIONAL ELEITORAL. ILEGITIMIDADE. NÃO CONHECIMENTO. 1. No caso, a consulta foi formulada por Presidente de Tribunal Regional Eleitoral, que não detém legitimidade ativa. 2. Não se conhece de consulta formulada em termos amplos, sem a especificidade necessária para possibilitar a análise da matéria por esta Corte Superior. Consulta não conhecida. (TSE – Processo Administrativo nº 30604, Acórdão, Relator(a) Min. Henrique Neves Da Silva, Publicação: DJE – Diário de justiça eletrônico, Data 06/09/2016, Página 26)".

"CONSULTA. CONSULENTE. PRESIDENTE DE TRIBUNAL DE JUSTIÇA. ILEGITIMIDADE. 1. Nos termos do art. 23, XII, do Código Eleitoral, compete ao Tribunal Superior Eleitoral responder às consultas formuladas somente por autoridade com jurisdição federal ou órgão nacional de partido político. 2. Na espécie, a consulta foi formulada pelo Presidente de Tribunal de Justiça do Amapá, que não detém legitimidade para tanto. 3. Consulta não conhecida. (TSE – Consulta nº 9167, Acórdão, Relator(a) Min. Fátima Nancy Andrighi, Publicação: DJE – Diário de justiça eletrônico, Data 23/05/2012, Página 117)".

"CONSULTA FORMULADA POR DELEGADO DE DIRETÓRIO MUNICIPAL DE PARTIDO POLÍTICO. PARTE ILEGÍTIMA. CASO CONCRETO. NÃO-CONHECIMENTO. (TSE – Consulta nº 1045, Decisão sem resolução, Relator(a) Min. Francisco Peçanha Martins, Publicação: DJ – Diário de justiça, Volume 1, Data 21/05/2004)".

"PROCESSO ADMINISTRATIVO. CONSULTA. GRATIFICAÇÃO ELEITORAL. GRATIFICAÇÃO DE PRESENÇA. PAGAMENTO CUMULATIVO. JUIZ AUXILIAR. PROCURADOR AUXILIAR. SUBSTITUTO. PARTICIPAÇÃO EM SESSÃO. TRE/SC. PARTE ILEGÍTIMA. MATÉRIA ADMINISTRATIVA. CASO CONCRETO. NÃO CONHECIDA. Consulta formulada por parte ilegítima, que trate de matéria administrativa ou que vise à solução de caso concreto, não deve ser conhecida. (TSE – Processo Administrativo nº 56652, Acórdão, Relator(a) Min. Luciana Christina Guimarães Lóssio, Publicação: DJE – Diário de justiça eletrônico, Tomo 207, Data 04/11/2014, Página 153)".

"CONSULTA EM MATÉRIA ELEITORAL. ILEGITIMIDADE. CASO CONCRETO. INTELIGÊNCIA DO ART. 30, VIII, DO CÓDIGO ELEITORAL. NÃO CONHECIMENTO. 1. A consulta em matéria eleitoral, prevista no respectivo código, exige pertinência temática, abstração e legitimidade para o seu conhecimento. 2. No caso vertente, falta legitimidade e abstração, porquanto suplente de vereador não possui legitimidade para apresentar consulta eleitoral. Demais disso, a consulta declina caso concreto, não tendo sido formulada em tese, conforme exigência legal. 3. Não-conhecimento. (TRE-CE – CONSULTA EM MATERIA ELEITORAL: 11170 CE, Relator: TARCÍSIO BRILHANTE DE HOLANDA, Data de Julgamento: 04/03/2008, Data de Publicação: DJ – Diário de justiça, Volume 52, Data 17/03/2008, Página 189)".

b) Passiva

Por se tratar de uma ação que visa esclarecimentos quanto à interpretação ou aplicação de normas eleitorais, não há legitimado passivo.

6.13.5 Prazo

A Ação de Consulta pode ser proposta até o início do processo eleitoral, ou seja, até o início das convenções partidárias, 20 de julho do ano em que se realizar a eleição (art. 8º da Lei nº 9.504/1997), haja vista que, após este período, a posição tomada pelo órgão eleitoral poderá ensejar apreciação de caso concreto, o que é vedado em sede de consulta.

Art. 8º da Lei nº 9.504, de 1997

"Art. 8º. A escolha dos candidatos pelos partidos e a deliberação sobre coligações deverão ser feitas no período de 20 de julho a 5 de agosto do ano em que se realizarem as eleições, lavrando-se a respectiva ata em livro aberto, rubricado pela Justiça Eleitoral, publicada em vinte e quatro horas em qualquer meio de comunicação".

PARA SEDIMENTAR

"CONSULTA. PROPAGANDA ELEITORAL. USO DE GABINETE, VEÍCULOS, GUARDA-SOL OU TENDA DE PLÁSTICO. PROCESSO ELEITORAL INICIADO. NÃO CONHECIMENTO. 1. Não se conhece de consulta após o início do processo eleitoral, tendo em conta a possibilidade de adiantarem-se deliberações deste Tribunal alusivas a casos concretos a serem apreciados no futuro. Precedentes.2. À falta de relação entre os questionamentos formulados e o estabelecido pela EC nº 107/2020, inexiste motivo a justificar o afastamento pontual de tal entendimento.3. Consulta não conhecida. (TSE – CONSULTA nº 060146588, Acórdão, Relator(a) Min. Edson Fachin, Publicação: DJE – Diário da justiça eletrônica, Tomo 233, Data 12/11/2020)"

"CONSULTA. NOTÍCIAS FALSAS. MEDIDAS ADOTADAS. PEDIDO DE INFORMAÇÕES. INADEQUAÇÃO DA VIA ELEITA. CONTEÚDO. RETIRADA. INDICAÇÃO INDIVIDUAL. JUÍZES ELEITORAIS. PODER DE POLÍCIA. ALCANCE. RELEITURA. PERÍODO ELEITORAL. INÍCIO. NÃO CONHECIMENTO.1. Consulta formulada nos seguintes termos: "a) quais as medidas não contenciosas que vêm sendo tomadas por esta c. Corte Superior para impedir a desinformação do eleitor por meio da disseminação pulverizada de informações falsas, injuriosas, caluniosas e difamatórias sobre candidatos em plataformas digitais? b) a pretensão de garantir a liberdade do voto, considerando a relevância desse ato decisório que é concentrado no tempo, que é datado e cujos efeitos se estendem por anos, exige que a Justiça Eleitoral determine que as plataformas digitais retirem, independentemente da indicação individual e específica da URL de cada postagem, todo o conteúdo idêntico que dissemine informação falsa, injuriosa, caluniosa ou difamatória a respeito de candidatos? c) A disrupção tecnológica e a interferência na manifestação de vontade do eleitor exige a releitura dos art. 35, incisos IV, V e XVII, no art. 129 e no art. 242, parágrafo único, todos do Código Eleitoral no sentido de que os juízes eleitorais possuem competência para exercer poder de polícia administrativa determinando a retirada de conteúdo falso, injurioso, calunioso ou difamatório de plataformas digitais e aplicativos de mensagens?" (ID nº 311698 – p. 6).2. O item a não se trata necessariamente de uma dúvida a ser dirimida por esta Justiça especializada, porquanto não se reveste das características próprias de consulta, mas, sim, de um pedido de informações ou até mesmo de uma prestação de contas acerca dos procedimentos adotados para impedir a difusão de notícias falsas, demanda esta que não encontra amparo na via eleita. 3. Os itens b e c buscam medidas de providências por partes desta Justiça Eleitoral, seja para determinar a retirada de conteúdos falaciosos, independentemente da indicação individual e endereço específico (URL) de cada postagem, seja para rever o alcance dos dispositivos do Código Eleitoral no que alude ao poder coercitivo de polícia dos juízes eleitorais. 4. Em que pesem a relevância e a contemporaneidade da matéria e os esforços já envidados por esse Tribunal Superior no combate à disseminação das chamadas fake news, da maneira como as indagações foram propostas, o adequado exame resulta impossibilitado, pois o consulente relata situação fática, com tópicos que não se enquadram na natureza jurídica das consultas. 5. Conforme se verifica do texto legal que disciplina as consultas (inciso XII do art. 23 do CE), para que sejam elas admitidas, além da legitimidade, existente na espécie, necessário se faz a presença cumulativa da pertinência do tema (matéria eleitoral), com formulação em tese (com contornos de abstração), o que a toda evidência não se observou no presente caso.6. Ademais, iniciado o processo eleitoral, não se conhece de consulta, porquanto seu objeto poderá ser apreciado pela Justiça Eleitoral em caso concreto. 7. Consulta não conhecida. (TSE – Consulta nº 060101871, Acórdão, Relator(a) Min. Tarcisio Vieira De Carvalho Neto, Publicação: DJE – Diário de justiça eletrônico, Tomo 200, Data 05/10/2018".

"CONSULTA. REELEIÇÃO. CARGO. PREFEITO. MEMBRO DE ÓRGÃO ADMINISTRATIVO. CONSÓRCIO PÚBLICO. FUNÇÕES DESEMPENHADAS POR CHEFE DO EXECUTIVO MUNICIPAL. DESINCOMPATIBILIZAÇÃO. INÍCIO DO PERÍODO ELEITORAL. CONVENÇÕES PARTIDÁRIAS REALIZADAS. IMPOSSIBILIDADE DE MANIFESTAÇÃO DA CORTE DADO O RISCO DE APRECIAÇÃO DE DEMANDAS CONCRETAS. NÃO CONHECIMENTO. 1. A consulta não deve ser conhecida quando já iniciado o processo eleitoral, porquanto o objeto do questionamento poderá ser apreciado pela Justiça Eleitoral ante a sobrevinda de demandas concretas. 2. Consulta não conhecida. (TSE – Consulta nº 23332, Acórdão, Relator(a) Min. Luiz Fux, Publicação: DJE – Diário de justiça eletrônico, Data 28/09/2016)".

6.13.6 Competência

A competência para julgar a Consulta será do Tribunal Superior Eleitoral quando o consulente for autoridade com jurisdição federal ou órgão nacional de partido político; e dos Tribunais Regionais Eleitorais quando o consulente for autoridade, nos termos acima explicitados, ou partido político com representação em nível estadual. Neste ponto, compreendemos que as autoridades judiciais também são parte legítima para efetuar consulta.

PARA SEDIMENTAR

"CONSULTA FORMULADA POR JUIZ ELEITORAL – LEGITIMIDADE – PROPAGANDA ELEITORAL IRREGULAR – PODER GERAL DE POLÍCIA – ATRIBUIÇÃO DO JUIZ ELEITORAL. 1. A consulta formulada por juiz eleitoral preenche o requisito da legitimidade, porquanto trata-se de autoridade pública em sentido estrito. 2. Compete exclusivamente ao juiz eleitoral nos municípios e aos juízes designados pelos tribunais regionais eleitorais, nas capitais e municípios com mais de uma zona eleitoral, exercer o poder geral de polícia para a cessação imediata da propaganda eleitoral irregular. Em decorrência do disposto no art. 36, da Lei nº 9.504/97, pode ser exercido o poder de polícia na propaganda eleitoral antes da data estabelecida para o seu início. 3. Em razão do poder geral de cautela previsto no art. 798, do Código de Processo Civil, é permitido ao Juiz Auxiliar do Tribunal Regional Eleitoral, na análise de reclamação ou representação a ele distribuída, determinar a imediata cessação de eventual propaganda irregular que esteja em curso. (TRE-PR – CONSULTA n 194, ACÓRDÃO n 30410 de 25/05/2006, Relator(a) JOSÉ ANTONIO VIDAL COELHO, Publicação: DJ – Diário da Justiça, Data 02/06/2006)".

"CONSULTA FORMULADA POR JUÍZES ELEITORAIS – NECESSIDADE DO COMPARECIMENTO DIÁRIO À SEDE DA ZONA ELEITORAL – ARTIGOS 1º E 2º DA RESOLUÇÃO TRE Nº 158/2005. ACOLHERAM A CONSULTA NOS TERMOS QUE CONSTARÃO DO ACÓRDÃO. V.U. (TRE-SP – MATERIA, RECURSO ADMINISTRATIVO n 2474, ACÓRDÃO n 154370 de 24/11/2005, Relator(a) PAULO ALCIDES AMARAL SALLES, Publicação: DOE – Diário Oficial do Estado, Data 13/12/2005, Página 198)".

CONSULTA. FUNDO PARTIDÁRIO. DESPESA COM PESSOAL. DESCONTOS. AUSÊNCIA DE CLAREZA E PRECISÃO DOS TERMOS DA CONSULTA. NÃO CONHECIMENTO. 1. O art. 23, XII, do Código Eleitoral, estabelece a competência deste Tribunal para responder a consultas sobre matéria eleitoral formuladas, em tese, por autoridade com jurisdição federal ou órgão nacional de partido político.2. No caso em apreço, a despeito de ter sido formulada por parte legítima – diretório nacional do PTB – a consulta veicula indagação que pode gerar multiplicidade de respostas em razão da ausência de clareza e precisão de seus termos, razão pela qual não merece conhecimento. Precedentes.3. Consulta não conhecida.(TSE – Consulta nº 060019393, Acórdão, Relator(a) Min. Edson Fachin, Publicação: DJE – Diário de justiça eletrônico, Tomo 153, Data 09/08/2019)

6.13.7 Rito Processual

Em que pese a Constituição autorizar os Tribunais Regionais Eleitorais a receberem consultas, não foi disciplinado o rito a ser seguido, cabendo, então, aos regimentos internos dos Regionais e do TSE determinar os procedimentos processuais. Sendo assim, ao invés de analisarmos todos os regimentos internos dos TREs para verificar os moldes da consulta, por questões didáticas, trataremos do rito processual previsto no Tribunal Superior Eleitoral, o qual certamente é parâmetro a ser seguido pelos Tribunais Regionais.

Quanto aos aspectos materiais, as consultas devem necessariamente versar sobre questões eleitorais, ou seja, qualquer outra matéria será afastada de plano. Ademais, a matéria a ser consultada não pode, no momento da consulta, estar pendente de apreciação pelo Supremo Tribunal Federal.

Assim, temos que o pedido de consulta deve ser escorado com o preenchimento concomitante dos seguintes requisitos: a) a legitimidade; b) a indagação há que ser formulada em tese; c) a matéria deve ser, logicamente, de natureza eleitoral; e d) o objeto da consulta não pode ter sido respondido pelo TSE.

PARA SEDIMENTAR

"PEDIDO DE RECONSIDERAÇÃO. CONSULTA. PARTIDO POLÍTICO. DOAÇÃO. AUTORIDADE. CONCEITO. ART. 31, II, DA LEI 9.096/95. MATÉRIA SUBMETIDA AO STF. ADI 5.494. ANTECIPAÇÃO. MÉRITO. IMPOSSIBILIDADE. INDEFERIMENTO. 1. Não se conhece de consulta cujo tema encontra-se em discussão no âmbito do c. Supremo Tribunal Federal. Precedentes. 2. No caso, questiona-se se é lícito a partido político receber doação ou contribuição financeira de detentor de mandato eletivo, considerando-se que o art. 12, §2º, da Res.-TSE 23.432/2014, que regulamentou o art. 31, II, da Lei 9.096/95, não teria incluído mandatários no conceito de autoridade pública. 3. Todavia, o significado do vocábulo "autoridade", contido em ambos os dispositivos, é objeto da ADI 5.494, que poderá ser examinada não apenas quanto à sua causa de pedir (enquadramento de servidores demissíveis ad nutum) como também por fundamentação jurídica diversa (causa petendi aberta), a teor da jurisprudência do Supremo Tribunal Federal. 4. Pedido de reconsideração indeferido. (TSE – Consulta nº 13025, Acórdão, Relator(a) Min. Antonio Herman De Vasconcellos E Benjamin, Publicação: DJE – Diário de justiça eletrônico, Tomo 188, Data 29/09/2016, Página 74)".

"CONSULTA. QUESTÃO PENDENTE DE EXAME PELO SUPREMO TRIBUNAL FEDERAL. CONSULTA NÃO CONHECIDA. (TSE – Consulta nº 11993, Acórdão, Relator(a) Min. Gilmar Ferreira Mendes, Publicação: DJE – Diário de justiça eletrônico, Volume , Tomo 162, Data 23/08/2016, Página 17)".

" CONSULTA (1680) Nº 0602250-55.2017.6.00.0000 (PJe) – BRASÍLIA – DISTRITO FEDERAL RELATOR: MINISTRO NAPOLEÃO NUNES MAIA FILHO CONSULENTE: PARTIDO DEMOCRÁTICO TRABALHISTA (PDT) – NACIONAL ADVOGADOS: IGOR VILHENA DE MELO RIKER – RJ161012, BRUNO RUAS CARNEIRO DE CASTRO MOREIRA – RJ148494, IAN RODRIGUES DIAS – DF10074, MARA DE FATIMA HOFANS – RJ68152, MARCOS RIBEIRO DE RIBEIRO – RJ62818 CONSULTA REALIZADA PELO PDT. DIRETÓRIO NACIONAL. CONCEITO DE AUTORIDADE PÚBLICA. LEGITIMIDADE DAS DOAÇÕES REALIZADAS POR PARLAMENTARES A PARTIDOS POLÍTICOS. FONTE VEDADA. ARTS. 31, INCISO II DA LEI 9.096/95 E 12, INCISO IV, 1o. DA RES.-TSE 23.464/15. MATÉRIA OBJETO DA ADI 5.494 NO STF. IMPOSSIBILIDADE. PRECEDENTES. NÃO CONHECIMENTO. 1. In casu, questiona-se se os ocupantes de cargos eletivos do Poder Legislativo podem ser considerados autoridades públicas, consoante o disposto nos arts. 31, inciso I da Lei 9.096/95 e 12, inciso IV, §1o. da Res.-TSE 23.464/15, com o intuito de legitimar as doações realizadas por Parlamentares a Partidos Políticos. 2. O consulente pleiteia a manifestação do

TSE quanto ao alcance do termo autoridade, previsto no art. 31, inciso II da Lei 9.096/95, matéria objeto de discussão no STF, no bojo da ADI 5.494, de relatoria do eminente Ministro LUIZ FUX. 3. Não se conhece de consulta cujo tema encontra-se em discussão no âmbito do colendo STF. Precedentes (Cta 130-25/DF, Rel. Min. HERMAN BENJAMIN, DJe 29.9.2016). Consulta não conhecida. (TSE – Consulta nº 060225055, Acórdão, Relator(a) Min. Ministro Napoleão Nunes Maia Filho, Publicação: DJE – Diário de justiça eletrônico, Tomo 159, Data 17/08/2017)".

EMBARGOS DE DECLARAÇÃO EM CONSULTA RECEBIDOS COMO PEDIDO DE RECONSIDERAÇÃO. CONSULTA NÃO CONHECIDA POR VERSAR SOBRE CASO CONCRETO. PEDIDO INDEFERIDO. 1. Embargos de declaração opostos em matéria administrativa devem ser recebidos como pedido de reconsideração. Precedentes. 2. A consulta foi não conhecida ao fundamento de que, por se tratar de questão específica atinente ao registro de candidatura, a manifestação do TSE poderia versar sobre caso concreto. 3. A importância do objeto da consulta não impõe a atuação do TSE, sobretudo quando ausentes os requisitos legais para seu conhecimento. 4. Embargos de declaração recebidos como pedido de reconsideração e indeferido. (TSE – Consulta nº 060023494, Acórdão, Relator(a) Min. Og Fernandes, Publicação: DJE – Diário de justiça eletrônico, Tomo 24, Data 07/12/2018).

CONSULTA ELEITORAL APRESENTADA POR DEPUTADO FEDERAL ACERCA DA POSSIBILIDADE DE RÉU EM AÇÃO PENAL NA JUSTIÇA FEDERAL SER CANDIDATO A PRESIDENTE DA REPÚBLICA E DE ASSUNÇÃO DO MANDATO, NA HIPÓTESE DE VIR A SER ELEITO. CASO EM QUE SE EVIDENCIA TRATAR-SE DE QUESTÃO ESPECÍFICA ATINENTE AO REGISTRO DE CANDIDATURA, APTA A RESULTAR EM MANIFESTAÇÃO DO EGRÉGIO TSE SOBRE CASO CONCRETO, SEM A DEVIDA OBSERVÂNCIA DO JUSTO PROCESSO JURÍDICO. NÃO CONHECIMENTO, DE ACORDO COM A JURISPRUDÊNCIA DA CORTE E LIÇÕES DA DOUTRINA JURÍDICA.I. À luz da doutrina jurídica mais autorizada do Direito Eleitoral, consultar é descrever uma situação, estado ou circunstância de forma genérica, para permitir a sua utilização posterior de maneira sucessiva e despersonalizada, com o propósito de revelar dúvida razoável e inespecífica, em face de eventual lacuna ou obscuridade legislativa ou jurisprudencial, desde que não se configure antecipação de julgamento judicial. Lição dos juristas CARLOS MÁRIO DA SILVA VELLOSO e WALBER DE MOURA AGRA (Elementos de Direito Eleitoral. São Paulo: Saraiva, 2010, p. 401).II. O Parlamentar consulente formulou estas indagações: (1) se pode um réu em Ação Penal, na Justiça Federal, candidatar-se a Presidente da República; (2) se, na hipótese de resposta positiva a essa pergunta, caso eleito e perdurando a condição de réu, poderá ele assumir o mandato; e (3) em caso de respostas positivas às duas indagações, se pode um réu em Ação Penal, na Justiça Federal, em razão de supostos crimes cometidos no exercício da Presidência da República, em mandato anterior, candidatar-se a esse mesmo cargo eletivo. III. A Consulta formulada contém elementos manifestamente capazes de induzir a sua eventual resposta à aplicação a caso concreto, tendo em vista que aponta circunstâncias singulares e individualizantes de condição, estado ou situação passíveis de serem específicas de pessoa determinada ou facilmente determinável (fulanização). Ausente, portanto, neste caso, o indispensável requisito da abstratividade, o que é de molde a obstar o seu conhecimento por esta Corte Superior, conforme sua jurisprudência pacífica, torrencial e uniforme. Precedentes desta Corte Eleitoral Superior: Cta 115-56/DF, Rel. Min. MARIA THEREZA DE ASSIS MOURA, DJe 22.6.2016; Cta 303-83/DF, Rel. Min. LUCIANA LÓSSIO, DJe 10.6.2016; Cta 562-49/DF, Rel. Min. JOÃO OTÁVIO DE NORONHA, DJe 6.5.2014; Cta 1.725/DF, Rel. Min. MARCELO RIBEIRO, DJe 26.10.2009.IV. O óbice ao conhecimento desta Consulta Eleitoral decorre, dest'arte, da evidente conclusão de que o pronunciamento do Tribunal a seu respeito poderia resultar em manifestação implicante de incidência sobre caso concreto, antecipando, indevidamente, o seu entendimento judicial sobre matéria específica a ser debatida, se for o caso, apenas na apreciação de eventual pedido de Registro de Candidatura.V. A rigorosa exigência de formulação de Consulta Eleitoral somente em tese e abstratamente concretiza a preocupação jurídica e judicial de evitar pronunciamentos que, sem a devida observância do indispensável contraditório e da ampla defesa, pilares de ferro do justo processo jurídico, apontem soluções de casos concretos que poderão, no futuro, bater às portas da Justiça Eleitoral. As respostas a Consultas Eleitorais veiculam orientações valiosas e prestantes aos Partidos Políticos, aos candidatos e, igualmente, às instâncias do Poder Judiciário Eleitoral, como fixado no art. 30 da Lei Anastasia (Lei 13.655/18) – segundo o qual as autoridades públicas devem atuar para aumentar a segurança jurídica na aplicação das normas, inclusive por meio de regulamentos, súmulas administrativas e respostas a Consultas –, que enfatiza a eficácia desse tipo de provimento. VI. Consulta Eleitoral de que não se conhece. (TSE – Consulta nº 060023494, Acórdão, Relator(a) Min. Napoleão Nunes Maia Filho, Publicação: DJE – Diário de justiça eletrônico, Tomo 156, Data 07/08/2018)

Destarte, não se conhece de consulta que já foi objeto de consulta anterior respondida pelo Tribunal Superior Eleitoral.

PARA SEDIMENTAR

"CONSULTA. CAUSA DE INELEGIBILIDADE. ART. 14, §5º, DA CF. ASSUNÇÃO TEMPORÁRIA PELO PRESIDENTE DA CÂMARA MUNICIPAL. SUBSTITUIÇÃO. REELEIÇÃO. TERCEIRO MANDATO. PRECEDENTES DO STF E DO TSE. PREJUDICIALIDADE. CONSULTA NÃO CONHECIDA.1. A situação hipotética apresentada pelo consulente – assunção precária da chefia do Executivo municipal pelo presidente da Câmara de Vereadores – já foi objeto de consultas e de casos judiciais apreciados pelo STF e pelo TSE, cujos julgamentos trazem o equacionamento das questões indagadas. 2. Fica prejudicada a consulta cujo objeto já foi apreciado pela Corte. Precedente.

(TSE – Consulta nº 060015547, Acórdão, Relator(a) Min. Og Fernandes, Publicação: DJE – Diário da justiça eletrônica, Tomo 155, Data 05/08/2020)"

"CONSULTA. ART. 46 DA LEI Nº 9.504/97. NOVA REDAÇÃO. LEI Nº 13.165/2015. INTERPRETAÇÃO. MATÉRIA JÁ APRECIADA PELO TRIBUNAL SUPERIOR ELEITORAL. PREJUDICIALIDADE. NÃO CONHECIMENTO. 1. O TSE já definiu que, no caso de coligações, o número mínimo de deputados federais previsto no art. 46 da Lei nº 9.504/97 deve ser aferido, quando se tratar de eleição proporcional, pela soma de todos os representantes dos partidos políticos que compõem a coligação na Câmara dos Deputados e, quando se tratar de eleição majoritária, pelo total de deputados federais dos seis maiores partidos que compõem a coligação (Cta nº 62-75/DF, rel. Min. LUCIANA LÓSSIO, e Cta nº 491-76/DF, rel. Min. HENRIQUE NEVES; acórdãos pendentes de publicação). 2. Esta Corte também se manifestou no sentido de que a referência ao número mínimo de deputados contida no art. 46 da Lei nº 9.504/97 deve ser compreendida como a quantidade de deputados federais pertencentes aos quadros de determinado partido político, o qual, quando superior a nove, impõe a obrigatoriedade de o candidato filiado a tal agremiação ser convidado para participar dos debates realizados pelas emissoras (Cta nº 491-76/DF). 3. Considera-se prejudicada a consulta cujo objeto já foi apreciado pela Corte. Precedente. 4. Consulta não conhecida. (TSE – Consulta nº 6797, Acórdão, Relator(a) Min. Maria Thereza Rocha de Assis Moura, Publicação: DJE – Diário de justiça eletrônico, Tomo 88, Data 09/05/2016, Página 172)".

Quanto à temática processual, por não existir um código de processo eleitoral, aplica-se, além do regimento interno de cada tribunal e da legislação eleitoral, subsidiariamente, o Código de Processo Civil naquilo que não for de encontro aos preceitos eleitorais.

Portanto, observamos que a petição de consulta deve conter a qualificação dos consulentes (sob pena de não recebimento), a exposição das dúvidas, a relevância da consulta – motivo da consulta – e as questões que necessitam de respostas.

Importante: mister expor categoricamente quais as dúvidas do consulente.

PARA SEDIMENTAR

"CONSULTA. REQUISITOS. NÃO PREENCHIMENTO. AUSÊNCIA DE OBJETIVIDADE. TERMOS AMPLOS. JUÍZO DE PRESUNÇÃO. IMPOSSIBILIDADE. NÃO CONHECIMENTO. 1. Nos termos do art. 23, XII, do Código Eleitoral, compete ao Tribunal Superior Eleitoral responder, sobre matéria eleitoral, às consultas que lhe forem feitas em tese por autoridade com jurisdição federal ou órgão nacional de partido político. 2. No caso, a consulta pode resultar em manifestação sobre o caso concreto, o que é vedado pela jurisprudência mansa e pacífica do Tribunal Superior Eleitoral. 3. Consulta não conhecida. (TSE – Consulta nº 23684, Acórdão, Relator(a) Min. Luciana Christina Guimarães Lóssio, Publicação: DJE – Diário de justiça eletrônico, Data 16/08/2016)".

"CONSULTA. DEPUTADO FEDERAL. QUESTIONAMENTOS FORMULADOS SEM CLAREZA E OBJETIVIDADE. NÃO CABIMENTO. PRECEDENTES. CONSULTA NÃO CONHECIDA. 1. Hipótese em que os questionamentos formulados carecem de clareza e objetividade, as quais são necessárias para possibilitar o enfrentamento das questões por esta Corte Superior. Precedentes. 2. Consulta não conhecida. (TSE – Consulta nº 8521, Acórdão, Relator(a) Min. Maria Thereza Rocha de Assis Moura, Publicação: DJE – Diário de justiça eletrônico, Tomo 88, Data 09/05/2016, Página 172)".

"CONSULTA. LEI Nº 9.504/97. ART. 36-A. NOVA REDAÇÃO. LEI Nº 13.165/2015. INTERPRETAÇÃO. PROPAGANDA ELEITORAL ANTECIPADA. ATOS DE PRÉ-CAMPANHA. Os parâmetros para o conhecimento de questão em consulta devem ser extremamente rigorosos, sendo imprescindível que os questionamentos sejam formulados de forma simples e objetiva, sem que haja a possibilidade de se dar múltiplas respostas ou estabelecer ressalvas. Precedentes. Consulta não conhecida. (TSE – Consulta nº 24631, Acórdão, Relator(a) Min. Rosa Maria Weber Candiota da Rosa, Publicação: DJE – Diário de justiça eletrônico, Data 30/08/2016, Página 105-106)".

Quanto ao rito, o Regimento Interno do TSE e a Resolução nº 4.510, de 1952[226], preconizam que: a) a consulta, assim que recebida, será distribuída a um relator; b) se o relator achar necessário, determinará diligências para melhor compreensão dos fatos; c) na primeira sessão após *5 (cinco) dias* do recebimento, o relator colocará em mesa para decisão.

6.13.8 Efeitos e Recursos

A Consulta é um processo administrativo de esclarecimento, sendo assim, não exige constituição de advogado, não faz coisa julgada material ou formal, não declara direito e, *a priori*, não possui força vinculante. Do mesmo modo, não há que se falar em recurso, à exceção dos embargos de declaração e do agravo interno (manejado contra decisão monocrática), mas que corriqueiramente são recebidos como pedido de reconsideração – em razão da natureza administrativa da Consulta.

[226] TSE, *Resolução nº 4.510, de 29 de setembro de 1952*. Disponível em: http://www.tse.jus.br/legislacao-tse/res/1952/RES045101952.htm. Acesso em: 30 abr. 2020.

PARA SEDIMENTAR

"DIREITO ELEITORAL. EMBARGOS DE DECLARAÇÃO CONHECIDOS COMO PEDIDO DE RECONSIDERAÇÃO. CONSULTA. PROCESSO ADMINISTRATIVO. AUSÊNCIA DE CONTRADIÇÃO. INDEFERIMENTO.1. Embargos de declaração, com pedido de efeitos infringentes, contra acórdão que não conheceu de consulta e indeferiu pedido subsidiário de conversão desta em petição.2. Embargos recebidos como pedido de reconsideração, por se tratar de matéria administrativa.3. Inexiste contradição interna em acórdão que deixa de conhecer da consulta por ilegitimidade da parte e indefere pedido de conversão desta em petição e consigna, meramente em obter dictum, que a promulgação da Emenda Constitucional nº 107/2020 teria dirimido a dúvida jurídica suscitada.4. Pedido de reconsideração indeferido. (TSE – CONSULTA nº 060036246, Acórdão, Relator(a) Min. Luís Roberto Barroso, Publicação: DJE – Diário da justiça eletrônica, Tomo 54, Data 25/03/2021)".

EMBARGOS DE DECLARAÇÃO. CONSULTA. RECEBIMENTO COMO PEDIDO DE RECONSIDERAÇÃO. INÍCIO DO PERÍODO ELEITORAL. MANIFESTAÇÃO. TRIBUNAL SUPERIOR ELEITORAL. IMPOSSIBILIDADE. AUSÊNCIA DE EXCEPCIONALIDADE APTA À REVISITAÇÃO DA CONCLUSÃO PERFILHADA NO EXAME ORIGINÁRIO. INDEFERIMENTO.1. Na linha da jurisprudência desta Corte Superior, os "embargos de declaração opostos em matéria administrativa devem ser recebidos como pedido de reconsideração" (Cta n. 0600234-94/DF, Rel. Min. Og Fernandes, DJe de 7.12.2018).2. No acórdão objeto do pedido de reconsideração, pelo qual não conhecida da consulta formulada, o TSE assentou ser "inviável a manifestação em consultas durante o período eleitoral, ante o risco de antecipação, por esta Corte Superior, de conclusões jurídicas relacionadas a possíveis demandas futuras" (Cta n. 0600598-66/DF, Rel. Min. Rosa Weber, DJe de 4.10.2020).3. Ausente circunstância apta à adoção de conclusão diversa daquela trilhada, descabe acolher o pedido de reconsideração.4. Embargos de declaração recebidos como pedido de reconsideração, na linha da jurisprudência, e indeferido. (TSE – CONSULTA nº 060153168, Acórdão, Relator(a) Min. Tarcisio Vieira De Carvalho Neto, Publicação: DJE – Diário da justiça eletrônica, Tomo 17, Data 03/02/2021)".

6.13.9 Resumindo

Fundamentação Legal	Art. 23, inciso XII, e art. 30, inciso VIII, do Código Eleitoral.
Objetivo	Sanar dúvidas de interpretação ou de aplicação de normas eleitorais.
Legitimidade ativa	Consultas ao TSE: autoridades públicas federais; presidentes de diretórios nacionais de partidos políticos ou federações partidárias; delegados credenciados; deputado federal; senador e presidente. Consultas aos TREs: autoridades públicas estaduais; partidos políticos; deputados estaduais.
Prazo	Até o início do processo eleitoral, o qual se formaliza com as convenções partidárias.
Competência	Justiça Eleitoral – domicílio do consulente.
Se o pedido for julgado procedente	A consulta será respondida pelo Tribunal.

6.14 Prestação de Contas de Campanha Eleitoral

6.14.1 Conceito

A Prestação de Contas é o ato pelo qual os candidatos e os partidos políticos corroboram à Justiça Eleitoral e à sociedade que participaram da campanha em consonância com as regras eleitorais para arrecadação e comprovação dos gastos. Todos os candidatos que registrarem candidatura, ainda que tenham renunciado, desistido de participar do pleito ou não tenham recebido nenhuma doação, deverão prestar contas, pois o marco inicial é o registro.

Conforme ponderado, as campanhas eleitorais, desde 2018, podem receber recursos procedentes do Fundo Partidário, do Fundo Especial de Financiamento de Campanha, do próprio candidato e de doadores (pessoa física).

Percentual mínimo de recursos do Fundo Especial de Financiamento de Campanha para candidaturas Femininas

O Tribunal Superior Eleitoral, no dia 22 de maio de 2018, por unanimidade, conheceu da consulta de nº 0600252-18.2018.6.00.0000 e decidiu que pelo menos 30% (trinta por cento) dos recursos do Fundo Especial de Financiamento de Campanha e do tempo de propaganda eleitoral deverão ser destinados às candidaturas femininas.

CONSULTA. SENADORAS E DEPUTADAS FEDERAIS. INCENTIVO À PARTICIPAÇÃO FEMININA NA POLÍTICA. DISTRIBUIÇÃO DOS RECURSOS DO FUNDO ESPECIAL DE FINANCIAMENTO DE CAMPANHA (FEFC) E DO TEMPO DE PROPAGANDA ELEITORAL GRATUITA NO RÁDIO E NA TV. PROPORCIONALIDADE. ART. 10, §3º, DA LEI Nº 9.504/1997. MÍNIMO LEGAL DE 30% DE CANDIDATURAS POR GÊNERO. APLICABILIDADE. FUNDAMENTOS. ADI 5617. STF. EFICÁCIA TRANSCENDENTE. PAPEL INSTITUCIONAL DA JUSTIÇA ELEITORAL. PROTAGONISMO. PRÁTICAS AFIRMATIVAS. FORTALECIMENTO. DEMOCRACIA INTERNA DOS PARTIDOS. QUESITOS RESPONDIDOS AFIRMATIVAMENTE. Do objeto da presente consulta. 1. Trata-se de consulta formulada nos seguintes termos:1.1 "Aplica-se a decisão do STF que conferiu interpretação conforme à Constituição, proferida na ADI 5617, para a distribuição do Fundo Especial de Financiamento de Campanha, previsto nos artigos 16-C e 16-D, da Lei das Eleições, devendo-se equiparar o mínimo de recursos destinado a cada partido, ao patamar legal mínimo de 30% de candidaturas femininas, nos termos do artigo 10, §3º, da Lei 9.504/97?"1.2 "Havendo percentual mais elevado do que 30% de candidaturas femininas, o mínimo de recursos globais do partido, destinado às respectivas campanhas, deve ser na mesma proporção?"1.3 "Aplica-se a decisão do STF que conferiu interpretação conforme à Constituição, proferida na ADI 5617, para a distribuição do tempo da propaganda eleitoral gratuita no rádio e na televisão, prevista nos artigos 47 e seguintes, da Lei das Eleições, devendo-se equiparar o mínimo de tempo destinado a cada partido, ao patamar legal mínimo de 30% de candidaturas femininas, nos termos do art. 10, §3º, da Lei 9.504/97?"1.4 "Havendo percentual mais elevado do que 30% de candidaturas femininas, o mínimo do tempo da propaganda eleitoral gratuita no rádio e na televisão, destinado às respectivas campanhas, deve ser na mesma proporção?" Do conhecimento da presente consulta. 2. O conhecimento de consulta no TSE está condicionado à presença cumulativa de três requisitos: (i) pertinência do tema (matéria eleitoral), (ii) formulação em tese e (iii) legitimidade do consulente, devidamente preenchidos na espécie.3. Conquanto a temática em exame diga com estruturação de novos paradigmas políticos, jurídicos e culturais intrapartidários, mediante a consolidação da democracia interna dos partidos políticos, observada a eficácia horizontal dos direitos fundamentais para a garantia da igualdade material entre as candidaturas femininas e masculinas, inevitável que os seus reflexos afetem diretamente o processo eleitoral, a atrair a competência da Justiça Eleitoral para sua apreciação. Precedentes.4. Precisamente por isso, ao conteúdo em questionamento não se deve atribuir o tratamento de "típica hipótese de matéria *interna corporis* dos partidos políticos", mediante o estrito exercício da autonomia a eles conferida pelo art. 17, §1º, da Constituição Federal. Antes, cumpre à Justiça Eleitoral, chamada ao enfrentamento da questão, dirimi-la à luz dos cânones normativos, legais e constitucionais que circundam a matéria, sem descurar do contexto sociopolítico atual brasileiro.Do papel institucional da Justiça Eleitoral no incentivo à participação feminina na política. 5. A efetividade da garantia do percentual mínimo de candidaturas por gênero, estabelecida no art. 10, §3º, da Lei nº 9.504/97 – singelo passo à modificação do quadro de sub-representação feminina no campo político –, conclama a participação ativa da Justiça Eleitoral, presente largo campo de amadurecimento da democracia brasileira a percorrer visando à implementação de ações afirmativas que priorizem e impulsionem a voz feminina na política brasileira, como sói acontecer nos países com maior índice de desenvolvimento humano (IDH), detentores de considerável representação feminina, consoante estudos realizados pelo Programa das Nações Unidas para o Desenvolvimento (PNUD) e compilados pela União Interparlamentar (*Inter-Parliamentary Union*).6. Este Tribunal Superior tem buscado impulsionar a participação feminina no cenário político, seja por medidas administrativas – como a veiculação em emissoras de rádio e televisão de campanhas em defesa da valorização e da igualdade de gênero e a promoção de painéis em Seminários sobre Reforma Política, de iniciativa da Escola Judiciária Eleitoral (EJE/TSE) –, seja no exercício da jurisdição, via decisões sinalizadoras de posicionamento rigoroso quanto ao cumprimento das normas que disciplinam ações afirmativas sobre o tema.7. Nada obstante, as estatísticas demonstram que os reflexos no espaço político feminino ainda se mostram tímidos, evidenciando-se a urgência da adoção de práticas afirmativas que garantam o incremento da voz ativa da mulher na política brasileira, insofismável o protagonismo da Justiça Eleitoral nesta seara. Da *ratio decidendi* da ADI 5617 e sua aplicabilidade na distribuição do Fundo Especial de Financiamento de Campanha (FEFC) e do tempo de propaganda eleitoral gratuita no rádio e na televisão. 8. Ao julgamento da ADI 5617, em 15.3.2018, o c. STF, no tocante ao Fundo Partidário, deu "interpretação conforme à Constituição ao art. 9º da Lei 13.165/2015 de modo a (a) equiparar o patamar legal mínimo de candidaturas femininas (hoje o do art. 10, §3º, da Lei 9.504/1997, isto é, ao menos 30% de cidadãs), ao mínimo de recursos do Fundo Partidário a lhes serem destinados, que deve ser interpretado como também de 30% do montante do Fundo alocado a cada partido, para eleições majoritárias e proporcionais, e (b) fixar que, havendo percentual mais elevado de candidaturas femininas, o mínimo de recursos globais do partido destinados a campanhas lhe seja alocado na mesma proporção"9. Embora circunscrito o objeto da ADI 5617 à distribuição dos recursos partidários que veio a ser fixada por meio da Lei nº 13.165/2015, os fundamentos então esposados transcendem o decidido naquela hipótese, considerada, em especial, a premissa de que "a igualdade entre homens e mulheres exige não apenas que as mulheres tenham garantidas iguais oportunidades, mas também que sejam elas empoderadas por um ambiente que lhes permita alcançar a igualdade de resultados". Aplicável, sem dúvida, a mesma diretriz hermenêutica; "*ubi eadem ratio ibi idem jus*", vale dizer, onde houver o mesmo fundamento, haverá o mesmo direito.10. Na lição da doutrina, "o Tribunal que, desempenhando com firmeza o seu dever de fundamentar, apreciar a maior gama de argumentos contrários e favoráveis a cada tese, estará produzindo não apenas uma decisão para um único litígio, mas sim uma metadecisão que, fixando regras, standarts e rotinas, orientará os órgãos jurisdicionais inferiores" (BERNARDO, Clarissa Campos;

ANDRADE, Marcelo Santiago de Paula. *O sistema de precedentes do novo CPC e sua repercussão no direito eleitoral.* In: DIDIER Jr., Fredie; LUCON, Paulo Henrique dos Santos; CAMARGO, Luiz Henrique Volpe (Coord.). *Repercussões do novo CPC. Direito Eleitoral.* Salvador: JusPodivm, 2016).11. Se a distribuição do Fundo Partidário deve resguardar a efetividade do disposto no art. 10, §3º, da Lei nº 9.504/97, no sentido de viabilizar o percentual mínimo de 30% de candidaturas por gênero, consoante decidiu a Suprema Corte ao julgamento da ADI 5617, com maior razão a aplicação dos recursos do Fundo Especial de Financiamento de Campanha (FEFC) – cuja vocação é, exclusivamente, o custeio das eleições – há de seguir a mesma diretriz.12. No tocante ao tempo de propaganda eleitoral gratuita no rádio e na televisão, consabido não haver disposição normativa expressa que balize a sua distribuição em termos de percentual de gênero. A despeito disso, a carência de regramento normativo que imponha a observância dos patamares mínimos previstos no art. 10, §3º, da Lei nº 9.504/97 à distribuição do tempo de propaganda eleitoral no rádio e na televisão não obstaculiza interpretação extraída a partir de preceitos constitucionais que viabilizem a sua implementação.13. Consoante magistério de Inocêncio Mártires Coelho, com apoio em Niklas Luhmann, Friedrich Müller e Castanheira Neves: "não existe norma jurídica, senão norma jurídica interpretada, vale dizer, preceito formalmente criado e materialmente concretizado por todos quantos integram as estruturas básicas constituintes de qualquer sociedade pluralista. [...] O teor literal de uma disposição é apenas a 'ponta do iceberg'; todo o resto, talvez o mais importante, é constituído por fatores extralinguísticos, sociais e estatais, que mesmo se o quiséssemos não poderíamos fixar nos textos jurídicos, no sentido da garantia da sua pertinência". (LUHMANN, Niklas. *El derecho de la sociedad.* México: Herder/Universidad Iberoamericana, 2005, p. 425-6; MÜLLER, Friedrich. *Métodos de Trabalho do Direito Constitucional.* Porto Alegre: Síntese, 1999, p. 45; e NEVES, A. Castanheira. *Metodologia Jurídica.* Problemas fundamentais. Coimbra: Universidade de Coimbra, 1993, p. 166-76.)14. Aplica-se, no ponto, a mesma *ratio decidendi* adotada pela Suprema Corte na ADI 5617, com prevalência ao direito à dignidade da pessoa humana (art. 1º, III, da CF) e à igualdade de gênero (art. 5º, *caput*, da CF).15. A revisão jurisdicional de atos partidários, no que se inclui a revisitação das diretrizes norteadoras da distribuição interna de recursos públicos destinados às campanhas eleitorais, bem assim a divisão do tempo de propaganda eleitoral gratuita entre os candidatos em disputa, não implica, em absoluto, desprestígio à autonomia partidária – consagrada na Carta Magna e reafirmada na Emenda Constitucional nº 97, aprovada pelo Congresso Nacional em 04 de outubro de 2017 –, mas amparo ao fortalecimento da democracia interna da própria grei, contribuindo para o desenvolvimento da política.Conclusão.Consulta respondida afirmativamente, nos seguintes termos: a distribuição dos recursos do Fundo Especial de Financiamento de Campanha (FEFC), previsto nos artigos 16-C e 16-D, da Lei das Eleições, e do tempo de propaganda eleitoral gratuita no rádio e na televisão, regulamentada nos arts. 47 e seguintes do mesmo diploma legal, deve observar os percentuais mínimos de candidatura por gênero, nos termos do art. 10, §3º, da Lei nº 9.504/97, na linha da orientação firmada na Suprema Corte ao exame da ADI 5617. No caso de percentual superior de candidaturas, impõe-se o acréscimo de recursos do FEFC e do tempo de propaganda na mesma proporção. (TSE – Consulta nº 060025218, Acórdão, Relator(a) Min. Rosa Weber, Publicação: DJE – Diário de justiça eletrônico, Tomo 163, Data 15/08/2018)

DELIMITANDO O TEMA

José Jairo Gomes aduz que "a *prestação de contas* constitui o instrumento oficial que permite a realização de contrastes e avaliações, bem como a fiscalização e o controle financeiro das campanhas eleitorais [...]. Deveras, é direito impostergável dos integrantes da comunhão política saber quem financiou a campanha de seus mandatários e de que maneira esse financiamento se deu. Nessa seara, impõe-se a transparência absoluta, pois em jogo encontra-se o legítimo exercício de mandatos e consequentemente do poder estatal. Sem isso, não é possível o exercício pleno da cidadania, já que se subtrairiam do cidadão informações essenciais para a formação de sua consciência político-moral, relevantes sobretudo para que ele aprecie a estatura ético-moral de seus representantes e até mesmo para exercer o sacrossanto direito de sufrágio".[227] (grifo do autor)

Alexandre Kimura, por sua vez, assevera que "o candidato que renunciar à candidatura, dela desistir, for substituído ou tiver o seu registro indeferido pela Justiça Eleitoral deverá prestar contas correspondentes ao período em que participou do processo eleitoral, mesmo que não tenha realizado campanha".[228]

PARA SEDIMENTAR

"PRESTAÇÃO DE CONTAS. PTC. DIRETÓRIO NACIONAL. EXERCÍCIO FINANCEIRO DE 2011. NÃO COMPROVAÇÃO DE DESPESAS COM PASSAGENS AÉREAS. LOCAÇÃO DE VEÍCULO DE PROPRIEDADE DE DIRIGENTE PARTIDÁRIO SEM A COMPROVAÇÃO DA DESTINAÇÃO PARA FINS PARTIDÁRIOS. NÃO APLICAÇÃO INTEGRAL DO MÍNIMO DE 5% (CINCO POR CENTO) DE RECURSOS DO FUNDO PARTIDÁRIO NA CRIAÇÃO E MANUTENÇÃO DE PROGRAMAS DE PROMOÇÃO E DIFUSÃO DA PARTICIPAÇÃO POLÍTICA DAS MULHERES. ART. 44, V, DA LEI DOS PARTIDOS POLÍTICOS.

---

227 GOMES, José Jairo. *Direito eleitoral*. 12. ed. São Paulo: Atlas, 2016. p. 445.

228 KIMURA, Alexandre Issa. *Manual de direito eleitoral*. 2. ed. rev. e atual. Rio de Janeiro: Forense. p. 201.

GASTOS IRREGULARES COM HOSPEDAGEM. DESPESAS NÃO VINCULADAS À ATIVIDADE PARTIDÁRIA. CONTAS APROVADAS COM RESSALVAS. IMPOSIÇÃO DE RESSARCIMENTO AO ERÁRIO.PREMISSAS TEÓRICAS 1. A prestação de contas, como dever, funda-se no princípio fundamental republicano (CRFB/88, art. 1º, caput), e seu corolário imediato o postulado da publicidade (CRFB/88, arts. 1º, caput, 5º, XXXIII, e 37, caput). A despeito de conteúdo plurissignificativo e de vagueza semântica, afigura-se possível identificar alguns atributos normativos mínimos no conteúdo jurídico dos aludidos cânones magnos, quais sejam, (i) a existência de uma concepção igualitária de bem público, cuja titularidade é atribuída ao povo, (ii) distinção entre patrimônio público e privado dos governantes, (iii) a eletividade dos representantes populares, (iv) periodicidade dos mandatos e (v) o dever de prestação de contas, com a consequente possibilidade de responsabilização político-jurídica de todas as autoridades estatais.2. O direito à informação, correlato ao dever de publicidade, inerente a todo e qualquer cidadão, de cariz fundamental, ex vi do art. 5º, XIV, da CRFB/88, reclama, na seara eleitoral, que deva ser franqueado o amplo conhecimento acerca dos gastos com as campanhas eleitorais dos postulantes aos cargos político-eletivos. Consectariamente, torna-se imperioso, no afã de salvaguardar este direito, que o Estado não apenas se abstenha de agir, com a ausência de sigilo nas informações, mas também, e sobretudo, que o poder público adote comportamentos comissivos, mediante a adoção de providências concretas que permitam a cientificação e o conhecimento das informações ao público.3. O dever de prestar contas é exigido não apenas dos agentes já investidos na gestão da coisa pública, mas também dos players da competição eleitoral, i.e., partidos, comitês e candidatos.4. A divulgação dos recursos auferidos pelos partidos e candidatos se revela importante instrumento de análise para os cidadãos-eleitores, irradiando-se, precipuamente, sob dois prismas: no primeiro, de viés positivo, as informações acerca das despesas de campanha propiciam a formulação de um juízo adequado, responsável e consciente no exercício do direito ao sufrágio, notadamente no momento da escolha de seu representante; e, no segundo, de viés negativo, possibilitam que os eleitores possam censurar, por intermédio do voto, aqueles candidatos que, eticamente, estejam em dissonância com os valores que ele, cidadão, considera como cardeais, em especial quando o fluxo de receitas amealhadas durante a campanha não restar devidamente comprovado.5. A prestação de contas se conecta umbilicalmente a princípios caros ao Direito Eleitoral, como a igualdade de chances entre os partidos políticos, a moralidade eleitoral, e, em última análise, a própria noção de Democracia.6. O telos subjacente à prestação de contas é evitar – ou, ao menos, amainar – os reflexos nefastos do abuso do poder econômico que, no limite, desvirtuam a igualdade de chances entre os candidatos e as agremiações partidárias, ao mesmo tempo em que se franqueia maior legitimidade ao processo político-eleitoral, sob o prisma do diálogo com a moralidade eleitoral.[...] (TSE – Prestação de Contas nº 24755, Acórdão, Relator(a) Min. Luiz Fux, Publicação: DJE – Diário de justiça eletrônico, Tomo 42, Data 01/03/2018, Página 91-93)".

6.14.2 Fundamentação Legal

A previsão legal da Prestação de Contas de campanha encontra-se albergada nos arts. 20 e 21 da Lei nº 9.504, de 1997.

Art. 20 da Lei nº 9.504, de 1997

"Art. 20. O candidato a cargo eletivo fará, diretamente ou por intermédio de pessoa por ele designada, a administração financeira de sua campanha usando recursos repassados pelo partido, inclusive os relativos à cota do Fundo Partidário, recursos próprios ou doações de pessoas físicas, na forma estabelecida nesta Lei".

Art. 21 da Lei nº 9.504, de 1997

"Art. 21. O candidato é solidariamente responsável com a pessoa indicada na forma do art. 20 desta Lei pela veracidade das informações financeiras e contábeis de sua campanha, devendo ambos assinar a respectiva prestação de contas".

6.14.3 Natureza Jurídica

Diferentemente das demais ações, a Prestação de Contas, ainda que no passado tivesse natureza meramente administrativa, hoje possui caráter jurisdicional, por força do art. 37, §6º, da Lei nº 9.096/1995. Dessa feita, mostra-se obrigatória a constituição de advogado para a apresentação das contas, e a decisão proferida nessa modalidade de ação produz os efeitos de coisa julgada e preclusão.

Art. 37, §6,º da Lei nº 9.096, de 1995

"Art. 37. A desaprovação das contas do partido implicará exclusivamente a sanção de devolução da importância apontada como irregular, acrescida de multa de até 20% (vinte por cento). §6º O exame da prestação de contas dos órgãos partidários tem caráter jurisdicional.

PARA SEDIMENTAR

"PRESTAÇÃO DE CONTAS. DEMOCRACIA CRISTÃ (DC). ELEIÇÕES 2016. APROVAÇÃO COM RESSALVAS.1. Trata-se da Prestação de Contas do Democracia Cristã (DC), relativa às eleições de 2016.2. Não se conhece do endereço eletrônico indicado em fase de alegações finais, em face da ocorrência da preclusão. Na hipótese, inexiste justo motivo ou circunstância suficiente que autorize sua juntada tardia, na linha da jurisprudência do TSE no sentido de que a natureza jurisdicional do processo de prestação de contas importa na incidência da regra da preclusão quando o ato processual não é praticado no momento oportuno.3. A omissão de gastos em contas parciais não enseja a rejeição das contas, caso sanada a respectiva falha ao final do ajuste contábil. Interpretação aplicável às eleições de 2016.4. As notas fiscais emitidas pela empresa FlixTV – Serviços de Multimídia Ltda. discriminam de forma suficiente os serviços por ela prestados. A falta de documento fiscal, com relação a uma das faturas apresentadas, constitui falha, ante o descumprimento do art. 55 da Res.-TSE 23.463/2015.5. O pagamento de despesa relativa à troca da bateria de carro alugado não se insere no conceito de despesa eleitoral, conforme reconhecido pela própria agremiação.6. A unidade técnica identificou omissão de gasto eleitorais, a partir do confronto de informações entre as transferências registradas pelos beneficiários, em suas respectivas prestações de contas, e as despesas declaradas na presente prestação de contas. Tal situação contraria o art. 48, I, c, da Res.-TSE 23.463/2015.7. Na hipótese, as irregularidades representam 2,78% dos recursos utilizados em campanha, incluindo aqueles não declarados pelo Partido. Não foram apuradas falhas de natureza relevante ou grave, o que enseja a aprovação das contas, com ressalvas.8. Contas aprovadas, com ressalvas. (TSE – PRESTAÇÃO DE CONTAS ELEITORAIS nº 42902, Acórdão, Relator(a) Min. Alexandre de Moraes, Publicação: DJE – Diário da justiça eletrônica, Tomo 155, Data 23/08/2021)".

"ELEIÇÕES 2018. AGRAVO REGIMENTAL. AGRAVO EM RECURSO ESPECIAL. PRESTAÇÃO DE CONTAS. PARTIDO POLÍTICO. DESAPROVAÇÃO. IRREGULARIDADES GRAVES. OMISSÃO DE RECEITAS E GASTOS ELEITORAIS. RECURSOS NÃO DESTINADOS AO INCENTIVO DE PARTICIPAÇÃO FEMININA EM POLÍTICA. INCIDÊNCIA DAS SÚMULAS 24 E 30 DO TSE. DESPROVIMENTO.1. O Tribunal Regional Eleitoral do Pará (TRE/PA) desaprovou as contas de campanha de 2018 do Agravante em virtude de irregularidades graves que alcançaram R$149.040,18, ou seja, 28,3% do valor global movimentado. As falhas apuradas se referem: (i) à omissão de receitas e gastos eleitorais no valor de R$18.350,00; e (ii) ao descumprimento do mínimo legal na aplicação de recursos em candidaturas femininas, no montante de R$130.690,18. 2. A natureza jurisdicional do processo de Prestação de Contas torna precluso o ato processual não praticado no momento oportuno. Precedentes.3. O exame da documentação posteriormente apresentada pelo Partido para sanar as irregularidades apuradas importa em vedado reexame da matéria fático-probatória. Incidência da Súmula 24 do TSE. 4. Agravo Regimental desprovido. (TSE – Agravo em Recurso Especial Eleitoral nº 060160166, Acórdão, Relator(a) Min. Alexandre de Moraes, Publicação: DJE – Diário da justiça eletrônica, Tomo 102, Data 07/06/2021)".

"Direito eleitoral. Agravo interno em recurso especial eleitoral. Eleições 2016. Prestação de contas. Desaprovação. Ausência de impugnação especifica aos fundamentos da decisão agravada. Incidência da Súmula nº 26/TSE. Negativa de seguimento. [...] 3. Nos termos do art. 22, caput, da Lei nº 9.504/1997 e do art. 71, §2º, da Res.-TSE nº 23.463/2015, a abertura de conta bancária específica de campanha é obrigatória, ainda que não haja arrecadação ou movimentação de recursos financeiros. Dessa forma, essa omissão constitui irregularidade grave e insanável que acarreta a desaprovação das contas. [...]" (TSE – Ac de 21.2.2019 no REspe 71110, rel. Min. Luís Roberto Barroso)

DIREITO ELEITORAL. AGRAVO INTERNO EM RECURSO ESPECIAL ELEITORAL. ELEIÇÕES 2016. PRESTAÇÃO DE CONTAS. DESAPROVAÇÃO. AUSÊNCIA DE IMPUGNAÇÃO ESPECÍFICA AOS FUNDAMENTOS DA DECISÃO AGRAVADA. INCIDÊNCIA DA SÚMULA NO 26/TSE. NEGATIVA DE SEGUIMENTO. 1. Agravo interno interposto em face de decisão monocrática que negou seguimento a recurso especial eleitoral. 2. Não há violação ao art. 275 do Código Eleitoral quando o Tribunal Regional se manifesta de forma expressa e suficiente sobre a tese alegada, ainda que a conclusão tenha se firmado em sentido contrário à pretensão do recorrente. 3. Nos termos do art. 22, caput, da Lei no 9.504/1997 e do art. 7º, §2º, da Res.-TSE nº 23.463/2015, a abertura de conta bancária específica de campanha é obrigatória, ainda que não haja arrecadação ou movimentação de recursos financeiros. Dessa forma, essa omissão constitui irregularidade grave e insanável que acarreta a desaprovação das contas. Precedentes.4. Tendo em vista que a decisão recorrida está em conformidade com a jurisprudência do Tribunal Superior Eleitoral, não se conhece do recurso especial eleitoral por dissídio jurisprudencial (Súmula no 30/TSE). 5. Agravo interno a que se nega provimento. (TSE – Recurso Especial Eleitoral nº 71110, Acórdão, Relator(a) Min. Luís Roberto Barroso, Publicação: DJE – Diário de justiça eletrônico, Tomo 054, Data 20/03/2019, Página 85)

"ELEIÇÕES 2014. AGRAVO REGIMENTAL. AGRAVO. AÇÃO ANULATÓRIA. PRESTAÇÃO DE CONTAS DE CAMPANHA. CANDIDATO. CARGO. DEPUTADO DISTRITAL. NATUREZA JURISDICIONAL. PRECLUSÃO. COISA JULGADA. ACÓRDÃO REGIONAL. JULGAMENTO. NÃO PRESTADAS. SÚMULA Nº 30/TSE. INCIDÊNCIA. DESPROVIMENTO.1. Desde a entrada em vigor da Lei nº 12.034/2009, as prestações de contas têm natureza jurisdicional. A partir desse marco, a jurisprudência desta Corte Superior é no sentido de que a decisão que declarou não prestadas as contas produz os efeitos da coisa julgada e da preclusão, em respeito à segurança jurídica. Precedentes. 2. A insurgência contra eventual ato praticado no processo de prestação de contas deveria ter sido apontada pela candidata naqueles autos, sob pena de preclusão. Nesse sentido destacou a Corte de origem: "se a candidata não se conformou com o julgamento das contas, a impugnação do mérito, diga-se, o questionamento das irregularidades apontadas pela Coordenadoria de Controle Interno, bem como a aceitação ou validação do extrato bancário apresentado, deveria ter ocorrido em recurso" (fl. 316). Pela leitura do acórdão regional, verifica-se que não foi interposto recurso contra o acórdão que julgou não prestadas as contas, fazendo incidir, assim, a coisa julgada material.3. Não há falar em processo de jurisdição voluntária na prestação de contas de candidato, já que não se trata de mera liberalidade, mas de obrigação imposta a quem pretende concorrer a mandato eletivo, sob pena de impedimento à obtenção da quitação eleitoral aos candidatos que tiverem suas contas declaradas não prestadas por decisão judicial. 4. É incabível a ação anulatória com a finalidade de desconstituir irregularidade apontada pelo órgão técnico da Justiça Eleitoral e confirmada no julgamento das contas. O parecer emitido pelo órgão técnico tem caráter meramente opinativo, não vinculando a análise do órgão julgador. 5. Agravo regimental desprovido. (TSE – Agravo de Instrumento nº 2468, Acórdão, Relator(a) Min. Tarcisio Vieira De Carvalho Neto, Publicação: DJE – Diário de justiça eletrônico, Data 09/10/2017)".

6.14.4 Legitimidade

a) Ativa

A legitimidade ativa para prestar contas é do próprio candidato, consoante determina o art. 28, *caput* e os §§1º e 2º, da Lei nº 9.504, de 1997.

Art. 28, *caput* e §§1º e 2º, da Lei nº 9.504, de 1997

"Art. 28. A prestação de contas será feita: I – no caso dos candidatos às eleições majoritárias, na forma disciplinada pela Justiça Eleitoral; II – no caso dos candidatos às eleições proporcionais, de acordo com os modelos constantes do Anexo desta Lei. §1º As prestações de contas dos candidatos às eleições majoritárias serão feitas pelo próprio candidato, devendo ser acompanhadas dos extratos das contas bancárias referentes à movimentação dos recursos financeiros usados na campanha e da relação dos cheques recebidos, com a indicação dos respectivos números, valores e emitentes. §2º As prestações de contas dos candidatos às eleições proporcionais serão feitas pelo próprio candidato".

Para as eleições de 2022, convém ressaltar que a Resolução TSE nº 23.607, de 2019, atualizada pela Resolução TSE nº 23.665, de 2021, em seu art. 45, traz o dever de o candidato prestar contas.

Insta consignar, ainda, que os partidos políticos e federações partidárias, em todas as esferas, também têm a obrigação de prestar contas de campanha (art. 29, inciso III, da Lei nº 9.504/1997), a despeito de já serem obrigados a prestar anualmente suas contas de exercício financeiro, nos termos da Lei nº 9.096/1995.

Isso porque é imprescindível o rastreamento dos recursos arrecadados pelos candidatos e muitas vezes declarados como oriundos dos partidos políticos e federações partidárias. E, ainda, por participarem do processo, os partidos políticos e as federações partidárias podem arrecadar recursos não só do Fundo Partidário e do Fundo Especial de Financiamento de Campanha (FEFC), mas também de doações de pessoas físicas, devendo todos ser movimentados em contas bancárias específicas.

Art. 45 da Resolução nº 23.607, de 2019, do Tribunal Superior Eleitoral

"Art. 45. Devem prestar contas à Justiça Eleitoral: I – o candidato; II – os órgãos partidários, ainda que constituídos sob forma provisória: a) nacionais; b) estaduais; c) distritais; e d) municipais".

PARA SEDIMENTAR

"PRESTAÇÃO DE CONTAS. DIRETÓRIO NACIONAL. PARTIDO COMUNISTA BRASILEIRO (PCB). ARRECADAÇÃO E GASTOS DE CAMPANHA. ELEIÇÕES 2020. CONTAS JULGADAS NÃO PRESTADAS.SÍNTESE DO CASO1. Trata-se de prestação de contas do Diretório Nacional do Partido Comunista Brasileiro (PCB), referente à arrecadação e à aplicação de recursos na campanha eleitoral de 2020, com sugestão da Asepa e da Procuradoria-Geral Eleitoral pelo julgamento das contas como não prestadas, com suspensão do recebimento de recursos do Fundo Partidário e do Fundo Especial de Financiamento de Campanha.ANÁLISE DA PRESTAÇÃO DE CONTAS 2. O art. 46 Res.-TSE 23.607 prevê a obrigatoriedade da prestação das contas de recursos arrecadados e aplicados exclusivamente na campanha eleitoral, por intermédio do Sistema de Prestação de Contas de Campanha Eleitoral (SPCE), bem como a competência deste Tribunal Superior Eleitoral para o julgamento do presente ajuste contábil.3. Caberia ao partido apresentar seu ajuste contábil até o dia 15.12.2020, nos termos do art. 7º, VIII e IX, da Res.-TSE 23.624, não tendo, contudo, se manifestado nos autos, mesmo após sua regular notificação, nos moldes do art. 30, I, a, da Res.-TSE 23.604. 4. A Assessoria de Exame de Contas Eleitorais e Partidárias (Asepa) instruiu o feito com os documentos e as informações previstas no art. 49, §5º, III, da Res-.TSE 23.607, bem como apresentou parecer técnico com as seguintes observações: i) a partir das informações recebidas pela

Justiça Eleitoral, não constaram indícios de fontes vedadas; ii) "não foi declarado recebimento de recursos de origem não identificada no último relatório financeiro enviado (número de controle P21000200000BR1866013)"; iii) "da análise dos créditos constantes dos Anexos 1 a 3, também não se constatam valores recebidos sem a identificação de nome/razão social e/ou CPF/CNPJ" (Informação 38/2021 – ID 115947388, p. 5).5. No caso, considerando a omissão da agremiação – a qual, mesmo após notificação pessoal cumprida por oficial de justiça, deixou de fornecer elementos mínimos que possibilitem a análise da movimentação financeira e a necessária vinculação dos gastos com as atividades da campanha –, forçoso é o julgamento das contas como não prestadas.6. De acordo com entendimento desta Corte, "o dever de prestar contas constitui obrigação inafastável de candidatos e partidos políticos e assegura à Justiça Eleitoral a auditoria de recursos financeiros movimentados em campanha, o que permite apurar uso de recursos de fontes vedadas e prática de "caixa dois" e, em última análise, resguardar a legitimidade do pleito e a paridade de armas" (REspe 1019-46, rel. Min. Herman Benjamin, DJE de 3.6.2016).7. Diante do julgamento das contas de campanha do partido como não prestadas, cabe a aplicação do disposto no art. 80, II, a e b, da mesma resolução, que prevê "a perda do direito ao recebimento da quota do Fundo Partidário, do Fundo Especial de Financiamento de Campanha", bem como "a suspensão do registro ou anotação do órgão partidário, após decisão, com trânsito em julgado, precedida de processo regular que assegure ampla defesa (STF ADI nº 6032, j. em 05.12.2019)".CONCLUSÃO Contas julgadas não prestadas, com suspensão do recebimento das cotas do Fundo Partidário e do Fundo Especial de Financiamento de Campanha. (TSE – PRESTAÇÃO DE CONTAS ELEITORAIS nº 060203307, Acórdão, Relator(a) Min. Sérgio Banhos, Publicação: DJE – Diário da justiça eletrônica, Tomo 109, Data 16/06/2021)

ELEIÇÕES 2014. PRESTAÇÃO DE CONTAS DE CAMPANHA ELEITORAL. PARTIDO POLÍTICO E COMITÊ FINANCEIRO NACIONAL. COMPETÊNCIA DA JUSTIÇA ELEITORAL. ANÁLISE DA CONTABILIDADE APRESENTADA PELAS LEGENDAS PARTIDÁRIAS E CONSUBSTANCIADA NA DOCUMENTAÇÃO JUNTADA AOS AUTOS. LIMITES DO PROCEDIMENTO DE PRESTAÇÃO DE CONTAS. EXAME DA FORMALIDADE DAS CONTAS PERMITE AFERIR A REGULARIDADE DAS INFORMAÇÕES APRESENTADAS. RESTRIÇÃO DOS EFEITOS DO JULGAMENTO DAS CONTAS AO OBJETO CONHECIDO E AFERIDO NOS AUTOS. INEXISTÊNCIA DE EFEITOS VINCULANTES DA DECISÃO PROFERIDA NA PRESTAÇÃO DE CONTAS EM RELAÇÃO A EVENTUAIS CONDUTAS ILÍCITAS DE COMPETÊNCIA DE OUTROS RAMOS DO PODER JUDICIÁRIO. APLICAÇÃO DA RES. Nº 23.406/2014 DO TSE. OMISSÕES DE RECEITAS E DESPESAS NAS PRESTAÇÕES DE CONTAS PARCIAIS. APRESENTAÇÃO DE DADOS COMPLETOS NA PRESTAÇÃO DE CONTAS FINAL. IRREGULARIDADE QUE, PARA AS ELEIÇÕES DE 2014, É ENTENDIDA PELA JURISPRUDÊNCIA DO TRIBUNAL SUPERIOR ELEITORAL COMO DE NATUREZA FORMAL. REVISITAÇÃO OPORTUNA DO TEMA PARA AS ELEIÇÕES 2018. OMISSÃO DE DESPESAS. COTEJO COM INFORMAÇÕES EXTERNAS. IRREGULARIDADE GRAVE. MÁCULA EM 0,02% DO TOTAL DE GASTOS, APLICAÇÃO DOS PRINCÍPIOS DA PROPORCIONALIDADE E DA RAZOABILIDADE. SUPERAÇÃO MEDIANTE ANOTAÇÃO DE RESSALVAS. APROVAÇÃO DAS CONTAS COM RESSALVAS.

1. A análise que a Justiça Eleitoral realiza sobre as contas de partidos políticos referentes aos exercícios financeiros é de cunho contábil e apenas abarca recursos e gastos informados pelas agremiações partidárias por meio da documentação legalmente exigida para tanto. 2. Em razão dos limites da competência funcional da Justiça Eleitoral e da via estreita dos processos de prestação de contas, que impõem a aderência da análise da documentação apresentada pela legenda partidária, eventual aprovação das prestações de contas não tem o condão de chancelar movimentações de recursos financeiros estranhas à contabilidade aqui analisada. 3. Para as eleições de 2014, a jurisprudência do Tribunal Superior Eleitoral firmou-se no sentido de que omissões de arrecadação e gasto nas parciais das prestações de contas, supridas ao final, importam em irregularidades formais e inaptas a conduzir à desaprovação das contas. [...] 5. Prestação de contas apresentada pela Direção Nacional do Partido Verde (PV) e pelo Comitê Financeiro Nacional para Presidente da República do Partido Verde, referente à campanha eleitoral de 2014, julgada aprovada com ressalvas. (Prestação de Contas nº 97358, Acórdão, Relator(a) Min. Edson Fachin, Publicação: DJE – Diário de justiça eletrônico, Tomo 239, Data 12/12/2019, Página 40/41)".

"AGRAVO REGIMENTAL. RECURSO ESPECIAL. ELEIÇÕES 2014. DEPUTADO FEDERAL. CONTAS DE CAMPANHA TIDAS COMO NÃO PRESTADAS. INOBSERVÂNCIA DE PRAZO. ARTS. 38, §3º, E 54, IV, A, DA RES.-TSE 23.406/2014. DESPROVIMENTO. 1. Candidatos e partidos políticos devem apresentar, dentro de setenta e duas horas após notificação, contas de campanha que deixaram de ser entregues no prazo legal, sob pena de julgamento como não prestadas (arts. 38, §3º, e 54, IV, a, da Res.-TSE 23.406/2014 e precedentes desta Corte). 2. O protocolo de documentos perante a Corte Regional somente depois de as contas serem tidas como não prestadas é incapaz de alterar essa conclusão. 3. O dever de prestar contas constitui obrigação inafastável de candidatos e partidos políticos e assegura à Justiça Eleitoral a auditoria de recursos financeiros movimentados em campanha, o que permite apurar uso de recursos de fontes vedadas e prática de "caixa dois" e, em última análise, resguardar a legitimidade do pleito e a paridade de armas. Por esse motivo, descabe aplicar no caso os princípios da proporcionalidade e da razoabilidade. 4. Agravo regimental desprovido (Recurso Especial Eleitoral nº 101946, Acórdão, Relator(a) Min. Antonio Herman de Vasconcellos e Benjamin, Publicação: DJE – Diário de justiça eletrônico, Data 03/06/2016, Página 41).

Para que não haja doações ocultas nas campanhas eleitorais, faz-se mister a apresentação dos valores recebidos a título de doação tanto dos candidatos quanto dos partidos políticos e federações partidárias, com a determinação, ainda, de identificação do doador originário de cada recurso auferido.

PARA SEDIMENTAR

"ELEIÇÕES 2018. PRESTAÇÃO DE CONTAS. DEPUTADA FEDERAL. AGRAVO REGIMENTAL. AGRAVO. RECURSO ESPECIAL INADMITIDO. APROVAÇÃO COM RESSALVAS. OMISSÃO. INEXISTÊNCIA. INTUITO DE REJULGAMENTO DA CAUSA. APRESENTAÇÃO DE DOCUMENTOS A DESTEMPO. ANÁLISE. IMPOSSIBILIDADE. PRECLUSÃO. PRECEDENTES. SÚMULA Nº 30/TSE. DOAÇÃO. IDENTIFICAÇÃO DO DOADOR ORIGINÁRIO. AUSÊNCIA. RECURSOS DE ORIGEM NÃO IDENTIFICADA. REEXAME DE FATOS E PROVAS. IMPOSSIBILIDADE. SÚMULA Nº 24/TSE. REITERAÇÃO DE TESES. INEXISTÊNCIA DE ELEMENTO NOVO. SÚMULA Nº 26/TSE. INOVAÇÃO RECURSAL. INADMISSIBILIDADE. PRECLUSÃO. DESPROVIMENTO. 1. Na linha da jurisprudência desta Corte Superior, "a simples reiteração de argumentos já analisados na decisão agravada e o reforço de alguns pontos, sem que haja no agravo regimental qualquer elemento novo apto a infirmá-la, atraem a incidência do Enunciado da Súmula nº 26 do TSE" (AgR-REspe nº 1669-13/DF, Rel. Min. Luiz Fux, DJe de 27.10.2016). 2. A alegação expedida em sede de agravo regimental quanto à aplicação dos princípios da proporcionalidade e da razoabilidade não foi invocada nos recursos anteriores interpostos pela ora agravante. Trata-se, portanto, de indevida inovação recursal, incabível em sede de agravo, nos termos da pacífica jurisprudência desta Corte (AI nº 0607024-71/SP, Rel. Min. Edson Fachin, DJe de 10.3.2020). 3. Todas as questões submetidas ao Tribunal de origem foram inteiramente analisadas, embora em sentido contrário à pretensão da agravante. Logo, não cabe falar em afronta aos arts. 1.022 do Código de Processo Civil e 275 do Código Eleitoral. 4. A jurisprudência desta Corte Superior se fixou no sentido de que, "tendo em vista a natureza jurisdicional do processo de prestação de contas, a ausência de circunstância excepcional que tenha obstado a juntada de documentos em momento oportuno atrai a ocorrência da preclusão, em respeito à segurança das relações jurídicas" (AgR-AI nº 1481-19/RS, Rel. Min. Henrique Neves, DJe de 14.3.2016). 5. A adoção de posicionamento contrário acarretaria infindáveis revisões das contas em virtude da análise de documentos apresentados extemporaneamente e obstaria a adequada e efetiva prestação jurisdicional. 6. A pretensão recursal quanto à juntada extemporânea de documentos esbarra no óbice da Súmula nº 30/TSE. 7. O TRE/SP, instância exauriente no exame do acervo fático-probatório dos autos, aprovou, com ressalvas, as contas de campanha da agravante, candidata eleita ao cargo de deputado federal nas eleições de 2018, e determinou o recolhimento de R$564, 69 (quinhentos e sessenta e quatro reais e sessenta e nove centavos) ao Tesouro Nacional, provenientes de recursos de origem não identificada, o que corresponde, aproximadamente, a 0,14% do total dos recursos arrecadados na campanha eleitoral. 8. Nesse contexto, rediscutir a conclusão a que chegou o Tribunal a quo acerca da ausência de comprovação da origem da doação e da consequente necessidade de ressarcimento ao Erário dos recursos de origem não identificada demandaria reexame do acervo fático-probatório dos autos, providência incabível em sede de recurso especial, a teor da

Súmula nº 24/TSE. 9. Os casos apresentados pela agravante, para demonstrar a existência de divergência jurisprudencial, não se prestam a tal finalidade em razão do entendimento segundo o qual "não se conhece do recurso especial com fundamento no art. 276, I, b, do Código Eleitoral quando a caracterização do dissídio jurisprudencial depende de revisão do conjunto fático-probatório de acordo com a tese promulgada nas razões recursais. Precedente: AgR-REspe nº 1417-33, rel. Min. Gilson Dipp, DJe de 23.8.2011" (AgR-REspe nº 4955/RJ, Rel. Ministro Henrique Neves da Silva, DJe de 16.10.2015). 10. Agravo regimental a que se nega provimento. (TSE – Agravo de Instrumento nº 060713033, Acórdão, Relator(a) Min. Tarcisio Vieira De Carvalho Neto, Publicação: DJE – Diário da justiça eletrônica, Tomo 186, Data 17/09/2020)

"Eleições 2016. Agravo regimental. Recurso especial. Provimento. Prestação de contas. Vereador. Omissão de doação estimável em dinheiro. Serviços de contabilidade. Valor irrisório em termos absolutos. Má-fé não demonstrada. Aplicação dos princípios da proporcionalidade e da razoabilidade. Precedentes. Aprovação das contas com ressalvas. Desprovimento. 1. É cediço que a omissão de doações estimáveis em dinheiro revela-se irregularidade apta a ensejar a desaprovação das contas. Precedentes. 2. Todavia, no caso vertente, conquanto a referida omissão de doação estimável em dinheiro referente a serviços contábeis corresponda quase à totalidade das despesas declaradas, a irregularidade apontada não revelou a magnitude necessária para atrair a desaprovação das contas, considerando que seu valor mostra-se ínfimo em termos absolutos – R$200,00 (duzentos reais). Nesse sentido: REspe nº 9561127-41/CE, Rel. Min. João Otávio de Noronha, DJe de 4.3.2015; AgR-REspe nº 235-44/MG, Rel. Min. Jorge Mussi, DJe de 20.9.2018 e AgR-REspe nº 206-79/RN, de minha relatoria, DJe de 6.9.2018. 3. Nos termos da orientação jurisprudencial desta Corte Superior, 'com base na compreensão da reserva legal proporcional, nem toda irregularidade identificada no âmbito do processo de prestação de contas autoriza a automática desaprovação de contas de candidato ou de partido político, competindo à Justiça Eleitoral verificar se a irregularidade foi capaz de inviabilizar a fiscalização das contas' (AgR-REspe nº 2159-67/GO, Rel. Min. Gilmar Mendes, DJe de 11.3.2016). 4. A jurisprudência deste Tribunal tem admitido a aplicação dos princípios da razoabilidade e da proporcionalidade para viabilizar a aprovação de contas, com ressalvas, em hipóteses nas quais o valor da irregularidade é módico e ausentes indícios de má-fé do prestador e de prejuízos à análise da regularidade das contas pela Justiça Eleitoral. Precedentes. 5. Agravo regimental desprovido". (TSE – Ac. de 10.4.2019 no AgR-REspe nº 39517, rel. Min. Tarcisio Vieira Carvalho Neto.)

ELEIÇÕES 2014. EMBARGOS DE DECLARAÇÃO EM RECURSO ESPECIAL. DESAPROVAÇÃO DAS CONTAS DE CAMPANHA DE CANDIDATO ELEITO AO CARGO DE DEPUTADO FEDERAL. VERIFICADA A EXISTÊNCIA DE VÍCIOS GRAVES NAS CONTAS, QUE, SEGUNDO O TRE DA BAHIA, COMPROMETERAM A REGULARIDADE DESTAS. INEXISTÊNCIA DE OMISSÃO OU OBSCURIDADE NO DECISUM. PRETENSÃO DE REDISCUTIR A CAUSA, POR MEIO DA REITERAÇÃO DE ALEGAÇÕES CONSTANTES NO RECURSO ESPECIAL. DESCABIMENTO. EMBARGOS DECLARATÓRIOS REJEITADOS.

1. Os Embargos Declaratórios são modalidade recursal de integração e objetivam, tão somente, sanar obscuridade, contradição, omissão ou erro material, de maneira a permitir o exato conhecimento do teor do julgado, conforme exposto nos arts. 275 do CE e 1.022 do CPC/2015. Não podem, por isso, ser utilizados com a finalidade de sustentar eventual incorreção do decisum hostilizado ou de propiciar novo exame da própria questão de fundo, de modo a viabilizar, em via processual inadequada, a desconstituição de ato judicial regularmente proferido. 2.Entre outras falhas encontradas e que levaram à desaprovação da Prestação de Contas, este Tribunal assentou expressamente ser necessária a identificação do doador originário nas hipóteses em que o Partido Político ou outro candidato figuram como doador imediato do recurso, em conformidade com a disposição constante do art. 26, §3º da Res.-TSE 23.406/14, não se vislumbrando omissão ou contradição quanto ao ponto .3.Os Embargos Declaratórios são modalidade recursal de integração e objetivam, tão somente, sanar obscuridade, contradição, omissão ou erro material, de maneira a permitir o exato conhecimento do teor do julgado, conforme exposto no art. 1.022 do CPC/2015, não podendo ser utilizados com a finalidade de sustentar eventual incorreção do decisum hostilizado ou de propiciar novo exame da própria questão de fundo. 4. À míngua de vícios a serem sanados no acórdão embargado, rejeitam-se os Embargos de Declaração. (TSE – Recurso Especial Eleitoral nº 160024, Acórdão, Relator(a) Min. Napoleão Nunes Maia Filho, Publicação: DJE – Diário de justiça eletrônico, Data 27/10/2017)"

Tanto é assim que, em 22.03.2018, o Supremo Tribunal Federal julgou inconstitucional trecho do art. 28, §12, da Lei nº 9.504/1997, incluída pela Lei nº 13.165/2015:

> O Tribunal, por maioria e nos termos do voto do Relator, julgou procedente o pedido, para declarar a inconstitucionalidade da expressão "sem individualização dos doadores", constante da parte final do §12 do art. 28 da Lei 9.504/97, acrescentada pela Lei 13.165/2015. Em votos ora reajustados, restaram vencidos o Ministro Marco Aurélio, em parte, no que entendeu que a expressão "sem individualização dos doadores" não se refere ao repasse feito pelo partido ao candidato, mas exclusivamente à prestação de contas do partido, e, em maior extensão, o Ministro Edson Fachin, no que julga procedente a ação para declarar inconstitucional todo o §12 do art. 28 da Lei 9.504/97. Presidiu o julgamento a Ministra Cármen Lúcia. Plenário, 22.3.2018.

Não obstante, com o advento da Lei nº 13.877/2019, o sobredito §12 ganhou nova redação, retirando a expressão "sem individualização dos doadores", adequando-se a norma ao que decidido pelo STF na ADI nº 5.394.

PARA SEDIMENTAR

"PRESTAÇÃO DE CONTAS. PTC. DIRETÓRIO NACIONAL. EXERCÍCIO FINANCEIRO DE 2011. NÃO COMPROVAÇÃO DE DESPESAS COM PASSAGENS AÉREAS. LOCAÇÃO DE VEÍCULO DE PROPRIEDADE DE DIRIGENTE PARTIDÁRIO SEM A COMPROVAÇÃO DA DESTINAÇÃO PARA FINS PARTIDÁRIOS. NÃO APLICAÇÃO INTEGRAL DO MÍNIMO DE 5% (CINCO POR CENTO) DE RECURSOS DO FUNDO PARTIDÁRIO NA CRIAÇÃO E MANUTENÇÃO DE PROGRAMAS DE PROMOÇÃO E DIFUSÃO DA PARTICIPAÇÃO POLÍTICA DAS MULHERES. ART. 44, V, DA LEI DOS PARTIDOS POLÍTICOS. GASTOS IRREGULARES COM HOSPEDAGEM. DESPESAS NÃO VINCULADAS À ATIVIDADE PARTIDÁRIA. CONTAS APROVADAS COM RESSALVAS. IMPOSIÇÃO DE RESSARCIMENTO AO ERÁRIO.PREMISSAS TEÓRICAS 1. A prestação de contas, como dever, funda-se no princípio fundamental republicano (CRFB/88, art. 1º, caput), e seu corolário imediato o postulado da publicidade (CRFB/88, arts. 1º, caput, 5º, XXXIII, e 37, caput). A despeito de conteúdo plurissignificativo e de vagueza semântica, afigura-se possível identificar alguns atributos normativos mínimos no conteúdo jurídico dos aludidos cânones magnos, quais sejam, (i) a existência de uma concepção igualitária de bem público, cuja titularidade é atribuída ao povo, (ii) distinção entre patrimônio público e privado dos governantes, (iii) a eletividade dos representantes populares, (iv) periodicidade dos mandatos e (v) o dever de prestação de contas, com a consequente possibilidade de responsabilização político-jurídica de todas as autoridades estatais.2. O direito à informação, correlato ao dever de publicidade, inerente a todo e qualquer cidadão, de cariz fundamental, ex vi do art. 5º, XIV, da CRFB/88, reclama, na seara eleitoral, que deva ser franqueado o amplo conhecimento acerca dos gastos com as campanhas eleitorais dos postulantes aos cargos político-eletivos. Consectariamente, torna-se imperioso, no afã de salvaguardar este direito, que o Estado não apenas se abstenha de agir, com a ausência de sigilo nas informações, mas também, e sobretudo, que o poder público adote comportamentos comissivos, mediante a adoção de providências concretas que permitam a cientificação e o conhecimento das informações ao público.3. O dever de prestar contas é exigido não apenas dos agentes já investidos na gestão da coisa pública, mas também dos players da competição eleitoral, i.e., partidos, comitês e candidatos.4. A divulgação dos recursos auferidos pelos partidos e candidatos se revela importante instrumento de análise para os cidadãos-eleitores, irradiando-se, precipuamente, sob dois prismas: no primeiro, de viés positivo, as informações acerca das despesas de campanha propiciam a formulação de um juízo adequado, responsável e consciente no exercício do direito ao sufrágio, notadamente no momento da escolha de seu representante; e, no segundo, de viés negativo, possibilitam que os eleitores possam censurar, por intermédio do voto, aqueles candidatos que, eticamente, estejam em dissonância com os valores que ele, cidadão, considera como cardeais, em especial quando o fluxo de receitas amealhadas durante a campanha não restar devidamente comprovado.5. A prestação de contas se conecta umbilicalmente a princípios caros ao Direito Eleitoral, como a igualdade de chances entre os partidos políticos, a moralidade eleitoral, e, em última análise, a própria noção de Democracia.6. O telos subjacente à prestação de contas é evitar – ou, ao menos, amainar – os reflexos nefastos do abuso do poder econômico que, no limite, desvirtuam a igualdade de chances entre os candidatos e as agremiações partidárias, ao mesmo tempo em que se franqueia maior legitimidade ao processo político-eleitoral, sob o prisma do diálogo com a moralidade eleitoral. [...] (Prestação de Contas nº 24755, Acórdão, Relator(a) Min. Luiz Fux, Publicação: DJE – Diário de justiça eletrônico, Tomo 42, Data 01/03/2018, Página 91-93)".

"ELEIÇÕES 2014. EMBARGOS DE DECLARAÇÃO. AGRAVO REGIMENTAL. RECURSO ESPECIAL. PRESTAÇÃO DE CONTAS. CANDIDATO. DESAPROVAÇÃO. RECURSOS DE ORIGEM NÃO IDENTIFICADA. RECOLHIMENTO. TESOURO NACIONAL. VÍCIOS DO ART. 275 DO CÓDIGO ELEITORAL. AUSÊNCIA. REJULGAMENTO DA CAUSA. IMPOSSIBILIDADE. INADEQUAÇÃO DA VIA ELEITA. REJEIÇÃO. 1. O Supremo Tribunal Federal, em recente decisão, suspendeu liminarmente a eficácia da expressão "sem individualização dos doadores", constante da parte final do §12 do art. 28 da Lei Federal nº 9.504/97, razão pela qual não há como adotar a tese do embargante de que seria aplicável essa ressalva (ADI nº 5394 MC/DF, Rel. Min. Teori Zavascki, DJe de 20.11.2015). 2. Os recursos de natureza não identificada verificados nas prestações de contas de campanha devem ser recolhidos ao Tesouro Nacional, em face da manifesta ilegalidade de sua utilização por todos os players da competição eleitoral, incluindo candidatos ou partidos políticos. 3. O disposto no art. 29 da Res.-TSE nº 23.406/2014 não enseja a incidência da ressalva do art. 16 da Constituição Federal. 4. O mero inconformismo da parte com o resultado do julgamento não enseja a oposição de embargos de declaração. 5. Embargos de declaração rejeitados. (TSE – Recurso Especial Eleitoral nº 200464, Acórdão, Relator(a) Min. Luciana Lóssio, Publicação: DJE – Diário da justiça eletrônica, Data 17/06/2016, Página 47)

b) Passiva

Não existe polo passivo na ação de Prestação de Contas, uma vez que se trata apenas de demonstrativo de regularidade financeira.

6.14.5 Prazo

Existem duas espécies de Prestação de Contas: *a parcial* e *a final*.

A campanha eleitoral é muito célere, com diversos acontecimentos concomitantes. Dessa maneira, para assegurar que nenhuma informação será omitida, o ordenamento jurídico eleitoral determina que os candidatos, partidos políticos e as coligações devem alimentar um sistema *on-line* do Tribunal Superior Eleitoral, denominado Sistema de

Prestação de Contas Eleitorais (SPCE), com a respectiva emissão de todos os recibos de entrada (doações e originários dos partidos políticos) ou saída (despesas).

O prazo para inserir as informações é de *72 (setenta e duas) horas*, observando-se a ordem cronológica dos recibos. Esse é o primeiro passo da Prestação de Contas em geral, conforme redação do art. 28 da Lei das Eleições.

Art. 28, §4º, I, da Lei nº 9.504, de 1997

"Art. 28. A prestação de contas será feita: [...] §4º Os partidos políticos, as coligações e os candidatos são obrigados, durante as campanhas eleitorais, a divulgar em sítio criado pela Justiça Eleitoral para esse fim na rede mundial de computadores (internet): I – Os recursos em dinheiro recebidos para financiamento de sua campanha eleitoral, em até 72 (setenta e duas) horas de seu recebimento; [...]".

Superada referida obrigação, que perdurará até o final da campanha, temos a *Prestação de Contas parcial*, a qual tem por desígnio registrar todos os recursos que entraram e saíram até a metade da campanha. Ato contínuo, os órgãos de controle começam a analisar, por meio de cruzamentos de dados, se existem irregularidades na prestação, o que auxilia a antecipar a verificação final.

Consoante dicção do art. 28, §4º, inciso II, da Lei das Eleições, os obrigados a prestar contas deverão apresentar relatório pormenorizado, emitido pelo SPCE, no dia 15 de setembro do ano eleitoral. Logo, com o escopo de viabilizar tal publicação, para as eleições de 2022, a Resolução TSE nº 23.607, de 2019, com o texto atualizado pela Resolução TSE nº 23.624/2021, determina que as prestações de contas parciais devem ser apresentadas *entre os dias 9 e 13 de setembro*.

Art. 47, §4º, da Resolução nº 23.607 de 2019, do Tribunal Superior Eleitoral

"Art. 47. [...] §4º A prestação de contas parcial de campanha deve ser encaminhada por meio do SPCE, pela internet, entre os dias 9 a 13 de setembro do ano eleitoral, dela constando o registro da movimentação financeira e/ou estimável em dinheiro ocorrida desde o início da campanha até o dia 8 de setembro do mesmo ano".

Assim, desde o início da arrecadação de valores para as campanhas, os envolvidos devem alimentar o SPCE – identificando a entrada e saída de recursos – e gerar um relatório *entre os dias 9 e 13 de setembro*.

Insta registrar que a não apresentação da Prestação de Contas parcial ou a entrega de maneira diferente do determinado em lei poderá caracterizar infração grave.

Art. 47, §§6º, 7º e 8º, da Resolução nº 23.607, de 2019, do Tribunal Superior Eleitoral

"Art. 47. [...] §6º A não apresentação tempestiva da prestação de contas parcial ou a sua entrega de forma que não corresponda à efetiva movimentação de recursos caracteriza infração grave, salvo justificativa acolhida pela justiça eleitoral, a ser apurada na oportunidade do julgamento da prestação de contas final. §7º A ausência de informações sobre o recebimento de recursos financeiros de que trata o inciso I do caput deve ser examinada de acordo com a quantidade e os valores envolvidos na oportunidade do julgamento da prestação de contas, podendo levar à sua desaprovação. §8º Após os prazos previstos no inciso I do caput e no §4º deste artigo, as informações enviadas à Justiça Eleitoral somente podem ser retificadas com a apresentação de justificativa que seja aceita pela autoridade judicial e, no caso da prestação de contas parcial, mediante a apresentação de prestação retificadora na forma do art. 71, caput e §2º, desta Resolução.

Ainda se tratando da Prestação de Contas parcial, é imperioso registrar que o Tribunal Superior Eleitoral assentou, com base nos princípios da razoabilidade e da proporcionalidade, que a não declaração de despesas ou o atraso no envio da documentação necessária não enseja desaprovação das contas se, na Prestação de Contas final, forem sanados eventuais vícios e o candidato demonstre a confiabilidade da prestação apresentada. Esse entendimento, inclusive, abalizou diversas decisões do Tribunal Superior Eleitoral.

PARA SEDIMENTAR

"ELEIÇÕES 2016. PRESTAÇÃO DE CONTAS. DIRETÓRIO NACIONAL DO PODEMOS (PODE). APROVAÇÃO COM RESSALVAS.SÍNTESE DO CASO1. Trata-se de prestação de contas do Diretório Nacional do Podemos (Pode) referente à arrecadação e à aplicação de recursos na campanha eleitoral de 2016, com sugestão da unidade técnica pela aprovação das contas, com ressalvas, e do Ministério Público Eleitoral, pela desaprovação.ANÁLISE DA PRESTAÇÃO DE CONTAS2. As falhas apuradas foram as seguintes: i) descumprimento do prazo para entrega de relatórios financeiros, tal como previsto no art. 43, I, §§2º e 7º, da Res.-TSE 23.463; ii) ausência de informação na prestação de contas parcial quanto aos recursos recebidos desde o início da campanha até 8.9.2016, no valor de R$1.789.483,74; iii) omissão de gastos com serviços advocatícios; iv) despesas não declaradas, no montante de R$111.306,10, em contrariedade ao art. 48, I, e, da Res.-TSE 23.463. 3. O entendimento do Tribunal Superior Eleitoral firmado para as Eleições de 2016 é no sentido de que o atraso na entrega dos relatórios financeiros e a omissão de despesas na prestação de contas parcial constituem falhas que não ensejam a desaprovação das contas, pois os gastos podem ser declarados na prestação de contas final, não impedindo a verificação da regularidade da movimentação financeira da campanha. Precedentes: REspe 133-43, rel. Min. Admar Gonzaga, DJE de 6.8.2018; AgR-REspe 276-54, rel. Min. Rosa Weber, DJE de 21.8.2018. Mera impropriedade reconhecida.4. No que tange à omissão de gastos no valor total de R$111.306,10, observo que a irregularidade corresponde a apenas 2,82% do total de recursos aplicados na campanha, no montante de R$3.943.545,00. 5. Tendo em vista que não houve empecilhos à verificação da regularidade da movimentação financeira da campanha e considerando o percentual diminuto em relação à omissão de despesas, entendo que as falhas não comprometeram a confiabilidade das contas, o que impõe a sua aprovação, com ressalvas, na forma do art. 69 da Res.-TSE 23.463.6. As impropriedades constatadas na prestação de contas não impediram a verificação da utilização dos recursos do Fundo Partidário, razão pela qual não há falar em devolução de valores ao Tesouro Nacional. CONCLUSÃOPrestação de contas aprovada, com ressalvas. (TSE – PRESTAÇÃO DE CONTAS ELEITORAIS nº 45245, Acórdão, Relator(a) Min. Sergio Silveira Banhos, Publicação: DJE – Diário da justiça eletrônica, Tomo 162, Data 01/09/2021)".

"ELEIÇÕES 2016. PRESTAÇÃO DE CONTAS. DIRETÓRIO NACIONAL. PARTIDO NOVO. IRREGULARIDADES. OUTROS RECURSOS: INTEMPESTIVIDADE NA APRESENTAÇÃO DOS RELATÓRIOS FINANCEIROS. OMISSÕES DE RECEITAS E DESPESAS NAS CONTAS PARCIAIS. SANEAMENTO NAS CONTAS FINAIS. AUSÊNCIA DE COMPROMETIMENTO À FISCALIZAÇÃO. PRECEDENTES. MITIGAÇÃO DAS FALHAS. SEGURANÇA JURÍDICA. MERAS RESSALVAS. OMISSÃO NO REGISTRO DE GASTOS. OFENSA AO ART. 48, I, G, DA RES.-TSE nº 23.463/2015. PAGAMENTO DE DESPESAS COM DOCUMENTOS FISCAIS EM NOME DE DIRETÓRIOS MUNICIPAIS. AFRONTA AO ART. 55 DA RES.-TSE Nº 23.463/2015. INSUFICIÊNCIA DA DOCUMENTAÇÃO PARA ATESTAR DESPESAS DIVERSAS. CONJUNTO DE IRREGULARIDADES. GRAVIDADE. PREJUÍZO À CONFIABILIDADE DAS CONTAS. DESAPROVAÇÃO. SANÇÃO. PRINCÍPIOS DA PROPORCIONALIDADE E DA RAZOABILIDADE. SUSPENSÃO DO REPASSE DE QUATRO COTAS DO FUNDO PARTIDÁRIO A SER CUMPRIDA EM OITO PARCELAS DE VALORES IGUAIS E SUCESSIVOS. PROCEDIMENTOS EM ANEXO – PROTOCOLOS Nº 8.412/2016 E Nº 10.979/2016 – EXTINÇÃO. PREJUDICIALIDADE.1. A análise das contas partidárias de campanha pela Justiça Eleitoral envolve o exame da aplicação regular dos recursos eleitorais, inclusive do Fundo Partidário, a averiguação do recebimento de recursos de fontes ilícitas e de origem não identificada e a vinculação dos gastos à campanha eleitoral.Intempestividade no envio de relatórios financeiros e omissões de receitas e despesas nas contas parciais. 2. O atraso na apresentação dos relatórios financeiros e a entrega das contas parciais com inconsistências, relativas a omissões de despesas ou receitas, podem ocasionar prejuízos à correta fiscalização e confiabilidade da prestação de contas e constituir óbice ao acompanhamento da movimentação financeira pelos eleitores. Por essas razões, este Tribunal sinalizou recentemente a adoção de postura mais rigorosa ao tema para as Eleições de 2020. Precedentes.3. Para as prestações de contas relativas ao pleito de 2016, a gravidade de tais irregularidades para fins de desaprovação das contas foi mitigada pela jurisprudência deste Tribunal nos casos em que evidenciado o saneamento das falhas nas contas finais. Por conseguinte, em observância ao entendimento assentado para as Eleições 2016 e em homenagem à segurança jurídica, é de se concluir que tais falhas não têm o condão de ensejar a desaprovação das contas, mas justificam as devidas ressalvas. Precedentes.Omissão de registro de despesas4. Segundo a unidade técnica, da análise de informações externas obtidas a partir de notas fiscais eletrônicas recebidas das secretarias de fazenda estaduais e municipais, foram identificadas despesas com Outros Recursos sem o devido registro na prestação de contas em exame no montante de R$105.700,00 (cento e cinco mil e setecentos reais), o que contraria o art. 48, I, g, da Res.-TSE nº 23.463/2015.5. Quanto à natureza das irregularidades, "a jurisprudência desta Corte Superior se firmou no sentido de que '[...] a omissão de receitas/despesas é irregularidade que compromete a confiabilidade das contas' (AgR-REspe nº 336-77/AL, Rel. Min. Gilmar Mendes, DJe de 8.4.2015)" (PC nº 1005-63/DF, Rel. Min. Og Fernandes, DJe de 20.9.2019) e de que a regular "escrituração contábil – com documentação que comprove a entrada e a saída de recursos recebidos e aplicados – é imprescindível para que a Justiça Eleitoral exerça a fiscalização sobre as contas" (PC nº 229-97/DF, Rel. Min. Tarcisio Vieira de Carvalho Neto, DJe de 19.4.2018. Nesse contexto, mantém-se o apontamento das irregularidades, nos termos indicados pelo órgão técnico, as quais, em face de sua gravidade e dos valores envolvidos, podem ocasionar a desaprovação das contas. Irregularidade mantida. Pagamento de despesas com documentos fiscais em nome de diretórios municipais6. A unidade técnica detectou gastos diversos que tinham documentos fiscais em nome dos Diretórios Municipais de Belo Horizonte, Curitiba e Rio de Janeiro, no montante de R$211.224,03 (duzentos e onze mil, duzentos e vinte e quatro reais e três centavos), com verbas oriundas de Outros Recursos, o que contraria o art. 55 da Res.-TSE nº 23.463/2015.7. As justificativas trazidas pela agremiação não merecem prosperar, haja vista que as dificuldades de gestão partidária apresentadas não são suficientes para inobservância ao disposto na legislação de regência. Ademais, há previsão de mecanismos legais que possibilitam a esfera nacional auxiliar financeiramente seus órgãos inferiores, como assunção de dívida e doações estimáveis, o que não ocorreu na espécie. Irregularidade mantida. Insuficiência de documentação comprobatória de despesas com serviços prestados por terceiros e produção de programas de rádio, televisão ou vídeo8. Não está comprovada a regularidade das despesas com Outros Recursos na quantia de R$56.436,50 (cinquenta e seis mil, quatrocentos e trinta e seis reais e cinquenta centavos), haja vista a ausência de manifestação específica do partido quanto ao quesito, bem como a inadequação e a insuficiência dos documentos juntados para atestar a própria prestação dos serviços e sua vinculação com a campanha eleitoral de 2016, à luz do art. 55 da Res.-TSE nº 23.463/2015. Irregularidade mantida. Conclusão 9. Considerando o montante comprometido, o percentual tido por irregular – 37,66% do total de recursos de campanha (R$991.464,47 – novecentos e noventa e um mil, quatrocentos e sessenta e quatro reais e quarenta e sete centavos) – e a gravidade das irregularidades, é manifesto o prejuízo à higidez das contas, as quais devem ser desaprovadas.10. Diante da gravidade das irregularidades, seja por sua natureza, seja pelo percentual e pelos valores envolvidos, e à luz dos princípios da proporcionalidade e da razoabilidade, aplica-se a suspensão do repasse de novas cotas do Fundo Partidário pelo prazo de 4 (quatro) meses, consoante dispõe o art. 25, parágrafo único, da Lei nº 9.504/97, a ser cumprida de forma parcelada, em 8 (oito) meses, com valores iguais e consecutivos (PC nº 260-54/DF, Rel. Min. Henrique Neves, julgada em 28.3.2017). Na execução do julgado, deve-se considerar o montante recebido do Fundo Partidário no exercício de 2016. Precedentes.11. Prestação de contas desaprovadas, com determinações. Procedimentos em Anexo – Protocolos nº 8.412/2016 e nº 10.979/2016 – extintos, em face de sua prejudicialidade com o julgamento das contas. (TSE – PRESTAÇÃO DE CONTAS ELEITORAIS nº 44468, Acórdão, Relator(a) Min. Tarcisio Vieira De Carvalho Neto, Publicação: DJE – Diário da justiça eletrônica, Tomo 95, Data 26/05/2021)"

"Agravo regimental. Recurso especial. Eleições 2016. Prestação de contas. Desaprovação. Candidato. Vereador 1. O entendimento do Tribunal Superior Eleitoral, firmado para as Eleições de 2016, é no sentido de que a não declaração de despesas na prestação de contas parcial não enseja a desaprovação das contas, pois tais gastos podem ser declarados na prestação de contas final, não impedindo a verificação da regularidade da movimentação financeira da campanha [...] 2. Na espécie, a omissão de despesas na prestação de contas parcial não impediu a verificação da regularidade da movimentação financeira da campanha, pois tais despesas constaram da prestação de contas final, o que permitiu sua análise pelo órgão técnico do Tribunal de origem, ensejando, assim, a aprovação das contas com ressalvas".(TSE – Ac. de 12.3.2019 no AgR-REspe nº 5317, rel. Min. Admar Gonzaga no mesmo sentido oAc de 25.6.2018 no REspe 13343).

ELEIÇÕES 2018. AGRAVO REGIMENTAL. AGRAVO. RECURSO ESPECIAL INADMITIDO. PRESTAÇÃO DE CONTAS DE CAMPANHA. CANDIDATO. DEPUTADO FEDERAL. RELATÓRIOS FINANCEIROS. ENTREGA EXTEMPORÂNEA. OMISSÃO NAS CONTAS PARCIAIS. SANEAMENTO NA PRESTAÇÃO DE CONTAS FINAL. AUSÊNCIA DE PREJUÍZO À CONFIABILIDADE DAS CONTAS. APROVAÇÃO COM RESSALVAS. PRECEDENTES. SÚMULA Nº 30/TSE. REEXAME DE FATOS E PROVAS. IMPOSSIBILIDADE. SÚMULA Nº 24/TSE. DESPROVIMENTO.1. Nos termos da iterativa jurisprudência deste Tribunal Superior, o atraso no envio dos relatórios financeiros (e das parciais) ou sua entrega com inconsistências não necessariamente conduzirá à desaprovação das contas, porquanto terão que ser aferidos, caso a caso, a extensão da falha e o comprometimento no controle exercido pela Justiça Eleitoral, especificamente no exame final das contas. Nesse sentido: relativo às eleições de 2016: AgR-REspe nº 276-54/PE, Rel. Min. Rosa Weber, de 21.8.2018 e AgR-REspe nº 20-34/PE, Rel. Min. Og Fernandes, de 18.10.2018, e relativo ao pleito de 2018: PC nº 0601225-70/DF, Rel. Min. Luís Roberto Barroso, PSESS de 4.12.2018.2. Na presente lide, o TRE/SC assentou que não houve nenhum prejuízo, uma vez que os relatórios foram prestados, apenas com pequeno atraso e que falhas e omissões constatadas na prestação de contas parcial não são graves caso haja a correção das informações ou o seu lançamento na prestação de contas final. É o caso dos autos (ID nº 3766188).3. Alterar a conclusão da Corte Regional demandaria incursão no acervo fático-probatório, providência inviável nesta seara extraordinária por força da Súmula nº 24/TSE.4. A decisão agravada encontra-se em consonância com a jurisprudência desta Corte Superior, razão que atrai a incidência da Súmula nº 30/TSE.5. Agravo regimental ao qual se nega provimento. (TSE – Agravo de Instrumento nº 060185645, Acórdão, Relator(a) Min. Tarcisio Vieira De Carvalho Neto, Publicação: DJE – Diário de justiça eletrônico, Tomo 189, Data 30/09/2019)9079, rel. Min. Jorge Mussi.)

Para as eleições de 2022, espera-se uma mudança de procedimentos, com vistas a tratar com mais rigor as prestações de contas parciais, de modo que não será possível aferir a confiabilidade das contas somente com a Prestação de Contas final. Por conseguinte, ambas as prestações (parcial e final) deverão proporcionar coerência, e eventuais falhas na parcial deverão ser excepcionais e muito bem fundamentadas na prestação final.

Já a *Prestação de Contas final* tem por escopo demonstrar todos os valores que entraram e saíram da campanha, sem exceção. Assim, inclui os recursos já inseridos na prestação parcial e os que vieram após. A prestação final deverá ser apresentada até o *trigésimo dia posterior à realização das eleições*. Havendo segundo turno, o demonstrativo de prestação deverá ser realizado até o dia o *vigésimo dia posterior a sua realização.*

Art. 49, *caput*, §1º da Resolução nº 23.607 de 2019, do Tribunal Superior Eleitoral

"Art. 49. As prestações de contas finais referentes ao primeiro turno de todos os candidatos e de partidos políticos em todas as esferas devem ser prestadas, via SPCE, à Justiça Eleitoral até o 30º dia posterior à realização das eleições (Lei nº 9.504/1997, art. 29, III). §1º Havendo segundo turno, devem prestar suas contas, via SPCE, até o 20º dia posterior à sua realização, apresentando a movimentação financeira referente aos dois turnos (Lei nº 9.504/1997, art. 29, IV)".

Na hipótese de o candidato não apresentar as contas, o que vai de encontro ao princípio da transparência, a Resolução determina que serão tomadas as seguintes medidas, em ato contínuo:

- Os responsáveis por analisar as contas informarão, no prazo de 3 (três) dias, o presidente do Tribunal Regional Eleitoral ou o relator designado; ou o juiz eleitoral;
- A autoridade judicial determinará a autuação da Prestação de Contas;
- Os técnicos avaliadores da prestação e o chefe de cartório reunirão todas as informações possíveis e extratos eletrônicos encaminhados à Justiça Eleitoral relativos aos recursos do Fundo Partidário e de doações irregulares;
- O candidato será citado e terá o prazo de 3 (três) dias para se manifestar;
- O Ministério Público terá o prazo de 2 (dois) dias para emitir parecer;
- Se o candidato não se manifestar, suas contas serão dadas como não apresentadas.

Esse regramento encontra-se expresso no artigo 49, §5º e seguintes da Resolução nº 23.607 de 2019 do Tribunal Superior Eleitoral.

Art. 49, §5º e ss da Resolução nº 23.607 de 2019, do Tribunal Superior Eleitoral

"Art. 49. [...] §5º Findos os prazos fixados neste artigo sem que as contas tenham sido prestadas, observar-se-ão os seguintes procedimentos: I – a identificação dos omissos será feita em até 3 (três) dias do prazo para prestar contas; II – mediante integração entre o SPCE e o PJE, com a autuação da informação na classe processual de Prestação de Contas, caso tenha havido omissão na prestação de contas parcial, ou a juntada na respectiva prestação de contas parcial já autuada; III – a unidade técnica, nos tribunais, e o chefe de cartório, nas zonas eleitorais, instruirão os autos com os extratos eletrônicos encaminhados à Justiça Eleitoral, com as informações relativas ao recebimento de recursos do Fundo Partidário, do Fundo Especial de Financiamento de Campanhas, de fonte vedada e/ou de origem não identificada e com os demais dados disponíveis; IV – O candidato com prestação de contas parcial já autuada será intimado pelo mural eletrônico, até a diplomação dos eleitos e, após, pelo Diário da Justiça Eleitoral Eletrônico, para, no prazo de 3 (três) dias, prestar as contas finais; o omisso será citado para prestar as contas no prazo de 3 (três) dias, devendo observar os procedimentos previstos nos arts. 98 e seguintes desta Resolução; V – a Secretaria Judiciária ou o chefe de cartório na Zona Eleitoral dará vista da prestação de contas ao Ministério Público, que deverá emitir parecer no prazo de 2 (dois) dias; VI – os autos serão encaminhados ao relator ou ao juiz eleitoral, conforme o caso; VII – permanecendo a omissão, as contas serão julgadas como não prestadas (Lei nº 9.504/1997, art. 30, IV). §6º A citação de que trata o inciso IV deve ser pessoal e observar os procedimentos previstos nos arts. 98 e seguintes desta Resolução".

6.14.6 Competência

A Prestação de Contas deve ser proposta aos juízes eleitorais, nos casos de candidatos a prefeito, vice-prefeito e vereador; ao Tribunal Regional Eleitoral, quando se tratar de candidatos a senador, governador, vice-governador, deputado federal, distrital e estadual; e ao Tribunal Superior Eleitoral, nos casos de candidatos a presidente e vice-presidente.

6.14.7 Rito Processual

a) Prestação de Contas Comum

A Lei nº 9.504, de 1997 não apresenta nenhuma formalidade processual quando trata da Prestação de Contas. Dessa maneira, ressalvados os prazos e os documentos fiscais, que devem constar em anexo, entendemos tratar-se de uma ação declaratória ordinária.

i. Petição: Ao enviar a Prestação de Contas final para o SPCE, será emitido um recibo, que servirá de comprovante de entrega e deve ser impresso e assinado pelos responsáveis da campanha (candidato, contador, responsável financeiro e advogado). A esse recibo deverão ser anexados os documentos constantes no art. 53 da Resolução nº 23.607, de 2019, do TSE, os quais, após, deverão ser protocolados no cartório eleitoral (eleição municipal), no Tribunal Regional Eleitoral (eleição federal e estadual) e no Tribunal Superior Eleitoral (candidatos à presidência) – nos casos em que a entrega é feita junto ao Tribunal, o rol de documentos expressos no art. 53 da Resolução nº 23.607, de 2019, do TSE deverá ser entregue em mídia eletrônica.

Art. 53 da Resolução nº 23.607, de 2019, do Tribunal Superior Eleitoral, com a redação dada pela Resolução nº 23.665, de 2021, do Tribunal Superior Eleitoral

"Art. 53. Ressalvado o disposto no art. 62 desta Resolução, a prestação de contas, ainda que não haja movimentação de recursos financeiros ou estimáveis em dinheiro, deve ser composta: I – pelas seguintes informações: a) qualificação do prestador de contas, observado: (Redação dada pela Resolução nº 23.665/2021); 1. do candidato: a indicação do seu nome, dos responsáveis pela administração de recursos, do profissional habilitado em contabilidade e do advogado; (Incluído pela Resolução nº 23.665/2021); 2. do partido político: a indicação do seu presidente, do tesoureiro, do profissional habilitado em contabilidade e do advogado. (Incluído pela Resolução nº 23.665/2021) b) recibos eleitorais emitidos; c) recursos arrecadados, com a identificação das doações recebidas, financeiras ou estimáveis em dinheiro, e daqueles oriundos da comercialização de bens e/ou serviços e da promoção de eventos; d) receitas estimáveis em dinheiro, com a descrição:

1. do bem recebido, da quantidade, do valor unitário e da avaliação pelos preços praticados no mercado, com a identificação da fonte de avaliação; 2. do serviço prestado, da avaliação realizada em conformidade com os preços habitualmente praticados pelo prestador, sem prejuízo da apuração dos preços praticados pelo mercado, caso o valor informado seja inferior a estes; e) doações efetuadas a outros partidos políticos e/ou outros candidatos; f) transferência financeira de recursos entre o partido político e seu candidato, e vice-versa; g) receitas e despesas, especificadas; h) eventuais sobras ou dívidas de campanha; i) gastos individuais realizados pelo candidato e pelo partido político; j) gastos realizados pelo partido político em favor do seu candidato; k) comercialização de bens e/ou serviços e/ou da promoção de eventos, com a discriminação do período de realização, o valor total auferido, o custo total, as especificações necessárias à identificação da operação e a identificação dos adquirentes dos bens ou serviços; l) conciliação bancária, com os débitos e os créditos ainda não lançados pela instituição bancária, a qual deve ser apresentada quando houver diferença entre o saldo financeiro do demonstrativo de receitas e despesas e o saldo bancário registrado em extrato, de forma a justificá-la; II – pelos seguintes documentos, na forma prevista no §1º deste artigo: a) extratos das contas bancárias abertas em nome do candidato e do partido político, inclusive da conta aberta para movimentação de recursos do Fundo Partidário e daquela aberta para movimentação de recursos do Fundo Especial de Financiamento de Campanha (FEFC), quando for o caso, nos termos exigidos pelo inciso III do art. 3º desta Resolução, demonstrando a movimentação financeira ou sua ausência, em sua forma definitiva, contemplando todo o período de campanha, vedada a apresentação de extratos sem validade legal, adulterados, parciais ou que omitam qualquer movimentação financeira; b) comprovantes de recolhimento (depósitos/transferências) à respectiva direção partidária das sobras financeiras de campanha; c) documentos fiscais que comprovem a regularidade dos gastos eleitorais realizados com recursos do Fundo Partidário e com recursos do Fundo Especial de Financiamento de Campanha (FEFC), na forma do art. 60 desta Resolução; d) declaração firmada pela direção partidária comprovando o recebimento das sobras de campanha constituídas por bens e/ou materiais permanentes, quando houver; e) autorização do órgão nacional de direção partidária, na hipótese de assunção de dívida pelo partido político, acompanhada dos documentos previstos no §3º do art. 33 desta Resolução; f) instrumento de mandato para constituição de advogado para a prestação de contas, caso não tenha sido apresentado na prestação de contas parcial; g) comprovantes bancários de devolução dos recursos recebidos de fonte vedada ou guia de recolhimento ao Tesouro Nacional dos recursos provenientes de origem não identificada; h) notas explicativas, com as justificações pertinentes. §1º Os documentos a que se refere o inciso II do caput deste artigo devem ser digitalizados e apresentados exclusivamente em mídia eletrônica gerada pelo SPCE, observando os seguintes parâmetros, sob pena de reapresentação: I – formato PDF com reconhecimento ótico de caracteres (OCR), tecnologia que torna os dados pesquisáveis; II – arquivos com tamanho não superior a 10 megabytes, organizados em pastas nominadas de forma a identificar as alíneas do inciso II do caput deste artigo a que se referem.

§2º Para subsidiar o exame das contas prestadas, a Justiça Eleitoral poderá requerer a apresentação dos seguintes documentos, observado o que dispõe o §1º deste artigo: I – documentos fiscais e outros legalmente admitidos que comprovem a regularidade dos gastos eleitorais; II – outros elementos que comprovem a movimentação realizada na campanha eleitoral, inclusive a proveniente de bens ou serviços estimáveis".

Art. 54 e ss da Resolução nº 23.607, de 2019, do Tribunal Superior Eleitoral

"Art. 54. A prestação de contas deve ser elaborada e transmitida, por meio do SPCE, após o que será disponibilizada na página da Justiça Eleitoral na internet".

"Art. 55. Recebidas na base de dados da Justiça Eleitoral as informações de que trata o inciso I do caput do art. 53 desta Resolução, o SPCE emitirá o extrato da prestação de contas, certificando a entrega eletrônica. §1º Os documentos a que se refere o inciso II do art. 53 desta Resolução devem ser apresentados aos tribunais eleitorais e a zonas eleitorais competentes exclusivamente em mídia eletrônica gerada pelo SPCE, observado o disposto no art. 100, até o prazo fixado no art. 49. §2º O recibo de entrega da prestação de contas somente será emitido após o recebimento da mídia eletrônica com os documentos a que se refere o art. 53, II, desta Resolução, observado o disposto no art. 100. §3º Na hipótese de entrega de mídias geradas com erro, o sistema emitirá aviso com a informação de impossibilidade técnica de sua recepção. §4º Na hipótese do §3º, é necessária a correta reapresentação da mídia, sob pena de as contas serem julgadas não prestadas. §5º Os documentos digitalizados e entregues exclusivamente em mídia eletrônica serão incluídos automaticamente no Processo Judicial Eletrônico (PJe), após o que os autos digitais serão encaminhados à unidade ou ao responsável por sua análise técnica para que seja desde logo iniciada".

"Art. 56. Com a apresentação das contas finais, a Justiça Eleitoral disponibilizará as informações a que se refere o inciso I do caput do art. 53 desta Resolução, bem como os extratos eletrônicos encaminhados à Justiça Eleitoral, na página do TSE na internet, e determinará a imediata publicação de edital para que qualquer partido político, candidato ou coligação, o Ministério Público, bem como qualquer outro interessado possam impugná-las no prazo de 3 (três) dias. §1º A impugnação à prestação de contas deve ser formulada em petição fundamentada dirigida ao relator ou ao juiz eleitoral, relatando fatos e indicando provas, indícios e circunstâncias. §2º As impugnações à prestação de contas dos candidatos e dos respectivos partidos políticos, inclusive dos coligados, serão juntadas aos próprios autos da prestação de contas, e o cartório eleitoral ou a Secretaria do Tribunal notificará imediatamente o candidato ou o órgão partidário para manifestação no prazo de 3 (três) dias. §3º Apresentada, ou não, a manifestação do impugnado, transcorrido o prazo previsto no §2º deste artigo, o cartório eleitoral ou a Secretaria do Tribunal cientificará o Ministério Público da impugnação, caso o órgão não seja o impugnante. §4º A disponibilização das informações previstas no caput, bem como a apresentação, ou não, de impugnação não impedem a atuação do Ministério Público como custos legis nem o exame das contas pela unidade técnica ou pelo responsável por sua análise no cartório eleitoral".

PARA SEDIMENTAR

"ELEIÇÕES 2012. AGRAVO REGIMENTAL NO RECURSO ESPECIAL ELEITORAL. CARGO. VEREADOR. REPRESENTAÇÃO. CAPTAÇÃO OU GASTO ILÍCITO DE RECURSOS FINANCEIROS DE CAMPANHA ELEITORAL (LEI Nº 9.504/97, ART. 30-A). IMPROCEDÊNCIA.RELEVÂNCIA JURÍDICA.PROPORCIONALIDADE ENTRE A CONDUTA ILÍCITA E A GRAVE SANÇÃO DE CASSAÇÃO DO DIPLOMA. NÃO CONFIGURAÇÃO. DECISÃO MANTIDA. DESPROVIMENTO. 1. O art. 30-A da Lei das Eleições reclama, para sua configuração, e consequente aplicação de gravosa sanção de cassação do diploma, a análise do ultraje material, e não meramente formal, dos bens jurídicos tutelados pela norma (i.e, transparência, moralidade e higidez do prélio eleitoral). Precedentes: AgR-AI nº 744-32/MG, Rel. Min. Henrique Neves, DJe de 29.5.2014 e RO nº 393-22/AM, Rel. Min. Dias Toffoli, DJe de 21.8.2014. 2. A desaprovação das contas do candidato não acarreta, por si só, a subsunção dos fatos à descrição do art. 30-A da Lei nº 9.504/97, visto que a prestação de contas e a representação para apurar gastos ilícitos de campanha são ações distintas e autônomas (AgR-AI nº 744-32/MG, Rel. Min. Henrique Neves, DJe de 29.5.2014 e REspe nº 2641-64/RR, Rel. Min. Dias Toffoli, DJe de 28.2.2014). 3. In casu, da moldura fática delineada no acórdão regional, constata-se que a irregularidade in foco não é suficiente, per se, para caracterizar a prática de arrecadação e gastos ilícitos de recursos de campanha, nos termos do art. 30-A da Lei nº 9.504/97, porquanto a conduta não possui relevância jurídica para comprometer a moralidade e transparência da eleição de modo a justificar a grave sanção de cassação do diploma do Recorrido, incidindo, na espécie, os postulados da proporcionalidade e da razoabilidade. 4. Agravo regimental desprovido. (Recurso Especial Eleitoral nº 204, Acórdão, Relator(a) Min. Luiz Fux, Publicação: DJE – Diário de justiça eletrônico, Volume , Tomo 191, Data 04/10/2016, Página 141/142)".

O julgamento das contas do candidato eleito como "desaprovadas" não impede a sua posse, por falta de previsão legal.

PARA SEDIMENTAR

"Consulta. Desaprovação de contas de campanha depois da eleição. Efeitos na diplomação e no exercício do mandato eletivo. 1. "A desaprovação das contas do candidato não acarreta, por si só, impedimento para sua diplomação" (AEERMS nº 405/PA, Rel. Min. Humberto Gomes de Barros, DJ de 26.5.2006). [...]" (Res. nº 23.262, de 11.5.2010, rel. Min. Aldir Passarinho Junior.)

Contudo, a diplomação do candidato que não apresenta as contas é impedida por força do art. 29, §2º, da Lei de Eleições, enquanto perdurar a omissão. O julgamento das contas de campanha do candidato eleito como "não prestadas", de outra forma, não causa óbice à diplomação.

Art. 29, §2º, da Lei nº 9.504, de 1997

"Art. 29. Ao receber as prestações de contas e demais informações dos candidatos às eleições majoritárias e dos candidatos às eleições proporcionais que optarem por prestar contas por seu intermédio, os comitês deverão: §2º A inobservância do prazo para encaminhamento das prestações de contas impede a diplomação dos eleitos, enquanto perdurar".

PARA SEDIMENTAR

"RECURSO CONTRA EXPEDIÇÃO DE DIPLOMA – ELEIÇÕES 2012 – VEREADOR – CONTAS JULGADAS NÃO PRESTADAS POR SENTENÇA – QUITAÇÃO ELEITORAL – CONDIÇÃO DE ELEGIBILIDADE – HIPÓTESE QUE NÃO SE CONFUNDE COM O INSTITUTO DA INELEGIBILIDADE – EXEGESE DO ARTIGO 262 INCISO I DO CÓDIGO ELEITORAL – IMPROCEDÊNCIA. Não se confundem, por óbvio, as hipóteses de inelegibilidade – previstas na Constituição Federal e em lei complementar – com as condições de elegibilidade, regradas por normas infraconstitucionais. Candidato que ao tempo das convenções, da data do pleito e do dia da diplomação não incidia em nenhuma inelegibilidade e apresentava todas as condições de elegibilidade para o exercício do mandato. Somente a não apresentação (envio) das contas junto à Justiça Eleitoral obsta a diplomação, nos termos do artigo 29, §2º da Lei nº 9.504/1997. A sentença que julga como não prestadas as contas tem como consequência única a não obtenção da certidão da quitação eleitoral durante o período da legislatura, a teor do disposto no artigo 53, inciso I, da Resolução TSE 23.376/2012. Impossibilidade de interpretação extensiva do disposto no art. 262, I, do CE. (Recurso Contra Expedição de Diploma n 196, ACÓRDÃO n 22900 de 23/04/2013, Relator (a) PEDRO FRANCISCO DA SILVA, Publicação: DEJE – Diário Eletrônico da Justiça Eleitoral, Tomo 1396, Data 29/04/2013, Página 3)

ii. Pedido: Resume-se à aprovação das contas.

iii. Publicidade: Após o recebimento da Prestação de Contas final, os extratos eletrônicos ficarão disponíveis para que qualquer interessado possa verificar e impugná-las em até *3 (três) dias*. Referida impugnação deverá ser dirigida ao juiz eleitoral ou relator do respectivo Tribunal, de maneira fundamentada, apontando os vícios e/ou equívocos encontrados. Caso a impugnação se refira à Prestação de Contas de candidatos eleitos, estes serão notificados para se manifestarem em até *3 (três) dias* – princípio do contraditório e da ampla defesa. Independentemente de resposta do candidato, os autos seguirão, após o decurso do prazo, para o Ministério Público, que terá a faculdade de se manifestar.

iv. Instrução e Julgamento: Em razão de a Prestação de Contas versar sobre questões financeiras, que muitas vezes vão além da compreensão técnica dos magistrados, a lei permite que a Justiça Eleitoral, além de seu quadro técnico, solicite especialistas do Tribunal de Contas da União, dos Estados, do Distrito Federal ou, ainda, dos Municípios para que, pelo tempo necessário, ajudem a apreciar as contas (art. 30, §3º, da Lei das Eleições).

Após o parecer dos técnicos, se houver admissíveis erros ou contradições, o magistrado poderá solicitar aos candidatos que prestem informações complementares e/ou promover diligências com o fito de averiguar os equívocos existentes (art. 30, §4º, da Lei das Eleições), no prazo de *3 (três) dias* (art. 72 da Resolução nº 23.607, de 17 de dezembro de 2019).

Nesse contexto, é válido registrar que para as eleições de 2022, entre os dias 15 de agosto e 19 de dezembro de 2022, as intimações alusivas à prestação de contas serão efetuadas por meio de mural eletrônico na pessoa do advogado constituído, pela agremiação política, federação partidária ou candidato, sendo o termo inicial a data da publicação.

Ademais, sendo as contas impugnadas ou não, será aberta vista ao Ministério Público, após a manifestação dos técnicos, que deverá emitir parecer em *48 (quarenta e oito) horas*. A intimação do *parquet* no período entre 26 de setembro e 18 de dezembro de 2020 será realizada por meio de expediente no Processo Judicial Eletrônico (PJe), o qual marcará a abertura automática e imediata do prazo processual.

Quanto aos possíveis erros, é válido ressaltar o disposto no art. 30, §§2º e 2º-A, da Lei das Eleições.

Art. 72 da Resolução nº 23.607, de 2019, do Tribunal Superior Eleitoral

"Art.72. Emitido parecer técnico conclusivo pela existência de irregularidades e/ ou impropriedades sobre as quais não se tenha dado oportunidade específica de manifestação ao prestador de contas, a Justiça Eleitoral intimá-lo-á para, querendo, manifestar-se no prazo de 3 (três) dias contados da intimação, vedada a juntada de documentos que não se refiram especificamente à irregularidade e/ ou impropriedade apontada, salvo aqueles que se amoldem ao parágrafo único do art. 435 do CPC".

Art. 30, §§2º e 2º-A da Lei nº 9.504, de 1997

"Art. 30: [...] §2º Erros formais e materiais corrigidos não autorizam a rejeição das contas e a cominação de sanção a candidato ou partido. §2º-A. Erros formais ou materiais irrelevantes no conjunto da prestação de contas, que não comprometam o seu resultado, não acarretarão a rejeição das contas. [...]".

PARA SEDIMENTAR

"ELEIÇÕES 2016. PRESTAÇÃO DE CONTAS ELEITORAIS. PARTIDO HUMANISTA DA SOLIDARIEDADE (PHS). CAMPANHA ELEITORAL. JUNTADA DE DOCUMENTOS APÓS O PRAZO PARA REALIZAÇÃO DE DILIGÊNCIAS. PARTE DEVIDAMENTE INTIMADA. PRECLUSÃO. MOVIMENTAÇÕES FINANCEIRAS NÃO DECLARADAS. OMISSÕES DE RECEITAS E DESPESAS. RECURSOS DE ORIGEM NÃO IDENTIFICADA. TRANSPARÊNCIA E CONFIABILIDADE DAS CONTAS NÃO COMPROMETIDAS. RASTREAMENTO DAS DESPESAS E MOVIMENTAÇÕES FINANCEIRAS REALIZADAS. IRREGULARIDADES NAS RECEITAS: 4,01%. IRREGULARIDADES NAS DESPESAS: 1,73%. PERCENTUAIS DIMINUTOS. INEXISTÊNCIA DE MÁ-FÉ. PROPORCIONALIDADE E RAZOABILIDADE. APROVAÇÃO DAS CONTAS COM RESSALVAS, DETERMINAÇÃO DE RECOLHIMENTO DA QUANTIA DE R$115.906,01 (CENTO E QUINZE MIL, NOVECENTOS E SEIS REAIS E UM CENTAVO) AO TESOURO NACIONAL (ART. 24, §4º, DA LEI Nº 9.504/97), RELATIVA A RECURSOS DE ORIGEM NÃO IDENTIFICADA. 1. A juntada tardia de documentos é inadmitida, em processos de prestação de contas, quando tenha sido anteriormente franqueada à parte a oportunidade de sanar as irregularidades apontadas e esta não o faz oportunamente, atraindo a ocorrência da preclusão.2. Os princípios da proporcionalidade e razoabilidade são aplicáveis quando constatadas falhas que perfazem montante inexpressivo no contexto da prestação de contas e não comprometem a sua confiabilidade, nem a atuação fiscalizadora da Justiça Eleitoral, máxime quando ausente demonstração de má-fé do prestador de contas.3. Na espécie, afigurou-se possível a análise das movimentações financeiras realizadas pela agremiação, rastreando-se, notadamente, valores e destinos dos recursos dispendidos.4. O montante das irregularidades relativas às receitas corresponde ao percentual de 4,01% e das relativas às despesas, de 1,73%, perfazendo percentuais diminutos que, somados à ausência de indícios de má-fé do prestador de contas, atrai a incidência dos princípios da proporcionalidade e razoabilidade.5. Prestação de contas aprovadas com ressalvas, com determinação de recolhimento da quantia de R$115.906,01 (cento e quinze mil, novecentos e seis reais e um centavo) ao Tesouro Nacional, relativa a recursos de origem não identificada (art. 24, §4º, da Lei nº 9.504/97). (TSE – PRESTAÇÃO DE CONTAS ELEITORAIS nº 43776, Acórdão, Relator(a) Min. Edson Fachin, Publicação: DJE – Diário da justiça eletrônica, Tomo 13, Data 03/02/2022)"

"PRESTAÇÃO DE CONTAS DE CAMPANHA. ELEIÇÕES 2012. PARTIDO REPUBLICANO BRASILEIRO. PRB. NOVA INTIMAÇÃO. PARTIDO. DESNECESSIDADE. JUNTADA DE DOCUMENTOS. PRECLUSÃO. REAPRESENTAÇÃO DAS CONTAS. RETIFICADORA. AUSÊNCIA DE PEÇAS IMPRESSAS E ASSINADAS. IMPROPRIEDADE. NÃO COMPROMETIMENTO DAS CONTAS. DIREÇÃO NACIONAL. TRANSFERÊNCIA DE RECURSOS APÓS ELEIÇÕES. CANDIDATOS E COMITÊS FINANCEIROS. DÍVIDAS DE CAMPANHA. POSSIBILIDADE. ART. 29, §1º, DA RES.-TSE Nº 23.376/2012. GASTO ELEITORAL. ENQUADRAMENTO. NÃO CONFIGURAÇÃO. APROVAÇÃO COM RESSALVAS. DETERMINAÇÃO DE RESSARCIMENTO AO ERÁRIO. RECURSOS PRÓPRIOS.1. Conforme previsto no art. 48 da Res.-TSE nº 23.376/2012, "emitido relatório técnico que conclua pela existência de irregularidades e/ou impropriedades sobre as quais não se tenha dado oportunidade de manifestação ao candidato, ao partido político ou ao comitê financeiro, o Juízo Eleitoral abrirá nova vista dos autos para manifestação em 72 horas, a contar da intimação". No caso dos autos, o referido dispositivo se mostra inaplicável, porquanto a informação prestada pela Asepa em seu parecer conclusivo se limitou a examinar se as ocorrências já mencionadas no parecer preliminar tinham sido sanadas pelo partido, o qual fora regularmente intimado para delas se manifestar, no prazo de 72 horas, conforme se verifica no despacho do dia 5.9.2017, publicado no Dje de 8.9.2017. Nesse contexto, resta preclusa a oportunidade de manifestação e de juntada de novos documentos pelo partido.2. A apresentação da Prestação de Contas Retificadora, em mídia gerada pelo Sistema de Prestação de Contas de Campanha Eleitoral (SPCE), com parcial apresentação das peças impressas e assinadas, implica o descumprimento de obrigação de natureza eleitoral que não compromete, isoladamente, a regularidade das contas prestadas. [...] 13. Contas do PRB aprovadas, com ressalvas, apenas pela ausência da reapresentação de parte das peças impressas e assinadas que constaram da prestação de contas retificadora. (Prestação de Contas nº 132317, Acórdão, Relator(a) Min. Tarcisio Vieira De Carvalho Neto, Publicação: DJE – Diário de justiça eletrônico, Data 17/11/2017)".

ELEIÇÕES 2016. AGRAVO REGIMENTAL EM RECURSO ESPECIAL. PRESTAÇÃO DE CONTAS. CAMPANHA. AUSÊNCIA DE ENTREGA DOS RELATÓRIOS FINANCEIROS EM 72 HORAS OU APÓS O RECEBIMENTO DAS DOAÇÕES E OMISSÃO DE DESPESAS NA PRESTAÇÃO DE CONTAS PARCIAL. APRESENTAÇÃO DE PRESTAÇÃO DE CONTAS RETIFICADORA. INFORMAÇÕES PRESTADAS. FALHAS FORMAIS. NÃO COMPROMETIMENTO DA CONFIABILIDADE NEM DA FISCALIZAÇÃO DAS CONTAS PELA JUSTIÇA ELEITORAL. A MODIFICAÇÃO DO QUE CONCLUÍDO PELA CORTE DE ORIGEM PRESSUPÕE QUE SE REALIZE INCURSÃO NO ACERVO FÁTICO-PROBATÓRIO, EM AFRONTA A SÚMULA DESTE TRIBUNAL SUPERIOR. CONTAS APROVADAS COM RESSALVAS. DECISÃO REGIONAL EM CONFORMIDADE COM A JURISPRUDÊNCIA DESTA CORTE SUPERIOR. AGRAVO REGIMENTAL AO QUAL SE NEGA PROVIMENTO.

1. Na hipótese, o ter/PE compreendeu que as contas do agravado devem ser aprovadas com ressalvas, haja vista as impropriedades indicadas serem de natureza formal, pois, na espécie, as informações que, de início, estavam omissas na prestação de contas parcial, foram trazidas aos autos por meio da prestação de contas parcial retificadora.

2. Encontra óbice na ausência de prequestionamento da matéria pela Corte Regional a pretensão do agravante de ver enfrentado por este Tribunal o seu argumento de que os gastos eleitorais realizados em data anterior à prestação de contas e não informados à época correspondem a 29,12% dos recursos utilizados na campanha. Aplicação da Súmula 72 do TSE.

3. A reforma da conclusão do TRE/PE de que a confiabilidade das informações prestadas não foi maculada, bem como de que as contas apresentadas devem ser aprovadas com ressalvas, haja vista os vícios subsistentes serem formais e não terem comprometido o exame da prestação de contas em apreço, demandaria a vedada reincursão no acervo fático-probatório dos autos, o que não se coaduna com a via estreita do recurso especial.

4. Assim, considerando as premissas fáticas estabelecidas pelo aresto regional, inalteráveis nesta seara processual, mantém-se a aprovação com ressalvas das contas do agravado, pois, consoante aduzido no decisum impugnado, o entendimento da Corte de origem encontra-se alinhado à jurisprudência deste Tribunal Superior, segundo a qual o efetivo controle e a fiscalização da movimentação financeira das campanhas se dão a partir da análise da prestação de contas final, admitindo-se que eventual omissão seja sanada por meio da prestação de contas retificadora (AC 1046-30/SP, rel. Min. Henrique Neves da Silva, DJe de 9.11.2016).

5. Além disso, conforme consignado na decisão impugnada, o TSE já assentou que "as contas devem ser aprovadas com ressalvas caso os vícios identificados não comprometam a análise da sua regularidade" (AgR-REspe 9163-81/CE, rel. Min. Henrique Neves da Silva, DJe de 2.10.2013), hipótese dos autos.

6. Este Tribunal Superior, no recente julgamento do AgR-REspe 38-26.2016.6.17.0145/PE, de relatoria do eminente Min. Napoleão Nunes Maia Filho, publicado no DJe de 7.8.2018, ao analisar caso similar ao dos autos, adotou a conclusão de que a reforma do entendimento do Tribunal a quo, com a finalidade de afastar, na

espécie, o caráter meramente formal do vício decorrente da ausência de entrega dos relatórios financeiros de campanha no prazo determinado em lei, bem como a ausência de gravidade de tal irregularidade capaz de comprometer a confiabilidade das contas e ensejar a desaprovação da prestação de contas, demandaria a vedada reincursão no acervo fático-probatório dos autos, a qual não se coaduna com a via estreita do recurso especial.

7. Por estarem presentes, no caso em tela, fundamentos fáticos e jurídicos que autorizam o uso do sistema de precedentes existente no ordenamento jurídico nacional, este deve ser prestigiado, em especial diante da necessária estabilidade das decisões judiciais com vistas a evitar que ocorram julgamentos distintos para casos similares.

8. Ante a inexistência de argumentos aptos para infirmar tais conclusões, deve ser mantida a decisão agravada por seus próprios fundamentos.

9. Agravo regimental ao qual se nega provimento. (Recurso Especial Eleitoral nº 2034, Acórdão, Relator(a) Min. Og Fernandes, Publicação- DJE – Diário de justiça eletrônico, Tomo 208, Data 18/10/2018, Página 50/51)

A seguir, consoante se denota do art. 30 da Lei nº 9.504, de 1997, as contas poderão ser: a) *aprovadas;* b) *aprovadas com ressalvas* (quando houver equívocos que não afrontem a transparência das eleições e não ofendam as normas legais); c) *desaprovadas,* quando houver desacertos que afetem a regularidade material; d) *não prestação,* quando o candidato deixar de apresentar as contas, mesmo tendo sido cientificado da exigência, ou, ainda, quando deixar de apresentar documentos essenciais ao próprio processamento da ação.

Art. 30 da Lei nº 9.504, de 1997

"Art. 30. A Justiça Eleitoral verificará a regularidade das contas de campanha, decidindo: I – pela aprovação, quando estiverem regulares-; II – pela aprovação com ressalvas, quando verificadas falhas que não lhes comprometam a regularidade- III – pela desaprovação, quando verificadas falhas que lhes comprometam a regularidade; IV – pela não prestação, quando não apresentadas as contas após a notificação emitida pela Justiça Eleitoral, na qual constará a obrigação expressa de prestar as suas contas, no prazo de setenta e duas horas".

PARA SEDIMENTAR

"ELEIÇÕES 2014. AGRAVO REGIMENTAL EM RECURSO ESPECIAL. PRESTAÇÃO DE CONTAS DE CANDIDATA AO CARGO DE DEPUTADA ESTADUAL. CONTAS DESAPROVADAS PELO TRE DE SÃO PAULO. AUSÊNCIA DE PREQUESTIONAMENTO QUANTO À ALEGAÇÃO DE VIOLAÇÃO AOS PRINCÍPIOS DA COLEGIALIDADE, DA ANTERIORIDADE E DA ANUALIDADE ELEITORAL. SUFICIÊNCIA DE JUNTADA DO VOTO VENCEDOR QUANDO ESTE FOR PROFERIDO PELO RELATOR. FALTA DE IDENTIFICAÇÃO DE DOADOR ORIGINÁRIO. DOCUMENTOS INSUFICIENTES PARA RESPALDAR A RECLASSIFICAÇÃO E A EXCLUSÃO DE DESPESAS E PARA JUSTIFICAR PAGAMENTOS. NÃO SE APLICAM OS PRINCÍPIOS DA PROPORCIONALIDADE E DA RAZOABILIDADE DIANTE DE IRREGULARIDADES DE NATUREZA GRAVE QUE IMPEDEM O EFETIVO CONTROLE DAS CONTAS PELA JUSTIÇA ELEITORAL. INCIDÊNCIA DAS SÚMULAS 83 DO STJ E 30 DO TSE. INEXISTÊNCIA DE ARGUMENTOS HÁBEIS PARA MODIFICAR A DECISÃO AGRAVADA. DESPROVIMENTO DO AGRAVO.1. Na espécie, as contas de campanha da candidata ao cargo de Deputada Estadual pelo Estado de São Paulo, nas eleições de 2014, foram desaprovadas em virtude não apenas das irregularidades que perfizeram o montante de 1,9% dos recursos arrecadados, mas, também, pela não identificação da origem dos recursos acrescentados nas contas retificadoras, irregularidade que compromete a fiscalização das contas e, portanto, a lisura do balanço contábil.2. Não houve prequestionamento da suposta violação ao art. 28 do CE em virtude do julgamento dos segundos Embargos de Declaração com a participação de apenas três membros do Colegiado que participaram do julgamento originário; bem como não houve o prequestionamento quanto à alegada afronta aos princípios da anualidade e da legalidade por ter sido o art. 26, §3º da Res. TSE 23.406/14 publicado a menos de 1 ano do pleito eleitoral.3. Não há que se falar em violação ao art. 273, §1º, do CE, pela ausência de transcrição de dois votos proferidos por integrantes do colegiado que acompanharam o voto do relator no julgamento dos Embargos. Nos termos do art. 556 do CPC/73, vigente à época do julgamento (atual art. 941 do CPC/2015), após proferidos os votos, o Presidente anunciará o resultado do julgamento, designando para redigir o acórdão o relator ou, se este for vencido, o autor do primeiro voto vencedor.4. Quanto à matéria de fundo, a Corte Regional concluiu que a candidata, ora agravante, não procedeu à devida identificação dos doadores originários nas doações referentes ao material publicitário no valor de R$54.273,75, motivo pelo qual a doação foi considerada irregular.5. A ausência de identificação dos doadores originários constitui falha que compromete a lisura do balanço contábil, não se aplicando, portanto, neste caso, os princípios da proporcionalidade e da razoabilidade, máxime porque impede o efetivo controle das contas por esta Justiça Especializada, constituindo irregularidade de natureza grave. AgR-AI 1395-64/SC, Rel. Min. LUCIANA LÓSSIO, DJe 5.5.2016.6. A identificação dos doadores originários é imprescindível à fiscalização e ao controle das contas de campanha, ainda que as doações tenham sido indiretamente recebidas pelos candidatos, a fim de se coibir a arrecadação de recursos de fontes vedadas, nos termos do art. 26, §3º da Res.-TSE 23.406/14. Nessa linha: AgR 2357-18/BA, Rel. Min. LUIZ FUX, DJe 26.10.2016.7. Merece ser desprovido o Agravo Regimental, tendo em vista a inexistência de argumentos hábeis para modificar a decisão agravada.8. Agravo Regimental a que se nega provimento. (TSE – Recurso Especial Eleitoral nº 578268, Acórdão, Relator(a) Min. Napoleão Nunes Maia Filho, Publicação: DJE – Diário de justiça eletrônico, Tomo 231, Data 29/11/2017, Página 23)".

"Eleições 2016. Agravo regimental. Recurso especial. Provimento. Prestação de contas. Vereador. Omissão de doação estimável em dinheiro. Serviços de contabilidade. Valor irrisório em termos absolutos. Má-fé não demonstrada. Aplicação dos princípios da proporcionalidade e da razoabilidade. Precedentes. Aprovação das contas com ressalvas. Desprovimento. 1. É cediço que a omissão de doações estimáveis em dinheiro revela-se irregularidade apta a ensejar a desaprovação das contas. Precedentes. 2. Todavia, no caso vertente, conquanto a referida omissão de doação estimável em dinheiro referente a serviços contábeis corresponda quase à totalidade das despesas declaradas, a irregularidade apontada não revelou a magnitude necessária para atrair a desaprovação das contas, considerando que seu valor mostra-se ínfimo em termos absolutos – R$200,00 (duzentos reais). Nesse sentido: REspe nº 9561127-41/CE, Rel. Min. João Otávio de Noronha, DJe de 4.3.2015; AgR-REspe nº 235-44/MG, Rel. Min. Jorge Mussi, DJe de 20.9.2018 e AgR-REspe nº 206-79/RN, de minha relatoria, DJe de 6.9.2018. 3. Nos termos da orientação jurisprudencial desta Corte Superior, 'com base na compreensão da reserva legal proporcional, nem toda irregularidade identificada no âmbito do processo de prestação de contas autoriza a automática desaprovação de contas de candidato ou de partido político, competindo à Justiça Eleitoral verificar se a irregularidade foi capaz de inviabilizar a fiscalização das contas' (AgR-REspe nº 2159-67/GO, Rel. Min. Gilmar Mendes, DJe de 11.3.2016). 4. A jurisprudência deste Tribunal tem admitido a aplicação dos princípios da razoabilidade e da proporcionalidade para viabilizar a aprovação de contas, com ressalvas, em hipóteses nas quais o valor da irregularidade é módico e ausentes indícios de má-fé do prestador e de prejuízos à análise da regularidade das contas pela Justiça Eleitoral. Precedentes. 5. Agravo regimental desprovido". (TSE – Ac. de 10.4.2019 no AgR-REspe nº 39517, rel. Min. Tarcisio Vieira Carvalho Neto.)

AGRAVOS REGIMENTAIS. RECURSO ESPECIAL. PRESTAÇÃO DE CONTAS DE CAMPANHA. IRREGULARIDADES GRAVES. CONTAS DESAPROVADAS.Histórico da demanda1. O Tribunal de origem rejeitou as contas do primeiro agravante, em razão dos seguintes vícios: i) descumprimento do prazo para entrega dos relatórios financeiros de campanha; ii) não apresentação de notas fiscais de despesas com impulsionamento; e iii) realização de gastos eleitorais em data anterior à entrega da prestação de contas parcial, mas não informados à época.2. Apesar da minúcia no exame das falhas, a Corte de origem não esclareceu a origem dos recursos utilizados na campanha, sobretudo daqueles objeto da despesa com impulsionamentos, dado relevante para a correta destinação em caso de declaração da irregularidade do referido gasto.3. Interposto recurso especial e o subsequente agravo em recurso especial apenas pelo candidato, foi dado provimento parcial ao apelo, a fim de, mantida a desaprovação das contas, afastar a determinação de recolhimento de recursos ao partido a título de sobras de campanha.Agravo regimental do prestador de contas4. Não há como acolher o pleito de aprovação das contas do candidato, ainda que com ressalvas, porquanto o Tribunal destacou a existência de irregularidades insanáveis que prejudicaram o controle pela Justiça Eleitoral.5. São "inaplicáveis os princípios da proporcionalidade e da razoabilidade quando as irregularidades são graves a ponto de inviabilizar o efetivo controle das contas pela Justiça Eleitoral, assim como quando não constarem do acórdão regional elementos que permitam aferir o quanto representam em relação ao total de recursos movimentados na campanha. Precedentes" (AgR-REspe 2378-69, rel. Min. Rosa Weber, DJE de 30.9.2016).Agravo regimental do Ministério Público Eleitoral6. Consoante jurisprudência desta Corte Superior, "a falta de comprovação regular de gastos, em razão de dados insuficientes na respectiva documentação fiscal, não constitui sobra de campanha, embora possa ensejar a desaprovação das contas AgR-REspe 2551-93, rel. Min. Henrique Neves, DJE de 3.8.2016). 7. Vale citar ainda que "constituem sobras de campanha a diferença positiva entre os recursos arrecadados e os gastos realizados em campanha, bem como os bens e materiais permanentes adquiridos ou recebidos pela campanha". O caso em análise não trata de arrecadação de recursos, mas de diferenças entre os valores pagos ao Facebook, a título de impulsionamento com publicação, e o montante que efetivamente correspondeu ao serviço cuja prestação foi regularmente comprovada (AgR-REspe 5772-24, rel. Min. Henrique Neves, DJE de 31.5.2016).8. À míngua de devolução da matéria e ausente informação no acórdão regional acerca do mau uso de recursos públicos no pagamento de despesas com impulsionamento, afigura-se inviável adotar a compreensão segundo a qual os valores cujo enquadramento como sobras de campanha foi afastado poderiam ser restituídos ao erário ou ter outra destinação. A piora da situação jurídica do candidato em relação ao quanto julgado no Tribunal de origem acarretaria inegável reformatio in pejus.Agravos regimentais a que se nega provimento.(TSE – Recurso Especial Eleitoral nº 060558440, Acórdão, Relator(a) Min. Sergio Silveira Banhos, Publicação: DJE – Diário de justiça eletrônico, Tomo 213, Data 05/11/2019).

v. Prazo processual: A Prestação de Contas é um processo extenso e trabalhoso, haja vista que todos os documentos da campanha eleitoral serão avaliados. Ao mesmo tempo, o resultado da prestação é fundamental para saber se o candidato está apto ou não a assumir um cargo eletivo. Sendo assim, a publicação da decisão que aprova – com ou sem ressalvas –, desaprova ou declara a não prestação para candidatos eleitos e suplentes que serão diplomados deverá ser publicada até *3 (três) dias* antes da diplomação, a fim de que não haja prejuízos aos candidatos e ao processo democrático (art. 30, §1º, da Lei das Eleições).

b) Prestação de Contas Simples

O art. 28, §§9º, 10º e 11, da Lei nº 9.504, de 1997 apresenta a forma simplificada de Prestação de Contas para as campanhas que não ultrapassaram o valor de R$20.00,00. Nesse mesmo espírito, nas eleições municipais cujas circunscrições tenham menos de 50 (cinquenta) mil eleitores, também deverá ser adotado o modelo simplificado, independentemente do valor da campanha, com vistas a dar maior celeridade à apreciação das contas.

Com efeito, as eleições de 2016 foram as primeiras a se valerem dessa modalidade, uma vez que a previsão legal adveio com a reforma eleitoral trazida pela Lei nº 13.165, de 2015.

Art. 28, §§9º, 10 e 11, da Lei nº 9.504, de 1997

"Art. 28. A prestação de contas será feita: §9º A Justiça Eleitoral adotará sistema simplificado de prestação de contas para candidatos que apresentarem movimentação financeira correspondente a, no máximo, R$20.000,00 (vinte mil reais), atualizados monetariamente, a cada eleição, pelo Índice Nacional de Preços ao Consumidor – INPC da Fundação Instituto Brasileiro de Geografia e Estatística – IBGE ou por índice que o substituir. §10. O sistema simplificado referido no §9º deverá conter, pelo menos: I – identificação das doações recebidas, com os nomes, o CPF ou CNPJ dos doadores e os respectivos valores recebidos; II – identificação das despesas realizadas, com os nomes e o CPF ou CNPJ dos fornecedores de material e dos prestadores dos serviços realizados; III – registro das eventuais sobras ou dívidas de campanha. §11. Nas eleições para Prefeito e Vereador de Municípios com menos de cinquenta mil eleitores, a prestação de contas será feita sempre pelo sistema simplificado a que se referem os §§9º e 10".

O modelo simplificado possui menos requisitos formais se comparado ao modelo tradicional, comum. Consoante se detrai da Resolução nº 23.607, de 2019, do Tribunal Superior Eleitoral, deverão constar as informações do Sistema de Prestação de Contas Eleitorais (SPCE) e os documentos descritos nas alíneas *a, b, d* e *f* do inciso II do art. 53 da aludida Resolução.

No mais, o resultado final será semelhante à Prestação de Contas comum e declarará as contas *aprovadas, aprovadas com ressalvas, desaprovadas* ou ainda *não apresentadas.*

Neste ponto, cabe registrar, *v.g.*, que, durante as eleições 2016, a Resolução de regência previa a hipótese de conversão do rito simplificado para o rito ordinário se não houvesse a manifestação ministerial pela aprovação das contas. Contudo, por diversas vezes, esta obrigação não foi observada, e vários Tribunais Regionais Eleitorais entenderam que tal omissão ofendia o contraditório substancial e a ampla defesa, já que nessa fase o prestador poderia juntar documentos e apresentar justificativas.

Art. 53 Resolução nº 23.607 de 2019, do Tribunal Superior Eleitoral, com a redação dada pela Resolução nº 23.665, de 2021, do Tribunal Superior Eleitoral

"Art. 53. Ressalvado o disposto no art. 62 desta Resolução, a prestação de contas, ainda que não haja movimentação de recursos financeiros ou estimáveis em dinheiro, deve ser composta: I – pelas seguintes informações: a) qualificação do prestador de contas, observado: (Redação dada pela Resolução nº 23.665/2021); 1. do candidato: a indicação do seu nome, dos responsáveis pela administração de recursos, do profissional habilitado em contabilidade e do advogado; (Incluído pela Resolução nº 23.665/2021); 2. do partido político: a indicação do seu presidente, do tesoureiro, do profissional habilitado em contabilidade e do advogado. (Incluído pela Resolução nº 23.665/2021); b) recibos eleitorais emitidos; c) recursos arrecadados, com a identificação das doações recebidas, financeiras ou estimáveis em dinheiro, e daqueles oriundos da comercialização de bens e/ou serviços e da promoção de eventos; d) receitas estimáveis em dinheiro, com a descrição: 1. do bem recebido, da quantidade, do valor unitário e da avaliação pelos preços praticados no mercado, com a identificação da fonte de avaliação; 2. do serviço prestado, da avaliação realizada em conformidade com os preços habitualmente praticados pelo prestador, sem prejuízo da apuração dos preços praticados pelo mercado, caso o valor informado seja inferior a estes; e) doações efetuadas a outros partidos políticos e/ou outros candidatos; f) transferência financeira de recursos entre o partido político e seu candidato, e vice-versa; g) receitas e despesas, especificadas; h) eventuais sobras ou dívidas de campanha; i) gastos individuais realizados pelo candidato e pelo partido político; j) gastos realizados pelo partido político em favor do seu candidato; k) comercialização de bens e/ou serviços e/ou da promoção de eventos, com a discriminação do período de realização, o valor total auferido, o custo total, as especificações necessárias à identificação da operação e a identificação dos adquirentes dos bens ou serviços; l) conciliação bancária, com os débitos e os créditos ainda não lançados pela instituição bancária, a qual deve ser apresentada quando houver diferença entre o saldo financeiro do demonstrativo de receitas e despesas e o saldo bancário registrado em extrato, de forma a justificá-la; II – pelos seguintes documentos, na forma prevista no §1º deste artigo: a) extratos das contas bancárias abertas em nome do candidato e do partido político, inclusive da conta aberta para movimentação de recursos do Fundo Partidário e daquela aberta para movimentação de recursos do Fundo Especial de Financiamento de Campanha (FEFC), quando for o caso, nos termos exigidos pelo inciso III do art. 3º desta Resolução, demonstrando a movimentação financeira ou sua ausência, em sua forma definitiva, contemplando todo o período de campanha, vedada a apresentação de extratos sem validade legal, adulterados, parciais ou que omitam qualquer movimentação financeira; b) comprovantes de recolhimento (depósitos/transferências) à respectiva direção partidária das sobras financeiras de campanha; c) documentos fiscais que comprovem a regularidade dos gastos eleitorais realizados com recursos do Fundo Partidário e com recursos do Fundo Especial de Financiamento de Campanha (FEFC), na forma do art. 60 desta Resolução; d) declaração firmada pela direção partidária comprovando o recebimento das sobras de campanha constituídas por bens e/ou materiais permanentes, quando houver; e) autorização do órgão nacional de direção partidária, na hipótese de assunção de dívida pelo partido político, acompanhada dos documentos previstos no §3º do art. 33 desta Resolução; f) instrumento de mandato para constituição de advogado para a prestação de contas, caso não tenha sido apresentado na prestação de contas parcial; g) comprovantes bancários de devolução dos recursos recebidos de fonte vedada ou guia de recolhimento ao Tesouro Nacional dos recursos provenientes de origem não identificada; h) notas explicativas, com as justificações pertinentes".

PARA SEDIMENTAR

"PRESTAÇÃO DE CONTAS. CANDIDATO, CAMPANHA, DOCUMENTOS JUNTADOS E CONHECIDOS. EXCEPCIONALIDADE. INOBSRVÂNCIA DO RITO SIMPLIFICADO. SERVIÇOS PRESTADOS POR ADVOGADOS. EMISSÃO DE NOTAS FISCAIS ELETRÔNICAS. RESPONSABILIDADE. SENTENÇA REFORMADA. CONTAS APROVADAS. PROVIMENTO. Em regra, a juntada de documentos com o recurso, em sede de prestação de contas, somente é admissível desde que, nas instâncias ordinárias, não tenha sido concedida à parte oportunidade para se manifestar a respeito do eventual vício existente, ou se admite apenas de forma excepcional e plenamente justificada com razoabilidade. Tendo sido apresentadas e processadas as contas de campanha pelo sistema simplificado previsto no art. 28, §11, da Lei nº 9.504/1997, deve haver a conversão para o rito ordinário quando o Ministério Público não opinar pela aprovação das contas, nos termos do art. 62 da Resolução TSE nº 23.463/2015, oportunizando-se ao prestador que retifique suas contas apresentadas e apresente todos os formulários e documentos previstos pertinentes, incluindo-se justificações pertinentes e outros elementos que comprovem a movimentação financeira realizada na campanha eleitoral. Dessa feita, em prestígio aos princípios do devido processo legal, da ampla defesa e da primazia da resolução de mérito, os documentos juntados com o recurso devem ser conhecidos, tornando prescindível a anulação da sentença e retorno do feito à origem para tal diligência probatória, já que possível a cognição exauriente do feito no estado em que se encontra. Conforme precedentes, a contratação de advogado para defesa do candidato em processo jurisdicional não deve ser considerada como despesa de campanha e, assim, não necessita ser contabilizada na prestação de contas, apenas se a contratação for relativamente à assessoria jurídica durante a campanha eleitoral (Resolução TSE nº 23.463/2015, art. 29, §§1º e 1º-A).

A emissão de nota fiscal na modalidade eletrônica em determinado CPF ou CNPJ é de livre preenchimento do prestador de serviços, independendo de qualquer anuência de seu titular, o que não torna possível ao julgador presumir, apenas com esses elementos, a existência de arrecadação e gastos não declarados na prestação de contas de campanha de candidatos e agremiações partidárias. (TRE-MS – RECURSO ELEITORAL n 25290, ACÓRDÃO n 25290 de 12/03/2018, Relator(a) ELIZABETE ANACHE, Publicação: DJE – Diário da Justiça Eleitoral, Tomo 1925, Data 21/03/2018, Página 10/14)".

"EMENTA – ELEIÇÕES 2016 – RECURSO ELEITORAL – PRESTAÇÃO DE CONTAS DE ÓRGÃO PARTIDÁRIO – PRELIMINAR DE NULIDADE – INEXISTÊNCIA DE INTIMAÇÃO ACERCA DO PARECER TÉCNICO CONCLUSIVO – AUSÊNCIA DE CONVERSÃO DO FEITO PARA O RITO ORDINÁRIO – VIOLAÇÃO AOS ARTIGOS 59, §3º E 62 DA RESOLUÇÃO TSE 23.463/2015 – NULIDADE RECONHECIDA – RECURSO PROVIDO. 1. O descumprimento da norma cogente do artigo 59, §3º, da Resolução TSE nº 23.463/15, que determina a intimação do interessado para se manifestar acerca do parecer conclusivo, emitido pelo setor técnico, na hipótese de desaprovação ou aprovação com ressalvas das contas apresentadas e do artigo 62 da Resolução 23.463/2015, que prevê a conversão do feito para o rito ordinário sempre que houver manifestação pela desaprovação e não for possível concluir pela regularidade das contas, configura nulidade por ofensa aos princípios do contraditório, da ampla defesa e do devido processo legal. 2. Nulidade reconhecida. 3. Recurso provido. (TRE-PR – RECURSO ELEITORAL n 73876, ACÓRDÃO n 53818 de 26/02/2018, Relator(a) NICOLAU KONKEL JÚNIOR, Publicação: DJ – Diário de justiça, Data 01/03/2018)"

"ELEIÇÕES 2016. PRESTAÇÃO DE CONTAS DE CAMPANHA. CANDIDATO. CONTAS JULGADAS NÃO PRESTADAS. SISTEMA SIMPLIFICADO DE PRESTAÇÃO DE CONTAS. IRREGULARIDADES DETECTADAS PELO ÓRGÃO TÉCNICO. AUSÊNCIA DE DOCUMENTOS ESSENCIAIS À ANÁLISE DAS CONTAS. NECESSIDADE DE CONVERSÃO DO RITO PARA O ORDINÁRIO, FACULTANDO AOS CANDIDATOS APRESENTAREM DOCUMENTOS. INOBSERVÂNCIA AO DISPOSTO NO ARTIGO 62 DA RESOLUÇÃO TSE 23.463/2015. AFRONTA AO DEVIDO PROCESSO LEGAL. SENTENÇA ANULADA. RETORNO DOS AUTOS À ORIGEM. RECURSO CONHECIDO E PROVIDO. (TRE-GO – RECURSO ELEITORAL n 7062, ACÓRDÃO n 51/2018 de 05/02/2018, Relator(a) JESUS CRISÓSTOMO DE ALMEIDA, Publicação: DJ – Diário de justiça, Tomo 025, Data 08/02/2018, Página 13-14)"

Não obstante, mister também apontarmos decisões em sentido diverso.

PARA SEDIMENTAR

"RECURSO. PRESTAÇÃO DE CONTAS. CANDIDATO. VEREADOR. PRELIMINARES AFASTADAS. CONVERSÃO DO RITO EM ORDINÁRIO. ART. 62 DA RESOLUÇÃO TSE N. 23.163/15. FACULDADE DO MAGISTRADO. APRESENTAÇÃO DE DOCUMENTO EM SEDE RECURSAL. POSSIBILIDADE. MÉRITO. SOBRAS DE CAMPANHA. ART. 46, §1º DA RESOLUÇÃO 23.463/15. APRESENTAÇÃO DE COMPROVANTE DE TRANSEFERÊNCIA À AGREMIAÇÃO PARTIDÁRIA. DOAÇÃO NÃO IDENTIFICADA. APRESENTAÇÃO DE COMPROVANTE DE DEPÓSITO E IDENTIFICAÇÃO DO CPF. ART. 18, INC. I, DA RESOLUÇÃO TSE N. 23.463/15. IRREGULARIDADE SANADA. AFASTADA A DETERMINAÇÃO DE RECOLHIMENTO AO TESOURO NACIONAL. OMISSÃO DE RECEITAS. DEMONSTRADA A ORIGEM. VALOR DE PEQUENA MONTA. APLICAÇÃO DOS PRINCÍPIOS DA PROPORCIONALIDADE E RAZOABILIDADE. SERVIÇOS ADVOCATÍCIOS EM PROCESSOS JURISDICIONAIS-CONTENCIOSOS. NÃO SUJEITOS A CONTABILIZAÇÃO. PROVIMENTO PARCIAL. APROVAÇÃO DAS CONTAS COM RESSALVAS. ELEIÇÃO 2016. 1. Preliminares afastadas. 1.1 A teor do art. 62 da Resolução TSE n. 23.163/15, é faculdade do juiz eleitoral a conversão das contas simplificadas para o rito ordinário, a fim de que sejam apresentadas contas retificadoras. A falta de conversão, frente à possibilidade de prolação da sentença com os elementos constantes nos autos, não acarreta cerceamento de defesa. Ademais, após análise técnica da escrituração, mesmo tendo sido intimado para se manifestar acerca das irregularidades, o recorrente deixou o prazo transcorrer in albis. Inexistência de cerceamento de defesa. 1.2 A apresentação de novos documentos com o recurso, especialmente em sede de prestação de contas de campanha, não apresenta prejuízo à tramitação do processo, principalmente quando se trata de documentos simples capazes de esclarecer irregularidades apontadas e que visam salvaguardar o interesse público na transparência da contabilidade de campanha. 2. Mérito. Sobras de campanha. O recorrente apresentou os documentos que atestam o cumprimento ao disposto no art. 46, §1º, da Resolução TSE n. 23.463/15, demonstrando a transferência da quantia ao órgão partidário dentro do prazo exigido pela norma de regência. 3. Recurso de origem não identificada. Existência de comprovante de depósito que atesta a indicação da inscrição do número do CPF do doador, em observância à regra do art. 18 da Resolução TSE n. 23.463/15, não subsistindo a irregularidade. Afastada a determinação de recolhimento ao Tesouro Nacional. 4. Omissão de receitas. Apesar de não ter realizado o registro da receita, restou demonstrada a sua a origem e comprovado não tratar-se de recurso oriundo de fonte vedada. Ademais, o valor absoluto do recurso estimado abrange cifra de pequena monta, representando 8,8% das receitas contabilizadas na campanha. Inexistência de prejuízo à fiscalização das contas, tampouco mácula à lisura e à credibilidade da escrituração. Aplicação dos princípios da proporcionalidade e razoabilidade. 5. Honorários advocatícios. Os honorários relativos aos serviços advocatícios e de contabilidade relacionados com processo jurisdicional-contencioso não podem ser considerados como gastos eleitorais de campanha nem estão sujeitos à contabilização ou à limitação que possa impor dificuldade ao exercício da ampla defesa. Irregularidade afastada. Provimento parcial. Aprovação com ressalvas.(TRE-RS – Recurso Eleitoral n 38873, ACÓRDÃO de 14/11/2017, Relator(a) DR. EDUARDO AUGUSTO DIAS BAINY, Publicação: DEJERS – Diário de Justiça Eletrônico do TRE-RS, Tomo 206, Data 17/11/2017, Página 6)".

" Eleições 2016. Recurso Eleitoral. Prestação de contas. Vereador. Contas não prestadas. Questão de ordem. A prestação de contas retificadora e documentos que a acompanham, apresentados após a prolação da sentença, não devem ser conhecidos, uma vez que preclusa a oportunidade do prestador para se manifestar sobre as irregularidades apontadas no parecer técnico. A aplicação do art. 62 da Resolução TSE nº 23.463/2015, que determina a conversão do rito simplificado de prestação de contas para o rito ordinário, somente tem lugar quando o julgador entender que a instrução foi insuficiente. Ausência de extratos bancários contemplando todo o período de campanha, conforme exigido pelo art. 59, da Resolução TSE nº 23.463/2015. Suficiência do rito simplificado. Desnecessidade de conversão para o rito ordinário. O julgamento de contas como não prestadas deve ficar restrito a situações de fraudes e ilícitos comprovadamente praticados, os quais se busca acobertar com ações ou omissões da prestação de contas. Irregularidade que enseja a desaprovação das contas. Recurso parcialmente provido. Contas desaprovadas. (TRE-MG – RECURSO ELEITORAL n 68009, ACÓRDÃO de 25/09/2017, Relator(a) PAULO ROGÉRIO DE SOUZA ABRANTES, Publicação: DJEMG – Diário de Justiça Eletrônico-TREMG, Data 11/10/2017)".

Para as eleições de 2018 (Resolução TSE n. 23.553/2017) e para as de 2020 e seguintes, o Tribunal Superior Eleitoral, ao editar a Resolução TSE n. 23.607/2019, consignou, em seus arts. 66 e 67, a necessidade de diligência após o parecer ministerial que opina pela desaprovação das contas, se filiando ao entendimento da necessidade de a Justiça Eleitoral prestigiar os princípios constitucionais da ampla defesa, do devido processo legal e do contraditório substancial.

Art. 66 Resolução nº 23.607, de 2019, do Tribunal Superior Eleitoral

"Art. 66. Não sendo possível decidir de plano sobre a regularidade das contas, na forma do art. 74, com os elementos constantes dos autos, a autoridade eleitoral determinará a realização de diligência, que deverá ser cumprida no prazo de 3 (três) dias, seguindo-se novas manifestações da unidade técnica nos tribunais, e do chefe de cartório nas zonas eleitorais, e do Ministério Público, este no prazo de 2 (dois) dias, após o que o feito será julgado".

Art. 67 Resolução nº 23.607, de 2019, do Tribunal Superior Eleitoral

"Art. 67. As contas serão julgadas sem a realização de diligências, desde que verificadas, cumulativamente, as seguintes hipóteses: I – inexistência de impugnação; II – emissão de parecer conclusivo pela unidade técnica nos tribunais, ou pelo chefe de cartório nas zonas eleitorais, sem identificação de nenhuma das irregularidades previstas no art. 71; e III – parecer favorável do Ministério Público".

6.14.8 Efeitos

A Prestação de Contas é um ato declaratório. Dessa maneira, a aprovação ou a aprovação das contas com ressalvas declara que o candidato atendeu às regras legais e não gera nenhum óbice ao candidato.

Em contrapartida, as contas desaprovadas ou não entregues acarretam efeitos pós-campanha, quais sejam: a) no caso de desaprovação, os autos serão remetidos ao Ministério Público para que tome as providências legais, com fulcro no art. 22 da Lei Complementar nº 64, de 1990, a fim de apurar questões de inelegibilidade; b) a não entrega da Prestação de Contas no prazo legal importará na impossibilidade de emissão da certidão de quitação eleitoral e de diplomação (nos casos de candidatos eleitos), persistindo a situação até a entrega das contas. Se as contas forem julgadas não prestadas, a impossibilidade de emissão de certidão de quitação eleitoral persiste *até o final da legislatura* do cargo a que o candidato concorreu (Súmula TSE n. 42).

Neste ponto, cabe consignar que, para fins de atos da vida civil do candidato que teve suas contas julgadas como não prestadas, tais como emissão de passaporte e posse em concurso público, é possível a expedição de certidão circunstanciada que demonstre, de forma detalhada, a situação eleitoral, para que o órgão de destino do referido documento avalie a possibilidade ou não do exercício daquele ato.

Súmula nº 42 TSE

"A decisão que julga não prestadas as contas de campanha impede o candidato de obter a certidão de quitação eleitoral durante o curso do mandato ao qual concorreu, persistindo esses efeitos, após esse período, até a efetiva apresentação das contas.

PARA SEDIMENTAR

"MANDADO DE SEGURANÇA. REQUERIMENTO DE CERTIDÃO DE QUITAÇÃO ELEITORAL DESTINADO À OBTENÇÃO DE PASSAPORTE. APRESENTAÇÃO DAS CONTAS DE CAMPANHA APÓS O JULGAMENTO COMO NÃO PRESTADAS. CONCESSÃO PARCIAL DA ORDEM. O julgamento das contas de campanha como não prestadas impede a emissão de certidão de quitação eleitoral no curso do mandato ao qual o candidato concorreu (art. 42 da Res. TSE 22.715/2008), ainda que haja posterior apresentação das contas. Consoante entendimento firmado por esta Corte, no julgamento do RE 710-03 e do MS 776-80, o conceito de quitação eleitoral delineado pelo artigo 11, §7º, da Lei 9.504/97 está intrinsecamente relacionado ao jus honorum, ou seja, possui cunho eleitoral, não cabendo a extensão de seus efeitos restritivos ao exercício de direitos civis. Por conseguinte, admite-se a expedição de certidão circunstanciada ao eleitor não quite com a Justiça Eleitoral, reconhecendo-se a regularidade no exercício do voto, para o fim de atender a exigências específicas, relacionadas à prática de atos da vida civil, como a obtenção de passaporte, caso discutido nos autos. Concessão parcial da segurança.(TRE-RJ – MANDADO DE SEGURANCA n 5412, ACÓRDÃO de 24/05/2012, Relator(a) ANTONIO AUGUSTO TOLEDO GASPAR, Publicação: DJERJ – Diário da Justiça Eletrônico do TRE-RJ, Tomo 100, Data 29/05/2012, Página 19/32)".

"MANDADO DE SEGURANÇA – PRESTAÇÃO DE CONTAS JULGADAS NÃO APRESENTADAS – PEDIDOS DE EXPEDIÇÃO DE CERTIDÃO DE QUITAÇÃO ELEITORAL E DE ANULAÇÃO DA DECISÃO QUE JULGOU AS CONTAS NÃO PRESTADAS. 1. ESTE TRIBUNAL TEM ENTENDIDO QUE IMPEDIR A OBTENÇÃO DE PASSAPORTE, EM CASO DE NÃO APRESENTAÇÃO DAS CONTAS, IMPLICARIA EM LIMITAÇÃO AO DIREITO DE IR E VIR INCOMPATÍVEL COM A RESTRIÇÃO DE CUNHO EXCLUSIVAMENTE ELEITORAL. 2. COM RELAÇÃO AO PEDIDO DE ANULAÇÃO DA R. SENTENÇA POR VÍCIO NA EMISSÃO DA NOTIFICAÇÃO POSTAL PARA APRESENTAÇÃO DAS CONTAS, O PEDIDO MERECE PROSPERAR, UMA VEZ QUE REFERIDO DOCUMENTO FOI DIRECIONADO PARA O ENDEREÇO INDICADO PARA A ATRIBUIÇÃO DE CNPJ DA CANDIDATA E NÃO PARA AQUELE INDICADO PARA RECEBIMENTO DE COMUNICADOS DA JUSTIÇA ELEITORAL. 3. ORDEM CONCEDIDA PARA AUTORIZAR A EXPEDIÇÃO DE CERTIDÃO DE QUITAÇÃO ELEITORAL COM O ÚNICO FIM DE OBTENÇÃO DA PASSAPORTE, BEM COMO PARA RECONHECER A NULIDADE DA NOTIFICAÇÃO EMITIDA NOS AUTOS DO PROCESSO Nº 32-49.2013.6.26.0185, ANULANDO-SE TAMBÉM OS ATOS PROCESSUAIS A ELA SUBSEQUENTES, DEVENDO HAVER NOVA TRAMITAÇÃO E POSTERIOR JULGAMENTO DAS CONTAS APRESENTADAS PELA IMPETRANTE (TRE-SP – MANDADO DE SEGURANCA n 6711, ACÓRDÃO de 23/04/2015, Relator(a) ROBERTO MAIA FILHO, Publicação: DJESP – Diário da Justiça Eletrônico do TRE-SP, Data 04/05/2015)".

DIREITO ELEITORAL E PROCESSUAL CIVIL. AGRAVO INTERNO EM RECURSO ESPECIAL ELEITORAL. ELEIÇÕES 2018. REGISTRO DE CANDIDATURA INDEFERIDO. CONTAS DE CAMPANHA JULGADAS NÃO PRESTADAS. AUSÊNCIA DE QUITAÇÃO ELEITORAL. INCIDÊNCIA DA SÚMULA Nº 26/TSE. DESPROVIMENTO.1. Agravo interno que tem por objeto decisão monocrática que negou seguimento a recurso especial interposto contra acórdão que indeferiu o registro de candidatura do recorrente ao cargo de deputada estadual nas Eleições 2018.2. Inexiste usurpação de competência do Plenário quando o relator decide monocraticamente recursos com fundamento nos arts. 932 do Código de Processo Civil e 36, §6º, do Regimento Interno do Tribunal Superior Eleitoral.3. A agravante se limitou a reiterar os argumentos expostos em seu recurso especial, sem acrescentar qualquer elemento hábil a modificar a decisão. É inadmissível o recurso que deixa de impugnar especificamente fundamento da decisão recorrida que é, por si só, suficiente para sua manutenção (Súmula nº 26/TSE).4. Hipótese em que a recorrente obteve quitação eleitoral por força de liminar que, antes do julgamento do requerimento de registro pela instância ordinária, foi cassada em decorrência do trânsito em julgado da decisão que julgou como não prestadas as suas contas de campanha relativas às Eleições 2016.5. A ausência de quitação eleitoral decorrente de decisão que julgou não prestadas as contas de campanha perdura durante o curso do mandato ao qual concorreu o candidato, persistindo esses efeitos, após esse período, até a efetiva prestação de contas (Súmula nº 42/TSE e art. 73, I, da Res.-TSE nº 23.463/2015). 6. A jurisprudência desta Corte orienta-se no sentido de que os fatos supervenientes ao registro de candidatura, ocorridos antes do exaurimento da instância ordinária, devem ser considerados para aferir a inelegibilidade do candidato. Precedentes. 7. Agravo interno a que se nega provimento. (Recurso Especial Eleitoral nº 060380805, Acórdão, Relator(a) Min. Luís Roberto Barroso, Publicação: PSESS – Publicado em Sessão, Data 23/10/2018).

6.14.9 Recursos

Da decisão proferida na Prestação de Contas, será cabível recurso, no prazo de *3 (três) dias*, para instância superior, devendo ser observadas as hipóteses previstas nos arts. 86, 87 e 88 da Resolução nº 23.607 de 2019 do TSE.

Art. 86 Resolução nº 23.607, de 2019, do Tribunal Superior Eleitoral

"Art. 86. Na hipótese do julgamento das prestações de contas dos candidatos eleitos, o prazo recursal é contado da publicação em sessão do acórdão prolatado por tribunal eleitoral.Parágrafo único. Na hipótese de decisão proferida no primeiro grau, o prazo recursal conta-se a partir da publicação em cartório".

Art. 87 Resolução nº 23.607, de 2019, do Tribunal Superior Eleitoral

"Art. 87. Do acórdão do tribunal regional eleitoral, cabe recurso especial para o Tribunal Superior Eleitoral, nas hipóteses previstas nos incisos I e II do §4º do art. 121 da Constituição Federal, no prazo de 3 (três) dias contados da publicação no Diário da Justiça Eletrônico (Lei nº 9.504/1997, art. 30, §6º)".

Art. 88 Resolução nº 23.607, de 2019, do Tribunal Superior Eleitoral

"Art. 88. São irrecorríveis as decisões do Tribunal Superior Eleitoral, salvo as que contrariarem a Constituição Federal".

PARA SEDIMENTAR

"Direito eleitoral. Prestação de contas. Eleições 2018. Candidato ao cargo de presidente da república. Partido social liberal. Aprovação com ressalvas. I – hipótese [...] 8. O atraso no envio de relatório financeiro não teve o propósito nem o efeito de prejudicar a transparência ou o controle social das doações recebidas, de modo que caracteriza impropriedade que não conduz à desaprovação das contas. Recebimento de doações de fonte vedada (R$5.200,00) e de recursos de origem não identificada (R$100,00 + R$2.975,00) [...] 15. Prestação de contas aprovada com ressalvas".(Ac de 4.12.2018 na PC nº 060122570, Rel. Min. Luís Roberto Barroso.)

"Agravo regimental. Recurso especial. Eleições 2016. Vereador. Contas de campanha. Extratos bancários incompletos. Art. 30 da Lei 9.504/97. Caso de desaprovação. Desprovimento. 1. Carência de integralidade de extratos bancários não é motivo suficiente, por si só, em regra, para alicerçar julgamento de contas como não prestadas. Precedentes, com destaque para o AgR-REspe 2235-48/DF, Rel. Min. Rosa Weber, DJe 26.4.2018. 2. No caso, considerando que houve abertura de conta-corrente de campanha e apresentação de parte dos extratos bancários, não há motivo razoável para julgar o ajuste contábil como não prestado, sendo o caso, portanto, de desaprová-lo.[...]"(Ac de 17.5. 2018 no AgR-REspe nº 51223, rel. Min. Jorge Mussi.)

"Direito eleitoral. Agravo interno em recurso especial eleitoral. Eleições 2016. Prestação de contas. Desaprovação. Ausência de cotejo analítico. Súmula nº 28/TSE. Necessidade de reexame do conjunto fático probatório. Súmula nº 24/TSE. Desprovimento. [...] 5. A jurisprudência deste Tribunal é no sentido de que os serviços de contabilidade prestados ao candidato no curso da campanha eleitoral configuram gasto eleitoral, sendo exigida a emissão do respectivo recibo e sua contabilização na prestação de contas [...]" (Ac. de 12.3.2019 no AgR-REspe nº 29598, rel. Min. Luís Roberto Barroso.)

6.14.10 Resumindo

Fundamentação Legal	**Arts. 20 e 21 da Lei nº 9.504, de 1997**
Objetivo	*Demonstrar a regularidade fiscal dos candidatos frente à campanha eleitoral.*
Legitimidade ativa	Art. 28, *caput* e §§1º e 2º, da Lei nº 9.504, de 1997: Candidatos
Prazo	**Observação – Eleições 2022** Prestação de contas parcial: entre os dias 9 e 13 de setembro de 2022. Prestação de contas final: a) primeiro turno: até 1º.11.2022; b) segundo turno: até 19.11.2022
Competência	Tribunal Superior Eleitoral – eleições presidenciais; Tribunal Regional Eleitoral – eleições federais e estaduais; Juízo Eleitoral – eleições municipais.
Se o pedido for julgado procedente	Se o pedido for julgado procedente (contas aprovadas ou aprovadas com ressalvas), o candidato estará em dia com a Justiça Eleitoral, ressalvando-se que o teor do julgado não vincula qualquer outra ação autônoma, tais quais as representações do art. 30-A e 41-A da Lei de Eleições.

AÇÕES CONSTITUCIONAIS

A Constituição Federal de 1988 abalizou ações aptas a defender direitos constitucionais dos cidadãos quando estes estão sendo violados. É o caso do *habeas data,* que tutela o direito de obter e corrigir informações pessoais; do *mandado de injunção,* que visa sanar a falta total ou parcial de uma norma que torne inexequível o exercício de direitos e liberdades constitucionais; e do *mandado de segurança,* que tem por desígnio proteger direito líquido e certo dos cidadãos.

Essas ações também possuem emprego no Direito Eleitoral e visam resguardar um direito fundamental violado que possa atingir a eleição ou qualquer dos candidatos. Por conseguinte, passamos à análise de cada uma e suas aplicabilidades na seara eleitoral.

7.1 *Habeas Data*

7.1.1 Conceito

O *Habeas Data* restou introduzido no ordenamento jurídico brasileiro pelo art. 5º, inciso LXXII, da Constituição Federal de 1988.

Art. 5º, inciso LXXII, da Constituição Federal

"Art.5º, LXXII – conceder-se-á habeas data: a) para assegurar o conhecimento de informações relativas à pessoa do impetrante, constantes de registros ou bancos de dados de entidades governamentais ou de caráter público; b) para a retificação de dados, quando não se prefira fazê-lo por processo sigiloso, judicial ou administrativo".

O inciso XXXIII do referido dispositivo reforça o direito de todos a "receber dos órgãos públicos informações de seu interesse particular [...]"[229]. Portanto, trata-se de remédio constitucional que tem o condão de garantir o respeito aos dados pessoais, incluindo-se os direitos à privacidade e à intimidade do cidadão.

Sobre a utilização de *habeas data* na seara eleitoral, assevera Joel Cândido :

> O *habeas data* poderá ser mais usado em matéria eleitoral nos processamentos eletrônicos de dados a que se refere e autoriza a Lei n. 6.996/1982, mormente nos casos de inscrição eleitoral e suas alterações, bem como, eventualmente, em bancos de dados sobre eleições passadas, onde haja informações relativas a algum candidato, ex-candidato ou simples eleitor. Do mesmo modo, no cadastro geral de eleitores criado pela Lei n. 7.444/1985 e mantido pelo computador, onde contenham informações sobre as filiações partidárias, pretéritas ou não. A Lei n. 9.507, de 12 de novembro de 1997, regulou o direito de acesso a informações e disciplinou o rito processual do *habeas data*. Ela se aplica integralmente ao Direito Eleitoral e partidário, a despeito de ter silenciado acerca da Justiça Eleitoral e seus órgãos judiciários. As três instâncias eleitorais são competentes para conhecer e julgar o *habeas data* eleitoral. Já o *habeas data* partidário poderá, ou não, ser de competência da Justiça Eleitoral, bem como da Justiça Comum. Quando o dado ou a informação que se quer conhecer ou retificar for de natureza eleitoral, ou se referir ou interessar a ato ou instituto de qualquer das fases do microprocesso eleitoral, não temos dúvida da competência da Justiça Especializada, e em seus foros a ação deve ser ajuizada. Fora este critério genérico para se aferir a competência, os casos concretos é que dirão, especificamente, o foro adequado para essa medida processual.[230]

DELIMITANDO O TEMA

"HABEAS DATA. FINALIDADE. OBTENCAO DE INFORMACOES A RESPEITO DO IMPETRANTE. IMPOSSIBILIDADE DE SOLICITACAO DE INFORMACOES SOBRE OUTRA PESSOA, AINDA QUE ASCENDENTE DO IMPETRANTE. COMPETENCIA. INFORMACOES CONTIDAS NO CADASTRO DO TRIBUNAL SUPERIOR ELEITORAL. COMPETENCIA TSE. PROCEDIMENTO. REGULA-SE PELO ADOTADO PARA O MANDADO DE SEGURANCA. APLICACAO LEI Nº 1.533. (TSE – Habeas Data nº 1, Acórdão de Relator(a) Min. Roberto Ferreira Rosas, Publicação: DJ – Diário de Justiça, Data 05/06/1990, Página 1)".

---

229 BRASIL (1988). *Constituição da República Federativa do Brasil.* Disponível em: http://www.planalto.gov.br/ccivil_03/constituicao/constituicao.htm. Acesso em: 30 abr. 2020.

230 CÂNDIDO, Joel José. *Direito eleitoral brasileiro.* 13. ed. São Paulo: Edipro, 2008.

7.1.2 Fundamentação Legal

A previsão legal do *habeas data* em matéria eleitoral encontra-se nos art. 5º, inciso LXIX, 121, §4º, da Constituição Federal.

Art. 5º, inciso LXIX, da Constituição Federal

"Art.5º, LXIX: conceder-se-á mandado de segurança para proteger direito líquido e certo, não amparado por habeas corpus ou habeas data, quando o responsável pela ilegalidade ou abuso de poder for autoridade pública ou agente de pessoa jurídica no exercício de atribuições do Poder Público".

Art. 121, §4º, da Constituição Federal

"Art.121, §4º: "Das decisões dos Tribunais Regionais Eleitorais somente caberá recurso quando: [...] V – denegarem habeas corpus, mandado de segurança, habeas data ou mandado de injunção".

7.1.3 Natureza Jurídica

O *habeas data* está formalmente previsto no art. 5º, inciso LXIX, da Constituição Federal, tendo sido regulamentado pela Lei nº 9.507, de 1997. Apesar do caráter eminentemente constitucional, o *habeas data,* na seara eleitoral, conserva as garantias constitucionais e obedece ao rito apurado pela legislação infraconstitucional.

7.1.4 Legitimidade

a) Ativa

Toda pessoa física ou jurídica pode impetrar *habeas data* para ter acesso às informações a seu respeito. No âmbito eleitoral, a legitimidade ativa, em regra, recai sobre candidato, pré-candidato, ex-candidato ou eleitor.

b) Passiva

O polo passivo, tratando-se de registro ou banco de dados de entidade governamental, será a pessoa jurídica componente da administração direta ou indireta do Estado.

7.1.5 Prazo

O termo inicial do *habeas data* é o dia da recusa, por parte do ente público, em conceder acesso às informações pessoais solicitadas, fazer alterações ou anotações legais desejadas pelo titular do direito ou, ainda, a ausência de decisão a respeito do solicitado, conforme se verifica da leitura do art. 8º da Lei nº 9.507, de 1997 (regula o direito de acesso a informações e disciplina o rito processual do *habeas data*).

Art. 8º da Lei nº 9.507, de 1997

"Art. 8º A petição inicial, que deverá preencher os requisitos dos arts. 282 a 285 do Código de Processo Civil, será apresentada em duas vias, e os documentos que instruírem a primeira serão reproduzidos por cópia na segunda. Parágrafo único. A petição inicial deverá ser instruída com prova: I – da recusa ao acesso às informações ou do decurso de mais de dez dias sem decisão; II – da recusa em fazer-se a retificação ou do decurso de mais de quinze dias, sem decisão; ou III – da recusa em fazer-se a anotação a que se refere o §2º do art. 4º ou do decurso de mais de quinze dias sem decisão".

7.1.6 Competência

Apreciando os dispositivos constitucionais referentes ao *habeas data*, nota-se que não há nenhuma menção acerca da competência eleitoral para julgá-lo. No mesmo sentido, a legislação infraconstitucional é omissa quanto à competência eleitoral. Diante disso, o Tribunal Superior Eleitoral assentou o seguinte: "[...]. 1. O *habeas data* não está inserido no rol de competências desta Corte, previsto no art. 22 do Código Eleitoral. [...]". (Habeas Data n. 3, Acórdão, Relator(a) Min. Marcelo Henriques Ribeiro de Oliveira, julgado em 7 de abril de 2009).

Entretanto, apesar da omissão legislativa, entendemos que o *habeas data* em matéria eleitoral não pode ficar sem julgamento, devendo, então, ser empregada legislação analógica, prevista nas demais esferas judiciárias.

Portanto, compartilhamos o entendimento de que, a "decisão de juiz eleitoral denegatória de *habeas data* proferida por juiz eleitoral é recorrível ao TRE mediante recurso eleitoral",[231] por outro lado, "mantida a denegação, o acórdão regional poderá ser impugnado mediante recurso especial eleitoral, porquanto trata-se de decisão em última instância". Quanto à "decisão do TRE (única instância – competência originária),

[231] GOMES, José Jairo. *Direito eleitoral*. 12. ed. São Paulo: Atlas, 2016. p. 244.

deve ser impugnada mediante recurso ordinário eleitoral". No mais, "o acórdão do Tribunal Superior somente é impugnável por recurso extraordinário, já que proferido em sua competência recursal (última instância)".

7.1.7 Rito Processual

O *Habeas Data* possui regramento específico, definido pela Lei nº 9.507, de 1997. O art. 8º aduz que o petitório inicial deve seguir os ditames dos arts. 282 a 285 do Código de Processo Civil. Em razão da alteração legislativa em 2015, as matérias ali tratadas agora estão albergadas nos arts. 319 e seguintes do CPC.

FIQUE ATENTO!

Código de Processo Civil – "Art. 319. A petição inicial indicará: I – o juízo a que é dirigida; II – os nomes, os prenomes, o estado civil, a existência de união estável, a profissão, o número de inscrição no Cadastro de Pessoas Físicas ou no Cadastro Nacional da Pessoa Jurídica, o endereço eletrônico, o domicílio e a residência do autor e do réu; III – o fato e os fundamentos jurídicos do pedido; IV – o pedido com as suas especificações; V – o valor da causa; VI – as provas com que o autor pretende demonstrar a verdade dos fatos alegados; VII – a opção do autor pela realização ou não de audiência de conciliação ou de mediação. §1º Caso não disponha das informações previstas no inciso II, poderá o autor, na petição inicial, requerer ao juiz diligências necessárias a sua obtenção. §2º A petição inicial não será indeferida se, a despeito da falta de informações a que se refere o inciso II, for possível a citação do réu. §3º A petição inicial não será indeferida pelo não atendimento ao disposto no inciso II deste artigo se a obtenção de tais informações tornar impossível ou excessivamente oneroso o acesso à justiça".

Código de Processo Civil – "Art. 320. A petição inicial será instruída com os documentos indispensáveis à propositura da ação".

Recebida a petição inicial, o impetrado deverá ser notificado no prazo de *10 (dez) dias* para prestar informações (art. 9º da Lei nº 9.507, de 1997). Adiante, o Ministério Público deverá manifestar-se em *5 (cinco) dias* (art. 12 da Lei nº 9.507, de 1997), para, somente então, o processo ser concluso para julgamento.

É válido destacar que o *Habeas Data* não possui preparo e não gera condenação de custas judiciais e honorários advocatícios, conforme se verifica da redação do art. 21 da Lei nº 9.507, de 1997[232] e do art. 5º, inciso LXXVII, da Constituição Federal.[233]

Ao mesmo tempo, é pacífico nos julgados do TSE o descabimento de qualquer tipo de sucumbência, por se tratar de jurisdição necessária ao exercício da cidadania.

PARA SEDIMENTAR

"[...] No processo eleitoral não há falar em gratuidade de justiça, porquanto não há custas processuais e tampouco condenação em honorários advocatícios em razão de sucumbência. (AgR-AI nº 1486-75, de 12.05.2015, rel. Ministra LUCIANA LOSSIO)"

"[...] RECURSO ESPECIAL. HONORÁRIOS ADVOCATICIOS. A condenação em honorários advocatícios, em razão de sucumbência, apresenta-se incabível em feitos eleitorais. precedente: acórdão n. 13.101, de 06.03.9 7. Recurso especial conhecido e provido. (REspe nº 12.783, rei. Mm. Costa Leite, DJEde 18.4.1997.) Recurso ordinário em ação de impugnação de mandato eletivo de senador, julgada procedente por TRE, concomitantemente com recurso contra expedição de diploma. E..] 7. O ônus da sucumbência não se coaduna com os feitos eleitorais. Condenação em honorários que não se acolhe. 8. Anulação do acórdão recorrido na parte em que julgou os recursos contra a expedição de diploma, visto que a apreciação deles compete ao Tribunal Superior Eleitoral. Determinação do desapensamento de tais recursos, a fim de que sejam autuados e distribuídos. (RO nº61, rei. Mm. Costa Porto, DJEde 21.6.2002.) Agravo Regimental. Recurso Especial. Nos feitos eleitorais, não há condenação a pagamento de honorários em razão de sucumbência. Precedentes. Não provido. (AgR-REspe nº 23.027, rel. Min. Luiz Carlos Madeira, PSESS em 13.10.2004.)".

Observa-se que o próprio Tribunal Superior Eleitoral, ao estabelecer diretrizes gerais para a aplicação do CPC de 2015, editou a Resolução TSE n. 23.478/2016, e assim determinou:

> "Art. 4º Os feitos eleitorais são gratuitos, não incidindo custas, preparo ou honorários (Lei n. 9.265/96, art. 1º)".

[232] Lei nº 9.507, de 1997 – "Art. 21. São gratuitos o procedimento administrativo para acesso a informações e retificação de dados e para anotação de justificação, bem como a ação de *habeas data*". BRASIL. *Lei nº 9.507, de 12 de novembro de 1997*. Disponível em: http://www.planalto.gov.br/ccivil_03/leis/l9507.htm. Acesso em: 03 mar. 2022.

[233] Constituição Federal de 1988 – "Art. 5º, LXXVII: São gratuitas as ações de *habeas corpus* e *habeas data*, e, na forma da lei, os atos necessários ao exercício da cidadania". BRASIL (1988). *Constituição da República Federativa do Brasil*. Disponível em: http://www.planalto.gov.br/ccivil_03/constituicao/constituicao.htm. Acesso em: 03 mar. 2022.

7.1.8 Efeitos

O *Habeas Data*, como já ponderado, tem por finalidade dar acesso a informações, fazer alterações ou anotações legais requeridas por seu titular. De tal modo, sendo procedente o pedido, o juiz marcará data e hora para que o coator proceda ao acesso, à retificação ou à anotação (art.13 da Lei nº 9.507, de 1997). Havendo a improcedência do pedido, o impetrante poderá recorrer.

7.1.9 Recursos

O prazo para interposição de recurso é de *3 (três) dias*.

Tratando-se de sentença denegatória de *Habeas Data* em matéria eleitoral, caberá *recurso ordinário* para o *Tribunal Regional Eleitoral*, sendo que este terá efeito meramente devolutivo, nos termos do art.15 da Lei nº 9.507, de 1997.

Se a negativa advier de um acórdão do *Tribunal Regional Eleitoral*, hipótese de competência originária, deverá o impetrante impugnar via *Recurso Ordinário*, consoante a dicção do art. 121, §4º, da Constituição Federal. Em contrapartida, sendo o caso meramente recursal, a via adequada será *Recurso Especial Eleitoral*, nos termos do art. 276, inciso I, do Código Eleitoral. Por fim, se a negativa vier do Tribunal Superior Eleitoral, caberá *Recurso Extraordinário* para o Supremo Tribunal Federal, com base no art. 121, §3º, da Constituição Federal, primeira parte.

7.1.10 Resumindo

Fundamentação Legal	**Art. 5º, inciso LXXII, da Constituição Federal e art. 7º da Lei nº 9.507, de 1997.**
Objetivo	Verificar informações sobre a pessoa do impetrante (quem entra com a ação), corrigir dados ou, ainda, para anotação nos assentamentos do interessado, de contestação ou explicação sobre dado verdadeiro, mas justificável e que esteja sob pendência judicial ou amigável.
Legitimidade ativa	Qualquer pessoa física ou jurídica interessada na informação. Esta é uma ação personalíssima, ou seja, somente o "dono" da informação poder impetrar.
Prazo	Após a negativa do ente público em fornecer ou retificar a informação desejada.

Competência	Supremo Tribunal Federal Obs.: Contra atos do Presidente da República, das Mesas da Câmara dos Deputados e do Senado Federal, do Tribunal de Contas da União, do Procurador-Geral da República e do próprio Supremo Tribunal Federal. Superior Tribunal de Justiça Obs.: Contra atos dos Comandantes do Exército, da Marinha e da Aeronáutica ou do próprio Tribunal de Estado. Tribunais Regionais Federais Obs.: Contra atos do próprio Tribunal ou de juiz federal. Juízos Federais Obs.: Contra ato de autoridade federal, excetuados os casos de competência dos tribunais federais. Justiça do Trabalho Obs.: Quando envolver matéria sob a jurisdição dessa justiça especializada. Tribunais Estaduais Obs.: *Habeas Data* na forma do que dispõe a Constituição estadual de cada ente federado. Juiz Estadual Obs.: Demais hipóteses.
Se o pedido for julgado procedente	A informação e/ou a retificação serão concedidas.

7.2 Mandado de Injunção

7.2.1 Conceito

O Mandado de Injunção é um instrumento constitucional que visa assegurar o livre exercício dos direitos constitucionais em razão de uma omissão legislativa.

DELIMITANDO O TEMA

Para Paulo Hamilton Siqueira Jr.: "O mandado de injunção é a ação constitucional que tem por finalidade, na falta de norma regulamentadora, implementar o exercício dos direitos e liberdades constitucionais e das prerrogativas inerentes à nacionalidade, à soberania e à cidadania, ou seja, o objetivo dessa ação é suprir a lacuna legislativa".[234]

[234] SIQUEIRA JR., Paulo Hamilton. *Direito processual constitucional*. 6. ed. São Paulo: Saraiva, 2012. p. 413-414.

Paulo Roberto de Figueiredo Dantas ressalta: "É importante que se diga, não é a ausência de qualquer espécie de norma regulamentadora que permite a utilização dessa ação constitucional. Nos expressos termos do dispositivo constitucional, que instituiu o mandado de injunção, referido remédio somente poderá ser utilizado na ausência de norma que torne inviável o exercício de direitos e liberdades constitucionais, bem como das prerrogativas inerentes à nacionalidade, soberania e cidadania".[235]

7.2.2 Fundamentação Legal

Previsto pelo inciso LXXI do art. 5º da Constituição Federal, o mandado de injunção será concedido quando a ausência de "norma regulamentadora torne inviável o exercício dos direitos e liberdades constitucionais e das prerrogativas inerentes à nacionalidade, à soberania e à cidadania".[236]

Art. 5º, inciso LXXI, da Constituição Federal

"Art. 5º, LXXI. Sempre que a falta de norma regulamentadora torne inviável o exercício dos direitos e liberdades constitucionais e das prerrogativas inerentes à nacionalidade, à soberania e à cidadania".

Destarte, estabeleceram-se, conforme ensinamento de Pedro Lenza, dois requisitos para o mandado de injunção:

> (i) norma constitucional de eficácia limitada, prescrevendo direitos, liberdades constitucionais e prerrogativas inerentes à nacionalidade, à soberania e à cidadania; *(ii)* falta de norma regulamentadora, tornando inviável o exercício de direitos, liberdades e prerrogativas acima mencionados (omissão do Poder Público).[237]

[235] DANTAS, Paulo Roberto de Figueiredo. *Curso de direito constitucional.* 10. ed. São Paulo: Atlas, 2015. p. 253.

[236] BRASIL (1988). *Constituição da República Federativa do Brasil.* Disponível em: http://www.planalto.gov.br/ccivil_03/constituicao/constituicao.htm. Acesso em: 03 mar. 2022.

[237] LENZA, Pedro. *Direito constitucional esquematizado.* São Paulo: Saraiva. 12. ed 2008. p.651.

7.2.3 Natureza Jurídica

O Mandado de Injunção é uma ação cível de natureza constitucional. Nesse sentido, Alexandre de Moraes assevera que "o mandado de injunção consiste em uma ação constitucional de caráter civil e de procedimento especial, que visa suprir uma omissão do Poder Público, no intuito de viabilizar o exercício de um direito, uma liberdade ou uma prerrogativa prevista na Constituição Federal".[238]

7.2.4 Prazo

Não existe um prazo predefinido. Isso porque, para a configuração da hipótese de Mandado de Injunção, é necessária uma omissão legislativa que impeça o livre exercício dos direitos e liberdades constitucionais e das prerrogativas referentes à nacionalidade, à soberania e à cidadania. Sendo assim, não é possível definir uma data.

Contudo, como bem salienta Paulo Hamilton Siqueira Jr.:

> A existência de norma regulamentadora anterior ao texto constitucional e recepcionada pelo novo sistema jurídico obsta o ingresso do mandado de injunção, por falta do interesse de agir, ante a existência da norma no sistema jurídico. Dessa feita, a inexistência de omissão legislativa não comporta o ajuizamento do mandado de injunção. Este é o remédio contra a lacuna a direitos constitucionais. Não existindo lacuna não há necessidade de mandado de injunção.[239]

7.2.5 Competência

A competência para julgar o *mandamus* dependerá sempre de quem estiver no polo passivo, ressalvada a competência originária do Supremo Tribunal Federal disposta no art. 102, inciso I, alínea a, da Constituição Federal.

Art. 102, inciso I, *a*, da Constituição Federal

Art. 102. Compete ao Supremo Tribunal Federal, precipuamente, a guarda da Constituição, cabendo-lhe: I – processar e julgar, originariamente: a) a ação direta de inconstitucionalidade de lei ou ato normativo federal ou estadual e a ação declaratória de constitucionalidade de lei ou ato normativo federal; [...].

---

[238] MORAES, Alexandre de. *Direito constitucional*. 13. ed. São Paulo: Atlas, 2003. p. 179.

[239] SIQUEIRA JR., Paulo Hamilton. *Direito processual constitucional*. 6. ed. São Paulo: Saraiva, 2012. p. 419.

7.2.6 Legitimidade

a) Ativa

A legitimidade ativa para impetrar Mandado de Injunção é sempre atribuída àquele cujo direito se afirma violado, podendo ser tanto pessoa física quanto pessoa jurídica (art.3º da Lei nº 13.300, de 2016).

Art. 3º da Lei nº 13.300, de 2016

"Art. 3º São legitimados para o mandado de injunção, como impetrantes, as pessoas naturais ou jurídicas que se afirmam titulares dos direitos, das liberdades ou das prerrogativas referidos no art. 2º e, como impetrado, o Poder, o órgão ou a autoridade com atribuição para editar a norma regulamentadora".

b) Passiva

No polo passivo, poderá figurar o poder, órgão ou autoridade com competência para editar a norma regulamentadora inexistente.

7.2.7 Rito Processual

Em 2016 foi editada a Lei nº 13.300/, que disciplina o processo e o julgamento dos Mandados de Injunção individual e coletivo.

i. Petição inicial: Por não existir um código de processo eleitoral que trate das formalidades a serem observas nas petições eleitorais, e não se tratando de matéria criminal, deverá o petitório inicial adequar-se aos ditames do art. 319 do Código de Processo Civil, naquilo que não for de encontro às normas eleitorais.

ii. Pedido: Em razão da morosidade legislativa, o pedido será a determinação legal para que se promova a edição de norma regulamentadora ou que se estabeleçam as condições para o exercício das liberdades e/ou prerrogativas, nos termos do art. 2º da Lei nº 13.300, de 2016.

iii. Trâmite processual: Caso o petitório inicial seja recebido e processado regularmente, o requerido será *notificado*, para que, em *10 (dez) dias*, apresente resposta. Depois da resposta da notificação, o Ministério Público deverá opinar em *10 (dez) dias*.

iv. Instrução e Julgamento: Recebida a reposta do sujeito passivo, com ou sem o parecer do Ministério Público, o Poder Judiciário estará apto a julgar a ação.

7.2.8 Efeitos

Sendo julgado procedente, o estado de mora legislativa será reconhecido. Nesse ponto, anotamos que, depois de tempos de debates sobre o tema, a jurisprudência havia firmado posicionamento para considerar que a decisão que julga mandado de injunção possui caráter declaratório. Contudo, mister salientar o disposto na jovem Lei nº 13.300, de 2016, primordialmente em seu art. 8º.

Art. 8 da Lei nº 13.300, de 2016

"Art. 8º Reconhecido o estado de mora legislativa, será deferida a injunção para: I – determinar prazo razoável para que o impetrado promova a edição da norma regulamentadora; II – estabelecer as condições em que se dará o exercício dos direitos, das liberdades ou das prerrogativas reclamados ou, se for o caso, as condições em que poderá o interessado promover ação própria visando a exercê-los, caso não seja suprida a mora legislativa no prazo determinado. Parágrafo único. Será dispensada a determinação a que se refere o inciso I do caput quando comprovado que o impetrado deixou de atender, em mandado de injunção anterior, ao prazo estabelecido para a edição da norma".

Ao mesmo tempo, acerca dos efeitos da decisão, o art. 9º da Lei nº 13.300, de 2016 estabeleceu que ela terá eficácia subjetiva limitada às partes e produzirá efeitos até o advento da norma regulamentadora. Em seu §1º, contudo, está previsto que "poderá ser conferida eficácia *ultra partes* ou *erga omnes* à decisão, quando isso for inerente ou indispensável ao exercício do direito, da liberdade ou da prerrogativa objeto da impetração".[240]

Indo além, e na esteira do espectro processual introduzido pelo Código de Processo Civil, que tem fortalecido a jurisprudência ante a visão normativista, o §2º do referido Código estatui que, "transitada em julgado a decisão, seus efeitos poderão ser estendidos aos casos análogos por decisão monocrática do relator". [241]

---

[240] BRASIL. *Lei nº 13.300, de 23 de junho de 2016*. Disponível em: http://www.planalto.gov.br/ccivil_03/_ato2015-2018/2016/lei/l13300.htm. Acesso em: 03 mar. 2022

[241] BRASIL. *Lei nº 13.105, de 16 de março de 2015*. Disponível em: http://www.planalto.gov.br/ccivil_03/_ato2015-2018/2015/lei/l13105.htm. Acesso em: 03 mar. 2022.

PARA SEDIMENTAR

1. Mandado de injunção. Cabimento. CF, art. 5º, inciso LXXI. A impetração de mandado de injunção pressupõe a falta de norma regulamentadora que torne inviável o exercício dos direitos e liberdades constitucionais e das prerrogativas inerentes a nacionalidade, a soberania e a cidadania, o que inocorre na espécie em exame. 2. Câmara dos vereadores. Fixação de membros. Eleição de 15.11.1988. Competência dos TREs. Face o disposto no §4º do art. 5º do ADCT, c/c o disposto no art. 29, IV, da Constituição Federal de 1988, a fixação do número de vagas a preencher nas câmaras municipais na eleição de 1988 coube aos respectivos tribunais regionais, não tendo efeito retroativo decisão da Assembleia Constituinte Estadual, que dispôs de forma diversa. Recurso ordinário desprovido. Decisão: negou-se provimento ao recurso ordinário. (Recurso em Mandado de Injunção nº 11, Acórdão de Relator(a) Min. Sidney Sanches, Publicação: DJ – Diário de justiça, Data 04/05/1990, Página 1)".

"Mandado de injunção. Voto. Eleitor em trânsito. Regulamentação. Norma. Atribuição. Tribunal Superior Eleitoral. Improcedência. 1. Hipótese em que não há falar em omissão desta Corte quanto à regulamentação de disposição constitucional, a fim de que pudesse ser efetivada a possibilidade do voto em trânsito. Mandado de injunção julgado improcedente (Mandado de Injunção nº 4, Acórdão, Relator(a) Min. Marcelo Henriques Ribeiro De Oliveira, Publicação: DJ – Diário de justiça, Volume 1, Data 04/10/2006, Página 157)".

7.2.9 Recursos

A decisão de juiz eleitoral é recorrível ao Tribunal Regional Eleitoral por meio do *Recurso Eleitoral*, já a decisão do Tribunal Regional Eleitoral é combatida, nos termos autorizadores do art. 121, §4º, da Constituição Federal, mediante *Recurso Ordinário* para o Tribunal Superior Eleitoral.

7.2.10 Resumindo

Fundamentação Legal	Art. 5º, inciso LXXI, da Constituição Federal e Lei nº 13. 300, de 2016.
Objetivo	Garantir o exercício dos direitos e liberdades constitucionais e das prerrogativas inerentes à nacionalidade, à soberania e à cidadania ante a falta total ou parcial de norma regulamentadora que os torne inviáveis.
Legitimidade ativa	Qualquer pessoa física ou jurídica que tenha seus direitos violados. Esta é uma ação personalíssima, ou seja, somente o titular da informação poder impetrar.
Prazo	A qualquer momento
Competência	Supremo Tribunal Federal Art. 102, inciso I, alínea *q*, e inciso II, alínea *a*, da Constituição Federal. Superior Tribunal de Justiça Art. 105, I, alínea *h*, da Constituição Federal. Tribunal Superior Eleitoral e Tribunal Regional Eleitoral Art. 121, §4º, V, da Constituição Federal. Tribunal de Justiça Art. 125, §1º, da Constituição Federal.
Se o pedido for julgado procedente	A decisão determinará prazo razoável para que o impetrado promova a edição de norma regulamentadora ou estabelecerá as condições em que se dará o exercício dos direitos, liberdades constitucionais e das prerrogativas inerentes à nacionalidade, à soberania e à cidadania, outrora feridos.

7.3 Mandado de Segurança no Direito Eleitoral

7.3.1 Conceito

O Mandado de Segurança objetiva assegurar a eficácia de direito líquido e certo que não pode ser protegido por *habeas corpus* ou *habeas data*. Além disso, a violação de tais direitos deve advir de autoridades ou agentes públicos no gozo de suas atribuições legais.

Em outras palavras, não é viável o uso de Mandado de Segurança para tutelar a liberdade de locomoção, o acesso ou a retificação de informações relativas à pessoa do impetrante, caracterizando-se, de tal modo, sua cobertura residual.

DELIMITANDO O TEMA

Direito líquido e certo: aquelas situações em que existem provas claras que sustentam o pleito, ou seja, no mandado de segurança não se pode falar em dilação probatória para sustentação dos fatos apresentados.

Paulo Roberto de Gouvêa Medina aduz : "Como tal se entende o direito que emane de fato certo, suscetível de comprovação imediata, mediante prova documental pré-constituída, que instruirá a petição inicial da ação".[242]

PARA SEDIMENTAR

"AGRAVO REGIMENTAL. RECURSO EM MANDADO DE SEGURANÇA. VEREADOR. CONDENAÇÃO CRIMINAL. TRÂNSITO EM JULGADO. DIREITOS POLÍTICOS. SUSPENSÃO IMEDIATA. DESPROVIMENTO. 1. A condenação criminal transitada em julgado implica imediata suspensão dos direitos políticos, nos termos do art. 15, III, da CF, e, por conseguinte, na perda do mandato. 2. Não há falar na aplicação da norma do art. 55, §2º, da CF, ao caso, haja vista inexistir previsão constitucional que permita estender aos vereadores o tratamento diferenciado dado aos senadores e deputados federais. 3. O direito, para que possa ser examinado na via estreita do mandado de segurança, deve ser líquido e certo, isto é, decorrente de fato incontestável e inequívoco, suscetível de imediata demonstração mediante prova pré-constituída. Precedentes. 4. Agravo regimental a que se nega provimento. (TSE – Recurso em Mandado de Segurança nº 278655, Acórdão, Relator(a) Min. Luciana Christina Guimarães Lóssio, Publicação: DJE – Diário de justiça eletrônico, Tomo 37, Data 24/02/2016, Página 74)".

"RECURSO EM MANDADO DE SEGURANÇA. IMPETRAÇÃO CONTRA ATO JUDICIAL. EXCEPCIONALIDADE. TERATOLOGIA NÃO DEMONSTRADA. 1. Na linha da jurisprudência desta Corte Superior, o mandado de segurança não é sucedâneo recursal, de modo que a impugnação de ato judicial por essa via tem caráter excepcional, cabível somente diante de situação que revele teratologia. 2. No caso, o acórdão recorrido ressaltou que a oitiva das testemunhas se deu em razão de pedido do Ministério Público Eleitoral – o qual atuou na condição de fiscal da lei – e a partir de diligência ordenada pelo juízo competente, nos termos do art. 5º, §§2º e 3º, da Lei Complementar nº 64/90. Teratologia não demonstrada.

242 MEDINA, Paulo Roberto de Gouvêa. *Direito processual constitucional*. 5. ed. rev. atual. e ampl. Rio de Janeiro: Forense, 2012. p.180-181.

3. "A decretação de nulidade de ato processual sob a alegação de cerceamento de defesa pressupõe a efetiva demonstração de prejuízo, nos termos do art. 219 do Código Eleitoral" (ED-AgR-AI nº 148-52, rel. Min. João Otávio de Noronha, DJe de 4.2.2014), o que não se verificou na espécie. Agravo regimental a que se nega provimento. (TSE – Recurso em Mandado de Segurança nº 7248, Acórdão, Relator(a) Min. Henrique Neves Da Silva, Publicação: DJE – Diário de justiça eletrônico, Tomo 103, Página 43/44)".

"Agravo regimental. Recurso em mandado de segurança. Liminar deferida. Liberação de valores bloqueados da conta-salário em processo de execução fiscal para a cobrança de multa eleitoral proventos. Natureza alimentar. Impenhorabilidade. Precedentes do STJ e do TSE. Ilegalidade manifesta. Teratologia evidenciada. Hipótese de cabimento de mandado de segurança. Manutenção dos fundamentos da decisão concessiva do pleito liminar. Agravo regimental desprovido. [...] 2. Excepcionalmente, em situações teratológicas, admite-se que a parte utilize o writ para atacar atos decisórios de índole jurisdicional – proferidos seja monocraticamente, seja colegiadamente. Precedente: AgR-MS 1832-74/RN, Rel. Min. Luiz Fux, DJe 13.2.2015. 3. Esta Corte Superior, por meio do leading case analisado no REspe 130-10/GO, de relatoria da eminente Ministra MARIA THEREZA DE ASSIS MOURA, publicado no DJe de 29.6.2016, firmou o entendimento de que é incabível a penhora de valores depositados em conta-corrente destinada ao recebimento de salário ou aposentadoria por parte do devedor, em razão da natureza alimentar da verba. 4. O fundado perigo de dano irreparável ficou caracterizado pelo fato de que a impenhorabilidade das verbas de natureza remuneratória previstas no art. 833, IV do CPC/15 tem por escopo assegurar o mínimo essencial à sobrevivência do devedor e de sua família, em atendimento ao princípio da dignidade da pessoa humana, considerando-se, em especial, as provas documentais que atestam que o agravado tem 78 anos e se encontra em tratamento cardiológico e neurológico, necessitando de medicamentos de uso contínuo, bem como a declaração de isento formulada com base na Lei 7.115/83 e na Instrução Normativa RFB 864 /08, aliada ao comprovante de rendimentos pagos e de imposto sobre a renda retido na fonte. [...]".(TSE – Ac de 28.8.2018 no AgR-MS 060050858, rel. Min. Napoleão Nunes Maia Filho)

[...] 2. O mandado de segurança é remédio constitucional que se destina a prevenir e coibir ilegalidade ou abuso de poder em face de direito líquido e certo demonstrado na petição inicial de modo inequívoco, inexistindo em demanda que requer ampla dilação probatória, providência incabível na estreita via do *mandamus*. Precedentes. [...] (TSE – Recurso em Mandado de Segurança nº 060011532, Acórdão, Relator(a) Min. Jorge Mussi, Publicação: DJE – Diário de justiça eletrônico, Tomo 222, Data 08/11/2018)

7.3.2 Fundamentação Legal

O Mandado de Segurança é figura destacada entre as concepções jurídicas brasileiras e está previsto no art. 5º, inciso LXIX, da Constituição Federal.

Art. 5º, inciso LXIX, da Constituição Federal

"Art. 5º, LXIX: conceder-se-á mandado de segurança para proteger direito líquido e certo, não amparado por *habeas corpus* ou *habeas data*, quando o responsável pela ilegalidade ou abuso de poder for autoridade pública ou agente de pessoa jurídica no exercício de atribuições do Poder Público".

Importante consignar o escólio de Paulo Roberto de Gouvêa Medina:

> Se o ato pode ser impugnado mediante recurso administrativo dotado de efeito suspensivo, independente de caução, não caberá a ação de segurança, porquanto privado de exequibilidade se achará o alvo da impetração (Lei n. 12.016/2009, art. 5º, I). [...] Em se tratando de decisão judicial da qual caiba recurso com efeito suspensivo, também não caberá mandado de segurança (art. cit., inciso II). Do mesmo modo, se se tratar de decisão judicial transitada em julgado (art. cit., inciso III).[243]

PARA SEDIMENTAR

"EMENTA ELEIÇÕES 2016. AGRAVO REGIMENTAL. MANDADO DE SEGURANÇA. IMPETRAÇÃO. ATO COMBATIDO. DECISÃO CONCESSIVA DE EFEITO SUSPENSIVO. LAVRA DE MINISTRO RELATOR DO RECURSO CORRESPONDENTE NO TRIBUNAL SUPERIOR ELEITORAL. IMPUGNAÇÃO NA VIA DO MANDAMUS. IMPOSSIBILIDADE. INCIDÊNCIA DA SÚMULA N. 22/TSE. TERATOLOGIA AUSENTE. FLAGRANTE INTENTO DE UTILIZAÇÃO DO WRIT COMO SUCEDÂNEO DA VIA RECURSAL ADEQUADA À ESPÉCIE. DESPROVIMENTO. 1. Na espécie, ante a concessão de efeito suspensivo a agravo interno em recurso especial pelo relator do feito, a parte contrária, inconformada, impetrou mandado de segurança, com pedido de liminar, argumentando a ilegalidade do provimento combatido e pugnando pela sua imediata sustação por meio de contracautela mandamental. 2. O intento de se utilizar do mandado de segurança como sucedâneo de recurso cabível não

243 MEDINA, Paulo Roberto de Gouvêa. *Direito processual constitucional*. 5. ed. rev. atual. e ampl. Rio de Janeiro: Forense, 2012. p.187.

é processualmente admissível na linha da jurisprudência desta Corte Superior. 3. Incidência da Súmula n. 22/TSE: "não cabe mandado de segurança contra decisão judicial recorrível, salvo situações de teratologia ou manifestamente ilegais". 4. O regular exercício do poder geral de cautela pelo relator do feito não pode ser inquinado de ilegal e, muito menos, teratológico, ao contrário do que alegado pelo agravante. 5. In casu, o ministro relator sopesou os elementos dos autos e o momento único e excepcional pelo qual atravessa o país (de conhecimento público), concluindo que o deferimento da liminar resguardaria, em alguma medida, a estabilidade administrativa necessária à pavimentação dos esforços locais no combate à pandemia do coronavírus. 6. O art. 3º da Res.-TSE n. 23.598/2019, que dispõe sobre a submissão de provimentos liminares a referendo, não legitima os membros da Corte, na via mandamental, se imiscuírem na marcha processual de recurso relatado por ministro distinto para, em substituição a este, ditá-la. A atuação dos membros deste Tribunal não é marcada por nota de hierarquia no plano horizontal da sua composição. 7. Agravo interno ao qual se nega provimento. (TSE – Mandado de Segurança nº 060041879, Acórdão, Relator(a) Min. Tarcisio Vieira De Carvalho Neto, Publicação: DJE – Diário da justiça eletrônica, Tomo 158, Data 10/08/2020)

"AGRAVO REGIMENTAL. RECURSO EM MANDADO DE SEGURANÇA. IMPETRAÇÃO CONTRA ATO JUDICIAL. EXCEPCIONALIDADE. TERATOLOGIA NÃO DEMONSTRADA. 1. Não cabe mandado de segurança contra decisão judicial recorrível, salvo em situações de teratologia ou manifestamente ilegais. 2. Não há teratologia quando as astreintes, fixadas de forma proporcional, por dia, e de acordo com o porte econômico da empresa, atingem alto valor em razão da recusa em cumprir a determinação judicial por 70 dias. Agravo regimental a que se nega provimento. (TSE – Recurso em Mandado de Segurança nº 66647, Acórdão, Relator(a) Min. Henrique Neves Da Silva, Publicação: DJE – Diário de justiça eletrônico, Tomo 215, Data 13/11/2015, Página 156/157)".

"Mandado de segurança. Agravo regimental. 1. Questão de Ordem. A alegação de impedimento do relator deve ser arguida por meio da exceção de suspeição. Hipótese de impedimento do relator deste mandado de segurança não configurada. 2. Não se admite inovação de tese em sede de agravo regimental. Precedentes. 3. Não é teratológica ou manifestamente ilegal a decisão judicial devidamente fundamentada e calcada em precedentes da Corte que concede inaudita altera pars medida liminar em ação cautelar. Não se admite mandado de segurança contra decisão judicial passível de recurso Agravo regimental a que se nega provimento. (TSE – Mandado de Segurança nº 67481, Acórdão, Relator(a) Min. Henrique Neves Da Silva, Publicação: DJE – Diário de justiça eletrônico, Tomo 169, Data 10/09/2014, Página 259-260)".

AGRAVO REGIMENTAL. RECURSO EM MANDADO DE SEGURANÇA. ATO JUDICIAL. SUCEDÂNEO RECURSAL. DESCABIMENTO. TERATOLOGIA NÃO CONFIGURADA. SÚMULA Nº 22/TSE. DESPROVIMENTO. 1. Nos termos da Súmula nº 22 do Tribunal Superior Eleitoral, "não cabe mandado de segurança contra decisão judicial recorrível, salvo situações de teratologia ou manifestamente ilegais". 2. A sentença prolatada em ação declaratória de nulidade (querela nullitatis) ajuizada com vistas a desconstituir decisão transitada em julgado em processo de DRAP comporta recurso próprio, situação que impossibilita a impetração do presente remédio heroico. 3. A insurgência limita-se, basicamente, ao cabimento de querela nullitatis ajuizada com vistas a desconstituir sentença transitada em julgado em processo de DRAP, o qual, ante a ausência de impugnação e porque preenchidos os requisitos legais, foi regularmente deferido. 4. As ilegalidades que supostamente inviabilizariam a coligação deveriam ter sido apontadas mediante impugnação ofertada no processo em que se julgou o DRAP, providência que não foi adotada a tempo e modo.5. Aplicável na espécie o brocardo dormientibus non sucurrit ius (o direito não socorre aos que dormem), que se desdobra nos princípios da celeridade, da preclusão e da duração razoável do processo (art. 5º, LXXVIII, da CF), os quais informam o processo eleitoral.6. Na espécie, o entendimento perfilhado no acórdão regional está em harmonia com a jurisprudência deste Tribunal: "não é admissível a querela nullitatis quando o provimento judicial que se pretende anular foi prolatado em processo que tramitou dentro da normalidade, sem qualquer afronta aos pressupostos processuais, ao devido processo legal ou a outro direito fundamental (AgR-AI nº 79-75/SC, Rel. Min. Maria Thereza de Assis Moura, DJe de 4.12.2014)" (AgR-AI nº 309-55/MT, Rel. Min. Henrique Neves, DJe de 9.12.2015). 7. Não há falar em ilegalidade ou teratologia do ato nem em direito líquido e certo amparável na via mandamental.8. Agravo regimental desprovido. (TSE – Recurso em Mandado de Segurança nº 060025118, Acórdão, Relator(a) Min. Tarcisio Vieira De Carvalho Neto, Publicação: DJE – Diário de justiça eletrônico, Tomo 243, Data 18/12/2019)

AGRAVO REGIMENTAL. RECURSO EM MANDADO DE SEGURANÇA. ELEIÇÕES 2016. AÇÃO DE INVESTIGAÇÃO JUDICIAL ELEITORAL (AIJE). APELO CONTRA DECISÃO INTERLOCUTÓRIA RECORRÍVEL. TERATOLOGIA NÃO EVIDENCIADA. DESPROVIMENTO.1. "Não cabe mandado de segurança contra decisão judicial recorrível, salvo situações de teratologia ou manifestamente ilegais" (Súmula 22/TSE).2. Em regra, as decisões interlocutórias proferidas em processo eleitoral são irrecorríveis de imediato e a parte interessada poderá impugnar a matéria no recurso apropriado, não se admitindo a impetração do mandado de segurança como sucedâneo recursal.3. No caso, o writ foi impetrado contra decisão de natureza tipicamente interlocutória em que se rejeitou a preliminar de ausência de litisconsorte passivo e se designou data para audiência de oitiva de testemunhas nos autos da AIJE 745-51.4. Agravo regimental desprovido. (TSE – Recurso em Mandado de Segurança nº 060000133, Acórdão, Relator(a) Min. Jorge Mussi, Publicação: DJE – Diário de justiça eletrônico, Tomo 82, Data 03/05/2019)

AGRAVO REGIMENTAL. MANDADO DE SEGURANÇA. ELEIÇÕES 2018. PEDIDO. ISENÇÃO DE VOTAR. ESCUSA DE CONSCIÊNCIA. DECISUM. TRÂNSITO EM JULGADO. SÚMULA 23/TSE. OBITER DICTUM. SÚMULA 22/TSE. AUSÊNCIA. TERATOLOGIA AFERÍVEL DE PLANO. DESPROVIMENTO. 1. A teor da Súmula 23/TSE, "não cabe mandado de segurança contra decisão judicial transitada em julgado". 2. No caso em tela, reitere-se, o agravante busca impugnar aresto proferido pelo TRE/PE no MS 0602771-89.2018.6.17.0000, com trânsito em julgado em 4/10/2018.

3. As certidões trazidas apenas com o agravo, por meios das quais se informa a indisponibilidade temporária do sistema PJE naqueles autos, não alteram o panorama quanto ao conhecimento do writ, pois, de todo modo, a Súmula 22/TSE dispõe que "não cabe mandado de segurança contra decisão judicial recorrível, salvo situações de teratologia ou manifestamente ilegais". 3. Para fim de cabimento do mandado de segurança, a teratologia deve ser manifesta e aferível de plano, o que não ocorre na espécie, em que se discute matéria controvertida, qual seja, a suposta possibilidade de eleitor se abster de votar por escusa de consciência, alegada com base no art. 5º, VI e VIII, da CF/88. 4. Agravo regimental desprovido. (TSE – Mandado de Segurança nº 060164308, Acórdão, Relator(a) Min. Jorge Mussi, Publicação: DJE – Diário de justiça eletrônico, Tomo 82, Data 03/05/2019)

DIREITO PORCOESSUAL CIVIL. AGRAVO INTERNO EM MANDADO DE SEGURANÇA. DECISÃO DE INADMISSÃO SO RECURSO ESPECIAL INTERPOSTO CONTRA DECISÃO INTERLOCUTÓRIA. APLICAÇÃO DO ART. 19 DA RES.-TSE Nº 23.478/2016. INEXISTÊNCIA DE TERATOLOGIA IMPETRAÇÃO CONTRA LEI EM TESE. SÚMULA Nº 266/STF. DESPROVIMENTO. 1. Agravo interno interposto contra decisão negou seguimento ao mandado de segurança, impetrado contra decisão do Presidente do TRE-SP que determinou o processamento em autos suplementares de agravo em recurso especial. 2. Inexiste afronta ao art. 1º da Lei nº 12.322/2010, que alterou dispositivos do CPC/1973 (arts. 544 e 545), uma vez que as decisões relacionadas ao ato impugnado foram proferidas já na vigência do CPC/2015. Não há tampouco violação ao art. 1.042 do CPC/2015, cujo comando está inserido em Capítulo que trata dos recursos para o STF e para o STJ. 3. Hipótese em que o ato impugnado está alinhado à jurisprudência desta Corte quanto ao caráter interlocutório da decisão que determina o retorno dos autos à origem, em razão de decisão sobre preliminar quanto à formação de litisconsórcio necessário. Precedente. 4. Nos termos do art. 19, §2º, da Res.-TSE nº 23.478/2016, "o agravo contra decisão que inadmitir o recurso especial interposto contra decisão interlocutória será processado em autos suplementares, prosseguindo o curso da demanda nos autos principais". 5. O mandado de segurança não é o instrumento cabível para impugnação de lei em tese (Súmula nº 266/STF). 6. Agravo interno a que se nega provimento. (TSE – Mandado de Segurança nº 060017691, Acórdão, Relator(a) Min. Luís Roberto Barroso, Publicação: DJE – Diário de justiça eletrônico, Tomo 221, Data 07/11/2018)

AGRAVO REGIMENTAL. MANDADO DE SEGURANÇA. DESCUMPRIMENTO DE ORDEM JUDICIAL. FIXAÇÃO DE ASTREINTES. AUSÊNCIA DE TERATOLOGIA OU MANIFESTA ILEGALIDADE. APLICAÇÃO DA SÚMULA Nº 22/TSE.Histórico da demanda.1. Trata-se de mandado de segurança impetrado por Facebook Serviços Online do Brasil Ltda. contra ato praticado pelo Tribunal Regional Eleitoral do Mato Grosso do Sul (TRE/MS), consubstanciado em acórdão pelo qual mantida a multa fixada no valor de R$9.939.627,55 (nove milhões, novecentos e trinta e nove mil, seiscentos e vinte e sete reais e cinquenta e cinco centavos) por descumprimento de ordem judicial.2. Negado seguimento ao mandado de segurança, aplicada a Súmula nº 22/TSE: "não cabe mandado de segurança contra decisão judicial recorrível, salvo situações de teratologia ou manifestamente ilegais". [...] (TSE – Mandado de Segurança nº 060346044, Acórdão, Relator(a) Min. Rosa Weber, Publicação: DJE – Diário de justiça eletrônico, Tomo 99, Data 21/05/2018)

7.3.3 Natureza Jurídica

Conforme assinalamos, o Mandado de Segurança é uma ação constitucional de natureza civil, independentemente do ato impugnado, seja ele administrativo, eleitoral, criminal ou trabalhista.

Com efeito, o Mandado de Segurança historicamente possui raízes embaralhadas na ação, também constitucional, do *habeas corpus*, sendo influenciado, ainda, pelo *juicio de amparo* mexicano.[244]

No sistema brasileiro, sua inserção se deu, em âmbito constitucional, pelo art. 113, §33, da Constituição de 1934,[245] que a ele atribuiu procedimento igual ao do *habeas corpus*. Ausente na Constituição de 1937, ele voltou à baila nas Constituições seguintes (em 1946, no art. 141, §24;[246] em 1967, no art. 150, §21;[247] na EC n. 1/1969, no art. 153, §21).[248]

---

244 Ley de Amparo, Reglamentaria de los Artículos 103 Y 107 de la Constitución Política de los Estados Unidos Mexicanos – "Artículo 1. El juicio de amparo tiene por objeto resolver toda controversia que se suscite: I. Por normas generales, actos o omisiones de autoridad que violen los derechos humanos reconocidos y las garantías para su protección por la Constituición Política de los Estados Unidos Mexicanos, así como por los tratados internacionales de los que el Estado Mexicano sea parte; II. Por normas generales actos u omisiones de la autoridad federal que vulnerem o restrinjan la soberanía de los Estados o la esfera de competencias del Distrito Federal, simper y cuando se violen los derechos humanos reconocidos y las garantías otorgadas para su protección por la Constituición Política de los Estados Unidos Mexicanos; y III. Por normas generales, actos u omisiones de las autoridades de los Estados o del Distrito Federal, que invadan la esfera de competencia de la autoridad federal, siempre y cuando se violen los derechos humanos reconocidos y las garantías otorgadas por la Constituición Política de los Estados Unidos Mexicanos". Disponível em: http://www.diputados.gob.mx/LeyesBiblio/pdf/LAmp_150618.pdf. Acesso em: 18 dez. 2019.

245 Constituição da República dos Estados Unidos do Brasil de 1934 – "Art.113 – A Constituição assegura a brasileiros e a estrangeiros residentes no País a inviolabilidade dos direitos concernentes à liberdade, à subsistência, à segurança individual e à propriedade, nos termos seguintes: [...]33) Dar-se-á mandado de segurança para defesa do direito, certo e incontestável, ameaçado ou violado por ato manifestamente inconstitucional ou ilegal de qualquer autoridade. O processo será o mesmo do *habeas corpus*, devendo ser sempre ouvida a pessoa de direito público interessada. O mandado não prejudica as ações petitórias competentes. [...]".BRASIL (1946). *Constituição dos Estados Unidos do Brasil*. Disponível em: http://www.planalto.gov.br/ccivil_03/constituicao/constituicao46.htm. Acesso em: 03 mar. 2022.

246 Constituição da República dos Estados Unidos do Brasil de 1946 – "Art.141 – A Constituição assegura aos brasileiros e aos estrangeiros residentes no País a inviolabilidade dos direitos concernentes à vida, à liberdade, a segurança individual e à propriedade, nos termos seguintes: [...] §24 – Para proteger direito líquido e certo não amparado por *habeas corpus* , conceder-se-á mandado de segurança, seja qual for a autoridade responsável pela ilegalidade ou abuso de poder." BRASIL (1946). *Constituição dos Estados Unidos do Brasil*. Disponível em: http://www.planalto.gov.br/ccivil_03/constituicao/constituicao46.htm. Acesso em: 03 mar. 2022.

247 Constituição da República Federativa do Brasil de 1967 – "Art.150 – A Constituição assegura aos brasileiros e aos estrangeiros residentes no Pais a inviolabilidade dos direitos concernentes à vida, à liberdade, à segurança e à propriedade, nos termos seguintes: [...]§21 – Conceder-se-á mandado de segurança, para proteger direito individual liquido e certo não amparado por *habeas corpus* , seja qual for a autoridade responsável pela ilegalidade ou abuso de poder". BRASIL (1967). *Constituição da República Federativa do Brasil*. Disponível em: http://www.planalto.gov.br/ccivil_03/Constituicao/Constituicao67.htm. Acesso em: 03 mar. 2022.

248 Emenda Constitucional nº 1, de 17 de outubro de 1969 – "Art. 153. A Constituição assegura aos brasileiros e aos estrangeiros residentes no País a inviolabilidade dos direitos concernentes à vida, à liberdade, à segurança

A Constituição Federal de 1988 avançou consideravelmente ao incluir o Mandado de Segurança no rol de direitos fundamentais tutelados no art. 5º, prevendo, ainda, duas modalidades do *writ*: (i) o individual (art. 5º, LXIX); e (ii) o coletivo (art. 5º, LXX).

Art. 5º, LXIX, da Constituição Federal

Art. 5º [...]; LXIX – conceder-se-á mandado de segurança para proteger direito líquido e certo, não amparado por habeas corpus ou habeas data, quando o responsável pela ilegalidade ou abuso do poder for autoridade pública ou agente de pessoa jurídica no exercício de atribuições do Poder Público; LXX – o mandado de segurança coletivo poderá ser impetrado por: a) partido político com representação no Congresso Nacional; b) organização sindical, entidade de classe ou associação legalmente constituída e em funcionamento há pelo menos um ano, em defesa dos interesses de seus membros ou associados.

Por conseguinte, sendo possível invocar a jurisdição com vistas à declaração de um direito ou à proteção de uma situação jurídica violada, pode-se dizer que o mandado de segurança é uma ação constitucional de caráter mandamental.

7.3.4 Legitimidade

a) Ativa

Na seara *individual*, pode ser impetrado por toda pessoa – física ou jurídica; na coletiva, contudo, somente possuem legitimidade ativa partido político com representação no Congresso Nacional, organização sindical, entidade de classe ou associação legalmente constituída e em funcionamento há pelo menos 1 (um) ano.

Nesse ponto, em uma interpretação sistemática do instituto, entendemos que as federações partidárias criadas pela Lei nº 14.208/2021 também teriam legitimidade ativa para a impetração da forma coletiva da mencionada ação constitucional.

Frise-se que o Mandado de Segurança Coletivo tem por escopo tutelar direitos transindividuais, mais especificamente os coletivos *stricto sensu* e o individual homogêneo. Não há falar, portanto, em Mandado de Segurança Coletivo para proteger direitos difusos.

---

e à propriedade, nos têrmos seguintes: [...] §21. Conceder-se-á mandato de segurança para proteger direito líquido e certo não amparado por *habeas corpus*, seja qual fôr a autoridade responsável pela ilegalidade ou abuso de poder". BRASIL (1969). *Emenda Constitucional nº 1*. Disponível em: http://www.planalto.gov.br/ccivil_03/Constituicao/Emendas/Emc_anterior1988/emc01-69.htm. Acesso em: 03 mar. 2022.

Na seara eleitoral, é preciso dizer que os *candidatos* a cargos eletivos possuem sempre a legitimidade para impetrar o Mandado de Segurança, desde que tenham um direito líquido e certo violado. No entanto, a Justiça Eleitoral somente conhece do Mandado de Segurança nas questões específicas de processo eleitoral, que vão do registro da candidatura até a data da eleição.

Neste ponto, cabe frisar que se mostra cabível, a qualquer tempo, a interposição de mandado de segurança contra ato administrativo do Tribunal Regional Eleitoral, que deve ser apreciado por seus próprios membros.

PARA SEDIMENTAR

[...]. 1. Contra ato administrativo de TRE cabe mandado de segurança dirigido ao próprio Tribunal cujo ato administrativo se impugna. Interpretação sistemática da Constituição Federal (arts. 102, I, d e 105, I, a). A esse respeito, o STJ e o STF editaram o enunciado das Súmulas nºs 41 e 624. 2. '[...] O tema deve ser jurisdicionalizado por meio de mandado de segurança a ser impetrado perante o TRE/PA, sendo da competência do TSE analisar a matéria, se for o caso, apenas em sede recursal.' 3. Mandado de segurança não conhecido. Remessa dos autos ao TRE/PA para apreciação e julgamento. (TSE – Ac. de 3.4.2008 no MS nº 3.601, rel. Min. José Delgado.)".

"RECURSO ESPECIAL ELEITORAL. MANDADO DE SEGURANÇA. MATÉRIA ADMINISTRATIVA. ATO DO PRESIDENTE DO TRE/PA. SERVIDOR. CARTÓRIO ELEITORAL. LICENÇA PARA TRATAR DE INTERESSES PARTICULARES. VAGA. DISPONIBILIZAÇÃO. CONCURSO DE REMOÇÃO. REMOÇÃO DE OFÍCIO PARA OUTRA ZONA ELEITORAL. IMPOSSIBILIDADE. 1. Conforme entendeu o Tribunal Regional Eleitoral ao conceder a segurança no caso concreto, afronta o princípio da legalidade o ato administrativo que disponibilizou, para concurso de remoção, a vaga de servidor de cartório eleitoral que foi removido em virtude de aprovação em processo seletivo anterior, nos termos do art. 36, parágrafo único, III, c, da Lei nº 8.112/90, e que se encontrava em licença para tratar de interesses particulares, bem como procedeu à remoção de ofício do servidor para outra zona eleitoral. 2. O art. 12, §3º, da Res.-TRE/PA nº 4.825/2010, na parte em que disponibiliza, para concurso de remoção, a vaga ocupada por servidor em licença para tratar de interesses particulares, não tem suporte na Lei nº 8.112/90 e ultrapassa os limites da função regulamentar daquele Tribunal. 3. A arguida violação ao art. 36, I, da Lei nº 8.112/90 não procede, porquanto o ato impugnado na origem não foi fundamentado nesse dispositivo legal e, mesmo que a disponibilização da vaga do servidor para o concurso de remoção tivesse ocorrido em virtude dessa norma, permaneceria a obrigação de a Administração motivar sua decisão. Agravo regimental a que se nega provimento. (TSE – Recurso Especial Eleitoral nº 14339, Acórdão, Relator(a) Min. Henrique Neves Da Silva, Publicação: RJTSE – Revista de jurisprudência do TSE, Volume 25, Tomo 4, Data 14/10/2014, Página 761)".

MANDADO DE SEGURANÇA. DECISÃO REGIONAL. REMANEJAMENTO. POVOADO. MUDANÇA. MUNICÍPIO. OFENSA. DIREITO LÍQUIDO E CERTO. CARACTERIZAÇÃO. Mandado de Segurança nº 1576-14. 1. O prefeito municipal, em nome próprio, não tem legitimidade para impetrar mandado de segurança como representante dos eleitores do povoado atingido pelo ato atacado. Mandado de segurança não conhecido. Mandado de Segurança nº 1546-14.2. O direito de requerer mandado de segurança se extingue com o transcurso do prazo de 120 dias (Lei nº 12.016/2019, art. 23). Tendo sido demonstrado que o partido político teve ciência inequívoca do ato atacado e impetrou a segurança após o mencionado prazo, a decadência deve ser reconhecida, com a sua exclusão do polo ativo. A ação mandamental, contudo, pode ser conhecida diante da ausência de demonstração do momento específico de ciência inequívoca pelo eleitor impetrante, que deve ser mantido no polo ativo da demanda. 3. O remanejamento do eleitorado de um município para compor o corpo de eleitores de outra cidade não pode ocorrer no ano da eleição, inclusive em razão dos reflexos que essa alteração pode gerar em relação àcondição de elegibilidade relativa ànecessidade de o candidato possuir domicilio eleitoral com prazo de um ano antes das eleições (CF, art. 14, §3º, IV, c/c. a Lei nº 9.504/97, art. 9º) Precedente: MS nº 3.705, rel. Min. Caputo Bastos, DJ de 18.8.2008. 4. Conforme já decidido por esta Corte, "compete ao TSE homologar decisão de TRE referente não apenas àcriação de novas unidades eleitorais, mas também àmudança da divisão da circunscrição eleitoral (arts. 23, inciso VIII, e 30,inciso IX, do Código Eleitoral)" (CZER nº 688-08, rel. Min. Gilmar Mendes, DJE de 24.8.2016). 5. O ato do Tribunal Regional Eleitoral de Pernambuco que, no ano da eleição, altera o eleitorado, com a transferência dos eleitores de um distrito pertencente a um município para outro, e impõe a implantação das medidas administrativas no semestre das eleições, sem que a decisão tenha sido submetida àhomologação do Tribunal Superior Eleitoral, énulo e ofende o direito líquido e certo pleiteado pelo impetrante. Extinção do mandamus em relação ao partido impetrante, em razão da decadência, e segurança concedida em relação a outro impetrante. (TSE – Mandado de Segurança nº 060157614, Acórdão, Relator(a) Min. Henrique Neves Da Silva, Publicação: DJE – Diário de justiça eletrônico, Tomo 181, Data 20/09/2016, Página 53).

Os eleitores também são legitimados ativos para impetrar mandado de segurança. Note-se que essas situações são mais frequentes para solucionar entraves referentes ao próprio processo eleitoral, como dificuldades de alistamento eleitoral, inscrição, votação, entre outras conjunturas.

Em relação aos partidos políticos, às federações partidárias e aos diretórios municipais, estaduais e nacionais, entende-se que possuem legitimidade ativa para impetrar mandado de segurança, por ser um remédio constitucional que também se aplica às pessoas jurídicas.

De acordo com o art. 1º, §1º, da Lei nº 12.016, de 2009, "equiparam-se às autoridades, para os efeitos desta lei, os representantes de órgãos de partidos políticos e os administradores de entidades autárquicas, bem como os dirigentes de pessoas jurídicas ou as naturais no exercício de atribuições do poder público, seja de que categoria for e sejam quais forem as funções que exerça"[249]. Assim, como se pode perceber, o conceito de "autoridade coatora", legitimada passiva no mandado de segurança, é bastante amplo.

O *writ* mandamental é, indubitavelmente, essencial na seara eleitoral, tanto na área administrativa quanto na jurisdicional.

PARA SEDIMENTAR

MANDADO DE SEGURANÇA. DECISÃO REGIONAL. REMANEJAMENTO. POVOADO. MUDANÇA. MUNICÍPIO. OFENSA. DIREITO LÍQUIDO E CERTO. CARACTERIZAÇÃO. Mandado de Segurança nº 1576-14. 1. O prefeito municipal, em nome próprio, não tem legitimidade para impetrar mandado de segurança como representante dos eleitores do povoado atingido pelo ato atacado. Mandado de segurança não conhecido. Mandado de Segurança nº 1546-14. 2. O direito de requerer mandado de segurança se extingue com o transcurso do prazo de 120 dias (Lei nº 12.016/2019, art. 23). Tendo sido demonstrado que o partido político teve ciência inequívoca do ato atacado e impetrou a segurança após o mencionado prazo, a decadência deve ser reconhecida, com a sua exclusão do polo ativo. A ação mandamental, contudo, pode ser conhecida diante da ausência de demonstração do momento específico de ciência inequívoca pelo eleitor impetrante, que deve ser mantido no polo ativo da demanda. 3. O remanejamento do eleitorado de um município para compor o corpo d e eleitores de outra cidade não pode ocorrer no ano da eleição, inclusive em razão dos reflexos que essa alteração pode gerar em relação à condição de elegibilidade relativa à necessidade de o candidato possuir domicilio eleitoral com prazo de um ano antes das eleições (CF, art. 14, §3º, IV, c/c. a Lei nº 9.504/97, art. 9º) Precedente: MS nº 3.705, rel. Min. Caputo Bastos, DJ de 18.8.2008. 4. Conforme já decidido por esta Corte, "compete ao TSE homologar decisão de TRE referente não apenas à criação de novas unidades eleitorais, mas também à mudança da divisão da circunscrição eleitoral (arts. 23, inciso VIII, e 30, inciso IX, do Código Eleitoral)" (CZER nº 688-08, rel. Min. Gilmar Mendes, DJE de 24.8.2016). 5. O ato do Tribunal Regional Eleitoral de Pernambuco que, no ano da eleição, altera o eleitorado, com a transferência dos eleitores de um distrito pertencente a um município para outro, e impõe a implantação das medidas administrativas no semestre das eleições, sem que a decisão tenha sido submetida à homologação do Tribunal Superior Eleitoral, é nulo e ofende o direito líquido e certo pleiteado pelo impetrante. Extinção do mandamus em relação ao partido impetrante, em

[249] BRASIL. *Lei nº 12.016, de 7 de agosto de 2009*. Disponível em: http://www.planalto.gov.br/ccivil_03/_ato2007-2010/2009/lei/l12016.htm. Acesso em: 03 mar. 2022.

razão da decadência, e segurança concedida em relação a outro impetrante. (TSE – Mandado de Segurança, nº 060154676, Acórdão, Relator(a) Min. Henrique Neves Da Silva, Publicação: DJE – Diário de justiça eletrônico, Tomo 181, Data 20/09/2016, Página 76)".

"I – Mandado de segurança: decisão de TRE sobre critério a ser adotado na apuração eleitoral. 1 – Admissível o mandado de segurança impetrado pelo candidato a governador que obteve a segunda votação no primeiro turno da eleição contra decisão do TRE que – resolvendo questão de ordem suscitada pela Comissão Apuradora –, determina se considerem nulos votos dados a outro candidato, o que resultará alcançar o primeiro colocado a maioria absoluta dos votos válidos e, consequentemente, a não-realização do segundo turno. II – Candidato inelegível ou não registrado nas eleições proporcionais ou majoritárias: nulidade dos votos recebidos: ressalva do art. 175, §4º, C. El.: inteligência. 1 – A decisão que cassa por inelegibilidade o registro do candidato tem eficácia imediata e leva, em princípio, à nulidade dos votos por ele recebidos (C. El., art. 175, §3º). 2 – A incidência da ressalva do art. 175, §4º – cujo âmbito próprio são as eleições proporcionais –, pressupõe que, na data do pleito, o nome votado seja titular da condição jurídica de candidato, posto que provisória: bem por isso, pressupõe a regra que seja posterior ao pleito "a decisão de inelegibilidade ou de cancelamento de registro" e preceitua que, então, "os votos serão contados para o partido pelo qual tiver sido feito o seu registro": não, sublinhe-se, para a agremiação que o houver requerido sem êxito, no estado em que se encontra o processo no dia da votação. 3 – Para afastar a aplicabilidade do §4º do art. 175 é ser "a decisão de inelegibilidade ou de cancelamento do registro" proferida antes da eleição; não que, antes dela, haja transitado em julgado: indeferido ou cassado o registro, antes do pleito, a mera pendência de recurso contra a decisão não assegura ao candidato nem ao partido – sempre na hipótese de eleições proporcionais – a contagem do voto para qualquer efeito. 4 – A persistência, mediante recurso, na tentativa de obter ao final o registro almejado – mas indeferido até a data da eleição –, permite-se por conta e risco do postulante e de seu partido: a simples possibilidade de reverter a sucumbência não pode, sem ofensa aos princípios, equiparar, para qualquer efeito, aos votos válidos o sufrágio de quem, ao tempo do pleito, não obtivera o registro. 5 – Quando a ressalva do art. 175, §4º, C. El. nem sequer se aplicaria na hipótese de eleições proporcionais – seu campo normativo próprio –, é ociosa a sua invocação para impor, a título de analogia, a consideração dos votos dados a candidato sem registro no pleito majoritário. 6 – A nulidade, no caso, dos votos dados a candidato a governador cujo registro o TSE cassara antes da eleição independe de saber se o acórdão há de reputar-se trânsito em julgado na data em que se exauriu o prazo recursal, antes da votação, ou só quando o Tribunal, depois dela, declarou inexistente o recurso extraordinário interposto. Tribunal Superior Eleitoral. Plenário. Acórdão MS de 16/10/2002 (Processo MS n. 3100)".

"Recurso em mandado de segurança. Servidor. Demissão. Direito líquido e certo. O cabimento do mandado de segurança pressupõe a existência de direito líquido e certo que seja incontroverso e possa ser facilmente percebido a partir de prova pré-constituída, não sendo cabível, nesta via estreita, a análise aprofundada das provas produzidas em processo administrativo e em ação penal para verificação das circunstâncias e fatos que ensejaram a demissão do funcionário. Recurso em mandado de segurança a que se nega provimento. (TSE, RMS n. 97261/MG, 25.11.2013)".

"Mandado de segurança. Decisão que obstou o restabelecimento de direitos políticos do impetrante. Medida cautelar de suspensão do exercício da função pública não enseja a suspensão dos direitos políticos. Concessão da ordem para que sejam restabelecidos os direitos políticos, com determinação. Decisão: concederam a segurança. (TRE-SP. MS n. 399164, 24.9.2014)".

"Eleições 2008. Mandado de segurança. Ação de impugnação de mandato eletivo. Procedência. Determinação de cumprimento após o decurso de prazo para oposição de embargos de declaração. Ausência de teratologia. Segurança denegada. Decisão: O tribunal, por unanimidade, denegou a ordem, nos termos do voto da relatora. (TSE, MS n. 174004/PB, 34.2.2012)".

"Mandado de segurança. Candidato eleito. Diploma eleitoral. Não expedição. Solenidade especial. Não observância. Nulidade da posse. Configuração. 1. A interposição concomitante de mandado de segurança, calcado em suposto vício no ato de posse do candidato, pretendendo apenas a decretação de sua nulidade, e de recursos contra a expedição de diploma, que visa a cassação do correspondente mandato eletivo, não configura litispendência, porquanto não configurados os requisitos do art. 301 do CPC. Preliminar a litispendência rejeitada. [...] 6. Segurança parcialmente concedida, apenas para declarar nula a posse do candidato [...] e ordenar a expedição de ofício ao Juízo Eleitoral da 15ª Zona de Icó/CE, para que adote as medidas necessárias à imediata regularização da situação do candidato em relevo, coma a expedição, o mais célere possível, do respectivo diploma eleitoral, a fim de que seja dado integral cumprimento ao provimento liminar emanado do Tribunal Superior Eleitoral (TRE-CE, MS n. 22128, 20.9.2011) ".

ELEIÇÕES 2016. RECURSO EM MANDADO DE SEGURANÇA. COMPETÊNCIA. JUSTIÇA ELEITORAL. IMPETRAÇÃO. PERÍODO ELEITORAL. AÇÃO MANDAMENTAL. CABIMENTO. ATO JUDICIAL. COISA JULGADA. POSSIBILIDADE. TERCEIRO INTERESSADO. CÂMARA MUNICIPAL. MAJORAÇÃO. NÚMERO DE CADEIRAS. PROPORCIONALIDADE. POPULAÇÃO LOCAL. LEI ORGÂNICA. ALTERAÇÃO. TEMPESTIVIDADE. PERÍODO. CONVENÇÕES PARTIDÁRIAS. ESTIMATIVA POPULACIONAL. IBGE. PUBLICAÇÃO. PROCESSO ELEITORAL. EXTEMPORANEIDADE. EFEITOS EX NUNC. OBSERVÂNCIA. NECESSIDADE. INFORMAÇÃO. RELEVÂNCIA PÚBLICA. AUTENTICIDADE E INTEGRIDADE. SEGURANÇA JURÍDICA. MODIFICAÇÃO LEGISLATIVA. INAPLICABILIDADE. PLEITO DE 2016. EMBARGOS DECLARATÓRIOS. MULTA PROCESSUAL. MANUTENÇÃO. INTUITO PROTELATÓRIO. CONFIGURAÇÃO.1. Cinge-se a controvérsia a definir se os recorrentes possuem direito líquido e certo de assumir, já nas eleições de 2016, as vagas suplementares de vereador criadas por emenda à lei orgânica, considerando que a alteração legislativa foi feita antes de finalizadas as convenções partidárias, mas com base em dados populacionais do IBGE divulgados de forma não oficial – ou seja, a publicação da estimativa da população do município somente se deu após a aludida fase pré-eleitoral. 2. Compete à Justiça Eleitoral dirimir demanda surgida no decurso do período eleitoral relacionada à fixação do número de vereadores. Será da competência da Justiça comum estadual os casos originados depois da diplomação dos eleitos. 3. O terceiro prejudicado está legitimado a defender seus interesses por meio de ação própria, inclusive por mandado de segurança, independentemente da interposição de recurso, visto não se sujeitar aos vínculos da coisa julgada formada em demanda a qual não integrou. Cabimento da ação mandamental, utilizada por terceiros interessados em garantir eventual direito líquido e certo e não como sucedâneo de recurso ou de ação rescisória. Incidência do art. 506 do CPC/2015 e do Verbete Sumular nº 202 do STJ. Inaplicabilidade do Enunciado nº 23 da Súmula do TSE. [...] (TSE – Recurso em Mandado de Segurança nº 57687, Acórdão, Relator(a) Min. Og Fernandes, Publicação: DJE – Diário de justiça eletrônico, Tomo 161, Data 21/08/2019, Página 14/15)

b) Passiva

No polo passivo da ação, poderá figurar o poder, órgão ou autoridade que está impedindo o exercício do direito líquido e certo do impetrante.

7.3.5 Prazo

O prazo legal para requerer o Mandado de Segurança é de *120 (cento e vinte) dias*, contados da ciência do ato, nos termos do art. 23 da Lei nº 12.016, de 2009.

Art. 23 da Lei nº 12.016, de 2009

"Art. 23. O direito de requerer mandado de segurança extinguir-se-á decorridos 120 (cento e vinte) dias, contados da ciência, pelo interessado, do ato impugnado".

7.3.6 Competência

A competência para julgar o *mandamus* dependerá sempre de quem estiver no polo passivo, ressalvada a competência originária do Supremo Tribunal Federal disposta no art. 102, inciso I, alínea *d*, da Constituição Federal.

PARA SEDIMENTAR

ELEIÇÕES 2012. AGRAVO REGIMENTAL. MANDADO DE SEGURANÇA. ATO DE JUIZ ELEITORAL. INCOMPETÊNCIA DO TSE. DESCABIMENTO. PERDA SUPERVENIENTE DE OBJETO. DESPROVIMENTO. 1. Não compete ao TSE julgar mandado de segurança contra ato de juiz eleitoral. 2. Não cabe mandado de segurança contra decisão judicial sujeita a recurso próprio, já interposto pela parte. 3. Perde o objeto o agravo regimental que busca a concessão de efeito suspensivo a recurso extraordinário já transitado em julgado. 4. Agravo regimental desprovido. (TSE – Mandado de Segurança nº 148257, Acórdão, Relator(a) Min. Gilmar Ferreira Mendes, Publicação: DJE – Diário de justiça eletrônico, Tomo 100, Data 28/05/2015, Página 172)".

"AGRAVO REGIMENTAL. MANDADO DE SEGURANÇA. ATO. MEMBRO. TRIBUNAL REGIONAL ELEITORAL. INCOMPETÊNCIA DO TRIBUNAL SUPERIOR ELEITORAL. DESPROVIMENTO. 1. Consoante o art. 22, VI, da LC nº 35/78 e a jurisprudência do Tribunal Superior Eleitoral, não compete a esta Corte processar e julgar, originariamente, mandado de segurança impetrado contra ato de membro de Tribunal Regional Eleitoral. 2. Agravo regimental a que se nega provimento. (TSE – Mandado de Segurança nº 138149, Acórdão, Relator(a) Min. João Otávio De Noronha, Publicação: DJE – Diário de justiça eletrônico, Tomo 221, Data 24/11/2014, Página 121)".

AGRAVO REGIMENTAL. RECURSO ESPECIAL. MANDADO DE SEGURANÇA. ATO DE PROCURADOR REGIONAL ELEITORAL. NOMEAÇÃO DE PROMOTOR PARA EXERCER OFÍCIO ELEITORAL. JULGAMENTO MONOCRÁTICO DO MÉRITO. POSSIBILIDADE. JURISPRUDÊNCIA DOMINANTE. ART. 36, §6º DO REGIMENTO INTERNO DO TSE. COMPETÊNCIA. JUSTIÇA ELEITORAL. ART. 108, INCISO I, ALÍNEA A DA CF, C.C. O ART. 29, INCISO I, ALÍNEA E DO CE. PROMOTOR QUE ATUA PERANTE JUÍZO ELEITORAL. REGRA GERAL. CONFLITO DE NORMAS. ARTS. 79 DA LC 75/93 E 1º DA RES.-CNMP 30/2008. PREVALECE A REGRA ESTABELECIDA NA LEI COMPLEMENTAR. AGRAVO REGIMENTAL DESPROVIDO.1. O art. 36, §6º do Regimento Interno do TSE autoriza o Relator a dar provimento monocrático a recurso em consonância com a jurisprudência desta Corte Superior (TSE, AgR-ED-REspe 249-28/MG, Rel. Min. ROSA WEBER, DJe 25.8.2017).2. Compete à Justiça Eleitoral processar e julgar Mandado de Segurança impetrado contra ato de Procurador Regional Eleitoral consistente na nomeação de Promotor de Justiça para oficiar perante Juízo Eleitoral, porquanto o tema encontra respaldo nos arts. 108, I, a da CF e 29, I, e do CE. Precedente: TSE, AgR-AI 700-21/SE, Rel. Min. MARCELO RIBEIRO, DJe 7.2.2011.3. O ato de nomeação de Promotor Eleitoral é de natureza complexa, pois decorre da conjugação de vontades tanto do Procurador-Geral de Justiça – que indicará o membro do Ministério Público Estadual – quanto do Procurador Regional Eleitoral – a quem competirá o ato formal de designação (STF, ADI 3.802/DF, Rel. Min. DIAS TOFFOLI, DJe 11.11.2016). Precedente: TSE, PA 18.623/ES, Rel. Min. SEPÚLVEDA PERTENCE, DJ 14.9.2001.4. Com base no poder que lhe confere o art. 130-A, §2º, I da CF para regulamentar matéria de sua competência, o CNMP editou a Resolução 30/2008, que estabelece parâmetros para a indicação e designação de membros do Ministério Público para exercer a função eleitoral. Contudo, não está incluída em sua competência a ampliação ou definição de novos parâmetros para a nomeação de Promotor Eleitoral, tal como aconteceu no inciso II do art. 1º da citada resolução.5. Diante do conflito entre o disposto no art. 79 da LC 75/93 e o que dispõe o art. 1º da Res.-CNMP 30/2008, deve prevalecer a lei sobre a resolução, haja vista que, conquanto as resoluções tenham força de lei, são hierarquicamente inferiores àquelas.6. É nulo o ato singular do Procurador Regional Eleitoral de nomeação de Promotor para exercer função perante Juízo Eleitoral, haja vista que desconsidera a indicação do Procurador-Geral de Justiça e está em desacordo com a regra estabelecida no art. 79 da LC 75/93. Precedentes: TSE, PA 18.623/ES, Rel. Min. RICARDO LEWANDOWSKI, DJe 18.11.2009, e AI 700-21/SE, Rel. Min. ARCELO RIBEIRO, DJe 18.8.2010.7. Não merece reparos a decisão impugnada, a qual se encontra em conformidade com a jurisprudência do TSE e do STF. Persistem, pois, os fundamentos lançados no decisum agravado e não superados.8. Agravo Regimental a que se nega provimento. (TSE – Recurso Especial Eleitoral nº 060000118, Acórdão, Relator(a) Min. Napoleão Nunes Maia Filho, Publicação: DJE – Diário de justiça eletrônico, Tomo 47, Data 08/03/2018).

7.3.7 Rito Processual

A Lei nº 12.016, de 2009 regulamenta o Mandado de Segurança, cujo procedimento tem como características marcantes a celeridade e a sumariedade. A primeira deriva da necessidade imediata de proteção ao direito líquido e certo violado (ou sob ameaça); a segunda, por sua vez, advém da simplicidade e da cognição limitada, como, *v.g.*, a necessidade de apresentação de provas pré-constituídas e documentos anexados à petição inicial.

i. Petição inicial: Consoante determina o art. 6º da Lei nº 12.016, de 2009, a petição inicial deverá seguir o regramento do Código de Processo Civil.

FIQUE ATENTO!

Lei nº 12.016 de 2009 – "Art. 6º A petição inicial, que deverá preencher os requisitos estabelecidos pela lei processual, será apresentada em 2 (duas) vias com os documentos que instruírem a primeira reproduzidos na segunda e indicará, além da autoridade coatora, a pessoa jurídica que esta integra, à qual se acha vinculada ou da qual exerce atribuições".

Código de Processo Civil – "Art. 319. A petição inicial indicará: I – o juízo a que é dirigida; II – os nomes, os prenomes, o estado civil, a existência de união estável, a profissão, o número de inscrição no Cadastro de Pessoas Físicas ou no Cadastro Nacional da Pessoa Jurídica, o endereço eletrônico, o domicílio e a residência do autor e do réu; III – o fato e os fundamentos jurídicos do pedido; IV – o pedido com as suas especificações; V – o valor da causa; VI – as provas com que o autor pretende demonstrar a verdade dos fatos alegados; VII – a opção do autor pela realização ou não de audiência de conciliação ou de mediação. §1º Caso não disponha das informações previstas no inciso II, poderá o autor, na petição inicial, requerer ao juiz diligências necessárias a sua obtenção. §2º A petição inicial não será indeferida se, a despeito da falta de informações a que se refere o inciso II, for possível a citação do réu. §3º A petição inicial não será indeferida pelo não atendimento ao disposto no inciso II deste artigo se a obtenção de tais informações tornar impossível ou excessivamente oneroso o acesso à justiça".

---

ii. Pedido: A concessão de segurança para cessar o ato coator.

iii. Trâmite processual: Caso o petitório inicial seja recebido e processado regularmente, a autoridade coatora será *notificada*, para que, em *10 (dez) dias* apresente sua resposta (art. 7º da Lei nº 12.016, de 2009). Da decisão que conceder ou denegar *liminar*, caberá *Agravo de Instrumento* (art. 7º, §1º, da Lei nº 12.016, de 2009), ou *Agravo Interno*, caso a decisão seja de um Colegiado. Adiante, o Ministério Público deverá ser intimado e opinará no prazo de *10 (dez) dias* (art. 12 da Lei nº 13.300, de 2016). Somente então estará apto para julgamento.

7.3.8 Efeitos

A decisão que conceder ou denegar a segurança terá aplicação imediata.

7.3.9 Recursos

Semelhantemente ao Mandado de Injunção, a decisão de juiz eleitoral é recorrível ao Tribunal Regional Eleitoral por meio *Recurso Eleitoral* (art. 14 da Lei nº 12.016 c/c art. 265 do Código Eleitoral). Já a decisão do Tribunal Regional Eleitoral que denega a segurança é combatida, nos termos autorizadores do art. 121, §4º, inciso V, da Constituição Federal, c/c com o art. 276, inciso II, alínea *b*, do Código Eleitoral, mediante *Recurso Ordinário*, e caso seja concedida a segurança, o recurso cabível é o *Recurso Especial Eleitoral*, ambos para o Tribunal Superior Eleitoral.

No mais, tratando-se de decisão do TSE que denega a segurança, cabe *Recurso Ordinário*; já em caso de concessão da segurança, o recurso a ser interposto é o *Extraordinário*, ambos encaminhados para o Supremo Tribunal Federal (art. 121, §3º, da Constituição Federal c/c com art. 281 do Código Eleitoral). O prazo para interposição é de *3 (três) dias* a contar da concessão ou da denegação.

PARA SEDIMENTAR

RECURSO ESPECIAL. PRINCÍPIO DA FUNGIBILIDADE. POSSIBILIDADE. RECEBIMENTO. RECURSO ORDINÁRIO. MANDADO DE SEGURANÇA. CONCURSO PÚBLICO. IMPETRAÇÃO CONTRA ATO DA PRESIDÊNCIA DO TRE/SC. INDEFERIMENTO DO PEDIDO DE SUSPENSÃO DO PRAZO DE VALIDADE DO CONCURSO Nº 01/2013. DISCRICIONARIEDADE ADMINISTRATIVA. NÃO COMPROVAÇÃO DE PREFERÊNCIA NA ORDEM DE INVESTIDURA DO CONCURSO. RESTRIÇÃO ORÇAMENTÁRIA IMPOSTA À ADMINISTRAÇÃO PÚBLICA. EMENDA CONSTITUCIONAL Nº 95/2016. SUSPENSÃO DOS PROVIMENTOS DE CARGOS NO ÂMBITO DA JUSTIÇA ELEITORAL. PORTARIA-TSE Nº 671/2017. AUSÊNCIA DE DISCRIMINAÇÃO PESSOAL. CADASTRO RESERVA. MERA EXPECTATIVA DE DIREITO À NOMEAÇÃO. INEXISTÊNCIA DE ILEGALIDADE OU ABUSO DE PODER NO ATO COATOR. RECURSO AO QUAL SE NEGA PROVIMENTO. 1. O recurso destinado a impugnar acórdão denegatório de mandado de segurança é o ordinário, e não o especial. Precedentes. Fungibilidade aplicada para conhecer do recurso interposto como ordinário. [...] (Recurso em Mandado de Segurança nº 060009139, Acórdão, Relator(a) Min. Tarcisio Vieira De Carvalho Neto, Publicação: DJE – Diário de justiça eletrônico, Tomo 68, Data 09/04/2019).

7.3.10 Resumindo

Fundamentação Legal	**Art. 5º, inciso LXIX, da Constituição Federal; Lei nº 12.016, de 2009; Art. 22, inciso I, alínea *e*; art. 29, inciso I, alínea *e*; art. 35, inciso III; art. 257, §3º, art. 276; todos do Código Eleitoral.**
Objetivo	Art. 1º da Lei nº 12.016, de 2009: "Proteger direito líquido e certo, não amparado por *habeas corpus* ou *habeas data*, sempre que, ilegalmente ou com abuso de poder, qualquer pessoa física ou jurídica sofrer violação ou houver justo receio de sofrê-la por parte de autoridade, seja de que categoria for e sejam quais forem as funções que exerça".
Legitimidade ativa	Qualquer pessoa física ou jurídica que tenha seus direitos violados. Esta é uma ação personalíssima, ou seja, somente o "dono" do direito poder impetrar.
Prazo	A qualquer momento
Competência	Tribunal Superior Eleitoral Obs.: Contra atos do Presidente da República, dos Ministros de Estado e dos Tribunais Regionais. Tribunal Regional Eleitoral Obs.: Contra atos de autoridades que respondam perante os Tribunais de Justiça por crime de responsabilidade e, em grau de recurso, os denegados ou concedidos pelos juízes eleitorais. Juízes Eleitorais Obs.: Desde que essa competência não esteja atribuída privativamente a instância superior. Supremo Tribunal Federal Obs.: Contra denegação de segurança pelo Tribunal Superior Eleitoral.
Se o pedido for julgado procedente	A segurança será concedida.

Obs.: São aplicáveis aos mandados de segurança interpostos na Justiça Eleitoral as Súmulas do TSE n. 22, n. 23 e n. 34.

RECURSOS ELEITORAIS

8.1 Considerações Iniciais

A definição de sentença como sendo ato do juiz que põe termo ao processo, decidindo ou não o mérito da causa, nunca foi dotada de precisão. Isso porque, considerando o processo como, em regra, lide composta por partes de interesses conflitantes, a sentença, na grande maioria das vezes, deixará insatisfeita pelo menos uma das partes. Por isso, pautado no inconformismo gerado, nasce o instituto do recurso.

Nesse espírito, registramos desde logo que a impugnação de atos judiciais ou administrativos não se limita aos recursos, podendo, também, ser feita por meio de Mandado de Segurança (art. 5º, LXIX, CF), Ação Rescisória (art. 22, I, *j*, Código Eleitoral; arts. 966-975, CPC), Representação (art. 102, I, *l*, e art. 105, I, *f*, CF; arts. 988-993, CPC), entre outros.

Dito isso, é possível caracterizar diferentes abrangências para o termo "recurso", *lato sensu*, que pode ser entendido como todo meio utilizado pela parte para a defesa de seu direito. Já em sentido *stricto* ou técnico, recurso é a impugnação de um ato processual que expande ou desenvolve a ação, fazendo-a adentrar em uma nova fase. Não há falar, contudo, em novo processo, mas tão somente em uma nova fase.

Nas palavras de José Carlos Barbosa Moreira, recurso é o "remédio voluntário idôneo a ensejar, dentro do mesmo processo, a reforma, a invalidação, o esclarecimento ou a integração de decisão judicial que se impugna".[250]

Além disso, de acordo com os ensinamentos de Freitas Câmara, os recursos podem gerar quatro tipos de resultado: (i) reforma; (ii) invalidação; (iii) esclarecimento; (iv) integração. A reforma decorre da revisão do ato que flagrar *error in judicando*, ou seja, erro no julgamento, de conteúdo, quando a decisão ferir o ordenamento jurídico vigente. A invalidação dar-se-á nos casos de *error in procedendo*, ou seja, quando a forma processual for ferida, caso em que se anulará a decisão e outra deverá ser proferida em seu lugar, também pelo juízo *a quo*.

Já esclarecimento é cabível nos casos em que a decisão impugnada é obscura ou contraditória. Nessa hipótese, o órgão judicial prolator da decisão deverá esclarecer o

[250] MOREIRA, José Carlos Barbosa. *Comentários ao Código de processo civil*. 16. ed. Rio de Janeiro: Forense, 2012. v. 5. p. 233.

conteúdo de seu *decisum*. Por fim, a integração dá-se nos casos de omissão da decisão atacada e deve o órgão prolator da sentença manifestar-se a respeito, suprimindo a lacuna.[251]

Quanto à classificação, verifica-se que o recurso pode ser: (i) total ou parcial; (ii) principal ou adesivo; ou (iii) ordinário ou excepcional.

O recurso total é aquele que devolve ao órgão *ad quem* toda a matéria da decisão atacada; o parcial, por seu turno, traz à revisão somente uma parcela da matéria. Neste último caso, a parte da matéria que não foi impugnada ganha estabilidade, em observância ao instituto da preclusão, aperfeiçoando-se a coisa julgada. Nesse sentido, o art. 1.002 do Código de Processo Civil brasileiro prevê que "a decisão pode ser impugnada no todo ou em parte".

O recurso principal é aquele interposto por uma das partes, independentemente da movimentação da outra, com escopo de garantir a reanálise das matérias de fato e de direito que entender equivocadamente interpretadas. No caso do adesivo, doutro vértice, é aquele interposto por uma das partes que depende de um recurso principal. Cabível sempre que houver sucumbência recíproca, nos termos do art. 997, §1º, do CPC.[252] Validamente, o recurso adesivo somente é cabível nos casos de apelação e de recursos extraordinário e especial.

Já o Recurso Ordinário, por sua vez, tem por desígnio tutelar a situação jurídica da parte no processo, ou seja, poderão ser reapreciadas questões não somente de direito, mas de fato. Citamos, por exemplo, a Apelação, o Recurso Eleitoral, o Agravo Interno, os Embargos Declaratórios e o Recurso Ordinário. No caso do Recurso Extraordinário, por outro lado, serão revistas apenas questões de direito, tendo em vista que o que se busca é a salvaguarda do ordenamento jurídico em abstrato, como, *v.g.*, os Recursos Especial e Extraordinário.

8.2 Embargos de Declaração

8.2.1 Conceito

Embargos de Declaração trata-se de um recurso que busca sanar vícios presentes em decisão judicial (qualquer decisão), a fim de evitar *obscuridades, contradições, omissões* ou *erros materiais*.

---

[251] CÂMARA, Alexandre Freitas. *Lições de direito processual civil*. 21. ed. São Paulo: Atlas, 2012. v. 2. p. 60-62.

[252] Lei nº 13.105, de 16 de março de 2015 – "Art. 997. Cada parte interporá o recurso independentemente, no prazo e com observância das exigências legais. §1º Sendo vencidos autor e réu, ao recurso interposto por qualquer deles poderá aderir o outro. §2º O recurso adesivo fica subordinado ao recurso independente, sendo-lhe aplicáveis as mesmas regras deste quanto aos requisitos de admissibilidade e julgamento no tribunal, salvo disposição legal diversa, observado, ainda, o seguinte: I – será dirigido ao órgão perante o qual o recurso independente fora interposto, no prazo de que a parte dispõe para responder; II – será admissível na apelação, no recurso extraordinário e no recurso especial; III – não será conhecido, se houver desistência do recurso principal ou se for ele considerado inadmissível". BRASIL. *Lei nº 13.105, de 16 de março de 2015*. Disponível em: http://www.planalto.gov.br/ccivil_03/_ato2015-2018/2015/lei/l13105.htm. Acesso em: 04 mar. 2022.

8.2.2 Fundamentação Legal

Alterado pelo art. 1.067 do Código de Processo Civil, o art. 275 do Código Eleitoral[253] admite os embargos declaratórios nas mesmas hipóteses previstas na legislação processual civil.

Art. 1.022 do Código de Processo Civil

"Art. 1.022. Cabem embargos de declaração contra qualquer decisão judicial para: I – esclarecer obscuridade ou eliminar contradição; II – suprir omissão de ponto ou questão sobre o qual deveria se pronunciar o juiz de ofício ou a requerimento; III – corrigir erro material [...]".

PARA SEDIMENTAR

"ELEIÇÕES 2016. EMBARGOS DE DECLARAÇÃO EM AGRAVO INTERNO EM RECURSO ESPECIAL. REPRESENTAÇÃO. ART. 41-A DA LEI Nº 9.504/1997. EXTINÇÃO DO FEITO SEM O JULGAMENTO DO MÉRITO NAS INSTÂNCIAS ORDINÁRIAS. DESACERTO. VÍCIO NA REPRESENTAÇÃO DA PARTE. AUSÊNCIA DE INTIMAÇÃO PARA SANAR O VÍCIO ANTES DO PRAZO DECADENCIAL. DEVOLUÇÃO DOS AUTOS À ORIGEM PARA O PROCESSAMENTO DA AÇÃO. PERDA DE OBJETO. NÃO OCORRÊNCIA. TESE INAUGURADA ULTERIORMENTE À INTERPOSIÇÃO DO AGRAVO INTERNO. EXTINÇÃO DO MANDATO. CUMULATIVIDADE DAS SANÇÕES POR CAPTAÇÃO ILÍCITA DE SUFRÁGIO. INEXISTÊNCIA. VIRAGEM JURISPRUDENCIAL. INTERESSE REMANESCENTE. DECISÃO MANTIDA POR SEUS PRÓPRIOS FUNDAMENTOS. REJEITADOS OS EMBARGOS DE DECLARAÇÃO.1. No acórdão embargado, o TSE negou provimento ao agravo interno para manter decisão que determinou o retorno dos autos à origem para regular processamento do feito.2. A omissão a ser

[253] Lei nº 13.105, de 16 de março de 2015 – "Art. 275. São admissíveis embargos de declaração nas hipóteses previstas no Código de Processo Civil. §1º Os embargos de declaração serão opostos no prazo de 3 (três) dias, contado da data de publicação da decisão embargada, em petição dirigida ao juiz ou relator, com a indicação do ponto que lhes deu causa. §2º Os embargos de declaração não estão sujeitos a preparo. §3º O juiz julgará os embargos em 5 (cinco) dias. §4º Nos tribunais: I – o relator apresentará os embargos em mesa na sessão subsequente, proferindo voto; II – não havendo julgamento na sessão referida no inciso I, será o recurso incluído em pauta; III – vencido o relator, outro será designado para lavrar o acórdão. §5º Os embargos de declaração interrompem o prazo para a interposição de recurso. §6º Quando manifestamente protelatórios os embargos de declaração, o juiz ou o tribunal, em decisão fundamentada, condenará o embargante a pagar ao embargado multa não excedente a 2 (dois) salários-mínimos. §7º Na reiteração de embargos de declaração manifestamente protelatórios, a multa será elevada a até 10 (dez) salários-mínimos". BRASIL. *Lei nº 13.105, de 16 de março de 2015*. Disponível em: http://www.planalto.gov.br/ccivil_03/_ato2015-2018/2015/lei/l13105.htm. Acesso em: 04 mar. 2022.

suprida pelos aclaratórios é aquela advinda do próprio julgamento e prejudicial à compreensão da causa, não a deduzida com o fito de provocar o rejulgamento da demanda ou modificar o entendimento manifestado pelo julgador.3. Nas razões recursais, os embargantes sustentam suposta omissão em matéria de ordem pública, consistente na pretensa ocorrência da perda superveniente de objeto, por força da extinção de seus mandatos.4. Este Tribunal Superior, em recente viragem jurisprudencial, concluiu inexistir cumulatividade entre as sanções derivadas da representação por captação ilícita de sufrágio (art. 41-A da Lei das Eleições), de modo que a extinção dos mandatos não obsta que o representante persiga a penalidade de aplicação de multa. Forçosa, assim, a constatação de que remanesce o interesse no deslinde do feito. Precedente.5. Embargos de declaração rejeitados. (TSE – RECURSO ESPECIAL ELEITORAL nº 133324, Acórdão, Relator(a) Min. Mauro Campbell Marques, Publicação: DJE – Diário da justiça eletrônica, Tomo 13, Data 03/02/2022)".

"Consulta. Disciplina. Formação. Coligações. Regra. Verticalização. Res.-TSE nº 22.161/2006. Pedido de reconsideração. Indeferimento. Res.-TSE nº 22.203/2006. Embargos de declaração. Não-cabimento. 1. Não cabe embargos de declaração em sede de consulta dirigida a este Tribunal. 2. Estando em curso o período para a realização das convenções partidárias, que ocorre entre 10 e 30 de junho, nos termos do art. 8º, caput, da Lei nº 9.504/97, não há como se enfrentar questionamento relativo à formação de coligações, tema que, aliás, já foi suficientemente enfrentado pelo Tribunal. Embargos não conhecidos. (TSE – Consulta nº 1185, Resolução de, Relator(a) Min. Carlos Eduardo Caputo Bastos, Publicação: DJ – Diário de justiça, Data 22/08/2006, Página 114)".

EMBARGOS DE DECLARAÇÃO. PRESTAÇÃO DE CONTAS. PARTIDO DEMOCRÁTICO TRABALHISTA (PDT). DIRETÓRIO NACIONAL. EXERCÍCIO DE 2013. CONJUNTO DE IRREGULARIDADES. DESAPROVAÇÃO. SUSPENSÃO DE DUAS COTAS DO FUNDO PARTIDÁRIO. DETERMINAÇÃO DE RESSARCIMENTO AO ERÁRIO. OMISSÃO. CONTRADIÇÃO. ERRO MATERIAL. INEXISTÊNCIA. LEI SUPERVENIENTE. REMISSÃO DA SANÇÃO. REQUISITOS NÃO COMPROVADOS. EMBARGOS REJEITADOS.1. Nos termos do art. 275 do Código Eleitoral c.c. o art. 1.022 do Código de Processo Civil, a oposição de embargos de declaração é admissível para: esclarecer obscuridade, eliminar contradição, suprir omissão e/ou corrigir erro material, o que não ocorreu no caso dos autos. [...] (TSE – Prestação de Contas nº 28596, Acórdão, Relator(a) Min. Tarcisio Vieira De Carvalho Neto, Publicação: DJE – Diário de justiça eletrônico, Data 16/10/2019, Página 23)

ELEIÇÕES 2016. EMBARGOS DE DECLARAÇÃO. AGRAVO REGIMENTAL. AGRAVO. RECURSO ESPECIAL. AIME. VEREADOR. FRAUDE. ABUSO DO PODER ECONÔMICO. DOAÇÕES DE CAMPANHA. SUPOSTO AUTOFINANCIAMENTO. TESE NÃO ACOLHIDA. BURLA RECONHECIDA. PROCEDÊNCIA. IMPROPRIEDADE DA VIA ELEITA. FRAUDE. CONCEITO ABERTO. POSSIBILIDADE DE SINDICÂNCIA DO FATO. JURISPRUDÊNCIA CONSOLIDADA. PRESTAÇÃO DE CONTAS. APROVAÇÃO. DESVINCULAÇÃO DOS JUÍZOS. PRECEDENTES. ACERVO PROBATÓRIO. CONJUNTO. INDÍCIOS. OFENSA AO POSTULADO DA SEGURANÇA JURÍDICA E AO PRINCÍPIO

DA ANUALIDADE. INOCORRÊNCIA. SUFICIENTE HARMONIA E CONVERGÊNCIA. REEXAME. IMPOSSIBILIDADE. SÚMULA Nº 24/TSE. DISSÍDIO JURISPRUDENCIAL. NÃO CONFIGURAÇÃO. SÚMULA Nº 30/TSE. REITERAÇÃO DE ARGUMENTOS NO AGRAVO INTERNO. SÚMULA Nº 26/TSE. OMISSÃO. CONTRADIÇÃO. VÍCIOS INEXISTENTES. MERO INTUITO DE REJULGAMENTO DA CAUSA. INVIABILIDADE. DEVER DE COOPERAÇÃO. SUJEITOS DO PROCESSO. DURAÇÃO RAZOÁVEL. PRINCÍPIO NORTEADOR. RESGUARDO. CÉLERE PRESTAÇÃO JURISDICIONAL. INTUITO PROTELATÓRIO. MULTA. NÃO CONHECIMENTO. 1. Nos termos do art. 275 do Código Eleitoral, são admissíveis embargos de declaração nas hipóteses estritas do art. 1.022 do Código de Processo Civil, de modo que a sua oposição desmesurada e a eventual adoção de pressupostos distendidos de cabimento dessa importante e nobre via processual deflagrariam inapropriado rejulgamento da causa pelo órgão prolator do decisum embargado, providência incabível, sobremodo na Justiça Eleitoral, cujo norte iluminativo da prestação jurisdicional é o da celeridade, em atenção ao postulado da duração razoável do processo. 2. Na espécie, constam do acórdão embargado todos os fundamentos suficientes à conclusão deste Tribunal, revestindo-se a atuação da parte embargante de intuito protelatório, porquanto buscou o rejulgamento da causa, o que atrai a reprimenda do art. 275, §6º, do Código Eleitoral. 3. Embargos de declaração não conhecidos. Assentado o seu caráter protelatório com a imposição de multa no valor de 1 (um) salário mínimo, conforme previsão legal.(TSE – Agravo de Instrumento nº 251, Acórdão, Relator(a) Min. Tarcisio Vieira De Carvalho Neto, Publicação: DJE – Diário de justiça eletrônico, Tomo 193, Data 04/10/2019, Página 103-104)

"Embargos de declaração. Alteração estatutária. Contradição. Inexistência. Decisão administrativa. Não cabimento. 1. O TSE entende como inadequada a oposição de embargos de declaração a suas decisões no exercício de sua função administrativa, podendo estes ser recebidos como pedido de reconsideração [...]"(TSE – Ac de 19.2.2019 nos ED-CTA nº 100, rel. Min. Admar Gonzaga; no mesmo sentido o Ac de 8.11.2012 na LT nº 178423, rel. Min. Arnaldo VersianieAc de 24.4.2008 nos ED-Pet 2746, rel. Min. Felix Fischer).

Nesse sentido, há que se registrar que uma decisão é *obscura* sempre que não for possível compreender racionalmente o que foi decidido, seja por razões atinentes à imprecisão, à ambiguidade ou à confusão em seu texto, ou mesmo pela utilização de conceitos vagos ou indeterminados.

A *contradição*, por sua vez, é fruto do choque de ideias incongruentes e pode ocorrer no relatório, na fundamentação ou no dispositivo (ou ainda entre eles). Pode aparecer, ademais, quando houver conflito entre o acórdão e a ementa ou entre o acórdão e os votos proferidos (em caso de Colegiado). Para que se configure hipótese de cabimento de embargos declaratórios, frise-se, é imprescindível que a contradição seja entre dois ou mais elementos da decisão, de modo que a contradição entre a decisão e elementos do processo não é passível de ser analisada por essa via processual.

Sempre que a decisão possuir lacunas – faltarem em seu bojo elementos essenciais que não foram apreciados pelo julgador –, estaremos diante de uma *omissão*. Ao mesmo tempo, também haverá omissão quando o magistrado não se pronunciar sobre todas as alegações das partes. Nesse sentido, vale refletirmos também junto ao §1º do art. 489 do CPC.

Art. 489, §1º, do Código de Processo Civil

"Art. 489. [...] §1º Não se considera fundamentada qualquer decisão judicial, seja ela interlocutória, sentença ou acórdão, que: I – se limitar à indicação, à reprodução ou à paráfrase de ato normativo, sem explicar sua relação com a causa ou a questão decidida; II – empregar conceitos jurídicos indeterminados, sem explicar o motivo concreto de sua incidência no caso; III – invocar motivos que se prestariam a justificar qualquer outra decisão; IV – não enfrentar todos os argumentos deduzidos no processo capazes de, em tese, infirmar a conclusão adotada pelo julgador; V – se limitar a invocar precedente ou enunciado de súmula, sem identificar seus fundamentos determinantes nem demonstrar que o caso sob julgamento se ajusta àqueles fundamentos; VI – deixar de seguir enunciado de súmula, jurisprudência ou precedente invocado pela parte, sem demonstrar a existência de distinção no caso em julgamento ou a superação do entendimento".

Neste ponto, cabe registrar que o Superior Tribunal de Justiça firmou o entendimento de que o julgador deve entregar apenas as questões pertinentes e capazes de infirmar a conclusão da decisão recorrida. Posição também adotada pelo Tribunal Superior Eleitoral.

PARA SEDIMENTAR

"O julgador não está obrigado a responder a todas as questões suscitadas pelas partes, quando já tenha encontrado motivo suficiente para proferir a decisão. O julgador possui o dever de enfrentar apenas as questões capazes de infirmar (enfraquecer) a conclusão adotada na decisão recorrida. Assim, mesmo após a vigência do CPC/2015, não cabem embargos de declaração contra a decisão que não se pronunciou sobre determinado argumento que era incapaz de infirmar a conclusão adotada. STJ. 1ª Seção. EDcl no MS 21.315-DF, Rel. Min. Diva Malerbi (Desembargadora convocada do TRF da 3ª Região), julgado em 8/6/2016 (Info 585)".

"ELEIÇÕES 2010. EMBARGOS DE DECLARAÇÃO. AGRAVO REGIMENTAL. AGRAVO. IMPUGNAÇÃO AO CUMPRIMENTO DE SENTENÇA EM PRESTAÇÃO DE CONTAS. PARTIDO POLÍTICO. ART. 313, V, A E B, DO CÓDIGO DE PROCESSO CIVIL. SUSPENSÃO DO PROCESSO. ART. 62, §1º, DA RES.-TSE Nº 23.432/2014. CONSTITUCIONALIDADE. ART. 475-J DO CPC/73 OU ART. 523, §1º, DO CPC/2015. NÃO CUMPRIMENTO VOLUNTÁRIO. APLICAÇÃO DE MULTA. REGULARIDADE. FUNDAMENTOS NÃO INFIRMADOS. REITERAÇÃO DE TESES RECURSAIS. SÚMULA Nº 26/TSE. INEXISTÊNCIA DE OMISSÃO. REJEIÇÃO.1. Os embargos de declaração somente são cabíveis nas situações em que o acórdão embargado padecer de omissão, obscuridade ou contradição, o que não ocorreu na espécie. 2. O fundamento adotado no decisum embargado – incidência da Súmula nº 26/TSE – mostrou-se suficiente para o desprovimento do agravo regimental. 3. Nos termos do art. 489, §1º, IV, do CPC, o órgão julgador não está obrigado a enfrentar todos os argumentos deduzidos no processo, mas apenas aqueles capazes de, em tese, infirmar a conclusão do decisum.4. Os presentes aclaratórios não objetivam sanar vícios no acórdão embargado, mas, sim, promover rejulgamento da causa, o que não é possível nesta via processual. Precedente.5. Sobressai, in casu, o intuito manifestamente protelatório dos embargos.6. Embargos de declaração não conhecidos e declarados manifestamente protelatórios, com imposição de multa fixada em valor equivalente a 1 (um) salário mínimo. (TSE – Agravo de Instrumento nº 2344, Acórdão, Relator(a) Min. Tarcisio Vieira De Carvalho Neto, Publicação: DJE – Diário de justiça eletrônico, Data 19/04/2018)".

No mesmo sentido o ED-AgR-Respe n. 87795, de 13.3.2018, rel. Ministro Tarcísio Vieira de Carvalho Neto e o ED-AgR-AI n. 10234, de 17.10.2017, também sob relatoria do Ministro Tarcísio Vieira de Carvalho Neto.

ELEIÇÕES 2016. AGRAVO REGIMENTAL. AGRAVO. RECURSO ESPECIAL. AÇÃO DE IMPUGNAÇÃO DE MANDATO ELETIVO (AIME). PREFEITO. VICE-PREFEITO. PROCEDÊNCIA. ABUSO DO PODER ECONÔMICO ENTRELAÇADO COM O POLÍTICO. VIA ELEITA. AFERIÇÃO IN STATUS ASSERTIONIS. CABIMENTO DA AÇÃO. PRESTAÇÃO JURISDICIONAL. OMISSÃO. CONTRADIÇÃO. INOCORRÊNCIA. AMPLA DEFESA. CERCEAMENTO. NÃO CONFIGURAÇÃO. INOVAÇÃO DE TESE. IMPOSSIBILIDADE. PREQUESTIONAMENTO. IMPRESCINDIBILIDADE. ÔNUS DA PROVA. INVERSÃO. PREJUÍZO. NÃO VERIFICAÇÃO. CARACTERIZAÇÃO DO ILÍCITO. CONTRATO PÚBLICO. DESVIRTUAMENTO. FINALIDADE ELEITORAL. TRANSPORTE ESCOLAR. VEÍCULOS. UTILIZAÇÃO. DESLOCAMENTO DE ELEITORES. CARREATA. GRAVIDADE. OSTENSIVIDADE DO ATO. MUNICÍPIO PEQUENO. REALIDADE LOCAL. REFORÇO NA PERCEPÇÃO. DIMINUTA DIFERENÇA DE 8 (OITO) VOTOS. BENS JURÍDICOS. ART. 14, §10, DA CF. AFRONTA. SÚMULA N. 24/TSE. INCIDÊNCIA. DISSÍDIO PRETORIANO. NÃO CONFIGURAÇÃO. DESPROVIMENTO. [...]3. A prestação jurisdicional incompleta, contraditória e/ou obscura é que desafia os embargos de declaração. Aquela reputada injusta ou merecedora de aplicação diversa do direito – pela leitura da parte – comporta, processualmente, recurso próprio. [...] (TSE – Agravo de Instrumento nº 319, Acórdão, Relator(a) Min. Tarcisio Vieira De Carvalho Neto, Publicação: DJE – Diário de justiça eletrônico, Tomo 220, Data 14/11/2019, Página 24/25)

ELEIÇÕES 2018. AGRAVO REGIMENTAL EM AGRAVO DE INSTRUMENTO. PROPAGANDA ELEITORAL IRREGULAR. IMPULSIONAMENTO DE CONTEÚDO. AUSÊNCIA DE OMISSÃO DO TRE/SP NA ANÁLISE DAS PROVAS. INOBSERVÂNCIA DOS REQUISITOS LEGAIS. ART. 24, §5º, DA RESOLUÇÃO/TSE Nº 23.551. NECESSIDADE DE REVOLVIMENTO DO CONTEXTO FÁTICO PROBATÓRIO. SÚMULA Nº 24/TSE. RESPONSABILIDADE DO CANDIDATO. RESOLUÇÃO. PODER NORMATIVO DA JUSTIÇA ELEITORAL. APLICAÇÃO DE MULTA. SANÇÃO DE NATUREZA CÍVEL. APLICAÇÃO DO CÓDIGO PENAL. IMPOSSIBILIDADE. AGRAVO DESPROVIDO.1. A jurisprudência desta Corte Superior é firme no sentido de que "o Julgador não está obrigado a responder a todas as questões suscitadas pelas partes, quando já tenha encontrado motivo suficiente para proferir a decisão".(REspe-AgR-ED 1668-71/BA, Rel. Min. Napoleão Nunes Maia Filho, DJe de 30.11.2016).2. A modificação da decisão regional a qual assentou que o conteúdo veiculado pelo agravante não possuía a informação "propaganda eleitoral" e que o CNPJ da campanha não estava grafado de forma clara e legível, demandaria análise do acervo fático-probatório dos autos, incidindo na espécie o enunciado de Súmula nº 24/TSE.3. Na seara eleitoral a responsabilidade por impulsionamento de conteúdo realizado na página oficial da campanha é do candidato, sendo que eventuais defeitos na prestação dos serviços devem ser discutidos na esfera própria. 4. A Justiça Eleitoral possui poder normativo e pode expedir Resoluções com diretrizes ao impulsionamento de conteúdo previsto em lei.5. A sanção prevista no §2º do art. 57-C da Lei nº 9.504/97 não possui natureza criminal, de forma que os dispositivos do Código Penal não podem ser aplicados por analogia.6. Agravo regimental a que se nega provimento. (TSE – Agravo de Instrumento nº 060876027, Acórdão, Relator(a) Min. Edson Fachin, Publicação: DJE – Diário de justiça eletrônico, Tomo 181, Data 18/09/2019)

O *erro material* é aquele perceptível à primeira vista, tais como equívocos de digitação, nomes de partes, algum número, entre outros. É importante anotar que o erro tem de ser de fácil percepção, sob pena de descabimento de embargos declaratórios.

PARA SEDIMENTAR

"EMBARGOS DE DECLARAÇÃO. OMISSÕES. AUSÊNCIA. 1. Não houve omissão quanto à alegada irretroatividade da atual redação do art. 1º, I, e, da Lei Complementar 64/90, pois constou do acórdão embargado a ausência de prequestionamento da matéria. 2. Conforme reconheceu o plenário desta Corte, a tese atinente à possibilidade de detração do prazo de inelegibilidade do período entre a condenação por decisão colegiada e o respectivo trânsito em julgado não foi prequestionada, do que se infere a inexistência de omissão. 3. Os embargos de declaração somente são cabíveis para sanar omissão, contradição ou obscuridade, não se prestando a novo julgamento da causa. Embargos de declaração rejeitados. (TSE – Recurso Especial Eleitoral nº 46593, Acórdão, Relator(a) Min. Henrique Neves da Silva, Publicação: DJE – Diário de justiça eletrônico, Data 14/02/2017)".

EMBARGOS DE DECLARAÇÃO. AGRAVO REGIMENTAL. AGRAVO. RECURSO ESPECIAL INADMITIDO. PRESTAÇÃO DE CONTAS. DIRETÓRIO ESTADUAL. EXERCÍCIO FINANCEIRO DE 2014. APROVAÇÃO COM RESSALVAS NA CORTE DE ORIGEM COM DETERMINAÇÃO DE RESSARCIMENTO AO ERÁRIO. CONTRIBUIÇÕES DE AUTORIDADES PÚBLICAS. CARGOS DEMISSÍVEIS AD NUTUM. FONTE VEDADA. ART. 55-D DA LEI Nº 13.831/2019. ANISTIA. REQUISITO. CONDIÇÃO DE FILIADO. REVOLVIMENTO DO ACERVO FÁTICO-PROBATÓRIO. IMPOSSIBILIDADE. SÚMULA Nº 24/TSE. PRECEDENTES. VERIFICAÇÃO. EXECUÇÃO DO JULGADO. EMBARGOS REJEITADOS.1. Segundo a novel redação do art. 275 do Código Eleitoral, conferida pelo art. 1.067 da Lei nº 13.105/2015, são admissíveis embargos de declaração nas hipóteses previstas no art. 1.022 do Código de Processo Civil, quais sejam: I esclarecer obscuridade ou eliminar contradição; II suprir omissão de ponto ou questão sobre o qual devia se pronunciar o juiz de ofício ou a requerimento; e III corrigir erro material. No caso dos autos, não se vislumbram os vícios apontados. 2. Na espécie, foram aprovadas, com ressalvas, as contas partidárias relativas ao exercício financeiro de 2014, codeterminação de ressarcimento ao Erário em virtude de doações e contribuições de autoridades ocupantes de cargos demissíveis ad nutum, o que configura fonte vedada a teor da jurisprudência do TSE (AgR-REspe nº 83-03/RS, Rel. Min. Jorge Mussi, DJe de 9.10.2018).3. A pretensão do ora embargante de aplicação do art. 55-D da Lei nº 13.831/2019 para anistiar a determinação de recolhimento ao Tesouro Nacional mostra-se impossível na seara recursal extraordinária.4. A referida norma perdoou as devoluções, as cobranças ou as transferências ao Tesouro Nacional referentes às doações feitas em anos anteriores por servidores que exerçam função ou cargo público de livre nomeação e exoneração, desde que essas pessoas físicas vinculadas ao poder público fossem filiadas a partido político.5. Não se trata, portanto, de uma anistia em sentido amplo e aplicável em qualquer caso, devendo ser preenchido requisito objetivo e inafastável. Na espécie, pela descrição fática do acórdão regional, não há como se identificar os doadores e a condição de filiado, motivo pelo qual a pretensão de anistia esbarra no vedado reexame dos fatos e provas, por força da Súmula nº 24/TSE. Nesse sentido: AgR-REspe nº 92-62/RS, Rel. Min. Jorge Mussi, julgado em 8.8.2019, e AgR-AI nº 15-71/RS, Rel. Min. Sérgio Silveira Banhos, julgado em 5.9.2019.6. A título de obiter dictum, cumpre salientar que inexistem óbices para que se averigue o cumprimento do requisito em sede de execução na Corte de origem, tal como sustentado pelo e. Ministro Og Fernandes em decisão monocrática proferida no AI nº 94-32/RS, DJe de 9.8.2019.7. Embargos de declaração rejeitados. (TSE – Agravo de Instrumento nº 7878, Acórdão, Relator(a) Min. Tarcisio Vieira De Carvalho Neto, Publicação: DJE – Diário de justiça eletrônico, Data 05/11/2019, Página 19-20)

PRESTAÇÃO DE CONTAS. EXERCÍCIO FINACEIRO DE 2014. PTB ESTADUAL. AGRAVO REGIMENTAL INTERPOSTO PELA AGREMIAÇÃO. RECURSO ESPECIAL. REDUÇÃO DA SANÇÃO DE SUSPENSÃO DAS COTAS DO FUNDO PARTIDÁRIO PARA O MÍNIMO LEGAL. PRINCÍPIOS DA PROPORCIONALIDADE E DA RAZOABILIDADE. OBSERVÂNCIA. DESPROVIMENTO. EMBARGOS DE DECLARAÇÃO OPOSTOS PELO MPE. FIXAÇÃO DA SANÇÃO. CONTRADIÇÃO ENTRE A FUNDAMENTAÇÃO DO DECISUM E A PARTE DISPOSITIVA. ERRO MATERIAL. OCORRÊNCIA. CORREÇÃO DO VÍCIO. PREVALÊNCIA DA SANÇÃO CONTIDA NA PARTE DISPOSITIVA. EMBARGOS CONHECIDOS E PARCIALMENTE PROVIDOS.Agravo Regimental interposto pelo Partido Trabalhista Brasileiro (PTB) Estadual1. Na espécie, o TRE/RJ desaprovou as contas do Diretório Estadual do PTB, referentes ao exercício de 2014, em razão de divergência detectada nas despesas com fins eleitorais registradas nas contas de campanha e na presente prestação de contas.2. A adequação da sanção de suspensão das cotas do Fundo Partidário deve ser verificada pelo órgão julgador, uma vez que, nos termos da iterativa jurisprudência deste Tribunal Superior, "devem ser observados os princípios da razoabilidade e da proporcionalidade na aplicação da fixação do prazo de suspensão de novas cotas do fundo partidário" (AgR-REspe nº 548- 48/ES, Rel. Min. Maria Thereza de Assis Moura, DJe de 25.9.2014).3. A aplicação de tais princípios tem como objetivo adequar a sanção prevista às circunstâncias específicas do caso. Precedentes.4. Diante da nova sistemática de financiamento de partidos políticos, o Fundo Partidário tornou-se a principal fonte de recursos financeiros para sua manutenção, e a suspensão por períodos exacerbados importa situação deveras grave para a subsistência da agremiação.5. A incidência desses princípios implica a busca de reprimenda que iniba o descumprimento das normas concernentes à prestação de contas e, concomitantemente, permita a continuidade das atividades artidárias.6. A redução do prazo da sanção de 1 (um) ano para 4 (quatro) meses tem, na espécie, justificativa objetiva e razoável. 7. A irregularidade ensejadora da desaprovação de contas não viabiliza, segundo a descrição fática do acórdão regional, a redução da sanção para o mínimo legal de 1 (um) mês de suspensão das cotas do Fundo Partidário.8. Agravo regimental desprovido.Embargos de declaração opostos pelo Ministério Público Eleitoral 1. Verificada a contradição entre a fundamentação da decisão embargada e seu dispositivo, devem ser conhecidos os embargos de declaração a fim de corrigir o erro material apontado e sanar o vício.2. Em que pese à divergência evidenciada, a reprimenda no montante consignado no dispositivo é a que melhor se amolda ao caso concreto e aos fundamentos lançados na decisão embargada.3. É cediço que a imposição de sanções no âmbito desta Justiça especializada deve se pautar no aperfeiçoamento do exercício da cidadania e no consequente fortalecimento do regime democrático.4. Embargos de declaração conhecidos e parcialmente acolhidos, tão somente para sanar a contradição apontada, mas de modo a prevalecer o contido na parte dispositiva da decisão embargada, no sentido de reduzir a suspensão de repasse de novas cotas do Fundo Partidário de 1 (um) ano para 4 (quatro) meses. (TSE – Recurso Especial Eleitoral nº 11040, Acórdão, Relator(a) Min. Tarcisio Vieira De Carvalho Neto, Publicação: DJE – Diário de justiça eletrônico, Tomo 183, Data 20/09/2019, Página 48/49)

ELEIÇÕES 2016. EMBARGOS DE DECLARAÇÃO. RECURSO CONTRA EXPEDIÇÃO DE DIPLOMA PROCEDENTE. VEREADOR. CONDENAÇÃO CRIMINAL TRANSITADA EM JULGADO. ART. 15 DA CONSTITUIÇÃO FEDERAL. AUTOAPLICABILIDADE. AUSÊNCIA DE SUSPENSÃO DO PROCESSO. REPERCUSSÃO GERAL. 1. Não procede o argumento de omissão do julgado quanto à incidência do art. 15, III, da Constituição Federal ao caso dos autos, pois a matéria foi exaustivamente analisada por esta Corte. 2. À luz da jurisprudência, enquanto não houver o julgamento pelo STF do RE 601.182, no qual foi reconhecida repercussão geral, a suspensão dos direitos políticos decorrente de condenação criminal transitada em julgado prevalece, ainda que a pena privativa de liberdade tenha sido substituída pela restritiva de direitos, descabendo o pretendido sobrestamento do feito. Precedentes. 3. Os embargos de declaração são admitidos para esclarecer obscuridade ou eliminar contradição, corrigir erro material e suprir omissão de ponto ou questão sobre a qual deveria o juiz se pronunciar de ofício ou a requerimento, nos termos do art. 275 do Código Eleitoral, não se prestando a novo julgamento da causa, em razão de decisão contrária aos interesses das partes. 4. Inexiste óbice à execução do julgado, diante do que determina o art. 216 do Código Eleitoral, ao assegurar o exercício do mandato eletivo pelo diplomado até o julgamento do recurso contra expedição de diploma pelo Tribunal Superior Eleitoral. 5. Reputando se tratar de julgamento de embargos de declaração, cabível o cumprimento imediato do acórdão embargado em sede de RCED, independente da publicação da decisão alusiva aos declaratórios. Precedente: AgR-Pet 1852-65, rel. Min. Dias Toffoli, DJe de 16.3.2015. 6. A menção de que se aguarde o trânsito em julgado, contida na conclusão do voto do relator no Tribunal Regional Eleitoral, consubstancia inequívoco erro material, uma vez que ele expressamente também fez alusão ao art. 216 do Código Eleitoral. O pontual equívoco contido na decisão regional não poderia eventualmente ser invocado contra legem e com objetivo de obstar a execução da procedência do RCED, fundada em dispositivo específico da legislação eleitoral e em firme jurisprudência. Embargos rejeitados, com determinação de imediata execução do julgado, nos exatos termos do art. 216 do Código Eleitoral.(TSE – Agravo de Instrumento nº 70447, Acórdão, Relator(a) Min. Admar Gonzaga, Publicação: DJE – Diário de justiça eletrônico, Tomo 100, Data 29/05/2019, Página 102/103)

AGRAVO REGIMENTAL. RECURSO ESPECIAL. ELEIÇÕES 2016. PRESTAÇÃO DE CONTAS. PREFEITO. INTEMPESTIVIDADE REFLEXA. INTIMAÇÃO DO ADVOGADO. ERRO INSIGNIFICANTE NA GRAFIA. NULIDADE. INOCORRÊNCIA. DESPROVIMENTO. 1. Não cabe declarar nulidade da publicação de decisum em que, apesar de erro material na grafia do nome do advogado, foi possível identificar o feito e as partes. Precedentes do c. Superior Tribunal de Justiça. 2. Na espécie, apesar de alterada uma letra do sobrenome do advogado, alcançou-se o fim pretendido, pois o número da OAB manteve-se inalterado quando da publicação no DJe. 3. Afastada a nulidade da publicação do primeiro aresto a quo, ocorrida em 1º.8.2017 (fl. 958), e tendo sido opostos embargos declaratórios apenas em 1º.9.2017 (fl. 962), ou seja, após o tríduo do art. 275, §1º, do Código Eleitoral, afigura-se inequívoca a intempestividade reflexa do recurso especial. 4. Agravo regimental desprovido.

(TSE – Recurso Especial Eleitoral nº 15737, Acórdão, Relator(a) Min. Jorge Mussi, Publicação: DJE – Diário de justiça eletrônico, Data 24/05/2019)

ELEIÇÃO SUPLEMENTAR 2018. EMBARGOS DE DECLARAÇÃO. AGRAVOS REGIMENTAIS. RECURSOS ESPECIAIS. PEDIDO DE REGISTRO DE CANDIDATURA. PREFEITO. CONDENAÇÃO SUPERVENIENTE POR ABUSO DO PODER ECONÔMICO. INELEGIBILIDADE. ART. 1º, I, D, DA LC Nº 64/90. ART. 11, §10, DA LC Nº 9.504/97. INSTÂNCIA ORDINÁRIA. EXAME NO PRÓPRIO PROCESSO DE REGISTRO. POSSIBILIDADE. RETORNO DOS AUTOS AO TRIBUNAL DE ORIGEM. OMISSÕES INEXISTENTES. MERO INCONFORMISMO. ERRO MATERIAL. CARACTERIZADO. ACLARATÓRIOS PARCIALMENTE ACOLHIDOS SEM EFEITO MODIFICATIVO. 1. Embargos de declaração opostos contra acórdão proferido por este Tribunal no qual, desprovidos os agravos regimentais, manteve-se o provimento do recurso especial interposto pela coligação ora embargada, a fim de que os autos regressem ao Tribunal de origem para, oportunizados o contraditório e a ampla defesa, nos termos do art. 4º da LC nº 64/90, o TRE/CE conhecer do fato superveniente e decidir, exclusivamente, a respeito do disposto no art. 1º, I, d, da LC nº 64/90. 2. A defesa não comprovou nenhum prejuízo pela falta do exame do pedido de vista, na medida em que a procuradora Janine Adeodato Accioly, integrante da banca de advogados de José Jaydson Saraiva de Aguiar e Mardes Ramos de Oliveira até a presente data, nomeada por meio de substabelecimento datado do dia 29.5.2018 (fl. 388), conhecedora de todo o conteúdo dos autos – é totalmente irrelevante a forma como os advogados distribuíram internamente as tarefas, pois todos detêm poderes para atuar individualmente em qualquer momento processual –, além de ter protocolizado as contrarrazões aos recursos eleitorais e o recurso especial adesivo – os quais, de acordo com o instituto da preclusão consumativa, não comportam complementação –, poderia, sem nenhuma dificuldade, ter apresentado as manifestações que a defesa achasse apropriadas. 3. Segundo a técnica da fundamentação suficiente, o julgador não está obrigado a responder a todas as questões suscitadas pelas partes quando já tiver encontrado motivo suficiente para proferir a decisão. Em razão disso, não cabem aclaratórios contra a decisão que não se pronunciou sobre determinado argumento que era incapaz de infirmar a conclusão adotada. Precedente. 4. Quanto à suposta violação ao art. 133 da Constituição Federal, verifica-se que constitui inadmissível inovação em sede de embargos de declaração. Precedente. 5. Deve-se reconhecer o erro material apontado – incapaz de modificar a decisão colegiada atacada, pois a todo tempo os ora embargantes estavam assistidos por advogada conhecedora do processo e apta a se manifestar, como já dito –, porquanto os presentes autos realmente permaneceram com vista ao Ministério Público Eleitoral entre os dias 3.8.2018 e 25.8.2018, ficando à disposição a partir dessa data até o dia 4.9.2018. 6. No que diz respeito à intempestividade do recurso eleitoral, a matéria foi motivadamente rejeitada por este Tribunal, o qual já assentou que "não se prestam os embargos de declaração, não obstante sua vocação democrática e a finalidade precípua de aperfeiçoamento da prestação jurisdicional, para o reexame das premissas fáticas e jurídicas já apreciadas no acórdão embargado" (ED-AgR-REspe nº 2572-80/GO, Rel. Min. Rosa Weber, DJe de 21.10.2016). Precedentes.

7. Aclaratórios parcialmente acolhidos, sem efeito modificativo, para tão somente corrigir erro material. 8. Determina-se a baixa imediata dos presentes autos ao TRE/CE para cumprimento do acórdão embargado, bem como a formação de autos suplementares para processamento em separado de eventuais recursos.(TSE – Recurso Especial Eleitoral nº 2997, Acórdão, Relator(a) Min. Tarcisio Vieira De Carvalho Neto, Publicação: DJE – Diário de justiça eletrônico, Data 24/04/2019)

EMBARGOS DE DECLARAÇÃO EM PRESTAÇÃO DE CONTAS DE PARTIDO POLÍTICO. PSDB – DIRETÓRIO NACIONAL. EXERCÍCIO FINANCEIRO DE 2013. APROVAÇÃO DAS CONTAS COM RESSALVAS. INEXISTÊNCIA DAS OMISSÕES ALEGADAS. PRETENSÃO DE REDISCUTIR A CAUSA. DESCABIMENTO. REJEIÇÃO. 1. Inexistem a deficiência de fundamentação e a omissão quanto à aplicação do princípio da segurança jurídica, tendo em vista que a decisão embargada utilizou, como fundamento, precedente deste Tribunal, o qual assentou a irregularidade de despesa com serviços advocatícios pagos com recursos do Fundo Partidário para defesa de filiado e de candidato em ação eleitoral, o que se assemelha à hipótese dos autos. 2. Ausência de omissão quanto à aplicação do princípio da isonomia, visto que, nas prestações de contas citadas pelo embargante, a despesa com a contratação de advogados foi considerada regular, em virtude de os gastos terem sido comprovados e de estarem vinculados com a atividade partidária, o que não se assemelha ao tema tratado neste processo. 3. Os supostos vícios apontados denotam o propósito do embargante de rediscutir matéria já decidida, providência inviável na via aclaratória. Precedentes. 4. Embargos de declaração rejeitados.(TSE – Prestação de Contas nº 30405, Acórdão, Relator(a) Min. Og Fernandes, Publicação: DJE – Diário de justiça eletrônico, Tomo 244, Data 19/12/2019, Página 50-51)

EMBARGOS DE DECLARAÇÃO. CONTRADIÇÃO. AUSÊNCIA. OMISSÃO. ACOLHIMENTO PARCIAL. ESCLARECIMENTOS.1. Na linha da jurisprudência desta Corte, a contradição que autoriza o conhecimento e o acolhimento dos embargos, nos termos do art. 275, I, do Código Eleitoral, é a verificada internamente no acórdão, entre as respectivas premissas e a conclusão, e não entre o aresto e o entendimento da parte acerca da valoração da prova e da correta interpretação do direito.2. Não há contradição entre as premissas do acórdão embargado e as respectivas conclusões, uma vez que as sanções aplicadas decorreram de fatos autônomos, quais sejam: i) os vícios graves que ensejaram a desaprovação das contas e a imposição da sanção de suspensão do recebimento de novas quotas do Fundo Partidário e ii) o descumprimento da política afirmativa descrita no art. 44, V, da Lei 9.096/95, que ocasionou a fixação de multa.3. O argumento alusivo à omissão no tocante ao exame da alegada ofensa ao art. 5º, XL, da Constituição da República não constou da defesa e, portanto, constitui indevida inovação recursal, inadmitida por esta Corte.4. Ainda que não tenha constado da defesa, é possível conhecer da alegada omissão quanto aos parâmetros de execução da penalidade de suspensão do recebimento de novas quotas do Fundo Partidário, por se tratar de matéria alusiva ao futuro cumprimento das decisões desta Corte Superior.5. Conforme posição deste Tribunal Superior, a execução dos julgados deve considerar o duodécimo relativo ao exercício financeiro a que se referem as contas. Precedentes: ED-AgR-REspe

65-48, rel. Min. Henrique Neves, DJE de 5.10.2016; e PC 214-31, rel. Min. Tarcisio Vieira de Carvalho Neto, DJE de 8.3.2018.6. Sem necessidade de alteração do dispositivo, fica esclarecido que a execução da sanção fixada no acórdão embargado deve considerar o duodécimo recebido pela agremiação no exercício financeiro de 2013, com o desconto das novas quotas corrigido monetariamente.Embargos de declaração acolhidos, apenas para prestar esclarecimentos.(TSE – Prestação de Contas nº 30235, Acórdão, Relator(a) Min. Sergio Silveira Banhos, Publicação: DJE – Diário de justiça eletrônico, Data 03/10/2019)

8.2.3 Natureza Jurídica

Há, ainda, nos dias de hoje, certa divergência com relação à natureza jurídica dos Embargos de Declaração, questionando-se a caracterização como recurso, visto que dirigem-se ao mesmo órgão que proferiu a decisão e não buscam, em tese, a reforma ou a invalidação do ato. Para aqueles que dão força a essa corrente, os Embargos de Declaração são vistos como um mero incidente de julgamento.

Parece razoável, contudo, alocá-los junto aos demais recursos, pois os Embargos de Declaração dão oportunidade ao Poder Judiciário de reexaminar o *decisum*, evitando-se, desse modo, a formação da coisa julgada. O Código de Processo Civil brasileiro aderiu claramente a essa ideia, inserindo o capítulo referente aos embargos declaratórios no título "Dos Recursos".

8.2.4 Legitimidade

a) Ativa

Todas as partes podem opor Embargos de Declaração para sanar vícios de contradição, obscuridade, omissão ou erro material na decisão proferida, independentemente de a decisão ter sido favorável ou não.

PARA SEDIMENTAR

"ELEIÇÕES 2020. EMBARGOS DE DECLARAÇÃO. RECURSO ESPECIAL ELEITORAL. REGISTRO DE CANDIDATURA. VEREADOR. DEFERIMENTO NA ORIGEM. CONDENAÇÃO POR ABUSO DE PODER E CONDUTA VEDADA EM ÓRGÃO COLEGIADO. SANÇÕES DE CASSAÇÃO DO MANDATO E DE MULTA. DECLARAÇÃO DE INELEGIBILIDADE. INCIDÊNCIA IMEDIATA. CONFIGURAÇÃO DAS CAUSAS DE INELEGIBILIDADE

PREVISTAS NO ART. 1º, I, d E j, DA LC Nº 64/1990. INDEFERIMENTO DO REGISTRO DE CANDIDATURA DE FERNANDO JOSÉ CASTRO CABRAL. RETOTALIZAÇÃO DOS VOTOS. PEDIDO DE INTERVENÇÃO NO FEITO COMO TERCEIRO PREJUDICADO FORMULADO PELO PARTIDO MOVIMENTO DEMOCRÁTICO BRASILEIRO. INDEFERIMENTO. INTERESSE JURÍDICO DIRETO NÃO DEMONSTRADO. EMBARGOS OPOSTOS PELO CANDIDATO. INOCORRÊNCIA DE OMISSÕES. INCONFORMISMO DO EMBARGANTE. INVIABILIDADE DA VIA RECURSAL ELEITA. EMBARGOS REJEITADOS. 1. Inviável o ingresso no feito do MDB na condição de terceiro prejudicado quando esse não se desincumbe do ônus de demonstrar o prejuízo auferido diretamente em sua esfera jurídica após a retotalização dos votos determinada no acórdão embargado. 2. Os embargos de declaração não constituem meio hábil para reforma do julgado, sendo cabíveis somente quando houver, no acórdão, contradição, obscuridade, omissão ou mesmo erro material, o que não ocorre no presente caso. 3. O inconformismo da parte com o acórdão não caracteriza vício de omissão que legitime a oposição de embargos de declaração, tampouco autoriza a rediscussão de fundamentos já expostos no acórdão impugnado. 4. No caso, as questões apresentadas sob a alegação de omissão foram devidamente apreciadas e fundamentadas no acórdão embargado, inexistindo necessidade de sua integração por via de embargos de declaração. 5. Embargos de declaração opostos pelo Movimento Democrático Brasileiro (MDB) – Municipal julgados prejudicados e embargos de declaração formalizados por Fernando José Castro Cabral rejeitados. (TSE – RECURSO ESPECIAL ELEITORAL nº 060009051, Acórdão, Relator(a) Min. Edson Fachin, Publicação: DJE – Diário da justiça eletrônica, Tomo 34, Data 04/03/2022)

"ELEIÇÕES 2016. EMBARGOS DE DECLARAÇÃO. AGRAVO REGIMENTAL. RECURSO ESPECIAL. REGISTRO DE CANDIDATURA. VEREADOR. INELEGIBILIDADE. ART. 1º, I, G, DA LC Nº 64/90. AFASTAMENTO. DETERMINAÇÃO DE RETORNO DOS AUTOS AO JUÍZO ELEITORAL. AGRAVO INTERNO INTERPOSTO POR ASSISTENTE SIMPLES. ASSISTIDO QUE NÃO RECORREU. IMPOSSIBILIDADE. OMISSÃO. INEXISTÊNCIA. NÃO CONHECIMENTO.1. Conforme pontuado no acórdão embargado, o assistente simples não possui legitimidade para interpor agravo regimental em face de decisão contra a qual o assistido não se insurgiu.2. Logo, também não está legitimado a opor embargos de declaração, ainda mais porque visam o rejulgamento da causa. 3. Embargos de declaração não conhecidos. (TSE – Recurso Especial Eleitoral nº 15828, Acórdão, Relator(a) Min. Tarcisio Vieira de Carvalho Neto, Publicação: DJE – Diário de justiça eletrônico, Tomo 173, Data 06/09/2017, Página 51)".

ELEIÇÕES 2018. EMBARGOS DE DECLARAÇÃO. RECURSO ORDINÁRIO. REGISTRO DE CANDIDATURA. ASSISTENTE SIMPLES. RECURSO AUTÔNOMO. INADMISSIBILIDADE. ILEGITIMIDADE RECURSAL. NÃO ONHECIMENTO 1. Em processo de registro de candidatura, admite-se a intervenção de candidato (primeiro suplente ao cargo proporcional) apenas na condição de assistente simples. Precedentes. 2. A jurisprudência do Tribunal Superior Eleitoral, reafirmada na vigência do Código de Processo Civil de 2015, é no sentido de que o assistente simples é parte ilegítima para recorrer da decisão contra a qual o assistido não se insurgiu. 3. No caso, os embargos de declaração opostos pelo assistente simples Marcantonio Dourado Filho não merecem ser conhecidos, pois a parte assistida – Ministério Público Eleitoral – não interpôs recurso em face do acórdão embargado, por meio do qual este Tribunal negou provimento ao ecurso ordinário do Parquet. 4Embargos de declaração não conhecidos.(TSE – Recurso Ordinário nº 060079292, Acórdão, Relator(a) Min. Admar Gonzaga, Publicação: DJE – Diário de justiça eletrônico, Tomo 163, Data 23/08/2019)

b) Passiva

Os Embargos de Declaração são sempre opostos em face das mesmas partes da relação processual, junto ao juízo que proferiu a decisão.

8.2.5 Prazo

O prazo legal para opor Embargos de Declaração é de *3 (três) dias*, nos termos do art.275, §1º, do Código Eleitoral. Registra-se, por oportuno, que o Código de Processo Civil assevera, em seu art. 1.023, que o prazo é de *5 (cinco) dias*, todavia, na seara eleitoral, essa regra foi excepcionada.

Art. 275, §1º do Código Eleitoral

"Art. 275. São admissíveis embargos de declaração nas hipóteses previstas no Código de Processo Civil. §1º Os embargos de declaração serão opostos no prazo de 3 (três) dias, contado da data de publicação da decisão embargada, em petição dirigida ao juiz ou relator, com a indicação do ponto que lhes deu causa".

Cumpre registrar que, se os embargos de declaração forem opostos contra decisões proferidas em ações cujo rito seja regulado pelo art. 96 da Lei de Eleições, o prazo é de *24 (vinte e quatro) horas* (ou 1 dia, a depender da Resolução), por força do §8º do mesmo artigo.

PARA SEDIMENTAR

"ELEIÇÕES 2020. AGRAVO INTERNO EM AGRAVO EM RECURSO ESPECIAL. PROPAGANDA ELEITORAL IRREGULAR. RECURSO ESPECIAL INADMITIDO NA ORIGEM. INTEMPESTIVIDADE REFLEXA. EXTEMPORANEIDADE DOS EMBARGOS DE DECLARAÇÃO OPOSTOS NO ÂMBITO DO TRIBUNAL A QUO. PRAZO DE 24 HORAS. INOBSERVÂNCIA. INTEMPESTIVIDADE REFLEXA. MANTIDOS OS FUNDAMENTOS DA DECISÃO QUESTIONADA. NEGADO PROVIMENTO AO AGRAVO INTERNO.1. O prazo para a oposição de embargos no âmbito das representações regidas pelo art. 96 da Lei nº 9.504/1997 é de 24 horas, conforme dispõe o §8º do mesmo dispositivo legal, e, de acordo com a jurisprudência desta Corte Superior, esse prazo se encerra no final do expediente do primeiro dia útil subsequente à publicação da decisão recorrida.2. O acórdão embargado foi publicado no DJe de 10.3.2021, quarta-feira, e o recurso integrativo foi oposto apenas no dia 12.3.2021, sexta-feira, quando já esgotado, portanto, o prazo legal.3. Segundo a orientação deste Tribunal Superior, "[...] padece de intempestividade reflexa o recurso subsequente ao recurso interposto extemporaneamente" (ED-AgR-AI nº 0600057-92/BA, rel. Min. Luís Roberto Barroso, julgados em 13.8.2019, DJe de 18.9.2019).4. Os argumentos apresentados pelos agravantes não são suficientes para afastar a conclusão do decisum questionado, devendo, portanto, ser negado provimento ao agravo interno.5. Agravo interno ao qual se nega provimento. (TSE – AGRAVO EM RECURSO ESPECIAL ELEITORAL nº 060024640, Acórdão, Relator(a) Min. Mauro Campbell Marques, Publicação: DJE – Diário da justiça eletrônica, Tomo 13, Data 03/02/2022)

"ELEIÇÕES 2016. AGRAVO REGIMENTAL. AGRAVO DE INSTRUMENTO. RECURSO ESPECIAL ELEITORAL. PROPAGANDA ELEITORAL IRREGULAR NA INTERNET. PROCEDÊNCIA. EMBARGOS DE DECLARAÇÃO NÃO CONHECIDOS NA ORIGEM. NÃO OBSERVÂNCIA DO PRAZO DE 24 HORAS PREVISTO NO ART. 96 DA LEI DAS ELEIÇÕES. INTEMPESTIVIDADE REFLEXA DO RECURSO ESPECIAL. AGRAVO REGIMENTAL QUE NÃO ATACA MINIMAMENTE O FUNDAMENTO DA DECISÃO AGRAVADA. INCIDÊNCIA DO ART. 932, INCISO III, DO CPC/2015. APLICAÇÃO DA SÚMULA Nº 26/TSE. Histórico da demanda *1. Contra o juízo negativo de admissibilidade do recurso especial eleitoral que interpuseram – ante a intempestividade reflexa decorrente da não observância do prazo de 24 horas para oposição dos embargos de declaração –, manejaram agravo de instrumento Aluizio dos Santos Junior e Vandré de Araújo Guimarães. 2. Negado seguimento ao agravo, monocraticamente, nos termos da Súmula nº 26/TSE, não atacado o óbice oposto na decisão agravada – intempestividade reflexa do recurso especial pela não observância do prazo de 24 horas para a oposição dos embargos de declaração, a teor do art. 96, §8º, da Lei das Eleições –, repisadas, ipsis litteris, as alegações esposadas no recurso especial. Do agravo regimental* 3. É inviável o agravo regimental que deixa de impugnar os fundamentos da decisão agravada, que, por si sós, são suficientes à sua manutenção, limitando-se a repetir, *ipsis litteris*, as razões veiculadas no recurso especial. Aplicação da Súmula nº 26/TSE. Precedentes. Conclusão Agravo regimental não conhecido. (TSE – Agravo de Instrumento nº 31549, Acórdão, Relator(a) Min. ROSA WEBER, Publicação: DJE – Diário de justiça eletrônico, Tomo 53, Data 16/03/2018, Página 79-80)".

8.2.6 Competência

A competência para julgar os Embargos de Declaração é do próprio prolator da decisão. Assim, se a decisão foi exarada por juiz eleitoral, este deverá (des)conhecer e (im)prover o recurso. A mesma sistemática ocorre quando a decisão for remetida por membro do Tribunal Regional Eleitoral e por ministro do Tribunal Superior Eleitoral.

8.2.7 Rito Processual

Diferentemente do que ocorre com as demais ações e recursos, os Embargos de Declaração não visam fundamentar fatos e/ou alegar direitos, razão por que o petitório é considerado simples e deve conter apenas a demonstração de contradição, omissão, obscuridade ou o erro material na decisão proferida.

Consonante determina o art.275, §3º, do Código Eleitoral, recebido o recurso, este deverá ser julgado no prazo de *5 (cinco) dias*. Em caso de julgamento pelo TRE, o relator deverá adotar o previsto no art. 275, §4º, do mesmo códex.

Art. 275, §4º, do Código Eleitoral

"Art.275, §4º, I – o relator apresentará os embargos em mesa na sessão subsequente, proferindo voto; II – não havendo julgamento na sessão referida no inciso I, será o recurso incluído em pauta; III – vencido o relator, outro será designado para lavrar o acórdão".

Caso os Embargos de Declaração sejam considerados meramente protelatórios, ou seja, opostos tão somente para delongar o andamento do processo, é possível a aplicação de multa, não excedente a 2 (dois) salários mínimos e, se ainda assim, houver reiteração, a multa pode chegar a 10 (dez) salários mínimos (art. 275, §§6º e 7º, do Código Eleitoral).

PARA SEDIMENTAR

"EMBARGOS DE DECLARAÇÃO. AGRAVO REGIMENTAL. RECURSO ESPECIAL. ELEIÇÃO 2016. REGISTRO DE CANDIDATO. INDEFERIMENTO. VEREADOR. DESINCOMPATIBILIZAÇÃO. 6 MESES. CARGO DE DIREÇÃO. CONSELHO CONSULTIVO. ASSOCIAÇÃO MANTIDA COM RECURSOS PÚBLICOS. NÃO CONHECIMENTO. MULTA. 1. Segundo a novel redação do art. 275 do Código Eleitoral, dada pelo art. 1.067 da Lei nº 13.105, de 2015, são admissíveis embargos de declaração nas hipóteses previstas no Código de Processo Civil, o qual, por sua vez, em seu art. 1.022, prevê o seu cabimento para: I – esclarecer obscuridade ou eliminar contradição; II – suprir omissão de ponto ou questão sobre o qual devia se pronunciar o juiz de ofício ou a requerimento; III – corrigir erro material. Inviável, na espécie, o acolhimento dos declaratórios os quais, a pretexto de sanar quaisquer desses vícios, veiculam a mera pretensão de novo julgamento do recurso especial. 2. Conforme consignado no acórdão embargado, com base em precedentes do Tribunal Superior Eleitoral, o dirigente de pessoa jurídica mantida com receitas oriundas do Poder Público, as quais, no entanto, não são provenientes de contribuições compulsórias, submete-se à regra prevista no art. 1º, II, a, 9, c. c. o inciso VII, alínea b, da LC nº 64/90, que impõe o prazo de 6 meses para a desincompatibilização. 3. É incabível, em sede de recurso especial, a análise dos balanços patrimoniais da entidade e da natureza das atribuições do cargo ocupado pelo embargante, porquanto tais alegações demandariam a reapreciação do acervo fático-probatório, o que esbarra no óbice da Súmula nº 24/TSE e não se confunde com o reenquadramento jurídico dos fatos delineados no acórdão regional. Ressalte-se, ainda, que tanto a Corte Regional quanto o juízo de primeiro grau partiram da premissa de que seria necessária a desincompatibilização, divergindo apenas quanto ao prazo de afastamento, 4 ou 6 meses.4. Além disso, o Tribunal a quo ressaltou que o embargante se afastou de suas funções em 11.4.2016, no prazo de 4 (quatro) meses do prélio eleitoral, o que indica que ele próprio vislumbrou a necessidade de se desincompatibilizar do cargo que ocupava na referida entidade, fazendo-o, contudo, em prazo insuficiente. 5. Sobressai, in casu, o intuito manifestamente protelatório dos embargos, porquanto as alegações veiculadas pelo embargante consistem na mera reprodução de teses expostas no agravo regimental, as quais foram pontualmente enfrentadas por esta Corte. Nesse cenário, impõe-se a aplicação da multa prevista no art. 275, §6º, do CE, medida que, longe de restringir o exercício regular do direito de ação garantido pela Constituição Federal, visa a preservar o postulado da duração razoável do processo, que tem especial relevo na esfera eleitoral (art. 5º, LXXVIII, da CF e art. 97-A da Lei nº 9.504/97), bem como conduzir à observância do disposto no art. 6º do CPC, que impõe a todos os sujeitos do processo o dever de cooperação para que se obtenha, em tempo razoável, decisão de mérito justa e efetiva. 6. Embargos de declaração não conhecidos e declarados manifestamente protelatórios, com imposição de multa fixada em valor equivalente a 1 (um) salário mínimo. (TSE – Recurso Especial Eleitoral nº 8660, Acórdão, Relator(a) Min.

Tarcisio Vieira de Carvalho Neto, Publicação: DJE – Diário de justiça eletrônico, Data 10/08/2017)".

"ELEIÇÕES 2012. TERCEIROS EMBARGOS DE DECLARAÇÃO. AGRAVO REGIMENTAL. AGRAVO. REGISTRO DE CANDIDATURA. INDEFERIMENTO. VEREADOR. ART. 1º, I, L, DA LC Nº 64/90. INELEGIBILIDADE. INCIDÊNCIA. OMISSÃO. AUSÊNCIA. NÃO CONHECIMENTO. CARÁTER PROTELATÓRIO. MULTA. APLICAÇÃO. NCPC/2015. 1. No caso, é incontroverso o mero inconformismo do embargante com o resultado do julgamento e a nítida tentativa de rediscussão da matéria já posta e decidida por esta Corte Superior, o que não dá ensejo à oposição de aclaratórios. 2. Segundo entendimento firmado neste Tribunal Superior, a oposição de terceiros embargos de declaração, visando rediscutir o mérito da demanda denota o caráter meramente procrastinatório desse expediente. 3. Embargos de declaração não conhecidos e declarados protelatórios com fixação de multa, nos termos da novel redação do art. 275 do CE dada pelo NCPC/2015. (TSE – Agravo de Instrumento nº 189769, Acórdão, Relator(a) Min. Luciana Christina Guimarães Lóssio, Publicação: DJE – Diário de justiça eletrônico, Tomo 116, Data 17/06/2016, Página 56)".

[...] 6. A oposição de embargos de declaração por mero inconformismo dos opoentes com a decisão que lhes foi desfavorável autoriza a imposição de multa, nos termos do art. 275, §6º, do Código Eleitoral. Precedentes. [...] (TSE – Recurso Especial Eleitoral nº 88386, Acórdão, Relator(a) Min. Luís Roberto Barroso, Publicação: DJE – Diário de justiça eletrônico, Data 08/11/2019)

DIREITO ELEITORAL E PROCESSUAL CIVIL. EMBARGOS DE DECLARAÇÃO NOS EMBARGOS DE DECLARAÇÃO EM AGRAVO

INTERNO EM AGRAVO DE INSTRUMENTO EM PRESTAÇÃO DE CONTAS. EXERCÍCIO FINANCEIRO DE 2012. INEXISTÊNCIA DE

OMISSÃO. CARÁTER PROTELATÓRIO. NÃO CONHECIMENTO. IMPOSIÇÃO DE MULTA E DETERMINAÇÃO DE TRÂNSITO EM JULGADO. 1. Embargos de declaração opostos contra acórdão que rejeitou embargos de declaração por ausência de obscuridade, contradição ou omissão na decisão questionada, o que afasta os pressupostos de embargabilidade (art. 275 do Código Eleitoral e art. 1.022 do CPC/2015). 2. A via recursal adotada não se mostra adequada para a renovação de julgamento que ocorreu regularmente. Precedentes. 3. O embargante, desde os primeiros embargos de declaração, aponta omissão inexistente, revelando mero inconformismo

com a decisão que lhe foi desfavorável. 4. Os embargos de declaração são manifestamente protelatórios, o que autoriza a imposição de multa, nos termos do artigo 275, §6º, do Código Eleitoral. 5. Embargos de declaração não conhecidos, com imposição de multa de 02 (dois) salários mínimos e determinação de trânsito

em julgado. (TSE – Agravo de Instrumento nº 73924, Acórdão, Relator(a) Min. Luís Roberto Barroso, Publicação: DJE – Diário de justiça eletrônico, Data 27/09/2018, Página 73)

SEGUNDOS EMBARGOS DE DECLARAÇÃO. AGRAVO REGIMENTAL. RECURSO ESPECIAL. AÇÃO DE INVESTIGAÇÃO JUDICIAL ELEITORAL. ABUSO DO PODER ECONÔMICO. CONFIGURAÇÃO. ACÓRDÃO EMBARGADO. OMISSÃO. INEXISTÊNCIA.

REJULGAMENTO DA CAUSA. CARÁTER PROTELATÓRIO. REITERAÇÃO. MULTA. MAJORAÇÃO. ART. 275, §7º, DO CÓDIGO ELEITORAL. NÃO CONHECIMENTO. 1. A matéria foi detidamente enfrentada nas decisões que antecederam os primeiros embargos, razão por que afluiu para o reconhecimento da pretensão de rediscussão da matéria e consequente caráter protelatório dos primeiros aclaratórios. 2. Não se vislumbra nenhum vício relativo à sanção aplicada, o que demonstrou, por parte dos ora embargantes, o claro objetivo de promover o rejulgamento da causa, em total dissonância com as hipóteses de cabimento descritas nos arts. 275 do Código Eleitoral e 1.022 do Código de Processo Civil. 3. A multa aplicada com supedâneo no §6º do art. 275 do Código Eleitoral, em momento nenhum, teve por propósito restringir o exercício regular do direito de ação garantido pela Constituição Federal; apenas conferiu a reprimenda a notório prolongamento da discussão sobre matéria detidamente analisada por esta Corte Superior. 4. A propalada "morosidade" da Justiça foi um dos pilares à instituição de uma nova ordem processual a partir da Lei nº 13.105, de 16 de março de 2015 (CPC/2015), e se, por um lado, as partes têm direitos e garantias assegurados nesse arcabouço normativo, por outro, têm o dever de contribuir para o aprimoramento da prestação jurisdicional. 5. Nítidos, portanto, os fundamentos que levaram este Tribunal a reconhecer o manifesto caráter protelatório dos primeiros embargos e, consequentemente, aplicar a sanção processual. 6. Evidente, ainda, a reiteração protelatória no manejo de segundos embargos, o que autoriza a majoração da multa aplicada, nos termos do art. 275, §7º, do Código Eleitoral e a determinação de certificação de trânsito em julgado. Precedentes. 7. Embargos de declaração não conhecidos e majoração da multa aplicada para 5 (cinco) salários mínimos, com determinação de certificação de trânsito em julgado.(TSE – Recurso Especial Eleitoral nº 15839, Acórdão, Relator(a) Min. Tarcisio Vieira De Carvalho Neto, Publicação: DJE – Diário de justiça eletrônico, Tomo 169, Data 02/09/2019, Página 30-31)

Por ser um recurso que visa dar melhores aclaramentos acerca da decisão proferida, os Embargos de Declaração não estão sujeitos a preparo, ou seja, não é preciso pagar para opô-los (art. 275, §2º, do Código Eleitoral), até mesmo porque é inadmissível o recolhimento de custas processuais na Justiça Eleitoral.

8.2.8 Efeitos

É preciso ter muita cautela ao tratar dos efeitos dos embargos declaratórios. Pelo efeito devolutivo, retornam ao próprio órgão julgador prolator da decisão embargada. De acordo com o art. 1.026 do CPC,[254] eles "não possuem efeito suspensivo e interrompem o

[254] Lei nº 13.105, de 16 de março de 2015 – "Art. 1.026. Os embargos de declaração não possuem efeito suspensivo e interrompem o prazo para a interposição de recurso. §1º A eficácia da decisão monocrática ou colegiada

prazo para a interposição de outros recursos". Mais interessante, porém, é a aceitação de que os Embargos de Declaração também podem ter efeitos infringentes (modificativos).

De acordo com Wambier, Conceição, Ribeiro e Mello, os Embargos de Declaração possuirão efeitos infringentes em três casos: "(i) quando houver correção de erro material; (ii) quando for declarada nulidade absoluta; (iii) quando derivar obrigatoriamente das hipóteses previstas no art. 1.022 do CPC, como nos casos em que o suprimento de uma omissão influenciar o restante da decisão".[255]

Nesses casos, em obediência aos princípios do contraditório e da ampla defesa, deverá ser dada à parte embargada oportunidade de manifestação. Na Justiça Eleitoral, também é possível promover efeito suspensivo aos Embargos de Declaração.

PARA SEDIMENTAR

"Embargos de declaração. Decisão monocrática. Ação Cautelar. Efeito suspensivo. Recurso especial. Acórdão regional. Duplicidade. Filiação. 1. Na linha da jurisprudência desta Corte, devem ser recebidos como agravo regimental os embargos de declaração, com efeitos infringentes, opostos contra decisão monocrática. 2. Considerando que o Tribunal Regional Eleitoral deu provimento a recurso para afastar a duplicidade de filiação reconhecida pelo Juízo Eleitoral em processo específico, afigura-se, em princípio, vedado à Corte de origem reexaminar, na via estreita dos embargos de declaração, questão associada ao documento de desfiliação apresentado pelo requerente, por implicar novo julgamento da causa. 3. Demais disso, acresce-se a circunstância de que o Ministério Público Eleitoral – que opôs os referidos embargos – já havia se pronunciado no feito, requerido diligência, não tendo suscitado a questão, como consignado no julgamento desses declaratórios. 4. Hipótese em que a matéria suscitada pelo autor da cautelar reveste-se de plausibilidade, a justificar o deferimento da liminar pretendida. Embargos de declaração recebidos como agravo regimental, ao qual se dá provimento, a fim de suspender os efeitos do acórdão regional atinente aos embargos de declaração até julgamento do apelo por esta Corte Superior. (Processo AgR 2804 BA. Publicação DJE – Diário da Justiça Eletrônico,

---

poderá ser suspensa pelo respectivo juiz ou relator se demonstrada a probabilidade de provimento do recurso ou, sendo relevante a fundamentação, se houver risco de dano grave ou de difícil reparação. §2º Quando manifestamente protelatórios os embargos de declaração, o juiz ou o tribunal, em decisão fundamentada, condenará o embargante a pagar ao embargado multa não excedente a dois por cento sobre o valor atualizado da causa. §3º Na reiteração de embargos de declaração manifestamente protelatórios, a multa será elevada a até dez por cento sobre o valor atualizado da causa, e a interposição de qualquer recurso ficará condicionada ao depósito prévio do valor da multa, à exceção da Fazenda Pública e do beneficiário de gratuidade da justiça, que a recolherão ao final. §4º Não serão admitidos novos embargos de declaração se os 2 (dois) anteriores houverem sido considerados protelatórios". BRASIL. *Lei nº 13.105, de 16 de março de 2015*. Disponível em: http://www.planalto.gov.br/ccivil_03/_ato2015-2018/2015/lei/l13105.htm. Acesso em: 05 mar. 2022.

[255] WAMBIER, Teresa de Arruda Alvim; CONCEIÇÃO, Maria Lúcia Linsa; RIBEIRO, Leonardo Ferres da Silva; MELLO, Rogério Licastro Torres de. *Primeiros comentários ao Código de processo civil*: artigo por artigo. São Paulo: RT, 2015. p. 1476.

Data 30/10/2008, Página 15/16. Julgamento 22 de Setembro de 2008. Relator Carlos Eduardo Caputo Bastos)".

"Agravos Regimentais. Recurso Especial Eleitoral. Registro De Candidatura. Eleição 2012. Rejeição De Contas. Tribunal De Contas Da União. Ex-Prefeito. Convênio. Oposição De Embargos De Declaração. Efeito Suspensivo. Inocorrência De Trânsito Em Julgado. Inelegibilidade Afastada. Registro Deferido. Alegação De Intempestividade Do Recurso De Reconsideração. Reexame De Fatos E Provas. Impossibilidade. Manutenção Do Acórdão Regional. Desprovimento. [...] 2. Na linha da jurisprudência deste TSE, os embargos opostos em sede de recurso de reconsideração são dotados de efeito suspensivo, nos termos do art. 34, §2º, da Lei nº 8.443/92, o que afasta o caráter de definitividade do julgado que rejeita as contas e, por consequência, a inelegibilidade prevista no art. 1º, inciso I, alínea g, da LC n. 64/90.3. De acordo com as premissas fixadas no acórdão recorrido – admissão dos embargos de declaração opostos contra acórdão do TCU que julgou improcedente recurso de reconsideração –, não há como afastar o óbice das Súmulas 7/STJ e 279/STF.4. Agravo regimental do MPE não conhecido. Demais agravos desprovidos". (Publicação DJE – Diário de justiça eletrônico, Tomo 049, Data 13/03/2013, Página 49. Julgamento 7 de Fevereiro de 2013. Relator Min. José Antônio Dias Toffoli)".

EMBARGOS DE DECLARAÇÃO EM AGRAVO EM RECURSO EXTRAORDINÁRIO. PRESTAÇÃO DE CONTAS. EXERCÍCIO FINANCEIRO DE 2011. PARTIDO POLÍTICO. DESAPROVAÇÃO. RECURSO EXTRAORDINÁRIO. SUPOSTA VIOLAÇÃO DO ART. 5º, XL E LIV, DA CONSTITUIÇÃO FEDERAL. NEGATIVA DE SEGUIMENTO. TEMA 660 DE REPERCUSSÃO GERAL E OFENSA REFLEXA AO TEXTO CONSTITUCIONAL. MANEJO DE AGRAVO EM RECURSO EXTRAORDINÁRIO. POSSIBILIDADE. EMBARGOS DE DECLARAÇÃO ACOLHIDOS. EFEITOS INFRINGENTES. REMESSA DOS AUTOS AO STF. 1. Trata-se de embargos de declaração opostos pelo Diretório Nacional do Partido da Causa Operária (PCO) ao acórdão do Tribunal Superior Eleitoral pelo qual não conhecido o agravo em recurso extraordinário. 2. À luz dos fundamentos nos quais baseada a decisão que negou seguimento ao recurso extraordinário, bem como da sistemática recursal aplicada ao exame de admissibilidade (arts. 1.030 e 1.042 do CPC), cabível o manejo tanto do agravo interno – porquanto aplicado o Tema 660 de repercussão geral no tocante à ofensa ao art. 5º, LIV, da CF/1988 – como do agravo em recurso extraordinário, a ser remetido ao STF para análise da suposta afronta ao art. 5º, XL, da Carta Magna. Nada obstante, o ora embargante manejou apenas o agravo em recurso extraordinário aparelhado no art. 994, VIII, do CPC. Embargos de declaração acolhidos, com efeitos infringentes, para determinar a remessa dos autos ao Supremo Tribunal Federal, nos termos do art. 1.042, §4º, do CPC.(TSE – Prestação de Contas nº 26054, Acórdão, Relator(a) Min. Rosa Weber, Publicação: DJE – Diário de justiça eletrônico, Tomo 082, Data 03/05/2019, Página 57)

ELEIÇÕES 2016. EMBARGOS DE DECLARAÇÃO EM AGRAVOS REGIMENTAIS EM RECURSOS ESPECIAIS. AÇÃO DE INVESTIGAÇÃO JUDICIAL ELEITORAL. CAPTAÇÃO ILÍCITA DE SUFRÁGIO, ABUSO DO PODER ECONÔMICO E USO INDEVIDO DOS

MEIOS DE COMUNICAÇÃO SOCIAL. PREFEITO, VICE-PREFEITO E VEREADOR. PREMISSA DE FATO EQUIVOCADA. REAPRECIAÇÃO DOS AGRAVOS REGIMENTAIS. INTEMPESTIVIDADE DO RECURSO ELEITORAL. INAPLICABILIDADE DA CONTAGEM DO PRAZO EM DOBRO PARA LITISCONSORTES COM PROCURADORES DIFERENTES. ART. 229 DO CÓDIGO FUX. OBSERVÂNCIA DO PRINCÍPIO DA CELERIDADE PROCESSUAL. EMBARGOS DE DECLARAÇÃO ACOLHIDOS COM EFEITOS INFRINGENTES, PARA, REAPRECIANDO OS AGRAVOS REGIMENTAIS, DAR PROVIMENTO AOS RECURSOS ESPECIAIS E RESTABELECER A SENTENÇA DE PRIMEIRO GRAU.1. Os Embargos de Declaração constituem modalidade recursal de integração e objetivam esclarecer obscuridade, eliminar contradição, suprir omissão ou corrigir erro material, de maneira a permitir o exato conhecimento do teor do julgado, conforme o exposto no art. 275 do CE, com redação dada pelo art. 1.067 do Código Fux, o qual dispõe que são admissíveis Embargos de Declaração nas hipóteses previstas no art. 1.022 desse mesmo código processual.2. Admite-se invocar, como erro material, a adoção de premissa equivocada em julgamento, visando a fundamentar o cabimento de Embargos de Declaração. Precedentes: STF, ED-AgR-RE 476.081/RS, Rel. Min. DIAS TOFFOLI, DJe de 1º.8.2011; STJ, ED-AgR-REspe 1.620.585/SP, Rel. Min. REGINA HELENA COSTA, DJe de 2.8.2018; STJ, ED-AgR-REspe 988954/RJ, Rel. Min. MOURA RIBEIRO, DJe de 29.6.2018.3. Na espécie, visando a elucidar com maior precisão o julgamento do Recurso Eleitoral, ocorrido perante o Tribunal a quo, providenciou-se o encaminhamento de e-mail àquela Corte e, como resposta, obteve-se as seguintes informações repassadas por meio do Ofício 3031/2018, assinado pelo Corregedor Regional do TRE de Mato Grosso do Sul: (i) não existe ato normativo no âmbito do TRE Sul-Mato-Grossense que estabeleça contagem do prazo em dobro para litisconsortes com Procuradores diferentes nos processos judiciais; e (ii) naquele Tribunal Regional, não há prática reiterada que estabeleça contagem do prazo recursal em dobro para litisconsortes com Procuradores diferentes. No caso em questão, o que houve foi uma interpretação do art. 229 do CPC, c.c. as disposições da Res.-TSE 23.478/2016, conforme consta dos fundamentos da decisão do TRE de Mato Grosso do Sul nos mencionados autos 204-59, acórdão de 28 de agosto de 2017.4. É evidente que, ao dar provimento ao Agravo Regimental interposto pelos ora embargados, este Tribunal Superior tomou como base premissa fática equivocada, qual seja, a existência de ato normativo, perante o TRE de Mato Grosso do Sul, que teria assegurado aos jurisdicionados a contagem do prazo recursal em dobro (art. 229 do Código Fux).5. Assim, deve ser rejulgado o Agravo Regimental sob a ótica correta e sem o vício apontado.6. Na origem, a COLIGAÇÃO PARA CAARAPÓ VOLTAR A CRESCER e o MPE ajuizaram Ação de Investigação Judicial Eleitoral em desfavor de MÁRIO VALÉRIO, MARTIM FLORES DE ARAÚJO e APARECIDO DA SILVA, com base nas alegações de captação ilícita de sufrágio, abuso do poder econômico e uso indevido dos meios de comunicação, pelas quais os agravantes foram condenados, em sentença, ao pagamento de multa e de cassação de seus diplomas, bem como declarados inelegíveis.7. O TRE de Mato Grosso do Sul deu provimento ao Recurso Eleitoral interposto por MÁRIO VALÉRIO, MARTIM FLORES DE ARAÚJO e APARECIDO DA SILVA, ora embargados, para reformar a sentença e julgar improcedente o pedido da AIJE.8. Naquela ocasião, a Corte Regional, por maioria, assentou a tempestividade do Recurso Eleitoral, registrando que o prazo recursal deve ser contado em dobro, em razão de os litisconsortes possuírem Advogados diferentes (art. 229 do Código Fux). Para tanto, consignou que o novo dispositivo acrescenta a expressão em qualquer Juízo ou Tribunal e, com isso, dá maior abrangência à regra recursal, inclusive com força para alcançar os feitos cíveis em matéria eleitoral (fls. 1.177). Além disso, acrescentou que a Res.-TSE 23.478/2016 não excepcionou a incidência do indigitado dispositivo processual, sinalizando uma mudança de entendimento, no qual restou abandonada a antiga jurisprudência acerca do art. 191 do CPC antigo, em prol da plena aplicação do novo CPC, quanto ao seu art. 229 (fls. 1.177).9. Este Tribunal Superior tem entendimento consolidado quanto à inaplicabilidade, na esfera eleitoral, da contagem do prazo recursal em dobro para litisconsortes com Procuradores diferentes (Precedente: REspe 358-78/BA, Rel. Min. HENRIQUE NEVES, DJe de 24.11.2015). Isso porque, pelo princípio da celeridade, afeto aos processos eleitorais, deve-se garantir a rapidez na prestação jurisdicional, para que a utilidade do provimento dado não seja comprometida.10. Mesmo após a vigência do Código Fux, tal entendimento permaneceu incólume, sobretudo em razão do que preceitua o art. 2º da Res.-TSE 23.478/2016, segundo o qual a aplicação do CPC aos processos eleitorais tem caráter supletivo e subsidiário, condicionada à compatibilidade sistêmica e, como visto, a contagem em dobro dos prazos não se concilia com o princípio da celeridade atribuído aos feitos desta Justiça Especializada. Nesse sentido, citam-se as decisões monocráticas proferidas no âmbito deste Tribunal Superior pelo eminente Ministro HERMAN BENJAMIN nos autos da PC 259-69/DF, publicada no DJe de 15.12.2016 e da PC 899-09/DF, publicada no DJe de 20.4.2016.11. Da intimação da sentença ocorrida em 16.12.2016 (sexta-feira), iniciou-se a contagem do prazo em 19.12.2016 (segunda-feira), com encerramento em 24.1.2017 (terça-feira), devido à suspensão do curso do prazo processual prevista no art. 220 do CPC. Portanto, o Recurso Eleitoral da sentença, interposto em 30.1.2017 é intempestivo, visto que protocolado após o tríduo legal a que se refere o art. 258 do CE.12. Embargos de Declaração acolhidos, com atribuição de efeitos infringentes, para, reapreciando os Agravos Regimentais, dar provimento aos Recursos Especiais da COLIGAÇÃO PARA CAARAPÓ VOLTAR A CRESCER e do MPE, restabelecendo-se os efeitos da sentença proferida nestes autos.(TSE – Recurso Especial Eleitoral nº 20459, Acórdão, Relator(a) Min. Napoleão Nunes Maia Filho, Publicação: DJE – Diário de justiça eletrônico, Tomo 180, Data 06/09/2018, Página 42/43)

8.2.9 Recursos

Não existe previsão legal de recurso em face dos Embargos de Declaração, visto que servem tão somente para aclarar a posição do magistrado quanto ao fato apresentado pelo recorrente.

8.2.10 Resumindo

Fundamentação Legal	Art. 1.022 do Código de Processo Civil.
Objetivos	Esclarecer obscuridade ou eliminar contradição; suprir omissão de ponto ou questão sobre o qual devia se pronunciar o juiz de ofício ou a requerimento; corrigir erro material. Obs.: É cabível contra qualquer decisão judicial.
Legitimidade ativa	Partido político, coligação, candidato ou Ministério Público Eleitoral. Obs.: Os atingidos pela decisão.
Prazo	Art. 275 do Código Eleitoral: *3 (três) dias* contados da data de publicação da decisão embargada, em petição dirigida ao juiz ou relator, com a indicação do ponto que lhe deu causa. Obs.: Consoante o disposto no art.275, §5º, do Código Eleitoral, os embargos de declaração interrompem o prazo para a interposição de recurso.
Competência	Os Embargos de Declaração são dirigidos ao juiz que proferiu a decisão.
Se o pedido for julgado procedente	A decisão será aclarada para atender à segurança jurídica.

8.3 Agravo Interno

8.3.1 Conceito

O Agravo Interno possui esse nome em razão de, a princípio, não ter sido previsto na legislação processual, mas somente nos regimentos internos dos tribunais. Com o avanço legislativo, no entanto, este recurso foi incorporado ao ordenamento jurídico, tal qual previsto no art. 1.021 do Código de Processo Civil: "contra decisão proferida pelo relator caberá agravo interno para o respectivo órgão colegiado, observadas, quanto ao procedimento, as regras do regimento interno do tribunal". Observa-se, portanto, que chamá-lo de regimental perdeu o sentido, passando a ser denominado "Agravo Interno".

A finalidade desse instrumento processual é possibilitar que a decisão proferida por um único magistrado (membro de um tribunal) seja revista pelo Órgão Colegiado.

8.3.2 Fundamentação Legal

As hipóteses de cabimento do Agravo Interno resumem-se, nos dizeres de José Jairo Gomes:

(i) em processo de competência recursal do tribunal, contra decisão do relator de não conhecer, negar ou dar provimento ao recurso interposto e (ii) em processo de competência originária do tribunal, contra decisão interlocutória do relator.[256]

PARA SEDIMENTAR

"CPC, ARTS. 50 E 53. ACESSORIEDADE. NÃO CONHECIMENTO. 1. O assistente simples não possui legitimidade para interpor recurso isoladamente quando a parte assistida se conformou com a decisão. 2. A decisão que admite o recurso extraordinário não está sujeita a agravo regimental. Precedente. 3. Agravo regimental não conhecido. (Recurso Ordinário nº 40563, Acórdão, Relator(a) Min. José Antônio Dias Toffoli, Publicação: DJE – Diário de justiça eletrônico, Tomo 115, Data 19/06/2015, Página 10/11)".

ELEIÇÕES 2016. AGRAVO INTERNO EM AGRAVO DE INSTRUMENTO. REPRESENTAÇÃO. DOAÇÃO ACIMA DO LIMITE LEGAL. PESSOA FÍSICA. ART. 23, §1º, DA LEI Nº 9.504/1997. CÔNJUGES. REGIME DE COMUNHÃO PARCIAL DE BENS. IMPOSSIBILIDADE DE SOMA DE RENDIMENTOS PARA AFERIÇÃO DO LIMITE LEGAL. ACÓRDÃO REGIONAL EM HARMONIA COM A JURISPRUDÊNCIA DO TSE. POSSIBILIDADE DE JULGAMENTO MONOCRÁTICO NOS TERMOS DO ART. 36, §6º, DO RITSE. INOVAÇÃO DE TESE RECURSAL EM AGRAVO INTERNO. IMPOSSIBILIDADE. SÚMULA 72 DO TSE. FUNDAMENTOS DE MÉRITO INSUFICIENTE PARA MODIFICAR O ENTENDIMENTO REITERADO DO TRIBUNAL SUPERIOR ELEITORAL. AGRAVO DESPROVIDO. 1. O art. 36, §6º, do Regimento Interno do Tribunal Superior Eleitoral RITSE permite que o Relator negue seguimento a recurso especial eleitoral "em confronto com súmula ou com jurisprudência dominante do Tribunal, do Supremo Tribunal Federal ou de Tribunal Superior", inexistindo mácula na decisão monocrática proferida com amparo nesse dispositivo normativo. Precedentes da Corte. 2. A utilização, no agravo interno, de fundamentos jurídicos ausentes nas razões do recurso especial eleitoral caracteriza inovação recursal que acarreta a impossibilidade de seu conhecimento, nos moldes da Súmula 72 do TSE e de reiterados precedentes posteriores. 3. O Tribunal Superior Eleitoral firmou entendimento de que a comunicação dos rendimentos dos cônjuges, para fins de verificação do limite de doações eleitorais de que trata o art. 23, §1º, I, da Lei nº 9.504/1997, é inadmissível quando o regime adotado no casamento for o de comunhão parcial de bens. 4. Os argumentos expostos pelo agravante não são suficientes para afastar a conclusão da decisão agravada, em conformidade com a jurisprudência deste Tribunal, devendo, portanto, ser mantida. 5. Agravo interno a que se nega provimento. (TSE – Agravo de Instrumento nº 3302, Acórdão, Relator(a) Min. Edson Fachin, Publicação: DJE – Diário de justiça eletrônico, Tomo 237, Data 10/12/2019, Página 9/10)

256 GOMES, José Jairo. *Recursos eleitorais*. 3. ed. rev. atual. e ampl. São Paulo: Atlas, 2016. p. 117.

[...] O agravo interno em matéria administrativa será recebido como pedido de reconsideração. Precedentes da Corte (PP 13-34/DF, Rel. Min. HENRIQUE NEVES DA SILVA, DJe de 3.4.2017 e Petição nº 27836, Acórdão, Relator(a) Min. Napoleão Nunes Maia Filho, Publicação: DJE – Diário de justiça eletrônico, Data 10/08/2018, Página 80-81).

DIREITO ELEITORAL E PROCESSUAL CIVIL. AGRAVO INTERNO EM RECURSO ESPECIAL ELEITORAL COM AGRAVO. ELEIÇÕES 2016. TRANSMISSÃO DO RECURSO VIA FAC-SÍMILE. DESCUMPRIMENTO DO PRAZO PREVISTO NA LEI Nº 9.800/1999. INTEMPESTIVIDADE. DESPROVIMENTO. 1. Agravo interno contra decisão monocrática que negou seguimento a agravo nos próprios autos interposto para impugnar decisão de inadmissão de recurso especial eleitoral. 2. Não é possível a aplicação subsidiária do Código de Processo Civil nos processos eleitorais, em relação à contagem dos prazos processuais em dias úteis, prevista nos arts. 212 e 219 do CPC/2015, conforme jurisprudência deste Tribunal Superior. 3. Não prospera a alegação de violação ao art. 1.003, §4º, do CPC/2015, porquanto o caso dos autos trata de interposição do recurso via transmissão por fac-símile. Nesse caso, em observância à Lei nº 9.800/1999 e ao Regimento Interno do Tribunal Regional Eleitoral de São Paulo, os originais devem ser apresentados em juízo no prazo de até cinco dias corridos após aquela transmissão. 4. A decisão da Presidência do TRE/SP está alinhada à jurisprudência do Tribunal Superior Eleitoral, no sentido de que a dispensa de apresentação dos originais de recursos é adoção facultativa pelos tribunais regionais, nos termos do art. 16 da Res.- TSE nº 21.711/2004. 5. Agravo interno a que se nega provimento. (TSE – Agravo de Instrumento nº 29146, Acórdão, Relator(a) Min. Luís Roberto Barroso, Publicação: DJE – Diário de justiça eletrônico, Tomo 235, Data 06/12/2016, Página 37)

"Direito eleitoral. Agravo interno em recurso ordinário. Eleições 2018. Registro de candidatura indeferido. Deputado federal. Rejeição de Contas públicas pelo tribunal de contas. Incidência da inelegibilidade do Art. 1º, i, g, da lei complementar nº 64/1990. Desprovimento. [...] 2. A parte agravante não impugnou especificamente os fundamentos da decisão agravada, limitando-se a reiterar as razões do recurso ordinário, o que inviabiliza o seu processamento. É inadmissível o recurso que deixa de impugnar especificamente fundamento da decisão recorrida que é, por si só, suficiente para sua manutenção (Súmula nº 26/TSE).[...]"(TSE – Ac. de 16.10.2018 no RO nº 060200839, rel. Min. Luís Roberto Barroso.)

8.3.3 Natureza Jurídica

Quanto à natureza do agravo interno, salienta José Jairo Gomes:

Quanto à natureza, o recurso em exame é ordinário. Isso porque visa a tutelar situações jurídicas materiais e não propriamente a higidez do sistema jurídico. Assim, se ele enseja ao órgão colegiado do tribunal a ampla revisão da decisão do relator, no que concerne aos aspectos tanto fáticos quanto jurídicos.

8.3.4 Legitimidade

a) Ativa

Todas as partes do processo podem interpor Agravo Interno para que o Órgão Colegiado aprecie a matéria.

b) Passiva

Não existe uma parte passiva propriamente dita, pois a intenção é tão somente redesignar a apreciação do mérito da questão de um juízo monocrático para um Órgão Colegiado, mas podemos asseverar que a legitimidade passiva é de todos os integrantes do polo adverso na relação processual.

8.3.5 Prazo

O prazo legal para interpor Agravo Interno na Justiça Eleitoral é de *3 (três) dias*, por força do art. 7º, §3º, da Resolução TSE n. 23.478/2016, que assim dispõe:

> Art. 7º O disposto no art. 219 do Novo Código de Processo Civil não se aplica aos feitos eleitorais.
>
> *§1º* Os prazos processuais, durante o período definido no calendário eleitoral, serão computados na forma do art. 16 da Lei Complementar n. 64, de 1990, não se suspendendo nos fins de semana ou feriados. *§2º* Os prazos processuais, fora do período definido no calendário eleitoral, serão computados na forma do art. 224 do Novo Código de Processo Civil.
>
> §3º Sempre que a lei eleitoral não fixar prazo especial, o recurso deverá ser interposto no prazo de *3 (três) dias*, a teor do art. 258 do Código Eleitoral, não se aplicando os prazos previstos no Novo Código de Processo Civil.[257]

Não bastando, se o agravo interno for interposto contra decisão monocrática do juiz auxiliar em ação cujo rito esteja previsto no art. 96 da Lei de Eleições, o prazo é de *24 (vinte e quatro) horas* (ou 1 dia, a depender da Resolução). É como já decidiu o TSE.

PARA SEDIMENTAR

"MCM 6/16 TRIBUNAL SUPERIOR ELEITORAL ACÓRDÃO AGRAVO REGIMENTAL NO AGRAVO EM RECURSO ESPECIAL ELEITORAL (12626) Nº 0600991-85.2020.6.05.0095 (PJe) – IRECÊ – BAHIA Relator: Ministro Mauro Campbell

[257] TSE. *Resolução nº 23.478, de 10 de maio de 2016*. Disponível em: https://www.tse.jus.br/legislacao/codigo-eleitoral/normas-editadas-pelo-tse/resolucao-no-23-478-de-10-de-maio-de-2016-2013-brasilia-2013-df. Acesso em: 05 mar. 2022.

Marques Agravantes: Luiz Pimentel Sobral e outra Advogados: Remerson Francis Silva Conceição – OAB/BA 46050 e outros Agravados: Elmo Vaz Bastos Matos e outra Advogados: Frances Vidal de Freitas – OAB/BA 27855 e outro ELEIÇÕES 2020. AGRAVO INTERNO EM AGRAVO EM RECURSO ESPECIAL. REPRESENTAÇÃO POR PROPAGANDA ELEITORAL IRREGULAR ANTECIPADA JULGADA PROCEDENTE PELAS INSTÂNCIAS ORDINÁRIAS. IMPOSIÇÃO DE MULTA. INCIDÊNCIA DO ENUNCIADO SUMULAR Nº 26 DO TSE. AGRAVO INTERNO INTERPOSTO APÓS O PRAZO LEGAL DE 1 DIA. INTEMPESTIVIDADE. AGRAVO INTERNO NÃO CONHECIDO. 1. O agravo interno é intempestivo, porquanto a decisão recorrida foi publicada no DJe em 29.11.2021, segunda-feira, e o presente recurso foi interposto em 2.12.2021, quinta-feira, não tendo sido observado, pelos agravantes, o prazo legal de 1 dia previsto no art. 27, §6º, da Res.-TSE nº 23.608/2019. 2. Agravo interno não conhecido. (TSE – AGRAVO EM RECURSO ESPECIAL ELEITORAL nº 060099185, Acórdão, Relator(a) Min. Mauro Campbell Marques, Publicação: DJE – Diário da justiça eletrônica, Tomo 36, Data 07/03/2022)"

"ELEIÇÕES 2020. AGRAVO REGIMENTAL. AGRAVO. RECURSO ESPECIAL ELEITORAL. REPRESENTAÇÃO. PROPAGANDA ELEITORAL IRREGULAR. CARREATA E PASSEATA. VIOLAÇÃO DE NORMAS SANITÁRIAS DURANTE A PANDEMIA DE COVID-19. INTEMPESTIVIDADE DO AGRAVO INTERNO NA ORIGEM. desprovimento.1. É intempestivo o Agravo Regimental interposto na origem após o prazo de 1 (um) dia contado da publicação da decisão agravada, conforme preceitua o art. 96, §8º, da Lei 9.504/1997, hipótese aplicável aos casos de Representação por propaganda eleitoral irregular, em razão da inobservância de normas sanitárias.2. No caso, irrefutável a incidência do prazo recursal de 24 (vinte e quatro) horas previsto no art. 96, §8º, da Lei 9.504/1997, não havendo falar em aplicação subsidiária da norma processual, ante a especialidade da sistemática eleitoral.3. Agravo regimental desprovido. (TSE – AGRAVO EM RECURSO ESPECIAL ELEITORAL nº 060038053, Acórdão, Relator(a) Min. Alexandre de Moraes, Publicação: DJE – Diário da justiça eletrônica, Tomo 13, Data 03/02/2022)"

"ELEIÇÕES 2016. AGRAVO REGIMENTAL EM AGRAVO. REPRESENTAÇÃO. PROPAGANDA ELEITORAL ANTECIPADA. RECURSO ELEITORAL. INTEMPESTIVO. APLICAÇÃO DA REGRA CONSTANTE DO §8º. DO ART. 96 DA LEI Nº 9.504/97. CONVERSÃO DO PRAZO DE 24 HORAS EM 1 DIA. JURISPRUDÊNCIA CONSOLIDADA DESTA CORTE SOBRE A MATÉRIA. AUSÊNCIA DE ARGUMENTOS HÁBEIS PARA MODIFICAR A DECISÃO IMPUGNADA. AGRAVO INTERNO DESPROVIDO.1. Esta Corte Superior tem assentado que o princípio da dialeticidade recursal impõe ao recorrente o ônus de evidenciar os motivos de fato e de direito capazes de infirmar todos os fundamentos do decisum que se pretende modificar, sob pena de vêlo mantido por seus próprios fundamentos (AgR-AI 231-75/MG, Rel. Min. LUIZ FUX, DJe 2.8.2016).2. O agravante não tangenciou o fundamento assinalado na decisão agravada de que o prazo para a interposição de recurso em processo que versa sobre propaganda eleitoral é de 24 horas, conforme estabelece o art. 96,§8º. da Lei nº 9.504/97.3. Ademais, este Tribunal firmou o entendimento de que o prazo de 24 horas para a interposição de Recurso Eleitoral contra sentença pode ser convertido em 1 dia, ou seja, deve ser protocolizado até o final do expediente do dia útil seguinte ao da publicação.4. Sendo incontestável que a sentença do Juízo Eleitoral foi publicada no Diário da Justiça eletrônico em 12.5.2016, quinta-feira, o agravante deveria ter protocolizado seu Recurso Eleitoral até o final do expediente do dia seguinte, qual seja, 13.5.2016, sexta-feira.5. Ante a inexistência de argumentos aptos para ensejar a reforma da decisão agravada, esta deve ser mantida por seus próprios fundamentos.6. Agravo Regimental ao qual se nega provimento (TSE – Agravo de Instrumento nº 684, Acórdão, Relator (a) Min. Napoleão Nunes Maia Filho, Publicação: DJE – Diário de justiça eletrônico, Data 13/11/2017, Página 95)".

8.3.6 Competência

O recurso será interposto ao tribunal que o julgou preliminarmente. Em suma, se o magistrado do Tribunal Regional Eleitoral julgou determinado recurso monocraticamente, caberá ao interessado interpor Agravo Interno ao TRE e requerer que seja julgado pelo Órgão Colegiado. A mesma regra aplica-se ao Tribunal Superior Eleitoral.

8.3.7 Rito Processual

Art. 1.021 do Código de Processo Civil

"Art. 1.021, §2º. O agravo será dirigido ao relator, que intimará o agravado para manifestar-se sobre o recurso no prazo de 15 (quinze) dias, ao final do qual, não havendo retratação, o relator levá-lo-á a julgamento por órgão colegiado".

Nos termos do citado art. 1.021, §2º, uma vez interposto o agravo, ao relator é dada ainda a oportunidade de retratação.

Chama atenção, ademais, o §3º do referido dispositivo legal, que veda ao relator a mera repetição dos fundamentos presentes na decisão agravada, para julgar improcedente o agravo.[258]

[258] Lei nº 13.105, de 16 de março de 2015 – "Art.1.021. §3º É vedado ao relator limitar-se à reprodução dos fundamentos da decisão agravada para julgar improcedente o agravo interno". BRASIL. *Lei nº 13.105, de 16 de março de 2015*. Disponível em: http://www.planalto.gov.br/ccivil_03/_ato2015-2018/2015/lei/l13105.htm. Acesso em: 30 abr. 2020.

PARA SEDIMENTAR

"ELEIÇÕES 2010. AGRAVO REGIMENTAL NO RECURSO CONTRA EXPEDIÇÃO DE DIPLOMA. PERDA DE OBJETO. TÉRMINO DO MANDATO. 1. Agravo regimental interposto de decisão que negou seguimento ao recurso contra expedição de diploma em razão da perda de objeto ante o término do mandato. 2. Este Tribunal já firmou orientação de que o mero interesse em discutir tese jurídica, sem demonstração indubitável da utilidade e necessidade do provimento jurisdicional não habilita a reforma da decisão que declara a perda de objeto. 3. Agravo regimental desprovido. (TSE – Recurso contra Expedição de Diploma nº 49992, Acórdão, Relator(a) Min. Maria Thereza Rocha De Assis Moura, Publicação: DJE – Diário de justiça eletrônico, Tomo 75, Data 22/04/2015, Página 175)".

"Registro de candidatura. Eleições 2014. Candidato a governador. Quitação eleitoral. Não prestação de contas. Campanha pretérita. Impedimento. Curso do mandato para o qual o candidato concorreu. 1. O Agravo Regimental não pode consubstanciar mera repetição dos argumentos expostos no recurso especial, devendo impugnar, de forma específica, os fundamentos da decisão agravada, sob pena de incidência da Súmula 182 do STJ [...] (TSE – Recurso Especial Eleitoral nº 27376, Acórdão, Relator(a) Min. Henrique Neves Da Silva, Publicação: PSESS – Publicado em Sessão, Data 23/09/2014)".

"Eleições 2004. Agravo Regimental. Agravo de instrumento. Condenação. Crime eleitoral. Transporte ilegal de eleitores. Pleito municipal. Recurso ordinário não cabível na espécie. Impossibilidade da aplicação do princípio da Fungibilidade para receber como especial. Ausência dos requisitos de admissibilidade. Fundamentos não infirmados. Incidência da súmula n. 182/STJ. Desprovimento. 1. É inviável o Agravo Regimental que não infirma especificamente os fundamentos da decisão agravada, consistentes: i) no não cabimento de recurso ordinário e na impossibilidade do seu recebimento como especial; (ii) na inviabilidade da reforma do aresto regional, por implicar o reexame de provas; e iii) na ausência de prescrição [...] (TSE – Agravo de Instrumento nº 40404950, Acórdão, Relator(a) Min. José Antônio Dias Toffoli, Publicação: DJE – Diário de justiça eletrônico, Tomo 75, Data 24/04/2014, Página 56)".

"AGRAVO REGIMENTAL NO AGRAVO DE INSTRUMENTO. 1. A jurisprudência deste Tribunal é firme em que o agravo deve ser processado nos próprios autos. 2. Decisão reconsiderada. ELEIÇÕES 2008. VEREADOR. AIJE. CAPTAÇÃO ILÍCITA DE SUFRÁGIO E ABUSO DO PODER ECONÔMICO. [...] (TSE – Processo AgR-AI 5423 PB. Publicação DJE – Diário de justiça eletrônico, Tomo 100, Data 28/05/2015, Página 166. Julgamento 28 de Abril de 2015. Relator Min. GILMAR FERREIRA MENDES)".

ELEIÇÕES 2018. AGRAVO REGIMENTAL. RECURSO ESPECIAL. REQUERIMENTO DE REGISTRO DE CANDIDATURA (RRC). IMPUGNAÇÃO. COLIGAÇÃO ADVERSÁRIA. MATÉRIA ATINENTE AO DEMONSTRATIVO DE REGULARIDADE DOS ATOS PARTIDÁRIOS (DRAP). DEFERIMENTO DO REGISTRO. EXTINÇÃO DA AÇÃO DE

IMPUGNAÇÃO. CONCLUSÃO REGIONAL PELA IMPOSIÇÃO DE SANÇÃO POR LITIGÂNCIA DE MÁ-FÉ DA COLIGAÇÃO IMPUGNANTE. DELIBERAÇÃO CALCADA NO ART. 80, VI, DO CPC. DECISÃO AGRAVADA. HIGIDEZ. MERA REITERAÇÃO DE TESES EM AGRAVO INTERNO. DEFICIÊNCIA INESCUSÁVEL. SÚMULA N. 26/TSE. INCIDÊNCIA. MULTA. MAJORAÇÃO REQUERIDA EM CONTRARRAZÕES. AUSÊNCIA DE PROPORCIONALIDADE DA PRETENSÃO NO PONTO. MANUTENÇÃO DO PATAMAR ARBITRADO. SUFICIÊNCIA DA REPRIMENDA. DESPROVIMENTO.1. O art. 36, §6º, do Regimento Interno do TSE autoriza que o relator negue seguimento a recurso manifestamente inadmissível, improcedente, prejudicado ou em confronto com súmula ou com jurisprudência dominante.2. A mera repetição dos argumentos expendidos nas razões do apelo nobre – cuja negativa de seguimento ensejou o manejo do agravo interno –, sem a específica demonstração do alegado desacerto do decisum, constitui deficiência inescusável, atraindo a incidência da Súmula n. 26/TSE.3. Conforme assentado na decisão ora impugnada, a ausência de êxito da pretensão recursal decorreu de: (i) a matéria atinente ao DRAP não poder ser suscitada nos autos do registro individual, na esteira da jurisprudência do TSE; (ii) esta Corte, ao examinar o recurso interposto pela mesma coligação nos autos do DRAP, ter confirmado, por unanimidade de votos, a conclusão regional; (iii) a imposição da multa por litigância de má-fé ter sido devidamente fundamentada pelo Tribunal de origem; e (iv) incidir, quanto a esse ponto, o óbice do Enunciado n. 24 da Súmula do TSE.4. Há suficiência na reprimenda imposta em razão do enquadramento do proceder da ora agravante na previsão normativa do inciso VI do artigo 80 do CPC/2015. A sua majoração, conforme requerido em contrarrazões, destoaria dos princípios da proporcionalidade e da razoabilidade, sobremodo porque fixada no patamar de 1 (um) salário mínimo, em conformidade com o art. 81, §2º, do CPC/2015.5. Agravo regimental ao qual se nega provimento. (TSE – Recurso Especial Eleitoral nº 060055414, Acórdão, Relator(a) Min. Tarcisio Vieira De Carvalho Neto, Publicação: PSESS – Publicado em Sessão, Data 07/11/2018)

8.3.8 Efeitos

Conforme disposto nos arts. 994[259] e 995[260] do Código de Processo Civil, o Agravo Interno possui, em regra, somente o efeito devolutivo.

---

[259] Lei nº 13.105, de 16 de março de 2015 – "Art. 994. São cabíveis os seguintes recursos: [...] III – agravo interno [...]". BRASIL. *Lei nº 13.105, de 16 de março de 2015*. Disponível em: http://www.planalto.gov.br/ccivil_03/_ato2015-2018/2015/lei/l13105.htm . Acesso em: 05 mar. 2022.

[260] Lei nº 13.105, de 16 de março de 2015 – "Art. 995. Os recursos não impedem a eficácia da decisão, salvo disposição legal ou decisão judicial em sentido diverso. Parágrafo único. A eficácia da decisão recorrida poderá ser suspensa por decisão do relator, se da imediata produção de seus efeitos houver risco de dano grave, de difícil ou impossível reparação, e ficar demonstrada a probabilidade de provimento do recurso". BRASIL. *Lei nº 13.105, de 16 de março de 2015*. Disponível em: http://www.planalto.gov.br/ccivil_03/_ato2015-2018/2015/lei/l13105.htm. Acesso em: 05 mar. 2022.

8.3.9 Recursos

Não há um recurso exclusivo para combater o Agravo Interno, assim, proferida a decisão colegiada, será necessário observar a matéria e a competência a fim de se determinar o recurso cabível para a instância hierarquicamente superior.

8.3.10 Resumindo

Fundamentação Legal	**Art. 1.021 do Código de Processo Civil.**
Objetivos	*Reverter decisão monocrática proferida pelo relator do Tribunal. Obs.: Eleições 2004. Agravo regimental. Agravo de instrumento. Condenação. Crime eleitoral. Transporte ilegal de eleitores. Pleito municipal. Recurso ordinário não cabível na espécie. Impossibilidade da aplicação do princípio da Fungibilidade para receber como especial. Ausência dos requisitos de admissibilidade. Fundamentos não infirmados. Incidência da súmula n. 182/STJ. Desprovimento. 1. É inviável o agravo regimental que não infirma especificamente os fundamentos da decisão agravada, consistentes: i) no não cabimento de recurso ordinário e na impossibilidade do seu recebimento como especial; (ii) na inviabilidade da reforma do aresto regional, por implicar o reexame de provas; e iii) na ausência de prescrição [...]" (Ac. de 25.3.2014 no AgR-AI n. 40404950, Rel. Min. Dias Toffoli.).*
Legitimidade ativa	Partido político, coligação, candidato ou Ministério Público Eleitoral. Obs.: Os atingidos pela decisão.
Prazo	Normalmente, o prazo é de *3 (três) dias*, a teor do que dispõe o art. 258 do Código Eleitoral. Contra as decisões proferidas pelos juízes auxiliares em representações do art. 96 da Lei nº 9504/1997, o prazo é de *24 (vinte e quatro) horas* (ou *1 (um) dia*, a depender da Resolução).
Competência	Dirigida ao Órgão Colegiado do Tribunal que proferiu a decisão.
Se o pedido for julgado procedente	*A matéria será analisada pelo Órgão Colegiado, o qual poderá manter ou não a decisão proferida pelo relator.*

8.4 Agravo de Instrumento

8.4.1 Conceito

O Agravo de Instrumento objetiva impugnar decisão interlocutória proferida na fase de conhecimento do processo. Na seara eleitoral, contudo, há muito prevalece o entendimento de que esse agravo é inviável, tendo em vista que as decisões interlocutórias devem ser impugnadas somente ao final do feito. Não há falar, portanto, em preclusão da decisão interlocutória ante a ausência de manifestação da parte inconformada.[261]

Com o advento do novo Código de Processo Civil, alterou-se a sistemática do Agravo de Instrumento no processo civil.

Art. 1.009, §1º, do Código de Processo Civil

"Art. 1.009. Da sentença cabe apelação. §1º As questões resolvidas na fase de conhecimento, se a decisão a seu respeito não comportar agravo de instrumento, não são cobertas pela preclusão e devem ser suscitadas em preliminar de apelação, eventualmente interposta contra a decisão final, ou nas contrarrazões".

8.4.2 Fundamentação Legal

As hipóteses de cabimento do agravo, por sua vez, foram explicitadas no art. 1.015 do Código de Processo Civil.

[261] "Art. 48. As decisões interlocutórias proferidas no curso da representação de que trata este capítulo não são recorríveis de imediato, não precluem e deverão ser novamente analisadas pelo juiz eleitoral ou juiz auxiliar por ocasião do julgamento, caso assim o requeiram as partes ou o Ministério Público Eleitoral em suas alegações finais". BRASIL, *Resolução nº 23.608, de 18 de dezembro de 2019*. Disponível em: http://www.tse.jus.br/legislacao/compilada/res/2019/resolucao-no-23-608-de-18-de-dezembro-de-2019. Acesso em: 05 mar. 2022.
"[...] A jurisprudência atual desta Corte alinha-se ao entendimento de que as decisões interlocutórias ou sem caráter definitivo são irrecorríveis, ficando os eventuais inconformismos surgidos para posterior manifestação em recurso contra decisão final no processo [...] (TSE, AgR-AI nº 182927/PI, 5/6/2013)".
"[...] 3. As decisões interlocutórias tomadas em sede de investigação judicial eleitoral, sob o rito do art. 22 da LC nº 64/1990, são irrecorríveis isoladamente, devendo sua apreciação ser feita quando da interposição do recurso próprio, haja vista que a matéria nela decidida não se sujeita à preclusão imediata. Celeridade processual visando à efetiva prestação jurisdicional. 4. Recurso especial não provido (TSE, RE nº 25999/SP, 20/10/2006)".

Art. 1.015 do Código de Processo Civil

"Art. 1.015. Cabe agravo de instrumento contra as decisões interlocutórias que versarem sobre: I – tutelas provisórias; II – mérito do processo; III – rejeição da alegação de convenção de arbitragem; IV – incidente de desconsideração da personalidade jurídica; V – rejeição do pedido de gratuidade da justiça ou acolhimento do pedido de sua revogação; VI – exibição ou posse de documento ou coisa; VII – exclusão de litisconsorte; VIII – rejeição do pedido de limitação do litisconsórcio; IX – admissão ou inadmissão de intervenção de terceiros; X – concessão, modificação ou revogação do efeito suspensivo aos embargos à execução; XI – redistribuição do ônus da prova nos termos do art. 373, §1º; XII – (vetado) XIII – outros casos expressamente referidos em lei. Parágrafo único. Também caberá agravo de instrumento contra decisões interlocutórias proferidas na fase de liquidação de sentença ou de cumprimento de sentença, no processo de execução ou no processo de inventário".

Observe-se, todavia, que, de acordo com o §3º do art. 1.009 do CPC,[262] sempre que um desses temas supracitados integrarem capítulo da sentença, serão impugnados diretamente na apelação.

Conclui-se, de tal modo, que, se o objeto da decisão interlocutória não se encaixar em nenhuma das hipóteses do art. 1.015, a parte inconformada deverá realizar a impugnação no momento da apelação ou das contrarrazões.

Não obstante há quem sustente que esse mesmo raciocínio deve ser utilizado no processo eleitoral, considerando que o próprio Código Eleitoral não veda a interposição de agravo de instrumento, prevendo, aliás, no art. 265[263], que caberá recurso dos atos, Resoluções ou despachos proferidos por juiz eleitoral.[264] Seguindo esse raciocínio,

---

[262] Lei nº 13.105, de 16 de março de 2015 – "§3º É vedado ao relator limitar-se à reprodução dos fundamentos da decisão agravada para julgar improcedente o agravo interno". BRASIL. *Lei nº 13.105, de 16 de março de 2015*. Disponível em: http://www.planalto.gov.br/ccivil_03/_ato2015-2018/2015/lei/l13105.htm. Acesso em: 05 mar. 2022.

[263] Código Eleitoral brasileiro – "Art. 245. A realização de qualquer ato de propaganda partidária ou eleitoral, em recinto aberto, não depende de licença da polícia. §1º Quando o ato de propaganda tiver de realizar-se em lugar designado para a celebração de comício, na forma do disposto no art. 3º da Lei nº 1.207, de 25 de outubro de 1950, deverá ser feita comunicação à autoridade policial, pelo menos 24 (vinte e quatro) horas antes de sua realização. §2º Não havendo local anteriormente fixado para a celebração de comício, ou sendo impossível ou difícil nele realizar-se o ato de propaganda eleitoral, ou havendo pedido para designação de outro local, a comunicação a que se refere o parágrafo anterior será feita, no mínimo, com antecedência, de 72 (setenta e duas) horas, devendo a autoridade policial, em qualquer desses casos, nas 24 (vinte e quatro) horas seguintes, designar local amplo e de fácil acesso, de modo que não impossibilite ou frustre a reunião. §3º Aos órgãos da Justiça Eleitoral compete julgar das reclamações sôbre a localização dos comícios e providências sôbre a distribuição eqüitativa dos locais aos partidos". BRASIL. *Lei nº 4.737, de 15 de julho de 1965*. Disponível em: http://www.planalto.gov.br/ccivil_03/LEIS/L4737.htm. Acesso em: 05 mar. 2022

[264] GOMES, José Jairo. *Recursos eleitorais*. 3. ed. rev. atual. e ampl. São Paulo: Atlas, 2016. p. 113.

sempre que se configurar uma das hipóteses previstas no art.1.015 do CPC, a decisão interlocutória poderá ser impugnada por Agravo de Instrumento. Por exemplo, cite-se decisão que trate de concessão de tutela provisória de urgência de natureza cautelar.

É pacífico o entendimento de que se mostra incabível o agravo de instrumento nas instâncias ordinárias da Justiça Eleitoral, excetuando-se as hipóteses de execução fiscal, cumprimento de sentença e admissibilidade de recurso especial. Tanto que a própria Resolução TSE n. 23.478/2016 expressamente consignou a irrecorribilidade das decisões interlocutórias proferidas nesta Especializada. Vejamos:

> Art. 19. As decisões interlocutórias ou sem caráter definitivo proferidas nos feitos eleitorais são irrecorríveis de imediato por não estarem sujeitas à preclusão, ficando os eventuais inconformismos para posterior manifestação em recurso contra a decisão definitiva de mérito.

PARA SEDIMENTAR

"AGRAVO DE INSTRUMENTO. CUMPRIMENTO DE SENTENÇA. CABIMENTO. ART. 1.015, PARÁGRAFO ÚNICO, CPC. COBRANÇA DE VALORES DECORRENTES DA DESAPROVAÇÃO DE CONTAS DE CAMPANHA ELEITORAL. Alegação de EXCESSO DE EXECUÇÃO NÃO COMPROVADO. erro no entendimento sobre a solidariedade. DECISÃO JUDICIAL TRANSITADA EM JULGADO. Impossibilidade. RECURSO DESPROVIDO.

O art. 1.015, parágrafo único, do CPC é expresso ao estabelecer que cabe agravo de instrumento contra decisões interlocutórias proferidas na fase de liquidação de sentença ou de cumprimento de sentença, no processo de execução e no processo de inventário. No caso é claro o equivoco do recorrente quanto ao instituto da solidariedade, o que influenciou sua compreensão ao ponto de supor situação de excesso e de duplicidade que de concreto não existem e que foram rejeitada na correta decisão motivadora do recurso. Inadmissibilidade de se rediscutir por qualquer forma ou veiculo decisão judicial que repousa sob o manto da coisa julgada. Agravo de instrumento desprovido. (TRE-MS – AGRAVO DE INSTRUMENTO nº 06017046, ACÓRDÃO n 060017046 de 07/12/2021, Relator WAGNER MANSUR SAAD, Publicação: DJE – Diário da Justiça Eleitoral, Tomo 244, Data 09/12/2021, Página 53/56)"

"AGRAVO REGIMENTAL. AGRAVO. ELEIÇÕES 2016. AÇÃO DE INVESTIGAÇÃO JUDICIAL ELEITORAL. CONFLITO DE COMPETÊNCIA NEGATIVO. DECISÃO INTERLOCUTÓRIA IMPUGNADA MEDIANTE RECURSO ESPECIAL ELEITORAL. INADMISSIBILIDADE. DESPROVIMENTO.1. Decisões interlocutórias proferidas em feitos eleitorais são irrecorríveis de imediato por não estarem sujeitas à preclusão, devendo a matéria ser impugnada em recurso contra decisum definitivo da Corte Regional. Precedentes.2. Ademais, o agravante não demonstrou situação excepcional que permitisse enfrentamento da tese por ele suscitada.3. Agravo regimental não provido. (TSE – Agravo de Instrumento nº 21982, Acórdão, Relator(a) Min. Jorge Mussi, Publicação: DJE – Diário de justiça eletrônico, Tomo 40, Data 27/02/2018, Página 125)".

"AGRAVO REGIMENTAL. AGRAVO. ELEIÇÕES 2014. DEPUTADO FEDERAL. DEPUTADO ESTADUAL. AÇÃO DE INVESTIGAÇÃO JUDICIAL ELEITORAL. ABUSO DE PODER ECONÔMICO. ART. 22 DA LC 64/90. CAPTAÇÃO ILÍCITA DE SUFRÁGIO. ART. 41-A DA LEI 9.504/97. QUESTÃO DE ORDEM. ART. 105-A DA LEI 9.504/97. DECISÃO INTERLOCUTÓRIA. DESPROVIMENTO.1. Autos recebidos no gabinete em 21.3.2017.2. Decisões interlocutórias proferidas em ações eleitorais são irrecorríveis de imediato por não estarem sujeitas à preclusão, motivo pelo qual a matéria deve ser impugnada em recurso contra decisão definitiva da Corte Regional. Precedentes.3. Ademais, os agravantes não demonstraram situação excepcional que permita enfrentamento da tese, pois se no decisum final o magistrado se basear em prova que posteriormente venha a ser tida como ilícita, será o caso de rescindir o julgado ou invalidá-lo.4. Agravo regimental desprovido. (TSE – Agravo de Instrumento nº 132260, Acórdão, Relator(a) Min. Herman Benjamin, Publicação: DJE – Diário de justiça eletrônico, Data 21/11/2017)".

DIREITO ELEITORAL E PROCESSUAL CIVIL. AGRAVO INTERNO EM RECURSO ESPECIAL ELEITORAL COM AGRAVO. PRESTAÇÃO DE CONTAS. EXCEÇÃO DE PRÉ-EXECUTIVIDADE. AUSÊNCIA DE IMPUGNAÇÃO ESPECÍFICA DOS FUNDAMENTOS DA DECISÃO AGRAVADA. ACÓRDÃO RECORRIDO EM CONFORMIDADE COM A JURISPRUDÊNCIA DO TSE. DESPROVIMENTO.1. Agravo interno interposto para impugnar decisão que negou seguimento a agravo nos próprios autos contra decisão de inadmissibilidade de recurso especial.2. A parte agravante não impugnou especificamente os fundamentos da decisão agravada, limitando-se a reproduzir as razões apresentadas no agravo contra a decisão de inadmissão do recurso especial, o que inviabiliza o seu processamento. É inadmissível o recurso que deixa de impugnar especificamente fundamento da decisão recorrida que é, por si só, suficiente para sua manutenção (Súmula nº 26/TSE).3. O Tribunal Regional pode, por ocasião da análise da admissibilidade do recurso especial, adentrar no mérito recursal sem que isso implique usurpação de competência. Isso porque este Tribunal não está vinculado ao juízo de admissibilidade realizado na instância de origem. Precedentes.4. O entendimento do Tribunal Superior Eleitoral é no sentido de que (i) a decisão interlocutória proferida em execução fiscal deve ser impugnada por meio de agravo de instrumento e (ii) o princípio da fungibilidade não pode ser aplicado no caso de interposição de recurso eleitoral inominado por constituir erro grosseiro. Precedentes.5. Ademais, a jurisprudência desta Corte admite que seja reconhecido o caráter protelatório dos primeiros embargos de declaração quando estes se limitarem a reproduzir teses suscitadas anteriormente e já enfrentadas pelo órgão julgador, o que justifica a imposição de multa nos termos do art. 275, §6º, do Código Eleitoral. Precedentes.6. Tendo em vista que a decisão recorrida está em conformidade com a jurisprudência deste Tribunal Superior, não se conhece do recurso especial eleitoral por dissídio jurisprudencial (Súmula nº 30/TSE). 7. Agravo interno a que se nega provimento. (TSE – Agravo de Instrumento nº 841,

Acórdão, Relator(a) Min. Luís Roberto Barroso, Publicação: DJE – Diário de justiça eletrônico, Tomo 39, Data 25/02/2019, Página 33/34)

AGRAVO REGIMENTAL. RECURSO ESPECIAL. ELEIÇÕES 2016. VEREADOR. REPRESENTAÇÃO. CAPTAÇÃO ILÍCITA DE RECURSOS. ART. 30-A DA LEI 9.504/97. ANULAÇÃO DE SENTENÇA. RETORNO DOS AUTOS À ORIGEM. DECISÃO INTERLOCUTÓRIA. IMPUGNAÇÃO MEDIANTE RECURSO ESPECIAL. INADMISSIBILIDADE. NEGATIVA DE SEGUIMENTO. 1. A rigor, decisões interlocutórias proferidas em feitos eleitorais são irrecorríveis de imediato por não estarem sujeitas à preclusão, devendo a matéria ser impugnada em recurso contra decisum definitivo da Corte Regional. Precedentes.2. Na espécie, o TRE/PB afirmou ser incabível julgar de modo antecipado da lide por falta de provas e anulou a sentença apenas quanto ao agravante (Vereador de Piancó/PB eleito em 2016) para que se prosseguisse na instrução da representação por arrecadação e captação ilícita de recursos de campanha proposta em seu desfavor. 3. O agravante não demonstrou situação excepcional que permita enfrentamento da tese por ele suscitada. Ao contrário, a peculiaridade do caso impede conhecê-lo de imediato. 4. De acordo com o TRE/PB, embora se cuide de recurso eleitoral interposto apenas por assistente simples, a omissão dos assistidos não obsta que o Parquet assuma o polo ativo da demanda, haja vista o interesse público que se revela pelo potencial conluio entre as partes originárias (partidos políticos que compõem a coligação autora e o réu agravante). 5. É o que se infere do pedido de desistência dos partidos autores da representação (parte assistida) apenas quanto ao principal representado (ora agravante); do ingresso como assistente litisconsorcial de partido político cuja eventual procedência de sua demanda cassaria os candidatos de sua própria coligação, bem como pela falta de interesse jurídico que desautoriza o quinto suplente a figurar como assistente litisconsorcial. 6. Agravo regimental desprovido, determinando-se, ainda, a imediata formação de autos suplementares para envio ao TRE/PB. (TSE – Recurso Especial Eleitoral nº 46528, Acórdão, Relator(a) Min. Jorge Mussi, Publicação: DJE – Diário de justiça eletrônico, Tomo 239, Data 12/12/2019, Página 39)

ELEIÇÕES 2016. EMBARGOS DE DECLARAÇÃO. AGRAVO REGIMENTAL. AGRAVO DE INSTRUMENTO. RECURSO ESPECIAL. AIJE. INDEFERIMENTO LIMINAR DA INICIAL. SENTENÇA ANULADA. RETORNO DOS AUTOS À ORIGEM. DECISÃO DE NATUREZA INTERLOCUTÓRIA. IRRECORRIBILIDADE. OMISSÃO. INEXISTÊNCIA. INTUITO MANIFESTAMENTE PROTELATÓRIO. MULTA. NÃO CONHECIMENTO.[...].2. Conforme consignado no acórdão embargado, o entendimento deste Tribunal é no sentido de que as decisões interlocutórias ou sem caráter definitivo proferidas em ações eleitorais são irrecorríveis de imediato, ficando os eventuais inconformismos para posterior manifestação em recurso contra a decisão final do processo. [...]9. Embargos de declaração não conhecidos e declarados manifestamente protelatórios, com imposição de multa fixada em valor equivalente a 1 (um) salário mínimo.(TSE – Agravo de Instrumento nº 41549, Acórdão, Relator(a) Min. Tarcisio Vieira De Carvalho Neto, Publicação: DJE – Diário de justiça eletrônico, Data 19/12/2018)

Há casos, todavia, em que sempre se permitiu o uso do Agravo de Instrumento, ainda que subsidiariamente, como, por exemplo, no processo de execução de multa eleitoral e, após a edição do Código de Processo Civil de 2015, no cumprimento de sentença – normalmente cabível na Justiça Eleitoral quando, em prestação de contas de campanha e de exercício financeiro, há a determinação de devolução de recursos ao Tesouro Nacional, seja por uso irregular de recursos do Fundo Partidário e/ou Fundo Especial de Financiamento de Campanha (FEFC), seja por uso de recursos de origem não identificada ou de fonte vedada.

PARA SEDIMENTAR

"A jurisprudência do e. TSE tem compreendido que a Lei de Execução Fiscal (Lei nº 6.830/1980) é aplicável na cobrança de multa eleitoral, o que acarreta a utilização subsidiária do CPC por força do art. 1º da mencionada lei. Nessa esteira, contra decisão interlocutória que rejeita exceção de pré-executividade, o recurso correto é o agravo de instrumento, e não o recurso inominado como afirma o recorrente. (TSE, Recurso Especial n. 28749/RS, 1º/12/2008)".

8.4.3 Natureza Jurídica

O Agravo de Instrumento tem natureza recursal, haja vista que seu objetivo precípuo é atacar decisões interlocutórias.

8.4.4 Legitimidade

a) Ativa

O Agravo de Instrumento pode ser interposto por ambas as partes do litígio, pelo Ministério Público – como parte ou fiscal da lei – e, ainda, pelo terceiro interessado. Nota-se que o rol de legitimados ativos está determinado no art. 966 do Código de Processo Civil.

Art. 996 do Código de Processo Civil

"Art. 996. O recurso pode ser interposto pela parte vencida, pelo terceiro prejudicado e pelo Ministério Público, como parte ou como fiscal da ordem jurídica. Parágrafo único. Cumpre ao terceiro demonstrar a possibilidade de a decisão sobre a relação jurídica submetida à apreciação judicial atingir direito de que se afirme titular ou que possa discutir em juízo como substituto processual".

b) Passiva

A legitimidade passiva será da parte contrária à lide.

8.4.5 Prazo

O prazo legal para interpor Agravo de Instrumento é de *3 (três) dias*, nos termos do art. 258 do Código Eleitoral, e quando se tratar de matéria ventilada com supedâneo no art. 96, §8º, da Lei nº 9.504, de 1997, o prazo será de *24 (vinte e quatro) horas*. Tratando-se de matéria eleitoral, os prazos são contabilizados em dias corridos, em observância ao princípio da celeridade dos atos eleitorais.

PARA SEDIMENTAR

"AGRAVO DE INSTRUMENTO – CUMPRIMENTO DE SENTENÇA – PRESTAÇÃO DE CONTAS DE PARTIDO POLÍTICO – EXERCÍCIO FINANCEIRO DE 2016 – PRAZO RECURSAL – PRINCÍPIO DA ESPECIALIDADE – APLICAÇÃO SUBSIDIÁRIA DO CÓDIGO DE PROCESSO CIVIL – PREVALÊNCIA DO CÓDIGO ELEITORAL (ART. 258) – INOBSERVÂNCIA DO TRÍDUO LEGAL – INTEMPESTIVIDADE – INTIMAÇÃO DO PROCURADOR DA UNIÃO POR CARTA REGISTRADA – POSSIBILIDADE (LEI Nº 9.028/95, ART. 6º, §2º) – PRECEDENTES DO STJ – NÃO CONHECIMENTO. 1. Em regra, todo e qualquer recurso interposto contra decisão proferida em processo de natureza eleitoral deve ser interposto no prazo de três dias "da publicação do ato, resolução ou despacho" (CE, art. 258). Esse preceito processual somente não prevalecerá diante de dispositivo específico disciplinando a matéria de modo diverso. O agravo de instrumento contra decisão interlocutória proferida na fase de cumprimento de sentença de desaprovação de contas partidárias deve ser interposto no referido tríduo legal, já que as normas disciplinadoras da matéria não estabelecem prazo recursal distinto. 2. Nos termos do art. 6º, §2º, da Lei nº 9.028/1995, é válida a intimação pessoal realizada mediante carta registrada com aviso de recebimento endereçada ao procurador público, na hipótese em que não existir representação judicial da União na sede do Juízo. (TRE-SC – PRESTACAO DE CONTAS n 0600238-31, ACÓRDÃO nº 34277 de 04/03/2020, Relator JAIME RAMOS, Publicação: DJE – Diário de JE, Tomo 36, Data 16/03/2020, Página 3)"

"ELEIÇÕES 2016. AGRAVO INTERNO NO AGRAVO DE INSTRUMENTO. AÇÃO DE INVESTIGAÇÃO JUDICIAL ELEITORAL. VEREADOR. INTEMPESTIVIDADE DO RECURSO ELEITORAL. CONTAGEM DO PRAZO EM DIAS CORRIDOS. RES.-TSE Nº 23.478/2016. MANUTENÇÃO DA DECISÃO AGRAVADA. AGRAVO DESPROVIDO. 1. Nos termos do que dispõe o art. 7º da Res.-TSE nº 23.478/2016, o art. 219 do Código de Processo Civil, que estabelece a contagem de prazos em dias úteis, não se aplica na seara eleitoral, porquanto incompatível com a celeridade processual, princípio informador do direito processual eleitoral. 2. O Código de Processo Civil tem aplicação subsidiária aos feitos eleitorais, consoante jurisprudência sedimentada do TSE, aplicando-se somente nas questões em que a legislação específica é silente. 3. Não há vício de inconstitucionalidade na Res.-TSE nº 23.478/2016 que disciplinou a aplicação do Código de Processo Civil aos feitos eleitorais, visto que editada nos limites do art. 23, IX, do Código Eleitoral. 4. Considerando que a parte pôde apresentar justificativas à interposição intempestiva do seu recurso, as quais foram devidamente analisadas pela Corte de origem, não há falar em violação ao princípio da não surpresa, estabelecido no art. 10 do CPC. 5. A ausência de pressuposto extrínseco de admissibilidade do recurso interposto na origem é óbice intransponível ao conhecimento da matéria de fundo suscitada pelo agravante, especialmente as alegações de cerceamento de defesa com fundamento no art. 22, V, da LC nº 64/90 e o mérito recursal. 6. Agravo interno a que se nega provimento.(TSE – Agravo de Instrumento nº 50089, Acórdão, Relator(a) Min. Edson Fachin, Publicação: DJE – Diário de justiça eletrônico, Tomo 231, Data 02/12/2019, Página 43)

"ELEIÇÕES 2010. AGRAVO REGIMENTAL EM AGRAVO. AÇÃO ANULATÓRIA DE DÉBITO. EXECUÇÃO FISCAL. ASTREINTES APLICADAS EM REPRESENTAÇÃO POR PROPAGANDA ELEITORAL. PROPORCIONALIDADE. OBSERVÂNCIA. CONDENAÇÃO EM HONORÁRIOS ADVOCATÍCIOS. POSSIBILIDADE. ACÓRDÃO REGIONAL EM CONFORMIDADE COM A JURISPRUDÊNCIA DESTA CORTE SUPERIOR. INEXISTÊNCIA DE ARGUMENTOS HÁBEIS PARA MODIFICAR A DECISÃO AGRAVADA. AGRAVO REGIMENTAL DESPROVIDO. 1. Na linha do entendimento firmado por esta Corte Superior, em matéria de execução fiscal, de natureza não eleitoral, aplicam-se os prazos estabelecidos na legislação processual comum. Precedente: AgR-REspe 804-21/RN, Rel. Min. MARIA THEREZA DE ASSIS MOURA, DJe 23.10.2015). 2. Hipótese em que o pedido formulado nos presentes autos se encontra em dissonância com o entendimento desta Corte Superior, afirmativo da legitimidade da aplicação de astreintes como forma de forçar o cumprimento de determinação judicial. 3. Não há ofensa ao princípio da proporcionalidade quando a fixação de astreintes leva em conta as circunstâncias do caso, bem como a capacidade econômica da empresa, sendo certo que o montante da pena tornou-se elevado em decorrência da desídia da parte em cumprir a ordem judicial (AgR-RMS 1208-72/TO, Rel. Min. LUCIANA LÓSSIO, DJe 2.10.2015). 4. Afigura-se possível a fixação de honorários advocatícios decorrente de processo que versa exclusivamente sobre a cobrança judicial da Dívida Ativa da Fazenda Pública, ainda que o trâmite ocorra nesta Justiça Especializada (AgR-REspe 94-27/PA, Rel. Min. NAPOLEÃO NUNES MAIA FILHO, julgado em 27.4.2017). 5. Merece ser desprovido o Agravo Interno, tendo em vista a inexistência de argumentos hábeis para modificar a decisão agravada. 6. Agravo Regimental a que se nega provimento. (TSE – Agravo de Instrumento nº 7570, Acórdão, Relator(a) Min. Napoleão Nunes Maia Filho, Publicação: DJE – Diário da justiça eletrônica, Tomo 126, Data 30/06/2017, Página 96/97)"

8.4.6 Competência

Em caso de decisão proferida por juiz eleitoral, a competência para julgamento será do Tribunal Regional Eleitoral; já em se tratando de decisão proferida por TRE, caberá ao Tribunal Superior Eleitoral a análise.

8.4.7 Rito Processual

O procedimento a ser seguido, em razão de previsão específica, é o positivado no Código de Processo Civil.

Art. 1.016 do Código de Processo Civil

"Art. 1.016. O agravo de instrumento será dirigido diretamente ao tribunal competente, por meio de petição com os seguintes requisitos: I – os nomes das partes; II – a exposição do fato e do direito; III – as razões do pedido de reforma ou de invalidação da decisão e o próprio pedido; IV – o nome e o endereço completo dos advogados constantes do processo".

Art. 1.017 do Código de Processo Civil

"Art. 1.017. A petição de agravo de instrumento será instruída: I – obrigatoriamente, com cópias da petição inicial, da contestação, da petição que ensejou a decisão agravada, da própria decisão agravada, da certidão da respectiva intimação ou outro documento oficial que comprove a tempestividade e das procurações outorgadas aos advogados do agravante e do agravado; II – com declaração de inexistência de qualquer dos documentos referidos no inciso I, feita pelo advogado do agravante, sob pena de sua responsabilidade pessoal; III – facultativamente, com outras peças que o agravante reputar úteis. §1º. Acompanhará a petição o comprovante do pagamento das respectivas custas e do porte de retorno, quando devidos, conforme tabela publicada pelos tribunais. §2º. No prazo do recurso, o agravo será interposto por: I – protocolo realizado diretamente no tribunal competente para julgá-lo; II – protocolo realizado na própria comarca, seção ou subseção judiciárias; III – postagem, sob registro, com aviso de recebimento; IV – transmissão de dados tipo fac-símile, nos termos da lei; V – outra forma prevista em lei. §3º Na falta da cópia de qualquer peça ou no caso de algum outro vício que comprometa a admissibilidade do agravo de instrumento, deve o relator aplicar o disposto no art. 932, parágrafo único. §4º Se o recurso for interposto por sistema de transmissão de dados tipo fac-símile ou similar, as peças devem ser juntadas no momento de protocolo da petição original. §5º Sendo eletrônicos os autos do processo, dispensam-se as peças referidas nos incisos I e II do caput, facultando-se ao agravante anexar outros documentos que entender úteis para a compreensão da controvérsia".

Recebidos os autos, e estando em consonância com a legislação vigente, o agravado será intimado para que, no prazo de *3 (três) dias* ou *24 (vinte e quatro) horas*, apresente suas contrarrazões. Logo, o recurso estará apto para julgamento.

8.4.8 Efeitos

Seguindo a regra disposta no art. 257 do Código Eleitoral, o Agravo de Instrumento terá somente efeito devolutivo.

8.4.9 Recursos

Não há previsão de recursos para combater especificadamente o Agravo de Instrumento, devendo-se seguir a regra geral do organograma da Justiça Eleitoral.

8.4.10 Resumindo

Fundamentação Legal	Art. 279 e 282 do Código Eleitoral.
Objetivos	Reverter decisão do Presidente do Tribunal Regional Eleitoral que nega seguimento ao Recurso Especial para o Tribunal Superior Eleitoral ou reverter decisão do Presidente do Tribunal Superior Eleitoral que nega seguimento ao Recurso Ordinário ou Recurso Extraordinário para o Supremo Tribunal Federal.
Legitimidade ativa	Partido político, federação partidária, coligação, candidato ou Ministério Público Eleitoral, que, tendo interposto Recurso Especial para o Tribunal Superior Eleitoral ou Recurso Ordinário ou Extraordinário para o Supremo Tribunal Federal, não se conforma com a inadmissibilidade.
Prazo	Art. 279 do Código Eleitoral: *3 (três) dias* contados da denegação do Recurso.
Competência	Tribunal Superior Eleitoral Obs.: O Recurso Especial está sujeito ao duplo juízo de admissibilidade. Isto é, será direcionado ao Presidente do Tribunal Regional Eleitoral que proferiu a decisão que se deseja combater e, após a verificação de todos os pressupostos de admissibilidade, o recorrido será intimado para apresentar contrarrazões. Por fim, o recurso será remetido ao Tribunal Superior Eleitoral. Supremo Tribunal Federal Obs.: O Recurso Ordinário e o Recurso Extraordinário estão sujeitos ao duplo juízo de admissibilidade. Isto é, os Recursos serão direcionados ao Presidente do Tribunal Superior Eleitoral e, após a verificação de todos os pressupostos de admissibilidade, o recorrido será intimado para apresentar contrarrazões. Por fim, o recurso será remetido ao Supremo Tribunal Federal.
Se o pedido for julgado procedente	*Recurso Especial*: A matéria será analisada pelo Tribunal Superior Eleitoral, o qual poderá manter ou não a decisão proferida em instância pretérita. *Recurso Ordinário e o Recurso Extraordinário*: A matéria será analisada pelo Supremo Tribunal Federal, o qual poderá manter ou não a decisão proferida em instância pretérita.

8.5 Recurso Ordinário

Toda vez que se tratar de Recurso Ordinário na seara processual eleitoral, é necessária atenção para sua diferenciação em dois tipos: (i) há o recurso ordinário ante a decisão proferida pelo Órgão Colegiado do Tribunal Regional Eleitoral, que deve ser dirigido ao Tribunal Superior Eleitoral; e (ii) o recurso ordinário que confronta acórdão do TSE dirigido ao Supremo Tribunal Federal. Tendo em vista essa distinção, analisaremos cada um separadamente.

8.5.1 Recurso Ordinário para o Tribunal Superior Eleitoral

8.5.1.1 Conceito

O Tribunal Superior Eleitoral é a última instância da justiça especializada eleitoral. Como não poderia deixar de ser, em razão do princípio do duplo grau de jurisdição, a Constituição Federal preconizou que, para combater decisões dos Tribunais Regionais Eleitorais, o instrumento a ser utilizado é o Recurso Ordinário, endereçado ao TSE, desde que o caso se enquadre em alguma possibilidade prevista no art.121, §4º, da CF.

8.5.1.2 Fundamentação Legal

O Recurso Ordinário interposto contra decisão colegiada do Tribunal Regional Eleitoral vem consignado no art. 121, §4º, III, IV e V, da Constituição Federal.

Art. 121, §4º, III, IV e V, da Constituição Federal

"Art. 121. [...] §4º Das decisões dos Tribunais Regionais Eleitorais somente caberá recurso quando: III – versarem sobre inelegibilidade ou expedição de diplomas nas eleições federais ou estaduais; IV – anularem diplomas ou decretarem a perda de mandatos eletivos federais ou estaduais; V – denegarem habeas corpus, mandado de segurança, habeas data ou mandado de injunção".

Na mesma esteira do dispositivo constitucional anterior, o art. 276, II, do Código Eleitoral[265] prevê o cabimento de Recurso Ordinário para o Tribunal Superior Eleitoral quando as decisões terminativas dos Tribunais Regionais Eleitorais versarem sobre expedição de diploma nas eleições federais e estaduais ou quando denegarem *habeas corpus* ou mandado de segurança. Ou seja, nota-se claramente que esse dispositivo não contraria a Constituição, sendo possível sua recepção. Contudo possui um rol limitado de hipóteses de cabimento.

[265] Código Eleitoral brasileiro – "Art. 276. As decisões dos Tribunais Regionais são terminativas, salvo os casos seguintes em que cabe recurso para o Tribunal Superior [...]".BRASIL. *Lei nº 4.737, de 15 de julho de 1965.* Disponível em: http://www.planalto.gov.br/ccivil_03/LEIS/L4737.htm. Acesso em: 05 mar.2022.

Nas hipóteses relacionadas nos incisos III e IV do art. 121 da Constituição Federal – inelegibilidade, expedição e anulação de diplomas ou decretação de perda de mandato, nas eleições estaduais ou federais –, a competência é originariamente dos TREs.

Por outro lado, nos casos de denegação de *habeas corpus, habeas data*, mandado de segurança ou mandado de injunção, há certa discussão para saber se os Tribunais Regionais Eleitorais possuem competência originária ou recursal.[266]

Nas situações mencionadas alhures, é inconteste o cabimento do Recurso Ordinário, motivo pelo qual não se aplica o princípio da fungibilidade. Caso o recorrente interponha um recurso especial, este não deverá ser conhecido. Contudo, tratando-se de denegação de mandado de segurança, mandado de injunção, *habeas corpus* ou *habeas data*, em competência recursal do TRE, serão admitidos tanto o Recurso Especial quanto o Recurso Ordinário.

PARA SEDIMENTAR

"DIREITO ELEITORAL E PROCESSO CIVIL. AGRAVO INTERNO EM RECURSO EXTRAORDINÁRIO. RECURSO ESPECIAL ELEITORAL COM AGRAVO. ELEIÇÕES 2018. CASSAÇÃO DE DIPLOMA. DEPUTADO FEDERAL. SUPLENTE. INOBSERVÂNCIA DO ÔNUS DA IMPUGNAÇÃO ESPECÍFICA E DO PRINCÍPIO DA DIALETICIDADE. DESPROVIMENTO. 1. Agravo interno contra decisão monocrática, que negou seguimento a recurso extraordinário com fundamento no art. 1.030, I, a, do CPC, por enquadramento no Tema no 181. 2. Hipótese em que se aplicou o entendimento do Supremo Tribunal Federal, fixado em análise de repercussão geral no Tema nº 181, uma vez que o acórdão recorrido entendeu ser inviável o recurso especial eleitoral, pois o recurso cabível seria o recurso ordinário eleitoral, nos termos do art. 121, §4º, III, da CF e da Súmula nº 36/TSE. 3. A petição de agravo não traz subsídio apto a alterar esses fundamentos, limitando-se a reiterar as razões do recurso extraordinário. Nessas condições, mantém-se incólume a decisão agravada. 4. Agravo interno a que se nega provimento. (TSE – Agravo de Instrumento nº 060158436, Acórdão, Relator(a) Min. Luís Roberto Barroso, Publicação: DJE – Diário da justiça eletrônica, Tomo 24, Data 17/02/2022)

"REPRESENTAÇÃO. DIRETÓRIO ESTADUAL. DESVIRTUAMENTO DE PROGRAMA PARTIDÁRIO. EXCESSIVA PROMOÇÃO PESSOAL DE FILIADO. DECISÃO REGIONAL. PROCEDÊNCIA.1. O §5º do art. 45 da Lei nº 9.096/95 dispõe: "Das decisões dos Tribunais Regionais Eleitorais b, cassando o direito de transmissão de propaganda partidária, caberá recurso para o Tribunal Superior Eleitoral, que será recebido com efeito suspensivo".2. O teor do §5º do art. 45 da Lei nº 9.096/95 não enseja, por si só, a conclusão de que seria admitido recurso de ampla devolutividade (ou inominado) em face de decisão regional que julga representação por desvirtuamento de programa partidário. Tal norma deve ser interpretada em consonância com o

[266] GOMES, José Jairo. *Recursos eleitorais*. 3. ed. rev. atual. e ampl. São Paulo: Atlas, 2016. p. 130-132.

disposto no art. 121, §4º, da Constituição Federal, que preceitua o cabimento de recurso ordinário somente em casos que versem sobre inelegibilidade ou eventual discussão que envolva mandatos federais ou estaduais.3. É certo que a jurisprudência deste Tribunal é no sentido de que a "menção a exercício de mandato eletivo e debate de temas político-partidários, com destaque para filiado de grande expressividade, não desvirtuam programa partidário e tampouco caracterizam propaganda extemporânea" (REspe 206-68, rel. Min. Herman Benjamin, DJe de 16.5.2017).4. Todavia, conforme o teor das inserções transcritas na decisão regional, evidenciou-se expressa alusão às eleições e menção a cargo no âmbito do programa, o que se associa, na sequência, à própria apresentação do filiado, razão pela qual, diante dessas premissas, se afigura acertada a conclusão da Corte de origem no sentido de que a participação de parlamentar nas propagandas veiculadas em nenhum momento se destinou a expor o ideário de sua agremiação partidária, mas, sim, teve o intuito de promoção pessoal excessiva, com clara conotação eleitoral. Assim, é forçoso reconhecer o desvirtuamento do programa partidário. Agravo regimental a que se nega provimento. (TSE – Recurso Especial Eleitoral nº 12305, Acórdão, Relator(a) Min. Admar Gonzaga, Publicação: DJE – Diário de justiça eletrônico, Data 29/09/2017, Página 52)"

8.5.1.3 Natureza Jurídica

O Recurso Ordinário tem natureza constitucional, apesar de também haver previsão no Código Eleitoral.

8.5.1.4 Legitimidade

a) Ativa

A legitimidade ativa cabe àquele que se sentiu prejudicado pela decisão do Órgão Colegiado.

b) Passiva

Não há um legitimado passivo predefinido, de tal sorte, figurarão no polo passivo as demais partes da relação processual.

8.5.1.5 Prazo

Nos termos do §1º do art. 276 do Código Eleitoral, o prazo para interposição do recurso ordinário é de *3 (três) dias*. Frise-se, contudo, que o art. 96, §8º, da Lei nº 9.504, de 1997 prevê que, quando se tratar de hipóteses regidas por essa norma, o prazo seria de *24 (vinte e quatro) horas*.

As representações especiais, apesar de previstas na Lei de Eleições, são processadas pelo art. 22 da LC nº 64, de 1990 e não pelo art. 96.

Art. 276, §1º do Código Eleitoral

"Art. 276. As decisões dos Tribunais Regionais são terminativas, salvo os casos seguintes em que cabe recurso para o Tribunal Superior: I – especial: a) quando forem proferidas contra expressa disposição de lei; b) quando ocorrer divergência na interpretação de lei entre dois ou mais tribunais eleitorais. II – ordinário: a) quando versarem sobre expedição de diplomas nas eleições federais e estaduais; b) quando denegarem habeas corpus ou mandado de segurança. §1º É de 3 (três) dias o prazo para a interposição do recurso, contado da publicação da decisão nos casos dos nº I, letras a e b e II, letra b e da sessão da diplomação no caso do nº II, letra a. [...]".

Art. 96, §8º da Lei nº 9.504, de 1997

"Art. 96. Salvo disposições específicas em contrário desta Lei, as reclamações ou representações relativas ao seu descumprimento podem ser feitas por qualquer partido político, coligação ou candidato, e devem dirigir-se: I – aos Juízes Eleitorais, nas eleições municipais; II – aos Tribunais Regionais Eleitorais, nas eleições federais, estaduais e distritais; III – ao Tribunal Superior Eleitoral, na eleição presidencial. [...] §8º Quando cabível recurso contra a decisão, este deverá ser apresentado no prazo de vinte e quatro horas da publicação da decisão em cartório ou sessão, assegurado ao recorrido o oferecimento de contra-razões, em igual prazo, a contar da sua notificação [...]".

8.5.1.6 Competência

O Recurso Ordinário deverá ser endereçado ao Tribunal Superior Eleitoral, reitera-se, todavia, que o TSE somente o apreciará quando se tratar de decisão colegiada, afinal contra decisão monocrática o recurso admissível é o Agravo Interno.

8.5.1.7 Rito Processual

Por não ter um regramento específico a ser seguido, deve-se adotar, no que for cabível, a sistemática do recurso de Apelação, previsto no Código de Processo Civil. Dessa maneira, a parte interessada deverá interpor recurso ao Tribunal Regional Eleitoral que proferiu a decisão, com as razões recursais e o pedido de nova decisão. A parte adversa será intimada para apresentar contrarrazões, no prazo de *3 (três) dias*.[267] Depois da vinda dos autos ao TSE, será aberto prazo de *5 (cinco) dias* para o Procurador-Geral Eleitoral se manifestar, sendo que esse prazo será reduzido para *2 (dois) dias* se a matéria a ser debatida for referente a registro de candidatura (arts. 10 e 14 da Lei Complementar nº 64, de 1990). Após, o processo estará suscetível para julgamento.

8.5.1.8 Efeitos

Em princípio, os recursos eleitorais não possuem efeito suspensivo. Entretanto, no caso do Recurso Ordinário, o Código Eleitoral excepciona a regra, conforme se observa da leitura do art. 257, §2º.

Art. 257, §2º, do Código Eleitoral

"Ar.257, §2º – O recurso ordinário interposto contra decisão proferida por juiz eleitoral ou por Tribunal Regional Eleitoral que resulte em cassação de registro, afastamento do titular ou perda de mandato eletivo será recebido pelo Tribunal competente com efeito suspensivo".

Afirma-se, portanto, que, em regra, o Recurso Ordinário possui efeito somente devolutivo, mas, a depender do caso, poderá ter efeito suspensivo, inovação trazida pela Lei nº 12.165, de 2015.

Ainda se tratando de Recurso Ordinário Eleitoral, cumpre registar que o art. 257, §1º, do Código Eleitoral prevê que "a execução de qualquer acórdão será feita imediatamente, através de comunicação por ofício, telegrama, ou, em casos especiais, a critério do presidente do Tribunal, através de cópia do acórdão".

A grande discussão sobre o tema sempre esteve na dúvida se era preciso aguardar o trânsito em julgado da decisão, sob pena de gerar insegurança jurídica, em casos de cassação de mandato. No RO n. 1220-86, de 22.3.2018, relatoria do Min. Fux no TSE, o Min. Gilmar Mendes concedeu medida liminar garantindo que o governador do Estado do Tocantins permanecesse no cargo até o trânsito em julgado da decisão.

---

[267] Código Eleitoral brasileiro – "Art. 276, §1º É de 3 (três) dias o prazo para a interposição do recurso, contado da publicação da decisão nos casos dos nº I, letras *a* e *b* e II, letra *b* e da sessão da diplomação no caso do nº II, letra *a*." BRASIL. *Lei nº 4.737, de 15 de julho de 1965*. Disponível em: http://www.planalto.gov.br/ccivil_03/LEIS/L4737.htm. Acesso em: 05 mar. 2022.
"Art. 277. Interposto recurso ordinário contra decisão do Tribunal Regional, o presidente poderá, na própria petição, mandar abrir vista ao recorrido para que, no mesmo prazo, ofereça as suas razões. Parágrafo único. Juntadas as razões do recorrido, serão os autos remetidos ao Tribunal Superior". BRASIL. *Lei nº 4.737, de 15 de julho de 1965*. Disponível em: http://www.planalto.gov.br/ccivil_03/LEIS/L4737.htm. Acesso em: 05 mar. 2022.

Não obstante, no final do ano de 2019, o Tribunal Superior Eleitoral cassou os mandatos da chapa eleita nas eleições de 2018 para o cargo de Senador pelo Estado do Mato Grosso. *In casu*, a senadora Selma Arruda também foi declarada inelegível.

No caso em tela, o TSE decidiu pela imediata execução da decisão, a contar da publicação do acórdão, com a devida expedição de ofício ao presidente do Senado – a fim de que tomasse conhecimento da perda do mandado e, consequentemente, realizasse o afastamento da senadora-, e com a comunicação do presidente do Tribunal Regional Eleitoral de Mato Grosso – para que tomasse as medidas necessárias à realização de um novo pleito, nos termos do art. 56 da Constituição Federal de 1988.

Verifica-se, destarte, mudança de entendimento do Tribunal Superior Eleitoral quanto à aplicação imediata de decisão proferida pelo tribunal.

PARA SEDIMENTAR

ELEIÇÕES 2018. RECURSO ORDINÁRIO. CARGO DE SENADOR DA REPÚBLICA. PRELIMINARES. PEDIDO DE ASSISTÊNCIA SIMPLES. CARGO MAJORITÁRIO. DEFERIMENTO. REPRESENTAÇÃO. ART. 30-A. PROPOSITURA ANTES DA ELEIÇÃO. POSSIBILIDADE. ENCERRAMENTO PREMATURO DA INSTRUÇÃO. CERCEAMENTO DE DEFESA. NÃO OCORRÊNCIA. PROCESSO DE PRESTAÇÃO DE CONTAS. PENDÊNCIA DE JULGAMENTO. PREJUDICIALIDADE. INEXISTÊNCIA. NECESSIDADE DE QUEBRA DE SIGILO BANCÁRIO CARACTERIZADA. MÉRITO. ABUSO DO PODER ECONÔMICO. CONTRATAÇÃO DE EMPRESA DE PUBLICIDADE ANTES DO PERÍODO ELEITORAL. PRODUÇÃO DE MATERIAL DE PRÉ-CAMPANHA E DE CAMPANHA. CARACTERIZAÇÃO DO ILÍCITO. ART. 30-A DA LEI Nº 9.504/1997. PAGAMENTOS REALIZADOS À MARGEM DA CONTABILIDADE DA CAMPANHA. CAIXA DOIS. CASSAÇÃO DO DIPLOMA DE TODOS OS COMPONENTES DA CHAPA. DECLARAÇÃO DA INELEGIBILIDADE DOS DIRETAMENTE ENVOLVIDOS. NECESSIDADE DE REALIZAÇÃO DE NOVAS ELEIÇÕES NA MODALIDADE DIRETA. ASSUNÇÃO PROVISÓRIA DA CHAPA QUE OBTEVE A TERCEIRA COLOCAÇÃO. IMPOSSIBILIDADE. EXECUÇÃO DO ACÓRDÃO CONDENATÓRIO COM SUA PUBLICAÇÃO. QUEBRA INDEVIDA DO SIGILO BANCÁRIO DA SEGUNDA SUPLENTE. AUSÊNCIA DE PREJUÍZO. PROVIMENTO PARCIAL DO RECURSO PARA DETERMINAR A EXCLUSÃO DOS DOCUMENTOS DOS AUTOS.1. É possível, na qualidade de assistente simples, o ingresso do partido político ao qual o detentor de cargo majoritário se encontra filiado.2. É admitida a propositura de ação que vise a apurar os ilícitos descritos no art. 30-A da Lei nº 9.504/1997 antes mesmo do pleito, considerando que não há indicação, no texto legal, do termo inicial para seu ajuizamento. 3. Não caracteriza cerceamento de defesa o encerramento antecipado da instrução processual, mesmo se pendente carta precatória, quando o juízo fundamentadamente entende que as provas já carreadas aos autos são suficientes para o deslinde da controvérsia. Inteligência do art. 370, parágrafo único, do CPC/2015 e do art. 23 da LC nº 64/1990. 4. Inexiste prejudicialidade entre o processo de prestação de contas e as demais ações eleitorais que visem a apurar ilícitos de ordem financeira praticados em campanha, seja abuso do poder econômico, previsto no art. 22, XIV, da LC nº 64/1990, seja arrecadação e gastos ilícitos de recursos, disciplinados no art. 30-A da Lei nº 9.504/1997. 5. O sigilo dos dados bancários não tem proteção absoluta pela Constituição Federal, sendo possível à autoridade judicial que o afaste pontualmente, desde que haja, em qualquer caso, a devida fundamentação de sua necessidade. 6. A propaganda eleitoral antecipada massiva, mesmo que não implique violação explícita ao art. 36-A da Lei nº 9.504/1997, pode caracterizar ação abusiva, sob o viés econômico, a ser corrigida por meio de ação própria. 7. A produção de farto material de pré-campanha e de campanha, no período imediatamente anterior ao eleitoral e com o investimento de grande quantia de dinheiro, caracteriza o abuso do poder econômico descrito no art. 22, XIV, da LC nº 64/1190 e, por consequência, implica a cassação de todos os beneficiários bem como a decretação da inelegibilidade dos diretamente envolvidos, porquanto possui gravidade capaz de comprometer a lisura do pleito. 8. A realização de suposto autofinanciamento pela recorrente Selma Rosane Santos Arruda, no valor de R$188.000,00, somado aos repasses realizados à empresa KGM Assessoria Institucional Ltda. e a seu sócio-diretor, Kleber Alves Lima, que alcançaram o valor de R$100.000,00, e ao pagamento feito por Gilberto Eglair Possamai à empresa Genius at Work, no valor de R$120.000,00, caracterizam infração ao art. 30-A da Lei nº 9.504/1997, porquanto possuem gravidade capaz de comprometer a lisura do pleito.9. A Justiça Eleitoral realiza a glosa das condutas praticadas por determinado candidato quando em desacordo com o ordenamento jurídico estabelecido, não sendo devida a realização de juízo a respeito de eventuais condutas abusivas praticadas por outros candidatos que não integraram a relação processual. 10. A cassação da chapa eleita para o cargo majoritário de senador da República implica a determinação de renovação do pleito na modalidade direta, salvo se restarem menos de 15 meses para o fim do mandato, nos termos do art. 56, §2º, da CF. 11. À míngua de previsão constitucional, não é possível a assunção provisória da chapa que logrou a terceira colocação no pleito devido à cassação da chapa eleita. 12. Recursos ordinários interpostos por Selma Rosane Santos Arruda, Gilberto Eglair Possamai e PSL não providos em sua integralidade, mantendo-se a cassação dos diplomas dos eleitos e, por consequência, de seus mandatos, bem como a declaração da inelegibilidade de Selma Arruda e de Gilberto Eglair para as eleições que forem realizadas nos 8 anos subsequentes ao pleito de 2018. 13. Recurso de Clérie Fabiana Mendes parcialmente provido, apenas para determinar a exclusão de quaisquer documentos referentes à quebra de seu sigilo bancário. 14. Recurso ordinário interposto por Carlos Henrique Baqueta Fávaro, Geraldo de Souza Macedo, José Esteves de Lacerda Filho, candidato derrotado ao Senado, primeiro e segundo suplentes, respectivamente, e o Diretório Estadual do PSD não provido. 15. Determinação de execução imediata do julgado a partir de sua publicação, com a expedição de ofício ao presidente do Senado Federal para que efetue o pronto afastamento dos mandatários cassados, comunicando-se, prontamente, o TRE/MT para que adote as providências cabíveis relativas à renovação do pleito.Decisão:O Tribunal, por unanimidade, deferiu o pedido de ingresso do PODEMOS na condição de assistente simples da recorrente/ recorrida Selma Rosane Santos Arruda, acolheu a preliminar de indevida quebra de sigilo bancário apenas quanto a Clérie Fabiana Mendes e rejeitou as demais, nos termos do voto do Relator. Prosseguindo, o Tribunal, por maioria, vencido o Ministro Edson Fachin, deu parcial provimento ao recurso ordinário de Clérie Fabiana Mendes somente para determinar a exclusão dos documentos referentes à violação do seu sigilo bancário e negou provimento aos recursos ordinários de Selma Rosane Santos Arruda, de Gilberto Eglair Possamai, do Partido Social Liberal (PSL) e de Carlos Henrique Baqueta Fávaro e outros, nos termos do voto do Relator. Votaram com o Relator os Ministros Luis Felipe Salomão, Tarcisio Vieira de Carvalho Neto, Sérgio Banhos, Luís Roberto Barroso e Rosa Weber (Presidente). Em continuação, o Tribunal, por maioria, vencido o Ministro Tarcisio Vieira de Carvalho Neto, determinou a renovação do pleito e indeferiu o pedido de assunção temporária da chapa terceira colocada no intervalo entre a cassação dos eleitos e a realização de pleito suplementar, nos termos do voto do Relator. Por fim, o Tribunal, por maioria, vencidos os Ministros Edson Fachin e Luis Felipe Salomão, determinou a execução imediata do acórdão a partir de sua publicação, com a expedição de ofício ao Senhor Presidente do Senado Federal para que efetue o afastamento dos mandatários cassados e com a comunicação da decisão ao Tribunal Regional Eleitoral de Mato Grosso para que adote as providências cabíveis quanto à renovação do pleito. Composição: Ministra Rosa Weber (Presidente) e Ministros Luís Roberto Barroso, Edson Fachin, Og Fernandes, Luis Felipe Salomão, Tarcisio Vieira de Carvalho Neto e Sérgio Banhos. (TSE – Recurso Ordinário nº 060161619, Acórdão, Relator(a) Min. Og Fernandes, Publicação: DJE – Diário de justiça eletrônico, Tomo 244, Data 19/12/2019).

8.5.1.9 Resumindo

Fundamentação Legal	**Art. 276, inciso II, alíneas *a* e *b*, do Código Eleitoral.**
Objetivos	Reverter decisões dos Tribunais Regionais que versarem sobre inelegibilidade ou expedição de diplomas nas eleições federais e estaduais, ou denegarem *habeas corpus*, mandado de segurança ou mandado de injunção.
Legitimidade ativa	Ministério Público Eleitoral, partido político, coligação ou candidato que tenha interesse na demanda.
Prazo	Art. 276, §1º, do Código Eleitoral: *3 (três) dias* contados da publicação o acórdão ou da sessão de diplomação. **Observação – Eleições 2022:** Diplomação: até o dia 19 de dezembro de 2022

Competência	Tribunal Superior Eleitoral Obs.: O Recurso Ordinário Eleitoral está sujeito ao duplo juízo de admissibilidade. Isto é, o Recurso será direcionado ao Presidente do Tribunal Regional Eleitoral que proferiu a decisão que se deseja combater e, após a verificação de todos os pressupostos de admissibilidade, o recorrido será intimado para apresentar contrarrazões. Por fim, o recurso será remetido ao Tribunal Superior Eleitoral.
Se o pedido for julgado procedente	A matéria será analisada pelo Tribunal Superior Eleitoral, o qual poderá manter ou não a decisão proferida em instância pretérita.

8.5.2 Recurso Ordinário Constitucional Eleitoral

8.5.2.1 Conceito

O Supremo Tribunal Federal, por essência, atua somente quando existe uma violação clara dos dispositivos constitucionais. Apesar de a matéria eleitoral estar intimamente conectada aos ditames constitucionais, não é viável que todo recurso seja conduzido até o STF. Por esse motivo, a própria Constituição ponderou que somente é cabível recurso para o STF quando a matéria versar sobre declaração de invalidade de lei ou ato normativo que está em dissonância com a CF/88, assim como as decisões denegatórias de mandado de segurança ou *habeas corpus*.

Podemos afiançar, então, que o Recurso Ordinário Constitucional Eleitoral visa combater decisões do Tribunal Superior Eleitoral que se enquadrem nos art.121, §4º, da Constituição Federal e no art. 281 do Código Eleitoral.

8.5.2.2 Fundamentação Legal

O Recurso Ordinário Constitucional Eleitoral tem por fundamento legal o art. 121, §3º, da Constituição Federal e o art. 281 do Código Eleitoral.

Art.121, §3º, da Constituição Federal

"Art. 121. Lei complementar disporá sobre a organização e competência dos tribunais, dos juízes de direito e das juntas eleitorais. [...] §3º São irrecorríveis as decisões do Tribunal Superior Eleitoral, salvo as que contrariarem esta Constituição e as denegatórias de habeas corpus ou mandado de segurança. [...]".

Art. 281 do Código Eleitoral

"Art. 281. São irrecorríveis as decisões do Tribunal Superior, salvo as que declararem a invalidade de lei ou ato contrário à Constituição Federal e as denegatórias de "habeas corpus" ou mandado de segurança, das quais caberá recurso ordinário para o Supremo Tribunal Federal, interposto no prazo de 3 (três) dias".

Ainda que as hipóteses de Recurso Ordinário Constitucional para o Supremo Tribunal Federal estejam previstas no art. 102, inciso II, da Constituição Federal,[268] incluindo o crime político e a denegação de *habeas corpus, habeas data,* mandado de segurança e mandado de injunção, a abrangência do recurso no processo eleitoral foi atenuada pela própria CF.

Igualmente, o Recurso Ordinário Constitucional Eleitoral só será possível quando a decisão do Tribunal Superior Eleitoral denegar *habeas corpus* ou mandado de segurança, uma vez que o rol trazido pelo art. 121, §3º, da CF [269] é considerado exaustivo.

Ainda, nunca é demais assinalar que o Recurso Ordinário Constitucional Eleitoral somente tem aplicação nos casos em que o Tribunal Superior Eleitoral denegar o *habeas corpus* ou o mandado de segurança, incluindo-se tanto os casos em que houver decisão de mérito quanto os que extinguirem o processo sem decisão do mérito (arts. 487[270] e 485[271] do Código de Processo Civil, respectivamente).

[268] Constituição Federal de 1988 – "Art. 102. Compete ao Supremo Tribunal Federal, precipuamente, a guarda da Constituição, cabendo-lhe: [...] II – julgar, em recurso ordinário: a) o *habeas corpus*, o mandado de segurança, o *habeas data* e o mandado de injunção decididos em única instância pelos Tribunais Superiores, se denegatória a decisão; b) o crime político; [...]". BRASIL (1988). *Constituição da República Federativa do Brasil.* Disponível em: http://www.planalto.gov.br/ccivil_03/constituicao/constituicao.htm. Acesso em: 05 mar. 2022.

[269] Constituição Federal de 1988 – "Art. 121. Lei complementar disporá sobre a organização e competência dos tribunais, dos juízes de direito e das juntas eleitorais. §1º Os membros dos tribunais, os juízes de direito e os integrantes das juntas eleitorais, no exercício de suas funções, e no que lhes for aplicável, gozarão de plenas garantias e serão inamovíveis. §2º Os juízes dos tribunais eleitorais, salvo motivo justificado, servirão por dois anos, no mínimo, e nunca por mais de dois biênios consecutivos, sendo os substitutos escolhidos na mesma ocasião e pelo mesmo processo, em número igual para cada categoria. §3º São irrecorríveis as decisões do Tribunal Superior Eleitoral, salvo as que contrariarem esta Constituição e as denegatórias de *habeas corpus* ou mandado de segurança. §4º Das decisões dos Tribunais Regionais Eleitorais somente caberá recurso quando: I – forem proferidas contra disposição expressa desta Constituição ou de lei; II – ocorrer divergência na interpretação de lei entre dois ou mais tribunais eleitorais; III – versarem sobre inelegibilidade ou expedição de diplomas nas eleições federais ou estaduais; IV – anularem diplomas ou decretarem a perda de mandatos eletivos federais ou estaduais; V – denegarem *habeas corpus*, mandado de segurança, *habeas data* ou mandado de injunção". BRASIL (1988). *Constituição da República Federativa do Brasil.* Disponível em: http://www.planalto.gov.br/ccivil_03/constituicao/constituicao.htm. Acesso em: 05 mar. 2022.

[270] Lei nº 13.105, de 16 de março de 2015 – "Art. 487. Haverá resolução de mérito quando o juiz: I – acolher ou rejeitar o pedido formulado na ação ou na reconvenção; II – decidir, de ofício ou a requerimento, sobre a ocorrência de decadência ou prescrição; III – homologar: a) o reconhecimento da procedência do pedido formulado na ação ou na reconvenção; b) a transação; c) a renúncia à pretensão formulada na ação ou na reconvenção. Parágrafo único. Ressalvada a hipótese do §1º do art. 332, a prescrição e a decadência não serão reconhecidas sem que antes seja dada às partes oportunidade de manifestar-se". BRASIL. *Lei nº 13.105, de 16 de março de 2015.* Disponível em: http://www.planalto.gov.br/ccivil_03/_ato2015-2018/2015/lei/l13105.htm. Acesso em: 05 mar. 2022.

[271] Lei nº 13.105, de 16 de março de 2015 – "Art. 485. O juiz não resolverá o mérito quando: I – indeferir a petição inicial; II – o processo ficar parado durante mais de 1 (um) ano por negligência das partes; III – por não promover os atos e as diligências que lhe incumbir, o autor abandonar a causa por mais de 30 (trinta) dias; IV – verificar

À primeira vista, a leitura desse enunciado pode levar a crer que, das decisões concessórias de ordem em *habeas corpus* e mandado de segurança não caberá recurso, o que é um engano. Quando se enquadrarem nos casos previstos no art. 102, III, da CF, será possível interpor recurso extraordinário para o Supremo Tribunal Federal, conforme será tratado adiante.

Cumpre salientar que o Recurso Ordinário Constitucional Eleitoral somente será cabível quando se tratar de decisão proferida em processo de competência originária do Tribunal Superior Eleitoral. Caso seja utilizado em situação diversa, será considerado erro grosseiro, afastando-se o princípio da fungibilidade.

PARA SEDIMENTAR

"Ementa: AGRAVO INTERNO EM RECURSO EXTRAORDINÁRIO EM MANDADO DE SEGURANÇA. ACÓRDÃO DO TRIBUNAL SUPERIOR ELEITORAL. WRIT DENEGADO. SÚMULA 22/TSE. INTERPOSIÇÃO DE RECURSO EXTRAORDINÁRIO AO INVÉS DE RECURSO ORDINÁRIO. INADMISSIBILIDADE. ERRO GROSSEIRO. ART. 102, II, "A" DA CONSTITUIÇÃO DA REPÚBLICA. IMPOSSIBILIDADE DE APLICAÇÃO DO PRINCÍPIO DA FUNGIBILIDADE. RECURSO EXTRAORDINÁRIO NÃO CONHECIDO. RECURSO INTERNO DESPROVIDO. 1. As decisões denegatórias de mandado de segurança, quando proferidas em instância originária pelos Tribunais Superiores, admitem, exclusivamente, impugnação por intermédio de recurso ordinário (art. 102, II, "a", da CRFB/88), que ativará a inafastável competência recursal ordinária desta Corte Constitucional. 2. A interposição de recurso extraordinário em face de decisão denegatória de mandado de segurança originário configura flagrante erro grosseiro na escolha do instrumento (Súmula STF 272), tornando incabível aplicar o princípio da fungibilidade para recebê-lo como recurso ordinário em mandado de segurança. Precedentes desta Corte: ARE 1.047.026 AgR, Relator Min. Celso de Mello, Segunda Turma, DJe 22.09.2017; RMS 21.336 AgR, Relator Min. Marco Aurélio, Tribunal Pleno, DJ 30.06.1995, e RMS 21.498, Relator Min. Moreira Alves, Primeira Turma, DJ 02.10.1992. 3. In casu, tratando-se de recurso

a ausência de pressupostos de constituição e de desenvolvimento válido e regular do processo; V – reconhecer a existência de perempção, de litispendência ou de coisa julgada; VI – verificar ausência de legitimidade ou de interesse processual; VII – acolher a alegação de existência de convenção de arbitragem ou quando o juízo arbitral reconhecer sua competência; VIII – homologar a desistência da ação; IX – em caso de morte da parte, a ação for considerada intransmissível por disposição legal; e X – nos demais casos prescritos neste Código. §1º Nas hipóteses descritas nos incisos II e III, a parte será intimada pessoalmente para suprir a falta no prazo de 5 (cinco) dias. §2º No caso do §1º, quanto ao inciso II, as partes pagarão proporcionalmente as custas, e, quanto ao inciso III, o autor será condenado ao pagamento das despesas e dos honorários de advogado. §3º O juiz conhecerá de ofício da matéria constante dos incisos IV, V, VI e IX, em qualquer tempo e grau de jurisdição, enquanto não ocorrer o trânsito em julgado. §4º Oferecida a contestação, o autor não poderá, sem o consentimento do réu, desistir da ação. §5º A desistência da ação pode ser apresentada até a sentença. §6º Oferecida a contestação, a extinção do processo por abandono da causa pelo autor depende de requerimento do réu. §7º Interposta a apelação em qualquer dos casos de que tratam os incisos deste artigo, o juiz terá 5 (cinco) dias para retratar-se". BRASIL. *Lei nº 13.105, de 16 de março de 2015*. Disponível em: http://www.planalto.gov.br/ccivil_03/_ato2015-2018/2015/lei/l13105.htm. Acesso em: 05 mar. 2022.

extraordinário interposto em face de acórdão do Tribunal Superior Eleitoral que denegou a segurança pleiteada, o não conhecimento do recurso é medida que se impõe, mercê de seu flagrante descabimento. 4. Agravo interno DESPROVIDO por manifesta improcedência, com aplicação de multa de 2 (dois) salários mínimos, ficando a interposição de qualquer recurso condicionada ao prévio depósito do referido valor, em caso de decisão unânime (CPC/2015, art. 1.021, §§4º e 5º, c/c art. 81, §2º). (STF – RMS 35628 AgR, Relator(a): LUIZ FUX, Primeira Turma, julgado em 12/11/2018, ACÓRDÃO ELETRÔNICO DJe-254 DIVULG 28-11-2018 PUBLIC 29-11-2018)"

"Recurso. Princípio da fungibilidade. O princípio da fungibilidade consta explicitamente do Código de Processo Civil – artigo 250 [ainda sob a vigência do antigo; no novo CPC, ver art. 283] – e expressamente do Código de Processo Penal – artigo 579. Descabe empolgá-lo quando o caso é de erro grosseiro, e isso ocorre em se tratando de decisão do Tribunal Superior Eleitoral prolatada em agravo interposto contra pronunciamento do relator que implicou negativa de sequência a recurso especial. Na hipótese, em vez de ser protocolado o extraordinário, foi apresentado o recurso ordinário previsto no art. 102, inciso II, da Constituição Federal e na parte final do artigo 281 do Código Eleitoral em relação às decisões denegatórias de ordem em habeas corpus ou mandado de segurança (STF, AI n. 504598 AgR/SP, 1º Turma, Rel. Min. Marco Aurélio, 17/12/2004)".

"Direito Processual Civil e Eleitoral. Embargos de Declaração no Recurso Ordinário no Recurso Especial Eleitoral. Recurso incabível. Não conhecimento. 1. Embargos de declaração contra decisão que não conheceu de recurso ordinário em razão da impossibilidade de aplicação do princípio da fungibilidade. 2. Hipótese em que a decisão embargada não conheceu do recurso ordinário interposto contra acórdão do TSE que negou provimento a agravo interno manejado nos autos de recurso especial eleitoral. 3. Ficou claro na decisão embargada que o recurso ordinário é manifestamente incabível na espécie. As decisões do TSE são irrecorríveis, salvo as que deneguem mandado de segurança ou habeas corpus ou as que contrariem dispositivo constitucional. Contra elas, é cabível, respectivamente, apenas recurso ordinário e extraordinário direcionado ao Supremo Tribunal Federal, de acordo com o art. 281 do Código Eleitoral e o art. 102, III, da Constituição Federal. 4. Embargos de declaração não conhecidos. (TSE – RECURSO ESPECIAL ELEITORAL nº 060061598, Acórdão, Relator(a) Min. Luís Roberto Barroso, Publicação: DJE – Diário da justiça eletrônica, Tomo 79, Data 04/05/2021)

RECURSO ORDINÁRIO. ELEIÇÕES 2014. GOVERNADOR. AÇÃO DE INVESTIGAÇÃO JUDICIAL ELEITORAL (AIJE). CONDUTA VEDADA. ART. 73, VIII, DA LEI 9.504/97. ABUSO DE PODER POLÍTICO. ART. 22 DA LC Nº 64/90. REVISÃO GERAL DA REMUNERAÇÃO ACIMA DA INFLAÇÃO. CONFIGURAÇÃO. GRAVIDADE. PARÂMETRO ADOTADO A PARTIR DA LC Nº 135/2010. INCLUSÃO DO INCISO XVI AO ART. 22 DA LC Nº 64/90. POTENCIALIDADE. CRITÉRIO SUPERADO. OPÇÃO LEGISLATIVA. MANDATO. TRANSCURSO DO PRAZO. CASSAÇÃO PREJUDICADA. INELEGIBILIDADE. INCIDÊNCIA. RESULTADO ÚTIL E PRÁTICO DO RECURSO. PRESERVAÇÃO NESSA PARTE. REFORMA PARCIAL DO ACÓRDÃO REGIONAL. RECURSO ORDINÁRIO DO

PARQUET. PROVIMENTO. RECURSO ESPECIAL DO INVESTIGADO. RECEBIMENTO NA VIA ORDINÁRIA. FUNGIBILIDADE. DESPROVIMENTO.1. O caso versa sobre a expedição de diploma nas eleições estaduais, razão pela qual é cabível a interposição de recurso ordinário. O princípio da fungibilidade recursal autoriza, na espécie, o recebimento do recurso especial como ordinário.2. O art. 73, VIII, da Lei no 9.504/97 veda ao agente público fazer, na circunscrição do pleito, revisão geral da remuneração (lato sensu) dos servidores públicos que exceda a recomposição da perda de seu poder aquisitivo ao longo do ano da eleição, a partir do início do prazo estabelecido no art. 7º do mesmo diploma legal até a posse dos eleitos. 3. A interpretação estritamente literal do aludido artigo – de modo a entender que revisão geral apta a caracterizar ilícito eleitoral é somente aquela que engloba todos os servidores da circunscrição do pleito – não é a que melhor se coaduna com a finalidade precípua da norma de regência, que é a de proteger a normalidade e a legitimidade do prélio eleitoral da influência do poder político. Assim, revela-se defeso ao agente público conceder reajuste remuneratório que exceda a recomposição da perda do poder aquisitivo, no período vedado, a servidores que representem quantia significativa dos quadros geridos.4. A proibição quanto ao incremento do valor percebido pelos servidores a título de contraprestação do trabalho prestado alcança qualquer das parcelas pagas sob essa rubrica, de modo que, para fins do art. 73, VIII, da Lei das Eleições, não há como distinguir vencimento-base de remuneração final.5. A aplicação da sanção mais severa do §5º do art. 73 da Lei nº 9.504/97 demanda juízo de proporcionalidade. Precedentes. 6. A aferição da gravidade – se positiva a percepção – afasta a possibilidade de se aplicar apenas a sanção pecuniária, porquanto se revelaria desproporcional à conduta praticada.7. O abuso do poder político decorre da utilização da estrutura da administração pública em benefício de determinada candidatura ou, ainda, como forma de prejudicar adversário.8. A partir da Lei Complementar nº 13512010, que inseriu inciso XVI ao art. 22 da Lei Complementar nº 64/90, não mais se cogita de potencialidade como critério para configuração do abuso de poder, mas apenas a gravidade do ato perpetrado.9. In casu, a própria corrente majoritária formada no TRE/RJ reconheceu que "o ato é grave, mas não [...] capaz de abalar o pleito a ponto de invalidá-lo. A Justiça Eleitoral tem o dever de proteger, dentro do possível, o voto, não o político ou candidato. Não se justifica invalidar 4.343.298 votos" (fl. 1997).10. O prejuízo à normalidade e à legitimidade do pleito, dado o contexto revelador de gravidade, foi reconhecido pelo TSE, sobremodo ante a revisão remuneratória – em patamares superiores à de mera recomposição inflacionária – de 24 (vinte e quatro) categorias profissionais do Estado do Rio de Janeiro, o que representou, na época, 336.535 servidores públicos. Justificada, na quadra da conduta vedada, a imposição da pena mais grave. No âmbito do abuso de poder, que não admite gradações sancionatórias, a procedência da AIJE.11. Logo, merece reforma parcial o acórdão regional, pelo qual imposta apenas a sanção de multa por conduta vedada, pois, embora assentada a gravidade, trilhou-se, cumulativamente, o caminho da potencialidade, em contrariedade às normas de regência e à jurisprudência do Tribunal Superior Eleitoral.12. Tendo sido a ação julgada parcialmente procedente na origem, o transcurso do prazo do mandato não inviabiliza, por si só, a modificação do decisum na linha da procedência in totum, uma vez não esgotado o prazo da inelegibilidade.13. Recurso especial de Luiz Fernando de Souza recebido como ordinário e a ele negado provimento. Recurso ordinário do Parquet provido para julgar totalmente procedente a AIJE. (TSE – Recurso Ordinário nº 763425, Acórdão, Relator(a) Min. João Otávio De Noronha, Publicação: DJE – Diário de justiça eletrônico, Tomo 92, Data 17/05/2019, Página 16-17)

RECURSO ESPECIAL. PRINCÍPIO DA FUNGIBILIDADE. POSSIBILIDADE. RECEBIMENTO. RECURSO ORDINÁRIO. MANDADO DE SEGURANÇA. CONCURSO PÚBLICO. IMPETRAÇÃO CONTRA ATO DA PRESIDÊNCIA DO TRE/SC. INDEFERIMENTO DO PEDIDO DE SUSPENSÃO DO PRAZO DE VALIDADE DO CONCURSO Nº 01/2013. DISCRICIONARIEDADE ADMINISTRATIVA. NÃO COMPROVAÇÃO DE PREFERÊNCIA NA ORDEM DE INVESTIDURA DO CONCURSO. RESTRIÇÃO ORÇAMENTÁRIA IMPOSTA À ADMINISTRAÇÃO PÚBLICA. EMENDA CONSTITUCIONAL Nº 95/2016. SUSPENSÃO DOS PROVIMENTOS DE CARGOS NO ÂMBITO DA JUSTIÇA ELEITORAL. PORTARIA-TSE Nº 671/2017. AUSÊNCIA DE DISCRIMINAÇÃO PESSOAL. CADASTRO RESERVA. MERA EXPECTATIVA DE DIREITO À NOMEAÇÃO. INEXISTÊNCIA DE ILEGALIDADE OU ABUSO DE PODER NO ATO COATOR. RECURSO AO QUAL SE NEGA PROVIMENTO. 1. O recurso destinado a impugnar acórdão denegatório de mandado de segurança é o ordinário, e não o especial. Precedentes. Fungibilidade aplicada para conhecer do recurso interposto como ordinário. [...] (TSE – Recurso em Mandado de Segurança nº 060009139, Acórdão, Relator(a) Min. Tarcisio Vieira De Carvalho Neto, Publicação: DJE – Diário de justiça eletrônico, Tomo 68, Data 09/04/2019)

ELEIÇÕES 2014. RECURSOS ESPECIAIS. RECEBIMENTO. RECURSOS ORDINÁRIOS. FUNGIBILIDADE. AÇÕES DE INVESTIGAÇÃO JUDICIAL ELEITORAL. ABUSO DE PODER POLÍTICO. CONFIGURAÇÃO. GOVERNADOR CANDIDATO A REELEIÇÃO. AUMENTOS SALARIAIS. SERVIDORES PÚBLICOS. VÉSPERA DO PERÍODO ELEITORAL. DESPROVIMENTO. CANDIDATO A VICE-GOVERNADOR. MERO BENEFICIÁRIO. PARCIAL PROVIMENTO. 1. Preenchidos os requisitos de admissibilidade do recurso cabível, devem ser conhecidos os recursos especiais como ordinários, em atenção ao princípio da fungibilidade recursal, por se tratar de recurso que versa sobre inelegibilidade em eleições gerais. [...] (TSE – Recurso Ordinário nº 1840, Acórdão, Relator(a) Min. Tarcisio Vieira De Carvalho Neto, Publicação: DJE – Diário de justiça eletrônico, Tomo 36, Data 20/02/2019, Página 65/67)

ELEIÇÕES 2016. AGRAVO NOS PRÓPRIOS AUTOS. RECURSO ORDINÁRIO. REPRESENTAÇÃO. PARTIDO POLÍTICO. PROPAGANDA PARTIDÁRIA. ART. 45, INCISO IV, DA LEI Nº 9.096/95. CASSAÇÃO DE TEMPO DE TRANSMISSÃO EQUIVALENTE A 5 (CINCO) VEZES O TEMPO RESERVADO À PROMOÇÃO DA PARTICIPAÇÃO FEMININA NA POLÍTICA. ART. 45, §2º, INCISO II, DA LEI DOS PARTIDOS POLÍTICOS. INAPLICABILIDADE DO PRINCÍPIO DA FUNGIBILIDADE RECURSAL. AGRAVO REGIMENTAL AO QUAL SE NEGA PROVIMENTO.1. A incidência do princípio da fungibilidade recursal exige a coexistência de circunstâncias de atendimento aos pressupostos recursais intrínsecos, extrínsecos e específicos, entre eles a ausência de erro grosseiro e a tempestividade, a qual não se verifica no presente caso.

2. Incumbe ao Agravante demonstrar, para a incidência do princípio da fungibilidade, a ocorrência de (i) dúvida objetiva quanto ao meio recursal a ser exercido contra decisão específica ou (ii) divergência doutrinária ou jurisprudencial acerca do meio recursal adequado para contestar determinada decisão.3. Ademais, depreende-se, de forma clara, do decisum agravado, que se verificou a subsunção do recurso ordinário analisado, a fim de que fosse examinado o preenchimento dos requisitos de admissibilidade do recurso especial, porém não foi superada a barreira do aviamento recursal.4. Agravo regimental desprovido.(TSE – Agravo de Instrumento nº 30525, Acórdão, Relator(a) Min. Luiz Fux, Publicação: DJE – Diário de justiça eletrônico, Tomo 100, Data 22/05/2018, Página 47)

8.5.2.3 Natureza Jurídica

O Recurso Ordinário Constitucional Eleitoral tem natureza constitucional, apesar de o Código Eleitoral também trazê-lo.

8.5.2.4 Legitimidade

a) Ativa

A legitimidade ativa cabe àquele que se sentiu prejudicado pela decisão do Órgão Colegiado.

b) Passiva

Não há um legitimado passivo predefinido, de tal sorte, figurarão no polo passivo as demais partes da relação processual.

8.5.2.5 Prazo

Nos termos explícitos do art. 281, *caput*, do Código Eleitoral, o prazo de interposição do recurso ordinário constitucional é de 3 *(três) dias*, não fugindo à regra do processo eleitoral.

Art. 281, *caput*, do Código Eleitoral

"Art. 281. São irrecorríveis as decisões do Tribunal Superior, salvo as que declararem a invalidade de lei ou ato contrário à Constituição Federal e as denegatórias de "*habeas corpus*" ou mandado de segurança, das quais caberá recurso ordinário para o Supremo Tribunal Federal, interposto no prazo de 3 (três) dias".

8.5.2.6 Competência

A competência para julgar o Recurso Ordinário Constitucional Eleitoral é do Supremo Tribunal Federal.

8.5.2.7 Rito Processual

Do mesmo modo que o Recurso Ordinário para Tribunal Superior Eleitoral, no Recurso Ordinário Constitucional Eleitoral, por não haver disposições procedimentais próprias a serem observadas, deve-se adotar, no que for cabível, a sistemática do recurso de Apelação, previsto no Código de Processo Civil.

Por conseguinte, a parte interessada deverá interpor o recurso ao presidente do Tribunal Superior Eleitoral, com as razões recursais e o pedido de reforma da decisão, e a parte contrária será intimada para apresentar contrarrazões, no prazo de *3 (três) dias.*[272] Findo o prazo do recorrido, o processo será remetido ao STF, para julgamento.

Caso o recurso seja denegado, o recorrente, nos termos autorizadores do art. 282 do Código Eleitoral, poderá, no prazo de *3 (três) dias*, interpor Agravo de Instrumento com o fito de "destrancar o recurso", observado o disposto no art. 279 do Código Eleitoral.

8.5.2.8 Efeitos

Em regra, os recursos eleitorais não possuem efeito suspensivo. Todavia, no caso do Recurso Ordinário Eleitoral, o Código Eleitoral excepciona a regra, conforme se observa da leitura do art. 257, §2º.

---

272 Código Eleitoral brasileiro – "Art. 281. São irrecorríveis as decisões do Tribunal Superior, salvo as que declararem a invalidade de lei ou ato contrário à Constituição Federal e as denegatórias de *habeas corpus* ou mandado de segurança, das quais caberá recurso ordinário para o Supremo Tribunal Federal, interposto no prazo de 3 (três) dias. [...] §2º Admitido o recurso será aberta vista dos autos ao recorrido para que, dentro de 3 (três) dias, apresente as suas razões". BRASIL. *Lei nº 4.737, de 15 de julho de 1965*. Disponível em: http://www.planalto.gov.br/ccivil_03/LEIS/L4737.htm. Acesso em: 05 mar. 2022.

Art. 257, §2º, do Código Eleitoral

"Art.257, §2º – O recurso ordinário interposto contra decisão proferida por juiz eleitoral ou por Tribunal Regional Eleitoral que resulte em cassação de registro, afastamento do titular ou perda de mandato eletivo será recebido pelo Tribunal competente com efeito suspensivo".

Afirma-se, portanto, que, em princípio, o Recurso Ordinário possui efeito somente devolutivo, entretanto, a depender do caso, poderá ter efeito suspensivo, inovação trazida pela Lei nº 13.165, de 2015.

8.5.2.9 Recursos

As decisões proferidas em sede de Recurso Ordinário Constitucional Eleitoral são irrecorríveis.

8.5.2.10 Resumindo

Fundamentação Legal	**Art. 102, inciso II, alínea *a*, e art. 105, inciso II, alíneas *a* e *b*, da Constituição Federal; arts. 30 ao 35 da Lei nº 8.038, de 1990; e art. 281 do Código Eleitoral.**
Objetivo	*Reverter decisões decididas em única instância pelos Tribunais Superiores que denegarem habeas corpus, mandado de segurança, habeas data ou mandado de injunção;* *Reverter decisões denegatórias de habeas corpus ou mandado de segurança do Tribunal Superior Eleitoral;* *Reverter decisões decididas em única instância pelos Tribunais Regionais Federais ou pelos Tribunais dos Estados, do Distrito Federal e Territórios que denegarem habeas corpus ou mandado de segurança.*
Legitimidade ativa	Os prejudicados pela não concessão da segurança e/ou liberdade. Obs.: Em matéria eleitoral – Partido político, federação partidária, coligação, candidato ou Ministério Público Eleitoral.
Prazo	Supremo Tribunal Federal – *15 (quinze) dias*; Supremo Tribunal Federal – *3 (três) dias* – matéria eleitoral; Superior Tribunal de Justiça – Contra denegação de *habeas corpus* será de *5 (cinco) dias*, e contra denegação de mandado de segurança, de *15 (quinze) dias*.

Competência	Supremo Tribunal Federal Obs.: O Recurso Ordinário Constitucional está sujeito ao duplo juízo de admissibilidade. Isto é, o Recurso será direcionado ao Presidente do Tribunal Superior Eleitoral e, após a verificação de todos os pressupostos de admissibilidade, o recorrido será intimado para apresentar contrarrazões. Por fim, o recurso será remetido ao Supremo Tribunal Federal. Superior Tribunal de Justiça Obs.: O Recurso Ordinário Constitucional está sujeito ao duplo juízo de admissibilidade. Isto é, o Recurso será direcionado ao Presidente do Tribunal Regional Eleitoral que proferiu a decisão que se deseja combater e, após a verificação de todos os pressupostos de admissibilidade, o recorrido será intimado para apresentar contrarrazões. Por fim, o recurso será remetido ao Tribunal Superior Eleitoral.
Se o pedido for julgado procedente	*A matéria será analisada pelo Supremo Tribunal Federal ou pelo Superior Tribunal de Justiça, a depender da matéria, os quais poderão manter ou não a decisão proferida em instância pretérita.*

8.6 Recurso Especial

8.6.1 Conceito

O Recurso Especial enquadra-se em espécie excepcional de instrumento processual que não busca, em sede recursal, aventar discussões sobre o fato *quaestio facti* –, tendo o fito exclusivo de tutelar o direito objetivo – *quaestio juris*. O Recurso Especial Eleitoral apresenta-se como meio de combater decisões proferidas por Tribunal Regional Eleitoral que forem de encontro com disposição de lei federal ou quando houver decisões divergentes sobre a mesmo assunto por Tribunais Regionais Eleitorais distintos.

8.6.2 Fundamentação Legal

Na esfera eleitoral, o Recurso Especial está disposto no art. 121, §4º, da Constituição Federal, que prevê o cabimento de recurso das decisões proferidas pelos Tribunais Regionais Eleitorais "contra disposição expressa da Constituição ou de lei (inciso I) e quando "ocorrer divergência na interpretação de lei entre dois ou mais tribunais eleitorais" (inciso II).[273]

[273] Constituição Federal de 1988 – "Art. 121. Lei complementar disporá sobre a organização e competência dos tribunais, dos juízes de direito e das juntas eleitorais. §1º Os membros dos tribunais, os juízes de direito e os integrantes das juntas eleitorais, no exercício de suas funções, e no que lhes for aplicável, gozarão de plenas garantias e serão inamovíveis. §2º Os juízes dos tribunais eleitorais, salvo motivo justificado, servirão por dois anos, no mínimo, e nunca por mais de dois biênios consecutivos, sendo os substitutos escolhidos na mesma ocasião e pelo mesmo processo, em número igual para cada categoria. §3º São irrecorríveis as decisões do Tribunal Superior Eleitoral, salvo as que contrariarem esta Constituição e as denegatórias de *habeas corpus* ou

No âmbito infraconstitucional, o Recurso Especial Eleitoral é tratado pelo art. 276, I, do Código Eleitoral.

Art. 276, I, do Código Eleitoral

"Art.276, I. As decisões dos tribunais regionais são terminativas, salvo os casos seguintes em que cabe recurso para o Tribunal Superior: I – especial: a) quando forem proferidas contra expressa disposição de lei; b) quando ocorrer divergência na interpretação de lei entre dois ou mais tribunais eleitorais".

Nota-se que o 276, I, do Código Eleitoral é muito semelhante à norma constitucional, apenas não contém o item que faz referência aos casos de decisões que contrariam a Constituição. Portanto, embora seja anterior à CF/88, mas com ela estar em harmonia, é perceptível dizer que o Código Eleitoral foi recepcionado pela nova ordem constitucional brasileira.

Não foram devidamente explicitados pela legislação (constitucional e infraconstitucional) os tipos de decisão que podem ser impugnadas por Recurso Especial. Sabemos que as atividades dos Tribunais Regionais Eleitorais não se resumem à prestação jurisdicional, compreendendo também a atuação nas searas administrativa, normativa e consultiva. É preciso, portanto, ter cautela com o impulso de interpor Recurso Especial Eleitoral sem considerar a natureza da decisão.

Pela própria essência, é prudente adotar a posição de que não é possível recorrer de decisões proferidas nos âmbitos consultivo, normativo e estritamente administrativo. Em outras palavras, pode-se recorrer dos acórdãos exarados nos âmbitos jurisdicional e administrativo-eleitoral dos Tribunais Regionais, contanto que haja previsão legal para tanto.

mandado de segurança. §4º Das decisões dos Tribunais Regionais Eleitorais somente caberá recurso quando: I – forem proferidas contra disposição expressa desta Constituição ou de lei; II – ocorrer divergência na interpretação de lei entre dois ou mais tribunais eleitorais; III – versarem sobre inelegibilidade ou expedição de diplomas nas eleições federais ou estaduais; IV – anularem diplomas ou decretarem a perda de mandatos eletivos federais ou estaduais; V – denegarem *habeas corpus*, mandado de segurança, *habeas data* ou mandado de injunção". BRASIL (1988). *Constituição da República Federativa do Brasil*. Disponível em: http://www.planalto.gov.br/ccivil_03/constituicao/constituicao.htm. Acesso em: 06 mar. 2022.

PARA SEDIMENTAR

"ELEIÇÕES 2016. AGRAVO REGIMENTAL EM RECURSO ESPECIAL. REGISTRO DE CANDIDATURA AO CARGO DE VEREADOR. INDEFERIMENTO. INELEGIBILIDADE DO ART. 1º, I, ALÍNEA E, DA LC 64/90, COM AS ALTERAÇÕES TRAZIDAS PELA LC 135/2010. RECURSO ESPECIAL INTERPOSTO EM FACE DE DECISÃO MONOCRÁTICA. AUSÊNCIA DE EXAURIMENTO DAS VIAS RECURSAIS NA INSTÂNCIA ORDINÁRIA. O ARGUMENTO DE QUE O ART. 105, III, DA CF PREVÊ A COMPETÊNCIA DO TSE PARA JULGAR DECISÕES PROFERIDAS PELOS TRIBUNAIS REGIONAIS MOSTRA-SE INAPTO PARA DERRUBAR O FUNDAMENTO DA DECISÃO AGRAVADA. AGRAVO REGIMENTAL A QUE SE NEGA PROVIMENTO (TSE – Recurso Especial Eleitoral nº 24209, Acórdão, Relator(a) Min. Napoleão Nunes Maia Filho, Publicação: PSESS – Publicado em Sessão, Data 08/11/2016)".

"AGRAVO REGIMENTAL. RECURSO ESPECIAL. REGISTRO DE CANDIDATURA. ELEIÇÕES 2012. FILIAÇÃO PARTIDÁRIA. CABIMENTO DO APELO. VIOLAÇÃO DE SÚMULA. INADMISSIBILIDADE. FUNDAMENTOS NÃO INFIRMADOS. REEXAME. IMPOSSIBILIDADE. DESPROVIMENTO. 1. Não se admite recurso especial calcado em violação de súmula. Precedentes. 2. Fundamentos não infirmados. 3. A pretensão do agravante – no sentido de que esta Corte analise os documentos apresentados pelo candidato no intuito de comprovar a sua filiação partidária – esbarra, inexoravelmente, no óbice contido na Súmula nº 279/STF. 4. Agravo regimental desprovido. (TSE – Recurso Especial Eleitoral nº 142240, Acórdão, Relator(a) Min. Luciana Christina Guimarães Lóssio, Publicação: PSESS – Publicado em Sessão, Data 30/10/2012)".

"RECURSO ESPECIAL. MATÉRIA DECIDIDA ADMINISTRATIVAMENTE PELA CORTE REGIONAL. NÃO-CABIMENTO DO APELO EM ANÁLISE. NÃO-CONHECIMENTO. 1. Tendo a Corte Regional decidido a matéria administrativamente, é incabível a utilização de recurso especial eleitoral como forma de jurisdicionalizar o debate. 2. Não cabe ao TSE rever, em sede de recurso especial, os atos cometidos pelos TREs no exercício de sua autonomia administrativa. 3. Recurso não conhecido. Encaminhamento de peças ao Tribunal de Contas da União. (TSE – Recurso Especial Eleitoral nº 25836, Acórdão, Relator(a) Min. José Augusto Delgado, Publicação: DJ – Diário de justiça, Data 19/03/2007, Página 178)".

"Eleições 2016. Agravo regimental. Agravo de instrumento. Recurso especial. AIJE. Abuso de poder político e uso indevido dos meios de comunicação social. Bis in idem. Não configuração. Preliminar rejeitada. Reiteração de propaganda institucional em período vedado. Gravidade da conduta. [...] 9. A mera transcrição de ementas de julgados é insuficiente para embasar o dissenso pretoriano, o que atrai a incidência da Súmula nº 28/TSE. [...]"(TSE – Ac. de 2.4.2019 no AgR-AI nº 34838, rel. Min. Tarcisio Vieira de Carvalho Neto.)

"Agravo regimental. Recurso especial. Embargos a execução fiscal. Nulidade de citação e intimação. Inocorrência. Endereço oficial. Desprovimento. 1. Nos presentes autos de embargos a execução fiscal, pretende-se o reconhecimento da nulidade dos atos de comunicação processual no feito em que fora aplicada multa à ora agravante, por suposta afronta ao disposto no art. 223, parágrafo único, do CPC/73 e dissídio do aresto a quo com julgado do STJ. [...]" NE: "[...] O apelo foi conhecido para se apreciar a alegada violação ao art. 223, parágrafo único, do CPC/73, mas não por dissídio com precedente do STJ, nos termos da jurisprudência desta Corte (REspe 250-94/130, Rel. Min. Caputo Bastos, DJ de 7.10.2005; AI 122-07/MG, Rel. Min. Luciana Lóssio, DJe de 14.10.2016). A título de esclarecimento, pontuo que o recurso especial é cabível, nos termos de previsão expressa do Código Eleitoral, apenas quando houver divergência de interpretação entre tribunais eleitorais, o que exclui, dentre outros, o STJ. [...]"(TSE – Ac. de 12.3.2019 no AgR-REspe nº 51572, rel. Min. Jorge Mussi.)

ELEIÇÕES 2018. AGRAVO REGIMENTAL. RECURSO ESPECIAL. RECURSO CONTRA DECISÃO MONOCRÁTICA DE INDEFERIMENTO DE REGISTRO DE CANDIDATURA. AUSÊNCIA DE EXAURIMENTO DAS VIAS RECURSAIS ORDINÁRIAS. 1. Recurso especial interposto em face de decisão monocrática exarada por membro do Tribunal a quo, o qual indeferiu registro de candidatura, em razão da ausência de filiação partidária. 2. A teor do verbete sumular 25/TSE, "é indispensável o esgotamento das instâncias ordinárias para a interposição de recurso especial eleitoral", enunciado que deriva diretamente do art. 121, §4º, da Constituição da República e, bem por isso, não pode ser considerado mero formalismo. Agravo regimental a que se nega provimento. (TSE – Recurso Especial Eleitoral nº 060040242, Acórdão, Relator(a) Min. Admar Gonzaga, Publicação: PSESS – Publicado em Sessão, Data 09/10/2018)

ELEIÇÕES SUPLEMENTARES. ESTADO DO TOCANTINS. (2018). RECURSO ORDINÁRIO RECEBIDO COMO ESPECIAL. REGISTRO DE CANDIDATURA. VICE-GOVERNADOR. DEFICIÊNCIA DAS RAZÕES RECURSAIS. MATÉRIA PERTINENTE AO DRAP. PREJUDICIALIDADE. NÃO CONHECIMENTO.1. Histórico do processo: Trata-se de recurso ordinário interposto contra acórdão em que se deferiu o registro da chapa majoritária integrada por Carlos Amashta (candidato a prefeito) e Célio Alves de Moura (candidato a vice-prefeito). O objeto recursal, contudo, está adstrito ao deferimento do registro do candidato ao cargo de vice-prefeito, filiado ao PT. 2. Recurso cabível: No caso vertente, o acórdão objurgado desafia a interposição de recurso especial, pois não se amolda às hipóteses estritas de cabimento do recurso ordinário elencadas no art. 121, §4º, III e IV, da CF, quais sejam: inelegibilidade, expedição ou anulação de diploma ou perda de mandato eletivo nas eleições federais ou estaduais. Aplicáveis, na espécie, as orientações consolidadas nas Súmulas nº 36 e 64 do TSE. Na linha da iterativa jurisprudência deste Tribunal, o princípio da fungibilidade recursal não pode ser aplicado quando não atendidos os pressupostos específicos de admissibilidade do apelo nobre, quais sejam: ofensa a dispositivos legais ou constitucionais ou divergência jurisprudencial. Precedentes. In casu, o recorrente não suscitou violação a dispositivos legais ou constitucionais nem apresentou dissídio jurisprudencial. A deficiência das razões recursais atrai os óbices previstos nas Súmulas nº 27 e 28 do TSE.3. Mérito:

Ainda que ultrapassadas as barreiras sumulares, o apelo seria inviável, pois, conforme assentado no acórdão regional, os motivos que embasaram a presente impugnação já foram examinados nos Autos nº 0600085-48.2018.6.27.0000, não devendo ser reavaliados no processo individual de registro de candidatura. Tal orientação está em harmonia com a jurisprudência do TSE, no sentido de que "a matéria atinente à validade de convenção partidária deve ser discutida nos autos do Demonstrativo de Regularidade de Atos Partidários (DRAP), e não no registro de candidatura individual" (REspe nº 178-55/BA, Rel. Min. Henrique Neves, DJe de 10.3.2017).4. Recurso especial não conhecido. (TSE – Recurso Ordinário nº 060008718, Acórdão, Relator(a) Min. Tarcisio Vieira De Carvalho Neto, Publicação: PSESS – Publicado em Sessão, Data 29/05/2018)

8.6.3 Natureza Jurídica

O Recurso Especial Eleitoral tem natureza infraconstitucional, visto que seu desígnio é proteger a aplicação e a efetividade das normas infraconstitucionais.

8.6.4 Legitimidade

a) Ativa

A legitimidade ativa cabe àquele que se sentiu prejudicado pela decisão do Órgão Colegiado.

PARA SEDIMENTAR

"ELEIÇÕES 2020. AGRAVO INTERNO EM AGRAVO EM RECURSO ESPECIAL. REPRESENTAÇÃO POR PROPAGANDA ELEITORAL NEGATIVA NA INTERNET. REMOÇÃO DE CONTEÚDO. FIM DO PERÍODO ELEITORAL. PERDA SUPERVENIENTE DO OBJETO. ALEGAÇÃO DE AFRONTA À LEI. ACÓRDÃO REGIONAL EM CONFORMIDADE COM A JURISPRUDÊNCIA DO TSE. INCIDÊNCIA DO ENUNCIADO SUMULAR Nº 30 DO TSE. NEGADO PROVIMENTO AO AGRAVO INTERNO. 1. Hipótese em que a decisão combatida negou seguimento ao agravo, tendo em vista que o acórdão regional estava alinhado à jurisprudência desta Corte Superior. 2. É inviável o conhecimento de recurso cujo objeto visa reformar decisão que se encontra em conformidade com enunciado de súmula do TSE, ante a incidência do Verbete Sumular nº 30 deste Tribunal, cujo óbice constitui fundamento para afastar ambas as hipóteses de cabimento do recurso especial – por afronta à lei e por dissídio pretoriano. 3. Não há falar em ofensa aos arts. 275 do CE e 489 e 1.022 do CPC, haja vista que a Corte de origem examinou e decidiu a respeito de todas as questões essenciais ao deslinde da controvérsia que foram trazidas à apreciação. 4. Negado provimento ao agravo interno. (TSE – AGRAVO EM RECURSO ESPECIAL ELEITORAL nº 060091543, Acórdão, Relator(a) Min. Mauro Campbell Marques, Publicação: DJE – Diário da justiça eletrônica, Tomo 36, Data 07/03/2022)"

"ELEIÇÕES 2016. AGRAVOS REGIMENTAIS EM RECURSO ESPECIAL. REGISTRO DE CANDIDATURA. VEREADOR. INDEFERIMENTO NA ORIGEM. DECISÃO MONOCRÁTICA. PROVIMENTO DO RECURSO ESPECIAL. CONSEQUÊNCIA DIRETA NA ELEIÇÃO DE VEREADOR EM VIRTUDE DA RETOTALIZAÇÃO DOS VOTOS REPUTADOS COMO VÁLIDOS. INTERESSE JURÍDICO DO TERCEIRO PREJUDICADO. ERRO DA JUSTIÇA ELEITORAL EM NÃO ANOTAR NO SISTEMA A RESTRIÇÃO IMPEDITIVA DA QUITAÇÃO ELEITORAL. CORREÇÃO ULTERIOR AO REGISTRO. IMPOSSIBILIDADE DE PREJUDICAR O CANDIDATO QUE AGIU DE BOA-FÉ. PRECEDENTES DO TSE. SIMILITUDE FÁTICA ENTRE O PARADIGMA APONTADO PELA DECISÃO AGRAVADA COMO VETOR INTERPRETATIVO PARA AS ELEIÇÕES DE 2016 E O CASO DOS AUTOS. SEGURANÇA JURÍDICA. ARGUMENTAÇÃO TRAZIDA NOS AGRAVOS REGIMENTAIS QUE NÃO SÃO CAPAZES DE AFASTAR OS FUNDAMENTOS DA DECISÃO AGRAVADA. AGRAVOS DESPROVIDOS.1. Se o candidato requer registro de candidatura amparado em informação da Justiça Eleitoral quanto à sua quitação eleitoral, sem que haja impugnação, não pode seu pedido ser indeferido pela constatação posterior do erro cartorário.2. In casu, a) Em 26.8.2016, o magistrado a quo deferiu o pedido de registro de candidatura do candidato Erivaldo Mendanha da Silva, ora Agravado. b) Em 5.9.2016, chegou notícia ao cartório eleitoral, dando conta de que o ora Agravado se encontrava em mora com a Justiça Eleitoral, em razão da não prestação de contas de campanha nas eleições 2014 (fls. 74), e que, na data referida, o Chefe de Cartório da 41ª Zona Eleitoral, a fls. 23, noticiou que o ora Agravado teve suas contas de campanha de 2014 julgadas não prestadas (fls. 24-27), nos autos de Prestação de Contas 2158-82. 2014.6.09.0008, circunstância que demonstraria a ausência de quitação com a Justiça Eleitoral (fls.71). c) O Parquet eleitoral, ao tomar ciência da sentença em 5.9.2016, quando já constava nos autos a informação sobre a ausência de quitação eleitoral, interpôs recurso eleitoral, com pedido de reconsideração, o qual fora acolhido pelo juízo eleitoral para indeferir "o pedido de registro de candidatura de ERIVALDO MENDANHA DA SILVA [ora Agravado], para concorrer ao cargo de vereador no município de Niquelândia/GO" (fls.72).d) O Regional Eleitoral goiano manteve a decisão de reconsideração proferida pelo juízo de primeiro grau, assentando que tal equívoco, embora 'lamentável', fora tempestivamente sanado ante a ausência de trânsito em julgado, bem assim pontuando que "a ausência de uma das condições de elegibilidade não era fato novo e como se trata de matéria de ordem pública poderia ter sido conhecida de ofício pelo magistrado de primeira instância" (fls. 78).e) Todavia, o aresto regional desafia frontalmente o entendimento adotado por este Tribunal Superior no AgR-REspe nº 219-37/PA, de relatoria do e. Min. Henrique Neves, relativo às Eleições de 2016, cuja questão de fundo controvertida revela-se assemelhada à que ora se discute: o acórdão regional reconhecera que a notícia sobre a ausência de quitação eleitoral apenas fora juntada aos autos após a prolação da sentença de 1º grau que havia deferido o registro, deixando de consignar, apesar de provocado por embargos, a alegada má-fé do candidato. f) No indigitado AgR-REspe nº 219-37/PA, o e. Min. Henrique Neves consignou: "Sustenta o Ministério Público Eleitoral que o acórdão recorrido consignou a existência de certidão emitida pelo cartório eleitoral atestando pendência quanto à prestação de contas de campanha das Eleições de 2012. Ocorre que, no caso, também se depreende do acórdão recorrido que o candidato obteve quatro certidões de quitação eleitoral exaradas pela 104ª Zona Eleitoral do Estado do Pará, nas quais não constava nenhuma pendência. E, com base em tal informação, o seu registro de candidatura foi requerido. Portanto, se o candidato, de boa-fé, agiu amparado em informação da Justiça Eleitoral, sem que houvesse impugnação do seu registro de candidatura, não se lhe pode negar o registro pela constatação posterior do erro cartorário". g) Os ora Agravantes, em suas razões, não lograram infirmar os fundamentos do aresto monocrático de minha lavra, que deferira, à luz do paradigma supra, o registro de candidatura de Erivaldo Mendanha da Silva. 3. Presente a similitude fática, o entendimento adotado por este Tribunal Superior no AgR-REspe nº 219-37/PA como vetor interpretativo para as eleições de 2016 deve ser preservado em homenagem à segurança jurídica. *4.* O terceiro prejudicado tem legitimidade para interpor recurso sempre que demonstrar in concrecto, forma específica e individualizável, que o pronunciamento judicial possui aptidão para atingir diretamente sua esfera jurídica.5. Agravos regimentais desprovidos. (TSE – Recurso Especial Eleitoral nº 27166, Acórdão, Relator(a) Min. Luiz Fux, Publicação: DJE – Diário de justiça eletrônico, Tomo 200, Data 17/10/2017, Página 11/12)".

b) Passiva

Não há um legitimado passivo predefinido, de tal sorte, figurarão no polo passivo as demais partes da relação processual.

8.6.5 Prazo

O Código Eleitoral, em seu art. 276, §1º,[274] estabeleceu o prazo *de 3 (três) dias* para interposição de Recurso Especial Eleitoral. Todavia, mister pontuar que, ainda que a

[274] Código Eleitoral brasileiro – "Art. 276. As decisões dos Tribunais Regionais são terminativas, salvo os casos seguintes em que cabe recurso para o Tribunal Superior: I – especial: a) quando forem proferidas contra expressa disposição de lei; b) quando ocorrer divergência na interpretação de lei entre dois ou mais tribunais eleitorais. II – ordinário: a) quando versarem sôbre expedição de diplomas nas eleições federais e estaduais; b) quando denegarem *habeas corpus* ou mandado de segurança. §1º É de 3 (três) dias o prazo para a interposição do recurso, contado da publicação da decisão nos casos dos nº I, letras *a* e *b* e II, letra *b* e da sessão da diplomação no caso do nº II, letra *a*. [...]". BRASIL. *Lei nº 4.737, de 15 de julho de 1965*. Disponível em: http://www.planalto.gov.br/ccivil_03/LEIS/L4737.htm. Acesso em: 06 mar. 2022.

Lei nº 9.504, de 1997 preveja, em seu art. 96, §8º,[275] que as demandas regidas por esse diploma possuem um prazo recursal de *24 (vinte e quatro) horas*, referido disposto não se aplica ao Recurso Especial.

Nesse sentido, o Tribunal Superior Eleitoral editou a Resolução nº 23.608 de 18 de dezembro de 2019, aplicável às eleições de 2022, a qual ratifica o prazo de *3 (três) dias*.

Art. 26 da Resolução nº 23.608, de 2019, do Tribunal Superior Eleitoral

"Art. 26. Do acórdão do tribunal regional eleitoral caberá recurso especial eleitoral para o Tribunal Superior Eleitoral, no prazo de 3 (três) dias, assegurado o oferecimento de contrarrazões pelo recorrido em igual prazo (Lei nº 4.737/1965, art. 276, §1º)".

Ainda nessa direção, a jurisprudência já se manifestou, afiançando que "o prazo para interposição de recurso especial eleitoral nas representações regidas pela Lei nº 9.504/1997 é de três dias" (TSE, AgR-REsp n. 32743/RN, 27/6/2011).

Excetua-se somente a hipótese de recurso especial interposto em processo que envolva direito de resposta, tendo em vista a celeridade a ele inerente. Nesse caso, o prazo recursal é o de *24 (vinte e quatro) horas*, conforme predito no §5º do art. 58 da Lei nº 9.504, de 1997.

Art. 58 da Lei nº 9.504, de 1997

"Art.58. Da decisão sobre o exercício do direito de resposta cabe recurso às instâncias superiores, em 24 horas da data da sua publicação em cartório ou sessão, assegurado ao recorrido oferecer contrarrazões em igual prazo, a contar da sua notificação".

---

[275] Lei nº 9.504, de 30 de setembro de 1997 – "Art. 96. Salvo disposições específicas em contrário desta Lei, as reclamações ou representações relativas ao seu descumprimento podem ser feitas por qualquer partido político, coligação ou candidato, e devem dirigir-se: I – aos Juízes Eleitorais, nas eleições municipais; II – aos Tribunais Regionais Eleitorais, nas eleições federais, estaduais e distritais; III – ao Tribunal Superior Eleitoral, na eleição presidencial. §8º Quando cabível recurso contra a decisão, este deverá ser apresentado no prazo de vinte e quatro horas da publicação da decisão em cartório ou sessão, assegurado ao recorrido o oferecimento de contra-razões, em igual prazo, a contar da sua notificação. [...]". BRASIL. *Lei nº 9.504, de 30 de setembro de 1997*. Disponível em: http://www.planalto.gov.br/ccivil_03/leis/l9504.htm. Acesso em: 06 mar. 2022.

PARA SEDIMENTAR

"Direito de resposta. Recurso especial. Intempestividade. Por se tratar de direito de resposta, nos termos do §5º do art. 58 da Lei nº 9.504/1997, o recurso especial deve ser interposto no prazo de 24 horas, ainda que o acórdão recorrido tenha por objeto pretensão executória. Agravo regimental não provido (TSE, AgR-REsp n. 362996/RJ, 16/12/2011)".

EMBARGOS DE DECLARAÇÃO. AGRAVO REGIMENTAL. RECURSOS ESPECIAIS. ELEIÇÕES 2016. PREFEITO. REGISTRO DE CANDIDATURA. INELEGIBILIDADE. ART. 1º, I, G, DA LC 64/90. REJEIÇÃO DE CONTAS PÚBLICAS. 1. Embargos declaratórios opostos por coligação e agravo regimental interposto pelo Ministério Público contra decisum monocrático em que se negou seguimento aos recursos especiais (o primeiro, por intempestividade), mantendo-se aresto de deferimento do registro do vencedor do pleito majoritário de Bacuri/MA em 2016, por não incidir a inelegibilidade do art. 1º, I, g, da LC 64/90 (rejeição de contas públicas). RECURSO ESPECIAL. COMPROVAÇÃO. FERIADO LOCAL. MOMENTO. INTERPOSIÇÃO. 2. A teor do entendimento desta Corte e do art. 1.003, §6º, do CPC/2015, é ônus da parte comprovar a existência de feriado local no ato de interposição do recurso especial, o que, contudo, não se procedeu. CONCLUSÃO. DESPROVIMENTO. 9. Embargos declaratórios rejeitados e agravo regimental desprovido.(TSE – Recurso Especial Eleitoral nº 32938, Acórdão, Relator(a) Min. Jorge Mussi, Publicação: DJE – Diário de justiça eletrônico, Tomo 239, Data 12/12/2019, Página 42/43)

DIREITO ELEITORAL. RECURSOS ESPECIAIS ELEITORAIS. ELEIÇÕES 2016. AÇÃO DE INVESTIGAÇÃO JUDICIAL ELEITORAL POR ABUSO DO PODER POLÍTICO. REPRESENTAÇÃO POR CONDUTA VEDADA. NÃO CONHECIMENTO DO RECURSO DE EMÍDIO BICALHO E PROVIMENTO PARCIAL DO RECURSO DE FARIAS MENEZES DE OLIVEIRA. 1. Recursos especiais eleitorais contra acórdão do TRE/MG, que, reformando parcialmente sentença, manteve a cassação dos diplomas do prefeito e vice-prefeito do Município de Dionísio/MG, eleitos no pleito de 2016, bem como a condenação de ambos à inelegibilidade por 8 anos, em razão da prática de conduta vedada e da configuração do abuso do poder político, determinando, ainda, a realização de novas eleições. 2. Julgamento conjunto de representação por conduta vedada (Rp nº 412-26) ajuizada em desfavor do candidato a prefeito eleito (Farias Menezes de Oliveira) e do candidato a vice-prefeito reeleito (Emídio Braga Bicalho) e de AIJE por abuso do poder econômico e político (AIJE nº 422-70) ajuizada contra esses candidatos, o prefeito à época dos fatos (Frederico Henriques Figueiredo Coura Ferreira) e o pai deste último (José Henriques Ferreira). 3. Hipótese em que o então prefeito teria feito uso promocional da entrega efetiva de lotes a 195 famílias em programa social da Prefeitura Municipal, com a alteração do cronograma para que a imissão na posse se desse em período próximo às eleições municipais – embora as obras de infraestrutura no local ainda não estivessem concluídas –, com o objetivo de beneficiar o candidato a prefeito apoiado e o então vice-prefeito, candidato à reeleição para o mesmo cargo.I – RECURSO DE EMÍDIO

BRAGA BICALHO 4. É intempestivo o recurso especial eleitoral interposto após o fim do tríduo legal. O recorrente não se desincumbiu do ônus de comprovar a alegada indisponibilidade do sistema da Justiça Eleitoral, de modo que seu recurso não deve ser conhecido. [...] (TSE – Recurso Especial Eleitoral nº 42270, Acórdão, Relator(a) Min. Luís Roberto Barroso, Publicação: DJE – Diário de justiça eletrônico, Data 27/06/2019)

DIREITO ELEITORAL E PROCESSUAL CIVIL. AGRAVO NOS PRÓPRIOS AUTOS. RECURSO ESPECIAL ELEITORAL COM AGRAVO. ELEIÇÕES 2016. PRESTAÇÃO DE CONTAS. IMPOSSIBILIDADE DE APLICAÇÃO DO PRINCÍPIO DA FUNGIBILIDADE. INTEMPESTIVIDADE REFLEXA. NÃO CONHECIMENTO. 1. Agravo nos próprios autos contra decisão monocrática que negou seguimento a agravo nos próprios autos interposto contra decisão de inadmissão de recurso especial eleitoral. 2. A jurisprudência deste Tribunal admite o recebimento de agravo de instrumento como agravo interno, com base no princípio da fungibilidade, se, das razões expostas pelo agravante, infere-se que o recurso se dirige ao próprio Tribunal e nele se pretende a reforma da decisão monocrática proferida. Precedentes. 3. No caso, o agravo contra decisão de inadmissão do recurso especial foi interposto após o prazo de três dias. De acordo com a jurisprudência deste Tribunal, padece de intempestividade reflexa o recurso subsequente ao recurso interposto extemporaneamente. Precedentes. 4. O art. 7º da Res.-TSE nº 23.478/2016 prevê que "o disposto no art. 219 do Novo Código de Processo Civil não se aplica aos feitos eleitorais". A regra, portanto, é taxativa e incondicional, não havendo qualquer ressalva quanto à sua aplicabilidade fora do período eleitoral. 5. Agravo não conhecido. (TSE – Agravo de Instrumento nº 24258, Acórdão, Relator(a) Min. Luís Roberto Barroso, Publicação: DJE – Diário de justiça eletrônico, Data 28/06/2019)

ELEIÇÕES 2012. AGRAVO REGIMENTAL. AGRAVO. RECURSO ESPECIAL. CRIME ELEITORAL. DIFAMAÇÃO. INTEMPESTIVIDADE DO AGRAVO INTERNO. SISTEMA DE PROTOCOLO ELETRÔNICO. ALEGADA INDISPONIBILIDADE. PROVA. ÔNUS DO PETICIONANTE. NÃO COMPROVAÇÃO. DECISÃO AGRAVADA. FUNDAMENTOS NÃO INFIRMADOS. SÚMULA Nº 26/TSE. INCIDÊNCIA. NÃO CONHECIMENTO.1. O agravo interno foi protocolizado após o tríduo legal previsto no art. 36, §8º, do Regimento Interno deste Tribunal, sob a justificativa de que o sistema de protocolo eletrônico encontrava-se indisponível no período compreendido pelo prazo recursal.2. É ônus do peticionante comprovar que o prazo recursal não foi observado por circunstâncias alheias à sua vontade. Precedentes.3. In casu, o agravante não demonstrou a referida indisponibilidade do sistema de peticionamento eletrônico, apenas limitou-se a anexar captura de imagem da tela do computador, gerada em data posterior à do escoamento do prazo legal, e buscou transferir aludido ônus ao corpo técnico do tribunal.4. É patente a intempestividade de recurso formalizado após o transcurso do prazo assinalado na norma de regência.5. Obiter dictum: na linha da jurisprudência desta Corte Superior, "a simples reiteração de argumentos já analisados na decisão agravada e o reforço de alguns pontos, sem que haja no agravo regimental qualquer elemento novo apto a infirmá-la, atraem a incidência do Enunciado da Súmula nº 26 do TSE" (AgR-REspe nº 1669-13/DF, Rel. Min. Luiz Fux, DJe de 27.10.2016).6. Agravo regimental não conhecido. (TSE – Agravo de Instrumento nº 30773, Acórdão, Relator(a) Min. Tarcisio Vieira De Carvalho Neto, Publicação: DJE – Diário de justiça eletrônico, Tomo 32, Data 14/02/2019, Página 76)

AGRAVO REGIMENTAL NO AGRAVO DE INSTRUMENTO. PRESTAÇÃO DE CONTAS. PARTIDO POLÍTICO. EXERCÍCIO FINANCEIRO DE 2013. INTEMPESTIVIDADE DO RECURSO ESPECIAL. AUSÊNCIA DE INTIMAÇÃO DE ADVOGADO. FALTA DE PREQUESTIONAMENTO. SÚMULA Nº 72 DO TSE. AGRAVO REGIMENTAL DESPROVIDO. 1. Nos termos do art. 276, I e §1º, do Código Eleitoral, o prazo para interposição de recurso especial é de 3 (três) dias, contados a partir de sua publicação. 2. No caso, verifica-se que o acórdão recorrido foi disponibilizado em 27.3.2018, terça-feira, (fl. 135) e publicado em 2.4.2018, segunda-feira, (fl. 148), iniciando-se o prazo para interposição do recurso especial em 3.4.2018 (terça-feira), sendo o termo final o dia 5.4.2018 (quinta-feira). Todavia, o recurso especial foi interposto apenas em 26.4.2018, quinta-feira (fl. 138), após o referido tríduo legal, padecendo de intempestividade. 3. O recurso especial é inadmitido quando a matéria alegada não foi debatida na decisão verberada nem foi objeto de embargos de declaração. 4. No caso, quanto à suscitada ausência de devida intimação do advogado, observa-se que essa matéria não foi objeto de análise no acórdão regional, nem ventilada em embargos de declaração, de modo que a discussão carece do requisito do prequestionamento. 5. Agravo regimental a que se nega provimento. (TSE – Agravo de Instrumento nº 5889, Acórdão, Relator(a) Min. Edson Fachin, Publicação: DJE – Diário de justiça eletrônico, Tomo 75, Data 23/04/2019, Página 17)

8.6.6 Competência

A competência para apreciar e julgar o mérito do Recurso Especial Eleitoral é do Tribunal Superior Eleitoral. Registra-se que a jurisdição se limita ao julgamento de recursos interpostos contra decisão colegiada, pois contra decisão monocrática é cabível Agravo Interno.

8.6.7 Rito Processual

Por ser excepcional, o Recurso Especial é naturalmente mais exigente que os demais quanto aos requisitos. É imprescindível, portanto, que haja o esgotamento de todos outros recursos admissíveis nas vias ordinárias antes de sua interposição. A razão dessa exigência está consubstanciada no fato de que o Recurso Especial trata exclusivamente de questões de direito, ou seja, de interpretação da lei federal.

Firmando a jurisprudência nesse sentido, o Supremo Tribunal Federal editou a Súmula 281, que prevê: "é inadmissível o recurso extraordinário, quando couber na Justiça de origem recurso ordinário da decisão impugnada". Ainda que verse sobre

Recurso Extraordinário, aplica-se o mesmo entendimento para o Recurso Especial, pois ambos são espécies excepcionais de recursos. Por isso, acolher a interposição de um desses recursos sem que tenha ocorrido o referido esgotamento das vias ordinárias seria suprimir instância recursal.

Requisito bastante debatido do Recurso Especial, que também se aplica, como se verá adiante, ao Recurso Extraordinário, é a necessidade de *prequestionamento*. É fundamental que a questão de direito, *quaestio juris*, sobre a qual se busca debater nas instâncias superiores, tenha sido abordada pelo tribunal *a quo*.

Essa menção pode ser expressa, quando for literalmente abordada, ou implícita, nos casos em que for, de maneira indubitável, discutida, ainda que de forma indireta. Frise-se, ainda, uma terceira possibilidade (menção ficta): nos casos em que a decisão impugnada for omissa quanto à questão de direito e os embargos de declaração rejeitados pelo Órgão Colegiado, "consideram-se incluídos no acórdão os elementos que o embargante suscitou, para fins de prequestionamento", de acordo com o art. 1.025 do Código de Processo Civil.

Nem todos os temas, contudo, carecem de prequestionamento para serem analisados pelos tribunais superiores. Questões de ordem pública, como, *v.g.*, pressupostos processuais, condições da ação e competência absoluta, podem ser conhecidas de ofício a todo tempo pelo Poder Judiciário. Entretanto, apesar de ser esse nosso entendimento, mister anotar que a doutrina e a jurisprudência ainda não se manifestaram de forma uníssona sobre o tema.

Assim, temos que a parte interessada deverá interpor recurso ao presidente do Tribunal Regional Eleitoral, com as razões recursais e o pedido de nova decisão. A parte oposta será intimada para apresentar contrarrazões, no prazo de *3 (três) dias*.[276] Findo o prazo do recorrido, o processo será remetido ao TSE, para julgamento.

Caso o recurso seja denegado, o recorrente, nos termos autorizadores do art. 279 do Código Eleitoral, poderá, no prazo de *3 (três) dias*, interpor Agravo.

Com a chegada dos autos ao Tribunal Superior Eleitoral, será aberto prazo de *5 (cinco) dias* para o Procurador-Geral Eleitoral manifestar-se, prazo que será reduzido para 2 *(dois) dias* se a matéria a ser debatida referir-se a registro de candidatura (arts.10 e 14 da Lei Complementar nº 64, de 1990).

---

[276] Código Eleitoral brasileiro – "Art. 276 – As decisões dos Tribunais Regionais são terminativas, salvo os casos seguintes em que cabe recurso para o Tribunal Superior: I – especial: a) quando forem proferidas contra expressa disposição de lei; b) quando ocorrer divergência na interpretação de lei entre dois ou mais tribunais eleitorais. II – ordinário: a) quando versarem sobre expedição de diplomas nas eleições federais e estaduais; b) quando denegarem *habeas corpus* ou mandado de segurança. §1º É de 3 (três) dias o prazo para a interposição do recurso, contado da publicação da decisão nos casos dos nº I, letras *a* e *b* e II, letra *b* e da sessão da diplomação no caso do nº II, letra *a*". BRASIL. *Lei nº 4.737, de 15 de julho de 1965*. Disponível em: http://www.planalto.gov.br/ccivil_03/LEIS/L4737.htm. Acesso em: 06 mar. 2022.

PARA SEDIMENTAR

"ELEIÇÕES 2020. AGRAVO DE INSTRUMENTO EM EMBARGOS DE DECLARAÇÃO EM RECURSO ESPECIAL ELEITORAL. PRESTAÇÃO DE CONTAS. CANDIDATO. VEREADOR. DESAPROVAÇÃO PELAS INSTÂNCIAS ORDINÁRIAS. JUNTADA TARDIA DE DOCUMENTOS. PRECLUSÃO. INTERPOSIÇÃO DE AGRAVO DE INSTRUMENTO CONTRA DECISÃO MONOCRÁTICA DE RELATOR. ERRO GROSSEIRO. PRINCÍPIO DA FUNGIBILIDADE. INAPLICABILIDADE. AGRAVO DE INSTRUMENTO NÃO CONHECIDO. 1. Contra a decisão monocrática que negou seguimento a recurso especial eleitoral, o agravante interpôs agravo de instrumento, com fulcro no art. 279 do Código Eleitoral.2. De acordo com o disposto no §8º do art. 36 do Regimento Interno do TSE e no caput do art. 1.021 do CPC, o recurso cabível contra a decisão monocrática do relator é o agravo regimental.3. A interposição de agravo de instrumento para impugnar decisão monocrática de relator configura erro grosseiro, não permitindo a aplicação do princípio da fungibilidade. Precedentes.4. Agravo de instrumento não conhecido. (TSE – RECURSO ESPECIAL ELEITORAL nº 060042912, Acórdão, Relator(a) Min. Edson Fachin, Publicação: DJE – Diário da justiça eletrônica, Tomo 28, Data 23/02/2022)

"ELEIÇÕES 2016. AGRAVO REGIMENTAL. RECURSO ESPECIAL. DEMONSTRATIVO DE REGULARIDADE DE ATOS PARTIDÁRIOS (DRAP). DEFERIDO COM EXCLUSÃO DE UM DOS PARTIDOS (PSD). AUSÊNCIA DE PREQUESTIONAMENTO. LEGITIMIDADE DO SEGUNDO IMPUGNANTE FILIADO A PARTIDO INTEGRANTE DA COLIGAÇÃO IMPUGNADA. SÚMULA Nº 53/TSE. CONVENÇÃO PARTIDÁRIA. PARTICIPAÇÃO DE DIRIGENTE COM DIREITOS POLÍTICOS SUSPENSOS. IRREGULARIDADE. AGRAVO INTERNO DESPROVIDO. [...] 4. Temas que não foram analisados pela instância regional, e que tampouco foram objeto de embargos de declaração a fim de provocar a manifestação daquele Tribunal sobre as matérias, padecem da ausência do indispensável prequestionamento, atraindo o Enunciado da Súmula nº 356/STF. 5. Agravo regimental desprovido. (Recurso Especial Eleitoral nº 17396, Acórdão, Relator(a) Min. Luiz Fux, Publicação: DJE – Diário de justiça eletrônico, Tomo 66, Data 03/04/2017, Página 77-78)".

"ELEIÇÕES 2014. AGRAVO REGIMENTAL. RECURSO ESPECIAL ELEITORAL. REPRESENTAÇÃO POR DOAÇÃO DE RECURSOS ACIMA DO LIMITE LEGAL. PESSOA JURÍDICA. PROCEDÊNCIA. DECADÊNCIA E ILICITUDE DA PROVA INOCORRENTES. FATURAMENTO DO GRUPO ECONÔMICO. IMPOSSIBILIDADE. MULTA APLICADA NO MÍNIMO LEGAL. PROIBIÇÃO DE PARTICIPAR DE LICITAÇÕES PÚBLICAS E DE CELEBRAR CONTRATOS COM O PODER PÚBLICO PELO PERÍODO DE CINCO ANOS. APLICAÇÃO CUMULATIVA DAS SANÇÕES. EXTRAPOLAÇÃO EXCESSIVA DO LIMITE DE DOAÇÃO. NÃO PROVIMENTO. [...] 3. Não conhecidas as teses relacionadas ao preenchimento do requisito do prequestionamento, aplicável, no ponto, a Súmula nº 27/TSE, segundo a qual "é inadmissível o recurso cuja deficiência de fundamentação impossibilite a compreensão da controvérsia". 4. Não atacado o fundamento da decisão agravada relativo à aplicação da Súmula nº 30/TSE no tocante à tese da retroatividade da Lei nº 13.165/2015, norma supostamente mais benéfica. [...] (TSE – Recurso Especial Eleitoral nº 3972, Acórdão, Relator(a) Min. ROSA WEBER, Publicação: DJE – Diário de justiça eletrônico, Tomo 216, Data 08/11/2017, Página 26/27)".

"[...] 2. Verifico, em exame perfunctório, que o recurso especial não ultrapassa o juízo prévio de admissibilidade, uma vez que foi interposto contra decisão monocrática. 3. Não assiste razão ao agravante quando afirma que houve o exaurimento das vias recursais ordinárias com a oposição de embargos de declaração no e. tribunal de origem, pois a decisão que rejeitou tais embargos foi também singular. 4. Conforme estabelece a Constituição Federal, o recurso especial é cabível apenas contra decisões de tribunais de 'única ou última instância'. Está, portanto, condicionado ao esgotamento das vias recursais na instância de origem. Dessa forma, é inadequada a interposição de recurso especial contra decisão monocrática do relator, passível de impugnação mediante agravo regimental no próprio tribunal regional. Precedentes. 5. Agravo regimental desprovido. (TSE – Ação Cautelar nº 2784, Acórdão, Relator(a) Min. Felix Fischer, Publicação: DJE – Diário de justiça eletrônico, Data 07/10/2008, Página 12".)

"Agravo Regimental. Recurso Especial. Registro De Candidatura. Eleições 2012. Prefeito. Recurso Especial. Decisão Individual De Relator Em Tribunal Regional Eleitoral. Descabimento. Não Esgotamento. Instâncias Ordinárias. Agravo Desprovido.1. Nos termos do art. 276 do Código Eleitoral, o recurso especial deve desafiar decisão terminativa dos tribunais regionais eleitorais. 2. Não cabe recurso especial de decisão monocrática de relator em processo de registro de candidatura no âmbito do TRE. Incidência da Súmula n. 281/STF. Precedentes. É indispensável o esgotamento das instâncias ordinárias a fim de que seja possível a interposição de recurso dirigido a tribunal superior. Agravo regimental desprovido. (TSE – Recurso Especial Eleitoral nº 7194, Acórdão, Relator(a) Min. José Antônio Dias Toffoli, Publicação: PSESS – Publicado em Sessão, Data 08/11/2012)".

"AGRAVO REGIMENTAL. AGRAVO DE INSTRUMENTO. ELEIÇÕES 2014. REPRESENTAÇÃO. PROPAGANDA ELEITORAL IRREGULAR. PINTURA DE MURO. RECURSO ESPECIAL INTERPOSTO CONTRA DECISÃO MONOCRÁTICA. IMPOSSIBILIDADE. SÚMULA 281/STF. DESPROVIMENTO. 1. É incabível a interposição de recurso especial eleitoral contra decisão monocrática proferida por juiz membro de tribunal regional eleitoral, haja vista a ausência de esgotamento das vias recursais na instância de origem. Súmula 281/STF e precedentes desta Corte. 2. Agravo regimental não provido.(TSE – Agravo de Instrumento nº 242346, Acórdão, Relator(a) Min. João Otávio De Noronha, Publicação: DJE – Diário de justiça eletrônico, Volume Tomo 84, Data 06/05/2015, Página 141/142)".

ELEIÇÕES 2012. AGRAVO INTERNO NO RECURSO ESPECIAL ELEITORAL. CORRUPÇÃO ELEITORAL. ALEGAÇÃO DE NULIDADE. PUBLICAÇÃO DE PAUTA. AUSÊNCIA DE NOME DE ADVOGADO INDICADO EXPRESSAMENTE. MATÉRIA PREQUESTIONADA. PUBLICAÇÃO EM NOME DE UM DOS PATRONOS INDICADOS PELA PARTE. NÃO COMPROVAÇÃO DE PREJUÍZO. NULIDADE NÃO VERIFICADA. AGRAVO DESPROVIDO. 1. A matéria relativa à afronta ao art. 272, §5º, do CPC/2015 foi enfrentada pelo

TRE/RN, verificando-se, portanto, o seu prequestionamento. 2. A intimação de pauta de julgamento realizada em nome de advogado devidamente constituído nos autos é válida, exceto na hipótese em que haja pedido expresso de que a publicação seja realizada em nome de advogado específico. Todavia, mesmo em tal hipótese, a nulidade somente é decretada se a defesa comprovar o prejuízo sofrido. Precedentes. 3. No caso dos autos, a moldura fática do acórdão recorrido indica que houve pedido para que as intimações fossem feitas em nome de todos os advogados "e de forma imprescindível, sob pena de nulidade, em nome do bacharel Cristiano Luiz Barros Fernandes da Costa" (fl. 726). Contudo, apesar da existência do pedido, a defesa técnica não comprovou o alegado prejuízo, considerando que a jurisprudência desta Corte é firme no sentido de que a apresentação de memoriais constitui mera faculdade, assim como sua ausência não gera prejuízo. Precedente. 4. Ademais, ausente comprovação de prejuízo à defesa oral tendo em vista que o defensor técnico, Cristiano Luiz Barros Fernandes da Costa causídico cujo nome não constava da intimação da pauta de julgamento , compareceu à audiência de julgamento do recurso eleitoral e realizou a sustentação oral acerca de seu mérito. 5. É suficiente a publicação de ato realizada em nome de apenas um dos advogados indicados pela parte a fim de conferir validade à intimação. Precedentes. 6. Agravo interno a que se nega provimento. (TSE – Recurso Especial Eleitoral nº 8360, Acórdão, Relator(a) Min. Edson Fachin, Publicação: DJE – Diário de justiça eletrônico, Tomo 244, Data 19/12/2019, Página 51/52)

ELEIÇÕES 2016. AGRAVO REGIMENTAL. AGRAVO. RECURSO ESPECIAL. AÇÃO DE IMPUGNAÇÃO DE MANDATO ELETIVO (AIME). PREFEITO. VICE-PREFEITO. PROCEDÊNCIA. ABUSO DO PODER ECONÔMICO ENTRELAÇADO COM O POLÍTICO. VIA ELEITA. AFERIÇÃO IN STATUS ASSERTIONIS. CABIMENTO DA AÇÃO. PRESTAÇÃO JURISDICIONAL. OMISSÃO. CONTRADIÇÃO. INOCORRÊNCIA. AMPLA DEFESA. CERCEAMENTO. NÃO CONFIGURAÇÃO. INOVAÇÃO DE TESE. IMPOSSIBILIDADE. PREQUESTIONAMENTO. IMPRESCINDIBILIDADE. ÔNUS DA PROVA. INVERSÃO. PREJUÍZO. NÃO VERIFICAÇÃO. CARACTERIZAÇÃO DO ILÍCITO. CONTRATO PÚBLICO. DESVIRTUAMENTO. FINALIDADE ELEITORAL. TRANSPORTE ESCOLAR. VEÍCULOS. UTILIZAÇÃO. DESLOCAMENTO DE ELEITORES. CARREATA. GRAVIDADE. OSTENSIVIDADE DO ATO. MUNICÍPIO PEQUENO. REALIDADE LOCAL. REFORÇO NA PERCEPÇÃO. DIMINUTA DIFERENÇA DE 8 (OITO) VOTOS. BENS JURÍDICOS. ART. 14, §10, DA CF. AFRONTA. SÚMULA N. 24/TSE. INCIDÊNCIA. DISSÍDIO PRETORIANO. NÃO CONFIGURAÇÃO. DESPROVIMENTO. [...]5. É inviável inovar tese recursal na via dos embargos declaratórios, ainda que se aleguem matéria de ordem pública e intuito de prequestionamento (AgR-RCED n. 8015-38/SP, Rel. Min. Maria Thereza de Assis Moura, DJe de 13.5.2016, e REspe n. 709-48/MG, Rel. Min. Admar Gonzaga, DJe de 16.10.2018).[...] (TSE – Agravo de Instrumento nº 319, Acórdão, Relator(a) Min. Tarcisio Vieira De Carvalho Neto, Publicação: DJE – Diário de justiça eletrônico, Tomo 220, Data 14/11/2019, Página 24/25)

ELEIÇÕES 2016. AGRAVO REGIMENTAL. RECURSO ESPECIAL. AIJE. CARGOS PROPORCIONAIS. VEREADOR. FRAUDE E ABUSO DO PODER POLÍTICO. BURLA À COTA DE GÊNERO. SUPOSTO LANÇAMENTO DE CANDIDATURAS FEMININAS FICTÍCIAS.

IMPROCEDÊNCIA NAS INSTÂNCIAS ORDINÁRIAS. ACERVO PROBATÓRIO FRÁGIL. SÚMULA N. 24/TSE. OBITER DICTUM. ACÓRDÃO REGIONAL. MÍNIMO LEGAL (30%). PREECHIMENTO MESMO EXCLUÍDA A CANDIDATURA QUESTIONADA. CÁLCULO. FRAÇÃO. DESPREZO POR SER INFERIOR A MEIO. ART. 10, §4º, DA LEI Nº 9.504/97. ART. 20, §4º, DA RES.-TSE N. 23.455/2015. AFRONTA. AUSÊNCIA DE PREQUESTIONAMENTO. NÃO OPOSIÇÃO DE EMBARGOS DE DECLARAÇÃO. ÓBICE DA SÚMULA N. 72/TSE. AGRAVO INTERNO. IMPUGNAÇÃO EXCLUSIVA DO OBITER DICTUM. SÚMULAS N. 26/TSE E 283/STF. DESPROVIMENTO. 1. O recurso especial não é vocacionado ao reexame de fatos e provas, de modo que a conclusão das instâncias ordinárias – não houve cometimento de fraude mediante o lançamento de candidaturas femininas fictícias ou, ao menos, inexiste, nos autos, prova segura e suficiente a alicerçar a narrativa contida na inicial –, sob esse aspecto, não comporta revisitação na instância especial. Incidência da Súmula n. 24/TSE. 2. A matéria recursal não debatida na origem e sequer suscitada na via dos embargos de declaração não pode ser conhecida por ausência de prequestionamento. Incidência da Súmula n. 72/TSE. 3. In casu, não foi debatida, pela Corte Regional, a suposta violação aos arts. 10, §4º, da Lei nº 9.504/97 e 20, §4º, da Res.-TSE n. 23.455/2015, decorrente da anotação, a título de obiter dictum, de que, mesmo desconsiderada a candidatura questionada, a coligação – por força da compreensão de ser possível, no cálculo do quantitativo mínimo da cota de gênero, desprezar a fração quando inferior a meio – teria alcançado o percentual de 30% previsto no art. 10, §3º, da Lei nº 9.504/97. 4. O recurso cujas razões revelam impugnação exclusiva a fundamento secundário (obiter dictum), deixando incólume o fundamento principal (in casu, inocorrência de fraude), é deficiente e atrai a incidência das Súmulas n. 26/TSE e 283/STF. 5. Agravo regimental ao qual se nega provimento. (TSE – Recurso Especial Eleitoral nº 21265, Acórdão, Relator(a) Min. Tarcisio Vieira De Carvalho Neto, Publicação: DJE – Diário de justiça eletrônico, Tomo 225, Data 22/11/2019, Página 40-41)

ELEIÇÕES 2012. AGRAVO INTERNO EM AGRAVO. AÇÃO ANULATÓRIA DE DÉBITO. APRESENTAÇÃO DE PETIÇÕES. PRETENSÃO PROTELATÓRIA E LITIGÂNCIA DE MÁ-FÉ. APLICAÇÃO DE MULTA.1. Hipótese em que o agravo que objetivava destrancar o recurso especial teve o seguimento negado com base nos seguintes fundamentos: (a) não houve prequestionamento da questão federal suscitada; (b) não foram impugnados especificamente os fundamentos da decisão que inadmitiu o recurso especial quanto à aplicação do Enunciado nº 24 da Súmula do TSE e à ausência de demonstração do dissídio jurisprudencial, atraindo assim a aplicação do Enunciado nº 26 da Súmula do TSE; e (c) o dissídio jurisprudencial não era suscetível de conduzir ao conhecimento do recurso especial, porquanto amparado na mesma tese que embasou a interposição por afronta a lei, cuja análise ficou inviabilizada por pretensão ao reexame de provas.2. É cediço que os sujeitos do processo devem cooperar entre si para que se obtenha, em tempo razoável, decisão de mérito justa e efetiva (art. 6º do CPC/2015).3. Sucessivas petições juntadas pela empresa agravada após a interposição do agravo em recurso especial, nas quais a parte pretendeu devolver a esta Corte matéria discutida perante as instâncias ordinárias e não acolhida, qual seja, a de que o débito em questão teria sido redimensionado em decisão no MS nº 1603-70.2014. 616.0184 e já estaria quitado.4. Apresentar nova petição com o mesmo teor denota apenas o caráter protelatório, mormente quando a parte foi advertida, pelo então relator, de que tal conduta seria considerada de má-fé e acarretaria os gravosos consectários disciplinados no art. 81 do CPC/2015. Impõe-se a aplicação de multa por litigância de má-fé, nos termos do art. 80, V, c/c o art. 81, caput, §2º, do CPC/2015. 5. Agravo interno provido para aplicar multa à agravada. (TSE – Agravo de Instrumento nº 7082, Acórdão, Relator(a) Min. Og Fernandes, Publicação: DJE – Diário de justiça eletrônico, Data 18/11/2019, Página 51)

8.6.8 Efeitos

Tendo em vista sua natureza excepcional, o Recurso Especial Eleitoral, ordinariamente, não suspende os efeitos da decisão impugnada, nos termos do art. 995 do Código de Processo Civil brasileiro.[277] De modo ainda mais excepcional, o recorrente pode pedir ao órgão judicial responsável a concessão do efeito suspensivo. A esse respeito, dispõe o art. 1.029, §5º, do Código de Processo Civil.

Art. 1.029, §5º do Código de Processo Civil

"Art. 1.029. O recurso extraordinário e o recurso especial, nos casos previstos na Constituição Federal , serão interpostos perante o presidente ou o vice-presidente do tribunal recorrido, em petições distintas que conterão: §5º O pedido de concessão de efeito suspensivo a recurso extraordinário ou a recurso especial poderá ser formulado por requerimento dirigido: I – ao tribunal superior respectivo, no período compreendido entre a publicação da decisão de admissão do recurso e sua distribuição, ficando o relator designado para seu exame prevento para julgá-lo; II – ao relator, se já distribuído o recurso; III – ao presidente ou ao vice-presidente do tribunal recorrido, no período compreendido entre a interposição do recurso e a publicação da decisão de admissão do recurso, assim como no caso de o recurso ter sido sobrestado, nos termos do art. 1.037".

[277] Lei nº 13.105, de 16 de março de 2015 – "Art. 995. Os recursos não impedem a eficácia da decisão, salvo disposição legal ou decisão judicial em sentido diverso. Parágrafo único. A eficácia da decisão recorrida poderá ser suspensa por decisão do relator, se da imediata produção de seus efeitos houver risco de dano grave, de difícil ou impossível reparação, e ficar demonstrada a probabilidade de provimento do recurso". BRASIL. *Lei nº 13.105, de 16 de março de 2015*. Disponível em: http://www.planalto.gov.br/ccivil_03/_ato2015-2018/2015/lei/l13105.htm. Acesso em: 30 abr. 2020.

O efeito devolutivo, por sua vez, merece algumas considerações. Como já alinhavado, o Recurso Especial não aprecia questões atinentes ao fato, somente ao direito. Sobre o tema, a Súmula n. 279 do Supremo Tribunal Federal prevê: "para simples reexame de prova não cabe recurso extraordinário". No mesmo sentido, a Súmula n. 7 do Superior Tribunal de Justiça reafirma que "a pretensão de simples reexame de prova não enseja recurso especial".

PARA SEDIMENTAR

"Agravo regimental em agravo de instrumento. Recurso especial inadmitido na origem. Propaganda eleitoral irregular. Imposição de multa (art. 36, §3º, da Lei nº 9.504/97). 1. A ausência de impugnação específica a todos os fundamentos adotados na decisão agravada, assim como a mera reiteração das razões do recurso especial, inviabilizam o conhecimento do agravo regimental (Súmula n. 182 do Superior Tribunal de Justiça). 2. O reexame de fatos e provas não é possível no recurso especial (Súmulas n. 279 do Supremo Tribunal Federal e n. 7 do Superior Tribunal de Justiça). 3. A simples retirada da propaganda irregular, quando não comprovado o cumprimento do prazo concedido na notificação judicial, não afasta a aplicação da multa prevista no §3º do art. 36 da Lei nº 9.504/97. 4. Agravo regimental ao qual se nega provimento. (STF – Processo AgR-AI 10288 BA. Publicação DJE – Diário da Justiça Eletrônico, Data 14/10/2010, Página 16-17. Julgamento 26 de Agosto de 2010. Relator Min. CÁRMEN LÚCIA ANTUNES ROCHA)".

"Direito Eleitoral e Processual Penal. Agravo interno em Recurso Extraordinário. Recurso Especial Eleitoral. Eleições 2008. Transporte de Eleitores. Ausência de Prestação Jurisdicional. Art. 93, IX, e 5º, XXXV, da CF. Temas nos 339 e 660. Desprovimento. 1. Agravo interno contra decisão monocrática que deixou de admitir o recurso extraordinário com fundamento no art. 1.030, V, do CPC, por enquadramento nos Temas nos 339 e 660, bem como ausência de violação direta à Constituição e incidência da Súmula nº 279/STF. 2. O agravante sustenta ser equivocado o enquadramento: (i) no Tema nº 339, porque a decisão não está fundamentada, tendo sido omissa quanto às nulidades suscitadas, havendo violação ao art. 93, IX, da CF; (ii) no Tema nº 660, porque houve violação direta ao 5º, XXXV, da CF. 3. Quanto à necessidade de fundamentação das decisões judiciais, a decisão agravada está em consonância com o entendimento firmado pelo Supremo Tribunal Federal no Tema nº 339, no sentido de que inexiste violação ao art. 93, IX, da Constituição Federal se o acórdão ou decisão estiverem fundamentados, ainda que sucintamente, não sendo exigível o exame pormenorizado de cada uma das alegações ou provas. 4. Ademais, a questão da negativa de prestação jurisdicional foi resolvida com base em legislação infraconstitucional, inexistindo violação direta ao art. 5º, XXXV, da CF. O Plenário do STF já reconheceu a ausência de repercussão geral da alegação de ofensa aos princípios do contraditório, da ampla defesa, dos limites da coisa julgada e do devido processo legal, quando necessário o prévio exame da legislação infraconstitucional (Tema nº 660). 5. Agravo interno a que se nega provimento. (TSE – RECURSO ESPECIAL ELEITORAL nº 275, Acórdão, Relator(a) Min. Luís Roberto Barroso, Publicação: DJE – Diário da justiça eletrônica, Tomo 28, Data 23/02/2022)"

"Não cabe a reapreciação do contexto fático-probatório em sede de recurso especial, para alterar conclusão de tribunal regional eleitoral que entendeu caracterizada a propaganda eleitoral extemporânea (TSE, AgR-AI n. 4268-45/PR, 23/4/2013)".

"RECURSO ESPECIAL – JULGAMENTO. Tendo em conta possuir o recurso especial natureza extraordinária, o julgamento ocorre a partir das premissas fáticas constantes do acórdão impugnado, sendo defeso substituí-las. FILIAÇÃO PARTIDÁRIA – PROVA. A prova da filiação partidária dá-se pelo cadastro eleitoral, não se sobrepondo, a este, ato unilateral da parte interessada. Cumpre ao Partido Político encaminhar à Justiça Eleitoral – para arquivamento, publicação e cumprimento dos prazos de filiação, objetivando a candidatura – a relação dos filiados na respectiva zona eleitoral. (TSE – Processo AgR-REspe 16317 CE. Publicação DJE – Diário de justiça eletrônico, Tomo 87, Data 10/5/2013, Página 28. Julgamento 5 de Março de 2013. Relator Min. MARCO AURÉLIO MENDES DE FARIAS MELLO)".

DIREITO ELEITORAL. AGRAVO INTERNO EM RECURSO ESPECIAL ELEITORAL COM AGRAVO. ELEIÇÕES 2016. PRESTAÇÃO DE CONTAS. OMISSÃO DE GASTOS COM COMBUSTÍVEIS. PROVA EMPRESTADA. OPORTUNIDADE DE DEFESA. AUSÊNCIA DE NULIDADE. DESPROVIMENTO. 1. Agravo interno contra decisão monocrática que negou seguimento a agravo nos próprios autos interposto para impugnar decisão de inadmissão de recurso especial eleitoral. 2. Não há que se falar em nulidade do processo por utilização de prova emprestada, quando assegurado à parte o exercício do contraditório, nos termos do art. 372 do CPC. É imprescindível oportunizar o contraditório no feito para o qual a prova se destina. Precedentes. 3. O recurso eleitoral para o regional tem efeito devolutivo amplo. Não houve no acórdão nenhuma mudança de qualificação jurídica ou da pena aplicada ao agravante, de modo que inexiste reformatio em pejus. 4. Para chegar às conclusões pretendidas pelo recorrente, no sentido de que inexistiriam elementos suficientes a comprovar a relação entre os documentos apreendidos e os gastos do agravante, seria necessário o revolvimento do acervo fático-probatório dos autos. Referido procedimento é vedado nesta instância especial, nos termos da Súmula nº 24/TSE, segundo a qual "não cabe recurso especial eleitoral para simples reexame do conjunto fático-probatório". 5. Tendo em vista que a decisão recorrida está em conformidade com a jurisprudência deste Tribunal Superior, não se conhece do recurso especial eleitoral por dissídio jurisprudencial (Súmula nº 30/TSE). Referida súmula se aplica a ambas as hipóteses de cabimento do recurso especial. 6. Agravo interno a que se nega provimento.(TSE – Agravo de Instrumento nº 39133, Acórdão, Relator(a) Min. Luís Roberto Barroso, Publicação: DJE – Diário de justiça eletrônico, Data 20/09/2019).

8.6.9 Recursos

As decisões proferidas em sede de Recurso Especial Eleitoral são irrecorríveis, com exceção do exposto no art. 121, §3º, da Constituição Federal.

8.6.10 Resumindo

Fundamentação Legal	Art. 276, inciso I, alíneas *a* e *b*, do Código Eleitoral.
Objetivos	Reverter decisões que tenham sido proferidas contra disposição expressa da Constituição ou da lei; ou que apresentem divergência entre dois ou mais Tribunais Regionais Eleitorais (TREs).
Legitimidade ativa	Partido político, federação partidária, coligação, candidato ou Ministério Público Eleitoral. Obs.: Os atingidos pela decisão.
Prazo	Art.276, §1º, do Código Eleitoral: *3 (três) dias* contados da publicação do acórdão ou da sessão de diplomação. **Observação – Eleições 2022:** Diplomação: até o dia 19 de dezembro de 2022
Competência	Tribunal Superior Eleitoral Obs.: Este recurso está sujeito ao duplo juízo de admissibilidade. Isto é, o Recurso será direcionado ao Presidente do Tribunal Regional Eleitoral que proferiu a decisão que se deseja combater e, após a verificação de todos os pressupostos de admissibilidade, o recorrido será intimado para apresentar contrarrazões. Por fim, o recurso será remetido ao Tribunal Superior Eleitoral.
Se o pedido for julgado procedente	*É revertida a decisão para se adequar aos preceitos constitucionais e garantir a segurança jurídica.*

8.7 Recurso Extraordinário

8.7.1 Conceito

O Supremo Tribunal Federal tem por finalidade zelar pela segurança e aplicação da Constituição Federal, Lei Maior do Estado. Nesse sentido, o Recurso Extraordinário é o meio para se impugnar decisões que contrariem, declarem inconstitucionalidade de tratado ou lei federal, julguem válida determinação de governo local contra a Constituição Federal de 1988 ou, ainda, avaliem válida lei local que afronte lei federal.

DELIMITANDO O TEMA

Manoel Gonçalves Ferreira Filho: "É por meio deste recurso que as questões constitucionais suscitadas no controle difuso chegam ao Supremo Tribunal Federal. Segundo o art. 102, III, da Constituição, este recurso cabe quando a decisão recorrida contrariar dispositivo da Lei Magna federal, declarar a inconstitucionalidade de tratado ou lei federal, julgar válida lei ou ato de governo local contestado em face da Constituição Federal, ou julgar válida lei local (estadual) em face de lei federal. Portanto, todas as hipóteses concernem à prevalência da Constituição, incluída a última, porque a validade de lei estadual em relação à lei federal há de ser aferida de acordo com a repartição de competências que a Lei Magna federal estabelece".[278]

8.7.2 Fundamentação Legal

A fundamentação para a interposição do Recurso Extraordinário Eleitoral está consubstanciada no art. 102, inciso III, da Constituição Federal.

Art. 102, inciso III, da Constituição Federal

"Art. 102. Compete ao Supremo Tribunal Federal, precipuamente, a guarda da Constituição, cabendo-lhe: III – julgar, mediante recurso extraordinário, as causas decididas em única ou última instância, quando a decisão recorrida: a) contrariar dispositivo desta Constituição; b) declarar a inconstitucionalidade de tratado ou de lei federal; c) julgar válida lei ou ato de governo local contestado em face da Constituição; d) julgar válida lei local contestada em face de lei federal ".

Na seara eleitoral, faz-se necessário observar o art. 121, §3º, da Constituição Federal, que dispõe sobre o Recurso Extraordinário Eleitoral.

[278] FERREIRA FILHO, Manoel Gonçalves. *Curso de direito constitucional*. 31. ed. São Paulo: Saraiva, 2005. p.73.

Art. 121, §3º, da Constituição Federal

"Art. 121. [...]. §3º São irrecorríveis as decisões do Tribunal Superior Eleitoral, salvo as que contrariarem esta Constituição e as denegatórias de habeas corpus ou mandado de segurança".

Nesse mesmo sentido, o Código Eleitoral, em seu art. 281[279], prevê que são irrecorríveis as decisões do Tribunal Superior Eleitoral, salvo as que declararem a invalidade de lei ou ato contrário à Constituição Federal. Nota-se, ainda, que, para ser viável o Recurso Extraordinário Eleitoral, é imprescindível afronta direta e imediata à Constituição Federal.

PARA SEDIMENTAR

"Ementa: AGRAVO INTERNO. RECURSO EXTRAORDINÁRIO. OFENSA CONSTITUCIONAL REFLEXA. REAPRECIAÇÃO DE PROVAS. INADMISSIBILIDADE. SÚMULA 279 DO STF. 1. O STF, no julgamento do ARE 748.371-RG/MT (Rel. Min. GILMAR MENDES, Tema 660), rejeitou a repercussão geral da violação ao direito adquirido, ao ato jurídico perfeito, à coisa julgada ou aos princípios da legalidade, do contraditório, da ampla defesa e do devido processo legal, quando se mostrar imprescindível o exame de normas de natureza infraconstitucional. 2. A questão recursal está situada no contexto normativo infraconstitucional, de forma que as alegadas ofensas à Constituição seriam meramente indiretas (ou mediatas), o que inviabiliza o conhecimento do referido apelo. 3. A argumentação recursal traz versão dos fatos diversa da exposta no acórdão, de modo que o acolhimento do recurso passa necessariamente pela revisão das provas. Incide, portanto, o óbice da Súmula 279 desta CORTE: Para simples reexame de prova não cabe recurso extraordinário. 4. Agravo interno a que se nega provimento. (STF – RE 1331557 AgR-segundo, Relator Ministro ALEXANDRE DE MORAES, Primeira Turma, julgado em 21/02/2022, PROCESSO ELETRÔNICO DJe-040 DIVULG 02-03-2022 PUBLIC 03-03-2022)

[279] Código Eleitoral brasileiro – "Art. 281. São irrecorríveis as decisões do Tribunal Superior, salvo as que declararem a invalidade de lei ou ato contrário à Constituição Federal e as denegatórias de *habeas corpus* ou mandado de segurança, das quais caberá recurso ordinário para o Supremo Tribunal Federal, interposto no prazo de 3 (três) dias. §1º Juntada a petição nas 48 (quarenta e oito) horas seguintes, os autos serão conclusos ao presidente do Tribunal, que, no mesmo prazo, proferirá despacho fundamentado, admitindo ou não o recurso. §2º Admitido o recurso será aberta vista dos autos ao recorrido para que, dentro de 3 (três) dias, apresente as suas razões. §3º Findo esse prazo os autos serão remetidos ao Supremo Tribunal Federal". BRASIL. *Lei nº 4.737, de 15 de julho de 1965*. Disponível em: http://www.planalto.gov.br/ccivil_03/LEIS/L4737.htm. Acesso em: 06 mar. 2022.

"Agravo regimental. Necessidade de apreciação dos fatos e das provas da causa. Ofensa reflexa à Constituição. 1. O recurso extraordinário não é cabível nos casos em que se impõe o reexame do quadro fático-probatório para apreciar a apontada ofensa à Constituição Federal. Incidência da Súmula STF 279. 2. Inviável o recurso extraordinário quando a alegada ofensa à Constituição Federal, se existente, ocorrer de forma reflexa, a depender da prévia análise da legislação infraconstitucional. 3. Agravo regimental improvido. (STF, AI n. 681668 AgR/SP, 2ª Turma, Rel. Min. Ellen Gracie, 14/5/2010)".

"Os pronunciamentos jurisdicionais do Tribunal Superior Eleitoral, que se esgotem na esfera do ordenamento positivo, infraconstitucional, qualificam-se como manifestações revestidas de definitividade, insuscetíveis, em consequência, de revisão pelo Supremo Tribunal Federal na via recursal extraordinária, cuja instauração pressupõe, sempre, a ocorrência de conflito direito, imediato e frontal com o texto da Constituição (STF, RE n. 160432/SP, 1ª Turma, Rel. Min. Celso de Mello, 6/5/1994)".

Vale dizer que não há falar em Recurso Extraordinário Eleitoral em face de acórdão proferido por Tribunal Regional Eleitoral, mesmo que ele verse sobre questão constitucional. Isso porque um dos requisitos do Recurso Extraordinário Eleitoral, conforme sopesado, é que o acórdão do Tribunal Regional Eleitoral infrinja disposição expressa da Constituição, nos termos do art. 121, §4º, inciso I, da CF. Por conseguinte, tratando-se de acórdão de TRE, os únicos instrumentos processuais aptos são o Recurso Ordinário Eleitoral e o Especial Eleitoral.

PARA SEDIMENTAR

"1. Contra acórdão de tribunal regional eleitoral somente cabe recurso para o Tribunal Superior Eleitoral, mesmo que nele se discuta matéria constitucional. 2. É o que se extrai do disposto no art. 121, caput, e seu §4º, inc. I, da Constituição Federal de 1988. e nos artigos 22, inc. II, e 276, I e II, do Código Eleitoral (Lei nº 4.737, de 15.07.1965). 3. No âmbito da Justiça eleitoral, somente os acórdãos do Tribunal Superior Eleitoral é que podem ser impugnados, perante o STF, em recurso extraordinário (arts. 121, §3º, e 102, III, a, b e c, da CF). RE inadmitido. Precedentes. 5. Agravo improvido. (STF, AgRg no Ag n. 164.491/MG, 1ª Turma, Rel. Min. Sydney Sanches, 22/3/1996)".

Reforçando esse entendimento, o Tribunal Superior Eleitoral decidiu que a interposição de Recurso Extraordinário Eleitoral para impugnar acórdão do Tribunal Regional Eleitoral é erro grosseiro e não enseja a aplicação do princípio da fungibilidade recursal para que o Recurso Extraordinário Eleitoral seja recebido como Especial.

PARA SEDIMENTAR

"ELEIÇÕES 2016. AGRAVO REGIMENTAL NO RECURSO EXTRAORDINÁRIO NO RECURSO ESPECIAL ELEITORAL. REGISTRO DE CANDIDATURA. CARGO. PREFEITO. DEFERIMENTO. RECURSO EXTRAORDINÁRIO INADMITIDO COM FUNDAMENTO NO ART. 1.030, V, DO CÓDIGO DE PROCESSO CIVIL. MATÉRIA DE ÍNDOLE INFRACONSTITUCIONAL. AGRAVO REGIMENTAL NÃO CABÍVEL. ERRO INESCUSÁVEL. INEXISTÊNCIA DE DÚVIDA OBJETIVA. INAPLICABILIDADE DO PRINCÍPIO DA FUNGIBILIDADE. AGRAVO REGIMENTAL NÃO CONHECIDO.1. O agravo em recurso extraordinário é manejado, em regra, para impugnar decisão de Presidente ou Vice-Presidente de Tribunal que tenha inadmitido o apelo extremo, consoante se extrai do art. 1.030, §1º, e do art. 1.042, primeira parte, o qual será encaminhado ao tribunal superior (i.e. o Supremo Tribunal Federal).2. A legislação processual civil somente excepcionou algumas situações de negativa de seguimento do recurso extraordinário, sendo elas: juízos de admissibilidade que tenham por fundamento orientação firmada em regime de repercussão geral ou entendimento consolidado em julgamento de recursos repetitivos, hipóteses em que o recurso cabível é o agravo interno, ex vi do art. 1.030, I e §2º, e do art. 1.042, parte final, a ser submetido ao colegiado do tribunal recorrido.3. In casu, a decisão que inadmitiu o recurso extraordinário, com base no art. 1.030, V, do CPC, assentou que a modificação do acórdão do TSE demandaria análise da legislação infraconstitucional, notadamente do art. 1º, inciso I, I, da Lei Complementar nº 64/1990, do art. 11, §10, da Lei nº 9.504/1997 e do art. 493 do CPC, afigurando-se incabível, bem por isso, o agravo interno manejado pela ora Agravante.4. O princípio da fungibilidade recursal não se aplica nesse caso, visto que a interposição de um recurso por outro consubstancia erro inescusável, ante a inexistência de dúvida objetiva quanto ao instrumento cabível para impugnar a decisão de inadmissibilidade do recurso extraordinário.5. Agravo regimental não conhecido.(TSE – Recurso Especial Eleitoral nº 16629, Acórdão, Relator(a) Min. Luiz Fux, Publicação: DJE – Diário de justiça eletrônico, Tomo 35, Data 19/02/2019, Página 61)

"AGRAVO REGIMENTAL. AGRAVO DE INSTRUMENTO. PROPAGANDA ELEITORAL EXTEMPORÂNEA. RECURSO EXTRAORDINÁRIO CONTRA DECISÃO REGIONAL. ERRO GROSSEIRO. PRINCÍPIO DA FUNGIBILIDADE INAPLICÁVEL. RECURSO ESPECIAL. COISA JULGADA. INVIÁVEL A RETROATIVIDADE DA LEI Nº 12.034/2009 A FATOS OCORRIDOS ANTES DO INÍCIO DE SUA VIGÊNCIA. DESPROVIMENTO. 1. A jurisprudência pacífica do Tribunal Superior Eleitoral é firme no sentido de que a interposição de recurso extraordinário contra acórdão de Tribunal Regional Eleitoral constitui erro grosseiro, inviabilizando a aplicação do princípio da fungibilidade. 2. Quanto ao recurso especial simultaneamente interposto, o advento da Lei nº 12.034, de 29.9.2009, após o trânsito em julgado em 24.9.2009, não traz qualquer benefício ao agravante e, portanto, não autoriza a redução da multa a ele imposta. 3. Agravo regimental desprovido. (TSE – Agravo de Instrumento nº 995957646, Acórdão, Relator(a) Min. José Antônio Dias Toffoli, Publicação: DJE – Diário de justiça eletrônico, Tomo 39/40, Data 26/02/2014, Página 39/40)".

"AGRAVO REGIMENTAL EM AGRAVO DE INSTRUMENTO. RECURSO EXTRAORDINÁRIO. ACÓRDÃO. TRE. ERRO GROSSEIRO. PRINCÍPIO DA FUNGIBILIDADE. INAPLICABILIDADE. DESPROVIMENTO. É firme a orientação desta Corte no sentido de que a interposição de recurso extraordinário contra acórdão de Tribunal Regional Eleitoral constitui erro grosseiro, inviabilizando a aplicação do princípio da fungibilidade recursal. Hipótese em que demonstrado o equívoco do agravante em querer dar a recurso extraordinário interposto de decisão do TRE o mesmo tratamento que é conferido aos extraordinários manejados contra acórdãos de tribunais estaduais e regionais federais, quando envolvida questão constitucional. Agravo interno a que se nega provimento. (TSE – Agravo de Instrumento nº 286893, Acórdão, Relator(a) Min. Gilson Langaro Dipp, Publicação: DJE – Diário de justiça eletrônico, Tomo 183, Data 23/09/2011, Página 22)".

"Recurso especial. Agravo de instrumento. Agravo regimental. Recurso extraordinário. Interposição. TRE. Inadmissibilidade. Precedentes do TSE e do STF. Agravo regimental a que se nega provimento. É incabível a interposição de recurso extraordinário a acórdão dos tribunais regionais eleitorais (arts. 121, §3º, e 102, III, 'a', 'b' e 'c', da Constituição Federal). (TSE, AgRgAg n. 7.688/RS, 4/8/2008)".

AGRAVO EM RECURSO EXTRAORDINÁRIO NA PRESTAÇÃO DE CONTAS. PCO. EXERCÍCIO FINANCEIRO DE 2011. RECURSO EXTRAORDINÁRIO A QUE FOI NEGADO SEGUIMENTO COM FUNDAMENTO NO ART. 1.030, I, A, DO CÓDIGO DE PROCESSO CIVIL. MATÉRIA DE ÍNDOLE INFRACONSTITUCIONAL. AGRAVO NÃO CABÍVEL. ERRO INESCUSÁVEL. INEXISTÊNCIA DE DÚVIDA OBJETIVA. INAPLICABILIDADE DO PRINCÍPIO DA FUNGIBILIDADE. AGRAVO NÃO CONHECIDO.1. O agravo em recurso extraordinário é manejado, em regra, para impugnar decisão de presidente ou vice-presidente de tribunal que tenha inadmitido o apelo extremo, consoante se extrai dos arts. 1.030, §1º, e 1.042, primeira parte, do CPC, sendo encaminhado ao tribunal superior (i.e., o Supremo Tribunal Federal).2. A norma processual civil somente excepcionou algumas situações de negativa de seguimento do recurso extraordinário. São elas: juízos de admissibilidade que tenham por fundamento orientação firmada em regime de repercussão geral e entendimento consolidado em julgamento de recursos repetitivos ou que discuta questão constitucional à qual o Supremo Tribunal Federal não tenha reconhecido a existência de repercussão geral, hipóteses em que o recurso cabível é o agravo interno, ex vi do art. 1.030, I e §2º, e do art. 1.042, parte final, a ser submetido ao colegiado do tribunal recorrido. 3. In casu, ao recurso extraordinário foi negado seguimento sobre o fundamento de que o STF assentou a ausência de repercussão geral quando a alegação de violação à ampla defesa e ao contraditório depender da interpretação de normas infraconstitucionais. Desse modo, constata-se a subsunção do decisum ao disposto no art. 1.030, I, a, do CPC, afigurando-se incabível, bem por isso, o agravo em recurso extraordinário ora manejado.4. O princípio da fungibilidade recursal não se aplica neste caso, visto que a interposição de um recurso por outro consubstancia erro inescusável, ante a inexistência de dúvida objetiva quanto ao instrumento cabível para impugnar a decisão de inadmissibilidade do recurso extraordinário.5. Agravo não conhecido. (TSE – Prestação de Contas nº 26054, Acórdão, Relator(a) Min. Luiz Fux, Publicação: DJE – Diário de justiça eletrônico, Data 14/09/2018)

8.7.3 Natureza Jurídica

O Recurso Extraordinário Eleitoral possui natureza excepcional e é o remédio processual utilizado para realizar o controle de constitucionalidade concreto ou difuso. Em outras palavras: pode-se dizer que seu escopo basilar é a guarda da Constituição Federal, por isso mesmo, sua admissão só é possível depois do esgotamento das vias processuais anteriores.

Como condutor constitucional, no seu bojo não são discutidas, em regra, questões relativas à lei federal ou à reanálise do conjunto probatório. Por essa razão, os fatos devem estar consolidados já no momento da interposição desse recurso.

8.7.4 Legitimidade

a) Ativa

A legitimidade ativa cabe àquele que se sentiu prejudicado pela decisão proferida que afrontou a Constituição Federal.

b) Passiva

Não há um legitimado passivo predefinido, de tal sorte, figurarão no polo passivo as demais partes da relação processual.

8.7.5 Prazo

O prazo para interposição do Recurso Extraordinário Eleitoral obedece à regra dos recursos eleitorais, em respeito ao espírito de celeridade inerente ao Direito Eleitoral, sendo de *3 (três) dias*, contados da publicação do acórdão, nos termos do art. 281, *caput*, do Código Eleitoral.

Nesse sentido, manifestou-se o próprio Supremo Tribunal Federal, no enunciado da Súmula 728.

Súmula nº 728 do Supremo Tribunal Federal

"É de três dias o prazo para a interposição de recurso extraordinário contra decisão do Tribunal Superior Eleitoral, contado, quando for o caso, a partir da publicação do acórdão, na própria sessão de julgamento, nos termos do art. 12 da Lei 6.055/1974, que não foi revogado pela Lei 8.950/1994".

PARA SEDIMENTAR

ELEIÇÕES 2016. AGRAVO REGIMENTAL EM RECURSO EXTRAORDINÁRIO EM AGRAVO DE INSTRUMENTO. REPRESENTAÇÃO. PROPAGANDA POLÍTICA. INTERPOSIÇÃO DO APELO EXTRAORDINÁRIO APÓS O TRÍDUO LEGAL. INTEMPESTIVIDADE. APLICAÇÃO DO ART. 43 DO RITSE. IMPOSSIBILIDADE. PRAZO RECURSAL SOB REGÊNCIA DO ART. 12 DA LEI Nº 6.055/1974, C/C O ART. 281 DO CÓDIGO ELEITORAL. INCIDÊNCIA DA SÚMULA Nº 728 DO STF. AUSÊNCIA DE PRÉVIO EXAURIMENTO DAS VIAS ORDINÁRIAS. SÚMULA Nº 281 DO STF. AGRAVO DESPROVIDO.1. A sistemática recursal, em âmbito eleitoral, submete-se à disciplina normativa específica, materializada, entre outras hipóteses, no prazo de interposição da impugnação, que deve observar o tríduo legal, sob pena de intempestividade.2. O prazo para interposição de recurso extraordinário contra decisão deste Tribunal Superior para o Supremo Tribunal Federal é de 3 (três) dias contados da data da publicação do decisum recorrido, consoante dispõe o art. 12 da Lei nº 6.055/1974, c/c o art. 281 do Código Eleitoral. 3. In casu, a decisão fustigada foi publicada em 5.3.2018 (segunda-feira), consoante certidão de fls. 109. O termo a quo de contagem do tríduo legal para interposição do recurso extraordinário iniciou-se em 6.3.2018 (terça-feira), findando em 8.3.2018 (quinta-feira). Todavia, o apelo extremo somente foi manejado em 12.3.2018 (fls. 112-115), após exaurido o prazo recursal, razão pela qual o recurso, conforme assentado na decisão agravada, se revela intempestivo.4. Ainda que assim não fosse, é inadmissível recurso extraordinário interposto contra decisão monocrática proferida por ministro desta Corte, a teor do enunciado de Súmula nº 281/STF. 5. Agravo regimental desprovido. (TSE – Agravo de Instrumento nº 40091, Acórdão, Relator(a) Min. Napoleão Nunes Maia Filho, Publicação: DJE – Diário de justiça eletrônico, Data 14/09/2018)

Compulsando os autos, e na esteira do que restou assentado pela decisão agravada, verifico óbice insuperável ao conhecimento do recurso extraordinário. É que a publicação do acórdão impugnado ocorreu em 08.03.2018 (fl. 825) e o recurso foi interposto somente em 02.04.2018 (fl. 828), ou seja, fora do prazo legal, nos termos das certidões de fls. 826 e 827. E no processo eleitoral o prazo de interposição do recurso extraordinário é de três dias.[...]Ressalto que, mesmo com o advento do vigente Código de Processo Civil, há norma expressa específica quanto ao ponto no âmbito do processo eleitoral, de maneira que permanece incólume o enunciado do Verbete 728. (STF – ARE 1.157.500, rel. min. Edson Fachin, dec. monocrática, j. 4-9-2018, DJE de 25-9-2018.)

8.7.6 Competência

A competência para julgar o Recurso Extraordinário Eleitoral é do Supremo Tribunal Federal, consoante dicção do art. 102, inciso I, alínea *a*, da Constituição Federal.

8.7.7 Rito Processual

Adentrando ao aspecto procedimental, temos que o Recurso Extraordinário Eleitoral possui alguns requisitos a mais do que os recursos ordinários, tais quais o prequestionamento e a repercussão geral, justamente por sua natureza excepcional. O *prequestionamento* já foi abordado no tópico referente ao Recurso Especial Eleitoral.

A referida exigência deflui do art. 121, §3º, da Constituição Federal,[280] que estabelece a necessidade de que o Recurso Extraordinário seja interposto em face de "decisões" do Tribunal Superior Eleitoral. Mais especificamente, o art.102, inciso III, da CF[281] dispõe que esse instrumento processual só é cabível ante "causas decididas", em única ou última instância, por órgãos judiciais. Por conseguinte, é necessário que haja expressa menção ao objeto constitucional na decisão recorrida.

Para solidificar esse entendimento, o Supremo Tribunal Federal editou a Súmula 282, nos seguintes termos: "é inadmissível o recurso extraordinário, quando não

[280] Constituição Federal de 1988 – "Art. 121. Lei complementar disporá sobre a organização e competência dos tribunais, dos juízes de direito e das juntas eleitorais. §1º Os membros dos tribunais, os juízes de direito e os integrantes das juntas eleitorais, no exercício de suas funções, e no que lhes for aplicável, gozarão de plenas garantias e serão inamovíveis. §2º Os juízes dos tribunais eleitorais, salvo motivo justificado, servirão por dois anos, o mínimo, e nunca por mais de dois biênios consecutivos, sendo os substitutos escolhidos na mesma ocasião e pelo mesmo processo, em número igual para cada categoria. §3º São irrecorríveis as decisões do Tribunal Superior Eleitoral, salvo as que contrariarem esta Constituição e as denegatórias de *habeas corpus* ou mandado de segurança. §4º Das decisões dos Tribunais Regionais Eleitorais somente caberá recurso quando: I – forem proferidas contra disposição expressa desta Constituição ou de lei; II – ocorrer divergência na interpretação de lei entre dois ou mais tribunais eleitorais; III – versarem sobre inelegibilidade ou expedição de diplomas nas eleições federais ou estaduais; IV – anularem diplomas ou decretarem a perda de mandatos eletivos federais ou estaduais; V – denegarem *habeas corpus*, mandado de segurança, *habeas data* ou mandado de injunção". BRASIL (1988). *Constituição da República Federativa do Brasil*. Disponível em: http://www.planalto.gov.br/ccivil_03/constituicao/constituicao.htm. Acesso em: 06 mar. 2022.

[281] Constituição Federal de 1988 – "Art. 102. Compete ao Supremo Tribunal Federal, precipuamente, a guarda da Constituição, cabendo-lhe: [...] II – julgar, mediante recurso extraordinário, as causas decididas em única ou última instância, quando a decisão recorrida: a) contrariar dispositivo desta Constituição; b) declarar a inconstitucionalidade de tratado ou lei federal; c) julgar válida lei ou ato de governo local contestado em face desta Constituição. d) julgar válida lei local contestada em face de lei federal. [...]". BRASIL (1988). *Constituição da República Federativa do Brasil*. Disponível em: http://www.planalto.gov.br/ccivil_03/constituicao/constituicao.htm. Acesso em: 06 mar. 2022.

ventilada, na decisão recorrida, a questão federal suscitada". Logo, caso o Tribunal se omita em relação a algum fundamento, é imperiosa a oposição de embargos declaratórios para que se manifeste, nos termos da Súmula 356, também do STF.

Súmula nº 356 do Supremo Tribunal Federal

"O ponto omisso da decisão, sobre o qual não foram opostos embargos declaratórios, não pode ser objeto de recurso extraordinário, por faltar o requisito do prequestionamento".

DELIMITANDO O TEMA

"I. RE: prequestionamento. Súmula 356. O que, a teor da Súmula 356, se reputa carente de prequestionamento é o ponto que, indevidamente omitido pelo acórdão, não foi objeto de embargos de declaração; mas opostos esses, se não obstante se recusa o tribunal a suprir a omissão por entendê-la inexistente, nada mais se pode exigir da parte, permitindo-se-lhe de logo interpor recurso extraordinário sobre a matéria dos embargos de declaração e não sobre a recusa, no julgamento deles, de manifestação sobre ela [...] (STF, RE n. 334279/PA, 1ª Turma. Rel. Min. Sepúlveda Pertence, 20/8/2004)".

AGRAVO REGIMENTAL EM RECURSO EXTRAORDINÁRIO EM RECURSO ESPECIAL ELEITORAL. PRESSUPOSTO DE ADMISSIBILIDADE. AUSENCIA DE REPERCUSSÃO GERAL. TEMA 181. VIOLAÇÃO DO ART. 93, IX, DA CF/1988. NÃO CARACTERIZADA. DECISÃO FUNDAMENTADA. AGRAVO REGIMENTAL NÃO PROVIDO. Histórico da demanda 1. Contra decisão proferida pelo Min. Luiz Fux, Presidente do TSE à época, pela qual negado seguimento ao recurso extraordinário, com fundamento no art. 1.030, I, a, do CPC, manejaram agravo regimental Daniel Pires de Oliveira Costa e outro. Do agravo regimental 2. O Supremo Tribunal Federal reconheceu a inexistência de repercussão geral acerca da questão atinente ao cabimento de recursos da competência de outros Tribunais, pois a controvérsia se restringe ao exame da legislação infraconstitucional, o que não enseja a abertura da via extraordinária (Tema 181). 3. Assentada na decisão agravada a ausência do indispensável requisito do prequestionamento quanto à violação dos arts. 5º, XL, e 37, caput, da CF/1988, razão pela qual fulminada a admissibilidade do recurso extraordinário. 4. No tocante à afronta aos arts. 5º, XXXV, e 16 da CF/1988, consignada, no pronunciamento monocrático, a inovação de tese recursal em sede de aclaratórios. 5. O acórdão recorrido está em consonância com o entendimento do Supremo Tribunal Federal, fixado em análise de repercussão geral (Tema 339), de que não contrariam o art. 93, IX, da Constituição Federal as decisões judiciais que não analisam pormenorizadamente cada um dos argumentos apresentados. Agravo regimental conhecido e não provido.(TSE – Recurso Especial Eleitoral nº 76440, Acórdão, Relator(a) Min. Rosa Weber, Publicação: DJE – Diário de justiça eletrônico, Tomo 082, Data 03/05/2019, Página 58-59)

"O Colegiado de origem aludiu a situação envolvendo alteração de cargo, sem referir-se a ascensão funcional, ao contrário do que alegado pela recorrente. As razões do extraordinário partem de pressupostos fáticos estranhos ao acórdão atacado, pretendendo-se, em síntese, o reexame dos elementos probatórios para, com fundamento em quadro diverso, assentar-se a viabilidade do recurso. A par desse aspecto, atentem não para o apego à literalidade do verbete 356 da Súmula do Supremo, mas para a razão de ser do prequestionamento e, mais ainda, para o teor do verbete 282 da referida Súmula. O instituto do prequestionamento significa o debate e a decisão prévios do tema jurídico constante das razões apresentadas. Se o ato impugnado nada contém sobre o que versado no recurso, descabe assentar o enquadramento deste no permissivo constitucional. [...] no caso, o que sustentado pela recorrente não foi enfrentado pelo Órgão julgador. Padece o recurso da ausência de prequestionamento. [STF – ARE 1.137.118, rel. min. Marco Aurélio, j. 29-8-2018, dec. monocrática, DJE 242 de 16-11-2018.]

Doutro vértice, o art. 102, §3º, da Constituição Federal, incluído pela Emenda à Constituição n. 45, de 2004, estabelece que a repercussão geral é requisito específico de admissibilidade do Recurso Extraordinário Eleitoral. Nesse sentido, é imprescindível que o recorrente, já no início das razões recursais, evidencie a repercussão, sob pena de não conhecimento do recurso. Registra-se, no entanto, que não basta fazer alusão à existência de repercussão geral, é preciso demonstrá-la de forma clara, com fundamentação sólida e explícita.

O Código de Processo Civil brasileiro tratou da repercussão geral em seu art. 1.035.

Art. 1.035 do Código de Processo Civil

"Art. 1.035. O Supremo Tribunal Federal, em decisão irrecorrível, não conhecerá do recurso extraordinário quando a questão constitucional dos demais fundamentos para a solução do capítulo impugnado. §1º Para efeito de repercussão geral, será considerada a existência ou não de questões relevantes do ponto de vista econômico, político, social ou jurídico que ultrapassem os interesses subjetivos do processo. §2º O recorrente deverá demonstrar a existência de repercussão geral para apreciação exclusiva do Supremo Tribunal Federal. §3º Haverá repercussão geral sempre que o recurso impugnar acórdão que: I – contrarie súmula ou jurisprudência dominante do Supremo Tribunal Federal; II – (revogado) III – tenha reconhecido a inconstitucionalidade de tratado ou de lei federal, nos termos do art. 97 da Constituição Federal; §4º O relator poderá admitir, na análise da repercussão geral, a manifestação de terceiros, subscrita por procurador habilitado, nos termos do Regimento Interno do Supremo Tribunal Federal; §6º O interessado pode requerer, ao presidente ou ao vice-presidente do tribunal de origem, que exclua da decisão de sobrestamento e inadmita o recurso extraordinário que tenha sido interposto intempestivamente, tendo o recorrente o prazo de 5 (cinco) dias para manifestar-se sobre esse requerimento. §7º Da decisão que indeferir o requerimento referido no §6º ou que aplicar entendimento firmado em regime de repercussão geral ou em julgamento de recursos repetitivos caberá agravo interno. §8º Negada a repercussão geral, o presidente ou o vice-presidente do tribunal de origem negará seguimento aos recursos extraordinários sobrestados na origem que versem sobre matéria idêntica. §9º O recurso que tiver a repercussão geral reconhecida deverá ser julgado no prazo de 1 (um) ano e terá preferência sobre os demais feitos, ressalvados os que envolvam réu preso e os pedidos de habeas corpus. §10. (revogado) §11. A súmula da decisão sobre a repercussão geral constará de ata, que será publicada no diário oficial e valerá como acórdão".

Uma vez suscitada a repercussão geral, somente a manifestação de dois terços do Supremo Tribunal Federal poderá rejeitá-la; em outras palavras, dos 11 ministros, 8 têm de votar em sentido adverso. Além disso, de acordo com o §11 do art. 1.035, temos que as decisões sobre temas de repercussão geral devem ser sumuladas.[282]

DELIMITANDO O TEMA

"CONSTITUCIONAL. ELEITORAL. INELEGIBILIDADE. EX-CÔNJUGE DE PREFEITO REELEITO. ART. 14, §7º, DA CONSTITUIÇÃO. EXISTÊNCIA DE REPERCUSSÃO GERAL. Questão relevante do ponto de vista político, social e jurídico. (STF – RE 568596 RG, Relator(a): Min. RICARDO LEWANDOWSKI, julgado em 17/04/2008, DJe-078 DIVULG 30-04-2008 PUBLIC 02-05-2008 EMENT VOL-02317-07 PP-01356)".

"Constitucional. Direito eleitoral. Prestação de contas. Cabimento de recurso especial eleitoral. Art. 121, §4º, da Constituição da República. Repercussão geral reconhecida. 1. Tem repercussão geral a questão constitucional relativa à delimitação da competência que a Constituição da República outorgou ao

[282] Lei nº 13.105, de 16 de março de 2015 – "art.1.035 [...] §11. A súmula da decisão sobre a repercussão geral constará de ata, que será publicada no diário oficial e valerá como acórdão". BRASIL. *Lei nº 13.105, de 16 de março de 2015*. Disponível em: http://www.planalto.gov.br/ccivil_03/_ato2015-2018/2015/lei/l13105.htm. Acesso em: 30 abr. 2020.

Tribunal Superior Eleitoral para examinar recurso especial eleitoral (art. 121, §4º, da Constituição da República), mormente no que diz respeito à dúvida de seu cabimento nas prestações de contas de campanhas eleitorais. 2 Relevância jurídica e transcendência de interesses caracterizados' (DJe 206, 31.10.2006) (STF – RE n. 591470RG/MG)".

"Lei Complementar 135/2010, denominada Lei da Ficha Limpa. Inaplicabilidade às eleições gerais 2010. Princípio da anterioridade eleitoral (art. 16 da Constituição da República). I. O princípio da anterioridade eleitoral como garantia do devido processo legal eleitoral [...]. II – O princípio da anterioridade eleitoral como garantia constitucional da igualdade de chances [...]. III – O princípio da anterioridade eleitoral como garantia constitucional das minorias e o papel da jurisdição constitucional da democracia [...]. IV – Recurso extraordinário conhecido e provido. Recurso extraordinário conhecido para: a) reconhecer a repercussão geral da questão constitucional atinente à aplicabilidade da LC 135/2010 às eleições de 2010, em face do princípio da anterioridade eleitoral (art. 16 da Constituição), de modo a permitir aos tribunais e turmas recursais do país a adoção dos procedimentos relacionados ao exercício da retratação ou declaração de inadmissibilidade dos recursos repetitivos, sempre que as decisões recorridas contrariarem ou se pautarem pela orientação ora firmada; b) dar provimento ao recurso, fixando a não aplicabilidade da Lei Complementar nº 135/2010 às eleições gerais de 2010 (DJe 219, 18.11.2011) (STF – RE n. 633703/MG)".

ELEIÇÕES 2016. AGRAVO NO RECURSO EXTRAORDINÁRIO. AGRAVO DE INSTRUMENTO. RECURSO ESPECIAL ELEITORAL. PRESTAÇÃO DE CONTAS. PHS. DESAPROVAÇÃO. RECURSO EXTRAORDINÁRIO A QUE NEGADO SEGUIMENTO COM FUNDAMENTO NO ART. 1.030, I, a, DO CPC. MANEJO DE AGRAVO NO RECURSO EXTRAORDINÁRIO PREVISTO NO ART. 282 DO CÓDIGO ELEITORAL. NÃO CABIMENTO. ERRO INESCUSÁVEL. INEXISTÊNCIA DE DÚVIDA OBJETIVA. INAPLICABILIDADE DO PRINCÍPIO DA FUNGIBILIDADE. AGRAVO NÃO CONHECIDO. Histórico da demanda 1. Contra decisão pela qual negado seguimento ao recurso extraordinário no agravo de instrumento manejado em face de decisão de inadmissão do recurso especial eleitoral, com fundamento no art. 1.030, I, a, do CPC, maneja agravo no recuso extraordinário o Diretório Estadual do Partido Humanista da Solidariedade (PHS). Do agravo 2. Impugnável mediante agravo interno ao colegiado deste Tribunal Superior a decisão pela qual negado seguimento ao recurso extraordinário com fundamento no art. 1.030, I, a, do CPC, notadamente porque fixada pelo STF a tese de que o preenchimento dos pressupostos de admissibilidade de recursos da competência de outros Tribunais tem natureza infraconstitucional e a ela são atribuídos os efeitos da ausência de repercussão geral (Tema 181). 3. Inaplicável, à espécie, o princípio da fungibilidade. Precedente. Agravo não conhecido. (TSE – Agravo de Instrumento nº 56828, Acórdão, Relator(a) Min. Rosa Weber, Publicação: DJE – Diário de justiça eletrônico, Tomo 200, Data 15/10/2019, Página 26)

AGRAVO REGIMENTAL NO RECURSO EXTRAORDINÁRIO NO AGRAVO DE INSTRUMENTO. RECURSO ESPECIAL ELEITORAL. AÇÃO DE INVESTIGAÇÃO JUDICIAL ELEITORAL. RECURSO EXTRAORDINÁRIO A QUE NEGADO SEGUIMENTO

COM FUNDAMENTO NO ART. 1.030, I, a, DO CPC. APLICAÇÃO DOS TEMAS 197, 339 E 424 DE REPERCUSSÃO GERAL. AGRAVO REGIMENTAL NÃO PROVIDO. Histórico da demanda 1. Contra decisão pela qual negado seguimento ao recurso extraordinário, com fundamento no art. 1.030, I, a, do CPC, maneja agravo regimental Ozéias Azeredo Martins. Do agravo regimental 2. O acórdão recorrido está em consonância com o entendimento do Supremo Tribunal Federal, fixado em análise de repercussão geral (Tema 339), de que não contrariam o art. 93, IX, da Constituição Federal as decisões judiciais que não analisam pormenorizadamente cada um dos argumentos apresentados. 3. Fixada pela Suprema Corte a tese de que não apresenta repercussão geral recurso extraordinário que tem por objeto a obrigatoriedade de observância dos princípios do contraditório e da ampla defesa, nos casos de indeferimento de pedido de produção de provas em processo judicial (Tema 424). 4. Na análise do AI 752633 RG/SP, Rel. Min. Cezar Peluso, DJe de 18.12.2009, o STF fixou a tese de que a aplicação de multa pela oposição de embargos de declaração julgados protelatórios tem natureza infraconstitucional e a ela são atribuídos os efeitos da ausência de repercussão geral (Tema 197). Agravo regimental conhecido e não provido.(TSE – Agravo de Instrumento nº 67363, Acórdão, Relator(a) Min. Rosa Weber, Publicação: DJE – Diário de justiça eletrônico, Tomo 176, Data 11/09/2019, Página 25/26)

EMBARGOS DE DECLARAÇÃO EM AGRAVO EM RECURSO EXTRAORDINÁRIO. PRESTAÇÃO DE CONTAS. EXERCÍCIO FINANCEIRO DE 2011. PARTIDO POLÍTICO. DESAPROVAÇÃO. RECURSO EXTRAORDINÁRIO. SUPOSTA VIOLAÇÃO DO ART. 5º, XL E LIV, DA CONSTITUIÇÃO FEDERAL. NEGATIVA DE SEGUIMENTO. TEMA 660 DE REPERCUSSÃO GERAL E OFENSA REFLEXA AO TEXTO CONSTITUCIONAL. MANEJO DE AGRAVO EM RECURSO EXTRAORDINÁRIO. POSSIBILIDADE. EMBARGOS DE DECLARAÇÃO ACOLHIDOS. EFEITOS INFRINGENTES. REMESSA DOS AUTOS AO STF. 1. Trata-se de embargos de declaração opostos pelo Diretório Nacional do Partido da Causa Operária (PCO) ao acórdão do Tribunal Superior Eleitoral pelo qual não conhecido o agravo em recurso extraordinário. 2. À luz dos fundamentos nos quais baseada a decisão que negou seguimento ao recurso extraordinário, bem como da sistemática recursal aplicada ao exame de admissibilidade (arts. 1.030 e 1.042 do CPC), cabível o manejo tanto do agravo interno – porquanto aplicado o Tema 660 de repercussão geral no tocante à ofensa ao art. 5º, LIV, da CF/1988 – como do agravo em recurso extraordinário, a ser remetido ao STF para análise da suposta afronta ao art. 5º, XL, da Carta Magna. Nada obstante, o ora embargante manejou apenas o agravo em recurso extraordinário aparelhado no art. 994, VIII, do CPC. Embargos de declaração acolhidos, com efeitos infringentes, para determinar a remessa dos autos ao Supremo Tribunal Federal, nos termos do art. 1.042, §4º, do CPC.(TSE – Prestação de Contas nº 26054, Acórdão, Relator(a) Min. Rosa Weber, Publicação: DJE – Diário de justiça eletrônico, Tomo 082, Data 03/05/2019, Página 57)

Adentrando no trâmite processual propriamente dito, observamos que a parte interessada deverá interpor o recurso ao presidente do Tribunal Superior Eleitoral, com as razões recursais e o pedido de nova decisão. A parte adversa será intimada para apresentar contrarrazões, no prazo de *3 (três) dias*.[283] Findo o prazo do recorrido, o processo será remetido ao Supremo Tribunal Federal para julgamento.

Acaso o recurso seja denegado, o recorrente, nos termos autorizadores do art. 282 do Código Eleitoral, poderá, no prazo de *3 (três) dias*, interpor *Agravo*.

Depois da chegada dos autos ao STF, será aberto prazo de *5 (cinco) dias* para o Procurador-Geral da República manifestar-se. Esse prazo será reduzido para *2 (dois) dias* se a matéria a ser debatida referir-se ao registro de candidatura (arts. 10 e 14 da Lei Complementar nº 64, de 1990), para, somente então, o processo estar apto para julgamento.

8.7.8 Efeitos

Em se tratando de controle incidental (concreto) de constitucionalidade, a decisão proferida pelo Supremo Tribunal Federal em sede de Recurso Extraordinário possui *efeito inter partes*, restringindo-se, portanto, aos sujeitos do processo.

No entanto, toda decisão prolatada pelo Supremo Tribunal Federal acerca da (in)constitucionalidade de um dispositivo possui reflexos muito mais complexos do que a mera aplicação ao caso concreto. Isso porque, tendo em vista que não é regra o enfoque nos pormenores fáticos pela Suprema Corte, toda decisão que aborde a constitucionalidade ou não de uma lei deveria, em tese, aplicar-se a todas as situações.

Pensando nisso, a própria Constituição Federal criou um mecanismo que confere eficácia *erga omnes* à decisão em sede de análise incidental de constitucionalidade. Para tanto, o Supremo Tribunal Federal, após o julgamento, comunica o Senado Federal, a fim de que suspenda, no todo ou em parte, a execução da norma, de acordo com o art. 52, inciso X, da Constituição Federal.

Art. 52, inciso X, da Constituição Federal

"Art. 52, X. Compete privativamente ao Senado Federal: [...] X – suspender a execução, no todo ou em parte, de lei declarada inconstitucional por decisão definitiva do Supremo Tribunal Federal; [...]".

---

283 Código Eleitoral brasileiro – "Art. 281. São irrecorríveis as decisões do Tribunal Superior, salvo as que declararem a invalidade de lei ou ato contrário à Constituição Federal e as denegatórias de *habeas corpus* ou mandado de segurança, das quais caberá recurso ordinário para o Supremo Tribunal Federal, interposto no prazo de 3 (três) dias. §1º Juntada a petição nas 48 (quarenta e oito) horas seguintes, os autos serão conclusos ao presidente do Tribunal, que, no mesmo prazo, proferirá despacho fundamentado, admitindo ou não o recurso. §2º Admitido o recurso será aberta vista dos autos ao recorrido para que, dentro de 3 (três) dias, apresente as suas razões". BRASIL. *Lei nº 4.737, de 15 de julho de 1965*. Disponível em: http://www.planalto.gov.br/ccivil_03/LEIS/L4737.htm. Acesso em: 06 mar. 2022.

Quanto aos *efeitos* processuais devolutivo e suspensivo, o Recurso Extraordinário Eleitoral segue a mesma sistemática do Recurso Especial Eleitoral.

8.7.9 Recursos

Não há previsão de recurso contra decisão proferida em sede de Recurso Extraordinário Eleitoral.

8.7.10 Resumindo

Fundamentação Legal	**Art. 121, §3º, da Constituição Federal c/c art. 281, *caput*, do Código Eleitoral**
Objetivos	Reverter decisões colegiadas do Tribunal Superior Eleitoral que contrariem a Constituição.
Legitimidade ativa	Partido político, federação partidária, coligação, candidato ou Ministério Público Eleitoral. Obs.: Os atingidos pela decisão.
Prazo	Art. 281, *caput*, do Código Eleitoral: *3 (três) dias* contados da publicação do acórdão ou da sessão de julgamento. Obs.: Súmula 728 do Supremo Tribunal Federal – "É de três dias o prazo três para a interposição de recurso extraordinário contra decisão do Tribunal Superior Eleitoral, contado, quando for o caso, a partir da publicação do acórdão, na própria sessão de julgamento, nos termos do art. 12 da Lei 6.055/1974, que não foi revogado pela Lei 8.950/1994".
Competência	Supremo Tribunal Federal
Se o pedido for julgado procedente	É revertida a decisão para se adequar aos preceitos constitucionais e garantir a segurança jurídica.

8.8 Reclamação

8.8.1 Conceito

No Direito Processual Eleitoral, a *Reclamação* configura uma medida administrativa. O termo é usado comumente para designar as medidas processuais eleitorais albergadas pela Lei nº 9.504, de 1997.

Nas palavras de José Jairo Gomes:

> Trata-se de notícia de ato supostamente irregular praticado por alguma entidade, agente ou órgão da Justiça eleitoral, na qual se pede à autoridade eleitoral a adoção de providência. Ostenta ela caráter correcional, não sendo vocacionada à provocação da jurisdição eleitoral. À guisa de exemplo, cite-se o disposto nos arts. 22, I, *f*, e 29, I, *f*, ambos do Código Eleitoral, que preveem a competência respectivamente do TSE e dos TREs para conhecer "reclamações relativas a obrigações impostas por lei aos recursos". Cite-se também o §1º, art. 4º, da Res. TSE n. 22.624/2007, segundo o qual a reclamação tem como objeto ato de servidor da Justiça Eleitoral.[284]

Validamente, o vocábulo "reclamação" também é utilizado para fazer referências aos institutos previstos nos arts. 102, I, *l*,[285] e 105, I, *f*,[286] da Constituição Federal, que dispõem sobre a competência do Supremo Tribunal Federal e do Superior Tribunal de Justiça para processar e julgar "a reclamação para a preservação de sua competência e garantia da autoridade de suas decisões".

Sobre o tema, vale observar o art. 988 do Código de Processo Civil.

Art. 988 do Código de Processo Civil

"Art. 988. Caberá reclamação da parte interessada ou do Ministério Público para: I – preservar a competência do tribunal; II – garantir a autoridade das decisões do tribunal; III – garantir a observância de enunciado de súmula vinculante e de decisão do Supremo Tribunal Federal em controle concentrado de constitucionalidade; IV – garantir a observância de acórdão proferido em julgamento de incidente de resolução de demandas repetitivas ou de incidente de assunção de competência".

Desse modo, a Reclamação, entendida nessa segunda acepção, possui natureza de ação, uma vez que provoca a jurisdição, forma pedido de tutela jurisdicional e possui uma lide bem definida a ser resolvida pelo Estado-Juiz.

---

[284] GOMES, José Jairo. *Recursos eleitorais*. 3. ed. rev. atual. e ampl. São Paulo: Atlas, 2016. p. 252.

[285] Constituição Federal de 1988 – "Art. 102 [...] l) a reclamação para a preservação de sua competência e garantia da autoridade de suas decisões". BRASIL (1988). *Constituição da República Federativa do Brasil*. Disponível em: http://www.planalto.gov.br/ccivil_03/constituicao/constituicao.htm. Acesso em: 06 mar. 2022.

[286] Constituição Federal de 1988 – "Art. 105 [...] f) a reclamação para a preservação de sua competência e garantia da autoridade de suas decisões". BRASIL (1988). *Constituição da República Federativa do Brasil*. Disponível em: http://www.planalto.gov.br/ccivil_03/constituicao/constituicao.htm. Acesso em: 06 mar. 2022.

8.8.2 Fundamentação Legal

A Reclamação está positivada no art.102, inciso I, alínea *l*, da Constituição Federal.

Art. 102, inciso I, alínea *l*, da Constituição Federal

"Art. 102. Compete ao Supremo Tribunal Federal, precipuamente, a guarda da Constituição, cabendo-lhe: I – processar e julgar, originariamente: [...]l) a reclamação para a preservação de sua competência e garantia da autoridade de suas decisões; [...]".

Segundo Thales Tácito Cerqueira e Camila Albuquerque Cerqueira:

> A reclamação é cabível para preservar a competência do Tribunal ou garantir a autoridade das suas decisões (art. 102, I, l, da CF/88 c/c art. 156 e ss. Do RISTF). Em vez de usar as vias recursais usuais, em determinados casos se pega um "eleva- dor", suprimindo instancias, porque reclamação não é recurso, e sim ação constitucional para preservação de competência ou julgamentos de instâncias superiores.[287]

PARA SEDIMENTAR

"Agravo regimental. Reclamação. Artigo 15, inciso V, do Regimento Interno do Tribunal Superior Eleitoral (RITSE). Finalidade: preservar a competência do TSE e garantir a autoridade das respectivas decisões. Hipóteses de cabimento não presentes na espécie. Agravo regimental desprovido. 1. A reclamação, prevista no artigo 15, V, do RITSE, tem a finalidade de preservar a competência desta Corte Especializada, bem como garantir a autoridade de suas decisões. 2. Não se vislumbra, no provimento judicial do Tribunal a quo, desrespeito à competência ou à autoridade de decisão desta Corte Superior, tendo em vista que, ao contrário do que pretende fazer crer a Agravante, o decisum proferido em âmbito cautelar não determinou a realização imediata de eleições suplementares. (TSE – Ac. De 25.3.2014 no AgR-Rcl nº 48892, rel. Min. Laurita Vaz)".

[287] CERQUEIRA, Thales Tácito; CERQUEIRA, Camila Albuquerque. *Direito eleitoral esquematizado*. 5. ed. São Paulo: Saraiva, 2015. p. 816. (Coordenação Pedro Lenza).

ELEIÇÕES 2016. AGRAVO INTERNO. RECLAMAÇÃO. ALEGAÇÃO DE AFRONTA À AUTORIDADE DE DECISÃO DO TSE. AUSÊNCIA DE ESTRITA ADERÊNCIA COM O CASO DESCRITO NESTA RECLAMAÇÃO. DESCABIMENTO. FUNDAMENTOS DA DECISÃO AGRAVADA NÃO AFASTADOS. NÃO PROVIMENTO.1. Segundo preceitua o art. 15, V, do Regimento Interno do TSE, a reclamação é cabível para preservar a competência do Tribunal ou garantir a autoridade de suas decisões.2. É incabível a reclamação ajuizada com base em suposta afronta à autoridade judicial que não demonstre estrita aderência entre o ato reclamado e o paradigma invocado. Precedentes.3. Mantém-se a decisão agravada, ante a inexistência de argumentos aptos a odifica-la.4. Agravo interno não provido.(TSE – Reclamação nº 060078659, Acórdão, Relator(a) Min. Og Fernandes, Publicação: DJE – Diário de justiça eletrônico, Tomo 79, Data 29/04/2019).

8.8.3 Natureza Jurídica

A Reclamação possui natureza jurídica constitucional, sedimentada no art.102, inciso I, alínea *l*, da Constituição Federal.

Art. 102, inciso I, alínea *l*, da Constituição Federal

"Art. 102. Compete ao Supremo Tribunal Federal, precipuamente, a guarda da Constituição, cabendo-lhe: I – processar e julgar, originariamente: [...] l) a reclamação para a preservação de sua competência e garantia da autoridade de suas decisões; [...]".

8.8.4 Legitimidade

a) Ativa

A legitimidade ativa da Reclamação foi reservada a qualquer partido político, federação partidária, coligação, candidato e ao Ministério Público.

B Passiva

Não há um polo passivo predefinido, de tal sorte, figurará como legitimado passivo quem praticou o ato que atenta/atentou a preservação de competência.

8.8.5 Prazo

Em seguida à verificação da ofensa quanto à competência ou à garantia da autoridade de decisões de tribunais, os interessados poderão valer-se da Reclamação com o fito de preservar esta competência e autoridade. Sendo assim, apesar de não haver um prazo pré-estabelecido, existe um marco temporal inicial.

8.8.6 Competência

A competência para a apreciação da Reclamação poderá ser do Supremo Tribunal Federal, do Tribunal Superior Eleitoral ou do Tribunal Regional Eleitoral, a depender do caso concreto, uma vez que a ação visa à preservação de competência do próprio tribunal.

PARA SEDIMENTAR

"ELEIÇÕES 2018. AGRAVO REGIMENTAL. RECLAMAÇÃO. IMPUGNAÇÃO DE ATO DECISÓRIO DE MINISTRO DO TRIBUNAL SUPERIOR ELEITORAL. NÃO CABIMENTO. SÍNTESE DO CASO1. O primeiro e o segundo suplentes de deputado estadual do Partido Socialismo e Liberdade (PSOL) no Rio Grande do Norte propuseram reclamação em face da decisão monocrática proferida por Ministro Luís Felipe Salomão, em 3.3.2021, nos autos do RO-EL 0601627-96.2018.6.20.0000 – nos quais se questiona a destinação dos votos conferidos a Sandro de Oliveira Pimentel, eleito em 2018 e cassado pelo TRE/RN, com base no art. 30-A, §2º, da Lei 9.504/97 –, sob a alegação de que tal decisão teria supostamente comprometido a autoridade do acórdão anteriormente prolatado naqueles autos, na sessão eletrônica ocorrida em 16.10.2020.2. Por meio da decisão agravada, neguei seguimento à reclamação, com base no art. 36, §6º, do Regimento Interno do Tribunal Superior Eleitoral. ANÁLISE DO AGRAVO REGIMENTAL3. Os agravantes não apresentaram razões suficientes para infirmar os fundamentos da decisão agravada.4. Não cabe reclamação para impugnar decisão monocrática de Ministro do Tribunal Superior Eleitoral.5. Nos termos do art. 15, parágrafo único, inciso V, do Regimento Interno do Tribunal Superior Eleitoral, a reclamação é cabível tão somente para preservar a competência do Tribunal ou garantir a autoridade das suas decisões, o que não é o caso dos autos.6. A jurisprudência deste Tribunal firmou-se no sentido de que "não se pode, com efeito, ampliar o alcance da reclamação, sob pena de transformá-la em verdadeiro sucedâneo ou substitutivo de recurso, ajuizada diretamente perante o órgão máximo da Justiça Eleitoral" (Rcl 5-84, rel. Min. Eros Grau, PSESS em 17.12.2008).7. Como os próprios agravantes reconhecem, a decisão reclamada foi proferida nos autos de processo que ainda está tramitando perante esta Corte Superior, tanto que aguardam o julgamento do agravo regimental por eles ajuizado em face da decisão reclamada.8. Na linha da jurisprudência desta Corte, o inconformismo dos reclamantes, ora agravantes, deve ser objeto de outros meios processuais cabíveis. CONCLUSÃO Agravo regimental a que se nega provimento. (TSE – Reclamação nº 060016642, Acórdão, Relator(a) Min. Sergio Silveira Banhos, Publicação: DJE – Diário da justiça eletrônica, Tomo 98, Data 31/05/2021)"

"ELEIÇÕES SUPLEMENTARES. SENADOR. RECLAMAÇÃO. PEDIDO DE TUTELA PROVISÓRIA. DESCUMPRIMENTO DE DECISÃO DO TSE. NÃO OCORRÊNCIA. RECLAMAÇÃO IMPROCEDENTE. PREJUDICADO O EXAME DA TUTELA PROVISÓRIA. 1. Nos termos art. 15, V, do Regimento Interno do TSE, a reclamação somente é cabível para preservar a competência do Tribunal ou garantir a autoridade de suas decisões. 2. No caso concreto, não foi assinalada data para a realização do novo pleito, o que afasta a tese do reclamante de descumprimento do acórdão proferido pelo TSE.3. O calendário fixado pelo TRE/MT cumpre as determinações legais, bem como a regulamentação do TSE referente à renovação do pleito. 4. Reclamação improcedente. Prejudicado o exame do pedido de tutela provisória. (TSE – Reclamação nº 060012427, Acórdão, Relator(a) Min. Og Fernandes, Publicação: DJE – Diário da justiça eletrônica, Tomo 122, Data 22/06/2020)"

"AGRAVO REGIMENTAL. RECLAMAÇÃO. ELEIÇÕES 2012. PREFEITO. HIPÓTESE NÃO PREENCHIDA. DESPROVIMENTO. 1. Cabe reclamação para preservar competência do Tribunal Superior Eleitoral ou garantir autoridade de suas decisões (art. 15, V, do RI-TSE). 2. Contas de campanha não se confundem com representação por gastos ilícitos de recursos (art. 30-A da Lei 9.504/97), que deve ser ajuizada até quinze dias depois de diplomados os eleitos e possui como consequência jurídica desconstituição de mandato. 3. O Juiz da 261ª ZE/SP, ao determinar arquivamento dos autos do Respe 889-95/SP após trânsito em julgado e respectiva baixa, não descumpriu decisão desta Corte Superior no referido processo, porquanto a desaprovação de contas do Prefeito de Estrela do Norte/SP não repercute perante o diploma. 4. Agravo regimental desprovido. (TSE – Reclamação nº 58961, Acórdão, Relator(a) Min. Antonio Herman de Vasconcellos e Benjamin, Publicação: DJE – Diário de justiça eletrônico, Data 25/05/2016, Página 52)".

"ELEIÇÕES 2008. AGRAVO REGIMENTAL CONTRA DECISÃO QUE NEGOU SEGUIMENTO À RECLAMAÇÃO, EM VIRTUDE DE SUA UTILIZAÇÃO COMO SUCEDÂNEO RECURSAL. MANTIDA A DECISÃO AGRAVADA PELOS PRÓPRIOS FUNDAMENTOS. 1. Reclamação apresentada em razão de suposto descumprimento de decisões proferidas em agravos de instrumento no âmbito do TSE. 2. Reclamação utilizada como sucedâneo recursal. Pretende-se, na via estreita da reclamação, reformar decisão deste Tribunal que manteve o indeferimento de registro de candidatura nas eleições de 2012, aplicando o novo prazo de oito anos da causa de inelegibilidade do art. 1º, inciso I, alínea d, da Lei Complementar nº 64/90, mesmo nas hipóteses em que exaurido o prazo anterior, de três anos de inelegibilidade. 3. O reclamante formalizou recurso extraordinário contra acórdão do TSE, o qual foi inadmitido pela Presidência. O agravo interposto foi afetado para julgamento pelo Plenário do STF (ARE nº 790774/DF), o que reforça o caráter Recursal da medida. 4. Agravo regimental desprovido. (TSE – Reclamação nº 78854, Acórdão, Relator(a) Min. Gilmar Ferreira Mendes, Publicação: DJE – Diário de justiça eletrônico, Tomo 208, Data 05/11/2014, Página 81)".

"AGRAVO REGIMENTAL. RECLAMAÇÃO. ART. 15, INCISO V, DO REGIMENTO INTERNO DO TRIBUNAL SUPERIOR ELEITORAL. FINALIDADE: PRESERVAR A COMPETÊNCIA DO TSE E GARANTIR A AUTORIDADE DAS RESPECTIVAS DECISÕES. HIPÓTESES DE CABIMENTO NÃO PRESENTES NA ESPÉCIE. AGRAVO REGIMENTAL DESPROVIDO. A preservação da autoridade do Tribunal supõe que ele tenha decidido acerca do que constitui o objeto da reclamação no caso, o reconhecimento do error in procedendo, do Juízo Eleitoral, ao desconstituir os diplomas do Reclamante e de seu vice, o que, a toda evidência, não se verifica na espécie, devendo o inconformismo do Reclamante ser objeto de outros meios processuais cabíveis. Agravo regimental desprovido. (TSE – Reclamação nº 94879, Acórdão, Relator(a) Min. Laurita Hilário Vaz, Publicação: DJE – Diário de justiça eletrônico, Tomo 171, Data 12/09/2014, Página 34)".

"AGRAVO REGIMENTAL NA RECLAMAÇÃO. REGISTRO DE CANDIDATURA. ALEGAÇÃO DE OFENSA ÀS DECISÕES DO SUPREMO TRIBUNAL FEDERAL NA ADC 29 E NA ADC 30. INOCORRÊNCIA. NÃO ADERÊNCIA ENTRE O ATO RECLAMADO E OS PARADIGMAS DESTA CORTE. UTILIZAÇÃO DA RECLAMAÇÃO COMO SUCEDÂNEO DE RECURSO. IMPOSSIBILIDADE. AGRAVO REGIMENTAL DESPROVIDO. 1. A aderência estrita entre objeto do ato reclamado e o conteúdo da decisão do STF dotada de efeito vinculante e eficácia erga omnes apontada pelo reclamante é requisito para a admissibilidade da reclamação constitucional. Precedentes: Rcl. 5.476-AgR, rel. Min. Rosa Weber, Primeira Turma, DJe de 6/11/2015; Rcl 22.024-AgR, rel. Min. Teori Zavascki, Segunda Turma, DJe de 29/10/2015; Rcl 20.818, rel. Min. Luiz Fux, Primeira Turma, DJe de 14/10/2015; Rcl 19.240-AgR, rel. Min. Dias Toffoli, Segunda Turma, DJe de 14/09/2015. 2. In casu, a situação em concreto não se amolda aos estritos limites daqueles discutidos nas ADC's 29 e 30, revelando a ausência de identidade de temas entre o ato reclamado e o paradigma desta Corte. 3. A reclamação "não se qualifica como sucedâneo recursal nem configura instrumento viabilizador do reexame do conteúdo do ato reclamado, eis que tal finalidade revela-se estranha à destinação constitucional subjacente à instituição dessa medida processual". (Rcl 4.381-AgR, Rel. Min. Celso de Mello, Plenário, DJe de 5/8/2011). 4. Agravo regimental desprovido. (TSE – Rcl 26098 AgR, Relator(a): Min. LUIZ FUX, Primeira Turma, julgado em 26/05/2017, PROCESSO ELETRÔNICO DJe-133 DIVULG 19-06-2017 PUBLIC 20-06-2017)".

AGRAVO REGIMENTAL MANEJADO EM 14.11.2016. RECLAMAÇÃO. SUPOSTA INOBSERVÂNCIA DE ATO NORMATIVO. NÃO CABIMENTO. AUTORIDADE DA DECISÃO DESTA CORTE SUPERIOR. USURPAÇÃO DE COMPETÊNCIA. INEXISTÊNCIA. NÃO PROVIMENTO. 1. A teor do art. 15, V, do Regimento Interno desta Corte Superior, "a reclamação é cabível para preservar a competência do Tribunal ou garantir a autoridade das suas decisões", desservindo a via eleita pelo prisma da afronta a preceito legal ou a ato normativo. Precedentes. Agravo regimental a que se nega provimento. (TSE – Reclamação nº 50186, Acórdão, Relator(a) Min. Rosa Weber, Publicação: DJE – Diário de justiça eletrônico, Data 31/03/2017).

8.8.7 Rito Processual e Peculiaridades

O regramento a ser observado será o estabelecido para as ações ordinárias previstas no Código de Processo Civil. Em razão da cautela a ser observada, o endereçamento será ao presidente do tribunal atinente à violação. Recebido o petitório, o relator requisitará à autoridade imputada as primeiras informações, no prazo de *10 (dez) dias*. Posteriormente, o Ministério Público Eleitoral deverá manifestar-se, no prazo de *5 (cinco) dias*, para, somente então, a pleito ser apreciado.

Aqui vale destacar que esses prazos estão previstos no Regimento Interno do Supremo Tribunal Federal, que escolhemos para evidenciar, no plano fático, como se dá a desenvoltura da Reclamação. Entretanto é imperioso observar o regimento interno do tribunal que teve sua competência violada para saber como proceder à ação.

8.8.8 Resumindo

Fundamentação Legal	**Art. 102, inciso I, alínea *l*, da Constituição Federal**
Objetivos	Preservar a competência do órgão que proferiu a decisão.
Legitimidade ativa	Partido político, federação partidária, coligação, candidato ou Ministério Público Eleitoral.
Prazo	Não há prazo instituído.
Competência	Supremo Tribunal Federal Tribunal Superior Eleitoral Tribunal Regional Eleitoral Obs.: A depender do caso em concreto.

8.9 Recursos Inominados Eleitorais

8.9.1 Conceito

O Código Eleitoral prevê a possibilidade de recurso sem a atribuição de um *nomen juris*, motivo pelo qual se entendeu por bem chamá-lo de *Recurso Inominado*, ainda que se reconheça que há quem o denomine de Agravo Interno. Mesmo que haja semelhanças entre os dois recursos, entendemos que o uso dessa última denominação pode levar o operador do direito ao cometimento de certos equívocos, motivo pelo qual utilizamos a terminologia clássica.

A incerteza com relação à nomenclatura desse recurso é tão grande que se entendeu por bem, à luz do princípio da fungibilidade, a admissão do recurso quando ele vier nomeado como agravo regimental ou interno.[288]

[288] "1. Por força do princípio da fungibilidade dos recursos, próprio da instrumentalidade do processo, conhece-se de agravo regimental, interposto com fundamento no art. 36, §8º, do Regimento Interno do Tribunal Superior

8.9.2 Fundamentação Legal

A previsão legal do Recurso Inominado encontra-se no art. 265 do Código Eleitoral.

Art. 265 do Código Eleitoral

"Art. 265. Dos atos, Resoluções ou despachos dos juízes ou juntas eleitorais caberá recurso para o Tribunal Regional. Parágrafo único. Os recursos das decisões das Juntas serão processados na forma estabelecida pelos artigos. 169 e seguintes".

Diversas são as possibilidades de cabimento previstas no Código Eleitoral do Recurso Inominado, como *v.g.*:

Previsão CE	Definição
Art. 39	"Art. 39. Até 30 (trinta) dias antes da eleição o presidente da Junta comunicará ao Presidente do Tribunal Regional as nomeações que houver feito e divulgará a composição do órgão por edital publicado ou afixado, podendo qualquer partido oferecer impugnação motivada no prazo de 3 (três) dias".
Art. 45, §7º	"Art. 45. O escrivão, o funcionário ou o preparador recebendo a fórmula e documentos determinará que o alistando date e assine a petição e em ato contínuo atestará terem sido a data e a assinatura lançados na sua presença; em seguida, tomará a assinatura do requerente na folha individual de votação" e nas duas vias do título eleitoral, dando recibo da petição e do documento. [...] §7º Do despacho que indeferir o requerimento de inscrição caberá recurso interposto pelo alistando, e do que o deferir poderá recorrer qualquer delegado de partido".
Art. 7º, §1º	"Art. 7º O eleitor que deixar de votar e não se justificar perante o juiz eleitoral até 30 (trinta) dias após a realização da eleição, incorrerá na multa de 3 (três) a 10 (dez) por cento sobre o salário-mínimo da região, imposta pelo juiz eleitoral e cobrada na forma prevista no art. 367. §1º Sem a prova de que votou na última eleição, pagou a respectiva multa ou de que se justificou devidamente, não poderá o eleitor".

Eleitoral (RITSE), como se recurso inominado fosse – este o recurso correto a ser interposto em face das decisões proferidas pelos juízes auxiliares da propaganda eleitoral, *ex vi* do disposto no art. 96, §8º, da Lei nº 9.504/1997 –, desde que observado o prazo de interposição de 24 horas. Precedente. (TSE, R-Rp nº 23825/DF, 29/8/2014)".
"1. O recurso cabível contra decisões proferidas pelos juízes auxiliares da propaganda é o inominado (art. 96, §8º, da Lei nº 9.504/1997). Presentes os requisitos de admissibilidade, é aplicável o princípio da fungibilidade para receber o agravo regimental como recurso inominado. Precedentes. (TSE, AgR-Rp nº 14392/DF, 29/8/2014)".

Art.52, §2º	"Art. 52. No caso de perda ou extravio de seu título, requererá o eleitor ao juiz do seu domicílio eleitoral, até 10 (dez) dias antes da eleição, que lhe expeça segunda via. [...] §2º No caso de perda ou extravio do título, o juiz, após receber o requerimento de segunda via, fará publicar, pelo prazo de 5 (cinco) dias, pela imprensa, onde houver, ou por editais, a notícia do extravio ou perda e do requerimento de segunda via, deferindo o pedido, findo este prazo, se não houver impugnação".
Art. 80	"Art. 80. Da decisão do juiz eleitoral caberá recurso no prazo de 3 (três) dias, para o Tribunal Regional, interposto pelo excluindo ou por delegado de partido".
Art.120, §4º	"Art. 120. Constituem a mesa receptora um presidente, um primeiro e um segundo mesários, dois secretários e um suplente, nomeados pelo juiz eleitoral sessenta dias antes da eleição, em audiência pública, anunciado pelo menos com cinco dias de antecedência. [...] §4º Os motivos justos que tiverem os nomeados para recusar a nomeação, e que ficarão a livre apreciação do juiz eleitoral, somente poderão ser alegados até 5 (cinco) dias a contar da nomeação, salvo se sobrevindos depois desse prazo".
Art.121, §1º	"Art. 121. Da nomeação da mesa receptora qualquer partido poderá reclamar ao juiz eleitoral, no prazo de 2 (dois) dias, a contar da audiência, devendo a decisão ser proferida em igual prazo. §1º Da decisão do juiz eleitoral caberá recurso para o Tribunal Regional, interposto dentro de 3 (três) dias, devendo, dentro de igual prazo, ser resolvido".
Art.135, 8º	"Art. 135. Funcionarão as mesas receptoras nos lugares designados pelos juízes eleitorais 60 (sessenta) dias antes da eleição, publicando-se a designação. [...] §8º Da decisão do juiz eleitoral caberá recurso para o Tribunal Regional, interposto dentro de três dias, devendo no mesmo prazo, ser resolvido".

8.9.3 Natureza Jurídica

O Recurso Inominado tem caráter residual, sendo assim, só pode ser utilizado quando outro não couber. Possui natureza de recurso ordinário, destarte leva ao tribunal a oportunidade de revisar amplamente a decisão do e abrange tanto a parte fática quanto a jurídica.

8.9.4 Legitimidade

a) Ativa

A legitimidade ativa será dos candidatos, do Ministério Público, dos delegados de partidos e dos fiscais.

PARA SEDIMENTAR

"RECURSO INOMINADO. REPRESENTAÇÃO. ELEIÇÕES 2018. PRESIDENTE DA REPÚBLICA. PROPAGANDA. SUPOSTO CONTEÚDO OFENSIVO E DIFAMATÓRIO. INTERNET. REMOÇÃO. POSTERIORIDADE. ELEIÇÕES. IMPOSSIBILIDADE. ANONIMATO. INEXISTÊNCIA. MULTA DO ART. 57-D DA LEI 9.504/97. INAPLICABILIDADE. NEGATIVA DE PROVIMENTO.1. Recurso interposto contra decisum monocrático, de relatoria do e. Ministro Jorge Mussi, de improcedência dos pedidos em representação versando sobre propaganda eleitoral negativa na internet, em tese praticada em desfavor do segundo colocado nas eleições presidenciais em 2018.2. Nos termos do art. 33, §6º, da Res.-TSE 23.551/2017, "findo o período eleitoral, as ordens judiciais de remoção de conteúdo da internet deixarão de produzir efeitos, cabendo à parte interessada requerer a remoção do conteúdo por meio de ação judicial autônoma perante a Justiça Comum". Precedentes.3. Conforme o art. 57-D da Lei 9.504/97, "é livre a manifestação do pensamento, vedado o anonimato durante a campanha eleitoral, por meio da rede mundial de computadores – internet", sujeitando-se o infrator à pena de multa de R$5.000,00 a R$30.000,00.4. No caso, porém, é indene de dúvida que a autoria das postagens na rede social facebook era conhecida, não havendo falar em anonimato. No mesmo sentido, em hipótese similar: Rp 0601697-71/DF, Rel. Min. Sérgio Banhos, DJE de 10/11/2020.5. Recurso inominado a que se nega provimento. (TSE – Representação nº 060153054, Acórdão, Relator(a) Min. Luis Felipe Salomão, Publicação: DJE – Diário da justiça eletrônica, Tomo 61, Data 07/04/2021)"

"ELEIÇÕES 2014. ELEIÇÃO PRESIDENCIAL. AGRAVO REGIMENTAL. DIRETÓRIO REGIONAL DE PARTIDO POLÍTICO. ILEGITIMIDADE RECURSAL. LEGITIMADOS QUE NÃO SE INSURGIRAM CONTRA A DECISÃO. NÃO CONHECIMENTO. Não há como conhecer do recurso interposto em virtude da ilegitimidade ativa do recorrente para ajuizar recurso em face de decisão em representação decorrente de propaganda relacionada à eleição presidencial, seja porque em atuação isolada, em contrariedade à regra do §4º do art. 6º da Lei das Eleições, seja em razão de o recurso ter sido aviado por diretório estadual de partido político, considerando-se, ainda, que não houve recursos dos legitimados no caso concreto. Precedente: AgR-Rp nº 243-47, rel. Min. Tarcisio Vieira, DJe de 4.8.2014. Agravo regimental não conhecido. (TSE – Representação nº 169592, Acórdão, Relator(a) Min. Admar

Gonzaga Neto, Publicação: DJE – Diário de justiça eletrônico, Tomo 105, Data 05/06/2015, Página 155)".

"ELEIÇÕES 2014. PROPAGANDA ELEITORAL ANTECIPADA. ELEIÇÕES PRESIDENCIAIS. REPRESENTAÇÃO. ILEGITIMIDADE ATIVA DE DIRETÓRIO ESTADUAL. INTELIGÊNCIA DOS ARTS. 96, CAPUT, DA LEI Nº 9.504/97, C/C O ART. 3º, DA RESOLUÇÃO/ TSE Nº 23.398. 1. O recurso cabível contra as decisões proferidas pelos juízes auxiliares da propaganda eleitoral (art. 96, §8º, da LE) é o recurso inominado, a ser interposto no prazo de 24 (vinte e quatro) horas, nos termos art. 96, §8º, da Lei nº 9.504/97, e não o agravo regimental, com base no art. 36, §§8º e 9º, do Regimento Interno do Tribunal Superior Eleitoral RITSE, cujo prazo é de 3 (três) dias. In casu, todavia, possível a aplicação do princípio da fungibilidade, porquanto observado o prazo de 24 (vinte e quatro) horas. 2. Em tema de propaganda antecipada, em eleição presidencial, as representações intentadas junto ao Tribunal Superior Eleitoral devem ser propostas pelo Diretório Nacional das agremiações partidárias legitimadas, ou, quando não muito, por ele previamente encampadas ou autorizadas. 3. Ilegitimidade ativa ad causam do Diretório Estadual para o manejo da representação por alegada propaganda eleitoral antecipada de viés presidencial. 4. As esferas partidárias devem agir de forma sincronizada, dialogada e consensual, a fim de emprestar ao sistema coerência maior e evitar o risco de posturas contraditórias nos planos fático, político e jurídico. 5. Precedentes. 6. Recurso ao qual se nega provimento (TSE – Representação nº 24347, Acórdão, Relator(a) Min. Tarcisio Vieira De Carvalho Neto, Publicação: DJE – Diário de justiça eletrônico)".

b) Passiva

Uma vez que o objetivo é impugnar os atos, as Resoluções ou os despachos dos juízes ou juntas eleitorais, no polo passivo deverá constar quem proferiu as referidas deliberações.

8.9.5 Prazo

Quando o Recurso Inominado for interposto contra decisão das *juntas eleitorais*, o prazo será de *48 (quarenta e oito) horas*, a contar da publicação da decisão. Já quando o Recurso Inominado for interposto em face de decisões proferidas por juízes eleitorais, o prazo será de *3 (três) dias*, salvo quando se tratar de representação eleitoral consubstanciada no art. 96 da Lei nº 9.504, de 1997, cujo prazo será de *24 (vinte e quatro) horas*.

PARA SEDIMENTAR

"ELEIÇÕES 2014. AGRAVO REGIMENTAL CONTRA DECISÃO PROFERIDA POR JUIZ AUXILIAR (ART. 96, §3º, DA LEI DAS ELEIÇÕES). PRINCÍPIO DA FUNGIBILIDADE. RECEBIMENTO COMO RECURSO INOMINADO (ART. 96, §8º, DA LEI DAS ELEIÇÕES). OBSERVÂNCIA DO PRAZO DE 24 (VINTE E QUATRO) HORAS. PRECEDENTES. REPRESENTAÇÃO. POLO ATIVO. CANDIDATO A DEPUTADO FEDERAL. PROPAGANDA ELEITORAL EMPREENDIDA POR CANDIDATA AO CARGO DE PRESIDENTE DA REPÚBLICA. ILEGITIMIDADE ATIVA AD CAUSAM. DECISÃO PELA EXTINÇÃO DO PROCESSO SEM RESOLUÇÃO DO MÉRITO. COMPETÊNCIA DA JUSTIÇA ELEITORAL LOCAL PARA EXAME SOBRE A REGULARIDADE DE FIXAÇÃO DA PROPAGANDA ELEITORAL. RECURSO AO QUAL SE NEGA PROVIMENTO. (TSE – Representação nº 83931, Acórdão, Relator(a) Min. Maria Thereza Rocha De Assis Moura, Publicação: PSESS – Publicado em Sessão)".

"ELEIÇÕES 2014. RECURSO CONTRA DECISÃO PROFERIDA POR JUIZ AUXILIAR (ART. 96, §3º, DA LE). RECURSO INOMINADO (ART. 96, §8º, DA LE). PRINCÍPIO DA FUNGIBILIDADE. OBSERVÂNCIA DO PRAZO DE 24 (VINTE E QUATRO) HORAS. REPRESENTAÇÃO. PROPAGANDA ELEITORAL ANTECIPADA. NÃO CARACTERIZAÇÃO. ENTREVISTA DE RÁDIO. PRESIDENTE DA REPÚBLICA. PRÉ-CANDIDATURA. REELEIÇÃO. ESCLARECIMENTOS À POPULAÇÃO SOBRE AÇÕES PONTUAIS DO GOVERNO. DEVER CONSTITUCIONAL DE INFORMAR. PRINCÍPIO DA PUBLICIDADE. INTELIGÊNCIA DA CF/88, ART. 37, CAPUT, C/C O ART. 36-A, INCISO I, DA LEI Nº 9.504/97, COM NOVA REDAÇÃO CONFERIDA PELA LEI Nº 12.891/2013. 1. Por força do princípio da fungibilidade dos recursos, próprio da instrumentalidade do processo, conhece-se de agravo regimental, interposto com fundamento no art. 36, §8º, do Regimento Interno do Tribunal Superior Eleitoral – RITSE, como se recurso inominado fosse – este o recurso correto a ser interposto em face das decisões proferidas pelos juízes auxiliares da propaganda eleitoral, ex vi do disposto no art. 96, §8º, da Lei nº 9.504/97 – desde que observado o prazo de interposição de 24 (vinte e quatro) horas. Precedente. 2. A prestação de esclarecimentos à população sobre típicas ações do Governo em curso, por si só, não caracteriza propaganda eleitoral antecipada. Hipótese em que a representada, ora recorrida, na condição de Presidenta da República e virtual pré-candidata à reeleição, em meio a uma entrevista de rádio, provocada com ironia, em fala informal, não preparada antecipadamente, ao se dirigir a jornalista, em tom de brincadeira, fez uso das expressões "se eu tiver um segundo mandato" e "se você votar em mim Alexandre", as quais, no enquadramento fático dos autos e de acordo com as provas coligidas, não dão conta nem despertam a crença de que houve promessas de campanha, alusão a candidaturas ou pedido de votos, pelo menos com a objetividade devida, de todo necessária para os fins da aplicação da multa de que cuida o art. 36, §3º, da Lei nº 9.504/97. 3. A Lei nº 12.891/2013, ao dar nova redação ao inciso I do art. 36-A da Lei nº 9.504/97, de maneira proposital, suprimiu a expressão "desde que não haja pedido de votos". A alteração é relevante porque, diante do novo parâmetro legal, não pode ser considerada propaganda antecipada a (simples) participação de pré-candidatos "em entrevistas, programas, encontros ou debates no rádio, na televisão e na internet, inclusive com a exposição de plataformas e projetos políticos [...]". 4. Recurso ao qual se nega provimento. (TSE – Representação nº 23825, Acórdão, Relator(a) Min. Tarcisio Vieira De Carvalho Neto, Publicação: DJE – Diário de justiça eletrônico, Tomo 155, Data 21/08/2014, Página 80)".

AGRAVO REGIMENTAL. REPRESENTAÇÃO. ELEIÇÕES 2018. PRESIDENTE. PROPAGANDA ANTECIPADA.FACEBOOK. PERFIL DE SENADOR. PUBLICAÇÃO. FOTOS. LULA. RECURSO INOMINADO. ART. 96, §8º, DA LEI 9.504/97. CABIMENTO. PRAZO 24 HORAS. INTEMPESTIVIDADE. AGRAVO NÃO CONHECIDO. 1. O recurso cabível contra decisão monocrática em representações originárias por propaganda eleitoral extemporânea é o inominado (art. 96, §8º, da Lei 9.504/97), a ser interposto no prazo de 24 horas, e não o agravo regimental (art. 36, §§8º e 9º, do Regimento Interno do TSE), cujo prazo é de três dias. Precedentes. 2. Não é possível aplicar o princípio da fungibilidade para receber o agravo regimental como recurso inominado, porquanto excedido o prazo de 24 horas. Precedentes, dentre os quais o AgR-RP 0602636-85/DF, de minha relatoria, julgado em 6/11/2018. 3. Agravo regimental não conhecido.(TSE – Representação nº 060244892, Acórdão, Relator(a) Min. Jorge Mussi, Publicação: PSESS – Publicado em Sessão, Data 20/11/2018)

8.9.6 Competência

A competência será do juiz eleitoral para atos da junta eleitoral, e do Tribunal Regional Eleitoral para atos do juiz eleitoral.

PARA SEDIMENTAR

"ELEIÇÕES 2014. REPRESENTAÇÃO. AGRAVO REGIMENTAL. CONHECIMENTO. PRINCÍPIO DA FUNGIBILIDADE. RECEBIMENTO COMO RECURSO INOMINADO. MÉRITO. APRECIAÇÃO. PROPAGANDA ELEITORAL EXTEMPORÂNEA. PRÉ-CANDIDATO AO SENADO. ESPAÇO DESTINADO A PROPAGANDA PARTIDÁRIA. FUNDAMENTO. VIOLAÇÃO À LEI Nº 9.504/1997. PEDIDO DE APLICAÇÃO DE MULTA DO ART. 36, §3º. COMPETÊNCIA DO TRIBUNAL REGIONAL ELEITORAL DA CIRCUNSCRIÇÃO. ART. 96, II, DA LEI DAS ELEIÇÕES. DECISÃO MONOCRÁTICA MANTIDA PELOS PRÓPRIOS FUNDAMENTOS. RECURSO NÃO PROVIDO. 1. O recurso cabível contra as decisões proferidas pelos juízes auxiliares da propaganda eleitoral é o recurso inominado, a ser interposto no prazo de 24 (vinte e quatro) horas, nos termos do art. 96, §8º, da Lei 9.504/1997, e não o Agravo Regimental, com base no art. 36,

§§8º e 9º, do Regimento Interno do Tribunal Superior Eleitoral (RITSE), cujo prazo é de 3 (três) dias. Todavia, preenchidos os requisitos do recurso cabível, aplica-se o princípio da fungibilidade. Recebido o Agravo Regimental como se recurso inominado fosse. 2. Representação calcada em contrariedade à Lei das Eleições (Lei 9.504/1997), e não à Lei dos Partidos Políticos (Lei 9.096/1995). Requer-se a aplicação da multa prevista no §3º do art. 36 da Lei 9.504/1997, em razão da suposta realização de propaganda eleitoral extemporânea, e não das sanções capituladas na Lei 9.096/1995 e aplicáveis na hipótese de desvirtuamento do horário reservado à divulgação de programa político-partidário. 3. É irrelevante a discussão acerca da natureza do espaço utilizado para a prática da conduta irregular. O cerne da questão é a indevida veiculação de propaganda antecipada, o que, forçosamente, tratando-se de candidatura para o Senado Federal, atrai a competência do Tribunal Regional da circunscrição em que praticado o ato ilícito (art. 96, II, Lei das Eleições).4. Decisão monocrática mantida pelos próprios fundamentos, até mesmo porque tem embasamento em precedente do TSE (Rp 1144-54, Relator Ministro Aldir Passarinho Junior, DJe de 6.5.2011). 5. Recurso não provido. (TSE – Representação nº 246462, Acórdão, Relator(a) Min. Antonio Herman De Vasconcellos E Benjamin, Publicação: PSESS – Publicado em Sessão, Data 30/09/2014)".

8.9.7 Rito Processual

Por determinação do art. 265 do Código Eleitoral, o Recurso Inominado deverá seguir o disposto no art.169 e seguintes do mesmo códex.

Art. 169 do Código Eleitoral

"Art. 169. À medida que os votos forem sendo apurados, poderão os fiscais e delegados de partido, assim como os candidatos, apresentar impugnações que serão decididas de plano pela Junta. [...] §3º O recurso, quando ocorrerem eleições simultâneas, indicará expressamente eleição a que se refere. §4º Os recursos serão instruídos de ofício, com certidão da decisão recorrida; se interpostos verbalmente, constará também da certidão o trecho correspondente do boletim".

Art. 170 do Código Eleitoral

"Art. 170. As impugnações quanto à identidade do eleitor, apresentadas no ato da votação, serão resolvidas pelo confronto da assinatura tomada no verso da folha individual de votação com a existente no anverso; se o eleitor votou em separado, no caso de omissão da folha individual na respectiva pasta, confrontando-se a assinatura da folha modelo 2 (dois) com a do título eleitoral".

Art. 171 do Código Eleitoral

"Art. 171 Não será admitido recurso contra a apuração, se não tiver havido impugnação perante a Junta, no ato apuração, contra as nulidades arguidas".

Com efeito, interposto o Recurso Inominado, o recorrido será intimado para apresentar suas contrarrazões no prazo de 3 *(três) dias* ou de 24 *(vinte e quatro) horas*, a depender da matéria, e, em seguida, o Ministério Público poderá se manifestar, para, então, o processo estar apto a ser julgado. Ao mesmo tempo, mister registrar que é admissível juízo de retratação.

Art. 267 do Código Eleitoral

"Art. 267. Recebida a petição, mandará o juiz intimar o recorrido para ciência do recurso, abrindo-se-lhe vista dos autos a fim de, em prazo igual ao estabelecido para a sua interposição, oferecer razões, acompanhadas ou não de novos documentos".

8.9.8 Efeitos

Quanto a seus efeitos, o Recurso Inominado segue o preceito geral entabulado no art. 257, *caput*, do Código Eleitoral, que prevê que "os recursos eleitorais não terão efeito suspensivo". O efeito devolutivo, como já assinalado, é amplo, retornando ao tribunal tanto a matéria de fato quanto a de direito para reapreciação.

8.9.9 Recursos

Consoante se verifica da redação do art. 276 do Código Eleitoral, ordinariamente, as decisões proferidas pelo Tribunal Regional Eleitoral são terminativas. Sendo assim, caberá recurso contra decisão proferida em sede de Recurso Inominado Eleitoral somente quando a decisão for contrária ao texto legal ou houver divergência sobre o mesmo assunto entre dois ou mais Tribunais Regionais Eleitorais, cabendo, por conseguinte,

Recurso Especial Eleitoral; ou quando a matéria versar sobre expedição de diploma estadual ou federal ou, ainda, quando se tratar de denegação de *habeas corpus* ou mandado de segurança, hipóteses em que caberá *Recurso Extraordinário Eleitoral*.

8.9.10 Resumindo

Fundamentação Legal	**Arts. 264 e 265 do Código Eleitoral.**
Objetivo	Reverter atos, Resoluções ou despachos dos juízes ou do Presidente do Tribunal Regional Eleitoral relativos à matéria civil não preclusa.
Legitimidade ativa	Partido político, federação partidária, coligação, candidato ou Ministério Público Eleitoral. Obs.: Os atingidos pela decisão.
Prazo	Art. 258 do Código Eleitoral: *3 (três) dias* contados da publicação do ato, resolução ou despacho.
Competência	Tribunal Regional Eleitoral Obs.: Contra atos dos juízes. O magistrado poderá se retratar ou não da decisão e, após manifestação do recorrido, o recurso será direcionado ao Tribunal Regional Eleitoral. Contra atos do Presidente do Tribunal Regional Eleitoral. O Recurso é direcionado ao próprio Tribunal que proferiu a decisão. O trâmite do Recurso será definido pelo regimento interno de cada Tribunal.
Se o pedido for julgado procedente	*São revertidos os atos, as Resoluções ou os despachos outrora proferidos.*

CAPÍTULO 9

RECURSOS CRIMINAIS ELEITORAIS

9.1 Considerações Iniciais

Considerando que não há um vasto rol de regras de Direito Eleitoral que trate de matéria criminal, é necessário registrar, de início, que se aplicam subsidiariamente o Código de Processo Penal e os institutos penais comuns, em obediência ao art. 364 do Código Eleitoral, *in verbis*: "No processo e julgamento dos crimes eleitorais e dos comuns que lhe forem conexos, assim como nos recursos e na execução, que lhes digam respeito, aplicar-se-á, como lei subsidiária ou supletiva, o Código de Processo Penal".

Em outras palavras, toda vez em que houver lacuna na legislação processual eleitoral, tratando-se de matéria criminal, deverá ser aplicado o Código de Processo Penal.

Preliminarmente, antes de adentrar-nos nas espécies de recursos criminais eleitorais, faz mister dedicarmos algumas linhas para tratar do núcleo normativo que se aplica a todos, ou a quase todos, os recursos criminais: a Teoria Geral dos Recursos Criminais.

Nesse espírito, ganha destaque o *reexame obrigatório da decisão judicial*, vulgarmente conhecido como *recurso de ofício*. Há, na legislação brasileira, alguns casos que evidenciam esse instituto. O art. 574, I, do Código de Processo Penal[289] estabelece o reexame obrigatório da sentença que concede *habeas corpus*; em seu inciso II, o mesmo artigo atribui como necessário o reexame da sentença que absolver "desde logo o réu com fundamento na existência de circunstância que exclua o crime ou isente o réu de pena", nos termos do art. 411[290] do mesmo diploma legal.

---

[289] Decreto-Lei nº 3.689, de 3 de outubro de 1941 – "Art. 574. Os recursos serão voluntários, excetuando-se os seguintes casos, em que deverão ser interpostos, de ofício, pelo juiz: I – da sentença que conceder *habeas corpus*; II – da que absolver desde logo o réu com fundamento na existência de circunstância que exclua o crime ou isente o réu de pena, nos termos do art. 411". BRASIL, *Decreto-Lei nº 3.689, de 3 de outubro de 1941*. Disponível em: http://www.planalto.gov.br/ccivil_03/decreto-lei/del3689.htm. Acesso em: 06 mar. 2022.

[290] Decreto-Lei, nº 3.689, de 3 de outubro de 1941 – "Art. 411. Na audiência de instrução, proceder-se-á à tomada de declarações do ofendido, se possível, à inquirição das testemunhas arroladas pela acusação e pela defesa, nesta ordem, bem como aos esclarecimentos dos peritos, às acareações e ao reconhecimento de pessoas e coisas, interrogando-se, em seguida, o acusado e procedendo-se o debate. §1º Os esclarecimentos dos peritos dependerão de prévio requerimento e de deferimento pelo juiz. §2º As provas serão produzidas em uma só audiência, podendo o juiz indeferir as consideradas irrelevantes, impertinentes ou protelatórias. §3º Encerrada a instrução probatória, observar-se-á, se for o caso, o disposto no art. 384 deste Código. §4º As alegações serão orais, concedendo-se a palavra, respectivamente, à acusação e à defesa, pelo prazo de 20 (vinte) minutos,

Da mesma forma, o art. 625 do CPP[291] prevê que, se o relator julgar insuficientemente instruído o pedido e inconveniente o interesse da justiça que se apensem os autos originais, indeferi-lo-á liminarmente, dando recurso para as câmaras reunidas ou para o tribunal, conforme o caso. Ou seja, reexame necessário da decisão do relator que, em caráter liminar, indeferir o pedido de revisão criminal.

Outro exemplo. Cite-se o art. 14, §1º, da Lei nº 12.016, de 2009,[292] que determina a sujeição obrigatória ao duplo grau de jurisdição da sentença que concede a ordem pleiteada em mandado de segurança.

Ainda é sempre válido mencionar o enunciado da Súmula 423 do Supremo Tribunal Federal que prevê o seguinte: "Não transita em julgado a sentença por haver omitido o recurso *ex officio*, que se considera interposto *ex lege*".

Adiante, verificamos importante apontamento, típico dos recursos criminais: a observância do *princípio da adequação*, que pode ser traduzido na ideia de fungibilidade recursal. O próprio art. 579 do CPP estatui que, "salvo na hipótese de má-fé, a parte não será prejudicada pela interposição de um recurso por outro". Além disso, no Parágrafo único do mesmo dispositivo,[293] consagrou-se que o juiz, ao perceber a impropriedade do recurso interposto, mandará processá-lo com o rito adequado.

---

prorrogáveis por mais 10 (dez). §5º Havendo mais de 1 (um) acusado, o tempo previsto para a acusação e a defesa de cada um deles será individual. §6º Ao assistente do Ministério Público, após a manifestação deste, serão concedidos 10 (dez) minutos, prorrogando-se por igual período o tempo de manifestação da defesa. §7º Nenhum ato será adiado, salvo quando imprescindível à prova faltante, determinando o juiz a condução coercitiva de quem deva comparecer. §8º A testemunha que comparecer será inquirida, independentemente da suspensão da audiência, observada em qualquer caso a ordem estabelecida no *caput* deste artigo. §9º Encerrados os debates, o juiz proferirá a sua decisão, ou o fará em 10 (dez) dias, ordenando que os autos para isso lhe sejam conclusos". BRASIL, *Decreto-Lei nº 3.689, de 3 de outubro de 1941*. Disponível em: http://www.planalto.gov.br/ccivil_03/decreto-lei/del3689.htm. Acesso em: 06 mar. 2022.

[291] Decreto-Lei, nº 3.689 de 3 de outubro de 1941 – "Art. 625. O requerimento será distribuído a um relator e a um revisor, devendo funcionar como relator um desembargador que não tenha pronunciado decisão em qualquer fase do processo. §1º O requerimento será instruído com a certidão de haver passado em julgado a sentença condenatória e com as peças necessárias à comprovação dos fatos arguidos. §2º O relator poderá determinar que se apensem os autos originais, se daí não advier dificuldade à execução normal da sentença. §3º Se o relator julgar insuficientemente instruído o pedido e inconveniente ao interesse da justiça que se apensem os autos originais, indeferi-lo-á *in limine*, dando recurso para as câmaras reunidas ou para o tribunal, conforme o caso (art. 624, parágrafo único). §4º Interposto o recurso por petição e independentemente de termo, o relator apresentará o processo em mesa para o julgamento e o relatará, sem tomar parte na discussão. §5º Se o requerimento não for indeferido *in limine*, abrir-se-á vista dos autos ao procurador-geral, que dará parecer no prazo de dez dias. Em seguida, examinados os autos, sucessivamente, em igual prazo, pelo relator e revisor, julgar-se-á o pedido na sessão que o presidente designar". BRASIL, *Decreto-Lei nº 3.689, de 3 de outubro de 1941*. Disponível em: http://www.planalto.gov.br/ccivil_03/decreto-lei/del3689.htm. Acesso em: 06 mar. 2022.

[292] Lei nº 12.016 de 7 de agosto de 2009 – "Art. 14. Da sentença, denegando ou concedendo o mandado, cabe apelação. §1º Concedida a segurança, a sentença estará sujeita obrigatoriamente ao duplo grau de jurisdição. §2º Estende-se à autoridade coatora o direito de recorrer. §3º A sentença que conceder o mandado de segurança pode ser executada provisoriamente, salvo nos casos em que for vedada a concessão da medida liminar. §4º O pagamento de vencimentos e vantagens pecuniárias assegurados em sentença concessiva de mandado de segurança a servidor público da administração direta ou autárquica federal, estadual e municipal somente será efetuado relativamente às prestações que se vencerem a contar da data do ajuizamento da inicial". BRASIL. *Lei nº 12.016, de 7 de agosto de 2009*. Disponível em: http://www.planalto.gov.br/ccivil_03/_ato2007-2010/2009/lei/l12016.htm. Acesso em: 06 mar. 2022.

[293] Decreto-Lei, nº 3.689 de 3 de outubro de 1941 – "Parágrafo único. Se o juiz, desde logo, reconhecer a impropriedade do recurso interposto pela parte, mandará processá-lo de acordo com o rito do recurso cabível". BRASIL, *Decreto-Lei nº 3.689, de 3 de outubro de 1941*. Disponível em: http://www.planalto.gov.br/ccivil_03/decreto-lei/del3689.htm. Acesso em: 06 mar. 2022.

Salta aos olhos que o referido dispositivo excluiu das hipóteses de aplicação da fungibilidade os casos em que houver má-fé. Nesse contexto, é necessário que sejam atendidos alguns requisitos: (i) existência de dúvida objetiva sobre o recurso cabível, reflexo de divergência doutrinário a respeito do tema; (ii) não ocorrência de erro grosseiro na interposição de recurso, *v.g.*, nos casos em que houver expressa disposição legal determinando o recurso cabível.

Com acatamento a quem se filia à tese de que, para caracterização da boa-fé, é necessária que a interposição ocorra no prazo adequado do recurso, não me parece razoável admitir essa posição. Ora, se o princípio da adequação tem o condão de não penalizar justamente o erro baseado em dúvida fundada acerca de qual recurso é aplicável, não é justo que se penalize a parte por uma questão processual.

Nos termos do art. 576 do CPP,[294] o Ministério Público não é obrigado a recorrer de sentença que lhe é desfavorável; contudo, se o fizer, não poderá simplesmente desistir do apelo.

Outro ponto interessante é a legitimidade autônoma do procurador da defesa. O art. 577 do CPP[295] prevê que o recurso poderá ser interposto pelo Ministério Público, pelo querelante ou pelo réu, seu procurador ou seu defensor. Desse modo, entende-se que o advogado de defesa pode interpor recurso mesmo sem o conhecimento ou a anuência do réu, já que autônomo. Por isso, faz-se necessária a intimação tanto do defensor quanto do acusado da sentença condenatória.

Aliás, havendo discordância entre o réu e o advogado quanto à interposição de recurso, tem-se entendido que deve prevalecer a vontade do advogado, que, em tese, é tecnicamente mais qualificado para tomar a decisão.

Outra questão relativa ao interesse da parte, mais especificamente da defesa, é a vontade, em certos casos, de recorrer somente para alterar o fundamento da absolvição. Pode ser interessante para o réu, por exemplo, recorrer de uma sentença que o absolveu por não haver provas suficientes de autoria para que seja aceito o argumento de inexistência do fato delituoso.

Ao mesmo tempo, por ser fiscal da lei, é assente na jurisprudência que o Ministério Público pode recorrer de sentença absolutória, caso entenda que ela não está de acordo com o fiel cumprimento da lei. Consolidou-se, entretanto, que essa apelação deve pautar-se somente em questões de direito material subjacente.[296]

---

[294] Decreto-Lei, nº 3.689 de 3 de outubro de 1941 – "Art. 576. O Ministério Público não poderá desistir de recurso que haja interposto". BRASIL, *Decreto-Lei* nº *3.689, de 3 de outubro de 1941*. Disponível em: http://www.planalto.gov.br/ccivil_03/decreto-lei/del3689.htm. Acesso em: 06 mar. 2022.

[295] Decreto-Lei, nº 3.689 de 3 de outubro de 1941 – "Art. 577. O recurso poderá ser interposto pelo Ministério Público, ou pelo querelante, ou pelo réu, seu procurador ou seu defensor. Parágrafo único. Não se admitirá, entretanto, recurso da parte que não tiver interesse na reforma ou modificação da decisão". BRASIL, *Decreto-Lei* nº *3.689, de 3 de outubro de 1941*. Disponível em: http://www.planalto.gov.br/ccivil_03/decreto-lei/del3689.htm. Acesso em: 06 mar. 2022.

[296] "Nesse sentido: STJ, Recurso Especial nº 1330554/GO, Sexta Turma, Rel. Min. Maria Thereza de Assis Moura, 4/8/2014. RECURSO ESPECIAL. DIREITO PROCESSUAL PENAL. RECURSO MINISTERIAL VISANDO AO RECEBIMENTO DE RECURSO DE ASSISTENTE. AUSÊNCIA DE INTERESSE RECURSAL.1. O interesse do Ministério Público na condição de custos legis está no fiel cumprimento da lei, seja em busca da condenação, seja em busca da absolvição do réu, mas sempre ligado à questão de direito material subjacente à lide, não servindo, pois, para a garantia do processo como um fim em si mesmo, para mera discussão acadêmica ou doutrinária porque o Poder Judiciário não é órgão de consulta.2. Recurso improvido".

Outra característica aplicável aos recursos criminais em geral é aquela prevista no art. 578 do CPP: "o recurso será interposto por petição ou por termo nos autos, assinado pelo recorrente ou por seu representante". Em seu §1º,[297] prevê que, se o réu não souber ou não puder assinar seu nome, outro poderá fazê-lo, a seu pedido, desde que presentes duas testemunhas.

Ainda nota-se que o §2º[298]do art. 578 estatui que "a petição de interposição de recurso, com o despacho do juiz, será, até o dia seguinte ao último do prazo, entregue ao escrivão, que certificará no termo da juntada a data da entrega". Por fim, o §3º reconhece que, interposto por termo o recurso, o escrivão fará conclusos os autos ao juiz, até o dia seguinte ao último do prazo, sob pena de suspensão *por 10 (dez) a 30 (trinta) dias*.

O recurso a termo não pressupõe formalidade específica. É preciso, entretanto, que a vontade do réu de recorrer seja expressa de forma inequívoca e clara. Exemplo comum é, ao ser intimado da sentença condenatória, o réu (ou seu defensor) escrever "recorro" ou "quero recorrer", momento no qual se considera interposto o recurso, pendente de elaboração das razões recursais.

Vale aqui uma ressalva atinente à matéria criminal eleitoral. No processo penal ordinário, a apelação criminal e o recurso em sentido estrito podem ser interpostos por termo nos autos; na seara eleitoral, porém, isso só se aplica ao recurso em sentido estrito, já que o recurso eleitoral criminal tem de ser interposto por petição escrita, em obediência ao art. 266, *caput*, do Código Eleitoral.[299]

A contagem de prazo recursal, nos casos em que a intimação da sentença for feita mediante carta precatória, inicia-se com a própria intimação, afastando-se a regra comum da juntada aos autos da carta. Sobre o tema, o Supremo Tribunal Federal editou a Súmula n. 710: "no processo penal, contam-se os prazos da data da intimação, e não da juntada aos autos do mandado ou da carta precatória ou de ordem".

Vale assinalar que, nos moldes do art. 580 do CPP,[300] sempre que se caracterizar o concurso de pessoas, previsto no art. 29 do Código Penal,[301] o recurso interposto por

---

[297] Decreto-Lei nº 3.689, de 3 de outubro de 1941 – "Art.578 [...] §1º Não sabendo ou não podendo o réu assinar o nome, o termo será assinado por alguém, a seu rogo, na presença de duas testemunhas". BRASIL, *Decreto-Lei nº 3.689, de 3 de outubro de 1941*. Disponível em: http://www.planalto.gov.br/ccivil_03/decreto-lei/del3689.htm. Acesso em: 06 mar. 2022.

[298] Decreto-Lei nº 3.689, de 3 de outubro de 1941 – "Art.578 [...] §2º A petição de interposição de recurso, com o despacho do juiz, será, até o dia seguinte ao último do prazo, entregue ao escrivão, que certificará no termo da juntada a data da entrega". BRASIL, *Decreto-Lei nº 3.689, de 3 de outubro de 1941*. Disponível em: http://www.planalto.gov.br/ccivil_03/decreto-lei/del3689.htm. Acesso em: 06 mar. 2022.

[299] Código Eleitoral brasileiro – "Art. 266. O recurso independerá de termo e será interposto por petição devidamente fundamentada, dirigida ao juiz eleitoral e acompanhada, se o entender o recorrente, de novos documentos. Parágrafo único. Se o recorrente se reportar a coação, fraude, uso de meios de que trata o art. 237 ou emprego de processo de propaganda ou captação de sufrágios vedado por lei, dependentes de prova a ser determinada pelo Tribunal, bastar-lhe-á indicar os meios a elas conducentes". BRASIL. *Lei nº 4.737, de 15 de julho de 1965*. Disponível em: http://www.planalto.gov.br/ccivil_03/LEIS/L4737.htm. Acesso em: 06 mar. 2022.

[300] Decreto-Lei nº 3.689, de 3 de outubro de 1941 – "Art. 580. No caso de concurso de agentes (Código Penal, art. 25), a decisão do recurso interposto por um dos réus, se fundado em motivos que não sejam de caráter exclusivamente pessoal, aproveitará aos outros". BRASIL, *Decreto-Lei nº 3.689, de 3 de outubro de 1941*. Disponível em: http://www.planalto.gov.br/ccivil_03/decreto-lei/del3689.htm. Acesso em: 06 mar. 2022.

[301] Decreto-Lei nº 3.689, de 3 de outubro de 1941 – "Art. 29. Será admitida ação privada nos crimes de ação pública, se esta não for intentada no prazo legal, cabendo ao Ministério Público aditar a queixa, repudiá-la e oferecer denúncia substitutiva, intervir em todos os termos do processo, fornecer elementos de prova, interpor recurso e, a todo tempo, no caso de negligência do querelante, retomar a ação como parte principal". BRASIL, *Decreto-Lei nº 3.689, de 3 de outubro de 1941*. Disponível em: http://www.planalto.gov.br/ccivil_03/decreto-lei/del3689.htm. Acesso em: 29 abr. 2020.

um dos corréus aproveitará aos outros, "se fundado em motivos que não sejam de caráter exclusivamente pessoal". Assim, mesmo que um, ou mais de um, dos corréus não recorrer, pode ser beneficiado pelo resultado do apelo daquele que o fez.

Isso caracteriza o chamado efeito extensivo do recurso criminal, aplicado não somente à apelação e ao Recurso em Sentido Estrito, mas também ao *Habeas Corpus* e à Revisão Criminal.

Corolário dos recursos criminais, e sempre tema de discussão na doutrina e na jurisprudência, é a proibição do *reformatio in pejus*: se a acusação não recorrer da matéria especificamente, é totalmente vedado ao magistrado piorar ou agravar a pena quando somente o réu houver apelado da sentença.

Citada vedação é levada tão a sério que se aplica até de forma indireta, já que, caso se invalide a sentença penal condenatória, a decisão superveniente não poderá ser mais prejudicial ao réu.

PARA SEDIMENTAR

"AGRAVOS REGIMENTAIS NO RECURSO ESPECIAL ELEITORAL. AÇÃO PENAL. CRIME ELEITORAL. INJÚRIA ELEITORAL (ART. 326 C/C ART. 327, III, AMBOS DO CÓDIGO ELEITORAL). AGRAVO INTERPOSTO POR CÍCERO CAVALCANTI DE ARAÚJO. ALEGAÇÃO DE VIOLAÇÃO À PROIBIÇÃO DO REFORMATIO IN PEJUS. NÃO VERIFICADO. FORMAÇÃO DE NOVA CONVICÇÃO ACERCA DOS FATOS NARRADOS. IMPOSSIBILIDADE. SÚMULA Nº 24 DESTA CORTE. ATENUANTE DA CONFISSÃO ESPONTÂNEA. INOCORRÊNCIA. CONFISSÃO QUALIFICADA NÃO É SUFICIENTE PARA JUSTIFICAR A APLICAÇÃO DO ART. 65, III, D, DO CP. PENA-BASE FIXADA NO MÍNIMO LEGAL. AGRAVO INTERPOSTO PELO MINISTÉRIO PÚBLICO ELEITORAL. EXECUÇÃO IMEDIATA DA PENA. DETERMINAÇÃO DE EXTRAÇÃO DE CÓPIA INTEGRAL DOS AUTOS E REMESSA AO JUÍZO COMPETENTE NA OCASIÃO DO PRONUNCIAMENTO MONOCRÁTICO. ART. 668 DO CPP. MANUTENÇÃO DOS FUNDAMENTOS DA DECISÃO ATACADA. DESPROVIMENTO. 1. A proibição da reformatio in pejus, derivação da regra "favor rei", consiste na proibição de que, em recurso interposto exclusivamente pelo acusado, o Tribunal agrave a pena do Recorrente. Todavia, não há impedimento legal para que a Corte ad quem possa emitir, com riqueza de detalhes, sua própria opinião sobre as questões jurídicas dialeticamente carreadas no processo e envolvidas no tema do recurso, desde que respeite (i) os limites da imputação realizada pelo órgão acusatório, (ii) a extensão cognitiva da decisão de primeiro grau e (iii) os limites da pena imposta no juízo de origem (Precedente: STJ, HC nº 302.488/SP, Rel. Min. Rogerio Schietti Cruz, Sexta Turma, DJe de 11.12.2014). 2. In casu, o ora Agravante reconhece sua participação no fato típico, mas defende ter agido sob o pálio do direito fundamental de livre manifestação do pensamento, o que, contudo, não é suficiente para justificar a aplicação do art. 65, III, d, do Código Penal, na medida em que se trata de confissão qualificada (Precedente: STF, HC nº 103-172/MT, de minha relatoria, Primeira Turma, DJe de 24.9.2013). 3. Por outra via, ainda que a referida atenuante fosse reconhecida, inviável seria sua aplicação na espécie, máxime porque a pena-base foi estabelecida no mínimo legal e, "uma vez fixada a pena-base no mínimo legal, torna-se desnecessária a valoração das atenuantes, porque estas, embora de aplicação obrigatória, não podem implicar redução da pena abaixo do mínimo previsto na lei penal" (STF, HC nº 71093/SP, Rel. Min. Paulo Brossard, Segunda Turma, DJe de 27.10.94). 4. A competência para execução da pena é do juízo da condenação, a teor do art. 668 do Código de Processo Penal. 5. Agravos regimentais desprovidos. (TSE – Recurso Especial Eleitoral nº 2375, Acórdão, Relator(a) Min. Luiz Fux, Publicação: DJE – Diário de justiça eletrônico, Tomo 76, Data 20/04/2017, Página 46/44)".

"RECURSO CRIMINAL. AÇÃO PENAL. PRÁTICA DO CRIME DE CAPTAÇÃO ILÍCITA DE SUFRÁGIO. ART. 299 DO CÓDIGO ELEITORAL. SENTENÇA CONDENATÓRIA. COMPROVAÇÃO DA AUTORIA E MATEIRLIDADE DO DELITO. CARACTERIZAÇÃO DO ELEMENTO SUBJETIVO DO DOLO EXIGIDO PELO TIPO PENAL. DOSIMETRIA DA PENA. CIRCUNSTÂNCVIA JUDICIAIS DESFAVORÁVEIS POR FUNDAMENTAÇÃO DIVERSA. RECURSO IMPROVIDO SENTENÇA MANTIDA. A autoria e materialidade do delito do art. 299 do Código Eleitoral restam cabalmente evidenciadas quando o conjunto probatório demonstra a distribuição de combustível a eleitores, seguida da exigência de adesivagem do veículo, constituindo na prática do oferecimento de vantagem capaz de modular a vontade do eleitor em troca de voto. A declaração, na prestação de contas, de gastos com combustível não autoriza o seu oferecimento como moeda de troca para influir na liberdade do voto dos eleitores. Não se exige para caracterizar a conduta de captação ilícita de sufrágio a solicitação expressa de votos, sendo suficiente que as circunstâncias do caso concreto indiquem o fim especial de agir na prática de compra de votos. Mantem-se a dosimetria da pena aplicada na sentença de primeiro grau quando, por fundamento diversos, persistem a valoração negativa de outras circunstâncias judiciais, desde que não haja reformatio in pejus, dado os efeitos translativo e substitutivo do recurso. Recurso desprovido. Sentença mantida in totum. (TRE-MS – RECURSO CRIMINAL n 8086, ACÓRDÃO n 8086 de 06/06/2016, Relatora TELMA VALÉRIA DA SILVA CURIEL MARCON, Publicação: DJE – Diário da Justiça Eleitoral, Tomo 1528, Data 15/06/2016, Página 09/10)".

Despontando-se da teoria geral dos recursos criminais e passando para a seara eleitoral, é preciso, por primeiro, observar o disposto no art. 362 do Código Eleitoral, segundo o qual "das decisões finais de condenação ou absolvição cabe recurso para o Tribunal Regional, a ser interposto no prazo de 10 dias".

Nesse sentido, tem-se que a petição recursal deve ser escrita e será endereçada ao Tribunal eleitoral *ad quem*, mas interposta ao juiz eleitoral, que, depois do juízo de admissibilidade, irá encaminhá-la para o Tribunal competente para julgá-la.

Ao mesmo tempo, as *contrarrazões* deverão ser apresentadas no mesmo prazo de *10 (dez) dias*. Vale dizer que tanto o recorrente quanto o recorrido poderão apresentar novos documentos ao processo. Caso isso ocorra nas contrarrazões, será aberta vista à outra parte para ciência e manifestação. Isso decorre de um princípio basilar do direito processual penal: a ampla defesa, representada, *in casu*, pela paridade de armas.

No que se refere aos efeitos dos recursos eleitorais criminais, há que se destacar os seguintes: primeiramente, o *devolutivo*, que ocorre tanto no plano horizontal quanto vertical, para que o tribunal *ad quem* possa reavaliar questões fáticas e jurídicas; em segundo, o efeito *suspensivo*, pelo qual a sentença prolatada só passa a surtir efeitos depois do julgamento do recurso; por fim, o efeito *extensivo*, o qual se estende aos demais corréus que, eventualmente, não recorreram dos resultados da decisão do recurso interposto por aquele que apelou, quando não se baseiem em questões exclusivamente pessoais.

Interessante notar, também, que a jurisprudência não tem aceitado a aplicação do art. 600, §4º, do Código de Processo Penal ao processo penal eleitoral.

Art. 600, §4º do Código de Processo Penal

"Art. 600, §4º.Se o apelante declarar, na petição ou no termo, ao interpor a apelação, que deseja arrazoar na superior instância serão os autos remetidos ao tribunal ad quem onde será aberta vista às partes, observados os prazos legais, notificadas as partes pela publicação oficial".

PARA SEDIMENTAR

"AGRAVO REGIMENTAL. RECURSO ESPECIAL ELEITORAL. AÇÃO PENAL. ART. 353 DO CÓDIGO ELEITORAL. USO DE DOCUMENTO FALSO PARA FINS ELEITORAIS. VIOLAÇÃO AO ART. 600, §4º, DO CPP. AUSÊNCIA DE CONFIGURAÇÃO. OFENSA AOS PRINCÍPIOS DA AMPLA DEFESA, DO DUPLO GRAU DE JURISDIÇÃO, DA RAZOABILIDADE E DA PROPORCIONALIDADE. INEXISTÊNCIA. CONTRARIEDADE AO PRINCÍPIO DA CONFIANÇA. SÚMULA 7/STJ. 1. A aplicação das normas do Código de Processo Penal aos processos penais eleitorais é meramente supletiva e subsidiária, nos termos do art. 364 do Código Eleitoral, ou seja, somente nas situações em que não houver norma específica, ressalvadas as inovações introduzidas pela Lei 11.719/2008 que sejam mais favoráveis ao denunciado. 2. O disposto no art. 600, §4º, do CPP não é aplicável aos processos por crimes eleitorais, porquanto a forma pela qual devem ser apresentados os recursos contra decisão de juízo singular possui disciplina específica nos arts. 266, 268 e 362 do Código Eleitoral. 3. Não se configura violação aos princípios da ampla defesa, do duplo grau de jurisdição, da razoabilidade e da proporcionalidade em virtude da negativa de recebimento das razões recursais diretamente no tribunal regional eleitoral, visto que esse procedimento é vedado nos processos criminais eleitorais. 4. Agravo regimental não provido. (TSE – Recurso Especial Eleitoral nº 2352, Acórdão, Relator(a) Min. João Otávio de Noronha, Publicação: DJE – Diário de justiça eletrônico, Tomo 222, Data 25/11/2014, Página 149-150)".

AGRAVO REGIMENTAL. AGRAVO DE INSTRUMENTO. RECURSO ESPECIAL ELEITORAL. CRIME DE TRANSPORTE IRREGULAR DE ELEITORES. ART. 11, III, DA LEI Nº 6.091/74. SENTENÇA CONDENATÓRIA. RECURSO ELEITORAL CRIMINAL NÃO CONHECIDO. NÃO SE APLICA NO PROCESSO PENAL ELEITORAL O DISPOSTO NO ART. 600, §4º, DO CÓDIGO DE PROCESSO PENAL. PRECEDENTES DO TSE E DO STF. INCONSTITUCIONALIDADE DA NORMA INCRIMINADORA. AUSÊNCIA DE PREQUESTIONAMENTO. INCIDÊNCIA DAS SÚMULAS Nos 30/TSE E 282/STF. NÃO PROVIMENTO. Histórico da demanda. 1. Trata-se de agravo regimental manejado por Thiago de Gusmão contra decisão pela qual negado seguimento ao seu agravo de instrumento, porquanto alinhado o entendimento adotado pela Corte Regional à jurisprudência deste Tribunal Superior, aplicável ao caso a Súmula nº 30/TSE. Da formalização e do prazo do recurso no processo penal eleitoral.2. O prazo para a interposição do recurso eleitoral criminal é de dez dias, conforme prescreve o art. 362 do Código Eleitoral, de modo que as razões do apelo devem acompanhar a respectiva petição de interposição. 3. A jurisprudência desta Corte Superior é no sentido de que a faculdade processual prevista no art. 600, §4º, do Código de Processo Penal – direcionada ao recorrente no âmbito do processo penal comum – não se aplica ao processo penal eleitoral (AgR-REspe nº 23-52/SP, Rel. Min. João Otávio Noronha, DJe de 25.11.2014). Tese atinente à inconstitucionalidade da norma incriminadora.4. A tese da inconstitucionalidade do art. 11, III, da Lei nº 6.091/1974 não pode ser conhecida por ausência de prequestionamento, sendo aplicável a Súmula nº 282/STF. Embora o agravante sustente que o tribunal a quo teria sido omisso no exame da alegação sobre a inconstitucionalidade, apesar da oposição de embargos de declaração, o recurso especial não sustenta violação do art. 275 do Código Eleitoral, a par de que, por óbvio, se o recurso não foi conhecido, não poderia adentrar a essa ou qualquer outra questão de mérito. Conclusão. Agravo regimental não provido. (TSE – Agravo de Instrumento nº 21249, Acórdão, Relator(a) Min. Rosa Weber, Publicação: DJE – Diário de justiça eletrônico, Tomo 115, Data 13/06/2018, Página 31-32)

AGRAVO REGIMENTAL. AGRAVO DE INSTRUMENTO EM RECURSO ESPECIAL. AÇÃO PENAL. INCIDÊNCIA DOS VERBETES SUMULARES 26, 28 E 30 DESTA CORTE. IMPRESTABILIDADE DE ARESTOS DE TRIBUNAIS ALHEIOS À JUSTIÇA ELEITORAL PARA COMPROVAÇÃO DO DISSÍDIO JURISPRUDENCIAL. DESPROVIMENTO. 1. O Tribunal Regional Eleitoral, por unanimidade, não conheceu de recursos criminais apresentados pelos agravantes, mantendo a sentença condenatória. 2. Negada a admissibilidade do recurso especial, foi interposto agravo de instrumento, ao qual foi negado seguimento por meio de decisão monocrática, em face da qual foi interposto o presente agravo regimental. 3. Os agravantes se limitaram a reafirmar as considerações anteriormente lançadas no agravo de instrumento, não atacando especificamente os fundamentos da decisão agravada. Incidência do verbete sumular 26 do TSE. 4. Arestos de tribunais alheios à Justiça Eleitoral não servem para a comprovação do dissídio jurisprudencial, pois a finalidade do recurso especial interposto com esse fundamento legal é a uniformização da jurisprudência no âmbito desta Justiça Especializada. Precedentes. 5. O recurso especial apenas reproduziu a ementa do acórdão tido como paradigma e alegou a existência de afronta à jurisprudência desta Corte, sem, contudo, realizar o necessário cotejo analítico a fim de demonstrar a similitude fática entre os acórdãos invocados e o caso em apreço. Incidência do verbete sumular 28 do TSE. 6. O rito ordinário, adotado nos processos penais eleitorais por força do §4º do art. 394 do Código de Processo Penal, introduzido pela Lei 11.719/2008, aplica-se à instrução processual, encerrando-se com a sentença de 1º grau. Na fase recursal, deve incidir a regra do art. 362 do Código Eleitoral, em razão da sua especificidade. Precedentes. 7. O acórdão regional está alinhado à jurisprudência desta Corte. Incidência do verbete sumular 30 do TSE. 8. A alegação de nulidade do acórdão regional deveria ter sido objeto de prequestionamento e suscitada expressamente no recurso especial, não se admitindo sua veiculação por meio de manifestação intempestiva nesta instância extraordinária. 9. Apesar de incabíveis embargos de declaração de despacho de recebimento de recurso, houve manifestação do juízo singular acerca desses embargos. Ademais, a questão acerca da aplicação do art. 600 do CPP ou do art. 362 do Código Eleitoral, por dizer respeito à possibilidade de conhecimento do recurso, foi enfrentada por quem competia, isto é, pelo Tribunal Regional Eleitoral, não se podendo falar em prejuízo pela eventual ausência de manifestação do juízo singular sobre esse ponto no despacho de recebimento da apelação. 10. Ausência de nulidade, ilegalidade ou abuso de poder que justifique a concessão de habeas corpus de ofício. Agravo regimental a que se nega provimento.(TSE – Agravo de Instrumento nº 2762, Acórdão, Relator(a) Min. Sergio Silveira Banhos, Publicação: DJE – Diário de justiça eletrônico, Tomo 148, Data 02/08/2019, Página 210-211).

AGRAVO REGIMENTAL. AGRAVO DE INSTRUMENTO EM RECURSO ESPECIAL. AÇÃO PENAL. INCIDÊNCIA DOS VERBETES SUMULARES 26, 28 E 30 DESTA CORTE. IMPRESTABILIDADE DE ARESTOS DE TRIBUNAIS ALHEIOS À JUSTIÇA ELEITORAL PARA COMPROVAÇÃO DO DISSÍDIO JURISPRUDENCIAL. DESPROVIMENTO. 1. O Tribunal Regional Eleitoral, por unanimidade, não conheceu de recursos criminais apresentados pelos agravantes, mantendo a sentença condenatória. 2. Negada a admissibilidade do recurso especial, foi interposto agravo de instrumento, ao qual foi negado seguimento por meio de decisão monocrática, em face da qual foi interposto o presente agravo regimental. 3. Os agravantes se limitaram a reafirmar as considerações anteriormente lançadas no agravo de instrumento, não atacando especificamente os fundamentos da decisão agravada. Incidência do verbete sumular 26 do TSE. 4. Arestos de tribunais alheios à Justiça Eleitoral não servem para a comprovação do dissídio jurisprudencial, pois a finalidade do recurso especial interposto com esse fundamento legal é a uniformização da jurisprudência no âmbito desta Justiça Especializada. Precedentes. 5. O recurso especial apenas reproduziu a ementa do acórdão tido como paradigma e alegou a existência de afronta à jurisprudência desta Corte, sem, contudo, realizar o necessário cotejo analítico a fim de demonstrar a similitude fática entre os acórdãos invocados e o caso em apreço. Incidência do verbete sumular 28 do TSE. 6. O rito ordinário, adotado nos processos penais eleitorais por força do §4º do art. 394 do Código de Processo Penal, introduzido pela Lei 11.719/2008, aplica-se à instrução processual, encerrando-se com a sentença de 1º grau. Na fase recursal, deve incidir a regra do art. 362 do Código Eleitoral, em razão da sua especificidade. Precedentes. 7. O acórdão regional está alinhado à jurisprudência desta Corte. Incidência do verbete sumular 30 do TSE. 8. A alegação de nulidade do acórdão regional deveria ter sido objeto de prequestionamento e suscitada expressamente no recurso especial, não se admitindo sua veiculação por meio de manifestação intempestiva nesta instância extraordinária. 9. Apesar de incabíveis embargos de declaração de despacho de recebimento de recurso, houve manifestação do juízo singular acerca desses embargos. Ademais, a questão acerca da aplicação do art. 600 do CPP ou do art. 362 do Código Eleitoral, por dizer respeito à possibilidade de conhecimento do recurso, foi enfrentada por quem competia, isto é, pelo Tribunal Regional Eleitoral, não se podendo falar em prejuízo pela eventual ausência de manifestação do juízo singular sobre esse ponto no despacho de recebimento da apelação. 10. Ausência de nulidade, ilegalidade ou abuso de poder que justifique a concessão de habeas corpus de ofício. Agravo regimental a que se nega provimento.(TSE – Agravo de Instrumento nº 2762, Acórdão, Relator(a) Min. Sergio Silveira Banhos, Publicação: DJE – Diário de justiça eletrônico, Tomo 148, Data 02/08/2019, Página 210-211)

Isso ocorre porque o próprio Código Eleitoral, em seu art. 268,[302] estatui que, no Tribunal Regional Eleitoral, não caberá a nenhuma parte oferecer alegação escrita ou outro documento, ressalvados aqueles previstos no art. 270 do mesmo diploma legal.[303]

9.2 Recurso em Sentido Estrito

9.2.1 Conceito

O Recurso em Sentido Estrito tem o condão de impugnar decisões que, via de regra, possuem natureza interlocutória, ou seja, que não apresentem caráter terminativo ou definitivo.

[302] Código Eleitoral brasileiro – "Art. 268. No Tribunal Regional nenhuma alegação escrita ou nenhum documento poderá ser oferecido por qualquer das partes, salvo o disposto no art. 270". BRASIL. *Lei nº 4.737, de 15 de julho de 1965*. Disponível em: http://www.planalto.gov.br/ccivil_03/LEIS/L4737.htm. Acesso em: 06 mar. 2022.

[303] Código Eleitoral brasileiro – "Art. 270. Se o recurso versar sobre coação, fraude, uso de meios de que trata o Art. 237, ou emprego de processo de propaganda ou captação de sufrágios vedado por lei dependente de prova indicada pelas partes ao interpô-lo ou ao impugná-lo, o relator no Tribunal Regional deferi-la-á em vinte e quatro horas da conclusão, realizando-se ela no prazo improrrogável de cinco dias. §1º Admitir-se-ão como meios de prova para apreciação pelo Tribunal as justificações e as perícias processadas perante o juiz eleitoral da zona, com citação dos partidos que concorreram ao pleito e do representante do Ministério Público. §2º Indeferindo o relator a prova, serão os autos, a requerimento do interessado, nas vinte e quatro horas seguintes, presentes à primeira sessão do Tribunal, que deliberará a respeito. §3º Protocoladas as diligências probatórias, ou com a juntada das justificações ou diligências, a Secretaria do Tribunal abrirá, sem demora, vista dos autos, por vinte e quatro horas, seguidamente, ao recorrente e ao recorrido para dizerem a respeito. §4º Findo o prazo acima, serão os autos conclusos ao relator". BRASIL. *Lei nº 4.737, de 15 de julho de 1965*. Disponível em: http://www.planalto.gov.br/ccivil_03/LEIS/L4737.htm. Acesso em: 06 mar. 2022.

9.2.2 Fundamentação Legal

Está albergado no art. 581 do Código de Processo Penal e possui rol taxativo.

Art. 581 do Código de Processo Penal

"Art. 581. Caberá recurso, no sentido estrito, da decisão, despacho ou sentença: I – que não receber a denúncia ou a queixa; II – que concluir pela incompetência do juízo; III – que julgar procedentes as exceções, salvo a de suspeição; IV – que pronunciar o réu; V – que conceder, negar, arbitrar, cassar ou julgar inidônea a fiança, indeferir requerimento de prisão preventiva ou revogá-la, conceder liberdade provisória ou relaxar a prisão em flagrante; VI – (revogado) VII – que julgar quebrada a fiança ou perdido o seu valor; VIII – que decretar a prescrição ou julgar; por outro modo, extinta a punibilidade; IX – que indeferir o pedido de reconhecimento da prescrição ou de outra causa extintiva de punibilidade; X – que conceder ou negar a ordem de habeas corpus; XI – que conceder, negar ou revogar a suspensão condicional da pena; XII – que conceder, negar ou revogar livramento condicional; XIII – que anular o processo da instrução criminal, no todo ou em parte; XIV – que incluir jurado na lista geral ou desta o excluir; XV – que denegar a apelação ou a julgar deserta; XVI – que ordenar a suspensão do processo, em virtude de questão prejudicial; XVII – que decidir sobre a unificação de penas; XVIII – que decidir o incidente de falsidade; XIX – que decretar medida de segurança, depois de transitar a sentença em julgado; XX – que impuser medida de segurança por transgressão de outra; XXI – que mantiver ou substituir a medida de segurança, nos casos do art. 774; XXII – que revogar a medida de segurança; XXIII – que deixar de revogar a medida de segurança, nos casos em que a lei admita a revogação; XXIV – que converter a multa em detenção ou em prisão simples; XXV – que recusar homologação à proposta de acordo de não persecução penal, previsto no art. 28-A desta Lei. (Incluído pela Lei nº 13.964, de 2019)".

É necessário frisar que alguns incisos desse artigo, nomeadamente os incisos XI, XII, XVII, XIX, XX, XXI, XXII e XXIII, não mais são impugnáveis via Recurso em Sentido Estrito, visto que, com o advento da Lei nº 7.210, de 1984 (Lei de Execução Penal), determinou-se que, para tais decisões, o recurso adequado é o Agravo em Execução.

PARA SEDIMENTAR

"ELEIÇÕES 2012. PROCESSO PENAL ELEITORAL. AÇÃO PENAL. DEFERIMENTO DE DILIGÊNCIAS. OITIVA DE TESTEMUNHA DO JUÍZO. REALIZAÇÃO DE ACAREAÇÃO. RECURSO ESPECIAL. ACÓRDÃO DE NATUREZA NÃO TERMINATIVA. IRRECORRIBILIDADE IMEDIATA, SALVO SE PRESENTE HIPÓTESE PREVISTA NO ART. 581 DO CPP. DESPROVIMENTO.1. O Código Eleitoral, ao disciplinar o processo penal eleitoral, não contempla regra específica a respeito da recorribilidade das decisões interlocutórias, devendo ser aplicado, quanto à matéria, o disposto no Código de Processo Penal, ex vi do art. 364 do Código Eleitoral.2. Na seara processual penal, um dos princípios norteadores é o da irrecorribilidade em separado das decisões interlocutórias, salvo aquelas taxativamente previstas no art. 581 do Código de Processo Penal, em que é cabível o recurso em sentido estrito.3. In casu, o recurso especial eleitoral foi protocolado contra decisão que implicou o deferimento de diligências em sede de ação penal, que ostenta natureza não terminativa, não estando arrolada entre as hipóteses excepcionais do art. 581 do CPP, de ordem a proscrever a recorribilidade imediata do ato.4. O ônus de impugnar os fundamentos da decisão que obstou o regular processamento do apelo extremo eleitoral é do Agravante, sob pena de subsistirem as conclusões do decisum monocrático, nos termos dos Enunciados das Súmulas nº 26/TSE e nº 182/STJ.5. Agravo regimental desprovido. (TSE – Agravo de Instrumento nº 32414, Acórdão, Relator(a) Min. Luiz Fux, Publicação: DJE – Diário de justiça eletrônico, Tomo 200, Data 17/10/2017, Página 12)".

"AGRAVO REGIMENTAL. AGRAVO EM RECURSO ESPECIAL. PROCESSO PENAL. DECISÃO INTERLOCUTÓRIA. RECURSO. NÃO CABIMENTO. 1. O agravante não infirmou os fundamentos da decisão agravada atinentes à aplicação da Súmula 182 do Superior Tribunal de Justiça e ao não cabimento de recurso autônomo no processo penal eleitoral para a impugnação de decisão interlocutória. Inviabilidade do agravo regimental por nova incidência da Súmula 182 do Superior Tribunal de Justiça. 2. Salvo nas hipóteses de cabimento do recurso em sentido estrito (art. 581 do Código de Processo Penal), as decisões interlocutórias proferidas no processo penal eleitoral, entre as quais se enquadram as que reconhecem a tempestividade da apelação e determinam o seu processamento, não são impugnáveis de imediato, podendo a matéria ser ventilada em preliminar do recurso atinente à decisão final proferida no processo ou, no caso de constrangimento ilegal, em sede de habeas corpus. Agravo regimental a que se nega provimento. (TSE – Agravo de Instrumento nº 122943, Acórdão, Relator(a) Min. Henrique Neves Da Silva, Publicação: DJE – Diário de justiça eletrônico, Data 23/10/2015, Página 72)".

AGRAVO REGIMENTAL. AGRAVO DE INSTRUMENTO. AÇÃO PENAL. ART. 350 DO CÓDIGO ELEITORAL. DECISÃO DE RECEBIMENTO DA DENÚNCIA. NATUREZA INTERLOCUTÓRIA. IRRECORRIBILIDADE. ENTENDIMENTO DO TRIBUNAL DE ORIGEM EM CONFORMIDADE COM A LEGISLAÇÃO DE REGÊNCIA E COM A JURISPRUDÊNCIA DESTA CORTE SUPERIOR. DESPROVIMENTO. 1. O recebimento da denúncia não desafia a impugnação pela via recursal, especialmente porque não se encontra ao abrigo das hipóteses excepcionais de cabimento de recurso em sentido estrito previstas no art. 581 do CPP. Precedentes. 2. O entendimento adotado pelo Tribunal Regional de São Paulo está amparado pela legislação de regência, além de estar em harmonia com a orientação jurisprudencial consolidada por este Tribunal Superior. 3. Agravo regimental desprovido.(TSE – Agravo de Instrumento nº 060514881, Acórdão, Relator(a) Min. Tarcisio Vieira De Carvalho Neto, Publicação: DJE – Diário de justiça eletrônico, Tomo 220, Data 06/11/2018)

9.2.3 Natureza Jurídica

O Recurso em Sentido Estrito tem aplicação subsidiária, é o que se extrai do art. 364 do Código Eleitoral.

Art. 364 do Código Eleitoral

"Art. 364. No processo e julgamento dos crimes eleitorais e dos comuns que lhes forem conexos, assim como nos recursos e na execução, que lhes digam respeito, aplicar-se-á, como lei subsidiária ou supletiva, o Código de Processo Penal".

9.2.4 Legitimidade

a) Ativa

A legitimidade ativa competirá ao Ministério Público, ao réu e aos demais habilitados que tenham interesse recursal no caso concreto.

b) Passiva

A legitimidade passiva competirá ao Ministério Público, ao réu e aos demais habilitados que tenham interesse recursal no caso concreto.

9.2.5 Prazo

Seguindo o disposto no art. 258 do Código Eleitoral, o prazo para interposição do Recurso em Sentido Estrito Eleitoral é de 3 *(três) dias*.

Art. 258 do Código Eleitoral

"Art. 258. Sempre que a lei não fixar prazo especial, o recurso deverá ser interposto em três dias da publicação do ato, resolução ou despacho".

9.2.6 Competência

O Recurso em Sentido Estrito Eleitoral deverá ser interposto ao juiz eleitoral, que poderá se retratar no prazo de *2 (dois) dias*; caso não o faça, o recurso subirá e será apreciado pelo Tribunal Regional Eleitoral.

9.2.7 Rito Processual

A parte interessada deverá interpor o recurso ao juiz eleitoral que proferiu a decisão, sendo admitido ao recorrido apresentar contrarrazões, no prazo de *2 (dois) dias*. Ato contínuo, findo o prazo do recorrido, o juiz eleitoral poderá retratar-se da decisão exarada. Caso isso aconteça, o recorrido, por simples petição, poderá apresentar recurso, se cabível. Não sendo caso de retratação, os autos serão remetidos ao Tribunal Regional Eleitoral para apreciação.

9.2.8 Efeitos

O Recurso em Sentido Estrito Eleitoral apresenta três possíveis efeitos: (i) devolutivo, em todos os casos; (ii) suspensivo, nos casos previstos no art. 584 do Código de Processo Penal;[304] (iii) regressivo, quando houver retratação, nos termos do art. 589 do mesmo diploma legal.[305]

---

304 Decreto-Lei nº 3.689, de 3 de outubro de 1941 – "Art. 584. Os recursos terão efeito suspensivo nos casos de perda da fiança, de concessão de livramento condicional e dos ns. XV, XVII e XXIV do art. 581. §1º Ao recurso interposto de sentença de impronúncia ou no caso do nº VIII do art. 581, aplicar-se-á o disposto nos arts. 596 e 598. §2º O recurso da pronúncia suspenderá tão-somente o julgamento. §3º O recurso do despacho que julgar quebrada a fiança suspenderá unicamente o efeito de perda da metade do seu valor". BRASIL, *Decreto-Lei nº 3.689, de 3 de outubro de 1941*. Disponível em: http://www.planalto.gov.br/ccivil_03/decreto-lei/del3689.htm. Acesso em: 06 mar. 2022.

305 Decreto-Lei nº 3.689, de 3 de outubro de 1941 – "Art. 589. Com a resposta do recorrido ou sem ela, será o recurso concluso ao juiz, que, dentro de dois dias, reformará ou sustentará o seu despacho, mandando instruir o recurso com os traslados que lhe parecerem necessários. Parágrafo único. Se o juiz reformar o despacho recorrido, a parte contrária, por simples petição, poderá recorrer da nova decisão, se couber recurso, não sendo mais lícito ao juiz modificá-la. Neste caso, independentemente de novos arrazoados, subirá o recurso nos próprios autos ou em traslado". BRASIL, *Decreto-Lei nº 3.689, de 3 de outubro de 1941*. Disponível em: http://www.planalto.gov.br/ccivil_03/decreto-lei/del3689.htm. Acesso em: 06 mar. 2022.

9.2.9 Recursos

Em face do Recurso em Sentido Estrito caberá Recurso Extraordinário e/ou Recurso Especial, a depender da matéria (constitucional ou infraconstitucional).

9.2.10 Resumindo

Fundamentação Legal	Art. 581 do Código de Processo Penal
Objetivo	Impugnar as decisões que se enquadrem no rol taxativo do art. 581 do CPP.
Legitimidade ativa	Ministério Público, fiscal da Lei ou parte, eleitor e demais pessoas atingidas.
Prazo	Art. 258 do Código Eleitoral: *3 (três) dias* contados da publicação do ato, resolução ou despacho.
Competência	Tribunal Regional Eleitoral
Se o pedido for julgado procedente	*A decisão será revertida.*

9.3 *Habeas Corpus*

9.3.1 Conceito

Há duas espécies de *Habeas Corpus*: o *repressivo*, que afasta constrangimento real e concretizado, buscando-se a imediata restituição do direito de ir e vir; e o *preventivo*, nos casos em que o direito possa vir a ser tolhido, expedindo-se contra isso uma espécie de salvo-conduto.

O autor do *Habeas Corpus* recebe o nome de *impetrante*; o indivíduo em favor de quem se impetra, de *paciente* (podendo ou não ser o próprio impetrante); e a autoridade que supostamente pratica o ato ilegal ou abusivo, *autoridade coatora.*

9.3.2 Fundamentação Legal

O *Habeas Corpus* é historicamente a primeira garantia reconhecida dos direitos fundamentais, que, posteriormente, veio a ser consolidada pelo *Habeas Corpus Act*.[306]

[306] De origem inglesa, trata-se do primeiro documento jurídico criado para combater as prisões arbitrárias e/ou ilegais.

A origem do termo deriva da expressão latina *habeas corpus ad subjiciendum*, que significa, por aproximação, "que tenhas o teu corpo".

A citada garantia constitucional, em sentido estrito, tutela a liberdade de domínio do próprio corpo, abrangendo o direito fundamental de se permanecer onde se encontra, de caminhar livremente, de ir de um local para o outro etc. Para isso, colima a cessação célere de todo constrangimento ilegal, perpetrado por autoridade coatora que venha a tolher a liberdade de locomoção do cidadão.

No Brasil, o HC surgiu em 1821, por meio de um alvará concedido por Dom Pedro I, no qual se assegurou a liberdade de locomoção. No entanto, somente a partir de 1891, o *Habeas Corpus* ganhou *status* constitucional, que se mantém até a presente Constituição Federal.

Art. 5º, LXVIII, Constituição Federal de 1988

"Art. 5º, LXVIII, CF: Conceder-se-á habeas corpus sempre que alguém sofrer ou se achar ameaçado de sofrer violência ou coação em sua liberdade de locomoção, por ilegalidade ou abuso de poder".

No Código de Processo Penal, por sua vez, está predito no art. 647.

Art. 647 do Código de Processo Penal

"Art. 647. Dar-se-á habeas corpus sempre que alguém sofrer ou se achar na iminência de sofrer violência ou coação ilegal na sua liberdade de ir e vir, salvo nos casos de punição disciplinar".

Importa destacar que o escopo desse remédio constitucional é a proteção da liberdade. A sua causa de pedir, por seu turno, consubstancia-se na ilegalidade ou no abuso de poder, que pode ser travestido de atos comissivos ou omissivos, por exemplo, o disposto no art. 648 do CPP.

Art. 648 do Código de Processo Penal

"Art. 648. A coação considerar-se-á ilegal: I – quando não houver justa causa; II – quando alguém estiver preso por mais tempo do que determina a lei; III – quando quem ordenar a coação não tiver competência para fazê-lo; IV – quando houver cessado o motivo que autorizou a coação; V – quando não for alguém admitido a prestar fiança, nos casos em que a lei a autoriza; VI – quando o processo for manifestamente nulo; VII – quando extinta a punibilidade".

Dessa maneira, entendemos que o *Habeas Corpus* poderá ser utilizado, também, com arrimo na liberdade, para os casos seguintes:

I – Quando não houver justa causa

Refere-se ao fato de o coagido ter sua liberdade restringida sem fundamento legal.

II – Quando alguém estiver preso por mais tempo do que determina a lei

Remete aos episódios em que, cessado o tempo de prisão, o preso ainda permanece privado de sua liberdade.

III – Quando quem ordenar a coação não tiver competência para fazê-lo

Refere-se aos casos em que a privação de liberdade foi determinada por agente sem competência.

IV – Quando houver cessado o motivo que autorizou a coação

Trata-se das hipóteses em que não há mais motivo para manter a liberdade do coagido.

V – Quando não for alguém admitido a prestar fiança, nos casos em que a lei a autoriza

Veicula as hipóteses em que não é passível o pagamento de fiança para se ter a liberdade pretendida.

VI – Quando o processo for manifestamente nulo

O *Habeas Corpus* pode ser utilizado quando o processo for nitidamente nulo.

VII – Quando extinta a punibilidade

Sendo extinta a punibilidade, cabe *Habeas Corpus* quando o preso ainda não foi posto em liberdade.

PARA SEDIMENTAR

"AGRAVO INTERNO EM RECURSO EM HABEAS CORPUS. AÇÃO PENAL. CORRUPÇÃO ELEITORAL (ART. 299 DO CE). PEDIDO DE TRANCAMENTO. ATIPICIDADE. IMPOSSIBILIDADE. MEDIDA EXCEPCIONAL. ELEMENTOS SUFICIENTES PARA INSTAURAÇÃO. JUSTA CAUSA. NULIDADE DE PROVA PERICIAL. VIOLAÇÃO AOS PRINCÍPIOS DO CONTRADITÓRIO E DA AMPLA DEFESA. NÃO OCORRÊNCIA. ELEMENTO MIGRATÓRIO DO INQUÉRITO POLICIAL. CONTRADITÓRIO DIFERIDO. DECISÃO MANTIDA. NEGADO PROVIMENTO AO AGRAVO INTERNO.1. O trancamento da ação penal pelo estreito viés do remédio heroico é providência excepcional, somente possível quando se evidenciar, de plano e de forma indene de dúvida, imputação de fato atípico, inexistência de indício mínimo de autoria e materialidade do delito ou, ainda, extinção da punibilidade. Precedentes.2. In casu, a pretensão acusatória se deu com base em indícios suficientes de autoria e materialidade e foi fundamentada, inclusive, em laudo pericial.3. Os agravantes defendem a nulidade da prova pericial por ter sido realizada sem a participação dos envolvidos, em pretensa violação aos princípios do contraditório e da ampla defesa. No entanto, não há falar em nulidade do laudo pericial, porquanto a natureza cautelar deste denota sua condição de elemento migratório do inquérito policial, ficando configurado, assim, o chamado contraditório diferido, somente perfectibilizado ulteriormente, em fase judicial. Precedente.4. A modificação do que concluído pelo Tribunal a quo implica, necessariamente, incursão aprofundada no acervo probatório dos autos, antecipando manifestação sobre circunstâncias a serem esclarecidas somente durante a instrução processual, providência não permitida em âmbito de habeas corpus.5. Negado provimento ao agravo interno. (TSE – Recurso em Habeas Corpus nº 060002511, Acórdão, Relator(a) Min. Mauro Campbell Marques, Publicação: DJE – Diário da justiça eletrônica, Tomo 13, Data 03/02/2022)"

"RECURSO ESPECIAL ELEITORAL. CRIME ELEITORAL. ART. 349 DO CÓDIGO ELEITORAL. ALEGAÇÃO DE NULIDADE. REJEIÇÃO. DOSIMETRIA. PENA EXCESSIVA. REDUÇÃO. RECONHECIMENTO DA PRESCRIÇÃO. CONCESSÃO DE OFÍCIO. EXTINÇÃO DA PUNIBILIDADE. [...]10. Ordem de habeas corpus concedida de ofício para declarar extinta a punibilidade do recorrente, nos termos do art. 107, inciso IV, do Código Penal. (TSE – Recurso Especial Eleitoral nº 14423, Acórdão, Relator(a) Min. GILMAR MENDES, Publicação: DJE – Diário de justiça eletrônico, Tomo 209, Data 27/10/2017, Página 78/79)".

"ELEIÇÕES 2008. AGRAVO REGIMENTAL EM *HABEAS CORPUS*. CRIME. (ARTS. 302 E 324 DO CE E ART. 147 DO CP). *WRIT* SUBSTITUTIVO DE RECURSO. PRETENSÃO DE SUSPENDER CONDENAÇÃO TRANSITADA EM JULGADO. EXIGÊNCIA DE EXCEPCIONALIDADE. INSTRUÇÃO PROCESSUAL. AUSÊNCIA DE DEMONSTRAÇÃO DE PREJUÍZO. IMPOSSIBILIDADE NESTA VIA. DECISÃO MANTIDA. DESPROVIMENTO. 1. O *habeas corpus* não pode ser utilizado como sucedâneo da revisão criminal, salvo em situações excepcionais nas quais se verifique flagrante ilegalidade ou nulidade (Precedentes: STF – *HC* 136233/RS, Rel. Min. Ricardo Lewandowski, Segunda Turma, DJe de 28/11/2016; TSE – *HC* nº 690-40/RS, Rel. Min. Nancy Andrighi, DJe de 26/8/2011). 2. A arguição de nulidade de ato processual requer a demonstração de efetivo prejuízo, nos termos do que prescreve o princípio da instrumentalidade das formas. Nessa mesma linha dispõe o art. 565 do Código de Processo Penal, segundo o qual "nenhuma das partes poderá arguir nulidade a que haja dado causa, ou para que tenha concorrido, ou referente a formalidade cuja observância só à parte contrária interesse". *3.* In casu, neguei seguimento ao habeas corpus, consignando, em síntese: (*a*) a inadequação da via eleita, porquanto, na prática, busca-se fulminar condenação penal transitada em julgado; (*b*) a improcedência da alegação consubstanciada na violação dos postulados do devido processo legal, da ampla defesa e do contraditório – por inobservância do art. 400 do Código de Processo Penal – mormente porque consta do acórdão que apreciou a revisão criminal manejada que "não há nulidade quando o réu, intimado para o seu interrogatório, não comparece ao ato, e, após, comparece aos demais atos e se manifesta diversas vezes no processo sem alegar a troca de momentos processuais: oitiva de testemunhas e interrogatório"(Num. 11211 – Pág. 5); (*c*) ausência de demonstração do efetivo prejuízo causado ao Paciente. 4. Agravo desprovido. (TSE – Habeas Corpus nº 060003458, Acórdão, Relator(a) Min. Ministro Luiz Fux, Publicação: DJE – Diário de justiça eletrônico, Tomo 32, Data 14/02/2017)".

DIREITO PENAL E PROCESSUAL PENAL. AGRAVO INTERNO EM HABEAS CORPUS. ELEIÇÕES 2008. REVISÃO CRIMINAL. INDEFERIMENTO DE PEDIDO DE ADIAMENTO DE SESSÃO DE JULGAMENTO. FACULTATIVIDADE DA SUSTENTAÇÃO ORAL. INEXISTÊNCIA DE NULIDADE. DESPROVIMENTO.1. Agravo interno interposto contra decisão monocrática que negou seguimento a habeas corpus em que se alega cerceamento de defesa nos autos da revisão criminal nº 0600665-71.2019.6.26.0000.2. O indeferimento do adiamento de sessão de julgamento em razão da impossibilidade de comparecimento do advogado da parte para sustentar razões orais não gera nulidade, uma vez que tal ato possui caráter facultativo, o que afasta a violação ao direito de defesa. Precedentes.
3. A eventual nulidade por ausência de oitiva de testemunha na ação penal transitada em julgado exigiria incursão aprofundada no conjunto fático-probatório, o que é vedado nesta via.4. Incabível ingressar com a ação constitucional de habeas corpus a fim de obter pronunciamento judicial que implica absolvição do paciente. Precedentes.5. Inexistência de ilegalidade ou abuso de poder no caso concreto.6. Agravo interno a que se nega provimento. (TSE – Habeas Corpus nº 060047449, Acórdão, Relator(a) Min. Luís Roberto Barroso, Publicação: DJE – Diário de justiça eletrônico, Tomo 215, Data 07/11/2019)

ELEIÇÕES 2012. AGRAVO INTERNO EM HABEAS CORPUS. PROCESSO PENAL E DIREITO PENAL. ALEGAÇÃO DE NULIDADE POR AUSÊNCIA DE INTIMAÇÃO. AUSÊNCIA DE ALEGAÇÃO NO MOMENTO OPORTUNO. PRECLUSÃO. RÉU SOLTO. DESNECESSIDADE DE INTIMAÇÃO PESSOAL DA SENTENÇA CONDENATÓRIA.

ART. 392, II, DO CPP. AUSÊNCIA DE DEMONSTRAÇÃO DE PREJUÍZO. AGRAVO DESPROVIDO. 1. A nulidade por suposta ausência de intimação, quando não alegada em momento oportuno, não pode ser aduzida pela via do habeas corpus, em razão da preclusão consumativa. Precedente. 2. O art. 392, inciso II, do Código de Processo Penal, permite que a intimação da sentença penal condenatória ocorra somente em relação à pessoa do advogado constituído, caso o réu esteja solto. 3. O reconhecimento de nulidades, ainda que de natureza absoluta, exige a demonstração de prejuízo. Jurisprudência do Supremo Tribunal Federal. 4. O agravante alega que a ausência de intimação da sentença impediu o exercício do direito de recorrer (art. 577 do CPP). Todavia, houve a regular interposição de recurso contra a sentença e de recurso especial eleitoral contra o acórdão confirmatório, tornando nítida a inocorrência de prejuízo. 5. Agravo interno desprovido. (TSE – Habeas Corpus nº 060037579, Acórdão, Relator(a) Min. Edson Fachin, Publicação: DJE – Diário de justiça eletrônico, Tomo 210, Data 29/10/2019)

DIREITO PENAL E PROCESSUAL PENAL. HABEAS CORPUS. ELEIÇÕES 2008. DEFICIÊNCIA DA FUNDAMENTAÇÃO DO WRIT. AUSÊNCIA DE DOCUMENTOS. VIOLAÇÃO À PRERROGATIVA DE FORO. NULIDADE PROCESSUAL INEXISTENTE. ORDEM DENEGADA. REVOGAÇÃO DA LIMINAR.1. Habeas corpus impetrado contra suposto ato coator do TRE/AP que, em ação penal originária, condenou a paciente às penas de 4 anos e 2 meses de reclusão em regime aberto e pagamento de 18 dias-multa, pela prática do crime de corrupção eleitoral (art. 299 do CE), em razão de promessa de implantação de benefício social em troca de voto nas Eleições 2008.2. O trancamento de ações penais requer prova robusta, demonstrada de plano, de ilegalidade ou abuso de poder, inexistente no caso concreto.3. "Cumpre ao impetrante comprovar o constrangimento ilegal que alega estar sofrendo a paciente, trazendo aos autos documentos que atestem a ocorrência do alegado, inclusive peças processuais, sob pena de não conhecimento do writ" (RHC nº 12-60/RJ, Rel. Min. Dias Toffoli, j. em 14.02.2013).4. A instauração e a tramitação de inquérito policial sem a supervisão do Tribunal Regional não acarretam, por si só, nulidade por violação à prerrogativa de foro. Na hipótese, não foram realizados atos vinculados à reserva de jurisdição. Eventuais vícios do procedimento investigatório não infirmam o subsequente processo criminal, no qual se desenvolve atividade instrutória própria. Precedentes.5. A orientação jurisprudencial do Tribunal Superior Eleitoral e do Supremo Tribunal Federal é de que o habeas corpus não pode ser utilizado como sucedâneo de recurso previsto no ordenamento jurídico ou de revisão criminal, salvo hipóteses excepcionais ausentes no caso concreto. Precedente.6. Revogação da liminar anteriormente concedida. Determinação para que o Tribunal Regional Eleitoral do Amapá dê regular prosseguimento à Ação Penal nº 991-71.2009.6.03.0000.7. Ordem de habeas corpus denegada. Agravo interno do Ministério Público prejudicado. (TSE – Habeas Corpus nº 060008739, Acórdão, Relator(a) Min. Luís Roberto Barroso, Publicação: DJE – Diário de justiça eletrônico, Tomo 154, Data 12/08/2019)

RECURSO ESPECIAL. ELEIÇÕES 2010. DEPUTADA DISTRITAL. AÇÃO PENAL. CORRUPÇÃO ELEITORAL (ART. 299 DO CÓDIGO ELEITORAL). PRESCRIÇÃO

RETROATIVA. HABEAS CORPUS. CONCESSÃO DE OFÍCIO. FALSIDADE IDEOLÓGICA (ART. 350 DO CÓDIGO ELEITORAL). PROVA ROBUSTA. DOLO. REEXAME DO CONJUNTO PROBATÓRIO. SÚMULA 24/TSE. DESPROVIMENTO. 1. Recurso especial interposto contra acórdão do TRE/DF por meio do qual se condenou a recorrente – Deputada Distrital eleita em 2010 – à pena de dois anos e seis meses de reclusão em regime aberto, substituída por restritiva de direitos, e multa de R$31.680,00, pelos crimes de corrupção eleitoral (art. 299 do Código Eleitoral) e falsidade ideológica para fins eleitorais (art. 350 do mencionado diploma). 2. Concedido habeas corpus de ofício, reconhecendo-se a prescrição retroativa quanto ao crime de corrupção, cuja pena imposta foi de um ano e três meses, consumando-se o prazo de quatro anos entre a data dos fatos e o recebimento da denúncia. 3. Não se desconhece que a Lei 12.234, DOU de 6/5/2010, alterou o §1º do art. 110 do Código Penal para vedar o reconhecimento da referida prescrição. Porém, considerando a data de edição do diploma, que descabe aplicar lei posterior mais gravosa a fatos pretéritos e, ainda, que a denúncia descreve apenas que o ilícito ocorreu no primeiro semestre de 2010, impõe-se considerar a data mais benéfica com esteio no princípio in dubio pro reo. Precedentes do c. Superior Tribunal de Justiça. 4. Quanto à falsidade ideológica, a prova dos autos afigura-se robusta e demonstra que coordenador de campanha contratado pela recorrente realizou em nome desta gastos eleitorais de R$40.650,00 (mais de 7% do total de recursos), os quais foram omitidos do ajuste contábil, conduta que, por sua relevância jurídica na espécie, impõe manter o édito condenatório. 5. Conclusão diversa demandaria reexame de fatos e provas, inviável em sede extraordinária, a teor da Súmula 24/TSE. 6. Recurso especial desprovido quanto ao crime do art. 350 do Código Eleitoral. Habeas corpus concedido de ofício para assentar a prescrição retroativa relativamente ao crime do art. 299 do Código Eleitoral.(TSE – Recurso Especial Eleitoral nº 13727, Acórdão, Relator(a) Min. Luís Roberto Barroso, Publicação: DJE – Diário de justiça eletrônico, Tomo 165, Data 27/08/2019, Página 73)

[...] Em caso similar, esta Corte concedeu a ordem de habeas corpus para trancar a ação penal, por falta de justa causa, diante da ausência de lesividade da conduta [...] (TSE – RHC 060063459, rel. Min. Admar Gonzaga, DJe de 10.12.2018).

[...]I. Cabimento do habeas corpus. 5. Não obstante as medidas cautelares alternativas à prisão não constrangerem, de forma imediata, o direito de ir e vir dos pacientes, havendo possibilidade de expedição de ordem de prisão em caso do respectivo descumprimento, mostra-se cabível a via do remédio heroico. Precedente do STF e do STJ. [...] (TSE – Recurso em Habeas Corpus nº 060760581, Acórdão, Relator(a) Min. Tarcisio Vieira De Carvalho Neto, Publicação: DJE – Diário de justiça eletrônico, Tomo 34, Data 18/02/2019)

9.3.3 Natureza Jurídica

Justamente por sua previsão no Texto Maior, arrolado junto a outras garantias fundamentais, o *Habeas Corpus* possui natureza eminentemente de ação constitucional, podendo-se, destarte, invocar a jurisdição na busca da liberdade fundamental de locomoção que tenha sido (ou se encontre sob ameaça de ser) violada por ato ilegal ou abusivo proveniente de autoridade.

9.3.4 Legitimidade

a) Ativa

A legitimidade ativa é dada a toda pessoa, física ou jurídica, nacional ou estrangeira, incluindo-se nesse rol até mesmo o próprio Ministério Público. Frise-se, ainda, a desnecessidade de constituir advogado para impetrar o *writ*, podendo ser escrito pelo próprio paciente, que pode impetrá-lo em proveito próprio. É, por natureza, uma ação despida de formalidades.

b) Passiva

A legitimidade passiva em *habeas corpus* recai sobre a autoridade apontada como coatora, podendo ser agente público, privado, órgão ou entidade. Em outras palavras, aquele que constranger (de fato ou potencialmente) a liberdade do paciente.

9.3.5 Prazo

Não existe prazo para o interessado se valer do *Habeas Corpus*; basta o sujeito coagido estar sofrendo ameaça ou se achar ameaçado de sua liberdade de locomoção, nos termos do art. 5º, LXVIII, CF.

9.3.6 Competência

Ao analisar a competência para o julgamento, são levados em consideração o critério territorial e as qualificações da autoridade apontada como coatora. Em certos casos, ainda, a competência é determinada pela própria Constituição Federal, como nas hipóteses de responsabilidade do Supremo Tribunal Federal e do Superior Tribunal de Justiça.

A análise do critério territorial é relativamente simples: é competente o órgão judicial que possui a jurisdição no local da coação. No que se refere às qualidades do autor, contudo, há algumas regras a serem observadas.

O *juiz eleitoral*, em primeira instância, será competente nos casos de trancamento de inquérito policial, pois a autoridade coatora será o delegado de polícia. O *Tribunal Regional Eleitoral*, por sua vez, será competente nos seguintes casos: (i) trancamento de ação penal eleitoral em tramitação na primeira instância, considerando o juiz eleitoral como autoridade coatora; (ii) constrangimento emanado de ato praticado por juiz no exercício de função eleitoral; e (iii) quando promotor eleitoral for a autoridade coatora.

A competência recairá sobre o *Tribunal Superior Eleitoral* quando se buscar o trancamento de ação penal eleitoral de competência originária do Tribunal Regional ou quando a autoridade coatora for o procurador regional eleitoral.[307]

PARA SEDIMENTAR

"AGRAVO REGIMENTAL. RECURSO ORDINÁRIO EM HABEAS CORPUS. PRETENSÃO. DECISÃO MONOCRÁTICA. RELATOR. POSSIBILIDADE. ART. 36, §6º, DO RITSE. DECISÃO AGRAVADA. TRANCAMENTO DE INQUÉRITO POLICIAL. DEPUTADO FEDERAL. APURAÇÃO DE DOAÇÕES SUPOSTAMENTE RECEBIDAS PARA FINANCIAMENTO DE CAMPANHA ELEITORAL. USURPAÇÃO DE COMPETÊNCIA DO SUPREMO TRIBUNAL FEDERAL. BIS IN IDEM. IMPROCEDÊNCIA.SÍNTESE DO CASO1. O Ministro Luiz Fux, em 27 de junho de 2019, no bojo do Inquérito 4.425/STF, acolhendo pedido formulado pela Procuradoria-Geral da República, declinou da competência do feito quanto aos atos relacionados às doações realizadas por pessoa interposta ao paciente no contexto das Eleições de 2010.2. Em cumprimento a essa decisão, os autos foram enviados ao TRE/SP e, em seguida, à 1ª Zona Eleitoral – São Paulo/SP, dando origem ao Inquérito 27-87.2019.3. O Inquérito 15-73.2019 foi instaurado a partir de decisão do Ministro Edson Fachin, datada de 22 de maio de 2019, que determinou o envio ao TRE/SP de cópia do "Termo de Depoimento n. 12". Esse comando foi proferido nos autos da Petição 7.802/DF, na qual foi homologado o acordo de delação premiada celebrado entre o Ministério Público Federal e Antônio Palocci Filho.4. Em 19 de dezembro de 2019, foi determinado pelo Juízo da 1ª Zona Eleitoral o apensamento do Inquérito 27-87.2019 ao Inquérito 15-73.2019, ao fundamento de terem objetos de apuração semelhantes.5. O Tribunal Regional Eleitoral de São Paulo denegou a ordem de habeas corpus impetrado em favor de Carlos Alberto Rolim Zarattini, com vistas ao trancamento do Inquérito 15-73.2019, vinculado à 1ª Zona Eleitoral de São Paulo.6. Os impetrantes interpuseram recurso

---

[307] Código Eleitoral brasileiro – "Art. 22. Compete ao Tribunal Superior: I – processar e julgar originariamente: [...] e) o *habeas corpus* ou mandado de segurança, em matéria eleitoral, relativos a atos do Presidente da República, dos Ministros de Estado e dos Tribunais Regionais; ou, ainda, o *habeas corpus*, quando houver perigo de se consumar a violência antes que o juiz competente possa prover sobre a impetração; [...]". BRASIL. *Lei nº 4.737, de 15 de julho de 1965.* Disponível em: http://www.planalto.gov.br/ccivil_03/LEIS/L4737.htm. Acesso em: 06 mar. 2022.
Código Eleitoral brasileiro – "Art. 29. Compete aos Tribunais Regionais: [...] e) o *habeas corpus* ou mandado de segurança, em matéria eleitoral, contra ato de autoridades que respondam perante os Tribunais de Justiça por crime de responsabilidade e, em grau de recurso, os denegados ou concedidos pelos juízes eleitorais; ou, ainda, o *habeas corpus*, quando houver perigo de se consumar a violência antes que o juiz competente possa prover sobre a impetração; [...]". BRASIL. *Lei nº 4.737, de 15 de julho de 1965.* Disponível em: http://www.planalto.gov.br/ccivil_03/LEIS/L4737.htm. Acesso em: 06 mar. 2022.
Código Eleitoral brasileiro- "Art. 35. Compete aos juízes: [...] III – decidir *habeas corpus* e mandado de segurança, em matéria eleitoral, desde que essa competência não esteja atribuída previamente à instância superior; [...]". BRASIL. *Lei nº 4.737, de 15 de julho de 1965.* Disponível em: http://www.planalto.gov.br/ccivil_03/LEIS/L4737.htm. Acesso em: 06 mar. 2022.

ordinário, ao qual neguei seguimento, tendo sido interposto agravo regimental. ANÁLISE DO AGRAVO REGIMENTAL7. Os agravantes defendem a possibilidade do trancamento do inquérito policial, por meio do habeas corpus, argumentando que a coação ilegal está evidenciada em virtude da afronta à competência do STF para o julgamento do paciente em razão do foro por prerrogativa de função, assim como pela violação ao princípio do ne bis in idem e pela utilização de delação premiada com idoneidade maculada para fundamentar a investigação criminal.8. Com efeito, não há falar em usurpação da competência do Supremo Tribunal Federal, nem em violação do princípio do ne bis in idem, porquanto os fatos investigados nos autos do Inquérito 15-73.2019 não tratam do mesmo objeto da investigação que foi arquivada pelo STF, mas de fatos relacionados a doações supostamente recebidas para financiar a campanha eleitoral do paciente em 2010, as quais são de competência da Justiça Eleitoral.9. O acolhimento da tese de que as investigações foram fundamentadas em elemento frágil, consistente nos termos de delação premiada desacreditada, demandaria análise minuciosa dos elementos de informação já coligidos ao inquérito, providência incabível na via estreita do habeas corpus, marcado por cognição sumária.10. "O trancamento de inquérito policial, por meio da via estreita do habeas corpus, somente é possível quando, de plano, se constata ilegalidade ou teratologia capazes de suprimir a justa causa para o prosseguimento do feito, o que ocorre nas hipóteses de atipicidade da conduta descrita na denúncia, ausência de indícios de autoria e materialidade delitiva, ou quando presente causa extintiva da punibilidade" (HC 0602024-84, rel. Min. Luciana Lóssio, DJE de 31.3.2017).CONCLUSÃOAgravo regimental a que se nega provimento. (TSE – Recurso em Habeas Corpus nº 060081785, Acórdão, Relator(a) Min. Sérgio Banhos, Publicação: DJE – Diário da justiça eletrônica, Tomo 143, Data 04/08/2021)".

"Agravo regimental. Habeas corpus. Constrangimento. Ato. Juiz eleitoral. Competência. Tribunal Regional Eleitoral. A competência para processar e julgar habeas corpus contra ato de juiz eleitoral é do Tribunal Regional Eleitoral, sob pena de invasão de competência e supressão de instância. Agravo regimental a que se nega provimento. (TSE – Habeas Corpus 540, Acórdão, Relator(a) Min. Carlos Eduardo Caputo Bastos, Publicação: DJ – Diário de justiça, Data 02/06/2006, Página 100)".

AGRAVO REGIMENTAL EM HABEAS CORPUS. LIMINAR INDEFERIDA. ATO COATOR. DECISÃO MONOCRÁTICA DE JUIZ DO TRE. WRIT JULGADO PREJUDICADO NA ORIGEM. AUSÊNCIA DE INTERPOSIÇÃO DE AGRAVO REGIMENTAL. ALEGAÇÃO DE INCOMPETÊNCIA ABSOLUTA. OFENSA À LIBERDADE DE LOCOMOÇÃO. INOCORRÊNCIA. INADEQUAÇÃO DA VIA ELEITA. QUESTÃO SUSCITADA EM PRELIMINAR DA APELAÇÃO INTERPOSTA NA ORIGEM. JULGAMENTO PENDENTE. COMPETÊNCIA. CRIME ELEITORAL. CONEXÃO. NECESSIDADE DE DILAÇÃO PROBATÓRIA. HABEAS CORPUS NÃO CONHECIDO. 1. In casu, trata-se de habeas corpus no qual se aponta como ato coator decisão proferida por juiz membro do TRE/RJ, que julgou prejudicado o writ impetrado na origem, o qual, por sua vez, suscitava a incompetência absoluta da Justiça Eleitoral para julgamento de crimes conexos ao crime eleitoral. 2. Na linha da jurisprudência desta Corte, "não compete ao Tribunal Superior Eleitoral processar e julgar habeas corpus relativo a decisão de juiz relator de Tribunal Regional Eleitoral, ainda não submetida ao colegiado, sob pena de indevida supressão de instância" (HC nº 1519-21/SP, rel. Min. Marcelo Ribeiro, DJe de 13.4.2014. No STF: HC nº 122.838/SP, Rel. Min. Dias Toffoli, Primeira Turma, DJe de 21.11.2014). 3. Ordem de habeas corpus não conhecida, ficando prejudicado o agravo regimental interposto contra a decisão que indeferiu o pedido de liminar. (TSE – Habeas Corpus nº 060020459, Acórdão, Relator(a) Min. Tarcisio Vieira De Carvalho Neto, Publicação: DJE – Diário de justiça eletrônico, Tomo 159, Data 10/08/2018)

HABEAS CORPUS. ELEIÇÕES 2010 (DEPUTADO FEDERAL), 2012 (PREFEITO), 2014 (GOVERNADOR) E 2016 (PREFEITO). AÇÃO PENAL. FALSIDADE IDEOLÓGICA PARA FINS ELEITORAIS (ART. 350 DO CÓDIGO ELEITORAL). CORRUPÇÃO PASSIVA (ART. 317 DO CP). EXTORSÃO (ART. 158, §1º, DO CP). LAVAGEM DE DINHEIRO (ART. 1º DA LEI 9.613/98). DECRETAÇÃO. PRISÃO PREVENTIVA (ART. 312 DO CPP). 1. Trata-se de habeas corpus impetrados em favor de Anthony Garotinho (candidato a Governador do Rio de Janeiro nas Eleições 2014 e Presidente estadual do Partido da República); Rosinha Garotinho (Prefeita de Campos dos Goytacazes/RJ de 2009 a 2016); Antonio Carlos Rodrigues (Presidente do Diretório Nacional); Fabiano Rosas Alonso (genro de Antonio Carlos); Thiago Soares de Godoy (coordenador financeiro das campanhas de Rosinha em 2012 e de Anthony em 2014, ex-Subsecretário Municipal de Governo e suplente de Vereador) e Suledil Bernardino da Silva (ex-secretário Municipal de Controle, de Governo e de Fazenda) contra ato em tese coator do TRE/RJ que, ao apreciar habeas corpus, determinou o monitoramento eletrônico de Rosinha e manteve as prisões preventivas dos demais pacientes decretada pelo Juiz da 98ª Zona Eleitoral/RJ (ao receber denúncia na AP 12-81). 2. Os pacientes e outros dois réus foram denunciados por esquema na Prefeitura de Campos dos Goytacazes/RJ, nos mandatos de Rosinha Garotinho de 2009 a 2016, ao condicionarem a liberação de verbas devidas a empresas locais – por obras e serviços prestados – a contribuições nas Eleições 2010 (Anthony; Deputado Federal), 2012 (Rosinha; reeleição), 2014 (Governo do Estado) e 2016 (Francisco Arthur, aliado do clã Garotinho, para Prefeito), omitindo-se os valores das contas de campanha. A denúncia fundou-se nos delitos de falsidade ideológica para fins eleitorais (art. 350 do Código Eleitoral), extorsão (art. 158, §1º, do CP), corrupção passiva (art. 317 do CP) e lavagem de dinheiro (art. 1º da Lei 9.613/98).PRELIMINAR. WRIT SUBSTITUTIVO DE RECURSO ORDINÁRIO. CABIMENTO. NOVEL ENTENDIMENTO DO SUPREMO TRIBUNAL FEDERAL.3. A teor do novel entendimento da c. Suprema Corte, é cabível a impetração de habeas corpus, inclusive como sucedâneo recursal, na hipótese de flagrante constrangimento ilegal.COMPETÊNCIA. JUSTIÇA ELEITORAL. CRIMES ELEITORAIS E COMUNS QUE LHES FOREM CONEXOS. ARTS. 35, II, DO CÓDIGO ELEITORAL E 78, II, DO CPP. 4. O art. 35, II, do Código Eleitoral – que segue a sistemética do art. 78, IV, do CPP – é expresso quanto à competência desta Justiça Especializada para processar e julgar os crimes eleitorais e os comuns que lhes forem conexos. Precedentes desta Corte Superior, dentre eles o HC 0603111-41/RJ, Rel. Min. Tarcísio Vieira de Carvalho Neto, DJE de 14/2/2017.5. Descabe examinar nesta seara a alegação de que o "caixa dois" em processo de contas representa mero exaurimento dos crimes anteriores, porquanto o habeas corpus – remédio constitucional de rito célere e cognição sumária – demanda que se comprove de plano o constrangimento ilegal. Precedentes.ARGUIÇÃO. SUSPEIÇÃO. JUIZ ELEITORAL. SUPRESSÃO DE INSTÂNCIA. DILAÇÃO PROBATÓRIA. NÃO CONHECIMENTO.6. Incabível conhecer da alegada suspeição do magistrado de primeiro grau, pois a matéria demanda dilação probatória e, ademais, não fora decidida pelo TRE/RJ, de modo que haveria, no caso, supressão de instância. Precedentes.PRESTAÇÃO DE CONTAS. DOCUMENTO DE NATUREZA PÚBLICA. RECLUSÃO DE ATÉ CINCO ANOS. ART. 350 DO CÓDIGO ELEITORAL. AUSÊNCIA. AFRONTA. ART. 313, I, DO CPP.7. A prestação de contas é conceituada por este Tribunal e pela c. Suprema Corte como documento de natureza pública. Assim, na hipótese do crime de falsidade ideológica para fins eleitorais em processo contábil, a pena é de até cinco anos de reclusão (art. 350 do CPP), inexistindo afronta ao art. 313, I, do CPP.TEMA DE FUNDO. PRISÃO PREVENTIVA. REQUISITOS. CONVENIÊNCIA DA INSTRUÇÃO. FALTA. REFERÊNCIA. ATO CONCRETO. GARANTIA DA ORDEM PÚBLICA. ELEIÇÕES FINDAS. PREFEITURA GERIDA POR ADVERSÁRIOS POLÍTICOS.8. Decreta-se a prisão preventiva somente quando não for cabível sua substituição por outra medida cautelar e quando efetivamente se mostrar necessária e adequada às circunstâncias em que cometido o delito e às condições pessoais do agente. Exegese do art. 282, §6º, do CPP.9. De início, chama a atenção o fato de que o Parquet, ao requerer a medida segregadora, mencionou de modo expresso apenas os pacientes Anthony Garotinho, Rosinha Garotinho e Antonio Carlos Rodrigues, sem nenhuma referência aos demais. 10. Quanto à conveniência da instrução, o juiz zonal apontou que colaboradores e testemunhas estariam sendo coagidos, sem, porém, especificar que elementos concretos e contemporâneos evidenciariam tais condutas.11. Com efeito, após assentar que "o instituto da prisão preventiva [...] está mais forte do que nunca no cenário jurídico", consignou apenas que: a) o réu Antônio Carlos Ribeiro, policial civil aposentado, teria poder intimidativo perante os empresários que integraram o suposto esquema; b) "o réu Ney Flores era [...] coordenador de campanha do réu Anthony Garotinho, tendo por isso ampla ascendência intimidatória"; c) o réu Garotinho "detém considerável e inafastável poder sobre pessoas, incluindo empresários que se sentem intimidados por suas ordens", sem especificar, repita-se, atos concretos e contemporâneos que justifiquem a segregação.12. De outra parte, o próprio colaborador André Luiz assentou que não se sentiu ameaçado quando o paciente Suledil Bernardino questionou-lhe "se a família dele está bem".13. No que toca à garantia da ordem pública, apontou-se o seguinte quadro: a) possibilidade de se reiterar a conduta, com extorsão de empresários que mantêm contratos com a Prefeitura em troca de repasses a campanhas; b) os réus Antonio Carlos Rodrigues e Anthony Garotinho presidem, respectivamente, os órgãos nacional e regional do Partido da República (PR).14. No entanto, tem-se que o grupo político do clã Garotinho – que, por Rosinha Garotinho, dirigiu a Prefeitura de Campos dos Goytacazes/RJ por oito anos – não se elegeu em 2016. Assim, havendo solução de continuidade no Poder Executivo, não há indicativo de que os réus persistem nos ilícitos.15. Da mesma forma, o réu Antonio Carlos Rodrigues em tese operou no esquema objeto da denúncia apenas em 2014 (campanha de

Anthony Garotinho ao governo do Rio de Janeiro) e, ainda assim, de modo relutante, conforme se infere das declarações de Ricardo Saud, executivo do grupo J&F (JBS S/A), no curso do inquérito. Em suma, trata-se em princípio de conduta restrita a pleito majoritário findo há mais de três anos.CONCESSÃO PARCIAL DA ORDEM. REVOGAÇÃO. PRISÃO PREVENTIVA. SUBSTITUIÇÃO. MEDIDA CAUTELAR. ART. 319, III, DO CPP.16. Ordem parcialmente concedida para substituir a prisão preventiva dos pacientes pela providência cautelar alternativa prevista no art. 319, III, do CPP, proibindo-se contato com as testemunhas (excetuando-se a medida quanto ao paciente Thiago Soares de Godoy, vencido no ponto este Relator), estendendo-se os efeitos da decisão aos corréus em igual situação, Ney Flores Braga e Antonio Carlos Ribeiro da Silva, na forma do artigo 580 do referido diploma. (TSE – Habeas Corpus nº 060007809, Acórdão, Relator(a) Min. Jorge Mussi, Publicação: DJE – Diário de justiça eletrônico, Tomo 183, Data 12/09/2018)

9.3.7 Rito Processual

A petição inicial deve conter os elementos dispostos no art. 654, §1º, do CPP.

Art. 654, §1º, do Código de Processo Penal

"Art. 654. O *habeas corpus* poderá ser impetrado por qualquer pessoa, em seu favor ou de outrem, bem como pelo Ministério Público. §1º. A petição de habeas corpus conterá: a) o nome da pessoa que sofre ou está ameaçada de sofrer violência ou coação e o de quem exercer a violência, coação ou ameaça; b) a declaração da espécie de constrangimento ou, em caso de simples ameaça de coação, as razões em que funda o seu temor; c) a assinatura do impetrante, ou de alguém a seu rogo, quando não souber ou não puder escrever, e a designação das respectivas residências".

Sendo recebido o petitório de *Habeas Corpus*, será feito um juízo de admissibilidade, uma vez que, não se tratando de ilegalidade ou abuso de poder ante a liberdade de locomoção, não há se falar HC. Nesse sentido, o Tribunal Superior Eleitoral já sedimentou entendimento de que não cabe, *v.g.*, *Habeas Corpus* para afastar inelegibilidade constante na Lei Complementar nº 64, de 1990, ou até mesmo inelegibilidade constitucional, demonstrando que o rol é integralmente.

PARA SEDIMENTAR

"ELEIÇÕES 2004. HABEAS CORPUS. CRIME. PRETENSÃO DE SUSPENDER CONDENAÇÃO TRANSITADA EM JULGADO. SUCEDÂNEO DE REVISÃO CRIMINAL. EXIGÊNCIA DE EXCEPCIONALIDADE. ALEGAÇÃO DE INCOMPETÊNCIA ABSOLUTA. SUPOSTA AUSÊNCIA DE FORO POR PRERROGATIVA DE FUNÇÃO. IMPOSSIBILIDADE NESTA VIA. NECESSIDADE DE REVOLVIMENTO FÁTICO-PROBATÓRIO. INEXISTÊNCIA DE ILEGALIDADE PATENTE. ORDEM DENEGADA. 1. O habeas corpus constitui remédio processual inadequado para a análise da prova, tanto quanto para a revalorização dos elementos instrutórios reunidos no processo penal de conhecimento. Precedente: HC-STF nº 74.295, Rel. Min. Celso de Mello, DJ 22.6.2001. [...] 6. Ordem denegada. (TSE – Habeas Corpus nº 060001756, Acórdão, Relator(a) Min. Ministro Luiz Fux, Publicação: DJE – Diário de justiça eletrônico, Tomo 73, Data 17/04/2017)".

"RECURSO EM HABEAS CORPUS. DESPROVIMENTO. 1. Inexistindo lesão ou iminência de lesão à liberdade de ir, vir e ficar do paciente, não há falar em cabimento do habeas corpus. 2. A ausência de elementos concretos que justifiquem o receio dos recorrentes de sofrer lesão no seu direito de locomoção inviabiliza o conhecimento do writ. 3. Recurso desprovido. (TSE – Recurso em Habeas Corpus nº 1350417, Acórdão, Relator(a) Min. Gilson Langaro Dipp, Publicação: DJE – Diário de justiça eletrônico, Data 01/08/2011, Página 201-202)".

"Habeas corpus. Mantença da suspensão dos direitos políticos no cadastro de eleitores. Não pagamento da pena de multa. Ausência de constrangimento ilegal. Não cabimento do writ. 1. 'Conceder-se-á habeas corpus sempre que alguém sofrer ou se achar ameaçado de sofrer violência ou coação em sua liberdade de locomoção, por ilegalidade ou abuso de poder;' (artigo 5º, inciso LXVIII, da Constituição da República). 2. A verificação da mantença da suspensão dos direitos políticos em decorrência do não pagamento da pena de multa imposta em condenação criminal, quando já cumprida a pena privativa de liberdade, é estranha ao âmbito de cabimento do habeas corpus, devido à ausência de violação ou ameaça de violação efetiva da liberdade física de ir e vir do paciente. [...] (TSE – Ac. De 2.6.2011 no HC nº 51058, rel. Min. Gilson Dipp)".

"HABEAS CORPUS. PRETENSÃO DE AFASTAR OS EFEITOS DA SENTENÇA CONDENATÓRIA COM TRÂNSITO EM JULGADO. NULIDADE. AUSÊNCIA DE INTERROGATÓRIO. REDAÇÃO ORIGINAL DO ART. 359 DO CÓDIGO ELEITORAL. INOCORRÊNCIA. 1. O habeas corpus não é a via adequada para afastar a inelegibilidade descrita na alínea e do inciso I do art. 1º da Lei Complementar nº 64/90, tampouco meio idôneo para restabelecer a condição de elegibilidade, disposta no inciso II do §3º do art. 14 da Constituição Federal. 2. Os atos processuais praticados com base na redação originária do art. 359 do Código Eleitoral são válidos. Logo, a ausência de interrogatório – antes da vigência da nova redação do dispositivo em comento – não viola as garantias do contraditório e da ampla defesa. Precedentes. 3. Habeas corpus conhecido em parte e, nessa parte, denegado. (TSE – Habeas Corpus nº 557, Acórdão, Relator(a) Min. Carlos Augusto Ayres De Freitas Britto, Publicação: DJ – Diário de justiça, Data 12/02/2007, Página 135)".

Ato contínuo ao recebimento, e admitido o HC, será analisada se a ordem será ou não concedida.

9.3.8 Efeitos

O recurso de *Habeas Corpus* não possui efeito suspensivo, ou seja, sua decisão deve ser cumprida de imediato. No mais, a decisão que concede HC faz coisa julgada material, pois extingue o litígio com a apreciação do mérito. Doutro vértice, a denegação admite a renovação do HC, todavia os fundamentos fáticos devem ser diferentes, pois não é cabível a reiteração.

9.3.9 Recursos

Caso a decisão que *concedeu* o *Habeas Corpus* tenha sido proferida por um juiz eleitoral, caberá o recurso de *Reexame Necessário* para o Tribunal Regional Eleitoral. Em se tratando de decisão advinda do Tribunal Regional Eleitoral, caberá *Recurso Ordinário*, em caso de *negativa* do HC, e *Recurso Especial Eleitoral* em caso de *concessão* de HC, ambos para o Tribunal Superior Eleitoral. Se a decisão for exarada pelo Tribunal Superior Eleitoral, é cabível *Recurso Ordinário* em havendo a *negativa*, e *Recurso Extraordinário Eleitoral* em caso de concessão, ambos para o Supremo Tribunal Federal. Registra-se, ao mesmo tempo, que o prazo recursal, seguindo a regra geral do Direito Processual Eleitoral, é de *3 (três) dias*.

PARA SEDIMENTAR

"ELEIÇÕES 2012. AGRAVO REGIMENTAL. EMBARGOS DE DECLARAÇÃO. RECURSO ESPECIAL ELEITORAL. TRANCAMENTO DE INQUÉRITO. INTERCEPTAÇÃO TELEFÔNICA. BUSCA E APREENSÃO. PREENCHIMENTO DOS REQUISITOS LEGAIS. DEMORA NA DEGRAVAÇÃO. SITUAÇÃO CIRCUNSTANCIAL QUE NÃO JUSTIFICA O TRANCAMENTO DO INQUÉRITO. PRECEDENTE. PROVIMENTO NEGADO. Histórico da demanda 1. O Tribunal Superior Eleitoral, por decisão monocrática do então Relator Min. Gilmar Ferreira Mendes, deu provimento ao recurso especial do Ministério Público Eleitoral, para reconhecer a validade da interceptação telefônica combatida nos autos e revogar o habeas corpus concedido pelo Tribunal Regional Eleitoral de Minas Gerais, fundamentado na legalidade da decisão, na qual determinada a realização de escuta e busca e apreensão contra a ora agravante.2. Sobrevieram embargos declaração, monocraticamente rejeitados, ante a ausência de vícios a sanar. Da inviabilidade do agravo regimental 3. O art. 36, §6º, do Regimento Interno do TSE autoriza o relator a dar provimento monocrático a recurso em consonância com a jurisprudência desta Corte Superior.4. Não há vedação constitucional expressa de interposição de recurso especial contra decisão concessiva de habeas corpus. Precedente. 5. Da decisão concessiva de habeas corpus, o recurso cabível é o especial. 6. A questão apresentada a esta Corte Superior independe do exame das provas existentes nos autos, tendo em vista que a falta de transcrição da interceptação telefônica é fato incontroverso e fundamento primordial à concessão da ordem. 7. Ainda que a lei preveja a necessidade da transcrição da interceptação telefônica (art. 6º, §1º, da Lei nº 9.296/1996), não há prazo para que tal ocorra, motivo pelo qual a situação circunstancial de ausência de degravação não justifica, por si só, o trancamento de um inquérito. Precedentes.8. Não se vislumbra, na espécie, ilegalidade ou abuso nas decisões atinentes às medidas de busca e apreensão e de interceptação telefônica, determinantes da efetividade do inquérito policial. Agravo regimental conhecido e não provido. (TSE – Recurso Especial Eleitoral nº 24928, Acórdão, Relator(a) Min. ROSA WEBER, Publicação: DJE – Diário de justiça eletrônico, Data 25/08/2017)".

9.3.10 Resumindo

Fundamentação Legal	Art. 5º, inciso LXVIII, da Constituição Federal e art. 647 do Código de Processo Penal.
Objetivo	Garantir a liberdade de locomoção do coagido.
Legitimidade ativa	Toda pessoa que estiver com a liberdade de locomoção restringida.
Prazo	Não há prazo pré-estabelecido
Competência	Juiz Eleitoral Tribunal Regional Eleitoral Tribunal Superior Eleitoral Obs.: De acordo com o caso concreto.
Se o pedido for julgado procedente	*A decisão será revertida.*

9.4 Revisão Criminal Eleitoral

9.4.1 Conceito

A Revisão Criminal tem por desígnio desconstituir uma decisão condenatória que já transitou em julgado.

DELIMITANDO O TEMA

Vicenzo Manzini *apud* Francisco Dirceu de Barros: No Processo Penal brasileiro, embora incrustrada no capítulo atinente aos recursos, a revisão é, também, verdadeira ação autônoma destinada ao desfazimento dos efeitos produzidos por uma sentença condenatória transitada em julgado. Se a coisa julgada, em princípio, é intangível, porque interesses do Estado assim o querem, esses interesses, contudo, não podem prevalecer "sobre el interés de hacer triunfar la justicia substancial sobre la justicia formal".[308]

9.4.2 Fundamentação Legal

A base normativa da Revisão Criminal encontra-se no art. 621 do Código de Processo Penal e no art. 364 do Código Eleitoral.

Art. 621 do Código de Processo Penal

"Art. 621. A revisão dos processos findos será admitida: I – quando a sentença condenatória for contrária ao texto expresso da lei penal ou à evidência dos autos; II – quando a sentença condenatória se fundar em depoimentos, exames ou documentos comprovadamente falsos; III – quando, após a sentença, se descobrirem novas provas de inocência do condenado ou de circunstância que determine ou autorize diminuição especial da pena".

---

308 MANZINI, Vicenzo. *Tratado de Derecho Procesal Penal*. Tradução de Santiago Sentis Melendo y Marino Ayerra Redin. Buenos Aires: El Foro, 1969. v.III, p.735. BARROS, Francisco Dirceu de. *Curso de processo eleitoral*. 3 ed. Rio de Janeiro: Elsevier, 2012. p. 399.

Art. 364 do Código Eleitoral

"Art. 364. No processo e julgamento dos crimes eleitorais e dos comuns que lhes forem conexos, assim como nos recursos e na execução, que lhes digam respeito, aplicar-se-á, como lei subsidiária ou supletiva, o Código de Processo Penal".

PARA SEDIMENTAR

"AGRAVO REGIMENTAL. AGRAVO EM RECURSO ESPECIAL. NEGATIVA DE SEGUIMENTO. REVISÃO CRIMINAL. PEDIDO IMPROCEDENTE. REEXAME DE PROVAS. IMPOSSIBILIDADE. FUNDAMENTOS NÃO INFIRMADOS.SÍNTESE DO CASO1. O Tribunal Regional Eleitoral de Minas Gerais (ID 45043988) julgou improcedente, por maioria, pedido de revisão criminal referente à Ação Penal 765-19.2011.6.13.0000, na qual o ora agravante foi condenado, pelo crime de transporte irregular de eleitores no pleito de 2008, às penas de quatro anos de reclusão e de pagamento de 200 dias-multa, com base no art. 11, III, da Lei 6.091/74 c.c. o art. 29 do Código Penal, substituída a pena privativa de liberdade por restritivas de direitos. 2. Segundo o agravante, teria havido falsidade no depoimento de testemunhas, que se retrataram posteriormente em juízo, o que respaldaria a anulação da condenação, com base no art. 621, II, do CPP.ANÁLISE DO AGRAVO REGIMENTAL3. A decisão agravada negou seguimento ao apelo, em virtude da ausência de violação ao art. 275 do Código Eleitoral e ao art. 621, II, do CPP, da insubsistência da tese de inconstitucionalidade do art. 385 do CPP e, ainda, diante da impossibilidade de reexame de provas em sede de recurso especial.4. Nas razões do presente agravo regimental, reiteram-se todas as teses recursais, sem infirmar os fundamentos da decisão agravada ou mesmo apontar o seu desacerto. Incidência do verbete sumular 26 do TSE.5. Segundo o voto de desempate proferido pelo Desembargador Presidente, "mesmo com a retratação das citadas testemunhas, como consta do voto do Relator, o acervo probatório que restou inalterado, lastreado em boletim de ocorrência, nota fiscal de serviço de transporte, fotos e oitiva de testemunhas, leva à improcedência do pedido contido na inicial desta revisão criminal" (ID 45043988).6. Para alterar o entendimento firmado pela Corte Regional, seria necessária nova análise das provas, providência que não se coaduna com a via estreita do recurso especial, a teor do verbete sumular 24 do TSE.7. Conforme assentado no decisum impugnado, no bojo da Ação Penal 765-19, rel. Min. Og Fernandes, DJE de 8.8.2019, na qual houve a condenação do ora agravante, esta Corte afastou a tese da inconstitucionalidade do art. 385 do CPP, ao consignar que "a orientação jurisprudencial tanto do STF quanto do STJ é de ser compatível com a CF vigente a norma do art. 385 do CPP, sobretudo porque o regime processual penal pátrio não adotou o sistema acusatório puro".8. No referido julgamento da Ação Penal 765-19, este Tribunal ressaltou que, "consoante o princípio do livre convencimento motivado, bem como diante de sua independência funcional, o magistrado, ao julgar a ação penal de natureza pública, pode se posicionar de forma diversa da manifestação apresentada pelo MP em alegações finais, não havendo vinculação alguma no eventual requerimento de absolvição formulado pelo próprio órgão acusador".CONCLUSÃO Agravo regimental a que se nega provimento. (TSE – Agravo em Recurso Especial Eleitoral nº 060019821, Acórdão, Relator(a) Min. Sergio Silveira Banhos, Publicação: DJE – Diário da justiça eletrônica, Tomo 15, Data 02/02/2021)"

"AGRAVO REGIMENTAL. RECURSO ESPECIAL. AÇÃO PENAL. REVISÃO CRIMINAL. ART. 621, I, DO CPP. NÃO OCORRÊNCIA. DESPROVIMENTO. 1. A Corte Regional assentou que o conjunto fático-probatório dos autos assegura e fundamenta a conclusão a que chegou o magistrado sentenciante, qual seja, a prática de falsificação de documentos nos moldes do art. 349 do Código Eleitoral. 2. "Se a sentença encontrou elementos de prova para a condenação, tendo sido confirmada em grau de recurso, e o Tribunal Regional indeferiu a Revisão Criminal porque considerou não incidentes as hipóteses previstas nos incisos I e II do art. 621 do CPP, não pode esta Corte chegar à pretendida absolvição do réu, ora Agravante, sem o reexame de provas, o que é inadmissível em sede de Recurso Especial" (AgR-AI nº 5787, Rel. Min. Luiz Carlos Lopes Madeira, DJ de 23.9.2005). 3. Agravo regimental desprovido. (TSE – Recurso Especial Eleitoral nº 11488, Acórdão, Relator(a) Min. Luciana Christina Guimarães Lóssio, Publicação: DJE – Diário de justiça eletrônico, Tomo 31, Data 13/02/2014, Página 96/97)".

REVISÃO CRIMINAL. CRIME. ART. 15 DA LEI 9.263/96. ESTERILIZAÇÃO CIRÚRGICA EM DESACORDO COM A LEI DE PLANEJAMENTO FAMILIAR. PLEITO DE 2000. DECISÃO REGIONAL. CONDENAÇÃO. MANUTENÇÃO. REVISÃO DE FATOS E PROVAS. IMPOSSIBILIDADE. ENUNCIADO SUMULAR 24 DO TSE.1. A revisão criminal é ação autônoma de impugnação da decisão judicial que visa a reparar o erro judiciário, de julgamento ou de procedimento, cristalizado em provimento jurisdicional que formou coisa julgada material. Tem cariz constitucional, ante o direito fundamental inscrito no art. 5º, LXXV, da Constituição da República e as regras descritas no art. 102, I, j, e art. 105, I, e, do mesmo texto constitucional. 2. As hipóteses de cabimento de revisão criminal, taxativamente descritas no art. 621 do Código de Processo Penal, se limitam a: (i) quando a sentença condenatória for contrária ao texto expresso da lei penal ou à evidência dos autos; (ii) quando a sentença condenatória se fundar em depoimentos, exames ou documentos comprovadamente falsos; e (iii) quando, após a sentença, se descobrirem novas provas de inocência do condenado ou de circunstância que determine ou autorize diminuição especial da pena.3. Em face do fundamento normativo infraconstitucional e igualmente reputada a jurisprudência dos Tribunais Superiores, o cabimento da revisão criminal é absolutamente excepcional, a partir de erros graves que autorizam o afastamento da coisa julgada material, não se admitindo, bem por isso, que o órgão julgador conheça da matéria narrada com a mesma extensão daquela típica dos recursos interpostos em face da decisão condenatória ainda não transitada em julgado. 4. O Superior Tribunal de Justiça, alinhada à doutrina, assenta que a admissão da revisão criminal com base no art. 621, I, do Código de Processo Penal demanda desconformidade flagrante entre o texto expresso da lei e o da decisão transitada em julgado.5. Extrai-se que a Corte de origem, já exercendo o juízo rescisório, entendeu neutra a circunstância judicial alusiva ao comportamento da vítima, porquanto ela seria ínsita à própria figura típica descrita no art. 15, caput, da Lei nº 9.263/96, que pressupõe necessariamente a conduta voluntária da vítima. 6. Não há nenhum elemento descrito nos acórdãos regionais que autorize a leitura, eminentemente de índole fática, de que a atuação da vítima levou o recorrente a praticar o delito. Ao contrário, o crime se perfectibilizou com o procedimento de esterilização em si, sem que a vontade da vítima tivesse alguma repercussão inexorável no iter criminis.7. O próprio art. 10, I, da mesma lei, que constitui elemento do crime, alude à necessidade de observância de prazo mínimo entre a manifestação de vontade do esterilizado e o ato cirúrgico, período em que será propiciado à pessoa interessada acesso a serviço de regulação da fecundidade, incluindo aconselhamento por equipe multidisciplinar, visando desencorajar a esterilização precoce. Ou seja, o assentimento do esterilizado é circunstância já ponderada pelo legislador ao tipificar a conduta, de sorte que não cabe ao julgador, a pretexto da valoração de circunstâncias judiciais, considerar que ele necessariamente atua em favor do réu. 8. A corroborar que o assentimento da vítima é neutro no caso da figura descrita no caput do art. 15 da Lei 9.263/96, observa-se que o próprio legislador cuidou de conferir disciplina específica aos casos em que presente vício de vontade ou ausente o discernimento necessário do esterilizado, conforme se verifica nas causas de aumento de pena estampadas nos incisos II e IV do dispositivo legal em tela.6. No caso dos autos, é impossível verificar, sem o reexame vedado de fatos e provas, a existência de alguma circunstância desabonadora à conduta das vítimas, extrínsecas ao tipo, que poderiam interferir na prática delituosa.Recurso especial desprovido, com revogação da decisão liminar concessiva de efeito suspensivo. (TSE – Recurso Especial Eleitoral nº 3995, Acórdão, Relator(a) Min. Napoleão Nunes Maia Filho, Publicação: DJE – Diário de justiça eletrônico, Data 23/11/2018)

9.4.3 Natureza Jurídica

A Revisão Criminal tem por objetivo anular uma decisão, sendo assim, sua natureza jurídica é de ação desconstitutiva.

9.4.4 Legitimidade

a) Ativa

Tomando por base o disposto no art. 623 do Código de Processo Penal, tem-se que os legitimados ativos são o "próprio réu ou por procurador legalmente habilitado ou, no caso de morte do réu, pelo cônjuge, ascendente, descendente ou irmão".[309]

---

[309] BRASIL, *Decreto-Lei nº 3.689, de 3 de outubro de 1941*. Disponível em: http://www.planalto.gov.br/ccivil_03/decreto-lei/del3689.htm. Acesso em: 06 mar. 2022.

b) Passiva

Embora não haja previsão expressa, o Ministério Público.

9.4.5 Prazo

Não há prazo para interpor Revisão Criminal, desde que seja depois do trânsito em julgado da ação penal.

9.4.6 Competência

A competência para julgamento será do *Tribunal Regional Eleitoral*, em caso de decisão proferida por juiz eleitoral, e do *Tribunal Superior Eleitoral*, em se tratando de decisão exarada por Tribunal Regional Eleitoral.

9.4.7 Rito Processual

Visando à celeridade processual, o petitório da Revisão Criminal deverá conter, além dos fundamentos fáticos e de direito que ensejam a desconstituição da decisão, cópia do inteiro teor decisão e o requerimento das provas eventualmente desejadas. O recurso deverá ser interposto diretamente no Tribunal, ou seja, no juízo *ad quem*, o qual – depois do recebimento e processamento – irá deliberar pela manutenção da decisão ou por sua desconstituição.

9.4.8 Efeitos

A Revisão Criminal possui apenas efeito devolutivo.

9.4.9 Resumindo

Fundamentação Legal	**Art. 621 do Código de Processo Penal e art. 364 do Código Eleitoral**
Objetivo	Desconstituir uma decisão criminal já transitada em julgado.
Legitimidade ativa	O réu ou procurador habilitado
Prazo	Não há prazo pré-estabelecido.
Competência	Tribunal Regional Eleitoral Tribunal Superior Eleitoral Obs.: De acordo com o caso concreto.
Se o pedido for julgado procedente	A decisão proferida, apesar de já transitada em julgado, será desconstituída.

REFERÊNCIAS

ALEXY, Robert. *Teoría de los derechos fundamentales*. Madrid: Centro de Estudios Constitucionales, 1997.

ARAGÓN, Manuel. Derecho electoral: sufrágio activo y pasivo. *In*: NOHLEN, Dieter. *El contencioso y la jurisprudéncia electorales en derecho comparado: un estudio sobre ventiún países de América y Europa*. México: Tribunal Electoral del Poder Judicial de la Federación, 2006.

ARCE Y FLÓREZ-VALDEZ, Joaquin. *Los princípios generales del derecho y formulación constitucional*. Madrid: Civitas, 1990.

BARROS, Francisco Dirceu. *Curso de processo eleitoral*. 2. ed. Rio de Janeiro: Elsevier, 2012.

BARROS, Francisco Dirceu. *Curso de processo eleitoral*. 3 ed. Rio de Janeiro: Elsevier, 2014. Série Provas e Concursos.

BISHOP, Keith Paul. Could this really be the origin of due process? *Allen Matkins – California Corporate & Securities Law*, 5 jun. 2015. Disponível em: http://calcorporatelaw.com/2015/06/could-this-really-be-the-origin-of-due-process/. Acesso em: 19 nov. 2019.

BONAVIDES, Paulo. *Curso de direito constitucional*. 10. ed. São Paulo: Malheiros, 2000.

BRASIL. *Constituição da República dos Estados Unidos do Brasil*. 1891. Disponível em: http://www.planalto.gov.br/ccivil_03/constituicao/constituicao91.htm. Acesso em: 06 mar. 2022.

BRASIL. *Constituição da República dos Estados Unidos do Brasil*. 1934. Disponível em: http://www.planalto.gov.br/ccivil_03/Constituicao/Constituicao34.htm. Acesso em: 06 mar. 2022.

BRASIL. *Constituição da República Federativa do Brasil*. 1967. Disponível em: http://www.planalto.gov.br/ccivil_03/constituicao/constituicao67.htm. Acesso em: 06 mar. 2022.

BRASIL. *Constituição da República Federativa do Brasil*. 1988. Disponível em: http://www.planalto.gov.br/ccivil_03/constituicao/constituicaocompilado.htm. Acesso em: 06 mar. 2022.

BRASIL. *Constituição Politica do Imperio do Brazil*. 1824. Disponível em: http://www.planalto.gov.br/ccivil_03/constituicao/constituicao24.htm. Acesso em: 06 mar. 2022.

BRASIL. *Decreto-Lei n. 3.689, de 3 de outubro de 1941*. Código de Processo Penal. Disponível em: http://planalto.gov.br/ccivil_03/decreto-lei/Del3689Compilado.htm. Acesso em: 06 mar. 2022

BRASIL. *Decreto-Lei n. 4.657, de 4 de setembro de 1942*. Lei de Introdução às Normas do Direito Brasileiro. Disponível em: http://www.planalto.gov.br/ccivil_03/decreto-lei/Del4657compilado.htm. Acesso em: 06 mar. 2022.

BRASIL. *Emenda Constitucional n. 1, de 17 de outubro de 1969*. Edita o novo texto da Constituição Federal de 24 de janeiro de 1967. Disponível em: http://www.planalto.gov.br/ccivil_03/Constituicao/Emendas/Emc_anterior1988/emc01-69.htm. Acesso em: 06 mar. 2022.

BRASIL. *Lei Complementar n. 135, de 4 de junho de 2010*. Altera a Lei Complementar no 64, de 18 de maio de 1990, que estabelece, de acordo com o §9º do art. 14 da Constituição Federal, casos de inelegibilidade, prazos de cessação e determina outras providências, para incluir hipóteses de inelegibilidade que visam a proteger a probidade administrativa e a moralidade no exercício do mandato. Disponível em: http://www.planalto.gov.br/ccivil_03/leis/lcp/Lcp135.htm. Acesso em: 06 mar. 2022.

BRASIL. *Lei Complementar n. 64, de 18 de maio de 1990*. Estabelece, de acordo com o art. 14, §9º da Constituição Federal, casos de inelegibilidade, prazos de cessação, e determina outras providências. Disponível em: http://www.planalto.gov.br/ccivil_03/leis/lcp/lcp64.htm. Acesso em: 06 mar. 2022.

BRASIL. *Lei Complementar n. 75, de 20 de maio de 1993*. Dispõe sobre a organização, as atribuições e o estatuto do Ministério Público da União. Disponível em: http://www.planalto.gov.br/ccivil_03/leis/LCP/Lcp75.htm. Acesso em: 06 mar. 2022.

BRASIL. *Lei n. 12.016, de 7 de agosto de 2009*. Disciplina o mandado de segurança individual e coletivo e dá outras providências. Disponível em: http://www.planalto.gov.br/ccivil_03/_ato2007-2010/2009/lei/l12016.htm. Acesso em: 06 mar. 2022.

BRASIL. *Lei n. 12.034, de 29 de setembro de 2009*. Altera as Leis n.ºs 9.096, de 19 de setembro de 1995 – Lei dos Partidos Políticos, 9.504, de 30 de setembro de 1997, que estabelece normas para as eleições, e 4.737, de 15 de julho de 1965 – Código Eleitoral. Disponível em: http://www.planalto.gov.br/ccivil_03/_Ato2007-2010/2009/Lei/L12034.htm#art3. Acesso em: 06 mar. 2022.

BRASIL. *Lei n. 12.891, de 11 de dezembro de 2013*. Altera as Leis n.ºs 4.737, de 15 de julho de 1965, 9.096, de 19 de setembro de 1995, e 9.504, de 30 de setembro de 1997, para diminuir o custo das campanhas eleitorais, e revoga dispositivos das Leis n.ºs 4.737, de 15 de julho de 1965, e 9.504, de 30 de setembro de 1997. Disponível em: http://www.planalto.gov.br/ccivil_03/_Ato2011-2014/2013/Lei/L12891.htm#art3. Acesso em: 06 mar. 2022.

BRASIL. *Lei n. 13.105, de 16 de março de 2015*. Código de Processo Civil. Disponível em: http://www.planalto.gov.br/ccivil_03/_ato2015-2018/2015/lei/l13105.htm. Acesso em: 06 mar. 2022.

BRASIL. *Lei n. 13.107, de 24 de março 2015*. Altera as Leis n.ºs 9.096, de 19 de setembro de 1995, e 9.504, de 30 de setembro de 1997, para dispor sobre fusão de partidos políticos. Disponível em: http://www.planalto.gov.br/ccivil_03/_Ato2015-2018/2015/Lei/L13107.htm#art2. Acesso em: 06 mar. 2022.

BRASIL. *Lei n. 13.165, de 29 de setembro de 2015*. Altera as Leis n.ºs 9.504, de 30 de setembro de 1997, 9.096, de 19 de setembro de 1995, e 4.737, de 15 de julho de 1965 – Código Eleitoral, para reduzir os custos das campanhas eleitorais, simplificar a administração dos Partidos Políticos e incentivar a participação feminina. Disponível em: http://www.planalto.gov.br/ccivil_03/_Ato2015-2018/2015/Lei/L13165.htm#art2. Acesso em 06 mar. 2022.

BRASIL. *Lei n. 13.488, de 6 de outubro de 2017*. Altera as Leis n.ºs 9.504, de 30 de setembro de 1997 (Lei das Eleições), 9.096, de 19 de setembro de 1995, e 4.737, de 15 de julho de 1965 (Código Eleitoral), e revoga dispositivos da Lei n.º 13.165, de 29 de setembro de 2015 (Minirreforma Eleitoral de 2015), com o fim de promover reforma no ordenamento político-eleitoral. Disponível em: http://www.planalto.gov.br/ccivil_03/_ato2015-2018/2017/lei/L13488.htm?. Acesso em: 06 mar. 2022.

BRASIL. *Lei n. 4.737 de 15 de julho de 1965*. Institui o Código Eleitoral. Disponível em: http://www.planalto.gov.br/ccivil_03/leis/L4737.htm. Acesso em: 06 mar. 2022.

BRASIL. *Lei n. 9.096, de 19 de setembro de 1995*. Dispõe sobre partidos políticos, regulamenta os arts. 17 e 14, §3º, inciso V, da Constituição Federal. Disponível em: http://www.planalto.gov.br/ccivil_03/leis/L9096.htm. Acesso em: 06 mar. 2022.

BRASIL. *Lei n. 9.259, de 9 de janeiro de 1996*. Acrescenta parágrafo único ao art. 10, dispõe sobre a aplicação dos arts. 49, 56, incisos III e IV, e 57, inciso III, da Lei n.º 9.096, de 19 de setembro de 1995, e dá nova redação ao §1º do art. 1º da Lei nº 1.533, de 31 de dezembro de 1951. Disponível em: http://www.planalto.gov.br/ccivil_03/leis/L9259.htm#art1. Acesso em: 06 mar. 2022.

BRASIL. *Lei n. 9.504, de 30 de setembro de 1997*. Estabelece normas para as eleições. Disponível em: http://www.planalto.gov.br/ccivil_03/leis/L9504.htm. Acesso em: 06 mar. 2022.

BRASIL. *Lei n. 9.693, de 27 de julho de 1998*. Modifica a Lei n. 9.096, de 19 de setembro de 1995 (Lei dos Partidos Políticos), para tratar de punição ao partido político mediante suspensão de cotas do Fundo Partidário. Disponível em: http://www.planalto.gov.br/ccivil_03/leis/L9693.htm. Acesso em: 06 mar. 2022.

BRASIL. *LexML* – Rede de Informação Legislativa e Jurídica. Jurisprudência. Disponível em: http://www.lexml.gov.br. Acesso em: 5 abr. 2020.

BRASIL. *Pacto Internacional sobre os Direitos Civis e Políticos*. Disponível em: http://direitoshumanos.gddc.pt/3_1/IIIPAG3_1_6.htm. Acesso em: 20 mar. 2020.

BRASIL. Superior Tribunal de Justiça. *Verbetes STJ*. Disponível em: http://www.stj.jus.br/docs_internet/VerbetesSTJ_asc.pdf. Acesso em: 8 fev. 2020.

BRASIL. Supremo Tribunal Federal. RE n. 160432/SP. Primeira Turma. Rel. Min. Celso de Mello. *DJ*, 6 maio 1994. Disponível em: http://www.stf.jus.br/portal/jurisprudencia/visualizarEmenta.asp?s1=000248293&base=baseMonocraticas. Acesso em: 9 fev. 2020.

BRASIL. Supremo Tribunal Federal. *Súmula 2127*. Disponível em: http://www.stf.jus.br/portal/jurisprudencia/menuSumarioSumulas.asp?sumula=2174. Acesso em: 4 jan. 2020.

BRASIL. Supremo Tribunal Federal. *Súmulas 701 a 736*. Disponível em: http://www.stf.jus.br/portal/cms/verTexto.asp?servico=jurisprudenciaSumula&pagina=sumula_701_800. Acesso em: 20 mar. 2020.

BRASIL. Tribunal Superior Eleitoral. *Julgados históricos*. Disponível em: https:// http://www.tse.jus.br/jurisprudencia/julgados-historicos/julgados-historicos. Acesso em: 5 mar. 2020.

BRASIL. Tribunal Superior Eleitoral. *Jurisprudência por assunto*. Disponível em: https:// http://www.tse.jus.br/jurisprudencia/jurisprudencia-por-assunto. Acesso em: 19 mar. 2020.

BRASIL. Tribunal Superior Eleitoral. *Jurisprudência*. Disponível em: https:// http://www.tse.jus.br/jurisprudencia/pesquisa-de-jurisprudencia/jurisprudencia. Acesso em: 15 mar. 2020.

BRASIL. Tribunal Superior Eleitoral. *Justiça Eleitoral e primeiro Código Eleitoral completam 82 anos*. Disponível em: http://www.tse.jus.br/imprensa/noticias-tse/2014/Fevereiro/justica-eleitoral-e-primeiro-codigo-eleitoral-completam-82-anos-nesta-segunda-feira-24. Acesso em: 28 out. 2019.

BRASIL. Tribunal Superior Eleitoral. *Resolução n. 14.301, de 23 de junho de 1994*. Disponível em: http://www.tse.jus.br/arquivos/resolucao-tse-no-14-301/view. Acesso em: 15 mar. 2020.

BRASIL. Tribunal Superior Eleitoral. *Resolução n. 23.193, de 18 de dezembro de 2009*. Disponível em: http://www.tse.jus.br/legislacao-tse/res/2009/RES231932009.htm. Acesso em: 4 jan. 2020.

BRASIL. Tribunal Superior Eleitoral. *Resolução n. 23.217, de 2 de março de 2010*. Disponível em: http://www.tse.jus.br/legislacao-tse/res/2010/RES232172010.htm. Acesso em: 4 jan. 2020.

BRASIL. Tribunal Superior Eleitoral. *Resolução n. 23.297, de 18 de maio de 2010*. Disponível em: http://www.normasbrasil.com.br/norma/resolucao-23267-2010_111596.html. Acesso em: 9 fev. 2020.

BRASIL. Tribunal Superior Eleitoral. *Resolução n. 23.367, de 13 de dezembro de 2011*. Disponível em: http://www.tse.jus.br/legislacao-tse/res/2011/RES233672011.htm.

BRASIL. Tribunal Superior Eleitoral. *Resolução n. 23.367, de 13 de dezembro de 2011*. Disponível em: http://www.tse.jus.br/legislacao-tse/res/2011/RES233672011.htm. Acesso em: 4 jan. 2020.

BRASIL. Tribunal Superior Eleitoral. *Resolução n. 23.367, de 13 de dezembro de 2011*. Disponível em: http://www.tse.jus.br/arquivos/tse-resolucao-tse-no-23-367-eleicoes-2012/view. Acesso em: 20 mar. 2020.

BRASIL. Tribunal Superior Eleitoral. *Resolução TSE n. 21.608, de 2004*. Disponível em: http://www.tse.jus.br/legislacao-tse/res/2004/RES217872004.html. Acesso em: 20 mar. 2020.

BUGALHO, Gustavo Russignoli. *Direito eleitoral*. Leme: J.H. Mizuno, 2008.

CÂMARA, Alexandre Freitas. *Lições de direito processual civil*. 21. ed. São Paulo: Atlas, 2012. v. 2.

CÂNDIDO, Joel José. *Direito eleitoral brasileiro*. 13. ed. São Paulo: Edipro, 2008.

CANOTILHO, José Joaquim Gomes. *Direito constitucional e teoria da Constituição*. 7. ed. Coimbra: Almedina, 2003.

CARVALHO FILHO, José dos Santos. *Manual de direito administrativo*. 30. ed. São Paulo: Atlas, 2016.

CASTRO, Edson de Resende. *Teoria e prática do direito eleitoral*. 2. ed. Belo Horizonte: Mandamentos, 2005.

CERQUEIRA, Thales Tácito; CERQUEIRA, Camila Albuquerque. *Direito eleitoral esquematizado*. Coordenação de Pedro Lenza. 5. ed. São Paulo: Saraiva, 2015.

CONEGLIAN, Olivar. *Propaganda eleitoral*. 13. ed. Curitiba: Juruá, 2016.

CONEGLIAN, Olivar. *Propaganda eleitoral*. 8. ed. Curitiba: Juruá, 2006.

COSTA, Adriano Soares da. *Instituições de direito eleitoral*. 6. ed. Belo Horizonte: Del Rey, 2006.

COSTA, Daniel Castro Gomes da. *Segurança jurídica e as alterações na jurisprudência tributária*. São Paulo: Pillares, 2016.

DALBERG-ACTON, John Emerich Edward; FIGGIS, John Neville (Ed.); LAURENCE, Reginald Vere (Ed.). *Historical essays and studies*. Londres: Macmillan, 1907. Disponível em: https://oll.libertyfund.org/titles/2201. Acesso em: 23 jul. 2020.

DANTAS, Paulo Roberto de Figueiredo. *Curso de direito constitucional*. 10. ed. São Paulo: Atlas, 2015.

DECOMAIN, Pedro Roberto. *Eleições*: comentários à Lei n. 9.504/97. 2. ed. São Paulo: Dialética, 2004.

DELGADO, Maurício Godinho. *Curso de direito do trabalho*. 9. ed. São Paulo: LTr, 2009.

DWORKIN, Ronald. *Taking rights seriously*. Cambridge: Harvard University Press, 1977.

EPSTEIN, Richard A. Direct democracy: government of the people, by the people, and for the people?. *Harvard Journal of Law and Public Policy*, v. 34, n. 3, p. 819-826, 2011. Disponível em: http://chicagounbound.uchicago.edu/cgi/viewcontent.cgi?article=2260&context=journal_articles. Acesso em: 9 dez. 2019.

ESMERALDO, Elmana Viana Lucena. *Processo eleitoral*. São Paulo: JH Mizuno, 2011.

ESTADOS UNIDOS DA AMÉRICA. (1789) *Constitution of the United States*. Disponível em: https://www.senate.gov/civics/constitution_item/constitution.htm#a1_sec5. Acesso em: 9 fev. 2020.

ESTADOS UNIDOS DA AMÉRICA. *Declaração dos Direitos da Virgínia*. Williamsburg, 12 jun. 1776. Disponível em: http://www.dhnet.org.br/direitos/anthist/dec1776.htm. Acesso em: 8 jun. 2020.

FERREIRA FILHO, Manoel Gonçalves. *Curso de direito constitucional*. 31. ed. São Paulo: Saraiva, 2005.

FERREIRA, Pinto Luiz. *Comentários à Constituição brasileira*. São Paulo: Saraiva, 1989. v. I.

FUNDAÇÃO IVETE VARGAS. *Pesquisa e Educação Política*. Lei dos Partidos Políticos completa 21 anos. Disponível em: http://fiv.org.br/index.php/noticias/item/202-lei-dos-partidos-politicos-completa-21-anos. Acesso em: 18 fev. 2020.

GIDDEANS, Anthony. *Sociologia*. 4. ed. Tradução de Sandra Regina Netz. Porto Alegre: Artmed, 2005.

GOMES NETO, Antônio Francisco. *O direito eleitoral e a realidade democrática*. Rio de Janeiro: José Konfino, 1953.

GOMES, José Jairo. *Direito eleitoral*. 12. ed. São Paulo: Atlas, 2016.

GOMES, José Jairo. *Direito eleitoral*. 15. ed. São Paulo: Atlas, 2019.

GOMES, José Jairo. Direitos políticos. *Revista Brasileira de Estudos Políticos*, v. 100, 2010.

GOMES, José Jairo. *Recursos eleitorais*. 3. ed. rev., atual. e ampl. São Paulo: Atlas, 2016.

GOMES, Suzana Camargo. *Crimes eleitorais*. São Paulo: Revista dos Tribunais, 2000.

HOUAISS, Antônio *et al*. *Dicionário Houaiss da língua portuguesa*. Rio de Janeiro: Objetiva, 2001.

JUSBRASIL. *Jurisprudências*. Disponível em: https://tse.jusbrasil.com.br/. Acesso em: 8 jun. 2020.

KELSEN, Hans. *Teoria pura do direito*. Tradução de J. Batista Machado. 6. ed. São Paulo: Martins Fontes, 1998.

KIMURA, Alexandre Issa. *Manual de direito eleitoral*. 2. ed. rev. e atual. Rio de Janeiro: Forense, [s.d.].

LENZA, Pedro. *Direito constitucional esquematizado*. 12. ed. São Paulo: Saraiva, 2008.

LENZA, Pedro. *Juiz de direito cego*. Disponível em: http://pedrolenza.blogspot.com.br/2011/05/juiz-de-direito-cego.html. Acesso em: 8 dez. 2019.

MARTHALER, Sally. The French Presidential Election of 22 April and 6 May 2007. *Election Briefing*, n. 33. Disponível em: https://www.sussex.ac.uk/webteam/gateway/file.php?name=epern-election-briefing-no-33.pdf&site=266. Acesso em: 5 dez. 2019.

MEDINA, Paulo Roberto de Gouvêa. *Direito processual constitucional*. 5. ed. rev., atual. e ampl. Rio de Janeiro: Forense, 2012.

MÉXICO. *Ley de amparo, reglamentaria de los artículos 103 y 107 de la Constitución Política de los Estados Unidos Mexicanos*. Disponível em: http://www.diputados.gob.mx/LeyesBiblio/pdf/LAmp_150618.pdf. Acesso em: 18 dez. 2019.

MIRANDA, Jorge. *Direito constitucional III*: direito eleitoral e direito parlamentar. Lisboa: Associação Académica da Faculdade de Direito de Lisboa, 2003.

MIRANDA, Jorge. *Manual de direito constitucional*: estrutura constitucional da democracia. Coimbra: Coimbra, 2007. t. VII.

MIRANDA, Jorge. Sobre o direito eleitoral. Intervenção no I Fórum Eleitoral, promovido pela Comissão Nacional de Eleições de Portugal, em 17.6.1992. *In*: MIRANDA, Jorge. *Estudos de direito eleitoral*. Lisboa: Lex, 1995.

MORAES, Alexandre de. *Direito constitucional*. 13. ed. São Paulo: Atlas, 2003.

MOREIRA, José Carlos Barbosa. *Comentários ao Código de Processo Civil*. 15. ed. Rio de Janeiro: Forense, 2010. v. 5.

NADER, Paulo. *Introdução ao estudo do direito*. 38. ed. Rio de Janeiro: Forense, 2016.

NERY JUNIOR, Nelson. *Princípios do processo civil na Constituição federal*. 6. ed. São Paulo: Revista dos Tribunais, 2000.

NOHLEN, Dieter. La califación electoral en Alemanha Federal. *In*: MÉXICO. Tribunal Electoral del Poder Judicial de la Federación. *El contencioso y la jurisprudéncia electorales en derecho comparado*: un estudio sobre ventiún países de América y Europa. 2006.

NOHLEN, Dieter. *Sistemas electorales y partidos políticos*. 3. ed. Cidade do México: Fondo de Cultura Económica, 2004.

OAS (1966). *Pacto Internacional dos Direitos Civis e Políticos*. Disponível em: https://www.oas.org/dil/port/1966%20Pacto%20Internacional%20sobre%20Direitos%20Civis%20e%20Pol%C3%ADticos.pdf. Acesso em: 30 abr. 2020

ONU. *Declaração Universal dos Direitos Humanos*. Disponível em: http://www.onu.org.br/img/2014/09/DUDH.pdf. Acesso em: 11 jan. 2020.

OROZCO HENRIQUEZ, Jesús. El contencioso electoral, la calificación electoral. *In*: NOHLEN, Dieter *et al.* (Comp.). *Tratado de derecho electoral comparado de América Latina*. 2. ed. Cidade do México: FCE, Instituto Interamericano de Derechos Humanos, 2007.

PAVAN, Dorival Renato. *Propaganda eleitoral*. São Paulo: Pillares, 2008.

PEDICONE DE VALLS, María Gilda. *Derecho eleitoral*. Buenos Aires: La Rocca, 2001.

PELEJA JÚNIOR, Antônio Veloso; BATISTA, Fabrício Napoleão Teixeira. *Direito eleitoral*: aspectos processuais, ações e recursos. Curitiba: Juruá, 2010.

PEREIRA, Erick Wilson, *Controle jurisdicional do abuso de poder no processo eleitoral*. São Paulo: LTr, 2004.

PEREIRA, Rodolfo Viana. *Tutela coletiva do direito eleitoral*: controle social e fiscalização das eleições. Rio de Janeiro: Lumen Juris, 2008.

POR QUE nos EUA o voto é indireto e como funciona o colégio eleitoral? *G1*, 8 nov. 2016 Disponível em: http://g1.globo.com/mundo/eleicoes-nos-eua/2016/noticia/2016/11/por-que-nos-eua-o-voto-e-indireto-e-como-funciona-o-colegio-eleitoral.html. Acesso em: 12 fev. 2020.

RAMAYANA, Marcos. *Direito eleitoral*. 13. ed. Rio de Janeiro: Impetus, 2012.

REALE, Miguel. *Lições preliminares de direito*. 21. ed. São Paulo: Saraiva, 1994.

SAÉNZ, Leoncio Lara. Estudio de derecho comparado sobre lo contencioso y la jurisprudencia elecotral de Itália. *In*: MÉXICO. Tribunal Electoral del Poder Judicial de la Federación. *El contencioso y la jurisprudéncia electorales en derecho comparado*: un estudio sobre ventiún países de América y Europa. 2006.

SILVA, José Afonso da. *Curso de direito constitucional positivo*. 26. ed. São Paulo: Malheiros, 2006.

SIQUEIRA JR., Paulo Hamilton. *Direito processual constitucional*. 6. ed. São Paulo: Saraiva, 2012.

THEODORO JÚNIOR, Humberto. *Curso de direito processual civil*. 57. ed. São Paulo: Forense, 2016. v. 1.

VELLOSO, Carlos Mário da Silva; AGRA, Walber de Moura. *Elementos de direito eleitoral*. 5. ed. São Paulo: Saraiva, 2016.

WAMBIER, Teresa de Arruda Alvim; CONCEIÇÃO, Maria Lúcia Linsa; RIBEIRO, Leonardo Ferres da Silva; MELLO, Rogério Licastro Torres de. *Primeiros comentários ao Código de processo civil*: artigo por artigo. São Paulo: RT, 2015.

ZILIO, Rodrigo López. *Direito eleitoral*. 2. ed. Porto Alegre: Verbo Jurídico, 2010.

ZILIO, Rodrigo López. *Direito eleitoral*. 5. ed. Porto Alegre: Verbo Jurídico, 2016.

ANEXOS

ANEXO A – SÚMULAS DO TRIBUNAL SUPERIOR ELEITORAL

Súmula – TSE nº 1 (Cancelada): Proposta a ação para desconstituir a decisão que rejeitou as contas, anteriormente à impugnação, fica suspensa a inelegibilidade (Lei Complementar nº 64/90, art. 1º, I, g).

Súmula – TSE nº 2: Assinada e recebida a ficha de filiação partidária até o termo final do prazo fixado em lei, considera-se satisfeita a correspondente condição de elegibilidade, ainda que não tenha fluído, até a mesma data, o tríduo legal de impugnação.

Súmula – TSE nº 3: No processo de registro de candidatos, não tendo o juiz aberto prazo para o suprimento de defeito da instrução do pedido, pode o documento, cuja falta houver motivado o indeferimento, ser juntado com o recurso ordinário.

Súmula – TSE nº 4: Não havendo preferência entre candidatos que pretendam o registro da mesma variação nominal, defere-se o do que primeiro o tenha requerido.

Súmula – TSE nº 5: Serventuário de cartório, celetista, não se inclui na exigência do art. 1º, II, l, da LC nº 64/90.

Súmula – TSE nº 6: São inelegíveis para o cargo de Chefe do Executivo o cônjuge e os parentes, indicados no §7º do art. 14 da Constituição Federal, do titular do mandato, salvo se este, reelegível, tenha falecido, renunciado ou se afastado definitivamente do cargo até seis meses antes do pleito.

Súmula – TSE nº 7 (Cancelada): É inelegível para o cargo de prefeito a irmã da concubina do atual titular do mandato.

Súmula – TSE nº 8 (Cancelada): O vice-prefeito é inelegível para o mesmo cargo.

Súmula – TSE nº 9: A suspensão de direitos políticos decorrente de condenação criminal transitada em julgado cessa com o cumprimento ou a extinção da pena, independendo de reabilitação ou de prova de reparação dos danos.

Súmula – TSE nº 10: No processo de registro de candidatos, quando a sentença for entregue em cartório antes de três dias contados da conclusão ao juiz, o prazo para o recurso ordinário, salvo intimação pessoal anterior, só se conta do termo final daquele tríduo.

Súmula – TSE nº 11: No processo de registro de candidatos, o partido que não o impugnou não tem legitimidade para recorrer da sentença que o deferiu, salvo se se cuidar de matéria constitucional.

Súmula – TSE nº 12: São inelegíveis, no município desmembrado, e ainda não instalado, o cônjuge e os parentes consangüíneos ou afins, até o segundo grau ou por adoção, do prefeito do município-mãe, ou de quem o tenha substituído, dentro dos seis meses anteriores ao pleito, salvo se já titular de mandato eletivo.

Súmula – TSE nº 13: Não é auto-aplicável o §9º do art. 14 da Constituição, com a redação da Emenda Constitucional de Revisão nº 4/94.

Súmula – TSE nº 14 (Cancelada): A duplicidade de que cuida o parágrafo único do artigo 22 da Lei nº 9.096/95 somente fica caracterizada caso a nova filiação houver ocorrido após a remessa das listas previstas no parágrafo único do artigo 58 da referida lei.

Súmula – TSE nº 15: O exercício de mandato eletivo não é circunstância capaz, por si só, de comprovar a condição de alfabetizado do candidato.

Súmula – TSE nº 16: (Cancelada): A falta de abertura de conta bancária específica não é fundamento suficiente para a rejeição de contas de campanha eleitoral, desde que, por outros meios, se possa demonstrar sua regularidade.

Súmula – TSE nº 17: (Cancelada): Não é admissível a presunção de que o candidato, por ser beneficiário de propaganda eleitoral irregular, tenha prévio conhecimento de sua veiculação.

Súmula – TSE nº 18: Conquanto investido de poder de polícia, não tem legitimidade o juiz eleitoral para, de ofício, instaurar procedimento com a finalidade de impor multa pela veiculação de propaganda eleitoral em desacordo com a Lei nº 9.504/97.

Súmula – TSE nº 19: O prazo de inelegibilidade decorrente da condenação por abuso do poder econômico ou político tem início no dia da eleição em que este se verificou e finda no dia de igual número no oitavo ano seguinte (art. 22, XIV, da LC nº 64/90).

Súmula – TSE nº 20: A prova de filiação partidária daquele cujo nome não constou da lista de filiados de que trata o art. 19 da Lei nº 9.096/95, pode ser realizada por outros elementos de convicção, salvo quando se tratar de documentos produzidos unilateralmente, destituídos de fé pública.

Súmula – TSE nº 21: (Cancelada): O prazo para ajuizamento da representação contra doação de campanha acima do limite legal é de 180 dias, contados da data da diplomação.

Súmula – TSE nº 22: Não cabe mandado de segurança contra decisão judicial recorrível, salvo situações de teratologia ou manifestamente ilegais.

Súmula – TSE nº 23: Não cabe mandado de segurança contra decisão judicial transitada em julgado.

Súmula – TSE nº 24: Não cabe recurso especial eleitoral para simples reexame do conjunto fático-probatório.

Súmula – TSE nº 25: É indispensável o esgotamento das instâncias ordinárias para a interposição de recurso especial eleitoral.

Súmula – TSE nº 26: É inadmissível o recurso que deixa de impugnar especificamente fundamento da decisão recorrida que é, por si só, suficiente para a manutenção desta.

Súmula – TSE nº 27: É inadmissível recurso cuja deficiência de fundamentação impossibilite a compreensão da controvérsia.

Súmula – TSE nº 28: A divergência jurisprudencial que fundamenta o recurso especial interposto com base na alínea b do inciso I do art. 276 do Código Eleitoral somente estará demonstrada mediante a realização de cotejo analítico e a existência de similitude fática entre os acórdãos paradigma e o aresto recorrido.

Súmula – TSE nº 29: A divergência entre julgados do mesmo Tribunal não se presta a configurar dissídio jurisprudencial apto a fundamentar recurso especial eleitoral.

Súmula – TSE nº 30: Não se conhece de recurso especial eleitoral por dissídio jurisprudencial, quando a decisão recorrida estiver em conformidade com a jurisprudência do Tribunal Superior Eleitoral.

Súmula – TSE nº 31: Não cabe recurso especial eleitoral contra acórdão que decide sobre pedido de medida liminar.

Súmula – TSE nº 32: É inadmissível recurso especial eleitoral por violação à legislação municipal ou estadual, ao Regimento Interno dos Tribunais Eleitorais ou às normas partidárias.

Súmula – TSE nº 33: Somente é cabível ação rescisória de decisões do Tribunal Superior Eleitoral que versem sobre a incidência de causa de inelegibilidade.

Súmula – TSE nº 34: Não compete ao Tribunal Superior Eleitoral processar e julgar mandado de segurança contra ato de membro de Tribunal Regional Eleitoral.

Súmula – TSE nº 35: Não é cabível reclamação para arguir o descumprimento de resposta a consulta ou de ato normativo do Tribunal Superior Eleitoral.

Súmula – TSE nº 36: Cabe recurso ordinário de acórdão de Tribunal Regional Eleitoral que decida sobre inelegibilidade, expedição ou anulação de diploma ou perda de mandato eletivo nas eleições federais ou estaduais (art. 121, §4º, incisos III e IV, da Constituição Federal).

Súmula – TSE nº 37: Compete originariamente ao Tribunal Superior Eleitoral processar e julgar recurso contra expedição de diploma envolvendo eleições federais ou estaduais.

Súmula – TSE nº 38: Nas ações que visem à cassação de registro, diploma ou mandato, há litisconsórcio passivo necessário entre o titular e o respectivo vice da chapa majoritária.

Súmula – TSE nº 39: Não há formação de litisconsórcio necessário em processos de registro de candidatura.

Súmula – TSE nº 40: O partido político não é litisconsorte passivo necessário em ações que visem à cassação de diploma.

Súmula – TSE nº 41: Não cabe à Justiça Eleitoral decidir sobre o acerto ou desacerto das decisões proferidas por outros Órgãos do Judiciário ou dos Tribunais de Contas que configurem causa de inelegibilidade.

Súmula – TSE nº 42: A decisão que julga não prestadas as contas de campanha impede o candidato de obter a certidão de quitação eleitoral durante o curso do mandato ao qual concorreu, persistindo esses efeitos, após esse período, até a efetiva apresentação das contas.

Súmula – TSE nº 43: As alterações fáticas ou jurídicas supervenientes ao registro que beneficiem o candidato, nos termos da parte final do art. 11, §10, da Lei nº 9.504/97, também devem ser admitidas para as condições de elegibilidade.

Súmula – TSE nº 44: O disposto no art. 26-C da LC nº 64/90 não afasta o poder geral de cautela conferido ao magistrado pelo Código de Processo Civil.

Súmula – TSE nº 45: Nos processos de registro de candidatura, o Juiz Eleitoral pode conhecer de ofício da existência de causas de inelegibilidade ou da ausência de condição de elegibilidade, desde que resguardados o contraditório e a ampla defesa.

Súmula – TSE nº 46: É ilícita a prova colhida por meio da quebra do sigilo fiscal sem prévia e fundamentada autorização judicial, podendo o Ministério Público Eleitoral acessar diretamente apenas a relação dos doadores que excederam os limites legais, para os fins da representação cabível, em que poderá requerer, judicialmente e de forma individualizada, o acesso aos dados relativos aos rendimentos do doador.

Súmula – TSE nº 47: A inelegibilidade superveniente que autoriza a interposição de recurso contra expedição de diploma, fundado no art. 262 do Código Eleitoral, é aquela de índole constitucional ou, se infraconstitucional, superveniente ao registro de candidatura, e que surge até a data do pleito.

Súmula – TSE nº 48: A retirada da propaganda irregular, quando realizada em bem particular, não é capaz de elidir a multa prevista no art. 37, §1º, da Lei nº 9.504/97.

Súmula – TSE nº 49: O prazo de cinco dias, previsto no art. 3º da LC nº 64/90, para o Ministério Público impugnar o registro inicia-se com a publicação do edital, caso em que é excepcionada a regra que determina a sua intimação pessoal.

Súmula – TSE nº 50: O pagamento da multa eleitoral pelo candidato ou a comprovação do cumprimento regular de seu parcelamento após o pedido de registro, mas antes do julgamento respectivo, afasta a ausência de quitação eleitoral.

Súmula – TSE nº 51: O processo de registro de candidatura não é o meio adequado para se afastarem os eventuais vícios apurados no processo de prestação de contas de campanha ou partidárias.

Súmula – TSE nº 52: Em registro de candidatura, não cabe examinar o acerto ou desacerto da decisão que examinou, em processo específico, a filiação partidária do eleitor.

Súmula – TSE nº 53: O filiado a partido político, ainda que não seja candidato, possui legitimidade e interesse para impugnar pedido de registro de coligação partidária da qual é integrante, em razão de eventuais irregularidades havidas em convenção.

Súmula – TSE nº 54: A desincompatibilização de servidor público que possui cargo em comissão é de três meses antes do pleito e pressupõe a exoneração do cargo comissionado, e não apenas seu afastamento de fato.

Súmula – TSE nº 55: A Carteira Nacional de Habilitação gera a presunção da escolaridade necessária ao deferimento do registro de candidatura.

Súmula – TSE nº 56: A multa eleitoral constitui dívida ativa de natureza não tributária, submetendo-se ao prazo prescricional de 10 (dez) anos, nos moldes do art. 205 do Código Civil.

Súmula – TSE nº 57: A apresentação das contas de campanha é suficiente para a obtenção da quitação eleitoral, nos termos da nova redação conferida ao art. 11, §7º, da Lei nº 9.504/97, pela Lei nº 12.034/2009.

Súmula – TSE nº 58: Não compete à Justiça Eleitoral, em processo de registro de candidatura, verificar a prescrição da pretensão punitiva ou executória do candidato e declarar a extinção da pena imposta pela Justiça Comum.

Súmula – TSE nº 59: O reconhecimento da prescrição da pretensão executória pela Justiça Comum não afasta a inelegibilidade prevista no art. 1º, I, e, da LC nº 64/90, porquanto não extingue os efeitos secundários da condenação.

Súmula – TSE nº 60: O prazo da causa de inelegibilidade prevista no art. 1º, I, e, da LC nº 64/90 deve ser contado a partir da data em que ocorrida a prescrição da pretensão executória e não do momento da sua declaração judicial.

Súmula – TSE nº 61: O prazo concernente à hipótese de inelegibilidade prevista no art. 1º, I, e, da LC nº 64/90 projeta-se por oito anos após o cumprimento da pena, seja ela privativa de liberdade, restritiva de direito ou multa.

Súmula – TSE nº 62: Os limites do pedido são demarcados pelos fatos imputados na inicial, dos quais a parte se defende, e não pela capitulação legal atribuída pelo autor.

Súmula – TSE nº 63: A execução fiscal de multa eleitoral só pode atingir os sócios se preenchidos os requisitos para a desconsideração da personalidade jurídica previstos no art. 50 do Código Civil, tendo em vista a natureza não tributária da dívida, observados, ainda, o contraditório e a ampla defesa.

Súmula – TSE nº 64: Contra acórdão que discute, simultaneamente, condições de elegibilidade e de inelegibilidade, é cabível o recurso ordinário.

Súmula – TSE nº 65: Considera-se tempestivo o recurso interposto antes da publicação da decisão recorrida.

Súmula – TSE nº 66: A incidência do §2º do art. 26-C da LC nº 64/90 não acarreta o imediato indeferimento do registro ou o cancelamento do diploma, sendo necessário o exame da presença de todos os requisitos essenciais à configuração da inelegibilidade, observados os princípios do contraditório e da ampla defesa.

Súmula – TSE nº 67: A perda do mandato em razão da desfiliação partidária não se aplica aos candidatos eleitos pelo sistema majoritário.

Súmula – TSE nº 68: A União é parte legítima para requerer a execução de astreintes, fixada por descumprimento de ordem judicial no âmbito da Justiça Eleitoral.

Súmula – TSE nº 69: Os prazos de inelegibilidade previstos nas alíneas j e h do inciso I do art. 1º da LC nº 64/90 têm termo inicial no dia do primeiro turno da eleição e termo final no dia de igual número no oitavo ano seguinte.

Súmula – TSE nº 70: O encerramento do prazo de inelegibilidade antes do dia da eleição constitui fato superveniente que afasta a inelegibilidade, nos termos do art. 11, §10, da Lei nº 9.504/97.

Súmula – TSE nº 71: Na hipótese de negativa de seguimento ao recurso especial e da consequente interposição de agravo, a parte deverá apresentar contrarrazões tanto ao agravo quanto ao recurso especial, dentro do mesmo tríduo legal.

Súmula – TSE nº 72: É inadmissível o recurso especial eleitoral quando a questão suscitada não foi debatida na decisão recorrida e não foi objeto de embargos de declaração.

ANEXO B – SÚMULAS DO SUPREMO TRIBUNAL FEDERAL EM MATÉRIA ELEITORAL

Súmula Vinculante-STF nº 18: A dissolução da sociedade ou do vínculo conjugal, no curso do mandato, não afasta a inelegibilidade prevista no §7º do artigo 14 da Constituição Federal.

Súmula-STF nº 72: No julgamento de questão constitucional, vinculada a decisão do Tribunal Superior Eleitoral, não estão impedidos os ministros do Supremo Tribunal Federal que ali tenham funcionado no mesmo processo, ou no processo originário.

Súmula-STF nº 728: É de três dias o prazo para a interposição de recurso extraordinário contra decisão do Tribunal Superior Eleitoral, contado, quando for o caso, a partir da publicação do acórdão, na própria sessão de julgamento, nos termos do art. 12 da Lei nº 6.055/74, que não foi revogado pela Lei 8.950/94.

ANEXO C – SÚMULAS DO SUPERIOR TRIBUNAL DE JUSTIÇA EM MATÉRIA ELEITORAL

Súmula-STJ nº 192: Compete ao Juízo das Execuções Penais do Estado a execução das penas impostas a sentenciados pela Justiça Federal, Militar ou Eleitoral, quando recolhidos a estabelecimentos sujeitos à administração estadual.

Súmula-STJ nº 234: A participação de membro do Ministério Público na fase investigatória criminal não acarreta o seu impedimento ou suspeição para o oferecimento da denúncia.

Súmula-STJ nº 368: Compete à Justiça comum estadual processar e julgar os pedidos de retificação de dados cadastrais da Justiça Eleitoral.

Súmula-STJ nº 374: Compete à Justiça Eleitoral processar e julgar a ação para anular débito decorrente de multa eleitoral.

O Tribunal Superior Eleitoral, usando da atribuição que lhe conferem os arts. 97, II, da Constituição Federal, e 12, a, do Código Eleitoral, resolve adotar o seguinte regimento interno:

TÍTULO I
DO TRIBUNAL

CAPÍTULO I
DA ORGANIZAÇÃO DO TRIBUNAL

Art. 1º. O Tribunal Superior Eleitoral, com sede na capital da República e jurisdição em todo o país, compõe-se:

I – mediante eleição em escrutínio secreto:

a) de dois juízes escolhidos pelo Supremo Tribunal Federal dentre os seus ministros;

b) de dois juízes escolhidos pelo Tribunal Federal de Recursos dentre os seus ministros;

c) de um juiz escolhido pelo Tribunal de Justiça do Distrito Federal dentre os seus Desembargadores.

II – por nomeação do presidente da República, de dois dentre seis cidadãos de notável saber jurídico e reputação ilibada, que não sejam incompatíveis por lei, indicados pelo Supremo Tribunal Federal.

Parágrafo único. Haverá sete substitutos dos membros efetivos, escolhidos na mesma ocasião e pelo mesmo processo, em número igual para cada categoria.

Art. 2º Os juízes, e seus substitutos, salvo motivo justificado, servirão obrigatoriamente por dois anos, e nunca por mais de dois biênios consecutivos.

§1º No caso de recondução para o segundo biênio, observar-se-ão as mesmas formalidades indispensáveis à primeira investidura.

§2º Para o efeito do preenchimento do cargo, o presidente do Tribunal fará a devida comunicação aos presidentes dos tribunais referidos no art. 1º, quinze dias antes do término do mandato de cada um dos juízes.

§3º Não serão computados para a contagem do primeiro biênio os períodos de afastamento por motivo de licença.

§4º Não podem fazer parte do Tribunal pessoas que tenham entre si parentesco, ainda que por afinidade, até o 4º grau, excluindo-se, neste caso, a que tiver sido escolhida por último.

§5º Os juízes efetivos tomarão posse perante o Tribunal, e os substitutos perante o presidente, obrigando-se uns e outros, por compromisso formal, a bem cumprir os deveres do cargo, de conformidade com a Constituição e as leis da República.

Art. 3º O Tribunal elegerá seu presidente um dos ministros do Supremo Tribunal Federal, para servir por dois anos, contados da posse, cabendo ao outro a vice-presidência.

Art. 4º No caso de impedimento de algum dos seus membros e não havendo quorum, será convocado o respectivo substituto, segundo a ordem de antiguidade no Tribunal.

Parágrafo único. Regula a antiguidade no Tribunal: 1º, a posse; 2º, a nomeação ou eleição; 3º, a idade.

Art. 5º Enquanto servirem, os membros do Tribunal gozarão, no que lhes for aplicável, das garantias estabelecidas no art. 95, nos I e II, da Constituição, e, como tais, não terão outras incompatibilidades senão as declaradas por lei.

Art. 6º O Tribunal funciona em sessão pública, com a presença mínima de quatro dos seus membros, além do presidente.

Parágrafo único. As decisões que importarem na interpretação do Código Eleitoral em face da Constituição, cassação de registro de partidos políticos, anulação geral de eleições ou perda de diplomas, só poderão ser tomadas com a presença de todos os membros do Tribunal.

Art. 7º Os juízes do Tribunal gozarão férias no período estabelecido no §2º do art. 19.

CAPÍTULO II
DAS ATRIBUIÇÕES DO TRIBUNAL

Art. 8º São atribuições do Tribunal:

a) elaborar seu regimento interno;

b) organizar sua Secretaria, cartórios e demais serviços, propondo ao Congresso Nacional a criação ou a extinção dos cargos administrativos e a fixação dos respectivos vencimentos;

c) adotar ou sugerir ao governo providências convenientes à execução do serviço eleitoral, especialmente para que as eleições se realizem nas datas fixadas em lei e de acordo com esta se processem;

d) fixar as datas para as eleições de presidente e vice-presidente da República, senadores e deputadosfederais, quando não o tiverem sido por lei;

e) requisitar a força federal necessária ao cumprimento da lei e das suas próprias decisões, ou das decisões dos tribunais regionais que a solicitarem;

f) ordenar o registro de candidatos aos cargos de presidente e vice-presidente da República, conhecendo e decidindo, em única instância, das arguições de inelegibilidade para esses cargos;

g) apurar, pelos resultados parciais, o resultado geral da eleição para os cargos de presidente e vice-presidente da República, proclamar os eleitos e expedir-lhes os diplomas;

h) elaborar a proposta orçamentária da Justiça Eleitoral e apreciar os pedidos de créditos adicionais (art. 199, e parágrafo único do Código Eleitoral), autorizar os destaques à conta de créditos globais e julgar as contas devidas pelos funcionários de sua Secretaria;

i) responder, sobre matéria eleitoral, às consultas que lhe forem feitas pelos tribunais regionais, por autoridade pública ou partido político registrado, este por seu diretório nacional ou delegado credenciado junto ao Tribunal;

j) decidir os conflitos de jurisdição entre tribunais regionais e juízes eleitorais de estados diferentes;

k) decidir os recursos interpostos das decisões dos tribunais regionais, nos termos do art. 121 da Constituição Federal;

l) decidir originariamente de habeas corpus, ou de mandado de segurança, em matéria eleitoral, relativos aos atos do presidente da República, dos ministros de estado e dos tribunais regionais;

m) processar e julgar os crimes eleitorais e os comuns que lhes forem conexos, cometidos pelos juízes dos tribunais regionais, excluídos os desembargadores;

n) julgar o agravo a que se refere o art. 48, §2º;

o) processar e julgar a suspeição dos seus membros, do procurador-geral e dos funcionários de sua Secretaria;

p) conhecer das reclamações relativas a obrigações impostas por lei aos partidos políticos;

q) propor ao Poder Legislativo o aumento do número dos juízes de qualquer Tribunal Eleitoral, indicando a forma desse aumento;

r) propor a criação de um Tribunal Regional na sede de qualquer dos territórios;

s) conceder aos seus membros licença, e, por motivo justificado, dispensa das funções (Constituição, art. 114), e o afastamento do exercício dos cargos efetivos;

t) conhecer da representação sobre o afastamento dos membros dos tribunais regionais, nos termos do art. 194, §1º, letra b, do Código Eleitoral;

u) expedir as instruções que julgar convenientes à execução do Código Eleitoral e à

v) publicar um boletim eleitoral.

CAPÍTULO III
DAS ATRIBUIÇÕES DO PRESIDENTE

Art. 9º Compete ao presidente do Tribunal:

a) dirigir os trabalhos, presidir as sessões, propor as questões, apurar o vencido e proclamar o resultado;

b) convocar sessões extraordinárias;

c) tomar parte na discussão, e proferir voto de qualidade nas decisões do Plenário, para as quais o regimento interno não preveja solução diversa, quando o empate na votação decorra de ausência de ministro em virtude de impedimento, suspeição, vaga ou licença médica, e não sendo possível a convocação de suplente, e desde que urgente a matéria e não se possa convocar o ministro licenciado, excepcionado o julgamento de habeas corpus onde proclamar-se-á, na hipótese de empate, a decisão mais favorável ao paciente;

d) dar posse aos membros substitutos;

e) distribuir os processos aos membros do Tribunal, e cumprir e fazer cumprir as suas decisões;

f) representar o Tribunal nas solenidades e atos oficiais, e corresponder-se, em nome dele, com o presidente da República, o Poder Legislativo, os órgãos do Poder Judiciário, e demais autoridades;

g) determinar a remessa de material eleitoral às autoridades competentes, e, bem assim, delegar aos presidentes dos tribunais regionais a faculdade de providenciar sobre os meios necessários à realização das eleições;

h) nomear, promover, exonerar, demitir e aposentar, nos termos da Constituição e das leis, os funcionários da Secretaria;

i) dar posse ao diretor-geral e aos diretores de serviço da Secretaria;

j) conceder licença e férias aos funcionários do quadro e aos requisitados;

k) designar o seu secretário, o substituto do diretor-geral e os chefes de seção;

l) requisitar funcionários da administração pública quando o exigir o acúmulo ocasional ou a necessidade do serviço da Secretaria, e dispensá-los;

m) superintender a Secretaria, determinando a instauração de processo administrativo, impondo penas disciplinares superiores a oito dias de suspensão, conhecendo e decidindo dos recursos interpostos das que foram aplicadas pelo diretor-geral, e relevando faltas de comparecimento;

n) rubricar todos os livros necessários ao expediente;

o) ordenar os pagamentos, dentro dos créditos distribuídos, e providenciar sobre as transferências de créditos, dentro dos limites fixados pelo Tribunal.

CAPÍTULO IV
DAS ATRIBUIÇÕES DO VICE-PRESIDENTE

Art. 10. Ao vice-presidente compete substituir o presidente em seus impedimentos ou faltas ocasionais.

Art. 11. Ausente por mais de dez dias, o vice-presidente será substituído de acordo com o art. 4º e parágrafo único.

CAPÍTULO V
DO PROCURADOR-GERAL

Art. 12. Exercerá as funções de procurador-geral junto ao Tribunal o procurador-geral da República.

§1º O procurador-geral será substituído em suas faltas ou impedimentos, pelo subprocurador-geral da República e, na falta deste, pelos respectivos substitutos legais.

§2º O procurador-geral poderá designar outros membros do Ministério Público da União com exercício no Distrito Federal, e sem prejuízo das respectivas funções, para auxiliá-lo no Tribunal, onde, porém, não poderão ter assento.

Art. 13. Compete ao procurador-geral:

a) assistir às sessões do Tribunal e tomar parte nas discussões;

b) exercer a ação pública e promovê-la, até final, em todos os feitos de competência originária do Tribunal;

c) oficiar, no prazo de cinco dias, em todos os recursos encaminhados ao Tribunal, e nos pedidos de mandado de segurança;

d) manifestar-se, por escrito ou oralmente, sobre todos os assuntos submetidos à deliberação do Tribunal, quando solicitada a sua audiência por qualquer dos juízes, ou, por iniciativa própria, se entender necessário;

e) defender a jurisdição do Tribunal;

f) representar ao Tribunal sobre a fiel observância das leis eleitorais, especialmente quanto à sua aplicação uniforme em todo o país;

g) requisitar diligências, certidões e esclarecimentos necessários ao desempenho de suas atribuições;

h) expedir instruções aos órgãos do Ministério Público junto aos tribunais regionais;

i) representar ao Tribunal: a) contra a omissão de providência, por parte de Tribunal Regional, para a realização de nova eleição em uma circunscrição, município ou distrito; b) sobre a conveniência de ser examinada a escrituração dos partidos políticos, ou de ser apurado ato que viole preceitos de seus estatutos referentes à matéria eleitoral; c) sobre o cancelamento do registro de partidos políticos, nos casos do art. 148 e parágrafo único do Código Eleitoral.

TÍTULO II
DA ORDEM DO SERVIÇO DO TRIBUNAL

CAPÍTULO I
DO SERVIÇO EM GERAL

Art. 14. Os processos e as petições serão registrados no mesmo dia do recebimento, na seção própria, distribuídos por classes (art. 15), mediante sorteio, por meio do sistema de computação de dados e conclusos, dentro em 24 horas, por intermédio do secretário judiciário, ao presidente do Tribunal.

Art. 15. O registro far-se-á em numeração contínua e seriada adotando-se, também, a numeração geral em cada uma das classes seguintes:

CLASSES PROCESSUAIS NO ÂMBITO DA JUSTIÇA ELEITORAL

DENOMINAÇÃO DA CLASSE	SIGLA	CÓDIGO
Ação Cautelar	AC	1
Ação de Impugnação de Mandato Eletivo	AIME	2
Ação de Investigação Judicial Eleitoral	AIJE	3
Ação Penal	AP	4
Ação Rescisória	AR	5
Agravo de Instrumento	AI	6
Apuração de Eleição	AE	7
Cancelamento de Registro de Partido Político	CRPP	8
Conflito de Competência	CC	9
Consulta	Cta	10
Correição	Cor	11
Criação de Zona Eleitoral ou Remanejamento	CZER	12
Embargos à Execução	EE	13
Exceção	Exc	14
Execução Fiscal	EF	15
Habeas Corpus	HC	16
Habeas Data	HD	17

DENOMINAÇÃO DA CLASSE	SIGLA	CÓDIGO
Inquérito	Inq	18
Instrução	Inst	19
Lista Tríplice	LT	20
Mandado de Injunção	MI	21
Mandado de Segurança	MS	22
Pedido de Desaforamento	PD	23
Petição	Pet	24
Prestação de Contas	PC	25
Processo Administrativo	PA	26
Propaganda Partidária	PP	27
Reclamação	Rcl	28
Recurso Contra Expedição de Diploma	RCED	29
Recurso Eleitoral	RE	30
Recurso Criminal	RC	31
Recurso Especial Eleitoral	REspe	32
Recurso em Habeas Corpus	RHC	33
Recurso em Habeas Data	RHD	34
Recurso em Mandado de Injunção	RMI	35
Recurso em Mandado de Segurança	RMS	36
Recurso Ordinário	RO	37
Registro de Candidatura	RCand	38
Registro de Comitê Financeiro	RCF	39
Registro de Órgão de Partido Político em Formação	ROPPF	40
Registro de Partido Político	RPP	41
Representação	Rp	42
Revisão Criminal	RvC	43
Revisão de Eleitorado	RvE	44
Suspensão de Segurança/Liminar	SS	45

Parágrafo único. O presidente resolverá, mediante instrução normativa, as dúvidas que se suscitarem na classificação dos feitos; observando-se as seguintes normas:

I – na classe recurso especial eleitoral (REspe), inclui-se o recurso de registro de candidatos, quando se tratar de eleições municipais (art. 12, parágrafo único da LC nº 64/1990);

II – a classe recurso ordinário, relativo às eleições federais e estaduais, compreende os recursos que versam sobre elegibilidade, expedição de diploma e anulação ou perda de mandato eletivo (art. 121, III e IV, da CF);

III – as classes recursos em habeas corpus (RHC), recurso em habeas data (RHD), recurso em mandado de segurança (RMS), recurso em mandado de injunção (RMI), compreendem os recursos ordinários interpostos na forma do disposto no art. 121, §4º, V, da Constituição Federal;

IV – na classe processo administrativo (PA) estão compreendidos os procedimentos que versam sobre requisições de funcionários, pedidos de créditos e outras matérias administrativas;

V – a reclamação é cabível para preservar a competência do Tribunal ou garantir a autoridade das suas decisões;

VI – os procedimentos não indicados nas classes referidas nos números 1 a 31, serão registrados como petição (Pet);

VII – não se altera a classe do processo:

a) pela interposição de embargos de declaração (EDcl) e agravo regimental (AgRg);

b) pelos pedidos incidentes ou acessórios, inclusive pela interposição de exceções de impedimento e de suspeição.

Art. 16. A distribuição será feita entre todos os ministros.

§1º Não será compensada a distribuição, por prevenção, nos casos previstos no art. 260 do Código Eleitoral.

§2º Haverá compensação quando o processo for distribuído por dependência.

§3º Em caso de impedimento do relator, será feito novo sorteio, compensando-se a distribuição.

§4º Não será compensada a distribuição que deixar de ser feita ao vice-presidente quando substituir o presidente.

§5º Nos processos considerados de natureza urgente, estando ausente o ministro a quem couber a distribuição, o processo será encaminhado ao substituto, observada a ordem de antiguidade, para as providências que se fizerem necessárias, retornando ao ministro relator assim que cessar o motivo do encaminhamento. Ausentes os substitutos, considerada a classe, o processo será encaminhado ao integrante do Tribunal, titular, que se seguir ao ausente em antiguidade.

§6º O julgamento de recurso anterior, no mesmo processo, ou de mandado de segurança, medida cautelar, habeas corpus, reclamação ou representação, a ele relativos, torna prevento o relator do primeiro, independentemente da natureza da questão nele decidida, para os recursos ou feitos posteriores.

§7º O ministro sucessor funcionará como relator dos feitos distribuídos ao seu antecessor, ficando prevento para as questões relacionadas com os feitos relatados pelo sucedido.

§8º Enquanto perdurar a vaga de ministro efetivo, os feitos serão distribuídos ao ministro substituto, observada a ordem de antiguidade e a classe. Provida a vaga, os feitos serão redistribuídos ao titular, salvo se o relator houver lançado visto.

§9º Os feitos de natureza específica do período eleitoral poderão ser distribuídos aos ministros substitutos, conforme dispuser a lei e resolução do Tribunal.

Art. 17. Durante o período de férias forenses, compete ao presidente e, em sua ausência ou impedimento, ao vice-presidente, decidir os processos que reclamam solução urgente; na ausência de ambos, observar-se-á a ordem de antiguidade.

Parágrafo único. Independentemente do período, os ministros efetivos e substitutos comunicarão à Presidência do Tribunal as suas ausências ou impedimentos eventuais.

Art. 18. Os processos serão vistos pelo relator, sem revisão, podendo qualquer dos juízes, na sessão do julgamento, pedir vista dos autos.

CAPÍTULO II
DAS SESSÕES

Art. 19. Reunir-se-á o Tribunal: ordinariamente, duas vezes por semana, em dias que serão fixados na última sessão de cada ano, e extraordinariamente tantas vezes quantas necessárias, mediante convocação do presidente, ou do próprio Tribunal.

§1º As sessões serão públicas e durarão o tempo necessário para se tratar dos assuntos que, exceto em casos de urgência, a juízo do presidente, forem anunciados com a antecipação de vinte e quatro horas.

§2º As férias coletivas dos membros do Tribunal coincidirão com as do Supremo Tribunal Federal.

Art. 20. Nas sessões, o presidente tem assento no topo da mesa, tendo à sua direita o procurador-geral, e à esquerda o diretor-geral da Secretaria, que servirá como secretário.

Parágrafo único. Seguir-se-ão nas bancadas, a começar pela primeira cadeira da direita, os dois juízes eleitos pelo Supremo Tribunal Federal, os dois juízes eleitos pelo Tribunal Federal de Recursos, e os dois juízes recrutados dentre os advogados e nomeados pelo presidente da República, obedecida em relação a cada categoria a ordem de antiguidade no Tribunal.

Art. 21. Observar-se-á nas sessões a seguinte ordem dos trabalhos:

1. Verificação do número de juízes presentes;
2. Leitura, discussão e aprovação da ata da sessão anterior;
3. Leitura do expediente;
4. Discussão e decisão dos feitos em pauta;
5. Publicação de decisões.

Art. 22. No conhecimento e julgamento dos feitos, observar-se-á a seguinte ordem, ressalvado o disposto no art.80:

1. Habeas corpus originários e recursos de sua denegação;
2. Mandados de segurança originários e recursos de denegação dos impetrados aos tribunais regionais;
3. Recursos interpostos nos termos do art. 121, I, II e III, da Constituição Federal;
4. Qualquer outra matéria submetida ao conhecimento do Tribunal.

Art. 23. Feito o relatório, cada uma das partes poderá, no prazo improrrogável de dez minutos, salvo o disposto nos arts. 40, 64, 70, §7º, e 80, sustentar oralmente as suas conclusões. Nos embargos de declaração não é permitida a sustentação oral.

§1º A cada juiz do Tribunal e ao procurador-geral será facultado, concedida a palavra pelo presidente, falar duas vezes sobre o assunto em discussão.

§2º Em nome dos partidos políticos, como recorrentes ou recorridos, somente poderão usar da palavra, independentemente de mandato especial, os respectivos delegados credenciados perante o Tribunal, até o número de cinco, em caráter permanente.

Art. 24. Encerrada a discussão, o presidente tomará os votos, em primeiro lugar do relator e, a seguir, dos demais membros do Tribunal, na ordem da precedência regimental, a partir do relator, votando em último lugar em todas as matérias.

Art. 25. As decisões serão tomadas por maioria de votos e redigidas pelo relator, salvo se for vencido, caso em que o presidente designará, para lavrá-las, um dos juízes cujo voto tiver sido vencedor; conterão uma síntese das questões debatidas e decididas, e serão apresentadas, o mais tardar, dentro em cinco dias.

§1º Os acórdãos e as resoluções de caráter administrativo e contencioso-administrativo serão assinados pelo relator ou pelo ministro efetivo ou substituto a quem couber a sua lavratura, registrando-se o nome do presidente da sessão; as resoluções normativas serão assinadas por todos os ministros que participaram da sessão de julgamento.

§2º Não estando em exercício o relator a decisão será lavrada pelo primeiro juiz vencedor, ou, no seu impedimento, por outro designado pelo presidente.

§3º Os feitos serão numerados, e as decisões serão lavradas sob o título de acórdão, reservando-se o termo resolução àquelas decisões decorrentes do poder regulamentar do Tribunal e nas hipóteses em que o Plenário assim o determinar, por proposta do relator.

§4º As deliberações do Tribunal, em casos determinados, que não tenham caráter normativo, constarão da respectiva ata da sessão, sendo cumpridas mediante comunicação aos tribunais regionais e aos interessados, se for o caso. Ao presidente cumpre baixar ato disciplinando as matérias que não serão objeto de resolução.

§5º O relator poderá decidir monocraticamente os seguintes feitos administrativos a ele submetidos:

I – Petição (Classe 18ª) – prestação de contas, com informação da Comissão de Exame de Contas Eleitorais e Partidárias (Coep) pela aprovação das contas ou pela aprovação com ressalvas das contas;

II – Petição (Classe 18ª) – programa partidário, com informação da unidade técnica responsável;

III – Petição (Classe 18ª) – juiz eleitoral (afastamento do exercício do cargo efetivo da Justiça Comum), com informação do diretor-geral sobre o preenchimento dos requisitos legais;

IV – Processo Administrativo (Classe 19ª) – requisição de servidor, com informação da Secretaria de Recursos Humanos (SRH) sobre o preenchimento dos requisitos legais, confirmada pelo diretor-geral;

V – Processo Administrativo (Classe 19ª) – transferência de jurisdição eleitoral, com informação da Corregedoria-Geral Eleitoral, confirmada pelo diretor-geral;

VI – Consulta (Classe 5ª), com informação da Assessoria Especial da Presidência (Aesp), quando a consulta for formulada por parte ilegítima ou versar sobre caso concreto;

VII – Revisão de Eleitorado (Classe 33ª) – com informação da Corregedoria-Geral Eleitoral favorável à realização da revisão, confirmada pelo diretor-geral.

Art. 26. Salvo os recursos para o Supremo Tribunal Federal, o acórdão só poderá ser atacado por embargos de declaração oferecidos nas 48 horas seguintes à publicação e somente quando houver omissão, obscuridade ou contradição nos seus termos ou quando não corresponder à decisão.

§1º Os embargos serão opostos em petição fundamentada dirigida ao relator, que os apresentará em mesa na primeira sessão.

§2º O prazo para os recursos para o Supremo Tribunal e embargos de declaração contar-se-á da data da publicação das conclusões da decisão no Diário da Justiça.

Art. 27. A execução de qualquer acórdão só poderá ser feita após o seu trânsito em julgado.

Parágrafo único. Publicado o acórdão, em casos excepcionais, a critério do presidente, será dado imediato conhecimento da respectiva decisão, por via telegráfica, ao presidente do Tribunal Regional.

Art. 28. As atas das sessões, nas quais se resumirá com clareza tudo quanto nelas houver ocorrido, serão datilografadas em folhas soltas para sua encadernação oportuna e, após assinadas pelo presidente, serão publicadas no Diário da Justiça.

TÍTULO III
DO PROCESSO NO TRIBUNAL

CAPÍTULO I
DA DECLARAÇÃO DE INVALIDADE DE LEI OU ATO CONTRÁRIO À CONSTITUIÇÃO

Art. 29. O Tribunal, ao conhecer de qualquer feito, se verificar que é imprescindível decidir-se sobre a validade, ou não, de lei ou ato em face da Constituição, suspenderá a decisão para deliberar, na sessão seguinte, preliminarmente, sobre a arguida invalidade.

Parágrafo único. Na sessão seguinte será a questionada invalidade submetida a julgamento, como preliminar, e, em seguida, consoante a solução adotada, decidir-se-á o caso concreto que haja dado lugar àquela questão.

Art. 30. Somente pela maioria absoluta dos juízes do Tribunal poderá ser declarada a invalidade de lei ou ato contrário à Constituição.

CAPÍTULO II
DO HABEAS CORPUS

Art. 31. Dar-se-á habeas corpus sempre que, por ilegalidade ou abuso de poder, alguém sofrer ou se achar ameaçado de sofrer violência ou coação em sua liberdade de locomoção, de que dependa o exercício de direitos ou deveres eleitorais.

Art. 32. No processo e julgamento, quer dos pedidos de competência originária do Tribunal (art. 8º, letra l), quer dos recursos das decisões dos tribunais regionais, denegatórias da ordem, observar-se-ão, no que lhes forem aplicáveis, o disposto no Código de Processo Penal (Liv. VI, Cap. X) e as regras complementares estabelecidas no Regimento Interno do Supremo Tribunal Federal.

CAPÍTULO III
DO MANDADO DE SEGURANÇA

Art. 33. Para proteger direito líquido e certo fundado na legislação eleitoral, e não amparado por habeas corpus, conceder-se-á mandado de segurança.

Art. 34. No processo e julgamento do mandado de segurança, quer nos pedidos de competência do Tribunal, (art. 8º, letra l), quer nos recursos das decisões denegatórias dos tribunais regionais, observar-se-ão, no que forem aplicáveis, as disposições da Lei nº 1.533, de 31 de dezembro de 1951, e o Regimento Interno do Supremo Tribunal Federal.

CAPÍTULO IV
DOS RECURSOS ELEITORAIS

A) DOS RECURSOS EM GERAL

Art. 35. O Tribunal conhecerá dos recursos interpostos das decisões dos tribunais regionais:

a) quando proferidas com ofensa a letra expressa da lei;

b) quando derem à mesma lei interpretação diversa da que tiver sido adotada por outro Tribunal Eleitoral;

c) quando versarem sobre expedição de diplomas nas eleições federais e estaduais (Constituição Federal, art. 121, I, II e III).

§1º É de três dias o prazo para a interposição do recurso a que se refere o artigo, contado, nos casos das alíneas a e b, da publicação da decisão no órgão oficial e, no caso da alínea c, da data da sessão do Tribunal Regional convocada para expedição dos diplomas dos eleitos, observado o disposto no *§2º do art. 167 do Código Eleitoral.*

§2º Os recursos, independentemente de termo, serão interpostos por petição fundamentada, acompanhados, se o entender o recorrente, de novos documentos.

Art. 36. O presidente do Tribunal Regional proferirá despacho fundamentado, admitindo, ou não, o recurso.

§1º No caso de admissão, será dada vista dos autos ao recorrido, pelo prazo de três dias, para apresentar contrarrazões, e, a seguir, ao procurador regional para oficiar, subindo o processo ao Tribunal Superior, dentro dos três dias seguintes, por despacho do presidente.

§2º No caso de indeferimento, caberá recurso de agravo de instrumento para o Tribunal Superior, no prazo de três dias contados da intimação, processados em autos apartados, formados com as peças indicadas pelo recorrente, sendo obrigatório o traslado da decisão recorrida e da certidão de intimação.

§3º Conclusos os autos ao presidente, este fará subir o recurso se mantiver o despacho recorrido, ou mandará apensá-los aos autos principais se o reformar.

§4º O Tribunal Superior, dando provimento ao agravo de instrumento, estando o mesmo suficientemente instruído, poderá, desde logo, julgar o mérito do recurso denegado; no caso de determinar apenas a sua subida, será relator o mesmo do agravo provido.

§5º Se o agravo for provido e o Tribunal Superior passar ao exame do recurso, feito o relatório, será facultada às partes, pelo prazo de dez minutos cada, a sustentação oral.

§6º O relator negará seguimento a pedido ou recurso intempestivo, manifestamente inadmissível, improcedente, prejudicado ou em confronto com súmula ou com jurisprudência dominante do Tribunal, do Supremo Tribunal Federal ou de Tribunal Superior.

§7º Poderá o relator dar provimento ao recurso, se a decisão recorrida estiver em manifesto confronto com súmula ou com jurisprudência dominante do Supremo Tribunal Federal ou de Tribunal Superior.

§8º Da decisão do relator caberá agravo regimental, no prazo de três dias e processado nos próprios autos.

§9º A petição de agravo regimental conterá, sob pena de rejeição liminar, as razões do pedido de reforma da decisão agravada, sendo submetida ao relator, que poderá reconsiderar o seu ato ou submeter o agravo ao julgamento do Tribunal, independentemente de inclusão em pauta, computando-se o seu voto.

§10. Nos processos relativos a registro de candidatos, a publicação das decisões do relator far-se-á na sessão subsequente a sua prolação (Lei Complementar nº 64, de 18.5.1990, art. 11, §2º).

Art. 37. O recurso será processado nos próprios autos em que tiver sido proferida a decisão recorrida.

§1º Quando a decisão não tiver sido tomada em autos, a petição de recurso será autuada, determinando o presidente a juntada de cópia autenticada da mesma decisão.

§2º Quando se tratar de processo que por sua natureza, ou em virtude de lei, deva permanecer no Tribunal Regional, com a petição do recurso iniciar-se-á a formação dos autos respectivos, nos quais figurarão, obrigatoriamente, além da decisão recorrida, os votos vencidos, se os houver, e o parecer do procurador regional que tenha sido emitido, além de outras peças indicadas pelo recorrente ou determinadas pelo presidente.

B) DOS RECURSOS CONTRA EXPEDIÇÃO DE DIPLOMA

Art. 38. O recurso contra expedição de diploma caberá somente nos seguintes casos:

a) inelegibilidade do candidato;

b) errônea interpretação da lei quanto à aplicação do sistema de representação proporcional;

c) erro de direito ou de fato na apuração final, quanto à determinação do quociente eleitoral ou partidário, contagem de votos e classificação do candidato, ou a sua contemplação sob determinada legenda;

d) pendência de recurso anterior, cuja decisão possa influir na determinação do quociente eleitoral ou partidário, inelegibilidade ou classificação do candidato.

Art. 39. Os recursos parciais aguardarão, em mão do relator, o que for interposto contra a expedição do diploma, para, formando um processo único, serem julgados conjuntamente.

§1º A distribuição do primeiro recurso que chegar ao Tribunal prevenirá a competência do relator para todos os demais casos da mesma circunscrição e no mesmo pleito.

§2º Se não for interposto recurso contra a expedição de diploma, ficarão prejudicados os recursos parciais.

Art. 40. Na sessão de julgamento após o relatório, cada parte terá 15 minutospara a sustentação oral do recurso de diplomação e 5 minutos para a de cada recurso parcial; inexistindo recurso parcial, aquele prazo será de 20 minutos.

Art. 41. Nas decisões proferidas nos recursos interpostos contra a expedição de diplomas, o Tribunal tornará, desde logo, extensivos ao resultado geral da eleição respectiva os efeitos do julgado, com audiência dos candidatos interessados.

Art. 42. Passado em julgado o acórdão, serão os autos imediatamente devolvidos por via aérea ao Tribunal Regional.

Parágrafo único. Em casos especiais, poderá a execução da decisão passada em julgado ser feita mediante comunicação telegráfica.

C) DOS RECURSOS PARA O SUPREMO TRIBUNAL FEDERAL

Art. 43. Os recursos das decisões do Tribunal para o Supremo Tribunal Federal serão interpostos dentro do prazo de dez dias contados da publicação da decisão, e processados na conformidade das normas traçadas no Código de Processo Civil.

Parágrafo único. Os agravos dos despachos do presidente, denegatórios dos recursos referidos no artigo, serão interpostos no prazo de 5 dias e processados, igualmente, na conformidade do Código de Processo Civil.

Art. 44. Quando a decisão recorrida importar em alteração do resultado das eleições apuradas, a remessa dos autos será feita após a extração, pela Secretaria, de traslado rubricado pelo relator e encaminhado, para execução, mediante ofício, ao Tribunal de origem.

Parágrafo único. O traslado conterá:

a) a autuação;

b) a decisão do Tribunal Regional;

c) a decisão exequenda do Tribunal Superior;

d) o despacho do recebimento do recurso.

CAPÍTULO V
DO PROCESSO CRIME DA COMPETÊNCIA ORIGINÁRIA DO TRIBUNAL

Art. 45. A denúncia por crimes da competência originária do Tribunal cabe ao procurador-geral, e será dirigida ao mesmo Tribunal e apresentada ao presidente para designação de relator.

Parágrafo único. Deverá conter a narrativa da infração com as indicações precisas para caracterizá-la, os documentos que a comprovem ou o rol das testemunhas que dela tenham conhecimento, a classificação do crime e o pedido da respectiva sanção.

Art. 46. Distribuída a denúncia, se não estiver nos termos do artigo antecedente, o relator, por seu despacho, mandará preenchê-los; se em termos, determinará a notificação do acusado para que, no prazo de quinze dias, apresente resposta escrita.

Parágrafo único. A notificação, acompanhada de cópias da denúncia e dos documentos que a instruírem, será encaminhada ao acusado, sob registro postal.

Art. 47. Se a resposta prévia convencer da improcedência da acusação, o relator proporá ao Tribunal o arquivamento do processo.

Art. 48. Não sendo vencedora a opinião do relator, ou se ele não se utilizar da faculdade que lhe confere o artigo antecedente, proceder-se-á à instrução do processo, na forma dos Capítulos I e III, Título I, Livro II, do Código de Processo Penal.

§1º O relator será o juiz da instrução do processo, podendo delegar poderes a membro do Tribunal Regional para proceder a inquirições e outras diligências.

§2º Caberá agravo, sem efeito suspensivo, para o Tribunal, do despacho do relator que receber ou rejeitar a denúncia, e do que recusar a produção de qualquer prova ou a realização de qualquer diligência.

Art. 49. Finda a instrução, o Tribunal procederá ao julgamento do processo, observando-se o que dispõe o Capítulo II, Título III, Livro II, do Código de Processo Penal.

Art. 50. (Revogado pelo art. 15 da Res.-TSE nº 23172/2009.).

CAPÍTULO VI
DOS CONFLITOS DE JURISDIÇÃO

Art. 51. Os conflitos de jurisdição entre tribunais regionais e juízes singulares de estados diferentes poderão ser suscitados pelos mesmos tribunais e juízes ou qualquer interessado, especificando os fatos que os caracterizarem.

Art. 52. Distribuído o feito, o relator:

a) ordenará imediatamente que sejam sobrestados os respectivos processos, se positivo o conflito;

b) mandará ouvir, no prazo de cinco dias, os presidentes dos tribunais regionais, ou os juízes em conflito, se não tiverem dado os motivos por que se julgaram competentes, ou não, ou se forem insuficientes os esclarecimentos apresentados.

Art. 53. Instruído o processo, ou findo o prazo sem que hajam sido prestadas as informações solicitadas, o relator mandará ouvir o procurador-geral, dentro do prazo de cinco dias.

Art. 54. Emitido o parecer pelo procurador-geral, os autos serão conclusos ao relator, que, no prazo de cinco dias, os apresentará em mesa para julgamento.

CAPÍTULO VII
DAS CONSULTAS, REPRESENTAÇÕES E INSTRUÇÕES

Art. 55. As consultas, representações ou qualquer outro assunto submetido à apreciação do Tribunal, serão distribuídos a um relator.

§1º O relator, se entender necessário, mandará proceder a diligências para melhor esclarecimento do caso, determinando ainda que a Secretaria preste a respeito informações, se não o tiver feito anteriormente à distribuição do processo.

§2º Na primeira sessão que se seguir ao prazo de cinco dias do recebimento do processo, o relator o apresentará em mesa para decisão, a qual poderá ser logo transmitida por via telegráfica, lavrando-se após a resolução.

Art. 56. Tratando-se de "instruções" a expedir, a Secretaria providenciará, antes da discussão do assunto e deliberação do Tribunal, sobre a entrega de uma cópia das mesmas a cada um dos juízes.

CAPÍTULO VIII
DAS EXCEÇÕES DE SUSPEIÇÃO

Art. 57. Qualquer interessado poderá arguir a suspeição dos juízes do Tribunal, do procurador-geral ou dos funcionários da Secretaria nos casos previstos na lei processual civile por motivo de parcialidade partidária.

Será ilegítima a suspeição quando o excipiente a provocar ou depois de manifestada a sua causa, praticar qualquer ato que importe na aceitação do recusado.

Art. 58. A exceção de suspeição de qualquer dos juízes ou do procurador-geral e do diretor-geral da Secretaria deverá ser oposta dentro de 48 horas da data em que, distribuído o feito pelo presidente, baixar à Secretaria. Quanto aos demais funcionários, o prazo acima se contará da data de sua intervenção no feito.

Parágrafo único. Invocando o motivo superveniente, o interessado poderá opor a exceção depois dos prazos fixados neste artigo.

Art. 59. A suspeição deverá ser deduzida em petição fundamentada, dirigida ao presidente, contendo os fatos que a motivaram e acompanhada de documentos e rol de testemunhas.

Art. 60. O presidente determinará a autuação e a conclusão da petição ao relator do processo, salvo se este for o recusado, caso em que será sorteado um relator para o incidente.

Art. 61. Logo que receber os autos da suspeição, o relator do incidente determinará, por ofício protocolado, que, em três dias, se pronuncie o recusado.

Art. 62. Reconhecendo o recusado, na resposta, a sua suspeição, o relator determinará que os autos sejam conclusos ao presidente.

§1º Se o juiz recusado for o relator do feito, o presidente o redistribuirá mediante compensação e no caso de ter sido outro juiz o recusado, convocará o substituto respectivo em se tratando de processo para cujo julgamento deva o Tribunal deliberar com a presença de todos os seus membros.

§2º Se o recusado tiver sido o procurador-geral ou funcionário da Secretaria, o presidente designará, para servir no feito, o respectivo substituto legal.

Art. 63. Deixando o recusado de responder ou respondendo sem reconhecer a sua suspeição, o relator ordenará o processo, inquirindo as testemunhas arroladas e mandará os autos à Mesa para julgamento na primeira sessão, nele não tomando parte o juiz recusado.

Art. 64. Se o juiz recusado for o presidente, a petição de exceção será dirigida ao vice-presidente, o qual procederá na conformidade do que ficou disposto em relação ao presidente.

Art. 65. Salvo quando o recusado for funcionário da Secretaria, o julgamento do feito ficará sobrestado até a decisão da exceção.

CAPÍTULO IX
DISPOSIÇÕES COMUNS AOS PROCESSOS

Art. 66. A Secretaria lavrará o termo do recebimento dos autos, em seguida ao último que houver sido exarado no Tribunal Regional, conferindo e retificando, quando for o caso, a numeração das respectivas folhas.

Parágrafo único. Os termos serão subscritos pelo diretor-geral ou por outro funcionário da Secretaria, por delegação sua.

Art. 67. Proferida a decisão, o diretor-geral certificará o resultado do julgamento, consoante os termos da minuta, e fará os autos conclusos ao relator. Lavrado o acórdão ou resolução, será publicado na primeira sessão que se seguir, arquivando-se uma cópia na pasta respectiva.

§1º Transitada em julgado a decisão, serão os autos conclusos ao presidente, para os fins de direito.

§2º Ao relator cabe a redação da "ementa" do julgado, que deverá preceder à decisão por ele lavrada.

Art. 68. A desistência de qualquer recurso ou reclamação deve ser feita por petição ao relator, a quem compete homologá-la, ainda que o feito se ache em mesa para julgamento.

Parágrafo único. O pedido de desistência formulado em sessão será apreciado pelo Plenário, antes de iniciada a votação.

Art. 69. (Revogado pelo art. 15 da Res.-TSE nº 23172/2009.)

TÍTULO IV
DO REGISTRO DOS PARTIDOS POLÍTICOS E DO SEU CANCELAMENTO

CAPÍTULO I
DO REGISTRO

Art. 70. O registro dos partidos políticos far-se-á mediante requerimento subscrito pelos seus fundadores, com firmas reconhecidas, e instruído:

a) da prova de contar, como seus aderentes, pelo menos 50.000 eleitores, distribuídos por cinco ou mais circunscrições eleitorais, com o mínimo de mil eleitores em cada uma delas;

b) de cópia do seu programa e dos seus estatutos, de sentido e alcance nacionais.

§1º O requerimento indicará os nomes dos dirigentes provisórios do partido e, bem assim, o endereço da sua sede principal.

§2º A prova do número básico de eleitores aderentes será feita por meio de suas assinaturas, com menção do número do respectivo título eleitoral, em listas organizadas em cada zona, sendo a veracidade das assinaturas e dos números dos títulos atestada pelo escrivão eleitoral, com firma reconhecida.

§3º As assinaturas de eleitores que já figurarem em listas de outros partidos, serão canceladas, salvo se acompanhadas de declaração do eleitor de haver abandonado aqueles partidos.

Art. 71. Será vedado o registro de partido cujo programa ou ação contrarie o regime democrático, baseado na pluralidade dos partidos e na garantia dos direitos fundamentais do homem, e indeferido o daquele cujo programa seja coincidente com o de outro anteriormente registrado.

Art. 72. Recebido o requerimento instruído na forma do artigo anterior, e devidamente autuado, o presidente do Tribunal sorteará o relator, que o mandará com vista ao procurador-geral.

§1º Oferecido parecer pelo procurador geral, dentro no prazo de dez dias, poderá o relator determinar as diligências e solicitar os esclarecimentos que entender necessários.

desnecessários os esclarecimentos, fará o relator seu relatório escrito, com pedido de dia para o julgamento.

Art. 73. Na sessão do julgamento, lido o relatório, poderá o requerente usar da palavra, pelo prazo de 15 minutos, assim como o procurador-geral.

§1º Faltando ao requerimento do registro qualquer dos requisitos do art. 61, poderá o Tribunal determinar o seu preenchimento, se não entender decidi-lo desde logo.

§2º Deferido o registro, a decisão será comunicada aos tribunais regionais, dentro em 48 horas, por via telegráfica, e publicada no Diário da Justiça.

Art. 74. O registro será feito em livro próprio na Secretaria, mencionando-se nele: a) data da fundação e do registro, número e data da resolução, e endereço da sede; b) relação dos fundadores; c) programa; d) convenção nacional (composição, forma de escolha, competência e funcionamento); e) diretório nacional (composição, forma de escolha, competência e funcionamento).

Art. 75. A reforma do programa ou dos estatutos será igualmente apreciada pelo Tribunal, condicionando-se à sua aprovação a entrada em vigor da mesma reforma.

Parágrafo único. Nos processos de reforma, o Tribunal restringirá sua apreciação aos pontos sobre que ela versar.

Art. 76. O registro de partido resultante da fusão de outros já registrados obedecerá às normas estabelecidas no art. 61, dispensada, porém, a prova do número básico de eleitores desde que a soma dos seus aderentes perfaça o limite legal, deduzido o número dos que se tenham oposto à fusão.

Parágrafo único. A existência legal do novo partido começará com o seu registro no Tribunal.

Art. 77. As atas das reuniões dos partidos políticos deverão ser conferidas com o original pela Secretaria de Coordenação Eleitoral.

§1º A decisão que conceder ou denegar o registro será publicada no Diário da Justiça, e, no caso de concessão, com os nomes dos membros componentes do diretório.

§2º De sua decisão dará o Tribunal, em 48 horas, comunicação, por via telegráfica ou postal, aos tribunais regionais.

CAPÍTULO II
DO CANCELAMENTO DO REGISTRO

Art. 78. Será cancelado o registro do partido:

I – que o requerer, na forma dos seus estatutos, por não pretender mais subsistir, ou por ter deliberado fundir-se com outro ou outros, num novo partido político;

II – que no seu programa ou ação vier a contrariar o regime democrático baseada na pluralidade dos partidos e na garantia dos direitos fundamentais do homem;

III – que em eleições gerais não satisfizer a uma destas duas condições: eleger, pelo menos, um representante no Congresso Nacional, ou alcançar, em todo o país, cinquenta mil votos sob legenda.

Art. 79. O processo de cancelamento terá por base representação de eleitor, delegado de partido ou do procurador-geral, dirigida ao Tribunal, com a firma reconhecida nos dois primeiros casos, contendo especificamente o motivo em que se fundar.

§1º Recebida a representação, autuada e apensado o processo do registro do partido, o presidente do Tribunal lhe sorteará relator, que mandará ouvir o partido, facultando-lhe vista do processo, por quinze dias, para apresentar defesa.

§2º Decorrido esse prazo, com a defesa ou sem ela, irão os autos ao procurador-geral que, em igual prazo, oferecerá seu parecer.

§3º Conclusos os autos ao relator, poderá ele determinar, ex officio, ou atendendo a requerimento das partes interessadas, as diligências necessárias, inclusive ordenar aos tribunais regionais que procedam a investigações para apurar a procedência de fatos arguidos, marcando o prazo dentro do qual estas devem estar concluídas.

§4º O partido poderá acompanhar, por seu delegado, as diligências e investigações a que se refere o parágrafo anterior.

§5º Recebidas pelo relator as diligências e investigações procedidas, mandará ouvir sobre elas o autor da representação, o partido interessado e o procurador-geral, abrindo-se a cada qual vista por cinco dias.

§6º A seguir, fará o relator o seu relatório escrito, com o pedido de dia para julgamento.

§7º Por ocasião do julgamento, os interessados referidos no §5º poderão usar da palavra, por vinte minutos cada um, na mesma ordem das vistas.

§8º Se o Tribunal julgar procedente a representação, mandará cancelar o registro do partido, sem prejuízo do processo criminal contra os responsáveis pelos crimes que acaso hajam cometido.

§9º Da decisão será dada, por via telegráfica, imediata comunicação aos tribunais regionais.

TÍTULO V

DO REGISTRO DE CANDIDATOS À PRESIDÊNCIA E VICE-PRESIDÊNCIA DA REPÚBLICA E DA APURAÇÃO DA RESPECTIVA ELEIÇÃO

CAPÍTULO I

DO REGISTRO DOS CANDIDATOS

Art. 80. O registro dos candidatos a presidente e a vice-presidente da República far-se-á até 15 dias antes da eleição, devendo o pedido ser formulado com a antecedência necessária para a observância desse prazo.

Art. 81. O registro será promovido mediante pedido dos diretórios centrais dos partidos políticos, subscrito pela maioria dos seus componentes, com firma reconhecida, ou, em se tratando de alianças de partidos, nos termos do art. 140, §3º, do Código Eleitoral.

§1º O pedido será instruído com: a) cópia da ata da convenção nacional do partido para escolha dos candidatos; b) prova de serem os candidatos brasileiros natos, maiores de 35 anos e estarem no gozo dos direitos políticos; c) autorização dos candidatos, com as firmas reconhecidas.

§2º A autorização do candidato poderá ser dirigida diretamente ao Tribunal.

Art. 82. Sorteado o relator, na primeira sessão imediata ao seu recebimento pelo mesmo, deverá o pedido ser submetido à apreciação do Tribunal.

Art. 83. Ordenado o registro pelo Tribunal será dada, em 48 horas, comunicação aos tribunais regionais, para os devidos fins.

Art. 84. Pode o candidato, até 10 dias antes do pleito, requerer, em petição com firma reconhecida, o cancelamento de seu nome do registro, dando o presidente do Tribunal ciência imediata ao partido, ou aliança de partidos, que tenha feito a inscrição, para os fins do art. 49, §1º, in fine, do Código Eleitoral.

CAPÍTULO II

DA APURAÇÃO DA ELEIÇÃO

Art. 85. O Tribunal fará a apuração geral da eleição para presidente e vice-presidente da República pelos resultados de cada circunscrição eleitoral, verificados pelos tribunais regionais.

Art. 86. Na sessão imediatamente anterior à data da eleição, o presidente do tribunal sorteará, dentre os seus juízes, o relator de cada um dos seguintes grupos, ao qual serão distribuídos todos os recursos e documentos da eleição nas respectivas circunscrições:

1º Amazonas, Alagoas e São Paulo;

2º Minas Gerais, Mato Grosso e Espírito Santo;

3º Ceará, Sergipe, Maranhão e Goiás;

4º Rio de Janeiro, Paraná, Pará e Piauí;

5º Bahia, Pernambuco, Paraíba e Santa Catarina;

6º Distrito Federal, Rio Grande do Sul, Rio Grande do Norte e territórios.

Parágrafo único. Antes de iniciar a apuração, o Tribunal decidirá os recursos interpostos das decisões dos tribunais regionais.

Art. 87. O relator terá o prazo de cinco dias para apresentar seu relatório, com as conclusões seguintes:

a) os totais dos votos válidos e nulos da circunscrição;

b) os votos apurados pelo Tribunal Regional que devam ser anulados;

c) os votos anulados pelo Tribunal que devam ser apurados;

d) os votos válidos computados para cada candidato;

e) os candidatos que se tenham tornado inelegíveis;

f) o resumo das decisões do Tribunal Regional sobre as dúvidas e impugnações, bem como o relatório dos recursos que hajam sido interpostos para o Tribunal Superior.

Art. 88. Apresentados os autos com o relatório, será, no mesmo dia, publicado na Secretaria.

§1º Dentro em 48 horas dessa publicação, os candidatos, por si ou por procurador, bem como os delegados de partidos, poderão ter vista dos autos na Secretaria, sob os cuidados de um funcionário, e apresentar alegações ou documentos sobre o relatório

§2º Findo esse prazo, serão os autos conclusos ao relator, que, dentro em dois dias, os apresentará a julgamento, que será previamente anunciado.

Art. 89. Na sessão designada, será o feito chamado a julgamento, de preferência a qualquer outro processo. Feito o relatório, será dada a palavra, se pedida, a qualquer dos contestantes ou candidatos, ou a seus procuradores, pelo prazo improrrogável de 15 minutos para cada um.

§1º Findos os debates, proferirá o relator seu voto, votando, a seguir, os demais juízes na ordem regimental.

§2º Se do julgamento resultarem alterações na apuração efetuada pelo Tribunal Regional, o acórdão determinará que a Secretaria, dentro em 5 dias, levante as folhas de apuração parcial das seções cujos resultados tiverem sido alterados, bem como o mapa geral da respectiva circunscrição, de acordo com as alterações decorrentes do julgado, devendo o mapa ser publicado no Diário da Justiça.

§3º A esse mapa admitir-se-á, dentro em 48 horas de sua publicação, impugnação fundada em erro de conta ou de cálculo, decorrente da própria sentença.

§4º *À medida que forem sendo publicados os mapas gerais de cada circunscrição a Secretaria irá fazendo a apuração final do pleito, lançando seus resultados em folha apropriada.*

Art. 90. Os mapas gerais de todas as circunscrições, com as impugnações, se houver, e a folha da apuração final levantada pela Secretaria, serão autuados e distribuídos a um relator geral, designado pelo presidente.

Parágrafo único. Recebidos os autos, após a audiência do procurador-geral, o relator, dentro em 48 horas, resolverá as impugnações relativas aos erros de conta ou de cálculo, mandando fazer as correções, se for caso, e apresentará, a seguir, o relatório final, com os nomes dos candidatos que deverão ser proclamados eleitos e os dos demais candidatos, na ordem decrescente das votações.

Art. 91. Aprovada em sessão especial a apuração geral, o presidente anunciará, na ordem decrescente da votação, os nomes dos votados, proclamando solenemente, a seguir, eleitos presidente e vice-presidente da República os candidatos que tiverem obtido maioria de votos.

§1º O extrato da ata geral servirá de diploma do presidente da República, e será acompanhado da seguinte declaração:

"O Tribunal Superior Eleitoral declara eleito presidente da República, para o [...] período presidencial, a começar aos [...] dias do mês de [...] do ano de mil novecentos e cinquenta e [...] o cidadão [...], de acordo com a ata anexa".

§2º Proceder-se-á por igual com referência ao vice-presidente da República.

§3º As declarações referidas nos parágrafos anteriores serão assinadas por todos os juízes do Tribunal e pelo procurador-geral, e entregues aos eleitos em sessão especialmente convocada para esse fim.

TÍTULO VI
DISPOSIÇÕES GERAIS

Art. 92. No cômputo dos prazos referidos neste regimento observar-se-ão as regras de direito comum, iniciando-se o seu curso da publicação no Diário da Justiça, salvo disposição em contrário.

§1º Não poderá ser nomeado assessor ou auxiliar de ministro, cônjuge, companheiro, ou parente até o terceiro grau civil, inclusive, de qualquer dos ministros, efetivos ou substitutos.

§2º Salvo se servidor efetivo do tribunal, não poderá ser nomeado ou designado para cargo ou função de confiança, cônjuge, companheiro, ou parente até o terceiro grau civil, inclusive, de qualquer dos ministros, efetivos ou substitutos.

Art. 93. Qualquer dos juízes do Tribunal poderá propor, por escrito, alterações deste regimento, as quais, depois de examinadas por uma comissão nomeada pelo presidente, serão votadas em sessão com a presença de todos os membros do Tribunal.

Art. 94. Nos casos omissos deste regimento, aplicar-se-á, subsidiariamente, o Regimento Interno do Supremo Tribunal Federal.

Estabelece diretrizes gerais para a aplicação da Lei nº 13.105, de 16 de março de 2015 – Novo Código de Processo Civil –, no âmbito da Justiça Eleitoral.

O TRIBUNAL SUPERIOR ELEITORAL, no uso das atribuições que lhe confere o art. 23, inciso IX, do Código Eleitoral, considerando a necessidade de disciplinar a aplicabilidade da Lei nº 13.105/2015, no âmbito da Justiça Eleitoral, resolve expedir a seguinte resolução:

Capítulo I
DISPOSIÇÕES GERAIS

Art. 1º A presente resolução dispõe sobre a aplicabilidade, no âmbito da Justiça Eleitoral, do Novo Código de Processo Civil – Lei nº 13.105, de 16 de março de 2015 –, que entrou em vigor no dia 18 de março de 2016.

Parágrafo único. As disposições contidas nesta resolução não impedem que outras sejam estipuladas a partir da verificação de sua necessidade.

Art. 2º Em razão da especialidade da matéria, as ações, os procedimentos e os recursos eleitorais permanecem regidos pelas normas específicas previstas na legislação eleitoral e nas instruções do Tribunal Superior Eleitoral.

Parágrafo único. A aplicação das regras do Novo Código de Processo Civil tem caráter supletivo e subsidiário em relação aos feitos que tramitam na Justiça Eleitoral, desde que haja compatibilidade sistêmica.

Art. 3º Aplicam-se aos processos eleitorais o contido nos arts. 9º e 10 do Novo Código de Processo Civil (Lei nº 13.105/2015).

Art. 4º Os feitos eleitorais são gratuitos, não incidindo custas, preparo ou honorários (Lei nº 9.265/1996, art. 1º).

Art. 5º Não se aplica aos feitos eleitorais o instituto do amicus curiae de que trata o art. 138 da Lei nº 13.105, de 2015.

Art. 6º Não se aplicam aos feitos eleitorais as regras relativas à conciliação ou mediação previstas nos arts. 165 e seguintes do Novo Código de Processo Civil.

Capítulo II
DOS PRAZOS

Art. 7º O disposto no art. 219 do Novo Código de Processo Civil não se aplica aos feitos eleitorais.

§1º Os prazos processuais, durante o período definido no calendário eleitoral, serão computados na forma do art. 16 da Lei Complementar nº 64, de 1990, não se suspendendo nos fins de semana ou feriados.

§2º Os prazos processuais, fora do período definido no calendário eleitoral, serão computados na forma do art. 224 do Novo Código de Processo Civil.

§3º Sempre que a lei eleitoral não fixar prazo especial, o recurso deverá ser interposto no prazo de 3 (três) dias, a teor do art. 258 do Código Eleitoral, não se aplicando os prazos previstos no Novo Código de Processo Civil.

Art. 8º O prazo de 30 (trinta) dias de que trata o art. 178 do Novo Código de Processo Civil não se aplica na Justiça Eleitoral.

Art. 9º Durante o período previsto no calendário eleitoral (Lei Complementar nº 64/1990) não se aplica o prazo previsto no art. 234, §2º, do Novo Código de Processo Civil (três dias), podendo a autoridade judiciária determinar a imediata busca e apreensão dos autos se, intimado, o advogado não os devolver.

Art. 10. A suspensão dos prazos processuais entre os dias 20 de dezembro e 20 de janeiro de que trata o art. 220 do Novo Código de Processo Civil aplica-se no âmbito dos cartórios eleitorais e dos tribunais regionais eleitorais.

Capítulo III

DOS ATOS PROCESSUAIS

Art. 11. Na Justiça Eleitoral não é admitida a autocomposição, não sendo aplicáveis as regras dos arts. 190 e 191 do Novo Código de Processo Civil.

Art. 12. As disposições previstas no artigo 203, §4º, do Novo Código de Processo Civil são aplicáveis aos feitos eleitorais.

Art. 13. A regra do art. 205, §3º, do Novo Código de Processo Civil não se aplica aos processos que tramitem durante o período previsto no calendário eleitoral para os quais seja admitida a publicação em cartório, sessão ou a utilização de edital eletrônico (LC nº 64/1990, arts. 8º, 9º e 11, §2º; Lei nº 9.504/1997, art. 94, §5º).

Capítulo IV

DA TUTELA PROVISÓRIA

Art. 14. Os pedidos autônomos de tutela provisória serão autuados em classe própria.

Parágrafo único. Os pedidos apresentados de forma incidental em relação a feitos em tramitação serão encaminhados à autoridade judiciária competente, que determinará a sua juntada aos autos principais ou adotará as providências que entender cabíveis.

Capítulo V

DOS PROCURADORES

Art. 15. Durante o período definido no calendário eleitoral, a carga dos autos para obtenção de cópias no curso de prazo comum às partes, prevista no art. 107, §3º, do Novo Código de Processo Civil, será automaticamente permitida pela serventia pelo prazo de 2 (duas) horas, cabendo à autoridade judiciária decidir sobre eventual pedido de extensão até o limite de 6 (seis) horas.

Capítulo VI

DA ORDEM DOS PROCESSOS NO TRIBUNAL

Art. 16. Nos tribunais eleitorais, o prazo para sustentação oral dos advogados das partes e do representante do Ministério Público será de:

I – 15 (quinze) minutos nos feitos originários (art. 937 do Novo Código de Processo Civil);

II – 10 (dez) minutos, nos recursos eleitorais (art. 272 do Código Eleitoral);

III – 20 (vinte) minutos no recurso contra expedição de diploma, (art. 272, parágrafo único, do Código Eleitoral).

Art. 17. Não se aplica, nos tribunais eleitorais, o quórum previsto no art. 941, §2º, do Novo Código de Processo Civil (arts. 19, parágrafo único, e 28, §4º, do Código Eleitoral).

Art. 18. Os julgamentos das ações originárias e dos recursos nos tribunais eleitorais, inclusive os agravos e embargos de declaração na hipótese do art. 1.024, §1º, do Novo Código de Processo Civil, somente poderão ser realizados 24 horas após a publicação da pauta.

Parágrafo único. O disposto no caput não se aplica:

I – ao julgamento de habeas corpus; recurso em habeas corpus; tutela provisória; liminar em mandado de segurança; e, arguição de impedimento ou suspeição;

II – durante o período eleitoral, aos processos atinentes ao respectivo pleito;

III – às questões de ordem;

IV – à continuidade de julgamento de processos decorrentes da devolução tempestiva de pedido de vista;

V – aos feitos não apreciados cujo julgamento tiver sido expressamente adiado para a primeira sessão seguinte;

VI – aos embargos de declaração, quando julgados na sessão subsequente à respectiva oposição ou, se for o caso, à apresentação da manifestação do embargado;

VII – aos feitos administrativos, com exceção do pedido de registro de partido político;

VIII – às outras hipóteses previstas em lei ou nas resoluções do Tribunal Superior Eleitoral.

Capítulo VII
DOS RECURSOS

Art. 19. As decisões interlocutórias ou sem caráter definitivo proferidas nos feitos eleitorais são irrecorríveis de imediato por não estarem sujeitas à preclusão, ficando os eventuais inconformismos para posterior manifestação em recurso contra a decisão definitiva de mérito.

§1º O juiz ou Tribunal conhecerá da matéria versada na decisão interlocutória como preliminar à decisão de mérito se as partes assim requererem em suas manifestações.

§2º O agravo contra decisão que inadmitir o recurso especial interposto contra decisão interlocutória será processado em autos suplementares, prosseguindo o curso da demanda nos autos principais.

Art. 20. A sistemática dos recursos repetitivos prevista nos arts. 1.036 a 1.042 do Novo Código de Processo Civil não se aplica aos feitos que versem ou possam ter reflexo sobre inelegibilidade, registro de candidatura, diplomação e resultado ou anulação de eleições.

Capítulo VIII
DISPOSIÇÕES FINAIS E TRANSITÓRIAS

Art. 21. Até que seja criada a nova classe processual prevista no art. 14 desta resolução, os pedidos de tutela provisória serão autuados, no Processo Judicial Eletrônico, na classe de Ação Cautelar.

Art. 22. A oitiva de testemunhas e a sustentação oral por meio de videoconferência, previstas nos arts. 385, §3º, 453, §1º, 461, §2º, e 937, §4º, do Novo Código de Processo Civil, serão implantadas de acordo com a disponibilidade técnica de cada cartório ou Tribunal Eleitoral.

Art. 23. As disposições previstas nesta resolução não prejudicam os atos processuais praticados antes da sua publicação.

Art. 24. Esta resolução entra em vigor na data de sua publicação.

Brasília, 10 de maio de 2016.

Ministro DIAS TOFFOLI, presidente e relator – Ministro GILMAR MENDES – Ministro LUIZ FUX – Ministro HERMAN BENJAMIN – Ministro NAPOLEÃO NUNES MAIA FILHO – Ministro HENRIQUE NEVES DA SILVA – Ministra LUCIANA LÓSSIO

1. RESOLUÇÃO Nº 23.605, DE 17 DE DEZEMBRO DE 2019 (Alterada pela Resolução nº 23.664, de 9 dezembro de 2021) – Estabelece diretrizes gerais para a gestão e distribuição dos recursos do Fundo Especial de Financiamento de Campanha (FEFC).

Observe os ajustes promovidos pela resolução nº 23.624/2020, em cumprimento ao estabelecido pela EC nº 107/2020.

O TRIBUNAL SUPERIOR ELEITORAL, no uso das atribuições conferidas pelos artigos 23, IX, do Código Eleitoral e 105 da Lei nº 9.504, de 30 de setembro de 1997, e considerando que lhe foram atribuídas a gestão e a distribuição do Fundo Especial de Financiamento de Campanha (FEFC) aos partidos políticos, RESOLVE:

Art. 1º Esta Resolução fixa procedimentos administrativos para a gestão do Fundo Especial de Financiamento de Campanha (FEFC) e sua distribuição aos diretórios nacionais dos partidos políticos para financiamento de campanhas eleitorais, nos termos dos arts. 16-C e 16-D da Lei nº 9.504/1997.

§1º Aplicam-se à federação de partidos de que trata o art. 11-A da Lei nº 9.096/1995 todas as normas que regem as atividades dos partidos políticos no que diz respeito às eleições, inclusive no que se refere à escolha e registro de candidatos para as eleições majoritárias e proporcionais, à arrecadação e aplicação de recursos em campanhas eleitorais, à propaganda eleitoral, à contagem de votos, à obtenção de cadeiras, à prestação de contas e à convocação de suplentes (Lei nº 9.096/1995, art. 11-A, §8º; e Lei nº 9.504/1997, art. 6º-A).

§2º Assegura-se a preservação da identidade e da autonomia dos partidos integrantes de federação (Lei nº 9.096/1995, art. 11-A, §2º).

§3º Na hipótese de federação, os recursos do FEFC devem ser distribuídos aos diretórios nacionais na proporção do direito de cada um dos partidos que integram a federação, consoante os critérios previstos no art. 5º desta Resolução."

Art. 2º O FEFC integra o Orçamento Geral da União e será disponibilizado, até o primeiro dia útil do mês de junho do ano eleitoral, ao TSE.

§1º A movimentação dos recursos financeiros será efetuada exclusivamente por intermédio dos mecanismos da conta única do Tesouro Nacional, em observância ao disposto no caput do art. 1º da Medida Provisória nº 2.170-36, de 23 de agosto de 2001.

§2º Os partidos podem comunicar ao Tribunal Superior Eleitoral até o 1º (primeiro) dia útil do mês de junho a renúncia ao FEFC, vedada a redistribuição desses recursos aos demais partidos (Lei nº 9.504/97, art. 16-C, §16).

Art. 3º O montante total do FEFC será divulgado, no Portal da Transparência do TSE, no prazo de até 15 dias a contar da data do recebimento da descentralização da dotação orçamentária.

Art. 4º No âmbito do TSE, a Secretaria de Planejamento, Orçamento, Finanças e Contabilidade (SOF), na qualidade de órgão setorial de orçamento e finanças, transferirá os recursos orçamentários e financeiros do FEFC para a Secretaria de Administração (SAD), à qual caberá a distribuição dos recursos aos diretórios nacionais dos partidos políticos.

Art. 5º Os recursos do FEFC devem ser distribuídos, em parcela única, aos diretórios nacionais dos partidos políticos, observados os seguintes critérios (Lei nº 9.504/1997, art. 16-D):

I – 2% (dois por cento), divididos igualitariamente entre todos os partidos com estatutos registrados no TSE;

II – 35% (trinta e cinco por cento), divididos entre os partidos que tenham pelo menos um representante na Câmara dos Deputados, na proporção do percentual de votos por eles obtidos na última eleição geral para a Câmara dos Deputados;

III – 48% (quarenta e oito por cento), divididos entre os partidos, na proporção do número de representantes na Câmara dos Deputados, consideradas as legendas dos titulares; e IV – 15% (quinze por cento), divididos entre os partidos, na proporção do número de representantes no Senado Federal, consideradas as legendas dos titulares.

§1º Para fins do disposto no inciso II do caput deste artigo, consideram-se as retotalizações ocorridas até o primeiro dia útil de junho do ano da eleição.

§2º Para fins do disposto no inciso III do caput deste artigo, a distribuição dos recursos entre os partidos terá por base o número de representantes eleitos para a Câmara dos Deputados na última eleição geral, ressalvados os casos dos detentores de mandato que migraram em razão de o partido pelo qual foram eleitos não ter cumprido os requisitos previstos no §3º do art. 17 da Constituição Federal (Lei nº 9.504/1997, art. 16-D, §3º).

§3º Para fins do disposto no inciso IV do caput deste artigo, a distribuição dos recursos entre os partidos terá por base o número de representantes eleitos para o Senado Federal na última eleição geral, bem como os senadores filiados ao partido que, na data da última eleição geral, encontravam-se no 1º (primeiro) quadriênio de seus mandatos (Lei nº 9.504/1997, art. 16- D, §4º).

§3º-A Para fins de distribuição entre os partidos políticos dos recursos do Fundo Partidário e do FEFC, os votos dados a candidatas ou a candidatos negros para a Câmara dos Deputados nas eleições realizadas de 2022 a 2030 serão contados em dobro (Emenda Constitucional nº 111/2021, art. 2º).

§3º-B A contagem em dobro de votos a que se refere o §3º-A deste artigo somente se aplica uma única vez (Emenda Constitucional nº 111/2021, art. 2º, parágrafo único).

§4º §4º A Secretaria de Modernização, Gestão Estratégica e Socioambiental do TSE realizará o cálculo para identificar o valor individual do Fundo Especial de Financiamento de Campanha a ser destinado aos partidos políticos.

§5º Os valores individuais decorrentes da aplicação de cada critério e os valores totais destinados aos diretórios nacionais dos partidos políticos serão divulgados pelo TSE em sua página na Internet.

§6º Ocorrendo a renúncia de que trata o §2º do art. 2º desta Resolução, a Secretaria de Administração do TSE procederá à imediata devolução à conta do Tesouro Nacional dos valores que seriam distribuídos ao partido renunciante.

Art. 6 Os recursos do FEFC ficarão à disposição do partido político somente após a definição dos critérios para a sua distribuição, os quais devem ser aprovados pela maioria absoluta dos membros do órgão de direção executiva nacional do partido (Lei nº 9.504/1997, art. 16-C, §7º).

§1º Os critérios a serem fixados pela direção executiva nacional do partido devem prever a obrigação de aplicação do total recebido do FEFC de acordo com os seguintes percentuais (STF: ADI nº 5.617/DF, DJE de 3.10.2018, e ADPF-MC nº 738/DF, DJE de 29.10.2020; e TSE: Consulta nº 0600252-18, DJE de 15.8.2018, e Consulta nº 0600306-47, DJE de 5.10.2020):

I – para as candidaturas femininas o percentual corresponderá a proporção dessas candidaturas em relação a soma das candidaturas masculinas e femininas do partido, não podendo ser inferior a 30% (trinta por cento);

II – para as candidaturas de pessoas negras o percentual corresponderá à proporção de:

a) mulheres negras e não negras do gênero feminino do partido; e

b) homens negros e não negros do gênero masculino do partido; e

III – os percentuais de candidaturas femininas e de pessoas negras será obtido pela razão dessas candidaturas em relação ao total de candidaturas do partido em âmbito nacional.

§1º-A Na hipótese de federação, a comissão executiva nacional do partido deve observar os critérios fixados pela federação para distribuição do FEFC aos candidatos que a integram.

§2º Os critérios a que se refere o caput devem ser fixados em valores absolutos ou percentuais, de modo a permitir o controle da Justiça Eleitoral quanto à sua distribuição.

§3º Os diretórios nacionais dos partidos políticos devem promover ampla divulgação dos critérios fixados, preferencialmente em sua página na Internet.

§4º Após a reunião da executiva nacional que deliberar sobre os critérios de distribuição do FEFC, os diretórios nacionais dos partidos políticos devem encaminhar petição por meio eletrônico à Presidência do TSE indicando os critérios fixados para distribuição do FEFC, acompanhado de:

I – ata da reunião, subscrita pelos membros da executiva nacional do partido, com reconhecimento de firma em Cartório ou certificação digital;

II – prova material de ampla divulgação dos critérios de distribuição do FEFC; e

III – indicação dos dados bancários de uma única conta-corrente, aberta exclusivamente em nome do diretório nacional do partido político para movimentação dos recursos do FEFC.

§5º Após o envio dos documentos relacionados nos incisos I a III do §4º deste artigo, a Presidência do TSE determinará:I – à Secretaria de Planejamento, Orçamento, Finanças e Contabilidade (SOF) do TSE, a transferência dos recursos financeiros do FEFC para a conta bancária indicada na forma do inciso III do §4º deste artigo; e

II – à Secretaria de Gestão da Informação do TSE, publicação dos critérios fixados pelos partidos políticos para a distribuição dos recursos do FEFC.

Art. 7º Na hipótese da não apresentação dos documentos exigidos para a distribuição do FEFC aos partidos, nos termos do art. 6º, §4º, desta Resolução, ou na hipótese prevista no art. 2º, §2º, desta resolução, o saldo remanescente do FEFC será devolvido à conta única do Tesouro Nacional, por meio de Guia de Recolhimento da União (GRU).

Art. 8º Os diretórios nacionais dos partidos políticos devem proceder à distribuição do FEFC aos seus candidatos de acordo com os critérios deliberados pela executiva nacional e informados ao TSE.

Parágrafo único. Para que o candidato tenha acesso aos recursos do FEFC, deverá fazer requerimento por escrito ao órgão partidário respectivo (Lei nº 9.504/1997, art. 16-D, §2º).

Art. 9º A regularidade dos gastos eleitorais realizados com recursos do FEFC por candidatos e partidos políticos será analisada na respectiva prestação de contas de campanha eleitoral.

Art. 10. A distribuição dos recursos do FEFC para outros partidos políticos ou candidaturas desses mesmos partidos dar-se-á na forma disciplinada pela resolução que dispõe sobre a arrecadação e os gastos de recursos por partidos políticos e candidatos.

Art. 11. Os recursos provenientes do FEFC que não forem utilizados nas campanhas eleitorais deverão ser devolvidos ao Tesouro Nacional, na forma disciplinada pela resolução que dispõe sobre a arrecadação e os gastos de recursos por partidos políticos e candidatos.

Art. 12. Os casos omissos serão resolvidos pelo Presidente do TSE.

Art. 13. Fica revogada a Res.-TSE nº 23.568, de 24 de maio de 2018.

Art. 14. Esta Resolução entra em vigor na data de sua publicação.

Brasília, 17 de dezembro de 2019

Composição: Ministra Rosa Weber (presidente), Ministros Luís Roberto Barroso, Edson Fachin, Tarcisio Vieira de Carvalho Neto e Sérgio Banhos. Ausentes, sem substitutos, os Ministros Og Fernandes e Luis Felipe Salomão. Vice-Procurador-Geral Eleitoral: Humberto Jacques de Medeiros.

Este texto não substitui o publicado no DJE-TSE, nº 246, de 23.12.2019, p. 2-4.

2. RESOLUÇÃO Nº 23.607, DE 17 DE DEZEMBRO DE 2019 (Alterada pela Resolução nº 23.665, de 9 dezembro de 2021) – Dispõe sobre a arrecadação e os gastos de recursos por partidos políticos e candidatos e sobre a prestação de contas nas eleições.

Observe os ajustes promovidos pela resolução nº 23.624/2020, em cumprimento ao estabelecido pela EC nº 107/2020.

O TRIBUNAL SUPERIOR ELEITORAL, no uso das atribuições que lhe conferem o art. 23, IX, do Código Eleitoral e o art. 105 da Lei nº 9.504, de 30 de setembro de 1997, RESOLVE:

TÍTULO I
DA ARRECADAÇÃO E APLICAÇÃO DE RECURSOS

CAPÍTULO I
DISPOSIÇÕES GERAIS

Art. 1º Esta Resolução disciplina a arrecadação e os gastos de recursos por partidos políticos e candidatos em campanha eleitoral e a prestação de contas à Justiça Eleitoral.

§1º Os recursos arrecadados por partido político fora do período eleitoral são regulados pela resolução específica que trata das prestações de contas anuais dos partidos políticos.

§2º A aplicação dos recursos captados por partido político para as campanhas eleitorais deverá observar o disposto nesta Resolução.

§3º Aplicam-se à federação de partidos de que trata o art. 11-A da Lei nº 9.096/1995 todas as normas que regem as atividades dos partidos políticos no que diz respeito às eleições, inclusive no que se refere à escolha e registro de candidatos para as eleições majoritárias e proporcionais, à arrecadação e aplicação de recursos em campanhas eleitorais, à propaganda eleitoral, à contagem de votos, à obtenção de cadeiras, à prestação de contas e à convocação de suplentes (Lei nº 9.096 /1995, art. 11-A, §8º; e Lei nº 9.504/1997, Art. 6º-A).

§4º Assegura-se a preservação da identidade e da autonomia dos partidos integrantes de federação (Lei nº 9.096/1995, art. 11-A, §2º).

§5º A prestação de contas da federação corresponderá aquela apresentada à Justiça Eleitoral pelos partidos que a integram e em todos os níveis de direção partidária." (NR)

Art. 2º Os partidos políticos e os candidatos poderão arrecadar recursos para custear as despesas de campanhas destinadas às eleições, nos termos desta Resolução.

Art. 3º A arrecadação de recursos para campanha eleitoral de qualquer natureza deverá observar os seguintes pré-requisitos:

I – para candidatos:

a) requerimento do registro de candidatura;

b) inscrição no Cadastro Nacional da Pessoa Jurídica (CNPJ);

c) abertura de conta bancária específica destinada a registrar a movimentação financeira de campanha; e

d) emissão de recibos eleitorais, observado o disposto no art. 7º desta Resolução, na hipótese de:

1. doações estimáveis em dinheiro; e

2. doações pela internet (Lei nº 9.504/1997, art. 23, 4º, III, "b");

II – para partidos:

a) o registro ou a anotação conforme o caso, no respectivo órgão da Justiça Eleitoral;

b) inscrição no Cadastro Nacional da Pessoa Jurídica (CNPJ);

c) abertura de conta bancária específica destinada a registrar a movimentação financeira de campanha; e

d) emissão de recibos de doação na forma regulamentada pelo Tribunal Superior Eleitoral nas prestações de contas anuais.

Parágrafo único. Na hipótese de partido político, a conta bancária a que se refere a alínea "c" do inciso II é aquela prevista na resolução que trata das prestações de contas anuais dos partidos políticos e que se destina à movimentação de recursos referentes às "Doações para Campanha".

Seção I

Do Limite de Gastos

Art. 4º Os limites de gastos de campanha serão definidos em lei e divulgados pelo Tribunal Superior Eleitoral (Lei nº 9.504/1997, art. 18).

§1º A atualização dos valores terá como termo inicial o mês de julho de 2016 e como termo final o mês de junho de 2020.

§2º A Presidência do Tribunal Superior Eleitoral publicará portaria até 20 de julho do ano das eleições para divulgação dos limites de gastos de campanha.§2º-A O limite de gastos fixado para o cargo da eleição majoritária é único e inclui os gastos realizados pelo candidato ao cargo de vice ou suplente.

§3º O limite de gastos para os municípios criados após a eleição de 2016 será calculado conforme o limite de gastos previsto para o município-mãe, procedendo-se ao rateio de tal valor entre o município-mãe e o novo município de acordo com o número de eleitores transferidos, observando, quando for o caso, o menor valor previsto para o município no Estado.

§4º Nas campanhas para segundo turno das eleições para prefeito, onde houver, o limite de gastos de cada candidato será de 40% (quarenta por cento) do limite previsto no caput deste artigo (Lei nº 9.504/1997, art. 18-C, parágrafo único).

§5º Os gastos advocatícios e de contabilidade referentes a consultoria, assessoria e honorários, relacionados à prestação de serviços em campanhas eleitorais e em favor destas, bem como em processo judicial decorrente de defesa de interesses de candidato ou partido político, não estão sujeitos a limites de gastos ou a limites que possam impor dificuldade ao exercício da ampla defesa (Lei nº 9.504/1997, art. 18-A, parágrafo único).

Art. 5º Os limites de gastos para cada eleição compreendem os gastos realizados pelo candidato e os efetuados por partido político que possam ser individualizados, na forma do art. 20, II, desta Resolução, e incluirão:

I – o total dos gastos de campanha contratados pelos candidatos;

II – as transferências financeiras efetuadas para outros partidos políticos ou outros candidatos; e

III – as doações estimáveis em dinheiro recebidas.

Parágrafo único. Os valores transferidos pelo candidato para a conta bancária do seu partido político serão considerados, para a aferição do limite de gastos, no que excederem as despesas realizadas pelo partido político em prol de sua candidatura, excetuada a transferência das sobras de campanhas.

Art. 6º Gastar recursos além dos limites estabelecidos sujeita os responsáveis ao pagamento de multa no valor equivalente a 100% (cem por cento) da quantia que exceder o limite estabelecido, a qual deverá ser recolhida no prazo de cinco dias úteis contados da intimação da decisão judicial, podendo os responsáveis responderem, ainda, por abuso do poder econômico, na forma do art. 22 da Lei Complementar nº 64/1990, sem prejuízo de outras sanções cabíveis (Lei nº 9.504/1997, art. 18-B).

§1º A apuração do excesso de gastos será realizada no momento do exame da prestação de contas dos candidatos e dos partidos políticos, se houver elementos suficientes para sua constatação.

§2º A apuração ou a decisão sobre o excesso de gastos no processo de prestação de contas não prejudica não prejudica e não vincula a análise das representações de que tratam o art. 22 da Lei Complementar nº 64/1990 e o art. 30-A da Lei nº 9.504/1997 nem a aplicação das demais sanções previstas na legislação.

§3º A apuração do excesso de gastos no processo de prestação de contas não impede que a verificação também seja realizada em outros feitos judiciais, a partir de outros elementos, hipótese em que o valor penalizado na prestação de contas deverá ser descontado da multa incidente sobre o novo excesso de gastos verificado em outros feitos, de forma a não permitir a duplicidade da sanção.

§4º O disposto no §3º não impede que o total dos excessos revelados em todos os feitos possa ser considerado, quando for o caso, para a análise da gravidade da irregularidade e para a aplicação das demais sanções.

Seção II
Dos Recibos Eleitorais

Art. 7º Deverá ser emitido recibo eleitoral de toda e qualquer arrecadação de recursos:

I – estimáveis em dinheiro para a campanha eleitoral, inclusive próprios; e

II – por meio da internet (Lei nº 9.504/1997, art. 23, §4º, III, "b").

§1º As doações financeiras devem ser comprovadas, obrigatoriamente, por meio de documento bancário que identifique o CPF/CNPJ dos doadores, sob pena de configurar o recebimento de recursos de origem não identificada de que trata o art. 32 desta Resolução.

§2º Os candidatos deverão imprimir recibos eleitorais diretamente do Sistema de Prestação de Contas Eleitorais (SPCE).

§3º Os partidos políticos deverão utilizar os recibos emitidos pelo Sistema de Prestação de Contas Anual (SPCA), ainda que as doações sejam recebidas durante o período eleitoral.

§4º Os recibos eleitorais deverão ser emitidos em ordem cronológica concomitantemente ao recebimento da doação.

§5º No caso das doações com cartão de crédito, o recibo eleitoral deverá ser emitido no ato da doação, devendo ser cancelado na hipótese de estorno, desistência ou não confirmação da despesa do cartão (Lei nº 9.504/1997, art. 23, §4º, III, "b").

§6º É facultativa a emissão do recibo eleitoral previsto no caput nas seguintes hipóteses:

I – cessão de bens móveis, limitada ao valor de R$ 4.000,00 (quatro mil reais) por cedente;

II – doações estimáveis em dinheiro entre candidatos e partidos políticos decorrentes do uso comum tanto de sedes quanto de materiais de propaganda eleitoral, cujo gasto deverá ser registrado na prestação de contas do responsável pelo pagamento da despesa; e

III – cessão de automóvel de propriedade do candidato, do cônjuge e de seus parentes até o terceiro grau para seu uso pessoal durante a campanha.

§7º Para os fins do disposto no inciso II do §6º desta Resolução, considera-se uso comum:

I – de sede: o compartilhamento de idêntico espaço físico para atividades de campanha eleitoral, compreendidas a doação estimável referente à locação e manutenção do espaço físico, excetuada a doação estimável referente às despesas com pessoal, regulamentada no art. 41 desta norma;

II – de materiais de propaganda eleitoral: a produção conjunta de materiais publicitários impressos, observado o disposto no art. 38, §2º, da Lei nº 9.504/1997.

§8º Na hipótese de arrecadação de campanha realizada pelo vice ou pelo suplente, devem ser utilizados os recibos eleitorais do titular.

§9º Os recibos eleitorais conterão referência aos limites de doação, com a advertência de que a doação destinada às campanhas eleitorais acima de tais limites poderá gerar a aplicação de multa de até 100% (cem por cento) do valor do excesso.

§10. A dispensa de emissão de recibo eleitoral prevista no §6º deste artigo não afasta a obrigatoriedade de serem registrados na prestação de contas dos doadores e na de seus beneficiários os valores das operações constantes dos incisos I a III do referido parágrafo, observado o disposto no art. 38, §2º, da Lei nº 9.504/1997.

Art. 8º É obrigatória para os partidos políticos e os candidatos a abertura de conta bancária específica, na Caixa Econômica Federal, no Banco do Brasil ou em outra instituição financeira com carteira comercial reconhecida pelo Banco Central do Brasil e que atendam à obrigação prevista no art. 13 desta Resolução.

§1º A conta bancária deve ser aberta em agências bancárias, postos de atendimento bancário ou por meios eletrônicos:

I – pelo candidato, no prazo de 10 (dez) dias contados da concessão do CNPJ pela Secretaria da Receita Federal do Brasil;

II – os partidos que não abriram a conta bancária "Doações para Campanha" até o dia 15 de agosto de 2018, poderão fazê-lo até 15 de agosto do ano eleitoral.

§2º A obrigação prevista neste artigo deve ser cumprida pelos partidos políticos e pelos candidatos, mesmo que não ocorra arrecadação e/ou movimentação de recursos financeiros, observado o disposto no §4º deste artigo e no art. 12 desta Resolução.

§3º Os candidatos a vice e suplente não são obrigados a abrir conta bancária específica, mas, se o fizerem, os respectivos extratos bancários deverão compor a prestação de contas dos titulares.

§4º A obrigatoriedade de abertura de conta bancária eleitoral prevista no caput não se aplica às candidaturas:

I – em circunscrição onde não haja agência bancária ou posto de atendimento bancário (Lei nº 9.504/1997, art. 22, §2º);

II – cujo candidato renunciou ao registro, desistiu da candidatura, teve o registro indeferido ou foi substituído antes do fim do prazo de 10 (dez) dias a contar da emissão do CNPJ de campanha, desde que não haja indícios de arrecadação de recursos e realização de gastos eleitorais.

§5º A abertura de conta nas situações descritas no §4º deste artigo obriga os candidatos a apresentarem os extratos bancários em sua integralidade.

Art. 9º Na hipótese de repasse de recursos oriundos do Fundo de Assistência Financeira aos Partidos Políticos (Fundo Partidário) e do Fundo Especial de Financiamento de Campanha (FEFC), os partidos políticos e os candidatos devem abrir contas bancárias distintas e específicas para o registro da movimentação financeira desses recursos.

§1º O partido político que aplicar recursos do Fundo Partidário na campanha eleitoral deve fazer a movimentação financeira diretamente na conta bancária estabelecida no art. 43 da Lei nº 9.096/1995.

§2º É vedada a transferência de recursos entre contas cujas fontes possuam naturezas distintas.

Art. 10. As contas bancárias devem ser abertas mediante a apresentação dos seguintes documentos:

I – pelos candidatos:

a) Requerimento de Abertura de Conta Bancária, disponível na página dos tribunais eleitorais na internet;

b) comprovante de inscrição no CNPJ para as eleições, disponível na página da Secretaria da Receita Federal do Brasil na internet (www.receita.fazenda.gov.br); e

c) nome dos responsáveis pela movimentação da conta bancária com endereço atualizado;

II – pelos partidos políticos:

a) Requerimento de Abertura de Conta Bancária, disponível na página do Tribunal Superior Eleitoral na internet;

b) comprovante da inscrição no CNPJ já existente, disponível na página da Secretaria da Receita Federal do Brasil na internet (www.receita.fazenda.gov.br);

c) certidão de composição partidária, disponível na página do Tribunal Superior Eleitoral na internet (www.tse.jus.br); e

d) nome dos responsáveis pela movimentação da conta bancária com endereço atualizado.

§1º As contas bancárias específicas de campanha eleitoral devem ser identificadas pelos partidos políticos e pelos candidatos de acordo com o nome constante do CNPJ fornecido pela Secretaria da Receita Federal do Brasil.

§2º Os representantes, mandatários ou prepostos autorizados a movimentar a conta devem ser identificados e qualificados conforme regulamentação específica do Banco Central do Brasil; e, além daqueles exigidos no caput, os bancos devem exigir a apresentação dos seguintes documentos:

I – do candidato e das demais pessoas autorizadas a movimentar a conta bancária:

a) documento de identificação pessoal;

b) comprovante de endereço atualizado; e

c) comprovante de inscrição no CPF;

II – dos partidos políticos, seus dirigentes e demais pessoas autorizadas a movimentar a conta bancária:

a) documento de identificação pessoal;

b) comprovante de endereço atualizado; e

c) comprovante de inscrição no CPF.

§3º A apresentação dos documentos exigidos nas alíneas "a" e "b" dos incisos I e II do §2º deste artigo deve observar o disposto nas instruções do Banco Central do Brasil.

§4º A informação do endereço do candidato, constante do documento exigido na alínea "b" do inciso I do §2º deste artigo, deve ser compatível com o endereço informado no Requerimento de Abertura de Conta (RAC).

§5º A apresentação dos documentos previstos no caput pode ser dispensada, a critério do banco, na hipótese de abertura de nova conta bancária para movimentação de recursos do Fundo Partidário e do Fundo Especial de Financiamento de Campanha (FEFC) por candidato na mesma agência bancária na qual foi aberta a conta original de campanha.

§6º A eventual recusa ou o embaraço à abertura de conta pela instituição financeira, inclusive no prazo fixado em lei, sujeitará o responsável ao disposto no art. 347 do Código Eleitoral.

Art. 11. Os partidos políticos devem manter, em sua prestação de contas anual, contas específicas para o registro da escrituração contábil das movimentações financeiras dos recursos destinados às campanhas eleitorais, a fim de permitir a segregação desses recursos em relação a quaisquer outros e a identificação de sua origem.

Art. 12. Os bancos são obrigados a (Lei nº 9.504/1997, art. 22, §1º):

I – acatar, em até 3 (três) dias, o pedido de abertura de conta de qualquer candidato escolhido em convenção, sendo-lhes vedado condicionar a conta ao depósito mínimo e à cobrança de taxas ou de outras despesas de manutenção;

II – identificar, nos extratos bancários da conta-corrente a que se referem o inciso I deste artigo e o art. 9º desta Resolução, o CPF ou o CNPJ do doador e do fornecedor de campanha;

III – encerrar as contas bancárias dos candidatos destinadas à movimentação de recursos do Fundo Partidário e de doações para campanha no fim do ano da eleição, transferindo a totalidade do saldo existente para a conta bancária do órgão de direção da circunscrição, na forma prevista no art. 51 desta Resolução, e informar o fato à Justiça Eleitoral;

IV – encerrar as contas bancárias do candidato e do partido político destinadas à movimentação de recursos do Fundo Especial de Financiamento de Campanha (FEFC) no fim do ano da eleição, transferindo a totalidade do saldo existente para o Tesouro Nacional, na forma prevista no art. 51 desta Resolução, e informar o fato à Justiça Eleitoral.

§1º A obrigação prevista no inciso I abrange a abertura de contas específicas para a movimentação de recursos do Fundo Partidário e do Fundo Especial de Financiamento de Campanha (FEFC) de que trata o art. 9º, bem como as contas dos partidos políticos denominadas "Doações para Campanha".

§2º A vedação quanto à cobrança de taxas e/ou outras despesas de manutenção não alcança as demais taxas e despesas normalmente cobradas por serviços bancários avulsos, na forma autorizada e disciplinada pelo Banco Central do Brasil.

§3º Os bancos somente aceitarão, nas contas abertas para uso em campanha, depósitos/créditos de origem identificada pelo nome ou razão social do doador e pelo respectivo número de inscrição no CPF ou no CNPJ.

§4º A obrigação prevista no caput deve ser cumprida pelos bancos mesmo se vencidos os prazos previstos no §1º do art. 8º desta Resolução.

§5º A exigência de identificação do CPF/CNPJ do doador nos extratos bancários de que trata o inciso II deste artigo será atendida pelos bancos mediante o envio à Justiça Eleitoral dos respectivos extratos eletrônicos, na forma do art. 13 desta Resolução.

§6º A não identificação do CPF/CNPJ do doador nos extratos bancários de que trata o inciso II deste artigo, inclusive no que se refere ao prazo fixado para envio à Justiça Eleitoral, sujeitará o responsável ao disposto no art. 347 do Código Eleitoral.

§7º A conta bancária "Doações para campanha" dos partidos políticos possui caráter permanente e não deve ser encerrada no fim do período eleitoral.

Art. 13. As instituições financeiras devem encaminhar ao Tribunal Superior Eleitoral o extrato eletrônico das contas bancárias abertas para as campanhas eleitorais dos partidos políticos e candidatos, para instrução dos respectivos processos de prestação de contas, no prazo de até 15 (quinze) dias após o encerramento do mês anterior.

§1º O disposto no caput também se aplica às contas bancárias específicas destinadas ao recebimento de doações para campanha e àquelas destinadas à movimentação dos recursos do Fundo Partidário e do Fundo Especial de Financiamento de Campanha (FEFC).

§2º As contas bancárias utilizadas para o registro da movimentação financeira de campanha eleitoral não estão submetidas ao sigilo disposto na Lei Complementar nº 105, de 10 de janeiro de 2001, e seus extratos, em meio físico ou eletrônico, integram as informações de natureza pública que compõem a prestação de contas à Justiça Eleitoral.

§3º Os extratos eletrônicos das contas bancárias, tão logo recebidos pela Justiça Eleitoral, serão disponibilizados para consulta pública na página do Tribunal Superior Eleitoral na internet.

§4º Os extratos eletrônicos devem ser padronizados e fornecidos conforme normas específicas do Banco Central do Brasil e devem compreender o registro da movimentação financeira entre as datas de abertura e encerramento da conta bancária.

Art. 14. O uso de recursos financeiros para o pagamento de gastos eleitorais que não provenham das contas específicas de que tratam os arts. 8º e 9º implicará a desaprovação da prestação de contas do partido político ou do candidato (Lei nº 9.504/1997, art. 22, §3º).

§1º Se comprovado o abuso do poder econômico por candidato, será cancelado o registro da sua candidatura ou cassado o seu diploma, se já houver sido outorgado (Lei nº 9.504/1997, art. 22, §3º).

§2º O disposto no caput também se aplica à arrecadação de recursos para campanha eleitoral os quais não transitem pelas contas específicas previstas nesta Resolução.

CAPÍTULO II
DA ARRECADAÇÃO

Seção I
Das Origens dos Recursos

Art. 15. Os recursos destinados às campanhas eleitorais, respeitados os limites previstos, somente são admitidos quando provenientes de:

I – recursos próprios dos candidatos;

II – doações financeiras ou estimáveis em dinheiro de pessoas físicas;

III – doações de outros partidos políticos e de outros candidatos;

IV – comercialização de bens e/ou serviços ou promoção de eventos de arrecadação realizados diretamente pelo candidato ou pelo partido político;

V – recursos próprios dos partidos políticos, desde que identificada a sua origem e que sejam provenientes:

a) do Fundo Partidário, de que trata o art. 38 da Lei nº 9.096/1995;

b) do Fundo Especial de Financiamento de Campanha (FEFC);

c) de doações de pessoas físicas efetuadas aos partidos políticos;

d) de contribuição dos seus filiados;

e) da comercialização de bens, serviços ou promoção de eventos de arrecadação;

f) de rendimentos decorrentes da locação de bens próprios dos partidos políticos;

VI – rendimentos gerados pela aplicação de suas disponibilidades.

§1º Os rendimentos financeiros e os recursos obtidos com a alienação de bens têm a mesma natureza dos recursos investidos ou utilizados para sua aquisição e devem ser creditados na conta bancária na qual os recursos financeiros foram aplicados ou utilizados para aquisição do bem.

§2º O partido político não poderá transferir para o candidato ou utilizar, direta ou indiretamente, nas campanhas eleitorais, recursos que tenham sido doados por pessoas jurídicas, ainda que em exercícios anteriores (STF, ADI nº 4.650).

Art. 16. A utilização de recursos próprios que tenham sido obtidos mediante empréstimo somente é admitida quando a contratação ocorrer em instituições financeiras ou equiparadas autorizadas a funcionar pelo Banco Central do Brasil e, no caso de candidatos, quando cumpridos os seguintes requisitos cumulativos:

I – devem estar caucionados por bem integrante do seu patrimônio no momento do registro de candidatura;

II não devem ultrapassar a capacidade de pagamento decorrente dos rendimentos de sua atividade econômica.

§1º O candidato e o partido político devem comprovar à Justiça Eleitoral até a entrega da prestação de contas final:

I – a realização do empréstimo por meio de documentação legal e idônea; e

II – na hipótese de candidato, a sua integral quitação em relação aos recursos aplicados em campanha.

§2º A autoridade judicial pode determinar que o candidato ou o partido político identifique a origem dos recursos utilizados para a quitação, sob pena de serem os recursos considerados de origem não identificada.

Seção II
Do Fundo Especial de Financiamento de Campanha (FEFC)

Art. 17. O Fundo Especial de Financiamento de Campanha (FEFC) será disponibilizado pelo Tesouro Nacional ao Tribunal Superior Eleitoral e distribuído aos diretórios nacionais dos partidos políticos na forma disciplinada pelo Tribunal Superior Eleitoral (Lei nº 9.504/1997, art. 16-C, §2º).

§1º Inexistindo candidatura própria ou em coligação na circunscrição, é vedado o repasse dos recursos do Fundo Especial de Financiamento de Campanha (FEFC) para outros partidos políticos ou candidaturas desses mesmos partidos.

§2º É vedado o repasse de recursos do FEFC, dentro ou fora da circunscrição, por partidos políticos ou candidatos:

I – não pertencentes à mesma coligação; e/ou

II – não coligados.

2º-A A inobservância do disposto no §2º deste artigo configura irregularidade grave e caracteriza o recebimento de recursos de fonte vedada.

§3º Os recursos provenientes do Fundo Especial de Financiamento de Campanha (FEFC) que não forem utilizados nas campanhas eleitorais deverão ser devolvidos ao Tesouro Nacional, integralmente, por meio de Guia de Recolhimento da União (GRU), no momento da apresentação da respectiva prestação de contas.

§4º Para o financiamento de candidaturas femininas e de pessoas negras os partidos devem destinar os seguintes percentuais do montante recebido do Fundo Especial de Financiamento de Campanha (FEFC) (STF: ADI nº 5.617/DF, DJE de 3.10.2018, e ADPF-MC nº 738/DF, DJE de 29.10.2020; e TSE: Consulta nº 0600252-18, DJE de 15.8.2018, e Consulta nº 0600306-47, DJE de 5.10.2020):

I – para as candidaturas femininas o percentual corresponderá a proporção dessas candidaturas em relação a soma das candidaturas masculinas e femininas do partido, não podendo ser inferior a 30% (trinta por cento);

II – para as candidaturas de pessoas negras o percentual corresponderá à proporção de:

a) mulheres negras e não negras do gênero feminino do partido; e

b) homens negros e não negros do gênero masculino do partido; e

III – os percentuais de candidaturas femininas e de pessoas negras será obtido pela razão dessas candidaturas em relação ao total de candidaturas do partido em âmbito nacional.

§5º Revogado.

§5º-A A regularidade da aplicação mínima dos percentuais mencionados nos incisos I e II do §4º deste artigo será apurada na prestação de contas do diretório nacional do partido político.

§6º A verba do Fundo Especial de Financiamento das Campanhas (FEFC) destinada ao custeio das campanhas femininas e de pessoas negras deve ser aplicada exclusivamente nestas campanhas, sendo ilícito o seu emprego no financiamento de outras campanhas não contempladas nas cotas a que se destinam.

§7º O disposto no §6º deste artigo não impede: o pagamento de despesas comuns com candidatos do gênero masculino e de pessoas não negras; a transferência ao órgão partidário de verbas destinadas ao custeio da sua cota-parte em despesas coletivas, desde que haja benefício para campanhas femininas e de pessoas negras.

§8º O emprego ilícito de recursos do Fundo Especial de Financiamento das Campanhas (FEFC) nos termos dos §§6º e 7º deste artigo, inclusive na hipótese de desvio de finalidade, sujeitará os responsáveis e beneficiários às sanções do art. 30-A da Lei nº 9.504/1997, sem prejuízo das demais cominações legais cabíveis.

§9º Na hipótese de repasse de recursos do FEFC em desacordo com as regras dispostas neste artigo, configura-se a aplicação irregular dos recursos, devendo o valor repassado irregularmente ser recolhido ao Tesouro Nacional pelo órgão ou candidato que realizou o repasse tido por irregular, respondendo solidariamente pela devolução o recebedor, na medida dos recursos que houver utilizado.

§10. Os recursos correspondentes aos percentuais previstos no §4º deste artigo devem ser distribuídos pelos partidos até a data final para entrega da prestação de contas parcial." (NR)

Seção III
Da Aplicação dos Recursos

Art. 18. As doações realizadas por pessoas físicas ou as contribuições de filiados recebidas pelos partidos políticos em anos anteriores ao da eleição para sua manutenção ordinária, creditadas na conta bancária destinada à movimentação financeira de "Outros Recursos", prevista na resolução que trata das prestações de contas anuais dos partidos políticos, podem ser aplicadas nas campanhas eleitorais, desde que observados os seguintes requisitos cumulativos:

I – identificação da sua origem e escrituração individualizada das doações e contribuições recebidas, na prestação de contas anual, assim como seu registro financeiro na prestação de contas de campanha eleitoral do partido político;

II – observância das normas estatutárias e dos critérios definidos pelos respectivos órgãos de direção nacional, os quais devem ser fixados objetivamente e encaminhados ao Tribunal Superior Eleitoral até 15 de agosto do ano eleitoral;

III – transferência para a conta bancária "Doações para Campanha", antes de sua destinação ou utilização, respeitados os limites legais impostos a tais doações, calculados com base nos rendimentos auferidos no ano anterior ao da eleição em que a doação for aplicada, ressalvados os recursos do Fundo Partidário, cuja utilização deverá observar o disposto no art. 9º, §§1º e 2º desta Resolução; e

IV – identificação, na prestação de contas eleitoral do partido político e nas respectivas contas anuais, do nome ou razão social e do número do CPF da pessoa física ou do CNPJ do candidato ou partido doador, bem como a identificação do número do recibo de doação original, emitido na forma do art. 7º desta Resolução.

§1º O encaminhamento de que trata o inciso II deve ser endereçado à Presidência do Tribunal Superior Eleitoral, que os divulgará em sua página na internet.

§2º Os recursos auferidos nos anos anteriores devem ser identificados nas respectivas contas contábeis nas prestações de contas anuais da agremiação, que devem ser apresentadas até 30 de junho do ano eleitoral.

§3º Somente os recursos provenientes do Fundo Partidário ou de doações de pessoas físicas contabilizados na forma do parágrafo anterior podem ser utilizados nas campanhas eleitorais.

Art. 19. Os partidos políticos podem aplicar nas campanhas eleitorais os recursos do Fundo Partidário, inclusive aqueles recebidos em exercícios anteriores. §1º A aplicação dos recursos provenientes do Fundo Partidário nas campanhas eleitorais pode ser realizada mediante:

I – transferência bancária eletrônica para conta bancária do candidato, aberta nos termos do art. 9º desta Resolução;

II – pagamento dos custos e das despesas diretamente relacionados às campanhas eleitorais dos candidatos e dos partidos políticos, procedendo-se à sua individualização.

§2º Os partidos políticos devem manter as anotações relativas à origem e à transferência dos recursos na sua prestação de contas anual e devem registrá-las na prestação de contas de campanha eleitoral de forma a permitir a identificação do destinatário dos recursos ou do seu beneficiário.

§3º Para o financiamento de candidaturas femininas e de pessoas negras, a representação do partido político na circunscrição do pleito deve destinar os seguintes percentuais relativos aos seus gastos contratados com recursos do Fundo Partidário:

I – para as candidaturas femininas o percentual corresponderá a proporção dessas candidaturas em relação a soma das candidaturas masculinas e femininas do partido, não podendo ser inferior a 30% (trinta por cento);

II – para as candidaturas de pessoas negras o percentual corresponderá à proporção de:

a) mulheres negras e não negras do gênero feminino do partido; e

b) homens negros e não negros do gênero masculino do partido; e

III – Os percentuais de candidaturas femininas e de pessoas negras será obtido pela razão dessas candidaturas em relação ao total de candidaturas da representação do partido político na circunscrição do pleito.

§4º Havendo percentual mais elevado de candidaturas femininas, o mínimo de recursos globais do Fundo Partidário destinados a campanhas deve ser aplicado no financiamento das campanhas de candidatas na mesma proporção.

§4º-A A regularidade da aplicação mínima dos percentuais mencionados nos incisos I e II do §3º deste artigo será apurada na prestação de contas da representação do partido político na circunscrição do pleito.

§5º A verba do Fundo Partidário destinada ao custeio das campanhas femininas e de pessoas negras deve ser aplicada exclusivamente nestas campanhas, sendo ilícito o seu emprego no financiamento de outras campanhas não contempladas nas cotas a que se destinam.

§6º O disposto no §5º deste artigo não impede: o pagamento de despesas comuns com candidatos do gênero masculino e de pessoas não negras; a transferência ao órgão partidário de verbas destinadas ao custeio da sua cota-parte em despesas coletivas, desde que haja benefício para campanhas femininas e de pessoas negras.

§7º É vedado o repasse de recursos do Fundo Partidário, dentro ou fora da circunscrição, por partidos políticos ou candidatos:

I – não pertencentes à mesma coligação; e/ou

II – não coligados.

§7º-A A inobservância do disposto no §7º deste artigo configura irregularidade grave e caracteriza o recebimento de recursos de fonte vedada.

§8º O emprego ilícito de recursos do Fundo Partidário nos termos dos §§5º e 6º deste artigo sujeitará os responsáveis e beneficiários às sanções do art. 30-A da Lei nº 9.504/1997, inclusive na hipótese de desvio de finalidade, sem prejuízo das demais cominações legais cabíveis.

§9º Na hipótese de repasse de recursos do Fundo Partidário em desacordo com as regras dispostas neste artigo, configura-se a aplicação irregular dos recursos, devendo o valor repassado irregularmente ser recolhido ao Tesouro Nacional pelo órgão ou candidato que realizou o repasse tido por irregular, respondendo solidariamente pela devolução o recebedor, na medida dos recursos que houver utilizado.

§10. Os recursos correspondentes aos percentuais previstos no §3º deste artigo devem ser distribuídos pelos partidos até a data final para entrega da prestação de contas parcial" (NR)

Art. 20. As despesas e os custos assumidos pelo partido político e utilizados em benefício de uma ou mais candidaturas devem ser registrados, observado o disposto no art. 38, §2º, da Lei nº 9.504/1997:

I – integralmente como despesas financeiras na conta do partido;

II – como transferências realizadas de recursos estimáveis aos candidatos beneficiados, de acordo com o valor individualizado, apurado mediante o rateio entre todas as candidaturas beneficiadas, na proporção do benefício auferido, exceto para as doações estimáveis decorrentes de gastos partidários com honorários de serviços advocatícios e de contabilidade.

Seção IV
Das Doações

Art. 21. As doações de pessoas físicas e de recursos próprios somente poderão ser realizadas, inclusive pela internet, por meio de:

I – transação bancária na qual o CPF do doador seja obrigatoriamente identificado;

II – doação ou cessão temporária de bens e/ou serviços estimáveis em dinheiro, com a demonstração de que o doador é proprietário do bem ou é o responsável direto pela prestação de serviços;

III – instituições que promovam técnicas e serviços de financiamento coletivo por meio de sítios da internet, aplicativos eletrônicos e outros recursos similares.

§1º As doações financeiras de valor igual ou superior a R$ 1.064,10 (mil e sessenta e quatro reais e dez centavos) só poderão ser realizadas mediante transferência eletrônica entre as contas bancárias do doador e do beneficiário da doação ou cheque cruzado e nominal.

§2º O disposto no §1º aplica-se também à hipótese de doações sucessivas realizadas por um mesmo doador em um mesmo dia.

§3º As doações financeiras recebidas em desacordo com este artigo não podem ser utilizadas e devem, na hipótese de identificação do doador, ser a ele restituídas ou, se isso não for possível, devem ser consideradas de origem não identificada e recolhidas ao Tesouro Nacional, na forma prevista no caput do art. 32 desta Resolução.

§4º No caso da utilização das doações financeiras recebidas em desacordo com este artigo, ainda que identificado o doador, os valores devem ser recolhidos ao Tesouro Nacional, na forma do disposto caput do art. 32 desta Resolução.

§5º Além da consequência disposta no parágrafo anterior, o impacto sobre a regularidade das contas decorrente da utilização dos recursos recebidos em desacordo com este artigo será apurado e decidido por ocasião do julgamento .

§6º É vedado o uso de moedas virtuais para o recebimento de doações financeiras.

Art. 22. O financiamento coletivo, se adotado, deverá atender aos seguintes requisitos:

I – cadastro prévio na Justiça Eleitoral pela instituição arrecadadora, observado o atendimento, nos termos da lei e da regulamentação expedida pelo Banco Central do Brasil, dos critérios para operar arranjos de pagamento;

II – identificação obrigatória, com o nome completo e o número de inscrição no cadastro de pessoas físicas (CPF) de cada um dos doadores, o valor das quantias doadas individualmente, a forma de pagamento e as datas das respectivas doações;

III disponibilização, em sítio eletrônico, de lista com identificação dos doadores e das respectivas quantias doadas, a ser atualizada instantaneamente a cada nova doação, cujo endereço eletrônico, bem como a identificação da instituição arrecadadora, devem ser informados à Justiça Eleitoral, na forma por ela fixada;

IV – emissão obrigatória de recibo de comprovação para cada doação realizada, sob a responsabilidade da entidade arrecadadora;

V – envio imediato para a Justiça Eleitoral, na forma por ela estabelecida, e para o candidato de todas as informações relativas à doação;

VI – ampla ciência a candidatos e eleitores acerca das taxas administrativas a serem cobradas pela realização do serviço;

VII – não incidência em quaisquer das hipóteses de vedação listadas no art. 30 desta Resolução;

VIII – observância do Calendário Eleitoral para arrecadação de recursos, especialmente quanto aos requisitos dispostos no art. 3º desta Resolução;

IX – movimentação dos recursos captados na conta bancária destinada ao recebimento de doações para campanha;

X – observância dos dispositivos da legislação eleitoral relacionados à propaganda na internet.

§1º O cadastramento prévio a que se refere o inciso I do caput deste artigo ocorrerá mediante:

I – preenchimento de formulário eletrônico disponível na página do Tribunal Superior Eleitoral na internet;

II – encaminhamento eletrônico dos seguintes documentos comprobatórios:

a) requerimento assinado pelo administrador responsável pelas atividades da instituição arrecadadora;

b) cópia dos atos constitutivos em sua versão vigente e atualizada, revestidos das formalidades legais, que devem conter previsão para o exercício da atividade e certidão de pessoa jurídica emitida pela Receita Federal do Brasil;

c) declaração emitida pelo administrador responsável que ateste a adequação dos sistemas utilizados pela instituição arrecadadora e passíveis de verificação para efetuar a identificação do doador, a divulgação dos valores arrecadados e o atendimento a reclamações dos doadores;

III – documentos de identificação de sócios e administradores, incluindo identidade, CPF e comprovante de residência no caso dos administradores;

IV – declarações individuais firmadas pelos sócios e administradores da plataforma atestando que não estão inabilitados ou suspensos para o exercício de cargo em instituições financeiras e demais entidades autorizadas a funcionar pela Comissão de Valores Mobiliários e pelo Banco Central do Brasil.

§2º O recibo de comprovação a que se refere o inciso IV do caput deste artigo deve ser emitido pela instituição arrecadadora como prova de recebimento dos recursos do doador, contendo:

I – identificação do doador, com a indicação do nome completo, o CPF e o endereço;

II – identificação do beneficiário, com a indicação do CNPJ ou CPF, na hipótese de pré-candidato, e a eleição a que se refere;

III – valor doado;

IV – data de recebimento da doação;

V – forma de pagamento;

VI – identificação da instituição arrecadadora emitente do recibo, com a indicação da razão social e do CNPJ; e

VII – referência ao limite legal fixado para doação, com a advertência de que o valor do limite é calculado pela soma de todas as doações realizadas no período eleitoral e a sua não observância poderá gerar aplicação de multa de até 100% (cem) por cento do valor excedido.

§3º O prazo a ser observado para o repasse de recursos arrecadados pela instituição arrecadadora ao beneficiário, bem como a destinação dos eventuais rendimentos decorrentes de aplicação financeira devem ser estabelecidos entre as partes no momento da contratação da prestação do serviço.

§4º A partir de 15 de maio do ano eleitoral, é facultada aos pré-candidatos a arrecadação prévia de recursos nesta modalidade, mas a liberação de recursos por parte das entidades arrecadadoras fica condicionada ao cumprimento, pelo candidato, dos requisitos dispostos no inciso I, alíneas "a" até "c", do art. 3º desta Resolução.

§5º Na hipótese prevista no parágrafo anterior, se não for solicitado o registro da candidatura, as entidades arrecadadoras deverão devolver os valores arrecadados aos doadores na forma e nas condições estabelecidas entre a entidade arrecadadora e o pré-candidato (Lei nº 9.504/1997, art. 22-A, §4º).

§6º Incumbe à instituição arrecadadora encaminhar ao prestador de contas a identificação completa dos doadores, ainda que a doação seja efetivada por intermédio de cartão de crédito (Lei nº 9.504/1997, art. 23, §4º, IV, "b").

§7º As doações recebidas pelo financiamento coletivo devem observar o disposto no art. 21, §1º, desta Resolução.

Art. 23. Todas as doações recebidas mediante financiamento coletivo deverão ser lançadas individualmente pelo valor bruto na prestação de contas de campanha eleitoral de candidatos e partidos políticos.

Parágrafo único. As taxas cobradas pelas instituições arrecadadoras deverão ser consideradas despesas de campanha eleitoral e lançadas na prestação de contas de candidatos e partidos políticos, sendo pagas no prazo fixado entre as partes no contrato de prestação de serviços.

Art. 24. Havendo conta intermediária para a captação de doações por financiamento coletivo, a instituição arrecadadora deve efetuar o repasse dos respectivos recursos à conta bancária de campanha eleitoral do candidato ou do partido político (conta "Doações para Campanha").

§1º No momento do repasse ao candidato ou ao partido político, que deverá ser feito obrigatoriamente por transação bancária identificada, a instituição arrecadadora deverá identificar, individualmente, os doadores relativos ao crédito na conta bancária do destinatário final.

§2º A conta intermediária de que trata o caput deste artigo, uma vez aberta, deve observar a modalidade de conta bancária de depósito à vista, em instituição financeira com carteira comercial reconhecida pelo Banco Central do Brasil.

§3º Os créditos recebidos na conta intermediária de que trata o caput deste artigo devem ser realizados por meio de transação bancária na qual o CPF do doador seja obrigatoriamente identificado.

Art. 25. Os bens e/ou serviços estimáveis em dinheiro doados por pessoas físicas devem constituir produto de seu próprio serviço, de suas atividades econômicas e, no caso dos bens, devem integrar seu patrimônio.

§1º O pagamento efetuado por pessoas físicas de honorários de serviços advocatícios e de contabilidade, relacionados à prestação de serviços em campanhas eleitorais e em favor destas, bem como em processo judicial decorrente de defesa de interesses de candidato ou partido político, não constitui doação de bens e serviços estimáveis em dinheiro (Lei nº 9.504/1997, art. 23, §10).

§2º Os bens próprios do candidato somente podem ser utilizados na campanha eleitoral quando demonstrado que já integravam seu patrimônio em período anterior ao pedido de registro da respectiva candidatura.

§3º Partidos políticos e candidatos podem doar entre si bens próprios ou serviços estimáveis em dinheiro, ou ceder seu uso, ainda que não constituam produto de seus próprios serviços ou de suas atividades.

§4º O disposto no §3º não se aplica à aquisição de bens ou serviços que sejam destinados à manutenção da estrutura do partido político durante a campanha eleitoral, hipótese em que deverão ser devidamente contratados pela agremiação e registrados na sua prestação de contas de campanha, observado o disposto no art. 38, §2º, da Lei nº 9.504/1997.

Art. 26. Para arrecadar recursos pela internet, o partido político e o candidato deverão tornar disponível mecanismo em página eletrônica, observados os seguintes requisitos:

I – identificação do doador pelo nome e pelo CPF;

II – emissão de recibo eleitoral para cada doação realizada, dispensada a assinatura do doador;

III – utilização de terminal de captura de transações para as doações por meio de cartão de crédito e de cartão de débito.

§1º As doações por meio de cartão de crédito ou cartão de débito somente serão admitidas quando realizadas até a data da eleição pelo titular do cartão e não poderão ser parceladas.

§2º Eventuais estornos, desistências ou não confirmação da despesa do cartão serão informados pela administradora ao beneficiário e à Justiça Eleitoral.

§3º As doações por meio de cartão de crédito ou cartão de débito somente poderão ser contestadas até o dia anterior ao da eleição:

I – na hipótese de primeiro turno, no que se refere a todos os partidos políticos e candidatos; e

II – na hipótese de segundo turno, no que se refere aos candidatos que a ele concorrem e a partidos a que estiverem vinculados, inclusive em coligação.

§4º As doações recebidas serão registradas pelo valor bruto no Sistema de Prestação de Contas (SPCE), e as tarifas referentes às administradoras de cartão serão registradas em despesa.

Art. 27. As doações realizadas por pessoas físicas são limitadas a 10% (dez por cento) dos rendimentos brutos auferidos pelo doador no ano-calendário anterior à eleição (Lei nº 9.504/1997, art. 23, §1º).

§1º O candidato poderá usar recursos próprios em sua campanha até o total de 10% (dez por cento) dos limites previstos para gastos de campanha no cargo em que concorrer (Lei nº 9.504/1997, art. 23, §2º-A).

§1º-A Na hipótese de utilização de recursos próprios dos candidatos a vice ou suplente, os valores serão somados aos recursos próprios do titular para aferição do limite estabelecido no §1º deste artigo.

§2º É vedada a aplicação indireta de recursos próprios mediante a utilização de doação a interposta pessoa, com a finalidade de burlar o limite de utilização de recursos próprios previstos no artigo 23, §2º-A, da Lei 9.504/2017.

§3º O limite previsto no caput não se aplica a doações estimáveis em dinheiro relativas à utilização de bens móveis ou imóveis de propriedade do doador ou à prestação de serviços próprios, desde que o valor estimado não ultrapasse R$ 40.000,00 (quarenta mil reais) (Lei nº 9.504/1997, art. 23, §7º).

§4º A doação acima dos limites fixados neste artigo sujeita o infrator ao pagamento de multa no valor de até 100% (cem por cento) da quantia em excesso, sem prejuízo de o candidato responder por abuso do poder econômico, nos termos do art. 22 da Lei Complementar nº 64/1990 (Lei nº 9.504/1997, art. 23, §3º).

§5º O limite de doação previsto no caput será apurado anualmente pelo Tribunal Superior Eleitoral e pela Secretaria da Receita Federal do Brasil, observando-se os seguintes procedimentos:

I – o Tribunal Superior Eleitoral consolidará as informações sobre as doações registradas até 31 de dezembro do ano eleitoral, considerando (Lei nº 9.504/1997, art. 24-C, §1º):

a) as prestações de contas anuais dos partidos políticos entregues à Justiça Eleitoral até 30 de junho do ano subsequente ao da apuração;

b) as prestações de contas eleitorais apresentadas pelos candidatos e pelos partidos políticos em relação à eleição;

II – após a consolidação das informações sobre os valores doados e apurados, o Tribunal Superior Eleitoral as encaminhará à Secretaria da Receita Federal do Brasil até 30 de maio do ano seguinte ao da apuração (Lei nº 9.504/1997, art. 24-C, §2º);

III – a Secretaria da Receita Federal do Brasil fará o cruzamento dos valores doados com os rendimentos da pessoa física e, apurando indício de excesso, comunicará o fato, até 30 de julho do ano seguinte ao ano eleitoral, ao Ministério Público, que poderá, até 31 de dezembro do mesmo ano, apresentar representação com vistas à aplicação da penalidade prevista no §4º deste artigo e de outras sanções que julgar cabíveis (Lei nº 9.504/1997, art. 24-C, §3º);

IV – o Ministério Público poderá apresentar representação com vistas à aplicação da penalidade prevista no §3º do art. 23 da Lei nº 9.504/1997 e de outras sanções que julgar cabíveis, ocasião em que poderá solicitar à autoridade judicial competente a quebra do sigilo fiscal do doador e, se for o caso, do beneficiado.

§6º A comunicação a que se refere o inciso III do §5º deste artigo se restringe à identificação nominal, seguida do respectivo número de inscrição no CPF, Município e UF fiscal do domicílio do doador, resguardado o sigilo dos rendimentos da pessoa física e do possível excesso apurado.

§7º Para os Municípios com mais de uma zona eleitoral, a comunicação a que se refere o inciso III do §5º deste artigo deve incluir também a zona eleitoral correspondente ao domicílio do doador.

§8º A aferição do limite de doação do contribuinte dispensado da apresentação de Declaração de Ajuste Anual do Imposto de Renda deve ser realizada com base no limite de isenção previsto para o exercício financeiro do ano da eleição.

§9º Eventual declaração anual retificadora apresentada à Secretaria da Receita Federal do Brasil, desde que apresentada até o ajuizamento da ação de doação irregular, deve ser considerada na aferição do limite de doação do contribuinte.

§10. Se, por ocasião da prestação de contas, ainda que parcial, surgirem fundadas suspeitas de que determinado doador extrapolou o limite de doação, o juiz, de ofício ou a requerimento do Ministério Público, poderá determinar, em decisão fundamentada, que a Secretaria da Receita Federal do Brasil informe o valor dos rendimentos do contribuinte no ano anterior ao da eleição.

Art. 28. Até 180 dias após a diplomação, os candidatos ou partidos conservarão a documentação concernente a suas contas (Lei nº 9.504/1997, art. 32).

Parágrafo único. Estando pendente de julgamento qualquer processo judicial relativo às contas, a documentação a elas concernente deverá ser conservada até a decisão final (Lei nº 9.504/1997, art. 32, parágrafo único).

Art. 29. As doações de recursos captados para campanha eleitoral realizadas entre partidos políticos, entre partido político e candidato e entre candidatos estão sujeitas à emissão de recibo eleitoral na forma do art. 7º desta Resolução.

§1º As doações de que trata o caput deste artigo não estão sujeitas ao limite previsto caput do art. 27 desta Resolução, exceto quando se tratar de doação realizada pela pessoa física do candidato, com recursos próprios, para outro candidato ou partido político.

§2º Os valores transferidos pelos partidos políticos oriundos de doações serão registrados na prestação de contas dos candidatos como transferência dos partidos e, na prestação de contas dos partidos, como transferência aos candidatos, observado o disposto no art. 38, §2º, da Lei nº 9.504/1997(Lei nº 9.504/1997, art. 28, §12; STF, ADI nº 5.394).

§3º As doações referidas no caput devem ser identificadas pelo CPF do doador originário das doações financeiras, devendo ser emitido o respectivo recibo eleitoral para cada doação, na forma do art. 7º desta Resolução (STF, ADI nº 5.394).

Seção V
Da Comercialização de Bens e/ou Serviços e/ou da Promoção de Eventos

Art. 30. Para a comercialização de bens e/ou serviços e/ou a promoção de eventos que se destinem a arrecadar recursos para campanha eleitoral, o partido político ou o candidato deve:

I – comunicar sua realização, formalmente e com antecedência mínima de 5 (cinco) dias úteis, à Justiça Eleitoral, que poderá determinar sua fiscalização;

II – manter à disposição da Justiça Eleitoral a documentação necessária à comprovação de sua realização e de seus custos, despesas e receita obtida.

§1º Os valores arrecadados constituem doação e devem observar todas as regras para o recebimento de doação.

§2º Para a fiscalização de eventos prevista no inciso I deste artigo, a Justiça Eleitoral poderá nomear, entre seus servidores, fiscais ad hoc, devidamente credenciados.

§3º As despesas e as receitas relativas à realização do evento devem ser comprovadas por documentação idônea.

§4º Os comprovantes relacionados ao recebimento de recursos dispostos neste artigo deverão conter referência que o valor recebido caracteriza doação eleitoral, com menção ao limite legal de doação, advertência de que a doação acima de tal limite poderá gerar a aplicação de multa de até 100% (cem por cento) do valor do excesso e de que devem ser observadas as vedações da lei eleitoral.

Seção VI
Das Fontes Vedadas

Art. 31. É vedado a partido político e a candidato receber, direta ou indiretamente, doação em dinheiro ou estimável em dinheiro, inclusive por meio de publicidade de qualquer espécie, procedente de:

I – pessoas jurídicas;

II – origem estrangeira;

III – pessoa física permissionária de serviço público.

§1º A configuração da fonte vedada a que se refere o inciso II deste artigo não depende da nacionalidade do doador, mas da procedência dos recursos doados.

§2º A vedação prevista no inciso III deste artigo não alcança a aplicação de recursos próprios do candidato em sua campanha.

§3º O recurso recebido por candidato ou partido oriundo de fontes vedadas deve ser imediatamente devolvido ao doador, sendo vedada sua utilização ou aplicação financeira.

§4º Na impossibilidade de devolução dos recursos ao doador, o prestador de contas deve providenciar imediatamente a transferência dos recursos recebidos ao Tesouro Nacional, por meio de Guia de Recolhimento da União (GRU).

§5º Incidirão atualização monetária e juros moratórios, calculados com base na taxa aplicável aos créditos da Fazenda Pública, sobre os valores a serem recolhidos ao Tesouro Nacional, desde a data da ocorrência do fato gerador até a do efetivo recolhimento, salvo se tiver sido determinado de forma diversa na decisão judicial.

§6º O disposto no §4º deste artigo não se aplica quando o candidato ou o partido político promove espontânea e imediatamente a transferência dos recursos para o Tesouro Nacional, sem deles se utilizar.

§7º A transferência de recurso recebido de fonte vedada para outro órgão partidário ou candidato não isenta o donatário da obrigação prevista nos §§3º e 4º deste artigo.

§8º O beneficiário de transferência cuja origem seja considerada fonte vedada pela Justiça Eleitoral responde solidariamente pela irregularidade, e as consequências serão aferidas por ocasião do julgamento das respectivas contas.

§9º A devolução ou a determinação de devolução de recursos recebidos de fonte vedada não impede, se for o caso, a desaprovação das contas, quando constatado que o candidato se beneficiou, ainda que temporariamente, dos recursos ilícitos recebidos, assim como a apuração do fato na forma do art. 30-A da Lei nº 9.504/1997, do art. 22 da Lei Complementar nº 64/1990 e do art. 14, §10, da Constituição da República.

§10. O comprovante de devolução ou de recolhimento, conforme o caso, poderá ser apresentado em qualquer fase da prestação de contas ou até 5 (cinco) dias após o trânsito em julgado da decisão que julgar as contas de campanha, sob pena de encaminhamento dos autos à representação estadual ou municipal da Advocacia-Geral da União para fins de cobrança.

§11. O Tribunal Superior Eleitoral disponibilizará, em sua página de internet, as informações recebidas dos órgãos públicos relativas às permissões concedidas, as quais não exaurem a identificação de fontes vedadas, incumbindo ao prestador de contas aferir a licitude dos recursos que financiam sua campanha.

Seção VII

Dos Recursos de Origem Não Identificada

Art. 32. Os recursos de origem não identificada não podem ser utilizados por partidos políticos e candidatos e devem ser transferidos ao Tesouro Nacional por meio de Guia de Recolhimento da União (GRU).

§1º Caracterizam o recurso como de origem não identificada:

I – a falta ou a identificação incorreta do doador;

II – a falta de identificação do doador originário nas doações financeiras recebidas de outros candidatos ou partidos políticos;

III – a informação de número de inscrição inválida no CPF do doador pessoa física ou no CNPJ quando o doador for candidato ou partido político;

IV – as doações recebidas em desacordo com o disposto no art. 21, §1º, desta Resolução quando impossibilitada a devolução ao doador;

V – as doações recebidas sem a identificação do número de inscrição no CPF/CNPJ no extrato eletrônico ou em documento bancário;

VI – os recursos financeiros que não provenham das contas específicas de que tratam os arts. 8º e 9º desta Resolução;

VII – doações recebidas de pessoas físicas com situação cadastral na Secretaria da Receita Federal do Brasil que impossibilitem a identificação da origem real do doador; e/ou

VIII – recursos utilizados para quitação de empréstimos cuja origem não seja comprovada.

§2º O comprovante de devolução ou de recolhimento, conforme o caso, poderá ser apresentado em qualquer fase da prestação de contas ou até 5 (cinco) dias após o trânsito em julgado da decisão que julgar as contas de campanha, sob pena de encaminhamento dos autos à representação estadual ou municipal da Advocacia-Geral da União, para fins de cobrança.

§3º Incidirão atualização monetária e juros moratórios, calculados com base na taxa aplicável aos créditos da Fazenda Pública, sobre os valores a serem recolhidos ao Tesouro Nacional, desde a data da ocorrência do fato gerador até a do efetivo recolhimento, salvo se tiver sido determinado de forma diversa na decisão judicial.

§4º O disposto no §3º deste artigo não se aplica quando o candidato ou o partido político promove espontânea e imediatamente a transferência dos recursos para o Tesouro Nacional, sem deles se utilizar.

§5º O candidato ou o partido político pode retificar a doação, registrando-a no SPCE, ou devolvê-la ao doador quando a não identificação decorra do erro de identificação de que trata o inciso III do §1º deste artigo e haja elementos suficientes para identificar a origem da doação.

§6º Não sendo possível a retificação ou a devolução de que trata o §5º, o valor deverá ser imediatamente recolhido ao Tesouro Nacional.

§7º A devolução ou a determinação de devolução de recursos recebidos de origem não identificada não impede, se for o caso, a desaprovação das contas, quando constatado que o candidato se beneficiou, ainda que temporariamente, dos recursos ilícitos recebidos, assim como a apuração do fato na forma do art. 30-A da Lei nº 9.504/1997, do art. 22 da Lei Complementar nº 64/1990 e do art. 14, §10, da Constituição da República.

Seção VIII
Da Data-Limite para a Arrecadação e Despesas

Art. 33. Partidos políticos e candidatos podem arrecadar recursos e contrair obrigações até o dia da eleição.

§1º Após o prazo fixado no caput, é permitida a arrecadação de recursos exclusivamente para a quitação de despesas já contraídas e não pagas até o dia da eleição, as quais deverão estar integralmente quitadas até o prazo de entrega da prestação de contas à Justiça Eleitoral.

§2º Eventuais débitos de campanha não quitados até a data fixada para a apresentação da prestação de contas podem ser assumidos pelo partido político (Lei nº 9.504/1997, art. 29, §3º; e Código Civil, art. 299).

§3º A assunção da dívida de campanha somente é possível por decisão do órgão nacional de direção partidária, com apresentação, no ato da prestação de contas final, de:

I – acordo expressamente formalizado, no qual deverão constar a origem e o valor da obrigação assumida, os dados e a anuência do credor;

II – cronograma de pagamento e quitação que não ultrapasse o prazo fixado para a prestação de contas da eleição subsequente para o mesmo cargo;

III – indicação da fonte dos recursos que serão utilizados para a quitação do débito assumido.

§4º No caso do disposto no §3º deste artigo, o órgão partidário da respectiva circunscrição eleitoral passa a responder solidariamente com o candidato por todas as dívidas, hipótese em que a existência do débito não pode ser considerada como causa para a rejeição das contas do candidato (Lei nº 9.504/1997, art. 29, §4º).

§5º Os valores arrecadados para a quitação dos débitos de campanha a que se refere o §2º deste artigo devem, cumulativamente:

I – observar os requisitos da Lei nº 9.504/1997 quanto aos limites legais de doação e às fontes lícitas de arrecadação;

II – transitar necessariamente pela conta "Doações para Campanha" do partido político, prevista na resolução que trata das prestações de contas anuais dos partidos políticos, excetuada a hipótese de pagamento das dívidas com recursos do Fundo Partidário;

III – constar da prestação de contas anual do partido político até a integral quitação dos débitos, conforme o cronograma de pagamento e quitação apresentado por ocasião da assunção da dívida.

§6º As despesas já contraídas e não pagas até a data a que se refere o caput devem ser comprovadas por documento fiscal hábil e idôneo emitido na data da realização da despesa ou por outro meio de prova permitido.

§7º As dívidas de campanha contraídas diretamente pelos órgãos partidários não estão sujeitas à autorização da direção nacional prevista no §3º e devem observar as exigências previstas nos §§5º e 6º deste artigo.

Art. 34. A existência de débitos de campanha não assumidos pelo partido, na forma prevista no §3º do art. 33 desta Resolução, será aferida na oportunidade do julgamento da prestação de contas do candidato e poderá ser considerada motivo para sua rejeição.

CAPÍTULO III
DOS GASTOS ELEITORAIS

Art. 35. São gastos eleitorais, sujeitos ao registro e aos limites fixados nesta Resolução (Lei nº 9.504/1997, art. 26):

I – confecção de material impresso de qualquer natureza, observado o tamanho fixado no §2º, inciso II do art. 37 e nos §§3º e 4º do art. 38, todos da Lei nº 9.504/1997;

II – propaganda e publicidade direta ou indireta, por qualquer meio de divulgação;

III – aluguel de locais para a promoção de atos de campanha eleitoral;

IV – despesas com transporte ou deslocamento de candidato e de pessoal a serviço das candidaturas;

V – correspondências e despesas postais;

VI – despesas de instalação, organização e funcionamento de comitês de campanha e serviços necessários às eleições, observadas as exceções previstas no §6º do art. 35 desta Resolução;

VII – remuneração ou gratificação de qualquer espécie paga a quem preste serviço a candidatos e a partidos políticos;

VIII – montagem e operação de carros de som, de propaganda e de assemelhados;

IX – realização de comícios ou eventos destinados à promoção de candidatura;

X – produção de programas de rádio, televisão ou vídeo, inclusive os destinados à propaganda gratuita;

XI – realização de pesquisas ou testes pré-eleitorais;

XII – custos com a criação e a inclusão de páginas na internet e com o impulsionamento de conteúdos contratados diretamente de provedor da aplicação de internet com sede e foro no país;

XIII – multas aplicadas, até as eleições, aos candidatos e partidos políticos por infração do disposto na legislação eleitoral;

XIV – doações para outros partidos políticos ou outros candidatos;

XV – produção de jingles, vinhetas e slogans para propaganda eleitoral.

§1º Inclui-se entre as formas de impulsionamento de conteúdo, de que trata o inciso XII deste artigo, a priorização paga de conteúdos resultantes de aplicações de busca na internet.

§2º Os gastos de impulsionamento a que se refere o inciso XII deste artigo são aqueles efetivamente prestados, devendo eventuais créditos contratados e não utilizados até o final da campanha serem transferidos como sobras de campanha:

I – ao Tesouro Nacional, na hipótese de pagamento com recursos do FEFC; e

II – ao partido político, via conta Fundo Partidário ou Outros Recursos, a depender da origem dos recursos.

§3º As despesas com consultoria, assessoria e pagamento de honorários realizadas em decorrência da prestação de serviços advocatícios e de contabilidade no curso das campanhas eleitorais serão consideradas gastos eleitorais, mas serão excluídas do limite de gastos de campanha (Lei nº 9.504/1997, art. 26, §4º).

§4º Para fins de pagamento das despesas de que trata o parágrafo anterior, poderão ser utilizados recursos da campanha, do candidato, do Fundo Partidário ou do FEFC (Lei nº 9.504/1997, art. 26, §5º).

§5º Os recursos originados do Fundo Especial de Financiamento de Campanha utilizados para pagamento das despesas previstas no §3º deste artigo serão informados na prestação de contas dos candidatos, diretamente no SPCE (Lei nº 9.504/1997, art. 26, §6º).

§6º Não são consideradas gastos eleitorais, não se sujeitam à prestação de contas e não podem ser pagas com recursos da campanha as seguintes despesas de natureza pessoal do candidato:

a) combustível e manutenção de veículo automotor usado pelo candidato na campanha;

b) remuneração, alimentação e hospedagem do condutor do veículo a que se refere à alínea "a" deste parágrafo;

c) alimentação e hospedagem própria;

d) uso de linhas telefônicas registradas em seu nome como pessoa física, até o limite de três linhas.

§7º Todo material de campanha eleitoral impresso deverá conter o número de inscrição no CNPJ ou o número de inscrição no CPF do responsável pela confecção e de quem a contratou, a respectiva tiragem (Lei nº 9.504/1997, art. 38, §1º).

§8º Os gastos efetuados por candidato ou partido político em benefício de outro candidato ou outro partido político constituem doações estimáveis em dinheiro, observado o disposto no art. 38, §2º, da Lei nº 9.504/1997.

§9º O pagamento efetuado por candidatos e partidos políticos de honorários de serviços advocatícios e de contabilidade, relacionados à prestação de serviços em campanhas eleitorais e em favor destas, bem como em processo judicial decorrente de defesa de interesses de candidato ou partido político não constitui doação de bens e serviços estimáveis em dinheiro (Lei nº 9.504/1997, art. 23, §10).

§10. O pagamento dos gastos eleitorais contraídos pelos candidatos será de sua responsabilidade, cabendo aos partidos políticos responder apenas pelos gastos que realizarem e por aqueles que, após o dia da eleição, forem assumidos na forma do §2º do art. 33 desta Resolução.

§11. Os gastos com combustível são considerados gastos eleitorais apenas na hipótese de apresentação de documento fiscal da despesa do qual conste o CNPJ da campanha, para abastecimento de:

I – veículos em eventos de carreata, até o limite de 10 (dez) litros por veículo, desde que feita, na prestação de contas, a indicação da quantidade de carros e de combustíveis utilizados por evento;

II – veículos utilizados a serviço da campanha, decorrentes da locação ou cessão temporária, desde que:

a) os veículos sejam declarados originariamente na prestação de contas; e

b) seja apresentado relatório do qual conste o volume e o valor dos combustíveis adquiridos semanalmente para este fim; e

III – geradores de energia, decorrentes da locação ou cessão temporária devidamente comprovada na prestação de contas, com a apresentação de relatório final do qual conste o volume e valor dos combustíveis adquiridos em na campanha para este fim.

§12. As despesas com pessoal devem ser detalhadas com a identificação integral dos prestadores de serviço, dos locais de trabalho, das horas trabalhadas, da especificação das atividades executadas e da justificativa do preço contratado.

Art. 36. Os gastos de campanha por partido político ou candidato somente poderão ser efetivados a partir da data da realização da respectiva convenção partidária, observado o preenchimento dos pré-requisitos de que trata o art. 3º, inciso I, alíneas "a" até "c" e inciso II, alíneas "a" até "c" desta Resolução.

§1º Os gastos eleitorais efetivam-se na data da sua contratação, independentemente da realização do seu pagamento, e devem ser registrados na prestação de contas no ato da sua contratação.

§2º Os gastos destinados à preparação da campanha e à instalação física ou de página de internet de comitês de campanha de candidatos e de partidos políticos poderão ser contratados a partir da data efetiva da realização da respectiva convenção partidária, desde que, cumulativamente:

I – sejam devidamente formalizados; e

II – o desembolso financeiro ocorra apenas após a obtenção do número de inscrição no CNPJ, a abertura de conta bancária específica para a movimentação financeira de campanha e a emissão de recibos eleitorais, na forma do art. 7º desta Resolução.

Art. 37. Os recursos provenientes do Fundo Partidário e do Fundo Especial de Financiamento de Campanhas não poderão ser utilizados para pagamento de encargos decorrentes de inadimplência de pagamentos, tais como multa de mora, atualização monetária ou juros, ou para pagamento de multas relativas a atos infracionais, ilícitos penais, administrativos ou eleitorais.

Parágrafo único. As multas aplicadas por propaganda antecipada deverão ser arcadas pelos responsáveis e não serão computadas como despesas de campanha, ainda que aplicadas a quem venha a se tornar candidato.

Art. 38. Os gastos eleitorais de natureza financeira, ressalvados os de pequeno vulto previstos no art. 39 e o disposto no §4º do art. 8º, ambos desta Resolução, só podem ser efetuados por meio de:

I – cheque nominal cruzado;

II – transferência bancária que identifique o CPF ou CNPJ do beneficiário;

III – débito em conta;

IV – cartão de débito da conta bancária; ou

V – PIX, somente se a chave utilizada for o CPF ou o CNPJ.§1º O pagamento de boletos registrados pode ser realizado diretamente por meio da conta bancária, vedado o pagamento em espécie.

§2º É vedado o pagamento de gastos eleitorais com moedas virtuais.

Art. 39. Para efetuar pagamento de gastos de pequeno vulto, o órgão partidário e o candidato podem constituir reserva em dinheiro (Fundo de Caixa), desde que:

I – observem o saldo máximo de 2% (dois por cento) dos gastos contratados, vedada a recomposição;

II – os recursos destinados à respectiva reserva transitem previamente pela conta bancária específica de campanha;

III – o saque para constituição do Fundo de Caixa seja realizado mediante cartão de débito ou emissão de cheque nominativo em favor do próprio sacado.

Parágrafo único. O candidato a vice ou a suplente não pode constituir Fundo de Caixa.

Art. 40. Para efeito do disposto no art. 39 desta Resolução, consideram-se gastos de pequeno vulto as despesas individuais que não ultrapassem o limite de meio salário mínimo, vedado o fracionamento de despesa.

Parágrafo único. Os pagamentos de pequeno valor realizados por meio do Fundo de Caixa não dispensam a respectiva comprovação na forma do art. 60 desta Resolução.

Art. 41. A realização de gastos eleitorais para contratação direta ou terceirizada de pessoal para prestação de serviços referentes a atividades de militância e mobilização de rua nas campanhas eleitorais, que se incluem no previsto no inciso VII do art. 35 desta Resolução, observará os seguintes critérios para aferição do limite de número de contratações (Lei nº 9.504/1997, art. 100-A):

I – em municípios com até 30 mil eleitores, não excederá a 1% (um por cento) do eleitorado;

II – nos demais municípios e no Distrito Federal, corresponderá ao número máximo apurado no inciso I, acrescido de uma contratação para cada mil eleitores que excederem o número de 30 mil.

§1º As contratações observarão ainda os seguintes limites nas candidaturas aos cargos a (Lei nº 9.504/1997, art. 100-A, §1º):

I – Presidente da República e senador: em cada estado, o número estabelecido para o município com o maior número de eleitores;

II – Governador de estado e do Distrito Federal: no estado, o dobro do limite estabelecido para o município com o maior número de eleitores, e, no Distrito Federal, o dobro do número alcançado no inciso II do caput;

III – Deputado federal: na circunscrição, 70% (setenta por cento) do limite estabelecido para o município com o maior número de eleitores, e, no Distrito Federal, esse mesmo percentual aplicado sobre o limite calculado na forma do inciso II do caput, considerado o eleitorado da maior região administrativa;

IV – Deputado estadual ou distrital: na circunscrição, 50% (cinquenta por cento) do limite estabelecido para deputados federais;

V – Prefeito: nos limites previstos nos incisos I e II do caput;

VI – Vereador: 50% (cinquenta por cento) dos limites previstos nos incisos I e II do caput, até o máximo de 80% (oitenta por cento) do limite estabelecido para deputados estaduais.

§2º Os limites previstos no §1º deste artigo devem ser observados para toda a campanha eleitoral, incluindo primeiro e segundo turnos, se houver.

§3º Nos cálculos previstos nos incisos I e II do caput e no §1º, a fração será desprezada, se for inferior a 0,5 (meio), e igualada a 1 (um), se for igual ou superior (Lei nº 9.504/1997, art. 100-A, §2º).

§4º O Tribunal Superior Eleitoral, após o fechamento do cadastro eleitoral, divulgará, na sua página na internet, os limites quantitativos de que trata este artigo.

§5º Para a aferição dos limites, serão consideradas e somadas as contratações diretas e indiretas realizadas pelo candidato titular ao cargo eletivo e as que eventualmente tenham sido realizadas pelos respectivos candidatos a vice e a suplente (Lei nº 9.504/1997, art. 100-A, §3º, primeira parte).

§6º A contratação de pessoal por partidos políticos limitar-se-á ao somatório dos limites dos cargos em que tiverem candidato concorrendo à eleição.

§7º O descumprimento dos limites previstos no art. 100-A da Lei nº 9.504/1997, reproduzidos neste artigo, sujeita o candidato às penas previstas no art. 299 da Lei nº 4.737, de 15 de julho de 1965 (Lei nº 9.504/1997, art.100-A, §5º).

§8º São excluídos dos limites fixados neste artigo a militância não remunerada, pessoal contratado para apoio administrativo e operacional, fiscais e delegados credenciados para trabalhar nas eleições e advogados dos candidatos ou dos partidos políticos e das coligações (Lei nº 9.504/1997, art.100-A, §6º).

§9º O disposto no §7º deste artigo não impede a apuração de eventual abuso de poder pela Justiça Eleitoral, por meio das vias próprias.

Art. 42. São estabelecidos os seguintes limites em relação ao total dos gastos de campanha contratados (Lei nº 9.504/1997, art. 26, §1º):

I – alimentação do pessoal que presta serviços às candidaturas ou aos comitês de campanha: 10% (dez por cento);

II – aluguel de veículos automotores: 20% (vinte por cento).

Art. 43. Com a finalidade de apoiar candidato de sua preferência, qualquer eleitor pode realizar pessoalmente gastos totais até o valor de R$ 1.064,10 (mil e sessenta e quatro reais e dez centavos), não sujeitos à contabilização, desde que não reembolsados (Lei nº 9.504/1997, art. 27).

§1º Na hipótese prevista neste artigo, o comprovante da despesa deve ser emitido em nome do eleitor.

§2º Bens e serviços entregues ou prestados ao candidato não representam os gastos de que trata o caput e caracterizam doação, sujeitando-se às regras do art. 25 desta Resolução, observado o disposto nos §§3º e 4º deste artigo.

§3º Fica excluído do limite previsto no caput deste artigo o pagamento de honorários decorrentes da prestação de serviços advocatícios e de contabilidade, relacionados às campanhas eleitorais e em favor destas (Lei nº 9.504, art. 27, §1º).

§4º Para fins do previsto no §3º deste artigo, o pagamento efetuado por terceiro não compreende doação eleitoral (Lei nº 9.504/1997, art. 27, §2º).

Art. 44. A autoridade judicial pode, a qualquer momento, mediante provocação ou de ofício, determinar a realização de diligências para verificação da regularidade e efetiva realização dos gastos informados pelos partidos políticos ou candidatos.

§1º Para apuração da veracidade dos gastos eleitorais, a autoridade judicial, mediante provocação do Ministério Público ou de qualquer partido político, coligação ou candidato, pode determinar, em decisão fundamentada:

I – a apresentação de provas aptas pelos respectivos fornecedores para demonstrar a prestação de serviços ou a entrega dos bens contratados;

II – a realização de busca e apreensão, exibição de documentos e demais medidas antecipatórias de produção de prova admitidas pela legislação;

III – a quebra do sigilo bancário e fiscal do fornecedor e/ou de terceiros envolvidos.

§2º Independentemente da adoção das medidas previstas neste artigo, enquanto não apreciadas as contas finais do partido político ou do candidato, a autoridade judicial poderá intimá-lo a comprovar a realização dos gastos de campanha por meio de documentos e provas idôneas.

TÍTULO II
DA PRESTAÇÃO DE CONTAS

CAPÍTULO I
DA OBRIGAÇÃO DE PRESTAR CONTAS

Art. 45. Devem prestar contas à Justiça Eleitoral:

I – o candidato;

II – os órgãos partidários, ainda que constituídos sob forma provisória:

a) nacionais;

b) estaduais;

c) distritais; e
d) municipais.

§1º O candidato fará, diretamente ou por intermédio de pessoa por ele designada, a administração financeira de sua campanha usando recursos repassados pelo partido, inclusive os relativos à quota do Fundo Partidário ou do Fundo Especial de Financiamento de Campanha (FEFC), recursos próprios ou doações de pessoas físicas (Lei nº 9.504/1997, art. 20).

§2º O candidato é solidariamente responsável com a pessoa indicada no §1º e com o profissional de contabilidade de que trata o §4º deste artigo pela veracidade das informações financeiras e contábeis de sua campanha, observado o disposto na Lei nº 9.613/1998 e na Resolução nº 1.530/2017, do Conselho Federal de Contabilidade.

§3º O candidato elaborará a prestação de contas, que será encaminhada à autoridade judicial competente para o julgamento das contas, diretamente por ele, no prazo estabelecido no art. 49, abrangendo, se for o caso, o vice ou o suplente e todos aqueles que o tenham substituído, em conformidade com os respectivos períodos de composição da chapa.

§4º A arrecadação de recursos e a realização de gastos eleitorais devem ser acompanhadas por profissional habilitado em contabilidade desde o início da campanha, o qual realizará os registros contábeis pertinentes e auxiliará o candidato e o partido na elaboração da prestação de contas, observando as normas estabelecidas pelo Conselho Federal de Contabilidade e as regras estabelecidas nesta Resolução.

§5º É obrigatória a constituição de advogado para a prestação de contas.

§6º O candidato que renunciar à candidatura, dela desistir, for substituído ou tiver o registro indeferido pela Justiça Eleitoral deve prestar contas em relação ao período em que participou do processo eleitoral, mesmo que não tenha realizado campanha.

§7º Se o candidato falecer, a obrigação de prestar contas, na forma desta Resolução, referente ao período em que realizou campanha, será de responsabilidade de seu administrador financeiro ou, na sua ausência, no que for possível, da respectiva direção partidária.

§8º A ausência de movimentação de recursos de campanha, financeiros ou estimáveis em dinheiro, não isenta o partido político e o candidato do dever de prestar contas na forma estabelecida nesta Resolução.

§9º O presidente, o tesoureiro do partido político e o profissional habilitado em contabilidade são responsáveis pela veracidade das informações relativas à prestação de contas do partido.

Art. 46. Sem prejuízo da prestação de contas anual prevista na Lei nº 9.096/1995, os órgãos partidários, em todas as suas esferas, devem prestar contas dos recursos arrecadados e aplicados exclusivamente em campanha, ou da sua ausência, da seguinte forma:

I – o órgão partidário municipal deve encaminhar a prestação de contas à respectiva zona eleitoral;

II – o órgão partidário estadual ou distrital deve encaminhar a prestação de contas ao respectivo tribunal regional eleitoral;

III – o órgão partidário nacional deve encaminhar a prestação de contas ao Tribunal Superior Eleitoral.

§1º A prestação de contas deve ser encaminhada por intermédio do Sistema de Prestação de Contas de Campanha Eleitoral (SPCE), que fará automaticamente a autuação e a integração no Processo Judicial Eletrônico (PJE).

§2º Para os efeitos do disposto no caput, consideram-se obrigados a prestar contas de campanha os órgãos partidários que, após a data prevista no Calendário Eleitoral para o início das convenções partidárias e até a data da eleição de segundo turno, se houver:

I – estiverem vigentes;

II – que recuperarem a vigência ou tiverem revertida a suspensão da anotação partidária durante o período eleitoral, estando obrigados, nesse caso, a prestar contas do período em que regularmente funcionaram;

III – tendo havido a perda da vigência ou a suspensão da anotação partidária durante o período eleitoral, no que se refere ao período de seu regular funcionamento.

§3º A extinção ou a dissolução de comissão provisória ou do diretório partidário não exclui a obrigação de apresentação das contas relativas ao período de vigência da comissão ou do diretório.

§4º Na hipótese do §3º deste artigo, a prestação de contas deve ser apresentada pela esfera partidária imediatamente superior ou por quem suceder a comissão ou o diretório, com a identificação dos dirigentes partidários de acordo com o período de atuação.

CAPÍTULO II

DO PRAZO, DA AUTUAÇÃO DA PRESTAÇÃO DE CONTAS E DA DIVULGAÇÃO DO RELATÓRIO FINANCEIRO DE CAMPANHA

Art. 47. Os partidos políticos e os candidatos são obrigados, durante as campanhas eleitorais, a enviar por meio do SPCE à Justiça Eleitoral, para divulgação em página criada na internet para esse fim (Lei nº 9.504/1997, art. 28, §4º):

I – os dados relativos aos recursos financeiros recebidos para financiamento de sua campanha eleitoral, em até 72 (setenta e duas) horas contadas do recebimento;

II – relatório parcial discriminando as transferências do Fundo Partidário e do Fundo Especial de Financiamento de Campanha (FEFC), os recursos financeiros e os estimáveis em dinheiro recebidos, bem como os gastos realizados.

§1º A prestação de contas parcial de que trata o inciso II do caput deve ser feita em meio eletrônico, por intermédio do SPCE, com a discriminação dos recursos financeiros ou estimáveis em dinheiro para financiamento da campanha eleitoral, contendo, cumulativamente:

I – a indicação dos nomes, do CPF das pessoas físicas doadoras ou do CNPJ dos partidos políticos ou dos candidatos doadores;

II – a especificação dos respectivos valores doados;

III – a identificação dos gastos realizados, com detalhamento dos fornecedores;

IV – a indicação do advogado. §2º Os relatórios de campanha de que trata o inciso I do caput serão informados à Justiça Eleitoral, por meio do SPCE, em até 72 (setenta e duas) horas contadas a partir da data de recebimento da doação, considerando-se data de recebimento a de efetivo crédito nas contas bancárias de campanha, sempre que a arrecadação for realizada por cartão de crédito ou mecanismo de financiamento coletivo.

§3º O relatório financeiro de campanha será disponibilizado pelo Tribunal Superior Eleitoral na sua página na internet em até 48 (quarenta e oito) horas, ocasião em que poderão ser divulgados também os gastos eleitorais declarados, bem como as doações estimáveis em dinheiro, observado o disposto no art. 103 desta Resolução.

§4º A prestação de contas parcial de campanha deve ser encaminhada por meio do SPCE, pela internet, entre os dias 9 a 13 de setembro do ano eleitoral, dela constando o registro da movimentação financeira e/ou estimável em dinheiro ocorrida desde o início da campanha até o dia 8 de setembro do mesmo ano.

§5º No dia 15 de setembro do ano eleitoral, o Tribunal Superior Eleitoral divulgará, na sua página na internet, a prestação de contas parcial de campanha de candidatos e partidos políticos com a indicação dos nomes, do CPF ou CNPJ dos doadores e dos respectivos valores doados, observado o disposto no art. 103 desta Resolução (Lei nº 9.504/1997, art. 28, §4º, inciso II, e §7º).

§6º A não apresentação tempestiva da prestação de contas parcial ou a sua entrega de forma que não corresponda à efetiva movimentação de recursos caracteriza infração grave, salvo justificativa acolhida pela justiça eleitoral, a ser apurada na oportunidade do julgamento da prestação de contas final.

§7º A ausência de informações sobre o recebimento de recursos financeiros de que trata o inciso I do caput deve ser examinada de acordo com a quantidade e os valores envolvidos na oportunidade do julgamento da prestação de contas, podendo levar à sua desaprovação.

§8º Após os prazos previstos no inciso I do caput e no §4º deste artigo, as informações enviadas à Justiça Eleitoral somente podem ser retificadas com a apresentação de justificativa que seja aceita pela autoridade judicial e, no caso da prestação de contas parcial, mediante a apresentação de prestação retificadora na forma do art. 71, caput e §2º, desta Resolução.

Art. 48. As prestações de contas parciais encaminhadas à Justiça Eleitoral serão autuadas automaticamente no Processo Judicial Eletrônico (PJe) quando do envio pelo SPCE.

§1º Uma vez recebido pelo prestador de contas, no SPCE, o número do processo judicial eletrônico autuado, o prestador de contas deve providenciar a juntada do instrumento de procuração do advogado diretamente no PJE.

§2º O relator ou o juiz eleitoral pode determinar o imediato início da análise das contas com base nos dados constantes da prestação de contas parcial e nos demais que estiverem disponíveis.

§3º Apresentadas as prestações de contas parciais, a Secretaria Judiciária ou a Zona Eleitoral poderá providenciar, de ofício, o sobrestamento dos respectivos autos até a apresentação das contas finais de campanha, caso não tenha havido a determinação a que se refere o §2º deste artigo.

Art. 49. As prestações de contas finais referentes ao primeiro turno de todos os candidatos e de partidos políticos em todas as esferas devem ser prestadas, via SPCE, à Justiça Eleitoral até o 30º dia posterior à realização das eleições (Lei nº 9.504/1997, art. 29, III).

§1º Havendo segundo turno, devem prestar suas contas, via SPCE, até o 20º dia posterior à sua realização, apresentando a movimentação financeira referente aos dois turnos (Lei nº 9.504/1997, art. 29, IV):

I – o candidato que disputar o segundo turno;

II – os órgãos partidários vinculados ao candidato que concorre ao segundo turno, ainda que coligados, em todas as suas esferas;

III – os órgãos partidários que, ainda que não referidos no inciso II, efetuem doações ou gastos às candidaturas concorrentes no segundo turno.

§2º Sem prejuízo da obrigação prevista no §1º, os candidatos e os partidos que disputarem o segundo turno da eleição devem informar à Justiça Eleitoral, via SPCE, as doações e os gastos que tenham realizado em favor dos candidatos eleitos no primeiro turno, até o 30º dia posterior à realização do primeiro turno.

§3º As prestações de contas finais enviadas pelo SPCE devem ser juntadas automaticamente pelo PJE às prestações de contas parciais, caso já tenham sido entregues.

§4º Na hipótese de omissão de contas parciais, as contas finais encaminhadas pelo SPCE serão autuadas e distribuídas automaticamente no Sistema de Processo Judicial Eletrônico (PJe).

§5º Findos os prazos fixados neste artigo sem que as contas tenham sido prestadas, observar-se-ão os seguintes procedimentos:

I – a identificação dos omissos será feita em até 3 (três) dias do prazo para prestar contas;

II – mediante integração entre o SPCE e o PJE, com a autuação da informação na classe processual de Prestação de Contas, caso tenha havido omissão na prestação de contas parcial, ou a juntada na respectiva prestação de contas parcial já autuada;

III – a unidade técnica, nos tribunais, e o chefe de cartório, nas zonas eleitorais, instruirão os autos com os extratos eletrônicos encaminhados à Justiça Eleitoral, com as informações relativas ao recebimento de recursos do Fundo Partidário, do Fundo Especial de Financiamento de Campanhas, de fonte vedada e/ou de origem não identificada e com os demais dados disponíveis;

IV – O candidato com prestação de contas parcial já autuada será intimado pelo mural eletrônico, até a diplomação dos eleitos e, após, pelo Diário da Justiça Eleitoral Eletrônico, para, no prazo de 3 (três) dias, prestar as contas finais; o omisso será citado para prestar as contas no prazo de 3 (três) dias, devendo observar os procedimentos previstos nos arts. 98 e seguintes desta Resolução;

V – a Secretaria Judiciária ou o chefe de cartório na Zona Eleitoral dará vista da prestação de contas ao Ministério Público, que deverá emitir parecer no prazo de 2 (dois) dias;

VI – os autos serão encaminhados ao relator ou ao juiz eleitoral, conforme o caso;

VII – permanecendo a omissão, as contas serão julgadas como não prestadas (Lei nº 9.504/1997, art. 30, IV).

§6º A citação de que trata o inciso IV deve ser pessoal e observar os procedimentos previstos nos arts. 98 e seguintes desta Resolução.

CAPÍTULO III
DAS SOBRAS DE CAMPANHA

Art. 50. Constituem sobras de campanha:

I – a diferença positiva entre os recursos financeiros arrecadados e os gastos financeiros realizados em campanha;

II – os bens e materiais permanentes adquiridos ou recebidos durante a campanha até a data da entrega das prestações de contas de campanha;

III – os créditos contratados e não utilizados relativos a impulsionamento de conteúdos, conforme o disposto no art. 35, §2º, desta Resolução.

§1º As sobras de campanhas eleitorais devem ser transferidas ao órgão partidário, na circunscrição do pleito, conforme a origem dos recursos e a filiação partidária do candidato, até a data prevista para a apresentação das contas à Justiça Eleitoral.

§2º O comprovante de transferência das sobras de campanha deve ser juntado à prestação de contas do responsável pelo recolhimento, sem prejuízo dos respectivos lançamentos na contabilidade do partido político.

§3º As sobras financeiras de recursos oriundos do Fundo Partidário devem ser transferidas para a conta bancária do partido político destinada à movimentação de recursos dessa natureza.

§4º As sobras financeiras de origem diversa da prevista no §3º deste artigo devem ser depositadas na conta bancária do partido político destinada à movimentação de "Outros Recursos", prevista na resolução que trata das prestações de contas anuais dos partidos políticos.

§5º Os valores do Fundo Especial de Financiamento de Campanha (FEFC) eventualmente não utilizados não constituem sobras de campanha e devem ser recolhidos ao Tesouro Nacional integralmente por meio de Guia de Recolhimento da União (GRU) no momento da prestação de contas.

§6º Na hipótese de aquisição de bens permanentes com recursos do Fundo Especial de Financiamento de Campanha (FEFC), estes devem ser alienados ao final da campanha, revertendo os valores obtidos com a venda para o Tesouro Nacional, devendo o recolhimento dos valores ser realizado por meio de Guia de Recolhimento da União (GRU) e comprovado por ocasião da prestação de contas.

§7º Os bens permanentes a que se refere o parágrafo anterior devem ser alienados pelo valor de mercado, circunstância que deve ser comprovada quando solicitada pela Justiça Eleitoral.

Art. 51. Caso não seja cumprido o disposto no §1º do art. 50 desta Resolução até 20 de dezembro do ano eleitoral, os bancos devem efetuar a transferência do saldo financeiro da conta bancária eleitoral de candidatos, na forma do art. 31 da Lei nº 9.504/1997, dando imediata ciência ao juízo ou tribunal competente para a análise da prestação de contas do candidato, observando o seguinte:

I – os bancos devem comunicar o fato previamente ao titular da conta bancária para que proceda, em até 10 (dez) dias antes do prazo previsto no caput, à transferência das sobras financeiras de campanha ao partido político a que estiver vinculado, observada a circunscrição do pleito;

II – decorrido o prazo do inciso I sem que o titular da conta bancária tenha efetivado a transferência, os bancos devem efetuar a transferência do saldo financeiro existente para o órgão diretivo do partido político da circunscrição da eleição, o qual será o exclusivo responsável pela identificação desses recursos, sua utilização, contabilização e respectiva prestação de contas à Justiça Eleitoral;

III – efetivada a transferência de que trata o inciso II, os bancos devem encaminhar ofício à Justiça Eleitoral, no prazo de até 10 (dez) dias. §1º Inexistindo conta bancária do órgão partidário na circunscrição da eleição, a transferência de que trata este artigo deve ser feita para a conta bancária do órgão nacional do partido político.

§2º Na hipótese do §1º deste artigo, além da comunicação de que trata o inciso III deste artigo, os bancos devem, em igual prazo, encaminhar ofício ao Tribunal Superior Eleitoral e ao órgão partidário nacional, identificando o titular da conta bancária encerrada e a conta bancária de destino.

§3º Ocorrendo dúvida sobre a identificação da conta de destino, o banco pode requerer informação à Justiça Eleitoral, no prazo previsto no inciso I.

Art. 52. Caso não seja cumprido o disposto no §5º do art. 50 desta Resolução até 31 de dezembro do ano eleitoral, os bancos devem efetuar a transferência do saldo financeiro da conta bancária de candidatos e de partidos políticos destinada à movimentação do Fundo Especial de Financiamento de Campanha (FEFC) ao Tesouro Nacional, por meio de Guia de Recolhimento da União (GRU), dando imediata ciência ao juízo ou tribunal competente para a análise da respectiva prestação de contas (Lei nº 9.504/1997, art. 16-C, §11).

CAPÍTULO IV
DA ELABORAÇÃO E APRESENTAÇÃO DAS CONTAS

Art. 53. Ressalvado o disposto no art. 62 desta Resolução, a prestação de contas, ainda que não haja movimentação de recursos financeiros ou estimáveis em dinheiro, deve ser composta:

I – pelas seguintes informações:

a) qualificação do prestador de contas, observado:

1. do candidato: a indicação do seu nome, dos responsáveis pela administração de recursos, do profissional habilitado em contabilidade e do advogado;

2. do partido político: a indicação do seu presidente, do tesoureiro, do profissional habilitado em contabilidade e do advogado. b) recibos eleitorais emitidos;

c) recursos arrecadados, com a identificação das doações recebidas, financeiras ou estimáveis em dinheiro, e daqueles oriundos da comercialização de bens e/ou serviços e da promoção de eventos;

d) receitas estimáveis em dinheiro, com a descrição:

1. do bem recebido, da quantidade, do valor unitário e da avaliação pelos preços praticados no mercado, com a identificação da fonte de avaliação;

2. do serviço prestado, da avaliação realizada em conformidade com os preços habitualmente praticados pelo prestador, sem prejuízo da apuração dos preços praticados pelo mercado, caso o valor informado seja inferior a estes;

e) doações efetuadas a outros partidos políticos e/ou outros candidatos;

f) transferência financeira de recursos entre o partido político e seu candidato, e vice-versa;

g) receitas e despesas, especificadas;

h) eventuais sobras ou dívidas de campanha;

i) gastos individuais realizados pelo candidato e pelo partido político;

j) gastos realizados pelo partido político em favor do seu candidato;

k) comercialização de bens e/ou serviços e/ou da promoção de eventos, com a discriminação do período de realização, o valor total auferido, o custo total, as especificações necessárias à identificação da operação e a identificação dos adquirentes dos bens ou serviços;

l) conciliação bancária, com os débitos e os créditos ainda não lançados pela instituição bancária, a qual deve ser apresentada quando houver diferença entre o saldo financeiro do demonstrativo de receitas e despesas e o saldo bancário registrado em extrato, de forma a justificá-la;

II – pelos seguintes documentos, na forma prevista no §1º deste artigo:

a) extratos das contas bancárias abertas em nome do candidato e do partido político, inclusive da conta aberta para movimentação de recursos do Fundo Partidário e daquela aberta para movimentação de recursos do Fundo Especial de Financiamento de Campanha (FEFC), quando for o caso, nos termos exigidos pelo inciso III do art. 3º desta Resolução, demonstrando a movimentação financeira ou sua ausência, em sua forma definitiva, contemplando todo o período de campanha, vedada a apresentação de extratos sem validade legal, adulterados, parciais ou que omitam qualquer movimentação financeira;

b) comprovantes de recolhimento (depósitos/transferências) à respectiva direção partidária das sobras financeiras de campanha;

c) documentos fiscais que comprovem a regularidade dos gastos eleitorais realizados com recursos do Fundo Partidário e com recursos do Fundo Especial de Financiamento de Campanha (FEFC), na forma do art. 60 desta Resolução;

d) declaração firmada pela direção partidária comprovando o recebimento das sobras de campanha constituídas por bens e/ou materiais permanentes, quando houver;

e) autorização do órgão nacional de direção partidária, na hipótese de assunção de dívida pelo partido político, acompanhada dos documentos previstos no §3º do art. 33 desta Resolução;

f) instrumento de mandato para constituição de advogado para a prestação de contas, caso não tenha sido apresentado na prestação de contas parcial;

g) comprovantes bancários de devolução dos recursos recebidos de fonte vedada ou guia de recolhimento ao Tesouro Nacional dos recursos provenientes de origem não identificada;

h) notas explicativas, com as justificações pertinentes.

§1º Os documentos a que se refere o inciso II do caput deste artigo devem ser digitalizados e apresentados exclusivamente em mídia eletrônica gerada pelo SPCE, observando os seguintes parâmetros, sob pena de reapresentação:

I – formato PDF com reconhecimento ótico de caracteres (OCR), tecnologia que torna os dados pesquisáveis;

II – arquivos com tamanho não superior a 10 megabytes, organizados em pastas nominadas de forma a identificar as alíneas do inciso II do caput deste artigo a que se referem.

§2º Para subsidiar o exame das contas prestadas, a Justiça Eleitoral poderá requerer a apresentação dos seguintes documentos, observado o que dispõe o §1º deste artigo:

I – documentos fiscais e outros legalmente admitidos que comprovem a regularidade dos gastos eleitorais;

II – outros elementos que comprovem a movimentação realizada na campanha eleitoral, inclusive a proveniente de bens ou serviços estimáveis.

Art. 54. A prestação de contas deve ser elaborada e transmitida, por meio do SPCE, após o que será disponibilizada na página da Justiça Eleitoral na internet.

Art. 55. Recebidas na base de dados da Justiça Eleitoral as informações de que trata o inciso I do caput do art. 53 desta Resolução, o SPCE emitirá o extrato da prestação de contas, certificando a entrega eletrônica.

§1º Os documentos a que se refere o inciso II do art. 53 desta Resolução devem ser apresentados aos tribunais eleitorais e a zonas eleitorais competentes exclusivamente em mídia eletrônica gerada pelo SPCE, observado o disposto no art. 100, até o prazo fixado no art. 49.

§2º O recibo de entrega da prestação de contas somente será emitido após o recebimento da mídia eletrônica com os documentos a que se refere o art. 53, II, desta Resolução, observado o disposto no art. 100.

§3º Na hipótese de entrega de mídias geradas com erro, o sistema emitirá aviso com a informação de impossibilidade técnica de sua recepção.

§4º Na hipótese do §3º, é necessária a correta reapresentação da mídia, sob pena de as contas serem julgadas não prestadas.

§5º Os documentos digitalizados e entregues exclusivamente em mídia eletrônica serão incluídos automaticamente no Processo Judicial Eletrônico (PJe), após o que os autos digitais serão encaminhados à unidade ou ao responsável por sua análise técnica para que seja desde logo iniciada.

Art. 56. Com a apresentação das contas finais, a Justiça Eleitoral disponibilizará as informações a que se refere o inciso I do caput do art. 53 desta Resolução, bem como os extratos eletrônicos encaminhados à Justiça Eleitoral, na página do TSE na internet, e determinará a imediata publicação de edital para que qualquer partido político, candidato ou coligação, o Ministério Público, bem como qualquer outro interessado possam impugná-las no prazo de 3 (três) dias.

§1º A impugnação à prestação de contas deve ser formulada em petição fundamentada dirigida ao relator ou ao juiz eleitoral, relatando fatos e indicando provas, indícios e circunstâncias.

§2º As impugnações à prestação de contas dos candidatos e dos respectivos partidos políticos, inclusive dos coligados, serão juntadas aos próprios autos da prestação de contas, e o cartório eleitoral ou a Secretaria do Tribunal notificará imediatamente o candidato ou o órgão partidário para manifestação no prazo de 3 (três) dias.

§3º Apresentada, ou não, a manifestação do impugnado, transcorrido o prazo previsto no §2º deste artigo, o cartório eleitoral ou a Secretaria do Tribunal cientificará o Ministério Público da impugnação, caso o órgão não seja o impugnante.

§4º A disponibilização das informações previstas no caput, bem como a apresentação, ou não, de impugnação não impedem a atuação do Ministério Público como custos legis nem o exame das contas pela unidade técnica ou pelo responsável por sua análise no cartório eleitoral.

Seção I
Da Comprovação da Arrecadação de Recursos e da Realização de Gastos

Art. 57. A comprovação dos recursos financeiros arrecadados deve ser feita mediante:

I – correspondência entre o número do CPF/CNPJ do doador registrado na prestação de contas e aquele constante do extrato eletrônico da conta bancária; ou

II – documento bancário que identifique o CPF/CNPJ dos doadores.

§1º A comprovação da ausência de movimentação de recursos financeiros deve ser efetuada mediante a apresentação dos correspondentes extratos bancários ou de declaração firmada pelo gerente da instituição financeira.

§2º A ausência de movimentação financeira não isenta o prestador de contas de efetuar o registro das doações estimáveis em dinheiro.

§3º Havendo indício de recurso recebido de fonte vedada, apurado durante o exame, o prestador de contas deve esclarecer a situação e comprovar a regularidade da origem dos recursos.

Art. 58. As doações de bens ou serviços estimáveis em dinheiro, observado o disposto no art. 38, §2º, da Lei nº 9.504/1997, ou as cessões temporárias devem ser avaliadas com base nos preços praticados no mercado no momento de sua realização e comprovadas por:

I – documento fiscal ou, quando dispensado, comprovante emitido em nome do doador ou instrumento de doação, quando se tratar de doação de bens de propriedade do doador pessoa física em favor de candidato ou partido político;

II – instrumento de cessão e comprovante de propriedade do bem cedido pelo doador, quando se tratar de bens cedidos temporariamente ao candidato ou ao partido político;

III – instrumento de prestação de serviços, quando se tratar de produto de serviço próprio ou atividades econômicas prestadas por pessoa física em favor de candidato ou partido político.

§1º A avaliação do bem ou do serviço doado de que trata o caput deve ser feita mediante a comprovação dos preços habitualmente praticados pelo doador e a sua adequação aos praticados no mercado, com indicação da fonte de avaliação.

§2º Além dos documentos previstos no caput e seus incisos, poderão ser admitidos outros meios de prova lícitos para a demonstração das doações, cujo valor probante será aferido na oportunidade do julgamento da prestação de contas.

Art. 59. O cancelamento de documentos fiscais deve observar o disposto na legislação tributária, sob pena de ser considerado irregular.

Art. 60. A comprovação dos gastos eleitorais deve ser feita por meio de documento fiscal idôneo emitido em nome dos candidatos e partidos políticos, sem emendas ou rasuras, devendo conter a data de emissão, a descrição detalhada, o valor da operação e a identificação do emitente e do destinatário ou dos contraentes pelo nome ou razão social, CPF ou CNPJ e endereço.

§1º Além do documento fiscal idôneo, a que se refere o caput, a Justiça Eleitoral poderá admitir, para fins de comprovação de gastos, qualquer meio idôneo de prova, inclusive outros documentos, tais como:

I – contrato;

II – comprovante de entrega de material ou da prestação efetiva do serviço;

III – comprovante bancário de pagamento; ou

IV – Guia de Recolhimento do FGTS e de Informações da Previdência Social (GFIP).

§2º Quando dispensada a emissão de documento fiscal, na forma da legislação aplicável, a comprovação da despesa pode ser realizada por meio de recibo que contenha a data de emissão, a descrição e o valor da operação ou prestação, a identificação do destinatário e do emitente pelo nome ou razão social, CPF ou CNPJ, endereço e assinatura do prestador de serviços.

§3º A Justiça Eleitoral poderá exigir a apresentação de elementos probatórios adicionais que comprovem a entrega dos produtos contratados ou a efetiva prestação dos serviços declarados. §4º Ficam dispensadas de comprovação na prestação de contas:

I – a cessão de bens móveis, limitada ao valor de R$ 4.000,00 (quatro mil reais) por pessoa cedente;

II – doações estimáveis em dinheiro entre candidatos ou partidos decorrentes do uso comum tanto de sedes quanto de materiais de propaganda eleitoral, cujo gasto deverá ser registrado na prestação de contas do responsável pelo pagamento da despesa.

III – a cessão de automóvel de propriedade do candidato, do cônjuge e de seus parentes até o terceiro grau para seu uso pessoal durante a campanha.

§5º A dispensa de comprovação prevista no §4º não afasta a obrigatoriedade de serem registrados na prestação de contas os valores das operações constantes dos incisos I a III do referido parágrafo.

§6º Para fins do disposto no inciso II do §4º, considera-se uso comum:

I – de sede: o compartilhamento de imóvel para instalação de comitê de campanha e realização de atividades de campanha eleitoral, compreendido no valor da doação estimável o uso e/ou a locação do espaço, assim como as despesas para sua manutenção, excetuadas as despesas com pessoal, regulamentadas na forma do art. 41 desta Resolução;

II – de materiais de propaganda eleitoral: a produção de materiais publicitários que beneficiem duas ou mais campanhas eleitorais.

§7º Os gastos com passagens aéreas efetuados nas campanhas eleitorais serão comprovados mediante a apresentação de fatura ou duplicata emitida por agência de viagem, quando for o caso, desde que informados os beneficiários, as datas e os itinerários, vedada a exigência de apresentação de qualquer outro documento para esse fim (Lei nº 9.504/1997, art. 28, §8º).

§8º A comprovação dos gastos eleitorais com material de campanha impresso deve indicar no corpo do documento fiscal as dimensões do material produzido.

Art. 61. No caso de utilização de recursos financeiros próprios, a Justiça Eleitoral pode exigir do candidato a apresentação de documentos comprobatórios da respectiva origem e disponibilidade.

Parágrafo único. A comprovação de origem e disponibilidade de que trata este artigo deve ser instruída com documentos e elementos que demonstrem a procedência lícita dos recursos e a sua não caracterização como fonte vedada.

CAPÍTULO V
DA PRESTAÇÃO DE CONTAS SIMPLIFICADA

Art. 62. A Justiça Eleitoral adotará sistema simplificado de prestação de contas para candidatos que apresentarem movimentação financeira correspondente, no máximo, ao valor de R$ 20.000,00 (vinte mil reais), fixado pela Lei nº 13.165/2015, atualizado monetariamente, a cada eleição, pelo Índice Nacional de Preços ao Consumidor (INPC) da Fundação Instituto Brasileiro de Geografia e Estatística (IBGE) ou por índice que o substituir.

§1º Nas eleições para prefeito e vereador em municípios com menos de 50 mil eleitores, a prestação de contas será feita pelo sistema simplificado (Lei 9.504/1997, art. 28, §11).

§2º Para os fins deste artigo, considera-se movimentação financeira o total das despesas contratadas e registradas na prestação de contas.

Art. 63. O sistema simplificado de prestação de contas se caracteriza pela análise informatizada e simplificada da prestação de contas.

Parágrafo único. Poderão ser submetidas ao exame simplificado também as contas dos candidatos não eleitos.

Art. 64. A prestação de contas simplificada será composta exclusivamente pelas informações prestadas diretamente no SPCE e pelos documentos descritos nas alíneas "a", "b", "d" e "f" do inciso II do art. 53.

§1º A adoção da prestação de contas simplificada não dispensa sua apresentação por meio do SPCE, disponibilizado na página da Justiça Eleitoral na internet.

§2º O recebimento e/ou processamento da prestação de contas simplificada, assim como de eventual impugnação oferecida, observará o disposto nos arts. 54 e 56.

§3º Concluída a análise técnica, caso tenha sido oferecida impugnação ou detectada qualquer irregularidade pelo órgão técnico, o prestador de contas será intimado para se manifestar no prazo de 3 (três) dias, podendo juntar documentos.

§4º Apresentada, ou não, a manifestação do prestador de contas, o Ministério Público terá vista dos autos para apresentação de parecer no prazo de 2 (dois) dias.

§5º Na hipótese de utilização de recursos provenientes do Fundo Partidário e/ou do Fundo Especial de Financiamento de Campanha (FEFC), além das informações transmitidas pelo SPCE, na forma do caput, o prestador de contas deverá apresentar os respectivos comprovantes dos recursos utilizados, na forma do disposto no §1º do art. 53 desta Resolução.

Art. 65. A análise técnica da prestação de contas simplificada será realizada de forma informatizada, com o objetivo de detectar:

I – recebimento direto ou indireto de fontes vedadas;

II – recebimento de recursos de origem não identificada;

III – extrapolação de limite de gastos;

IV – omissão de receitas e gastos eleitorais;

V – não identificação de doadores originários, nas doações recebidas de outros prestadores de contas.

Parágrafo único. Na hipótese de recebimento de recursos do Fundo Partidário e/ou do Fundo Especial de Financiamento de Campanha (FEFC), além da verificação informatizada da prestação de contas simplificada, a análise dos documentos de que trata o §5º do art. 64 desta Resolução deve ser feita mediante o exame da respectiva documentação que comprove a correta utilização dos valores.

Art. 66. Não sendo possível decidir de plano sobre a regularidade das contas, na forma do art. 74, com os elementos constantes dos autos, a autoridade eleitoral determinará a realização de diligência, que deverá ser cumprida no prazo de 3 (três) dias, seguindo-se novas manifestações da unidade técnica nos tribunais, e do chefe de cartório nas zonas eleitorais, e do Ministério Público, este no prazo de 2 (dois) dias, após o que o feito será julgado.

Art. 67. As contas serão julgadas sem a realização de diligências, desde que verificadas, cumulativamente, as seguintes hipóteses:

I – inexistência de impugnação;

II – emissão de parecer conclusivo pela unidade técnica nos tribunais, ou pelo chefe de cartório nas zonas eleitorais, sem identificação de nenhuma das irregularidades previstas no art. 71; e

III – parecer favorável do Ministério Público.

CAPÍTULO VI
DA ANÁLISE E DO JULGAMENTO DAS CONTAS

Art. 68. Para efetuar o exame das contas, a Justiça Eleitoral pode requisitar técnicos do Tribunal de Contas da União, dos estados e dos tribunais e conselhos de contas dos municípios, pelo tempo que for necessário, bem como servidores ou empregados públicos do município, ou nele lotados, ou ainda pessoas idôneas da comunidade, devendo a escolha recair preferencialmente naqueles que tenham formação técnica compatível, dando ampla e imediata publicidade de cada requisição (Lei nº 9.504/1997, art. 30, §3º).

§1º Para a requisição de técnicos e outros colaboradores previstos no caput, devem ser observados os impedimentos aplicáveis aos integrantes de mesas receptoras de votos, previstos nos incisos de I a III do §1º do art. 120 do Código Eleitoral.

§2º As razões de impedimento apresentadas pelos técnicos requisitados serão submetidas à apreciação da Justiça Eleitoral e somente poderão ser alegadas até 5 (cinco) dias contados da designação, salvo na hipótese de motivos supervenientes.

Art. 69. Havendo indício de irregularidade na prestação de contas, a Justiça Eleitoral pode requisitar diretamente ou por delegação informações adicionais, bem como determinar diligências específicas para a complementação dos dados ou para o saneamento das falhas, com a perfeita identificação dos documentos ou elementos que devem ser apresentados (Lei nº 9.504/1997, art. 30, §4º).

§1º As diligências devem ser cumpridas pelos candidatos e partidos políticos no prazo de 3 (três) dias contados da intimação, sob pena de preclusão.

§2º Na fase de exame técnico, inclusive de contas parciais, a unidade ou o responsável pela análise técnica das contas pode promover circularizações, fixando o prazo máximo de 3 (três) dias para cumprimento.

§3º Determinada a diligência, decorrido o prazo do seu cumprimento com ou sem manifestação, acompanhados, ou não, de documentos, os autos serão remetidos para a unidade ou o responsável pela análise técnica para emissão de parecer conclusivo acerca das contas.

§4º Verificada a existência de falha, impropriedade ou irregularidade em relação à qual não se tenha dado ao prestador de contas prévia oportunidade de manifestação ou complementação, a unidade ou o responsável pela análise técnica deve notificá-los, no prazo e na forma do art. 98 desta Resolução.

§5º Somente a autoridade judicial pode, em decisão fundamentada, de ofício ou por provocação do órgão técnico, do Ministério Público ou do impugnante, determinar a quebra dos sigilos fiscal e bancário do candidato, dos partidos políticos, dos doadores ou dos fornecedores da campanha.

§6º Nas diligências determinadas na prestação de contas, a Justiça Eleitoral deverá privilegiar a oportunidade de o interessado sanar, tempestivamente e quando possível, as irregularidades e impropriedades verificadas, identificando de forma específica e individualizada as providências a serem adotadas e seu escopo.

Art. 70. No exame técnico dos documentos comprobatórios das prestações de contas, poderá ser utilizada a técnica de amostragem, desde que a unidade técnica nos Tribunais Eleitorais ou o responsável pelo exame das contas no Cartório Eleitoral apresente o plano de amostragem para a autorização prévia da autoridade judicial.

Art. 71. A retificação da prestação de contas somente é permitida, sob pena de ser considerada inválida:

I – na hipótese de cumprimento de diligência que implicar a alteração das peças inicialmente apresentadas;

II – voluntariamente, na ocorrência de erro material detectado antes do pronunciamento técnico.

§1º Em quaisquer das hipóteses descritas nos incisos I e II do caput, a retificação das contas obriga o prestador de contas a:

I – enviar o arquivo da prestação de contas retificadora pela internet, mediante o uso do SPCE;

II – apresentar extrato da prestação de contas, acompanhado de justificativas e, quando cabível, de documentos que comprovem a alteração realizada, mediante petição dirigida:

a) no caso de prestação de contas a ser apresentada no tribunal, ao relator, via Processo Judicial Eletrônico (PJe), na forma do art. 53 desta Resolução;

b) no caso de prestação de contas a ser apresentada na zona eleitoral, via Processo Judicial Eletrônico (PJe), ao juiz eleitoral.

§2º Findo o prazo para apresentação das contas finais, não é admitida a retificação das contas parciais, e qualquer alteração deve ser feita por meio da retificação das contas finais, com a apresentação de nota explicativa.

§3º A validade da prestação de contas retificadora e a pertinência da nota explicativa de que trata o §2º serão analisadas e registradas no parecer técnico conclusivo de que trata o §3º do art. 69, a fim de que a autoridade judicial sobre elas decida na oportunidade do julgamento da prestação de contas e, se for o caso, determine a exclusão das informações retificadas na base de dados da Justiça Eleitoral.

§4º A retificação da prestação de contas observará o rito previsto nos arts. 54 e seguintes desta Resolução, devendo ser encaminhadas cópias do extrato da prestação de contas retificada ao Ministério Público e, se houver, ao impugnante, para manifestação a respeito da retificação e, se for o caso, para retificação da impugnação.

§5º O encaminhamento de cópias do extrato da prestação de contas retificada a que alude o §4º deste artigo não impede o imediato encaminhamento da retificação das contas dos candidatos eleitos para exame técnico, tão logo recebidas na Justiça Eleitoral.

Art. 72. Emitido parecer técnico conclusivo pela existência de irregularidades e/ou impropriedades sobre as quais não se tenha dado oportunidade específica de manifestação ao prestador de contas, a Justiça Eleitoral intimá-lo-á para, querendo, manifestar-se no prazo de 3 (três) dias contados da intimação, vedada a juntada de documentos que não se refiram especificamente à irregularidade e/ou impropriedade apontada, salvo aqueles que se amoldem ao parágrafo único do art. 435 do CPC.

Art. 73. Apresentado o parecer conclusivo da unidade técnica nos tribunais, e do chefe de cartório nas zonas eleitorais, e observado o disposto no art. 67, o Ministério Público terá vista dos autos da prestação de contas, devendo emitir parecer no prazo de 2 (dois) dias.

Parágrafo único. O disposto no art. 67 também é aplicável quando o Ministério Público apresentar parecer pela rejeição das contas por motivo que não tenha sido anteriormente identificado ou considerado pelo órgão técnico.

Art. 74. Apresentado o parecer do Ministério Público e observado o disposto no parágrafo único do art. 73 desta Resolução, a Justiça Eleitoral verificará a regularidade das contas, decidindo (Lei nº 9.504/1997, art. 30, caput):

I – pela aprovação, quando estiverem regulares;

II – pela aprovação com ressalvas, quando verificadas falhas que não lhes comprometam a regularidade;

III – pela desaprovação, quando constatadas falhas que comprometam sua regularidade;

IV – pela não prestação, quando, observado o disposto no §1º:

a) depois de citados, na forma do inciso IV do §5º do art. 49, o candidato ou o órgão partidário e os responsáveis permanecerem omissos ou as suas justificativas não forem aceitas;

b) não forem apresentados os documentos e as informações de que trata o art. 53; ou

c) o responsável deixar de atender às diligências determinadas para suprir a ausência que impeça a análise da movimentação declarada na prestação de contas.

§1º Nas eleições gerais, na hipótese de manifestação técnica pela aprovação das contas, com parecer no mesmo sentido do Ministério Público Eleitoral, o julgamento das contas poderá ser realizado por decisão monocrática.

§2º A ausência parcial dos documentos e das informações de que trata o art. 53 ou o não atendimento das diligências determinadas não enseja o julgamento das contas como não prestadas se os autos contiverem elementos mínimos que permitam a análise da prestação de contas.

§3º O disposto no §2º deste artigo não se aplica quando for constatada a ausência do instrumento de mandato para constituição de advogado para a prestação de contas, hipótese em que estas devem ser julgadas não prestadas.

§4º Na hipótese do §2º deste artigo, a autoridade judiciária examinará se a ausência verificada é relevante e compromete a regularidade das contas para efeito de sua aprovação com ressalvas ou desaprovação.

§5º O partido que descumprir as normas referentes à arrecadação e à aplicação de recursos perderá o direito ao recebimento da quota do Fundo Partidário do ano seguinte, sem prejuízo de responderem os candidatos beneficiados por abuso do poder econômico (Lei nº 9.504/1997, art. 25).

§6º Na hipótese de infração às normas legais, a responsabilidade civil e a criminal são subjetivas e recaem somente sobre os dirigentes partidários responsáveis pelo partido à época dos fatos, e devem ser apurados em processos específicos a serem instaurados nos foros competentes.

§7º A sanção prevista no §4º deste artigo será aplicada no ano seguinte ao do trânsito em julgado da decisão que desaprovar as contas do partido político ou do candidato, de forma proporcional e razoável, pelo período de 1 (um) a 12 (doze) meses, ou será aplicada por meio do desconto no valor a ser repassado da importância apontada como irregular, não podendo ser aplicada a sanção de suspensão caso a prestação de contas não seja julgada pelo juízo ou tribunal competente após 5 (cinco) anos de sua apresentação (Lei nº 9.504/1997, art. 25, parágrafo único).

§8º A perda do direito ao recebimento da quota do Fundo Partidário ou o desconto no repasse de quotas resultante da aplicação da sanção a que se refere o §6º deste artigo será suspenso durante o segundo semestre do ano eleitoral (Lei nº 9.096/1995, art. 37, §9º).

§9º As sanções previstas no §6º deste artigo não são aplicáveis no caso de desaprovação de prestação de contas de candidato, salvo quando ficar comprovada a efetiva participação do partido político nas infrações que acarretarem a rejeição das contas e, nessa hipótese, tiver sido assegurado o direito de defesa ao órgão partidário.

§10. A Secretaria Judiciária nos tribunais eleitorais ou o chefe de cartório nas zonas eleitorais deve registrar, no Sistema de Informações de Contas Eleitorais e Partidárias (Sico), a decisão que determinar a perda do direito ao recebimento da quota do Fundo Partidário ou o desconto no repasse de quotas resultante da aplicação da sanção a que se refere o §6º deste artigo.

Art. 75. O julgamento da prestação de contas pela Justiça Eleitoral não afasta a possibilidade de apuração por outros órgãos quanto à prática de eventuais ilícitos antecedentes e/ou vinculados, verificados no curso de investigações em andamento ou futuras.

Parágrafo único. A autoridade judicial responsável pela análise das contas, ao verificar a presença de indícios de irregularidades que possam configurar ilícitos, remeterá as respectivas informações e documentos aos órgãos competentes para apuração de eventuais crimes (Lei nº 9.096/1995, art. 35; e Código de Processo Penal, art. 40).

Art. 76. Erros formais e/ou materiais corrigidos ou tidos como irrelevantes no conjunto da prestação de contas não ensejam sua desaprovação e aplicação de sanção (Lei nº 9.504/1997, art. 30, §§2º e 2º-A).

Art. 77. A decisão que julgar as contas do candidato às eleições majoritárias abrangerá as de vice e as de suplente, conforme o caso, ainda que substituídos.

Parágrafo único. Se, no prazo legal, o titular não prestar contas, o vice e os suplentes, ainda que substituídos, poderão fazê-lo separadamente, no prazo de 3 (três) dias contados da citação de que trata o inciso IV do §5º do art. 49, para que suas contas sejam julgadas independentemente das contas do titular, salvo se este, em igual prazo, também apresentar suas contas, hipótese na qual os respectivos processos serão examinados em conjunto.

Art. 78. A decisão que julgar as contas dos candidatos eleitos será publicada em sessão, na hipótese de acórdão prolatado por tribunal, e no mural eletrônico, na hipótese de decisão monocrática do relator ou de decisão proferida no primeiro grau, até 3 (três) dias antes da diplomação (Lei nº 9.504/1997, art. 30, §1º).

Parágrafo único. A decisão que julgar as contas dos candidatos não eleitos será publicada no Diário da Justiça Eletrônico da Justiça Eleitoral.

Art. 79. A aprovação com ressalvas da prestação de contas não obsta que seja determinada a devolução dos recursos recebidos de fonte vedada ou a sua transferência para a conta única do Tesouro Nacional, assim como dos recursos de origem não identificada, na forma prevista nos arts. 31 e 32 desta Resolução.

§1º Verificada a ausência de comprovação da utilização dos recursos do Fundo Partidário e/ou do Fundo Especial de Financiamento de Campanha (FEFC) ou a sua utilização indevida, a decisão que julgar as contas determinará a devolução do valor correspondente ao Tesouro Nacional no prazo de 5 (cinco) dias após o trânsito em julgado, sob pena de remessa dos autos à representação estadual ou municipal da Advocacia-Geral da União, para fins de cobrança.

§2º Na hipótese do §1º, incidirão juros moratórios e atualização monetária, calculados com base na taxa aplicável aos créditos da Fazenda Pública, sobre os valores a serem recolhidos ao Tesouro Nacional, desde a data da ocorrência do fato gerador até a do efetivo recolhimento, salvo se tiver sido determinado de forma diversa na decisão judicial.

Art. 80. A decisão que julgar as contas eleitorais como não prestadas acarreta:

I – ao candidato, o impedimento de obter a certidão de quitação eleitoral até o fim da legislatura, persistindo os efeitos da restrição após esse período até a efetiva apresentação das contas;

II – ao partido político:

a) a perda do direito ao recebimento da quota do Fundo Partidário, do Fundo Especial de Financiamento de Campanha, e

b) a suspensão do registro ou anotação do órgão partidário, após decisão, com trânsito em julgado, precedida de processo regular que assegure ampla defesa (STF ADI nº 6032, j. em 05.12.2019).

§1º Após o trânsito em julgado da decisão que julgar as contas como não prestadas, o interessado pode requerer, na forma do disposto no §2º deste artigo, a regularização de sua situação para:

I – no caso de candidato, evitar que persistam os efeitos do impedimento de obter a certidão de quitação eleitoral após o fim da legislatura; ou

II – no caso de partido político, restabelecer o direito ao recebimento da quota do Fundo Partidário, do Fundo Especial de Financiamento de Campanha.

§2º O requerimento de regularização:

I – pode ser apresentado:

a) pelo candidato interessado, para efeito da regularização de sua situação cadastral;

b) pelo órgão partidário cujo direito ao recebimento da quota do Fundo Partidário e do Fundo Especial de Financiamento de Campanha esteja suspenso ou pelos hierarquicamente superiores;

II – deve ser autuado na classe Regularização da omissão de prestação de contas eleitorais, consignando-se os nomes dos responsáveis, e distribuído por prevenção ao juiz ou relator que conduziu o processo de prestação de contas a que ele se refere;

III – deve ser instruído com todos os dados e documentos previstos no art. 53 desta Resolução utilizando-se, em relação aos dados, o sistema de que trata o art. 54;

IV – não deve ser recebido com efeito suspensivo;

V – deve observar o rito previsto nesta Resolução para o processamento da prestação de contas, no que couber, com a finalidade de verificar:

a) eventual existência de recursos de fontes vedadas;

b) eventual existência de recursos de origem não identificada;

c) ausência de comprovação ou irregularidade na aplicação de recursos oriundos do Fundo Partidário e/ou do Fundo Especial de Financiamento de Campanha (FEFC);

d) outras irregularidades de natureza grave.

§3º Caso constatada impropriedade ou irregularidade na aplicação dos recursos do Fundo Partidário e/ou do Fundo Especial de Financiamento de Campanha (FEFC) ou no recebimento dos recursos de que tratam os arts. 31 e 32 desta Resolução, o candidato ou o órgão partidário e os seus responsáveis serão intimados para fins de devolução ao erário, se já não demonstrada a sua realização.

§4º Recolhidos os valores mencionados no §3º deste artigo, ou na ausência de valores a recolher, a autoridade judicial deve decidir sobre o deferimento, ou não, do requerimento apresentado, decidindo pela regularização, ou não, da omissão, aplicando ao órgão partidário e aos seus responsáveis, quando for o caso, as sanções previstas no §5º do art. 74 desta Resolução.

§5º A situação de inadimplência do órgão partidário ou do candidato somente deve ser levantada após:

I – o efetivo recolhimento dos valores devidos; e

II – o cumprimento das sanções impostas na decisão prevista nos incisos I e II do caput e no §4º deste artigo.

Art. 81. Desaprovadas as contas, a Justiça Eleitoral abrirá vista dos autos ao Ministério Público para os fins previstos no art. 22 da Lei Complementar nº 64/1990 (Lei nº 9.504/1997, art. 22, §4º).

Art. 82. Se identificado indício de apropriação, pelo candidato, pelo administrador financeiro da campanha ou por quem de fato exerça essa função de bens, recursos ou valores destinados ao financiamento eleitoral, em proveito próprio ou alheio, cópia dos autos deve ser encaminhada ao Ministério Público para apuração da prática do crime capitulado no art. 354-A do Código Eleitoral (Lei nº 4.737/1965, art. 354-A).

Art. 83. A inobservância do prazo para encaminhamento das prestações de contas impede a diplomação dos eleitos enquanto perdurar a omissão (Lei nº 9.504/1997, art. 29, §2º).

Art. 84. A Justiça Eleitoral divulgará na página do Tribunal Superior Eleitoral na internet o nome dos candidatos e dos órgãos partidários que não apresentaram as contas de suas campanhas.

Parágrafo único. Será feito o registro no cadastro eleitoral quanto à apresentação das contas, sua extemporaneidade ou inadimplência.

Seção I
Dos Recursos

Art. 85. Da decisão do juiz eleitoral, cabe recurso para o tribunal regional eleitoral, no prazo de 3 (três) dias contados da publicação no Diário da Justiça Eletrônico (Lei nº 9.504/1997, art. 30, §5º).

Art. 86. Na hipótese do julgamento das prestações de contas dos candidatos eleitos, o prazo recursal é contado da publicação em sessão do acórdão prolatado por tribunal eleitoral.

Parágrafo único. Na hipótese de decisão proferida no primeiro grau, o prazo recursal conta-se a partir da publicação em cartório.

Art. 87. Do acórdão do tribunal regional eleitoral, cabe recurso especial para o Tribunal Superior Eleitoral, nas hipóteses previstas nos incisos I e II do §4º do art. 121 da Constituição Federal, no prazo de 3 (três) dias contados da publicação no Diário da Justiça Eletrônico (Lei nº 9.504/1997, art. 30, §6º).

Art. 88. São irrecorríveis as decisões do Tribunal Superior Eleitoral, salvo as que contrariarem a Constituição Federal.

CAPÍTULO VII
DO CONTROLE E DA FISCALIZAÇÃO CONCOMITANTE

Art. 89. Durante todo o processo eleitoral, a Justiça Eleitoral pode fiscalizar a arrecadação e a aplicação de recursos, visando a subsidiar a análise das prestações de contas.

§1º A fiscalização a que alude o caput deste artigo deve ser:

I – precedida de autorização do presidente do tribunal ou do relator do processo, caso já tenha sido designado, ou ainda do juiz eleitoral, conforme o caso, que designará, entre os servidores da Justiça Eleitoral, fiscais ad hoc, devidamente credenciados para atuação;

II – registrada no SPCE para confronto com as informações lançadas na prestação de contas.

§2º Na hipótese de a fiscalização ocorrer em município diferente da sede, a autoridade judiciária pode solicitar ao juiz da respectiva circunscrição eleitoral que designe servidor da zona eleitoral para exercer a fiscalização.

Art. 90. Os órgãos e as entidades da Administração Pública direta e indireta devem ceder, sem ônus para a Justiça Eleitoral, em formatos abertos e compatíveis, informações de suas bases de dados na área de sua competência, quando solicitadas pela Justiça Eleitoral (Lei nº 9.504/1997, art. 94-A, I).

Art. 91. Os indícios de irregularidade relativos à arrecadação de recursos e gastos eleitorais obtidos mediante cruzamento de informações entre órgãos e entidades da administração pública devem ser processados na forma descrita a seguir:

I – tão logo identificados, os indícios de irregularidade serão diretamente encaminhados ao Ministério Público;

II – o Ministério Público, procedendo à apuração dos indícios, poderá, entre outras providências:

a) requisitar à autoridade policial a instauração de inquérito;

b) requisitar informações a candidatos, partidos políticos, doadores, fornecedores e a terceiros para a apuração dos fatos, além de determinar outras diligências que julgar necessárias;

c) requerer a quebra dos sigilos fiscal e bancário de candidato, partido político, doador ou fornecedor de campanha (Lei Complementar nº 105/2001, art. 1º, §4º);

III – concluída a apuração dos indícios, o Ministério Público, juntando os elementos probatórios colhidos e manifestando-se sobre eles, fará a imediata comunicação à autoridade judicial e solicitará a adoção de eventuais pedidos de providência que entender cabíveis;

IV – recebida a manifestação ministerial, o presidente ou o juiz eleitoral, conforme o caso, deve determinar:

a) a autuação do processo na classe petição, caso não tenha sido autuado o processo de prestação de contas; ou

b) a juntada ao processo de prestação de contas já autuado;

V – tão logo autuado o processo de prestação de contas, o processo autuado na classe petição deve ser a ele associado ou apensado, ficando prevento para o processo de prestação de contas o relator da petição;

VI – autuado e distribuído o processo, a autoridade judicial determinará a intimação do prestador de contas;

VII – a autoridade judicial examinará com prioridade a matéria, determinando as providências urgentes que entender necessárias para evitar a irregularidade ou permitir o pronto restabelecimento da legalidade;

VIII – inexistindo providências urgentes a adotar, o resultado da apuração dos indícios de irregularidade será considerado por ocasião do julgamento da prestação de contas, caso tenha sido concluída a apuração.

§1º A autoridade judicial poderá fixar prazo de 3 (três) dias para o cumprimento de eventuais diligências necessárias à instrução da apuração dos indícios de irregularidade de que trata este artigo, com a advertência de que o seu descumprimento poderá configurar crime de desobediência (Código Eleitoral, art. 347).

§2º Se, até o prazo fixado para o pronunciamento do Ministério Público a respeito da regularidade da prestação de contas, disposto no art. 73 desta Resolução, não houver sido encaminhada à autoridade judicial a manifestação de que trata o inciso III do caput deste artigo, o Ministério Público deverá proferir, naquela ocasião, manifestação sobre os indícios de irregularidade que lhe foram encaminhados para apuração.

§3º Se, até o julgamento da prestação de contas do candidato ou do partido político a que se referem os indícios, a apuração não houver sido concluída, o resultado desta que detecte a prática de ilícitos antecedentes e/ou vinculados às contas deve ser encaminhado aos órgãos competentes para apreciação.

§4º Na hipótese do parágrafo anterior, os indícios de irregularidade poderão ser utilizados no exame técnico de contas, ainda que apenas como informação de inteligência, sobre a qual o prestador de contas deve ser intimado a manifestar-se, prosseguindo regularmente a sua apuração pelo Ministério Público Eleitoral, a quem compete promover as ações deles decorrentes, caso confirmados.

Art. 92. A Secretaria da Receita Federal do Brasil e as secretarias estaduais e municipais de Fazenda encaminharão ao Tribunal Superior Eleitoral, pela internet, arquivo eletrônico contendo as notas fiscais eletrônicas relativas ao fornecimento de bens e serviços para campanha eleitoral (Lei nº 9.504/1997, art. 94-A, I), nos seguintes prazos:

I – até o 15º (décimo quinto) dia do mês de outubro do ano eleitoral, as notas fiscais eletrônicas emitidas desde o prazo final para o registro de candidaturas até o dia da eleição;

II – até o 10º (décimo) dia do mês de novembro do ano eleitoral, o arquivo complementar, contendo as notas fiscais eletrônicas emitidas do dia imediatamente posterior à eleição até o último dia do mês de outubro do mesmo ano.

§1º Para fins do previsto no caput deste artigo:

I – o presidente do Tribunal Superior Eleitoral requisitará, por meio de ofício, à Secretaria da Receita Federal do Brasil cópia eletrônica de todas as notas fiscais eletrônicas (NF-e) emitidas pelo número de CNPJ de candidatos e de partidos políticos e contra ele (Lei nº 5.172/1966, art. 198, §1º, I);

II – os presidentes dos tribunais regionais eleitorais requisitarão, por meio de ofício, às secretarias estaduais e municipais de Fazenda que adotem sistema de emissão eletrônica de nota fiscal, cópia eletrônica de todas as notas fiscais eletrônicas de serviços emitidas pelo número de CNPJ de candidatos e de partidos políticos e contra ele (Lei nº 5.172/1966, art. 198, §1º, I).

§2º Os ofícios de que trata o §1º deste artigo deverão:

I – ser entregues até o primeiro dia do mês de setembro do ano eleitoral; e

II – fazer referência à determinação contida nesta Resolução.

§3º Para o envio das informações requeridas nos termos do §1º deste artigo, deverá ser observado o seguinte:

I – a Secretaria da Receita Federal do Brasil e as secretarias estaduais de Fazenda utilizarão o leiaute-padrão da nota fiscal eletrônica (NF-e); e

II – as secretarias municipais de Fazenda observarão o leiaute-padrão fixado pela Justiça Eleitoral e o validador e transmissor de dados, disponíveis na página do Tribunal Superior Eleitoral na internet.

§4º Não serão recebidos, na base de dados da Justiça Eleitoral, os arquivos eletrônicos de notas fiscais eletrônicas de prestação de serviços que não sejam aprovados pelo validador a que se refere o inciso II do §3º deste artigo.

§5º O eventual cancelamento de notas fiscais eletrônicas após sua regular informação como válidas pelos órgãos fazendários à Justiça Eleitoral, apresentado por ocasião do cumprimento de diligências determinadas nos autos de prestação de contas, será objeto de notificação específica à Fazenda informante, no julgamento das contas, para apuração de suposta infração fiscal, bem como de encaminhamento ao Ministério Público.

§6º Na situação de eventual cancelamento de notas fiscais eletrônicas após sua regular informação como válidas pelos órgãos fazendários à Justiça Eleitoral, o prestador deverá apresentar a comprovação de cancelamento, junto com esclarecimentos firmados pelo fornecedor.

Art. 93. Os doadores e os fornecedores podem, no curso da campanha, prestar informações diretamente à Justiça Eleitoral sobre doações em favor de partidos políticos e candidatos e, ainda, sobre gastos por eles efetuados.

§1º Para encaminhar as informações, será necessário o cadastramento prévio na página do Tribunal Superior Eleitoral na internet.

§2º A apresentação de informações falsas sujeita o infrator às penas previstas nos arts. 348 e seguintes do Código Eleitoral, sem prejuízo das demais sanções cabíveis.

Art. 94. Eventuais fatos que possam configurar ilícitos de campanha eleitoral informados por intermédio do uso de aplicativos da Justiça Eleitoral devem ser encaminhados ao Ministério Público, que, se entender relevantes, promoverá a devida apuração.

CAPÍTULO VIII
DAS DENÚNCIAS E REPRESENTAÇÕES

Art. 95. A autoridade judicial, à vista de denúncia fundamentada de filiado ou delegado de partido, de representação do Ministério Público ou de iniciativa do Corregedor, diante de indícios de irregularidades na gestão financeira e econômica da campanha, poderá determinar as diligências e providências que julgar necessárias para obstar a utilização de recursos de origem não identificada ou de fonte vedada.

Art. 96. Qualquer partido político ou coligação pode representar à Justiça Eleitoral, no prazo de 15 (quinze) dias contados da diplomação, relatando fatos e indicando provas, e pedir a abertura de investigação judicial para apurar condutas em desacordo com as normas vigentes relativas à arrecadação e gastos de recursos (Lei nº 9.504/1997, art. 30-A).

§1º Na apuração de que trata o caput, aplicar-se-á o procedimento previsto no art. 22 da Lei Complementar nº 64/1990, no que couber (Lei nº 9.504/1997, art. 30-A, §1º).

§2º Comprovados captação ou gastos ilícitos de recursos, para fins eleitorais, será negado diploma ao candidato, ou cassado, se já houver sido outorgado (Lei nº 9.504/1997, art. 30-A, §2º).

§3º O ajuizamento da representação de que trata o caput não obsta nem suspende o exame e o julgamento da prestação de contas a ser realizado nos termos desta Resolução.

§4º A aprovação, com ou sem ressalvas, ou desaprovação da prestação de contas do candidato não vincula o resultado da representação de que trata o art. 30-A da Lei nº 9.504/1997 nem impede a apuração do abuso do poder econômico em processo apropriado.

Art. 97. A qualquer tempo, o Ministério Público e os demais partidos políticos poderão relatar indícios e apresentar provas de irregularidade relativa a movimentação financeira, recebimento de recursos de fontes vedadas, utilização de recursos provenientes do Fundo Partidário e do Fundo Especial de Financiamento de Campanha (FEFC) e realização de gastos que esteja sendo cometida ou esteja prestes a ser cometida por candidato ou partido político antes da apresentação de suas contas à Justiça Eleitoral, requerendo à autoridade judicial competente a adoção das medidas cautelares pertinentes para evitar a irregularidade ou permitir o pronto restabelecimento da legalidade.

§1º Na hipótese prevista neste artigo, a representação dos partidos políticos e do Ministério Público deverá ser feita pelos seus representantes que possuam legitimidade para atuar perante a instância judicial competente para a análise e o julgamento da prestação de contas do candidato ou do órgão partidário que estiver cometendo a irregularidade.

§2º As ações preparatórias previstas neste artigo serão autuadas na classe Ação Cautelar e, nos tribunais, serão distribuídas a um relator

§3º Recebida a inicial, a autoridade judicial, determinará:

I – as medidas urgentes que considerar adequadas para efetivação da tutela provisória, quando houver elementos que evidenciem a probabilidade do direito e o perigo de dano ou o risco ao resultado útil do processo;

II – a citação do candidato ou do órgão partidário, conforme o caso, entregando-lhe cópia da inicial e dos documentos que a acompanham, a fim de que, no prazo de 5 (cinco) dias, ofereça ampla defesa acompanhada dos documentos e das provas que pretende produzir.

§4º A ação prevista neste artigo observará, no que couber, o rito das ações cautelares preparatórias ou antecedentes previstas no Código de Processo Civil.

§5º Definida a tutela provisória, que poderá a qualquer tempo ser revogada ou alterada, os autos da ação cautelar aguardarão para serem apensados à prestação de contas do respectivo exercício quando esta for apresentada.

CAPÍTULO IX
DAS DISPOSIÇÕES FINAIS

Art. 98. No período de 15 de agosto a 19 de dezembro, as intimações serão realizadas pelo mural eletrônico, fixando-se o termo inicial do prazo na data de publicação e devem ser feitas na pessoa do advogado constituído pelo partido político ou pelo candidato, abrangendo:

I – na hipótese de prestação de contas de candidato à eleição majoritária o titular e o vice ou suplente, conforme o caso, ainda que substituídos, na pessoa de seus advogados;

II – na hipótese de prestação de contas relativa à eleição proporcional, o candidato, na pessoa de seu advogado;

III – na hipótese de prestação de contas de órgão partidário, o partido político, o presidente e o tesoureiro, bem como seus substitutos, na pessoa de seus advogados.

§1º Na hipótese de impossibilidade técnica de utilização do mural eletrônico, oportunamente certificada, as intimações serão realizadas sucessivamente, por mensagem instantânea, por email e por correspondência.

§2º Reputam-se válidas as intimações realizadas nas formas referidas no §1º:

I – pela disponibilização no mural eletrônico;

II – quando realizada pelos demais meios eletrônicos, pela confirmação de entrega ao destinatário da mensagem ou e-mail no número de telefone ou endereço informado pelo partido, pela coligação ou pelo candidato, dispensada a confirmação de leitura;

III – quando realizada por correio, pela assinatura do aviso de recebimento de pessoa que se apresente como apta ao recebimento de correspondência no endereço informado pelo partido, coligação ou candidato.

§3º Não será prevista ou adotada intimação simultânea ou de reforço por mais de um meio, somente se passando ao subsequente em caso de frustrada a realizada sob a forma anterior.

§4º Considera-se frustrada a intimação apenas quando desatendido os critérios referidos no §2º, incumbindo aos partidos, às coligações e aos candidatos acessar o mural eletrônico e os meios informados em seu registro de candidatura para o recebimento de citações, intimações, notificações e comunicações da Justiça Eleitoral.

§5º As intimações por meio eletrônico previstas neste artigo não se submetem ao disposto no art. 5º da Lei nº 11.419/2006.

§6º Nas publicações realizadas em meio eletrônico, aplica-se o art. 272 do Código de Processo Civil.

§7º A publicação dos atos judiciais fora do período estabelecido no caput será realizada no Diário da Justiça Eletrônico.

§8º Na hipótese de não haver advogado regularmente constituído nos autos, o candidato e/ou partido político, bem como o presidente, o tesoureiro e seus substitutos, devem ser citados pessoalmente para que, no prazo de 3 (três) dias, constituam advogado, sob pena de serem as contas julgadas não prestadas.

§9º A citação a que se refere o §8º deste artigo deve ser realizada:

I – quando dirigida a candidato, partido político ou coligação, por mensagem instantânea, e, frustrada esta, sucessivamente por e-mail, por correspondência e pelos demais meios previstos no Código de Processo Civil;

II – quando se dirigir a pessoa diversa das indicadas nos incisos anteriores, no endereço físico indicado pelo autor, nos termos do art. 319 do Código de Processo Civil.

§10. Para os fins do disposto no §9º deste artigo, serão utilizados os dados de localização informados no Requerimento de Registro de Candidatura (RRC) e do Demonstrativo de Regularidade dos Atos Partidários (DRAP).

Art. 99. A intimação pessoal do Ministério Público, entre 15 de agosto e 19 de dezembro, será feita por intermédio de expediente no Processo Judicial Eletrônico (PJe), o qual marcará a abertura automática e imediata do prazo processual.

Art. 100. O inteiro teor das decisões e intimações determinadas pela autoridade judicial, ressalvadas aquelas abrangidas por sigilo, deve constar da página de andamento do processo na internet, de modo a viabilizar que qualquer interessado que consultar a página ou estiver cadastrado no Sistema Push possa ter ciência do seu teor.

Art. 101. Os processos de prestação de contas tramitam, obrigatoriamente, no Sistema Processo Judicial Eletrônico (PJe).

§1º Os documentos integrantes da mídia eletrônica a que se refere o §1º do art. 53 desta Resolução devem ser digitalizados pelo prestador de contas, observando-se o disposto no art. 4º da Portaria-TSE nº 1.143, de 17 de novembro de 2016, e os requisitos previstos nas Portarias-TSE nº 886, de 22 de novembro de 2017, e nº 1.216, de 13 de dezembro de 2016.

§2º Quando a forma de apresentação dos documentos não observar o previsto nesta norma ou puder ensejar prejuízo ao exercício do contraditório e da ampla defesa ou, ainda, prejudicar a análise do processo, caberá ao magistrado determinar nova apresentação e a exclusão dos anteriormente juntados.

§3º Os documentos a que se refere o §1º do caput deste artigo serão armazenados em ambiente virtual e divulgados na página de internet do Tribunal Superior Eleitoral.

Art. 101-A. Durante o período eleitoral, os prazos processuais serão prorrogados para o dia seguinte, se, na data em que se vencerem:

I – houver indisponibilidade técnica do PJe, quando se tratar de ato que deva ser praticado por meio eletrônico (Lei nº 11.419/2006, art. 10, §2º; e Código de Processo Civil, art. 213, caput); ou

II – o expediente do cartório ou secretaria perante o qual deva ser praticado for encerrado antes ou iniciado depois da hora normal, quando se tratar de ato que exija comparecimento presencial (Lei nº 11.419/2006, art. 10, §1º; e Código de Processo Civil, arts. 213, caput, e 224, §1º).

§1º Para os fins do inciso I do caput deste artigo, considera-se indisponibilidade técnica aquela que:

I – for superior a sessenta minutos, ininterruptos ou não, se ocorrida entre seis horas e vinte e três horas; ou

II – ocorrer na última hora do prazo, independentemente da sua duração.

§2º A prorrogação de que trata o §1º deste artigo será analisada pelo juízo competente após a juntada, pela parte prejudicada, da certidão de indisponibilidade prevista no §3º do art. 10 da Resolução TSE nº 23.417/2014.

§3º Na hipótese do inciso II do caput deste artigo, o servidor ou servidora certificará a tempestividade do ato, informando o motivo da prorrogação."

Art. 102. O Ministério Público, os partidos políticos e os candidatos podem acompanhar o exame das prestações de contas.

§1º No caso de acompanhamento por partidos políticos, será exigida a indicação expressa e formal de seu representante, respeitado o limite de um por partido político, em cada circunscrição.

§2º O acompanhamento do exame das prestações de contas dos candidatos não pode ser feito de forma que impeça ou retarde o exame das contas pela unidade técnica nos tribunais, ou pelo chefe de cartório nas zonas eleitorais, ou o seu julgamento.

§3º O não oferecimento de impugnação à prestação de contas pelo Ministério Público não obsta sua atuação como fiscal da lei e a interposição de recurso contra o julgamento da prestação de contas.

Art. 103. Os processos de prestação de contas são públicos e podem ser consultados por qualquer interessado, observada as diretrizes para tratamento de dados pessoais da Lei nº 13.709 /2018 e da Resolução TSE nº 23.650/2021.

Parágrafo único. A Justiça Eleitoral dará ampla e irrestrita publicidade ao conteúdo dos extratos eletrônicos das contas eleitorais na página do Tribunal Superior Eleitoral na internet.

Art. 104. Na hipótese de dissidência partidária, independentemente do resultado do julgamento a respeito da legitimidade da representação, o partido político e os candidatos dissidentes estão sujeitos às normas de arrecadação e aplicação de recursos desta Resolução, devendo apresentar as respectivas prestações de contas à Justiça Eleitoral.

Parágrafo único. A responsabilidade pela regularidade das contas recai pessoalmente sobre os respectivos dirigentes e candidatos dissidentes, em relação às próprias contas.

Art. 105. O Tribunal Superior Eleitoral pode emitir orientações técnicas referentes ao processo de prestação de contas de campanha, as quais serão propostas pela Assessoria de Exame de Contas Eleitorais e Partidárias e aprovadas por portaria do presidente.

Art. 106. Será dada ampla divulgação dos dados e das informações estatísticas relativas às prestações de contas recebidas pela Justiça Eleitoral.

Art. 107. Fica revogada a Res.-TSE nº 23.553, de 18 de dezembro de 2017.

Art. 108. Esta Resolução entra em vigor na data de sua publicação.

Brasília, 17 de dezembro de 2019.

MINISTRO LUÍS ROBERTO BARROSO – RELATOR

Este texto não substitui o publicado no DJE-TSE, nº 249, de 27.12.2019, p. 125-156 e republicado no DJE-TSE, nº 165, de 19.8.2020, p. 105-147.

3. RESOLUÇÃO Nº 23.608, DE 18 DE DEZEMBRO DE 2019 (Alterada pela Resolução nº 23.672, de 14 dezembro de 2021) – Dispõe sobre representações, reclamações e pedidos de direito de resposta previstos na Lei nº 9.504/1997 para as eleições.

Observe os ajustes promovidos pela resolução nº 23.624/2020, em cumprimento ao estabelecido pela EC nº 107/2020.

O TRIBUNAL SUPERIOR ELEITORAL, no uso das atribuições que lhe conferem o art. 23, IX, do Código Eleitoral e o art. 105 da Lei nº 9.504, de 30 de setembro de 1997, RESOLVE:

CAPÍTULO I
DISPOSIÇÕES GERAIS

Art. 1º Esta Resolução disciplina o processamento das representações, das reclamações e dos pedidos de direito de resposta previstos na Lei nº 9.504/1997.

Art. 2º São competentes para apreciação das representações, inclusive as do procedimento do art. 22 da Lei Complementar nº 64/1990, das reclamações e dos pedidos de direito de resposta:

I – nas eleições municipais, o juiz que exerce a jurisdição eleitoral no município e, naqueles com mais de uma zona eleitoral, os juízes eleitorais designados pelos respectivos tribunais regionais eleitorais até 19 de dezembro do ano anterior à eleição (Lei nº 9.504/1997, art. 96, §2º);

II – nas demais, os juízes auxiliares, que deverão ser designados pelos tribunais eleitorais dentre seus integrantes substitutos, em número de 3 (três), até o dia 19 de dezembro do ano anterior à eleição (Lei nº 9.504/1997, art. 96, §3º).

§1º Revogado.

§2º Nas eleições a que se refere o inciso II deste artigo, a distribuição das representações será feita equitativamente entre os juízes auxiliares, procedendo-se à compensação nos casos de prevenção ou impedimento.

§3º A atuação dos juízes auxiliares encerrar-se-á em 19 de dezembro do ano em que se realizarem as eleições gerais.

§4º Caso o mandato de juiz auxiliar termine antes da diplomação dos eleitos, sem a sua recondução, o tribunal eleitoral designará novo juiz, dentre os seus substitutos, para sucedê-lo.

§5º Encerrada a atuação dos juízes auxiliares, as representações, as reclamações e os pedidos de direito de resposta pendentes de julgamento serão redistribuídos, de ofício, pela secretaria judiciária aos membros efetivos do respectivo tribunal eleitoral.

Art. 3º As representações, as reclamações e os pedidos de direito de resposta poderão, observada a respectiva legitimidade, ser feitos por qualquer partido político, federação de partidos, coligação, candidata e candidato e devem dirigir-se (Lei nº 9.504/1997, arts. 6º-A e 96, caput e I a III; e Lei nº 9.096/1995, art. 11-A, caput e §8º):

I – ao Tribunal Superior Eleitoral, na eleição presidencial;

II – aos tribunais regionais eleitorais, nas eleições federais, estaduais e distritais;

III – aos juízos eleitorais, na eleição municipal.

Parágrafo único. O Ministério Público Eleitoral é parte legítima para propor as representações e reclamações previstas no caput deste artigo.

Art. 4º É incabível a cumulação de pedido de direito de resposta com pedido de aplicação de multa por propaganda eleitoral irregular, ainda que diga respeito aos mesmos fatos, sob pena de indeferimento da petição inicial.

Parágrafo único. O disposto no caput deste artigo não impede a análise de pedido de suspensão, remoção ou proibição de nova divulgação da propaganda apontada como irregular.

Art. 5º Os pedidos de direito de resposta e as representações por propaganda eleitoral irregular em rádio, televisão e internet tramitarão preferencialmente em relação aos demais processos em curso na Justiça Eleitoral (Lei nº 9.504/1997, art. 58-A).

Art. 6º A petição inicial das representações, reclamações e pedidos de direito de resposta, subscrita por advogado ou por representante do Ministério Público Eleitoral, deverá:

I – qualificar as partes e informar os endereços por meio dos quais será realizada a citação (CPC, art. 319, II);

II – relatar os fatos, indicando provas, indícios e circunstâncias (Lei nº 9.504/1997, art. 96, §1º).

Parágrafo único. Caso não disponha das informações previstas no art. 11 desta Resolução, poderá o autor, na petição inicial, requerer ao juiz diligências necessárias à sua obtenção (CPC, art. 319, §1º).

Art. 7º Os prazos relativos a representações, reclamações e pedidos de direito de resposta são contínuos e peremptórios, correndo, conforme o caso, em cartório ou secretaria ou no PJe, e não se suspendem aos sábados, domingos e feriados, entre 15 de agosto do ano da eleição e as datas fixadas no calendário eleitoral do ano em que se realizarem as eleições (Lei Complementar nº 64/1990, art. 16).

§1º Os cartórios eleitorais e os tribunais regionais eleitorais divulgarão o horário de seu funcionamento para o período previsto no caput deste artigo.

§2º Às representações especiais, submetidas ao procedimento do art. 22 da Lei Complementar nº 64, de 18 de maio de 1990, não se aplicam as disposições do caput deste artigo (Lei Complementar nº 64/1990, art. 16).

Art. 8º Durante o período eleitoral, os prazos processuais serão prorrogados para o dia seguinte, se, na data em que vencerem:

I – houver indisponibilidade técnica do PJe, quando se tratar de ato que deva ser praticado por meio eletrônico (Lei nº 11.419/2006, art. 10, §2º; e CPC, art. 213, caput); ou

II – o expediente do cartório ou da secretaria perante o qual deva ser praticado for encerrado antes ou iniciado depois da hora normal, quando se tratar de ato que exija comparecimento presencial (Lei nº 11.419/2006, art. 10, §1º; e CPC, arts. 213, caput, e 224, §1º).

§1º Para os fins do inciso I do caput deste artigo, considera-se indisponibilidade técnica aquela que:

I – for superior a 60 (sessenta) minutos, ininterruptos ou não, se ocorrida entre 6 (seis) horas e 24 (vinte e quatro) horas; ou

II – ocorrer na última hora do prazo, independentemente da sua duração.

§2º A prorrogação de que trata o inciso I do caput deste artigo será analisada pelo juízo competente após a juntada, pela parte prejudicada, do relatório de indisponibilidade previsto no §3º do art. 10 da Resolução TSE nº 23.417/2014.

§3º Na hipótese do inciso II do caput deste artigo, a servidora ou o servidor certificará a tempestividade do ato, informando o motivo da prorrogação.

Art. 9º As comunicações processuais ordinárias serão realizadas das 10 (dez) às 19 (dezenove) horas, salvo quando o juiz eleitoral ou juiz auxiliar determinar que sejam feitas em horário diverso.

Parágrafo único. As decisões de concessão de tutela provisória serão comunicadas das 8 (oito) às 24 (vinte e quatro) horas, salvo quando o juiz eleitoral ou juiz auxiliar determinar que sejam feitas em horário diverso.

Art. 10. Até o dia 20 de julho do ano da eleição, as emissoras de rádio e televisão e os demais veículos de comunicação, inclusive provedores de aplicações de internet, deverão, independentemente de intimação, apresentar ao órgão da Justiça Eleitoral definido pelo tribunal eleitoral, em meio eletrônico previamente divulgado, a indicação de seu(sua) representante legal, dos endereços de correspondência e e-mail e do número de telefone móvel que disponha de aplicativo de mensagens instantâneas pelos quais receberão ofícios, intimações ou citações, e poderão, ainda, indicar procuradora ou procurador com ou sem poderes para receber citação, hipótese em que farão juntar a procuração respectiva.

§1º É facultado às pessoas referidas no caput deste artigo optar por receber exclusivamente pelo e-mail informado à Justiça Eleitoral as notificações para cumprimento de determinações administrativas e de ordens judiciais em feitos nos quais não sejam parte.

§2º Não exercida a faculdade prevista no §1º, as notificações nele referidas serão realizadas, sucessivamente, por mensagem instantânea, por e-mail e por correio, nos números e endereços informados.

§3º Na hipótese de as pessoas referidas no caput não atenderem ao disposto neste artigo, as intimações e as citações encaminhadas pela Justiça Eleitoral serão consideradas como válidas no momento de sua entrega na portaria da sede da empresa, não se aplicando o disposto no art. 11, I, desta Resolução.

Art. 11. No período de 15 de agosto a 19 de dezembro do ano em que se realizarem as eleições, nos processos relacionados às respectivas eleições, a citação será realizada, independentemente da data de autuação do feito:

I – quando dirigida a candidata, candidato, partido político, federação de partidos, coligação ou pessoa indicada no art. 10 desta Resolução, por mensagem instantânea e, frustrada esta, sucessivamente por e-mail, por correspondência e pelos demais meios previstos no Código de Processo Civil (Lei nº 9.504/1997, art. 6º-A e Lei nº 9.096/1995, art. 11-A, caput e §8º Lei nº 9.096/1995, art. 11-A, caput e §8º);

II – quando dirigida a pessoa diversa das indicadas no inciso I deste artigo, no endereço físico indicado pelo autor, nos termos do art. 319 do Código de Processo Civil.

§1º Aplica-se ao inciso I deste artigo o disposto no art. 12, §2º, II e III e §§3º a 5º, desta Resolução.

§2º O disposto no caput deste artigo não se aplica às representações submetidas ao procedimento do art. 22 da Lei Complementar nº 64/1990, nas quais a citação observará exclusivamente o disposto no Código de Processo Civil.

Art. 12. No período previsto no art. 11, caput, as intimações das partes nas representações fundadas no art. 96 da Lei nº 9.504/1997, nas reclamações e nos pedidos de direito de resposta serão realizadas pelo mural eletrônico, fixando-se o termo inicial do prazo na data de publicação.

§1º Na impossibilidade técnica de utilização do mural eletrônico, oportunamente certificada, as intimações serão realizadas sucessivamente por mensagem instantânea, por e-mail e por correspondência.

§2º Reputam-se válidas as intimações realizadas nas formas referidas no §1º deste artigo:

I – quando realizadas pelo mural eletrônico, pela disponibilização;

II – quando realizadas pelos demais meios eletrônicos, pela confirmação de entrega à pessoa a que se destina a mensagem ou o e-mail, no número de telefone ou no endereço informado, no Demonstrativo de Regularidade dos Atos Partidários (DRAP) ou no Requerimento de Registro de Candidatura (RRC), pelo partido, pela coligação, pela federação de partidos, pela candidata ou pelo candidato, dispensada a confirmação de leitura (Lei nº 9.504/1997, art. 6º-A e Lei nº 9.096/1995, art. 11-A, caput e §8º);

III – quando realizadas por correio, pela assinatura do aviso de recebimento de pessoa que se apresente como apta a receber correspondência no endereço informado pelo partido, pela federação de partidos, pela coligação, pela candidata ou pelo candidato (Lei nº 9.504/1997, art. 6ºA e Lei nº 9.096/1995, art. 11-A, caput e §8º).

§3º Não será prevista ou adotada intimação simultânea ou de reforço por mais de um meio, somente se passando ao subsequente em caso de frustrada a realizada sob a forma anterior.

§4º Considera-se frustrada a intimação apenas quando desatendidos os critérios referidos no §2º deste artigo, incumbindo a partidos políticos, federações de partidos, coligações, candidatas e candidatos acessar o mural eletrônico e os meios informados em seu registro de candidatura para o recebimento de citações, intimações, notificações e comunicações da Justiça Eleitoral (Lei nº 9.504/1997, art. 6º-A e Lei nº 9.096/1995, art. 11-A, caput e §8º).

§5º As intimações por meio eletrônico previstas neste artigo não se submetem ao disposto no art. 5º da Lei nº 11.419/2006.

§6º As intimações realizadas por mural eletrônico:

a) destinam-se aos advogados e às partes que, validamente citadas ou chamadas ao processo, deixarem de constituir advogado;

b) devem conter a identificação das partes e do processo e, quando constituídos, dos advogados.

§7º A intimação pessoal do Ministério Público Eleitoral, no período referido no caput deste artigo, será feita exclusivamente por intermédio de expediente no Processo Judicial Eletrônico (PJe), o qual marcará a abertura automática e imediata do prazo processual.

§7º-A As disposições do caput e dos §§1º a 7º deste artigo serão também aplicadas aos processos autuados anteriormente ao período de 15 de agosto a 19 de dezembro do ano em que se realizarem as eleições, previsto no art. 11, caput, desta Resolução, desde que o ato de intimação tenha sido praticado dentro desse lapso temporal e se refira às eleições do mesmo ano.

§8º O disposto no caput e nos §§1º a 7º deste artigo não se aplica aos acórdãos proferidos nas representações fundadas no art. 96 da Lei nº 9.504/1997, nas reclamações e nos pedidos de direito de resposta, os quais, no período estabelecido no art. 11, caput, desta Resolução, serão publicados em sessão de julgamento, passando a correr, dessa data, os prazos recursais para as partes e para o Ministério Público Eleitoral.

§9º A comunicação dos atos processuais fora do período estabelecido no art. 11, caput, desta Resolução será realizada no Diário da Justiça eletrônico (DJe). §10 Para os fins do disposto no caput e no §1º deste artigo, serão utilizados os dados de localização informados no Requerimento de Registro de Candidatura (RRC), no Demonstrativo de Regularidade dos Atos Partidários (DRAP) e na forma do art. 10 desta Resolução.

Art. 13. É facultado a candidatas, candidatos, partidos políticos, federações de partidos, coligações, emissoras de rádio e televisão, provedores de aplicações de internet, demais veículos de comunicação e empresas e entidades realizadoras de pesquisas eleitorais requerer o arquivamento, em meio eletrônico, na instância de origem, de procuração outorgada a suas advogadas e seus advogados, com poderes gerais para o foro e para receber citações (Lei nº 9.504 /1997, art. 6º-A e Lei nº 9.096/1995, art. 11-A, caput e §8º).

§1º A faculdade a que se refere o caput deste artigo é aplicável apenas para fins de representação judicial do outorgante nas representações fundadas no art. 96 da Lei nº 9.504/1997, nas reclamações e nos pedidos de direito de resposta.

§2º A procuração deverá conter os endereços de e-mail e números de telefones com aplicativo de mensagens instantâneas.

§3º Será juntada aos autos cópia digitalizada da procuração, certificando-se o arquivamento na instância de origem.

Art. 14. Constatado vício de representação processual do autor, o juiz eleitoral ou juiz auxiliar determinará a respectiva regularização no prazo de 1 (um) dia, sob pena de extinção do processo sem resolução do mérito.

Art. 15. A federação de partidos e a coligação devem ser devidamente identificadas nas ações eleitorais, com a nominação dos respectivos partidos políticos que a compõem (Lei nº 9.504/1997, art. 6º-A e Lei nº 9.096/1995, art. 11-A, caput e §8º).

Art. 16. Não identificada a federação de partidos ou a coligação na petição inicial ou na defesa, a Justiça Eleitoral deverá juntar aos autos relatório expedido pelo Sistema de Candidaturas (CAND) em que conste essa informação (Lei nº 9.504/1997, art. 6º-A e Lei nº 9.096/1995, art. 11-A, caput e §8º).

CAPÍTULO II
DA REPRESENTAÇÃO FUNDADA NO ART. 96 DA LEI Nº 9.504/1997

Seção I
Do Processamento

Art. 17. A petição inicial da representação relativa à propaganda irregular será instruída, sob pena de não conhecimento:

I – com prova da autoria ou do prévio conhecimento do beneficiário, caso não seja alegada a presunção indicada no parágrafo único do art. 40-B da Lei nº 9.504/1997;

II – naquelas relativas à propaganda irregular no rádio e na televisão, com a informação de dia e horário em que foi exibida e com a respectiva transcrição da propaganda ou trecho impugnado; e

III – no caso de manifestação em ambiente de internet, com a identificação do endereço da postagem, no âmbito e nos limites técnicos de cada serviço (URL ou, caso inexistente esta, URI ou URN) e a prova de que a pessoa indicada para figurar como representada ou representado é a sua autora ou o seu autor, sem prejuízo da juntada, aos autos, de arquivo contendo o áudio, a imagem e/ou o vídeo da propaganda impugnada.

§1º Desconhecida a autoria da propaganda, a petição inicial poderá ser endereçada genericamente contra o responsável, desde que requerida liminarmente diligência para a identificação deste e fornecidos os elementos indispensáveis para a obtenção dos dados, sob pena de indeferimento da petição inicial.

§1º-A Em caso de ser ordenada a remoção de conteúdo em ambiente de internet, a ordem judicial deverá fixar prazo razoável para o cumprimento, não inferior a 24 (vinte e quatro) horas, e deverá conter, sob pena de nulidade, a URL e, caso inexistente esta, a URI ou a URN do conteúdo específico, observados, nos termos do art. 19 da Lei nº 12.965/2014, o âmbito e os limites técnicos de cada provedor de aplicação de internet, conforme art. 38, §4º, da Resolução-TSE nº 23.610/ 2019.

§1º-B Os provedores de aplicação ou de conteúdo podem ser oficiados para cumprir determinações judiciais, nos termos do art. 21, §2º, desta Resolução, nas representações eleitorais em que não sejam partes.

§2º A comprovação da postagem referida no inciso III deste artigo pode ser feita por qualquer meio de prova admitido em Direito, não se limitando à ata notarial, cabendo ao órgão judicial competente aferir se ficou demonstrada a efetiva disponibilização do conteúdo no momento em que acessada a página da internet.

"Art. 17-A. As representações consubstanciadas por derramamento de material de propaganda no local de votação realizado na véspera ou no dia da eleição poderão ser ajuizadas até 48 (quarenta e oito) horas após a data do pleito.

Art. 18. Recebida a petição inicial, a Justiça Eleitoral providenciará a imediata citação da representada ou do representado ou da sua advogada ou do seu advogado, se houver procuração com poderes específicos para receber citação, preferencialmente por meio eletrônico, para apresentar defesa no prazo de 2 (dois) dias, observado o disposto no caput do art. 11 desta Resolução.

§1º Não cabe agravo contra decisão proferida por juiz eleitoral ou juiz auxiliar que conceda ou denegue tutela provisória, devendo o representado, para assegurar o reexame por ocasião do julgamento, requerer a reconsideração na contestação ou nas alegações finais.

§2º Do instrumento de citação, deverá constar cópia da petição inicial, acompanhada da transcrição da mídia de áudio ou vídeo, se houver, e indicação do acesso ao inteiro teor dos autos digitais no endereço do sítio eletrônico do PJe no respectivo tribunal.

§3º Contam-se da data em que for realizada validamente a citação o prazo fixado na decisão liminar para que o representado regularize ou remova a propaganda e o prazo de 2 (dois) dias para que apresente defesa nos autos da representação no PJe.

Art. 19. Apresentada a defesa ou decorrido o prazo respectivo, o Ministério Público Eleitoral, quando estiver atuando exclusivamente como fiscal da ordem jurídica, será intimado para emissão de parecer no prazo de 1 (um) dia, findo o qual, com ou sem parecer, o processo será imediatamente concluso ao juiz eleitoral ou juiz auxiliar.

Art. 20. Transcorrido o prazo previsto no art. 19 desta Resolução, o juiz eleitoral ou juiz auxiliar decidirá e fará publicar a decisão em 1 (um) dia, contado do dia seguinte à conclusão do processo (art. 96, §7º, da Lei nº 9.504/1997).

Art. 21. As decisões das juízas e dos juízes eleitorais ou juízas e juízes auxiliares indicarão de modo preciso o que, na propaganda impugnada, deverá ser excluído ou substituído pelos partidos políticos, pelas federações de partidos e pelas coligações (Lei nº 9.504/1997, art. 6º-A e Lei nº 9.096/1995, art. 11-A, caput e §8º).

§1º Nas inserções de que trata o art. 51 da Lei nº 9.504/1997, as exclusões ou substituições observarão o tempo mínimo de 15 (quinze) segundos e os respectivos múltiplos.

§2º O teor da decisão será comunicado às emissoras de rádio e televisão, às empresas jornalísticas e aos provedores de aplicações de internet, conforme o caso.

Seção II
Do Recurso para o Tribunal Regional Eleitoral nas Eleições Municipais

Art. 22. Contra sentença proferida por juiz eleitoral nas eleições municipais é cabível recurso, nos autos da representação, no PJe, no prazo de 1 (um) dia, assegurado ao recorrido o oferecimento de contrarrazões em igual prazo, a contar da sua intimação para tal finalidade (Lei nº 9.504/1997, art. 96, §8º).

Parágrafo único. Oferecidas contrarrazões ou decorrido o prazo respectivo, os autos serão imediatamente remetidos ao tribunal regional eleitoral, no PJe, na classe Recurso Eleitoral (RE).

Art. 23. Recebidos os autos na secretaria do tribunal regional eleitoral, no PJe, o feito será distribuído e remetido ao Ministério Público Eleitoral para manifestação no prazo de 1 (um) dia, exceto quando houver pedido de efeito suspensivo ou de tutela provisória, hipótese na qual será imediatamente concluso ao relator.

Art. 24. Após a vista do Ministério Público, os autos serão conclusos ao relator, que poderá:

I – não conhecer de recurso inadmissível, prejudicado ou que não tenha impugnado especificamente os fundamentos da decisão recorrida;

II – negar provimento a recurso que for contrário a:

a) súmula do Supremo Tribunal Federal, do Tribunal Superior Eleitoral ou de tribunal superior;

b) acórdão proferido pelo Supremo Tribunal Federal, pelo Tribunal Superior Eleitoral ou por tribunal superior em julgamento de recursos repetitivos;

III – dar provimento ao recurso se a decisão recorrida for contrária a:

a) súmula do Supremo Tribunal Federal, do Tribunal Superior Eleitoral ou de tribunal superior;

b) acórdão proferido pelo Supremo Tribunal Federal, pelo Tribunal Superior Eleitoral ou por tribunal superior em julgamento de recursos repetitivos;

IV – apresentá-los em mesa para julgamento em 2 (dois) dias, independentemente de publicação de pauta, contados da conclusão dos autos (Lei nº 9.504/1997, art. 96, §9º).

§1º Caso o tribunal não se reúna no prazo previsto no inciso IV deste artigo, o recurso deverá ser julgado na primeira sessão subsequente.

§2º Não cumprido o prazo do §1º deste artigo, o tribunal disponibilizará lista, em seu sítio eletrônico, contendo a relação dos processos que serão julgados.

§3º Somente poderão ser apreciados os recursos relacionados até o início de cada sessão plenária.

§4º Ao advogado de cada parte é assegurado o uso da tribuna, para sustentação oral de suas razões, na forma regimental.

§5º Os acórdãos serão publicados na sessão em que os recursos forem julgados, salvo determinação do plenário em sentido diverso.

§6º Da decisão proferida nos termos dos incisos I a III deste artigo caberá agravo interno, no prazo de 1 (um) dia, assegurado o oferecimento de contrarrazões em igual prazo.

§7º Os embargos de declaração serão opostos no prazo de 1 (um) dia, nos autos da representação, no PJe, com indicação do erro, obscuridade, contradição ou omissão, facultado o oferecimento de contrarrazões em igual prazo.

Seção III

Do Recurso contra a Decisão Final Proferida por Juiz Auxiliar

Art. 25. A decisão final proferida por juiz auxiliar nos autos da representação estará sujeita a recurso para o plenário do tribunal eleitoral respectivo, no prazo de 1 (um) dia, assegurado ao recorrido o oferecimento de contrarrazões, em igual prazo, a contar da sua intimação (Lei nº 9.504/1997, art. 96, §§4º e 8º).

§1º Oferecidas contrarrazões ou decorrido o prazo respectivo, os autos serão conclusos ao relator, o qual deverá apresentá-los em mesa para julgamento em 2 (dois) dias, independentemente de publicação de pauta, contados da conclusão dos autos (Lei nº 9.504/1997, art. 96, §9º).

§2º Caso o tribunal não se reúna no prazo previsto no §1º deste artigo, o recurso deverá ser julgado na primeira sessão subsequente.

§3º Não cumprido o prazo dos §§1º e 2º deste artigo, o tribunal disponibilizará lista, em seu sítio eletrônico, contendo a relação dos processos que serão julgados.

§4º Somente poderão ser apreciados os recursos relacionados até o início de cada sessão plenária.

§5º No julgamento do recurso de que trata este artigo, observado o disposto no §3º do art. 2º desta Resolução, o juiz auxiliar funcionará como relator do recurso e tomará assento no plenário no lugar correspondente ao juiz titular de mesma classe.

§6º Ao advogado de cada parte é assegurado o uso da tribuna, para sustentação oral de suas razões, na forma regimental.

§7º Os acórdãos serão publicados na sessão em que os recursos forem julgados, salvo determinação do plenário em sentido diverso.

§8º Os embargos de declaração serão opostos no prazo de 1 (um) dia, nos autos da representação, no PJe, com indicação do erro, obscuridade, contradição ou omissão, facultado o oferecimento de contrarrazões em igual prazo.

Seção IV

Do Recurso para o Tribunal Superior Eleitoral

Art. 26. Do acórdão do tribunal regional eleitoral caberá recurso especial eleitoral para o Tribunal Superior Eleitoral, no prazo de 3 (três) dias, assegurado o oferecimento de contrarrazões pelo recorrido em igual prazo (Lei nº 4.737/1965, art. 276, §1º).

§1º Oferecidas contrarrazões ou decorrido o prazo respectivo, os autos serão conclusos ao presidente do tribunal de origem que, no prazo de 3 (três) dias, proferirá decisão fundamentada admitindo ou não o recurso.

§2º Admitido o recurso especial eleitoral e publicada a respectiva decisão, os autos serão imediatamente remetidos ao Tribunal Superior Eleitoral.

§3º Não admitido o recurso especial eleitoral, caberá agravo nos próprios autos para o Tribunal Superior Eleitoral, no prazo de 3 (três) dias.

§4º Interposto o agravo, será intimado o agravado para oferecer resposta no prazo de 3 (três) dias.

§5º Recebidos os autos na Secretaria Judiciária do Tribunal Superior Eleitoral, o feito será remetido ao Ministério Público Eleitoral para manifestação no prazo de 3 (três) dias.

Art. 27. Após a vista do Ministério Público, os autos serão conclusos ao relator, que poderá:

I – não conhecer de recurso inadmissível, prejudicado ou que não tenha impugnado especificamente os fundamentos da decisão recorrida;

II – negar provimento a recurso que for contrário a:

a) súmula do Supremo Tribunal Federal, do Tribunal Superior Eleitoral ou de tribunal superior;

b) acórdão proferido pelo Supremo Tribunal Federal, pelo Tribunal Superior Eleitoral ou por tribunal superior em julgamento de recursos repetitivos;

III – dar provimento ao recurso se a decisão recorrida for contrária a:

a) súmula do Supremo Tribunal Federal, do Tribunal Superior Eleitoral ou de tribunal superior;

b) acórdão proferido pelo Supremo Tribunal Federal, pelo Tribunal Superior Eleitoral ou por tribunal superior em julgamento de recursos repetitivos;

IV – apresentá-los em mesa para julgamento em 2 (dois) dias, independentemente de publicação de pauta, contados da conclusão dos autos (Lei nº 9.504/1997, art. 96, §9º).

§1º Caso o Tribunal não se reúna no prazo previsto no inciso IV deste artigo, o recurso deverá ser julgado na primeira sessão subsequente.

§2º Não cumprido o prazo do §1º deste artigo, o Tribunal disponibilizará lista, em seu sítio eletrônico, contendo a relação dos processos que serão julgados.

§3º Somente poderão ser apreciados os recursos relacionados até o início de cada sessão plenária.

§4º Ao advogado de cada parte é assegurado o uso da tribuna, para sustentação oral de suas razões, na forma regimental.

§5º Os acórdãos serão publicados na sessão em que os recursos forem julgados, salvo determinação do plenário em sentido diverso.

§6º Da decisão proferida nos termos dos incisos I a III deste artigo caberá agravo interno, no prazo de 1 (um) dia, assegurado o oferecimento de contrarrazões, em igual prazo.

§7º Os embargos de declaração serão opostos no prazo de 1 (um) dia, nos autos da representação, no PJe, com indicação do erro, obscuridade, contradição ou omissão, facultado o oferecimento de contrarrazões em igual prazo.

Seção V
Do Recurso para o Supremo Tribunal Federal

Art. 28. Do acórdão do Tribunal Superior Eleitoral caberá recurso extraordinário para o Supremo Tribunal Federal, quando a decisão declarar a invalidade de lei ou contrariar a Constituição Federal, no prazo de 3 (três) dias (Código Eleitoral, art. 281, caput; e Constituição Federal, art. 121, §3º).

§1º Interposto o recurso extraordinário, o recorrido será intimado para apresentação de contrarrazões no prazo de 3 (três) dias.

§2º Apresentadas as contrarrazões ou transcorrido o prazo respectivo, os autos serão conclusos ao presidente do Tribunal Superior Eleitoral, para juízo de admissibilidade.

§3º Admitido o recurso, os autos serão remetidos imediatamente ao Supremo Tribunal Federal.

CAPÍTULO III
DA RECLAMAÇÃO

Art. 29. É cabível reclamação:

I – contra inércia ou morosidade da Justiça Eleitoral no cumprimento dos dispositivos da Lei n° 9.504/1997 sempre que não houver recurso próprio;

II – contra juiz ou membro do tribunal que descumprir as disposições desta Resolução ou der causa a seu descumprimento, inclusive quanto aos prazos processuais, caso em que, ouvido o representado em 1 (um) dia, o tribunal ordenará a observância do procedimento que explicitar, sob pena de incorrer o juiz em desobediência (Lei nº 9.504/1997, art. 97, caput).

Parágrafo único. As reclamações de que trata o inciso I deste artigo observarão o procedimento do Capítulo II.

Art. 30. São competentes para apreciar as reclamações contra juízes eleitorais os respectivos tribunais regionais eleitorais (Lei nº 9.504/1997, art. 97, caput).

Parágrafo único. No caso de reclamações contra membros dos tribunais regionais eleitorais, é competente o Tribunal Superior Eleitoral (Lei nº 9.504/1997, art. 97, §2º).

CAPÍTULO IV
DO PEDIDO DE DIREITO DE RESPOSTA

Seção I
Do Processamento

Art. 31. A partir da escolha de candidatas e candidatos em convenção, é assegurado o exercício do direito de resposta à candidata, ao candidato, ao partido político, à federação de partidos ou à coligação atingidos, ainda que de forma indireta, por conceito, imagem ou afirmação caluniosa, difamatória, injuriosa ou sabidamente inverídica, difundidos por qualquer veículo de comunicação social, inclusive provedores de aplicativos de internet e redes sociais (Lei nº 9.504/1997, arts. 6º-A e 58, caput e Lei nº 9.096/1995, art. 11-A, caput e §8º).

Parágrafo único: Se o pedido versar sobre a utilização, na propaganda eleitoral, de conteúdo reputado sabidamente inverídico, inclusive veiculado originariamente por terceiro, caberá ao representado demonstrar que procedeu à verificação prévia de elementos que permitam concluir, com razoável segurança, pela fidedignidade da informação.

Art. 32. Serão observadas as seguintes regras no caso de pedido de direito de resposta relativo à ofensa veiculada:

I – em órgão da imprensa escrita:

a) o pedido deverá ser feito no prazo de 3 (três) dias, a contar da data constante da edição em que foi veiculada a ofensa (Lei nº 9.504/1997, art. 58, §1º, III);

b) o pedido deverá ser instruído com uma cópia eletrônica da publicação e o texto da resposta (Lei nº 9.504/1997, art. 58, §3º, I, a);

c) deferido o pedido, a resposta será divulgada no mesmo veículo, espaço, local, página, tamanho, caracteres e outros elementos de realce usados na ofensa, em até 2 (dois) dias após a decisão, ou, tratando-se de veículo com periodicidade de circulação maior que 2 (dois) dias, na primeira oportunidade em que circular (Lei nº 9.504/1997, art. 58, §3º, I, b);

d) por solicitação do ofendido, a divulgação da resposta será feita no mesmo dia da semana em que a ofensa for divulgada, ainda que fora do prazo de 2 (dois) dias (Lei nº 9.504/1997, art. 58, §3º, I, c);

e) se a ofensa for produzida em dia e hora que inviabilizem sua reparação dentro dos prazos estabelecidos nas alíneas anteriores, a Justiça Eleitoral determinará a imediata divulgação da resposta (Lei nº 9.504/1997, art. 58, §3º, I, d);

f) o ofensor deverá comprovar nos autos o cumprimento da decisão, mediante dados sobre a regular distribuição dos exemplares, a quantidade impressa e o raio de abrangência na distribuição (Lei nº 9.504/1997, art. 58, §3º, I, e);

II – em programação normal das emissoras de rádio e televisão:

a) o pedido, com a transcrição do trecho considerado ofensivo ou inverídico, deverá ser feito no prazo de 2 (dois) dias, contados a partir da veiculação da ofensa (Lei nº 9.504/1997, art. 58, §1º, II);

b) a Justiça Eleitoral, à vista do pedido, deverá notificar imediatamente o responsável pela emissora que realizou o programa para que confirme data e horário da veiculação e proceda à juntada aos autos ou forneça, em 1 (um) dia, sob as penas do art. 347 do Código Eleitoral, cópia da mídia da transmissão, que, caso tenha sido entregue, será devolvida após a decisão (Lei nº 9.504/1997, art. 58, §3º, II, a);

c) o responsável pela emissora, ao ser notificado pela Justiça Eleitoral ou informado pelo representante, por cópia protocolizada do pedido de direito de resposta, preservará a gravação até a decisão final do processo (Lei nº 9.504/1997, art. 58, §3º, II, b);

d) deferido o pedido, a resposta será dada em até 2 (dois) dias após a decisão, em tempo igual ao da ofensa, nunca inferior a 1 (um) minuto (Lei nº 9.504/1997, art. 58, §3º, II, c);

III – no horário eleitoral gratuito:

a) o pedido deverá ser feito no prazo de 1 (um) dia, contado a partir da veiculação do programa (Lei nº 9.504/1997, art. 58, §1º, I);

b) o pedido deverá especificar o trecho considerado ofensivo ou inverídico e ser instruído com a mídia da gravação do programa, acompanhada da respectiva transcrição do conteúdo;

c) deferido o pedido, o ofendido usará, para a resposta, tempo igual ao da ofensa, porém nunca inferior a 1 (um) minuto (Lei nº 9.504/1997, art. 58, §3º, III, a);

d) a resposta será veiculada no horário destinado ao partido político, à federação de partidos ou à coligação responsável pela ofensa, devendo dirigir-se aos fatos nela veiculados (Lei nº 9.504/1997, arts. 6º-A e 58, §3º, III, b; e Lei nº 9.096/1995, art. 11-A, caput e §8º);

e) se o tempo reservado ao partido político, à federação de partidos ou à coligação responsável pela ofensa for inferior a 1 (um) minuto, a resposta será levada ao ar tantas vezes quantas forem necessárias para a sua complementação (Lei nº 9.504/1997, arts. 6º-A e 58, §3º, III, c; e Lei nº 9.096/1995, art. 11-A, caput e §8º);

f) deferido o pedido para resposta, a emissora geradora e o partido político, a federação de partidos ou a coligação atingidos deverão ser intimados imediatamente da decisão, na qual deverão estar indicados os períodos, diurno ou noturno, para a veiculação da resposta, sempre no início do programa do partido político, da federação de partidos ou da coligação, e, ainda, o bloco de audiência, caso se trate de inserção (Lei nº 9.504/1997, arts. 6º-A e 58, §3º, III, d; e Lei nº 9.096/1995, art. 11-A, caput e §8º);

g) o meio de armazenamento com a resposta deverá ser entregue à emissora geradora, até 36 (trinta e seis) horas após a ciência da decisão, para veiculação no programa subsequente do partido político, da federação de partidos ou da coligação em cujo horário se praticou a ofensa (Lei nº 9.504/1997, arts. 6º-A e 58, §3º, III, e; e Lei nº 9.096/1995, art. 11-A, caput e §8º);

h) se o ofendido for candidata, candidato, partido político, federação de partidos ou coligação que tenha usado o tempo concedido sem responder aos fatos veiculados na ofensa, terá subtraído tempo idêntico do respectivo programa eleitoral; tratando-se de terceira pessoa, ficará sujeita à suspensão de igual tempo em eventuais novos pedidos de direito de resposta e à multa no valor de R$ 2.128,20 (dois mil, cento e vinte e oito reais e vinte centavos) a R$ 5.320,50 (cinco mil, trezentos e vinte reais e cinquenta centavos) (Lei nº 9.504/1997, arts. 6º-A e 58, §3º, III, f; e Lei nº 9.096/1995, art. 11-A, caput e §8º);

IV – em propaganda eleitoral pela internet:

a) o pedido poderá ser feito enquanto a ofensa estiver sendo veiculada, ou no prazo de 3 (três) dias, contados da sua retirada (Lei nº 9.504/1997, art. 58, §1º, IV);

b) a petição inicial deverá ser instruída com cópia eletrônica da página em que foi divulgada a ofensa e com a perfeita identificação de seu endereço na internet (URL ou, caso inexistente esta, URI ou URN), facultando-se a juntada de ata notarial ou outro meio de prova que demonstre, ainda que posteriormente suprimida a postagem, a efetiva disponibilização do conteúdo no momento em que acessada a página da internet;

c) caso o conteúdo tenha sido removido e não tenha sido produzida a prova referida na segunda parte da alínea b deste inciso, o órgão judicial competente intimará o autor para se manifestar antes de decidir pela extinção do feito;

d) deferido o pedido, a usuária ofensora ou o usuário ofensor deverá divulgar a resposta da ofendida ou do ofendido em até 2 (dois) dias após sua entrega em mídia física e empregar nessa divulgação o mesmo impulsionamento de conteúdo eventualmente contratado nos termos referidos no art. 57-C da Lei nº 9.504/1997 e o mesmo veículo, espaço, local, horário, página eletrônica, tamanho, caracteres e outros elementos de realce usados na ofensa, podendo a juíza ou o juiz usar dos meios adequados e necessários para garantir visibilidade à resposta de forma equivalente à ofensa, observando-se, quanto à responsabilidade pela divulgação, o disposto no art. 30, §3º, da Resolução-TSE nº 23.610/2019).

e) a decisão que deferir o pedido indicará o tempo, não inferior ao dobro em que esteve disponível a mensagem considerada ofensiva, durante o qual a resposta deverá ficar disponível para acesso pelos usuários do serviço de internet (Lei nº 9.504/1997, art. 58, §3º, IV, b);

f) na fixação do tempo de divulgação da resposta, o órgão judiciário competente considerará a gravidade da ofensa, o alcance da publicação e demais circunstâncias que se mostrem relevantes;

g) os custos de veiculação da resposta correrão por conta do responsável pela propaganda original (Lei nº 9.504/1997, art. 58, §3º, IV, c).

§1º Se a ofensa ocorrer em dia e hora que inviabilizem sua reparação dentro dos prazos estabelecidos neste artigo, a resposta será divulgada nos horários que a Justiça Eleitoral determinar, ainda que nos 2 (dois) dias anteriores ao pleito, em termos e forma previamente aprovados, de modo a não ensejar tréplica (Lei nº 9.504/1997, art. 58, §4º).

§2º Quando se tratar de inserções, apenas as decisões comunicadas à emissora geradora até 1 (uma) hora antes da geração ou do início do bloco poderão interferir no conteúdo a ser transmitido neste; após esse prazo, as decisões somente poderão ter efeito na geração ou nos blocos seguintes.

§3º Caso a emissora geradora seja comunicada de decisão proibindo trecho da propaganda entre a entrega do material e o horário de geração dos programas, deverá aguardar a substituição do meio de armazenamento até o limite de 1 (uma) hora antes do início do programa; no caso de o novo material não ser entregue, a emissora veiculará programa anterior, desde que não contenha propaganda já declarada proibida pela Justiça Eleitoral.

§4º Caso o juiz eleitoral ou juiz auxiliar determine a retirada de material considerado ofensivo de sítio eletrônico, o respectivo provedor de aplicação de internet deverá promover a imediata retirada, sob pena de responder na forma do art. 36 desta Resolução, sem prejuízo de suportar as medidas coercitivas que forem determinadas, inclusive as de natureza pecuniária decorrentes do descumprimento da decisão jurisdicional.

§5º A ordem judicial mencionada no §4º deverá conter, sob pena de nulidade, a URL (ou, caso inexistente esta, a URI ou a URN) específica do conteúdo considerado ofensivo, no âmbito e nos limites técnicos de cada aplicação de internet, nos termos do §1º do art. 19 da Lei nº 12.965/2014.

§6º A ordem judicial mencionada no §4º pode ser estendida às suas sucessivas replicações mediante requerimento do ofendido nos autos da representação, desde que indicada a respectiva URL (ou, caso inexistente esta, a URI ou a URN) e comprovada de plano a identidade dos conteúdos.

Art. 33. Recebida a petição inicial, a Justiça Eleitoral providenciará a imediata citação do representado ou do seu advogado, se houver procuração com poderes específicos para receber citação, preferencialmente por meio eletrônico, para apresentar defesa no prazo de 1 (um) dia, nos autos do pedido de direito de resposta, no PJe (Lei nº 9.504/1997, art. 58, §2º).

§1º Findo o prazo de defesa, o Ministério Público Eleitoral será intimado para emissão de parecer no prazo de 1 (um) dia.

§2º Transcorrido o prazo do §1º deste artigo, com ou sem parecer, a juíza ou o juiz eleitoral ou a juíza ou o juiz auxiliar decidirá e fará publicar a decisão no prazo máximo de 3 (três) dias, contados do peticionamento eletrônico do pedido de direito de resposta (Lei nº 9.504/1997, art. 58, §9º).

Art. 34. Os pedidos de direito de resposta formulados por terceiro, em relação ao que foi veiculado no horário eleitoral gratuito, serão examinados pelo juiz eleitoral ou juiz auxiliar e deverão observar os procedimentos previstos na Lei nº 9.504/1997, naquilo que couber.

Art. 35. Quando o provimento do recurso resultar na cassação do direito de resposta já exercido, os tribunais eleitorais deverão observar o disposto nas alíneas f e g do inciso III do art. 32 desta Resolução, para fins de restituição do tempo (Lei nº 9.504/1997, art. 58, §6º).

Art. 36. O descumprimento, ainda que parcial, da decisão que reconhecer o direito de resposta sujeitará o infrator ao pagamento de multa no valor de R$ 5.320,50 (cinco mil, trezentos e vinte reais e cinquenta centavos) a R$ 15.961,50 (quinze mil, novecentos e sessenta e um reais e cinquenta centavos), duplicada em caso de reiteração de conduta, sem prejuízo do disposto no art. 347 do Código Eleitoral(Lei nº 9.504/1997, art. 58, §8º).

Seção II

Do Recurso para o Tribunal Regional Eleitoral nas Eleições Municipais

Art. 37. Contra sentença proferida por juiz eleitoral nas eleições municipais é cabível recurso, nos autos do pedido de direito de resposta, no prazo de 1 (um) dia, assegurado ao recorrido o oferecimento de contrarrazões, nos mesmos autos, em igual prazo, a contar da sua intimação para tal finalidade (Lei nº 9.504/1997, art. 58, §5º).

Parágrafo único. Oferecidas contrarrazões, ou decorrido o prazo respectivo, os autos serão imediatamente remetidos ao tribunal regional eleitoral, no PJe.

Art. 38. Recebidos os autos na secretaria do tribunal regional eleitoral, no PJe, o feito será distribuído e remetido ao Ministério Público Eleitoral para manifestação no prazo de 1 (um) dia, exceto quando houver pedido de efeito suspensivo ou de tutela provisória, hipótese na qual será imediatamente concluso ao relator.

Art. 39. Após a vista do Ministério Público, os autos serão conclusos ao relator, que poderá:

I – não conhecer de recurso inadmissível, prejudicado ou que não tenha impugnado especificamente os fundamentos da decisão recorrida;

II – negar provimento a recurso que for contrário a:

a) súmula do Supremo Tribunal Federal, do Tribunal Superior Eleitoral ou de tribunal superior;

b) acórdão proferido pelo Supremo Tribunal Federal, pelo Tribunal Superior Eleitoral ou por tribunal superior em julgamento de recursos repetitivos;

III – dar provimento ao recurso se a decisão recorrida for contrária a:

a) súmula do Supremo Tribunal Federal, do Tribunal Superior Eleitoral ou de tribunal superior;

b) acórdão proferido pelo Supremo Tribunal Federal, pelo Tribunal Superior Eleitoral ou por tribunal superior em julgamento de recursos repetitivos;

IV – apresentá-los em mesa para julgamento em 1 (um) dia, independentemente de publicação de pauta, contado da conclusão dos autos (Lei nº 9.504/1997, art. 58, §6º).

§1º Caso o tribunal não se reúna no prazo previsto no inciso IV deste artigo, o recurso deverá ser julgado na primeira sessão subsequente.

§2º Não cumprido o prazo do §1º deste artigo, o tribunal disponibilizará lista, em seu sítio eletrônico, contendo a relação dos processos que serão julgados.

§3º Somente poderão ser apreciados os recursos relacionados até o início de cada sessão plenária.

§4º Ao advogado de cada parte é assegurado o uso da tribuna, para sustentação oral de suas razões, na forma regimental.

§5º Os acórdãos serão publicados na sessão em que os recursos forem julgados, salvo determinação do plenário em sentido diverso.

§6º Da decisão proferida nos termos dos incisos I a III deste artigo caberá agravo interno, no prazo de 1 (um) dia, assegurado o oferecimento de contrarrazões em igual prazo.

§7º Os embargos de declaração serão opostos no prazo de 1 (um) dia, nos autos do pedido de direito de resposta, no PJe, com indicação do erro, obscuridade, contradição ou omissão, facultado o oferecimento de contrarrazões em igual prazo.

Seção III
Do Recurso contra a Decisão Final Proferida por Juiz Auxiliar

Art. 40. A decisão final proferida por juiz auxiliar nos autos do pedido de direito de resposta estará sujeita a recurso para o plenário do tribunal eleitoral no prazo de 1 (um) dia, assegurado ao recorrido o oferecimento de contrarrazões, em igual prazo, a contar da sua intimação (Lei nº 9.504/1997, art. 58, §5º).

§1º Oferecidas contrarrazões ou decorrido o prazo respectivo, os autos serão conclusos ao relator, o qual deverá apresentá-los em mesa para julgamento em 1 (um) dia, independentemente de publicação de pauta, contado da conclusão dos autos (Lei nº 9.504/1997, art. 58, §6º).

§2º Caso o Tribunal não se reúna no prazo previsto no §1º deste artigo, o recurso deverá ser julgado na primeira sessão subsequente.

§3º Não cumprido o prazo dos §§1º e 2º deste artigo, o Tribunal disponibilizará lista, em seu sítio eletrônico, contendo a relação dos processos que serão julgados.

§4º Somente poderão ser apreciados os recursos relacionados até o início de cada sessão plenária.

§5º No julgamento do recurso de que trata este artigo, observado o disposto no §3º do art. 2º desta Resolução, o juiz auxiliar funcionará como relator do recurso e tomará assento no plenário no lugar correspondente ao juiz titular de mesma classe.

§6º Ao advogado de cada parte é assegurado o uso da tribuna, para sustentação oral de suas razões, na forma regimental.

§7º Os acórdãos serão publicados na sessão em que os recursos forem julgados, salvo determinação do plenário em sentido diverso.

§8º Os embargos de declaração serão opostos no prazo de 1 (um) dia, nos autos do pedido de direito de resposta, no PJe, com indicação do erro, obscuridade, contradição ou omissão, facultado o oferecimento de contrarrazões em igual prazo.

Seção IV

Do Recurso para o Tribunal Superior Eleitoral

Art. 41. Do acórdão do tribunal regional eleitoral caberá recurso especial eleitoral para o Tribunal Superior Eleitoral, no prazo de 1 (um) dia, assegurado o oferecimento de contrarrazões pelo recorrido em igual prazo (Lei nº 9.504/1997, art. 58, §5º).

§1º Oferecidas contrarrazões ou decorrido o prazo respectivo, o processo será remetido ao Tribunal Superior Eleitoral, dispensado o juízo de admissibilidade.

§2º Recebidos os autos na Secretaria Judiciária do Tribunal Superior Eleitoral, o feito será remetido ao Ministério Público Eleitoral para manifestação no prazo de 1 (um) dia.

Art. 42. Após a vista do Ministério Público, os autos serão conclusos ao relator, que poderá:

I – não conhecer de recurso inadmissível, prejudicado ou que não tenha impugnado especificamente os fundamentos da decisão recorrida;

II – negar provimento a recurso que for contrário a:

a) súmula do Supremo Tribunal Federal, do Tribunal Superior Eleitoral ou de tribunal superior;

b) acórdão proferido pelo Supremo Tribunal Federal, pelo Tribunal Superior Eleitoral ou por tribunal superior em julgamento de recursos repetitivos;

III – dar provimento ao recurso se a decisão recorrida for contrária a:

a) súmula do Supremo Tribunal Federal, do Tribunal Superior Eleitoral ou de tribunal superior; b) acórdão proferido pelo Supremo Tribunal Federal, pelo Tribunal Superior Eleitoral ou por tribunal superior em julgamento de recursos repetitivos;

IV – apresentá-los em mesa para julgamento em 1 (um) dia, independentemente de publicação de pauta, contado da conclusão dos autos (Lei nº 9.504/1997, art. 58, §6º).

§1º Caso o Tribunal não se reúna no prazo previsto no inciso IV deste artigo, o recurso deverá ser julgado na primeira sessão subsequente.

§2º Não cumprido o prazo do §1º deste artigo, o Tribunal disponibilizará lista, em seu sítio eletrônico, contendo a relação dos processos que serão julgados.

§3º Somente poderão ser apreciados os recursos relacionados até o início de cada sessão plenária.

§4º Ao advogado de cada parte é assegurado o uso da tribuna, para sustentação oral de suas razões, na forma regimental.

§5º Os acórdãos serão publicados na sessão em que os recursos forem julgados, salvo determinação do plenário em sentido diverso.

§6º Da decisão proferida nos termos dos incisos I a III deste artigo caberá agravo interno, no prazo de 1 (um) dia, assegurado o oferecimento de contrarrazões, em igual prazo, nos próprios autos, no PJe.

§7º Os embargos de declaração serão opostos no prazo de 1 (um) dia, nos autos do pedido de direito de resposta, no PJe, com indicação do erro, obscuridade, contradição ou omissão, facultado o oferecimento de contrarrazões em igual prazo.

Seção V

Do Recurso para o Supremo Tribunal Federal

Art. 43. Do acórdão do Tribunal Superior Eleitoral caberá recurso extraordinário para o Supremo Tribunal Federal, quando a decisão declarar a invalidade de lei ou contrariar a Constituição Federal, no prazo de 3 (três) dias (Código Eleitoral, art. 281, caput, e Constituição Federal, art. 121, §3º).

§1º Interposto o recurso extraordinário, o recorrido será intimado para apresentação de contrarrazões no prazo de 3 (três) dias.

§2º Apresentadas as contrarrazões ou transcorrido o prazo respectivo, os autos serão conclusos ao presidente do Tribunal Superior Eleitoral, para juízo de admissibilidade.

§3º Admitido o recurso, os autos serão remetidos imediatamente ao Supremo Tribunal Federal.

CAPÍTULO V
DAS REPRESENTAÇÕES ESPECIAIS

Seção I
Do Processamento

Art. 44. As representações que tenham por causa de pedir as hipóteses previstas nos arts. 23, 30-A, 41-A, 45, VI, 73, 74, 75 e 77 da Lei nº 9.504/1997 observarão o procedimento do art. 22 da Lei Complementar nº 64/1990 e, supletiva e subsidiariamente, o Código de Processo Civil.

§1º Se o juiz ou relator identificar que os fatos narrados na petição inicial indicam ilícito com capitulação legal diversa daquela atribuída pelo autor, intimará as partes, antes de iniciada a instrução, para que se manifestem a respeito, no prazo comum de 2 (dois) dias, facultado o requerimento complementar de prova.

§2º Ao final da fase postulatória, o órgão judicial competente apreciará os requerimentos de prova e, caso deferida prova pericial, determinará a sua realização antes de eventual audiência, a fim de possibilitar a oitiva de peritos e assistentes técnicos.

§3º O representado não poderá ser compelido a prestar depoimento pessoal, mas tem o direito de ser ouvido em juízo caso assim requeira na contestação.

§4º Se, no curso da instrução, forem apresentados documentos por uma das partes ou pelo Ministério Público Eleitoral, serão os demais ouvidos, no prazo comum de 2 (dois) dias.

Art. 45. As representações de que trata o art. 44 poderão ser ajuizadas até a data da diplomação, exceto as fundadas nos arts. 23 e 30-A da Lei nº 9.504/1997, que poderão ser propostas, respectivamente, no prazo de 15 (quinze) dias da diplomação e até 31 de dezembro do ano posterior à eleição.

Art. 46. O juízo eleitoral do domicílio civil do doador será o competente para processar e julgar as representações por doação de recursos para campanha eleitoral acima do limite legal de que trata o art. 23 da Lei nº 9.504/1997.

Art. 47. No caso de representação instruída com vídeo ou áudio, a citação será acompanhada, se houver, de cópia da transcrição do conteúdo e da informação de dia e horário em que o material impugnado foi exibido.

Art. 48. As decisões interlocutórias proferidas no curso da representação de que trata este capítulo não são recorríveis de imediato, não precluem e deverão ser novamente analisadas pelo juiz eleitoral ou juiz auxiliar por ocasião do julgamento, caso assim o requeiram as partes ou o Ministério Público Eleitoral em suas alegações finais.

Parágrafo único. Modificada a decisão interlocutória pelo juiz eleitoral ou juiz auxiliar, será reaberta a fase instrutória, mas somente serão anulados os atos que não puderem ser aproveitados, determinando-se a subsequente realização ou renovação dos que forem necessários.

Art. 49. Nas ações em que não for parte o Ministério Público Eleitoral, apresentadas as alegações finais, ou decorrido o prazo respectivo sem o seu oferecimento, os autos lhe serão remetidos para se manifestar no prazo de 2 (dois) dias.

Art. 50. Os despachos, as decisões, as pautas de julgamento e os acórdãos serão publicados no DJe.

Parágrafo único. No caso de cassação de registro de candidata ou de candidato antes da realização das eleições, a juíza ou o juiz eleitoral ou a juíza ou o juiz auxiliar determinará a notificação do partido político, da federação de partidos ou da coligação por qual a candidata ou o candidato concorre, encaminhando-lhe cópia da decisão, para os fins previstos no §1º do art. 13 da Lei nº 9.504/1997, se, para tanto, ainda houver tempo (Lei nº 9.504/1997, art. 6º-A e Lei nº 9.096/1995, art. 11-A, caput e §8º).

Seção II
Dos Recursos

Art. 51. Os recursos contra sentenças, decisões e acórdãos que julgarem as representações previstas neste capítulo deverão ser interpostos no prazo de 3 (três) dias, contados da publicação no DJe, observando-se o mesmo prazo para os recursos subsequentes, inclusive recurso especial eleitoral e agravo, bem como as respectivas contrarrazões e respostas.

Art. 52. Contra o acórdão do tribunal regional eleitoral proferido no exercício de sua competência originária, caberá recurso ordinário, quando se pretenda a anulação, reforma, manutenção ou cassação da decisão que tenha ou possa ter reflexo sobre o registro ou o diploma.

Art. 53. Ao aportarem nos tribunais regionais eleitorais ou no Tribunal Superior Eleitoral, os recursos interpostos nos autos das representações que versem sobre as hipóteses previstas nos arts. 30-A, 41-A, 45, VI, 73, 74, 75 e 77 da Lei nº 9.504/1997 serão distribuídos com observância do art. 260 do Código Eleitoral.

CAPÍTULO VI
DISPOSIÇÕES FINAIS

Art. 54. A competência para o processamento e julgamento das representações previstas no Capítulo II não exclui o poder de polícia sobre a propaganda eleitoral e as enquetes, que será exercido pelos juízes eleitorais, pelos membros dos tribunais eleitorais e pelos juízes auxiliares designados.

§1º O poder de polícia sobre a propaganda eleitoral é restrito às providências necessárias para inibir ou fazer cessar práticas ilegais, vedada a censura prévia sobre o teor dos programas e das matérias jornalísticas ou de caráter meramente informativo a serem exibidos na televisão, na rádio, na internet e na imprensa escrita.

§2º No exercício do poder de polícia, é vedado ao magistrado aplicar sanções pecuniárias, instaurar de ofício a representação por propaganda irregular ou adotar medidas coercitivas tipicamente jurisdicionais, como a imposição de astreintes (Súmula nº 18/TSE).

§3º O mandado de segurança é a via jurisdicional cabível contra atos comissivos e omissivos praticados pelo juiz eleitoral no exercício do poder de polícia.

Art. 55. Os órgãos da administração e seus funcionários, os agentes públicos, sem exclusão dos que atuam em área de segurança, e qualquer outra pessoa que tiver ciência da prática de ilegalidade ou irregularidade relacionada com a eleição deverão comunicar o fato ao Ministério Público Eleitoral, podendo indicar a adoção das medidas que entenderem cabíveis.

Parágrafo único. O disposto no caput deste artigo não impede que o juiz eleitoral, antes de comunicar o fato ao Ministério Público Eleitoral, adote as medidas administrativas necessárias para fazer cessar a irregularidade, se esta se tratar de propaganda irregular.

Art. 56. Da homologação da respectiva convenção partidária até a diplomação e nos feitos decorrentes do processo eleitoral, não poderão servir como juízes, nos tribunais eleitorais, ou como juízes auxiliares, o cônjuge ou companheiro, o parente consanguíneo ou afim, até o segundo grau, de candidato a cargo eletivo registrado na circunscrição (Código Eleitoral, art. 14, §3º).

Art. 57. No mesmo período do art. 56 desta Resolução, não poderá servir como chefe de cartório eleitoral, sob pena de demissão, membro de órgão de direção partidária, candidato a cargo eletivo, seu cônjuge ou companheiro e parente consanguíneo ou afim até o segundo grau (Código Eleitoral, art. 33, §1º).

Art. 58. O representante do Ministério Público que tiver sido filiado a partido político não poderá exercer funções eleitorais enquanto não decorridos 2 (dois) anos do cancelamento de sua filiação (Lei Complementar nº 75/1993, art. 80).

Art. 59. Ao juiz que for parte em ações judiciais que envolvam determinado candidato é defeso exercer suas funções em processo eleitoral no qual o mesmo candidato seja interessado (Lei nº 9.504/1997, art. 95).

Parágrafo único. Se o candidato propuser ação contra juiz que exerça função eleitoral, posteriormente ao pedido de registro de candidatura, o afastamento do magistrado somente decorrerá de declaração espontânea de suspeição ou da procedência da respectiva exceção.

Art. 60. É obrigatório, para os membros dos tribunais eleitorais e para os representantes do Ministério Público, fiscalizar o cumprimento das disposições desta Resolução pelos juízes e promotores eleitorais das instâncias inferiores, determinando, quando for o caso, a abertura de procedimento disciplinar para apuração de eventuais irregularidades que verificarem (Lei nº 9.504/1997, art. 97, §1º).

Art. 61. Os feitos eleitorais, no período entre o registro das candidaturas até 5 (cinco) dias após a realização do segundo turno das eleições, terão prioridade para a participação do Ministério Público e dos juízes de todas as Justiças e instâncias, ressalvados os processos de habeas corpus e mandado de segurança (Lei nº 9.504/1997, art. 94, caput).

§1º É defeso às autoridades mencionadas neste artigo deixar de cumprir qualquer prazo desta Resolução em razão do exercício de suas funções regulares (Lei nº 9.504/1997, art. 94, §1º).

§2º O descumprimento do disposto neste artigo constitui crime de responsabilidade e será objeto de anotação funcional para efeito de promoção na carreira (Lei nº 9.504/1997, art. 94, §2º).

§3º Além das polícias judiciárias, os órgãos da receita federal, estadual e municipal, os tribunais e os órgãos de contas auxiliarão a Justiça Eleitoral na apuração dos delitos eleitorais, com prioridade sobre suas atribuições regulares (Lei nº 9.504/1997, art. 94, §3º).

Art. 62. As decisões dos tribunais eleitorais sobre quaisquer ações que importem cassação de registro, anulação geral de eleições ou perda de diplomas somente poderão ser tomadas com a presença de todos os seus membros (Código Eleitoral, arts. 19, parágrafo único, e 28, §4º).

§1º No caso do caput deste artigo, se ocorrer impedimento de algum juiz, será convocado o suplente da mesma classe (Código Eleitoral, arts. 19, parágrafo único, e 28, §5º).

§2º Considera-se atendida a exigência do caput deste artigo pelo quórum possível, quando verificada vacância, suspeição ou impedimento em relação simultaneamente a juiz titular e a todos os juízes substitutos da mesma classe.

Art. 63. O ajuizamento de ação eleitoral por candidata, candidato, partido político, federação de partidos políticos ou coligação não impede ação do Ministério Público Eleitoral no mesmo sentido (Lei nº 9.504/1997, art. 6º-A e Lei nº 9.096/1995, art. 11-A, caput e §8º).

Art. 64. Aplicam-se as disposições contidas nesta Resolução relativas às comunicações processuais e à contagem de prazo aos mandados de segurança e às demais tutelas relativas a propaganda irregular e pedido de direito de resposta.

Art. 65. Fica revogada a Res.-TSE nº 23.547, de 18 de dezembro de 2017.

Art. 66. Esta Resolução entra em vigor na data de sua publicação.

Brasília, 18 de dezembro de 2019.

MINISTRO LUÍS ROBERTO BARROSO – RELATOR

Este texto não substitui o publicado no DJE-TSE, nº 249, de 27.12.2019, p. 97-109 e republicada no DJE-TSE, nº 165, de 19.8.2020, p. 89-105.

4. RESOLUÇÃO Nº 23.609, DE 18 DE DEZEMBRO DE 2019 (Alterada pela Resolução nº 23.675, de 16 dezembro de 2021) – Dispõe sobre a escolha e o registro de candidatos para as eleições.

Observe os ajustes promovidos pela resolução nº 23.624/2020, em cumprimento ao estabelecido pela EC nº 107/2020.

O TRIBUNAL SUPERIOR ELEITORAL, no uso das atribuições que lhe conferem o art. 23, IX, do Código Eleitoral e o art. 105 da Lei nº 9.504, de 30 de setembro de 1997, RESOLVE:

Art. 1º Esta Resolução disciplina os procedimentos relativos à escolha e ao registro de candidatos nas eleições gerais e municipais.

CAPÍTULO I
DOS PARTIDOS POLÍTICOS, DAS FEDERAÇÕES E DAS COLIGAÇÕES

Art. 2º Poderão participar das eleições:

I – o partido político que, até 6 (seis) meses antes da data do pleito, tenha registrado seu estatuto no TSE e tenha, até a data da convenção, órgão de direção definitivo ou provisório constituído na circunscrição, devidamente anotado no tribunal eleitoral competente, de acordo com o respectivo estatuto partidário (Lei nº 9.504/1997, art. 4º; Lei nº 9.096/1995, art. 10, §1º, I e II; e Res.-TSE nº 23.571/2018, arts. 35 e 43); e

II – a federação que, até 6 (seis) meses antes da data do pleito, tenha registrado seu estatuto no TSE e conte, em sua composição, com ao menos um partido político que tenha, até a data da convenção, órgão de direção que atenda ao disposto na segunda parte do inciso I deste artigo. (Lei nº 9.504/1997, art. 6º-A)

§1º Transitada em julgado a decisão que, em processo regular no qual assegurada ampla defesa, suspender a anotação do órgão partidário em decorrência do julgamento de contas anuais como não prestadas, o partido político ficará impedido de participar das eleições na circunscrição respectiva, salvo se regularizada a situação até a data da convenção.

§1º-A Se a suspensão a que se refere o §1º deste artigo recair sobre órgão partidário de qualquer dos partidos que integre uma federação, esta ficará impedida de participar das eleições na circunscrição respectiva.

§2º A regularização da situação do órgão partidário se fará pela regularização das contas não prestadas, observado o procedimento próprio previsto na resolução que regulamenta as finanças e a contabilidade dos partidos, e dependerá de decisão do juízo competente que declare, ao menos em caráter liminar, a aptidão dos documentos para afastar a inércia do prestador.

Art. 3º É assegurada aos partidos políticos a autonomia para adotar os critérios de escolha e o regime de suas coligações eleitorais, vedada a sua celebração nas eleições proporcionais, sem obrigatoriedade de vinculação entre as candidaturas majoritárias em âmbito nacional, estadual, distrital ou municipal (CF, art. 17, §1º).

§1º No caso de partidos integrantes de federação, a autonomia a que se refere o caput deste artigo será exercida de forma conjunta pelos partidos federados e deverá abranger, necessariamente, regras para a composição de listas para as eleições proporcionais (Lei nº 9.096 /1995, art. 11-A, §§2º e 7º).

§2º A federação tem abrangência nacional, nos termos do art. 11-A, §3º, IV, da Lei nº 9.096/1995, e acarreta a atuação unificada dos partidos que a compõem em todas as circunscrições nas quais possuam órgão partidário, sendo-lhe lícito celebrar coligações majoritárias nas mesmas condições que os partidos políticos.

§3º Em caso de omissão do estatuto sobre normas para escolha e substituição das candidatas e dos candidatos e para a formação de coligações, caberá ao órgão de direção nacional do partido político ou da federação estabelecê-las, publicando-as no Diário Oficial da União (DOU) em até 180 (cento e oitenta) dias da eleição (Lei nº 9.504/1997, art. 7º, §1º).

Art. 4ºÉ facultado aos partidos políticos e às federações, dentro da mesma circunscrição, celebrar coligações apenas para a eleição majoritária.

§1º A coligação terá denominação própria, que poderá ser a junção de todas as siglas dos partidos políticos que a integram, sendo a ela atribuídas as prerrogativas e obrigações de partido político no que se refere ao processo eleitoral, devendo funcionar como um só partido político no relacionamento com a Justiça Eleitoral e no trato dos interesses interpartidários (Lei nº 9.504/1997, art. 6º, §1º).

§2º A denominação da coligação não poderá coincidir, incluir ou fazer referência a nome ou a número de candidata ou candidato, nem conter pedido de voto para partido político ou federação (Lei nº 9.504/1997, art. 6º, §1º-A).

§3º A Justiça Eleitoral decidirá sobre denominações idênticas de coligações, observadas, no que couber, as regras constantes desta Resolução relativas à homonímia de candidatos.

§4º O partido político ou a federação que formar coligação majoritária somente possui legitimidade para atuar de forma isolada no processo eleitoral quando questionar a validade da própria coligação, durante o período compreendido entre a data da convenção e o termo final do prazo para a impugnação do registro de candidatura (Lei nº 9.504/1997, art. 6º, §4º).

§5º O disposto no §4º deste artigo não exclui a legitimidade do partido político ou da federação para, isoladamente, impugnar candidaturas, propor ações e requerer medidas administrativas relativas à eleição proporcional.

Art. 5º Na formação de coligações, devem ser observadas, ainda, as seguintes normas (Lei nº 9.504/1997, art. 6º, §3º, III e IV):

I – os partidos políticos e as federações integrantes de coligação devem designar uma(um) representante, que terá atribuições equivalentes às de presidente de partido político no trato dos interesses e na representação da coligação no que se refere ao processo eleitoral;

II – a coligação será representada perante a Justiça Eleitoral pela pessoa designada na forma do inciso I deste artigo ou por delegadas indicadas ou por delegados indicados pelos partidos políticos e federações que a compõem, podendo nomear, no âmbito da circunscrição, até:

a) três delegados perante o Juízo Eleitoral;

b) quatro delegados perante o Tribunal Regional Eleitoral;

c) cinco delegados perante o Tribunal Superior Eleitoral.

CAPÍTULO II
DAS CONVENÇÕES

Art. 6º A convenção para escolha de candidatas e candidatos e deliberação sobre coligações deverá ser feita pelos partidos políticos e pelas federações, de forma presencial, virtual ou híbrida, no período de 20 de julho a 5 de agosto do ano em que se realizarem as eleições, obedecidas as normas estabelecidas no estatuto partidário ou no estatuto da federação, conforme o caso (Lei nº 9.504/1997, arts. 7º e 8º).

§1º Para a realização das convenções, os partidos políticos poderão usar gratuitamente prédios públicos, responsabilizando-se por danos causados com a realização do evento (Lei nº 9.504/1997, art. 8º, §2º).

§2º Para os efeitos do §1º deste artigo, os partidos políticos e as federações deverão:I – comunicar por escrito ao responsável pelo local, com antecedência mínima de uma semana, a intenção de nele realizar a convenção;

II – providenciar a realização de vistoria, às suas expensas, acompanhada pela(o) representante do partido político ou da federação e pela(o) responsável pelo prédio público;

III – respeitar a ordem de protocolo das comunicações, na hipótese de coincidência de datas de pedidos de outros partidos políticos ou federações.

§2º-A A convenção da federação ocorrerá de forma unificada, dela devendo participar todos os partidos políticos que tenham órgão de direção partidária na circunscrição.

§2º-B A realização de convenção por meio virtual ou híbrido independe de previsão no estatuto ou nas diretrizes publicadas pelo partido ou federação até 180 (cento e oitenta) dias antes do dia da eleição, ficando assegurada a partidos políticos e federações a autonomia para a utilização das ferramentas tecnológicas que entenderem mais adequadas à prática do ato.§3º A ata e a respectiva lista de presença deverá ser lavrada em livro aberto e rubricado pela Justiça Eleitoral, que poderá ser requerido para conferência da veracidade das informações apresentadas.

§3º-A Independentemente da modalidade da convenção, o livro-ata físico poderá ser substituído pelo Módulo Externo do Sistema de Candidaturas (CANDex), registrando-se diretamente no sistema as informações relativas à ata e à lista das pessoas presentes.

§3º-B Na hipótese do §3º-A deste artigo, a cadeia de verificações de segurança do Sistema CAND, que o torna capaz de reconhecer a autenticidade de quaisquer dados digitados no seu Módulo Externo e a usuária ou o usuário que os transmitiu, supre a rubrica do livro-ata pela Justiça Eleitoral.

§3º-C Na convenção realizada por meio virtual ou híbrida, a presença de quem participa remotamente poderá ser registrada na lista respectiva das seguintes formas:

I – assinatura eletrônica, nas modalidades simples, avançada ou qualificada, na forma dos arts. 4º e 8º da Lei nº 14.063/2020;

II – registro de áudio e vídeo, a partir de ferramenta tecnológica gratuita, adquirida, adaptada ou desenvolvida pelo partido ou pela federação, que permita comprovar a ciência das convencionais e dos convencionais acerca das deliberações;

III – qualquer outro mecanismo ou aplicação, além dos previstos nos incisos I e II deste artigo, que permita de forma inequívoca a efetiva identificação das pessoas presentes e sua anuência com o conteúdo da ata;

IV – coleta presencial de assinaturas, por representante designada(o) pelo partido ou pela federação.

§3º-D O registro de presença, na forma dos incisos II e III do §3º-C deste artigo, supre a assinatura em ata.§4º A ata da convenção e a lista dos presentes serão digitadas no Módulo Externo do Sistema de Candidaturas (CANDex), para:

I – serem publicadas no sítio do Tribunal Superior Eleitoral, na página de Divulgação de Candidaturas e de Prestação de Contas Eleitorais (DivulgaCandContas) (Lei nº 9.504/1997, art. 8º); e

II – integrar os autos de registro de candidatura.

§5º Até o dia seguinte ao da realização da convenção, o arquivo da ata gerado pelo CANDex deverá ser transmitido via internet ou, na impossibilidade, ser gravado em mídia a ser entregue na Justiça Eleitoral (Lei nº 9.504/1997, art. 8º).

§5º-A Não será recebida, em qualquer hipótese, ata em nome isolado de partido político que integre federação.

§6º O Sistema CANDex, disponível nos sítios eletrônicos dos tribunais eleitorais, deve ser usado por meio de chave de acesso obtida por partidos e federações no Sistema de Gerenciamento de Informações Partidárias (SGIP).

§6º-A No caso de federação, a chave de acesso será emitida em nome desta e poderá ser obtida, no SGIP, por qualquer dos partidos federados, aos quais caberá deliberar sobre seu uso para a prática de atos em nome da federação.

§6º-B O fornecimento da chave do SGIP poderá ser feito diretamente pela Justiça Eleitoral, excepcionalmente, nas seguintes hipóteses:

I – órgão partidário que se encontre com anotação suspensa;

II – órgão partidário que não se encontre vigente;

III – órgão partidário que não possua CNPJ;

IV – recusa de órgão municipal, estadual ou nacional em fornecer a chave de acesso, nos casos de divergência interna quanto à definição de pessoas legitimadas a realizar convenção partidária e a registrar candidaturas em nome da agremiação.

§6º-C O requerimento da chave de acesso nos termos do §6º-B deste artigo é restrito a pessoas que se identifiquem, com base no estatuto partidário ou da federação, como legitimadas a realizar convenção partidária em nome da agremiação ou da federação, na circunscrição, inclusive dirigentes partidárias(os) que integrem diretório dissolvido, comissão provisória destituída ou órgão municipal não levado a registro, ficando o mérito da dissidência sujeito a decisão nos termos do art. 30 desta Resolução.

§6º-D A formulação de requerimento da chave de acesso fora das hipóteses previstas no §6º-B deste artigo ou mediante declaração falsa do cargo, função ou vínculo com o órgão partidário municipal poderá acarretar a responsabilidade pessoal da(o) requerente, inclusive para os fins do art. 350 do Código Eleitoral (CE).

§7º Os livros de que tratam os §§3º e 3º-A deste artigo deverão ser conservados até o término do prazo decadencial para propositura das ações eleitorais, permanecendo a obrigação em caso de ajuizamento de ação que verse sobre a validade do Demonstrativo de Regularidade de Atos Partidários (DRAP) ou outros fatos havidos na convenção partidária.

§8º No processo de registro de candidatura, a Justiça Eleitoral poderá, de ofício ou mediante provocação, requerer a exibição dos documentos a que se referem o §3º e os incisos II, III e IV do 3º-C deste artigo, para conferência da veracidade das informações lançadas no DRAP.

§9º Nas ações referidas no §7º, o juiz poderá, antes de iniciada a instrução, aplicar o art. 373, §1º, do Código de Processo Civil (CPC) em relação aos fatos a serem provados pela via original da ata e da lista de presença na convenção.

§10. No caso de registro de presença realizado na forma do inciso II do §3º-C deste artigo, a requisição de mídias, nos processos de registro de candidatura ou em ações eleitorais, será limitada aos atos que demonstrem, de forma inequívoca, o teor das deliberações registradas em ata e a ciência das pessoas presentes, resguardado o direito do partido político e da federação de manter em reserva o registro de outros atos de natureza interna corporis.

§11. O disposto no §10 deste artigo não exclui a possibilidade de que eventual gravação de atos interna corporis, desde que realizada por meios considerados lícitos, seja utilizada como meio de prova, cabendo às interessadas e aos interessados, se for o caso, requerer ao juízo competente a atribuição de caráter sigiloso ao documento no momento de sua juntada.

Art. 7º A ata da convenção do partido político ou da federação conterá os seguintes dados:

I – local;

II – data e hora;

III – identificação e qualificação de quem presidiu;

IV – deliberação para quais cargos concorrerá;

V – no caso de coligação, seu nome, se já definido, e o nome dos partidos e das federações que a compõem;

VI – da(o) representante da coligação, nos termos do art. 5º desta Resolução, se já indicada(o), ainda que de outro partido ou federação; e

VI-A – da(o) representante da federação, a qual atuará em seu nome nos feitos relativos à eleição proporcional e, em caso de concorrer isoladamente, à eleição majoritária.

VII – relação dos candidatos escolhidos em convenção, com a indicação do cargo para o qual concorrem, o número atribuído conforme os arts. 14 e 15 desta Resolução, o nome completo, o nome para urna, a inscrição eleitoral, o CPF e o gênero.

Parágrafo único. A convocação ou presidência da convenção por pessoa com direitos políticos suspensos, por si só, não torna inválida a ata ou os atos nela registrados.

Art. 8º Se, na deliberação sobre coligações, a convenção de nível inferior se opuser às diretrizes legitimamente estabelecidas pelo órgão de direção nacional do partido político ou da federação, nos termos do respectivo estatuto ou das diretrizes publicadas até 180 (cento e oitenta) dias antes do pleito, poderá esse órgão anular a deliberação e os atos dela decorrentes, assegurados o contraditório e a ampla defesa (CF, art. 5º, LV, e Lei nº 9.504/1997, art. 7º, §2º).

§1º As anulações de deliberações dos atos decorrentes de convenção de partido político ou federação na condição estabelecida no caput deste artigo deverão ser comunicadas à Justiça Eleitoral até 30 (trinta) dias após a data-limite para o registro de candidatas e de candidatos (Lei nº 9.504/1997, art. 7º, §3º).

§2º Se da anulação decorrer a necessidade de escolha de novos candidatos, o pedido de registro deverá ser apresentado à Justiça Eleitoral nos 10 (dez) dias subsequentes à anulação (Lei nº 9.504/1997, art. 7º, §4º).

CAPÍTULO III
DOS CANDIDATOS

Art. 9º Qualquer cidadão pode pretender investidura em cargo eletivo, respeitadas as condições constitucionais e legais de elegibilidade e de incompatibilidade, desde que não incida em quaisquer das causas de inelegibilidade (Código Eleitoral, art. 3º, e Lei Complementar nº 64/1990, art. 1º).

§1º São condições de elegibilidade, na forma da lei (Constituição Federal, art. 14, §3º, I a VI, a, b e c):

I – a nacionalidade brasileira;

II – o pleno exercício dos direitos políticos;

III – o alistamento eleitoral;

IV – o domicílio eleitoral na circunscrição;

V – a filiação partidária;

VI – a idade mínima de:

a) 35 (trinta e cinco) anos para presidente e vice-presidente da República e senador;

b) 30 (trinta) anos para governador e vice-governador de Estado e do Distrito Federal;

c) 21 (vinte e um) anos para deputado federal, deputado estadual ou distrital, prefeito e vice-prefeito;

d) 18 (dezoito) anos para vereador.

§2º A idade mínima constitucionalmente estabelecida como condição de elegibilidade é verificada tendo por referência a data da posse, salvo quando fixada em dezoito anos, hipótese em que será aferida no dia 15 de agosto do ano da eleição (Lei nº 9.504/1997, art. 11, §2º).

§3º É vedado o registro de candidatura avulsa, ainda que o requerente tenha filiação partidária (Lei nº 9.504/1997, art. 11, §14).

Art. 10. Para concorrer às eleições, o candidato deverá possuir domicílio eleitoral na respectiva circunscrição pelo prazo de 6 (seis) meses antes do pleito e estar com a filiação deferida pelo partido político no mesmo prazo (Lei nº 9.504/1997, art. 9º).

§1º Havendo fusão ou incorporação de partidos políticos após o prazo estabelecido no caput, deve ser considerada, para efeito de filiação partidária, a data de filiação do candidato ao partido político de origem (Lei nº 9.504/1997, art. 9º, parágrafo único).

§1º-A Poderá ser lançada como candidata pela federação a pessoa que estiver filiada, no prazo indicado no caput deste artigo, a qualquer dos partidos políticos que a integram.

§2º Nos municípios criados até 31 de dezembro do ano anterior às eleições, o domicílio eleitoral deve ser comprovado pela inscrição nas seções eleitorais que funcionam dentro dos limites territoriais do novo município.

§3º É facultado ao partido político, mesmo se integrar federação, estabelecer, em seu estatuto, prazos de filiação partidária superiores aos previstos em lei com vistas a candidaturas a cargos eletivos (Lei nº 9.096/1995, art. 20).

§4º Os prazos de filiação partidária fixados no estatuto do partido visando à candidatura a cargos eletivos não podem ser alterados no ano da eleição (Lei nº 9.096/1995, art. 20, parágrafo único).

Art. 11. São inelegíveis:

I – os inalistáveis e os analfabetos (Constituição Federal, art. 14, §4º);

II – no território de jurisdição do titular, o cônjuge e os parentes consanguíneos ou afins, até o segundo grau ou por adoção, do presidente da República, de governador de Estado ou do Distrito Federal, de prefeito ou de quem os haja substituído dentro dos 6 (seis) meses anteriores ao pleito, salvo se já titular de mandato eletivo e candidato à reeleição (Constituição Federal, art. 14, §7º);

III – os que se enquadrarem nas hipóteses previstas na Lei Complementar nº 64/1990.

Art. 12. O presidente da República, os governadores, os prefeitos e quem os houver sucedido ou substituído no curso dos mandatos poderão ser reeleitos para um único período subsequente (Constituição Federal, art. 14, §5º).

§1º O presidente da República, os governadores e os prefeitos reeleitos não poderão se candidatar, na eleição subsequente, aos respectivos cargos de vice.

§2º Os governadores e os prefeitos reeleitos não poderão se candidatar, na eleição subsequente, a outro cargo da mesma natureza, ainda que em circunscrição diversa.

Art. 13. Para concorrer a outros cargos, o presidente da República, os governadores e os prefeitos devem renunciar aos respectivos mandatos até 6 (seis) meses antes do pleito (Constituição Federal, art. 14, §6º).

CAPÍTULO IV
DO NÚMERO DOS CANDIDATOS E DAS LEGENDAS PARTIDÁRIAS

Art. 14. A identificação numérica das candidatas e dos candidatos será realizada na convenção do partido político ou da federação e observará os seguintes critérios (Lei nº 9.504/1997, art. 15, I a III):

I – os candidatos aos cargos de presidente da República, governador e prefeito, bem como seus respectivos vices, concorrerão com o número identificador do partido político a que o titular estiver filiado;

II – os candidatos ao cargo de Senador e os seus suplentes concorrerão com o número identificador do partido político ao qual o titular estiver filiado, seguido de um algarismo à direita;

III – os candidatos ao cargo de deputado federal concorrerão com o número identificador do partido político ao qual estiverem filiados, acrescido de dois algarismos à direita;

IV – os candidatos aos cargos de deputado estadual, distrital e vereador concorrerão com o número identificador do partido político ao qual estiverem filiados, acrescido de três algarismos à direita.

Parágrafo único. Na composição do número de da pessoa lançada candidata por federação, será utilizado o número identificador do partido político ao qual estiver filiada, na forma indicada nos incisos I a IV do caput deste artigo.

Art. 15. A identificação numérica referida no artigo anterior será determinada por sorteio, ressalvado:

I – o direito de preferência dos candidatos que concorrem ao mesmo cargo pelo mesmo partido a manter os números que lhes foram atribuídos na eleição anterior;

II – o direito dos detentores de mandato de senador, deputado federal, estadual, distrital e vereador a fazer uso da prerrogativa indicada no inciso I ou a requerer novo número ao órgão de direção de seu partido político.

CAPÍTULO V
DO REGISTRO DOS CANDIDATOS

Seção I
Do Número de Candidatos a Serem Registrados

Art. 16. Cada partido político, federação ou coligação poderá requerer registro de (CE, art. 91, caput e §§1º e 3º):

I – um candidato a presidente da República com seu respectivo vice;

II – um candidato a governador, com seu respectivo vice, em cada Estado e no Distrito Federal;

III – um candidato ao Senado Federal em cada unidade da Federação, com dois suplentes, quando a renovação for de um terço; ou dois candidatos, com dois suplentes cada um, quando a renovação for de dois terços (Constituição Federal, art. 46, §§1º a 3º);

IV – um candidato a prefeito com seu respectivo vice.

Art. 17. Cada partido político ou federação poderá registrar candidatas e candidatos para a Câmara dos Deputados, a Câmara Legislativa, as Assembleias Legislativas e as Câmaras Municipais no total de até 100% (cem por cento) do número de lugares a preencher mais 1 (um) (Lei nº 9.504/1997, art. 10, caput).

§1º No cálculo do número de lugares previsto no caput deste artigo, será sempre desprezada a fração, se inferior a 0,5 (meio), e igualada a 1 (um), se igual ou superior (Lei nº 9.504/1997, art. 10, §4º).

§2º Do número de vagas resultante das regras previstas neste artigo, cada partido político ou federação preencherá o mínimo de 30% (trinta por cento) e o máximo de 70% (setenta por cento) para candidaturas de cada gênero (Lei nº 9.504/1997, art. 10, §3º).

§3º No cálculo de vagas previsto no §2º deste artigo, qualquer fração resultante será igualada a 1 (um) no cálculo do percentual mínimo estabelecido para um dos gêneros e desprezada no cálculo das vagas restantes para o outro (Ac.-TSE no REspe nº 22.764).

§4º O cálculo dos percentuais de candidaturas para cada gênero terá como base o número de candidaturas efetivamente requeridas pelo partido político ou pela federação, com a devida autorização da candidata ou do candidato, e deverá ser observado nos casos de vagas remanescentes ou de substituição.

§4º-A No caso de federações, o disposto nos §§2º a 4º deste artigo se aplica tanto à lista de candidaturas proporcionais globalmente considerada quanto às indicações feitas por cada partido para compor a lista.

§5º Para fins dos cálculos a que se referem os §§2º a 4º deste artigo, será considerado o gênero declarado no registro de candidatura, ainda que dissonante do Cadastro Eleitoral.

§5º-A Constatada a dissonância a que se refere o §5º deste artigo, será expedida notificação à candidata ou ao candidato, nos termos do art. 36 desta Resolução, para que confirme a informação sobre gênero prestada no Requerimento de Registro de Candidatura (RRC) ou no Requerimento de Registro de Candidatura Individual (RRCI).

§5º-B A confirmação da informação ou o transcurso do prazo sem manifestação da candidata ou do candidato será interpretado como solicitação para que seja promovida a alteração do gênero perante a Justiça Eleitoral, devendo o juízo competente para o registro adotar as providências para viabilizar a atualização do dado no Cadastro Eleitoral, conforme regras expedidas pela Corregedoria-Geral Eleitoral.

§6º A extrapolação do número de candidaturas ou a inobservância dos limites máximo e mínimo de candidaturas por gênero é causa suficiente para o indeferimento do pedido de registro do partido político ou da federação (DRAP), se esta(e), devidamente intimada(o), não atender às diligências referidas no art. 36 desta Resolução.

§7º No caso de as convenções para a escolha de candidatas e candidatos não indicarem o número máximo previsto no caput deste artigo, os órgãos de direção dos respectivos partidos políticos ou da federação poderão preencher as vagas remanescentes, requerendo o registro em até 30 (trinta) dias antes do pleito (Lei nº 9.504/1997, art. 10, §5º).

Revogado.

§9º Nos municípios criados até 31 de dezembro do ano anterior à eleição, os cargos de vereador corresponderão, na ausência de fixação pela Câmara Municipal, ao número máximo fixado na Constituição Federal para a respectiva faixa populacional (Constituição Federal, art. 29, inciso IV).

Seção II

Do Pedido de Registro

Art. 18. Os pedidos de registro serão apresentados:

I – no Tribunal Superior Eleitoral para os cargos de presidente e vice-presidente;

II – nos tribunais regionais eleitorais para os cargos de governador e vice-governador, senador e suplentes e a deputado federal, estadual ou distrital;

III – nos juízos eleitorais para os cargos de prefeito e vice-prefeito e vereador (Código Eleitoral, art. 89, I e II).

§1º O registro de candidatos a presidente e vice-presidente, a governador e vice-governador e a prefeito e vice-prefeito se fará sempre em chapa única e indivisível, ainda que resulte da indicação de coligação (Código Eleitoral, art. 91, caput).

§2º O registro de candidatos a Senador se fará com os respectivos suplentes (Constituição Federal, art. 46, §3º, e Código Eleitoral, art. 91, §1º).

Art. 19. Os partidos políticos, as federações e as coligações solicitarão à Justiça Eleitoral o registro de suas candidatas e de seus candidatos até as 19 (dezenove) horas do dia 15 de agosto do ano em que se realizarem as eleições (Lei nº 9.504/1997, art. 11, caput).

§1º O pedido será elaborado no CANDex, disponível nos sítios eletrônicos dos tribunais eleitorais.

§1º-A Será disponibilizada no CANDex informação sobre a finalidade específica do tratamento dos dados pessoais coletados, o tempo de tratamento e se, decorrido o prazo de cada finalidade específica, haverá descarte do dado, bloqueio ou anonimização, alertando-se a pessoa responsável pelo preenchimento dos formulários para que restrinja a inclusão de dados e documentos àqueles que se mostrem indispensáveis para o atendimento da finalidade informada.

§2º A apresentação do DRAP e do RRC se fará mediante:

I – transmissão pela internet, até as 8 (oito) horas do dia 15 de agosto do ano da eleição; ou

II – entrega em mídia à Justiça Eleitoral, até o prazo previsto no caput.

§3º Na hipótese do inciso I do §2º, o CANDex emitirá recibo de entrega consignando o horário em que foi transmitido o pedido de registro.

§4º No último dia para a entrega dos pedidos de registro de que trata este artigo, os tribunais ou cartórios eleitorais competentes para seu recebimento assegurarão o atendimento presencial até as 19 (dezenove) horas, devendo-se observar, nos demais dias, o horário regular do funcionamento do órgão, previamente divulgado no sítio eletrônico do tribunal.

Art. 20. Os pedidos de registro serão compostos pelos seguintes formulários gerados pelo CANDex:

I – Demonstrativo de Regularidade de Atos Partidários (DRAP);

II – Requerimento de Registro de Candidatura (RRC);

III – Requerimento de Registro de Candidatura Individual (RRCI).

§1º Os formulários assinados, de forma manual ou eletrônica, deverão ficar sob a guarda dos respectivos partidos políticos ou federações, ou, sendo o caso, da(o) representante da coligação, até o término do prazo decadencial para propositura das ações eleitorais, permanecendo a obrigação em caso de ajuizamento de ação que verse sobre a validade do DRAP, a veracidade das candidaturas ou outros fatos havidos na convenção partidária, até o respectivo trânsito em julgado.

§2º No processo de registro de candidatura, a Justiça Eleitoral poderá, de ofício ou mediante provocação, requerer a exibição do documento a que se refere o §1º, para conferência da veracidade das informações lançadas no DRAP, no RRC e no RRCI.

§3º Desatendido o disposto no parágrafo anterior, a conclusão pela ausência de autorização para o requerimento da candidatura acarretará o não conhecimento do RRC respectivo, o qual deixará de ser considerado para todos os fins, inclusive cálculo dos percentuais a que aludem os §§2º a 5º do art. 17, sem prejuízo da comunicação do fato ao Ministério Público Eleitoral, para adoção das providências que entender cabíveis.

§3º-A Em caso de não conhecimento do pedido de registro nos termos no §3º deste artigo, o partido político ou a federação, desde que esteja em curso o prazo de substituição, poderá indicar nova candidata, que será considerada para fins de preenchimento da cota de gênero se seu registro for conhecido.

§4º Nas ações referidas no §1º, o juiz poderá, antes de iniciada a instrução, aplicar o art. 373, §1º, CPC em relação aos fatos a serem provados pela via original do formulário assinado.

§5º A conclusão, nas ações referidas no §1º deste artigo, pela utilização de candidaturas femininas fictícias, acarretará a anulação de todo o DRAP e a cassação de diplomas ou mandatos de todas as candidatas e de todos os candidatos a ele vinculados, independentemente de prova de sua participação, ciência ou anuência, com a consequente retotalização dos resultados e, se a anulação atingir mais de 50% (cinquenta por cento) dos votos da eleição proporcional, a convocação de novas eleições.

Art. 21. O pedido de registro será subscrito:

I – no caso de partido isolado, alternativamente:

a) pelas(os) presidentes dos partidos políticos ou das federações coligados(as);

b) por delegado registrado no Sistema de Gerenciamento de Informações Partidárias (SGIP);

II – na hipótese de coligação, alternativamente:

a) pelos presidentes dos partidos políticos coligados;

b) por seus delegados;

c) pela maioria dos membros dos respectivos órgãos executivos de direção;

d) por representante da coligação designados na forma do inciso VI do art. 7º (Lei nº 9.504/1997, art. 6º, §3º, II).

III – no caso de federação, alternativamente:

a) pela(o) presidente do órgão de direção nacional, e, se houver, estadual ou municipal;

b) pelas(os) presidentes dos partidos políticos que integram a federação;

c) por seus delegados ou delegadas;

d) pela maioria dos membros dos respectivos órgãos executivos de direção;

e) por representante da federação designada(o) na forma do inciso VI do art. 7º desta Resolução.

Parágrafo único. Os subscritores do pedido de registro deverão informar, no CANDex, os números do seu título eleitoral e CPF.

Art. 22. O partido, a federação ou a coligação deverá preencher um formulário DRAP por cargo pleiteado.

Parágrafo único. Para os cargos majoritários, o formulário DRAP será constituído pelo pedido de registro do titular com os respectivos vices ou suplentes.

Art. 23. O formulário DRAP, para cada cargo pleiteado, deve ser preenchido com as seguintes informações:

I – cargo pleiteado;

II – nome e sigla do partido político;

III – quando se tratar de pedido de coligação majoritária ou de federação, seu nome, siglas dos partidos políticos que a compõem, nome, CPF e número do título eleitoral de sua representante ou de seu representante e de suas delegadas e/ou seus delegados (Lei nº 9.504/1997, art. 6º, §3º, IV);

IV – datas das convenções;

V – telefone móvel que disponha de aplicativo de mensagens instantâneas para citações, intimações, notificações e comunicações da Justiça Eleitoral;

VI – endereço eletrônico para recebimento de citações, intimações, notificações e comunicações da Justiça Eleitoral;

VII – endereço completo para recebimento de citações, intimações, notificações e comunicações da Justiça Eleitoral;

VIII – endereço do comitê central de campanha;

IX – telefone fixo;

X – lista do nome e número dos candidatos;

XI – declaração de ciência do partido, da federação ou da coligação de que lhe incumbe acessar o mural eletrônico e os meios informados nos incisos V, VI e VII deste artigo para verificar o recebimento de citações, intimações, notificações e comunicações da Justiça Eleitoral, responsabilizando-se, ainda, por manter atualizadas as informações relativas àqueles meios;

XII – endereço eletrônico do sítio do partido político, da federação ou da coligação, ou de blogs, redes sociais, sítios de mensagens instantâneas e aplicações de internet assemelhadas, caso já existentes.

Art. 24. O formulário RRC deve ser preenchido com as seguintes informações:

I – dados pessoais: inscrição eleitoral, nome completo ou, se houver, nome social declarado no Cadastro Eleitoral, data de nascimento, unidade da Federação e município de nascimento, nacionalidade, gênero, cor ou raça, se pessoa com deficiência e qual o tipo, estado civil, ocupação, grau de instrução, indicação de ocupação de cargo em comissão ou função comissionada na administração pública, número da carteira de identidade com o órgão expedidor e a unidade da Federação, número de registro no Cadastro de Pessoa Física (CPF);

II – dados para contato: telefone móvel que disponha de aplicativo de mensagens instantâneas, endereço eletrônico e endereço completo para recebimento de citações, intimações, notificações e comunicações da Justiça Eleitoral, telefone fixo, endereço do comitê central de campanha e endereço fiscal para atribuição de CNPJ;

III – dados do candidato: partido político, cargo pleiteado, número do candidato, nome para constar da urna eletrônica, informação se é candidato à reeleição, qual cargo eletivo que ocupa e a quais eleições já concorreu;

IV – declaração de ciência do candidato de que deverá prestar contas à Justiça Eleitoral, ainda que haja renúncia, desistência, substituição, indeferimento, cassação ou cancelamento do registro;

V – declaração de ciência de que os dados e os documentos relativos a seu registro serão divulgados no sítio do Tribunal Superior Eleitoral e dos tribunais regionais eleitorais, com observância às regras da Lei Geral de Proteção de Dados Pessoais (LGPD) (Lei nº 9.504/1997, art. 11, §6º; Lei nº 13.709/2018);

VI – autorização da candidata ou do candidato ao partido, à federação ou à coligação para concorrer;

VII – declaração de ciência do candidato de que lhe incumbe acessar o mural eletrônico e os meios informados no inciso II para verificar o recebimento de citações, intimações, notificações e comunicações da Justiça Eleitoral, responsabilizando-se, ainda, por manter atualizadas as informações relativas àqueles meios;

VIII – endereço eletrônico do sítio do candidato, ou de blogs, redes sociais, sítios de mensagens instantâneas e aplicações de internet assemelhadas, caso já existentes.

IX – declaração de ciência da candidata ou do candidato de que as informações prestadas quanto a nome social, gênero, cor ou raça, deficiência, estado civil, ocupação e dados para contato serão utilizados para atualização dos seus dados no Cadastro Eleitoral.Parágrafo único. O formulário RRC pode ser subscrito por procurador constituído por instrumento particular, com poder específico para o ato (Acórdão no REspe nº 2765-24.2014.6.26.0000).

Art. 25. O nome para constar da urna eletrônica terá no máximo 30 (trinta) caracteres, incluindo-se o espaço entre os nomes, podendo ser o prenome, sobrenome, cognome, nome abreviado, apelido ou nome pelo qual o candidato é mais conhecido, desde que não se estabeleça dúvida quanto a sua identidade, não atente contra o pudor e não seja ridículo ou irreverente.

§1º Não será permitido, na composição do nome a ser inserido na urna eletrônica, o uso de expressão ou de siglas pertencentes a qualquer órgão da administração pública federal, estadual, distrital ou municipal, direta ou indireta.

§2º No caso de candidaturas promovidas coletivamente, a candidata ou o candidato poderá, na composição de seu nome para a urna, apor ao nome pelo qual se identi ca individualmente a designação do grupo ou coletivo social que apoia sua candidatura, respeitado o limite máximo de caracteres.

§3º É vedado o registro de nome de urna contendo apenas a designação do respectivo grupo ou coletivo social.

§4º Não constitui dúvida quanto à identidade da candidata ou do candidato a menção feita, em seu nome para urna, a projeto coletivo de que faça parte.

Art. 26. Os partidos políticos, as federações, as coligações, as candidatas e os candidatos ficam obrigados a manter atualizados os dados informados para o recebimento de comunicações da Justiça Eleitoral em todos os processos afetos ao pleito.

Art. 27. O formulário RRC deve ser apresentado com os seguintes documentos anexados ao CANDex:

I – relação atual de bens, preenchida no Sistema CANDex de forma simplificada, contendo a indicação do bem e seu valor declarado à Receita Federal, dispensando-se a inclusão de endereços de imóveis, placas de veículos ou qualquer outro dado pormenorizado.

II – fotografia recente do candidato, inclusive dos candidatos a vice e suplentes, observado o seguinte (Lei nº 9.504/1997, art. 11, §1º, VIII):

a) dimensões: 161 x 225 pixels (L x A), sem moldura

b) profundidade de cor: 24bpp;

c) colorida, com cor de fundo uniforme;

d) características: frontal (busto), com trajes adequados para fotografia oficial, assegurada a utilização de indumentária e pintura corporal étnicas ou religiosas, bem como de acessórios necessários à pessoa com deficiência; vedada a utilização de elementos cênicos e de outros adornos, especialmente os que tenham conotação de propaganda eleitoral ou que induzam ou dificultem o reconhecimento do candidato pelo eleitor;

III – certidões criminais para fins eleitorais fornecidas (Lei nº 9.504/1997, art. 11, §1º, VII):

a) pela Justiça Federal de 1º e 2º graus da circunscrição na qual o candidato tenha o seu domicílio eleitoral;

b) pela Justiça Estadual de 1º e 2º graus da circunscrição na qual o candidato tenha o seu domicílio eleitoral;

c) pelos tribunais competentes, quando os candidatos gozarem de foro por prerrogativa de função;

IV – prova de alfabetização; V prova de desincompatibilização, quando for o caso;

VI – cópia de documento oficial de identificação; VII propostas defendidas por candidato a presidente, a governador e a prefeito.

§1º A relação de bens do candidato de que trata o inciso I do caput pode ser subscrita por procurador constituído por instrumento particular, com poder específico para o ato (Acórdão no REspe nº 2765-24.2014.6.26.0000).

§2º O partido político ou, sendo o caso, a(o) representante da federação ou da coligação e a candidata ou o candidato devem manter em sua posse uma via impressa da relação de bens assinada até o término do prazo decadencial para propositura das ações eleitorais, permanecendo a obrigação, em caso de ajuizamento de ação que discuta a licitude da arrecadação de recursos de campanha, a prática de abuso do poder econômico ou a corrupção, até o respectivo trânsito em julgado.

§3º No registro de candidatura, a Justiça Eleitoral poderá, de ofício ou mediante provocação, requerer a exibição do documento a que se refere o §2º, para conferência da veracidade das informações lançadas no RRC ou no RRCI.

§4º Nas ações referidas no §2º, o juiz poderá, antes de iniciada a instrução, aplicar o art. 373, §1º, do CPC em relação aos fatos a serem provados pela via original da declaração de bens assinada.

§5º A prova de alfabetização de que trata o inciso IV pode ser suprida por declaração de próprio punho preenchida pelo interessado, em ambiente individual e reservado, na presença de servidor de qualquer Cartório Eleitoral do território da circunscrição em que o candidato disputa o cargo, ainda que se trate de eleições gerais.

§6º O Cartório Eleitoral digitalizará a declaração de que trata o §5º, acompanhada de certidão do servidor de que foi firmada na sua presença, e fará a juntada do documento ao processo do registro no PJe ou, se for o caso, o remeterá ao juízo competente para que promova a juntada.

§7º Quando as certidões criminais a que se refere o inciso III do caput forem positivas, o RRC também deverá ser instruído com as respectivas certidões de objeto e pé atualizadas de cada um dos processos indicados, bem como das certidões de execuções criminais, quando for o caso.

§8º No caso de as certidões a que se refere o inciso III do caput serem positivas, mas, em decorrência de homonímia, não se referirem ao candidato, este poderá instruir o processo com documentos que esclareçam a situação.

§9º Havendo indícios de que, por seu grau de desconformidade com os requisitos do inciso II, a fotografia foi obtida pelo partido ou coligação a partir de imagem disponível na internet, sua divulgação ficará suspensa, devendo a questão ser submetida de imediato ao juiz ou relator, o qual poderá intimar o partido ou coligação para que, no prazo de 3 (três) dias, apresente o formulário do RRC assinado pelo candidato e, ainda, declaração deste de que autorizou o partido ou coligação a utilizar a foto.

§10. Desatendido o disposto no parágrafo anterior, a conclusão pela ausência de autorização para o requerimento da candidatura acarretará o não conhecimento do RRC respectivo, o qual deixará de ser considerado para todos os fins, inclusive cálculo dos percentuais a que aludem os §§2º a 5º do art. 17, sem prejuízo da comunicação do fato ao Ministério Público Eleitoral, para adoção das providências que entender cabíveis.

§11. Fica facultada aos tribunais eleitorais a celebração de convênios para o fornecimento de certidões de que trata o inciso III do caput.

Art. 28. Os requisitos legais referentes à filiação partidária, ao domicílio eleitoral, à quitação eleitoral e à inexistência de crimes eleitorais são aferidos com base nas informações constantes dos bancos de dados da Justiça Eleitoral, sendo dispensada a apresentação de documentos comprobatórios pelos requerentes (Lei nº 9.504/1997, art. 11, §1º, III, V, VI e VII).

§1º A prova de filiação partidária da candidata ou do candidato cujo nome não constar dos dados oficiais extraídos do Sistema FILIA pode ser realizada por outros elementos de convicção, salvo quando se tratar de documentos produzidos unilateralmente, destituídos de fé pública (Lei nº 9.096/1995, art. 19; Súmula nº 20/TSE).

§2º A quitação eleitoral de que trata o caput deve abranger exclusivamente a plenitude do gozo dos direitos políticos, o regular exercício do voto, o atendimento a convocações da Justiça Eleitoral para auxiliar os trabalhos relativos ao pleito, a inexistência de multas aplicadas, em caráter definitivo, pela Justiça Eleitoral e não remitidas, e a apresentação de contas de campanha eleitoral (Lei nº 9.504/1997, art. 11, §7º).

§3º O pagamento da multa eleitoral pelo candidato ou a comprovação do cumprimento regular de seu parcelamento após o pedido de registro, mas antes do julgamento respectivo, afasta a ausência de quitação eleitoral (Súmula TSE nº 50).

§4º A Justiça Eleitoral disponibilizará aos partidos políticos, na respectiva circunscrição, até 5 de junho do ano da eleição, a relação de todos os devedores de multa eleitoral, a qual embasará a expedição das certidões de quitação eleitoral (Lei nº 9.504/1997, art. 11, §9º).

§5º Considerar-se-ão quites aqueles que:

I – condenados ao pagamento de multa, tenham, até a data da formalização do seu pedido de registro de candidatura, comprovado o pagamento ou o parcelamento da dívida regularmente cumprido;

II – pagarem a multa que lhes couber individualmente, excluindo-se qualquer modalidade de responsabilidade solidária, mesmo quando imposta concomitantemente com outros candidatos e em razão do mesmo fato;

III – o parcelamento das multas eleitorais é direito dos cidadãos e das pessoas jurídicas e pode ser feito em até sessenta meses, salvo quando o valor da parcela ultrapassar 5% (cinco por cento) da renda mensal, no caso de cidadão, ou 2% (dois por cento) do faturamento, no caso de pessoa jurídica, hipótese em que poderá estender-se por prazo superior, de modo que as parcelas não ultrapassem os referidos limites;

IV – o parcelamento de multas eleitorais e de outras multas e débitos de natureza não eleitoral imputados pelo poder público é garantido também aos partidos políticos em até sessenta meses, salvo se o valor da parcela ultrapassar o limite de 2% (dois por cento) do repasse mensal do Fundo Partidário, hipótese em que poderá estender-se por prazo superior, de modo que as parcelas não ultrapassem o referido limite.

§6º Quando as certidões criminais eleitorais a que se refere o caput forem positivas, o RRC deverá ser instruído com as respectivas certidões de objeto e pé atualizadas de cada um dos processos indicados, bem como das certidões de execuções criminais, quando for o caso.

Art. 29. Na hipótese de o partido político, a federação ou a coligação não requerer o registro de candidatura de pessoas escolhidas em convenção, estas podem fazê-lo no prazo máximo de até 2 (dois) dias após a publicação do edital relativo às candidaturas apresentadas pelo respectivo partido político ou pela respectiva coligação no Diário da Justiça Eletrônico (DJe) (Lei nº 9.504/1997, art. 11, §4º).

§1º O RRCI, instruído com as informações e os documentos previstos nos arts. 27 e 28 desta Resolução, deverá ser elaborado no Sistema CANDex e gravado em mídia.

§2º A apresentação do RRCI se fará exclusivamente pela entrega da mídia à Justiça Eleitoral, até as 19h (dezenove horas) do último dia do prazo referido no caput.

§2º-A No último dia para a entrega dos pedidos de registro de que trata este artigo, os tribunais ou os cartórios eleitorais competentes para seu recebimento assegurarão o atendimento presencial até as 19 (dezenove) horas, devendo-se observar, nos demais dias, o horário regular de funcionamento do órgão, previamente divulgado no sítio eletrônico do tribunal.

§3º Caso o partido político, a federação ou a coligação não tenha apresentado o formulário DRAP, a(o) respectiva(o) representante será intimada(o), de ofício, pela Justiça Eleitoral, para fazê-lo no prazo de 3 (três) dias.

Art. 30. No caso de um mesmo partido político ou uma mesma federação constar de mais de um DRAP relativo ao mesmo cargo, caracterizando dissidência partidária ou federativa, a Justiça Eleitoral incluirá todos os pedidos no Sistema de Candidaturas (CAND), certificando a ocorrência em cada um deles.

§1º A juíza ou o juiz ou a relatora ou o relator deve decidir, liminarmente, em qual dos DRAPs o partido ou a federação será considerado(a) para fins da distribuição do horário eleitoral gratuito.

§2º Na hipótese prevista no caput, serão observadas as seguintes regras:

I – os pedidos de registro serão distribuídos ao mesmo órgão julgador para processamento e julgamento em conjunto;

II – serão inseridos na urna eletrônica apenas os dados dos candidatos vinculados ao DRAP que tenha sido julgado regular;

III – não havendo decisão até o fechamento do Sistema de Candidaturas (CAND) e na hipótese de haver coincidência de números de candidatos, competirá à Justiça Eleitoral decidir, de imediato, qual dos candidatos com o mesmo número terá seus dados inseridos na urna eletrônica.

§3º A tentativa de apresentação de DRAP em nome de partido político integrante de federação será indeferida de plano, não caracterizando a dissidência, sujeita a exame judicial, de que trata este artigo.

Seção III

Do Processamento do Pedido de Registro

Art. 31. Os pedidos de registro de candidaturas recebidos pela Justiça Eleitoral serão autuados e distribuídos pelo Sistema Processo Judicial Eletrônico (PJe), na classe Registro de Candidatura (RCand).

Art. 32. Na autuação, serão adotados os seguintes procedimentos:

§1º O DRAP e os documentos que o acompanham constituirão o processo principal dos pedidos de registro de candidatura.

§2º Cada RRC e os documentos que o acompanham constituirão o processo de cada candidato.

§3º A distribuição dos processos de registro principiará por sorteio dos DRAPs à medida que forem sendo apresentados, ressalvada a existência de DRAP do qual conste o mesmo partido ou a mesma federação, para o mesmo cargo ou para cargo diverso, proporcional ou majoritário, ou de RRC ou RRCI distribuído anteriormente, hipótese em que estará preventa(o) a juíza, o juiz, a relatora ou o relator que tiver recebido o primeiro processo.

§4º Serão associados no PJe e distribuídos por prevenção:

I – os processos das candidatas e dos candidatos (RRC e RRCI), em relação ao DRAP do partido, da federação ou da coligação ao qual são vinculadas ou vinculados;

II – os processos dos candidatos a vice e suplentes, em relação aos titulares da chapa majoritária, os quais tramitarão de forma independente.

Art. 33. Após o recebimento dos pedidos, a Justiça Eleitoral validará os dados e os encaminhará:

I – à Receita Federal para fornecimento, em até 3 (três) dias úteis, do número de registro no CNPJ (Lei nº 9.504/1997, art. 22-A);

II – para divulgação no sítio da Justiça Eleitoral, na página do DivulgaCandContas.

Parágrafo único. A divulgação de dados no DivulgaCandContas observará os princípios do art. 6º da Lei nº 13.709/2018.

Art. 34. Depois de verificados os dados dos processos, a Justiça Eleitoral deve providenciar imediatamente a publicação do edital contendo os pedidos de registro para ciência dos interessados no DJe (Código Eleitoral, art. 97, §1º).

§1º Da publicação do edital previsto no caput deste artigo, correrá:

I – o prazo de 2 (dois) dias para que a pessoa escolhida como candidata em convenção requeira individualmente o registro de sua candidatura, caso o partido político, a federação ou a coligação não o tenha requerido, na forma prevista no art. 29 desta Resolução (Lei nº 9.504/1997, art. 11, §4º);

II – o prazo de 5 (cinco) dias para que as legitimadas e os legitimados, inclusive o Ministério Público Eleitoral, impugnem os pedidos de registro de partidos, federações, coligações, candidatas e candidatos (LC nº 64/1990, art. 3º, e Súmula nº 49/TSE);

III – o prazo de 5 (cinco) dias para que qualquer cidadão apresente notícia de inelegibilidade.

§2º Decorrido o prazo a que se refere o inciso I do §1º deste artigo e havendo pedidos individuais de registro de candidatura, será publicado edital no DJe, passando a correr, para esses pedidos, o prazo de cinco dias para impugnação e notícia de inelegibilidade.

§3º Não havendo impugnação ao DRAP ou ao registro de candidato, o servidor do Cartório Eleitoral ou Secretaria certificará o decurso do prazo do inciso II do §1º nos respectivos autos.

Art. 35. Caberá ao Cartório ou à Secretaria informar nos autos, para apreciação do juiz ou relator:

I – no processo principal (DRAP):

a) a situação jurídica do partido político ou da federação na circunscrição, observado o disposto nos incisos I e II do caput e no §1º-A do art. 2º desta Resolução;

b) a realização da convenção;

c) a legitimidade da subscritora ou do subscritor para representar o partido político, a federação ou a coligação;

d) a observância dos percentuais a que se refere o art. 17;

II – nos processos dos candidatos (RRC e RRCI):

a) a regularidade do preenchimento do pedido;

b) a verificação das condições de elegibilidade descritas no art. 9º;

c) a regularidade da documentação descrita no art. 27;

d) a validação do nome e do número com o qual concorre, do cargo, do partido político, do gênero e da qualidade técnica da fotografia, na urna eletrônica.

Parágrafo único. A verificação dos dados previstos na alínea d do inciso II deste artigo será realizada pela Justiça Eleitoral por meio do Sistema de Verificação e Validação de Dados e Fotografia (VVFoto).

Art. 36. Constatada qualquer falha, omissão, indício de que se trata de candidatura requerida sem autorização ou ausência de documentos necessários à instrução do pedido, inclusive no que se refere à inobservância dos percentuais previstos no §2º do art. 17 desta Resolução, o partido político, a federação, a coligação, a candidata ou o candidato será intimada(o) para sanar a irregularidade no prazo de 3 (três) dias (Lei nº 9.504/1997, art. 11, §3º).

§1º A intimação a que se refere o caput poderá ser realizada de ofício.

§2º Se o juiz ou relator constatar a existência de impedimento à candidatura que não tenha sido objeto de impugnação ou notícia de inelegibilidade, deverá determinar a intimação do interessado para que se manifeste no prazo de 3 dias.

§3º No caso de registro não impugnado em que a candidata ou o candidato não esteja representada(o) por advogada ou advogado, o atendimento a diligências e a manifestação quanto aos impedimentos constatados de ofício pelo juízo poderão ser feitos diretamente no PJe, por meio de aplicação disponibilizada no portal do TSE.

§4º A aplicação será utilizada apenas para juntada de petições intermediárias e documentos em autos previamente existentes, cabendo a quem dela se utilizar indicar o número do processo respectivo.

§5º Para acessar a aplicação, a candidata ou o candidato deverá possuir cadastro no e-Título, que será utilizado para conferência da autenticidade dos dados pessoais informados no momento do peticionamento.

§6º A(O) peticionante deverá salvar o recibo de comprovação do peticionamento e acompanhar, na opção "Consulta Pública" do PJe, disponível no sítio do TSE, a juntada da petição e dos documentos aos respectivos autos.

§7º Ao realizar a juntada, a servidora ou o servidor da Justiça Eleitoral informará a data da apresentação da petição e dos documentos e firmará certidão quanto a sua tempestividade ou intempestividade.

Art. 37. Na hipótese do §2º do art. 36 desta Resolução, o Ministério Público Eleitoral será intimado após a manifestação do interessado para, no prazo de 2 (dois) dias, apresentar parecer, o qual deverá ser adstrito ao impedimento identificado de ofício pelo juiz ou relator.

Parágrafo único. Findo o prazo assinalado no caput, os autos serão conclusos para julgamento.

Art. 38. No período de 15 de agosto a 19 de dezembro do ano em que se realizarem as eleições, as intimações nos processos de registro de candidatura dirigidas a partidos, federações, coligações, candidatas e candidatos serão realizadas pelo mural eletrônico, fixando-se o termo inicial do prazo na data de publicação.

§1º Na impossibilidade técnica de utilização do mural eletrônico, oportunamente certificada, as intimações serão realizadas sucessivamente, por mensagem instantânea, por e-mail e por correspondência.

§2º Reputam-se válidas as intimações realizadas nas formas referidas no §1º deste artigo, respectivamente:

I – quando realizadas pelo mural eletrônico, pela disponibilização;

II – quando realizadas pelos demais meios eletrônicos, pela confirmação de entrega à pessoa a que se destina a mensagem ou o e-mail, no número de telefone ou no endereço informado, no registro de candidatura, pelo partido, pela coligação, pela federação, pela candidata ou pelo candidato, dispensada a confirmação de leitura;

III – quando realizadas por correio, pela assinatura do aviso de recebimento de pessoa que se apresente como apta a receber correspondência no endereço informado pelo partido, pela federação, pela coligação, pela candidata ou pelo candidato.

§3º Não será prevista ou adotada intimação simultânea ou de reforço por mais de um meio, somente se passando ao subsequente em caso de frustrada a realizada sob a forma anterior.

§4º Considera-se frustrada a intimação apenas quando desatendidos os critérios referidos no §2º deste artigo, incumbindo a partidos, federações coligações, candidatas e candidatos acessar o mural eletrônico e os meios informados em seu registro de candidatura para o recebimento de citações, intimações, notificações e comunicações da Justiça Eleitoral.

§5º As intimações por meio eletrônico previstas neste artigo não se submetem ao disposto no art. 5º da Lei nº 11.419/2006.

§6º Das intimações realizadas pelo mural eletrônico devem constar a identificação das partes e do processo e, quando constituídos, dos advogados.

§7º A intimação pessoal do Ministério Público Eleitoral, no período referido no caput, será feita exclusivamente por intermédio de expediente no Processo Judicial Eletrônico (PJe), o qual marcará a abertura automática e imediata do prazo processual.

§8º O disposto no caput e nos §§1º a 7º deste artigo não se aplica aos acórdãos, os quais, entre 15 de agosto e 19 de dezembro do ano em que se realizarem as eleições, serão publicados em sessão de julgamento, passando a correr, a partir dessa data, os prazos recursais para as partes e para o Ministério Público.

§9º A publicação dos atos judiciais fora do período estabelecido no caput será realizada no DJe.

Art. 38-A. Durante o período eleitoral, os prazos processuais serão prorrogados para o dia seguinte, se, na data em que vencerem:

I – houver indisponibilidade técnica do PJe, quando se tratar de ato que deva ser praticado por meio eletrônico (Lei nº 11.419/2006, art. 10, §2º; e CPC, art. 213, caput); ou

II – o expediente do cartório ou da secretaria perante o qual deva ser praticado for encerrado antes ou iniciado depois da hora normal, quando se tratar de ato que exija comparecimento presencial (Lei nº 11.419/2006, art. 10, §1º; e CPC, arts. 213, caput, e 224, §1º).

§1º Para os fins do inciso I do caput, considera-se indisponibilidade técnica aquela que:

a) for superior a 60 (sessenta) minutos, ininterruptos ou não, se ocorrida entre 6 (seis) horas e 24 (vinte e quatro) horas; ou

b) ocorrer na última hora do prazo, independentemente da sua duração.

§2º A prorrogação de que trata o inciso I do caput deste artigo será analisada pelo juízo competente após a juntada, pela parte prejudicada, do relatório de indisponibilidade prevista no §3º do art. 10 da Res.-TSE nº 23.417/2014.

§3º Na hipótese do inciso II do caput deste artigo, a servidora ou o servidor certificará a tempestividade do ato, informando o motivo da prorrogação."

"Art. 38-B. Durante o período eleitoral, aplica-se o disposto nos arts. 38 e 38-A desta Resolução aos mandados de segurança e à tutela provisória relativos ao registro de candidatura."

Seção IV

Da Homonímia

Art. 39. Verificada a ocorrência de homonímia, o juiz ou tribunal deve proceder da seguinte forma (Lei nº 9.504/1997, art. 12, §1º, I a V):

I – havendo dúvida, pode exigir do candidato prova de que é conhecido pela opção de nome indicada no pedido de registro;

II – ao candidato que, até 15 de agosto, estiver exercendo mandato eletivo ou o tenha exercido nos últimos 4 (quatro) anos, ou que se tenha candidatado, nesse mesmo prazo, com o nome que indicou, deve ser deferido o seu uso, ficando outros candidatos impedidos de fazer propaganda com esse mesmo nome;

III – deve ser deferido o uso do nome indicado, desde que este identifique o candidato por sua vida política, social ou profissional, ficando os outros candidatos impedidos de fazer propaganda com o mesmo nome;

IV – tratando-se de candidatos cuja homonímia não se resolva pelas regras dos incisos II e III, o órgão julgador deve notificá-los para que, em 2 (dois) dias, cheguem a acordo sobre os respectivos nomes a serem usados;

V – não havendo acordo no caso do inciso IV, a Justiça Eleitoral deve registrar cada candidato com o nome e sobrenome constantes do pedido de registro.

§1º O juiz ou tribunal pode exigir do candidato prova de que é conhecido por determinado nome por ele indicado quando seu uso puder confundir o eleitor (Lei nº 9.504/1997, art. 12, §2º).

§2º O juiz ou tribunal deve indeferir todo pedido de nome coincidente com nome de candidato à eleição majoritária, salvo para candidato que esteja exercendo mandato eletivo ou o tenha exercido nos últimos 4 (quatro) anos, ou que, nesse mesmo período, tenha concorrido em eleição com o nome coincidente (Lei nº 9.504/1997, art. 12, §3º).

§3º Não havendo preferência entre candidatos que pretendam registro do mesmo nome para urna, será mantido o deferimento do que primeiro o tenha requerido, quando a constatação da homonímia for posterior ao julgamento.

Seção V

Da Impugnação ao Registro de Candidatura

Art. 40. Cabe a qualquer candidata ou candidato, partido político, federação, coligação ou ao Ministério Público, no prazo de 5 (cinco) dias, contados da publicação do edital relativo ao pedido de registro, impugná-lo em petição fundamentada (LC nº 64/1990, art. 3º, caput).

§1º A impugnação ao registro de candidatura exige representação processual por advogado devidamente constituído por procuração nos autos e será peticionada diretamente no PJe, nos mesmos autos do pedido de registro respectivo.

§1º-A Constatada ausência ou irregularidade na representação processual da parte impugnante, o cartório ou a secretaria a intimará, de ofício, para que, no prazo de 3 (dias), regularize a falha.

§1º-B Desatendida a intimação de que trata o §1º-A deste artigo, a impugnação será conhecida como notícia de inelegibilidade, passando a candidata, o candidato, o partido político, a federação ou a coligação que a apresentou à condição de mera(o) noticiante.

§2º A impugnação, por parte da candidata, do candidato, do partido político, da federação ou da coligação, não impede a ação do Ministério Público no mesmo sentido (LC nº 64/1990, art. 3º, §1º).

§3º Não pode impugnar o registro o representante do Ministério Público que, nos 2 (dois) anos anteriores, tenha disputado cargo eletivo, integrado diretório de partido político ou exercido atividade político-partidária (Lei Complementar nº 64/1990, art. 3º, §2º, c/c Lei Complementar nº 75/1993, art. 80).

§4º O impugnante deve especificar, desde logo, os meios de prova com que pretende demonstrar a veracidade do alegado, arrolando testemunhas, se for o caso, no máximo de 6 (seis) (Lei Complementar nº 64/1990, art. 3º, §3º).

Art. 41. Terminado o prazo para impugnação, a candidata, o candidato, o partido político, a federação ou a coligação devem ser citadas ou citados, na forma do art. 38 desta Resolução, para, no prazo de 7 (sete) dias, contestá-la ou se manifestar sobre a notícia de inelegibilidade, juntar documentos, indicar rol de testemunhas e requerer a produção de outras provas, inclusive documentais, que se encontrarem em poder de terceiras ou de terceiros ou de repartições públicas ou em procedimentos judiciais ou administrativos, salvo os processos que estiverem tramitando em segredo de justiça (LC nº 64/1990, art. 4º).

Parágrafo único. A contestação, subscrita por advogado, deve ser apresentada diretamente no PJe, nos mesmos autos do pedido de registro respectivo.

Art. 42. Decorrido o prazo para contestação, caso não se trate apenas de matéria de direito e a prova protestada for relevante, o juiz ou relator deve designar os 4 (quatro) dias seguintes para inquirição das testemunhas do impugnante e do impugnado, as quais comparecerão por iniciativa das partes que as tiverem arrolado, após notificação judicial realizada pelos advogados (Lei Complementar nº 64/1990, art. 5º, caput).

§1º As testemunhas do impugnante e do impugnado devem ser ouvidas em uma só assentada (Lei Complementar nº 64/1990, art. 5º, §1º).

§2º Nos 5 (cinco) dias subsequentes, o órgão julgador deve proceder a todas as diligências que determinar, de ofício ou a requerimento das partes (Lei Complementar nº 64/1990, art. 5º, §2º).

§3º No prazo de que trata o §2º, o órgão julgador pode ouvir terceiros, referidos pelas partes ou testemunhas, como conhecedores dos fatos e das circunstâncias que possam influir na decisão da causa (Lei Complementar nº 64/1990, art. 5º, §3º).

§4º Quando qualquer documento necessário à formação da prova se achar em poder de terceiro, o órgão julgador pode, ainda, no mesmo prazo de 5 (cinco) dias, ordenar o respectivo depósito (Lei Complementar nº 64/1990, art. 5º, §4º).

§5º Se o terceiro, sem justa causa, não exibir o documento, ou não comparecer a juízo, pode o juiz ou relator expedir mandado de prisão e instaurar processo por crime de desobediência (Lei Complementar nº 64/1990, art. 5º, §5º).

Art. 43. Encerrada a fase probatória pelo juiz ou relator, as partes serão intimadas para apresentar alegações finais no PJe, no prazo comum de 5 (cinco) dias (Lei Complementar nº 64/1990, art. 6º).

§1º Se o Ministério Público for parte, os autos serão imediatamente conclusos após a apresentação das alegações finais, ainda que protocolizadas antes do 5º dia, ou o decurso do prazo.

§2º Se não for parte, o Ministério Público disporá de 2 (dois) dias para manifestação após a apresentação ou decurso do prazo das alegações finais, cabendo ao Cartório ou Secretaria proceder, de ofício, à abertura da vista, antes da conclusão dos autos.

§3º A apresentação das alegações finais será dispensada nos feitos em que não houver sido aberta a fase probatória.

§4º Na hipótese do §3º deste artigo, ficam assegurados, antes do julgamento, o prazo de 3 (três) dias para manifestação do impugnante, caso juntados documentos e suscitadas questões de direito na contestação, bem como o prazo de 2 (dois) dias ao Ministério Público Eleitoral, em qualquer caso, para apresentar parecer.

Seção VI

Da notícia de Inelegibilidade

Art. 44. Qualquer cidadão no gozo de seus direitos políticos pode, no prazo de 5 (cinco) dias contados da publicação do edital relativo ao pedido de registro, dar notícia de inelegibilidade ao órgão competente da Justiça Eleitoral para apreciação do registro de candidatos, mediante petição fundamentada.

§1º A notícia de inelegibilidade será juntada aos autos do pedido de registro respectivo.

§2º Quando não for advogada ou advogado, ou não estiver representada(o) por quem o seja, a cidadã ou o cidadão poderá apresentar a notícia de inelegibilidade:

a) em meio físico diretamente ao juízo competente, que providenciará a sua inserção no PJe, certificando nos autos o ocorrido; ou

b) por meio da aplicação de peticionamento avulso, observando-se, no que couber, os §§3º a 7º do art. 36 desta Resolução.

§3º O Ministério Público será imediatamente comunicado do recebimento da notícia de inelegibilidade.

§4º Na instrução da notícia de inelegibilidade, deve ser adotado o procedimento previsto para a impugnação ao registro de candidatura, no que couber.

Art. 45. Constitui crime eleitoral a arguição de inelegibilidade ou a impugnação de registro de candidato feita por interferência do poder econômico, desvio ou abuso do poder de autoridade, deduzida de forma temerária ou de manifesta má-fé, incorrendo os infratores na pena de detenção de 6 (seis) meses a 2 (dois) anos e multa (Lei Complementar nº 64/1990, art. 25).

CAPÍTULO VI

DO JULGAMENTO

Seção I

Disposições Comuns

Art. 46. O juiz ou tribunal formará sua convicção pela livre apreciação da prova, atendendo aos fatos e às circunstâncias constantes dos autos, ainda que não alegados pelas partes, mencionando, na decisão, os que motivaram seu convencimento (Lei Complementar nº 64/1990, art. 7º, parágrafo único).

Art. 47. O julgamento do processo principal (DRAP) precederá o julgamento dos processos dos candidatos (RRC), devendo o resultado daquele ser certificado nos autos destes.

Art. 48. O indeferimento do DRAP é fundamento suficiente para indeferir os pedidos de registro a ele vinculados.

§1º Enquanto não transitada em julgado a decisão do DRAP, o juízo originário deve dar continuidade à instrução dos processos de registro dos candidatos, procedendo às diligências relativas aos demais requisitos da candidatura, os quais serão declarados preenchidos ou não na decisão de indeferimento proferida nos termos do caput.

§2º Quando o indeferimento do DRAP for o único fundamento para indeferimento da candidatura, eventual recurso contra a decisão proferida no DRAP refletirá nos processos dos candidatos a este vinculados, sendo-lhes atribuída a situação "indeferido com recurso" no Sistema de Candidaturas (CAND).

§3º Na hipótese do §2º, os processos de registro dos candidatos associados ao DRAP permanecerão na instância originária, remetendo-se para a instância superior apenas o processo em que houver interposição de recurso.

§4º O trânsito em julgado da decisão de indeferimento do DRAP implica o prejuízo dos pedidos de registro de candidatura a ele vinculados, inclusive aqueles já deferidos, caso em que se procederá ao lançamento do indeferimento no Sistema de Candidaturas (CAND).

§5º O trânsito em julgado nos processos dos candidatos somente ocorrerá com o efetivo trânsito em julgado nos DRAPs respectivos.

Art. 49. Os pedidos de registro dos candidatos a cargos majoritários e dos respectivos vices e suplentes serão julgados individualmente, na mesma oportunidade.

§1º O resultado do julgamento do processo do titular deve ser certificado nos autos dos respectivos vices e suplentes, bem como os dos vices e suplentes nos processos dos titulares.

§2º Será remetido para a instância superior apenas os autos do processo em que houver interposição de recurso, permanecendo os registros de candidatura dos demais componentes da chapa na instância originária.

Art. 50. O pedido de registro do candidato, a impugnação, a notícia de inelegibilidade e as questões relativas à homonímia devem ser julgados em uma só decisão.

§1º Ainda que não tenha havido impugnação, o pedido de registro deve ser indeferido quando constatado pelo juízo competente a existência de impedimento à candidatura, desde que assegurada a oportunidade de manifestação prévia, nos termos do art. 36 desta Resolução.

§2º A análise dos requisitos individuais da candidatura de cada componente da chapa não influirá na decisão das demais candidaturas que a compõem.

Art. 51. O candidato cujo registro esteja sub judice pode efetuar todos os atos relativos à campanha eleitoral, inclusive utilizar o horário eleitoral gratuito no rádio e na televisão e ter seu nome mantido na urna eletrônica enquanto estiver sob essa condição.

§1º Cessa a situação sub judice:

I – com o trânsito em julgado; ou

II – independentemente do julgamento de eventuais embargos de declaração, a partir da decisão colegiada do Tribunal Superior Eleitoral, salvo se obtida decisão que:

a) afaste ou suspenda a inelegibilidade (LC nº 64/1990, arts. 26-A e 26-C);

b) anule ou suspenda o ato ou decisão do qual derivou a causa de inelegibilidade;

c) conceda efeito suspensivo ao recurso interposto no processo de registro de candidatura.

§2º Publicado o acórdão referido no parágrafo anterior com decisão pelo indeferimento, cancelamento ou não conhecimento do registro de candidatura, será alterada a situação do candidato no CAND e, se houver viabilidade técnica, promovida a exclusão de seu nome da urna.

§3º O disposto no §1º não obsta a prolação de decisões monocráticas pelo Tribunal Superior Eleitoral e pelos Tribunais Regionais Eleitorais nas hipóteses autorizadas pela lei, por seus regimentos internos e por esta Resolução, mas, nesses casos, permanecerá a situação sub judice.

Art. 52. As condições de elegibilidade e as causas de inelegibilidade devem ser aferidas no momento da formalização do pedido de registro da candidatura, ressalvadas as alterações, fáticas ou jurídicas, supervenientes ao registro (Lei nº 9.504/1997, art. 11, §10 e Súmula TSE nº 43).

Art. 53. Cabe às instâncias originárias do pedido de registro acompanharem a situação dos candidatos até o trânsito em julgado, para atualização do Sistema de Candidaturas (CAND).

Parágrafo único. A instância originária diligenciará para dar cumprimento imediato às determinações do TSE em processo de registro de candidatura que impliquem nova totalização, observada a resolução que trata da matéria e os termos da comunicação da decisão.

Art. 54. Todos os pedidos de registro de candidatos, inclusive os impugnados e os respectivos recursos, devem estar julgados pelas instâncias ordinárias, e publicadas as decisões a eles relativas até 20 (vinte) dias antes da eleição (Lei nº 9.504/1997, art. 16, §1º).

Art. 55. Após o fechamento do Sistema de Candidaturas (CAND), será publicada, no DJe e no Divulga Cand, relação dos nomes dos candidatos e respectivos números com os quais concorrerão nas eleições, inclusive daqueles cujos pedidos indeferidos estiverem em grau de recurso.

Art. 56. O Ministério Público Eleitoral poderá recorrer da decisão ainda que não tenha oferecido impugnação ao pedido de registro.

Art. 57. O partido, a federação, a coligação, a candidata ou o candidato que não tenha oferecido impugnação ao pedido de registro não tem legitimidade para recorrer da decisão que o deferiu, salvo na hipótese de matéria constitucional (Súmula nº 11/TSE).

Seção II
Do Julgamento dos Pedidos de Registro pelos Juízos Eleitorais

Art. 58. O pedido de registro, com ou sem impugnação, será julgado no prazo de três dias após a conclusão dos autos ao juiz eleitoral (Lei Complementar nº 64/1990, art. 8º, caput).

§1º A sentença, independentemente do momento de sua prolação, será publicada no Mural Eletrônico e comunicada ao Ministério Público por expediente no PJe.

§2º O prazo de três dias para a interposição de recurso para o Tribunal Regional Eleitoral será contado de acordo com o previsto no art. 38 desta Resolução, ressalvado o disposto no parágrafo seguinte.

§3º Se a publicação e a comunicação referidas no §1º ocorrerem antes de três dias contados da conclusão dos autos ao juiz eleitoral, o prazo para o recurso eleitoral passará a correr, para as partes e para o Ministério Público, do termo final daquele tríduo.

Art. 59. Interposto o recurso, o recorrido será intimado para apresentação de contrarrazões no prazo de 3 (três) dias.

Parágrafo único. Apresentadas as contrarrazões ou transcorrido o respectivo prazo, os autos serão imediatamente remetidos ao Tribunal Regional Eleitoral (Lei Complementar nº 64/1990, art. 8º, §2º).

Seção III
Do Julgamento dos Pedidos de Registro pelos Tribunais Regionais Eleitorais e Tribunal Superior Eleitoral

Art. 60. O pedido de registro, com ou sem impugnação, deve ser julgado no prazo de 3 (três) dias após a conclusão dos autos ao relator, independentemente de publicação em pauta (Lei Complementar nº 64/1990, art. 13, caput).

§1º Caso o tribunal não se reúna no prazo previsto no caput, o feito deve ser julgado na primeira sessão subsequente.

§2º Não cumpridos os prazos do caput ou do §1º, o tribunal disponibilizará lista, em seu sítio eletrônico, contendo a relação dos processos que serão julgados.

§3º Somente poderão ser apreciados os feitos relacionados até o início de cada sessão plenária.

Art. 61. Na sessão de julgamento, feito o relatório, será facultada a palavra às partes e ao Ministério Público pelo prazo de 10 (dez) minutos (Lei Complementar nº 64/1990, art. 11, caput, c.c. o art. 13, parágrafo único).

§1º Havendo pedido de vista, o julgamento deverá ser retomado na sessão seguinte.

§2º Proclamado o resultado, o acórdão será lavrado e publicado na mesma sessão, salvo determinação do plenário em sentido diverso.

Art. 62. O relator poderá decidir monocraticamente os pedidos de registro de candidatura nos quais não tenha havido impugnação e/ou notícia de inelegibilidade.

§1º O julgamento monocrático também é cabível nos casos de indeferimento da petição inicial da impugnação, nas hipóteses previstas no Código de Processo Civil.

§2º Durante o período eleitoral, as decisões monocráticas serão publicados no mural eletrônico e comunicadas ao Ministério Público por expediente no PJe.

§3º Da decisão proferida nos termos deste artigo caberá agravo interno, no prazo de 3 (dias) dias, assegurado o oferecimento de contrarrazões em igual prazo.

Art. 63. Dos acórdãos proferidos pelos tribunais regionais eleitorais no exercício de sua competência originária cabem os seguintes recursos para o Tribunal Superior Eleitoral, no prazo de 3 (três) dias (Lei Complementar nº 64/1990, art. 11, §2º):

I – recurso ordinário, quando versar sobre inelegibilidade (Constituição Federal, art. 121, §4º, III);

II – recurso especial, quando versar sobre condições de elegibilidade (Constituição Federal, art. 121, §4º, I e II).

§1º Contra acórdão que discute, simultaneamente, condições de elegibilidade e de inelegibilidade, é cabível recurso ordinário (Súmula TSE nº 64).

§2º O recorrido será intimado para apresentar contrarrazões, no prazo de 3 (três) dias (Lei Complementar nº 64/1990, art. 12, caput).

§3º Apresentadas as contrarrazões ou transcorrido o respectivo prazo, os autos serão imediatamente remetidos ao Tribunal Superior Eleitoral, dispensado o juízo prévio de admissibilidade (Lei Complementar nº 64/1990, art. 12, parágrafo único).

Seção IV

Dos Recursos para os Tribunais Regionais Eleitorais e o Tribunal Superior Eleitoral

Art. 64. Recebidos os autos no tribunal, a distribuição do recurso se fará:

I – por prevenção:

a) ao relator do recurso do mesmo município que primeiro tiver chegado ao TRE ou ao TSE, quando se tratar de RRC, RRCI ou DRAP relativo ao cargo de prefeito ou vice-prefeito (Código Eleitoral, art. 260);

b) ao relator do recurso do mesmo estado que primeiro tiver chegado ao TSE, quando se tratar de RRC, RRCI ou DRAP relativo ao cargo de governador ou vice-governador (Código Eleitoral, art. 260);

c) ao relator do recurso interposto no DRAP, quando se tratar de registro de candidato indeferido exclusivamente em função do indeferimento daquele;

d) nas demais hipóteses legais;

II – por sorteio, nos demais casos.

§1º A prevenção indicada no inciso I, c, será fixada pelo registro de candidato se este aportar no tribunal antes do respectivo DRAP e se aplicará aos demais RRCs e RRCIs com mesma causa de indeferimento.

§2º A Secretaria Judiciária certificará nos autos a regra de distribuição aplicada ao processo.

Art. 65. Em seguida, a Secretaria Judiciária abrirá vista ao Ministério Público pelo prazo de 2 (dois) dias (Lei Complementar nº 64/1990, art. 14, c.c. o art. 10, caput).

Art. 66. Após a vista do Ministério Público, os autos serão conclusos ao relator, que poderá:

I – não conhecer de recurso inadmissível, prejudicado ou que não tenha impugnado especificamente os fundamentos da decisão recorrida;

II – negar provimento a recurso que for contrário a:

a) súmula do Supremo Tribunal Federal, do Tribunal Superior Eleitoral ou de tribunal superior;

b) acórdão proferido pelo Supremo Tribunal Federal, pelo Tribunal Superior Eleitoral ou por tribunal superior em julgamento de recursos repetitivos;

III – dar provimento ao recurso se a decisão recorrida for contrária a:

a) súmula do Supremo Tribunal Federal, do Tribunal Superior Eleitoral ou de tribunal superior;

b) acórdão proferido pelo Supremo Tribunal Federal, pelo Tribunal Superior Eleitoral ou por tribunal superior em julgamento de recursos repetitivos;

IV – apresentá-los em mesa para julgamento em 3 (três) dias, independentemente de publicação de pauta, contados da conclusão dos autos (Lei Complementar nº 64/1990, art. 13, caput).

§1º Caso o tribunal não se reúna no prazo previsto no inciso IV deste artigo, o recurso deverá ser julgado na primeira sessão subsequente.

§2º Não cumpridos os prazos do inciso IV e do §1º deste artigo, o tribunal disponibilizará lista, em seu sítio eletrônico, contendo a relação dos processos que serão julgados.

§3º Somente poderão ser apreciados os recursos relacionados até o início de cada sessão plenária.

§4º Ao advogado de cada parte é assegurado o uso da tribuna, para sustentação oral de suas razões, na forma regimental.

§5º Os acórdãos serão publicados na sessão em que os recursos forem julgados, salvo determinação do plenário.

§6º Da decisão proferida nos termos dos incisos I a III deste artigo caberá agravo interno, no prazo de 3 (três) dias, assegurado o oferecimento de contrarrazões em igual prazo.

Art. 67. Dos acórdãos proferidos pelos tribunais regionais eleitorais no exercício de sua competência recursal cabe recurso especial eleitoral para o Tribunal Superior Eleitoral, no prazo de 3 (três) dias (Constituição Federal, art. 121, §4º, I e II).

§1º O recorrido será intimado para apresentar contrarrazões, no prazo de 3 (três) dias (Lei Complementar nº 64/1990, art. 12, caput).

§2º Apresentadas as contrarrazões ou transcorrido o prazo respectivo, os autos serão imediatamente remetidos ao Tribunal Superior Eleitoral, dispensado o juízo prévio de admissibilidade (Lei Complementar nº 64/1990, art. 8º, §2º, c.c. o art. 12, parágrafo único).

Seção V
Dos Recursos para o Supremo Tribunal Federal

Art. 68. Do acórdão do Tribunal Superior Eleitoral caberá recurso extraordinário para o Supremo Tribunal Federal, no prazo de 3 (três) dias (Constituição Federal, 121, §3º, e Código Eleitoral, art. 281, caput).

§1º Interposto o recurso extraordinário, o recorrido será intimado para apresentação de contrarrazões no prazo de 3 (três) dias.

§2º Apresentadas as contrarrazões ou transcorrido o respectivo prazo, os autos devem ser conclusos ao presidente do Tribunal Superior Eleitoral para juízo de admissibilidade.

§3º Durante o período eleitoral, as decisões monocráticas serão publicadas no mural eletrônico e comunicadas ao Ministério Público por expediente no PJe.

§4º Da decisão de negativa de seguimento ou do sobrestamento do recurso extraordinário, proferida nos termos dos incisos I e III do art. 1.030 do CPC, caberá agravo interno, no prazo de 3 (três) dias, assegurado o oferecimento de contrarrazões em igual prazo.

§4º-A Da decisão de inadmissibilidade do recurso extraordinário, proferida nos termos do inciso V do art. 1.030 do CPC, caberá agravo para o Supremo Tribunal Federal, no prazo de 3 (três) dias, assegurado o oferecimento de contrarrazões em igual prazo.

§5º Admitido o recurso, os autos serão remetidos imediatamente ao Supremo Tribunal Federal.

CAPÍTULO VII
DA RENÚNCIA, DO FALECIMENTO, DO CANCELAMENTO E DA SUBSTITUIÇÃO

Art. 69. O ato de renúncia do candidato será expresso em documento datado, com firma reconhecida por tabelião ou assinado na presença de servidor da Justiça Eleitoral, que certificará o fato.

§1º O pedido de renúncia será apresentado sempre ao juízo originário e juntado aos autos do pedido de registro do respectivo candidato, para homologação e atualização da situação do candidato no Sistema de Candidaturas.

§1º-A Tratando-se de registro não impugnado e de candidata ou candidato sem representação por advogada ou advogado, a renúncia firmada em documento perante a tabeliã ou o tabelião poderá ser incluído diretamente no PJe por meio da aplicação de peticionamento avulso, observando-se, no que couber, os §§3º a 7º do art. 36 desta Resolução.

§2º Caso o processo esteja em grau de recurso, o pedido deve ser autuado na classe Petição (Pet) e, após homologação, a decisão será comunicada, mediante peticionamento no PJe, nos autos do pedido de registro em que estiver tramitando.

§3º A renúncia ao registro de candidatura homologada por decisão judicial impede que o candidato renunciante volte a concorrer ao mesmo cargo na mesma eleição (Acórdão no REspe nº 264-18).

Art. 70. Em caso de falecimento do candidato devidamente comprovado nos autos, o juiz eleitoral ou o relator determinará o lançamento da situação de falecido e a atualização da situação da candidatura no CAND.

Art. 71. O partido político poderá requerer, até a data da eleição, o cancelamento do registro do candidato que dele for expulso, em processo no qual seja assegurada ampla defesa, com observância das normas estatutárias (Lei nº 9.504/1997, art. 14).

Art. 72. É facultado ao partido político, à federação ou à coligação substituir candidata ou candidato que tiver seu registro indeferido, cancelado ou cassado, ou, ainda, que renunciar ou falecer após o termo final do prazo do registro (Lei nº 9.504/1997, art. 13, caput, e LC nº 64/1990, art. 17).

§1º A escolha de substituta ou substituto deve ser feita na forma estabelecida no estatuto do partido político ou da federação a que pertencer a candidatura substituída, devendo o pedido de registro ser requerido em até 10 (dez) dias contados do fato, inclusive anulação de convenção, ou da notificação do partido ou da federação da decisão judicial que deu origem à substituição (Lei nº 9.504/1997, art. 13, §1º, e CE, art. 101, §5º).

§2º Nas eleições majoritárias, se a candidata ou o candidato for de coligação, a substituição deverá ser feita por decisão da maioria absoluta dos órgãos executivos de direção dos partidos e das federações coligados(as), podendo a pessoa indicada como substituta ser filiada a qualquer partido ou federação que integrar a coligação, desde que o partido ou a federação ao qual filiada a pessoa substituída renuncie ao direito de preferência (Lei nº 9.504/1997, art. 13, §2º).

§3º Tanto nas eleições majoritárias quanto nas proporcionais, a substituição somente deve ser efetivada se o novo pedido for apresentado até 20 (vinte) dias antes do pleito, exceto no caso de falecimento de candidato, quando a substituição poderá ser efetivada após esse prazo, observado em qualquer hipótese o previsto no §1º deste artigo (Lei nº 9.504/1997, art. 13, §3º).

§4º O prazo de substituição para o candidato que renunciar é contado a partir da homologação da renúncia.

§5º Se ocorrer substituição após a geração das tabelas para elaboração da lista de candidatos e preparação das urnas, o substituto concorrerá com o nome, número e a fotografia do substituído.

§6º Na hipótese de substituição, cabe ao partido político, à federação ou à coligação dar ampla divulgação ao fato, para esclarecimento do eleitorado, além da divulgação pela Justiça Eleitoral.

§7º Será indeferido o pedido de registro de candidatura em substituição ou para preenchimento de vagas remanescentes quando não forem respeitados os limites mínimo e máximo das candidaturas de cada gênero previstos no §2º do art. 17 desta Resolução.

Art. 73. O pedido de registro de substituto será elaborado no CANDex e transmitido via internet, ou, na impossibilidade de transmissão, entregue na Justiça Eleitoral, na forma do art. 19, contendo as informações e os documentos previstos nos arts. 24 e 27 desta Resolução.

CAPÍTULO VIII
DISPOSIÇÕES FINAIS

Art. 74. O processo de pedido de registro, assim como as informações e documentos que instruem o pedido, são públicos e podem ser livremente consultados pelos interessados no PJe ou na página de divulgação de candidatos do TSE (Lei nº 9.504/1997, art. 11, §6º).

Parágrafo único. A divulgação de dados pessoais no PJe ou na página de divulgação de candidaturas do TSE será restringida, nos termos da Lei Geral de Proteção de Dados Pessoais, ao mínimo necessário para o atingimento da finalidade legal (Lei nº 13.709/2018, art. 6º).

Art. 75. Dados estatísticos referentes aos registros de candidaturas estarão disponíveis no sítio eletrônico do TSE.

Art. 76. Transitada em julgado ou publicada a decisão proferida por órgão colegiado que declarar a inelegibilidade do candidato, será indeferido seu registro ou declarado nulo o diploma, se já expedido (Lei Complementar nº 64/1990, art. 15, caput).

Parágrafo único. A decisão a que se refere o caput, independentemente da apresentação de recurso, deverá ser comunicada, de imediato, ao Ministério Público e ao órgão da Justiça Eleitoral competente para o registro de candidatura e expedição de diploma do réu (Lei Complementar nº 64/1990, art. 15, parágrafo único).

Art. 77. Os processos de registro de candidaturas terão prioridade sobre quaisquer outros, devendo a Justiça Eleitoral adotar as providências necessárias para o cumprimento dos prazos previstos nesta Resolução, inclusive com a realização de sessões extraordinárias e a convocação dos juízes suplentes, pelos tribunais, sem prejuízo da eventual aplicação do disposto no art. 97 da Lei nº 9.504/1997 e de representação ao Conselho Nacional de Justiça (Lei nº 9.504/1997, art. 16, §2º).

Art. 78. Os prazos a que se refere esta Resolução são contínuos e peremptórios, correndo, conforme o caso, em cartório ou secretaria ou no PJe, e não se suspendem aos sábados, domingos e feriados, entre 15 de agosto e as datas fixadas no Calendário Eleitoral do ano em que se realizarem as eleições (LC nº 64/1990, art. 16).

§1º Os cartórios eleitorais e os tribunais regionais eleitorais divulgarão o horário de seu funcionamento para o período previsto no caput deste artigo, observado o disposto no §4º do art. 19 desta Resolução.

§2º Os dias do começo e do vencimento do prazo serão protraídos para o primeiro dia seguinte, se coincidirem com dia em que o expediente forense for encerrado antes ou iniciado depois da hora normal ou houver indisponibilidade de comunicação eletrônica, observado o disposto no art. 38-A desta Resolução (CPC, art. 224, §1º).

§3º O horário de funcionamento da Justiça Eleitoral não interfere no processamento dos feitos eletrônicos, regulamentado pela Res.-TSE nº 23.417/2014.

Art. 79. Da homologação da respectiva convenção partidária até a diplomação dos eleitos e nos feitos decorrentes do processo eleitoral, não podem servir como juízes, nos tribunais eleitorais, como juízes auxiliares, ou como juízes eleitorais o cônjuge ou companheiro, parente consanguíneo ou afim, até o segundo grau, de candidato a cargo eletivo registrado na circunscrição (Código Eleitoral, art. 14, §3º).

Art. 80. Não poderá servir como chefe de Cartório Eleitoral, sob pena de demissão, membro de órgão de direção de partido político, candidato a cargo eletivo, seu cônjuge ou companheiro e parente consanguíneo ou afim até o segundo grau (Código Eleitoral, art. 33, §1º).

Art. 81. A filiação a partido político impede o exercício de funções eleitorais por membro do Ministério Público até 2 (dois) anos depois do seu cancelamento (Lei Complementar nº 75/1993, art. 80).

Art. 82. Ao juiz eleitoral ou relator que seja parte em ações judiciais que envolvam determinado candidato, é vedado exercer suas funções em processo eleitoral no qual o mesmo candidato seja interessado (Lei nº 9.504/1997, art. 95).

Parágrafo único. Se o candidato propuser ação contra juiz ou relator que exerce função eleitoral, posteriormente ao registro da candidatura, o afastamento do magistrado somente decorrerá de declaração espontânea de suspeição ou da procedência da respectiva exceção.

Art. 83. Os feitos eleitorais, no período entre o registro das candidaturas até 5 (cinco) dias após a realização do segundo turno das eleições, terão prioridade para a participação do Ministério Público e dos juízes de todas as justiças e instâncias, ressalvados os processos de habeas corpus e mandado de segurança (Lei nº 9.504/1997, art. 94, caput).

§1º É vedado às autoridades mencionadas neste artigo deixar de cumprir qualquer prazo em razão do exercício de suas funções regulares (Lei nº 9.504/1997, art. 94, §1º).

§2º O descumprimento do disposto neste artigo constitui crime de responsabilidade e será objeto de anotação funcional para efeito de promoção na carreira (Lei nº 9.504/1997, art. 94, §2º).

§3º Além das polícias judiciárias, os órgãos das Receitas Federal, Estadual e Municipal, os tribunais e os órgãos de contas auxiliarão a Justiça Eleitoral na apuração dos delitos eleitorais, com prioridade sobre suas atribuições regulares (Lei nº 9.504/1997, art. 94, §3º).

Art. 84. Fica revogada a Res.-TSE nº 23.548, de 18 de dezembro de 2017.

Art. 85. Esta Resolução entra em vigor na data de sua publicação.

Brasília, 18 de dezembro de 2019.

MINISTRO LUÍS ROBERTO BARROSO RELATOR

Este texto não substitui o publicado no DJE-TSE, nº 249, de 27.12.2019, p. 109-125 e republicado no DJE-TSE, nº 165, de 19.8.2020, p. 68-89.

5. RESOLUÇÃO Nº 23.610, DE 18 DE DEZEMBRO DE 2019 (Alterada pela Resolução nº 23.671, de 14 dezembro de 2021) – Dispõe sobre propaganda eleitoral, utilização e geração do horário gratuito e condutas ilícitas em campanha eleitoral.

Observe os ajustes promovidos pela resolução nº 23.624/2020, em cumprimento ao estabelecido pela EC nº 107/2020.

O TRIBUNAL SUPERIOR ELEITORAL, no uso das atribuições que lhe conferem o art. 23, IX, do Código Eleitoral e os arts. 57-J e 105 da Lei nº 9.504, de 30 de setembro de 1997, RESOLVE:

CAPÍTULO I
DISPOSIÇÕES PRELIMINARES

Art. 1º Esta Resolução dispõe sobre a propaganda eleitoral, as condutas ilícitas praticadas em campanha e o horário eleitoral gratuito.

Art. 2º A propaganda eleitoral é permitida a partir de 16 de agosto do ano da eleição (Lei nº 9.504/1997, art. 36).

§1º Ao postulante a candidatura a cargo eletivo é permitida a realização, durante as prévias e na quinzena anterior à escolha em convenção, de propaganda intrapartidária com vista à indicação de seu nome, inclusive mediante a afixação de faixas e cartazes em local próximo ao da convenção, com mensagem aos convencionais, vedado o uso de rádio, de televisão e de outdoor (Lei nº 9.504/1997, art. 36, §1º).

§2º A propaganda de que trata o §1º deste artigo deverá ser destinada exclusivamente aos convencionais, e imediatamente retirada após a respectiva convenção.

§3º Não será permitido qualquer tipo de propaganda política paga na rádio e na televisão (Lei nº 9.504/1997, art. 36, §2º).

§4º A violação do disposto neste artigo sujeitará o responsável pela divulgação da propaganda e o beneficiário, quando comprovado o seu prévio conhecimento, à multa no valor de R$ 5.000,00 (cinco mil reais) a R$ 25.000,00 (vinte e cinco mil reais) ou equivalente ao custo da propaganda, se este for maior (Lei nº 9.504/1997, art. 36, §3º).

Art. 3º Não configuram propaganda eleitoral antecipada, desde que não envolvam pedido explícito de voto, a menção à pretensa candidatura, a exaltação das qualidades pessoais dos pré-candidatos e os seguintes atos, que poderão ter cobertura dos meios de comunicação social, inclusive via internet (Lei nº 9.504/1997, art. 36-A, caput, I a VII e §§):

I – a participação de filiados a partidos políticos ou de pré-candidatos em entrevistas, programas, encontros ou debates na rádio, na televisão e na internet, inclusive com a exposição de plataformas e projetos políticos, observado pelas emissoras de rádio e de televisão o dever de conferir tratamento isonômico;

II – a realização de encontros, seminários ou congressos, em ambiente fechado e a expensas dos partidos políticos, para tratar da organização dos processos eleitorais, da discussão de políticas públicas, dos planos de governo ou das alianças partidárias visando às eleições, podendo tais atividades serem divulgadas pelos instrumentos de comunicação intrapartidária;

III – a realização de prévias partidárias e a respectiva distribuição de material informativo, a divulgação dos nomes dos filiados que participarão da disputa e a realização de debates entre os pré-candidatos;

IV – a divulgação de atos de parlamentares e de debates legislativos, desde que não se faça pedido de votos;

V – a divulgação de posicionamento pessoal sobre questões políticas, inclusive em redes sociais, blogs, sítios eletrônicos pessoais e aplicativos (apps);

VI – a realização, a expensas de partido político, de reuniões de iniciativa da sociedade civil, de veículo ou meio de comunicação ou do próprio partido político, em qualquer localidade, para divulgar ideias, objetivos e propostas partidárias;

VII – campanha de arrecadação prévia de recursos na modalidade prevista no inciso IV do §4º do art. 23 da Lei nº 9.504/1997.

§1º É vedada a transmissão ao vivo por emissoras de rádio e de televisão das prévias partidárias, sem prejuízo da cobertura dos meios de comunicação social (Lei nº 9.504/1997, art. 36-A, §1º).

§2º Nas hipóteses dos incisos I a VII do caput, são permitidos o pedido de apoio político e a divulgação da pré-candidatura, das ações políticas desenvolvidas e das que se pretende desenvolver, observado o disposto no §4º deste artigo (Lei nº 9.504/1997, art. 36-A, §2º).

§3º O disposto no §2º deste artigo não se aplica aos profissionais de comunicação social no exercício da profissão (Lei nº 9.504/1997, art. 36-A, §3º).

§4º A campanha a que se refere o inciso VII deste artigo poderá ocorrer a partir de 15 de maio do ano da eleição, observadas a vedação a pedido de voto e as regras relativas à propaganda eleitoral na internet (Lei nº 9.504/1997, art. 22-A, §3º; vide Consulta TSE nº 0600233-12.2018).

Art. 3º-A. Considera-se propaganda antecipada passível de multa aquela divulgada extemporaneamente cuja mensagem contenha pedido explícito de voto, ou que veicule conteúdo eleitoral em local vedado ou por meio, forma ou instrumento proscrito no período de campanha."

Art. 3º-B. O impulsionamento de conteúdo político-eleitoral, nos termos como permitido na campanha também será permitido durante a pré-campanha, desde que não haja pedido explícito de votos e que seja respeitada a moderação de gastos.

Art. 4º Será considerada propaganda eleitoral antecipada a convocação, por parte do presidente da República, dos presidentes da Câmara dos Deputados, do Senado Federal e do Supremo Tribunal Federal, de redes de radiodifusão para divulgação de atos que denotem propaganda política ou ataques a partidos políticos e seus filiados ou instituições (Lei nº 9.504/1997, art. 36-B).

Parágrafo único. Nos casos permitidos de convocação das redes de radiodifusão, é vedada a utilização de símbolos ou imagens, exceto aqueles previstos no §1º do art. 13 da Constituição Federal (Lei nº 9.504/1997, art. 36-B, parágrafo único).

Art. 5º É vedada, desde 48 (quarenta e oito) horas antes até 24 (vinte e quatro) horas depois da eleição, a veiculação de qualquer propaganda política na rádio ou na televisão incluídos, entre outros, as rádios comunitárias e os canais de televisão que operam em UHF, VHF e por assinatura e ainda a realização de comícios ou reuniões públicas (Código Eleitoral, art. 240, parágrafo único).

Parágrafo único. A vedação constante do caput deste artigo não se aplica à propaganda eleitoral veiculada gratuitamente na Internet, em sítio eleitoral, em blog, em sítio interativo ou social, ou em outros meios eletrônicos de comunicação da candidata ou candidato, ou no sítio do partido, federação ou coligação, nas formas previstas no art. 57-B da Lei nº 9.504/1997 (Lei nº 12.034/2009, art. 7º), observado o disposto no art. 87, IV, desta Resolução.

Art. 5º-A As manifestações favoráveis e contrárias às questões submetidas às consultas populares nos termos do §12 do art. 14 da Constituição Federal ocorrerão durante as campanhas eleitorais, sem a utilização de propaganda gratuita no rádio e na televisão, observado, no mais, o disposto na resolução do Tribunal Superior Eleitoral que estabelece diretrizes para a realização de consultas populares.

Seção I

Do Poder de Polícia

Art. 6º A propaganda exercida nos termos da legislação eleitoral não poderá ser objeto de multa nem cerceada sob alegação do exercício do poder de polícia ou de violação de postura municipal, casos em que se deve proceder na forma prevista no art. 40 da Lei nº 9.504/1997(Lei nº 9.504/1997, art. 41, caput).

§1º O poder de polícia sobre a propaganda eleitoral será exercido por juízes eleitorais e juízes designados pelos tribunais regionais eleitorais, nos termos do art. 41, §1º, da Lei nº 9.504/1997, observado ainda, quanto à internet, o disposto no art. 8º desta Resolução.

§2º O poder de polícia se restringe às providências necessárias para inibir práticas ilegais, vedada a censura prévia sobre o teor dos programas e das matérias jornalísticas a serem exibidos na televisão, na rádio, na internet e na imprensa escrita (Lei nº 9.504/1997, art. 41, §2º).

§3º No caso de condutas sujeitas a penalidades, o juiz eleitoral delas cientificará o Ministério Público, para os fins previstos nesta Resolução.

Art. 7º O juízo eleitoral com atribuições fixadas na forma do art. 8º desta Resolução somente poderá determinar a imediata retirada de conteúdo na internet que, em sua forma ou meio de veiculação, esteja em desacordo com o disposto nesta Resolução.

§1º Caso a irregularidade constatada na internet se refira ao teor da propaganda, não será admitido o exercício do poder de polícia, nos termos do art. 19 da Lei nº 12.965/2014;

§2º Na hipótese prevista no §1º deste artigo, eventual notícia de irregularidade deverá ser encaminhada ao Ministério Público Eleitoral.

Art. 8º Para assegurar a unidade e a isonomia no exercício do poder de polícia na internet, este deverá ser exercido:

I – nas eleições gerais, por um ou mais juízes designado(s) pelo tribunal eleitoral competente para o exame do registro do candidato alcançado pela propaganda;

II – nas eleições municipais, pelo juiz que exerce a jurisdição eleitoral no município e, naqueles com mais de uma zona eleitoral, pelos juízes eleitorais designados pelos respectivos tribunais regionais eleitorais.

Seção II
Da Desinformação na Propaganda Eleitoral

Art. 9º A utilização, na propaganda eleitoral, de qualquer modalidade de conteúdo, inclusive veiculado por terceiros, pressupõe que a candidata, o candidato, o partido, a federação ou a coligação tenha verificado a presença de elementos que permitam concluir, com razoável segurança, pela fidedignidade da informação, sujeitando-se as pessoas responsáveis ao disposto no art. 58 da Lei nº 9.504/1997, sem prejuízo de eventual responsabilidade penal.

Art. 9º-A. É vedada a divulgação ou compartilhamento de fatos sabidamente inverídicos ou gravemente descontextualizados que atinja a integridade do processo eleitoral, inclusive os processos de votação, apuração e totalização de votos, devendo o juízo eleitoral, a requerimento do Ministério Público, determinar a cessação do ilícito, sem prejuízo da apuração de responsabilidade penal, abuso de poder e uso indevido dos meios de comunicação.

CAPÍTULO II
DA PROPAGANDA EM GERAL

Art. 10. A propaganda, qualquer que seja sua forma ou modalidade, mencionará sempre a legenda partidária e só poderá ser feita em língua nacional, não devendo empregar meios publicitários destinados a criar, artificialmente, na opinião pública, estados mentais, emocionais ou passionais (Código Eleitoral, art. 242, e Lei nº 10.436/2002, arts. 1º e 2º).

§1º A restrição ao emprego de meios publicitários destinados a criar, artificialmente, na opinião pública, estados mentais, emocionais e passionais não pode ser interpretada de forma a inviabilizar a publicidade das candidaturas ou embaraçar a crítica de natureza política, devendo-se proteger, no maior grau possível, a liberdade de pensamento e expressão.

§2º Sem prejuízo do processo e das penas cominadas, a Justiça Eleitoral adotará medidas para impedir ou fazer cessar imediatamente a propaganda realizada com infração do disposto neste artigo, nos termos do art. 242, parágrafo único, do Código Eleitoral, observadas as disposições da seção I do capítulo I desta Resolução.

§3º Sem prejuízo das sanções pecuniárias específicas, os atos de propaganda eleitoral que importem abuso do poder econômico, abuso do poder político ou uso indevido dos meios de comunicação social, independentemente do momento de sua realização ou verificação, poderão ser examinados na forma e para os fins previstos no art. 22 da Lei Complementar nº 64, de 18 de maio de 1990.

§4º O tratamento de dados pessoais por qualquer controlador ou operador para fins de propaganda eleitoral deverá respeitar a finalidade para a qual o dado foi coletado, observados os demais princípios e normas previstas na Lei Geral de Proteção de Dados (LGPD) e as disposições desta Resolução.

§5º As candidatas, os candidatos, os partidos, as federações ou as coligações deverão disponibilizar ao titular informações sobre o tratamento de seus dados nos termos do art. 9º da Lei nº 13.709/2018, bem como um canal de comunicação que permita ao titular obter a confirmação da existência de tratamento de seus dados e formular pedidos de eliminação de dados ou descadastramento, além de exercer seus demais direitos, nos termos do art. 18 da Lei nº 13.709/2018. (NR)

§6º O canal de comunicação de que trata o §5º deste artigo, bem como o encarregado pelo tratamento de dados pessoais, deverão ser informados pelas candidatas, candidatos, partidos, federações e coligações, de forma clara e acessível, nos endereços eletrônicos previstos no art. 28, caput e §1º desta Resolução.

§7º O tratamento de dados tornados manifestamente públicos pelo titular realizado por candidatas, candidatos, partidos políticos, federações ou coligações para fins de propaganda eleitoral deverá ser devidamente informado ao titular, garantindo a este o direito de opor-se ao tratamento, resguardados os direitos do titular, os princípios e as demais normas previstas na Lei Geral de Proteção de Dados (LGPD).

Art. 11. Na propaganda para eleição majoritária, a federação e a coligação usarão, obrigatoriamente, sob a sua denominação, as legendas de todos os partidos políticos que as integram, nos termos do art. 6º, §2º, da Lei nº 9.504/1997.

Parágrafo único. No caso de coligação integrada por federação partidária, deve constar da propaganda o nome da federação e de todos os partidos políticos, inclusive daqueles reunidos em federação.

Art. 12. Da propaganda dos candidatos a cargo majoritário deverão constar também os nomes dos candidatos a vice ou a suplentes de senador, de modo claro e legível, em tamanho não inferior a 30% (trinta por cento) do nome do titular (Lei nº 9.504/1997, art. 36, §4º).

Parágrafo único. A aferição do disposto no caput deste artigo será feita de acordo com a proporção entre os tamanhos das fontes (altura e comprimento das letras) empregadas na grafia dos nomes dos candidatos, sem prejuízo da aferição da legibilidade e da clareza.

Art. 13. A realização de qualquer ato de propaganda partidária ou eleitoral, em recinto aberto ou fechado, não depende de licença da polícia (Lei nº 9.504/1997, art. 39, caput).

§1º §1º A candidata, o candidato, o partido político, a federação ou a coligação que promover o ato fará a devida comunicação à Polícia Militar com, no mínimo, 24 (vinte e quatro) horas de antecedência, a fim de que essa lhe garanta, segundo a prioridade do aviso, o direito contra quem pretenda usar o local no mesmo dia e horário (Lei nº 9.504/1997, art. 39, §1º).

§2º A autoridade policial tomará as providências necessárias à garantia da realização do ato e ao funcionamento do tráfego e dos serviços públicos que o evento possa afetar (Lei nº 9.504/1997, art. 39, §2º).

Art. 14. É assegurado aos partidos políticos, às federações e às coligações que estiverem devidamente registrados o direito de, independentemente de licença da autoridade pública e do pagamento de qualquer contribuição, fazer inscrever, na fachada de suas sedes e dependências, o nome que os designe, pela forma que melhor lhes parecer (Código Eleitoral, art. 244, I).

§1º As candidatas, os candidatos, os partidos políticos, as federações e as coligações poderão fazer inscrever, na sede do comitê central de campanha, a sua designação, o nome e o número da candidata ou candidato, em dimensões que não excedam a 4m² (quatro metros quadrados).

§2º Nos demais comitês de campanha, que não o central, a divulgação dos dados da candidatura deverá observar o limite de 0,5m2 (meio metro quadrado) previsto no art. 37, §2º, da Lei nº 9.504/1997.

§3º Nas hipóteses dos §§1º e 2º deste artigo, a justaposição de propaganda que exceda as dimensões neles estabelecidas caracteriza publicidade irregular, em razão do efeito visual único, ainda que se tenha respeitado, individualmente, os limites respectivos.

§4º Para efeito do disposto no §1º deste artigo, as candidatas, os candidatos, os partidos políticos, as federações e as coligações deverão informar, no Requerimento de Registro de Candidatura (RRC) e no Demonstrativo de Regularidade de Atos Partidários (DRAP), o endereço do seu comitê central de campanha.

§5º A propaganda eleitoral realizada no interior de comitês não se submete aos limites máximos estabelecidos nos §§1º e 2º deste artigo, desde que não haja visualização externa.

Art. 15. O funcionamento de alto-falantes ou amplificadores de som somente é permitido até a véspera da eleição, entre as 8 (oito) e as 22h (vinte e duas horas), sendo vedados a instalação e o uso daqueles equipamentos em distância inferior a 200m (duzentos metros) (Lei nº 9.504/1997, art. 39, §3º):

I – das sedes dos Poderes Executivo e Legislativo da União, dos Estados, do Distrito Federal e dos Municípios, das sedes dos tribunais judiciais, dos quartéis e de outros estabelecimentos militares;

II – dos hospitais e das casas de saúde;

III – das escolas, das bibliotecas públicas, das igrejas e dos teatros, quando em funcionamento.

§1º A realização de comícios e a utilização de aparelhagens de sonorização fixas são permitidas no horário compreendido entre as 8 (oito) e as 24h (vinte e quatro horas), com exceção do comício de encerramento da campanha, que poderá ser prorrogado por mais 2 (duas) horas (Lei nº 9.504/1997, art. 39, §4º).

§2º É vedada a utilização de trios elétricos em campanhas eleitorais, exceto para a sonorização de comícios (Lei nº 9.504/1997, art. 39, §10).

§3º A utilização de carro de som ou minitrio como meio de propaganda eleitoral é permitida apenas em carreatas, caminhadas e passeatas ou durante reuniões e comícios, e desde que observado o limite de 80dB (oitenta decibéis) de nível de pressão sonora, medido a 7m (sete metros) de distância do veículo (Lei nº 9.504/1997, art. 39, §11).

§4º Para efeitos desta Resolução, considera-se (Lei nº 9.504/1997, arts. 39, §§9º-A, e 12):

I – carro de som: qualquer veículo, motorizado ou não, ou ainda tracionado por animais, que use equipamento de som com potência nominal de amplificação de, no máximo, 10.000W (dez mil watts) e que transite divulgando jingles ou mensagens de candidatos;

II – minitrio: veículo automotor que use equipamento de som com potência nominal de amplificação maior que 10.000W (dez mil watts) e até 20.000W (vinte mil watts);

III – trio elétrico: veículo automotor que use equipamento de som com potência nominal de amplificação maior que 20.000W (vinte mil watts).

Art. 16. Até as 22h (vinte e duas horas) do dia que antecede o da eleição, serão permitidos distribuição de material gráfico, caminhada, carreata ou passeata, acompanhadas ou não por carro de som ou minitrio (Lei nº 9.504/1997, art. 39, §§9º e 11).

Art. 17. É proibida a realização de showmício e de evento assemelhado, presencial ou transmitido pela internet, para promoção de candidatas e candidatos e a apresentação, remunerada ou não, de artistas com a finalidade de animar comício e reunião eleitoral, respondendo a pessoa infratora pelo emprego de processo de propaganda vedada e, se for o caso, pelo abuso de poder (STF: ADI nº 5.970/DF, j. em 7.10.2021, e TSE: CTA nº 0601243-23/DF, DJe de 23.9.2020).

Parágrafo único. A proibição de que trata o caput deste artigo não se estende:

I – às candidatas e aos candidatos que sejam profissionais da classe artística, cantoras, cantores, atrizes, atores, apresentadoras e apresentadores, que poderão exercer as atividades normais de sua profissão durante o período eleitoral, exceto em programas de rádio e de televisão, na animação de comício ou para divulgação, ainda que de forma dissimulada de sua candidatura ou de campanha eleitoral; e

II – às apresentações artísticas ou shows musicais em eventos de arrecadação de recursos para campanhas eleitorais previstos no art. 23, §4º, V, da Lei nº 9.504/1997 (STF: ADI nº 5.970/DF, j. em 7.10.2021).

Art. 18. São vedadas na campanha eleitoral confecção, utilização, distribuição por comitê, candidato, ou com a sua autorização, de camisetas, chaveiros, bonés, canetas, brindes, cestas básicas ou quaisquer outros bens ou materiais que possam proporcionar vantagem ao eleitor, respondendo o infrator, conforme o caso, pela prática de captação ilícita de sufrágio, emprego de processo de propaganda vedada e, se for o caso, pelo abuso de poder (Lei nº 9.504/1997, art. 39, §6º; Código Eleitoral, arts. 222 e 237; e Lei Complementar nº 64/1990, art. 22).

§1º Observadas as vedações previstas no caput deste artigo e no art. 82 desta Resolução, é permitido a qualquer tempo o uso de bandeiras, broches, dísticos, adesivos, camisetas e outros adornos semelhantes pela eleitora e pelo eleitor, como forma de manifestação de suas preferências por partido político, federação, coligação, candidata ou candidato.

§2º É permitida a entrega de camisas a pessoas que exercem a função de cabos eleitorais para utilização durante o trabalho na campanha, desde que não contenham os elementos explícitos de propaganda eleitoral, cingindo-se à logomarca do partido, da federação ou da coligação, ou ainda ao nome da candidata ou do candidato

Art. 19. Nos bens cujo uso dependa de cessão ou permissão do poder público, ou que a ele pertençam, e nos bens de uso comum, inclusive postes de iluminação pública, sinalização de tráfego, viadutos, passarelas, pontes, paradas de ônibus e outros equipamentos urbanos, é vedada a veiculação de propaganda de qualquer natureza, inclusive pichação, inscrição a tinta e exposição de placas, estandartes, faixas, cavaletes, bonecos e assemelhados (Lei nº 9.504/1997, art. 37, caput).

§1º Quem veicular propaganda em desacordo com o disposto no caput será notificado para, no prazo de 48 (quarenta e oito) horas, removê-la e restaurar o bem, sob pena de multa no valor de R$ 2.000,00 (dois mil reais) a R$ 8.000,00 (oito mil reais), a ser fixada na representação de que trata o art. 96 da Lei nº 9.504/1997, após oportunidade de defesa (Lei nº 9.504/1997, art. 37, §1º, e art. 40-B, parágrafo único).

§2º Bens de uso comum, para fins eleitorais, são os assim definidos pelo Código Civil e também aqueles a que a população em geral tem acesso, tais como cinemas, clubes, lojas, centros comerciais, templos, ginásios, estádios, ainda que de propriedade privada (Lei nº 9.504/1997, art. 37, §4º).

§3º Nas árvores e nos jardins localizados em áreas públicas, bem como em muros, cercas e tapumes divisórios, não é permitida a colocação de propaganda eleitoral de qualquer natureza, mesmo que não lhes cause dano (Lei nº 9.504/1997, art. 37, §5º).

§4º É permitida a colocação de mesas para distribuição de material de campanha e a utilização de bandeiras ao longo das vias públicas, desde que móveis e que não dificultem o bom andamento do trânsito de pessoas e veículos (Lei nº 9.504/1997, art. 37, §6º).

§5º A mobilidade referida no §4º deste artigo estará caracterizada com a colocação dos meios de propaganda às 6 (seis) horas e sua retirada às 22 (vinte e duas) horas, ainda que nesse intervalo os aparatos estejam fixados em base ou suporte (Lei nº 9.504/1997, art. 37, §7º).

§6º Nas dependências do Poder Legislativo, a veiculação de propaganda eleitoral ficará a critério da Mesa Diretora (Lei nº 9.504/1997, art. 37, §3º).

§7º O derrame ou a anuência com o derrame de material de propaganda no local de votação ou nas vias próximas, ainda que realizado na véspera da eleição, configura propaganda irregular, sujeitando-se o infrator à multa prevista no §1º do art. 37 da Lei nº 9.504/1997, sem prejuízo da apuração do crime previsto no inciso III do §5º do art. 39 da Lei nº 9.504/1997.

§8º A caracterização da responsabilidade do candidato na hipótese do §7º deste artigo não depende de prévia notificação, bastando a existência de circunstâncias que revelem a impossibilidade de o beneficiário não ter tido conhecimento da propaganda.

§8º-A Na hipótese de derrame de material de propaganda no local de votação realizado na véspera ou no dia da eleição, a representação por propaganda eleitoral irregular poderá ser ajuizada até 48 (quarenta e oito) horas após a data do pleito.

§9º Para os fins do disposto no §1º deste artigo, serão utilizados os meios de notificação informados no Requerimento de Registro de Candidatura (RRC) e no Demonstrativo de Regularidade dos Atos Partidários (DRAP).

§10. O art. 37 da Lei nº 9.504/1997 não autoriza a prática de atos judiciais ou administrativos pelos quais se possibilite, determine ou promova o ingresso de pessoas agentes públicas em universidades públicas e privadas, o recolhimento de documentos, a interrupção de aulas, debates ou manifestações de docentes e discentes universitários, a atividade disciplinar docente e discente e a coleta irregular de depoimentos dessas cidadãs e desses cidadãos pela prática de manifestação livre de ideias e divulgação do pensamento nos ambientes universitários ou em equipamentos sob a administração de universidades públicas e privadas e serventes a seus fins e desempenhos. (ADPF nº 548/DF, DJe de 9.6.2020)." (NR)

Art. 20. Não é permitida a veiculação de material de propaganda eleitoral em bens públicos ou particulares, exceto de (Lei nº 9.504/1997, art. 37, §2º):

I – bandeiras ao longo de vias públicas, desde que móveis e que não dificultem o bom andamento do trânsito de pessoas, inclusive daquelas que utilizem cadeiras de rodas ou pisos direcionais e de alerta para se locomoverem, e veículos;

II – adesivo plástico em automóveis, caminhões, bicicletas, motocicletas e janelas residenciais, desde que não exceda a 0,5m2 (meio metro quadrado).

§1º A justaposição de propaganda cuja dimensão exceda a 0,5m² (meio metro quadrado) caracteriza publicidade irregular, em razão do efeito visual único, ainda que se tenha respeitado, individualmente, o limite previsto no inciso II deste artigo.

§2º A veiculação de propaganda eleitoral em bens particulares deve ser espontânea e gratuita, sendo vedado qualquer tipo de pagamento em troca de espaço para essa finalidade (Lei nº 9.504/1997, art. 37, §8º).

§3º É proibido colar propaganda eleitoral em veículos, exceto adesivos micro-perfurados até a extensão total do para-brisa traseiro e, em outras posições, adesivos que não excedam a 0,5m² (meio metro quadrado), observado o disposto no §1º deste artigo (Lei nº 9.504/1997, art. 37, §2º, II; e art. 38, §4º).

§4º Na hipótese do §3º deste artigo, não é aplicável, em relação ao para-brisa traseiro, o limite máximo estabelecido no inciso II.

§5º Não incide sanção pecuniária na hipótese de propaganda irregular em bens particulares.

Art. 21. Independe da obtenção de licença municipal e de autorização da Justiça Eleitoral a veiculação de propaganda eleitoral por meio de distribuição de folhetos, adesivos, volantes e outros impressos, os quais devem ser editados sob a responsabilidade do partido político, da federação, da coligação, da candidata ou do candidato, sendo-lhes facultada, inclusive, a impressão em braille dos mesmos conteúdos e a inclusão de texto alternativo para audiodescrição de imagens (Lei nº 9.504/1997, art. 38; e Convenção sobre os Direitos das Pessoas com Deficiência – Decreto nº 6.949/2009, arts. 9º, 21 e 29).

§1º Todo material impresso de campanha eleitoral deverá conter o número de inscrição no CNPJ ou o número de inscrição no CPF do responsável pela confecção, bem como de quem a contratou, e a respectiva tiragem, respondendo o infrator pelo emprego de processo de propaganda vedada e, se for o caso, pelo abuso de poder (Lei nº 9.504/1997, art. 38, §1º; Código Eleitoral, arts. 222 e 237; e Lei Complementar nº 64/1990, art. 22).

§2º Os adesivos de que trata o caput deste artigo poderão ter a dimensão máxima de 0,5 m² (meio metro quadrado) (Lei nº 9.504/1997, art. 37, §2º, II, c.c. art. 38, caput).

Art. 22. Não será tolerada propaganda, respondendo a pessoa infratora pelo emprego de processo de propaganda vedada e, se for o caso, pelo abuso de poder (Código Eleitoral, arts. 222, 237 e 243, I a X; Lei nº 5.700/1971; e Lei Complementar nº 64/1990, art. 22):

I – que veicule preconceitos de origem, etnia, raça, sexo, cor, idade, religiosidade, orientação sexual, identidade de gênero e quaisquer outras formas de discriminação, inclusive contra pessoa em razão de sua deficiência (Constituição Federal, art. 3º, IV e art. 5º, XLI e XLII; Lei nº 13.146/2015).

II – de guerra, de processos violentos para subverter o regime, a ordem política e social;

III – que provoque animosidade entre as Forças Armadas ou contra elas, ou delas contra as classes e as instituições civis;

IV – de incitamento de atentado contra pessoa ou bens;

V – de instigação à desobediência coletiva ao cumprimento da lei de ordem pública;

VI – que implique oferecimento, promessa ou solicitação de dinheiro, dádiva, rifa, sorteio ou vantagem de qualquer natureza;

VII – que perturbe o sossego público, com algazarra ou abuso de instrumentos sonoros ou sinais acústicos, inclusive aqueles provocados por fogos de artifício;

VIII – por meio de impressos ou de objeto que pessoa inexperiente ou rústica possa confundir com moeda;

IX – que prejudique a higiene e a estética urbana;

X – que caluniar, difamar ou injuriar qualquer pessoa, bem como atingir órgãos ou entidades que exerçam autoridade pública;

XI – que desrespeite os símbolos nacionais;

XII – que deprecie a condição de mulher ou estimule sua discriminação em razão do sexo feminino, ou em relação à sua cor, raça ou etnia.

Art. 23. O ofendido por calúnia, difamação ou injúria, sem prejuízo e independentemente da ação penal competente, poderá demandar, no juízo cível, a reparação do dano moral, respondendo por este o ofensor e, solidariamente, o partido político deste, quando responsável por ação ou omissão, e quem quer que, favorecido pelo crime, haja de qualquer modo contribuído para ele (Código Eleitoral, art. 243, §1º).

Art. 24. Às juízas e aos juízes eleitorais designados pelos Tribunais Regionais Eleitorais, nas capitais e nos municípios onde houver mais de 1 (uma) zona eleitoral, e às juízas ou aos juízes eleitorais, nas demais localidades, competirá julgar as reclamações sobre a localização dos comícios e tomar providências sobre a distribuição equitativa dos locais aos partidos políticos, às federações e às coligações nos termos do art. 245, §3º, Código Eleitoral.

Art. 25. O candidato cujo pedido de registro esteja sub judice ou que, protocolado no prazo legal, ainda não tenha sido apreciado pela Justiça Eleitoral poderá efetuar todos os atos relativos à sua campanha eleitoral, inclusive utilizar o horário eleitoral gratuito, para sua propaganda, na rádio e na televisão (Lei nº 9.504/1997, arts. 16-A e 16-B).

Parágrafo único. A cessação da condição sub judice se dará na forma estipulada pela resolução que dispõe sobre a escolha e o registro de candidatos para as eleições.

CAPÍTULO III
DA PROPAGANDA ELEITORAL EM OUTDOOR

Art. 26. É vedada a propaganda eleitoral por meio de outdoors, inclusive eletrônicos, sujeitando-se a empresa responsável, os partidos políticos, as federações, as coligações, as candidatas e os candidatos à imediata retirada da propaganda irregular e ao pagamento de multa no valor de R$5.000,00 (cinco mil reais) a R$15.000,00 (quinze mil reais), nos termos do art. 39, §8º, da Lei nº 9.504/1997.

§1º A utilização de engenhos ou de equipamentos publicitários ou ainda de conjunto de peças de propaganda, justapostas ou não, que se assemelhem ou causem efeito visual de outdoor sujeita o infrator à multa prevista neste artigo.

§2º A caracterização da responsabilidade do candidato na hipótese do §1º deste artigo não depende de prévia notificação, bastando a existência de circunstâncias que demonstrem o seu prévio conhecimento.

CAPÍTULO IV
DA PROPAGANDA ELEITORAL NA INTERNET

Art. 27. É permitida a propaganda eleitoral na internet a partir do dia 16 de agosto do ano da eleição (Lei nº 9.504/1997, art. 57- A).

§1º A livre manifestação do pensamento de pessoa eleitora identificada ou identificável na internet somente é passível de limitação quando ofender a honra ou a imagem de candidatas, candidatos, partidos, federações ou coligações, ou divulgar fatos sabidamente inverídicos, observado o disposto no art. 9º-A desta Resolução.

§2º As manifestações de apoio ou crítica a partido político ou a candidata ou candidato ocorridas antes da data prevista no caput deste artigo, próprias do debate democrático, são regidas pela liberdade de manifestação.

Art. 28. A propaganda eleitoral na internet poderá ser realizada nas seguintes formas (Lei nº 9.504/1997, art. 57-B, I a IV):

I – em sítio do candidato, com endereço eletrônico comunicado à Justiça Eleitoral e hospedado, direta ou indiretamente, em provedor de aplicação de internet estabelecido no país;

II – em sítio do partido político, da federação ou da coligação, com endereço eletrônico comunicado à Justiça Eleitoral e hospedado, direta ou indiretamente, em provedor de aplicação de internet estabelecido no país;

III – por meio de mensagem eletrônica para endereços cadastrados gratuitamente pela candidata ou pelo candidato, pelo partido político, pela federação ou pela coligação desde que presente uma das hipóteses legais que autorizam o tratamento de dados pessoais, nos termos dos arts. 7º e 11 da Lei nº 13.709/2018;

IV – por meio de blogs, redes sociais, sítios de mensagens instantâneas e aplicações de internet assemelhadas, dentre as quais aplicativos de mensagens instantâneas, cujo conteúdo seja gerado ou editado por:a) candidatas, candidatos, partidos políticos, federações ou coligações, desde que não contratem disparos em massa de conteúdo nos termos do art. 34 desta Resolução (Lei nº 9.504/1997, art. 57-J); ou

b) qualquer pessoa natural, vedada a contratação de impulsionamento e de disparo em massa de conteúdo nos termos do art. 34 desta resolução Lei nº 9.504/1997, art. 57-J).

§1º Os endereços eletrônicos das aplicações de que trata este artigo, salvo aqueles de iniciativa de pessoa natural, deverão ser comunicados à Justiça Eleitoral impreterivelmente no RRC ou no DRAP, podendo ser mantidos durante todo o pleito eleitoral os mesmos endereços eletrônicos em uso antes do início da propaganda eleitoral, conforme disposto no art. 57-B, §1º, da Lei no 9.504/1997.

§2º Não é admitida a veiculação de conteúdos de cunho eleitoral mediante cadastro de usuário de aplicação de internet com a intenção de falsear identidade (Lei nº 9.504/1997, art. 57-B, §2º).

§3º É vedada a utilização de impulsionamento de conteúdos e ferramentas digitais não disponibilizadas pelo provedor da aplicação de internet, ainda que gratuitas, para alterar o teor ou a repercussão de propaganda eleitoral, tanto próprios quanto de terceiros (Lei nº 9.504/1997, art. 57-B, §3º).

§4º O provedor de aplicação de internet que possibilite o impulsionamento pago de conteúdos deverá contar com canal de comunicação com seus usuários e somente poderá ser responsabilizado por danos decorrentes do conteúdo impulsionado se, após ordem judicial específica, não tomar as providências para, no âmbito e nos limites técnicos do seu serviço e dentro do prazo assinalado, tornar indisponível o conteúdo apontado como infringente pela Justiça Eleitoral (Lei nº 9.504/1997, art. 57-B, §4º).

§5º A violação do disposto neste artigo sujeita o usuário responsável pelo conteúdo e, quando comprovado seu prévio conhecimento, o beneficiário, à multa no valor de R$ 5.000,00 (cinco mil reais) a R$ 30.000,00 (trinta mil reais) ou em valor equivalente ao dobro da quantia despendida, se esse cálculo superar o limite máximo da multa (Lei nº 9.504/1997, art. 57-B, §5º).

§6º A manifestação espontânea na internet de pessoas naturais em matéria político-eleitoral, mesmo que sob a forma de elogio ou crítica a candidata, candidato, partido político, federação ou coligação, não será considerada propaganda eleitoral na forma do inciso IV do caput deste artigo, desde que observados os limites estabelecidos no §1º do art. 27 desta Resolução.§7º Para os fins desta Resolução, inclui-se entre as formas de impulsionamento de conteúdo a priorização paga de conteúdos resultantes de aplicações de busca na internet (Lei nº 9.504/1997, art. 26, §2º).

§8º Tratando-se de empresa estrangeira, responde solidariamente pelo pagamento das multas eleitorais sua filial, sucursal, escritório ou estabelecimento situado no país.

§9º Caso a propaganda eleitoral envolva o tratamento de dado pessoal sensível, este deverá estar fundado em pelo menos uma das bases legais previstas no artigo 11 da Lei Federal nº 13.709/2018 (Lei Geral de Proteção de Dados).

§10. Quando, a partir do tratamento de inferência ou cruzamento de bases de dados, for possível a identificação, ainda que indireta, dos aspectos listados no art. 5º, II, da LGPD, deverá ser aplicado o regime jurídico reservado ao tratamento de dados sensíveis.

Art. 29. É vedada a veiculação de qualquer tipo de propaganda eleitoral paga na internet, excetuado o impulsionamento de conteúdos, desde que identificado de forma inequívoca como tal e contratado exclusivamente por partidos políticos, federações, coligações, candidatas, candidatos e pessoas representantes (Lei nº 9.504/1997, art. 57-C, caput).

§1º É vedada, ainda que gratuitamente, a veiculação de propaganda eleitoral na internet em sítios (Lei nº 9.504/1997, art. 57- C, §1º, I e II):

I – de pessoas jurídicas, com ou sem fins lucrativos;

II – oficiais ou hospedados por órgãos ou por entidades da administração pública direta ou indireta da União, dos Estados, do Distrito Federal e dos Municípios.

§2º A violação do disposto neste artigo sujeita o responsável pela divulgação da propaganda ou pelo impulsionamento de conteúdos e, quando comprovado seu prévio conhecimento, o beneficiário, à multa no valor de R$ 5.000,00 (cinco mil reais) a R$ 30.000,00 (trinta mil reais) ou em valor equivalente ao dobro da quantia despendida, se esse cálculo superar o limite máximo da multa (Lei nº 9.504/1997, art. 57-C, §2º).

§3º O impulsionamento de que trata o caput deste artigo deverá ser contratado diretamente com provedor da aplicação de internet com sede e foro no país, ou de sua filial, sucursal, escritório, estabelecimento ou representante legalmente estabelecido no país e apenas com o fim de promover ou beneficiar candidatos ou suas agremiações, vedada a realização de propaganda negativa (Lei nº 9.504/1997, art. 57-C, §3º).

§4º O representante do candidato a que alude o caput deste artigo se restringe à pessoa do administrador financeiro da respectiva campanha.

§5º Todo impulsionamento deverá conter, de forma clara e legível, o número de inscrição no Cadastro Nacional da Pessoa Jurídica (CNPJ) ou o número de inscrição no Cadastro de Pessoas Físicas (CPF) do responsável, além da expressão "Propaganda Eleitoral".

§5º-A Considera-se cumprido o preceito normativo previsto no parágrafo 5º quando constante na propaganda impulsionada, hiperlink contendo o CNPJ da candidata, candidato, partido, federação ou coligação responsável pela respectiva postagem, entendendo-se por hiperlink o ícone integrante da propaganda eleitoral que direcione o eleitor para o CNPJ do responsável pelo conteúdo digital visualizado.

§6º A divulgação das informações exigidas no §5º deste artigo é de responsabilidade exclusiva das candidatas, dos candidatos, dos partidos, das federações ou das coligações, cabendo aos provedores de aplicação de internet que permitam impulsionamento de propaganda eleitoral assegurar que seja tecnicamente possível às pessoas contratantes inserirem a informação, por meio de mecanismos de transparência específicos ou livre inserção, desde que sejam atendidas as disposições contratuais e requisitos de cada provedor." (NR)

§7º A identificação de que trata o §5º deste artigo deve ser mantida quando o conteúdo impulsionado for compartilhado ou encaminhado, observados o âmbito e os limites técnicos de cada provedor de aplicação de internet.

§8º Incluem-se entre os tipos de propaganda eleitoral paga vedados pelo caput deste artigo a contratação de pessoas físicas ou jurídicas para que realizem publicações de cunho político-eleitoral em seus perfis, páginas, canais, ou assimilados, em redes sociais ou aplicações de internet assimiladas, bem como em seus sítios eletrônicos.

§9º O provedor de aplicação que pretenda prestar o serviço de impulsionamento de propaganda conforme o §3º deste artigo deverá se cadastrar na Justiça Eleitoral, nos termos previstos na Resolução deste Tribunal que regula representações, reclamações e direito de resposta.

§10. Somente as empresas cadastradas na Justiça Eleitoral na forma do §9º poderão realizar os serviços de impulsionamento de propaganda eleitoral, nos termos do art. 35, XI, da Res.-TSE nº 22.607/2019.

Art. 30. É livre a manifestação do pensamento, vedado o anonimato durante a campanha eleitoral, por meio da internet, assegurado o direito de resposta, nos termos dos arts. 58, §3º, IV, alíneas a, b e c, e 58-A da Lei nº 9.504/1997, e por outros meios de comunicação interpessoal mediante mensagem eletrônica e mensagem instantânea (Lei nº 9.504/1997, art. 57-D, caput).

§1º A violação do disposto neste artigo sujeitará o responsável pela divulgação da propaganda e, quando comprovado seu prévio conhecimento, o beneficiário à multa no valor de R$ 5.000,00 (cinco mil reais) a R$ 30.000,00 (trinta mil reais) (Lei nº 9.504/1997, art. 57-D, §2º).

§1º-A A multa prevista no §1º deste artigo não poderá ser aplicada ao provedor de aplicação de internet.

§2º Sem prejuízo das sanções civis e criminais aplicáveis ao responsável, a Justiça Eleitoral poderá determinar, por solicitação do ofendido, a retirada de publicações que contenham agressões ou ataques a candidatos em sítios da internet, inclusive redes sociais (Lei nº 9.504/1997, art. 57-D, §3º).

§3º Nos casos de direito de resposta em propaganda eleitoral realizada na internet, prevista no art. 58, §3º, IV, da Lei nº 9.504/1997, em se tratando de provedor de aplicação de internet que não exerça controle editorial prévio sobre o conteúdo publicado por seus usuários, a obrigação de divulgar a resposta recairá sobre o usuário responsável pela divulgação do conteúdo ofensivo, na forma e pelo tempo que vierem a ser definidos na respectiva decisão judicial.

Art. 31. É vedada às pessoas relacionadas no art. 24 da Lei nº 9.504/1997 e às pessoas jurídicas de direito privado a utilização, doação ou cessão de dados pessoais de clientes em favor de candidatas, candidatos, partidos políticos, federações ou coligações (Lei nº 9.504/1997, arts. 24 e 57-E, caput; ADI nº 4.650, DJe 24.2.2016; e Lei nº 13.709/2018, arts. 1º e 5º, I).

§1º É proibida às pessoas jurídicas e às pessoas naturais a venda de cadastro de endereços eletrônicos, nos termos do art. 57- E, §1º, da Lei nº 9.504/1997.

§1º-A A proibição do §1º deste artigo abrange a venda de cadastro de números de telefone para finalidade de disparos em massa, nos termos do art. 37, XIX, desta Resolução (artigo 57-B, §3º, da Lei nº 9.504/1997).

§2º A violação do disposto neste artigo sujeita o responsável pela divulgação da propaganda e, quando comprovado seu prévio conhecimento, o beneficiário à multa no valor de R$ 5.000,00 (cinco mil reais) a R$ 30.000,00 (trinta mil reais) (Lei nº 9.504/1997, art. 57-E, §2º).

§3º A violação do disposto neste artigo não afasta a aplicação de outras sanções cíveis ou criminais previstas em lei, observado, ainda, o previsto no art. 41 desta Resolução.

§4º Observadas as vedações deste artigo, o tratamento de dados pessoais, inclusive a utilização, doação ou cessão desses por pessoa jurídica ou por pessoa natural, observará as disposições da Lei nº 13.709/2018 (Lei nº 9.504/1997, art. 57-J).

Art. 32. Aplicam-se ao provedor de aplicação de internet em que divulgada a propaganda eleitoral de candidato, de partido político ou de coligação as penalidades previstas nesta Resolução se, no prazo determinado pela Justiça Eleitoral, contado a partir da notificação de decisão judicial específica sobre a existência de propaganda irregular, não tomar providências para a cessação dessa divulgação (Lei nº 9.504/1997, art. 57-F, caput, c.c. a Lei nº 12.965/2014, art. 19).

Parágrafo único. O provedor de aplicação de internet só será considerado responsável pela divulgação da propaganda se a publicação do material for comprovadamente de seu prévio conhecimento (Lei nº 9.504/1997, art. 57-F, parágrafo único).

Art. 33. As mensagens eletrônicas e as mensagens instantâneas enviadas por candidata, candidato, partido político, federação ou coligação, por qualquer meio, deverão oferecer identificação completa da pessoa remetente, bem como dispor de mecanismo que permita à pessoa destinatária a solicitação de descadastramento e eliminação dos seus dados pessoais, obrigada a pessoa remetente a providenciá-los no prazo de 48 (quarenta e oito) horas (Lei nº 9.504/1997, arts. 57-G, caput, e 57-J; Lei nº 13.709/2018, arts. 9º, III e IV, e 18, IV e VI).

§1º Mensagens eletrônicas e mensagens instantâneas enviadas após o término do prazo previsto no caput sujeitam os responsáveis ao pagamento de multa no valor de R$ 100,00 (cem reais), por mensagem (Lei nº 9.504/1997, art. 57-G, parágrafo único, e art. 57-J).

§2º As mensagens eletrônicas e as mensagens instantâneas enviadas consensualmente por pessoa natural, de forma privada ou em grupos restritos de participantes, não se submetem ao caput deste artigo e às normas sobre propaganda eleitoral previstas nesta Resolução (Lei nº 9.504/1997, art. 57-J).

Art. 33-A. Os provedores de aplicação deverão informar expressamente as usuárias e os usuários sobre a possibilidade de tratamento de seus dados pessoais para a veiculação de propaganda eleitoral no âmbito e nos limites técnicos de cada provedor, caso admitam essa forma de propaganda.

§1º Toda propaganda eleitoral em provedores de aplicação deve ser identificada como tal por candidatas, candidatos, partidos políticos, federações e coligações, observados ainda o âmbito e os limites técnicos de cada aplicação de internet.

§2º O tratamento de dado pessoal sensível deverá estar fundado em pelo menos uma das bases legais previstas no artigo 11 da Lei Federal nº 13.709/2018 (Lei Geral de Proteção de Dados).

Art. 34. É vedada a realização de propaganda:

I – via telemarketing em qualquer horário (STF, ADI no 5.122/DF, DJe de 20.2.2020);

II – por meio de disparo em massa de mensagens instantâneas sem consentimento da pessoa destinatária ou a partir da contratação expedientes, tecnologias ou serviços não fornecidos pelo provedor de aplicação e em desacordo com seus termos de uso. (Constituição Federal, art. 5º, X e XI; Código Eleitoral, art. 243, VI; Lei nº 9.504/1997, art. 57-J)

§1º Na hipótese do inciso II deste artigo, deverá ser observada a regra do art. 33 desta Resolução.

§2º Abusos e excessos serão apurados e punidos nos termos do art. 22 da Lei Complementar no 64/1990.

Art. 35. Sem prejuízo das demais sanções legais cabíveis, sofrerá punição, com multa de R$5.000,00 (cinco mil reais) a R$30.000,00 (trinta mil reais), quem realizar propaganda eleitoral na internet atribuindo indevidamente sua autoria a terceiro, inclusive candidata, candidato, partido político, federação ou coligação, nos termos do art. 57-H da Lei nº 9.504/1997.

Art. 36. A requerimento do Ministério Público, de candidata, candidato, partido político, federação ou coligação, observado o rito previsto no art. 96 da Lei nº 9.504/1997, a Justiça Eleitoral poderá determinar, no âmbito e nos limites técnicos de cada aplicação de internet, a suspensão do acesso a todo conteúdo veiculado que deixar de cumprir as disposições da Lei nº 9.504/1997, devendo o número de horas de suspensão ser definido proporcionalmente à gravidade da infração cometida em cada caso, observado o limite máximo de 24 (vinte e quatro) horas (Lei nº 9.504/1997, art. 57-I; e Constituição Federal, art. 127).

§1º A cada reiteração de conduta, será duplicado o período de suspensão (Lei nº 9.504/1997, art. 57-I, §1º).

§2º No período de suspensão a que se refere este artigo, a empresa informará a todos os usuários que tentarem acessar o conteúdo que ele está temporariamente indisponível por desobediência à legislação eleitoral, nos termos do art. 57-I, §2º, da Lei nº 9.504/1997, no âmbito e nos limites técnicos de cada provedor de aplicação de internet.

Art. 37. Para o fim desta Resolução, considera-se:

I – internet: o sistema constituído do conjunto de protocolos lógicos, estruturado em escala mundial para uso público e irrestrito, com a finalidade de possibilitar a comunicação de dados entre terminais por meio de diferentes redes;

II – terminal: o computador ou qualquer dispositivo que se conecte à internet;

III – endereço de protocolo de internet (endereço IP): o código numérico ou alfanumérico atribuído a um terminal de uma rede para permitir sua identificação, definido segundo parâmetros internacionais;

IV – administrador de sistema autônomo: a pessoa física ou jurídica que administra blocos de endereço IP específicos e o respectivo sistema autônomo de roteamento, devidamente cadastrada no ente nacional responsável pelo registro e pela distribuição de endereços IP geograficamente referentes ao país;

V – conexão à internet: a habilitação de um terminal para envio e recebimento de pacotes de dados pela internet, mediante a atribuição ou autenticação de um endereço IP;

VI – registro de conexão: o conjunto de informações referentes à data e hora de início e término de uma conexão à internet, sua duração e o endereço IP utilizado pelo terminal para o envio e recebimento de pacotes de dados;

VII – aplicações de internet: o conjunto de funcionalidades que podem ser acessadas por meio de um terminal conectado à internet;

VIII – registros de acesso a aplicações de internet: o conjunto de informações referentes à data e hora de uso de uma determinada aplicação de internet a partir de um determinado endereço IP;

IX – conteúdo de internet: páginas, textos, arquivos, fotos, vídeos, ou qualquer outro elemento digital que possa ser armazenado na internet e que esteja acessível por meio de uma URI (Uniform Resource Indicator), URL (Uniform Resource Locator) ou URN (Uniform Resource Name);

X – sítio hospedado diretamente em provedor de internet estabelecido no país: aquele cujo endereço (URL Uniform Resource Locator) é registrado no organismo regulador da internet no Brasil e cujo conteúdo é mantido pelo provedor de hospedagem em servidor instalado em solo brasileiro;

XI – sítio hospedado indiretamente em provedor de internet estabelecido no país: aquele cujo endereço é registrado em organismos internacionais e cujo conteúdo é mantido por provedor de hospedagem em equipamento servidor instalado em solo brasileiro;

XII – sítio: o endereço eletrônico na internet subdividido em uma ou mais páginas que possam ser acessadas com base na mesma raiz;

XIII – blog: o endereço eletrônico na internet, mantido ou não por provedor de hospedagem, composto por uma única página em caráter pessoal;

XIV – impulsionamento de conteúdo: o mecanismo ou serviço que, mediante contratação com os provedores de aplicação de internet, potencializem o alcance e a divulgação da informação para atingir usuários que, normalmente, não teriam acesso ao seu conteúdo, incluída entre as formas de impulsionamento a priorização paga de conteúdos resultantes de aplicações de busca na internet, nos termos do art. 26, §2º, da Lei nº 9.504/1997;

XV – rede social na internet: a estrutura social composta por pessoas ou organizações, conectadas por um ou vários tipos de relações, que compartilham valores e objetivos comuns;

XVI – aplicativo de mensagens instantâneas ou chamada de voz: o aplicativo multiplataforma de mensagens instantâneas e chamadas de voz para smartphones;

XVII – provedor de conexão à internet: a pessoa jurídica fornecedora de serviços que consistem em possibilitar o acesso de seus consumidores à internet;

XVIII – provedor de aplicação de internet: a empresa, organização ou pessoa natural que, de forma profissional ou amadora, forneça um conjunto de funcionalidades que podem ser acessadas por meio de um terminal conectado à internet, não importando se os objetivos são econômicos;

XIX – endereço eletrônico: conjunto de letras, números e/ou símbolos utilizados com o propósito de receber, enviar ou armazenar comunicações ou conteúdos por meio eletrônico, incluindo, mas não se limitando a endereço de e-mail, número de protocolo de internet, perfis em redes sociais, números de telefone;

XX – cadastro de endereços eletrônicos: relação com um ou mais dos endereços referidos no inciso XIX deste artigo;

XXI – disparo em massa: envio, compartilhamento ou encaminhamento de um mesmo conteúdo, ou de variações deste, para um grande volume de usuárias e usuários por meio de aplicativos de mensagem instantânea.

XXII – dado pessoal: informação relacionada a pessoa natural identificada ou identificável;

XXIII – dado pessoal sensível: dado pessoal sobre origem racial ou étnica, convicção religiosa, opinião política, filiação a sindicato ou a organização de caráter religioso, filosófico ou político, dado referente à saúde ou à vida sexual, dado genético ou biométrico, quando vinculado a uma pessoa natural;

XXIV – titular: pessoa natural a quem se referem os dados pessoais que são objeto de tratamento;

XXV – controlador: pessoa natural ou jurídica, de direito público ou privado, a quem competem as decisões referentes ao tratamento de dados pessoais;

XXVI – tratamento: toda operação realizada com dados pessoais, como as que se referem à coleta, à produção, à recepção, à classificação, à utilização, ao acesso, à reprodução, à transmissão, à distribuição, ao processamento, ao arquivamento, ao armazenamento, à eliminação, à avaliação ou ao controle da informação, à modificação, à comunicação, à transferência, à difusão ou à extração;

XXVII – consentimento: manifestação livre, informada e inequívoca pela qual a pessoa que é titular concorda com o tratamento de seus dados pessoais para uma finalidade determinada;

XXVIII – eliminação de dados pessoais: exclusão de dado ou de conjunto de dados armazenados em banco de dados, independentemente do procedimento empregado;

XXIX – descadastramento: impedimento de utilização de dados pessoais para fins de envio de comunicações, a pedido da pessoa que é titular.

Seção I

Da Remoção de Conteúdo da Internet

Art. 38. A atuação da Justiça Eleitoral em relação a conteúdos divulgados na internet deve ser realizada com a menor interferência possível no debate democrático (Lei nº 9.504/1997, art. 57-J).

§1º Com o intuito de assegurar a liberdade de expressão e impedir a censura, as ordens judiciais de remoção de conteúdo divulgado na internet serão limitadas às hipóteses em que, mediante decisão fundamentada, sejam constatadas violações às regras eleitorais ou ofensas a direitos de pessoas que participam do processo eleitoral.

§2º A ausência de identificação imediata do usuário responsável pela divulgação do conteúdo não constitui circunstância suficiente para o deferimento do pedido de remoção de conteúdo da internet.

§3º A publicação somente será considerada anônima caso não seja possível a identificação dos usuários após a adoção das providências previstas no art. 40 desta Resolução.

§4º A ordem judicial que determinar a remoção de conteúdo divulgado na internet fixará prazo razoável para o cumprimento, não inferior a 24 (vinte e quatro) horas, e deverá conter, sob pena de nulidade, a URL e, caso inexistente esta, a URI ou a URN do conteúdo específico, observados, nos termos do art. 19 da Lei nº 12.965/2014, o âmbito e os limites técnicos de cada provedor de aplicação de internet.

§5º Em circunstâncias excepcionais devidamente justificadas, o prazo de que trata o parágrafo anterior poderá ser reduzido.

§6º O provedor responsável pela aplicação de internet em que hospedado o material deverá promover a sua remoção dentro do prazo razoável assinalado, sob pena de arcar com as sanções aplicáveis à espécie.

§7º Realizada a eleição, as ordens judiciais de remoção de conteúdo da internet não confirmadas por decisão de mérito transitada em julgado deixarão de produzir efeitos, cabendo à parte interessada requerer a remoção do conteúdo por meio de ação judicial autônoma perante a Justiça Comum.

§8º Os efeitos das ordens de remoção de conteúdo da internet relacionadas a candidatos que disputam o segundo turno somente cessarão após a realização deste.

§9º As sanções aplicadas em razão da demora ou do descumprimento da ordem judicial reverterão aos cofres da União.

Seção II
Da Requisição Judicial de Dados e Registros Eletrônicos

Art. 39. O provedor responsável pela guarda somente será obrigado a disponibilizar os registros de conexão e de acesso a aplicações de internet, de forma autônoma ou associados a dados cadastrais, a dados pessoais ou a outras informações disponíveis que possam contribuir para a identificação do usuário, mediante ordem judicial, na forma prevista nesta Seção (Lei nº 12.965/2014, art. 10, caput e §1º).

Art. 40. A parte interessada poderá, com o propósito de formar conjunto probatório em processo judicial, em caráter incidental ou autônomo, requerer ao juiz eleitoral que ordene ao responsável pela guarda o fornecimento dos dados constantes do art. 39 desta Resolução (Lei nº 12.965/2014, art. 22).

§1º Sem prejuízo dos demais requisitos legais, o requerimento deverá conter, sob pena de inadmissibilidade (Lei nº 12.965/2014, art. 22, parágrafo único):

I – fundados indícios da ocorrência do ilícito de natureza eleitoral;

II – justificativa motivada da utilidade dos dados solicitados para fins de investigação ou instrução probatória;

III – período ao qual se referem os registros; e

IV – a identificação do endereço da postagem ou conta em questão (URL ou, caso inexistente, URI ou URN), observados, nos termos do art. 19 da Lei nº 12.965/2014, o âmbito e os limites técnicos de cada provedor de aplicação de internet.

§2º A ausência de identificação imediata do usuário responsável pela divulgação do conteúdo não constitui circunstância suficiente para o deferimento liminar do pedido de quebra de sigilo de dados.

§3º A ordem judicial que apreciar o pedido deverá conter, sob pena de nulidade, fundamentação específica quanto ao preenchimento de todos os requisitos legais previstos nos incisos I a III do §1º deste artigo.

§4º Nos casos previstos no caput deste artigo, os provedores indicados no art. 39 desta Resolução podem ser oficiados para cumprir determinações judiciais, sem que sejam incluídos no polo passivo das demandas, nos termos do §1º-B do artigo 17 da resolução deste Tribunal que regula representações, reclamações e direito de resposta.

Art. 41. Além das disposições expressamente previstas nesta Resolução, aplica-se, no que couber, o disposto na Lei nº 13.709/2018 (LGPD).

CAPÍTULO V
DA PROPAGANDA ELEITORAL NA IMPRENSA

Art. 42. São permitidas, até a antevéspera das eleições, a divulgação paga, na imprensa escrita, e a reprodução na internet do jornal impresso, de até 10 (dez) anúncios de propaganda eleitoral, por veículo, em datas diversas, para cada candidato, no espaço máximo, por edição, de 1/8 (um oitavo) de página de jornal padrão e de 1/4 (um quarto) de página de revista ou tabloide (Lei nº 9.504/1997, art. 43, caput).

§1º Deverá constar do anúncio, de forma visível, o valor pago pela inserção (Lei nº 9.504/1997, art. 43, §1º).

§2º A inobservância do disposto neste artigo sujeita as pessoas responsáveis pelos veículos de divulgação e os partidos políticos, as federações, as coligações ou as candidatas e os candidatos beneficiados à multa no valor de R$1.000,00 (mil reais) a R$10.000,00 (dez mil reais) ou equivalente ao da divulgação da propaganda paga, se este for maior (Lei nº 9.504/1997, art. 43, §2º).

§3º Ao jornal de dimensão diversa do padrão e do tabloide, aplica-se a regra do caput deste artigo, de acordo com o tipo de que mais se aproxime.

§4º Não caracterizará propaganda eleitoral a divulgação de opinião favorável a candidata, candidato, partido político, federação ou coligação pela imprensa escrita, desde que não seja matéria paga, mas os abusos e os excessos, assim como as demais formas de uso indevido do meio de comunicação, serão apurados e punidos nos termos do art. 22 da Lei Complementar no 64/1990.

§5º É autorizada a reprodução virtual das páginas do jornal impresso na internet, desde que seja feita no sítio eletrônico do próprio jornal, independentemente do seu conteúdo, devendo ser respeitados integralmente o formato gráfico e o conteúdo editorial da versão impressa, atendido, nesta hipótese, o disposto no caput deste artigo.

§6º O limite de anúncios previsto no caput deste artigo será verificado de acordo com a imagem ou o nome do respectivo candidato, independentemente de quem tenha contratado a divulgação da propaganda.

CAPÍTULO VI
DA PROGRAMAÇÃO NORMAL E DO NOTICIÁRIO NA RÁDIO E NA TELEVISÃO

Art. 43. A partir de 6 de agosto do ano da eleição, é vedado às emissoras de rádio e de televisão, em sua programação normal e noticiário (Lei nº 9.504/1997, art. 45, I, III, IV, V e VI; vide ADI nº 4.451):

I – transmitir, ainda que sob a forma de entrevista jornalística, imagens de realização de pesquisa ou qualquer outro tipo de consulta popular de natureza eleitoral em que seja possível identificar o entrevistado ou em que haja manipulação de dados;

II – veicular propaganda política;

III – dar tratamento privilegiado a candidata, candidato, partido político, federação ou coligação;

IV – veicular ou divulgar filmes, novelas, minisséries ou qualquer outro programa com alusão ou crítica a candidata, candidato, partido político, federação ou coligação, mesmo que dissimuladamente, exceto programas jornalísticos ou debates políticos;V – divulgar nome de programa que se refira a candidato escolhido em convenção, ainda quando preexistente, inclusive se coincidente com o nome do candidato ou o nome por ele indicado para uso na urna eletrônica, e, sendo coincidentes os nomes do programa e do candidato, fica proibida a sua divulgação, sob pena de cancelamento do respectivo registro.

§1º O convite aos candidatos mais bem colocados nas pesquisas eleitorais para participar de entrevistas não configura, por si só, o tratamento privilegiado referido no inciso III deste artigo, desde que não configurados abusos ou excessos, os quais poderão, inclusive, ser apurados na forma do art. 22 da Lei Complementar nº 64/1990.

§2º A partir de 30 de junho do ano da eleição, é vedado, ainda, às emissoras transmitir programa apresentado ou comentado por pré-candidato, sob pena, no caso de sua escolha na convenção partidária, de imposição da multa prevista no §3º deste artigo e de cancelamento do registro da candidatura do beneficiário (Lei nº 9.504/1997, art. 45, §1º).

§3º Sem prejuízo do disposto no parágrafo único do art. 75 desta Resolução, a inobservância do estabelecido neste artigo sujeita a emissora ao pagamento de multa no valor de R$ 21.282,00 (vinte e um mil, duzentos e oitenta e dois reais) a R$ 106.410,00 (cento e seis mil, quatrocentos e dez reais), duplicada em caso de reincidência (Lei nº 9.504/1997, art. 45, §2º).

§4º É permitido às emissoras de radiodifusão realizarem a transmissão de sessões plenárias de órgãos do Poder Legislativo ou Judiciário, ainda que realizadas durante o período eleitoral, desde que observado o disposto no inciso III deste artigo, e sem prejuízo da apuração de eventuais abusos na forma do art. 22 da Lei Complementar nº 64/1990.

Seção I
Dos Debates

Art. 44. Os debates, transmitidos por emissora de rádio ou de televisão, serão realizados segundo as regras estabelecidas em acordo celebrado entre os partidos políticos e a pessoa jurídica interessada na realização do evento, dando-se ciência à Justiça Eleitoral (Lei nº 9.504/1997, art. 46, caput e §4º).

§1º Deve ser assegurada a participação de candidatas e candidatos de partidos, de federações ou de coligações com representação no Congresso Nacional de, no mínimo, cinco parlamentares, facultada a dos demais

(Lei nº 9.504/1997, art. 46, caput), desde que, quando cessada a condição sub judice na forma estipulada pela resolução que dispõe sobre a escolha e o registro de candidatas e candidatos para as eleições, o registro de candidatura não tenha sido indeferido, cancelado ou não conhecido.

§2º Na elaboração das regras para a realização dos debates, serão observadas as seguintes vedações (Lei nº 9.504/1997, art. 46, caput; vide ADIs nos 5487 e 5488):

I – não poderá haver deliberação pela exclusão de candidato cuja presença seja assegurada na forma do §1º deste artigo; e

II – não poderá haver deliberação pela exclusão de candidato cuja participação seja facultativa e que tenha sido convidado pela emissora de rádio ou de televisão.

§3º Para os debates que se realizarem no primeiro turno das eleições, serão consideradas aprovadas as regras, inclusive as que definirem o número de participantes, que obtiverem a concordância de pelo menos 2/3 (dois terços) de candidatas e candidatos aptos, no caso de eleição majoritária, e de pelo menos 2/3 (dois terços) dos partidos ou das federações com candidatas e candidatos aptos, no caso de eleição proporcional (Lei nº 9.504/1997, art. 46, §5º).

§4º São considerados aptos, para os fins do §3º deste artigo, os candidatos filiados a partido político com representação no Congresso Nacional, de, no mínimo, cinco parlamentares (Lei nº 9.504/1997, art. 46, §5º).

§5º Os debates transmitidos na televisão deverão utilizar, entre outros recursos, subtitulação por meio de legenda oculta, janela com intérprete da Língua Brasileira de Sinais (Libras) que ocupe, no mínimo, metade da altura e 1/4 (um quarto) da largura da tela e audiodescrição, os quais devem ser mantidos em eventuais novas veiculações de trechos do debate (Lei nº 13.146/2015, arts. 67 e 76, §1º, III; e ABNT/NBR 15290:2016).

§6º Para efeito do disposto neste artigo, considera-se a representação de cada partido político no Congresso Nacional a resultante da última eleição geral, com eventuais alterações decorrentes de novas totalizações operadas até o dia 20 de julho do ano da eleição, conforme tabela a ser publicada pelo Tribunal Superior Eleitoral até 02 (dois) dias antes do início do prazo para a convocação da reunião do plano de mídia de que trata o art. 52 da Lei nº 9.504/1997.

I – Revogado.

II – Revogado.

Art. 45. Inexistindo acordo, os debates transmitidos por emissora de rádio ou de televisão deverão obedecer às seguintes regras (Lei nº 9.504/1997, art. 46, I, alíneas a e b, II e III):

I – nas eleições majoritárias, a apresentação dos debates poderá ser feita:

a) em conjunto, estando presentes todos os candidatos a um mesmo cargo eletivo;

b) em grupos, estando presentes, no mínimo, três candidatos;

II – nas eleições proporcionais, os debates deverão ser organizados de modo que assegurem a presença de número equivalente de candidaturas de todos os partidos políticos ou das federações a um mesmo cargo eletivo e poderão desdobrar-se em mais de um dia, respeitada a proporção de homens e mulheres estabelecida no §3º do art. 10 da Lei nº 9.504/1997 (Lei nº 9.504/1997, art. 46, II);

III – os debates deverão ser parte de programação previamente estabelecida e divulgada pela emissora, fazendo-se a escolha do dia e da ordem de fala de cada candidato mediante sorteio.

Art. 46. Em qualquer hipótese, deverá ser observado o seguinte:

I – é admitida a realização de debate sem a presença de candidata ou candidato de algum partido político, federação ou coligação, desde que o veículo de comunicação responsável comprove haver enviado convite com a antecedência mínima de 72 (setenta e duas) horas da realização do debate (Lei nº 9.504/1997, art. 46, §1º);

II – é vedada a presença de um mesmo candidato à eleição proporcional em mais de um debate da mesma emissora (Lei nº 9.504/1997, art. 46, §2º);

III – o horário designado para a realização de debate poderá ser destinado à entrevista de candidato, caso apenas este tenha comparecido ao evento (Ac.-TSE nº 19.433, de 25 de junho de 2002);

IV – no primeiro turno, o debate poderá estender-se até as 7h (sete horas) da sexta-feira imediatamente anterior ao dia da eleição e, no caso de segundo turno, não poderá ultrapassar o horário de meia-noite da sexta-feira imediatamente anterior ao dia do pleito.

Art. 47. O descumprimento do disposto nesta seção sujeita a empresa infratora à suspensão, por 24 (vinte e quatro) horas, da sua programação, com a transmissão, intercalada, a cada 15 (quinze) minutos, de mensagem de orientação ao eleitor; em cada reiteração de conduta, o período de suspensão será duplicado (Lei nº 9.504/1997, arts. 46, §3º, e 56, §§1º e 2º).

§1º A sanção prevista neste artigo somente poderá ser aplicada em processo judicial em que seja assegurada a ampla defesa e o contraditório.

§2º A suspensão de que trata este artigo será aplicável apenas na circunscrição do pleito.

CAPÍTULO VII
DA PROPAGANDA ELEITORAL GRATUITA NA RÁDIO E NA TELEVISÃO

Art. 48. A propaganda eleitoral no rádio e na televisão se restringirá ao horário gratuito definido nesta Resolução, vedada a veiculação de propaganda paga, respondendo a candidata, o candidato, o partido político, a federação e a coligação pelo seu conteúdo, conforme o art. 44 da Lei nº 9.504/1997.

§1º A propaganda no horário eleitoral gratuito será veiculada nas emissoras de rádio, inclusive nas comunitárias, e de televisão que operam em VHF e UHF, bem como nos canais de TV por assinatura sob a responsabilidade do Senado Federal, da Câmara dos Deputados, das Assembleias Legislativas, da Câmara Legislativa do Distrito Federal ou das Câmaras Municipais (Lei nº 9.504/1997, art. 57).

§2º As emissoras de rádio sob responsabilidade do Senado Federal e da Câmara dos Deputados instaladas em localidades fora do Distrito Federal são dispensadas da veiculação da propaganda eleitoral gratuita de que tratam os incisos II a VI do §1º do art. 47 da Lei das Eleições (Lei nº 9.504/1997, art. 47, §9º).

§3º Em eleições municipais, a transmissão da propaganda no horário eleitoral gratuito será assegurada nos municípios em que haja emissora de rádio e de televisão e naqueles de que trata o art. 54, caput, desta Resolução (Lei nº 9.504/1997, art. 48).

§4º A propaganda eleitoral gratuita na televisão deverá utilizar, entre outros recursos, subtitulação por meio de legenda aberta, janela com intérprete de Libras e audiodescrição, sob responsabilidade dos partidos políticos, das federações e das coligações, observado o disposto na ABNT NBR 15290:2016, e, para a janela de Libras, o tamanho mínimo de metade da altura e 1/4 (um quarto) da largura da tela (Lei nº 13.146/2015, arts. 67 e 76, §1º, III).

§5º No horário reservado para a propaganda eleitoral, não se permitirá utilização comercial ou propaganda realizada com a intenção, ainda que disfarçada ou subliminar, de promover marca ou produto (Lei nº 9.504/1997, art. 44, §2º).

§6º Será punida, nos termos do §1º do art. 37 da Lei nº 9.504/1997, a emissora que, não autorizada a funcionar pelo poder competente, veicular propaganda eleitoral (Lei nº 9.504/1997, art. 44, §3º).

§7º Na hipótese do §6º deste artigo, demonstrada a participação direta, anuência ou benefício exclusivo de candidata, candidato, partido político, federação ou coligação em razão da transmissão de propaganda eleitoral por emissora não autorizada, a gravidade dos fatos poderá ser apurada nos termos do art. 22 da Lei Complementar no 64/1990.

§8º A propaganda gratuita no rádio e na televisão não abrange as manifestações favoráveis e contrárias às questões submetidas às consultas populares nos termos do §12 do art. 14 da Constituição Federal.

Art. 49. Nos 35 (trinta e cinco) dias anteriores à antevéspera do primeiro turno, as emissoras de rádio e de televisão indicadas no §1º do art. 48 desta Resolução devem veicular a propaganda eleitoral gratuita, em rede, da seguinte forma, observado o horário de Brasília (Lei nº 9.504/1997, art. 47, caput e §1º, I, II e VI):

I – na eleição para presidente da República, às terças e quintas-feiras e aos sábados:

a) das 7h (sete horas) às 7h12m30 (sete horas, doze minutos e trinta segundos) e das 12h (doze horas) às 12h12m30 (doze horas, doze minutos e trinta segundos), na rádio;

b) das 13h (treze horas) às 13h12m30 (treze horas, doze minutos e trinta segundos) e das 20h30 (vinte horas e trinta minutos) às 20h42m30 (vinte horas, quarenta e dois minutos e trinta segundos), na televisão;

II – nas eleições para deputado federal, às terças e quintas-feiras e aos sábados:

a) das 7h12m30 (sete horas, doze minutos e trinta segundos) às 7h25 (sete horas e vinte e cinco minutos) e das 12h12m30 (doze horas, doze minutos e trinta segundos) às 12h25 (doze horas e vinte e cinco minutos), na rádio;

b) das 13h12m30 (treze horas, doze minutos e trinta segundos) às 13h25 (treze horas e vinte e cinco minutos) e das 20h42m30 (vinte horas, quarenta e dois minutos e trinta segundos) às 20h55 (vinte horas e cinquenta e cinco minutos), na televisão;

III – nas eleições para prefeito, de segunda a sábado:

a) das 7h (sete horas) às 7h10 (sete horas e dez minutos) e das 12h (doze horas) às 12h10 (doze horas e dez minutos), na rádio;

b) das 13h (treze horas) às 13h10 (treze horas e dez minutos) e das 20h30 (vinte horas e trinta minutos) às 20h40 (vinte horas e quarenta minutos), na televisão.

Art. 50. No mesmo período do art. 49 desta Resolução, quando a renovação do Senado se der por 1/3 (um terço), a veiculação da propaganda eleitoral gratuita em rede ocorrerá da seguinte forma, observado o horário de Brasília (Lei nº 9.504/1997, art. 47, caput e §1º, III, IV e V):

I – nas eleições para senador, às segundas, quartas e sextas-feiras:

a) das 7h (sete horas) às 7h05 (sete horas e cinco minutos) e das 12h (doze horas) às 12h05 (doze horas e cinco minutos), na rádio;

b) das 13h (treze horas) às 13h05 (treze horas e cinco minutos) e das 20h30 (vinte horas e trinta minutos) às 20h35 (vinte horas e trinta e cinco minutos), na televisão;

II – nas eleições para deputado estadual e deputado distrital, às segundas, quartas e sextas-feiras:

a) das 7h05 (sete horas e cinco minutos) às 7h15 (sete horas e quinze minutos) e das 12h05 (doze horas e cinco minutos) às 12h15 (doze horas e quinze minutos), na rádio;

b) das 13h05 (treze horas e cinco minutos) às 13h15 (treze horas e quinze minutos) e das 20h35 (vinte horas e trinta e sete minutos) às 20h45 (vinte horas e quarenta e cinco minutos), na televisão;

III – na eleição para governador de estado e do Distrito Federal, às segundas, quartas e sextas-feiras:

a) das 7h15 (sete horas e quinze minutos) às 7h25 (sete horas e vinte e cinco minutos) e das 12h15 (doze horas e quinze minutos) às 12h25 (doze horas e vinte e cinco minutos), na rádio;

b) das 13h15 (treze horas e quinze minutos) às 13h25 (treze horas e vinte e cinco minutos) e das 20h35 (vinte horas e trinta e cinco minutos) às 20h45 (vinte horas e quarenta e cinco minutos), na televisão.

Art. 51. No mesmo período do art. 49 desta Resolução, quando a renovação do Senado se der por 2/3 (dois terços), a veiculação da propaganda eleitoral gratuita em rede ocorrerá da seguinte forma, observado o horário de Brasília (Lei nº 9.504/1997, art. 47, caput e §1º, III, IV e V):

I – nas eleições para senador, às segundas, quartas e sextas-feiras:

a) das 7h (sete horas) às 7h07 (sete horas e sete minutos) e das 12h (doze horas) às 12h07 (doze horas e sete minutos), na rádio;

b) das 13h (treze horas) às 13h07 (treze horas e sete minutos) e das 20h30 (vinte horas e trinta minutos) às 20h37 (vinte horas e trinta e sete minutos), na televisão;

II – nas eleições para deputado estadual e deputado distrital, às segundas, quartas e sextas-feiras:

a) das 7h07 (sete horas e sete minutos) às 7h16 (sete horas e dezesseis minutos) e das 12h07 (doze horas e sete minutos) às 12h16 (doze horas e dezesseis minutos), na rádio;

b) das 13h07 (treze horas e sete minutos) às 13h16 (treze horas e dezesseis minutos) e das 20h37 (vinte horas e trinta e sete minutos) às 20h46 (vinte horas e quarenta e seis minutos), na televisão;

III – na eleição para governador de estado e do Distrito Federal, às segundas, quartas e sextas-feiras:

a) das 7h16 (sete horas e dezesseis minutos) às 7h25 (sete horas e vinte e cinco minutos) e das 12h16 (doze horas e dezesseis minutos) às 12h25 (doze horas e vinte e cinco minutos), na rádio;

b) das 13h16 (treze horas e dezesseis minutos) às 13h25 (treze horas e vinte e cinco minutos) e das 20h46 (vinte horas e quarenta e seis minutos) às 20h55 (vinte horas e cinquenta e cinco minutos), na televisão.

Art. 52. No mesmo período reservado à propaganda eleitoral em rede, as emissoras de rádio e de televisão indicadas no §1º do art. 48 desta Resolução reservarão, ainda, de segunda-feira a domingo, 70 (setenta) minutos diários para a propaganda eleitoral gratuita em inserções de 30 (trinta) e 60 (sessenta) segundos, a critério do respectivo partido político, da federação ou da coligação, assinadas obrigatoriamente pelo partido político, pela federação ou pela coligação e distribuídas, ao longo da programação veiculada entre as 5h (cinco horas) e as 24h (vinte e quatro horas), observados os critérios de proporcionalidade do art. 55 desta Resolução, obedecido o seguinte (Lei nº 9.504/1997, art. 51, caput):

I – nas eleições gerais e municipais, a distribuição levará em conta os seguintes blocos de audiência (Lei nº 9.504/1997, art. 51, III):

a) entre as 5h (cinco horas) e as 11h (onze horas);

b) entre as 11h (onze horas) e as 18h (dezoito horas);

c) entre as 18h (dezoito horas) e as 24h (vinte e quatro horas);

II – nas eleições gerais, o tempo será dividido em partes iguais para a utilização nas campanhas das candidatas e dos candidatos às eleições majoritárias e proporcionais e de suas legendas partidárias ou das que componham a federação ou a coligação, quando for o caso (Lei nº 9.504 /1997, art. 51, I);

III – nas eleições municipais, o tempo será dividido na proporção de sessenta por cento para prefeito e de quarenta por cento para vereador (Lei nº 9.504/1997, art. 47, §1º, VII).

§1º É vedada a veiculação de inserções idênticas no mesmo intervalo de programação, exceto se o número de inserções de que dispuser o partido político ou a federação exceder os intervalos disponíveis ou se o material apresentado pelo partido político ou pela federação impossibilitar a veiculação nos termos estabelecidos neste parágrafo, sendo vedada, em qualquer caso, a transmissão em sequência para o mesmo partido político ou para a mesma federação (Lei nº 9.504/1997, art. 51, §1º).

§2º A distribuição das inserções dentro da grade de programação deverá ser feita de modo uniforme e com espaçamento equilibrado.

§3º Os partidos políticos, as federações e as coligações poderão optar por agrupar as inserções de 30 (trinta) segundos em módulos de 60 (sessenta) segundos dentro de um mesmo bloco, observados os prazos estabelecidos nos arts. 63, III, e 65, §5º, desta Resolução.

§3º-A Realizada a opção pelo agrupamento previsto no §3º deste artigo, a inserção de 60 (sessenta) segundos será veiculada na posição indicada pelo partido político, pela federação ou pela coligação à emissora, dentre aquelas já atribuídas a ele naquele bloco, observados os prazos estabelecidos nos arts. 63, III, e 65, §5º, desta Resolução.§4º Nas eleições municipais, somente serão exibidas as inserções de televisão a que se refere o inciso III do caput deste artigo nos municípios em que houver estação geradora de serviços de radiodifusão de sons e imagens (Lei nº 9.504/1997, art. 47, §1ºA).

Art. 53. A partir de 15 de agosto do ano da eleição, a Justiça Eleitoral deve convocar os partidos políticos, as federações e a representação das emissoras de rádio e de televisão para elaborar, até 5 (cinco) dias antes da data de início da propaganda eleitoral gratuita, plano de mídia, para uso da parcela do horário eleitoral gratuito a que tenham direito, garantida a todos a participação nos horários de maior e de menor audiência, nos termos do art. 52 da Lei nº 9.504/1997.

§1º Na mesma ocasião referida no caput deste artigo, devem ser efetuados sorteios para a escolha da ordem de veiculação da propaganda em rede de cada partido político, federação ou coligação para o primeiro dia do horário eleitoral gratuito, nos termos do art. 50 da Lei nº 9.504/1997, e de inserções provenientes de eventuais sobras de tempo.

§2º A Justiça Eleitoral, os partidos políticos, as federações, as coligações e as emissoras poderão utilizar o Sistema de Horário Eleitoral desenvolvido pelo Tribunal Superior Eleitoral para elaborar o plano de mídia a que se refere o caput deste artigo.

Art. 54. Nas eleições municipais, nos municípios em que não haja emissora de rádio e de televisão, a Justiça Eleitoral garantirá aos partidos políticos e às federações participantes do pleito a veiculação de propaganda eleitoral gratuita nas localidades aptas à realização de segundo turno de eleições e nas quais seja operacionalmente viável realizar a retransmissão (Lei nº 9.504/1997, art. 48).

§1º Os órgãos municipais de direção dos partidos políticos ou das federações participantes do pleito poderão requerer ao Tribunal Regional Eleitoral, até 15 de agosto do ano da eleição, a veiculação da propaganda em rede pelas emissoras que os atingem.

§2º O Tribunal Regional Eleitoral efetuará, até 17 de agosto do ano da eleição, a indicação das emissoras que transmitirão a propaganda das candidatas e dos candidatos para cada município requerente, de acordo com a orientação da maioria dos órgãos regionais dos partidos políticos e das federações envolvidas.

§3º Havendo um número de emissoras menor que o de municípios requerentes, a escolha das localidades que terão seus programas eleitorais transmitidos será feita na ordem do maior número de eleitores de cada município.

§4º Havendo um número de emissoras maior que o de municípios requerentes, as emissoras não contempladas pela escolha a que se refere o §2º deste artigo transmitirão o programa eleitoral do município no qual esteja localizada a sua antena transmissora.

§5º Ao município no qual esteja localizada a antena transmissora fica assegurada a transmissão do programa eleitoral em pelo menos uma emissora.

§6º Não havendo consenso da maioria dos órgãos regionais dos partidos políticos e das federações para a indicação de que trata o §2º deste artigo, o Tribunal Regional Eleitoral procederá à indicação, de acordo com o número de eleitoras e eleitores de cada município e com o alcance de cada emissora, de forma a contemplar o maior número de municípios possível.

§7º Na hipótese do §6º deste artigo, havendo igualdade de alcance do sinal de uma ou mais emissoras para determinado município, o Tribunal Regional Eleitoral, se persistir a ausência de consenso entre os órgãos regionais dos partidos políticos e das federações, procederá ao sorteio das emissoras.

§8º Na hipótese prevista neste artigo, os partidos políticos, as coligações, as federações, as candidatas e os candidatos serão responsáveis pelo transporte e pela entrega das mídias que contêm a propaganda eleitoral na sede da emissora localizada em outro município.

Art. 55. Os órgãos da Justiça Eleitoral distribuirão os horários reservados à propaganda de cada eleição entre os partidos políticos, as federações e as coligações que tenham candidata ou candidato e que atendam ao disposto na Emenda Constitucional nº 97/2017, observados os seguintes critérios, tanto para distribuição em rede quanto para inserções (Lei nº 9.504/1997, arts. 47, §2º, e 51; e Emenda Constitucional nº 97/2017):

I – 90% (noventa por cento) distribuídos proporcionalmente ao número de representantes na Câmara dos Deputados, considerando, no caso de coligações para as eleições majoritárias, o resultado da soma do número de representantes dos seis maiores partidos políticos ou das federações que a integrem e, no caso das federações, o resultado da soma do número de representantes de todos os partidos que a integrem;

II – 10% (dez por cento) distribuídos igualitariamente.

§1º Para efeito do disposto neste artigo, serão consideradas as eventuais novas totalizações do resultado das últimas eleições para a Câmara dos Deputados que ocorrerem até o dia 20 de julho do ano da eleição (Lei nº 9.504/1997, art. 47, §3º).

§2º O número de representantes de partido político que tenha resultado de fusão ou a que se tenha incorporado outro corresponde à soma das vagas obtidas pelo partido político de origem na eleição, observado o §1º deste artigo (Lei nº 9.504/1997, art. 47, §4º; e Lei nº 9.096/1995, art. 29, §7º).

§3º Para efeito do disposto neste artigo, será desconsiderada qualquer mudança de filiação partidária (Constituição Federal, art. 17, §6º; e STF: ADI nº 4583, DJe de 3.12.2020).

§4º Revogado.

§5º Aos partidos políticos, às federações e às coligações que, após a aplicação dos critérios de distribuição referidos neste artigo, obtiverem direito a parcela do horário eleitoral em rede inferior a 30 (trinta) segundos, será assegurado o direito de acumulá-la para uso em tempo equivalente, nos termos do art. 47, §6º, da Lei nº 9.504/1997.

§6º Na distribuição do tempo para o horário eleitoral gratuito em rede, as sobras e os excessos devem ser compensados entre os partidos políticos, as federações e as coligações concorrentes, respeitando-se o horário reservado para a propaganda eleitoral gratuita.

§7º Depois de sorteada a ordem de veiculação da propaganda em rede para o primeiro dia, a cada dia que se seguir, o partido político, a federação ou a coligação que veiculou sua propaganda em último lugar será o primeiro a apresentá-la no dia seguinte, apresentando-se as demais na ordem do sorteio (Lei nº 9.504/1997, art. 50).

§8º Para efeito do disposto neste artigo, os partidos políticos, as federações e as coligações deverão observar as disposições do art. 77 desta Resolução quanto à distribuição do tempo da propaganda conforme gênero e raça das candidatas e dos candidatos.

Art. 56. Se o candidato à eleição majoritária deixar de concorrer, em qualquer etapa do pleito, e não havendo substituição, será feita nova distribuição do tempo entre os candidatos remanescentes (Lei nº 9.504/1997, art. 47, §5º).

Art. 57. Nas eleições proporcionais, se um partido político ou uma federação deixar de concorrer definitivamente em qualquer etapa do pleito, será feita nova distribuição do tempo entre os remanescentes.

Art. 58. O candidato cujo pedido de registro esteja sub judice ou que, protocolado no prazo legal, ainda não tenha sido apreciado pela Justiça Eleitoral, poderá participar do horário eleitoral gratuito (Lei nº 9.504/1997, arts. 16-A e 16-B).

Parágrafo único. A cessação da condição sub judice se dará na forma estipulada pela resolução que dispõe sobre a escolha e o registro de candidatos para as eleições.

Art. 59. Na hipótese de dissidência partidária, o órgão da Justiça Eleitoral competente para julgar o registro do candidato decidirá qual dos envolvidos poderá participar da distribuição do horário eleitoral gratuito.

Art. 60. Se houver segundo turno, as emissoras de rádio e de televisão reservarão, a partir da sexta-feira seguinte à realização do primeiro turno e até a antevéspera da eleição, horário destinado à divulgação da propaganda eleitoral gratuita em rede, da seguinte forma (Lei nº 9.504/1997, art. 49, caput e §1º):

I – onde houver eleição para presidente da República e governador, diariamente, de segunda-feira a sábado:

a) das 7h (sete horas) às 7h10 (sete horas e dez minutos), e das 12h (doze horas) às 12h10 (doze horas e dez minutos) para presidente, na rádio;

b) das 7h10 (sete horas e dez minutos) às 7h20 (sete horas e vinte minutos), e das 12h10 (doze horas e dez minutos) às 12h20 (doze horas e vinte minutos) para governador, na rádio;

c) das 13h (treze horas) às 13h10 (treze horas e dez minutos), e das 20h30 (vinte horas e trinta minutos) às 20h40 (vinte horas e quarenta minutos) para presidente, na televisão;

d) das 13h10 (treze horas e dez minutos) às 13h20 (treze horas e vinte minutos), e das 20h40 (vinte horas e quarenta minutos) às 20h50 (vinte horas e cinquenta minutos) para governador, na televisão;

II – nas eleições gerais onde houver eleição apenas para um dos cargos, e nas eleições municipais para prefeito, diariamente, de segunda-feira a sábado:

a) das 7h (sete horas) às 7h10 (sete horas e dez minutos) e das 12h (doze horas) às 12h10 (doze horas e dez minutos), na rádio;

b) das 13h (treze horas) às 13h10 (treze horas e dez minutos) e das 20h30 (vinte horas e trinta minutos) às 20h40 (vinte horas e quarenta minutos), na televisão.

Art. 61. Durante o período previsto no art. 60 desta Resolução, onde houver segundo turno, as emissoras de rádio e de televisão e os canais de televisão por assinatura reservarão, por cada cargo em disputa, 25 (vinte e cinco) minutos, de segunda-feira a domingo, para serem usados em inserções de 30 (trinta) e de 60 (sessenta) segundos, observado o §1º do art. 52 desta Resolução e levando-se em conta os seguintes blocos de audiência (Lei nº 9.504/1997, art. 51, §2º):

I – entre as 5h (cinco horas) e as 11h (onze horas);

II – entre as 11h (onze horas) e as 18h (dezoito horas);

III – entre as 18h (dezoito horas) e as 24h (vinte e quatro horas).

Art. 62. Se houver segundo turno, a Justiça Eleitoral elaborará nova distribuição de horário eleitoral, observado que o tempo de propaganda em rede e por inserções será dividido igualitariamente entre os partidos, as federações ou as coligações das candidatas e dos candidatos que disputam o segundo turno, iniciando-se pela candidatura que obteve maior votação no primeiro turno, com a alternância da ordem a cada programa em bloco ou veiculação de inserção.

~~Parágrafo único. Nos municípios em que ocorrer segundo turno para o cargo de prefeito, mas não houver emissora de rádio e de televisão, os partidos políticos, as federações e as coligações, tão logo divulgado o resultado provisório do primeiro turno das eleições, poderão requerer a transmissão da propaganda eleitoral gratuita, observadas, no que couber, as disposições do art. 54 desta Resolução.~~ (Revogado).

Parágrafo único. Nos municípios em que ocorrer segundo turno para o cargo de prefeito, mas não houver emissora de rádio e de televisão, os partidos políticos, as federações e as coligações, tão logo divulgado o resultado provisório do primeiro turno das eleições, poderão requerer a transmissão da propaganda eleitoral gratuita, observadas, no que couber, as disposições do art. 54 desta Resolução.

Art. 63. No plano de mídia de que trata o art. 53 desta Resolução, e no relativo ao segundo turno, no que couber, será observado o seguinte:

I – as emissoras deverão organizar-se e informar à Justiça Eleitoral, aos partidos políticos, às federações e às coligações quais serão os períodos e as emissoras responsáveis pela geração da propaganda, ou se adotarão a formação de pool de emissoras, nos termos do art. 64 desta Resolução;

II – caso não haja acordo entre as emissoras, a Justiça Eleitoral dividirá o período da propaganda pela quantidade de emissoras disponíveis e atribuirá, por sorteio, a responsabilidade pela geração da propaganda durante os períodos resultantes;

III – as inserções serão de 30 (trinta) segundos, e os partidos políticos, as federações e as coligações poderão optar por, dentro de um mesmo bloco, agrupá-las em módulos de 60 (sessenta) segundos, respeitados os prazos previstos no inciso V deste artigo e no art. 65, §5º, desta Resolução;

IV – definidos o plano de mídia e os tempos de propaganda eleitoral ou verificada qualquer alteração posterior, os órgãos da Justiça Eleitoral darão ciência aos partidos políticos, às federações e às coligações que disputam o pleito e a todas as emissoras responsáveis pela transmissão da propaganda na circunscrição;

V – os partidos políticos, as federações e as coligações que optarem por agrupar inserções dentro do mesmo bloco de exibição deverão comunicar essa intenção às emissoras com a antecedência mínima de 48 (quarenta e oito) horas, a fim de que elas possam efetuar as alterações necessárias em sua grade de programação;

VI – na distribuição das inserções para a eleição de vereadores, considerado o tempo diário de vinte e oito minutos, a divisão das cinquenta e seis inserções possíveis entre os três blocos de audiência, de que trata o art. 61 desta Resolução, será feita atribuindo-se, diariamente, de forma alternada, dezenove inserções para dois blocos de audiência e dezoito para um bloco de audiência (Lei nº 9.504/1997, art. 47, §1º, VII).

Art. 64. Nas Unidades da Federação e nos municípios em que a veiculação da propaganda eleitoral for realizada por mais de uma emissora de rádio ou de televisão, as emissoras geradoras poderão reunir-se em grupo único, o qual ficará encarregado do recebimento dos arquivos que contêm a propaganda eleitoral e será responsável pela geração do sinal que deverá ser retransmitido por todas as emissoras.

§1º Na hipótese de formação de grupo único, a Justiça Eleitoral, de acordo com a disponibilidade existente, poderá designar local para o funcionamento de posto de atendimento.

§2º Em até 7 (sete) dias antes do início da propaganda eleitoral gratuita, conforme data fixada no calendário eleitoral, as emissoras distribuirão, entre si, as atribuições relativas ao fornecimento de equipamentos e mão de obra especializada para a geração da propaganda eleitoral, bem como definirão:

I – a forma de veiculação de sinal único de propaganda;

II – a forma pela qual todas as emissoras deverão captar e retransmitir o sinal.

Art. 65. Independentemente do meio de geração, os partidos políticos, as federações e as coligações deverão apresentar mapas de mídia diários ou periódicos às emissoras e ao pool de emissoras, se houver, de forma física ou eletrônica, conforme deliberado na reunião para elaboração do plano de mídia, observados os seguintes requisitos, a serem informados conforme o modelo disponível no Anexo III da Resolução:

I – nome do partido político, da federação ou da coligação;

II – título ou número do filme a ser veiculado;

III – duração do filme;

IV – dias e faixas de veiculação;

V – nome, assinatura e identificação eletrônica correspondente, se for o caso, de pessoa credenciada pelos partidos políticos, pelas federações e pelas coligações para a entrega das mídias com os programas que serão veiculados, nos termos dos §§1º e 2º deste artigo.VI – informação a respeito da distribuição do tempo, indicando o percentual destinado a candidatura de mulheres, mulheres negras e homens negros, nos termos do §1º do art. 77 desta Resolução.

§1º Os partidos políticos, as federações e as coligações deverão indicar ao grupo de emissoras ou à emissora responsável pela geração, em até 2 (dois) dias antes do início da propaganda eleitoral gratuita, conforme data fixada no Calendário Eleitoral, as pessoas autorizadas a entregar os mapas e as mídias, comunicando eventual substituição com 24 (vinte e quatro) horas de antecedência mínima.

§1º-B No caso de entrega eletrônica de mídia por meio das plataformas digitais, também devem ser cadastrados junto às emissoras de radiodifusão os dados de login dos usuários que acessarão tal meio de entrega, no mesmo prazo do §1º, sob pena de recusa dos materiais entregues por usuários não cadastrados.

§2º O credenciamento de pessoas autorizadas a entregar os mapas e as mídias obedecerá ao modelo estabelecido na forma do Anexo I e deverá ser assinado por representante ou por advogada ou advogado do partido político, da federação ou da coligação.

§3º Será dispensado o credenciamento para os presidentes das legendas, os vice-presidentes e os delegados credenciados, desde que apresentada a respectiva certidão obtida no sítio eletrônico do Tribunal Superior Eleitoral.

§4º Sem prejuízo do prazo para a entrega das mídias, os mapas de mídia deverão ser apresentados ao grupo de emissoras ou à emissora responsável pela geração do sinal de televisão até as 14h (quatorze horas) da véspera de sua veiculação.

§5º Para as transmissões previstas para sábados, domingos e segundas-feiras, os mapas deverão ser apresentados ao grupo de emissoras ou à emissora responsável pela geração até as 14h (quatorze horas) da sexta-feira imediatamente anterior; e para as transmissões previstas para os feriados, até as 14h (quatorze horas) do dia útil anterior.

§6º O grupo de emissoras ou a emissora responsável pela geração ficam eximidos de responsabilidade decorrente de transmissão de programa em desacordo com os mapas de mídia apresentados, quando não observados os prazos estabelecidos nos §§4º e 5º deste artigo.

§7º O grupo de emissoras e a emissora responsável pela geração estarão desobrigados do recebimento de mapas de mídia e de mídias que não forem encaminhados pelas pessoas credenciadas ou pelos presidentes das legendas, vice-presidentes e delegados credenciados, devidamente identificados nos termos do §3º deste artigo.

§7º-A Os partidos, as federações e as coligações devem manter, até a data prevista no art. 68-A desta Resolução, cópia do mapa de mídia e do documento previsto no caput deste artigo.

§8º O grupo de emissoras e as emissoras responsáveis pela geração deverão fornecer à Justiça Eleitoral, aos partidos políticos, às federações e às coligações, por meio do formulário estabelecido no Anexo II, seus telefones, endereços, inclusive eletrônico, e nomes das pessoas responsáveis pelo recebimento de mapas e de mídias, até 2 (dois) dias antes do início da propaganda eleitoral gratuita, conforme data fixada no Calendário Eleitoral.

§9º Aplicam-se às emissoras de rádio e de televisão as disciplinas deste artigo, exceto no que se referir às eleições para os cargos de presidente e vice-presidente da República, caso em que será observado o disposto no §10 deste artigo.

§10. As emissoras de rádio, quanto aos cargos de presidente e vice-presidente da República, estão obrigadas a transmitir as inserções da propaganda eleitoral exclusivamente com base nos mapas de mídias disponibilizados na página do TSE na internet, observado, no que couber, o disposto nos §§1º, 2º, 7º e 8º deste artigo.

§11. Para o cumprimento da obrigação prevista no §10 deste artigo, os partidos políticos, as federações e as coligações deverão apresentar os mapas de mídias no TSE, com 40 (quarenta) horas de antecedência da veiculação da inserção, observado o prazo até as 22 horas da quinta-feira imediatamente anterior, para as transmissões previstas para sábados, domingos e segundas-feiras.

§12. Na hipótese de o grupo de emissoras ou emissoras responsáveis pela geração não fornecerem os dados de que trata o §8º deste artigo, as entregas dos mapas de mídia e das mídias com as gravações da propaganda eleitoral serão consideradas como válidas se enviadas ou entregues na portaria da sede da emissora ou enviadas por qualquer outro meio de comunicação disponível pela emissora, que arcará com a responsabilidade por eventual omissão ou desacerto na geração da propaganda eleitoral.

§13. No caso do uso de plataformas digitais e outras formas de entrega digital de mídias, devem ser cadastrados junto às emissoras de radiodifusão os dados de identificação eletrônica das pessoas que acessarão tais meios de entrega, conforme o inciso V do caput do art. 65 desta Resolução, nos mesmos prazos previstos para o credenciamento físico, sob pena de recusa dos materiais entregues por pessoas não cadastradas.

Art. 66. Os arquivos com as gravações da propaganda eleitoral na rádio e na televisão serão entregues ou encaminhados ao grupo de emissoras ou à emissora responsável pela geração, inclusive nos sábados, domingos e feriados, com a antecedência mínima (Lei nº 9.504/1997, art. 47, §8º):

I – de 12 (doze) horas do horário previsto para o início da transmissão do primeiro bloco de audiência, no caso das inserções.

II – de 12 (doze) horas do horário previsto para o início da transmissão, no caso das inserções.

Parágrafo único. Por ocasião da elaboração do plano de mídia, as emissoras, os partidos políticos, as federações e as coligações poderão acordar outros prazos, sob a supervisão da Justiça Eleitoral.

Art. 67. As mídias apresentadas deverão ser individuais, delas constando apenas uma peça de propaganda eleitoral, seja ela destinada à propaganda em rede (bloco) ou à modalidade de inserções, e deverão ser gravadas e apresentadas em meio de armazenamento compatível com as condições técnicas da emissora, observado o disposto no art. 68 desta Resolução.

§1º As emissoras deverão informar, por ocasião da realização da reunião do plano de mídia, os tipos compatíveis de armazenamento aos partidos políticos, às federações ou às coligações para veiculação da propaganda.

§2º Em cada mídia, o partido político ou a coligação deverá incluir a claquete, na qual deverão estar registradas as informações constantes dos incisos I a III do caput do art. 65 desta Resolução, que servirão para controle interno da emissora, não devendo ser veiculadas ou computadas no tempo reservado para o programa eleitoral.

Art. 68. Os arquivos serão entregues fisicamente, em mídias, na forma deliberada na reunião para elaboração do plano de mídia, acompanhados do formulário estabelecido no Anexo IV, no qual contará espaço para que seja informado o percentual do programa destinado a candidatura de mulheres, mulheres negras e homens negros, nos termos do §1º do art. 77 desta Resolução.

§1º Na reunião a que se refere o caput deste artigo poderá se deliberar pelo encaminhamento eletrônico dos arquivos com as propagandas, desde que acompanhados de todas as informações constantes do formulário estabelecido no Anexo IV e observados:

I – meios que assegurem o imediato atesto do recebimento e da boa qualidade técnica do arquivo e da duração do programa;

II – meios para devolução ao partido ou à federação veiculadora da propaganda, com o registro das razões da recusa, quando verificada incompatibilidade, erro ou defeito no arquivo ou inadequação dos dados com a descrição do arquivo;

III – o direito de acesso de todos os partidos e todas as federações que façam jus a tempo de propaganda gratuita em rede ou inserções, nos termos do art. 55 desta Resolução, e a máxima efetividade do direito constitucional da eleitora e do eleitor à informação; e

IV – os prazos de conservação e de arquivamento das gravações, pelas emissoras, nos termos do art. 71 desta Resolução.

§2º As mídias deverão estar identificadas inequivocamente, de modo que seja possível associá-las às informações constantes do formulário de entrega e na claquete gravada.

§3º No momento do recebimento físico das mídias e na presença da pessoa representante credenciada do partido político, da federação ou da coligação, será efetuada a conferência da qualidade da mídia e da duração do programa e, constatada a perfeição técnica do material, o formulário de entrega será protocolado, devendo permanecer uma via no local e ser devolvida a outra à pessoa autorizada.

§4º Caso os arquivos sejam entregues fisicamente, o formulário estabelecido no Anexo IV deverá constar de duas vias, sendo uma para recibo, e, caso encaminhados eletronicamente, a emissora deverá confirmar o recebimento, a boa qualidade técnica do arquivo e a duração do programa pelo mesmo meio eletrônico.

§5º Verificada incompatibilidade, erro ou defeito na mídia ou inadequação dos dados com a descrição constante no formulário de entrega, o material será devolvido ao portador com o registro das razões da recusa nas duas vias do formulário de entrega, aplicando-se, em caso de encaminhamento eletrônico do arquivo, o disposto nos §§1º e 4º deste artigo.

§6º Os partidos, as federações e as coligações devem manter, até a data prevista no art. 68-A desta Resolução, cópia dos arquivos com as propagandas, independentemente do meio de entrega, bem como do formulário estabelecido no Anexo IV, nos termos do caput e §4º deste artigo.

Art. 68-A. Os dados pessoais constantes dos formulários estabelecidos nos Anexos I, II, III e IV, referidos no caput, §§2º e 8º, do art. 65 e no caput, §§1º e 4º, do art. 68 desta Resolução, serão eliminados após a diplomação, salvo se os documentos servirem para instruir processo ainda em tramitação."

Art. 69.Se o partido político, a federação ou a coligação desejar substituir uma propaganda por outra anteriormente encaminhada, deverá indicar, com destaque, a substituição do arquivo, além de respeitar o prazo de entrega do material.

Art. 70. Caso o partido político, a federação ou a coligação não entregue, na forma e no prazo previstos, o arquivo que contém o programa ou inserção a ser veiculado, ou esse não apresente condições técnicas para a sua veiculação, o último programa ou inserção entregue deverá ser retransmitido no horário reservado ao respectivo partido político, à respectiva federação ou coligação.

§1º Se nenhum programa tiver sido entregue, as emissoras de rádio e de televisão deverão transmitir propaganda com os conteúdos previstos nos arts. 93 e 93-A da Lei nº 9.504/1997, a ser disponibilizada pela Justiça Eleitoral conforme orientações transmitidas na reunião de que trata o art. 53 da Resolução.

§2º Na propaganda em bloco, as emissoras de rádio e de televisão deverão cortar de sua parte final o que ultrapassar o tempo atribuído ao partido político, à federação ou à coligação e, caso a duração seja insuficiente, o tempo será completado pela emissora geradora com a veiculação de propaganda, em vídeo ou slide, com os conteúdos previstos nos arts. 93 e 93-A da Lei nº 9.504/1997, a ser disponibilizada pela Justiça Eleitoral conforme orientações transmitidas na reunião de que trata o art. 53 desta Resolução.

§3º Na propaganda em inserções, caso a duração ultrapasse o tempo destinado e estabelecido no plano de mídia, o corte do excesso será realizado na parte final da propaganda.

§4º Na hipótese de algum partido político, alguma federação ou coligação não entregar o mapa de mídia indicando qual inserção deverá ser veiculada em determinado horário, as emissoras de rádio e de televisão poderão transmitir qualquer inserção anteriormente entregue que não tenha sido obstada por ordem judicial.

§5º Nas eleições municipais, na hipótese de nenhum dos partidos políticos ou nenhuma das federações entregar a propaganda eleitoral do município que não possua emissoras de rádio e de televisão e seja contemplado pelos termos do art. 54 desta Resolução, as emissoras deverão transmitir propaganda com os conteúdos previstos nos arts. 93 e 93-A da Lei nº 9.504/1997, a ser disponibilizada pela Justiça Eleitoral conforme orientações transmitidas na reunião de que trata o art. 53 desta Resolução.

Art. 71. As gravações da propaganda eleitoral deverão ser conservadas pelo prazo de 20 (vinte) dias após transmitidas pelas emissoras de até 1kW (um quilowatt) e pelo prazo de 30 (trinta) dias pelas demais (Lei nº 4.117/1962, art. 71, §3º, com alterações do Decreto-Lei nº 236, de 28 de fevereiro de 1967).

Parágrafo único. Durante os períodos mencionados no caput, as gravações ficarão no arquivo da emissora, mas à disposição da Justiça Eleitoral, para servir como prova sempre que requerido.

Art. 72. Não serão admitidos cortes instantâneos ou qualquer tipo de censura prévia nos programas eleitorais gratuitos (Lei nº 9.504/1997, art. 53, caput).

§1º É vedada a veiculação de propaganda que possa degradar ou ridicularizar candidatas e candidatos, sujeitando-se o partido político, a federação ou a coligação que cometeu infração à perda do direito à veiculação de propaganda no horário eleitoral gratuito do dia seguinte ao da decisão nos termos dos arts. 51, IV, e 53, §1º, da Lei nº 9.504/1997.

§2º Sem prejuízo do disposto no §1º deste artigo, a requerimento de partido político, coligação, federação, candidata, candidato ou do Ministério Público, a Justiça Eleitoral impedirá a reapresentação de propaganda eleitoral gratuita ofensiva à honra de candidata ou candidato, à moral e aos bons costumes (Lei nº 9.504/1997, art. 53, §2º; e Constituição Federal, art. 127).

§3º A reiteração de conduta que já tenha sido punida pela Justiça Eleitoral poderá ensejar a suspensão temporária da participação do partido político, da federação ou da coligação no programa eleitoral gratuito.

§4º Verificada alguma das hipóteses previstas nos §§1º e 3º deste artigo, as emissoras de rádio e de televisão deverão transmitir propaganda com os conteúdos previstos nos arts. 93 e 93-A da Lei nº 9.504/1997, a ser disponibilizada pela Justiça Eleitoral conforme orientações transmitidas na reunião de que trata o art. 53 da Resolução.

Art. 73. É vedado aos partidos políticos, às federações e às coligações incluir, no horário destinado às candidatas e aos candidatos às eleições proporcionais, propaganda das candidaturas a eleições majoritárias ou vice-versa, ressalvada a utilização, durante a exibição do programa, de legendas com referência às candidaturas majoritárias, ou, ao fundo, de cartazes ou fotografias das candidatas e/ou dos candidatos, ficando autorizada a menção ao nome e ao número de qualquer candidata e/ou candidato do partido político, da federação ou da coligação (Lei nº 9.504/1997, art. 53-A, caput e §2º).

§1º É facultada a inserção de depoimento de candidatas e candidatos a eleições proporcionais no horário da propaganda das candidaturas majoritárias e vice-versa, registrados sob o mesmo partido político, a mesma federação ou coligação, desde que o depoimento consista exclusivamente em pedido de voto à candidata e/ou ao candidato que cedeu o tempo e não exceda 25% (vinte e cinco por cento) do tempo de cada programa ou inserção (Lei nº 9.504/1997, arts. 53-A, §1º, e 54).

§2º O partido político, a federação ou a coligação que não observar a regra constante deste artigo perderá, em seu horário de propaganda gratuita, tempo equivalente no horário reservado à propaganda da eleição disputada pela candidata ou pelo candidato beneficiado, nos termos do art. 53-A, §3º, da Lei nº 9.504/1997, devendo as emissoras de rádio e de televisão, em tal hipótese, transmitir propaganda com os conteúdos previstos nos arts. 93 e 93-A da Lei nº 9.504/1997, a ser disponibilizada pela Justiça Eleitoral conforme orientações transmitidas na reunião de que trata o art. 53 desta Resolução.

Art. 74. Nos programas e nas inserções de rádio e de televisão destinados à propaganda eleitoral gratuita de cada partido político, federação ou coligação, só poderão aparecer, em gravações internas e externas, observado o disposto no §2º deste artigo, candidatas, candidatos, caracteres com propostas, fotos, jingles, clipes com música ou vinhetas, inclusive de passagem, com indicação do número da candidata, do candidato ou do partido político e de pessoas apoiadoras, inclusive as candidatas e os candidatos de que trata o §1º do art. 53-A da Lei nº 9.504/1997, que poderão dispor de até 25% (vinte e cinco por cento) do tempo de cada programa ou inserção, sendo vedadas montagens, trucagens, computação gráfica, desenhos animados e efeitos especiais (Lei nº 9.504/1997, art. 54).

§1º No segundo turno das eleições, não será permitida, nos programas de que trata este artigo, a participação de quem se filiou a partidos políticos que tenham formalizado o apoio a outras candidaturas, ou que integrem federação que tenha formalizado apoio a outras candidaturas (Lei nº 9.504/1997, art. 54, §1º).

§2º Será permitida a veiculação de entrevistas com o candidato e de cenas externas nas quais ele, pessoalmente, exponha (Lei nº 9.504/1997, art. 54, §2º):

I – realizações de governo ou da administração pública;

II – falhas administrativas e deficiências verificadas em obras e serviços públicos em geral;

III – atos parlamentares e debates legislativos.

§3º O limite de 25% (vinte e cinco por cento) previsto no caput aplica-se à participação de quaisquer apoiadores no programa eleitoral, candidatos ou não;

§4º Considera-se apoiador, para fins deste artigo, a figura potencialmente apta a propiciar benefícios eleitorais à candidata, ao candidato, ao partido, à federação ou à coligação que veicula a propaganda, não integrando tal conceito as pessoas apresentadoras ou interlocutoras, que tão somente emprestam sua voz para transmissão da mensagem eleitoral.

Art. 75. Na propaganda eleitoral gratuita, é vedado ao partido político, à coligação, à federação, à candidata ou ao candidato transmitir, ainda que sob a forma de entrevista jornalística, imagens de realização de pesquisa ou qualquer outro tipo de consulta popular de natureza eleitoral em que seja possível identificar a pessoa entrevistada ou em que haja manipulação de dados (Lei nº 9.504/1997, art. 55, caput, c.c. o art. 45, caput e I; e STF: ADI nº 4.451, DJe de 6.3.2019).

Parágrafo único. A inobservância do disposto neste artigo sujeita o partido político, a federação ou a coligação à perda de tempo equivalente ao dobro do usado na prática do ilícito, no período do horário gratuito subsequente, dobrada a cada reincidência, devendo o tempo correspondente ser veiculado após o programa das demais candidatas e dos demais candidatos com propaganda com os conteúdos previstos nos arts. 93 e 93-A da Lei nº 9.504/1997 e acompanhada de tarja com a informação de que a não veiculação do programa resulta de infração à lei eleitoral, a ser disponibilizada pela Justiça Eleitoral conforme orientações transmitidas na reunião de que trata o art. 53 desta Resolução (Lei nº 9.504/1997, art. 55, parágrafo único).

Art. 76. Durante toda a transmissão pela televisão, em bloco ou em inserções, a propaganda deverá ser identificada pela legenda "Propaganda Eleitoral Gratuita".

Parágrafo único. A identificação de que trata o caput deste artigo é de responsabilidade dos partidos políticos, das federações e das coligações.

Art. 77. Competirá aos partidos políticos, às federações e às coligações distribuir entre as candidaturas registradas os horários que lhes forem destinados pela Justiça Eleitoral.

§1º A distribuição do tempo de propaganda eleitoral gratuita no rádio e na televisão para as candidaturas proporcionais deve observar os seguintes parâmetros:

I – destinação proporcional ao percentual de candidaturas de mulheres, calculado com base no total de pedidos de registro apresentados pelo partido ou pela federação na circunscrição, respeitado o mínimo de 30% (trinta por cento) estabelecido no art. 10, §3º, da Lei nº 9.504/1997 (Vide ADI nº 5.617, DJe de 8.3.2019 e Consulta TSE nº 0600252-18, DJe de 15.8.2018);

II – destinação proporcional ao percentual de candidaturas de mulheres negras e não negras, calculado com base no total de pedidos de registro apresentados pelo partido ou pela federação na circunscrição (Consulta nº 060030647, DJe de 5.10.2020).

III – destinação proporcional ao percentual de candidaturas de homens negros e não negros, calculado com base no total de pedidos de registro apresentados pelo partido ou pela federação na circunscrição (Consulta nº 060030647, DJe de 5.10.2020).

§2º Revogado.

§3º Os percentuais de candidatas negras e de candidatos negros serão definidos, a cada eleição, com base na autodeclaração da cor preta e da cor parda, lançada no formulário do registro de candidatura.

Art. 78. Na divulgação de pesquisas, no horário eleitoral gratuito, devem ser informados, com clareza, o período de sua realização e a margem de erro, não sendo obrigatória a menção aos concorrentes, desde que o modo de apresentação dos resultados não induza o eleitor em erro quanto ao desempenho do candidato em relação aos demais.

Art. 79. Até o dia 20 de julho do ano da eleição, as emissoras de rádio e de televisão deverão, independentemente de intimação, apresentar ao órgão da Justiça Eleitoral definido pelo tribunal eleitoral, em meio eletrônico previamente divulgado, a indicação da pessoa representante legal e dos endereços de correspondência e correio eletrônico (e-mail) e do número de telefone móvel que disponha de aplicativo de mensagens instantâneas pelos quais receberão ofícios, intimações ou citações, na forma deste artigo e da resolução deste Tribunal que regula representações, reclamações e direito de resposta, e poderão, ainda, indicar procuradora ou procurador com ou sem poderes para receber citação, hipótese em que farão juntar a procuração respectiva.

§1º É facultado às emissoras referidas no caput deste artigo optar por receber exclusivamente pelo correio eletrônico informado as notificações para cumprimento de determinações administrativas e de ordens judiciais em feitos nos quais não sejam parte.

§2º Não exercida a faculdade prevista no §1º deste artigo, as notificações nele referidas serão realizadas, sucessivamente, por mensagem instantânea, por e-mail e por correio, nos números e endereços informados.

§3º Reputam-se válidas as notificações realizadas nas formas referidas no §2º:

I – quando realizada pelos meios eletrônicos, pela confirmação de entrega ao destinatário da mensagem ou e-mail no número de telefone ou endereço informado pela emissora, dispensada a confirmação de leitura;

II – quando realizada por correio, pela assinatura do aviso de recebimento de pessoa que se apresente como apta ao recebimento de correspondência no endereço informado pela emissora.

§4º Não será prevista ou adotada notificação simultânea ou de reforço por mais de um meio, somente se passando ao subsequente em caso de frustrada a realizada sob a forma anterior.

§5º Considera-se frustrada a notificação apenas quando desatendido os critérios referidos no §3º, incumbindo às emissoras acessar os meios informados.

§6º Na hipótese de a emissora não atender ao disposto neste artigo, as notificações, as citações e as intimações serão consideradas como válidas no momento de sua entrega na portaria da sede da emissora.

Art. 80. As emissoras que sejam obrigadas por lei a transmitir a propaganda eleitoral não poderão deixar de fazê-lo sob a alegação de desconhecer as informações relativas à captação do sinal e à veiculação da propaganda eleitoral.

§1º As emissoras de rádio e de televisão não poderão deixar de exibir a propaganda eleitoral, salvo se o partido político, a federação ou a coligação deixar de entregar ao grupo de emissoras ou à emissora geradora o respectivo arquivo, situação na qual deverá ser reexibida a propaganda anterior, nas hipóteses previstas nesta Resolução, ou, na sua falta, veiculada propaganda com os conteúdos previstos nos arts. 93 e 93-A da Lei nº 9.504/1997, a ser disponibilizada pela Justiça Eleitoral conforme orientações transmitidas na reunião de que trata o art. 53 desta Resolução.

§2º Não sendo transmitida a propaganda eleitoral, a Justiça Eleitoral, a requerimento dos partidos políticos, das coligações, das federações, das candidatas, dos candidatos ou do Ministério Público, poderá determinar a intimação pessoal da pessoa representante da emissora para que obedeçam, imediatamente, às disposições legais vigentes e transmitam a propaganda eleitoral gratuita, sem prejuízo do ajuizamento da ação cabível para a apuração de responsabilidade ou de eventual abuso, a qual, observados o contraditório e a ampla defesa, será decidida, com a aplicação das devidas sanções.

§3º Constatado, na hipótese prevista no §2º deste artigo, que houve a divulgação da propaganda eleitoral de apenas um ou de alguns partidos políticos, uma ou de algumas federações ou coligações, a Justiça Eleitoral poderá determinar a exibição da propaganda eleitoral dos partidos políticos, das federações ou das coligações preteridos no horário da programação normal da emissora, imediatamente posterior ao reservado para a propaganda eleitoral, arcando a emissora com os custos de tal exibição.

§4º Verificada a exibição da propaganda eleitoral com falha técnica relevante atribuída à emissora, que comprometa a sua compreensão, a Justiça Eleitoral determinará as providências necessárias para que o fato não se repita e, se for o caso, determinará nova exibição da propaganda nos termos do §3º deste artigo.

§5º Erros técnicos na geração da propaganda eleitoral não excluirão a responsabilidade das emissoras que não estavam encarregadas da geração por eventual retransmissão que venha a ser determinada pela Justiça Eleitoral.

Art. 81. A requerimento do Ministério Público, de partido político, coligação, federação, candidata ou candidato, a Justiça Eleitoral poderá determinar a suspensão, por 24 (vinte e quatro) horas, da programação normal de emissora que deixar de cumprir as disposições desta Resolução (Lei nº 9.504/1997, art. 56; e Constituição Federal, art. 127).

§1º No período de suspensão a que se refere este artigo, a Justiça Eleitoral veiculará mensagem de orientação ao eleitor, intercalada, a cada 15 (quinze) minutos (Lei nº 9.504/1997, art. 56, §1º).

§2º Em cada reiteração de conduta, o período de suspensão será duplicado (Lei nº 9.504/1997, art. 56, §2º).

Art. 81-A. As pessoas intérpretes de Libras contratadas para os debates e as propagandas referidos no §5º do art. 44 e no §4º do art. 48 desta Resolução devem atender a pelo menos um dos seguintes requisitos:

I – apresentar diploma em cursos superiores de bacharelado em tradução e interpretação em Libras – Língua Portuguesa ou em Letras com habilitação em tradução e interpretação de Libras e Língua Portuguesa, oficiais ou reconhecidos pelo Ministério da Educação;

II – apresentar certificado de exame de proficiência em Tradução e Interpretação de Libras – Língua Portuguesa; ou

III – apresentar declaração de organização da sociedade civil representativa da comunidade surda que comprove a atuação como intérprete de Libras".

Art. 81-B. Os recursos de acessibilidade referidos no §5º do art. 44 e no §4º do art. 48 desta Resolução devem atender ao disposto na ABNT-NBR 15290 e na ABNT-NBR 16452.

Parágrafo único. As emissoras de televisão responsáveis pela veiculação dos debates devem observar, ainda, a ABNT-NBR 15610.

CAPÍTULO VIII

DAS PERMISSÕES E VEDAÇÕES NO DIA DA ELEIÇÃO

Art. 82. É permitida, no dia das eleições, a manifestação individual e silenciosa da preferência da eleitora ou do eleitor por partido político, coligação, federação, candidata ou candidato, revelada exclusivamente pelo uso de bandeiras, broches, dísticos, adesivos e camisetas (Lei nº 9.504/1997, art. 39-A, caput).

§1º Para fins do disposto no caput, é vedado, no dia da eleição, até o término do horário de votação, com ou sem utilização de veículos (Lei nº 9.504/1997, art. 39, §5º, III e art. 39-A, §1º):

I) aglomeração de pessoas portando vestuário padronizado ou os instrumentos de propaganda referidos no caput deste artigo;

II) caracterização de manifestação coletiva e/ou ruidosa;

III) abordagem, aliciamento, utilização de métodos de persuasão ou convencimento;

IV) distribuição de camisetas.

§2º No recinto das seções eleitorais e juntas apuradoras, é proibido às servidoras e aos servidores da Justiça Eleitoral, às mesárias e aos mesários e às escrutinadoras e aos escrutinadores o uso de vestuário ou objeto que contenha qualquer propaganda de partido político, coligação, federação, candidata ou candidato (Lei nº 9.504/1997, art. 39-A, §2º).

§3º À fiscalização partidária, nos trabalhos de votação, só é permitido que, de seus crachás, constem o nome e a sigla do partido político, da federação ou da coligação a que sirvam, vedada a padronização do vestuário (Lei nº 9.504/1997, art. 39-A, §3º).

§4º No dia da eleição, serão afixadas cópias deste artigo em lugares visíveis nos locais de votação (Lei nº 9.504/1997, art. 39-A, §4º).

§5º A violação dos §§1º a 3º deste artigo configurará divulgação de propaganda, nos termos do inciso III do §5º do art. 39 da Lei nº 9.504/1997.

CAPÍTULO IX
DAS CONDUTAS VEDADAS AOS AGENTES PÚBLICOS EM CAMPANHA ELEITORAL

Art. 83. São proibidas aos agentes públicos, servidores ou não, as seguintes condutas tendentes a afetar a igualdade de oportunidades entre candidatos nos pleitos eleitorais (Lei nº 9.504/1997, art. 73, I a VIII):

I – ceder ou usar, em benefício de candidata, candidato, partido político, federação ou coligação, bens móveis ou imóveis pertencentes à administração direta ou indireta da União, dos estados, do Distrito Federal, dos territórios e dos municípios, ressalvada a realização de convenção partidária;

II – usar materiais ou serviços, custeados pelos governos ou casas legislativas, que excedam as prerrogativas consignadas nos regimentos e nas normas dos órgãos que integram;

III – ceder pessoa servidora pública ou empregada da administração direta ou indireta federal, estadual ou municipal do Poder Executivo, ou usar de seus serviços para comitês de campanha eleitoral de candidata, candidato, partido político, federação ou coligação, durante o horário de expediente normal, salvo se a pessoa servidora ou empregada estiver licenciada;

IV – fazer ou permitir uso promocional em favor de candidata, candidato, partido político, federação ou coligação, de distribuição gratuita de bens e serviços de caráter social custeados ou subvencionados pelo Poder Público;

V – nomear, contratar ou de qualquer forma admitir, demitir sem justa causa, suprimir ou readaptar vantagens ou por outros meios dificultar ou impedir o exercício funcional e, ainda, ex officio, remover, transferir ou exonerar servidor público, na circunscrição do pleito, nos 3 (três) meses que antecedem a eleição até a posse dos eleitos, sob pena de nulidade de pleno direito, ressalvadas:

a) a nomeação ou exoneração de cargos em comissão e designação ou dispensa de funções de confiança;

b) a nomeação para cargos do Poder Judiciário, do Ministério Público, dos tribunais ou conselhos de contas e dos órgãos da Presidência da República;

c) a nomeação dos aprovados em concursos públicos homologados até o início daquele prazo;

d) a nomeação ou contratação necessária à instalação ou ao funcionamento inadiável de serviços públicos essenciais, com prévia e expressa autorização do Chefe do Poder Executivo;

e) a transferência ou a remoção ex officio de militares, de policiais civis e de agentes penitenciários;

VI – nos 3 (três) meses que antecedem a eleição até a sua realização:

a) realizar transferência voluntária de recursos da União aos Estados e Municípios, e dos Estados aos Municípios, sob pena de nulidade de pleno direito, ressalvados os recursos destinados a cumprir obrigação formal preexistente para a execução de obra ou serviço em andamento e com cronograma prefixado, e os destinados a atender situações de emergência e de calamidade pública;

b) com exceção da propaganda de produtos e serviços que tenham concorrência no mercado, autorizar publicidade institucional de atos, programas, obras, serviços e campanhas dos órgãos públicos ou das respectivas entidades da administração indireta, salvo em caso de grave e urgente necessidade pública, assim reconhecida pela Justiça Eleitoral;

c) fazer pronunciamento em cadeia de rádio e de televisão fora do horário eleitoral gratuito, salvo quando, a critério da Justiça Eleitoral, tratar-se de matéria urgente, relevante e característica das funções de governo;

VII – realizar, no primeiro semestre do ano da eleição, despesas com publicidade dos órgãos públicos ou das respectivas entidades da administração indireta que excedam a média dos gastos no primeiro semestre dos 3 (três) últimos anos que antecedem o pleito;

VIII – fazer, na circunscrição do pleito, revisão geral da remuneração dos servidores públicos que exceda a recomposição da perda de seu poder aquisitivo ao longo do ano da eleição, nos 180 (cento e oitenta) dias que antecedem a eleição até a posse dos eleitos.

§1º Reputa-se agente público, para os efeitos deste artigo, quem exerce, ainda que transitoriamente ou sem remuneração, por eleição, nomeação, designação, contratação ou qualquer outra forma de investidura ou vínculo, mandato, cargo, emprego ou função nos órgãos ou entidades da administração pública direta, indireta ou fundacional (Lei nº 9.504/1997, art. 73, §1º).

§2º A vedação do inciso I deste artigo não se aplica ao uso, em campanha, de transporte oficial pelo Presidente da República, obedecido o disposto no art. 123 desta Resolução, nem ao uso, em campanha, pelos candidatos à reeleição aos cargos de presidente e vice-presidente da República, de governador e vice-governador de estado e do Distrito Federal, de prefeito e de vice-prefeito, de suas residências oficiais, com os serviços inerentes à sua utilização normal, para realização de contatos, encontros e reuniões pertinentes à própria campanha, desde que não tenham caráter de ato público (Lei nº 9.504/1997, art. 73, §2º).

§3º As vedações do inciso VI deste artigo, alíneas b e c, aplicam-se apenas aos agentes públicos das esferas administrativas cujos cargos estejam em disputa na eleição (Lei nº 9.504/1997, art. 73, §3º).

§4º O descumprimento do disposto neste artigo acarretará a suspensão imediata da conduta vedada, quando for o caso, e sujeitará os agentes responsáveis à multa no valor de R$ 5.320,50 (cinco mil, trezentos e vinte reais e cinquenta centavos) a R$ 106.410,00 (cento e seis mil, quatrocentos e dez reais), sem prejuízo de outras sanções de caráter constitucional, administrativo ou disciplinar fixadas pelas demais leis vigentes (Lei nº 9.504/1997, art. 73, §4º, c.c. o art. 78).

§5º Nos casos de descumprimento dos incisos do caput e do §10 do art. 73 da Lei nº 9.504/1997, sem prejuízo do disposto no §4º deste artigo, o candidato beneficiado, agente público ou não, ficará sujeito à cassação do registro ou do diploma, sem prejuízo de outras sanções de caráter constitucional, administrativo ou disciplinar fixadas pelas demais leis vigentes (Lei nº 9.504/1997, art. 73, §5º, c.c. o art. 78).

§6º As multas de que trata este artigo serão duplicadas a cada reincidência (Lei nº 9.504/1997, art. 73, §6º).

§7º As condutas enumeradas no caput caracterizam, ainda, atos de improbidade administrativa, a que se refere o art. 11, inciso I, da Lei nº 8.429/1992, e sujeitam-se às disposições daquele diploma legal, em especial às cominações do art. 12, III(Lei nº 9.504/1997, art. 73, §7º).

§8º §8º Aplicam-se as sanções do §4º deste artigo às pessoas agentes públicas responsáveis pelas condutas vedadas e aos partidos políticos, às federações, às coligações, às candidatas e aos candidatos que delas se beneficiarem (Lei nº 9.504/1997, art. 73, §8º).

§9º No ano em que se realizar eleição, fica proibida a distribuição gratuita de bens, valores ou benefícios por parte da administração pública, exceto nos casos de calamidade pública, de estado de emergência ou de programas sociais autorizados em lei e já em execução orçamentária no exercício anterior, casos em que o Ministério Público poderá promover o acompanhamento de sua execução financeira e administrativa (Lei nº 9.504/1997, art. 73, §10).

§10. Nos anos eleitorais, os programas sociais de que trata o §9º deste artigo não poderão ser executados por entidade nominalmente vinculada a candidato ou por esse mantida (Lei nº 9.504/1997, art. 73, §11).

§11. Para a caracterização da reincidência de que trata o §6º deste artigo, não é necessário o trânsito em julgado de decisão que tenha reconhecido a prática de conduta vedada, bastando existir ciência da sentença ou do acórdão que tenha reconhecido a ilegalidade da conduta.

§12. Na hipótese da conduta do inciso VI deste artigo, alínea b, a suspensão da publicidade institucional realizada em rede social na internet não implicará a remoção da conta responsável pela postagem do conteúdo (Lei nº 9.504/1997, art. 57-J).

Art. 84. A publicidade dos atos, programas, obras, serviços e campanhas dos órgãos públicos deverá ter caráter educativo, informativo ou de orientação social, dela não podendo constar nomes, símbolos ou imagens que caracterizem promoção pessoal de autoridades ou de servidores públicos (Constituição Federal, art. 37, §1º).

Parágrafo único. Configura abuso de autoridade, para os fins do disposto no art. 22 da Lei Complementar nº 64/1990, a infringência do fixado no caput, ficando o responsável, se candidato, sujeito ao cancelamento do registro de sua candidatura ou do diploma (Lei nº 9.504/1997, art. 74).

Art. 85. Nos 3 (três) meses que antecedem as eleições, na realização de inaugurações, é vedada a contratação de shows artísticos pagos com recursos públicos (Lei nº 9.504/1997, art. 75).

Parágrafo único. Nos casos de descumprimento do disposto neste artigo, sem prejuízo da suspensão imediata da conduta, o candidato beneficiado, agente público ou não, ficará sujeito à cassação do registro ou do diploma (Lei nº 9.504/1997, art. 75, parágrafo único).

Art. 86. É proibido a qualquer candidato comparecer, nos 3 (três) meses que precedem a eleição, a inaugurações de obras públicas (Lei nº 9.504/1997, art. 77, caput).

§1º A inobservância do disposto neste artigo sujeita o infrator à cassação do registro ou do diploma (Lei nº 9.504/1997, art. 77, parágrafo único).

§2º A realização de evento assemelhado ou que simule inauguração poderá ser apurada na forma do art. 22 da Lei Complementar nº 64/1990 ou ser verificada na ação de impugnação de mandato eletivo.

CAPÍTULO X
DISPOSIÇÕES PENAIS RELATIVAS À PROPAGANDA ELEITORAL

Art. 87. Constituem crimes, no dia da eleição, puníveis com detenção de 6 (seis) meses a 1 (um) ano, com a alternativa de prestação de serviços à comunidade pelo mesmo período, e multa no valor de R$ 5.320,50 (cinco mil, trezentos e vinte reais e cinquenta centavos) a R$ 15.961,50 (quinze mil, novecentos e sessenta e um reais e cinquenta centavos) (Lei nº 9.504/1997, art. 39, §5º, I a IV):

I – o uso de alto-falantes e amplificadores de som ou a promoção de comício ou carreata;

II – a arregimentação de eleitor ou a propaganda de boca de urna;

III – a divulgação de qualquer espécie de propaganda de partidos políticos ou de seus candidatos;

IV – a publicação de novos conteúdos ou o impulsionamento de conteúdos nas aplicações de internet de que trata o art. 57-B da Lei nº 9.504/1997, podendo ser mantidos em funcionamento as aplicações e os conteúdos publicados anteriormente.

§1º O disposto no inciso III deste artigo não inclui a manutenção da propaganda que tenha sido divulgada na internet antes do dia da eleição.

§2º As circunstâncias relativas ao derrame de material impresso de propaganda no dia da eleição ou na véspera, previstas no §7º do art. 19 desta Resolução, poderão ser apuradas para efeito do estabelecimento da culpabilidade dos envolvidos diante do crime de que trata o inciso III deste artigo.

Art. 88. Constitui crime, punível com detenção de 6 (seis) meses a 1 (um) ano, com a alternativa de prestação de serviços à comunidade pelo mesmo período, e multa no valor de R$ 10.641,00 (dez mil, seiscentos e quarenta e um reais) a R$ 21.282,00 (vinte e um mil, duzentos e oitenta e dois reais), o uso, na propaganda eleitoral, de símbolos, frases ou imagens, associadas ou semelhantes às empregadas por órgão de governo, por empresa pública ou por sociedade de economia mista (Lei nº 9.504/1997, art. 40).

Art. 89. Constitui crime, punível com detenção de 2 (dois) a 4 (quatro) anos e multa de R$15.000,00 (quinze mil reais) a R$50.000,00 (cinquenta mil reais), a contratação direta ou indireta de grupo de pessoas com a finalidade específica de emitir mensagens ou comentários na internet para ofender a honra ou desabonar a imagem de candidata, candidato, partido político ou coligação (Lei nº 9.504/1997, art. 57-H, §1º).

Parágrafo único. Igualmente incorrem em crime, punível com detenção de 6 (seis) meses a 1 (um) ano, com alternativa de prestação de serviços à comunidade pelo mesmo período, e multa de R$ 5.000,00 (cinco mil reais) a R$ 30.000,00 (trinta mil reais), as pessoas contratadas na forma do caput (Lei nº 9.504/1997, art. 57-H, §2º).

Art. 90. Constitui crime, punível com detenção de 2 (dois) meses a 1 (um) ano ou pagamento de 120 (cento e vinte) a 150 (cento e cinquenta) dias-multa, divulgar, na propaganda eleitoral ou durante período de campanha eleitoral, fatos que sabe inverídicos em relação a partidos ou candidatas e candidatos e capazes de exercer influência perante a eleitora e o eleitor (Código Eleitoral, art. 323, caput).

§1º Nas mesmas penas incorre quem produz, oferece ou vende vídeo com conteúdo inverídico acerca de partidos ou candidatas e candidatos (Código Eleitoral, art. 323, §1º).

§2º Aumenta-se a pena de 1/3 (um terço) até metade se o crime (Código Eleitoral, art. 323, §2º):

I – é cometido por meio da imprensa, do rádio ou da televisão, ou por meio da internet ou de rede social, ou é transmitido em tempo real;

II – envolve menosprezo ou discriminação à condição de mulher ou à sua cor, raça ou etnia.

Art. 91. Constitui crime, punível com detenção de 6 (seis) meses a 2 (dois) anos e pagamento de 10 (dez) a 40 (quarenta) dias-multa, caluniar alguém, na propaganda eleitoral ou para fins de propaganda, imputando-lhe falsamente fato definido como crime (Código Eleitoral, art. 324, caput).

§1º Nas mesmas penas incorre quem, sabendo falsa a imputação, a propala ou a divulga (Código Eleitoral, art. 324, §1º).

§2º A prova da verdade do fato imputado exclui o crime, mas não é admitida (Código Eleitoral, art. 324, §2º, I a III):

I – se, constituindo o fato imputado crime de ação privada, o ofendido não foi condenado por sentença irrecorrível;

II – se o fato é imputado ao Presidente da República ou a chefe de governo estrangeiro;

III – se do crime imputado, embora de ação pública, o ofendido foi absolvido por sentença irrecorrível.

Art. 92. Constitui crime, punível com detenção de 3 (três) meses a 1 (um) ano e pagamento de 5 (cinco) a 30 (trinta) dias-multa, difamar alguém, na propaganda eleitoral ou para fins de propaganda, imputando-lhe fato ofensivo à sua reputação (Código Eleitoral, art. 325, caput).

Parágrafo único. A exceção da verdade somente se admite se o ofendido é funcionário público e a ofensa é relativa ao exercício de suas funções (Código Eleitoral, art. 325, parágrafo único).

Art. 93. Constitui crime, punível com detenção de até 6 (seis) meses ou pagamento de 30 (trinta) a 60 (sessenta) dias-multa, injuriar alguém, na propaganda eleitoral ou visando a fins de propaganda, ofendendo-lhe a dignidade ou o decoro (Código Eleitoral, art. 326, caput).

§1º O juiz pode deixar de aplicar a pena (Código Eleitoral, art. 326, §1º, I e II):

I – se o ofendido, de forma reprovável, provocou diretamente a injúria;

II – no caso de retorsão imediata que consista em outra injúria.

§2º Se a injúria consistir em violência ou em vias de fato, que, por sua natureza ou meio empregado, se considere aviltante, a pena será de detenção de 3 (três) meses a 1 (um) ano e pagamento de 5 (cinco) a 20 (vinte) dias-multa, além das penas correspondentes à violência previstas no Código Penal (Código Eleitoral, art. 326, §2º).

Art. 93-A. Constitui crime, punível com reclusão, de 2 (dois) a 8 (oito) anos, e multa, dar causa à instauração de investigação policial, de processo judicial, de investigação administrativa, de inquérito civil ou ação de improbidade administrativa, atribuindo a alguém a prática de crime ou ato infracional de que o sabe inocente, com finalidade eleitoral (Código Eleitoral, art. 326-A, caput).

§1º A pena é aumentada de sexta parte, se o agente se serve do anonimato ou de nome suposto (Código Eleitoral, art. 326-A, §1º).

§2º A pena é diminuída de metade, se a imputação é de prática de contravenção (Código Eleitoral, art. 326-A, §2º).

§3º Incorrerá nas mesmas penas deste artigo quem, comprovadamente ciente da inocência da pessoa denunciada e com finalidade eleitoral, divulga ou propala, por qualquer meio ou forma, o ato ou fato que lhe foi falsamente atribuído (STF: ADI nº 6.225/DF, DJe de 1º.9.2021)"

Art. 93-B. Constitui crime, punível com reclusão, de 1 (um) a 4 (quatro) anos, e multa, assediar, constranger, humilhar, perseguir ou ameaçar, por qualquer meio, candidata a cargo eletivo ou detentora de mandato eletivo, utilizando-se de menosprezo ou discriminação à condição de mulher ou à sua cor, raça ou etnia, com a finalidade de impedir ou de dificultar a sua campanha eleitoral ou o desempenho de seu mandato eletivo (Código Eleitoral, art. 326-B, caput).

Parágrafo único. Aumenta-se a pena em 1/3 (um terço) se o crime é cometido contra mulher (Código Eleitoral, art. 326-B, parágrafo único):

I – gestante;

II – maior de 60 (sessenta) anos;

III – com deficiência.

Art. 93-C. Considera-se violência política contra a mulher toda ação, conduta ou omissão com a finalidade de impedir, obstaculizar ou restringir os direitos políticos da mulher.

§1º Constituem igualmente atos de violência política contra a mulher qualquer distinção, exclusão ou restrição no reconhecimento, gozo ou exercício de seus direitos e de suas liberdades políticas fundamentais, em virtude do gênero.

§2º Serão garantidos os direitos de participação política da mulher, vedadas a discriminação e a desigualdade de tratamento em virtude de gênero ou de raça no acesso às instâncias de representação política e no exercício de funções públicas.

§3º As autoridades competentes priorizarão o imediato exercício do direito violado, conferindo especial importância às declarações da vítima e aos elementos indiciários."

Art. 94. As penas cominadas nos arts. 324, 325 e 326 do Código Eleitoral aumentam-se de 1/3 (um terço) até metade, se qualquer dos crimes é cometido (Código Eleitoral, art. 327, caput e incisos I a IV):

I – contra o Presidente da República ou chefe de governo estrangeiro;

II – contra funcionário público, em razão de suas funções;

III – na presença de várias pessoas, ou por meio que facilite a divulgação da ofensa;

IV – com menosprezo ou discriminação à condição de mulher ou à sua cor, raça ou etnia;

V – por meio da internet ou de rede social ou com transmissão em tempo real.

Art. 95. Constitui crime, punível com detenção de até 6 (seis) meses ou pagamento de 90 (noventa) a 120 (cento e vinte) diasmulta, inutilizar, alterar ou perturbar meio de propaganda devidamente empregado (Código Eleitoral, art. 331).

Art. 96. Constitui crime, punível com detenção de até 6 (seis) meses e pagamento de 30 (trinta) a 60 (sessenta) dias-multa, impedir o exercício de propaganda (Código Eleitoral, art. 332).

Art. 97. Constitui crime, punível com detenção de 6 (seis) meses a 1 (um) ano e cassação do registro, se o responsável for candidato e utilizar organização comercial de vendas, distribuição de mercadorias, prêmios e sorteios para propaganda ou aliciamento de eleitores (Código Eleitoral, art. 334).

Art. 98. Constitui crime, punível com detenção de 3 (três) a 6 (seis) meses e pagamento de 30 (trinta) a 60 (sessenta) diasmulta, fazer propaganda, qualquer que seja a sua forma, em língua estrangeira (Código Eleitoral, art. 335).

Parágrafo único. Além da pena cominada, a infração a este artigo importa a apreensão e a perda do material utilizado na propaganda (Código Eleitoral, art. 335, parágrafo único).

Art. 99. Constitui crime, punível com o pagamento de 30 (trinta) a 60 (sessenta) dias-multa, não assegurar o funcionário postal a prioridade prevista no art. 239 do Código Eleitoral (Código Eleitoral, art. 338).

Art. 100. Constitui crime, punível com reclusão de até 4 (quatro) anos e pagamento de 5

(cinco) a 15 (quinze) dias-multa, dar, oferecer, prometer, solicitar ou receber, para si ou para outrem, dinheiro, dádiva, ou qualquer outra vantagem, para obter ou dar voto e para conseguir ou prometer abstenção, ainda que a oferta não seja aceita (Código Eleitoral, art. 299).

Art. 101. Aplicam-se aos fatos incriminados no Código Eleitoral e na Lei nº 9.504/1997 as regras gerais do Código Penal (Código Eleitoral, art. 287; e Lei nº 9.504/1997, art. 90, caput).

Art. 102. As infrações penais aludidas nesta Resolução são puníveis mediante ação pública, e o processo seguirá o disposto nos arts. 357 e seguintes do Código Eleitoral (Código Eleitoral, art. 355; e Lei nº 9.504/1997, art. 90, caput).

Art. 103. Na sentença que julgar ação penal pela infração de qualquer dos arts. 90 a 93 e 95 a 98 desta Resolução, deve o juiz verificar, de acordo com o seu livre convencimento, se o diretório local do partido político, por qualquer dos seus membros, concorreu para a prática de delito, ou dela se beneficiou conscientemente (Código Eleitoral, art. 336, caput).

Parágrafo único. Nesse caso, o juiz imporá ao diretório responsável pena de suspensão de sua atividade eleitoral pelo prazo de 6 (seis) a 12 (doze) meses, agravada até o dobro nas reincidências (Código Eleitoral, art. 336, parágrafo único).

Art. 104. Todo cidadão que tiver conhecimento de infração penal prevista na legislação eleitoral deverá comunicá-la ao juiz da zona eleitoral onde aquela se verificou (Código Eleitoral, art. 356, caput).

§1º Quando a comunicação for verbal, mandará a autoridade judicial reduzi-la a termo, assinado pelo comunicante e por duas testemunhas, e remeterá ao órgão do Ministério Público local, que procederá na forma do Código Eleitoral (Código Eleitoral, art. 356, §1º).

§2º Se o Ministério Público julgar necessários mais esclarecimentos e documentos complementares ou outros elementos de convicção, deverá requisitá-los diretamente de quaisquer autoridades ou funcionários que possam fornecê-los (Código Eleitoral, art. 356, §2º).

Art. 105. Para os efeitos da Lei nº 9.504/1997, respondem penalmente pelos partidos políticos e pelas coligações os seus representantes legais (Lei nº 9.504/1997, art. 90, §1º."

Art. 106. Nos casos de reincidência no descumprimento dos arts. 87 a 89 desta Resolução, as penas pecuniárias serão aplicadas em dobro (Lei nº 9.504/1997, art. 90, §2º).

CAPÍTULO XI
DISPOSIÇÕES FINAIS

Art. 107. A representação relativa à propaganda irregular deve ser instruída na forma da resolução que disciplina o processamento das representações, reclamações e pedidos de direito de resposta.

§1º A responsabilidade do candidato estará demonstrada se esse, intimado da existência da propaganda irregular, não providenciar, no prazo de 48 (quarenta e oito) horas, sua retirada ou regularização e, ainda, se as circunstâncias e as peculiaridades do caso específico revelarem a impossibilidade de o beneficiário não ter tido conhecimento da propaganda (Lei nº 9.504/1997, art. 40-B, parágrafo único).

§2º A notificação de que trata o §1º deste artigo poderá ser realizada por candidata, candidato, partido político, federação, coligação, Ministério Público ou pela Justiça Eleitoral, por meio de comunicação feita diretamente à pessoa responsável ou beneficiária da propaganda, com prova de recebimento, devendo dela constar a precisa identificação da propaganda apontada como irregular

§3º Para os fins do disposto neste artigo, serão utilizados os meios de notificação informados no Requerimento de Registro de Candidatura (RRC) e no Demonstrativo de Regularidade dos Atos Partidários (DRAP).

Art. 108. A comprovação do cumprimento das determinações da Justiça Eleitoral relacionadas a propaganda realizada em desconformidade com o disposto na Lei nº 9.504/1997 poderá ser apresentada no Tribunal Superior Eleitoral, no caso de candidatos a presidente e vice-presidente da República, nas sedes dos respectivos tribunais regionais eleitorais, no caso de candidatos a governador, vice-governador, deputado federal, senador da República, deputados estadual e distrital, e no Juízo Eleitoral, na hipótese de candidatos a prefeito, a vice-prefeito e a vereador (Lei nº 9.504/1997, art. 36, §5º).

Parágrafo único. A comprovação de que trata o caput poderá ser apresentada diretamente ao juiz eleitoral que determinou a regularização ou a retirada da propaganda eleitoral.

Art. 109. Ressalvado o disposto no art. 26 e incisos da Lei nº 9.504/1997, constitui captação ilegal de sufrágio o candidato doar, oferecer, prometer ou entregar ao eleitor, com o fim de obter-lhe o voto, bem ou vantagem pessoal de qualquer natureza, inclusive emprego ou função pública, desde o registro da candidatura até o dia da eleição, inclusive, sob pena de multa de R$ 1.064,10 (mil e sessenta e quatro reais e dez centavos) a R$ 53.205,00 (cinquenta e três mil e duzentos e cinco reais) e cassação do registro ou do diploma, observado o procedimento previsto nos incisos I a XIII do art. 22 da Lei Complementar nº 64/1990(Lei nº 9.504/1997, art. 41-A).

§1º Para a caracterização da conduta ilícita, é desnecessário o pedido explícito de votos, bastando a evidência do dolo, consistente no especial fim de agir (Lei nº 9.504/1997, art. 41-A, §1º).

§2º As sanções previstas no caput aplicam-se contra quem praticar atos de violência ou grave ameaça à pessoa, com o fim de obter-lhe o voto (Lei nº 9.504/1997, art. 41-A, §2º).

§3º A representação prevista no caput poderá ser ajuizada até a data da diplomação (Lei nº 9.504/1997, art. 41-A, §3º).

Art. 110. Ninguém poderá impedir a propaganda eleitoral nem inutilizar, alterar ou perturbar os meios lícitos nela empregados, bem como realizar propaganda eleitoral vedada por lei ou por esta Resolução (Código Eleitoral, art. 248).

Art. 111. A requerimento do interessado, a Justiça Eleitoral adotará as providências necessárias para coibir, no horário eleitoral gratuito, propaganda que se utilize de criação intelectual sem autorização do respectivo autor ou titular.

Parágrafo único. A indenização pela violação do direito autoral deverá ser pleiteada na Justiça Comum.

Art. 112. É vedada a utilização de artefato que se assemelhe à urna eletrônica como veículo de propaganda eleitoral (Res.-TSE nº 21.161/2002).

Art. 113. As disposições desta Resolução se aplicam às emissoras de rádio, inclusive comunitárias, e às emissoras de televisão que operam em VHF e UHF, aos provedores de internet e aos canais de TV por assinatura sob a responsabilidade do Senado Federal, da Câmara dos Deputados, das Assembleias Legislativas, da Câmara Legislativa do Distrito Federal ou das Câmaras Municipais (Lei nº 9.504/1997, arts. 57 e 57-A).

Parágrafo único. Aos canais de televisão por assinatura não compreendidos no caput, será vedada a veiculação de qualquer propaganda eleitoral, salvo a retransmissão integral do horário eleitoral gratuito e a realização de debates, observadas as disposições legais.

Art. 114. As emissoras de rádio e de televisão terão direito à compensação fiscal pela cessão do horário gratuito previsto nesta Resolução (Lei nº 9.504/1997, art. 99).

Art. 115. O Tribunal Superior Eleitoral poderá divulgar, no período compreendido entre 1 (um) mês antes do início da propaganda eleitoral e nos 3 (três) dias que antecedem o pleito, até 10 (dez) minutos diários requisitados das emissoras de rádio e de televisão, contínuos ou não, que poderão ser somados e usados em dias espaçados, comunicados, boletins e instruções ao eleitorado (Lei nº 9.504/1997, art. 93).

Parágrafo único. O Tribunal Superior Eleitoral, a seu juízo exclusivo, poderá ceder parte do tempo referido no caput para utilização por tribunal regional eleitoral.

Art. 116. O Tribunal Superior Eleitoral, no período compreendido entre 1º de abril e 30 de julho dos anos eleitorais, promoverá, em até 5 (cinco) minutos diários, contínuos ou não, requisitados às emissoras de rádio e televisão, propaganda institucional, em rádio e televisão, destinada a incentivar a participação feminina, dos jovens e da comunidade negra na política, bem como a esclarecer os cidadãos sobre as regras e o funcionamento do sistema eleitoral brasileiro (Lei nº 9.504/1997, art. 93-A).

Art. 117. Nas hipóteses previstas nos arts. 70, §§1º, 2º e 5º; 72, §§1º e 3º; 73, caput e §§1º e 2º, 75, caput e parágrafo único, e 80, §1º, desta Resolução, deverá ser veiculada propaganda com os conteúdos previstos nos arts. 93 e 93-A da Lei nº 9.504/1997, a ser disponibilizada pela Justiça Eleitoral conforme orientações transmitidas na reunião de que trata o art. 53 da Resolução.

§1º Na hipótese do art. 75, caput e parágrafo único, desta Resolução, a propaganda prevista no caput deste artigo deverá estar acompanhada de tarja com a informação de que a não veiculação do programa resulta de infração à lei eleitoral (Lei nº 9.504/1997, art. 55, parágrafo único);

§2º Caso ocorra falha atribuível à Justiça Eleitoral que impeça o acesso à propaganda referida neste artigo, deverá ser veiculada tarja, nos seguintes moldes:

I – "Horário reservado à propaganda eleitoral gratuita – Lei nº 9.504/1997", na hipótese dos arts. 70, §§1º, 2º e 5º; e art. 80, §1º.

II – "Tempo de propaganda suspenso por decisão da Justiça Eleitoral", na hipótese dos arts. 72, §§1º e 3º; 73, caput e §§1º e 2º; e 75, caput e parágrafo único.

Art. 118. As autoridades administrativas federais, estaduais e municipais proporcionarão aos partidos políticos, às federações e às coligações, em igualdade de condições, as facilidades permitidas para a respectiva propaganda (Código Eleitoral, art. 256).

Parágrafo único. A partir de 16 de agosto do ano da eleição, independentemente do critério de prioridade, os serviços telefônicos, oficiais ou concedidos, farão instalar, nas sedes dos diretórios nacionais, regionais e municipais devidamente registrados, telefones necessários, mediante requerimento do respectivo presidente e pagamento das taxas devidas (Código Eleitoral, art. 256, §1º, c/c Lei nº 9.504/1997, art. 36, caput).

Art. 119. O serviço de qualquer repartição federal, estadual ou municipal, autarquia, fundação pública, sociedade de economia mista, entidade mantida ou subvencionada pelo Poder Público, ou que realize contrato com esse, inclusive o respectivo prédio e suas dependências, não poderá ser utilizado para beneficiar partido político, federação ou coligação (Código Eleitoral, art. 377, caput).

Parágrafo único. O disposto no caput será tornado efetivo, a qualquer tempo, pelo órgão competente da Justiça Eleitoral, conforme o âmbito nacional, regional ou municipal do órgão infrator, mediante representação fundamentada de autoridade pública, de representante partidário ou de qualquer eleitor (Código Eleitoral, art. 377, parágrafo único).

Art. 120. Aos partidos políticos, às federações e às coligações, é assegurada a prioridade postal nos 60 (sessenta) dias que antecedem a eleição, para a remessa de material de propaganda de seus candidatos (Código Eleitoral, art. 239).

Art. 121. No prazo de até 30 (trinta) dias após a eleição, as candidatas, os candidatos, os partidos políticos, as federações e as coligações deverão remover a propaganda eleitoral, com a restauração do bem em que foi afixada, se for o caso.

Parágrafo único. O descumprimento do que determinado no caput sujeitará os responsáveis às consequências previstas na legislação comum aplicável.

Art. 122. O material da propaganda eleitoral gratuita deverá ser retirado das emissoras 60 (sessenta) dias após a respectiva divulgação, sob pena de sua destruição.

Art. 123. O ressarcimento das despesas com o uso de transporte oficial pela pessoa ocupante do cargo de Presidente da República e pela sua comitiva em campanha ou evento eleitoral será de responsabilidade do partido político, da federação ou da coligação a que esteja vinculada (Lei nº 9.504/1997, art. 76, caput).

§1º O ressarcimento de que trata este artigo terá por base o tipo de transporte usado e a respectiva tarifa de mercado cobrada no trecho correspondente, ressalvado o uso do avião presidencial, cujo ressarcimento corresponderá ao aluguel de uma aeronave de propulsão a jato do tipo táxi aéreo (Lei nº 9.504/1997, art. 76, §1º).

§2º Serão considerados como integrantes da comitiva de campanha eleitoral todos os acompanhantes que não estiverem em serviço oficial.

§3º No transporte do Presidente em campanha ou evento eleitoral, serão excluídas da obrigação de ressarcimento as despesas com o transporte dos servidores indispensáveis à sua segurança e atendimento pessoal, que não podem desempenhar atividades relacionadas com a campanha, bem como a utilização de equipamentos, veículos e materiais necessários à execução daquelas atividades, que não podem ser empregados em outras.

§4º O vice-presidente da República, o governador ou o vice-governador de estado ou do Distrito Federal em campanha eleitoral não poderão utilizar transporte oficial, que, entretanto, poderá ser usado exclusivamente pelos servidores indispensáveis à sua segurança e atendimento pessoal, sendo-lhes vedado desempenhar atividades relacionadas com a campanha.

§5º No prazo de 10 (dez) dias úteis da realização da eleição em primeiro turno ou segundo, se houver, o órgão competente de controle interno procederá, ex officio, à cobrança dos valores devidos nos termos dos §§1º ao 4º deste artigo (Lei nº 9.504/1997, art. 76, §2º).

§6º A falta do ressarcimento, no prazo estipulado, implicará a comunicação do fato ao Ministério Público, pelo órgão de controle interno (Lei nº 9.504/1997, art. 76, §3º).

Art. 124. Na fixação das multas de natureza não penal, o juiz eleitoral deverá considerar a condição econômica do infrator, a gravidade do fato e a repercussão da infração, sempre justificando a aplicação do valor acima do mínimo legal.

Parágrafo único. A multa pode ser aumentada até 10 (dez) vezes se o juiz ou tribunal considerar que, em virtude da situação econômica do infrator, é ineficaz, embora aplicada no máximo (Código Eleitoral, art. 367, §2º).

Art. 125. A definição sobre veiculação de propaganda eleitoral entre os eleitores recolhidos em estabelecimentos penais e unidades de internação de adolescentes observará a disciplina específica prevista na Resolução de Atos Gerais do Processo Eleitoral.

Art. 126. Fica revogada a Res.-TSE nº 23.551, de 18 de dezembro de 2017.

Art. 127. Esta Resolução entra em vigor na data de sua publicação.

Brasília, 18 de dezembro de 2019.

MINISTRO LUÍS ROBERTO BARROSO – RELATOR

Este texto não substitui o publicado no DJE-TSE, nº 249, de 27.12.2019, p. 156-184.

6. RESOLUÇÃO Nº 23.623, DE 30 DE JUNHO 2020 – Dispõe sobre as regras destinadas a viabilizar o controle de autenticidade da ata de convenção partidária pela Justiça Eleitoral, nas Eleições 2020

O TRIBUNAL SUPERIOR ELEITORAL, no uso das atribuições que lhe conferem o art. 23, IX, do Código Eleitoral e o art. 105 da Lei nº 9.504, de 30 de setembro de 1997, RESOLVE:

Art. 1º Os partidos políticos podem realizar convenções partidárias em formato virtual para a escolha de candidatos e formação de coligações majoritárias nas Eleições 2020, ainda que não previstas no estatuto partidário e nas diretrizes publicadas pelo Diretório Nacional até 7 de abril de 2020 (Consultas nos 0600413-57, 0600460-31 e 0600479-37).

Parágrafo único. Aos partidos políticos é assegurada autonomia para a utilização das ferramentas tecnológicas que entenderem mais adequadas para as convenções.

Art. 2º A realização das convenções em formato virtual obedecerá aos prazos aplicáveis às Eleições 2020 e às regras gerais da Lei nº 9.504/1997 e da Res.-TSE nº 23.609/2019 sobre a matéria, com as adaptações previstas nesta Resolução quanto à abertura do livro-ata, à sua rubrica pela Justiça Eleitoral, ao registro dos dados, à lista de presença e às respectivas assinaturas (Res.-TSE nº 23.609/2019, art. 6º).

Art. 3º O Módulo Externo do Sistema de Candidaturas (CANDex) funcionará como livro-ata da convenção virtual, registrando-se diretamente no sistema as informações relativas à ata e à lista dos presentes (Res.-TSE nº 23.609, art. 6º, §§3º e 4º, e 7º).

Art. 4º A cadeia de verificações de segurança do Sistema CAND, que o torna capaz de reconhecer a autenticidade de quaisquer dados digitados no seu módulo externo e o usuário que os transmitiu, supre a rubrica do livro-ata pela Justiça Eleitoral (Res.-TSE nº 23.609/2019, art. 6º, §3º).

Art. 5º A lista de presença poderá ser registrada das seguintes formas:

I – assinatura eletrônica, nas modalidades simples, avançada ou qualificada, na forma do art. 2º da Medida Provisória nº 983, de 16.06.2020;

II – registro de áudio e vídeo, a partir de ferramenta tecnológica gratuita, adquirida, adaptada ou desenvolvida pelo partido, que permita comprovar a ciência dos convencionais acerca das deliberações;

III – qualquer outro mecanismo ou aplicação, além dos previstos nos incisos antecedentes, que permita de forma inequívoca a efetiva identificação dos presentes e sua anuência com o conteúdo da ata;

IV – coleta presencial de assinaturas, por representante designado pelo partido, observando-se as leis e as regras sanitárias previstas na respectiva localidade.

Parágrafo único. O registro de presença, na forma dos incisos II e III do caput, supre a assinatura dos presentes à convenção partidária.

Art. 6º Para os fins da presente regulamentação, a requisição das mídias contendo o livro-ata e a lista de presença, nos processos de registro de candidatura ou em ações eleitorais, será limitada aos atos que demonstrem, de forma inequívoca, o teor das deliberações registradas em ata e a ciência dos presentes, resguardado o direito do partido político de manter em reserva o registro de outros atos de natureza interna corporis (Res.-TSE nº 23.609/2019, art. 6º, §§7º a 9º).

Parágrafo único. O disposto no caput não exclui a possibilidade de que eventual gravação de atos interna corporis, desde que realizada por meios considerados lícitos, seja utilizada como meio de prova, cabendo aos interessados, se for o caso, requerer ao juízo competente a atribuição de caráter sigiloso ao documento no momento de sua juntada.

Art. 7º Consideradas as restrições de ordem sanitária decorrentes da pandemia da COVID-19, fica suspensa, a partir da publicação desta Resolução, a abertura de novos livros físicos visando à realização de convenções nas Eleições 2020.

§1º No caso de opção por realização de convenções partidárias presenciais – observadas as leis e as regras sanitárias – por partidos políticos que não disponham de livro aberto e rubricado pela Justiça Eleitoral, o registro da ata e da presença dos convencionais observará, no que couber, o disposto nos arts. 2º a 6º desta Resolução.

§2º A critério do partido político que já disponha de livro aberto e rubricado pela Justiça Eleitoral, a ata da convenção partidária virtual e a lista de presença poderão nele ser registradas, seguindo-se, após, na forma dos arts. 3º e 4º desta Resolução.

Art. 8º Esta Resolução entra em vigor na data de sua publicação.

Brasília, 30 de junho de 2020.

MINISTRO LUÍS ROBERTO BARROSO RELATOR

Este texto não substitui o publicado no DJE-TSE, nº 131, de 2.7.2020, p. 3-4.

7. RESOLUÇÃO Nº 23.674, DE 16 DE DEZEMBRO DE 2020 – Institui o Calendário Eleitoral das Eleições 2022

O TRIBUNAL SUPERIOR ELEITORAL, no uso das suas atribuições legais e regimentais,

RESOLVE:

Art. 1º Fica estabelecido o Calendário Eleitoral das Eleições 2022 de acordo com o Anexo I desta Resolução.

Parágrafo único. Os procedimentos, vedações e permissões no dia da votação constam dos Anexos II e III desta Resolução.

Art. 2º Nas Eleições 2022, no dia da eleição, todas as unidades da federação, sem exceção, observarão o mesmo horário oficial de Brasília.

Art. 3º Esta Resolução entra em vigor na data de sua publicação oficial.

Brasília, 16 de dezembro de 2021.

ANEXO I

(a que se refere o caput do art. 1º da Resolução-TSE nº 23.674, de 16 de dezembro de 2021)

OUTUBRO DE 2021

4 de outubro – segunda-feira

Data a partir da qual é garantido, às entidades fiscalizadoras, o acesso antecipado aos sistemas eleitorais desenvolvidos pelo Tribunal Superior Eleitoral e o acompanhamento dos trabalhos para sua especificação e desenvolvimento, para fins de fiscalização e auditoria, em ambiente específico e sob a supervisão do TSE (Lei nº 9.504/1997, art. 66, §1º).

NOVEMBRO DE 2021

22 de novembro – segunda-feira

Data a partir da qual, até 27 de novembro de 2021, foram realizados, no Tribunal Superior Eleitoral, os Testes Públicos de Segurança 2021 (TPS) no sistema eletrônico de votação (Res.-TSE nº 23.444/2015, art. 1º, §1º).

27 de novembro – sábado

Data em que foram concluídos, no Tribunal Superior Eleitoral, os Testes Públicos de Segurança 2021 (TPS) no sistema eletrônico de votação (Res.-TSE nº 23.444/2015, art. 1º, §1º).

29 de novembro – segunda-feira

Data do encerramento dos Testes Públicos de Segurança 2021, em evento no qual foram demonstrados os resultados alcançados (Res.-TSE nº 23.444/2015, art. 20, §1º).

DEZEMBRO DE 2021

15 de dezembro – quarta-feira

Data em que o Tribunal Superior Eleitoral publicará o resultado dos Testes Públicos de Segurança 2021 (TPS) no sistema eletrônico de votação (Res.-TSE nº 23.444/2015, art. 20, §1º).

17 de dezembro – sexta-feira

Último dia para os tribunais eleitorais designarem os juízes auxiliares para a apreciação das representações, reclamações e pedidos de direito de resposta (Lei nº 9.504/1997, art. 96, §3º).

JANEIRO DE 2022

1º de janeiro – sábado

1. Data a partir da qual as entidades ou empresas que realizarem pesquisas de opinião pública relativas às eleições ou às possíveis candidatas ou candidatos, para conhecimento público, ficam obrigadas a registrar no Sistema de Registro de Pesquisas Eleitorais (PesqEle), até 5 (cinco) dias antes da divulgação, para cada pesquisa, as informações previstas em lei e na Res.-TSE nº 23.600 /2019, que dispõe sobre pesquisas eleitorais (Lei nº 9.504/1997, art. 33, caput e §1º, e Res.-TSE nº 23.600, art. 2º).

2. Data a partir da qual fica proibida a distribuição gratuita de bens, valores ou benefícios por parte da administração pública, exceto nos casos de calamidade pública, de estado de emergência ou de programas sociais autorizados em lei e já em execução orçamentária no exercício anterior, casos em que o Ministério Público poderá promover o acompanhamento de sua execução financeira e administrativa (Lei nº 9.504/1997, art. 73, §10, Res.-TSE nº 23.610, art. 83, §9º).

3. Data a partir da qual fica vedada a execução de programas sociais por entidade nominalmente vinculada a candidata ou candidato ou por este(a) mantida, ainda que autorizados em lei ou em execução orçamentária no exercício anterior (Lei nº 9.504/1997, art. 73, §11 e Res.-TSE nº 23.610, art. 83, §10).

4. Data a partir da qual é vedado realizar despesas com publicidade dos órgãos públicos federais, estaduais ou municipais, ou das respectivas entidades da administração indireta, que excedam a média dos gastos no primeiro semestre dos 3 (três) últimos anos que antecedem o pleito (Lei nº 9.504/1997, art. 73, VII).

MARÇO DE 2022

3 de março – quinta-feira

Data a partir da qual se inicia a janela de migração partidária, dentro da qual, até 1º de abril de 2022, considera-se justa causa a mudança de partido pelas detentoras ou detentores de cargo de deputado federal, estadual e distrital para concorrer a eleição majoritária ou proporcional (Lei nº 9.096/1995, art. 22-A, III).

5 de março – sábado

Data limite para o Tribunal Superior Eleitoral publicar as instruções relativas às eleições gerais de 2022 (Lei nº 9.504/1997, art. 105, caput e §3º).

ABRIL DE 2022

1º de abril – sexta-feira

1. Data a partir da qual, até 30 de julho de 2022, o Tribunal Superior Eleitoral promoverá, em até 5 (cinco) minutos diários, contínuos ou não, requisitados às emissoras de rádio e de televisão, propaganda institucional destinada a incentivar a participação feminina, dos(das) jovens e da comunidade negra na política, bem como a esclarecer cidadãs e cidadãos sobre as regras e o funcionamento do sistema eleitoral brasileiro (Lei nº 9.504/1997, art. 93-A).

2. Último dia da janela de migração partidária em que se considera justa causa a mudança de partido pelas detentoras ou detentores de cargo de deputado federal, estadual e distrital para concorrer a eleição majoritária ou proporcional (Lei nº 9.096/1995, art. 22-A, III).

2 de abril – sábado

(6 meses antes)

1. Data até a qual todos os partidos políticos que pretendam participar das eleições de 2022 devem ter obtido registro de seus estatutos no Tribunal Superior Eleitoral (Lei nº 9.504/1997, art. 4º). (Redação dada pela Resolução n° 23.685/2022)

2. Data até a qual pretensas candidatas e candidatos a cargo eletivo nas eleições de 2022 devem ter domicílio eleitoral na circunscrição na qual desejam concorrer e estar com a filiação deferida pelo partido, desde que o

estatuto partidário não estabeleça prazo superior (Lei nº 9.504/1997, art. 9º, caput e Lei nº 9.096/1995, art. 20, caput e Res.-TSE nº 23.609, art. 10 e Res.-TSE nº 23.609, art. 10).

3. Data até a qual o Presidente da República, as Governadoras ou os Governadores de Estado e do Distrito Federal e as Prefeitas e os Prefeitos devem renunciar aos respectivos mandatos, caso pretendam concorrer a outros cargos (Constituição Federal, art. 14, §6º e Res.-TSE nº 23.609, art. 13).

5 de abril – terça-feira

(180 dias antes)

1. Último dia para o órgão de direção nacional do partido político publicar, no Diário Oficial da União, as normas para a escolha e substituição de candidatas e candidatos e para a formação de coligações, na hipótese de omissão do estatuto, encaminhando-as ao Tribunal Superior Eleitoral antes da realização das convenções, para fins de divulgação no sítio eletrônico da Justiça Eleitoral (Lei nº 9.504/1997, art. 7º, §1º e Res.-TSE nº 23.609 art. 3º §3º e art. 6º, §4º, I). (Redação dada pela Resolução n° 23.685/2022)

2. Data a partir da qual, até a posse das eleitas e dos eleitos, é vedado aos(às) agentes públicos fazer, na circunscrição do pleito, revisão geral da remuneração das servidoras e dos servidores públicos que exceda a recomposição da perda de seu poder aquisitivo ao longo do ano da eleição (Lei nº 9.504/1997, art. 73, VIII; Res.-TSE nº 22.252/2006 e Res.-TSE nº 23.610, art. 83, VIII).

MAIO DE 2022

4 de maio – quarta-feira

(151 dias antes)

1. Último dia para a eleitora ou o eleitor solicitar operações de alistamento, transferência e revisão (Lei nº 9.504/1997, art. 91, caput).

2. Último dia para utilização do serviço de pré-atendimento via internet, para requerimento de operações de alistamento, transferência e revisão para eleitoras e eleitores no Brasil e no exterior.

3. Último dia para que as presas e os presos provisórios e os(as) adolescentes internados(as) que não possuírem inscrição eleitoral regular na unidade da Federação onde estejam localizados(as) sejam alistados(as) ou requeiram a regularização de sua situação para votarem nas eleições de 2022, mediante revisão ou transferência do seu título eleitoral (Res.-TSE nº 23.659/2021, art. 12, parágrafo único).

11 de maio – quarta-feira

Data a partir da qual, até 13 de maio de 2022, será realizado o Teste de Confirmação das correções aplicadas decorrentes dos resultados obtidos no Teste Público de Segurança ocorrido no período de 22 a 27 de novembro de 2021.

13 de maio – sexta-feira

Último dia para a realização do Teste de Confirmação das correções aplicadas decorrentes dos resultados obtidos no Teste Público de Segurança ocorrido no período de 22 a 27 de novembro de 2021.

15 de maio – domingo

1. Data a partir da qual é facultada às pré-candidatas e aos pré-candidatos a arrecadação prévia de recursos na modalidade de financiamento coletivo, ficando a liberação de recursos por parte das entidades arrecadadoras condicionada ao cumprimento, pela candidata ou pelo candidato, do registro de sua candidatura, da obtenção do CNPJ e da abertura de conta bancária (Lei nº 9.504 /1997, art. 22-A, §3º e Res.-TSE nº 23.607/2019, art. 22, §4º).

2. Data a partir da qual é permitida a campanha de arrecadação prévia de recursos na modalidade de financiamento coletivo, observadas a vedação a pedido de voto e as regras relativas à propaganda eleitoral na internet (Lei nº 9.504/1997, art. 22-A, §3º e Res.-TSE nº 23.610/2019, art. 3º, §4º; vide Consulta TSE nº 0600233-12.2018).

30 de maio – segunda-feira

Data em que o Tribunal Superior Eleitoral publicará, em formato físico e eletrônico, compêndio da documentação produzida e conclusões da Comissão Avaliadora dos Testes Públicos de Segurança 2021 (TPS) no sistema eletrônico de votação (Res.-TSE nº 23.444/2015, art. 20, §§2º e 3º).

31 de maio (Incluído pela Resolução n° 23.685/2022)

Data limite para que todas as federações, as quais pretendam participar das eleições de 2022 devem ter obtido registro de seus estatutos no Tribunal Superior Eleitoral (Lei nº 9.504/1997, art. 11-A e ADI n° 7021). (Incluído pela Resolução n° 23.685/2022)

JUNHO DE 2022

1º de junho – segunda-feira

Data-limite para que os partidos políticos comuniquem ao Tribunal Superior Eleitoral a renúncia ao Fundo Especial de Financiamento de Campanha (FEFC) (Lei nº 9.504/1997, art. 16-C, §16 e Res.- TSE nº 23.605/2019 art. 2º, §2º).

3 de junho. (Incluído pela Resolução n° 23.685/2022)

Último dia para o órgão de direção nacional das federações que pretendam participar das eleições de 2022, publicar, no Diário Oficial da União, as normas para a escolha e substituição de candidatas e candidatos, na hipótese de omissão do estatuto, encaminhando-as ao Tribunal Superior Eleitoral antes da realização das convenções, para fins de divulgação no sítio eletrônico da Justiça Eleitoral (ADI n° 7021). (Incluído pela Resolução n° 23.685/2022)

5 de junho – domingo

Data a partir da qual a Justiça Eleitoral deve tornar disponível aos partidos políticos a relação de todas as devedoras e os devedores de multa eleitoral, a qual embasará a expedição das certidões de quitação eleitoral (Lei nº 9.504/1997, art. 11, §9º).

15 de junho – quarta-feira

Último dia para os tribunais regionais eleitorais indicarem no Sistema ELO os novos municípios que terão eleições com identificação híbrida.

16 de junho – quinta-feira

Data até a qual o Tribunal Superior Eleitoral divulgará o montante de recursos disponíveis no Fundo Especial de Financiamento de Campanha (FEFC), observado o recebimento, pelo TSE, até 1º de junho de 2022, da descentralização da dotação orçamentária (Res.-TSE nº 23.605/2019, art. 3º).

30 de junho – quinta-feira

Data a partir da qual é vedado às emissoras de rádio e de televisão transmitir programa apresentado ou comentado por pré-candidata ou pré-candidato (Lei nº 9.504/1997, art. 45, §1º e Res.-TSE nº 23.610/2019, art. 43, §2º).

JULHO DE 2022

2 de julho – sábado

(3 meses antes)

1. Data a partir da qual são vedadas aos(às) agentes públicos(as), servidores(as) ou não, as seguintes condutas tendentes a afetar a igualdade de oportunidades entre candidatas e candidatos nos pleitos eleitorais (Lei nº 9.504/1997, art. 73, V e VI, a e Res.-TSE nº 23.610, art. 83):

I – nomear, contratar ou, de qualquer forma, admitir, demitir sem justa causa, suprimir ou readaptar vantagens, ou, por outros meios, dificultar ou impedir o exercício funcional e, ainda, ex officio, remover, transferir ou exonerar servidora ou servidor público, na circunscrição do pleito, até a posse das eleitas e dos eleitos, sob pena de nulidade de pleno direito, ressalvados os casos de:

a) nomeação ou exoneração de cargos em comissão e designação ou dispensa de funções de confiança;

b) nomeação para cargos do Poder Judiciário, do Ministério Público, dos tribunais ou conselhos de contas e dos órgãos da Presidência da República;

c) nomeação das aprovadas e dos aprovados em concursos públicos homologados até 2 de julho de 2022;

d) nomeação ou contratação necessária à instalação ou ao funcionamento inadiável de serviços públicos essenciais, com prévia e expressa autorização do Chefe do Poder Executivo; e

e) transferência ou remoção ex officio de militares, de policiais civis e de agentes penitenciários;

II – realizar transferência voluntária de recursos da União aos estados e municípios e dos estados aos municípios, sob pena de nulidade de pleno direito, ressalvados os recursos destinados a cumprir obrigação formal preexistente para execução de obra ou de serviço em andamento e com cronograma prefixado, bem como os destinados a atender situações de emergência e de calamidade pública.

2. Data a partir da qual é vedado aos(às) agentes públicos(as) das esferas administrativas cujos cargos estejam em disputa na eleição (Lei nº 9.504/1997, art. 73, VI, b e c, e §3º):

I – com exceção da propaganda de produtos e serviços que tenham concorrência no mercado, autorizar publicidade institucional dos atos, programas, obras, serviços e campanhas dos órgãos públicos federais, estaduais ou municipais, ou das respectivas entidades da administração indireta, salvo em caso de grave e urgente necessidade pública, assim reconhecida pela Justiça Eleitoral; e

II – fazer pronunciamento em cadeia de rádio e de televisão, fora do horário eleitoral gratuito, salvo quando, a critério da Justiça Eleitoral, tratar-se de matéria urgente, relevante e característica das funções de governo.

3. Data a partir da qual é vedada, na realização de inaugurações, a contratação de shows artísticos pagos com recursos públicos (Lei nº 9.504/1997, art. 75).

4. Data a partir da qual é vedado a qualquer candidata ou candidato comparecer a inaugurações de obras públicas (Lei nº 9.504/1997, art. 77 e Res.-TSE nº 23.610/2019, art. 86).

5. Data a partir da qual, até 2 de janeiro de 2023, para as unidades da Federação que realizarem apenas o 1º turno, e até 30 de janeiro de 2023, para as que realizarem 2º turno, órgãos e entidades da Administração Pública direta e indireta poderão ceder funcionárias e funcionários à Justiça Eleitoral, em casos específicos e de forma motivada, quando solicitado pelos tribunais eleitorais (Lei nº 9.504/1997, art. 94-A, II).

4 de julho – segunda-feira

(90 dias antes)

1. Último dia para entidades fiscalizadoras que desenvolveram programa próprio de verificação entregarem à Secretaria de Tecnologia da Informação do Tribunal Superior Eleitoral, para homologação, os códigos-fonte dos programas de verificação e a chave pública correspondente.

2. Último dia para o TSE realizar audiência com as entidades interessadas em divulgar os resultados da eleição e apresentar as definições do modelo de distribuição e os padrões tecnológicos e de segurança exigidos para a divulgação dos resultados.

5 de julho – terça-feira

1. Data a partir da qual, até 3 de agosto de 2022, as juízas e os juízes eleitorais nomearão as eleitoras e eleitores que comporão as mesas receptoras de votos e de justificativas e o pessoal de apoio logístico dos locais de votação para o primeiro e eventual segundo turnos da eleição.

2. Data a partir da qual, desde que em curso o período de 15 (quinze) dias que antecede a data definida pelo partido para a escolha de candidatas e candidatos em convenção, é permitido ao postulante à candidatura a cargo eletivo realizar propaganda intrapartidária com vista à indicação de seu nome, vedado o uso de rádio, televisão e outdoor, devendo a propaganda ser removida imediatamente após a convenção (Lei nº 9.504/1997, art. 36, §1º e Res.-TSE nº 23.610/2019, art. 2º, §1º).

8 de julho – sexta-feira

Início do prazo para a agregação de seções eleitorais e marcação da distribuição de seções de TTE de ofício.

11 de julho – segunda-feira

Data em que o Tribunal Superior Eleitoral divulgará, na internet, o quantitativo de eleitoras e eleitores por município, para fins do cálculo do limite de gastos e do número de contratações diretas ou terceirizadas de pessoal para prestação de serviços referentes a atividades de militância e mobilização de rua nas campanhas eleitorais (Lei nº 9.504/1997, art. 100-A, Lei nº 13.488/2017, art. 6º e Res.-TSE nº 23.607, art. 41, §4º).

12 de julho – terça-feira

Data a partir da qual, até 18 de agosto de 2022, a eleitora ou o eleitor poderá habilitar-se perante a Justiça Eleitoral para votar em trânsito, indicando o local em que pretende votar, assim como alterar ou cancelar sua habilitação, caso já o tenha requerido.

15 de julho – sexta-feira

1. Data a partir da qual, para os municípios com eleitorado superior a 100.000 (cem mil), devem estar habilitados os locais de votação convencionais para recebimento de voto em trânsito, ou criados os locais específicos para voto em trânsito.

2. Último dia para criação, no Cadastro Eleitoral, dos locais de votação onde funcionarão as seções eleitorais dos estabelecimentos penais e das unidades de internação de adolescentes, caso ainda não existam.

3. Último dia do prazo para cadastramento, pelos tribunais regionais, de marcação da distribuição de seções de TTE de ofício.

16 de julho – sábado

Data a partir da qual, até 15 de agosto de 2022 e nos 3 (três) dias que antecedem a eleição, o Tribunal Superior Eleitoral poderá divulgar comunicados, boletins e instruções ao eleitorado, em até 10 (dez) minutos diários requisitados às emissoras de rádio e de televisão, contínuos ou não, que poderão ser somados e usados em dias espaçados, podendo ceder, a seu juízo, parte desse tempo para utilização por tribunal regional eleitoral (Lei nº 9.504/1997, art. 93 e Res.-TSE nº 23.610 /2019, art. 115).

17 de julho – domingo

Data a partir da qual será disponibilizada, na internet, consulta dos locais de votação com vagas para voto em trânsito e transferência temporária de seção para militares, agentes de segurança pública e guardas municipais em serviço.

18 de julho – segunda-feira

1. Data a partir da qual, até 18 de agosto de 2022, a eleitora ou o eleitor com deficiência ou mobilidade reduzida poderá habilitar-se perante a Justiça Eleitoral para votar em outra seção ou local de votação da sua circunscrição.

2. Data a partir da qual, até 18 de agosto de 2022, será possível a transferência de eleitoras e eleitores para as seções instaladas especificamente para o voto dos presos(as) provisórios(as) e adolescentes internados(as).

3. Data a partir da qual, até 18 de agosto de 2022, as chefias ou comandos dos órgãos a que estiverem subordinados as membras e os membros das Forças Armadas, as polícias federal, rodoviária federal, ferroviária federal, civis e militares, os corpos de bombeiros militares, as polícias penais federal, estaduais e distrital, os(as) agentes de trânsito e as guardas municipais que estiverem em serviço no dia da eleição podem encaminhar listagem para a Justiça Eleitoral para a transferência temporária de seção (Código Eleitoral, art. 233-A, §§2º e 3º).

4. Data a partir da qual, até 18 de agosto de 2022, as juízas e os juízes eleitorais, as servidoras e os servidores da Justiça Eleitoral e as promotoras e os promotores eleitorais designados para trabalhar no dia da eleição poderão habilitar-se para votar em outra seção ou local de votação.

5. Data a partir da qual, até 26 de agosto de 2022, as mesárias, os mesários e as pessoas convocadas para apoio logístico que atuarão em seção ou local diverso de sua seção de origem, inclusive os(as) que atuarão nas mesas instaladas nos estabelecimentos penais e de internação de adolescentes, poderão solicitar transferência temporária de seção.

20 de julho – quarta-feira

1. Data a partir da qual, até 5 de agosto de 2022, é permitida a realização de convenções destinadas a deliberar sobre coligações e a escolher candidatas e candidatos a presidente e vice-presidente da República, governador e vice-governador, senador e respectivos suplentes, deputado federal, deputado estadual e distrital (Lei nº 9.504/1997, art. 8º, caput e Res.-TSE nº 23.609, art. 6º).

2. Data a partir da qual, observado o dia seguinte ao qual se realizou a convenção, a ata e a lista dos(as) presentes deverão ser transmitidas via internet ou, na impossibilidade, ser entregues na Justiça Eleitoral, para publicação no sítio eletrônico do tribunal regional eleitoral correspondente (Lei nº 9.504/1997, art. 8º, caput e Res.-TSE nº 23.609, art. 6º §§4º, I e 5º).

3. Data a partir da qual a Justiça Eleitoral encaminhará à Secretaria da Receita Federal do Brasil o pedido de inscrição no CNPJ das candidaturas cujos registros tenham sido requeridos pelos partidos políticos, federações ou coligações, o qual deverá ser atendido em até 3 (três) dias úteis (Lei nº 9.504/1997, art. 22-A, §1º e Res.-TSE nº 23.609, art. 33, caput e I).

4. Data a partir da qual os feitos eleitorais, até 4 de novembro de 2022, terão prioridade para a participação do Ministério Público e dos juízos de todas as Justiças e instâncias, ressalvados os processos de habeas corpus e mandado de segurança (Lei nº 9.504/1997, art. 94, caput e Res.- TSE nº 23.608/2019, art. 61).

5. Data a partir da qual, até 4 de novembro de 2022, as polícias judiciárias, os órgãos das Receitas Federal, Estadual e Municipal, os tribunais e os órgãos de contas auxiliarão a Justiça Eleitoral na apuração dos delitos eleitorais, com prioridade sobre suas atribuições regulares (Lei nº 9.504/1997, art. 94, §3º e Res.-TSE nº 23.608/2019, art. 61, §3º).

6. Data a partir da qual é assegurado o exercício do direito de resposta à candidata, ao candidato, ao partido político, à federação de partidos ou à coligação atingidos(as), ainda que de forma indireta, por conceito, imagem ou afirmação caluniosa, difamatória, injuriosa ou sabidamente inverídica, difundidos por qualquer veículo de comunicação social (Lei nº 9.504/1997, arts. 6º-A e 58, caput, Lei nº 9.096/1995, art. 11-A, caput e §8º e Res.-TSE nº 23.608/2019, art. 31).

7. Data a ser considerada, para fins de divisão do tempo destinado à propaganda no rádio e na televisão por meio do horário eleitoral gratuito, para o cálculo da representatividade na Câmara dos Deputados, decorrente de eventuais novas totalizações do resultado das eleições gerais (Lei nº 9.504/1997, art. 47, §3º e Res.-TSE nº 23.610/2019, art. 55, §1º).

8. Data a ser considerada, para fins da garantia prevista em lei para a participação em debates transmitidos por emissoras de rádio e de televisão, para o cálculo da representatividade do Congresso Nacional decorrente de eventuais novas totalizações do resultado das eleições gerais (Lei nº 9.504/1997, art. 46, caput e Res.-TSE nº 23.610/2019, art. 44, §6º).

9. Data a partir da qual, considerada a data efetiva da realização da respectiva convenção partidária, é permitida a formalização de contratos que gerem despesas e gastos com a instalação física e virtual de comitês de candidatas e candidatos e de partidos políticos desde que só haja o efetivo desembolso financeiro após a obtenção do número de registro de CNPJ da candidata ou do candidato e a abertura de conta bancária específica para a movimentação financeira de campanha e emissão de recibos eleitorais (Res.-TSE nº 23.607/2019, art. 36, §2º).

10. Último dia para a Justiça Eleitoral dar publicidade aos limites de gastos estabelecidos em lei para cada cargo eletivo em disputa (Lei nº 9.504/1997, art. 18 e Res.-TSE nº 23.607/2019, art. 4º, §2º).

11. Data a partir da qual os partidos políticos, as candidatas e os candidatos, após a obtenção do respectivo registro de CNPJ e a abertura de conta bancária específica para movimentação financeira de campanha e da emissão de recibos eleitorais, deverão enviar à Justiça Eleitoral, para fins de divulgação na internet, os dados sobre recursos financeiros recebidos para financiamento de sua campanha eleitoral, observado o prazo de 72 (setenta e duas) horas do recebimento desses recursos (Lei nº 9.504/1997, art. 28, §4º, I e Res.-TSE nº 23.607/2019, art. 47).

12. Data a partir da qual, observada a homologação da respectiva convenção partidária até a diplomação das eleitas e dos eleitos, nos feitos decorrentes do processo eleitoral, não podem servir como juízes(as), nos tribunais eleitorais, juízes(as) auxiliares, juízes(as) eleitorais ou chefe de cartório eleitoral, o cônjuge ou companheiro(a) e parente consanguíneo(a) ou afim, até o segundo grau, de candidata ou de candidato a cargo eletivo registrado na circunscrição (Código Eleitoral, arts. 14, §3º, e 33, §1º e Res.-TSE nº 23.608/2019, art. 56).

13. Data a partir da qual, observada a publicação dos editais de pedido de registro de candidaturas, os nomes de todas as candidatas e candidatos registrados(as) deverão constar da lista apresentada aos(às) entrevistados(as) durante a realização das pesquisas eleitorais (Res.- TSE nº 23.600/2019, art. 3º).

14. Data até a qual as emissoras de rádio e de televisão e demais veículos de comunicação, inclusive provedores de aplicações de internet, deverão, independentemente de intimação, apresentar aos tribunais eleitorais, em meio físico ou eletrônico, a indicação da pessoa representante legal e dos endereços de correspondência e correio eletrônico e número de telefone móvel que disponha de aplicativo de mensagens instantâneas pelos quais receberão ofícios, intimações ou citações, e poderão, ainda, indicar procuradora ou procurador com ou sem poderes para receber citação, hipótese em que farão juntar a procuração respectiva (Res.-TSE nº 23.608 /2019, art. 79).

22 de julho – sexta-feira

Último dia para a publicação, no Diário da Justiça Eletrônico, dos nomes das pessoas indicadas para compor as juntas eleitorais para o primeiro e eventual segundo turnos de votação (Código Eleitoral, art. 36, §2º).

27 de julho – quarta-feira

Último dia para os partidos políticos ou as federações partidárias impugnarem, em petição fundamentada, os nomes das pessoas indicadas para compor as juntas eleitorais, observado o prazo de 3 (três) dias contados da publicação do edital com as indicações ou das situações supervenientes previstas em lei (Código Eleitoral, art. 36, §2º).

30 de julho – sábado Último dia para o Tribunal Superior Eleitoral promover, em até 5 (cinco) minutos diários, contínuos ou não, requisitados às emissoras de rádio e de televisão, propaganda institucional destinada a incentivar a participação feminina, dos(as) jovens e da comunidade negra na política, bem como a esclarecer cidadãs e cidadãos sobre as regras e o funcionamento do sistema eleitoral brasileiro (Lei nº 9.504/1997, art. 93-A e Res.-TSE nº 23.610/2019, art. 116).

AGOSTO DE 2022

3 de agosto – quarta-feira (60 dias antes)

1. Data a partir da qual é assegurada aos partidos políticos e às federações de partidos a prioridade postal para a remessa de material de propaganda de suas candidatas e de seus candidatos registrados(as) (Código Eleitoral, art. 239 e Res.-TSE nº 23.610/2019, art. 120).

2. Último dia para a nomeação das mesárias, dos mesários e do apoio logístico para o primeiro e eventual segundo turnos de votação, à exceção dos(as) que atuarão nas seções instaladas em estabelecimentos penais e nas unidades de internação de adolescentes, nomeados(as) até 26 de agosto (Código Eleitoral, art. 120, §3º).

3. Último dia para publicação do edital contendo as nomeações dos(as) componentes das mesas receptoras e dos(as) convocados(as) para apoio logístico (Código Eleitoral, art. 120, §3º).

4. Último dia para a nomeação, pelo Tribunal Regional Eleitoral do Distrito Federal, das mesas receptoras de votos do exterior, para o primeiro e segundo turnos.

5. Último dia para publicação dos locais designados para o funcionamento das mesas receptoras de votos, inclusive para o voto em trânsito, e de justificativas, indicando as seções, as respectivas agregações, com a numeração ordinal e o local em que deverá funcionar, assim como a rua, número e qualquer outro elemento que facilite a sua localização pelo eleitor (Código Eleitoral, arts. 120, §3º, e 135, §1º).

6. Último dia para o(a) presidente do TRE nomear as membras e os membros das juntas eleitorais para o primeiro e eventual segundo turnos de votação (Código Eleitoral, art. 36, §1º).

5 de agosto – sexta-feira

1. Último dia para a realização de convenções pelos partidos políticos e pelas federações destinadas a deliberar sobre coligações e a escolher candidatas e candidatos a presidente e vice-presidente da República, governador e vice-governador, senador e respectivos suplentes, deputado federal e deputado estadual e distrital (Lei nº 9.504/1997, art. 8º, caput e Res.-TSE nº 23.609/2019, art. 6º).

2. Último dia, observada a data da convenção, para que:

I – o partido político que deseje participar das eleições tenha constituído órgão de direção na circunscrição, devidamente anotado no tribunal eleitoral competente, de acordo com o respectivo estatuto partidário (Lei nº 9.504/1997, art. 4º; Lei nº 9.096/1995, art. 10, §1º, I e II; Res.-TSE nº 23.571/2018, arts. 35 e 43 e Res.-TSE nº 23.609/2019, art. 2º, I); e

II – a federação que deseje participar das eleições conte, em sua composição, com ao menos um partido político que tenha, até a data da convenção, órgão de direção que atenda ao disposto na segunda parte do inciso I deste item (Lei nº 9.504/1997, art. 6º-A e Res.-TSE nº 23.609/2019, art. 2º, II).

6 de agosto – sábado

Data a partir da qual é vedado às emissoras de rádio e de televisão, em sua programação normal e em seu noticiário (Lei nº 9.504/1997, art. 45, I, III, IV, V e VI; vide ADI nº 4.451 e Res.-TSE nº 23.610/2019, art. 43):

I – transmitir, ainda que sob a forma de entrevista jornalística, imagens de realização de pesquisa ou de qualquer outro tipo de consulta popular de natureza eleitoral em que seja possível identificar o(a) entrevistado(a) ou em que haja manipulação de dados;

II – veicular propaganda política;

III – dar tratamento privilegiado a candidata, candidato, partido político, federação ou coligação;

IV – veicular ou divulgar filmes, novelas, minisséries ou qualquer outro programa com alusão ou crítica a candidata, candidato, partido político, federação ou coligação, mesmo que dissimuladamente, exceto programas jornalísticos ou debates políticos;

V – divulgar nome de programa que se refira a candidata ou candidato escolhido(a) em convenção, ainda quando preexistente, inclusive se coincidente com seu nome ou nome escolhido para constar da urna eletrônica, hipótese em fica proibida sua divulgação, sob pena de cancelamento do respectivo registro.

8 de agosto – segunda-feira

1. Último dia para os(as) convocados(as) para compor as mesas receptoras e para atuar como apoio logístico apresentarem recusa à nomeação, observado o prazo de 5 (cinco) dias contados desse ato, ressalvada a hipótese de impedimento superveniente (Código Eleitoral, art. 120, §4º).

2. Último dia para os partidos políticos e federações de partidos reclamarem à juíza ou ao juiz eleitoral da nomeação das mesas receptoras e do apoio logístico, observado o prazo de 5 (cinco) dias contados da publicação das nomeações ou das situações supervenientes previstas em lei (Lei nº 9.504/1997, art. 63, caput e Código Eleitoral art. 121, §2º).

3. Último dia para os partidos políticos e federações de partidos reclamarem da designação dos locais de votação para o primeiro e eventual segundo turnos, observado o prazo de 3 (três) dias contados da publicação (Código Eleitoral, art. 135, §7º).

10 de agosto – quarta-feira

1. Último dia para a juíza ou o juiz eleitoral decidir sobre as reclamações relativas à composição das mesas receptoras de votos e de justificativas e às pessoas nomeadas para apoio logístico (Lei nº 9.504/1997, art. 63, caput).

2. Último dia para a juíza ou o juiz eleitoral decidir sobre as reclamações relativas às designações dos locais de votação (Código Eleitoral, art. 135, §7º).

12 de agosto – sexta-feira

Data-limite para que o Tribunal Superior Eleitoral publique a tabela com a representatividade da Câmara dos Deputados e do Congresso Nacional, decorrente de eventuais novas totalizações do resultado das últimas eleições gerais efetivadas até 20 de julho de 2022, para fins de divisão do tempo destinado à propaganda eleitoral gratuita no rádio e na televisão e para a realização de debates (Res.-TSE nº 23.610/2019, art. 44, §6º).

15 de agosto – segunda-feira

1. Último dia para os partidos políticos, as federações e as coligações requererem o registro de candidatas e candidatos a presidente e a vice-presidente da República (Lei nº 9.504/1997, art. 11, caput e Res.-TSE nº 23.609/2019, arts. 18, I e 19, §2º):

I – até as 8 horas, por transmissão via internet; ou

II – até as 19 horas, em mídia entregue no Tribunal Superior Eleitoral.

2. Último dia para os partidos políticos, as federações e as coligações requererem o registro de candidatas e candidatos a governador e vice-governador, senador e respectivos suplentes, deputado federal e deputado estadual ou distrital (Lei nº 9.504/1997, art. 11, caput e Res.-TSE nº 23.609/2019, arts. 18, II e 19, §2º):

I – até as 8 horas, por transmissão via internet; ou

II – até as 19 horas, em mídia entregue no tribunal regional eleitoral respectivo.

3. Último dia para as pessoas responsáveis pelas repartições, órgãos e unidades do serviço público oficiarem ao juízo eleitoral, informando o número, a espécie e a lotação dos veículos e embarcações de que dispõem para o primeiro e eventual segundo turnos de votação (Lei nº 6.091/1974, art. 3º).

4. Último dia para os tribunais regionais eleitorais decidirem sobre os recursos interpostos contra a nomeação das mesas receptoras e das pessoas convocadas para apoio logístico dos locais de votação, observado o prazo de 3 (três) dias da chegada do recurso ao tribunal (Lei nº 9.504/1997, art. 63, §1º).

5. Último dia para os partidos políticos e as federações de partidos recorrerem da decisão da juíza ou do juiz eleitoral sobre a designação dos locais de votação, observado o prazo de 3 (três) dias contados da publicação da decisão (Código Eleitoral, art. 135, §8º).

6. Último dia para os tribunais e conselhos de contas tornarem disponível à Justiça Eleitoral relação daqueles(as) que tiveram suas contas relativas ao exercício de cargos ou funções públicas rejeitadas por irregularidade insanável e por decisão irrecorrível do órgão competente, ressalvados os casos em que a questão estiver sendo submetida à apreciação do Poder Judiciário, ou em que haja sentença judicial favorável ao(à) interessado(a) (Lei nº 9.504/1997, art. 11, §5º).

7. Data a partir da qual as secretarias dos tribunais eleitorais permanecerão abertos aos sábados, domingos e feriados.

8. Data a partir da qual os prazos processuais relativos aos feitos das eleições de 2022, salvo os submetidos ao procedimento do art. 22 da Lei Complementar nº 64/1990, serão contados, conforme o caso, em cartório ou secretaria ou no PJe, de forma contínua e não serão prorrogados quando se vencerem aos sábados, domingos e feriados (Lei Complementar nº 64/1990, art. 16 e Res.-TSE nº 23.608/2019, art. 7º).

9. Data a partir da qual, até 19 de dezembro de 2022, o mural eletrônico, mensagens instantâneas e mensagens eletrônicas serão utilizados para as comunicações da Justiça Eleitoral nos processos de registro de candidatura, nas representações, ressalvadas aquelas submetidas ao procedimento do art. 22 da LC 64/90, nas reclamações, nos pedidos de direito de resposta e nas prestações de contas, observadas as regras específicas das resoluções respectivas (Res.-TSE nº 23.607/2019, art. 98, Res.-TSE nº 23.608/2019, art. 12 e Res.-TSE nº 23.609/2019, art. 38).

10. Data a partir da qual, até 19 de dezembro de 2022, o Ministério Público será intimado das decisões e dos despachos por meio eletrônico, e dos acórdãos, em sessão de julgamento, quando nela forem publicados (Res.-TSE nº 23.608/2019, art. 12, §§7º e 8º).

11. Data a partir da qual, até 21 de agosto de 2022, os tribunais eleitorais convocarão os partidos políticos, as federações e a representação das emissoras de televisão e de rádio para a elaboração de plano de mídia para uso da parcela do horário eleitoral gratuito a que tenham direito, assim como para realizar o sorteio para escolha da ordem de veiculação da propaganda em rede (Lei nº 9.504/1997, art. 52 e Res.-TSE nº 23.610/2019, arts. 53, caput e §1º).

12. Último dia para o Tribunal Superior Eleitoral divulgar comunicados, boletins e instruções ao eleitorado, em até 10 (dez) minutos diários requisitados das emissoras de rádio e de televisão, contínuos ou não, que poderão ser somados e usados em dias espaçados, podendo ceder, a seu juízo, parte desse tempo para utilização por tribunal regional eleitoral (Lei nº 9.504/1997, art. 93 e Res.-TSE nº 23.610/2019, art. 115).

13. Último dia para os partidos políticos e as federações de partidos recorrerem da decisão da juíza ou do juiz eleitoral sobre a designação dos locais de votação, observado o prazo de 3 (três) dias contados da publicação da decisão (Código Eleitoral, art. 135, §8º).

14. Último dia para que os partidos políticos e as federações de partidos providenciem a abertura de conta bancária específica destinada ao recebimento de doações de pessoas físicas para a campanha eleitoral, na Caixa Econômica Federal, no Banco do Brasil ou em outra instituição financeira com carteira comercial reconhecida pelo Banco Central do Brasil, caso não a tenham (Res.-TSE nº 23.607/2019, art. 8º e §1º, II).

15. Último dia para os partidos políticos encaminharem ao Tribunal Superior Eleitoral os critérios definidos pelos órgãos de direção nacional para utilização, nas campanhas eleitorais, das doações recebidas de pessoas físicas ou das contribuições de filiados e filiadas recebidas em anos anteriores ao da eleição (Res.-TSE nº 23.607/2019, art. 18, II).

16. Data a partir da qual não será permitida a realização de enquetes relacionadas ao processo eleitoral e caberá o exercício do poder de polícia contra a sua divulgação (Lei nº 9.504/1997, art. 33, §5º , c.c. o art. 36 e Res.-TSE nº 23.600/2019, art. 23).

16 de agosto – terça-feira

1. Data a partir da qual será permitida a propaganda eleitoral, inclusive na internet (Lei nº 9.504/1997, arts. 36, caput, e 57-A e Res.-TSE nº 23.610/2019, arts. 2º e 27).

2. Data a partir da qual, até 1º de outubro de 2022, as candidatas, os candidatos, os partidos, as federações e as coligações podem fazer funcionar, entre as 8h (oito horas) e as 22h (vinte e duas horas), alto-falantes ou amplificadores de som, nos termos do artigo 15 da Res.-TSE nº 23.610 /2019(Lei nº 9.504/1997, art. 39, §§3º e 5º, I).

3. Data a partir da qual, até 29 de setembro de 2022, as candidatas, os candidatos, os partidos políticos, as federações e as coligações poderão realizar comícios e utilizar aparelhagem de sonorização fixa, entre as 8h (oito horas) e as 24h (vinte e quatro horas), podendo o horário ser prorrogado por mais 2 (duas) horas

quando se tratar de comício de encerramento de campanha (Código Eleitoral, art. 240, parágrafo único, e Lei nº 9.504/1997, art. 39, §4º e Res.-TSE nº 23.610 /2019, arts. 5º e 15, §1º).

4. Data a partir da qual, até as 22h (vinte e duas horas) do dia 1º de outubro de 2022, poderá haver distribuição de material gráfico, caminhada, carreata ou passeata, acompanhadas ou não por carro de som ou mini-trio (Lei nº 9.504/1997, art. 39, §§9º e 11 e Res.-TSE nº 23.610/2019, art. 16).

5. Data a partir da qual, até 30 de setembro de 2022, serão permitidas a divulgação paga, na imprensa escrita, e a reprodução na internet do jornal impresso, de até 10 (dez) anúncios de propaganda eleitoral, por veículo, em datas diversas, para cada candidata ou candidato, no espaço máximo, por edição, de 1/8 (um oitavo) de página de jornal padrão e de 1/4 (um quarto) de página de revista ou tabloide (Lei nº 9.504/1997, art. 43, caput e Res.-TSE nº 23.610/2019, art. 42).

6. Data a partir da qual, independentemente do critério de prioridade, os serviços telefônicos, oficiais ou concedidos, farão instalar, nas sedes dos diretórios devidamente registrados, telefones necessários, mediante requerimento do(a) respectivo(a) presidente e pagamento das taxas devidas (Código Eleitoral, art. 256, §1º e Res.-TSE nº 23.610/2019, art. 118, parágrafo único).

18 de agosto – quinta-feira

1. Último dia para os tribunais regionais eleitorais decidirem sobre os recursos interpostos contra a nomeação das mesas receptoras e do pessoal de apoio logístico dos locais de votação, observado o prazo de 3 (três) dias da chegada do recurso no tribunal (Lei nº 9.504/1997, art. 63, §1º).

2. Último dia para os tribunais regionais eleitorais decidirem sobre os recursos interpostos da designação dos locais de votação, observado o prazo de 3 (três) dias da chegada do recurso ao tribunal (Código Eleitoral, art. 135, §8º).

3. Último dia para requerimento, alteração ou cancelamento da habilitação para votar em seção distinta da origem, por eleitoras e eleitores que se enquadrem nas seguintes situações:

I – em trânsito no território nacional;

II – presas e presos provisórios(as) e adolescentes em unidades de internação, sendo estendida a prerrogativa às agentes e aos agentes penitenciários, às polícias penais e às demais servidoras e servidores desses estabelecimentos, caso instalada seção eleitoral;

III – integrantes das Forças Armadas, Polícia Federal, Polícia Rodoviária Federal, Polícia Ferroviária Federal, Polícias Civis, Polícias Militares, Corpos de Bombeiros Militares, Polícias Penais Federal, Estaduais e Distrital, e Guardas Municipais, que estiverem em serviço por ocasião das eleições;

IV – com deficiência ou mobilidade reduzida;

V – pertencentes a populações indígenas, quilombolas e das comunidades remanescentes (Res.- TSE nº 23.569/2021, art. 13 §5º);

VI – juízas, juízes, promotoras e promotores eleitorais, e servidoras e servidores da Justiça Eleitoral.

19 de agosto – sexta-feira

Último dia para as emissoras distribuírem entre si as atribuições relativas ao fornecimento de equipamentos e mão de obra especializada para a geração da propaganda eleitoral, assim como para definir a forma de veiculação de sinal único de propaganda e a forma pela qual todas as emissoras deverão captar e retransmitir o sinal. (Res.-TSE nº 23.610/2019, art. 64, §2º).

21 de agosto – domingo

Último dia para os tribunais eleitorais, junto com os partidos políticos e as federações e a representação das emissoras de rádio e de televisão, elaborarem plano de mídia para uso da parcela do horário eleitoral gratuito a que tenham direito, assim como para realizar os sorteios para a escolha da ordem de veiculação da propaganda em rede e de inserções provenientes de eventuais sobras de tempo (Lei nº 9.504/1997, arts. 50 e 52 e Res.-TSE nº 23.610/2019, art. 53, caput e §1º).

23 de agosto – terça-feira

Último dia para os partidos políticos e federações de partidos indicarem até 3 (três) pessoas para compor a Comissão Especial de Transporte para o primeiro e eventual segundo turnos de votação (Lei nº 6.091/1974, art. 15).

24 de agosto – quarta-feira

1. Último dia para os partidos, as federações e as coligações indicarem ao grupo de emissoras, ou à emissora responsável pela geração do sinal para veiculação da propaganda eleitoral gratuita, as pessoas autorizadas a entregar os mapas e as mídias, comunicando eventual substituição com, no mínimo, 24 (vinte e quatro) horas de antecedência, dispensado o credenciamento para os(as) presidentes das legendas e os(as) vice-presidentes e delegados(as) credenciados(as), mediante certidão obtida no sítio eletrônico do TSE (Res.-TSE nº 23.610/2019, art. 65, §§1º e 3º).

2. Último dia para o grupo de emissoras e as emissoras responsáveis pela geração fornecerem à Justiça Eleitoral, aos partidos políticos, às federações e às coligações, por meio do formulário estabelecido no Anexo II da Res.-TSE nº 23.610/2019, seus telefones, endereços, inclusive eletrônico, e nomes das pessoas responsáveis pelo recebimento de mapas e de mídias (Res.-TSE nº 23.610/2019, art. 65, §8º).

25 de agosto – quinta-feira

Último dia para agregação de seções pelas zonas eleitorais.

26 de agosto – sexta-feira (37 dias antes)

1. Último dia para a nomeação das mesas receptoras nas seções instaladas em estabelecimentos penais e nas unidades de internação de adolescentes, para o primeiro e eventual segundo turnos de votação, assim como as das seções criadas exclusivamente para o voto em trânsito.

2. Último dia para as mesárias, os mesários e as pessoas convocadas para apoio logístico requererem, alterarem ou cancelarem a habilitação para votar em seção distinta da origem.

3. Data a partir da qual, até 29 de setembro de 2022, será veiculada a propaganda eleitoral gratuita no rádio e na televisão relativa ao primeiro turno (Lei nº 9.504/1997, art. 47, caput, e art. 51 e Res.- TSE nº 23.610/2019, art. 49).

28 de agosto – domingo

Último dia, observada a data da Cerimônia de Assinatura Digital e Lacração dos Sistemas, para o Tribunal Superior Eleitoral homologar os programas de verificação dos sistemas eleitorais desenvolvidos pelas entidades fiscalizadoras para fins de auditoria.

30 de agosto – terça-feira

Data a partir da qual estará disponível, por aplicativo ou na internet, o serviço de consulta à seção de votação, atualizada com as informações a respeito da transferência temporária da eleitora ou do eleitor.

31 de agosto – quarta-feira

1. Último dia para os(as) integrantes das mesas receptoras que atuarão nas seções instaladas nos estabelecimentos penais e de internação de adolescentes apresentarem recusa à nomeação, observado o prazo de 5 (cinco) dias contados desse ato, ressalvadas situações supervenientes previstas em lei (Código Eleitoral, art. 120, §4º).

2. Último dia para os partidos políticos e as federações reclamarem da nomeação das mesas receptoras das seções instaladas nos estabelecimentos penais e de internação de adolescentes, observado o prazo de 5 (cinco) dias contados da publicação das nomeações e das situações supervenientes previstas em lei (Lei nº 9.504/1997, art. 63, caput e Código Eleitoral, art. 121, §2º).

SETEMBRO DE 2022

1º de setembro – quinta-feira

Último dia para os tribunais eleitorais enviarem ofício à Receita Federal e às secretarias estaduais e municipais de Fazenda, solicitando arquivo eletrônico contendo as notas fiscais eletrônicas relativas ao fornecimento de bens e serviços para campanha eleitoral, na forma estabelecida no art. 92, §2º, II, da Res.-TSE nº 23.609/2019.

2 de setembro – sexta-feira

(30 dias antes)

1. Último dia para a juíza ou o juiz eleitoral decidir sobre as reclamações relativas à composição das mesas receptoras de votos instaladas nos estabelecimentos penais e de internação de adolescentes (Lei nº 9.504/1997, art. 63, caput).

2. Último dia para o Tribunal Superior Eleitoral convocar as entidades fiscalizadoras para a Cerimônia de Assinatura Digital e Lacração dos Sistemas, solicitando manifestação de interesse em assinar digitalmente os programas.

3. Último dia para os órgãos de direção dos partidos políticos e das federações preencherem as vagas remanescentes para as eleições proporcionais, observados os percentuais mínimo e máximo para candidaturas de cada gênero, no caso de as convenções para a escolha de candidatas e candidatos não terem indicado o número máximo de até 100% (cem por cento) de lugares a preencher mais 1 (um) para os cargos proporcionais (Lei nº 9.504/1997, art. 10, §5º e Res.-TSE nº 23.608/2019, art. 17, caput e §7º).

4. Último dia para o(a) presidente da junta eleitoral comunicar ao(à) presidente do tribunal regional eleitoral os nomes dos(as) escrutinadores(as) e auxiliares que houver nomeado, publicando edital no Diário da Justiça Eletrônico, ou na forma estabelecida pelos tribunais regionais eleitorais (Código Eleitoral, art. 39).

5. Último dia para o juízo eleitoral providenciar a instalação da Comissão Especial de Transporte (Lei nº 6.091/1974, art. 14).

6. Último dia para o planejamento do serviço de transporte de eleitores e a requisição de veículos e embarcações aos órgãos ou unidades do serviço público para o primeiro e eventual segundo turnos de votação (Lei nº 6.091/1974, art. 3º, §2º).

7. Último dia para os tribunais regionais eleitorais designarem, em sessão pública, a Comissão de Auditoria da Votação Eletrônica.

5 de setembro – segunda-feira

1. Último dia para as entidades fiscalizadoras impugnarem a indicação de componente da Comissão de Auditoria da Votação Eletrônica, observado o prazo de 3 (três) dias contados da divulgação dos nomes que a comporão.

2. Último dia para os partidos políticos e as federações oferecerem impugnação motivada aos nomes dos(as) escrutinadores(as) e aos(às) componentes da junta eleitoral nomeados(as), observado o prazo de 3 (três) dias contados da publicação do respectivo edital (Código Eleitoral, art. 39).

3. Último dia para os partidos políticos e as federações recorrerem da decisão do juiz eleitoral sobre a nomeação das mesas receptoras das seções eleitorais dos estabelecimentos penais e de internação de adolescentes, observado o prazo de 3 (três) dias contados da publicação da decisão (Lei nº 9.504/1997, art. 63, §1º).

8 de setembro – quinta-feira

Último dia para os tribunais regionais eleitorais decidirem sobre os recursos interpostos contra a nomeação das mesas receptoras instaladas nos estabelecimentos penais e de internação de adolescentes, observado o prazo de 3 (três) dias contados da chegada do recurso ao tribunal (Lei nº 9.504/1997, art. 63, §1º).

9 de setembro – sexta-feira

Data a partir da qual, até 13 de setembro de 2022, os partidos políticos, as candidatas, os candidatos deverão enviar à Justiça Eleitoral, por meio do Sistema de Prestação de Contas Eleitorais (SPCE), a prestação de contas parcial, dela constando o registro da movimentação financeira e/ou estimável em dinheiro ocorrida desde o início da campanha até 8 de setembro, para fins de cumprimento do disposto no art. 28, §4º, II, da Lei nº 9.504/1997(Res.-TSE nº 23.607/2019, art. 47, §4º).

12 de setembro – segunda-feira

(20 dias antes)

1. Data em que todos os pedidos de registro aos cargos de governador, vice-governador, senador, suplentes, deputados federais, estaduais e distritais, inclusive os impugnados e os respectivos recursos, devem estar julgados pelos tribunais regionais eleitorais, e publicadas as respectivas decisões (Lei nº 9.504/1997, art. 16, §1º e Res.-TSE nº 23.609/2019, art. 54).

2. Data em que todos os pedidos de registro aos cargos de presidente e vice-presidente da República, inclusive os impugnados e os respectivos recursos, devem estar julgados pelo Tribunal Superior Eleitoral, e publicadas as respectivas decisões (Lei nº 9.504/1997, art. 16, §1º e Res.- TSE nº 23.609/2019, art. 54).

3. Último dia para o pedido de substituição de candidatas ou de candidatos para os cargos majoritários e proporcionais, exceto em caso de falecimento, caso em que poderá ser efetivado após esta data, observado, em qualquer situação, o prazo de até 10 (dez) dias contados do fato, inclusive anulação de convenção, ou da decisão judicial que deu origem à substituição (Lei nº 9.504 /1997, art. 7º, §4º, e art. 13, §§1º e 3º e Res.-TSE nº 23.609/2019, art. 72. §3º).

4. Último dia para a Comissão de Auditoria da Votação Eletrônica expedir ofício aos partidos políticos comunicando-os sobre o horário e o local onde será realizada a escolha ou o sorteio das seções cujas urnas serão auditadas.

5. Último dia para os tribunais regionais eleitorais informarem, em edital e mediante divulgação nos respectivos sítios eletrônicos na internet, o local onde serão realizadas as auditorias de funcionamento das urnas.

6. Data-limite para que os sistemas eleitorais e os programas de verificação desenvolvidos pelas entidades fiscalizadoras sejam lacrados, mediante apresentação, compilação, assinatura digital e guarda das mídias pelo Tribunal Superior Eleitoral em Cerimônia de Assinatura Digital e Lacração dos Sistemas, podendo ser impugnados no prazo de 5 (cinco) dias contados do seu encerramento (Lei nº 9.504/1997, art. 66, §§2º e 3º).

13 de setembro – terça-feira

Último dia para que os partidos políticos, as federações, as candidatas e os candidatos enviem à Justiça Eleitoral, por meio do Sistema de Prestação de Contas Eleitorais (SPCE), a prestação de contas parcial, dela constando o registro da movimentação financeira e/ou estimável em dinheiro ocorrida desde o início da campanha até 8 de setembro, para fins de cumprimento do disposto no art. 28, §4º, II, da Lei nº 9.504/1997(Res.-TSE nº 23.607/2019, art. 47, §4º).

14 de setembro – quarta-feira

Último dia para os partidos políticos, federações ou as coligações comunicarem à Justiça Eleitoral as anulações de deliberações dos atos decorrentes de convenção partidária, observado, quanto à escolha de novos(as) candidatos(as), a necessidade de o pedido de registro ter sido apresentado à Justiça Eleitoral nos 10 (dez) dias seguintes à deliberação. (Lei nº 9.504/1997, art. 7º, §§2º a 4º e Res.-TSE nº 23.609/2019, art. 8º, §1º).

15 de setembro – quinta-feira

Data em que será divulgada, na internet, a prestação de contas parcial da campanha das candidatas, dos candidatos e dos partidos políticos com a indicação dos nomes, do CPF ou CNPJ dos(as) doadores(as) e dos respectivos valores doados, observadas as diretrizes para tratamento de dados pessoais da Lei nº 13.709/2018 e da Resolução-TSE nº 23.650/2021. (Lei nº 9.504/1997, art. 28, §4º, II e Res.-TSE nº 23.607/2019, art. 47, §5º).

17 de setembro – sábado (15 dias antes)

1. Data a partir da qual nenhuma candidata ou candidato poderá ser detido(a) ou preso(a), salvo em flagrante delito (Código Eleitoral, art. 236, §1º).

2. Último dia para a requisição de funcionárias e de funcionários dos órgãos da administração direta ou indireta da União, dos estados e municípios, assim como das instalações destinados aos serviços de transporte de eleitoras e eleitores no primeiro e eventual segundo turnos de votação (Lei nº 6.091/1974, art. 1º, §2º).

3. Data em que deverá ser divulgado o quadro geral de percursos e horários programados para o transporte de eleitoras e eleitores para o primeiro e eventual segundo turnos de votação (Lei nº 6.091/1974, art. 4º).

4. Último dia para as entidades fiscalizadoras impugnarem os programas a serem utilizados nas eleições de 2022, por meio de petição fundamentada, observada a data de encerramento da Cerimônia de Assinatura Digital e Lacração dos Sistemas (Lei nº 9.504/1997, art. 66, §3º).

20 de setembro – terça-feira

Último dia para reclamação contra o quadro geral de percursos e horários programados para o transporte de eleitoras e eleitores no primeiro e eventual segundo turnos de votação (Lei nº 6.091/1974, art. 4º, §2º).

22 de setembro – quinta-feira (10 dias antes)

Data a partir da qual os tribunais regionais eleitorais esclarecerão a eleitora e o eleitor sobre o que é necessário para votar, vedada a prestação de tal serviço por terceiros.

23 de setembro – sexta-feira

Último dia para o juízo eleitoral decidir as reclamações contra o quadro geral de percursos e horários para o transporte de eleitoras e eleitores, devendo, em seguida, divulgar, pelos meios disponíveis, o quadro definitivo (Lei nº 6.091/1974, art. 4º, §§3º e 4º).

26 de setembro – segunda-feira

Último dia para o registro, no Sistema de Registro de Pesquisas Eleitorais (PesqEle), das pesquisas de opinião pública realizadas em data anterior ao dia das eleições, para conhecimento público, relativas ao pleito ou aos(às) candidatos(as), que se pretenda divulgar no próprio dia das eleições (Res.-TSE nº 23.600/2019, art. 11).

27 de setembro – terça-feira

(5 dias antes)

1. Data a partir da qual nenhuma eleitora ou eleitor poderá ser preso(a) ou detido(a), salvo em flagrante delito, ou em virtude de sentença criminal condenatória por crime inafiançável, ou por desrespeito a salvo-conduto (Código Eleitoral, art. 236, caput).

2. Último dia para que as entidades fiscalizadoras formalizem pedido ao juízo eleitoral para a verificação da integridade e autenticidade dos sistemas Transportador e JE-Connect instalados nos microcomputadores.

3. Último dia para o(a) presidente do partido político, o(a) representante da federação de partidos ou outra pessoa por eles indicada informar à juíza ou ao juiz eleitoral da zona responsável pelo exterior, os nomes das pessoas autorizadas a expedir as credenciais dos(as) fiscais, das delegadas e dos delegados (Lei nº 9.504/1997, art. 65, §3º).

29 de setembro – quinta-feira

(3 dias antes)

1. Data a partir da qual o juízo eleitoral ou o(a) presidente da mesa receptora poderá expedir salvo-conduto em favor de eleitora ou eleitor que sofrer violência moral ou física na sua liberdade de votar (Código Eleitoral, art. 235, parágrafo único).

2. Último dia para a divulgação da propaganda eleitoral gratuita no rádio e na televisão relativa ao primeiro turno (Lei nº 9.504/1997, art. 47, caput e Código Eleitoral, art. 240, parágrafo único e Res.- TSE nº 23.610/2019, art. 49).

3. Último dia para propaganda política mediante reuniões públicas ou promoção de comícios e utilização de aparelhagem de sonorização fixa, entre as 8h (oito horas) e as 24h (vinte e quatro horas), com exceção do comício de encerramento da campanha, que poderá ser prorrogado por mais 2 (duas) horas (Código Eleitoral, art. 240, parágrafo único e Lei nº 9.504/1997, art. 39, §§4º e Res.-TSE nº 23.610/2019, art. 15, §1º).

4. Último dia para a realização de debate no rádio e na televisão, admitida sua extensão até as 7h (sete horas) do dia 30 de setembro de 2022 (Res.-TSE nº 21.223/2002 e Res.-TSE nº 23.610/19 art. 46, IV).

5. Data a partir da qual, até 1º de outubro de 2022, o Tribunal Superior Eleitoral poderá divulgar comunicados, boletins e instruções ao eleitorado, em até 10 (dez) minutos diários requisitados às emissoras de rádio e de televisão, contínuos ou não, que poderão ser somados e usados em dias espaçados, podendo ceder, a seu juízo, parte desse tempo para utilização por tribunal regional eleitoral (Lei nº 9.504/1997, art. 93 e Res.-TSE nº 23.610/2019, art. 115).

6. Último dia para os tribunais regionais eleitorais divulgarem na internet os pontos de transmissão de dados que funcionarão em locais distintos do local de funcionamento da junta eleitoral.

30 de setembro – sexta-feira

(2 dias antes)

1. Último dia para divulgação paga, na imprensa escrita, e reprodução, na internet, de jornal impresso, de até 10 (dez) anúncios de propaganda eleitoral, por veículo, em datas diversas, para cada candidata ou candidato, no espaço máximo, por edição, de 1/8 (um oitavo) de página de jornal padrão e de 1/4 (um quarto) de página de revista ou tabloide (Lei nº 9.504/1997, art. 43, caput e Res.-TSE nº 23.610/2019, art. 42).

2. Último dia para a publicação, no Diário da Justiça Eletrônico, ou na forma estabelecida pelos tribunais eleitorais, do edital convocando os(as) representantes do Ministério Público, da Ordem dos Advogados do Brasil e os(as) fiscais, delegadas e delegados dos partidos políticos, das federações de partidos e das coligações, para acompanhar a emissão da Zerésima do Sistema de Gerenciamento da Totalização.

3. Data a partir da qual, até as 17h (dezessete horas) do dia da eleição, poderá ser realizada a verificação da integridade e autenticidade dos sistemas Transportador e JE-Connect instalados nos microcomputadores da Justiça Eleitoral.

4. Último dia para o(a) presidente do partido político, o representante da federação de partidos ou outra pessoa por eles indicada comunicarem aos juízos eleitorais os nomes das pessoas autorizadas a expedir as credenciais dos(as) fiscais e dos(as) delegados(as) habilitados(as) a fiscalizar os trabalhos de votação, apuração e totalização durante o primeiro turno das eleições (Lei nº 9.504/1997, art. 65, §3º).

OUTUBRO DE 2022

1° de outubro – sábado

(1 dia antes)

1. Último dia para a propaganda eleitoral mediante alto-falantes ou amplificadores de som, entre as 8h (oito horas) e as 22h (vinte e duas horas) nos termos do art. 15 da Res.-TSE nº 23.610/2019(Lei nº 9.504/1997, art. 39, §§3º e 5º, I).

2. Último dia, até as 22h (vinte e duas horas), para a distribuição de material gráfico, caminhada, carreata ou passeata, acompanhados ou não por carro de som ou mini-trio (Lei nº 9.504/1997, art. 39, §§9º e 11 e Res.-TSE nº 23.610/2019, art. 16).

3. Data em que a Comissão de Auditoria da Votação Eletrônica deverá promover, entre as 9h (nove horas) e as 12h (doze horas), no local e horário previamente divulgados, a definição das seções eleitorais que serão submetidas às auditorias da votação eletrônica.

4. Último dia para que o(a) interessado(a) em utilizar programa próprio para verificação da assinatura e do resumo digital na urna na seção eleitoral designada para auditoria, providencie cópia do programa em mídia apropriada, de acordo com orientações técnicas publicadas no sítio eletrônico do Tribunal Superior Eleitoral.

5. Último dia para o Tribunal Superior Eleitoral tornar disponível, na sua página da internet, arquivo contendo as correspondências esperadas entre urna e seção, podendo ser atualizada até as 16h (dezesseis horas) do dia da eleição.

6. Data a partir da qual, a partir das 12h (doze horas), as funcionalidades relativas ao gerenciamento da totalização dos resultados estarão disponíveis no SISTOT, em todas as instâncias, mediante os procedimentos definidos na Seção I – Dos Sistemas de Transmissão e Totalização da Resolução de Atos Gerais do Processo Eleitoral de 2022.

7. Data em que será realizada, no Tribunal Superior Eleitoral, a verificação do Sistema de Gerenciamento da Totalização, o Receptor de Arquivos de Urnas, o InfoArquivos e o Transportador WEB, mediante comunicação prévia à entidades fiscalizadoras pelo Tribunal Superior Eleitoral.

8. Último dia para o Tribunal Superior Eleitoral divulgar comunicados, boletins e instruções ao eleitorado, em até 10 (dez) minutos diários requisitados às emissoras de rádio e de televisão, contínuos ou não, que poderão ser somados e usados em dias espaçados, podendo ceder, a seu juízo, parte desse tempo para utilização por tribunal regional eleitoral (Lei nº 9.504/1997, art. 93 e Res.-TSE nº 23.610/2019, art. 115).

9. Data até a qual o tribunal regional eleitoral constituirá uma Comissão Apuradora com 3 (três) de suas membras ou membros, presidida por um(uma) deles(as). (Código Eleitoral, art. 199, caput)

2 de outubro – domingo

DIA DAS ELEIÇÕES (1º turno)

1. Data em que se realizará a votação do primeiro turno das eleições, por sufrágio universal e voto direto e secreto, observando-se, na seção eleitoral:

A partir das 7 horas

1.1. Instalação da seção eleitoral (Código Eleitoral, art. 142).

1.2. Emissão do Relatório Zerésima da urna eletrônica instalada na seção eleitoral.

Às 8 horas

1.3. Início da votação (Código Eleitoral, art. 144).

Às 17 horas

1.4. Encerramento da votação (Código Eleitoral, arts. 144 e 153).

A partir das 17 horas

1.5. Emissão dos boletins de urna.

2. Data na qual funcionarão as mesas receptoras de justificativa, das 8h (oito horas) às 17h (dezessete horas), para a eleitora ou o eleitor que não se encontrar em seu domicílio eleitoral no dia da votação.

3. Último dia para o partido político ou federação requerer o cancelamento do registro de candidata ou candidato expulso(a) de seu partido, em processo no qual seja assegurada a ampla defesa, com observância das normas estatutárias (Lei nº 9.504/1997, art. 14 e Res.-TSE nº 23.609/2019, art. 71).

4. Último dia para candidatas, candidatos e partidos arrecadarem recursos e contraírem obrigações, ressalvada a hipótese de arrecadação com o fim exclusivo de quitação de despesas já contraídas e não pagas até esta data (Lei nº 9.504/1997, art. 29, §3º e Res.-TSE nº 23.607/2019, art. 33).

5. Data na qual será realizada, por amostragem e em ambiente controlado, o Teste de Integridade das Urnas Eletrônicas, em cada unidade da Federação, em local público e com expressiva circulação de pessoas designado pelo TRE, no mesmo dia e horário da votação oficial.(Lei nº 9.504/1997, art. 66, §6º).

6. Data na qual, a partir das 7h (sete horas) e antes da emissão da Zerésima nas seções eleitorais escolhidas ou sorteadas pela Comissão de Auditoria da Votação Eletrônica de cada unidade da Federação, será realizada a verificação de autenticidade e integridade dos sistemas instalados nas respectivas urnas.

7. Data na qual, até as 16h (dezesseis horas), deverão estar atualizadas as correspondências esperadas entre urna e seção, na internet, pelo Tribunal Superior Eleitoral.

8. Data em que, a partir das 12h (doze horas), após o primeiro acesso, ocorrerá a oficialização automática do sistema Transportador instalados nos equipamentos das Zonas Eleitorais.

9. Último dia, até as 17h (dezessete horas), em que poderá ser realizada a verificação da integridade e autenticidade dos sistemas Transportador e JE-Connect instalados nos microcomputadores da Justiça Eleitoral.

10. Data a partir da qual, até 15 de outubro de 2022, os dados dos resultados relativos ao primeiro turno estarão disponíveis em centro de dados provido pelo Tribunal Superior Eleitoral.

11. Data na qual, a partir das 17h (dezessete horas) serão divulgados os resultados da votação para o cargo de Presidente da República, incluindo os votos em branco, os nulos e as abstenções verificadas no primeiro turno.

12. Data na qual, a partir das 17h (dezessete horas) serão divulgados os resultados das votações para os cargos de governador, senador, deputados federal, estadual e distrital, incluindo os votos em branco, os nulos e as abstenções verificadas no primeiro turno.

3 de outubro – segunda-feira

(1 dia após o primeiro turno)

1. Data a partir da qual as entidades fiscalizadoras poderão solicitar à Justiça Eleitoral:

I – arquivos de log do Transportador, do Receptor de Arquivos de Urna e do banco de dados da totalização;

II – arquivos de imagens dos Boletins de Urnas (BUs);

III – arquivos de Registro Digital do Voto (RDV);

IV – arquivos de log das urnas;

V – relatório de BUs que estiveram em pendência, sua motivação e respectiva decisão;

VI – relatório de urnas substituídas;

VII – arquivos de dados de votação por seção; e

VIII – relatório com dados sobre o comparecimento e a abstenção em cada seção eleitoral.

2. Data a partir da qual, decorrido o prazo de 24 (vinte e quatro) horas do encerramento da votação (17h do dia anterior), até 29 de outubro de 2022, podem funcionar, das 8h (oito horas) às 22h (vinte e duas horas), alto-falantes ou amplificadores de som, nos termos do art. 15 da Res.-TSE nº 23.610/2019, que disciplina a propaganda eleitoral (Lei nº 9.504/1997, art. 39, §§3º, 9º e 11).

3. Data a partir da qual, decorrido o prazo de 24 (vinte e quatro) horas do encerramento da votação (17h do dia anterior), até 27 de outubro de 2022, as candidatas, os candidatos, os partidos políticos, as federações e as coligações poderão realizar comícios e utilizar aparelhagem de sonorização fixa, das 8h (oito horas) às 24h (vinte e quatro horas), podendo o horário ser prorrogado por mais 2 (duas) horas quando se tratar de comício

de encerramento de campanha (Código Eleitoral, art. 240, parágrafo único e Lei nº 9.504/1997, art. 39, §4º e Res.-TSE nº 23.610/2019, arts 5º e 15, caput e §1º).

4. Data a partir da qual, decorrido o prazo de 24 (vinte e quatro) horas do encerramento da votação (17h do dia anterior), até 29 de outubro de 2022, poderá haver distribuição de material gráfico, caminhada, carreata ou passeata, acompanhadas ou não por carro de som ou mini-trio (Código Eleitoral, art. 240, parágrafo único, e Lei nº 9.504/1997, art. 39, §§9º e 11 e Res.-TSE nº 23.610/2019, art. 16).

5. Data a partir da qual, até 28 de outubro de 2022, serão permitidas a divulgação paga, na imprensa escrita, e a reprodução na internet do jornal impresso, de até 10 (dez) anúncios de propaganda eleitoral, por veículo, em datas diversas, para cada candidata ou candidato, no espaço máximo, por edição, de 1/8 (um oitavo) de página de jornal padrão e de 1/4 (um quarto) de página de revista ou tabloide (Lei nº 9.504/1997, art. 43, caput e Res.-TSE nº 23.610/2019, art. 42).

6. Data a partir da qual estará suspenso o fornecimento da certidão de quitação eleitoral pela internet, pelo Sistema Elo e pelo e-Título.

4 de outubro – terça-feira

(2 dias após o primeiro turno)

1. Término do prazo, às 17h (dezessete horas), do período de validade de salvo-condutos expedidos por juízo eleitoral ou por presidente de mesa receptora (Código Eleitoral, art. 235, parágrafo único).

2. Término, após as 17h (dezessete horas), do período em que nenhuma eleitora ou eleitor poderá ser preso(a) ou detido(a) (Código Eleitoral, art. 236, caput).

5 de outubro – quarta-feira

(3 dias após o primeiro turno)

1. Último dia para a mesária ou o mesário que abandonou os trabalhos durante a votação apresentar justificativa ao juízo eleitoral (Código Eleitoral, art. 124, §4º e Res.-TSE nº 23.659/2021, art. 129, §1º, b).

2. Último dia para o TSE tornar disponível, em sua página na internet, opção de visualização dos boletins de urna recebidos para a totalização, assim como as tabelas de correspondências efetivadas, observado o horário de encerramento da totalização em cada unidade da Federação.

3. Último dia para a instituição conveniada ou a empresa de auditoria encaminhar ao Tribunal Superior Eleitoral relatório conclusivo da fiscalização realizada na auditoria de funcionamento das urnas eletrônicas, relativa ao primeiro turno.

6 de outubro – quinta-feira

Início do cadastramento de mesas receptoras de justificativas e alocação temporária de seções para o segundo turno.

7 de outubro – sexta-feira

Data a partir da qual, até 28 de outubro de 2022, será veiculada propaganda eleitoral gratuita no rádio e na televisão relativa ao segundo turno (Lei nº 9.504/1997, art. 49, caput, e art. 51, §2º e Res.-TSE nº 23.610/2019, art. 60).

10 de outubro – segunda-feira

1. Último dia para os tribunais regionais eleitorais informarem, em edital e mediante divulgação nos respectivos sítios eletrônicos na internet, o local onde serão realizadas as auditorias de funcionamento das urnas relativas ao segundo turno.

2. Último dia para a Comissão de Auditoria da Votação Eletrônica expedir ofício aos partidos políticos comunicando-os sobre o horário e o local onde será realizada a escolha ou o sorteio das seções cujas urnas serão auditadas no segundo turno.

3. Data-limite para reinício da emissão de certidão de quitação pela internet, pelo Sistema Elo e pelo e-Título.

14 de outubro – sexta-feira

Último dia para o órgão competente de controle interno da Presidência da República, caso não haja segundo turno, cobrar os valores devidos nos termos dos §§1º ao 4º do art. 123 da Res.-TSE nº 23.610/2019(Lei nº 9.504/1997, art. 76, §2º e Res.-TSE nº 23.610/2019, art. 123, §5º).

15 de outubro – sábado

(15 dias antes do segundo turno)

1. Data a partir da qual nenhuma candidata ou candidato que participará do segundo turno de votação poderá ser detido(a) ou preso(a), salvo no caso de flagrante delito (Código Eleitoral, art. 236, §1º).

2. Data a partir da qual, nas circunscrições em que não houver votação em segundo turno, o funcionamento da secretaria aos sábados, domingos e feriados, inclusive das unidades responsáveis pela análise das prestações de contas e aquelas cujo funcionamento seja imprescindível à execução dessa análise, observará o disposto em regulamentação de cada tribunal eleitoral respectivo, à qual se dará ampla publicidade.

3. Data a partir da qual os tribunais das circunscrições em que não haverá segundo turno, não mais publicarão em sessão as decisões em representações sobre propaganda eleitoral e direito de resposta.

4. Último dia para a Secretaria da Receita Federal do Brasil e as secretarias estaduais e municipais de Fazenda encaminharem ao Tribunal Superior Eleitoral, pela internet, arquivo eletrônico contendo as notas fiscais eletrônicas relativas ao fornecimento de bens e serviços para campanha eleitoral emitidas desde o prazo final para o registro de candidatura até o dia da eleição (Res.-TSE nº 23.607/2019, art. 92).

5. Data até a qual os dados de resultados relativos ao primeiro turno estarão disponíveis em centro de dados provido pelo Tribunal Superior Eleitoral.

24 de outubro – segunda-feira

Último dia para o registro, no Sistema de Registro de Pesquisas Eleitorais (PesqEle), das pesquisas de opinião pública realizadas em data anterior ao dia das eleições, para conhecimento público, relativas ao segundo turno ou às respectivas candidatas e candidatos, que se pretenda divulgar no dia das eleições.

25 de outubro – terça-feira

(5 dias antes do segundo turno)

1. Último dia para que as entidades fiscalizadoras formalizem pedido ao juízo eleitoral para a verificação da integridade e autenticidade dos sistemas Transportador e JE-Connect instalados nos microcomputadores

2. Último dia para o(a) presidente do partido político, o(a) representante da federação de partidos ou outra pessoa por eles indicada informar à juíza ou ao juiz eleitoral da zona responsável pelo exterior, os nomes das pessoas autorizadas a expedir as credenciais dos(as) fiscais, das delegadas e dos delegados para o segundo turno, se houver (Lei nº 9.504/1997, art. 65, §3º).

3. Data a partir da qual nenhuma eleitora ou eleitor poderá ser preso(a) ou detido(a), salvo em flagrante delito, ou em virtude de sentença criminal condenatória por crime inafiançável, ou por desrespeito a salvo-conduto (Código Eleitoral, art. 236, caput).

4. Data a partir da qual o material da propaganda eleitoral gratuita deverá ser retirado das emissoras, sob pena de sua destruição, contado o prazo de 60 (sessenta) dias após a respectiva divulgação (Res.-TSE nº 23.610/2019, art. 122).

27 de outubro – quinta-feira

(3 dias antes do segundo turno)

1. Início do prazo de validade do salvo-conduto expedido pelo juízo eleitoral ou pelo(a) presidente da mesa receptora (Código Eleitoral, art. 235, parágrafo único).

2. Último dia para propaganda política mediante reuniões públicas ou promoção de comícios e utilização de aparelhagem de sonorização fixa, entre as 8h (oito horas) e as 24h (vinte e quatro horas), com exceção do comício de encerramento da campanha, que poderá ser prorrogado por mais 2 (duas) horas (Código Eleitoral, art. 240, parágrafo único, e Lei nº 9.504/1997, art. 39, §4º e Res.-TSE nº 23.610/2019, arts. 5º e 15, §1º).

3. Data a partir da qual, até 29 de outubro de 2022, o Tribunal Superior Eleitoral poderá divulgar comunicados, boletins e instruções ao eleitorado, em até 10 (dez) minutos diários requisitados às emissoras de rádio e de televisão, contínuos ou não, que poderão ser somados e usados em dias espaçados, podendo ceder, a seu juízo, parte desse tempo para utilização por tribunal regional eleitoral (Lei nº 9.504/1997, art. 93 e Res.-TSE nº 23.610/2019, art. 115).

4. Último dia para os tribunais regionais eleitorais divulgarem, na internet, os pontos de transmissão de dados que funcionarão em locais distintos do local de funcionamento da junta eleitoral.

28 de outubro – sexta-feira

(2 dias antes do segundo turno)

1. Último dia para a divulgação da propaganda eleitoral gratuita de segundo turno no rádio e na televisão (Lei nº 9.504/1997, art. 49, caput, e art. 51, §2º e Res.-TSE nº 23.610/2019, art. 60.).

2. Último dia para a divulgação paga, na imprensa escrita, e a reprodução na internet do jornal impresso, de até 10 (dez) anúncios de propaganda eleitoral, por veículo, em datas diversas, para cada candidata ou candidato, no espaço máximo, por edição, de 1/8 (um oitavo) de página de jornal padrão e de 1/4 (um quarto) de página de revista ou tabloide, relativa ao segundo turno (Lei nº 9.504/1997, art. 43, caput e Res.-TSE nº 23.610/2019, art. 42.)

3. Último dia para a realização de debate no rádio e na televisão, não podendo ultrapassar o horário de meia-noite (Res.-TSE nº 22.452/2006 e Res.-TSE nº 23.610/2019, art. 46, IV).

4. Último dia para a publicação, no Diário da Justiça Eletrônico, ou na forma estabelecida pelos tribunais eleitorais, do edital convocando os(as) representantes do Ministério Público, da Ordem dos Advogados do Brasil e os(as) fiscais, delegadas e delegados dos partidos políticos, das federações de partidos e das coligações, para acompanhar a emissão da Zerésima do Sistema de Gerenciamento da Totalização relativa ao segundo turno.

5. Data a partir da qual, até as 17h (dezessete horas) do dia da eleição, poderá ser realizada a verificação da integridade e autenticidade dos sistemas Transportador e JE-Connect instalados nos equipamentos da Justiça Eleitoral.

6. Último dia para o(a) presidente do partido político, o representante da federação de partidos ou outra pessoa por eles indicada comunicarem aos juízos eleitorais os nomes das pessoas autorizadas a expedir as credenciais dos(as) fiscais e dos(as) delegados(as) habilitados(as) a fiscalizar os trabalhos de votação, apuração e totalização durante o segundo turno das eleições (Lei nº 9.504/1997, art. 65, §3º).

29 de outubro – sábado

(1 dia antes do segundo turno)

1. Último dia para a propaganda eleitoral mediante alto-falantes ou amplificadores de som, entre as 8h (oito horas) e as 22h (vinte e duas horas) nos termos do art. 15 da Res.-TSE nº 23.610/2019 (Lei nº 9.504/1997, art. 39, §§3º e 5º, I).

2. Último dia, até as 22h (vinte e duas horas), para a distribuição de material gráfico, caminhada, carreata ou passeata, acompanhados ou não por carro de som ou minitrio (Lei nº 9.504/1997, art. 39, §§9º e 11 e Res.-TSE nº 23.610/2019, art. 16).

3. Data em que a Comissão de Auditoria da Votação Eletrônica deverá promover, entre as 9h (nove horas) e as 12h (doze horas), no local e horário previamente divulgados, a definição das seções eleitorais que serão submetidas às auditorias da votação eletrônica para o segundo turno.

4. Último dia para que o(a) interessado(a) em utilizar programa próprio para verificação da assinatura e do resumo digital na urna na seção eleitoral designada para auditoria, providencie cópia do programa em mídia apropriada, de acordo com orientações técnicas publicadas no sítio eletrônico do Tribunal Superior Eleitoral.

5. Último dia para o Tribunal Superior Eleitoral tornar disponível, na sua página da internet, arquivo contendo as correspondências esperadas entre urna e seção, podendo ser atualizada até as 16h (dezesseis horas) do dia da eleição.

6. Data em que será realizada, no Tribunal Superior Eleitoral, a verificação do Sistema de Gerenciamento da Totalização, o Receptor de Arquivos de Urnas, o InfoArquivos e o Transportador WEB, mediante comunicação prévia às entidades fiscalizadoras.

7. Último dia para o Tribunal Superior Eleitoral divulgar comunicados, boletins e instruções ao eleitorado, em até 10 (dez) minutos diários requisitados às emissoras de rádio e de televisão, contínuos ou não, que poderão ser somados e usados em dias espaçados, podendo ceder, a seu juízo, parte desse tempo para utilização por tribunal regional eleitoral (Lei nº 9.504/1997, art. 93 e Res.-TSE nº 23.610/2019, art. 115).

8. Data a partir da qual, a partir das 12h (doze horas), as funcionalidades relativas ao gerenciamento da totalização dos resultados estarão disponíveis no SISTOT, em todas as instâncias, mediante os procedimentos definidos na Seção I – Dos Sistemas de Transmissão e Totalização da Resolução de Atos Gerais do Processo Eleitoral de 2022.

30 de outubro – domingo

DIA DAS ELEIÇÕES (segundo turno)

1. Data em que se realizará a votação do segundo turno das eleições, por sufrágio universal e voto direto e secreto, observando-se na seção eleitoral:

A partir das 7 horas

1.1. Instalação da seção eleitoral (Código Eleitoral, art. 142).

1.2. Emissão do Relatório Zerésima da urna eletrônica instalada na seção eleitoral.

Às 8 horas

1.3. Início da votação (Código Eleitoral, art. 144).

Às 17 horas

1.4. Encerramento da votação (Código Eleitoral, arts. 144 e 153).

A partir das 17 horas

1.5. Emissão dos boletins de urna.

2. Data na qual funcionarão as mesas receptoras de justificativa, das 8h (oito horas) às 17h (dezessete horas), para a eleitora ou o eleitor que não se encontrar em seu domicílio eleitoral no dia da votação.

3. Último dia para o partido político ou federação requerer o cancelamento do registro de candidata ou candidato que concorra ao segundo turno, expulso(a) de seu partido, em processo no qual seja assegurada a ampla defesa, com observância das normas estatutárias (Lei nº 9.504/1997, art. 14 e Res.-TSE nº 23.609/2019, art. 71).

4. Último dia para candidatas, candidatos e partidos que disputarem o segundo turno arrecadarem recursos e contraírem obrigações, ressalvada a hipótese de arrecadação com o fim exclusivo de quitação de despesas já contraídas e não pagas até esta data (Lei nº 9.504/1997, art. 29, §3º e Res.-TSE nº 23.607/2019, art. 33).

5. Data na qual será realizada, por amostragem e em ambiente controlado, o Teste de Integridade das Urnas Eletrônicas, em cada unidade da Federação em que houver segundo turno, em local público e com expressiva circulação de pessoas designado pelo TRE, no mesmo dia e horário da votação oficial (Lei nº 9.504/1997, art. 66, §6º).

6. Data na qual, a partir das 7h (sete horas) e antes da emissão da Zerésima, nas seções eleitorais escolhidas ou sorteadas pela Comissão de Auditoria da Votação Eletrônica de cada unidade da Federação, será realizada a verificação de autenticidade e integridade dos sistemas instalados nas respectivas urnas.

7. Data na qual, até as 16h (dezesseis horas), deverão ser atualizadas as correspondências esperadas entre urna e seção, na internet, pelo Tribunal Superior Eleitoral.

8. Data em que, a partir das 12h (doze horas), após o primeiro acesso, ocorrerá a oficialização automática do sistema Transportador instalados nos equipamentos das Zonas Eleitorais.

9. Último dia, até as 17h (dezessete horas), em que poderá ser realizada a verificação da integridade e autenticidade dos sistemas Transportador e JE-Connect instalados nos microcomputadores da Justiça Eleitoral, utilizados para o segundo turno.

10. Data a partir da qual, até 12 de novembro de 2022, os dados dos resultados relativos ao segundo turno estarão disponíveis em centro de dados provido pelo Tribunal Superior Eleitoral.

11. Data na qual, a partir das 17h (dezessete horas), serão divulgados os resultados da votação para o cargo de Presidente da República, incluindo os votos em branco, os nulos e as abstenções verificadas no primeiro turno.

12. Data na qual, a partir das 17h (dezessete horas) onde houver segundo turno, serão divulgados os resultados das votações para o cargo de governador, incluindo os votos em branco, os nulos e as abstenções verificadas.

31 de outubro – segunda-feira

(1 dia após o segundo turno)

1. Data a partir da qual as entidades fiscalizadoras poderão solicitar à Justiça Eleitoral os seguintes dados e documentos relativos ao segundo turno:

I – arquivos de log do Transportador, do Receptor de Arquivos de Urna e do banco de dados da totalização;

II – arquivos de imagens dos Boletins de Urnas (BUs);

III – arquivos de Registro Digital do Voto (RDV);

IV – arquivos de log das urnas;

V – relatório de BUs que estiveram em pendência, sua motivação e respectiva decisão;

VI – relatório de urnas substituídas;

VII – arquivos de dados de votação por seção; e

VIII – relatório com dados sobre o comparecimento e a abstenção em cada seção eleitoral.

2. Data a partir da qual, até 7 de novembro de 2022, estará suspenso o fornecimento da certidão de quitação eleitoral pela internet, pelo Sistema Elo e pelo e-Título.

NOVEMBRO 2022

1º de novembro – terça-feira

(2 dias após o segundo turno)

1. Término do prazo, às 17h (dezessete horas), do período de validade de salvo-condutos expedidos por juízo eleitoral ou por presidente de mesa receptora (Código Eleitoral, art. 235, parágrafo único).

2. Término, após as 17h (dezessete horas), do período em que nenhuma eleitora ou nenhum eleitor poderá ser preso(a) ou detido(a) (Código Eleitoral, art. 236, caput).

3. Último dia para todas as candidatas e candidatos e todos os partidos políticos, em todas as esferas, encaminharem à Justiça Eleitoral via SPCE, as prestações de contas referentes ao primeiro turno (Lei nº 9.504/1997, art. 29 e Res.-TSE nº 23.607/2019, art. 49).

4. Último dia para as candidatas e os candidatos, inclusive a vice, salvo os que disputaram o segundo turno, transferirem as sobras da campanha ao órgão partidário, na circunscrição do pleito, conforme a origem dos recursos e a sua filiação partidária (Lei nº 9.504/1997, art. 31, I).

5. Último dia para as candidatas e os candidatos, inclusive a vice, salvo os(as) que disputaram o segundo turno, observada a data da efetiva apresentação das contas, transferirem ao Tesouro Nacional os valores do Fundo Especial de Financiamento de Campanha (FEFC) eventualmente não utilizados, inclusive os decorrentes da alienação de bens permanentes obtidos com recursos do FEFC (Lei nº 9.504/1997, art. 16-C, §11, Res.-TSE nº 23.607/2019, art. 50. §5º e Res.-TSE nº 23.605/2019, art. 11).

6. Último dia para as candidatas, os candidatos e os partidos políticos que disputarem o segundo turno da eleição informarem à Justiça Eleitoral, via Sistema de Prestação de Contas Eleitorais (SPCE), as doações e os gastos que tenham realizado em favor das candidatas e dos candidatos eleitos no primeiro turno (Res.-TSE nº 23.607/2019, art. 49, §2º).

7. Último dia para as candidatas, os candidatos, os partidos políticos, as federações e as coligações removerem as propagandas relativas ao primeiro turno das eleições e promoverem a restauração do bem em que afixada, se for o caso (Res.-TSE nº 23.610/2019, art. 121).

2 de novembro – quarta-feira

(3 dias após o segundo turno)

1. Último dia para a mesária ou o mesário que abandonou os trabalhos durante a votação no segundo turno apresentar justificativa ao juízo eleitoral (Código Eleitoral, art. 124, §4º).

2. Último dia para o TSE tornar disponível, em sua página na internet, opção de visualização dos boletins de urna recebidos para a totalização, assim como as tabelas de correspondências efetivadas no segundo turno, observado o horário de encerramento da totalização em cada unidade da Federação.

3. Último dia para a instituição conveniada ou a empresa de auditoria encaminhar ao Tribunal Superior Eleitoral relatório conclusivo da fiscalização realizada na auditoria de funcionamento das urnas eletrônicas, relativa ao segundo turno.

3 de novembro – quinta-feira

Último dia para a mesária ou o mesário que faltou à votação no primeiro turno apresentar justificativa ao juízo eleitoral (Código Eleitoral, art. 124).

4 de novembro – sexta-feira

(5 dias após o segundo turno)

1. Último dia em que os feitos eleitorais terão prioridade para a participação do Ministério Público e dos juízos de todas as Justiças e instâncias, ressalvados os processos de habeas corpus e mandado de segurança (Lei nº 9.504/1997, art. 94, caput e Res.-TSE nº 23.608/2019, art. 61).

2. Último dia em que as polícias judiciárias, os órgãos das Receitas Federal, Estadual e Municipal, os tribunais e os órgãos de contas auxiliarão a Justiça Eleitoral na apuração dos delitos eleitorais, com prioridade sobre suas atribuições regulares (Lei nº 9.504/1997, art. 94, §3º e Res.-TSE nº 23.608/2019, art. 61, §3º).

3. Último dia para a Justiça Eleitoral identificar as candidatas, os candidatos e os partidos políticos que se omitiram a prestar as contas referentes ao primeiro turno (Res.-TSE nº 23.607/2019, art. 49, §5º).

8 de novembro – terça-feira

1. Data-limite para reinício da emissão da certidão de quitação eleitoral pela internet, pelo Sistema Elo e pelo E-Título.

2. Reinício do atendimento às eleitoras e aos eleitores nas unidades da Justiça Eleitoral.

3. Reativação do serviço de pré-atendimento, via internet, para requerimento de alistamento, transferência e revisão (Título Net).

10 de novembro – quinta-feira

Último dia para a Secretaria da Receita Federal do Brasil e as secretarias estaduais e municipais de Fazenda encaminharem ao Tribunal Superior Eleitoral, pela internet, arquivo eletrônico complementar, contendo as notas fiscais eletrônicas relativas ao fornecimento de bens e serviços para campanha eleitoral emitidas do dia imediatamente posterior ao da eleição até o último dia do mês de outubro de 2022.

11 de novembro – sexta – feira

Último dia para o órgão competente de controle interno da Presidência da República, caso haja segundo turno, cobrar os valores devidos nos termos dos §§1º ao 4º do art. 123 da Res.-TSE nº 23.610/2019(Lei nº 9.504/1997, art. 76, §2º e Res.-TSE nº 23.610/2019, art. 123, §5º).

12 de novembro – sábado

Data até a qual os dados de resultados relativos ao segundo turno estarão disponíveis em centro de dados provido pelo Tribunal Superior Eleitoral.

14 de novembro – segunda-feira

(15 dias após o 2º turno)

1. Data a partir da qual, nas circunscrições em que houver votação em segundo turno, o funcionamento da secretaria aos sábados, domingos e feriados, inclusive das unidades responsáveis pela análise das prestações de contas e aquelas cujo funcionamento seja imprescindível à execução dessa análise, observará o disposto em regulamentação de cada tribunal regional eleitoral, à qual se dará ampla publicidade.

2. Data a partir da qual os tribunais das circunscrições em que houver segundo turno não mais publicarão em sessão as decisões em representações sobre propaganda eleitoral e direito de resposta.

19 de novembro – sábado

(20 dias após o segundo turno)

1. Último dia para as candidatas e os candidatos que concorreram no segundo turno das eleições, inclusive a vice, os partidos políticos e as federações encaminharem à Justiça Eleitoral, por meio do Sistema de Prestação de Contas Eleitorais (SPCE), as prestações de contas referentes aos dois turnos, incluindo todos os órgãos partidários que efetuaram doações ou gastos às candidaturas do segundo turno, ainda que não concorrentes (Lei nº 9.504/1997, art. 29, IV e Res.-TSE nº 23.607/2019, art. 49, §1º).

2. Último dia para as candidatas e os candidatos, inclusive a vice, que disputaram o segundo turno, transferirem as sobras da campanha ao órgão partidário, na circunscrição do pleito, conforme a origem dos recursos e a sua filiação partidária (Lei nº 9.504/1997, art. 31, I e Res.-TSE nº 23.607/2019, art. 50, §1º).

3. Último dia para as candidatas e os candidatos, inclusive a vice, que disputaram o segundo turno, observada a data da efetiva apresentação das contas, transferirem ao Tesouro Nacional os valores do Fundo Especial de Financiamento de Campanha (FEFC) eventualmente não utilizados, inclusive os decorrentes da alienação de bens permanentes obtidos com recursos do Fundo (Lei nº 9.504/1997, art. 16-C, §11, Res.-TSE nº 23.607/2019, art. 50, §5º e Res.-TSE nº 23.605/2019, art. 11).

22 de novembro – terça-feira

Último dia para a Justiça Eleitoral identificar as candidatas, os candidatos e os partidos políticos que se omitiram a prestar as contas referentes ao segundo turno (Res.-TSE nº 23.607/2019, art. 49, §5º).

29 de novembro – terça-feira

(30 dias após o segundo turno)

1. Último dia para as candidatas, os candidatos, os partidos políticos, as federações e as coligações removerem as propagandas relativas ao segundo turno das eleições e promoverem a restauração do bem em que afixada, se for o caso (Res.-TSE nº 23.610/2019, art. 121).

2. Último dia para a mesária ou o mesário que não compareceu aos trabalhos no segundo turno apresentar justificativa ao juízo eleitoral (Código Eleitoral, art. 124).

3. Data-limite para a publicação, na página da internet do Tribunal Superior Eleitoral, dos relatórios conclusivos sobre a fiscalização realizada no teste de integridade das urnas eletrônicas, no primeiro e segundo turnos, elaborado pela instituição conveniada e pela empresa de auditoria de funcionamento das urnas eletrônicas.

DEZEMBRO DE 2022

1º de dezembro – quinta-feira

(60 dias após o primeiro turno)

Último dia para a eleitora ou o eleitor que deixou de votar no primeiro turno das eleições apresentar, em qualquer cartório eleitoral, ou pelo serviço disponível no sítio eletrônico do TSE e dos TREs, justificativa fundamentada ao juízo eleitoral (Lei nº 6.091/1974, art. 7º).

7 de dezembro – quarta-feira

Último dia para o juízo eleitoral responsável pela recepção dos requerimentos de justificativa não registrados na urna no primeiro e no segundo turnos lançar as informações no Cadastro Eleitoral.

15 de dezembro – quinta-feira

Último dia, observado o prazo de até 3 (três) dias antes da data da diplomação, para a publicação da decisão eleitoral que julgar as contas das candidatas e dos candidatos eleitos (Lei nº 9.504/1997, art. 30, §1º e Res.-TSE nº 23.607/2019, art. 78).

19 de dezembro – segunda-feira

1. Último dia para a diplomação das eleitas e dos eleitos.

2. Último dia que poderá ser previsto, na regulamentação editada por cada tribunal, para o funcionamento de sua secretaria aos sábados, domingos e feriados.

3. Data a partir da qual os prazos processuais que correrem no PJe em registro de candidatura, representação por propaganda eleitoral, pedido de direito de resposta e prestação de contas não mais se vencerão aos sábados, domingos e feriados (Lei Complementar nº 64/1990, art. 16 e Res.-TSE nº 23.609/2019, art. 78, §1º e Res.-TSE nº 23.608/2019, art. 7º).

4. Último dia de atuação das juízas e dos juízes auxiliares nos tribunais eleitorais (Lei nº 9.504/1997, art. 96, §3º e Res.-TSE nº 23.608/2019, art. 2º, II).

5. Último dia em que, nos feitos decorrentes do processo eleitoral, não poderão servir como juízes(as), nos tribunais eleitorais, juízes(as) auxiliares, juízes(as) eleitorais ou chefe de cartório eleitoral, o cônjuge ou companheiro(a) e parente consanguíneo(a) ou afim, até o segundo grau, de candidata ou candidato a cargo eletivo registrado na circunscrição (Código Eleitoral, arts. 14, §3º, e 33, §1º e Res.-TSE nº 23.608/19, art. 56).

6. Último dia em que o mural eletrônico, mensagens instantâneas e mensagens eletrônicas serão utilizados para as comunicações da Justiça Eleitoral nos processos de registro de candidatura, nas representações em matéria de propaganda eleitoral, nas reclamações, nos pedidos de direito de resposta e nas prestações de contas, observadas as regras específicas das resoluções respectivas (Res.-TSE nº 23.607/2019, art. 98,Res.-TSE nº 23.608/2019, art. 12 e Res.-TSE nº 23.609/2019, art. 38).

7. Último dia em que o Ministério Público será intimado das decisões e dos despachos por meio eletrônico, e dos acórdãos, em sessão de julgamento, quando nela forem publicados (Res.-TSE nº 23.608/2019, art. 12, §§7º e 8º).

8. Último dia em que, nos procedimentos de registro de candidatura, propaganda eleitoral, direito de resposta e prestação de contas, a publicação dos atos judiciais será realizada em mural eletrônico, disponível no sítio eletrônico do respectivo tribunal, com o registro do horário da publicação, e os acórdãos serão publicados em sessão de julgamento.

20 de dezembro – terça-feira

1. Data-limite para que os bancos encerrem as contas bancárias das candidatas e dos candidatos destinadas à movimentação de recursos do Fundo Partidário e de doações para campanha, transferindo a totalidade do saldo existente para a conta bancária do órgão de direção da circunscrição, na forma prevista no art. 51 da Res-TSE nº 23.607/2019, informando o fato à Justiça Eleitoral (Res.-TSE nº 23.607/2019, art. 12, III).

2. Data-limite para que os bancos procedam ao encerramento das contas bancárias de candidata, candidato e partido político destinadas à movimentação de recursos do Fundo Especial de Financiamento de Campanha (FEFC), transferindo a totalidade do saldo existente para o Tesouro Nacional, forma prevista no art. 51 da Res-TSE nº 23.607/2019, informando o fato à Justiça Eleitoral (Res.-TSE nº 23.607/2019, art. 12, IV).

31 de dezembro – sábado

Data em que todas as inscrições das candidatas e dos candidatos na Receita Federal serão, de ofício, canceladas (Instrução Normativa Conjunta RFB/TSE nº 1.019/2010, art. 7º).

JANEIRO DE 2023

2 de janeiro – segunda-feira

Último dia, nas unidades da Federação que realizaram apenas primeiro turno, para que os órgãos e entidades da Administração Pública direta e indireta cedam funcionárias e funcionários à Justiça Eleitoral, em casos específicos e de forma motivada, quando solicitados pelos tribunais eleitorais (Lei nº 9.504/1997, art. 94-A, II).

5 de janeiro – quinta-feira

Último dia para as entidades fiscalizadoras solicitarem, em petição fundamentada, à autoridade competente, a verificação extraordinária pós-pleito da integridade e autenticidade dos sistemas eleitorais.

9 de janeiro – segunda-feira

Último dia para a eleitora ou o eleitor que deixou de votar no segundo turno da eleição apresentar justificativa ao juízo eleitoral (Lei nº 6.091/1974, art. 7º).

10 de janeiro – terça-feira

Último dia para as entidades fiscalizadores solicitarem à Justiça Eleitoral os seguintes relatórios e cópias dos arquivos de sistemas:

I – os arquivos de log do Gerenciador de Dados, Aplicativos e Interface com a Urna Eletrônica (GEDAI-UE);

II – os arquivos de dados alimentadores do Sistema de Gerenciamento da Totalização, referentes a pessoas candidatas, partidos políticos, coligações, federações municípios, zonas e seções;

III – arquivos de log do Transportador, do Receptor de Arquivos de Urna e do banco de dados;

IV – arquivo de imagens dos boletins de urna (BUs);

V – log das urnas;

VI – arquivos de Registro Digital do Voto – RDV;

VII – relatório de boletins de urnas que estiveram em pendência, sua motivação e respectiva decisão;

VIII – relatório de urnas substituídas;

IX – arquivos de dados de votação por seção; e

X – relatório com dados sobre o comparecimento e a abstenção em cada seção eleitoral.

11 de janeiro – quarta-feira

1. Data a partir da qual os seguintes procedimentos podem ser realizados com as urnas eletrônicas utilizadas na votação e na auditoria, desde que as informações nelas contidas não sejam objeto de discussão em processo judicial:

I – a remoção dos lacres das urnas eletrônicas;

II – a retirada e a formatação das mídias de votação;

III – a formatação das mídias de carga;

IV – a formatação das mídias de resultado; e

V – a manutenção das urnas.

2. Data a partir da qual as cédulas e as urnas de lona porventura utilizadas nas eleições de 2022 poderão ser respectivamente inutilizadas e deslacradas, desde que não haja pedido de recontagem de votos ou não sejam objeto de discussão em processo judicial.

3. Data a partir da qual os sistemas utilizados nas eleições de 2022 poderão ser desinstalados, desde que os procedimentos a eles inerentes não sejam objeto de discussão em processo judicial.

4. Data a partir da qual não há mais necessidade de preservação e guarda dos documentos e materiais produzidos nas eleições de 2022, dos meios de armazenamento de dados utilizados pelos sistemas eleitorais, inclusive das mídias que apresentaram defeito durante a preparação das urnas ou teste de votação, bem como das cópias de segurança dos dados e cédulas utilizadas em eventual votação parcial ou total, desde que as informações neles contidas não sejam objeto de discussão em processo judicial.

5. Data a partir da qual os documentos e materiais produzidos pela Comissão de Auditoria da Votação Eletrônica relativos ao teste de integridade das urnas eletrônicas do dia da eleição podem ser descartados, à exceção da ata de encerramento dos trabalhos do primeiro e segundo turnos.

30 de janeiro – segunda-feira

Último dia, nas unidades da Federação que realizaram segundo turno, para que os órgãos e entidades da Administração Pública direta e indireta cedam funcionárias e funcionários à Justiça Eleitoral, em casos específicos e de forma motivada, quando solicitados pelos tribunais eleitorais (Lei nº 9.504/1997, art. 94-A, II).

MAIO DE 2023

30 de maio – domingo

Último dia para o Tribunal Superior Eleitoral enviar à Secretaria da Receita Federal do Brasil a consolidação das informações sobre os valores doados e apurados até 31 de dezembro de 2022 (Lei nº 9.504/1997, art. 24-C, §§1º e 2º e Res.-TSE nº 23.607/2019, art. 27, §5º, II).

JUNHO DE 2023

16 de junho – sexta-feira

(180 dias após o último dia para a diplomação em 2022)

Data até a qual as candidatas, os candidatos e os partidos políticos deverão conservar a documentação concernente às suas contas, desde que não estejam pendentes de julgamento, hipótese na qual deverão conservá-la até a decisão final (Lei nº 9.504/1997, art. 32, caput e parágrafo único e Res.-TSE nº 23.607/2019, art. 28).

JULHO DE 2023

30 de julho – domingo

Último dia para a Secretaria da Receita Federal do Brasil comunicar ao Ministério Público os indícios de excessos quanto aos limites de doação à campanha eleitoral de 2022, após o cruzamento dos valores doados com os rendimentos da pessoa física no exercício de 2021 (Lei nº 9.504/1997, art. 24-C, §3º, incluído pela Lei nº 13.165/2015 e Res.-TSE nº 23.607/2019, art. 27, §5º, III).

DEZEMBRO DE 2023

31 de dezembro – sexta-feira

Último dia para o Ministério Público Eleitoral ajuizar representação visando à aplicação da penalidade prevista no art. 23 da Lei nº 9.504/1997 e de outras sanções cabíveis nos casos de doação acima do limite legal nas eleições de 2020, quanto ao que foi apurado relativamente ao exercício de 2021 (Lei nº 9.504/1997, art. 24-C, §3º, incluído pela Lei nº 13.165/2015).

ANEXO II

(a que se refere o parágrafo único do art. 1º da Resolução-TSE nº 23.674, de 16 de dezembro de 2021)

DOS PROCEDIMENTOS, DAS VEDAÇÕES E DAS PERMISSÕES NO DIA DA VOTAÇÃO

No dia da votação, no primeiro e segundo turnos, deverão ser observados os seguintes procedimentos:

QUANTO ÀS ELEITORAS E AOS ELEITORES	
VEDADO(A)	PERMITIDA
1. O porte de aparelho de telefonia celular, máquina fotográfica, filmadora, equipamento de radiocomunicação ou qualquer instrumento que possa comprometer o sigilo do voto, devendo a mesa receptora reter esses objetos enquanto a eleitora ou o eleitor estiver votando (Lei nº 9.504/1997, art. 91-A, parágrafo único). 2. Até o término da votação, com ou sem utilização de veículos (Lei nº 9.504/1997, arts. 39, §5º, III, e 39-A, §1º): I – a aglomeração de pessoas portando vestuário padronizado; II – a caracterização de manifestação coletiva ou ruidosa; III – a abordagem, o aliciamento e a utilização de métodos de persuasão ou convencimento; e IV – a distribuição de camisetas.	A manifestação individual e silenciosa da preferência da eleitora e do eleitor por partido político, federação, coligação, candidata ou candidato, revelada exclusivamente pelo uso de bandeiras, broches, dísticos, adesivos e camisetas (Lei nº 9.504/1997, art. 39-A, caput).
QUANTO À FISCALIZAÇÃO PARTIDÁRIA	
VEDADO	PERMITIDO
O uso de vestuário padronizado nos trabalhos de votação e apuração (Lei nº 9.504/1997, art. 39-A, §3º).	Tão somente o uso de crachás com o nome e a sigla do partido político ou da coligação (Lei nº 9.504/1997, art. 39-A, §3º).
QUANTO ÀS SERVIDORAS E AOS SERVIDORES DA JUSTIÇA ELEITORAL, ÀS MESÁRIAS, AOS MESÁRIOS, ÀS PESSOAS CONVOCADAS PARA APOIO LOGÍSTICO, ÀS ESCRUTINADORAS E AOS ESCRUTINADORES	
VEDADO	
O uso de vestuário ou objeto que contenha qualquer propaganda de partido político, federação, coligação, candidata ou candidato no recinto das seções eleitorais e das juntas apuradoras (Lei nº 9.504/1997, art. 39-A, §2º).	

QUANTO AOS LOCAIS DE VOTAÇÃO	
	OBRIGATÓRIA A afixação de cópia do teor do art. 39-A da Lei nº 9.504/1997 em lugares visíveis nos locais de votação (Lei nº 9.504/1997, art. 39-A, §4º).

QUANTO À PROPAGANDA ELEITORAL	
VEDADO(A) (Lei nº 9.504/1997, art. 39, §5º) 1. O uso de alto-falantes e amplificadores de som ou a promoção de comício ou carreata. 2. A arregimentação de eleitora ou eleitor ou a propaganda de boca de urna. 3. A divulgação de qualquer espécie de propaganda de partidos políticos, de federações ou de suas candidatas e seus candidatos. 4. A publicação de novos conteúdos ou o impulsionamento de conteúdos nas aplicações de internet de que trata o art. 57-B da Lei nº 9.504/1997, podendo ser mantidos em funcionamento as aplicações e os conteúdos publicados anteriormente. 5. O derrame ou a anuência com o derrame de material de propaganda no local de votação ou nas vias próximas, ainda que realizado na véspera da eleição.	

QUANTO ÀS PESQUISAS ELEITORAIS	
	PERMITIDA 1. A divulgação, a qualquer momento, das pesquisas realizadas em data anterior à da eleição, para todos os cargos. 2. A divulgação, a partir das 17 horas, das pesquisas realizadas no dia da eleição referentes aos cargos de presidente, governador, senador, deputado federal, deputado estadual e deputado distrital.

QUANTO À URNA ELETRÔNICA	
PROIBIDA A manutenção de urna eletrônica na seção eleitoral no dia da votação, salvo ajuste ou troca de bateria e de módulo impressor, ressalvados os procedimentos previstos na resolução de atos gerais do processo eleitoral.	PERMITIDA 1. A substituição da urna que apresentar problema, antes do início da votação, por urna de contingência, substituição do cartão de memória de votação ou realização de nova carga, mediante autorização da juíza ou do juiz eleitoral, convocando-se as pessoas representantes dos partidos políticos, das federações, das coligações, da Ordem dos Advogados do Brasil (OAB) e do Ministério Público (MP) para, querendo, acompanharem os procedimentos. 2. A carga, a qualquer momento, em urnas de contingência.

QUANTO AO COMÉRCIO	
	PERMITIDO O funcionamento do comércio, desde que os estabelecimentos que funcionarem neste dia proporcionem efetivas condições para que suas funcionárias e seus funcionários possam exercer o direito e o dever do voto (Res.-TSE nº 22.963/2008 e Consulta-TSE nº 0600366-20.2019).

ANEXO III

(a que se refere o parágrafo único do art. 1º da Resolução-TSE nº 23.674, de 16 de dezembro de 2021)

DOS PROCEDIMENTOS, DAS VEDAÇÕES E DAS PERMISSÕES NO DIA DA VOTAÇÃO (MODO ACESSIBILIDADE)

No dia da votação, no primeiro e segundo turnos, deverão ser observados os seguintes procedimentos:

1. QUANTO ÀS ELEITORAS E AOS ELEITORES:

1.1. VEDADO(A):

1.1.1. O porte de aparelho de telefonia celular, máquina fotográfica, filmadora, equipamento de radiocomunicação ou qualquer instrumento que possa comprometer o sigilo do voto, devendo a mesa receptora reter esses objetos enquanto a eleitora ou o eleitor estiver votando (Lei nº 9.504/1997, art. 91-A, parágrafo único).

1.1.2. Até o término da votação, com ou sem utilização de veículos (Lei nº 9.504/1997, arts. 39, §5º, III, e 39-A, §1º):

I – a aglomeração de pessoas portando vestuário padronizado;

II – a caracterização de manifestação coletiva ou ruidosa;

III – a abordagem, o aliciamento e a utilização de métodos de persuasão ou convencimento; e

IV – a distribuição de camisetas.

1.2. PERMITIDA: A manifestação individual e silenciosa da preferência da eleitora e do eleitor por partido político, federação, coligação, candidata ou candidato, revelada exclusivamente pelo uso de bandeiras, broches, dísticos, adesivos e camisetas (Lei nº 9.504/1997, art. 39-A, caput).

2. QUANTO À FISCALIZAÇÃO PARTIDÁRIA:

2.1. VEDADO: O uso de vestuário padronizado nos trabalhos de votação e apuração (Lei nº 9.504/1997, art. 39-A, §3º).

2.2. PERMITIDO: Tão somente o uso de crachás com o nome e a sigla do partido político ou da coligação (Lei nº 9.504/1997, art. 39-A, §3º).

3. QUANTO ÀS SERVIDORAS E AOS SERVIDORES DA JUSTIÇA ELEITORAL, ÀS MESÁRIAS, AOS MESÁRIOS, ÀS PESSOAS CONVOCADAS PARA APOIO LOGÍSTICO, ÀS ESCRUTINADORAS E AOS ESCRUTINADORES:

VEDADO: O uso de vestuário ou objeto que contenha qualquer propaganda de partido político, federação, coligação, candidata ou candidato no recinto das seções eleitorais e das juntas apuradoras (Lei nº 9.504/1997, art. 39-A, §2º).

4. QUANTO AOS LOCAIS DE VOTAÇÃO:

OBRIGATÓRIA: A afixação de cópia do teor do art. 39-A da Lei nº 9.504/1997 em lugares visíveis nos locais de votação (Lei nº 9.504/1997, art. 39-A, §4º).

5. QUANTO À PROPAGANDA ELEITORAL:

5.1. VEDADO(A) – Lei nº 9.504/1997, art. 39, §5º:

5.1.1. O uso de alto-falantes e amplificadores de som ou a promoção de comício ou carreata.

5.1.2. A arregimentação de eleitora ou eleitor ou a propaganda de boca de urna.

5.1.3. A divulgação de qualquer espécie de propaganda de partidos políticos, federações ou de suas candidatas e de seus candidatos.

5.1.4. A publicação de novos conteúdos ou o impulsionamento de conteúdos nas aplicações de internet de que trata o art. 57-B da Lei nº 9.504/1997, podendo ser mantidos em funcionamento as aplicações e os conteúdos publicados anteriormente.

5.1.5. O derrame ou a anuência com o derrame de material de propaganda no local de votação ou nas vias próximas, ainda que realizado na véspera da eleição.

6. QUANTO ÀS PESQUISAS ELEITORAIS:

6.1. PERMITIDA:

6.1.1. A divulgação, a qualquer momento, das pesquisas realizadas em data anterior à da eleição, para todos os cargos.

6.1.2. A divulgação, a partir das 17 horas, das pesquisas realizadas no dia da eleição referentes aos cargos de presidente, governador, senador, deputado federal, deputado estadual e deputado distrital.

7. QUANTO À URNA ELETRÔNICA:

7.1. PROIBIDA: A manutenção de urna eletrônica na seção eleitoral no dia da votação, salvo ajuste ou troca de bateria e de módulo impressor, ressalvados os procedimentos previstos na resolução de atos gerais do processo eleitoral.

7.2. PERMITIDA:

7.2.1. A substituição da urna que apresentar problema antes do início da votação por urna de contingência, substituição do cartão de memória de votação ou realização de nova carga, mediante autorização da juíza ou do juiz eleitoral, convocando-se as pessoas representantes dos partidos políticos, das federações, das coligações, da OAB e do MP para, querendo, acompanharem os procedimentos.

7.2.2. A carga, a qualquer momento, em urnas de contingência.

8. QUANTO AO COMÉRCIO:

PERMITIDO: O funcionamento do comércio, desde que os estabelecimentos que funcionarem neste dia proporcionem efetivas condições para que suas funcionárias e seus funcionários possam exercer o direito e o dever do voto (Res.-TSE nº 22.963/2008 e Consulta-TSE nº 0600366-20.2019).

Este texto não substitui o publicado no DJE-TSE, nº 236, de 23.12.2021, p. 163-197

Esta obra foi composta em fonte Palatino Linotype, corpo 10
e impressa em papel Offset 75g (miolo) e Supremo 250g (capa)
pela Gráfica Forma Certa.